Von der katholischen Armenfürsorge zum Unternehmen Nächstenliebe

Klaus Reimer

Von der katholischen Armenfürsorge zum Unternehmen Nächstenliebe

**Geschichte des Caritasverbandes Frankfurts.
Ein Beitrag zur Frankfurter Sozialgeschichte.**

Göttingen 2019

Bibliografische Information der Deutschen Nationalbibliothek
Die Deutsche Nationalbibliothek verzeichnet diese Publikation in der
Deutschen Nationalbibliografie; detaillierte bibliographische Daten sind im
Internet über http://dnb.d-nb.de abrufbar.
1. Aufl. - Göttingen: Cuvillier, 2019

© CUVILLIER VERLAG, Göttingen 2019
   Nonnenstieg 8, 37075 Göttingen
   Telefon: 0551-54724-0
   Telefax: 0551-54724-21
   www.cuvillier.de

   ISBN 978-3-7369-7105-9
   eISBN 978-3-7369-6105-0

INHALTSVERZEICHNIS

1   EINLEITUNG   11

2   ARMENFÜRSORGE IN MITTELALTER UND NEUZEIT (BIS 1866)   15

2.1   Armutsideal und Arbeitsethos   16

2.2   Frankfurter Wohlfahrtspflege im Mittelalter   19
2.2.1   Pflegeamt und Allgemeiner Armenkasten   19
2.2.2   Arme   20
2.2.3   Kranke   21
2.2.4   Alten   22

2.3   Wohlfahrt im Gottesstaat der Rechtgläubigkeit   23
2.3.1   Der Allgemeine Almosenkasten   23
2.3.2   Der Katholische Armenkasten   27

2.4   Armenfürsorge im Großherzogtum Frankfurt (1802–14)   30
2.4.1   Katholischer Armenkasten und „Stipendium Pauperum"   31
2.4.2   Neuordnung der Armenfürsorge 1810–1814   33

2.5   Armenfürsorge in der Freien Stadt Frankfurt (1814–66)   34
2.5.1   Öffentliche Armenfürsorge nur für Lutheraner   34
2.5.2   Katholische Armenfürsorge   37

2.6   Katholische Soziallehre im 19. Jh.   47

3   ZWISCHEN GRÜNDERZEIT UND WELTKRIEG (1866–1916)   53

3.1   Frankfurt auf dem Weg zum Industriestandort   54

3.2   Anfänge der städtischen Armenfürsorge in Frankfurt   54
3.2.1   Armenordnung vom 1. April 1883   55
3.2.2   Kommunale Arbeitsnachweisstelle   56

3.3   Katholische Armenfürsorge zwischen 1866 und 1916   56
3.3.1   Preußischer Kulturkampf gegen den Katholizismus   59
3.3.2   Katholische Armenanstalt   61
3.3.3   Pflegeorden   62
3.3.4   Vinzenz- und Elisabethenvereine zwischen Kulturkampf und Weltkrieg   64

3.4   Einführung der gesetzlichen Sozialversicherung   66

3.5   Von der ehrenamtlichen zur verbandlichen Caritas   68
3.5.1   Die Gründung des Deutschen Caritasverbandes   70
3.5.2   Die Gründung des Diözesancaritasverbandes Limburg   71
3.5.3   Die Gründung des Caritasverbandes Frankfurt   73

3.6   Caritative Arbeit bis zum Weltkrieg   82
3.6.1   Arme   83
3.6.2   Ambulante und stationäre Krankenpflege   84
3.6.3   Familie   85
3.6.4   Kindererholung   98
3.6.5   Jugend   102

3.6.6   Männliche Jugendliche   103
3.6.7   Weibliche Jugendliche und junge Frauen   111
3.6.8   Alte und Kranke   120
3.6.9   Kriegsfürsorge   121

4   VOM WELTKRIEG ZUR WELTWIRTSCHAFTSKRISE (1916–29)   125

4.1   Der Weimarer Wohlfahrtstaat   126
4.1.1   Staatliche oder frei Wohlfahrtspflege   127
4.1.2   Reichsjugendwohlfahrtsgesetz 1924   129
4.1.3   Arbeitslosenversicherung   130

4.2   Von der organisierten zur verbandlichen Caritas   130
4.2.1   Frankfurter Katholizismus in der Zwischenkriegszeit   133
4.2.2   Vinzenzvereine kontra Klerus   133
4.2.3   Friedrich Kneip – der erste geistliche Caritasdirektor   134
4.2.4   Caritasverband kontra Gesamtverband   140
4.2.5   Finanzierung   143

4.3   Caritasarbeit in Inflation und Arbeitslosigkeit   146
4.3.1   Arme   147
4.3.2   Familie   152
4.3.3   Jugend   159
4.3.4   Migration   164
4.3.5   Wanderer   165
4.3.6   Bahnhofsmission und -dienst   166
4.3.7   Alkoholkranke   167

4.4   Die Caritasausschüsse Höchst, Sindlingen und Zeilsheim   168
4.4.1   Gesellenverein-Sparkasse Höchst   174

5   IN DER WELTWIRTSCHAFTSKRISE (1929–33)   177

5.1   Die erste Professionalisierung des Caritasarbeit   178
5.1.1   Von Friedrich Kneip zu Prof. Peter Richter   179
5.1.2   Das Caritas-Statut 1931   186
5.1.3   Vereinsstatus und Gemeinnützigkeit   194
5.1.4   Qualifizierung der caritativen Arbeit   195
5.1.5   Finanzierung   196
5.1.6   Service für die Pfarrcaritas   202

5.2   Caritasarbeit in Frankfurt   205
5.2.1   Erwerbslose   205
5.2.2   Familie   212
5.2.3   Kinder und Jugend   215
5.2.4   Alkoholkranke   221
5.2.5   Bahnhofsmission und -dienst – Wanderer   226

5.3   Das Ende der Weimarer Republik   227

6 CARITAS IM NATIONALSOZIALISMUS (1933–45)   231

6.1	**NS-Rassehygiene statt Sozialpolitik**	**232**
6.1.1	Gleichschaltung der freien Wohlfahrtspflege	234
6.1.2	NSV – nur für die Volksgemeinschaft	235
6.1.3	Hessen-Nassau – Vorreiter der NS-Rassenpolitik	238
6.2	**Caritas im Kirchenkampf**	**242**
6.2.1	Reichskonkordat und Caritas	242
6.2.2	Caritas gegen NSV	245
6.2.3	Winterhilfswerk	246
6.3	**Frankfurt wird „braun"**	**249**
6.3.1	Jugend- und Wohlfahrtsamt – Parteiraison oder Verwaltungsvernunft	250
6.3.2	Sterilisation und Euthanasie	252
6.3.3	Judenverfolgung in Frankfurt	260
6.3.4	Kirchenkampf in Frankfurt	267
6.4	**Krisenmanagement in der NS-Diktatur**	**270**
6.4.1	Personal	270
6.4.2	Gemeinnützigkeit und Steuerfreiheit	274
6.4.3	Finanzen	279
6.4.4	Mitglieder	295
6.4.5	Das Ende der Vinzenz- und Elisabethenvereine	305
6.5	**Katholische Wohlfahrtspflege in Frankfurt 1933–45**	**307**
6.5.1	Ambulante Pflege	308
6.5.2	Familie	311
6.5.3	Kinder	313
6.5.4	Jugend	339
6.5.5	Alkoholkranke	346
6.5.6	Eheberatung und Eheanbahnung	350
6.5.7	Holzplatz und Caritas-Nebenbetriebe	358
6.5.8	Wanderer – Bahnhofsmission und –dienst	359
6.5.9	Altenheime	362
6.5.10	Hilfe für verfolgte nichtarische Katholiken	364
6.6	**Zerstörung des Caritashauses**	**375**

7 AUF DEM WEG ZUM WIEDERAUFBAU (1945–61)   381

7.1	**Caritas in der Stunde Null**	**384**
7.1.1	Caritas und/oder Volksarbeit	385
7.1.2	Organisation	389
7.1.3	Personal	391
7.1.4	Finanzen	392
7.1.5	Grundstücke	399
7.1.6	Der Neubau des Caritaskomplexes 1950/56	400
7.2	**Caritasarbeit in den Nachkriegsjahren**	**402**
7.2.1	Wiedereröffnung der Bahnhofsmission am Hauptbahnhof	403
7.2.2	Der „Katholische Jugenddienst" am Ostbahnhof	406
7.2.3	Der Kampf gegen den Hunger	408
7.2.4	Medikamente aus der Schweiz und den USA	412

7.3	Familie	413
7.3.1	Kinderfürsorge	414
7.3.2	Kindertagesstätten	423
7.3.3	Säuglings- und Kinderheim Vinzenzhaus Hofheim	428
7.3.4	Nähstube	430
7.3.5	Erholungsfürsorge	432
7.3.6	Zuzugsgenehmigungen	436
7.4	Jugend	437
7.4.1	Offene Jugendhilfe	438
7.4.2	Jugendwohnheime	442
7.4.3	Stationäre Jugendhilfe	461
7.4.4	Jugendgerichtshilfe	463
7.5	Alten- und Kranke	470
7.5.1	Ambulante Pflege	470
7.5.2	Altentagesstätten und Altenklubs	471
7.5.3	Stationäre Altenpflege	472
7.6	Ortsfremde	474
7.7	Migration	477
7.7.1	Flüchtlinge und Heimatvertriebene	478
7.7.2	Kriegsgefangene und Spätheimkehrer	481
7.7.3	Übersiedler aus der Sowjetischen Besatzungszone/DDR	483
7.7.4	Aussiedler	485
7.7.5	Displaced Persons	486
7.7.6	Politische Flüchtlinge	489
7.7.7	Bunker- und Lagerfürsorge in Frankfurt	490
7.8	Die Hilfsstelle für verfolgte nichtarische Katholiken	494
7.9	Trinker	498
8	VON DER FÜRSORGE ZUR HILFE (1962–92)	501
8.1	Freie Wohlfahrtspflege und/oder staatliche Sozialpolitik	501
8.2	Der „Umbau" Frankfurts	503
8.3	Von Walter Adlhoch über Christian Jung zu Werner Osypka	504
8.3.1	Walter Adlhoch	504
8.3.2	Christian Jung	507
8.3.3	Werner Osypka	508
8.3.4	Die Neustrukturierung	509
8.3.5	Personal	510
8.3.6	Finanzen	511
8.3.7	Das Ende der Unabhängigkeit des Caritasverbandes	512
8.3.8	Der „Ethische Arbeitskreis" und das Selbstverständnis des Caritasverbandes	520
8.3.9	Die Reform der Gemeindecaritas	521
8.4	Caritasarbeit in sozialen Brennpunkten	527
8.4.1	Von der Obdachlosensiedlung in soziale Brennpunkte	527
8.4.2	Spiel- und Lernstuben	530
8.4.3	Soziale Gruppenarbeit Nordweststadt	540

8.5	Kinder und Jugendliche	541
8.5.1	Sozialdienst für Kinder und Jugendliche Niederrad	542
8.5.2	Jugendhaus Goldstein	542
8.5.3	Hausaufgabenhilfe und Schulbezogenes Förderkonzept	545
8.5.4	Fachberatung Kindertagesstätten	546

8.6	Familie	548
8.6.1	Erziehungsberatung	549
8.6.2	Sozialpädagogische Familienhilfe	551
8.6.3	Familienpflege	552
8.6.4	Erholungsfürsorge	552
8.6.5	Mündelfürsorge – Vormundschaften und Pflegschaften	554
8.6.6	Nähstuben und -schulen	555
8.6.7	Eheanbahnung und Eheberatung	557

8.7	Migration	558
8.7.1	Ausländische Arbeitnehmer	559
8.7.2	Politische Flüchtlinge	561
8.7.3	Sozialdienste für Ausländer	566
8.7.4	Aussiedler	583
8.7.5	Jugendgerichtshilfe	591

8.8	Stationäre Jugend- und Behindertenhilfe	594
8.8.1	Mädchenwohnheim „Haus Ursula"	595
8.8.2	Heilpädagogisches Schülerheim „Haus Thomas"	596
8.8.3	Jugendwohnheim St. Martin	599
8.8.4	Heilpädagogisches Institut Vincenzhaus	603
8.8.5	Jugendwohnheim Bischof Dirichs	607
8.8.6	Konrad-Preysing-Haus – Wohnheim für geistig Behinderte	613

8.9	Alte und Kranke	614
8.9.1	Offene Altenhilfe – Altenclubs und Altenerholung	614
8.9.2	Alten- und Krankenpflege	615
8.9.3	Stationäre Altenpflege	620
8.9.4	Betreutes Wohnen für AIDS-Kranke	625

8.10	Beratungsdienste in besonderen Lebenslagen	626
8.10.1	Schwangerschaftskonfliktberatung	626
8.10.2	Psychosoziale Beratungs- und Behandlungsstelle für Suchtkranke	632
8.10.3	Psychosoziale Beratung für Schwerstkranke, Sterbende und Suizidgefährdete	635
8.10.4	Schuldnerberatung	637
8.10.5	Obdachlose – Nichtsesshafte – Wohnungslose	639
8.10.6	Bahnhofsmission – Von der Reisendenbetreuung zur Erstkontaktstelle	643

9	NACHWORT – UNTERNEHMEN NÄCHSTENLIEBE	645

10	PERSONENREGISTER	649

11	QUELLEN- UND LITERATURVERZEICHNIS	657

11.1	Archive	657

11.2	Zeitungen	658

11.3	Gedruckte Quellen und Literatur	658

ABKÜRZUNGSVERZEICHNIS

Abkürzungen für Zeitungen/Zeitschriften sowie Archive in den Fußnoten werden in den Quellennachweisen aufgeführt.

a.a.O.	am angegebenen Ort
AWO	Arbeiterwohlfahrt
BdKJ	Bund der Katholischen Jugend
BO	Bischöfliches Ordinariat
CDU	Christlich-Demokratische Union
CIC	Corpus Iuris Canonici, ab 1917 Codex Iuris Canonici
CVF	Caritasverband Frankfurt
DCV	Deutscher Caritasverband
DiCVL	DiCV Limburg
DM	Deutsche Mark
DRK	Deutsches Rotes Kreuz
€	Euro
FBK	Fuldaer Bischofskonferenz
FDP	Freie Demokratische Partei
Gestapo	Geheime Staatspolizei
Hg.	Herausgeber
k. A.	Keine Angabe
Mk	Mark
NSDAP	National-Sozialistische Deutsche Arbeiterpartei
NSV	Nationalsozialistische Volkswohlfahrt
o.J.	Ohne Jahresangabe
o.O.	Ohne Ortsangabe
OCist	Zisterzienserorden
OSB	Benediktinerorden
OSM	Franziskanerorden
Pf.	Pfennig
RM	Rentenmark/Reichsmark
SA	Sturmabteilung der NSDAP
SBZ	Sowjetische Besatzungszone
SJ	Jesuiten – Gesellschaft Jesu
SKF	Sozialdienst Katholischer Frauen
WHW	Winterhilfswerk

1. EINLEITUNG

Die katholischen Armenfürsorge in Frankfurt begann mit der Gründung der ersten Pfarreien und Klöster im 8./9. Jhd., wurde in der Reformation fast völlig zerschlagen und bestand nur noch in Form eines Katholischen Armenkastens (1585) und des „stipendium pauperum" (1593) sowie privaten Stiftungen der italienischen Großkaufmannsfamilien (Brentano, Guaita, Buzzi) weiter. Ein Neuanfang erfolgte 1808 mit der Gründung der Katholischen Armenadministration, die während des Kulturkampfes 1875 in die Katholische Armenanstalt umgewandelt wurde und an die Dompfarrei angegliedert war. Parallel dazu entstanden zahlreiche private Stiftungen mit großem Vermögen, die mit Ausnahme der Guaita-Stiftung und der Buzzi-Stiftung in der Inflation 1922/24 ihr Vermögen verloren und meist aufgelöst wurden. Dank der Stadtpfarrer Beda Weber, Eugen Theodor Thissen und Ernst Franz August Münzenberger wurden nach 1850 Vinzenz- und Elisabethvereine gegründet und mehrere Pflegeorden (Dernbacher Schwestern, Aachener Franziskanerinnen und Barmherzige Brüder) gewonnen.

Als Folge der Zuwanderung während der Industrialisierung Frankfurts stieg die katholische Bevölkerung von ca. 1.600 (1866) bis 1890 auf ca. 70.000 an. Da die katholischen Vereine aber eher gegen- als miteinander arbeiteten, gründete man 1901 den Caritasverband (im Folgenden CV), um die meist zur Unterschicht gehörenden Katholiken besser betreuen zu können. Zusammen mit dem gleichzeitig entstandenen Frauenfürsorgeverein (später Sozialdienst Katholischer Frauen) und dem 1945/46 gegründeten Haus der Volksarbeit setzte man sich zum Ziel, „ein wachsames Auge ... auf alle bestehenden und entstehenden Notstände" zu haben (Satzung 1901).

Das 20. Jhd. war ein ständiger Wandel von Not und Hilfsbedürftigkeit, Chancen und Grenzen caritativer Hilfe und stellte ständig ändernde Anforderungen an die caritativ Sozialarbeit. Die Caritas setzte sich für all jene ein, die sich nicht mehr zu helfen wussten. Hunderttausende vertrauten sich der Caritas an: Kinder und Jugendliche, Familien, Alleinerziehende, ältere Menschen, Kranke, Behinderte, Arme, Aussiedler, ausländische Mitbürger, Flüchtlinge, Auswanderer sowie von Kriegen und Naturkatastrophen betroffene Menschen aus aller Welt, die nach Frankfurt kamen.

Aufgrund seiner organisatorischen Entwicklung und seinen hohen Mitgliederzahlen war der CV Frankfurt bis weit nach dem Zweiten Weltkrieg der eigentliche Träger der verbandlichen Caritas im Bistum Limburg, da weder der DiCV Limburg (DiCVL) noch der CV Wiesbaden geordnete Strukturen aufwiesen. Der CV unterstützte die Pfarreien, wenn sie aufgrund finanzieller und personeller Engpässe glaubten, die caritativen Aufgaben allein nicht bewältigen zu können.

Eine große Rolle spielten anfangs die Bahnhofsmission, die Trinkerfürsorge, aber auch die Familienhilfe, die mit Lehrstellenvermittlung, Erziehungsberatung und der Übernahme von Vormundschaften begann. Nach dem 1.Weltkrieg wurden Suppenküchen, Arbeitsbeschaffungsmaßnahmen und Erholungsurlaub angeboten sowie gemeinsam mit der Stadtkirche die Sanierung der Altstadt und die Seelsorge in den neu entstandenen Siedlungen, u.a. im Riederwald und Goldstein unterstützt.

Besonders wichtig war die Rolle des CV in der NS-Zeit, da er aufgrund seines rechtlichen Status vom Reichskonkordat besonders geschützt wurde. Nur der CV konnte öffentliche Zuschüsse für die Arbeit in den Gemeinden zu beantragen und mit dem Rentamt des Gesamtverbandes abzurechnen. Caritasdirektor Richter schuf mit dem vereinsrechtlichen Status und der Erreichung der Gemeinnützigkeit die Grundlage dafür, dass das Vermögen der katholischen Pfarreien Frankfurts vor dem Zugriff der Nazis zu schützen. So wurden u.a. in Goldstein, Gallus und Heiliggeist Grundstücke und Gebäude erworben und den Pfarrgemeinden zur Verfügung gestellt. Aus der Rückschau ist es vermessen zu beurteilen, ob sich der CV durch die Arbeit mit städtischen Stellen einer Zusammenarbeit mit dem Nationalsozialismus ggfs. schuldig gemacht hat. Viele Aktivitäten lassen sich auch nicht mehr belegen, da man aus Vorsicht gegenüber der Gestapo und den NS-Organisationen auf eine Aktenführung verzichtete und ggfs. Handakten vernichtete. Sicher ist aber, dass die Organisationsstruktur und das Personal die Kriegsjahre überstand und man 1945 nicht bei Null anfangen musste.

Die Nachkriegsjahre und die 50er Jahre waren geprägt vom Wiederaufbau der zerstörten Städte und riesigen Flüchtlingsströmen, die sich auf die Strukturen der traditionellen, aber meist unvollständigen, Familien auswirkten. Viele Ehemänner waren im Krieg gefallen, befanden sich in Kriegsgefangenschaft oder sind bis heute vermisst. Nach 1945 engagierte sich der CV verstärkt im Aufbau von Jugend- und Altersheimen. Da die caritativen Aufgaben auch von Pfarreien und kirchlichen Verbänden im Rahmen der Gemeindecaritas wahrgenommen werden, wäre es angesichts der immer praktizierten Arbeitsteilung unfair, sich nur auf die Darstellung der Aktivitäten des CV zu beschränken. Der Stadtpfarrer nahm zudem als Vorsitzender von CV, Frauenfürsorgeverein und Volksarbeit eine wichtige Schlichtungsfunktion ein.

Seit den 60er Jahren stehen Migration, Hilfen für Obdachlose und Bewohner sozialer Brennpunkte, Jugend- und Familienhilfe sowie die Sorge um alte und pflegebedürftige Menschen im Mittelpunkt. Mit dem Rückgang der Ordensschwestern in den Pfarreien wurde die Gemeindecaritas neu konzipiert, anfangs mit ehrenamtlichen Gruppen, später mit den Zentralstationen. Die „Unwirtlichkeit der Städte" (Mitscherlich) veranlasste den CV zu einem kommunalpolitischen Engagement in den sozialen Brennpunkten.

In der jüngeren Vergangenheit reagierte der Caritasverband mit Beschäftigungsprojekten und der Differenzierung seiner Dienste, wie z.B. Schuldnerberatung auf neue Problemlagen und Herausforderungen. Während einige Aufgabenbereiche aufgegeben wurden (Vormundschaften, Jugendgemeinschaftswerk) oder von anderen katholischen Organisationen wahrgenommen werden, wurden andere neu geschaffen oder übernommen (Kindertagesstätten, Spiel- und Lernstuben, Hospize).

Sich mit seiner Geschichte zu befassen, heißt auch die Wurzeln seines heutigen Tuns zu erkennen. Aktuelles Handeln ist immer ein Ergebnis hi-

storischer Entwicklungen, die teils von den hauptberuflichen wie ehrenamtlichen Personen des Caritasverbandes selbst, teils von Personen in Politik, Wirtschaft und Gesellschaft beeinflusst werden. Der historische
Hintergrund wurde bewusst einbezogen, um die Abhängigkeit der Armenfürsorge von der Sozial- und allgemeinen Geschichte deutlich zu machen.

1926 wurde die Geschichte der katholischen Armenpflege und die Anfänge des CV Frankfurt in der Dissertation von Anna Werthmann, einer
Nichte von Lorenz Werthmann, erstmals dargestellt.[1] Seither wurde die
Frankfurter Caritasgeschichte im Rahmen anderer Darstellungen, u.a. von
Klaus Schatz[2], vom Verfasser anlässlich des hundertjährigen Jubiläums
2001 und von Jan Kanty Fibich[3] angerissen. Alle Arbeiten basierten aber
auf den damals nur in geringem Maße vorhandenen Archivbeständen. Viele Sozialarbeiter hatten erledigte Vorgänge oft als nicht „zeitgemäß" entsorgt." Seit 2001 wurden aber umfangreiche Aktenbestände vom Verfasser aufgefunden, sodass das Caritasarchiv heute ca. 340 Regalmeter umfasst. Erst 2019 wurden die Prüfberichte 1933–80 wieder aufgefunden.

1991–92 wurden leider die seit 1930 erstellten Tageskopien als
„überflüssig" vernichtet. Auch die Überlieferung nach 1945 hat Lücken, da
Fürsorger und Sozialarbeiter größeren Wert auf eine tatkräftige Hilfe als
auf die Dokumentation ihres Handelns legen. Caritasdirektor Werner
Osypka erklärte beim 75jährigen Jubiläum 1976:

*„Vieles geschah im Verborgenen, wurde niemals aufgezeichnet, anderes entzieht
sich der Darstellung durch den Chronisten, wäre Angelegenheit von Dichtern und
Denkern, manches blieb auch nur guter Wille."*[4]

Viele Akten wurden aber auch aufgrund gesetzlicher Vorschriften vernichtet und stehen nicht mehr zur Verfügung. Aufgrund der 40jähren Schutzfrist gemäß dem Kirchlichen Archivgesetz, konnten Akten nur bis 1980
genutzt werden, danach stützt sich die Arbeit auf offizielle Veröffentlichungen des Caritasverbandes und Presseartikel.

Zeitzeugen der letzten fünfzig Jahre konnten befragt werden, u.a.
Meta Nicolai, Monika Franze, Liesel Mick, Lidwina Zapf, Marita Wuschek-
Pulch, Hermann Josef Menne und Werner Osypka. Aussagen von Zeitzeugen als selbst erlebte Geschichte sind allerdings oft subjektiv geprägt und
erfolgen bisweilen auch ohne Kenntnis ihnen nicht zugänglicher Fakten
und Beweggründe. Kritisch muss auch bemerkt werden, dass Erinnerungen nicht immer mit den Handlungsabläufen, wie sie sich aus den Akten
ablesen lassen, übereinstimmten. Der historiographische Wert von Zeit-
zeugenaussagen liegt daher häufig eher im Atmosphärischen als in der
Analyse. Aber auch die schriftliche Überlieferung muss kritisch beurteilt

---

1   Anna Werthmann: Die katholische Caritasbewegung im 19. Jahrh. in Frankfurt
     a.M., Maschinenschrift, Phil. Diss. Universität Frankfurt 1926.
2   Klaus Schatz, Geschichte des Bistum Limburg, Mainz 1988.
3   Fibich, Jan Kanty: die Caritas im Bistum Limburg in der Zeit des „Dritten Reiches"
     (1929–1946), Diss. Theol. Philosophisch-theologische Hochschule Vallendar 2010
     (veröffentlicht Mainz 2012).
4   Werner Osypka, Rede auf dem Caritastag 1976, Manuskript, S. 10 (ACVF-
     1021/75).

werden, denn häufig verfolgten Berichte für Gremien und Institutionen auch strategische Ziele. Nicht nur im sozialpolitischen Bereich werden seit jeher Anträge auf finanzielle Hilfen mit dem Ziel „überzeichnet", Erfolg zu haben bzw. bei Abschlussberichten Erfolg gehabt zu haben. Dem Geldgeber geht es dagegen immer darum, finanzielle Lasten zu vermeiden und kritikwürdige Situationen zu nutzen, um Zuschüsse zu verringern bzw. ganz abzulehnen. Auch soziale Projekte, die zu ihrer Zeit als fortschrittlich galten, werden heute eher geringgeschätzt.

Mein Dank gilt Martina Wagner M.A. (Diözesanarchiv Limburg) und Gabriele Witolla M.A. (Archiv des Deutschen Caritasverbandes Freiburg), die mir bei der Suche nach Archivalien hilfreich zur Seite standen. Andererseits bedanke ich mich bei Dr. Jan Kanty Fibich (Caritasarchiv Wiesbaden bzw. Diözesancaritasarchiv Limburg) für unsere intensiven Diskussionen, die seine Dissertation und diese Arbeit vorangebracht haben, sowie meiner Nachfolgerin Stella Bartels-Wu, die mich beide zur Veröffentlichung meiner langjährigen Forschungsarbeit gedrängt haben. Mein Dank gilt auch dem Bistum Limburg, das die Veröffentlichung durch einen Druckkostenzuschuss unterstützt hat.

14

2. ARMENFÜRSORGE IN MITTELALTER UND NEUZEIT (BIS 1866)

Zwischen den 11. und 13. Jh. wurden weite Gebiete Europas urbar gemacht und besiedelt. Hand in Hand mit der verbesserten Nahrungsmittelversorgung verdreifachte sich die europäische Bevölkerung auf rd. 60 Millionen. Mit den Wanderungsbewegungen (Landflucht, Kreuzzüge, Pilgerfahrten) strebten Zehntausende in die neu entstandenen Städte, von denen nur 25 mehr als 10.000 Einwohner zählten, darunter Köln (50.000), Magdeburg (30.000), Lübeck, Nürnberg und Regensburg (je ca. 20.000) und Frankfurt (15-18.000). Sie wollten ihren Abhängigkeiten entkommen (Stadtluft macht frei) und neue Arbeitsplätze zu erhalten, die als Folge der Verlagerung der Handelsströme vom Mittelmeer nach Mittel- und Nordeuropa, der Entstehung gewerblicher Märkte und Messen sowie der Umstellung von der Tausch- zur Geldwirtschaft entstanden.

In den Städten unterschied man Vollbürger mit allen, Beisassen mit beschränkten und „Heimatlose" ohne Bürgerrechte, zu denen auch die Ortsfremden gehörten. Eine Einbürgerung erfolgte nur, wenn man sich von der Qualifikation der Ortsfremden Vorteile (Fachkenntnis, Vermögen) versprach und der bisherige Grundherr nicht ihre Auslieferung beansprucht hatte. Christel Köhle-Henzinger wertet dies nicht „als brutalen Fremdenhass", sondern es folge konsequent aus dem materiellen Interesse in Zeiten der Not, in der jeder Neubürger „eine Minderung der angestammten Bürgerrechte und Bürgernutzungen" bedeutete.[5] Die Landbevölkerung lebte in einer anderen Welt. Neben Adel und Klerus gab es freie, leibeigene und hörige Bauern, die unter der Herrschaft eines Grundherrn standen, der bestimmen konnte, wo man sich aufzuhalten oder ob und auch wer heiraten durfte. Die leibeigenen Bauern waren dem Grundherrn zum Frondienst verpflichtet, bewirtschafteten im Gegensatz zu den Hörigen, die an die Scholle gebunden waren, eigene Höfe und zahlten dafür Pacht (Gült) oder den Zehnt. Sie durften privates Eigentum bilden und sich auch ggf. freikaufen.

Im Zeitalter der „Christianitas" war jeder innerhalb der Kirche organisiert: beruflich in Gilde und Zunft, religiös in Pfarrgemeinde, Bruderschaft oder Ordensgemeinschaft, politisch an seinem Platz in der Gesellschaft. Die als gottgegeben angesehene Ständeordnung umfasste den geistlichen als obersten Stand, danach folgten der weltliche (Herrscher und Adel) und der bürgerliche Stand. Der Stand der Besitzlosen musste den Lebensunterhalt durch eigene Arbeit sichern, während der aufgrund von Arbeitsunfähigkeit, als Witwen, Waisen, Behinderte, Kranke und Alte bedürftige Stand mit Almosen und andere Hilfen unterstützt wurde. Die ständische Ordnung war durchlässig, doch erfolgte ein gesellschaftlicher Aufstieg für Frauen meistens nur durch Heirat, bei Männern durch Eintritt in den geistlichen Stand. Außerhalb der ständischen Ordnung standen alle die, die ge-

---

5   Köhle-Henzinger, Christel: Europa – eine Chance für ein neues Verständnis von Heimat. Festvortrag anlässlich der Auftaktveranstaltung zur grenzüberschreitenden Zusammenarbeit zwischen dem Oberschulamt Freiburg und dem Erziehungsdepartement Aargau „Grenzen überwinden, Menschen verbinden" am 2.12.1994 in Waldshut – Manuskript.

gen wichtige Gesetze und den Geist der „Christianitas" verstoßen hatten, u. a. Diebe, Ehebrecher, Mörder und „Ketzer", aber nicht die Armen.

2.1 Armutsideal und Arbeitsethos

Hl. Elisabeth und eine Kranke
(Elisabethkirche Marburg)
© Reimer

Die Erscheinungsformen der sichtbaren Armut (Gefangene, Blinde, Lahme, Pilger, Krüppel, Alte und Kinder) werden in den „Sieben Werken der Barmherzigkeit „die in Anlehnung an das Matthäusevangelium (Kap. 25) deutlich, die in vielen Kirchenfenstern und Gemälden dargestellt wurden, u.a. im Altarbild der Karmeliterkirche in Frankfurt, auf dem der hl. Joachim und die hl. Anna Almosen verteilen. Zum Vorbild für gelebte Barmherzigkeit wurde Elisabeth von Thüringen (1204–31). Nach der Ankunft der Franziskaner in Marburg 1225 hatte sie deren Armutsideal kennen gelernt und setzte es mit ihrem Mann Landgraf Ludwig IV durch. Nach dessen Tod 1228 gründete sie 1229 in ein Spital und arbeitete dort bis zu ihrem Tod als Pflegerin. 1235 wurde sie heiliggesprochen und löste den hl. Martin und den hl. Leonhard als Schutzpatrone der Caritas ab.

Bis zum 14. Jh. wurde der Erwerbsarbeit weder in Hinblick auf die Sicherung des ewigen Lebens noch in Bezug zur allgemeinen Steigerung des Wohlstands ein besonderer Wert zugemessen. Als Folge des Sündenfalls wurde sie negativ bewertet und mit Begriffen wie „angst", „not", „pin", „kumber", „quale" oder „ungemach" verbunden.[6] So stellte Thomas von Aquin in seiner Arbeitslehre (1270) die zweckfreie über die erwerbsorientierte bzw. die geistige Arbeit über die körperliche Arbeit und folgte Augustinus, der betonte, dass „nur körperlich und nicht geistig arbeiten mag zwar noch so gut scheinen, es bringt (aber) keine Förderung."[7] Nur das Studium religiöser Fragen im Rahmen des kontemplativen Lebens ermögliche die Entfaltung christlicher Tugenden. Danach folgten die freien Künste (artes liberales), d.h. geistige Beschäftigungen zur Sicherung des Lebensunterhalts, an dritter Stelle die körperliche Arbeit mit geistigem Geschick (artes serviles/artes mechanicae), z. B. im Handwerk. An letzter Stelle rangierte die niedere körperliche Arbeit, die der Bauern oder Tagelöhner.

Die Zugehörigkeit zu einem höheren Stand bedeutete zwar größere Rechte und Privilegien, aber nicht zugleich Wohlstand. Mit der Entstehung der Städte sank der Lebensstandard des niederen Adels oft unter den der städtischen Bürger und unverheiratete Frauen und Witwen gehörten häufig zu den „verschämten Armen." Grundkonsens war, dass jeder für sich

---

6   Ulrich Eisenbach, Zuchthäuser, Armenanstalten und Waisenhäuser in Nassau, Wiesbaden 1994, S. 3.
7   Augustinus, Sermones 37,6.

selbst zu sorgen hatte, solange er dieses vermochte, und gleichzeitig verpflichtet war, allen Notleidenden zu helfen. Thomas von Aquin: „Wer nichts hat, von dem er leben kann, ist verpflichtet zu arbeiten, mag er einem Stande angehören, welchem er will. [8] Er lehnte die Anhäufung eines Vermögens, das mehr als das standesgemäße Leben ermöglichte, als Gefahr von Habgier oder Verschwendungssucht ab, befürwortete die Sozialpflichtigkeit des Eigentums und forderte, nicht benötigtes Vermögen für Werke der Barmherzigkeit einzusetzen. [9]

Die mittelalterliche Caritas strebte keine Änderung der sozialen Ordnung an, da Armut und Krankheit als gottgewollt angesehen wurden. Thomas von Aquin definierte Almosen als „einzelnen Akt, der einen bestimmten, im Augenblick deutlich sichtbaren Mangel ohne Berücksichtigung seins Ursprungs aufheben soll". [10] Fischer betont, dass „es um die Linderung von Not [und nicht] um planvolle Maßnahmen [ging], die auf eine genau sozial bestimmte Gruppe zielten, sondern um spontane Hilfe (...) für den, der sich äußerlich als bedürftig auswies". [11]

Thomas von Aquin (Detail aus Gemälde von Botticelli) © Reimer

Besitzlose mussten aber nicht mehr arbeiten als zur Sicherung ihres Lebensunterhalts notwendig war. Sie wurden auch nicht ausgegrenzt, weil die Almosenempfänger die wichtige theologische Funktion hatten, den Reichen und Mächtigen (potentes) Gelegenheit zu geben, ihrer gesellschaftlich-sozialen Verpflichtung zur Barmherzigkeit nachzukommen. Luther erklärte:

„Im Papsttum war jedermann barmherzig und milde (...), da gab man mit beiden Händen fröhlich und mit großer Andacht, da schneite es mit Almosen, Stiften und Testamenten. Unsere Eltern und Vorfahren, Herren und Könige, Fürsten und andere gaben reichlich und mildiglich, auch zum Überfluss zu Kirchen, Pfarren, Schulen und Spitälern." [12]

Almosen, Beten und Fasten waren integrative Bestandteile des Bußsakraments, um die Genugtuung (satisfactio) für begangenes Fehlverhalten (Sünde) zu erhalten. Wichtig waren der Akt des Gebens und die innere Einstellung des Spenders, so Petrus von Blois (1135–1203), nicht der Empfänger. Viele Spender hofften, sich damit den Weg ins Himmelreich zu

---

8   Zit. nach Johannes Haessle, Das Arbeitsethos der Kirche nach Thomas von Aquin und Leo XIII. Untersuchungen über den Wirtschaftsgeist des Katholizismus. Freiburg/Breisgau 1923, S. 73.
9   Eisenbach, S. 2.
10   Hans Scherpner, Theorie der Fürsorge, Göttingen 1962, S. 39
11   Thomas Fischer: Der Beginn frühbürgerlicher Sozialpolitik in: Christian Marzahn/Hans-Günther Ritz (Hg.): Zähmen und Bewahren, Die Anfänge bürgerlicher Sozialpolitik, Bielefeld 1984, S. 71.
12   Zit. nach Charitas 8 (1903), 8, S. 170.

erleichtern, andere wollten dagegen ihr öffentliches Ansehen steigern. Der Dominikaner Johannes Tauler (1300–61) meinte wohl zu Recht:

„Was sie an armen Menschen lieben, das thun sie in Furcht der Hölle und aus Liebe des Himmelreichs, und das ist nicht Liebe noch rechte Treue, denn sie lieben sich selbst darin, und möchten sie ohne arme Leute zum Himmelreich kommen, so hätten sie nicht viel Heimlichkeit mit ihnen."[13]

Bettel und Almosen galten im bedarfs- und regionalorientierten agrarischen Wirtschaftssystem des Mittelalters als „angemessene Strategie gegen materielle Not". Die Annahme von Almosen wurde nicht als entwürdigend empfunden[14], zumal die Almosenempfänger als Gegenleistung für das Seelenheil der Spender beten sollten. Daraus resultierte in der ständischen Gesellschaft ein gegenseitiger Respekt. „Armut führte nicht notwendigerweise zu einem Mangel an Anerkennung"(Greiner).[15] Zunftähnliche Bettlergenossenschaften wie in Straßburg (1411) oder Nürnberg entwickelten ein ausgeprägtes Selbstbewusstsein und genossenschaftlich organisierte Bettlergerichte zeugen von einem gewissen Standesethos. Viele Arme lebten entsprechend dem biblischen Wort „wer sich selbst erniedrigt, wird erhöht werden" in der Hoffnung, ebenso sicher ins Paradies zu kommen wie ihre Wohltäter. Viele Bettelnden sahen in der Verbesserung der sozialen Verhältnisse aber auch eine Gefährdung ihrer Privilegien.

Solange es genug zu verteilen gab, wurde aber weder nach Bedürftigkeit noch nach Würdigkeit gefragt. Poggio Bracciolini (1380–1459) kritisierte den Müßiggang von Klerus bzw. Oberschicht und bezeichnete in „De avaritia" Mönche als „menschliche Larven (...) die sich dank unserer Arbeit in Muße ergehen."[16] Thomas Morus (1478–1535) beklagte in „Utopia" (1516): „Wie groß ist die Zahl der Adligen, die nicht nur selbst müßig wie die Drohnen von der Arbeit anderer leben, sondern die sich darüber hinaus mit einer wahrhaft ungeheuerlichen Schar von müßigen Gefolgsleuten umgeben, die niemals ein Handwerk erlernt haben, womit sie ihr Brot verdienen können."[17]

Erst mit den Bevölkerungsverlusten im 14./15. Jh., als Schwarze Pest (1348/49), Cholera und Grippe binnen eines Jahrhunderts über ein Drittel der gesundheitlich geschwächten europäischen Bevölkerung hinweggerafft hatten, verschlechterten sich die Lebensbedingungen rapide. Einerseits kam es zu einem europaweiten Mangel an Arbeitskräften, andererseits stieg der Bedarf an kurzfristig verfügbaren Arbeitskräften rapide an. Viele Bauern flüchteten aus ihren Dörfern und hofften, in den Städten Arbeit zu finden und dank der dortigen Fruchtspeicher nicht hungern zu müssen.

---

13   Zit. nach Gerhard Uhlhorn, Die christliche Liebestätigkeit, Stuttgart 2. Aufl. 1894; S. 450.
14   Sachße, Christoph/Tennstedt, Florian: Geschichte der Armenfürsorge in Deutschland. Vom Mittelalter bis zum Ersten Weltkrieg, Stuttgart 1980, S. 27.
15   Ulrich Greiner, Die Würde der Armut in: Die Zeit Nr. 47 v. 12.11.2009.
16   Zit. nach Michel Mollat, Die Armen im Mittelalter, München 1987, S. 271.
17   Thomas Morus, Utopia, Stuttgart 1976, S. 271.

Als Folge der Massenzuwanderung versuchten die Städte die Zuwanderung zu regulieren, um ihre Wohlfahrtseinrichtungen finanziell nicht zu überfordern. Man ging zwar nicht grundsätzlich von der Unterstützung für Fremde ab, begrenzte aber die Leistungen auf der Grundlage des bis 1871 geltenden Heimatrechts. So wurde zwischen Bürgern, Beisassen und Ortsarmen differenziert, die alle Leistungen erhielten, und den Fremden (Elenden), denen unter Bezugnahme auf Apostel Paulus[18] maximal drei Tage Hilfe geleistet wurde und die, falls sie keine Arbeit aufnahmen, danach mit der „Bettelfuhr" abgeschoben wurden. Nach und nach wurden die Bettelordnungen aber auch gegenüber den Ortsarmen verschärft und schließlich der Bettel ganz verboten.

Um die unterschiedslose Hilfe für die Armen zu unterbinden, wurden die kirchlichen Einrichtungen unter dem, nicht immer zutreffenden, Vorwurf der Misswirtschaft kommunalisiert. Die Städte übernahmen die Verpflichtung, für ihre eigenen Armen zu sorgen und richteten „Allgemeine Armenkästen" ein. Diese standen zwischen den gebewilligen Bürgern und den Hilfesuchenden Armen, denen aufgrund der Kriterien Arbeitsfähigkeit, Einkommen und Familiensituation Hilfen gewährt wurden. Damit wandelte sich „das Almosen von einer religiös motivierten Mildtätigkeit zur zweckrationalen sozialpolitischen Strategie." (Sachße-Tennstedt)[19]

2.2 Frankfurter Wohlfahrtspflege im Mittelalter

Frankfurt hatte sich seit der Gründung 793 durch Karl den Großen, der Errichtung der kaiserlichen Pfalz (Saalhof) 822 durch Ludwig den Frommen und der Erhebung 876 zur Hauptstadt des Ostfränkischen Reiches zu einem wichtigen politischen Zentrum entwickelt. 1220 wurde Frankfurt selbständig, schloss sich 1254 dem Rheinischen Städtebund an und verabschiedete 1297 das „Erste Stadtrecht". 1329 erhielt es die Reichsfreiheit. Abgeschlossen wurde die Entwicklung mit der Goldenen Bulle Kaiser Karl IV, der Frankfurt 1356 endgültig zur Wahlstadt der deutschen Könige machte. Zum wichtigen europäischen Handelszentrum wurde Frankfurt durch die Ostermesse (1240) und die Herbstmesse (1330).

2.2.1 Pflegeamt und Allgemeiner Armenkasten

Die steigende Zuwanderung aufgrund der Landflucht führte das von der Kirche getragene Wohlfahrtswesen an seine Belastungsgrenze, zumal viele kirchliche Einrichtungen ihren Grundbesitz brach liegen und viele Gebäude verfallen ließen, statt mögliche Erlöse in das Wohlfahrtswesen zu stecken. Da ein Drittel des Grundbesitzes in kirchlichem Besitz war, fehlte es innerhalb der Stadtmauer an Nutzflächen. Vergeblich versuchte der Magistrat mit päpstlicher Hilfe durchzusetzen, die vermachten Grundstücke binnen eines Jahres zu veräußern und die Erträge stiftungsgemäß zu verwenden.

---

18   2. Brief an die Thessalonicher 3, 7–12.
19   Sachße-Tennstedt, S. 33.

Alt St. Nikolai © Reimer

Reiche Kaufleute versuchten daher während des Interdikts Ende des 13. Jh. mit weltlichen „Treuhänder" den Klerus auszuschalten. Nach der Übernahme des Heiliggeistspitals 1278 richtete die Stadt ein Pflegeamt ein und schuf damit die für Frankfurt typische „öffentliche milde Stiftung". 1428 wurde mit dem von dem Arzt Johann Wisebeder dem Rat vermachten Vermögen der „Almosenkasten an St. Nicolai"[20] ein Stiftungsfonds eingerichtet, der für Alte, Kranke, Witwen und Wöchnerinnen bestimmt war.

1509 wurde im Rahmen des auf römischen Recht basierenden Gesetzbuches („Reformacion der Stad Franckenfort am Meine) die erste behördliche Stiftungsaufsicht in Deutschland geschaffen.[21]

2.2.2 Arme

Messen, Märkte und Königswahlen sorgten für einen großen Bedarf an Hospizen, deren Leistungen in der Regel unentgeltlich gewährt und aus Spenden finanziert wurden. Als erste Herberge wurde Mitte des 12. Jh. Der „Compostellhof" als Herberge für Jakobspilger errichtet. 1193 folgte durch Ulrich von Münzenberg auf dem von Kaiser Heinrich VI überlassenen kaiserliche Allodialgut am Sandhof in Sachsenhausen eine Herberge mit Kapelle für Pilger und Ritter, die wirtschaftlich durch eine wöchentliche Holzladung aus dem Reichswald in Dreieich abgesichert wurde. Friedrich II übertrug das Hospiz 1221 der Deutschordenskommende,[22] die es 1273 dem „Orden vom hl. Geist"[23] schenkte. 1315 stiftete Heinrich Crig von Speyer eine weitere Fremdenherberge, die nach 1455 als Marthahospital in der Nähe der heutigen Konstablerwache bis Mitte des 16. Jh. fortgeführt wurde.

Im 14. und 15. Jh. nahm die Landflucht rapide zu, woraufhin die größeren Städte den Kampf gegen den Bettel verstärkten, um die Zuwanderung zu verhindern. 1439 verurteilte das Basler Konzil erstmals den Bettel, Pilger, Bettelorden, Aussätzige und Krüppel wurden ausdrücklich ausgenommen. Frankfurt führte um 1480 eine Bettelordnung ein, von der auch die Handwerksgesellen betroffen waren, die etwa ein Fünftel der Be-

---

20 Alt St. Nikolai war kaiserliche Pfalzkapelle des Saalhofes, 1292 dem St, Bartholomäusstift inkorporiert, im 15. Jhd. Ratskapelle, heute evangelische Kirche.

21 1576 wurde es modifiziert und 1611 zum umfassendsten Stadtgesetzbuch Deutschlands erweitert, das bis Anfang des 20. Jh. Rechtskraft hatte.

22 Rudolf von Habsburg und der polnische König Konrad von Masowien beauftragten den Deutschen Orden mit der Verbreitung des Christentums bei den Pruzzen. 1280 kehrte der Orden zurück, übernahm 1288 den Seehof sowie eine Mühle und errichtete um 1300 in eine neue Komturei (Deutsches Haus) und 1309 die Kirche St. Maria. Die Sachsenhäuser Kommende gehörte mit über 150 Dörfern zu den größten Grundbesitzern im Rhein-Main-Gebiet.

23 Papst Innozenz III veranlasste Guido de Montpellier 1204 in Rom ein Hospital zu gründen und zu leiten. Als Pflegekräfte wurden Laien ausgebildet, die als „Orden vom Hl. Geist" u.a. das Lübecker Heiliggeisthospital gründeten.

völkerung ausmachten, sich in Burschenschaften organisiert und dadurch in Misskredit geraten waren.[24] Armenknechte griffen Bettler auf, die gebrandmarkt oder nach einem Spießrutenlauf ausgewiesen wurden.

Bürgermeister Jakob Heller stiftete 1508 eine „Herrgottstube" als Wärmestube für Wohnungslose und Arme im Domstift, für die er ein Ehepaar zur Betreuung verpflichtete. Als „Gegenleistung" sollte ein Gebet für den Stifter und seine Frau gesprochen werden. Die Wärmestube wurde Ende des 16. Jh. wegen „unmoralischer Vorgänge" geschlossen. Er stiftete den Domkaplänen 10 Gulden bzw. ein halbes Fuder Wein, damit sie „dem armen Volke freundlich sein möchten bei der Beichte und es nicht so hart anfassen.

2.2.3 Kranke

Mitte des 12. Jh. übernahmen neu entstehende Bruder- bzw. Schwesternschaften und Pflegeorden die Fürsorge für Reisende, Arme, Kranke, Waisen und alleinstehende Frauen. So kümmerten sich die St. Nikolaus-Bruderschaften um die Fernkaufleute und Schiffer, später als „elendige Bruderschaft" wie in Frankfurt generell um notleidende Fremde.

Krankenpflege bestand bis zur Gründung des Heiliggeistspitals 1267/68 am Mainufer in der Nähe des „Geistpförtchens" zwischen Saalhof und Leinwandhaus, nur aus einer Betreuung ohne medizinische Versorgung. 1433/62 wurde das 1298 gegründete Dreikönigsspital in Sachsenhausen angegliedert. In der 1460 errichteten Krankenhalle konnten die Kranken von ihren Betten aus am Gottesdienst teilnehmen. Um 1500 umfasste das Spital aus einem Krankenhaus für Einheimische und plötzlich erkrankte Fremde sowie für Entbindungen, einer Fürsorgeanstalt für Kinder, einem Versorgungshaus für wohlhabende Pfründner, einer Speiseanstalt für städtische Arme bzw. Gefangene in den städtischen Türmen, einem Gefängnis, einer Irrenanstalt, einem Pestilenzhaus und einer Almosenverteilungsstätte. Das Personal hatte aber nur geringe medizinische Kenntnisse, Ärzte wurden nur im Notfall gerufen.

1338 werden erstmals Stadtärzte (stedearzt) erwähnt, darunter auch einige Juden, die während der städtische Kriege als Wundärzte arbeiteten. Im städtischem Dienst Erkrankte wurden kostenlos, andere gegen Honorar behandelt. Man wollte so verhindern, dass Hilfsbedürftige einfach vor dem Hospital abgeladen wurden. Den Stadtärzten oblag u.a. die Seuchenbekämpfung und ab 1462 die Apothekenaufsicht.[25] Hebammen wurden von den Stadtärzten ausgebildet und wurden von „obristen Matronen" beaufsichtigt, durften aber wie die Wundärzte keine medizinischen Geräte einsetzen oder Medikamente ausgeben.

Mit der Bevölkerungszunahme verstärkten sich die Hygieneprobleme in den Städten in denen es mit Ausnahme der ehemals römischen Städte kaum gepflasterte Straßen, Kanalisation, Müllbeseitigung und öffentliche

---

24   Zur Zuwanderung nach Frankfurt siehe u.a.: Ernst Karpf, „Und mache es denen hiernächst Ankommenden nicht so schwer ..." Kleine Geschichte der Zuwanderung nach Frankfurt am Main, Frankfurt/New York 1993.
25   Kopfapotheke Braubachstraße (1402), Schwanenapotheke Sandweg (1423) und Hirschapotheke an der Zeil (1462).

Toiletten gab. Da die Brunnen häufig durch Abwässer verseucht wurden, kam es zu Typhus- und Choleraepidemien. 1179 forderte das Lateran-konzil angesichts der auftretenden Seuchen (Lepra, Beulenpest, Tbc, Krätze, Milzbrand, Trachom, Epilepsie, Antoniusfeuer/Rotlauf) die Einrichtung von Aussätzigenhäusern (Leprosorien oder Gutleuthäuser) und Pesthäusern außerhalb der Städte, um die Erkrankten zu isolieren und eine Ausbreitung der Seuche einzudämmen.

Gutleuthof (um 1825)

In Frankfurt wurde 1283 ein „Gutleuthof" am „Grindbrunnen" eingerichtet, von dem man eine heilende Wirkung für Leprakranke erhoffte. Die Insassen mussten ihren Lebensunterhalt selbst erbetteln. 1349 fielen der Schwarzen Pest innerhalb von 162 Tagen etwa 2.000 Menschen in Frankfurt zum Opfer, fast ein Drittel der Bevölkerung. 1492 wurde im Klapperfeld das Pestilenzhaus errichtet, das ab 1509 auch für Pocken- und Syphiliskranke genutzt und bis 1719 von den Antonitern betreut wurde. Diese betreuten in ihrem Hospiz in Höchst auch die am Antoniusfeuer Erkrankten, das die Glieder abfaulen ließ.

1356 wurde die bis 1809 bestehende „Rote Badstube" an der Fuhrgasse eröffnet und von 1439 bis 1569 an der Alten Brücke ein „Rattenhaus" unterhalten, in dem für jede abgelieferte tote Ratte ein Heller gezahlt wurde. Schließlich bestanden 15 Badestuben, die dreimal wöchentlich, in Messezeiten täglich geöffnet waren. 1497/98 wurden die Badestuben mit Ausnahme der „Roten Badstube" aufgrund der grassierenden Syphilis und als Maßnahme gegen die Prostitution geschlossen.

2.2.4 Alten

Die Bedeutung der Altenpflege war nicht nur in Frankfurt gering, zumal die Lebenserwartung bei 40 Jahren lag und der Anteil der über 60jährigen auf nur 1% der Gesamtbevölkerung geschätzt wird. Während Alte im ländlichen Bereich in ihren Familien mehr oder weniger gut betreut wurden, entstanden in den Städten mit ihren beengten Wohnverhältnissen Altenstifte, in die man sich einkaufen konnte und damit Anspruch auf eine lebenslange Betreuung erhielt. Auch arme Alte wurden aufgenommen, waren aber zur Mitarbeit verpflichtet. In Frankfurt nutzte man dafür das Weißfrauenstift, das Heiliggeist- und das Heiligkreuzspital.

1250 wurde das 1248 abgebrannte erste deutsche Weißfrauenstift[26], das 1227/28 von Bischof Rudolf zu Worms für aussteigewillige Prostituierte eingerichtet worden war, wieder in Betrieb genommen und mangels „wirklich reuebedürftiger Frauen" dort die „hoffnungslos unverheirateten Töchter der führenden Familien" (Müller) in einer Klostergemeinschaft

---

26   1227 gründete Papst Gregor IX den Orden der „Büßenden Schwestern der hl. Magdalena". Aufgrund ihrer weißen Ordenstracht nannte man sie „Weißfrauen".

untergebracht. Ein päpstlicher Legat versuchte, diese Praxis abzustellen, hatte aber aufgrund der Zuwendungen der Familien Glauburg und Holzhausen, die in der Kirche eine eigene Kapelle besaßen, keinen Erfolg.[27]

Mit der Übernahme durch die Stadt konnten sich Bürger nach 1300 als „Pfründner" in das Heiliggeist-Spital einkaufen, erhielten dort besondere Unterkünfte und wurden meist von eigenem Personal betreut. Es wurden auch arme Pfründner aufgenommen, denen ein Bett zur Verfügung gestellt wurde und die zur Mitarbeit verpflichtet waren, z. B. in der Küche, im Garten oder der Krankenbetreuung. Im Todesfall fiel ihr Besitz an das Spital.

Auch das von dem Patrizier Wicker Frosch[28] 1343 gestiftete und 1355 vollendete Armen- und Siechenspital zum Heiligen Kreuz (später Katharinen-Kloster) an der Bornheimer Pforte außerhalb der Stadtmauer, das von 30 Klarissen betrieben wurde, war zwar für unverheiratete Töchter bestimmt, wurde aber für alte Männer genutzt.

2.3 Wohlfahrt im Gottesstaat der Rechtgläubigkeit

Frankfurt schloss sich 1529 der Reformation an und bezeichnete sich als „lutherischer Gottesstaat der Rechtgläubigkeit". Im Gegensatz zu anderen protestantischen Städten wurden die Klöster St. Katharinen und Weißfrauen ab 1542 als Heime für bedürftige Frauen sowie einige Beginenhäuser und Hospize als „milde öffentlichen Stiftungen" unter Ratsaufsicht weitergeführt und dort arme lutherische Frauen untergebracht, die als Konventualinnen gemeinsam bis 1806 lebten.

Rigoros ging man gegen die katholische Bevölkerung vor.[29] Mit Ausnahme des Antoniterklosters, das man für die Betreuung der Pest- und Seuchenkranken benötigte, des Leonhard- und des Domklosters wurden alle Klöster säkularisiert. Man schottete sich 1554 aber auch vor lutherischen und reformierten Religionsflüchtlingen aus den Niederlanden und England ab, die ebenso vertrieben wurden wie 1601 die calvinistischen Flüchtlinge während der Geusenkriege.[30] 1582 wurde das Beherbergungsverbot für Fremde verschärft und 1586 die Heirat aller Bürger flämischer oder wallonischer Herkunft mit Nichtfrankfurtern verboten, um die Einbürgerung zu verhindern. Ab 1628 wurden keine Reformierten mehr als Bürger oder Beisassen aufgenommen.

2.3.1 Der Allgemeine Almosenkasten

Nach der Reformation wurde die Armenpflege in Frankfurt neu geregelt. Der „Armenkasten an St. Nicolai" wurde 1530 in „Allgemeiner Almosenkasten" umbenannt und durch das säkularisierte Karmeliterkloster ergänzt. 1534 wurden alle Legate und Einrichtungen dem „Allgemeinen Almosenkasten" übertragen und dabei die Auflagen der Stifter ignoriert. Er versorgte bis 1881 alle nicht in einer Anstalt lebenden Arme mit Geld, Le-

---

27   Bruno Müller, Stiftungen für Frankfurt am Main, Frankfurt 1958, S. 23.
28   Wicker Frosch war Kantor am Bartholomäusstift.
29   Siehe Abschnitt 2.3.2 – Der Katholische Armenkasten, S. 27ff.
30   Sie schufen die Grundlagen für die später erfolgreiche feinmechanische und Lederindustrie in Offenbach und Hanau.

bensmitteln und Kleidung, falls sie Frankfurter Bürgerrecht sowie einen guten Leumund besaßen und ihre Bedürftigkeit gegenüber drei der jeweils für ein Jahr bestellten städtischen Armenpflegern nachweisen konnten.[31] Obgleich weiterhin Legate erfolgten und der Rat bestimmten Personengruppen das Betteln zugestand, verstärkte sich in Anschluss an Luthers Kritik an den „guten Werken" die Tendenz zur obrigkeitlichen Fürsorge, die nur Lutheranern zugutekam. Katholiken, Reformierte[32] und Juden[33] waren als nicht Rechtgläubige bis 1806 bzw. 1815–66 ausgeschlossen. Sechs „Kastenherren" teilten den rechtgläubigen Hausarmen wöchentlich Brot und Geld sowie einmal jährlich Kleidung, Schuhe und Brennholz zu und überwachten die öffentliche Krankenpflege. Beisassen, Dienstboten und Tagelöhner ohne Bürgerrecht waren ausgeschlossen.

Mit der Übernahme durch die Stadt verbesserte sich die Finanzlage der sozialen Einrichtungen nicht, da Spenden fast völlig wegfielen. Luther beklagte, dass unter dem Evangelium „niemand einen Heller geben (wolle), sondern einer schinde und schabe nur den andern und jeder wolle alles allein haben."[34] Da aus dem Almosenkasten auch Prädikanten, Kantoren und Lehrer finanziert wurden, war dieser überfordert. Dem Almosenkasten wurden ab 1589 die Platzmieten der Messestände im Brothaus und im Kreuzgang des Karmeliterklosters zugewiesen. Die vergessene Alters- und Hinterbliebenenversorgung wurde später geregelt, u.a. durch die 1726 von Johann Georg Pritius, Pfarrer der Karmeliterkirche, gegründete Versorgungskasse „Pritianum".[35]

Immer wieder wurde die Mittelverwendung kritisiert, sodass wischen 1705 und 1732 drei kaiserliche Kommissionen unter dem Reichsvizekanzler und Würzburger Bischof Friedrich Carl Graf von Schönborn im Auftrag Kaiser Karl VI die Verwaltung der milden Stiftungen überprüften. Dies kostete zwar über eine Million Gulden, führte aber zu einer effektiven Verwaltungsordnung, die im Wesentlichen auch in dem 1883 geschaffenen Städtischen Armenamt fortgeführt wurde.[36]

2.3.1.1 Armen-, Waisen- und Waisenhaus

Im 16./17. Jahrhundert nahm die Armut in Frankfurt nach mehreren Wirtschaftskrisen und dem Verfall der Reallöhne stark zu. 1550 erhielt ein Zimmermann 1550 für einen Tageslohn 12,9 kg Brot, 1593 nur noch 4,5 kg. Der Zusammenbruch der Textilindustrie führte zur Massenarbeitslosigkeit. Steuerschulden wurden selbst Almosenempfängern nur widerwillig

---

31 1883 wurden seine Aufgaben vom Armenamt übernommen. Der Armenkasten selbst ist heute eine Stiftung öffentlichen Rechts und führt seine Erträge an das Sozialamt ab. Zur Geschichte siehe Hans-Otto Schembs, Der Allgemeine Almosenkasten zu Frankfurt am Main 1531–1981, 450 Jahre Geschichte und Wirken einer öffentlichen milden Stiftung, Frankfurt/Main 1981.
32 Die Reformierten beriefen zur Betreuung Not leidender Glaubensbrüder Diakone.
33 1585 errichtete die jüdische Gemeinde an ihrem Friedhof ein Blatternhaus (Hotser) für Seuchenkranke, das 1718 in die „sechs Häuschen" umgewandelt wurde, die bis 1943/44 bestanden. 1738 bzw. 1758 wurde eine aus Spenden finanzierte jüdische Krankenkasse für Männer, 1761 eine für Frauen gegründet.
34 Zit. nach Caritas 8 (1903), S. 170.
35 Müller, Stiftungen, S. 29.
36 Siehe S. 55f.

erlassen. Besonders gefährdet waren Witwen und Waisen, die auf fremde Hilfen angewiesen waren.[37] Schwierig ist aufgrund unterschiedlicher Datengrundlagen die Quantifizierung der Armut. Der Anteil der Armen lag europaweit zwischen 10 und 20%[38] und Fischer schätzt, dass 5–10% der Bevölkerung ausschließlich von öffentlicher Unterstützung lebten.[39]

Insbesondere während der Messen suchten viele nach Frankfurt zu gelangen. 1598 verbot man den Fährleuten das Übersetzen von Bettlern während der Messen. „Jetzt ists dahin gekommen, dass man ihnen die Stadt verbietet (...) als ob arme, elende Leute Teufel wären und aller Lande geschworene Feinde" kritisierte Georg Witzel (1501–73).[40] Viele wurden Werbeoffizieren überlassen, zur Zwangsarbeit bei Schanzarbeiten eingesetzt oder in das 1610 für Bettler und arbeitslose Stadtstreicher eingerichtete Arbeitshaus (Zwinger) eingewiesen. Nach dem 30jährigen Krieg wurde Frankfurt zu einem Anziehungspunkt für das „sich etablierende Berufsbettlertum mit z.T. räuberischen Zügen."[41]

Aufgrund der Kriege, Pest- und Grippeepidemien[42] stieg auch die Zahl der Waisen rapide an, so dass eine kaiserlichen Resolution 1613 verlangte, auch Armen und Waisen ohne Bürgerrechte zu unterstützen und ein Waisenhaus einzurichten, unternahm der Frankfurter Rat nichts, auch nicht, als Stadtschultheiß Johann Schwind gen. Eberhard. 1644 eine Stiftung zugunsten von sechs Waisen errichtete. Zwar beschloss der Rat am 27. Oktober 1647 im ehemaligen Pestilenzhaus ein „Armen-, Waisen- und Arbeitshaus" einzurichten, um die Arbeitsunwilligen in einem Manufakturbetrieb zur Arbeit zu zwingen und die notleidenden städtischen Armen betreuen zu können, doch da man die Folgekosten scheute, geschah nichts.

Der 1663 an die Paulskirche berufenen Freiprediger Philip Jakob Spener[43] kritisierte nun, dass sich derjenige versündige, der ohne Not von Almosen lebte, aber auch derjenige, der den Missbrauch unterstützte bzw. den wirklich Bedürftigen die Hilfe verweigerte. Nicht die Störung der öffentlichen Ordnung, sondern die sündenträchtige Atmosphäre des Bettelns und die Gewissensnot der spendenwilligen Bürger waren „Argumente für die Errichtung eines Arbeitshauses" (Sträter).[44]

Nachdem Spener 1673 in „Pia Desideria" beklagt hatte, dass in Frankfurt viel gepredigt, aber „nicht gehandelt" werde, und Schatzungsschreiber Johann Moritz Altgelt 1674 weitere 2.000 Gulden mit der Auflage

---

37   Erich Maschke, Die Unterschichten der mittelalterlichen Städte Deutschlands in: Maschke, E./Sydow, J. (Hg.), Gesellschaftliche Unterschichten in den südwestdeutschen Städten, Stuttgart 1967, S. 58.
38   Thomas Fischer, Städtische Armut und Armenfürsorge im 15. und 16.Jh., Göttingen 1979, S. 35.
39   Jütte, S. 17.
40   Jütte, S.29.
41   Andreas Deppermann, Johann Jakob Schütz und die Anfänge des Pietismus, Tübingen 2002, S. 215.
42   Allein 1635 starben über 7.000 Bürger, ein Viertel der Bevölkerung Frankfurts, im Heilig-Geist-Spital, das damals 60 Betten aufwies.
43   Philip Jakob Spener (1635–1705) kam 1663 als Freiprediger nach Frankfurt und wirkte an der früheren Paulskirche. 1666 wurde er Senior der Frankfurter Prädikanten, später aber vertrieben.
44   U. Sträter, Soziales Engagement bei Spener, 1986, S. 72.

Philip Jakob Spener (Gedenkplatte an der Paulskirche) © Reimer

gestiftet hatte, das Geld erst nach der Eröffnung des Waisenhauses auszuzahlen, wurde 1675 das „Englisch Haus" auf dem Klapperfeld umgebaut. Ab 1676 erfolgten auch wöchentliche Haussammlungen. 1679 wurde ein zwölfköpfiger Ausschuss aus Armenpflegern und Bürgerdeputierten gebildet und kurz darauf während der Herbstmesse das „Arbeits-, Armen- und Waisenhaus" eröffnet.

Zwischen 1679 und 1729 wurden 9.758 Personen verpflegt und 833 Lehrlinge extern betreut. Dazu kamen jährlich etwa 5.000–10.000 durchziehende Obdachlose, denen Wegegeld zur nächsten Stadt gezahlt wurde.[45] Im Armenhaus wurden eine Wollstube, eine Leinenweberei und eine Spanferkelzucht betrieben. Bis 1729 wurden neben 833 extern betreuten Lehrlingen für etwa 10.000 Kinder Lehrmaterial bereitgestellt. Damals lebten 115 blau gekleidete Waisen zusammen, die nach vier Stunden Unterricht weitere acht Stunden arbeiten mussten. Auch die Kinder von Sinti und Roma wurden hier untergebracht, die man ihren Eltern weggenommen hatte. 1765 wurde der Unterricht an die städtische Schulordnung angeglichen. Inzwischen war der Zahl der Waisen auf 130 angestiegen.

Zwischen 1721 und 1803 bestand ein weiteres städtisches Waisenhaus an Alt-Nikolai. 1778 stiftete Magdalene Andrae der niederländisch-reformierte Gemeinde die Hälfte ihres Vermögens, darunter ihr Haus im Großen Hirschgraben, zur Errichtung eines Waiseninstituts und die Ernährung bzw. Erziehung unbemittelter Kinder von Gemeindemitgliedern, das 1787 für Jungen und Mädchen eröffnet wurde. Später wurden Mädchen als Kostkinder in Familien untergebracht. Nachdem die Gemeinde auch das Nachbarhaus erworben hatte, konnten 10–20 Waisen beherbergt werden.

Mitte des 18. Jh. wurde das Scheitern des Waisenhauskonzeptes immer offensichtlicher. Skandale und Misswirtschaft stellten das gesamte System in Frage und so entschied man sich dafür, Waisen und verwahrloste Kinder in Pflegefamilien unterzubringen und Pflegegeld zu zahlen. Die Lage der Kinder verbesserte sich nicht grundlegend. Vielfach wurden die Kinder von ihren „neuen" Familien rigoros ausgebeutet, da viele Pflegeeltern die gezahlten Pflegegelder als zusätzliche Einnahmequelle verstanden. Allerdings ging die hohe Sterberate in den Waisenhäusern drastisch zurück.[46]

---

45 Schütz, S. 216.
46 Die Sterblichkeit ging erst im 19. Jh. von 81% (1809) über 75% (1839) auf 47% (1860–69) zurück.

2.3.1.2 Tollhaus

Sehr prekär war die Situation der körperlich oder geistig behindert geborenen Kinder, die häufig nach der Geburt getötet wurden, weil man sie vom Teufel besessen glaubte. So meinte Luther:

„Wenn man aber von den teufelsähnlichen Kindern erzählt, von denen ich einige gesehen habe, so halte ich dafür, dass sie entweder vom Teufel entstellt, aber nicht von ihm gezeugt sind, oder dass es wahre Teufel sind."[47]

Während die „Lieblinge des Heilands" in den wohlhabenden Familien mit im Haushalt lebten, waren die übrigen auf Almosen und die Betreuung in den Spitälern[48] angewiesen. Dementsprechend schlecht waren die Behandlung und die Unterbringung der schwereren Fälle. Oft wurden Kinder und Jugendliche in „Tollkisten" vor der Stadtmauer eingesperrt. Eine medizinische Betreuung erfolgte nicht, da man die Ursachen nicht kannte.

1564 wurde der Allgemeine Almosenkasten mit der Einrichtung eines Gefängnisses in einem Speicher beauftragt.[49] Vorbild war der 1561 errichtete Nürnberger „Närrische Prisaun"[50.] Unklar ist, wann er tatsächlich eingerichtet wurde. 1606 wurde erstmals ein 1606 ein „Tollhaus" in der Tollhausgasse erwähnt. Da die Mittel für einen 1728 geplanten Neubau des maroden Gebäudes trotz mehrerer Kollekten nicht zusammenkamen, wurde 1776 bzw. 1783 nur umgebaut, auf 50 Plätze erweitert und reorganisiert. 1780 erfolgte die Umbenennung in „Kastenhospital" bzw. in „Kastenhausgasse" (heute Börsenstraße).[51] Epileptiker wurden generell bei „Kostleuten" untergebracht, die vom Almosenkasten „Kostgeld" erhielten.

2.3.2 Der Katholische Armenkasten

Nach der Reformation waren nur wenige Hundert Einwohner Frankfurts katholisch geblieben und hatten zudem ihr Bürgerrecht verloren. Katholiken durften bis 1806 kein öffentliches Amt mehr bekleiden und keiner Zunft beitreten. Katholische Witwen protestantischer Handwerksmeister mussten den Betrieb schließen und durften ihn nicht mehr durch Gesellen fortführen lassen. Damit wurde der katholische Mittelstand zerschlagen, es gab nur noch katholische Tagelöhner ohne Besitz und Vermögen. 1607 versuchten sie vergeblich mit Hilfe des Kaisers dieses zurück zu erhalten und das Verbot aufzuheben, in den Rat aufgenommen zu werden. Zu Beginn des 30jährigen Krieges versuchten Jesuiten und Kapuziner vergeblich

---

47   Opery exegetica, Erlanger Ausgabe II, S. 127.
48   1250 wurde im Anschluss an die Dymphna-Legende in Gheel bei Antwerpen die erste „Heil- und Pflegeanstalt für Schwachsinnige und Geisteskranke" eingerichtet, die heute noch besteht.
49   http://www.psychiatrie.uni-frankfurt.de/63000257/geschichte (Stand: 15.7.2018)
50   1561 wurde in Nürnberg der „Närrische Prisaun" an der Stadtmauer beim Fürther Tor eröffnet. Bis zu 24 Insassen waren auch bis 1846 ohne medizinische oder seelsorgerische Betreuung selbst überlassen. Die Zellen wurden vom Irrenwärter und seiner Frau sowie einigen Knechten und Mägden sauber gehalten, der Bader kam zum Haareschneiden und zur Wundpflege.
51   Dagmar Braum: Vom Tollhaus zum Kastenhospital. Ein Beitrag zur Geschichte der Psychiatrie in Frankfurt a. M., Hildesheim 1986.

das gekaufte Antoniterkloster zu nutzen, sodass die Antoniter wieder das Kloster übernahmen, um an Syphilis Erkrankte zu betreuen. Nach der völligen Zerstörung im Christenbrand im Juni 1719 verkauften sie es 1723 den Kapuzinern, die es mit Hilfe des Mainzer Bistums wieder aufbauten. Ab Mitte des 16. Jh. wanderten katholische Kaufmannsfamilien aus Oberitalien ein, die nach dem Bedeutungsverlust von Venedig einen neuen Standort suchten. Anfangs waren es Seidenhändler aus Florenz, Genua, Mailand und Como, die sogenannten „Florentiner", die sich wie die Familie Villani von Mainz aus sich um ein lange verwehrtes Niederlassungsrecht in Frankfurt bemühten. Dann folgten u.a. die Südfrüchtehändlerfamilien Brentano[52], Bolongaro[53], Guaita[54], Belloni, Mainoni und Buzzi, dann nach 1710 die Seiden-, Galanterie- und Tabakhändlerfamilien, u.a. Monet und Matti[55] aus Savoyen bzw. dem Piemont. Sie wurden zwar geschont, da „die Anfeindung der katholischen Religion (...) dem Weltverkehr in Handel und Wandel allzu fühlbaren Abbruch gethan haben würde", erhielten aber kein Bürgerrecht. Die Möglichkeit, dies über die Heirat einer Frankfurter Witwe zu erreichen, wurde 1702 untersagt und erst 1732 nach einer Klage vor der kaiserlichen Verfassungskommission wieder aufgehoben und dann von Anton Maria Guaita durch die Heirat mit der Bürgertochter Johanna Claudia Monet genutzt. Obgleich „altfreie Bauern" stiegen sie in den Stand „turnierfähiger Rittergeschlechter auf." [56]

Da alle nicht „Rechtgläubigen" von den Leistungen des „Allgemeinen Armenkastens" ausgeschlossen waren, gründete die katholische Kirchengemeinde 1585 einen Gemeinde- und Almosenkasten, der die Ausgaben der katholischen Gemeinde sichern sollte, z. B. für das Schulwesen oder Prozesskosten gegen die Stadt Frankfurt. Ab 1746 bezeichneten sich die Verwalter des Armenkastens als „Vorsteher" der katholischen Gemeinde. Die Armenpflege wurde bis zur Säkularisation beinahe ausschließlich von den Domvikaren und den Mitgliedern der geistlichen Gemeinschaften ge-

---

52 Die lombardische Kaufmannsfamilie Brentano war seit 1649 in Frankfurt tätig. 1697 verlegte Don Domenico den Hauptsitz von Mailand nach Frankfurt und richtete im ein Handelshaus für Südfrüchte ein. Don Domenico Brentano erreichte 1740 dank der Unterstützung von Kaiserin Maria Theresia den Status eines Beisassen.

53 Die Familie Bolongaro-Crevenna, der größte Schnupftabakfabrikant Europas, kam 1735 nach Frankfurt, wurde 1756 nach einer Intervention von Kaiser Franz I Stephan gegen eine hohe Sondersteuer „zu seinem persönlichen Schutz" als Beisasse anerkannt und erst 1783 eingebürgert, nachdem sie sich inzwischen in Höchst vom Mainzer Kurfürsten hatten einbürgern lassen. 1772 errichteten sie in Höchst eine Tabakfabrik.

54 Die Familie Guaita stammte aus Codogna oberhalb von Bellagio/Comer See stammte, gehörte vom 17.-19. Jh. zu den einflussreichsten Frankfurter Familien und wird erstmals 1660 mit Francisco de Guaita als Pomeranzenjunge, d.h. Südfrüchtehändler erwähnt. Innocentio und Mattäo Guaita gründeten 1665 das gleichnamige Handelshaus im Nürnberger Hof. Die Familie erwarb großen Landbesitz außerhalb Frankfurts mit dem Landhaus Mainlust, heute die Grünanlage Nizza, und dem Guaitaschen Garten vor dem Eschenheimer Tor.

55 Der Jurist Anton Joseph Matti stiftete 1895 60.000 Mk für den Bau der Antoniuskirche im Westend, sein Sohn Anton war 1901–1916 erster Caritasdirektor, seine Tochter Vorsitzende des Frauenfürsorgevereins.

56 „Aus Altfrankfurter katholischen Bürgerhäusern" in: KK September 1928.

tragen. Zwar wurden große Mittel bereitgestellt, doch nahm man bis Anfang des 19.Jh. keinen Anteil am Los der Armen (A. Werthmann).[57] Am 25. Mai 1593 richtete Johann Niklaus Steinmetz, Dechant an St. Bartholomäus, das „Stipendium Pauperum" ein. Neben der Versorgung von Armen, Kranken und armen Schulkindern sollten Almosen an „verjagte und ausgetriebene geistliche und weltliche Katholiken" von vier Armenpflegern, darunter zwei geistlichen Kanonikern von St. Bartholomäus, gewährt werden. Ausdrücklich wurde festgelegt, dass

„weder das Kapitel, noch der Rat der Stadt Frankfurt oder jemand anderes nicht Macht haben, etwas in dieser meiner Verordnung zu disponieren oder aus eigener Hand die Hand einzuschlagen, noch mit Schatzung oder Auflagen zu beschweren."

Die Aufsicht hatte der Erzbischof von Mainz, der das Recht erhielt, sie notfalls „auf andere Weis ad pius usus [zum frommen Nutzung] (...) allein katholischen Leuten zugutekommt und womöglich Frankfurt erhalten bleibe."[58]

Dank eines Privilegs Kaiser Maximilian II verfügten die Katholiken von 1562 bis 1802 über eigene Schulen. 1749 stellte der Mainzer Erzbischof Johann Friedrich Karl von Ostein Schönborn als Probst des Bartholomäusstiftes den Englischen Fräulein[59] ein Haus zur Verfügung. Zwei Stifter finanzierten die Schule mit Geld- und Naturalabgaben, der Unterricht für die Mädchen war kostenlos. Außerdem wurde das Gymnasium Friedericianum für schulgeldfreien Lateinunterricht gegründet. Die Kinder, deren Eltern in der Lage waren, Schulgeld zu bezahlen, wurden in der Schule der Rosenberger Einung[60] unterrichtet.[61] Das Karmeliterkloster, das Dominikaner-kloster und das 1772 von den Kapuzinern übernommene Antoniterkloster bestanden weiter fort. Die bis heute in städtischem Besitz befindlichen Kirchen (Dom, St. Leonhard und Liebfrauen) durften nur für Gottesdienste der Kapitel genutzt werden. Öffentliche Gottesdienste standen in den zu Frankfurt gehörenden Dörfern bis 1870 offiziell unter Todesstrafe. 1784 wurde katholischen Priestern immerhin erlaubt, den Kranken in den Hospitälern Sakramente zu spenden. der erste Gottesdienst wurde 1869 abgehalten.[62]

---

57 Werthmann, Caritasbewegung, S. 1.
58 Abschrift Stiftungsurkunde v. 25.5.1593 (ISG – D38 – Nr. 38 – Kath. Kirchen- und Schulwesen 1803).
59 Die Englischen Fräulein (Congregatio Jesu) wurde 1622 von der Engländerin Maria Ward (1585–1645) gegründet und leben nach dem Vorbild der Jesuiten ohne Klausur und Chorgebet.
60 1452 stiftete Anna Rosenberger, die Witwe des Schöffen und Bürgermeisters Henne Rosenberger, ihren Nachlass dem 1336 gegründeten Beginenkloster, das sich 1695 als Rosenberger Einung dem Dominikanerorden anschloss. 1802 wurde sie säkularisiert, bestand aber als weltliche Stiftung weiter.
61 Werthmann, Caritasbewegung, S. 14.
62 Am 17.10.1869 wurde im Haus Kämpf (Bergerstraße/Wiesenstraße) die erste öffentliche katholische Messe seit der Reformation von Stadtpfarrer Thyssen gelesen.

Ende des 18. Jh. schlossen sich einige Katholiken, vermutlich aus den italienischen Kaufmannsfamilien, zu einem Privatarmeninstitut ohne Stiftungs- oder Dotationsurkunde zusammen. Aufsicht und Verwaltung wurde selbst übernommen, auch die Mittel wurden selbst aufgebracht. Die Mittel waren „oft sehr reichlich, um den in Not Geratenen wieder vollständig aufhelfen zu können." (A. Werthmann)[63]

2.4 Armenfürsorge im Großherzogtum Frankfurt (1802–14)

Nach der Französischen Revolution und dem Ende des Ancien Règime blieb wurde Frankfurt 1806 Hauptstadt des Rheinbundes und 1810 mit Hanau, Fulda, Wetzlar und Aschaffenburg zum Großherzogtum erhoben.

Karl Theodor von Dalberg, Fürstprimas des Rheinbundes

Fürstprimas des Rheinbundes wurde der frühere Mainzer Erzbischof Karl von Dalberg,[64] der sich bewusst war, dass Frankfurt mit der Entstehung neuer Territorialstaaten und neuer Städte im Umland seine Vorrangstellung verloren hatte. Orientiert an den Ideen der Französischen Revolution und des englischen Wirtschaftsliberalismus hob Dalberg mit der Verfassungsakte von 1806 die Ratsverfassung von 1614 auf und reformierte Verwaltung bzw. Justiz nach französischem Vorbild. Mit der Gleichstellung der Katholiken und Reformierte beendete er deren Diskriminierung und gewann damit die katholischen Kaufmannsfamilien (Brentano, Guaita, Cavalli und Bolongaro) für sich für sich. Konsequent lehnte Dalberg auch die von Stadtsyndikus Seeger geforderte Ausdehnung der protestantischen Kirchenhoheit auf die Katholiken ab[65] und gestand diesen das Recht zu, sich frei vom Pfarrzwang niederzulassen.

An die Stelle der Patrizierfamilien (u.a. Alte Limpurg und Frauenstein) trat ein in gleicher geheimer Wahl bestimmtes 28köpfiges Stadtparlament, in das drei Katholiken Georg Franz Chamot, der Vorsteher der katholischen Gemeinde Jacob Guiolett und Georg Friedrich Guaita gewählt wurden. Guaita übernahm 1822 als erster Katholik seit 1576 das Bürgermeisteramt und amtierte bis 1838 sieben Mal. Die „Vorsteher der löblichen

63   Werthmann, Caritasbewegung, S. 7 sowie Beda Weber, Zur Reformationsgeschichte der freien Reichsstadt Frankfurt, Frankfurt 1895, S. 80.
64   Carl Theodor von Dalberg (1744–1817), 1771–1802 Koadjutor in Mainz und Statthalter in Erfurt, 1802–03 Erzbischof und Kurfürst von Mainz bzw. Reichserzkanzler, 1803 Erzbischof in Regensburg und Fürstbischof von Konstanz, 1806 Fürstprimas des Deutschen Bundes, 1810–13 Großherzog von Frankfurt.
65   In protestantischen Gemeinden hatte der Pfarrer die Stolrechte (Taufe, Trauung und Beerdigung) auch gegenüber katholischen Einwohnern inne.

catholischen Gemeinde"[66] wurden als Vertreter der Frankfurter Katholiken anerkannt und ab 1812 im Staatskalender aufgeführt. Mit dem Emanzipationsedikt vom 28. November 1811 löste Dalberg das Ghetto auf, gewährte den Juden gegen eine Ablösezahlung von 440.000 Gulden die 1480 aufgehobene Gleichberechtigung und die Niederlassungsfreiheit im Stadtgebiet. Er beendete auch die Leibeigenschaft und Frondienste der Landbevölkerung in den acht Frankfurter Dörfern. An die Stelle der Zunftordnung trat die Gewerbefreiheit, außerdem wurde eine Handelskammer gegründet. Für kleine Handwerker und Kaufleute, die bei den Banken nicht willkommen waren und weder Konten anlegen noch Kredite erhalten konnten, stiftete Dalberg eine Hilfskasse für Zwischenkredite. 1812 liberalisierte er das Schulwesen.

2.4.1 Katholischer Armenkasten und „Stipendium Pauperum"

Obwohl Frankfurt keine Ansprüche im linksrheinischen Gebiet geltend machen konnten, wurden durch den Regensburger Reichsfriedensschluss 1802 die katholischen Kollegiatstifte (Bartholomäus, Liebfrauen, Leonhard) und die vier Männerklöster (Antoniter[67], Karmeliter, Johanniter, Kapuziner) auf und übertrug ihr fast 10 Mill. Mk umfassendes Vermögen (Häuser, Güter, Kirchen) am 1. Dezember 1802 der Stadt Frankfurt.[68] Nur die fast vermögenslosen Nonnenklöster mit ihren Mädchenschulen bestanden weiter.[69] Die Stadt verpflichtete sich, für den Unterhalt der Kirchen (Dom/St. Bartholomäus, Leonhard, Liebfrauen) und der Schulen aufzukommen, was bis heute gilt. Außerdem sollte ein katholisches Gymnasium eingerichtet werden, was aber nie erfolgte. Das dem Rat unterstellte „Reichsstadt Frankfurtische Geistliche Güteradministrationsamt" versteigerte den verwertbaren kirchlichen Besitz, was meist unter dem realen Wert erfolgte und nicht die erhofften Einnahmen erbrachte.[70]

Die drei konfessionellen Armenanstalten wurden als örtliche bzw. Pfründestiftungen mit säkularisiert, aber der Stadt „zur gesetzmäßigen Disposition mit überlassen".[71] Bereits am 25. November 1802 hatte der Rat die katholischen Bürger beruhigt, „dass es mit der Gesinnung des Rates in Widerspruch stehen würde, die Stiftungen anders als wofür sie gewidmet sind, zu verwenden." Der Rat übernahm die „Administration und Verwendung", beließ aber die bisherigen Vorsteher und Verwalter in ihren Ämtern und sicherte zu, bei der künftigen Organisation Klerus und katholi-

---

66 Friedrich Schlosser, Darstellung der Verhältnisse des Vorstandes der katholischen Gemeinde zu Frankfurt und ihrer allmählichen Entwicklung, Manuskript, Frankfurt 1822, § 22 (DAF I.5.A).

67 Das Antoniterkloster in Höchst wurde als letztes bestehendes Kloster säkularisiert und teilweise abgerissen. Zur Geschichte des Antoniterklosters siehe vor allem Wolfgang Metternich, Die Justinuskirche in Frankfurt am Main-Höchst, Königstein 2019.

68 Frankfurter Volksblatt Nr. 234 v. 12.10.1905.

69 Schatz, S. 73.

70 So kaufte Dalberg 1808 die im Dominikanerkloster gesammelten niedrig taxierten Gemälde (Dürer, Holbein, Grünewald) und Gegenstände auf, an denen die Stadt nicht interessiert war. 1878 gelangten sie in den Besitz des Historischen Museums.

71 Auch das evangelische Waisenhaus an Alt St. Nikolai wurde aufgelöst.

sche Bürger mit einzubeziehen.[72] Während beim „Stipendium Pauperum" zwei Senatsmitglieder als Stiftungsaufsicht eingesetzt wurden, die jederzeit ein Recht auf Einsicht in die Bücher hatten und denen ein Jahresbericht vorzulegen war,[73] wurden der „Gemeindekasten" und das „Privatarmeninstitut „aufgrund ihres privaten Charakters von der städtischen Aufsicht ausgenommen. Der Senat behielt sich vor, „nach eintreffenden Umständen etwa nötig werdende anderweitige Verfügungen für die Erhaltung und zweckmäßige Administration dieser Armenanstalten (...) eintreten zu lassen.[74]

Dalberg bestätigte im Toleranzedikt vom 10. Oktober 1806 „sämtlichen frommen, milden und wohltätigen Stiftungen (...) ihr Eigentumsrecht feierlichst"[75] und setzte am 24. Juni 1808 eine „Geistliche Güter-Administration" unter Vorsitz von Antonius Brentano und Jacob Guiolett ein, die die das säkularisierte Kirchenvermögen zugunsten katholischen Kirchen und Schulen verwalten und die Einnahmen für milde und fromme Zwecke verwenden sollte. Dalberg hob die 1802 eingeführte Aufsicht des Senats über die das „Stipendium pauperum" wieder auf und setzte eine Kommission aus dem Mainzer Weihbischof Karl Josef von Kolbern und Staatsrat Freiherr Karl von Eberstein zur Verwaltung aller katholischen Armenanstalten ein, deren Jahresberichte vorgelegt werden mussten. Wichtige Entscheidungen blieben genehmigungspflichtig. 1806 übernahm die Stadt das Weißfrauen- und das Katharinenkloster, finanzierte aus den Erträgen des Klostervermögens weiter die nun weltliche Gemeinschaft der Konventualinnen. Am 1. Januar 1811 beendete Dalberg das gemeinschaftliche Leben der Konventualinnen im Weißfrauen- bzw. im Katharinenkloster, die neben der Auszugsprämie von 25 Gulden eine Rente von 350 Gulden erhielten.

Auf Beschluss der Kommission fusionierten am 1. Januar 1808 der Katholische Armenkasten und das „Stipendium Pauperum" mit zunächst getrennter Rechnungslegung. Die Leitung übernahm bis zu seinem Tod 1831 der Geistliche Rat Lothar Franz Marx.[76] Über die Hilfe suchenden Armen wurde ein Protokoll verfasst, „worin die beigebrachten schriftlichen Empfehlungen, die besonderen Verhältnisse des Armen, und endlich die eingeholten näheren Nachrichten über den Bedürfnisstand genau zergliedert" und mit Mehrheit entschieden wurden.[77]

Dalberg setzte am 2. März 1808 eine Allgemeine Armenkommission ein, in der die drei christlichen Konfessionen je ein geistliches Mitglied

---

72 Felix Hammer, Rechtsfragen der Kirchensteuer, Tübingen 2002, S. 34.
73 Die Verwaltung der hiesigen kath. Armenanstalten überhaupt und der sogenannten Stipendii Pauperum (DAF-Akten der kath. Kirchengemeinde- Fasc.2), hier zit. nach Werthmann, S. 4.
74 Akten des Administrationsamtes vor 1803 (ISG), zit. nach Werthmann, Caritasbewegung, S.9.
75 Toleranzedikt v. 10.10.1806, § 1, zit. nach Werthmann, Caritasbewegung, S. 9
76 Lothar Franz Marx (1767–1831), Theologiestudium in Mainz und am Collegium Germanicum in Rom, 1787 Priesterweihe, 1788 Kanoniker in Frankfurt, 1794 Ablehnung der angebotenen Dechantenstelle, anschließend Scholaster bis zur Aufhebung des Liebfrauenstifts am 17. 10.1802.
77 Anlage zum Protokoll der Kath. Armenanstalt 1808–1809 (DAF).

stellten und die die Aufsicht über das gesamte Armenwesen führte. Sie erhielt alle Zuwendungen an milde Stiftungen, die nicht einer bestimmten Religion zugedacht waren, vor allem die des Allgemeinen Almosenkastens. Die übrigen milden Stiftungen wurden wie bisher weiter geführt, mussten aber, um Missbrauch zu unterbinden, ein Protokollbuch führen und die Armenkommission über alle Zuwendungen (Name, Betrag) der öffentlichen und privaten Stiftungen informieren.[78] So erhielten die katholischen Stiftungen eine Übersicht über katholischen Armen gewährten Hilfen. Durchreisende Arme mussten sich über die Polizei an die Armenkommission wenden. Die privaten Stiftungen zahlten der Armenkommission einen jährlich festgesetzten Betrag. Am 29. Mai 1809 wurde verboten, Passanten Almosen zu geben, um das Betteln zu verhindern.[79]

2.4.2 Neuordnung der Armenfürsorge 1810–1814

Dalberg ordnete mit dem Edikt vom 28. Juli 1810 die Armenfürsorge neu, die nun die Unterbringung in einem Armenhaus und eine medizinische Betreuung beinhaltete. Aufgrund der Medizinalordnung 1811 erfolgte diese in den 14 Stadtquartieren kostenlos unter Aufsicht eines städtischen Physikus. Der Sandhof diente als Siechenhaus. 1810 wurde das Waisenhaus wieder seiner ursprünglichen Bestimmung im ehemaligen Frauenhaus zugeführt und damit nach über 200 Jahren die Unterbringung von Waisen mit straffälligen Erwachsenen beendet. Mädchen erhielten eine Dienstbotenausbildung, Jungen wurden auf den Handwerksberuf vorbereitet und besonders begabte Jungen konnten die Realschule besuchen. Katholische Waisen erhielten nun auch Religionsunterricht und konnten am Gottesdienst teilnehmen. Ob im Frankfurter Waisenhaus wie in Mainz, dort aufgrund eines napoleonischen Dekrets von 1811, auch eine Drehlade eingerichtet wurde, ist nicht bekannt. Diese stieß wegen des enormen Anstiegs an Findelkindern bald auf Ablehnung und wurde 1815 wieder abgeschafft.[80] Die Armenkommission unterstützte das Schulwesen[81], wenn „die Haltung armer Kinder katholischer Religion zur Schule dem katholischen Armenfonds zu schwer falle."[82] Für die im Waisenhaus unterge-

---

78   1833 wurde eine Stiftungsordnung verabschiedet, die neben den Verwaltungsordnungen der sechs Stiftungen bestand und bis 1875 in Kraft blieb.
79   Bekanntmachung der allgemeinen Armenkommission v. 29.5.1809, zit. nach Werthmann, Caritasbewegung, S. 12.
80   Deutscher Ethikrat, Wortprotokoll v. 26.6.2008, S. 2.
81   Die katholischen Schulen waren durch den Anstieg der Schülerzahlen überfordert, da die Kosten durch die Defizite der geistlichen Güteradministration nicht mehr gedeckt werden konnten. Während der Schule der „Englischen Fräulein „die reicheren Kinder zugewiesen wurden, wurden mittellose Mädchen in der „Rosenberger Einung" unterrichtet, Für etwa ein Drittel der Kinder erhielt sie Zuwendungen des Bistums Mainz, der Allgemeinen Armenkommission und der Kath. Armenanstalt. Der Unterricht der Jungen erfolgte im Fridericianum. Dalberg stellte dafür jährlich 4.000 Gulden bereit: „Jedem Kind soll nach katholischen Grundsätzen die Schule offenstehen, unentgeltlichen Unterricht auf jedem Kind, sei es das Kind eines Permissionisten, Fremden, Beisassen, Soldaten oder Bürgers genießen, dessen Eltern sich ausweisen, dass ihnen die Entrichtung des Schulgeldes zu schwerfalle." (Werthmann, Caritasbewegung, S. 15).
82   Protokolle der Kath. Armenanstalt 1810 (DAF), zit. nach Werthmann, Caritasbewegung S. 12.

brachten „tief verwirrten Verbrecher" wurde auf dem Klapperfeld ein Arbeitshaus errichtet, in dem diese „am besten durch Einsamkeit zur Selbsterkenntnis gelangen sollten."(Dalberg) Zum Schutz der sozial Schwachen wurde mit der Gesindeordnung (1810) die „hausväterliche Gewalt" über das Dienstpersonal aufgehoben, die private „Zubringerschaft" verboten und ein Dienstregister sowie eine Arbeitsvermittlung unter polizeilicher Aufsicht eingeführt.

2.5 Armenfürsorge in der Freien Stadt Frankfurt (1814–66)

Nach der Vertreibung der französischen Truppen erklärte sich Frankfurt zur „freien Stadt", um dem Anschluss an Bayern oder Nassau zu entgehen. 1814 wurden die Verfassung von 1806 und der Code Napoleon aufgehoben, Katholiken und Juden verloren wieder ihre Bürgerrechte.[83] Am 18. Oktober 1816 wurde mit der Konstitutionsergänzungsakte die bis 1806 geltende Rechtsordnung im Wesentlichen wiederhergestellt, die Patriziervorrechte in Art. 19 allerdings aufgehoben („Die Geburt gibt kein Vorrecht und keinen positiven Anspruch auf Rathstellen"). Von nun an bestimmten nicht mehr Patrizier- und Kaufleutefamilien (Passavant, Gontard, Bolongaro) die Geschicke der Stadt, sondern die „in der Regulierung von Konflikten dem Adel überlegenen, rechtsgelehrten Akademiker".[84] Sie dominierten den Senat, der an die Stelle des Rates trat, und stellten auch überwiegend die beiden, jährlich neu zu wählenden, Bürgermeister.

Da das Bürgerrecht an den Nachweis eines Vermögens von mindestens 50.000 Gulden gebunden war, gab es 1817 unter den 38.657 Einwohnern nur 4.848 voll berechtigte Bürger mit 17.670 Angehörigen. Dazu kamen 3.173 einheimische und 1.170 auswärtige Juden, 3.408 Permissionisten (Ausländer, meist Diplomaten, Kaufleute und Handwerker) sowie die 6.392 Bewohner der Frankfurter Dörfer. Die wieder eingeführte Leibeigenschaft wurde aber 1818 endgültig abgeschafft, auf preußisch-österreichischen Druck hin das Toleranzedikt 1821 aufgehoben und die Juden am 1. September 1824 privatrechtlich wieder gleichgestellt. Mit der Aufhebung der Gesindeordnung 1822 wurden die alten Abhängigkeitsverhältnisse wiederhergestellt, d.h. der „Hausvater" herrschte nicht nur über seine Familienangehörigen, sondern auch über Hausangestellte, Knechte und Mägde, war aber an sich auch für deren Wohlergehen verantwortlich.

2.5.1 Öffentliche Armenfürsorge nur für Lutheraner

Am 30. Dezember 1815 löste der Frankfurter Senat die Armenkommission und die Abteilung der bürgerlichen Armenpflege auf. Da die Finanzierung einer Ersatzlösung fehlte, bestätigte man die milden Stiftungen in der Constitutions-Ergänzungs-Akte vom 18. Juli 1816 und sicherte den Bürgern zu, „in einer besonderen Stiftungsverwaltungsordnung das Nähere über ihre Rechte, Befugnisse und Pflichten, über ihre Verwaltung durch

---

83 Der Berliner Domprediger Philip Marheineke lehnte die katholische und jüdische Gleichberechtigung in protestantischen Staaten ab (Bekehrung der Juden und Christen, Berlin 1820, S.20 und 25).
84 Koch, Grundlagen bürgerlicher Herrschaft, S. 298.

Bürger nach ihrer jetzigen zweckmäßigen Einrichtung und über den bei ihnen einzuhaltenden Geschäftsgang vom gesetzgebenden Körper" zu regeln. 1830 setzte der Senat gegen die Bürgerrepräsentation in der gesetzgebenden Versammlung die Auflösung der Spendensektion des Allgemeinen Almosenkastens durch und beschloss die Aufteilung unter die drei konfessionellen Armenkästen, was vermutlich nie erfolgte. Mit der seit 1815 geplanten Neuordnung des Armenwesens am 9. Dezember 1833 wurden die konfessionellen Armenkästen bestätigt.[85]

1817 wurde das Versorgungshaus als Alten- und Pflegeheim für mittellose und gering verdienende Frankfurter Bürger aller Konfessionen auf dem Klapperfeld eröffnet, das Wohnung, Versorgung und Krankenpflege gewährte. 1819 wurde zusätzlich zum Kastenhospital eine „Anstalt für Irre und Epileptische" eingerichtet, beide 1834 zur „Anstalt für Irre und Epileptische" zusammengelegt als „öffentliche milde Stiftung" aus dem Armenkasten ausgegliedert. Da die Anstalt ständig überfüllt war, beschloss das städtische Pflegamt 1853, eine neue Anstalt außerhalb der Stadtgrenze zu errichten. und begründete dies mit den „Unzulänglichkeiten der jetzigen Anstalt". Am 23. Mai 1864 wurde die neue Anstalt fertiggestellt.[86] 1820 wurde die Leitung des Weißfrauenstifts und des Katharinenklosters zusammengelegt, 1877 entstand das noch bestehende das St. Katharinen- und Weißfrauenstift.

Auch die 1811 eingeführte kostenlose medizinische Behandlung wurde 1817 wieder auf die lutherischen Armen beschränkt, da nur Bürger" an den von ihren Vorfahren errichteten Einrichtungen teilhaben sollten."[87] Sie wurden ab 1818 mit einem jährlichen Aufwand von 360.000 Gulden im Heilig-Geist-Spital betreut, in dem nach 1833 mehrere Armenärzte und drei Armenchirurgen arbeiteten. Insgesamt arbeiteten in Frankfurt 78 Ärzte, 11 Apotheker, 23 Wundärzte und 25 Hebammen unter städtischer Aufsicht.

Alle übrigen Religionsgemeinschaften wie Katholiken, Niederländisch-Lutheraner,' Reformierte und Juden mussten wieder mit eigenen Armenkästen[88] für ihre Angehörigen selbst sorgen und hatten eigene Armenärzte, da ein Krankenhausaufenthalt oft nicht bezahlt werden konnte.

---

85 Werthmann, Caritasbewegung, S. 21; siehe Einige Beobachtungen über die projektierte neue Einrichtung des Armenwesens, Frankfurt 1830 bzw. Einige Bemerkungen betr. die beabsichtigte Übertragung des seither poliz. gehandhabten hies. allgem. Armenwesens an die Gemeinden der 3 christlichen Konfessionen, Frankfurt 1830.
86 http://www.psychiatrie.uni-frankfurt.de/63000257/geschichte (Stand: 15.7.2018).
87 Werthmann, Caritasbewegung, S. 20f.
88 Der neue Katholische Armenkasten entstand 1818, der evangelisch-lutherische 1828 und der jüdische Almosenkasten 1844.

Waisenhaus Klapperfeld um 1830 (Gemälde v. Carl Theodor von Reiffenstein)

Auch das städtische Waisenhaus nahm nach 1817 nur noch lutherische Kinder auf, deren Zahl sich 1824 auf 133 belief. Neben 28–32 Wochenstunden Unterricht mussten sie täglich 2–3 Stunden arbeiten. Da die Zahl der katholischen Waisen zu gering war, um ein eigenes Waisenhaus zu errichten, reichten vermutlich die von Marianne Scherle 1817 dem städtischen Waisenhaus gestifteten 22.000 Gulden aus, um die Aufnahme katholischer Waisen zu sichern. 1829 wurde in der Seilerstraße ein weiteres Waisenhaus eingerichtet und ab 1833 wurden im städtischen Waisenhaus auch uneheliche Kinder aufgenommen. Juden und Niederländisch-Lutheraner betreuten ihre Waisen selbst. 1847 entstand der Israelitische Frauenverein zur Waisenpflege jüdischer Mädchen, 1865 das Waiseninstitut der niederländisch-lutherischen Gemeinde, 1873 das israelitische Knabenwaisenhaus und 1874 die Sigmund-Stern'sche Waisenstiftung.

Geprägt von den Ideen Pestalozzis brachte die Stadt ab den 40er Jahren die Kostkinder verstärkt in Pflegefamilien unter und legte in der Medizinalordnung 1841 eine Anzeigepflicht fest, damit der Stadtaccoucheur (Geburtshelfer) diese drei- bis viermal pro Jahr überprüfen konnte. 1858 diskutierte die Stadtverordnetenversammlung über die Auflösung des Waisenhauses, das dann 1860/66 zugunsten der Familienpflege aufgegeben wurde, nachdem auch das Waisenhaus in der Seilerstraße Anfang 1857 geschlossen und dort die „Höheren Bürgerschule" (Klingerschule) eröffnet worden war. 195 Waisen wurden in sieben Kleinstädten außerhalb Frankfurts in Pflege gegeben. Die Auswahl der Pflegeeltern war umstritten, da auf eine konfessionelle Übereinstimmung von Familie und Pflegekind kein Wert gelegt wurde. Wie die jüdische und niederländisch-lutherische Gemeinde übernahmen auch die Vinzenz- und Elisabethenvereine die Betreuung der katholischen Waisen selbst und brachten sie in katholischen Familien unter.

Angesichts der unzureichenden öffentlichen Fürsorgeeinrichtungen engagierten sich viele Bürger nun auch im sozialen Bereich. Die neuen Stiftungen waren teilweise selbständig, teils standen sie als „milde öffentliche Stiftung" unter Aufsicht der Stadt. Frankfurt wurde wegweisend für ein Netz privater Stiftungen im kulturellen und sozialen Bereich. Allerdings kritisiert Anna Werthmann, dass die Stadt, der „die Sorge für eine gerechte und stiftungsmäßige Verwaltung der von privater Seite gespendeten Mittel oblag, (...) keine Bedenken trug, die Aufgaben der Stiftungen, wenn es ihr nötig erschien, zu ändern."[89]

1822 gründete die Polytechnische Gesellschaft die „Frankfurter Sparkasse", damit die meist ortsfremden Hausangestellten, die nur etwa 60

---

89   Werthmann, Caritasbewegung, S. 3.

Gulden monatlich verdienten, für den Notfall vorsorgen konnten. Viele waren nicht in der Lage, einen Krankenhausaufenthalt zu bezahlen, abgesehen davon, dass ein großer Bedarf an Krankenhausbetten bestand. Ärzte wie Theobald Christ, Heinrich Fröbel, Heinrich Hoffmann[90]und Georg Varrentrap[91] machten immer wieder auf Missstände aufmerksam und gewannen private Sponsoren für ihre Projekte im Bereich der Kranken-, der Gesundheits- und Erholungsfürsorge. Theobald Christ stiftete 1835 sein Vermögen der Stadt mit der Auflage, „ein für sich bestehendes Hospital für arme kranke Kinder und eine Entbindungsanstalt für arme in hiesigem Bürger- und Heimathsrecht stehende Frauenpersonen" zu errichten. 1859 stiftete Freiherr Ludwig Friedrich Wilhelm von Wiesenhütten 400.000 Gulden für ein „Versorgungshaus und Wiesenhüttenstift", das für gering vermögende Bürger über 60 Jahre bestimmt war.[92] Der nach langen Diskussionen beschlossene Neubau des Bürgerhospitals stockte nach der Annexion Frankfurts 1866, da sich der neue Rat nicht mehr an die alten Beschlüsse gebunden fühlte. Erst 1875 wurde der Neubau des Bürgerhospitals mit 12 Krankensälen in Betrieb genommen. Im gleichen Jahr gründete Louise Freifrau von Rothschild das „Clementine-Mädchen-Hospital" für 5–15jährige Töchter bedürftiger Eltern, die gratis behandelt wurden.[93] Erst 1908 wurde das Städtische Krankenhaus gegründet, aus dem die Universitätsklinik entstand.

2.5.2 *Katholische Armenfürsorge*

1818 lebten in dem etwa 40.000 Einwohner zählenden Frankfurt 2.565 Katholiken mit Bürgerrecht und 3.323 Katholiken ohne Bürgerrecht, überwiegend Dienstboten.[94] Gemeinsam mit den katholischen Kaufmannsfamilien[95] machten die katholischen Bundestagsdiplomaten Frankfurt „zu einem der bedeutenderen geistigen Umschlagplätze für den deutschen Katholizismus. So war das Leben in der einzigen Pfarrei St. Bartholomäus/Dom mit den Pfarrbezirken Liebfrauen und St. Leonhard[96] eher kosmopolitisch großdeutsch orientiert und verhinderte letztlich auch eine

---

90 Heinrich Hoffmann übernahm 1851 die Leitung des städtischen Irrenhauses, kämpfte ab 1856 für eine bessere Unterbringung und konnte 1864 die „Anstalt für Irre und Epileptische" mit 200 Betten beziehen.
91 Georg Varrentrap forderte 1854 den Bau einer Kanalisation und ein Gesamtkonzept für die Innenstadt, realisiert wurde dies erst nach 1867.
92 1911 wurde es in „Versorgungshaus und Wiesenhüttenstift" umbenannt und der Neubau in der Richard-Wagner-Straße bezogen.
93 1930 übernahm der „Vaterländische Verein vom Roten Kreuz" das Krankenhaus, ab 1939 wurden nur „deutschblütige" Kinder aufgenommen.
94 Jakob Herr, Die Seelsorge im 19. Jahrhundert bis zur Gegenwart in: Jakob Herr (Hg.) Bilder aus dem katholischen Leben der Stadt Frankfurt am Main im Lichte der Domweihe. Festschrift zur 700-Jahr-Feier der Einweihung des Kaiserdomes, Frankfurt 1939, S. 313.
95 Franz Brentano wurde 1817 Senator und Georg Friedrich Guaita wurde mehrfach zum Bürgermeister gewählt (1822, 1824,1826,1831,1833, 1837 und 1838), 1815 Vorsitzender der kath. Kirchen- und Schulkommission.
96 Außerhalb Frankfurts bestanden nur die Pfarreien Höchst (seit ca. 830) und Rödelheim (seit 1841).

bodenständige katholische Tradition" (Scharp).[97] Im Kirchenvorstand waren auch Freimaurer vertreten.[98] Beda Weber beklagte 1855, sie machen „der katholischen Hierarchie notfalls sogar ihre Reverenz, um sie in selige Ruhe einzuwiegen (...) Sogar die eifrigen katholischen Maurer haben ihre Augen im Schlafe offen, damit der Bischof sich nicht anmaße, allzu scharf in den Haushalt der Gemeinden hineinzusehen."[99]

Beda Weber OSB (Lithographie von Adolf Hauthage 1853)

Die entscheidende Wende brachte die Berufung des Südtiroler Abgeordneten in der Nationalversammlung und Benediktinerpaters Beda Weber[100] (1789–1859) zum Stadtpfarrer im Juni 1849. Da er durch seine Predigten Ansehen auch außerhalb der Paulskirche erworben hatte, traute man ihm zu, den seit dem Mainzer Katholikentag „neu erwachenden Geist schüren" zu können. Weber wurde Mitglied der Kirchen- und Schulkommission und Inspektor der Domschule. Mit ihm erhielten die Frankfurter Katholiken „die zweifellos stärkste Seelsorgergestalt (des 19. Jh.) von einer ausgeprägten Welt- und Zeitnähe" (Eckert)[101] und entwickelten unter seiner Führung Selbstbewusstsein und versuchten sich zu emanzipieren (Nilges).[102] Beda blieb politisch engagiert und kämpfte für eine großdeutsche Lösung und damit gegen Bismarck. 1853 übernahm er die von der preußischen Regierung verbotene Kölner Zeitung „Deutsche Volkshalle", gab dann das „Frankfurter Katholische Kirchenblatt" und die politischen Tageszeitung „Deutschland" (1855) heraus. Beda Weber mobilisierte die Frankfurter Katholiken in der Jesuitenmission 1852 und gründete 1854 einen Altar- und einen Gesangverein. Zusammen mit der Gruppe um Johannes Friedrich Schlosser setzte er sich für die Rechte der Frankfurter Katholiken ein, doch wurden die Vereinbarungen nach der Annexion Frankfurts durch Preußen 1866 nicht übernommen.

---

97   Heinrich Scharp u.a.: Dom und Stadt – Katholisches Leben in Frankfurt, Frankfurt 1963, S. 11.
98   Ralf Roth: Stadt und Bürgertum in Frankfurt am Main. Ein besonderer Weg von der ständischen zur modernen Bürgergesellschaft 1760–1914, München 1996, S. 539.
99   Beda Weber, Cartons aus dem deutschen Kirchenleben, Mainz 1858, S. 229ff.
100   Beda (Johann Chrysanth) Weber (1789–1858), nach Schuhmacherlehre und Gymnasium Bozen Philosophie- und Theologiestudium in Innsbruck und Bozen, 1821 Eintritt Benediktinerorden, 1824 Priesterweihe, bis 1844 Gymnasiallehrer in Meran, 1848 Abgeordneter der Nationalliberalen (Casino) Fraktion um Freiherr Heinrich von Gagern im Frankfurter Vorparlament.1949–1858 Stadtpfarrer von Frankfurt, Er publizierte zahlreiche Werke zum Tiroler Volkstum und rettete auf der Burg Obernontani eine Originalhandschrift des Nibelungenliedes (Staatsbibliothek Berlin).
101   Alois Eckert, Frankfurter Stadtseelsorge in: Frankfurter Domfest 1953, Frankfurt/Main 1953, S. 29.
102   Georg Nilges, Beda Weber. Bahnbrecher einer neuen kirchlichen Ära in Frankfurt. Zur 100. Wiederkehr seines Todestages am 28. Februar 1958 in: JBL 1958, S. 24.

Weber war immer konfliktbereit und kritisierte 1853, dass man versuche, alle Probleme „diplomatisch" ohne Konfrontation zu lösen. In Frankfurt sei

„in moralischer und kirchlicher Beziehung (...) das Ausdrucksame, das Abgrenzende unbeliebt (...) Die 12.000 Katholiken, 60.000 Protestanten und 8.000 Juden leben wie Seeanemonen der mannigfaltigsten Art im nämlichen Elemente von durchsichtiger Klarheit, und wer es wagt, einen Stein in die Flut zu werfen, und sie mit unterschiedlichen Ringen zu kräuseln, kann auf dauerndes Missfallen des Hohen Senates, der Frau Kirchenrätin Ohne-Beruf und des Kaplans Zeitgemäß rechnen."[103]

In den in den 1850er Jahren entstandenen Vinzenz- und Elisabethenvereine dominierten Großbürgertum und Adel, die Stiftungen mit einem Vermögen von über 1 Million Gulden (ca. 15–20 Mill. Euro) gründeten. Im Gegensatz zur finanziellen war die personelle Basis der katholischen Armenfürsorge relativ schwach. Man ging nicht zu den Armen, sondern „erwartete den Armen an der Türe."[104] Belegt sind nur die vertragliche Anstellung eines Armenarztes bis 1883 und zweier Administratoren für ortsfremde Arme.[105] Die caritative Arbeit wurde von Ehrenamtlichen unter Anleitung von Angestellten der kath. Armenadministration erledigt. Waisenkinder und verwahrloste Kinder wurden beinahe ausschließlich in Familienpflege betreut.

2.5.2.1 Die Katholische Armenadministration

Ebenso wie die 1808 eingesetzte Armenkommission wurde am 3. November 1815 auch die von Dalberg eingesetzte Spezialkommission für das katholische Schulwesen aufgelöst und durch die „Katholische Kirchen- und Schulkommission" ersetzt, die bis zu Ihrer Auflösung im Kulturkampf die Aufsicht über die vier bestehenden Volksschulen führte.[106] Aufgrund der Konstitutionsergänzungsakte vom 18. Oktober 1816 arbeiteten Armenkasten und Stipendium Pauperum weiter, da der Mainzer Bischof Colmar jede Änderung ablehnte. Am 14. März 1817 übertrug der katholische Gemeindevorstand, die Aufgaben der bisherigen Kommission einer neuen „Armenadministration", die die Arbeit des Stipendium Pauperum sowie des Armenkastens koordinieren und über alle Ausgaben für Arme und wohltätige Zwecke jährlich einen Rechenschaftsbericht vorlegen sollte. Mitglieder der fünfköpfigen Administration unter Vorsitz eines Geistlichen waren zwei auf drei Jahre vom Gemeindevorstand beigeordnete Mitglieder für das

---

103   Beda Weber, Charakterbilder, Frankfurt 1853, S. 417. Bindestrich im Original.
104   Johannes Diefenbach bei der 50-Jahrfeier des Vinzenzvereins am 8.10.1905 (Frankfurter Volksblatt Nr. 234 v. 15.10.1905).
105   Werthmann, Caritasbewegung, S. 25f.
106   Die Selektenschule an der Liebfrauenkirche und die Domschule waren Jungenschulen, die Schulen der englischen Fräulein und der Rosenberger Einung Mädchenschulen. Da ein katholisches Gymnasium trotz der Vereinbarung im Reichsdeputationshauptschluss nicht gegründet werden durfte, besuchten die katholischen Schüler das städtische Gymnasium oder gingen nach Mainz (Protokoll der kath. Kirchen- und Schulkommission 1815– (ISG 206).

„Stipendium Pauperum" bzw. zwei ernannte Mitglieder aus dem Gemeindevorstand.

Für das Kirchenjahr 1845 liegt ein Jahresbericht vor. Die Armenadministration finanzierte sich durch eine jährliche 1.200 fl Zuwendung des „Stipendium Pauperum" sowie 5.800 fl vom Gemeindevorstand. Diese stammten aus jährlichen Stadtkollekten (3.500 fl), Neujahrskollekte (500 fl), Opferstöcken und Klingelbeutel (700 fl), Messkollekten (350 fl) und milden Gaben und Beiträgen sowie Gottespfennigen (750 fl). Zwar wurde keine Garantie übernommen, aber zugesichert, Mehreinnahmen auch abzuführen. Zusätzlich wurden 1.000 fl aus einem Sonderfonds zugewandt. Alle nicht näher bestimmten Zuwendungen sollten dem Armenkasten und dem „Stipendium Pauperum" zugutekommen. Das Spendenaufkommen belief sich auf 978 Gulden (ca. 15.650 €). Neben einigen Großspenden von mehr als 100 Gulden gab es auch zahlreiche Kleinstpenden, teils aus Anlass einer Taufe, Heirat, Verkauf eines Hauses usw. 303 bürgerliche Familien erhielten eine monatliche Unterstützung, davon 131 für Kost und Logis männlicher Waisen und sehr hilfsbedürftige Eltern. Daneben wurden auch außerordentliche Hilfen an einheimische Arme sowie auch an Durchreisende gewährt. 19 Familien und Einzelpersonen erhielten zusammen 19 Stecken Holz (ca. 25 cbm), 524 Malter Steinkohlengries an 158 Familien, 1.008 Simmern (ca. 22,8 hl) Kartoffeln an 167 Familien. Während des Winters wurden mit Hilfe des „löblichen Frauenvereins" 2.025 Suppenportionen an arme Schulkinder ausgegeben. 170 Jungen und 92 Mädchen wurden vollständig eingekleidet, Jungen erhielten Schreib- und Zeichenmaterialien, Mädchen Näh- und Strickzeug. 13 Jungen konnte eine Lehrstelle vermittelt werden. 118 Personen erhielten Medikamente und/oder eine chirurgische Behandlung. 98 wurden geheilt, sechs starben. Vier Personen wurden Quartierärzten und ins Krankenhaus überwiesen. Ausdrücklich dankte man den Ärzten, die von diesen verordneten Medikamente wurden von der Armenadministration erstattet. Fünf Bestattungen wurden voll getragen, eine teilweise.[107]

1859 verfügte die Armenanstalt über ein Vermögen von 160.000 Gulden (ca. 2,4 Mill. €) Dies belegt auch die Bemerkung Rektor Peter Weckber von 1902[108], es habe nicht „an Geld, wohl eher an Armen" gefehlt und die „hohen Herren mussten damals die Armen geradezu aufspüren"[109]. Widmann[110] erwähnt eine Bemerkung gegenüber Frankfurter Ab-

---

107 Darlegung der Beiträge und Vermächtnisse welche der Katholischen Armen-Anstalt im Jahre 1845 zugekommen sind, Frankfurt 1846. (ISG-Bethmannarchiv W1/9:5 – Nr. 949).

108 Peter Weckber (1841–1917), 1870 Lehrer bzw. ab 1888 Rektor an der Rosenbergschule bzw. später der Domschule, Vorsitzender des Verwaltungsrates des Vinzenzvereins und Mitglied des Kirchenvorstandes.

109 P. Weckber, Der kath. Charitasverband zu Frankfurt a.M. in: Caritas 7 (1902), S. 89.

110 Benedikt Widmann (1820–1910), Musiklehrer, bis 1888 Rektor der Rosenberg-Schule, zeitweise Vorsitzender des Vinzenzvereins Frankfurt.

geordneten im Preußischen Landtag, „Ihr habt ja noch kein Proletariat in eurer Stadt."[111]

Katholische Stiftungen im 19. Jh.

1817	Marianne Scherle	22.000 Gulden	Aufnahme katholischer Waisen im Städtischen Waisenhaus
1822/ 1847	Domdechant von Hohenfeldt	22.000 Gulden	bedürftige katholische Arme und zwei Studienstipendien (1847)
1830	Geistl. Rat Marx'sche Stiftung	50.000 Gulden	Schulgeld für Kinder von bedürftigen und würdigen Eltern
1831	Scheidel-Stiftung		Zinserträge zur freien Verfügung des Stadtpfarrers für Arme
1843/ 1846	Wackerbarth-Effler-Hildebrandt'sche Stiftung	60.000 Gulden	verschämte Arme über 45 Jahre (1843) bzw. für ein Theologiestipendium (1846)
1847	Schwendel'sche Stiftung	17.200 Gulden	Schulgelder an verschämte katholische Familienväter und Arme sowie zwei Studienstipendien (1847)
1846	Luise-von-Guaita-Stiftung	400.000 Gulden	Fürsorge für arme erwerbsunfähige katholische Frauen und Mädchen
	Luise- und Stephan-von-Guaita'sche Stiftung		Einrichtung eines Stiftshauses in der Mainzer Landstraße 25 für 12 gesunde verwitwete Männer über 60 Jahre aller drei Konfessionen, die ihren Haushalt nicht mehr fortführen konnten mit Kost und Verpflegung
1848/ 49	Maria Elisabeth Cavalli	50.000 Gulden	arme und kränkliche katholische Jungfrauen.
1856	Wolfgang Julius Petry-Stiftung	30.000 Gulden	katholische Handwerker zur Niederlassung und Erlangung des Meisterrechts (je 400–500 Gulden Zuschuss)
1859	Pauline-Büttner-Stiftung		schamhafte Hausarme
1863	Louise Brentano-Stiftung	250.000 Gulden	Unterstützung armer, verlassener oder gefährdeter Kinder, die von den Vinzenz- und Elisabethenvereinen betreut wurden.
1865	Schlosser-Stiftung		Arme

2.5.2.2 Katholische Stiftungen – viel Geld für wenige Arme

Die katholische Gemeinde im 18./19. Jh. wies ein großes soziales Spektrum auf. Neben den Kaufmannsfamilien gehörten dazu vor allem Dienstboten, so dass Schatz von einem „Dienstbotenkatholizismus" spricht.[112] Elf der zwölf Mitglieder des Kirchenvorstands stammten aus den Kaufmannsfamilien und gehörten der Höchstbesteuertenliste an.[113] Die vermögenden Bürger engagierten sich konsequent in der katholischen Armenfürsorge.

---

111 B(enedikt) Widmann: Die erziehliche Aufgabe des St. Vinzenz-Vereins in: Charitas 1 (1896), S. 168.
112 Schatz, S. 76.
113 Roth, Stadt und Bürgertum in Frankfurt am Main, Frankfurt 1996, S. 92.

Friedrich Böhmer: „Almosen bringt nur dem rechten Segen, wenn der Geber sich selbstens unnötiger Bedürfnisse entwöhnt und aus christlicher Liebe das hingibt, was er sich selbst entzogen hat."[114] Böhmer unterstützte bedürftige Familien verstorbener Freunde, arme Schüler, verschämte Arme, Krankenpflegegenossenschaften und milde Stiftungen.

Eine besondere Rolle spielte der Kreis um Johann Friedrich Heinrich und Sophie Schlosser[115]. Er bezeichnete Wohltätigkeit als „lebendig fortschreitende Tat „und ging davon aus, dass arbeitsfähigen Menschen nur durch ihre eigene Tätigkeit gerettet werden [können] (...) Diese zu wecken und zu spornen, ist die Aufgabe des Menschenfreundes. Almosen, welches dieses lähmt, ist Gift."[116] Sie verstand „opera pia" darin, auf ihre Kosten verlassene Kinder in Waisenhäusern unterzubringen. Sowohl ihr Sommersitz Stift Neuburg bei Heidelberg als auch ihre Frankfurter Wohnung wurden zum Sammelpunkt „vieler hervorragenden Katholiken", und entscheidend für die Entwicklung des katholischen Lebens im Vormärz.[117] Dazu zählten u. a. Clemens Brentano, der Maler Edward von Steinle[118] und der Historiker Johannes Heinrich Janssen.[119]

2.5.2.3 Marienverein

Nachdem während des großen Rheinhochwassers 1849 Altkleidung für die betroffenen Dörfer im Rheingau gesammelt worden war, wurde auf Vorschlag der Frauen kurz darauf ein Marienverein gegründet, der jede Woche einen Nachmittag mit dem Ausbessern der Kleidungsstücke zubringen sollte, um arme Schulkinder und Erstkommunikanten ausstatten zu können. An Weihnachten 1849 wurden 25 arme Schulkinder, 1851 über 100 beschert, meist Bekleidung für arme Mädchen. Grundsätzlich wurde kein Geld ausgehändigt. Dank Zuwendungen anderer Vereine weitete der Nähverein seine Tätigkeit stark aus und konnte 1851 eigene Räume beziehen und nun auch neue Kleidungsstücke anfertigen.

Da die Kinder in den Bürgerfamilien von etwas älteren Kindermädchen beaufsichtigt wurden und es kaum Familien gab, in denen beide Elternteile berufstätig waren, bestand in der Dompfarrei zunächst kein Bedarf, parallel zu den neu entstandenen evangelischen Einrichtungen einen eigenen Kindergarten einzurichten. Weber gründete stattdessen einen

---

114 Werthmann, Caritasbewegung, S. 30.
115 Johannes Friedrich Heinrich Schlosser (1780–1851), Jurastudium Halle, Jena und Göttingen, 1806 Rat am Stadt- und Landgericht, dann bei der Oberschul- und Studienkommission. Schlosser arbeitete an einem Handelsgesetzbuch für Frankfurt. 1814 Abgeordneter beim Wiener Kongress. Unter dem Einfluss von Klemens Maria Hofbauer konvertierte er mit seiner Frau Sophie du Fay zum Katholizismus , legte alle politischen Ämter nieder, war aber noch an den Beratungen für die Konstitutionsergänzungsakte beteiligt. Er förderte die Kunst der Nazarener und vermachte seine umfangreiche Bibliothek dem Mainzer Priesterseminar
116 Weber, Charakterbilder, S. 114.
117 Werthmann, Caritasbewegung, S. 16ff.
118 Edward von Steinle (1810–86) stammte aus Wien und 1850 erster Professor am Städelschen Institut. Von ihm stammen u.a. die Freskengemälde im Kaisersaal des Frankfurter Römers und im Frankfurter Dom.
119 Johannes Heinrich Janssen (1829–91), 1854 Professor für Geschichte am Frankfurter Gymnasium 1860 Priesterweihe, bedeutendster kath. Historiker im 19. Jh.

„Engelverein" mit einer caritativen und pädagogischen Aufgabe. Jedes Kind sollte wöchentlich mindestens einen Kreuzer ihres Taschengeldes abgeben, um damit eine Anstalt zu gründen und erhalten, „worin verwahrloste Kinder weiblichen Geschlechtes erzogen und in unserer gründlich unterrichtet werden sollten, sowie auch in all jenen Fächern, deren Erlernung sie dereinst fähig machen würde, ihr Brot auf eine rechtliche, Gott wohlgefällige Weise zu verdienen." Weitere Unterlagen konnten nicht aufgefunden werden.

2.5.2.4 Vinzenzverein Liebfrauen

Edward von Steinle
(Porträt Schertle 1846)

Nach der Gründung zahlreicher Vinzenzvereine in seiner Heimat regte der belgische Legationssekretär van Bergauven die Gründung eines Frankfurter Vereins an. Am 8. Oktober 1855 gründeten neun Herren, darunter Beda Weber und der Senior des katholischen Gemeindevorstandes Sebastian Rinz[120], der österreichische Legationsrat Adolph Freiherr von Brenner-Felsach, Attaché Fallon, Frey und Hörster, Kuebler, und Rektor Widmann den „Vinzenz-Verein" an der Liebfrauenkirche. Wenig später stießen Edward von Steinle, Baron v. Biegeleben, die Herren v. Mörs und v. Wetzel sowie Johann Vinzenz Buzzi[121] und 1864 der Rektor Johannes Diefenbach[122] dazu.[123] Erster Präsident wurde Legationssekretär von Reyer.[124]

Bereits nach der ersten Sitzung wurden sechs Familien auf Vorschlag der Armenadministration besucht. Im ersten Jahr wurden 58 Familien und Einzelpersonen mit Lebensmitteln, Brennmaterial, Kleidung und Bettzeug unterstützt. Außerdem wurde Geld zur Auslösung von Pfändern, zur Bezahlung von Arzneimitteln und Miete bereitgestellt. Insgesamt belief sich der Aufwand 1856 auf 1800 Gulden. Anfangs verteilte man Bargeld, später nur noch Sachspenden, vor allem Kohlen. Der Vinzenzverein finanzierte sich zunächst aus Spenden. Edward von Steinle setzte beim Kirchenvorstand Dom/Bartholomäus zwei Feiertagskollekten durch, denen 1880 eine dritte folgte, die an Weihnachten, Ostern und Pfingsten abgehalten wurden.

Besonderen Wert legte man auf eine gute Bildung. So erklärte Widmann 1866: „Der unmittelbare Einfluss besteht darin, (…) die verarmten

120 Sebastian Rinz (1782–1961), Stadtgärtner, entwarf den Hauptfriedhof und den Alleenring nah dem Abbruch der Stadtbefestigung.
121 Heinrich Vinzenz Johann Buzzi (1808–1876), Kaufmann aus Leiden/Niederlande, hinterließ große Teile seines Vermögens der katholischen Gemeinde, die teilweise in der Buzzi-Stiftung zusammengefasst wurden.
122 Johannes Diefenbach (1832–1911), Rektor an Deutschorden.
123 Frankfurter Volksblatt Nr. 234 v. 15.10.1905.
124 In der 5. Sitzung übernahm der Kaiserliche Legationsrat Adolph Freiherr von Brenner-Felsach, in der 44. Sitzung Beda Weber selbst bis zu seinem Tod den Vorsitz. Von 1858–1869 amtierte Stadtpfarrer Thissen und dann bis 1900 Rektor Widmann

Familien oder einzelne Personen selbst [zu] besuchen, da wo es notwendig ist, die Irrenden zurechtzuweisen, saumselige, pflichtvergessene Eltern an ihre heilige Pflicht [zu] erinnern, schwache in der Erziehung ihrer Kinder zu unterstützen, Sorge [zu] tragen für regelmäßigen Schul- und Kirchenbesuch." Man unterstützte die Bibliothek des Borromäus-Vereins und ließ jährlich auf Vorschlag v. Steinles einen katholischen Kalender verteilen.[125] Johannes Heinrich Janssen betonte: „Wir müssen die Armen nicht allein mit den Augen des Leibes ansehen, sondern mit den Augen des Geistes, und überhaupt starken Glauben haben an die Würde der Armen und innige Liebe gegen sie."[126] Hilfeersuche alleinstehender Frauen, Witwen und Jungfrauen wurden vom Vinzenzverein bearbeitet und von Frauen des Marienvereins bzw. später des Elisabethenvereins überbracht.[127]

2.5.2.5 Elisabethenverein Liebfrauen

Thissen wandelte am 16. März 1859 den Marienverein in einen Elisabethenverein um, der die Statuten des 1848 gegründeten Kölner Elisabethenvereins übernahm und wie der Vinzenzverein in Liebfrauen angesiedelt wurde. Ziel war es: „durch gemeinsames aus Christus, dem Vater der Armen, gegründetes Wirken im Dienste der Armen sich selbst zu heiligen, sich gegenseitig zu erbauen und zu vervollkommnen (sowie) durch Ausübung christlicher Liebeswerke dem Nächsten leiblich und geistig beizustehen." Mitglieder waren Damen des gehobenen Bürgertums und bis 1866[128] auch Ehefrauen bzw. Töchter der Bundestagsgesandten (Hessen-Darmstadt, Preußen, Österreich, Belgien und Italien[129]).[130] Für Thissen gab es in Frankfurt im Vergleich zu Köln noch „keine eigentliche Armut" und so kritisierte er die Damen des Elisabethenvereins „Sie wissen gar nicht, (...) was wirklich Arme sind", nachdem sie sich beklagt hatten, Sekt aus Tassen trinken zu müssen.[131]

Der Elisabethenverein startete mit einem Vermögen von fast 864 Gulden, meist Wertpapiere. Die in der Kasse vorhandenen rd. 66 Gulden wurden aber schon bis zum 13. Juni 1860 bis auf 2 Kreuzer für wohltätige Zwecke ausgegeben. Daraufhin wollte man das Spendensammeln einstellen. Thissen vermerkte auf dem Protokoll vermerkte „gelesen und nicht genehmigt". Eine Woche später brachte er 60 Gulden, die er auf einer Taufe beim österreichischen Gesandten gesammelt hatte. 1860 organisierte man mit dem Vinzenzverein erstmals eine Lotterie, die 424 Gulden ein-

125 Frankfurter Volksblatt Nr. 233 v. 11.10.1905.
126 Ludwig Pastor, Johannes Janssen 1829–1881. Ein Lebensbild, vornehmlich nach den gedruckten Briefen und Tagebüchern desselben, Freiburg 1892, S. 43 .
127 Frankfurter Volksblatt Nr. 233 v. 11.10.1905.
128 Nach der Annexion Frankfurts durch Preußen verließ der Bundestag Frankfurt und löste sich kurz darauf auf.
129 Gemeint ist das zu Österreich gehörende Königreich Lombardei-Venetien.
130 Bis 1880 stand Caroline v. Steinle dem Elisabethenverein vor, danach folgten Wilhelmine Nettelrode (1880–81), Josefine Fronmüllerr (1881–1906) und Frau Prof. Charlotte Krebs (1906–08). Nach 1910 übernahm der Stadtpfarrer den Vorsitz.
131 zit. nach Festrede zur 50jährigen Jubelfeier des Frankfurter Elisabethenvereins v. 19.11.1909 (DAF-IV.15.B).

brachte und bis zum Weltkrieg zur wichtigsten Finanzierungsquelle wurde.[132]

Da die meisten Mitglieder aufgrund ihres sozialen Hintergrunds mit der Betreuung und ggfs. notwendigen Pflege überfordert waren, bemühte sich Stadtpfarrer Münzenberger erfolgreich um Pflegeschwestern, doch kamen diese als Folge des Kulturkampfes nur beschränkt zum Einsatz und so wurde dieser zur Bewährungsprobe für die Vinzenz- und Elisabethenvereine.

2.5.2.6 Pflegeorden und ambulante Krankenpflege

Während die Kaufmannsfamilien in der Lage waren, ihre Krankenpflege sicher zu stellen und im günstigsten Fall ihre Bedienstete mit versorgten, waren die katholischen Tagelöhner auf sich allein gestellt, da sie von der Versorgung und Betreuung des Allgemeinen Armenkastens generell ausgeschlossen waren. Da viele den Aufenthalt im Krankenhaus nicht bezahlen konnten, erfolgte die Betreuung durch den Katholischen Armenkasten ambulant. Zwar ist bekannt, was vom Armenkasten ausgezahlt wurde, nicht aber, ob diese Pflege nur von Angehörigen oder auch von anderen erfolgte.

Da sich bald zeigte, dass die im Marienverein ehrenamtlich tätigen Ehefrauen und „höheren Töchter" der bürgerlichen Familien ohne besondere Pflegekenntnisse überfordert waren, sah sich die katholische Gemeinde gezwungen, einen ambulanten Dienst einzurichten. Beda Weber gewann 1853/54 Schwestern des Elsässer Pflegeordens „Töchter des Allerheiligsten Erlösers" (Niederbronner Schwestern)[133] dafür, von ihrem Darmstädter Kloster aus auch in Frankfurt zu arbeiten. 1856 wurde erneut im „Katholischen Kirchenblatt" beklagt, dass es keine barmherzigen Schwestern gebe: „Diese sind es, die all diesen Übeln abhelfen können, diese übernehmen die Pflege der Kranken in und außer dem Kloster, sie übernehmen den Unterricht und die Pflege armer verwahrloster Kinder und unglücklicher Mädchen. Nur mit diesen vereint, werden die bisher bestehenden Vereine mit wahrem Nutzen wirken können."[134] Daraufhin beschloss der Vorstand der Armenadministration am 29. Dezember 1857, barmherzige Schwestern zu berufen.[135] Die zur Abwicklung der Hille-Erbschaft eingesetzte Kommission unterstützte dies, weil „durch die Berufsthätigkeit eines solchen Ordens (...) ein näheres Erkennen des Nothstandes am zuverlässigsten erreicht und dadurch den dargebotenen Spenden und Hülfsmitteln eine gedeihliche Entwicklung zugesichert (werde)". Nach dem Gemeindevorstand stimmte am 20. März 1858 auch Bischof Blum zu.

---

132   Festrede v. 19.11.1909 (DAF-IV.15.B).
133   Mutterhaus in Niederbronn/Elsass.
134   Katholisches Kirchenblatt 1856. zit. Werthmann, Caritasbewegung, S. 64.
135   Einige Mittheilungen über die Begründung und den gegenwärtigen Stand der Frankfurter Niederlassung der barmherzigen Schwestern zu Dernbach, Frankfurt 1883 (DAL-118/E2).

Maria Katharina Kaspar

Ignatius Lötschert

1851 gründete Maria Katherina Kaspar[136] die „Barmherzigen Schwestern aus der Genossenschaft der Armen Dienstmägde Christi". Die vom Land stammenden und meist jungen Schwestern hatten häufig Schwierigkeiten, sich im städtischen Leben zu Recht zu finden, da sie mit den Lebensbedingungen der Arbeiterfamilien wenig vertraut waren. Sie waren meist gesundheitlich anfällig, in der Krankenfürsorge starben viele relativ früh. 1856 gründete Ignatius Lötschert die „Barmherzigen Brüder von Montabaur". Beide Pflegeorden übernahmen die ambulante Pflege und die Kinderbetreuung im Bistum Limburg.

Da der Senat das Gesuch einer protestantischen Gemeinde um Diakonissen aus Neuendettelsau abgelehnt hatte und Thissen eine Ablehnung befürchtete, entschied man sich erst am 23. November 1859 für die Berufung von vier Dernbacher Schwestern. Diese wurden von Wiesbaden aus tätig, um Schwierigkeiten mit dem Senat aus dem Wege zu gehen. Am 1. März 1860 richteten sie im Haus Berger im Mittelweg 46 (später Nr.30) eine Krankenpflegestation ein. Morgens fuhren sie nach Frankfurt, kehrten abends nach Wiesbaden zurück und nutzten in Notfällen die Wohnung des Kunstmalers Simon Wolf zur Übernachtung.

Nachdem sich die Lage beruhigt und das Pendeln als unpraktisch erwiesen hatte, berief der Gemeindevorstand weitere Schwestern und errichtete im Dezember 1860 eine Niederlassung mit sechs Schwester in einem Haus zwischen Dom und Römer. Die Zahl der Schwestern stieg bis 1864 auf 15, so dass immer größere Wohnungen in der Straße „Hinter dem Lämmchen" Nr. 4, dann am Markt Nr.8 und an der Ecke Große Sandgasse/Großer Kornmarkt angemietet werden mussten Schließlich erwarb die katholische Gemeinde das ganze Haus Berger mit 17 Zimmern sowie als Schwesternunterkünfte geeigneten Kammern und eröffnete dies am 1. August 1868. In der kleinen Hauskapelle durften erstmals seit der Reformation auch außerhalb der Innenstadt Gottesdienste gefeiert werden.

---

136 Maria Katharina Kaspar (1820–98), 1848 Gründung eines „frommen Vereins" mit gleichgesinnten Frauen und Errichtung einer Klause, 1851 Gelübde mit vier Frauen vor Bischof Blum und damit Gründung der „Armen Dienstmägde Christi", Heiligsprechung am 14.10.2018.

2.6 Katholische Soziallehre im 19. Jh.

In vornapoleonischer Zeit war am Rhein ein selbstbewusstes Bürgertum entstanden, das sich wie die Cisrhenanen in Mainz und Köln im Streben nach Freiheit auch gegen Napoleon stellte und zum Träger der demokratischen Bewegung des Vormärz werden sollte. Die Ideen der Aufklärung wurden in der „Germania sancta" (Köln, Mainz, Trier), in Bayern und Österreich gelehrt und Reformen im Sozial- und Schulbereich eingeleitet. Während bis Anfang des 20. Jh. kein protestantischer Landesherr einen katholischen Professor an seine Universität berufen hätte, lehrten protestantische Professoren an den katholischen Universitäten, u.a. der Weltumsegler Georg Forster (mit Cook) und der Schweizer Historiker Johannes von Müller.

Nach dem Ende des Ancien Régime 1802/03 engagierte sich das katholische Bürgertum im Rheinland und in Baden für die politische und soziale Neugestaltung Deutschlands und entwickelte „massenbezogene Aktions- und Organisationsformen, um einen Teil ihres gesellschaftlichen Einflusses zu erhalten oder wiederzugewinnen,"[137] da man durch die Säkularisation die finanzielle Basis der caritativen und erzieherischen Arbeit verloren hatte. In Aachen, Münster, Mainz und München formierten sich politische Zirkel aus Theologen und Laien, die sozialpolitische Vorstellungen entwickelten, um die sozialen Interessen öffentlich zu vertreten. Unterstützt wurden sie durch Bischöfe zunehmend bürgerlicher Herkunft, wie die Bischöfe des 1827 gegründeten Bistums Limburg.[138] Der Münchener Kreis um Joseph Görres und der Mainzer Kreis um Bischof Joseph Ludwig Colmar (1760–1818)[139] knüpften an die demokratischen Bestrebungen der Cisrhenanen an und prägten mit den Zeitschriften „Rheinischer Merkur" und „Der Katholik" die katholische Meinung.[140]

Um die negative Folgen der industriellen Revolution abzuwehren, wurde auf dem linken Rheinufer eine neue katholische Armenpflege mit Hilfe im Elsass und in Lothringen ansässiger Pflegeorden aufgebaut. Nach einer Reise des Fabrikanten und Stadtrats Hermann Josef Dietz und Clemens Brentano im März 1828 nach Paris und Lothringen übernahmen die aus Nancy stammenden Borromäerinnen, die seit 1811 im Trierer Bürgerspital arbeiteten, 1829 auch die Krankenpflege im Koblenzer Bürgers-

---

137   Martin Stankowski, Linkskatholizismus nach 1945, Köln 1974, S. 6.
138   Während die ersten Bischöfe des 1827 errichteten Bistums Limburg, Jakob Brand (1827–33) und Wilhelm Bausch gegenüber dem reformierten Herzog Adolf von Nassau konfliktscheu waren, forderte Bischof Peter Josef Blum die freie Ernennung der Dekane und Pfarrer sowie die freie Verwaltung des Kirchenvermögens, nachdem Herzog Adolf im März 1848 der „Beseitigung aller Beengungen der uns verfassungsgemäß zustehenden Religionsfreiheit „zugestimmt hatte. Die Restauration nach 1849 verhinderte die Realisierung, doch bemühte sich Blum erfolgreich um die Ansiedlung von Ordensgemeinschaften und die Wiederbelebung von Klöstern.
139   Joseph Ludwig Colmar (1760–1818), 1783 Priesterweihe, 1802 von Napoleon zum Bischof des neuen verkleinerten Bistums Mainz ernannt.
140   außerdem u.a. Rheinischer Merkur (München), Der Religionsfreund für Katholiken (Würzburg 1822) und die Katholische Kirchenzeitung (Offenbach 1831), Süddeutsche Zeitung für Staat und Kirche (Freiburg 1845).

spital. Mit der Darstellung ihrer Arbeit[141] förderte Brentano entscheidend die Ausbreitung und Neugründung von Pflegeorden in Deutschland. wie die „Barmherzigen Schwestern aus der Genossenschaft der Armen Dienstmägde Christi" (Dernbacher Schwestern) 1851 durch Maria Katherina Kaspar und die „Barmherzigen Brüder von Montabaur" 1856 durch Ignatius Lötschert., auf die weiter unten eingegangen wird.[142] Seine Schwester Bettina von Arnim-Brentano bemühte sich vergeblich 1843 mit ihrem Buch „Dies Buch gehört dem König" das soziale Gewissen von König Friedrich Wilhelm IV von Preußen aufzurütteln.

Clemens Brentano   Fréderic Ozanam   Franz Joseph Ritter von
                                                    Buss

Frédéric Ozanam[143] gründete am 23. April 1833 mit sieben Studienkollegen der Pariser Universität Sorbonne die erste Vinzenzgemeinschaft im Pariser Vorort Bailly. Aufgrund der Erfahrungen während der großen Choleraepidemie 1832 mit über 20.000 Toten sollte die neue Gemeinschaft „nicht über Caritas (…) reden, sondern den Armen wirklich (…) helfen" und, so der Generalrat der Vinzenzvereine in Paris am 14. Juli 1841, „erstens ihren Glauben durch die Übung eines christlichen Lebens ehren und zweitens auch in der Lage sind, die Armen in einer, wenn auch noch so geringen Weise unterstützen zu können.[144] Ozanam sah die Prinzipien der französischen Revolution „Freiheit, Gleichheit, Brüderlichkeit" als zeitgemäße Übersetzungen des Geistes des Evangeliums und legte die Basis der katholischen Soziallehre. Vor Karl Marx kritisierte Ozanam die Ausbeutung des Menschen durch die Menschen als Sklaverei: „Wenn der Meister den Arbeiter (…) als Instrument betrachtet, aus dem man zum geringst möglichen Preis so viel Arbeitskraft wie möglich ziehen muss, so ist dies Ausbeutung."[145] Da dem Unrecht durch die traditionelle Einzelfallhilfe nicht

---

141   Clemens Brentano, Die Barmherzigen Schwestern in Bezug auf Armen- und Krankenpflege, 1831.
142   Siehe Abschnitt 2.5.2.6 – Pflegeorden und ambulante Krankenpflege, S. 45f.
143   Frédéric Ozanam (1813–53), Honorarprofessor für Handelsrecht in Lyon, 1844 Professor für vergleichende Literaturwissenschaft an der Sorbonne, 1846 Mitglied der Ehrenlegion, 1997 Seligsprechung.
144   B(enedikt) Widmann: Die erziehliche Aufgabe des St. Vinzenz-Vereins in: Charitas 1(1896), 8-August 1896, S. 168.
145   Zit. nach www.vincentdepaul.be (Stand: 23.11.11) .

beizukommen sei, forderte er 1840 einen sozialen Gesellschaftsvertrag und einen „naturgemäßen Lohn" [Mindestlohn], der Existenz, Kindererziehung und Altersversorgung sicherstellen müsse. Auch die Beteiligung der Arbeitnehmer am Ertrag des Unternehmens gehörte zu seinen Forderungen.

An Ozanam knüpfte der Freiburger Professor Franz Joseph Ritter von Buss[146] an und wurde Wegbereiter für die katholische Soziallehre und die Caritasbewegung. Am 25. April 1837 forderte Buss in der 2. Kammer des Badischen Landtags in seiner Fabrikrede[147] elf Jahre vor dem Kommunistischen Manifest eine gesetzmäßige Ordnung der Arbeiterverhältnisse. Buss entwickelte ein Sozial- und Wirtschaftsprogramm, um die Verelendung der Arbeitermassen zu verhindern. Zu seinen Forderungen gehörten u.a. Hilfskassen mit Beiträgen der Arbeitgeber für Kranke und Unfallgeschädigte, Kündigungsfristen und maximal 14 Stunden Arbeitszeit, eine Beschränkung der Kinderarbeit, eine Fabrikaufsicht und eine Weiterbildung für Arbeiter. August Bebel lobte 1904 Buss, ihm bleibe „der Ruhm, als erster deutscher Parlamentarier für den Arbeitsschutz eingetreten zu sein."[148]

Um den Klerus für die soziale Arbeit zu gewinnen, übersetzte Buss das Werk von Joseph Marie Gérando „System der gesamten Armenpflege" (Stuttgart 1843–46) und forderte 1844 unter dem Pseudonym „Éremites" eine „organische Verbindung zwischen der Armenpflege der Kirche und des Staates". Besonders kritisierte er, dass sich „die Privatarmenpflege (...) gegen allgemeine Anordnungen als (...) Hemmungen ihrer Freiheit wehre, die Staatsarmenpflege aber scheelsüchtig alles überwache, was nicht von ihr ausgeht und wähnt alles getan zu haben, wenn sie in runden Verordnungen ihre Ansichten und Wünsche verzeichnet hat."[149]

Buss forderte den Vorrang präventiver vor repressiven Maßnahmen, Trennung der wahren von der falschen Armut und die Verpflichtung des Armen, „seinen Rest von Arbeitskraft noch zu nutzen", eine wissenschaftliche Fundierung der apostolischen Wohltätigkeit und die Organisation in Vereinen.[150] Der Klerus dürfe sich nicht auf die Seelsorge beschränken, sondern müsse auch seiner sozialen Verantwortung gerecht werden. Buss setzte sich für das Subsidiaritätsprinzip ein: „Was der Einzelne besorgen kann, soll er und nicht der Staat besorgen, und das, was ein Verein von Menschen zu beschaffen vermag, soll nicht der Staat, sondern ein

---

146 Prof. Franz Joseph Ritter von Buss (1803–78), 1833 ao. Professor und ab 1838 ord. Professor für Staats- und Bundesrecht bzw. ab 1844 für Kirchenrecht in Freiburg, 1837 Abgeordneter im Badischen Landtag, 1848/49 der Deutschen Nationalversammlung, 1848 Präsident des ersten Katholikentages, 1863 wegen seiner Verdienste um eine großdeutsche Lösung vom österreichischen Kaiser in den Ritterstand erhoben, 1874–77 Abgeordneter im Deutschen Reichstag. Siehe u.a. Julius Dorneich, Franz Josef Buß und die katholische Bewegung in Baden, Freiburg 1979 bzw. Franz Josef Stegmann (Hg.), Franz Joseph von Buß 1803–1878, Paderborn 1994.
147 Text der Fabrikrede www.erzbistum-freiburg.de als fabrikrede.pdf.
148 Zit. nach www.erzbistum-freiburg.de.
149 Éremites: Der Orden der Barmherzigen Schwestern, Schaffhausen 1844, S. 185
150 Éremites, S. 188

solcher Verein der Beteiligten bewirken."[151] Buss wurde damit zum „Verkünder eines modern gefassten Caritasprogramms"(Liese).[152] Buss, Reichensperger, Beda Weber und Wilhelm Emanuel Freiherr von Ketteler[153] werteten die Pauperisierung als staatliches Versagen und bezeichneten die Sozialpolitik als Aufgabe der Kirche. So forderte Georg Ratzinger: „Für das kirchliche Leben und für die religiös-sittliche Hebung des Volkes, für den Klerus wie für den Laien, ist die Organisation einer freiwilligen Armenpflege von größter Wichtigkeit[154] (...) Meine Vorschläge sind diktiert von dem Wunsche, dass dem unsere sittliche und materielle Lage bedrohenden Pauperismus entgegengearbeitet werde, sind diktiert von der Überzeugung, dass für die Armen weit besser gesorgt wird durch die Organisation der freiwilligen Armenpflege als durch angestrebte Erweiterung der gesetzlichen staatlichen."[155]

1840 entstand in Trier der erste Elisabethenverein, am 17. Mai 1845 in München der erste Vinzenzverein. Alle legten Wert auf die Seelsorge, um die „geistige Verwahrlosung" bzw. „sittliche Gefährdung" zu verhindern, erst danach ging es um tatkräftige Hilfe. 1866 erklärte der Vorsitzende des Frankfurter Vinzenzvereins Benedikt Widmann: „Die Vincentius- und Elisabethenvereine (...) wirken mit all ihrer Kraft dagegen, dass die christliche Armut zum heidnischen Proletariat werde"[156] und forderten Eingriffe in die Familie, um die familiären Erziehungsdefizite aufzuarbeiten: „Leider kommt es nur zu oft vor, dass trotz aller Sorge der gewissenhaftesten Lehrer und Erzieher schon in der Schulzeit bei den Kindern eine derartige Verwahrlosung eintritt, dass unbedingt der Antrag gestellt werden muss auf die Pflegschaft des einen oder anderen Kindes (...) Zwar können wir nicht sagen, dass dabei große Erfolge konstatiert werden können, wenn aber nur einzelne gerettet werden konnten, so war unser Zweck schon erfüllt."[157]

Besonders deutlich wird dies mit dem 1845 von Johann Gregor Breuer und Adolf Kolping in Elberfeld-Barmen gegründeten Gesellenverein. Kolping wandte sich im Sinne von Buss gegen die Trennung von religiösem und sozialem Leben und wies einen neuen Weg zur Lösung der sozialen Frage. Das Ziel des „Gesellenvaters" war die Heranbildung tüchtiger Christen, die ihr Leben in Familie, Kirche, Beruf und Gesellschaft verant-

---

151 Franz Joseph Ritter von Buss, Die Aufgabe des katholischen Theils teutscher Nation in der Gegenwart oder der Katholische Verein Teutschlands, Regensburg 1851, S. 15.
152 Wilhelm Liese, Geschichte der Caritas, Bd. I, S. 333ff.
153 Wilhelm Emanuel von Ketteler (1811–1877), Studium Rechtswissenschaft Göttingen, danach Theologiestudium und 1844 Priesterweihe in Münster, 1844 Kaplan in Beckum, dann Pfarrer in Hopsten, 1848 Mitglied der Nationalversammlung in der Paulskirche, 1849 Probst der St. Hedwigkirche in Berlin, dann Bischof von Mainz
154 Georg Ratzinger, Geschichte der katholischen Armenpflege, München 2. Aufl. 1884, S. 591.
155 Ratzinger, Armenpflege, S. 589; aufgrund der zunehmenden Zahl von Bedürftigen stimmte Ratzinger aber 1895 zu, beide Fürsorgesysteme aufeinander abzustimmen (Georg Ratzinger, Zur Reform der Armenpflege in: Historische Blätter 115 (1895), S. 43).
156 Widmann, Erziehliche Aufgabe in: Charitas 1(1896), S. 168.
157 Schreiben Örtl. Verwaltungsrat Vinzenzverein Frankfurt an Generalsekretär der Vinzenzvereine Deutschlands v. 16. 2. 1923 (SVK-Akte Frankfurt).

wortlich gestalten. Mit ihrem ganzheitlichen Ansatz bemühten sich die Gesellenvereine, den wandernden Handwerksgesellen ordentliche Unterkünfte zu gewähren und ihnen bei der Eingewöhnung in ihre neue Umwelt zu helfen. Nach dem Scheitern der Vormärzbewegung setzte die katholische Volksbewegung auf Vereine, um wie im Mittelalter Zielgruppen spezifisch betreuen zu können. Sie gewann Kleinbauern und Handwerker für sich, die in der Katholischen Bevölkerung gegenüber der Gesamtbevölkerung überrepräsentiert waren, und verbreitete damit die politische Basis des Katholizismus. Während die katholischen Abgeordneten in der Paulskirche 1848 nur aus dem Bürgertum und dem Klerus gekommen waren, saßen nun in den Parlamenten trotz eines ungünstigen Wahlrechts auch katholische Arbeiter und Handwerker.

Nachdem Ferdinand Lassalle am 19. Mai 1863 in Frankfurt eine Ortsgruppe des Allgemeinen Deutschen Arbeitervereins gegründet hatte, wurde der Katholikentag im September 1863 in Frankfurt erstmals mit sozialistischen Ideen konfrontiert, die mit ihrem revolutionären Pathos in bürgerlich-konservativen Kreisen Umsturzängste hervorriefen. Frankfurt wurde „für den deutschen Katholizismus zu einer Plattform, wo die soziale Frage in ihrer stürmisch aufbrechenden Problematik nicht mehr zu Ruhe kam."[158] Walter Dirks meinte später: „Gerade von Frankfurt aus ist diese größere Aufgabe des Menschen und Christen eher und klarer gesehen und verkündigt worden als in den vorwiegend katholischen Bereichen Deutschlands."[159]

Ketteler hatte mit seiner Sozialen Rede auf dem Katholikentag 1848 in Mainz und den sechs Adventspredigten im Dezember 1848 seinen Ruf als „Arbeiterbischof" begründet. In „Die Arbeiterfrage und das Christentum" forderte er die Gründung von Arbeitervereinen, nachdem er bereits in seinem Bistum die Bildung von Gesellenvereinen stark gefördert hatte. Am 25. Juli 1869 formulierte Emanuel von Ketteler vor 10.000 Menschen in seiner Predigt auf der Liebfrauenheide bei Klein-Krotzenburg die „Magna Charta der christlichen Arbeiterbewegung", in der u.a. ein Verbot der Fabrikarbeit von Frauen und Kindern, die Verkürzung der Arbeitszeit für gesundheit-

Wilhelm Emanuel Frhr. von Ketteler, Bischof von Mainz

liche, geistige und religiöse Bedürfnisse, feste Ruhetage, der Schutz des Sonntags, ein umfassender Arbeitsschutz und eine am Wert der Arbeit orientierte Entlohnung gefordert und überparteiliche Gewerkschaftsorganisationen als Berufsverbände des Arbeiterstandes gefordert wurden.

1877 befürwortete Franz Hitze in „Die soziale Frage und die Bestrebungen zu ihrer Lösung" den Vorschlag Ferdinand Lassalles zur Gründung

158   Josef Frank, 100 Jahre Caritas im Bistum Limburg, Limburg 1997, S. 5.
159   Walter Dirks, Die Bewegung der Laien in: Frankfurter Domfest 1953, Frankfurt 1953, S. 36.

von Arbeiter-Produktivgenossenschaften. Daraufhin entstanden katholische Arbeitervereine an Rhein und Ruhr sowie in Schlesien, die größer waren als die sozialistischen Arbeitervereine. Eine maßgebliche Rolle bei der Entstehung der christlichen Gewerkschaftsbewegung spielten Franz und Max Brandts, der 1872 in seinem Textilunternehmen in Mönchengladbach den ersten Betriebsrat eingeführt hatte.

Papst Leo XIII (Detail aus Lenbach-Gemälde)

In der ersten Sozialenzyklika „Rerum novarum" vom 15. Mai 1891 fasste Papst Leo XIII die katholische Soziallehre zusammen und schlug einen Dritten Weg zwischen Liberalismus und Sozialismus vor. Entschieden wurde die Vergesellschaftung der Produktionsmittel und den Klassenkampf entschieden abgelehnt. Die Überführung des Einzelbesitzes in Allgemeinbesitz sei rechtswidrig und gegen die natürlichen Gesetze gerichtet, schade aber auch dem Arbeiter (RN 4,5). Im Anschluss an Thomas von Aquin sei Arbeit, Ehrgeiz und Fleiß auf den Erwerb von Eigentum und Sicherung des Lebensunterhalts ausgerichtet. Der Mensch habe nach getaner Arbeit ein Recht auf seinen Lohn und die damit erworbenen Güter. Eine Vergesellschaftung missachte den Eigentumsanspruch, der „dem Menschen von Natur zukommt." (RN 5) Die Familie sei als Gemeinwesen älter als der Staat und dürfe deshalb von diesem nicht abhängig (sein) und besitze die „gleichen Rechte wie die bürgerliche Gemeinschaft." (RN 10) Er kritisierte ausdrücklich die sozialistische Auffassung von Familie, die „der naturrechtlich-christlichen Eigentumslehre [widerspricht] und die Ruhe des Gemeinwesens stört (RN 12). Der zweite Teil befasste sich mit der Rolle von Kirche, Staat und Arbeiterorganisationen. Da die Kirche zuständig sei, „die Ordnung der menschlichen Gesellschaft mitzugestalten"[160], müsse die Religion als Grundlage dienen. Es werde keine absolute Gleichheit geben. Unterschiede seien naturgegeben und Arbeit bzw. Kapital müssten gemeinsam auskommen. Leo XIII sah es als „allerwichtigste Pflicht§ des Arbeitgebers an, „den Arbeitnehmer achten und ihn gerecht entlohnen. (RN 17). Staat und Gesellschaft müssten unter Wahrung der legitimen Rechte der Einzelpersonen und der Familie" ganz besonders auf die Interessen der Kleinen und Schwachen Rücksicht nehmen". (RN 29,36)[161] Die katholische Soziallehre versteht seitdem unter Gerechtigkeit, die gesellschaftlichen Verhältnisse so zu verändern, dass ein harmonisches Zusammenleben aller ermöglicht wird.

160   Eberhard Welty: Die Sozialenzyklika Papst Johannes XXIII, Freiburg 1961, S. 15.
161   Paul Jostok, Rerum Novarum, Freiburg 1948, Abschnitte 29 bzw. 36.

3. ZWISCHEN GRÜNDERZEIT UND WELTKRIEG (1866–1916)

Gegen Ende des 19. Jh. wandelte sich Deutschland vom Agrarstaat zu einem einheitlichen Wirtschaftsraum mit stark industrialisierten Regionen (u.a. Rheinisch-Westfälisches Industrierevier, Rhein-Main-Dreieck). Gleichzeitig nahm die Zahl der Arbeitsplätze rapide zu und Hunderttausende waren unterwegs, um Arbeit zu finden. Neben wandernden Handwerksgesellen (meist Zimmerleute) gab es Hausierer mit angemeldetem Gewerbe, [162] aber auch eine große Zahl von Straßenmusikanten, Bettlern und Landstreichern. Dank der Eisenbahn konnte man Arbeitskräfte aus entfernt liegenden ländlichen Gebieten und im Ausland anwerben. 1903/04 gab es etwa 1,5 Mill. ausländische Arbeitnehmer in Deutschland, überwiegend aus Italien und dem europäischen Teil des Osmanischen Reiches (Mazedonien, Thrakien).

Viele Arbeitssuchende reisten ohne Arbeitsvertrag und Unterkunft an und waren auf Unterstützung angewiesen. Die meisten Kommunen waren aber weder materiell noch personell in der Lage, die notwendigen Hilfsmaßnahmen sicherzustellen und mussten mangels staatlicher Unterstützung auf private Sponsoren und caritative Organisationen zurückgreifen. Daher behielten sich die deutschen Staaten die Gewährung von Freizügigkeit oder die Kürzung der Armenunterstützung vor. Dies führte dazu, so Peukert, „dass sich jede schlechtbezahlte unsichere und vom Heimatort entfernte Lohnarbeit noch eher lohnte als die Inanspruchnahme der geringen Fürsorgeunterstützung"[163] und der passiven Proletarisierung durch Bevölkerungswachstum und Freisetzung ländlicher Armer kaum durch Wohlfahrt, sondern nur durch aktive Proletarisierung, also der Überführung dieser Überbevölkerung in den Status von industriell beschäftigten Lohnarbeitern begegnet werden"[164] konnte. Um diesen Prozess zu fördern, wurde der Wohnort an Stelle des Heimatortes zum Unterstützungsort und musste die ggf. notwendig werdende Armenunterstützung stellen.

Der Anteil der großstädtischen Bevölkerung stieg zwischen 1871 und 1913 von 5% auf 21% an, die Zahl der Großstädte mit mehr als 100.000 Einwohnern von acht auf 21. Städte und Gemeinden waren auf diesen Zustrom nicht vorbereitet. So gab es zu wenig geeignete Unterkünfte, die Wohnverhältnisse waren katastrophal und die Zahl der Hilfsbedürftigen nahm stark zu. Anfang des 20. Jh. lebten von 60,4 Mill. Deutschen nur noch 31,4 Mill. an ihrem Geburtsort. Ländliche Regionen wie Hunsrück, Eifel, Taunus und Westerwald blieben unterentwickelt und ihr soziales Verhalten war bis in die Mitte des 20. Jh. stark traditionsgeprägt.

Als Folge der wirtschaftlichen Entwicklung stiegen die Löhne bis zur Jahrhundertwende weiter an. Ein Arbeiter verdiente im Jahre 1900 durchschnittlich 834 Mk. Im Ruhrbergbau wurden 1.332 Mk und in der Bauindustrie 1.072 Mk pro Jahr verdient, während die Arbeiter und Arbeiterin-

---

162 Die Preußischen Gewerbeordnung vom 21. Juni 1869 hob das Monopol des ortsansässigen Gewerbes auf und führte die Freizügigkeit für das ambulante Gewerbe ein.
163 Peukert, Sozialdisziplinierung, S. 46.
164 Peukert, Sozialdisziplinierung, S. 45.

nen in der Textilindustrie nur 594 Mk erhielten. Dennoch verbesserte sich die Situation nicht, da auch ein starker Preisanstieg zu verzeichnen war.

3.1 Frankfurt auf dem Weg zum Industriestandort

Nach der Annexion durch Preußen 1866 wurde die Rechtslage den Erfordernissen der Zeit angepasst und die Oberbürgermeister Daniel Heinrich Mumm von Schwarzenstein, Johannes von Miquel und Franz Adickes bauten die Stadt bis zur Jahrhundertwende zu einer wirtschaftlich prosperierenden Großstadt aus. Hunderttausende Arbeitsplätze wurden in der metallverarbeitenden Industrie (u.a. Adlerwerke, Metallgesellschaft), der chemischen und der Elektroindustrie geschaffen.

Miquel betrieb eine sozial orientierte Finanzpolitik, mit der gleichzeitig die Kanalisierung des Mains, der Neubau des Westhafens (1886) und der Bau des Hauptbahnhofs (1888) abgeschlossen werden konnte. Unter Adickes wurde weitere Anrainergemeinden eingemeindet, die Stadtentwicklung (Westend, Nordend und Ostend) vorangetrieben, das Ringstraßensystem und der Osthafen gebaut und die Wohnbedingungen der Arbeiter verbessert. Zwischen 1867 und 1900 wurde das Abwasserkanalnetz ausgebaut, das 226 km umfasste. So blieb man von der Cholera verschont, die in Hamburg 1892 noch 8.605 Tote forderte.

3.2 Anfänge der städtischen Armenfürsorge in Frankfurt

Aufgrund des Zuzugs überwiegend katholischer Arbeitnehmer aus den unterentwickelten traditionell geprägten Regionen Westerwald, Hunsrück und Mainfranken stieg die Bevölkerungszahl in Frankfurt von ca. 78.000 (1876) über 136.000 (1880) und 229.000 (1895) auf 414.000 (1910) an. Das preußische Gemeindeverfassungsgesetz 1866 führte die allgemeine Freizügigkeit ein und schaffte die freistädtische Abschottungspolitik ab, die sozial Schwache ausgeschlossen und das Bürgerrecht nur gegen eine hohe Summe oder bei Einheirat verliehen hatte.

Der ungebremste Zuzug stellte Frankfurt aber wie andere Industriestandorte vor große Probleme, da man darauf nicht vorbereitet war. Es gab ständig Bemühungen Wohnraum für die mittleren und unteren sozialen Schichten zu schaffen, und die gesundheitliche Situation zu verbessern. 1860 wurde die Frankfurter Gemeinnützige Baugesellschaft gegründet, um angesichts des Baubooms im späteren Nord- und Ostend Wohnraum für Arbeiter und ihre Familien zu schaffen. In die durch die Abwanderung frei gewordenen kleinen und einfachen innerstädtischen Wohnungen zogen die zuwandernden Arbeiter ein. Mit dem Ausbau der repräsentativen Innenstadt (Bahnhof, Kaiserstraße, Zeil, Zoo) ab Mitte der 80er Jahre verdrängte man die Arbeiterschaft in Siedlungen am Stadtrand oder nahe den Industriebetrieben. 1890 wurde die „Aktienbaugesellschaft für kleine Wohnungen" gegründet und erstmals Kindergärten und –horte sowie Spielplätze eingeplant. Oberbürgermeister Adickes richtete 1891 das Wohnungsamt ein und verhinderte mit der „Frankfurter Zonenbauordnung"[165] die Entstehung von Slums.[166] 1896 gründete der evangelische Pfarrer Friedrich Naumann die Frankfurter Wohnungsgenossenschaft. Da die im städtischen Besitz befindlichen Flächen für den sozialen Wohnungsbau nicht mehr ausreichten, betrieb man die Eingemeindung der um Frankfurt herum gelegenen Gemeinden (u. a. Seckbach). Nach 1902 entstanden durch die Hellerhof AG weitere Siedlungen, wie Hellerhof, Eckenheim, Dornbusch und Unterliederbach).

3.2.1 Armenordnung vom 1. April 1883

Da Preußen der privaten Fürsorge freie Hand ließ, solange nicht staatspolitische Zielsetzungen betroffen zu sein schienen, waren Kommunen wie Frankfurt auf sich gestellt und mussten den speziellen Anforderungen entsprechend neue Arbeitsbereiche entwickeln, wie Jugendfürsorge, Familienfürsorge und Gefangenenfürsorge. Bis zum Weltkrieg erfolgte eine Neuregelung des Vormundschaftswesens, die Einführung von Jugendämtern und -gerichten, die Ausdifferenzierung der in der Jugendwohlfahrt tätigen Verbände und die Aufnahme verbandlicher und staatlicher Jugendarbeit.[167]

Mit der Einführung preußischen Rechts konnten ortsfremde Bedürftige auch nicht mehr aus- oder abgewiesen, sondern mussten unterstützt werden. Die Polizeisektion als Armenbehörde entschied, wer gegen Entgelt die Personen ohne Unterstützungsanspruch gegen eine der Armenkästen aufnehmen sollte. Polizeisektion und mildtätige Stiftungen arbeiteten aber eher gegen- statt miteinander.

Mit Unterstützung der SPD, der liberalen Fortschrittspartei Friedrich Naumanns, dem Geschäftsführer der Centrale für private Fürsorge Christian Jasper Klumker[168] und zahlreicher jüdischen Mäzene, ehrenamtlich tätigen Bürgern und der konfessionellen Vereine reformierte Stadtrat Karl Flesch die Armenpflege in Frankfurt grundlegend.

Am 1. April 1883 wurde eine Armenordnung erlassen und das Städtische Armenamt[169] als Nachfolger des Allgemeinen Armenkastens geschaffen, das mit 367 Armenpflegern in 15 Stadtdistrikten die Armen be-

Stadtrat Karl Flesch – © Winkelmann

---

165 Außenbezirke wurden als Wohn-, Fabrik- und Mischgebiete ausgewiesen und durch Auflagen die Entstehung von Mietskasernen verhindert .
166 Klötzer, S. 252f.
167 Peukert, Sozialdisziplinierung, S. 48f.
168 Prof. Dr. Christian Jasper Klumker (1868–1942), Studium ev. Theologie, Philosophie und Nationalökonomie in Leipzig, Erlangen und Göttingen, 1897 Promotion und Tätigkeit am Institut für Gemeinwohl Frankfurt, 1899 Geschäftsführer Centrale für private Fürsorge, 1903 Geschäftsführer Institut für Gemeinwohl, 1920 Professor für Fürsorgewesen und Sozialpädagogik Universität Frankfurt, 1934 emeritiert.
169 Am 1. Juli 1900 wurde es in „Waisen- und Armenamt", am 1. Oktober 1918 in Wohlfahrtsamt umbenannt. Am 5. April 1928 wurde es mit dem Jugendamt zum Wohlfahrtsamt zusammengeschlossen.

treute. Seine Nachfolger, der spätere Nürnberger Oberbürgermeister Hermann Luppe (bis 1922) und Stadtrat Peter Schlotter (bis 1933), setzten sein Werk fort.

Obgleich aufgrund der stark gestiegenen Preise ein Reallohnverlust zu verzeichnen war, war die Zahl der Fürsorgeempfänger in Frankfurt vor dem ersten Weltkrieg nicht hoch. 1913 wurde von der Stadt nur in 3.344 Fällen eine laufende Unterstützung bewilligt. Meist waren es Einzelpersonen oder Familien, die aufgrund von Krankheit, Alter oder Kinderreichtum in Not geraten waren. Dazu kamen bankrotte Kleingewerbetreibende, Witwen mit Kindern sowie verlassene Frauen. Max Michel[170] betonte, dass die Zahl derjenigen, „die infolge eigenen Verschuldens oder asozialen Verhaltens in die Fürsorge gekommen waren, (keinen) wesentlichen Prozentsatz ausmachten." Er schätzte die Zahl der Bedürftigen in Frankfurt, inkl. derjenigen, die keine Ansprüche geltend machen konnten, auf etwa 15.000 Personen bei einer Gesamtbevölkerung von ca. 414.000.[171]

3.2.2 Kommunale Arbeitsnachweisstelle

Frankfurt gehörte zwischen 1866 und 1910 zu den europäischen Städten mit dem größten Bevölkerungszuwachs. Da die Zahl der Zuwanderer stärker stieg als die der Arbeitsplätze, nahm auch die Zahl der Erwerbs- und Wohnungslosen stark zu. Nach der Aufhebung der unter Dalberg eingerichteten Arbeitsvermittlung waren ab 1817 zahlreiche private, aber nicht immer seriöse, Gesinde- und Stellenvermittler entstanden. Gewerkschaften, Innungen, Gewerbe- und Fabrikantenvereine sowie gemeinnützige Vereine richteten daher bis 1894 selbst 75 Arbeitsvermittlungsbüros ein, da die von Karl Flesch im April 1890 geforderte kommunale Arbeitsnachweisstelle erst am 1. Mai 1895 eingerichtet wurde.

1913/14 baute Flesch die Arbeitsnachweisstelle zu einer städtischen Arbeitsvermittlungsstelle aus und führte eine Erwerbslosenunterstützung ein, die nicht als Armenunterstützung anzusehen war. Als Unterstützungssatz wurden für Ledige 0,70 Mk und für Verheiratete bis zu 1,50 Mk gewährt, die aber wegfielen, wenn Erwerblose aus anderen Quellen mindestens 2 Mk erhielten.[172] 1899/1900 wurden zwei Lehrlingsheime für 46 Jungen in der Langestraße 16 und in der Bleichstraße 12 eingerichtet, während Mädchen in Familien untergebracht wurden.

3.3 Katholische Armenfürsorge zwischen 1866 und 1916

Mit der Zuwanderung von Zehntausenden Katholiken aus dem Westerwald, dem Taunus, dem Hunsrück und aus Mainfranken wandelte sich auch die Struktur der katholischen Gemeinde in Frankfurt. Der Nachfolger Bedas, Eugen Theodor Thissen (1858–69)[173] war aufgrund seiner Erfah-

---

170 Michel, Max (1888–1941), 1914 Eintritt Stadtverwaltung, 1922 Magistratskommissar Wohnungsamt, 1927 Kulturstadtrat, 1933 entlassen, 1938 Emigration in die USA.
171 Michel, S. 170f.
172 Frankfurter Wohlfahrtsblätter 22(1919) v. 1.7.1919, S. 2f.
173 Eugen Theodor Thissen (1813–77), 1837 Priesterweihe, 1838–42 Kaplan Kornelimünster, 1842–47 Lehrer in Jülich, 1847–58 Pfarrer in St. Jakob in St. Georgen

rungen als Pfarrer an St. Georg[174] in Köln mit den Problemen der einfachen Leute mehr vertraut als seine Vorgänger. Für Thissen gab es in Frankfurt im Vergleich zu Köln noch „keine eigentliche Armut".[175] Nach rheinischem Vorbild forcierte er die Gründung katholischer Vereine, u.a. wandelte er am 16. März 1859 den Marienverein in einen Elisabethenverein um, gründete 1862 den „Katholischen Gesellenverein", 1865 den „Verein für gute Dienstboten" und 1866 den „Christlichen Verein Junger Kaufleute".

Thissen setzte sich erfolgreich dafür ein, vom 21.-24. September 1863 den ersten Katholikentag in einer protestantischen Stadt durchzuführen. Mit dem Frankfurter Katholikentag setzte, so Schatz, „die Wende vom „elitären", der Geistigkeit der Romantik und der großdeutschen Idee verhafteten Frankfurter Katholizismus zum Massenkatholizismus" ein.[176] Das Gros der katholischen Bevölkerung hatte nur ein niedriges Bildungsniveau, da nur wenige katholische Schüler höhere Schulen besuchten. 1889 waren von den 38 Frankfurter Schulen vier protestantisch und acht katholisch. 60% der katholischen Kinder besuchten eine staatliche Simultanschule. Es gab keine weiterführende katholische Schule, da alle Versuche Thissens zur Errichtung des im 1803 zugesicherten Gymnasiums gescheitert waren.

Eugen Theodor Thissen

Auch sein Nachfolger Ernst Franz August Münzenberger[177] ging keinem Konflikt aus dem Weg. Mit Andreas Niedermayer, Kaplan an Deutschorden, hatte er 1871 die Herausgabe des katholischen „Frankfurter Volksblatt"[178]

und Sekretär des Dombau-Vereins Köln, 1858–69 Stadtpfarrer in Frankfurt. Als Abgeordneter im Preußischen Landtag (1852–58, 1870–73,1873–75) bzw. 1867–70 im Parlament des Norddeutschen Bundes kämpfte er für den Erhalt der katholischen Schulen und vergeblich für die Einrichtung des im Reichsdeputationshauptschluss zugesicherten Gymnasiums. 1874 übernahm er das Limburger Priesterseminar, das 1875 im Kulturkampf geschlossen wurde.

174   Die St. Jakobskirche wurde 1823 wie die dazu gehörige Jakobusherberge niedergelegt. Die Pfarrei hieß lange St. Jakob in St. Georgen, heute nur noch St. Georg
175   zit. nach Festrede zur 50jährigen Jubelfeier des Frankfurter Elisabethenvereins v. 19.11.1909 (DAF-IV. 15.B).
176   Schatz, S. 149.
177   Ernst Franz August Münzenberger (1833–90), Studium in Münster, Tübingen und Bonn, 1856 Priesterweihe, bis 1860 Kaplan in Essen-Kettwig, dann Hausgeistlicher im Mutterhaus der Dernbacher Schwestern, 1862–68 Kaplan Düsseldorf, 1868 Subregens und Regens am Priesterseminar, 1870/71 Stadtpfarrer in Frankfurt; aufgrund seines politischen Engagements wurde Münzenberger 1884 von der Bischofsliste für Limburg gestrichen und 1886 Bf. Karl Klein gewählt. Er engagierte sich für die Rettung mittelalterlicher Altäre und veröffentlichte „Zur Kenntnis und Würdigung der mittelalterlichen Altäre Deutschlands. Ein Beitrag zur vaterländischen Kunst, Bd. I, 1885; Bd. II (fortgesetzt von Stefan Beissel S.J.) 1905; Bd. I und II.
178   1881 Sonntagsbeilage der „Frankfurter Volkszeitung" und 1895 Tageszeitung.

Ernst August Münzenberger

unter Chefredakteur Anton Heil angeregt und damit ein politisches Forum für die Frankfurter Katholiken geschaffen. Zusammen mit dem „Katholischen Männerverein" (1870)[179] und dem „Katholischen Kaufmännischen Verein" (1878) sowie den „Jugendvereinen gegen die Gefahren der Großstadt" (1880) sorgte er dafür, dass die katholische Bevölkerung Frankfurts während des Kulturkampfes enger zusammenrückte.[180] Karl Marx erwähnt in einem Brief an Engels am 21. August 1875 einen „katholischen Pfaffen (von) weltmännischem Aussehen" (Münzenberger) mit dem er auf einer Bahnreise von Köln nach Frankfurt unterwegs war. Auf seine Frage nach dem gerade begonnen Kulturkampf antwortete Münzenberger: „Unsere Freiheit im Deutschen Reich ist so groß, dass man über den Kulturkampf englisch kauderwelschen muss."[181] Auch während des Frankfurter Katholikentags vom 11.-14. September 1882, bei dem Anton Maria Steinle als einer der Vizepräsidenten berufen wurde, zeigte man Flagge. Es ist daher nicht überraschend, dass er von der preußischen Regierung von der Berufungsliste für die Limburger Bischofswahl 1884 gestrichen wurde.

Gerhard Heil

In Frankfurt bestand nur die Dompfarrei/St. Bartholomäus, die personell nicht gut ausgestattet war, obwohl die Katholikenzahl ständig zunahm. So gab es bis 1881 nur vierzehn bzw. 1897 siebzehn Priester für 72.000 Katholiken.[182] U.a. war Lorenz Werthmann Kaplan in der Dompfarrei. Münzenberger beschränkte sich nicht auf das Frankfurt, sondern richtete Missionsstationen in den noch nicht eingemeindeten industriell geprägten Städten Bornheim (1877/1899 Pfarrei), Niederrad und Oberrad (1900 Pfarrei) sowie in den zum Bistum Fulda gehörenden Fechenheim und St. Elisabeth Bockenheim ein.[183]

---

179 Später entstanden katholische Männervereine im Westend, im Ostend und in Sachsenhausen.
180 Schatz, S. 205.
181 Schreiben Marx an Engels v. 25.8.1875 (Marx-Engels-Werke, Ostberlin 1956–68, Bd. 34, S.8–9).
182 Schatz, S. 203.
183 Nach 1900 wurden aus der Dompfarrei die Pfarreien St. Antonius (1900), St. Gallus (1902), St. Bernhard (1907), Allerheiligen (1914) und St. Bonifatius/Sachsenhausen ausgegliedert, die sich mit der Dompfarrei 1922 zum „Gesamtverband der katholischen Gemeinden im ehemaligen Stadtbereich der vormals Freien Reichsstadt Frankfurt am Main" zusammenschlossen. 1922 wurde St. Bonifatius von Deutsch Orden, 1925 Heilig Geist von Allerheiligen und 1929 Heilig Kreuz von St. Josef Bornheim abgetrennt.

Dem Frankfurter Katholizismus gelang es aber bis weit in die 50er Jahre des 20. Jh. nicht, „aus der Minoritätssituation herauszukommen." (Schatz) Katholiken stellten lange Zeit ein Drittel der Bevölkerung (Katholiken 68.904, Protestanten 138.753, Juden 19.488), gehörten aber meist zur sozialen Unterschicht und erreichten aufgrund des besitzorientierten Frankfurter Wahlrechts[184] und entgegen dem Grundsatz „ein Schwarzer gehört nicht aufs Rathaus" erst 1904 mit Gerhard Heil einen Sitz für die Zentrumspartei in der Stadtverordnetenversammlung.[185]

3.3.1 Preußischer Kulturkampf gegen den Katholizismus

Nach der Reichsgründung 1871 nahm der nationalliberale preußische Kultusminister Adalbert Falk den päpstlichen Syllabus von 1864 bzw. das Unfehlbarkeitsdogma des ersten Vatikanischen Konzils 1870 zum Anlass, gegen die römisch-katholische Kirche als „Reichsfeind" des preußisch-deutschen Kaisertums vorzugehen. Zunächst wurde die katholische Abteilung im Kultusministerium entmachtet, ab Dezember 1871 mit dem „Kanzelparagraph" verboten, von der Kanzel staatliches Handeln zu kommentieren, im März 1872 die Konfessionsschulen der Schulaufsicht unterstellt, de facto aber nur auf die katholischen angewendet und polnischsprachiger Unterricht der katholischen Kinder in den Provinzen Posen und Westpreußen untersagt. Das Preußische Kultusministerium verfügte am 15. Juni 1872, dass alle „Mitglieder einer geistlichen Congregation oder eines geistlichen Ordens in Zukunft als Lehrer und Lehrerinnen an öffentlichen Schulen nicht mehr zuzulassen oder zu bestätigen sind"[186] und verbot am 4. Juli 1872 den Jesuitenorden. Nachdem mit den Maigesetzen in die katholische Priesterausbildung eingegriffen und die Priesterseminare in Preußen geschlossen wurden, studierten viele angehende Priester in Rom. Sie mussten aber mit dem Kulturexamen eine staatliche Prüfung ablegen. Bischöfe hatten Neubesetzungen von Pfarrstellen anzuzeigen, die Freizügigkeit und Bürgerrechte der Geistlichen wurden beschränkt. Mit den Kirchenartikeln der preußischen Verfassung wurden die kirchliche Autonomie und die paritätische Behandlung beider Konfessionen aufgehoben. Außerdem wurde die Zivilehe eingeführt und damit der lange Streit über die Mischehe einseitig beendet. Mit dem Klostergesetz vom 31. Mai 1875 wurden alle Orden und Kongregationen mit Ausnahme der Krankenpflegeorden aus Preußen ausgewiesen,[187] da für diese kein staatlicher Ersatz ge-

---

184 Wahlberechtigt waren nur volljährige und rechtsfähige Frankfurter Bürger mit preußischer Staatsangehörigkeit, die im Besitz eines eigenen Hausstands waren und entweder ein Wohnhaus in der Stadt besaßen oder ein stehendes Gewerbe mit wenigstens zwei Gehilfen betrieben oder ein Jahreseinkommen von mind. 700 Gulden bzw. 1200 Mark bezogen. 1893 gab es zwar 44.000 Wahlberechtigte für den Reichstag, aber nur 14177 kommunale Wahlberechtigte.
185 Schatz, S. 206f.
186 August Giebe, Verordnungen, betreffend das gesamte Volksschulwesen in Preußen mit besonderer Berücksichtigung des Regierungs-Bezirks Düsseldorf, Düsseldorf 1875, 2, S. 43f.
187 Alle geistlichen Schulschwestern wurden durch weltliche Lehrerinnen ersetzt, ein großer Teil der katholischen Privatschulen wurde ersatzlos aufgelöst. So verließen die Englischen Fräulein Frankfurt, einige Schwestern führten in Zivil die Schule weiter, die am 27.9.1879 von den Ursulinen übernommen wurde. Das St. Ursula-

schaffen werden konnte. Die Ordensniederlassungen der Dernbacher Schwestern und der Aachener Franziskanerinnen wurden staatlicher Aufsicht unterstellt, Novizen durften nur mit Zustimmung des Oberpräsidenten aufgenommen werden, dem jede personelle Veränderung in den Niederlassungen anzuzeigen war.[188] Die Barmherzigen Brüder mussten in Wiesbaden, Höchst und Hadamar den Küsterdienst aufgeben, den sie neben ihrer Pflegearbeit versahen. Im Brotkorbgesetz wurden 1875 alle Zahlungen an die Kirche und ihre Geistlichen aus den im Reichsdeputationshauptschluss säkularisierten Gütern untersagt. 1878 amtierten nur noch drei von zwölf Bischöfen in Preußen, ein Viertel der Pfarreien war unbesetzt, 296 Klöster waren aufgelöst und über 4.000 Mönche und Nonnen vertrieben worden.

Nach der Ablösung von Kultusminister Falk im Herbst 1879 und der Wahl Papst Leo XIII im Februar 1880 bemühte sich Bismarck um die Wiederannäherung an die katholische Kirche, um eine außenpolitische Isolierung zu verhindern. Während Papst Leo XIII die Lage der katholischen Kirche im überwiegend protestantischen Deutschland sichern wollte, musste Bismarck auch feststellen, dass auf die kirchlichen Einrichtungen nicht verzichtet werden konnte. So wurden im 1. Milderungsgesetz vom 14. Juli 1880 Ordensniederlassungen für Krankenpflege, die Unterweisung nicht schulpflichtiger Kinder und die Betreuung von „Blinden, Taube, Stumme, Idioten, sowie (...) gefallenen Frauenspersonen" zugelassen.[189]

Nachdem die SPD trotz der Sozialistengesetze zur stärksten Reichstagsfraktion geworden war und die Nationalliberalen verloren hatten, lenkte Bismarck ein. Im 1. Friedensgesetz vom 21. Mai 1886 wurde das Kulturexamen aufgehoben, sowie „Pflege und Leitung in Waisenanstalten, Armen- und Pfründnerhäusern, Rettungsanstalten, Asylen und Schutzanstalten für sittlich gefährdete Personen, Arbeiterkolonien, Verpflegungsanstalten, Arbeiterherbergen und Mägdehäusern (...) [sowie] die Leitung und Unterweisung in Haushaltungsschulen und Handarbeitsschulen für Kinder in nichtschulpflichtigem Alter als Nebentätigkeit der ausschließlich Kranken pflegenden Orden und ordensähnlichen Kongregationen (zugelassen)".[190]

Kloster am Unterweg 6–16 wurde 1889 zum Mutterhaus der Ursulinen im Bistum Limburg. 1894 wurde eine neue „Marienschule" eingerichtet, die 1940 aufgelöst wurde.

188   Paul Hinschius, Die Preußische Kirchengesetze der Jahre 1874 und 1875 nebst dem Reichsgesetze vom 4. Mai 1874 mit Einleitung und Kommentar, Berlin 1875, S. 94ff.

189   Paul Hinschius, Das Preußische Kirchengesetz vom 14. Juli 1880 nebst den Gesetzen vom 7. Juni 1876 und 13. Februar 1878 mit Kommentar. Nachtragsheft zu den Kommentaren der preußischen Kirchengesetze der Jahre 1873, 1874 und 1875, Berlin 1881, S. 28.

190   Paul Hinschius, Das Preußische Kirchengesetz betreffend Abänderungen der kirchenpolitischen Gesetze vom 21. Mai 1886, Berlin 1886, S. 71ff.

Daraufhin erklärte Papst Leo XIII 1887 den Konflikt mit Preußen für beendet. Ein Jahr darauf wurden im 2. Friedensgesetz vom 29. April 1887 alle Orden und Kongregationen wieder zugelassen, die sich mit der Aushilfe in der Seelsorge, der christlichen Nächstenliebe, „dem Unterrichte und der Erziehung der weiblichen Jugend in höheren Mädchenschulen und gleichartigen Erziehungsanstalten" befassten. Der Unterricht von Ordensleuten in Elementarschulen blieb aber ebenso verboten wie bis

Politikschach zwischen Bismarck und Leo XIII (Satirezeitschrift „Kladderadatsch)

1917 das Verbot der Jesuiten.[191] Alle Ordensniederlassungen blieben weiter genehmigungspflichtig. Die staatliche Schulaufsicht (in Nordrhein-Westfalen bis 1990), der Kanzelparagraph (bis 1953) und die Zivilehe blieben bestehen.

3.3.2 Katholische Armenanstalt

Die „Katholische Armenanstalt" und das „Stipendium pauperum" bestanden nach der preußischen Annexion bis zum Beginn des Kulturkampfes weiter. Mit dem am 9. April 1873 neu formulierten Art. 15 der preußischen Verfassung wurde die Selbständigkeit aller kirchlichen Stiftungen und der Besitz ihrer Anstalten, Stiftungen und Fonds für „Kultus-Unterrichts- und Wohltätigkeitszwecke" bestätigt, diese aber unter staatliche Aufsicht gestellt. Mit dem preußischen Gesetz über die Vermögensverwaltung der Kirchengemeinden vom 20. Juni 1875 wurden für die Pfarrgemeinden Kirchenvorstände und Gemeindevertretungen eingeführt, die an Stelle des Pfarrers für die Verwaltung des Pfarrvermögens zuständig wurden.[192] Der Kirchenvorstand übertrug am 23. November 1875 der Katholische Armenanstalt[193] die Verwaltung des Armenvermögens der Gemeinde mit den Erträgen der dafür durchgeführten Kollekten, um Arme, Kranke und Verwahrloste in bestehenden und künftig zu schaffenden Einrichtungen zu betreuen.[194]

Die Administration bestand aus dem Dompfarrer als ständigem Mitglied, je zwei auf die Dauer ihrer Amtszeit gewählten Deputierten des Kirchenvorstandes bzw. der Gemeindevertretung und drei weiteren Mitgliedern, davon ein Vertreter der Pfarrgeistlichkeit und zwei auf sechs Jahre durch den Kirchenvorstand gewählte Vertreter der Pfarrgemeinde, die weder dem Kirchenvorstand noch der Gemeindevertretung angehörten. Aus

---

191   Am 30.10.1919 wurde eine Niederlassung genehmigt und am 25.10.1926 die „Philosophisch-Theologische Lehranstalt (Hochschule St. Georgen) eingeweiht.
192   Werthmann, Caritasbewegung, S. 73–75.
193   Protokollauszug des Kirchenvorstandes der katholischen Gemeinde v. 23.11.1875 bzw. 30.11.1875 (DAF-IV. 15.A).
194   Statut Verwaltung der Kath. Armenanstalt v. 23.11.1875, §1 und 2 (DAF-IV. 15.A).

den beiden Deputierten des Kirchenvorstandes wählte die Administration ihren Vorsitzenden und Stellvertreter. Die Arbeit wurde vom Schaffner (Rendant) des Kirchenvorstandes überwacht und als Hilfskraft der Kirchendiener eingebunden. Der Kirchenvorstand behielt sich ein Genehmigungsrecht für alle Maßnahmen vor.[195] Jeweils im Oktober wurde ein Rechenschaftsbericht über das vom 1. April bis 31. März laufende Geschäftsjahr über Einnahmen und die Mittelverwendung vorgelegt und in gedruckter Form veröffentlicht. Nach der Einrichtung der selbständigen Seelsorgebezirke wurde die Administration durch die jeweiligen Geistlichen sowie drei auf sechs Jahre gewählte Frauen ergänzt, die durch den Kirchenvorstand aus den caritativen Vereinen ausgewählt werden sollten. Wann erstmals „von dem Kirchenvorstande ein Geschäftsführer nebst den erforderlichen Hilfskräften zur Verfügung gestellt [wurde], die aus den Mitteln der Armenanstalt zu besolden sind",[196] ist nicht feststellbar. Es ist zu vermuten, dass dies erst nach der Gründung des CV erfolgte. Der Kirchenvorstand behielt sich die Genehmigung für die von der Administration festzusetzende Instruktion für den Geschäftsführer der katholischen Armenanstalt vor. Geschäftsführer wie Sekretariatskräfte wurden aus den Mitteln der Armenanstalt besoldet.[197]

Diskussionen gab es immer wieder mit den Dernbacher Schwestern über erhaltene Spenden. Da die Armenanstalt alle Kosten der ambulanten Betreuung trug, bestand die katholische Gemeinde darauf, dass alle Geldspenden[198] der Armenanstalt direkt zugutekommen und alle Sachspenden von den Schwestern, soweit notwendig für den eigenen Bedarf und sonst für die Bedürftigen verwendet werden sollten. Die Gemeinde erstattete nur dem Dernbach feste Beiträge für die eingesetzten Schwestern. Über diese Bevorzugung gab es 1883 sogar einen Streit im Gemeindevorstand, dessen Ausgang aber nicht festgestellt werden konnte.[199]

3.3.3 Pflegeorden

Mit der zunehmenden katholischen Bevölkerung stieg auch der Bedarf an ambulanter Pflege an und stellte die die Vinzenz- und Elisabethenvereine vor eine unlösbare Aufgabe. Thissen und Münzenberger bemühten sich daher um Niederlassungen der Pflegeorden und die Gründung weiterer Vinzenz- und Elisabethenvereine, die gemeinsam die zunehmenden Aufgaben bewältigen sollten. Während des Deutsch-Französischen Krieges gewann Thissen 22 Katharinenschwestern aus Braunsberg/Ostpreußen[200]

---

195 Statut Armenanstalt v. 23.11.1875, § 2 III (DAF-IV. 15.A).
196 Statut Armenanstalt, ohne Datum, § 2 (ACVF-1021).
197 Statut Armenanstalt, ohne Datum, § 2 III (ACVF-1021).
198 1868/69 wurden der Frankfurter Niederlassung österreichische Staatspapiere im Wert von 1.000 Gulden gestiftet.
199 Einige Mitttheilungen über die Begründung und den gegenwärtigen Stand der Frankfurter Niederlassung der barmherzigen Schwestern zu Dernbach, Frankfurt 1883 (DAL-118/E2).
200 Regina Prothmann gründete 1571 in Braunsberg/Ostpreußen die „Schwestern von der hl. Jungfrau und Märtyrin Katharina", die in Ostpreußen und Litauen caritative und seelsorgliche Aufgaben wahrnahmen. Während ein Teil der Schwestern 1945 in Braunsberg blieb, gründete der andere in Münster ein neues Mutterhaus.

für das Lazarett in der Halle der Landwirtschaftsausstellung (Ostendstraße) sowie 10 weitere für das Lazarett im Schloss Philippsruhe bei Hanau, in denen zwischen 120 und 280 Verwundete betreut wurden. Nach Kriegsende kehrten sie in ihre Heimat zurück.

Zusätzlich zu den Dernbacher Schwestern bemühte sich Münzenberger um Aachener Franziskanerinnen,[201] die er aufgrund seiner Herkunft aus Düsseldorf bereits kannte und sie für geeigneter hielt als die vom Lande stammenden Dernbacher Schwestern. In einem Brief an das Bischöfliche Ordinariat in Limburg schrieb er: „Schon in der ersten Zeit meiner hiesigen Wirksamkeit erkannte ich, dass die hier vorhandenen Kräfte zur katholischen Krankenpflege durchaus unzureichend sind. Wohl haben wir in (…) Frankfurt (…) Dienstmägde Jesu Christi und kann ich mich über ihr Wirken nur auf das Anerkennendste aussprechen. Indessen reichen bei weitem die Kräfte nicht aus, für die an sie erhobenen Anforderungen (…) gerade die arme Klasse unserer Bevölkerung wird bei weitem am wenigsten des Segens solcher Pflege und christlicher Barmherzigkeit teilhaftig (…). Von den Armen Franziskanerinnen ist er dadurch gesichert, dass sie statutengemäß an Orten, wo andere Schwestern neben ihnen wirken, nur die Pflege armer Kranker übernehmen dürfen."

Kurz vor Beginn des Kulturkampfes am 1. Juni 1875 erreichte Münzenberger bei Franziska Schervier die Entsendung von drei Schwestern. Diese war aber gefährdet, da Franziska Schervier[202] nach Amerika auswandern wollte, „weil bei der jetzigen Lage der Dinge (…) unser Bleiben in Preußen wahrscheinlich unmöglich gemacht wird." Münzenberger setzte sich aber mit dem Hinweis durch, da die Auswanderung noch nicht feststehe, könne man die Niederlassung eröffnen und man habe dann nur eine Niederlassung mehr zu schließen."[203] Da Franziska Schervier auf einer Klausur bestand, erwarben die Geschwister Wolz auf Anregung Münzenbergers

Franziska Schervier
© Schervier Altenhilfe

das Haus Lange Straße 12 mitten im jüdischen Viertel.[204]. Während das Vorderhaus überwiegend von jüdischen Familien bewohnt war, wurden neben dem Speicher im Hinterhaus zwei Zimmer als Refektorium/Ansprechzimmer bzw. als Schlafraum und Kapelle mit abgetrennten Schlafzellen genutzt. Nach der bischöflichen Genehmigung am 19. April 1875

---

201 Aachener Kongregation der Armen Schwestern vom heiligen Franziskus.
202 Franziska Schervier (1819–76), Tochter eines Aachener Nadelfabrikanten, gründete Pfingsten 1845 in Aachen die Genossenschaft der Armen Schwestern des hl. Franziskus, die 1851 durch den Kölner Erzbischof, Johannes Kardinal von Geissel, anerkannt wurde. Franziska Schervier wurde am 28.4.1974 seliggesprochen, das Heiligsprechungsverfahren wurde am 13.6.2019 negativ beendet.
203 Zit. nach https://schervier-altenhilfe.de/frankfurt/franziska-schervier/seniorenpflegeheim/geschichte.html (Stand: 15.7.2019).
204 Das Haus ging 1888 in den Besitz der Domgemeinde, 1948 in den der Genossenschaft über.

nahmen diese am 25. Mai 1875 ihre Arbeit auf[205] und leisteten bereits im ersten Jahr über 400 Nachtwachen. 1876 wurde die Zahl der Schwestern auf sechs aufgestockt. Da sich die Franziskanerinnen vermutlich auch um ihre jüdischen Nachbarn kümmerten, sollten diese zumindest bis zur Machtergreifung die Ambulanzstation sehr stark in Anspruch nehmen.[206]

1877 wurde die Niederlassung durch die preußische Verwaltung aufgehoben, Münzenberger setzte aber die Rücknahme des Erlasses und bei der Ordensleitung den Verbleib in Frankfurt durch.[207] Ab 1881 übernahm man weitere Wohnungen, richtete 1883 ein Wohnheim ein und engagierte sich auch im Mädchenschutz.[208] Insgesamt sollen über tausend Hausangestellte und junge Frauen dort untergebracht worden sein. Außerdem wurde ein kleines Altersheim eingerichtet. 1917/18 wurde das Haus zum Weiher hin, 1931 das Haus auf der anderen Seite erworben. Alle Gebäude wurden immer wieder renoviert und erweitert. Durch das Schleifen der ehemaligen Stadtbefestigung konnten weitere Freiflächen genutzt werden. In Anlehnung an das gegenüber gelegene Heilig-Geist-Spital wählte Münzenberger den Namen Hl. Geist-Kloster.

3.3.4 Vinzenz- und Elisabethenvereine zwischen Kulturkampf und Weltkrieg

Da mit dem Brotkorbgesetz 1875 die Krankenpflegeorden nur noch eingeschränkt arbeiten durften, organisierte Münzenberger die kirchliche Arbeit neu. Es gelang ihm, die „katholische Gemeinde ohne Verluste durch den Kulturkampf zu führen" und viele katholische Bürger aus der Mittel- und Oberschicht für die Vinzenz- und Elisabethenvereine zu gewinnen. Häufig waren mehrere Mitglieder einer Familie engagiert, die Väter im Vinzenzverein, Mütter und Töchter in den Elisabethenkonferenzen. Viele Mitgliedschaften wurden quasi „vererbt", denn die Namen Matti und Bontant-Klehe tauchen schon in 1870er und 1880er Jahren auf.

Am 26. Januar 1885 wurde eine eigenständige St. Bartholomäus-Konferenz für den Dombereich ausgegründet, während sich die Liebfrauenkonferenz um den Bereich Liebfrauen/Leonhard kümmerte. Für beide Konferenzen wurde ein gemeinsamer Vorstand als „Örtlicher Verwaltungsrat" eingesetzt, der den Verein nach außen vertrat und „in den Bereich seiner Beratungen alle die christlichen Charitas betreffenden Angelegenheiten" einbezog. Ab 1911 fungierte er auch als Diözesanverband Limburg der Vinzenzkonferenzen. Als besondere Aufgabe übernahm er das Erziehungswesen für alle Konferenzen und führte die Hauptkasse, die alle Spenden der Mitglieder, die Kirchenkollekten und sonstige Zuwendungen verwaltete. Aus der Hauptkasse wurden die ggf. fälligen Erziehungsbeiträ-

---

205 Schreiben Sr. Baptista/Münzenberger v. 21.5.1875 bzw. Münzenberger/Sr. Baptista o. Datum, abgedruckt in RMV 23.5.1925).
206 Siehe Abschnitt 4.3.1.3 – Ambulante Pflege, S. 151f.
207 Schreiben Münzenberger an die Generaloberin Sr. Baptista in Aachen (abgedruckt in RMV v. 23.5.1925). Siehe besonders W. Nicolay, 80 Jahre caritatives Wirken der Frankfurter Franziskanerinnen, Frankfurt 1956.
208 Siehe Abschnitt 3.6.7.2 – Mädchenschutz, S. 114.

ge (Lehrgeld, Heimkosten) und die finanziell schwächeren Konferenzen unterstützt.[209]

1888 entstanden die Caroluskonferenz für Sachsenhausen/Deutschorden und die St. Josefskonferenz Bornheim, im November 1891 eine Elisabethkonferenz für den Pfarrbezirk von St. Leonhard, auf Empfehlung von Stadtpfarrer Bahl die St. Antoniuskonferenz für den neubesiedelten Frankfurter Norden bzw. die Herz-Jesu-Konferenz für den Osten. 1900 kam die St. Franziskuskonferenz für den Westen dazu. Rektor Johannes Diefenbach gründete 1889 die Elisabethkonferenz Sachsenhausen an Deutschorden. Außerdem bestanden noch Vinzenzvereine in den nicht zu Frankfurt gehörenden Höchst bzw. Heddernheim. Jede Konferenz hatte einen eigenen Vorstand, die sich aus einem 1. und 2. Vorsitzenden, Schrift- und Rechnungsführer sowie einem geistlichen Beirat zusammensetzte.[210] Die Vinzenzkonferenz St. Gallus konnte aufgrund des dortigen Arbeitermilieus nur schwer Mitglieder und Spenden zu gewinnen. Die Herz-Jesu-Konferenz stand vor dem Problem, dass aufgrund der fehlenden eigenen Seelsorge im Ostend der Zusammenhalt geringer war als in anderen Stadtteilen.[211]

Die Konferenzen entschieden in der Regel jeden Montagabend über die Anträge. Immer wieder beklagte man die unzureichende Zahl der aktiven Mitglieder und deren Überalterung. Wie anderen katholischen Vereinen gelang es auch ihnen nicht, neue Mitglieder an sich zu binden, obgleich die Zahl der Katholiken bis 1895 auf 68.904 ständig angestiegen war.[212] Zurückzuführen war dies darauf, dass sich nur das Bürgertum engagierte, die Arbeiterschaft dem Ganzen eher ablehnend gegenüberstand.

Um den regelmäßigen Besuch sicherzustellen, wurden Anwesenheitslisten geführt und Fortbildungen organisiert, bei denen u.a. das Handbuch des Vinzenzvereins, die Bücher „Die Nachfolge Christi", „Der moderne Heilige" (Dr. Karl Wilk), „Mehr Freude" (Keppler) sowie Artikel der Zeitschrift „Charitas", der „Vinzenz-Blätter" und der „Kölnischen Volkszeitung" sowie Mitteilungen des Waisen- und Armenamtes besprochen wurden. [213] Hervorzuheben ist, dass Vinzenz- und Elisabethenvereine zwischen 1855 und 1905 über eine halbe Million Mark für soziale Zwecke bereitstellen konnten.[214] Die Elisabethenvereine erwirtschafteten den größten Teil ihrer Mittel mit der seit 1860 durchgeführte Lotterie mit einem Reinertrag von bis zu 6.000–7.000 Mk. jährlich.[215]

Nach 1910 richtete der Vinzenzverein St. Josef in der früheren Josefschule eine Kleiderkammer ein. 1913 wurden u.a. 117 Kleidungsstücke, Schuhe, Strümpfe, mehrere Bettgestelle, Matratzen und Kinderwäsche ausgegeben. Ausdrücklich wurde um „ausgekämmten Frauenhaare" gebe-

209 Frankfurter Volksblatt Nr. 233 v. 11.10.1905.
210 St. Vinzenzverein: Bericht des Diözesanrates Frankfurt a. M. für die Diözese Limburg a. L. über das Geschäftsjahr 1913, Frankfurt 1914, S. 4.
211 Jahresbericht Diözesanrat 1913, S. 4.
212 Protestanten: 138.753, Juden: 19.488.
213 Jahresbericht Diözesanrat 1913, S. 4.
214 Frankfurter Volksblatt Nr. 233 v. 11.10.1905.
215 Rechenschaftsbericht des St. Elisabethen-Vereins und des St. Vinzenz-Vereins zu Frankfurt am Main für das Jahr 1911, Frankfurt 1912, S. 5–7 (GKV-Akte Frankfurt)

ten, mit denen 24,50 Mk erlöst wurden. Eine weitere Kleiderkammer wurde 1913 von der St. Bernhard-Konferenz eingerichtet.[216]

3.4 Einführung der gesetzlichen Sozialversicherung

Bismarck war überzeugt, Sozialpolitik eher durch Blut und Eisen als durch Rosenwasser lösen zu können.[217] So war sein Handeln nicht davon bestimmt, der Arbeiterschaft etwas Gutes zu tun, sondern mit sozialpolitischen Maßnahmen einen Keil zwischen Arbeiterschaft und Sozialdemokratie bzw. die katholische Kirche zu treiben. Nachdem das Gesetz wider die gemeingefährlichen Bestrebungen der Sozialdemokratie vom 19. Oktober 1878 mit dem Verbot von über 330 Arbeiterorganisationen – auch katholische – und über 1300 Druckschriften den Aufwärtstrend von SPD und Zentrum nicht hatte stoppen können, forderte Bismarck nach 1880 die Einführung einer staatlichen Sozialversicherung und setzte darauf, dass die Arbeiterschaft aus Dank auf weitergehende politische Forderungen verzichten und sich in den wilhelminischen Staat integrieren werde.

Nach dem Ende des Kulturkampfes standen Zentrum und Bischöfe vor der Entscheidung, den Konflikt mit Bismarck weiterzuführen oder durch die Zustimmung zur Bismarck'schen Sozialgesetzgebung das seit der Wirtschaftskrise 1873 zunehmende Massenelend der meist katholischen Industriearbeiter partiell zu verbessern. Übereinstimmung bestand mit Bismarck auch in der Furcht vor der Radikalisierung der sozialdemokratischen und antikatholisch eingestellten Arbeiterbewegung. Papst Leo XIII, die katholischen Bischöfe und der Zentrumsfraktionsvorsitzende Ludwig Windhorst entschieden sich für die staatliche Sozialversicherung als Einstieg in die Absicherung der Grundrisiken Krankheit, Invalidität und Altersversorgung. Bereits Ketteler hatte sich kurz vor seinem Tode dafür eingesetzt, die Arbeiter durch eine staatliche Sozialgesetzgebung zu schützen und den Staat, so August Reichensperger, „als organisierten Verband des Volkes zur Pflege aller leiblichen und geistigen Güter" zu akzeptieren.[218] Ratzinger betrachtete die Frage, „ob offizielle oder ob freiwillige Armenpflege vorzuziehen sei" als überholt.[219] Aber nur ein Teil der Fraktion folgte Windhorst, während der andere Teil mit SPD, Linksliberalen, Welfenpartei und den Elsass-Lothringern gegen die Bismarck'schen Gesetze stimmte. Die Linksliberalen lehnten die Sozialgesetze wegen des „verkappten Staatssozialismus" ab, die Weigerung von Sozialdemokraten, Welfenpartei, Elsass-Lothringer und des Zentrumsflügels waren in fehlenden politischen Reformen begründet.

---

216 St. Vinzenzverein: Bericht des Diözesanrates Frankfurt a. M. für die Diözese Limburg a. L. über das Geschäftsjahr 1913, Frankfurt 1914.
217 Kaiser Wilhelm II drohte 1899 in der „Zuchthausvorlage" jedem, der „einen deutschen Arbeiter, der willig ist, seine Arbeit zu vollführen, daran zu verhindern versucht zu einem Streik anreizt."
218 Kaufmann, S. 111.
219 Georg Ratzinger, Zur Reform der Armenpflege in: Hist. Blätter 115 (1895), S. 43

Am 15. Juni 1883 wurde die gesetzliche Krankenversicherung für Arbeiter (nicht für Angestellte) eingeführt, die länger als eine Woche beschäftigt waren und im Jahr nicht mehr als 2.000 Mk verdienten. Zwei Drittel der Beiträge trug der Arbeiter selbst, ein Drittel der Arbeitgeber. Im Gegensatz zur bisherigen betrieblichen Krankenversicherung blieben die Leistungsansprüche erhalten, d.h. die Übernahme der ärztlichen Betreuung und der Medikamente. Bei Arbeitsunfähigkeit wurde ab dem dritten Tag für maximal 13 Wochen 50% des Lohnes gezahlt, maximal 2 Mk. täglich. Zu diesem Zeitpunkt betrug das Existenzminimum einer vierköpfigen Familie etwa 25 Mk/Woche. Am 6. Juli 1884 folgte die gesetzliche Unfallversicherung für Arbeiter in Industrie, Bergbau und Steinbrüchen, später auch in der Land- und Forstwirtschaft. Hier waren die Arbeitgeber allein beitragspflichtig. Ab der 14. Woche übernahm die Berufsgenossenschaft die anfallenden Kosten und zwei Drittel des Arbeitslohnes als Rente bei Erwerbsunfähigkeit. Bei Unfalltod erhielt die Witwe eine Rente von 20%. Unter dem Eindruck der Ruhrarbeiterstreiks und des „Friedens" mit Papst Leo XIII wurde am 24. Mai 1889 auch die gesetzliche Alters- und Invalidenversicherung für alle Arbeiter mit einem maximalen Jahreseinkommen von 2.000 Mk. verabschiedet. Die Altersrente wurde bis 1957 nach 30 Beitragsjahren mit dem 70. Lebensjahr, die Invaliditätsrente nach fünf Beitragsjahren in Höhe von zwei Drittel des Durchschnittslohns gezahlt. Neben einer staatlichen Kopfprämie von 50 Mk. teilten sich Arbeitgeber und Arbeitnehmer hier die Beiträge. Um 1890 waren etwa 4.7 Mill. Arbeiter gesetzlich versichert.

Ludwig Windhorst © KAS

Mit der Zustimmung zur Bismarck'schen Sozialgesetzgebung hoffte die bis dahin als antimodernistisch, ultramontan und national unzuverlässig bekämpfte katholische Kirche, wenn auch bis heute relativ vergeblich, einerseits ihre Staatstreue zu beweisen.[220] Viele antikatholische Klischees, die z. Zt. des Wartburgfestes entwickelt wurden, wurden im Kulturkampf, im NS-Kirchenkampf und werden auch heute noch häufig verwendet. Wollasch betont, dass diese Erfahrungen „subkutan als Traumatisierungen fortwirkten und (...) immer wieder Tendenzen zum Rückzug auf das eigene Milieu, zu Ghettobildung und Integralismus" begünstigten.[221]

Nach der Abdankung Bismarcks unterstützte man die Forderungen Kaiser Wilhelm II nach einem Verbot der Sonntagsarbeit, der Nachtarbeit für Frauen, der Kinderarbeit und das Arbeitsverbot für Schwangere drei Wochen vor und nach der Entbindung sowie nach der Festlegung von Arbeitsbedingungen durch Arbeitnehmer und Arbeitgeber. Ketteler hatte in

---

220 Karl Gabriel, Caritas in einem pluralistisch geprägten sozialen Rechtsstaat. Rede zum 90jährigen Jubiläum des CV Frankfurt. Manuskript 1990, S. 8.
221 Wollasch, Andreas: Von der Fürsorge „für die Verstoßenen des weiblichen Geschlechts" zur anwaltlichen Hilfe – 100 Jahre Sozialdienst katholischer Frauen (1899–1999), Dortmund 1999, S.15ff.

„Die Arbeiterfrage und das Christentum" die Abschaffung der Frauen- und Kinderarbeit, einen kürzeren Arbeitstag und die Sechstagewoche gefordert. Zwar besserte sich die rechtliche Situation der Arbeitnehmer 1900 durch das Inkrafttreten des Invalidenversicherungsgesetzes, der Novellierung der Krankenversicherung und der Arbeiterunfallversicherung sowie die Einbeziehung der Handlungsgehilfen in die Gewerbeordnung, doch veränderte sich trotz des wirtschaftlichen Aufschwungs die soziale Lage kaum, da deren Leistungen sich am noch bescheidenen Beitragsaufkommen orientierten und noch nicht allen zugutekamen. Wollasch betont, dass „das duale System aus freien und staatlichen Akteuren (...) frühestens mit dem Ersten Weltkrieg (...) eine verlässliche und breitenwirksame Ausprägung erlangte.[222] Gabriel weist darauf hin, dass „der erste Durchbruch zur weltweit so erfolgreichen sozialstaatlichen Vergesellschaftungsform überhaupt (...) auf ein Zusammenspiel konservativer, protestantisch-pietistischer und katholisch-sozialer Impulse zurückging. Ein „Sozialstaat (ist) ohne die Idee universal geltender Rechte aller Menschen und ihrer prinzipiellen Gleichheit ohne Ansehen von Stand und Gruppenzugehörigkeit nicht denkbar." [223]

3.5 Von der ehrenamtlichen zur verbandlichen Caritas

Seit Mitte des 19. Jh. waren zahlreiche katholische Vereine entstanden, die auf einer Trennung ihrer Tätigkeitsfelder bestanden, auch wenn abgestimmtes Handeln besser gewesen wäre. Da sich dieser Trend nach dem Ende des Kulturkampfes verstärkte, suchte man Lösungen für eine effektivere Caritasarbeit, stieß dabei aber immer wieder auf den Widerstand auf örtlicher Ebene. Neue Vereine wurden gegründet, die Mitglieder aus bestehenden rekrutiert und diese geschwächt. So beklagte der Frankfurter Stadtpfarrer 1901 vor dem Hintergrund der gleichzeitigen Entstehung des CV und des Frauenfürsorgevereins, „was sollen die beständigen Gründungen neuer Vereine, wenn die bestehenden sich als unzulänglich erweisen."[224]

Die Gründung des Deutschen Caritasverbandes (DCV) ist eng mit dem „Volksverein für das katholische Deutschland", dem Verein „Arbeiterwohl" und dem „Seraphischen Liebeswerk" sowie deren Initiatoren Max Brandts, dem Reichstagsabgeordneten Franz Hitze und dem Kapuzinerpater Cyprian Fröhlich[225] verbunden. Nachdem sich der Koblenzer Katholikentag (24.-28. August 1890) mit der Arbeiterfrage befasst hatte, riefen

---

222   Wollasch, Fürsorge „für die Verstoßenen des weiblichen Geschlechts", S. 15 ff.
223   Gabriel, a.a.O.
224   Schreiben Kath. Pfarramt an BO v. 13.7.1901 (DAL-230H/1).
225   Cyprian Fröhlich OCap (1853–1931), Mathematik- dann Theologiestudium, 1877 Priesterweihe und Eintritt in den Kapuzinerorden, 1887–93 Direktor der Kapuzinerniederlassung Koblenz-Ehrenbreitstein und in der Volksmission tätig, 6.1.1889 Gründung des Seraphischen Werkes zur Rettung religiös- und sittlich gefährdeter Kinder in Koblenz-Pfaffendorf. 1908 Einweihung des Kinderheimes auf dem Arenberg bei Koblenz. 1913–1921 leitete er die süddeutsche Abteilung in Altötting. 1921–27 gründete er in Böhmen, der Slowakei und in Karpathorussland weitere Niederlassungen des Seraphischen Liebeswerks. Siehe Grumann, Heinrich: Aus dem Leben des Gründers P. Cyprian Fröhlich (http://www.slw.de).

Max Brandts und Franz Hitze[226] am 24. Oktober 1890 den Volksverein für das katholische Deutschland ins Leben. Als Landesrat in der
Provinzialverwaltung der Rheinprovinz war Brandts mit der sozialen Lage der Arbeiterschaft vertraut und kannte auch fast alle caritativen Anstalten der Rheinprovinz und Westfalens.

Max Brandts   Franz Hitze   Cyprian Fröhlich © SLW

Da viele sozial engagierte Bürgern das komplizierte Geflecht von wirtschaftlichen und infrastrukturellen Entwicklungen und die daraus resultierende Verelendung der Arbeiterschaft nicht verstanden, wollte der Volksverein die katholischen unteren Gesellschaftsschichten (Arbeiter, Handwerker und Bauern) zur Verbesserung ihrer Situation motivieren und in ihrer religiösen Überzeugung gegenüber der atheistischen Sozialdemokratie stärken. Bis zur Auflösung durch die Nationalsozialisten organisierte der Volksverein eine breite Bildungs- und Beratungsarbeit und hatte in den 20er Jahren über eine Million Mitglieder. In „Sozialen Kursen" bot man eine Fortbildung der im sozialen Bereich Tätigen an und gab dazu zahlreiche Druckschriften heraus. Einer der Schwerpunkte wurde Frankfurt, wo der Volksverein nach 1930 auch die linkskatholische Rhein-Mainische Volks-Zeitung übernahm.

Gemeinsam mit dem zwei Tage später am 26. Oktober 1890 von Franz Hitze in Münster gegründeten Verein „Arbeiterwohl" und der gleichnamigen Zeitschrift förderte man die Gründung katholischer Gewerkschaften[227] und Konsumgenossenschaften. Mit einer Sozialreform wollte man gegenüber dem liberalen Manchesterkapitalismus eine praktische und christliche Lösung der sozialen Frage entwickeln und umsetzen.

---

226 Franz Hintze (1851–1921), Theologie- und Philosophiestudium in Würzburg und Rom, 1878 Priesterweihe, 1893 Professor für christliche Gesellschaftslehre Universität Münster, 1882–93 und 1898–1912 Mitglied des preußischen Abgeordnetenhauses, 1919–21 Mitglied der Nationalversammlung und des Reichstages.

227 die katholischen schlossen sich 1910 mit den wenigen evangelischen Gewerkschaften zum „Deutschen Gewerkschaftsbund" zusammen und hatten Anfang 1920 über 1 Million Mitglieder. Mit Unterstützung der in Mönchengladbach gegründeten Christlichen Gewerkschaftsinternationale entstanden in Polen, Österreich und Ungarn katholische Gewerkschaftsbewegungen.

Da „Rerum novarum" gefordert hatte, alle katholischen Wohlfahrtsverbände dem jeweiligen Ortsbischof zu unterstellen, eine Gliederung in
Diözesan- und Ortsverbände vorzunehmen und eine Öffentlichkeitsarbeit
über Aufgaben, Umsetzung und Einrichtungen zu organisieren, wurde dies
auf dem ersten praktisch-sozialen Kurs des Volksvereins im September
1892 in Mönchengladbach als Arbeitsziel vereinbart und auf den nächsten
beiden Kursen in Neiße und Freiburg durch den Kapuzinerpater Cyprian
Fröhlich massiv vertreten. Im Oktober 1894 wurde im IV. Sozialen Kursus
des Volksvereins in Freiburg die Gründung eines Caritas-Komitees beschlossen, das sich auch an dem französischen Vorbild des „Office Central
des Oeuvres de Bienfaisance" orientierte, das Max Brandts in Paris
kennengelernt hatte.[228]

3.5.1 Die Gründung des Deutschen Caritasverbandes

Der entscheidende Durchbruch für eine
reichsweite Caritasorganisation erfolgte durch
Lorenz Werthmann, der 1884 unter Münzenberger Kaplan in der Frankfurter Dompfarrei
gewesen war und dabei die Nöte der Arbeiterschaft kennen gelernt hatte. Er organisierte
am 19. August 1895 im Katholischen Vereinshaus Bingen das erste Caritastreffen und gab
auf dem Münchener Katholikentag im Oktober
1895 eine Probenummer der „Charitas" heraus, die dann ab 1. Januar 1896 regelmäßig
erschien und mit der er bis 1921 die caritative
Arbeit in Deutschland beeinflusste.[229]

Lorenz Werthmann

Werthmann rief im März 1897 zur Grün-
dung des „Charitasverbandes für das katholische Deutschland" auf, die am
9. November 1897 in Köln unter dem Vorsitz von Weihbischof Hermann
Josef Schmitz vollzogen wurde. In der von Werthmann verfassten Satzung
werden als Mitglieder an erster Stelle „katholische Caritasfreunde" genannt. Werthmann wollte aber weniger die breite Masse, sondern vielmehr
wohlhabende Laien und die kirchlichen Verbände für die Caritasarbeit gewinnen, wie er gegenüber dem Freiburger Kapitelvikariat erklärte.[230] Zu
den ersten Mitgliedern gehörten Bernhard Würmeling (Wiesbaden)[231],

---

228 Graf Leon Lefébure gründete 1890 das „Office central de bienfaisance" in Paris, wo
     „die Massen geriebener Bettler gleichsam mit der Masse der zum Wohltun bereiten
     Herzen um die Palme rangen." Das Office übernahm die Recherchen über die Be-
     dürftigkeit der Bittsteller und richtete eine Arbeitsvermittlung ein. (Charitas
     1912/13, S.1 ff.).
229 Sie knüpfte an den von Rektor M. Kinn in Arenberg (Ehrenbreitstein) seit 1892
     herausgegebenen „Caritas-Boten" an, der trotz einer Namensänderung in „Diener
     der Barmherzigkeit" kurz darauf eingestellt werden musste.
230 Schreiben Werthmann/Kapitelvikariat 1897, abgedruckt in W. Liese, Lorenz
     Werthmann und der Deutsche CV, Freiburg 1929, S. 132.
231 Bernhard Würmeling (1854–1937), 1886 Rechtsanwalt in Wiesbaden, 1889–96
     Zweiter Bürgermeister Münster, 1898 Mitarbeiter Reichsversicherungsamt bzw.
     1901 Reichsministerium des Innern, 1918 Reichsarbeits-amt, 1919–22 Oberprä-
     sident der Provinz Westfalen.

Matthäus Müller (Direktor der Diözesanrettungsanstalt Marienhausen)[232], Pfarrer Heinrich Rody (Oestrich), Rektor Johannes Diefenbach (Frankfurt-Sachsenhausen), M. Weber für den Verwaltungsrat der Frankfurter Vinzenzvereine und Peter Paul Cahensly.[233]

Obgleich die von Würmeling vorgetragenen Leitsätze nicht verabschiedet, sondern nur dem neugebildeten Charitas-Centralcomité in Freiburg überwiesen wurden, prägten sie die die Entwicklung der meisten Ortscaritasverbände in Deutschland. Er empfahl drei Organisationsformen:

1. *Pfarr-Klerus koordiniert die Arbeit der in der offenen Wohlfahrtspflege tätigen Ordensgenossenschaften und bestehenden Vereine in einem* Pfarr-Comité
2. *alle örtlich thätigen caritativen Anstalten (Krankenhäuser, Heime), Vereine und Stiftungen entsenden Delegierte in ein* Local-Charitas-Comité, *das die örtliche Arbeit koordiniert*
3. *alle konfessionellen und interkonfessionellen „Wohltätigkeits-Veranstaltungen" und die örtliche Armenbehördeträger entsenden Delegierte in einen „Wohltätigkeitsausschuss", der „zur Vermeidung ungeeigneter Zersplitterung der Kräfte (und) zur Verhütung des Missbrauchs der Wohltätigkeit" gemeinsame Einrichtungen schafft.*

Würmeling legte Wert auf eine „möglichste Anpassung der Bezirks-Eintheilung zwischen der freiwilligen und der gesetzlichen Armenpflege" und die „gegenseitige Benutzung geeigneter Einrichtungen." Dabei müsse aber Rücksicht auf verschämte Arme genommen werden.[234]

3.5.2 Die Gründung des Diözesancaritasverbandes Limburg

Kurz nach Gründung des DCV wurde am 30. November 1897 in Wiesbaden der DiCV für das Bistum Limburg unter dem Vorsitz von Matthäus Müller gegründet, dem ersten DiCV in Deutschland überhaupt. Der DiCV war Dachverband aller caritativen Einrichtungen der kirchlichen Gemeinschaften, Vereine und der Pfarrgemeinden im Bistum Limburg sowie der beiden Caritasverbände Frankfurt und Wiesbaden. Er sollte dann selbst organisieren, wenn es keinen anderen Träger gab.[235]

---

232 Matthäus Müller (1846–1925), 1873 Priesterweihe, 1876 Verwalter der Diözesanrettungsanstalt Marienstatt, 1892 Subregens des Bischöflichen Konvikts Montabaur, 1884–1924 Direktor der Rettungsanstalt/Knabenerziehungsanstalt Marienhausen, Gründer und erster Leiter des St. Vincenz-Stiftes Aulhausen, 1897 Gründer und Diözesanreferent/Caritasdirektor/Vorsitzender des DiCVL bis 1917.
233 Simon Peter Paul Cahensly (1838–1923), Landtags- und Reichstagsabgeordneter (Zentrum), Generalsekretär des St. Raphael-Vereins (1871–99), danach Präsident (1898–1918).
234 Kölnische Volkszeitung Nr. 1003 – Zweite Morgenausgabe v. 10.11.1897, abgedruckt in: 100 Jahre Deutscher CV – Jubiläum Köln 1897–1997, Freiburg 1997
235 DiCV-Satzung vor 1925 (DAL 359).

Matthäus Müller

Ziel war es, endlich die caritativen Einrichtungen im Bistum zu koordinieren und zu einer einheitlichen Handlungsweise zu zwingen. Rechtlich war er ein Verein im Sinne des BGB, der aber erst am 4. Februar 1925 beim Amtsgericht Limburg eingetragen wurde. Der DiCVL bestand bis in die 20er Jahre nur aus dem Caritasdirektor, der mal als Caritassekretär oder als Caritasvorsitzender bezeichnet wurde. Das Bistum war nicht bereit, den Verband finanziell oder personell groß zu unterstützen, zumal Müller mit seinen Aufgaben in Marienhausen voll ausgelastet war. Der DiCVL schlief bald ein und musste am 17. Juni 1914 formell neugegründet werden. 1917 legte Matthäus Müller sein Amt wieder nieder. Seine Nachfolger Wilhelm Fischbach (1917–1923), August Hüfner[236] (1923–1925) und Friedrich Kneip (1.4.-1.8.1925) übernahmen das Amt des Diözesancaritasdirektors nebenamtlich, erst Josef Lamay (1.8.1925–1943) und Hans Seidenather[237] waren hauptamtlich tätig. Bis 1945 entstanden außer in Frankfurt und Wiesbaden keine Ortscaritasverbände, auch wenn Lamay 1932 an Bischof Hilfrich schrieb: „Kurz: Verbreitung und Vertiefung der Caritasarbeit ist, soweit es sich übersehen lässt, erreicht."[238] Da Fibich die Organisationsentwicklung des DiCVL zwischen 1897 und 1946 ausführlich dargestellt hat, wird nicht darauf eingegangen.[239]

1898 entstanden die ersten örtlichen Caritasverbände 1898 in Bonn und Krefeld (März) und in Essen (Mai). Trotz der zahlreichen Wiesbadener Einzelmitglieder im DCV und der Durchführung des 2. Caritastages 1898 in Wiesbaden gelang es aber nicht, einen örtlichen CV zu gründen.[240] Auf den jährlichen Caritastagen wurden in der Folgezeit wichtige Fragen der katholischen Wohlfahrtspflege erörtert und Mitarbeiter aus dem ganzen Reichsgebiet geschult. So fand der 8. Caritastag in Frankfurt 1903 statt. Vom 30. September bis zum 6. Oktober 1906 folgte ein einwöchiger „Charitaskurs" in Frankfurt mit reichsweiter Beteiligung.[241]

236 Dr. August Hüfner, 1900 Priesterweihe, 1901 Kaplan. Rüdesheim, 1905 Kaplan St. Bonifatius/Wiesbaden, 1910 Diözesanvorsitzender Mädchenschutzverein, 1912–1946 Pfarrer Dreifaltigkeit Wiesbaden, 1921–1946 Vorsitzender (‚Direktor') des (Kreis-)CV Wiesbaden, 1923–25 Diözesancaritasdirektor Limburg, 1930 Diözesanpräses der Hausgehilfinnenvereine, 1931 Präsident der Deutschen Bahnhofsmission.
237 Hans Seidenather (1908–1994), 1932 Priesterweihe, Kaplan Lorch, Jugendpfarrer Frankfurt, Kaplan Eckenheim, 1943 Diözesancaritasdirektor, 1974–79 Generalvikar.
238 Aktenvermerk Lamay für Hilfrich v. 6.10.1932 (DAL 359/B).
239 Fibich, S. 57–66.
240 Der CV Wiesbaden entstand erst 1947, alle vorher genannten Gründungen sind fiktiv (1915) oder betrafen lose Caritasausschüsse (1921 und 1937).
241 Siehe Abschnitt 3.5.3.5 – Caritastag 1903 und Caritaskursus 1906, S. 80f.

3.5.3 Die Gründung des Caritasverbandes Frankfurt

Angesichts der Wohlfahrtseinrichtungen der Logen, der SPD und der Heilsarmee, mit denen diese „das Volk anlocken", orientierte man sich an dem von Pius X verkündeten Motto „Omnia restaurare in Christo" (Alles in Christus erneuern), um die katholische Bevölkerung nicht zu verlieren. Man musste wie Hinrich Wichern fünfzig Jahre zuvor feststellen, dass man es mit einer „Masse unchristlicher Armer" zu tun hatte, bei denen „Werke der leiblichen Barmherzigkeit „nicht mehr ausreichten, sondern man sich auch mit „Werken der geistigen Barmherzigkeit" diesen nähern müsse. „Der christliche Armenpfleger (fühlt sich) als ein Werkzeug in der Hand der göttlichen Weltregierung, die ihn berufen hat, als Haupt der Schöpfung nicht bloß für niedere Geschöpfe, für Pflanzen und Tiere, sondern vor allem für seine schwächeren Mitbrüder zu sorgen.[242] Weckber mahnte, da die meisten „Katholiken unselbständige Leute in dienender Stellung sind", in Frankfurt bleiben und einen eigenen Hausstand gründen würden, dürfe man sie nicht sich selbst überlassen, da sie „in der großen Masse untergehen und dem Indifferentismus und dem Unglauben verfallen" würden. Man müsse sie über das Leben und die Einrichtungen der katholischen Gemeinde informieren und in „entsprechenden Berufs- und Gesellschaftsgruppen" sammeln.[243]

Im März 1886 vereinbarten die Vinzenzkonferenzen mit dem Armenamt, den Bezirksarmenvorstehern und den städtischen Armenpflegern eine Zusammenarbeit, doch wurde Anfang der 90erJahre offenkundig, dass man den Erfordernissen nicht gerecht wurde. Bei den Wahlen zum Kirchenvorstand und zur Gemeindevertretung 1893 kritisierte eine Gruppe um den Kaufmann Camillo Bolongaro und den Verleger Anton Heil, dass die Verwaltung des Armenvermögens immer noch so organisiert sei, wie zu den Zeiten, als es in Frankfurt nur 8.000 Katholiken gab. Erforderlich sei eine weniger bürokratische Verwaltung und die Reorganisation in Anlehnung an die entstandenen Seelsorgebezirke, die Mitwirkung der Geistlichen, der Wohltätigkeitsvereine sowie der die Armenpflege ausübenden kirchlichen Genossenschaften und Orden.[244]

Es tat sich aber nicht viel, was sich auch an der geringen Zahl Frankfurter Teilnehmer am 2. Caritastag in Wiesbaden 1897 sowie an der Gründung des DiCV Limburg kurz darauf zeigte. Im katholischen Bereich tat man sich schwer, weil die Vereine darauf bedacht waren, ihren Einflussbereich zu wahren, und der Klerus das Engagement ihrer „Pfarrkinder" misstrauisch beobachtete. Die aktiven katholischen Laien hatten meist einen höheren sozialen Status als der Pfarrklerus. Da ein Zusammenschluss der katholischen privaten Wohltätigkeit unerlässlich schien,[245] nahmen Rektor

---

242 So Johannes Diefenbach bei der 50-Jahrfeier des Vinzenzvereins am 8.10.1905 (Frankfurter Volksblatt Nr. 234 v. 15.10.1905).
243 P. Weckber, Charitasverband in: Caritas 7(1902), S. 91.
244 Offener Brief des „Comités für die Wahlen zu den kath. Gemeindebehörden" v. 7.9.1893 (DAL-FF2-10/2).
245 Frankfurter Volksblatt Nr. 233 v. 11.10.1905.

Weckber und Justizrat Foesser[246] 1898 Kontakt zu dem Caritasverband Essen (Mai 1897) auf, um nach dessen Vorbild einen Verband in Frankfurt zu gründen. Hier dürften die Beziehungen zwischen Foesser und Werthmann eine Rolle gespielt haben, der während seiner Kaplanzeit bei Foesser zu Gast war.

Unterdessen forcierte der seit 1898 im Franziskanerinnenkloster wohnende Jesuit Hermann-Josef Nix[247] die Gründung eines Frauenfürsorgevereins. Es lässt sich nicht aber klären, ob dies aus eigenem Antrieb oder auf Weisung des Jesuitenordens erfolgte. Nach Rücksprache mit dem BO[248], aber ohne Einschaltung des Frankfurter Klerus, gründete er mit sieben Frauen aus der Elisabethenkonferenz Dom am 7. Juni 1901 den Frauenfürsorgeverein. An der konstituierenden Versammlung am 14. Juni 1901, vier Tage vor der Caritasgründungsbesprechung der Vinzenz- und Elisabethenvereine, nahmen 23 Frauen teil. Der Frankfurter Klerus stand dem Frauenfürsorgeverein eher ablehnend gegenüber. Stadtpfarrer Bahl beklagte nach der bischöflichen Genehmigung, dass „der Verfasser des ganzen Elaborats (...) den Verhältnissen in den katholischen Gemeinden in Frankfurt am Main noch sehr als Neuling [gegenüberstehe] und nicht den Beruf zu einer tief greifenden Neuschöpfung zu haben [scheine].“ Die zur Verfügung stehenden Mittel seien beschränkt und „nur mit ihnen müssen wir rechnen.“[249] Bahl war verärgert über die gewählten Aktionsfelder, die mit denen der Elisabethenvereine und des Mädchenschutzbundes konkurrierten, erreichte aber nichts.[250] Erst 1908/09 lenkte man gegenüber den übrigen katholischen Vereinen ein: „Wenn wir uns hierin mit den Grundsätzen anderer Vereine nicht eins wissen, so sind wir doch, sobald wir gemeinsame Ziele erstreben, auch bereit zu gemeinsamer Arbeit“. Vermutlich hielt sich der Frauenfürsorgeverein aber sich bis zum 2. Weltkrieg aus der offenen Mädchen- und Frauenfürsorge komplett heraus. Dies lässt sich aber nicht definitiv belegen, da keine zugänglichen Akten vorliegen.[251] Erhalten sind nur die Akten des Monikahaus. Für die Geschichte des Frauenfürsorgevereins wird auf die Jubiläumsschrift des Sozialdiensts Katholischer Frauen Frankfurt verwiesen.[252]

Die langsame Gangart der Vinzenzvereine scheint Lorenz Werthmann sehr gestört zu haben, der Anfang 1901 in Frankfurt, so seine Nichte Anna

---

246 Justus Richard Foesser (1848–1908) war seit 1878 Mitglied, später Vorsitzender des Kirchenvorstandes der Dompfarrei und der Katholischen Armenanstalt.
247 Hermann Josef Nix (1841–1914) 1856 Eintritt in den Jesuitenorden, wirkte u. a in Feldkirch (Österreich), Exaeten und Wijnandsrade (Niederlande), Ditton Hall (Großbritannien), Paris und Luxemburg. Da die Jesuiten aufgrund des Jesuitengesetzes von 1872 bis 1905 keine Niederlassungen haben durften, wohnte er zumindest bis 1905 im Unterweg 10 bei den Aachener Franziskanerinnen. Er betätigte sich als Schriftsteller, Spiritual und Exerzitienmeister. (SKFF, 100 Jahre, S. 20).
248 im Genehmigungsantrag vom 21. Juni 1901 wird darauf verwiesen, dass der Verein bereits von bischöflicher Seite gebilligt und ein Priester als geistlicher Berater und Leiter zugestanden worden war. (DAL-230-H/1).
249 Schreiben Kath. Pfarramt an BO v. 13.7.1901 (DAL-230-H/1).
250 Schreiben BO/ Höhler/Stadtpfarrer Bahl v. 26.7.1901 (DAF-IV. 15.A).
251 Der im DCV-Archiv liegenden Bestand des Frauenfürsorgevereins Frankfurt ist in einem so desolaten Zustand, dass er nicht genutzt werden darf.
252 Sozialdienst Katholischer Frauen Frankfurt (Hg.), 100 Jahre Sozialdienst Katholischer Frauen, Frankfurt 2001.

Werthmann, dazu aufrief, endlich einen „lokalen Caritasverband" zu grün-den.[253] Nach der von Anton Matti angeregten Vorbesprechung der Vin-zenz- und Elisabethenvereine Frankfurts am 18. Juni 1901 gründete eine Generalversammlung am 27. September 1901 den „Charitasverband Frankfurt" und wählte Justizrat Justus Richard Foesser zum 1. Vorsitzen-den, der bis zu seinem Tod 1908 amtierte und dem Rektor Weckber 1910 folgte.

Foesser informierte am 5. März 1902 Bischof Willi über die Gründung und betonte, „dass der innige Zusammenhang der neuen Vereinigung mit der katholischen Kirche und ihren hiesigen Vertretern streng gewahrt wird." Man werde erst an die Öffentlichkeit treten, wenn der „neu ernann-te Stadtpfarrer, welcher ja geborenes Mitglied des Verbandes ist, seine Mitwirkung auf diesem wichtigen Gebiet eintreten lassen kann."[254] Im Vergleich zum Frauenfürsorgeverein dauerte es bis zur bischöflichen Be-stätigung am 13. März 1902 allerdings recht lang: „Es gereicht mir zu großer Freude, dass sich auch in Frankfurt am Main ein katholischer Charitasverband gebildet hat. Indem ich dem Vorstande des Verbandes meine Anerkennung ausspreche und die Versicherung meines Interesses und Wohlwollens gebe, verbleibe ich, für die übersandten Satzungen be-stens dankend, mit oberhirtlichem Segensgruße, Dominicus Bischof von Limburg."[255]

3.5.3.1 Die Satzung des Caritasverbandes

In der von Oberlandesgerichtsrat Georg Wellstein[256] entworfenen[257] und 1910 überarbeiteten Satzung, erklärte man, „ein wachsames Auge (zu) haben auf alle bestehenden und entstehenden Notstände (...) Die beste-henden Notstände sollten, soweit wie möglich, in den Armenverbänden, den Anstalten und Heimen gelindert werden; für die entstehenden Not-stände wird eine besondere Fürsorgetätigkeit ins Auge gefasst."[258] Den bestehenden Vereinen wollte man durch persönliche und materielle Unter-stützung und „ihren Bestrebungen und Grundsätzen nach außen, nach al-len Seiten Anerkennung und den erwünschten Nachdruck zu verschaf-fen."[259] Da man die Arbeit als Seelsorge verstand, beschränkte man sich nicht nur auf materielle Hilfeleistung.[260]

---

253 Werthmann, Caritasbewegung, S. 78.
254 Schreiben Foesser an Bf. Dominicus Willi v. 5.3.1902 (DAL 359).
255 Schreiben Bf. Dominicus Willi an Foesser v. 13.3.1902 (DAL 359).
256 Georg Wellstein (1846–1917), 1898 Oberlandesgerichtsrat OLG Frankfurt, 1909 Senatspräsident OLG Hamm. 1893–1917 Abgeordneter im Reichstag bzw. 1894–1917 Mitglied des Preußischen Abgeordnetenhauses für die Zentrumspartei.
257 Originaltext konnte bisher nicht aufgefunden werden.
258 zit. nach Frank, S. 12.
259 P. Weckber, Charitasverband, S. 90.
260 P. Weckber, Charitasverband, S. 92.

Geboren Mitglieder waren alle Pfarrer und geistlichen Vorsteher der Pfarrgemeinden, die Vorsitzenden der Kirchenvorstände und Gemeindevertretungen und die Mitglieder der Administration der Katholischen Armenanstalt. Mitglieder waren außerdem die katholischen Anstalten, Stiftungen und Vereine Frankfurts und die Katholische Armenanstalt, andere katholische Vereine (Jahresmindestbeitrag 6 Mk) sowie Einzelpersonen, die entweder jährlich mindestens 3 Mk oder einen einmaligen Lebenszeitbeitrag von 100 Mk entrichteten. Bei den übrigen Mitgliedern lag der Beitrag in deren Ermessen. Bis zur ersten Generalversammlung am 21. August 1903 schlossen sich die katholischen Verbände mit Ausnahme des Frauenfürsorgevereins dem CV an.

Georg Wellstein

Verbandsorgane waren Vorstand, Ständiger Ausschuss und Verbandsversammlung. Da die Vorstandsfunktionen von der Administration der Katholischen Armenanstalt wahrgenommen wurden, war deren Vorsitzender auch Vorsitzender des Vorstands, des Ständigen Ausschusses und der Verbandsversammlung. Der Ständige Ausschuss bestand aus dem Vorstand, je einem Vertreter der angeschlossenen Wohltätigkeitsstiftungen und Vereine bzw. deren selbständiger Abteilungen. Dazu kamen von der Verbandsversammlung auf drei Jahre gewählte Mitglieder, deren Zahl auf maximal ein Drittel der Ausschussmitglieder beschränkt wurde. Der Ständige Ausschuss und die Verbandsversammlung rekrutierten ihre Mitglieder bis zur Satzungsänderung 1931 aus den Vereinen im Bereich der Pfarrei Dom/Bartholomäus bzw. nach der Bildung des Gesamtverbandes 1921 aus dem Klerus, der diesem angehörenden Pfarreien. Alle später entstandenen Pfarreien hatten zwar die Ausgaben mitzufinanzieren, waren aber von der Mittelvergabe ebenso ausgeschlossen wie Einzelmitglieder und konnten auf Entscheidungen des Vorstandes keinen Einfluss ausüben, der seinerseits aber in ihre Aktivitäten eingreifen konnte.[261] Ob sich vor dem Schreiben Richters am 21. Oktober 1929 Widerstand erhob, lässt sich nicht feststellen.[262]

Auf Betreiben Foessers wurde 1905 die Geschäftsführung der Administration der Armenanstalt dem CV, und damit dem Caritasdirektor, mit dem Ziel übertragen, „der planlosen Zersplitterung der Kräfte entgegenarbeiten, indem wir durch Sammlung und Konzentration aller Kräfte uns Erfolg erwarten."[263] Sehr viel tat sich aber nicht, da die Armenanstalt als „Spendensammelstelle" nicht über die Strukturen verfügte, um die neuen Aufgaben personell umsetzen zu können. Der Pfarrklerus Frankfurt war einerseits für eine praktische Arbeit nicht ausgebildet, andererseits war

261 Satzung 1910, §11 (ACVF-1100).
262 Schreiben Richter/Herr v. 21.10.1929 (ACVF-1010/1b), siehe auch Abschnitt 5.1.2 – Das Caritas-Statut 1931, S. 186.
263 Caritas 13 (1907/08), S. 182.

die caritative Arbeit so stark ehrenamtlich geprägt, dass er gegen die Vereine nichts ausrichten konnte, selbst wenn er gewollt hätte.
Nach zwei Verbandsversammlungen am 16. und 23. November 1910 wurde die Satzung geändert und die „Administration an die Spitze des Verbandes" (gemeint ist der CV) gestellt und als „beratende und ausführende Stelle" definiert.[264] Fibich weist auf die eigentümliche Situation hin, dass die weiterhin selbständig bestehende Armenanstalt in den CV eingegliedert und als Leitungsgremium bestimmt wird. Dies deutet daraufhin, dass die Innenstadtpfarrer nicht bereit waren, auf eine Einflussnahme bezüglich der Mittelvergabe zu verzichten. Andererseits hatte der CV seine Zuständigkeit für alle „caritativen Bestrebungen" in Frankfurt gesichert und zugleich so Fibich, „ein gleichsam unbefristetes Arbeitsverhältnis als ausführendes Organ der Armenanstalt erreicht. [265] Deutlich wird die Genugtuung im Jahresbericht 1909–11: *„Seit seiner Gründung erstrebte der Caritas-Verband engeren Anschluss an die katholische Gemeinde, insbesondere an die Katholische Armenanstalt, damit der Bestand des Verbandes für immer gesichert und eine intensive Wirksamkeit gewährleistet werde (...) dieses Ziel ist nun erreicht."*[266] Der CV blieb bis zum Amtsantritt Richters im Herbst 1929 aber ein eher unverbindliches Koordinationsgremium, die maßgeblichen Entscheidungen fielen im Vorstand der Armenanstalt.

3.5.3.2 Vorstand und Ortsausschuss

Nur für 1903 liegen Angaben der Funktionsträger vor, die im Zusammenhang mit der Einladung zum 8. Caritastag aufgelistet wurden. Der Vorstand bestand aus Foesser als Vorsitzendem und Stadtpfarrer Dr. Hilfrich, Kammerherr v. Bothmer und Oberlandesgerichtsrat Georg Wellstein. Interessant ist das Sekretariat, das aus Justizrat Dr. Georg Helfrich, Anton Matti, Rektor Weckber und Lehrer Elsenheimer bestand. Dies belegt, wie auch ein Vermerk vom 20. Juni 1902[268], dass die Auffassung, Anton Matti sei von Anfang an als ehrenamtlicher Caritasdirektor berufen worden, revidiert werden muss. Erst 1910 wurde er zum ehrenamtlichen Direktor des Caritassekretariats[269] ernannt, seine Befugnisse blieben gering.

Unter den Mitgliedern des Ortsausschusses waren 108 Herren und 20 Damen. Bemerkenswert ist dabei die hohe Zahl der Juristen und Lehrer, erst danach kam der Klerus. Allerdings sind vielfach keine Berufsangaben vorhanden. Interessant ist angesichts der Querelen zwischen Frauenfürsorgeverein und CV, dass auch Josef-Hermann Nix und die Vorsitzende Josefine Fronmüller Mitglied waren. Bei den Damen war nur Helene v. Obregon als Schwester Anton Mattis familiär mit einem anderen Mitglied ver-

---

264 CVF-Jahresbericht 1909–11 (DAL 359).
265 Fibich, S. 158.
266 CVF-Jahresbericht 1909–11 (DAL 359).
267 Kammerherr v. Bothmer vertrat die Landgräfin von Hessen bei der Einweihung der Kirche St. Josef in Eschersheim.
268 Vermerk v. 20.6.1902 (DAF-IV. 15.B).
269 So lautet sein Titel im Schreiben an die Zentrale des Männerfürsorgevereins v. 15.4.1913 (ADCV 319.51/242) .

bunden. Zu den bekannteren Namen gehören Sanitätsrat Johannes Werthmann (Bruder von Lorenz Werthmann), Carl Bolongaro, Alfred Bolongaro-Crevenna und Zoyla Bontant-Klehe. [270] Die Angelegenheiten des Caritasvorstandes wurden im Anschluss an die Sitzungen der Administration der Katholischen Armenanstalt, auf den monatlichen Sitzungen des Männerfürsorgevereins und in wöchentlichen Beiratssitzungen beraten und entschieden. [271]

3.5.3.3 Caritassekretariat

1902 wurde im Katholischen Gesellenhaus (Karlshaus, Seilerstraße 20) ein Caritassekretariat unter Leitung von Sartorius eingerichtet, das zunächst täglich von 11–13 Uhr geöffnet war. Spätestens 1905 wurden die Öffnungszeiten auf 9–2 bzw. 15–18 Uhr verlängert. [272] Später wurde es in der Stiftstraße 32 I untergebracht nach dem Abriss des Hauses Ende 1913 in den Großen Hirschgraben 25 II, das der Stadt gehörte, neben das Goethehaus verlegt und war ab 1904 von 9–12 bzw. 15–18 Uhr geöffnet. Monatlich wurde sie von etwa 500 Hilfesuchenden besucht und vermittelte Hilfen, die nur über die Vinzenz- und Elisabethenvereine gewährt wurden. 1912 wurden 576, 1913 bereits 614 Familien unterstützt. Wöchentlich erhielten etwa 104 Familien Lebensmittel und Kohlen, nur in Ausnahme Bargeld. [273]

Gleichzeitig fungierte man auch als Sekretariat der Katholischen Armenanstalt, die vermutlich auch beide hauptamtlichen Sekretariatskräfte finanzierte. Die Wohlfahrtsarbeit wurde teils ehrenamtlich, teils durch die Orden geleistet. Für die Männer- und Jugendfürsorge waren Robert Kreuzberg, Oberlandesgerichtsrat Wellstein und Prof. Mané sowie für die Gefängnisfürsorge Wolf, Alfred Bolongaro-Crevenna und Matti zuständig. Dazu kam das St. Regis-Komitee. [274] Außerdem gab es einen Arbeitsausschuss der Vereine und Privatpersonen. [275]

Man sammelte Informationen über gesetzliche und sonstige Bestimmungen zur caritativen Arbeit, um Hilfeleistung im die Wohltätigkeit betreffenden Schriftverkehr mit Behörden, Vereinen, Anstalten und Privatpersonen geben zu können. Die Geschäftsstelle verstand sich, auch mangels eigener Mittel, als Vermittlungs- und nicht als Unterstützungsstelle. Sie führte das Kartenregister der von den Vinzenz- und Elisabethvereinen erhobenen Fragebogen, ergänzt durch Angaben der „Centrale für private

---

270 Liste abgedruckt in Caritas 8 (1903), S. 196.
271 CVF-Geschäftsbericht 1913/14 (DAL 359 A).
272 CVF-Geschäftsbericht 1904/05 (DAF II.13.A) .
273 St. Vinzenzverein: Bericht des Diözesanrates Frankfurt a. M. für die Diözese Limburg a. L. über das Geschäftsjahr 1913, Frankfurt 1914, S. 4.
274 siehe Abschnitt 3.6 – Die Sanierung wilder Ehen, S. 86.
275 Charitas-Kursus des Charitas-Verbandes vom 30. September bis 6. Oktober 1906 in Frankfurt am Main, Frankfurt 1906.

Fürsorge"[276] durch den Stadtbund und des städtischen Waisen-Armen-Amtes.[277]

	1902 /03	1904 /05	1905 /06	1906 07	1908 /09	1910 /11	1912 /13	1913 /14	1914 /15
Vereine		16	16	17		22	22	22	22
Einzelmitglieder	128	122	130	163		150	239		212
Mitglieder insgesamt		138	146	180		172	261		234
Einnahmen in Mk					6.095				
Davon Mitgliedsbeiträge in Mk			1.013		970				
Zuschuss Kultusministerium in Mk					300	300	300	800	800
Zuschuss Oberpräsident Kassel								250	250
Ausgaben in Mk					6.045				
Vermögen in Mk					3.749		3.130		
Eingehende Post								7.859	
Ausgehende Post								8.775	8.864
Besucher								9.624	7.359

Als Mitglied des „Verbandes der Männervereine zur Bekämpfung der öffentlichen Unsittlichkeit" organisierte das Caritassekretariat zwischen 1909 und 1911 mindestens eine Versammlung Frankfurter Frauen, in der unter juristischen, medizinischen und sittlichen Aspekten „das Treiben der Animierkneipen" verurteilt und die „Bekämpfung des Schmutzes in Wort und Bild" gefordert wurde.[278] Mit einem sonntäglichen Freizeitangebot wollte man Kinder und Jugendliche von als gefährlich angesehenen Orten und Einrichtungen fernhalten. Das BO verfügte 1912, dass das Caritassekretariat als Meldestelle für Zuziehende fungieren und für die abgebenden Pfarreinen den Kontakt zu den Standesvereinen herstellen solle.[279]

3.5.3.4 Finanzierung

Während die Armenanstalt bis zur Inflation 1923 über ein beträchtliches Kapitalvermögen verfügte, stammten die Mittel des CV überwiegend aus Mitgliedsbeiträgen und Zuwendungen anderer Stiftungen.[280] Foesser konnte bereits 1902 auf eine Spende von 6.500 Mk zur Errichtung katholischer Kinderasyle verweisen. Eine Spende des Hamburger Kommerzienrates Friedenau wurde für die Errichtung einer Übergangsstation für entlassene katholische Strafgefangene verwendet. Städtische und staatliche Zuschüsse wurden erst nach 1909 gewährt, z. b. 1909 vom preußi-

---

276 Wilhelm Merton hatte am 4.3.1898 die „Centrale für private Fürsorge" gegründet, die die Arbeit der etwa 200 mildtätigen Vereine in Frankfurt koordinieren und die städtischen Hilfen ergänzen sollte.
277 Siehe Abschnitt 3.6.1 – Arme, S. 83.
278 CVF-Geschäftsbericht 1909/11 (DAL 359a).
279 CVF-Geschäftsbericht 1913/14 (DAL-359A).
280 Siehe Tabelle im Abschnitt 3.6.1 – Arme, S. 83.

schen Kultusministerium 300 Mark als Zuwendung für die Arbeit im Bereich der Sammelvormundschaften.

In welchem Umfang Mittel der Armenanstalt für die Arbeit des CV bereitgestellt werden, lässt sich nicht ermitteln. Der überwiegende Teil der Armenanstaltzuwendungen dürfte direkt in die Pfarreien und katholischen Vereine im Stadtzentrum gegangen sein. Außerdem gehörten viele Vorortspfarreien bis 1928/29 zu den Bistümern Mainz und Fulda. Der CV dürfte davon nur wenig profitiert haben, denn 1910/11 warnte man bereits davor, dass die Tätigkeit ins Stocken geraten könnte, da „für fortlaufende Kosten (...) keine Fonds zur Verfügung stehen" und bat darum, „der staatlichen Beihilfe teilhaftig (zu) werden, um auch für die Folge unsere Dienste zur Verfügung stellen zu können."[281]

Nachdem der Berliner CV entsprechende Zuwendungen erhalten hatte, beantragte der CV am 2. Mai 1912 vergeblich einen Zuschuss aus dem „Einmillionenfonds für Jugendpflege".[282] 1914 und 1915 erhielt man Zuwendungen von 800 Mark vom preußischen Staatsministerium sowie 250 Mark vom Kasseler Oberpräsidenten.[283] Die übrigen Mittel wurden von der Katholischen Armenanstalt bereitgestellt,[284] die zumindest 1913 den Vinzenzvereinen für jede unterstützte Familien zwei Zentner Kohle finanzierte.[285] Seitens der Stadt erhielt man kaum Zuschüsse.

3.5.3.5 Caritastag 1903 und Caritaskursus 1906

Das Interesse Werthmanns an Frankfurt zeigt sich daran, dass er zunächst den 2. Caritastag 1898 in Frankfurt durchführen wollte und dafür auch am 16. Juli 1897 die Zustimmung von Stadtpfarrer Bahl erhielt , der 2. Caritastag wurde dann aber in Köln im November 1898 durchgeführt.

Erst 1903 konnte Werthmann sein Vorhaben umsetzen, den 8. Caritastag an seiner alten Wirkungsstätte durchzuführen und damit die bisher geleistete Arbeit zu würdigen und weiteren Auftrieb geben:

„Erfreulicherweise sind aber auch Frankfurts Katholiken nicht zurückgeblieben (... und haben) eine Reihe von caritativen Vereinen ins Leben gerufen (...) Ein frisches hoffnungsreiches Sprossen gibt sich daselbst auf diesem Gebiete kund und die Charitastage mit ihren Beratungen und Anregungen sollen belebende Wärmestrahlen auf diese neu entstehenden Keime senden und sie zum fröhlichen Gedeihen bringen."[286]

---

281 CVF-Geschäftsbericht 1910/11 (ACVF-1001).
282 Schreiben CV Frankfurt/Staatsministerium des Innern v. 2.5. 1912 (ADCV-127F/1-OCV Frankfurt).
283 Charitas 23 (1917/18), S. 101.
284 Caritas 21(1915/16), S. 81.
285 St. Vinzenzverein: Bericht des Diözesanrates Frankfurt a. M. für die Diözese Limburg a. L. über das Geschäftsjahr 1913, Frankfurt 1914, S. 4.
286 Caritas 8 (1903), S. 194.

Lebendes Bild aus Theaterstück während der Festversammlung des 8. Caritastages
© ACVF- (© Reimer)

Nachdem Bischof Dominicus Willi im Februar 1903 zugestimmt hatte,[287] plante Werthmann gemeinsam mit dem CV den 8. Caritastag vom 5.-8. Oktober 1903 im Saalbau.[288] In der Festversammlung war neben der Begrüßungsansprache Foessers auch ein Grundsatzreferat (Ursprung und Ausdehnung der Caritas"[289] von Pater Hermann-Josef Nix SJ angesetzt. Von Frankfurter Seite wurden u.a. der Bornheimer Pfarrer Königstein (Fürsorge für noch nicht schulpflichtige Kinder)[290] sowie Zoyla Bontant-Klehe (Die katholische Bahnhofsmission)[291] als Referenten eingesetzt. Ein wichtiges Ergebnis war die Gründung des „Katholischen Frauenbundes".[292] Außerdem wurden neben katholischen Einrichtungen (Josephsheim, Karlshaus, Vincenzhaus, Kloster zum Guten Hirten Marxheim) auch zahlreiche protestantische, jüdische und städtische Wohlfahrtseinrichtungen besucht. Insgesamt nahmen 500 Personen am gesamten Caritastag teil, bei der Festversammlung 1.800–2.000 und an der Frauenversammlung etwa 700.

Im Februar 1906 wurde ein allgemeiner Caritaskurs in Frankfurt angekündigt,[293] in zwei Gesprächen unter Leitung Werthmanns am 6. März und 26. April im Frankfurter Caritassekretariat vorbereitet[294] und im Juli

---

287   Caritas 8 (1903), S. 45.
288   Caritas 8 (1903), S. 194–196.
289   Abgedruckt in Caritas 9 (1904), S. 241–246.
290   Abgedruckt in Caritas 9 (1904), S. 32–35 bzw. 55–57.
291   Abgedruckt in Caritas 9 (1904), S. 23–26.
292   Liese, S. 346f.
293   Caritas 11 (1906), S. 125.
294   Caritas 11 (1906), S. 198.

offen ausgeschrieben.[295] Der 1. Caritaskursus wurde vom 1.-6. Oktober 1906 mit 350 Teilnehmern durchgeführt, wobei an den einzelnen Vorträgen zwischen 100 und 150 Personen teilnahmen. Viele Redner reichten ihre Thesen ein, die vorab den Teilnehmern zugestellt wurden. Zu den Vorträgen wurden Besichtigungen Frankfurter Einrichtungen (Gefängnis Preungesheim, Gesellenhaus, Lehrlingsheim des städtischen Waisenhauses usw.) organisiert.[296]

Neben der allgemeinen Armenpflege stand die Fürsorge für weibliche Jugendliche und Frauen im Mittelpunkt. Pfarrkurat Stumpf (Karlsruhe) löste mit seinem Referat über die „Dienstbotenfrage und Dienstbotenvereine"[297] eine intensive Diskussion aus, die 1907 zur Gründung des „Verbandes katholischer Dienstmädchenvereine" führte.[298] Ein Schwerpunkt waren die Arbeiterversicherungsgesetze und die Kinderfürsorge. Bemerkenswert ist, dass etwa die Hälfte der Referenten nicht katholisch waren, wie z.b. Wilhelm Polligkeit, Stadtrat Flesch und Christian Jasper Klumker.

3.6 Caritative Arbeit bis zum Weltkrieg

Obgleich sich der CV aus der Politik heraushalten wollte, kam er nicht umhin, sich mit den sozialen Verhältnissen in Frankfurt zu befassen, da nur Gerhard Heil 1904–12 im Stadtrat vertreten war. Wenn man auf offensichtliche Missstände hingewiesen werde, dürfe man die Leute nicht weiter darin leben lassen, z. B. wenn Wohnungen mit Tbc-Bazillen verpestet sind, wenn die Familien und die Kinder unter der Trunksucht des Vaters leiden und an dessen Trinkgelagen teilnehmen oder im Umfeld von Prostitution leben müssten. Man müsse den Strafgefangenen Arbeit verschaffen und die Möglichkeit geben, ihr Leben zu ändern, heißt es im Geschäftsbericht 1906/07.[299] Werthmann forderte 1916, die „durch die Arbeiterschutz-gesetzgebung eingesetzten Aufsichtsorgane mobil zu machen", wenn man von gesundheitlichen Missständen in den Fabriken erfahre.[300]

Schwerpunkte der Caritasarbeit waren Armenfürsorge, Vormund- und Pflegschaften, Betreuung der entlassenen katholischen Strafgefangenen und die Jugendarbeit. Um dies sicherstellen zu können, trat man Vereinen mit sozialen Zielsetzungen bei, die einen Teil der Hilfsmaßnahmen mit finanzierten.[301] Man sei nicht nur Mitglied, sondern nehme auch an deren

---

295 Caritas 11 (1906), S. 252f.
296 Charitas-Kursus des Charitas-Verbandes vom 30. September bis 6. Oktober 1906 in Frankfurt am Main, Frankfurt 1906.
297 Rede abgedruckt in Caritas-Jahrbuch 1, S. 47ff .
298 Liese, S. 205.
299 Anlage zum CVF-Geschäftsbericht 1906/07, a.a.O. (ACVF-1001).
300 Bericht CV für das katholische Deutschland, Freiburg 1916, S. 17.
301 Stadtbund, Hauspflegeverein, Verein Reichswohnungsgesetz, Frankfurter Gefängnisverein, Hausratsammelstelle, Kreuzbund, Trinkerheilstätte St. Josefhaus Waldernbach, Archiv deutscher Berufsvormünder, Verein Gasthausreform, Frankfurter Verein zur Bekämpfung der Schwindsuchtgefahr, Arbeiterinnenheim, Deutsches Nationalkomitee zur internationalen Bekämpfung des Mädchenhandels und Armen-Verein Später folgten der Verein gegen den Missbrauch geistiger Getränke, der Verein zur Hebung der Sittlichkeit, der Krippenverein, das Komitee für die Zahnpflege in den Schulen, der Frankfurter Verein für Arbeitsstätten, der Verein zur Bekämp-

Veranstaltungen teil und arbeite mit diesen Vereinen eng zusammen. Die Zusammenarbeit mit dem DiCV sah man dagegen als uninteressant an. So hieß es im „Kirchlichen Jahrbuch 1921–22", „der als Unterlage für den vorliegenden Bericht versandte Fragebogen blieb wieder unbeantwortet."[302]

3.6.1 Arme

Mit der starken Bevölkerungszunahme wuchs die Zahl derer rapide an, die mit den für sie ungewohnten Verhältnissen nicht zurechtkamen und caritativer Hilfe bedurften. CV, Elisabethen- und Vinzenz-Vereine gingen davon aus, „dass das leibliche Almosen ohne das geistige auf die Dauer doch nutzlos ist" und prüften die Würdigkeit. Die religiöse Einstellung war aber nur wichtig, wenn die Hilfsmaßnahme von der Katholischen Armenanstalt finanziert werden sollte.[303] Der Elisabethenverein kümmerte sich um Witwen und Wöchnerinnen, der Vinzenzverein um Familien.[304]

Die seit Dalberg festgelegten Fragebögen der Hilfesuchenden wurden von den Vinzenz- und Elisabethenvereinen mit Hilfe der Pfarreien, des Armenamtes und der „Centrale für private Fürsorge" überprüft. Man informierte sich gegenseitig, „da es bei einem Teil von Bittstellern auf ein systematisches Abklopfen aller Unterstützungsquellen ankam (...) Bei sorgfältiger Beachtung kann kaum lange ein derartiges Treiben stattfinden." Angaben der „verschämten Armen" wurden vertraulich behandelt. Dank der Zentralkartei der Vinzenzvereine war sichergestellt, „dass Missbrauch oder doppelte Unterstützung (...) nur selten vorkamen", auf würdige und bedürftige Arme hingewiesen und unwürdige Personen hingehalten wurden. Ohne eine solche Prüfung würden, „der arbeitenden Klasse Bedürfnisse an[gewöhnt], die sie früher nicht gekannt [hätten], sich schwer abgewöhnen ließen, und diese Art von Verwöhnung sei die erste Stufe zum Müßiggang, mit den Lastern, die derselbe im Gefolge habe. Nicht nur auf Seiten des CV wurde kritisiert, dass allzu häufig „Almosen (...) am falschen Platz" gespendet wurden. Da jedem Bedürftigen von der Armenanstalt geholfen werde, sei Betteln auf den Straßen oder an den Häusern nicht notwendig, fördere aber Trunksucht, Landstreicherei und „das sich aus diesen Übeln sich entwickelnde Verbrechertum."[305] Bettelnden sollte ein Essen-Bon im Wert von 20–30 Pf. gegeben werden, der an einer der Volksküchen eingelöst werden konnte. So werde sich herausstellen, ob wirklich Hunger zum Betteln zwinge.[306] Arbeitswilligen wurde Arbeit in der Arbei-

---

fung der Schundliteratur, die Zentrale sozialer Studentenarbeit und 1913/14 die Zentrale für Berufsberatung und Lehrstellenvermittlung, der Verein zur Bekämpfung der Schundliteratur, die sozialstudentische Centrale, die Centrale für Berufsberatung und Lehrstellenvermittlung sowie der Verein zur Förderung der Wanderarmenfürsorge. (CVF-Geschäftsbericht 1905/06 – ACVF-1001).

302   Krose (Hg.): Kirchliches Jahrbuch für das kath. Limburg, Limburg 1921–22, S. 84f
303   Satzung 1910, §11 (ACVF-110).
304   Frankfurter Volksblatt Nr. 233 v. 11.10.1905.
305   Anlage zum CVF-Geschäftsbericht 1906/07 (ACVF-1001).
306   CVF-Geschäftsbericht 1905/06, S. 3 (ACVF-1001).

terkolonie Neu-Ulrichstein, Arbeitsunfähigen Übernachtung und Essen zugesichert.[307]

Für jeden Bittsteller wurde ein Protokoll verfasst, in dem „die beigebrachten schriftlichen Empfehlungen, die besonderen Verhältnisse der Armen, und endlich die eingeholten näheren Nachrichten über den Bedürfnisstand genau gegliedert" aufgeführt und das Abstimmungsergebnis niedergelegt werden mussten. Als Ausgaben wurden angeführt: gestiftete Messen, Kranke, ärztliche Bedienung und Arzneien, Beerdigungskosten, Kostgelder für Pflegekinder, Lehr- und Schulgelder, Kleidung, Zehrpfennige für durchreisende Arme, monatliche Spenden für Erwachsene. Dem Stadtpfarrer wurden jährlich für solche Zwecke 200 Gulden bewilligt, über die er allein verfügen konnte. Werthmann beziffert den auf Jugendliche für Unterricht, Erziehung und Bildung entfallenden Anteil auf etwa 6.000 Gulden, die ihnen durch das Erlernen eines Handwerks eine sichere Existenz ermöglichen sollte. Einmal im Monat wurde über die Anträge entschieden und sich um die Unterstützung anderer Träger bemüht.

3.6.2 Ambulante und stationäre Krankenpflege

Mit der Lockerung der Zuwanderungsbestimmungen nach 1866 wuchs auch der Bedarf an ambulanter Pflege in Frankfurt und in den umliegenden Städten und Gemeinden, die erst später eingemeindet wurden. Da einige Einrichtungen bis heute bestehen, werden die Aktivitäten der Pflegeorden hier gemeinsam behandelt.

Nach der 1868 erfolgten Eröffnung des Schwesternhauses am Mittelweg übernahmen die Dernbacher Schwestern am 8. April 1871 auf Bitte von Pfarrer Heinrich Rody auch die Armen- und Krankenpflege im damals noch selbständigen Bornheim. Nachdem die ersten drei Schwestern sich in den ersten sechs Wochen ein Zimmer und dann eine größere Wohnung geteilt hatten, schenkte ihnen Pfarrer Heinrich Rody 1874 einen Bauplatz in der Eichwaldstr. 40, auf dem bereits im Juni 1875 das Marienheim bezogen werden konnte. Zunächst wurden die Kranken in ihren Wohnungen gepflegt und im ersten Jahr etwa 400 Nachtwachen geleistet. 1881 wurde mit dem städtischen „Verein zur Pflege armer Kranker" eine Krankenküche eröffnet, bei der Kranke mit Attest einen besonderen Essenschein erhielten.

1872 eröffneten zwei Dernbacher Schwestern in Bockenheim ein kleines „Krankenasyl für die Allerärmsten" im Marienheim und ein Kleinkrankenhaus für Tbc-Kranke in der Ederstraße. 1882 folgte das St. Elisabethen-Krankenhaus der Franziskanerinnen in Bockenheim eröffnet, [308] das aber 1890 von den Dernbacher Schwestern übernommen und bis 2018 fortgeführt wurde. 1887 übernahmen die Franziskanerinnen die Pflege im Krankenhaus Höchst, in dem sie seit 1861 die ambulante Pflege wahrge-

---

307 Anlage zum CVF-Geschäftsbericht 1906/07 (ACVF-1001).
308 Einige Mittheilungen über die Begründung und den gegenwärtigen Stand der Frankfurter Niederlassung der barmherzigen Schwestern zu Dernbach, Frankfurt 1883 (DAL-118/E2).

nommen hatten.[309] Am 29. Juli 1892 wurde auf dem Grundstück Koselstraße 15 ein weiteres kleines Krankenhaus eingeweiht.

1901 richteten die Franziskanerinnen eine Niederlassung am Westendplatz Nr. 30 ein. 1912 übernahmen weitere sechs Aachener Franziskanerinnen die ambulante Pflege im Gallusviertel, dessen Bevölkerungszahl inzwischen durch die seit 1885 angesiedelten Industrien (u. a. Adlerwerke, Eisengießerei Mayfarth & Co., Bremsenfabrik Alfred Teves) rapide zugenommen hatte. Die Elisabethenvereine finanzierten die ambulante Pflege mit jährlich etwa 6.000 Mk, dazu kamen Zuschüsse der Armenanstalt.

Die Barmherzigen Brüder betreuten anfangs von Wiesbaden aus Kranke in Frankfurt und Höchst. 1865 wurde eine Niederlassung mit vier Brüdern in Höchst eingerichtet, die neben der Krankenpflege auch die Küsterei übernahmen. 1868 nahmen sie dann in einer kleinen Mietwohnung in der Schäfergasse Nr. 24 auch die ambulante Krankenpflege in Frankfurt auf und siedelten bald in ein größeres Haus am Oederweg über. Da es nicht möglich war, mit der ambulanten Pflege allein die schwierigeren Fälle zu betreuen und zu behandeln, plante man ein kleines Krankenhause in Angriff und erwarb am 14. August 1871 ein Grundstück an der Unteren Atzemer 8 und errichtete dort mit finanzieller Unterstützung von Franz und Anton Brentano, Frau Brentano und Johann Vinzenz Buzzi ein Männerkrankenhaus mit 19 Betten. Mit Hilfe einer stadtweiten und überkonfessionellen Kollekte erwarb man ein weiteres Grundstück gegenüber sowie einen angrenzenden Garten und stockte das Krankenhaus auf 25 Betten auf, das auch als „Asyl für ältere Herren" genutzt wurde. 1876 erhielten sie von Buzzi Geld für die Errichtung eines Hauses für alte und sieche Männer in der Nähe des Zoos.[310] Die Typhusepidemie erzwang die Einstellung von weltlichem Personal, so dass schließlich 24 Brüder eingesetzt werden konnten.

3.6.3 Familie

Mit der Industrialisierung im 19.Jh. und der Arbeitsaufnahme zahlreicher Frauen veränderte sich auch die Struktur der Familie. Da in der Arbeiterschicht überwiegend beide Elternteile arbeiteten, waren viele Frauen einer Doppelbelastung ausgesetzt und hatten zudem in den einzelnen Reichsländern einen unterschiedlichen Rechtsstatus. Mit der Einführung des BGB am 1. Januar 1900 wurde das Familienrecht in Deutschland harmonisiert und die Stellung der Kinder zwar verbessert, die Situation der Frauen aber Eherecht verschlechtert,[311] da eine Eheschließung mit hohen Kosten für die Heiratspapiere verbunden war. Die hohe Anzahl wilder Ehen führte, insbesondere im 1. Weltkrieg dazu, dass viele Frauen nach dem Tode ihrer Partner ohne Witwenrente dastanden und für die Kinder ein amtlicher Vormund bestellt werden musste.

Kritisch war die aufgrund des teuren Wohnraums seit Mitte des 19. Jhd. zunehmende Praxis des Schlafstellen- und Kostgängerwesens. Viele

---

309   Greef, Klaus, Das katholische Frankfurt, Frankfurt 1989, S. 108.
310   Werthmann, Caritasbewegung, S. 68ff.
311   Siehe folgender Abschnitt 3.6 – Die Sanierung wilder Ehen, S. 86.

ledige Arbeiter und Angestellte konnten sich keine Unterkunft leisten und Schichtarbeiter mieteten sich stundenweise bei Arbeiter- und Kleinbürgerfamilien ein, um dort zu schlafen oder an den Mahlzeiten teilzunehmen, weil der Heimweg in der Mittagspause zu weit war. Im Gegensatz zum Zimmermieter (Untermieter) hatten sie kein eigenes Zimmer und durften weder die Küche noch die „gute Stube" nutzen. Für viele Familien war es aber eine wichtige Einnahmequelle, auch wenn es das Familienleben erschwerte. Außerdem wurde die sittliche Gefährdung der Kinder und meist auch minderjährigen Dienstmädchen beklagt, da diese tagsüber mit den Fremden allein waren. In Frankfurt dominierten die Schlafstellengänger in der Altstadt und in östlichen Stadtteilen (u.a. in Bornheim), während die Zimmermieter in der westlichen Innenstadt zu finden waren.

Viele Frauen hatten nach dem Tod ihrer Partner Schwierigkeiten, ihren bzw. den Lebensunterhalt ihrer Kinder zu sichern, da sie häufig keinen Anspruch auf eine Witwenrente hatten. Viele ärmere Versicherungspflichtige, vor allem Frauen, arbeiteten schwarz, um keine Beiträge für die gesetzliche Sozialversicherung zahlen zu müssen. Werthmann forderte 1916, dafür zu sorgen, „dass alle, die versicherungspflichtig sind, auch wirklich der Versicherung angehören und sie nicht um der geringsten Beiträge willen umgehen. Er befürwortete die freiwillige mit der Invaliden-Versicherung verbundene Hinterbliebenen-Versicherung und forderte die Caritas-Verbände auf, notfalls die Beiträge vorzulegen, damit die Anrechte aufrechterhalten bleiben, und nötigenfalls für den Versicherten die Anträge zu stellen und im Verkehr mit der Behörde Hilfe zu leisten. Werthmann wies ausdrücklich darauf hin, dass die Caritasverbände für alle Frauen die ihnen zustehende Wöchnerinnenhilfe in Höhe von 125 Mk und für alle unbemittelte Soldatenfrauen Wochenhilfe beantragen sollten.

3.6.3.1 Die Sanierung wilder Ehen

Seit der Einführung der Zivilehe 1875 musste vor der kirchlichen eine standesamtliche Eheschließung erfolgen. Da die Ziviltrauungen und Scheidungen immer mehr zunahm, befürchtete Papst Leo XIII um den Einfluss der Kirche und erklärte am 10. Februar 1880 in der Enzyklika „Arcanae divinae sapientiae" (Untertitel „Über die christliche Ehe"):

„Nachdem nun Christus die Ehe zu einer so hohen und erhabenen Würde erhoben hatte, hat er die gesamte Ehegesetzgebung der Kirche übertragen und anvertraut. Und diese hat auch ihre Gewalt über die Ehen von Christen immer und überall ausgeübt, in der Überzeugung, dass diese Gewalt ihr wesentlich zukommt, nicht durch Billigung von Menschen erworben, sondern von Gott durch den Willen ihres Stifters überkommen."[312]

Neben dem Hinweis auf die Unauflöslichkeit der Ehe wurden die Bischöfe aufgefordert, auf der katholischen Ehe zu bestehen und „wilde Ehen" in Ordnung zu bringen. Wie bisher schon in Frankreich und Belgien richteten

---

312   Zit nach http://www.civitas-institut.de/index.php?option=com_content&view=article&id=2202:leo-xiii-arcanum-divinae-sapientiae-ueber-die-unaufloeslichkeit-der-ehe&catid=14:dokumente&Itemid=37 – Stand: 22.12.2014.

die Vinzenzvereine in Essen (1891), München (Nikolausverein 1896), Köln (1898), Düsseldorf und Aachen St. Regis-Komitees ein,[313] um wilde katholische Ehen standesamtlich zu legalisieren und damit die kirchliche Trauung zu ermöglichen. Man wollte verhindern, dass die in wilder Ehe Lebenden sich dem religiösen Leben entfremden und den Kindern so eine „religiöse Erziehung (...), die doch für dieselben als wahre Christen und treue Staatsbürger so notwendig ist" vorenthalten werde.[314] Den Komitees sollte möglichst ein Rechtsanwalt, angehören, um ledigen Müttern und ihren Kindern aus ihrem Status ohne familienrechtliche Ansprüche zu befreien. Die Komitees sollten auch die Pfarrer entlasten, denen nicht zugemutet werden könne, die für die Ziviltrauung benötigten Papiere zu beschaffen, zumal sie mit den eherechtlichen Bestimmungen in der Regel nicht vertraut waren.

Heinrich Rody[315] betonte in einem Antrag an den Kölner Katholikentag 1903, dass durch die Vinzenzvereine „viele Personen der katholischen Kirche erhalten worden sind."[316] Rody regte 1902 die Gründung des Frankfurter St. Regis-Komitee unter Leitung von Justizrat Georg Helfrich und Rektor Weckber an, das ein eigenes Büro unterhielt. Alle katholischen Brautpaare erhielten nach ihrem standesamtlichen Aufgebot ein Schreiben des Pfarramtes, sich „nach stattgehabter Verlobung bei dem katholischen Pfarrer persönlich zu melden",[317] da die „bloße Trauung durch den bürgerlichen Standes-beamten (...) wenn beide Brautleute katholisch sind –

Heinrich Rody, Pfarrer Bornheim

vor Gott keine gültige Ehe" begründet. Ausdrücklich wurde hingewiesen, dass weder für das dreimalige kirchliche Aufgebot noch für die Trauung Gebühren zu entrichten seien.[318]

---

313   1826 gründete Jules Gossin in Paris das Francois-Regis-Werk, um die kirchliche Eheschließung der Arbeiter und die Legitimierung ihrer Kinder in der Diözese Paris zu erleichtern. Danach folgten Gründungen in Belgien, Österreich-Ungarn, den Niederlanden, Luxemburg und Großbritannien. Die Komitees wurden nach dem hl. Johannes Franziskus Régis SJ (1597–1640) benannt, der es sich zum Ziel gesetzt hatte, illegitime Verbindungen in christliche Ehen umzuwandeln. Hintergründe waren hohe Gebühren, in Belgien die Notwendigkeit von vier Trauzeugen und in Frankreich das Verbot, nach dem Vater des unehelichen Kindes zu forschen. Papst Gregor XVI hatte 1834 die Arbeit der St. Franziskus-Regis-Vereine durch die Gewährung besonderer Ablässe honoriert (Das diamantene Jubiläum des Franz-Regis-Vereins zu Brüssel in: Charitas 4(1899), S.13).
314   St. Regis-Comité Köln, St. Regis-Vereinigungen, S. 21.
315   Dr. Heinrich Rody (1841–1905) war vom 1.1.1870–30.11.1884 Pfarrer von St. Josef Bornheim. Er nahm an der Brüsseler Jubiläumsfeier des St. Regis-Komitees teil.
316   Anträge der 50. Generalversammlung der Katholiken Deutschlands in Köln 1903 (DAF IV. 15.B).
317   Amtsblatt für die Diözese Limburg 1897, S. 197.
318   Formschreiben des kath. Stadtpfarramtes (DAF IV. 15.B).

1903/04 hatte man in Frankfurt in etwa einem Drittel der Fälle Erfolg.[319] 1913 wurden zwar 42 kirchliche Eheschließungen nachgeholt, aber beklagt, dass viele „ohne staatliche und kirchliche Eheschließung in unerlaubten Verhältnissen zusammenleben." Die Bartholomäuskonferenz erreichte mehrere nachträgliche Taufen für bis zu vier Jahre alte Kinder, die Liebfrauen-konferenz 5 Eheschließungen und damit die Legitimation von 15 Kindern.[320] Die Arbeit wurde mit Beginn des 1. Weltkrieges eingestellt und 1918 nicht wieder aufgenommen, da in dem überwiegend protestantischen Frankfurt das Schwergewicht auf die Anbahnung katholischer Ehen gelegt wurde.

3.6.3.2 Vormund-, Pfleg- und Beistandschaften

Aufgrund der starken Zuwanderung auch hatte die Zahl der wilden Ehen bzw. der ledigen Mütter und damit auch der unehelichen Kinder stark zugenommen. Im Rahmen der Rechtsharmonisierung nach der Annexion Frankfurts 1866, hatte das Vormundschaftsgericht die Aufsicht über Voll- und Halbweisen übernommen. Da dies nicht in der Lage war, eine effektive Kontrolle über die Amtsführung der Vormünder sicherzustellen, wurden ihnen mit der preußischen Vormundschaftsordnung vom 5. Juli 1875 ehrenamtlich tätige Gemeindewaisenräte beigeordnet, die die Aufsicht über die Erziehung der Mündel führen und dem Vormundschaftsgericht notfalls Auskunft über das Mündel erteilen sollten, vor allem wenn der Mutter das Erziehungsrecht entzogen werden sollte und geeignete Personen als Vormund, Gegenvormund oder Pfleger vorschlagen.

Obgleich evangelische wie katholische Kirche bereits 1876 ihren Geistlichen die Übernahme dieses Amtes empfohlen hatten, wurden sie nicht berücksichtigt, weil während des Kulturkampfes u.a. der evangelische Oberpräsident der Rheinprovinz Heinrich Moritz Albert von Bardeleben befürchtete, die katholischen Geistlichen könnten einen zu großen Einfluss auf die Erziehung ausüben. 1878 wurde mit dem preußischen Gesetz zur Zwangserziehung dem Waisenrat die Aufsicht über nicht bevormundete Kinder in Zwangserziehung übertragen und an dem Verfahren zur Aufhebung der Zwangserziehung beteiligt. Nach dem Ende des Kulturkampfes forderte das preußische Innenministerium per Erlass vom 2. November 1895 erneut, eine größere Beteiligung der Geistlichen in den Waisenräten, um deren Funktion sicherzustellen.

Mit Inkrafttreten des BGB am 1. Januar 1900 wurde erstmals weltweit eine allgemeingültige und am Kindeswohl orientierte Fürsorgepflicht für Kleinkinder eingeführt. Zwar wurde die Ausführung den Kirchen überlassen, staatlicherseits aber die Ausbildung der Kindergärtnerinnen geregelt und auch erste Finanzierungen von Kindergärten zugesichert. Während des Ersten Weltkrieges wurde die Kinderbetreuung ausgebaut, weil die Mütter als Arbeitskräfte in den Fabriken benötigt wurden.[321] Gleichzeitig

---

319 CVF-Geschäftsbericht 1903/04 (DAF-IV. 15.A).
320 St. Vinzenzverein: Bericht des Diözesanrates Frankfurt a. M. für die Diözese Limburg a. L. über das Geschäftsjahr 1913, Frankfurt 1914, S. 4.
321 Franz-Michael Konrad, Der Kindergarten – seine Geschichte von den Anfängen bis in die Gegenwart, Freiburg 2004, S. 110f.

wurden das Vormundschafts-, Unehelichen- und Adoptionsrecht reichsein-heitlich neu gefasst und die Möglichkeit eingeräumt, Mündel in eigenen Heimen unterzubringen. Da im Gesetz nicht vorgeschrieben wurde, dass Vormund und Mündel gleicher Konfession sein sollten und man dies für unzuträglich hielt, wurde es als Pflicht jeder katholischen Gemeinde ange-sehen, „intensiv für ihre katholischen Waisenkinder, seien sie eheliche oder uneheliche, Halb- oder Ganzwaisen einzutreten."[322]

In Frankfurt wurde an 1. Juli 1900 die Aufgaben des Gemeindewai-senrates dem neuen Waisen- und Armenamt zugewiesen. Da sich in vielen Städten nichts tat, forderte am 11. September 1902 das Reichsinnenmi-nisterium, dass Anordnungen der Vormundschaftsgerichte seitens kom-munaler, kirchlicher und sonstiger „für die Hebung der Sittlichkeit und die Erziehung der Jugend thätigen Vereine wesentlich unterstützt werden, wenn diese dem Gemeindewaisenrath oder dem Vormundschaftsgericht für solche Fälle zur Führung der Vormundschaft oder Pflegschaft geeignete mit ihnen in Verbindung stehende Personen allgemein benennen, sich dem Vormundschaftsgericht gegenüber bereit erklären, für die Unterbringung der Minderjährigen in Anstalten und Familien zu sorgen, und namentlich die Kosten dieser Unterbringung zu übernehmen, wenn, was häufig der Fall sein wird, die zunächst Verpflichteten hierzu nicht im Stande sind."[323]

1904 erklärte der CV in einer vom Regierungspräsident einberufenen Konferenz seine Bereitschaft, „die Vormundschaft über gefährdete oder in Fürsorgeerziehung untergebrachter Knaben und Mädchen zu überneh-men." Da sich nichts tat, intervenierte man 1905 beim Gemeinde-Waisenrat und erhielt für den Plan auch positive Rückmeldungen der Vin-zenz- und Elisabethenvereine sowie des Frauenfürsorgevereins,[324] die ers-ten Sammelvormundschaften wurden 1905/1906 zugeteilt. Der Landes-hauptmann von Nassau fragte mehrfach nach der Einschätzung des CV über die Einleitung einer Fürsorgeerziehung.[325]

Der CV benannte Pfleger, um die Diskussion zu vermeiden, ob eine General- oder eine Einzelvormundschaft vorzuziehen sei. Dem Vormund-schaftsgericht wurde die langwierige und oft erfolglose Suche nach Vor-mündern erspart und der CV konnte sich katholische Familien aussuchen, die die persönliche Sorge für die Mündelkinder von der Geburt bis zur Voll-jährigkeit wahrnahmen, um so „der Verwahrlosung der Kinder vorzubeu-gen."[326] Außerdem wurden Beistandschaften für Halbwaisen und die Ver-mögensverwaltung erwachsener Mündel übernommen.[327] Regelmäßig er-statteten die Vormünder Bericht, damit dieser gegenüber dem Vormund-schaftsgericht Stellung nehmen konnte.[328] Nach 1908 übernahm auch der Frauenfürsorgeverein Vormundschaften. Aufgrund der Empfehlungen der

---

322 Anlage zum CVF-Geschäftsbericht 1906/07, a.a.O. (ACVF-1001).
323 Erlass des Ministers des Inneren der Deutschen Reichsregierung v. 11.9.1902 (HStAW 405-Nr. 2571).
324 CVF-Geschäftsbericht 1905/06 (DAF II.13.A).
325 CVF-Geschäftsbericht 1906/07 (DAF II.13.A).
326 CVF-Geschäftsbericht 1911/12 (ACVF-1001).
327 Anlage zum CVF-Geschäftsbericht 1906/07, (ACVF-1001).
328 Werthmann, Caritasbewegung, S. 82.

Fuldaer Bischofskonferenz (FBK) grenzten CV und Frauenfürsorgeverein 1917 ihre Tätigkeitsbereiche ab: männliche Jugendlichen über 6 Jahre wurden dem CV, alle Kinder unter sechs Jahre und alle weiblichen Jugendlichen dem Frauenfürsorgeverein unterstellt.[329]

Um unehelichen Kindern gleiche Entwicklungschancen zu sichern, übernahm Matti die Generalvormundschaft für die katholischen Kinder und das Caritassekretariat vertrat die nicht verheirateten Mütter in der Alimentenklage. Der Vorwurf, „deren Leichtsinn zu befördern", wurde zurückgewiesen, da die Alimente „zur Wohlfahrt des Kleinen" verwendet würden.[330] Zwischen 1905 und 1907 gewann man 10 von 48 Alimentationsprozessen und erzielte in 12 Fällen eine außergerichtliche gütliche Einigung. Diese Prozesse wurden etwa ab 1910 von der Sammelvormundschaft des Magistrats (Waisen- und Armenamt) selbst geführt und der zuständige Beamte meist zum Vermögensmitvormund bestellt, was vom CV als Entlastung begrüßt wurde.[331]

	Vormund-schaften	Pfleg-schaf-ten	Beistand schaften	Kinder Insgesamt (J/M)	Mündel-gelder in Mk
1905/06	18	30		48	
1906/07	58	86		144	
1908/09	(49)	189		238	
1910/11	+202	286	+6	531 (311+220)	25423
31.3.1913				681	21.000
31.3.1914	+38	+18	+9	745 (492+253)	18.500
31.3.1915	+15	+57	+1	818 (556+262)	18.000
31.3.1917				1.000 (710+290)	

Bei der Vermittlung und Schulung wurden die Vinzenzvereine, die Elisabethenvereine und die Männer- und Arbeitervereine in Deutschorden, St. Gallus, im Nordend und in Bornheim einbezogen. 1913 übernahm der aus der Jugendkommission des CV formell entstandene „Katholische Männer-Fürsorge-Verein Frankfurt" einige Vormundschaften. Er wurde aber nach Kriegsbeginn „in der Pflege der organisierten Einzelvormundschaft, besonders in der Gewinnung geeigneter Vormünder behindert" und konnte geplante Unterweisungskurse nicht mehr durchführen.[332] Während des Weltkrieges wurden 1915 allein 21 jugendliche Wohnungslose dem CV zugewiesen, in vier Fällen setzte man den Entzug der elterlichen Gewalt durch.[333]

329   Anlage zu Schreiben Fürsorgeverein/Bf. Hilfrich v. 11.3.1936 (DAL-230/H1) .
330   CVF-Geschäftsbericht 1905/06, S. 7(ACVF-1001).
331   CVF-Geschäftsbericht 1913/14 (DAL-359a).
332   Jahresbericht des Kath. Caritas-Verbandes Frankfurt a. M. einschließlich des Männer-Fürsorge-Vereins über die Zeit vom 1. April 1914 bis 31. März 1915, Frankfurt 1915, S. 1 (DAL-359A).
333   Charitas 23 (1917/18), S. 101.

Über die Arbeit des CV sind nur für 1913/14 Angaben vorhanden. Danach beantragte man erfolgreich die Entziehung der elterlichen Gewalt, um das Kindeswohl zu sichern. Neun Jungen und vier Mädchen wurden in Fürsorgeerziehung untergebracht, um die „gänzliche Verwahr-losung" zu verhindern. Der Vinzenzverein und die Scherle-Stiftung finanzierten 2013/14 jeweils vier Pflegeplätze.[334] Im Oktober 2013 wurde auf der Generalversammlung und einer zusätzlichen Ausschusssitzung mit Referaten von Rektor Johannes Gander und Rechtsanwalt Wilhelm Lutsch das Vormundschaftswesen und die Gewinnung ehrenamtlicher Vormünder diskutiert.[335]

Bis zum Ersten Weltkrieg diskutierte man über eine Reform des Vormundschaftswesens und führte 1911 einzelne Aktionen zusammen mit Carl Sonnenschein durch. Immer mehr setzten sich antikonfessionelle Tendenzen gegen den Vorrang der kirchlichen Wohlfahrtspflege bei der Vergabe von Vormund- und Pflegschaften durch. Katholische Frauen- wie Männerfürsorgevereine wurden bei der Vergabe von Einzelvormundschaften und bei der Suche nach neuen bzw. bei der Schulung von Vormündern stark behindert und stattdessen konfessionsneutralen oder politischen Verbänden wie in Frankfurt Vorrang eingeräumt.[336]

3.6.3.3 Kindergärten

Da die Gründung von Kindertagesstätten nur eine freiwillige Aufgabe der Städte war, gab es vor 1914 Frankfurt ausschließlich konfessionelle und private Kindergärten. Während die Kinderbetreuung in den bürgerlichen Familien durch Kindermädchen erfolgte, die wie das übrige Hauspersonal in ländlichen Gegenden angeworben wurden, und es kaum Arbeiterfamilien in der Dompfarrei gab, wurden die ersten innerstädtischen katholischen Kindergarten erst 1919 in St. Leonhard und 1928 in der Dompfarrei eröffnet.

Anders war es in den später eingemeindeten Orten. Da häufig beide Elternteile arbeiten mussten, um den Lebensunterhalt zu sichern, sah man hier zwar die Notwendigkeit von Kinderbewahrschulen, um den Eltern zu ermöglichen, „in den Fabriken Frankfurts arbeiten zu können,"[337] doch war eine Genehmigung katholischer Kindergärten während des Kulturkampfes nicht zu erwarten. Hinzu kam das Verbot der Schulorden.

Um die „bereits verkommenen oder von Eltern gewissenlos vernachlässigten Kinder" zu retten, engagierte man sich für eine ganztägige Kinderbetreuung in Kindergärten bzw. -horten und der Organisation von Kindererholungen. Pfarrer Heinrich Rody errichtete in Bornheim mit dem Elisabethenverein im Februar 1879 eine von den Dernbacher Schwestern betreute Suppenküche für bedürftige Kinder und organisierte Weihnachtsbescherungen für 300–400 Kinder.

---

334 CVF-Geschäftsbericht 1913/14 (DAL-359a).
335 CVF-Geschäftsbericht 1913/14 (DAL-359a).
336 Siehe S. 91.
337 RMV 25.8.1925.

Katholischen Kindergärten in Frankfurt 1883–1941

Kindergarten	Gründung	Plätze	
Höchst	1883	200	Vinzenz- und Elisabethenverein
Oberrad[338]	1891	100	Dernbacher Schwestern
Bornheim-Heidestr. 62[339]	1893	120	Dernbacher Schwestern
Griesheim[340]	Nov. 1899	200–250	Dernbacher Schwestern
Niederrad[341]	1899	120	Dernbacher Schwestern
Schwanheim[342]	Vor 1900	120–130	Dernbacher Schwestern
Heddernheim	1900		Dernbacher Schwestern
Eckenheim	1900		Fuldaer Vinzentinerinnen
Sindlingen	Nov. 1906		Dernbacher Schwestern
Nied	Jan. 1907	120	Dernbacher Schwestern
Unterliederbach	Nach 1909		Dernbacher Schwestern
Zeilsheim[343]	1911		Dernbacher Schwestern
Gallus	1912	130	Dernbacher Schwestern
St. Elisabeth	1917		
St. Leonhard	1919	90	Aachener Franziskanerinnen
Dom/Bartholomäus	1928		Vinzenzverein Dom
Heiliggeist	1928		
Ortenberger Str.	1932		Laienschwestern
St. Bernhard	1935		

Die erste katholische Kinderbewahrschule wurde erst 1883 in Höchst mit 200 Plätzen eröffnet. Sie wurde vom Vinzenz- bzw. vom Elisabethenverein getragen, die auch zunächst das Personal stellten, obgleich ihnen häufig eine Ausbildung fehlte. 1884 wurde im Marienheim der Dernbacher Schwestern an der Heidestr. 63 (heute Eichwaldstr. 40) eine Suppenküche für 90–100 arme Kinder eingerichtet. 1886 eröffneten die Dernbacher Schwestern in Rödelheim eine „Kleinkinderschule" mit Kinderspeisung, die von Maria Magdalena von Stumpf-Brentano gestiftet wurde. Die Fuldaer Vinzentinerinnen engagierten sich dank Pfarrer Christoph Knips seit 1891 in Eckenheim und eröffneten mit fünf Schwestern am 26. Juli 1891 eine Suppenküche und 1900 einen Kindergarten. Auch wenn sich die rechtliche Lage nach dem 2. Friedensgesetz vom 21. Mai 1886 verbessert hatte, genehmigte der Wiesbadener Regierungspräsident erst nach 1891 katholische Kindergärten, in denen nur katholische Kinder aufgenommen werden durften. [344] Am 19. April 1893 wurde in einer ehemaligen Formstecherei der Kindergarten St. Josef Bornheim eröffnet und im Juli 1902 in das neu errichtete Arbeiterwohnhaus Heidestr. 62 verlegt. 1908 stifteten Carl

338 Abschrift – Schreiben Ministerium der geistlichen Unterrichts- und Medizinalangelegenheiten/ 9.11.1891 (DAL-118-A11).
339 Schreiben Reg. Präs. Wiesbaden/Bf. Limburg v. 7.3.1893 (DAL-118-A18).
340 Schreiben Reg. Präs. Wiesbaden/Bf. Limburg v. 10.4.1898 (DAL-118-A9).
341 Schreiben Reg. Präs. Wiesbaden/Bf. Limburg v. 28.7.1899 (DAL-118-A10).
342 Schreiben Reg. Präs. Wiesbaden/Bf. Limburg v. 7.3.1893 (DAL-118-A18).
343 Greef, Frankfurt, S. 104.
344 Greef, Klaus, Das katholische Frankfurt, Frankfurt 1989, S. 104.

Isaacky und die Schwestern Emilie bzw. Johanna Pastor[345] insgesamt 30.000 Mk mit der Auflage, in dem neu entstandenen Arbeiterviertel Gallus eine Kirche und eine Kinderbewahrschule einzurichten.[346] Nach der Genehmigung durch das Bistum und das Regierungspräsidium wurde im Sommer 1912 die Einrichtung einer Kinderbewahrschule Gallus für 130 Kinder auf dem ehemaligen Grundstück des Pfarrhauses bzw. der Notkirche beschlossen. Da die eigenen Mittel nicht ausreichten, wurden vom „Sammelverein für arme, verlassene Kinder" weitere 17.000 Mk bereitgestellt und ein Belegungsrecht gegen Pflegesatzzahlung in dem gleichzeitig eingerichteten „Asyl zur vorübergehenden Unterbringung armer verlassener Kinder eingerichtet."[347]

In der Regel waren die Kindergärten von 7 Uhr bis 17 Uhr (Winter bis 16 Uhr) geöffnet. Kinder zwischen 2 und 6 Jahren wurden meist ganztags betreut und erhielten teilweise Mittagessen, die Mehrzahl ging nach Hause essen.[348] Monatlich mussten zwischen 10 und 15 Pf. mit Mittagessen 50 – 65 Pf. bezahlt werden. Für Geschwister wurde das Schulgeld ermäßigt, etwa die Hälfte zahlte kein Schulgeld.

Besonders engagierte sich der zweite Bornheimer Pfarrer Kilian Königstein[349] für die Einrichtung von Kindergärten und erweiterte das Angebot in Bornheim. Auf dem 8. Caritastag 1903 in Frankfurt hielt er das Grundsatzreferat „Fürsorge für noch nicht schulpflichtige Kinder".[350] Der Bornheimer Kindergarten im Josefsheim wurde als Musterbeispiel während der Exkursionen des Caritastages besucht. Königstein beklagte, dass es in der Frankfurter Innenstadt noch keine Kinderbewahrschule gebe.

Kilian Königstein, Pfarrer Bornheim

3.6.3.4 Waisen

Obwohl Waisen in Frankfurt vorzugsweise in Familien untergebracht wurden, gab die katholische Gemeinde die Bemühungen um ein eigenes Waisenhaus nicht auf, zumal sie aufgrund des Kulturkampfes bis 1895 nicht in den Gemeindewaisenräten repräsentiert war. Auch hatte Ketteler die Praxis kritisiert, Kinder „schlechten Eltern wegzunehmen, um sie noch schlechteren Pflegeeltern zu übergeben, (...) die an dem geringen Kostgeld noch einen Profit machen" wollen.[351]

---

345 Ihr Bruder Ludwig Freiherr von Pastor (1853–1928) war Historiker und Gesandter Österreich-Ungarns beim Hl. Stuhl.
346 Kath. Gemeinde Frankfurt/BO v. 16.11.1908 bzw. 4.9.1908 (DAL-FF2-20/1).
347 Vertrag Kath. Kirchengemeinde Frankfurt/Sammelverein für arme, verlassene Kinder Frankfurt v. Juli 1912 als Anlage zu Schreiben Kirchenvorstand der kath. Gemeinde/BO (DAL-FF2-10/2).
348 Strieth, S. 18–22.
349 Kilian Königstein (1849–1905), 1873 Priesterweihe, 1884–1905 Pfarrer in St. Josef Bornheim.
350 Abgedruckt in Caritas 9 (1904), S. 32–35 bzw. 55–57.
351 Charitas 1 (1896), S. 160.

Da die Unterbringung im städtischen Waisenhaus bzw. in protestantischen Familien als nicht katholischen Vorstellungen entsprechend angesehen wurde, organisierten die Elisabethenvereine ab 1882 Lotterien[352] für ein katholisches Waisenhaus, die zu einem Ertrag von 1200 Mk führten. 1884 erwarb Münzenberger ein Grundstück in Königstein/Taunus und übernahm gleichzeitig in Trägerschaft der Ursulinen die Sonntagsschule und die Aufsicht über die Waisenkinder. 1891 wurde das Ursulinenkloster St. Angela mit dem 1879 gegründeten Frankfurter Kloster verbunden und als Schwesternerholungsheim fortgeführt, die auch einige Waisen betreuten.

Die Dernbacher Schwestern, die die Pflege und Leitung in dem Arbeiterinnenhospiz und einer „Waisenanstalt für Angehörige katholischer Konfession" in Bornheim übernehmen sollten und dafür am 4. April 1903 eine nebenamtliche Lehrtätigkeit beantragt hatten, wurden darauf verwiesen, dass die schulpflichtigen Waisenkinder, die dem Schulverbande nicht angehören, gegen Zahlung eines von der Schulaufsichtsbehörde festzusetzenden Fremdenschulgeldes die Volksschule besuchen müssten. Schließlich gaben die Elisabethenvereine ihre Absicht auf und stellten den Sammelbetrag dem Waisenhaus in Königstein/Taunus zur Verfügung.[353]

Parallel dazu gründete Johannes Heinrich Janssen einen Sammelverein und übergab 1889 rd. 3.000 Mk. mit der Auflage, bis zur Gründung eines Waisenasyls die Zinsen zur Erziehung „eines armen verlassenen Knaben" zu verwenden. Im Testament bestimmte er sein Vermögen für die Errichtung das Waisenasyls, ließ aber offen, ob es in Frankfurt oder, wie er gegenüber dem Oberurseler Gerhard Pfarrer Huyeng geäußert haben soll, dort errichtet werden sollte. Da die katholische Gemeinde darauf bestand, dass das von ihnen gestiftete Geld vorwiegend Frankfurter Kindern zugutekommen solle, gründete Huyeng unter Berufung auf ihm gegenüber geäußerte Wünsche Janssens mit eigenen und Pfarrmitteln in Oberursel 1893 das „Johannisstift".

Der Frankfurter Sammelverein, dessen Vermögen bis Sommer 1894 auf etwa 22.000 Mk angewachsen war, bezuschusste den Bau und trug die Kosten für die dort untergebrachten Frankfurter Kinder. Wie lange der Sammelverein bestand, ließ sich bisher nicht feststellen, 1924/25 bestand er nur noch „aus einem Komitee von wenigen Herren, die die dem Verein noch gebliebenen Wertpapiere verwalten."[354]

Am 9. August 1893 wurde das Johannisstift mit vier Kindern eröffnet, die von den „Schwestern der göttlichen Vorsehung"[355] betreut wurden, die seit 1888 in Oberursel die ambulante Pflege wahrnahmen. Da die Zahl der Kinder bis 1895 auf 34 zunahm, musste man das Haus auf zunächst 50

---

352   Tausende Lose wurden auch außerhalb von Frankfurt verkauft und so gewann der Freiburger Bischof Roos einen violetten seidenen Wandschirm mit Goldmalerei (Festrede 19.11.1909 – DAF-IV. 15.B).

353   zit. nach Festrede zur 50jährigen Jubelfeier des Frankfurter Elisabethenvereins v. 19.11.1909 (DAF-IV. 15.B).

354   Werthmann, Caritasbewegung, S. 32.

355   1851 als Schul- und Krankenschwesternorden in Mainz-Finthen gegründet.

(Pensionspreis von 120 Mk jährlich)[356] und dann auf etwa 120 Plätze erweitern. Im Gegensatz zu den Jungen konnten Mädchen über das 14. Lebensjahr hinaus bleiben, um Haushalt zu lernen.[357] Bis 1899 wurden 318 Kinder, davon 121 unentgeltlich betreut.

Anfangs wurden „wahllos" (A. Werthmann) alle Kinder aufgenommen, die meist unehelich und „in einem so jämmerlichen und schlechten Gesundheitszustand (waren), dass die Sterblichkeit unter den Kindern naturgemäß eine hohe war." Ein protestantischer Anstaltsarzt betreute die „armen Geschöpfchen, (die) oft schon bei der Aufnahme den Todeskeim in sich tragen." Da für diese kein Pflegegeld gezahlt wurde, war das Waisenhaus bis zur Übernahme durch die Schwestern, die nicht mehr alle Kinder aufnahmen, ständig gefährdet. Der Pensionspreis belief sich auf 120 Mk jährlich. Dank der verbesserten finanziellen Situation war das Johannistift Anfang der 20er Jahre in der Lage, 70–80 Kindern aufzunehmen. Kinder wurde erst mit Vollendung des ersten Lebensjahres aufgenommen, während Jungen bis zum 8. Lebensjahr dort verbleiben konnten, blieben Mädchen über die Schulzeit hinaus, um Hausarbeit zu lernen. Parallel dazu bestand noch einer Kinder- und Nähschule.[358] Eine weitere Nähschule entstand nach 1909 in der Pfarrei St. Johannes Apostel in Unterliederbach.

Angesichts der kritischen Lage in der neuen Arbeitersiedlung im Gallus[359] sah Pfarrer Johannes Gander es als notwendig an, armen Kindern vorübergehend eine Unterkunft zu gewähren, wenn ein Elternteil entweder krank wurde oder verstarb bzw. wenn vorübergehend jegliche häusliche Aufsicht fehlte. Dank der Mittel aus dem Janssenschen Sammelfonds und einer Zustiftung von Johann von Pastor wurde an der Mainzer Landstraße ein größeres Haus als „Kinderasyl" errichtet. Hier wurden bis zu 25 Jungen und Mädchen gegen einen von den Eltern zu zahlenden Pflegebeitrag solange aufgenommen, bis eine endgültige Unterbringung in einer Anstalt oder einer Familie gesichert war. Nachdem mit dem Bau des die finanziellen Mittel beider Stiftungen überwiegend aufgebraucht worden waren,[360] konnte der laufende Betrieb nur durch einen Zuschuss von 17.000 Mk seitens des „Sammelvereins für arme, verlassene Kinder" gesichert werden und diesem wurde ein Belegungsrecht gegen Pflegesatzzahlung gewährt.[361]

---

356 Müller: Die Wohlthätigkeitsanstalten der Diöcese Limburg in: Charitas 1 (1896), 1, S. 8f.
357 Das Johannistift in Oberursel im Taunus, Asyl für arme verlassene Kinder in: Charitas 4(1899), S. 249.
358 Werthmann, Caritasbewegung, S. 32.
359 Das Gallusviertel wurde um 1900 nach der Industrieansiedlung der Adlerwerke zu einem Arbeiterviertel. Der Name leitet sich von der mittelalterlichen Galgenwarte (Galluswarte) ab. Die 1903 neu gegründete Pfarrei benannte sich nach dem irischen Heiligen St. Gallus, um die Verbundenheit zum Stadtteil deutlich zu machen.
360 Werthmann, Caritasbewegung, S. 33f.
361 Schreiben Kath. Gemeinde Frankfurt/BO v. 16.11.1908 bzw. 4.9.1908 (DAL-FF2-20/1) bzw. Vertrag Kath. Kirchengemeinde Frankfurt/Sammelverein für arme, verlassene Kinder Frankfurt v. Juli 1912 (DAL-FF2-10/2).

3.6.3.5 Stationäre Fürsorge für Kinder und Jugendliche

Auf katholischer Seite stand man der Zwangserziehung ablehnend gegen-über, solange die Verwahrlosung durch Tatsachen [nicht] erwiesen sei und stellte sich damit in Gegensatz zu sozialistischen Forderungen, die „zum völligen Ruin des Familienbandes führen" würden.[362] Trotzdem musste man angesichts fehlender Pflegefamilien auf geschlossene Einrichtungen zurückgreifen.

Von Mitte des 19. Jh. bis 1905 wurden in Frankfurt 391 Kinder und Jugendliche von den Vinzenzkonferenzen betreut.[363]. 1903 waren es bis zu 72 Kinder und Lehrlinge[364]. 1913 betreute man neun Lehrlinge und 73 in Heimen untergebrachte Jugendliche.[365] Die Vinzenzkonferenzen zogen Unterhaltszahlungen ein und bezahlten Heimkosten und Lehrgelder.[366] Weitere Mittel wurden von der Katholischen Armenanstalt, dem städtische Waisen- und Armenamt und von der Luise von Brentano-Stiftung bereit-gestellt. Die Lehrer Theodor Schué (bis 1886) und Simon Hergenhahn (ab 1886) bemühten sich um geeignete Erziehungsmaßnahmen.

Gemeinsam mit der Armenanstalt, den zuständigen Pfarrern und dem Pestalozzi-Verein wurden durchschnittlich ca. 53–55 Kinder ausgewählt und Pflegestellen in Familien und in bewährten Erziehungs- und Besse-rungsanstalten gesucht, darunter in den von Bischof Blum gegründeten katholischen Erziehungsanstalten in Marienhausen[367] bei Assmanshausen und in Dernbach, wo vor allem schwachsinnige Jungen und Mädchen untergebracht wurden. Weitere wurden in anderen auswärtigen Anstalten (St. Angela Königstein, Miltenberg, Trier, Neustadt, Oberursel, Hofheim, Schwäbisch Gmünd, Fritzlar, Nonnenwerth) untergebracht.[368]

Die „Diözesan-Idioten-Anstalt zum hl. Joseph Marienhausen" bei Assmanshausen wurde von zwei Priestern geleitet und umfasste eine drei-klassige Schule mit staatlich geprüften Lehrkräften und acht Barmherzigen Schwestern als Betreuungspersonal. Insgesamt konnten dort 200 Jungen im Alter von 6–12 Jahren mit dem Ziel untergebracht werden, die man-gelnde elterliche Erziehung zu ersetzen und mit einer guten Schulbildung sowie einer sich anschließenden Lehrzeit eine Grundlage für das spätere Leben zu schaffen. Der Pensionspreis betrug 1896 jährlich etwa 200 Mk. Für Mädchen hatte Bischof Blum in Dernbach die „Marien-Anstalt für ver-waiste Mädchen" gegründet. Die Dernbacher Schwestern betreuten hier bis zu 120 Mädchen ab drei Jahren, die die örtliche Schule besuchten und

---

362 Matthias Müller, Praktische Winke über die Zwangserziehung verwahrloster Kinder in: Charitas 2 (1897), S. 7.
363 Frankfurter Volksblatt Nr. 233 v. 11.10.1905.
364 mit der Einrichtung des CV nahm die Zahl ab und belief sich am 16.2.1923 nur noch auf 10 Zöglinge und 5 Lehrlinge.
365 St. Vinzenzverein: Bericht des Diözesanrates Frankfurt a. M. für die Diözese Lim-burg a. L. über das Geschäftsjahr 1913, Frankfurt 1914, S. 4.
366 Schreiben Örtl. Verwaltungsrat des Vinzenzvereins Frankfurt an Generalsekretär der Vinzenzvereine Deutschlands v. 16. 2. 1923 (SVK-Akte Frankfurt).
367 Bischof Blum gründete vor 1889 die „Knabenrettungsanstalt „im Kloster Marien-statt und verlegte diese 1889 unter Leitung von Matthäus Müller nach Marienhau-sen.
368 Die private Fürsorge in Frankfurt, S. 146f.

zur Führung „eines bürgerlichen Haushalts" erzogen werden sollten. Die Kosten beliefen sich auf 180 Mk pro Jahr.

In der St. Josef-Anstalt in Hadamar wurden unter Pflege der Barmherzigen Brüder männliche, im Valentinushaus in Kiedrich weibliche Epileptiker unter Pflege der Barmherzigen Schwestern untergebracht. Beide dienten auch als Asyl für Idioten und schwachsinnige Epileptiker. Für Taubstumme war das kommunalständische Taubstummeninstitut in Camberg zuständig. Wenn eine Fürsorgeerziehung unausweichlich (1906/07 fünfmal) erschien, wurden die Betroffenen in der Diözesan-Rettungsanstalt Marienhausen untergebracht. Es wurde bedauert, dass viele wegen Überschreitens der Altersgrenze nicht erfasst und betreut werden konnten.[369] Trotzdem stand man der Anstaltserziehung reserviert gegenüber, da manche Anstalten nicht in der Lage seien, die angestrebten Ziele auch bei schwierigen Jugendlichen zu erreichen, und sprach sich lobend über einen Pfarrer in einer hessischen Kleinstadt aus, der vom Landeshauptmann zum Fürsorger ernannt worden sei, und „der die Wohltat einer Familienerziehung der Anstaltserziehung gegenüberstellt und dessen Pfarrei nach und nach eine Colonie wird, von Familien, welche Fürsorgezöglinge in liebevolle Pflege nehmen."[370]

Die Kosten wurden vom Städtischen Waisen- und Armenamt aber nicht übernommen, da man drohende Verwahrlosung nicht als Unterstützungsgrund ansah[371] und entsprechende Maßnahmen genauso wenig förderte wie die Rückführung ausgerissener Jugendliche in ihre Heimatorte, wenn die Eltern dazu finanziell nicht in der Lage waren oder die dazu verpflichtete Heimatgemeinde die Zahlung verweigerte. Der CV wies vergeblich auf die Gefahr hin, „dass die Jugendlichen hier bleiben und wohl in den meisten Fällen der Verwahrlosung anheimfallen, so dass sie doch wiederum eine Last für den Staat bedeuten, und (...) ihm Kosten verursachen."[372]

Von den zwischen 1909 und 1914 registrierten ca. 700 Pfleglingen wurden 403 eingezogen, von denen 170 zeitweise im Frontdienst standen und einer vom einfachen Soldaten bis zum Feldwebel befördert wurde.

Anfang 1914 beklagte Matti gegenüber dem BO, dass in Frankfurt selbst für männliche Jugendliche keine Einrichtungen vorhanden seien: „Mangels eines passenden Heimes für katholische Knaben, seien sie schulpflichtig oder bereits in einem Lehrverhältnis stehend, gehen uns in jedem Jahre eine beträchtliche Menge von Kindern verloren, welche aus dem einen oder anderen Grunde nicht bei den Eltern belassen werden können." Da man über kein eigenes Heim verfüge, sei man nicht in der Lage zu reagieren, wenn die drohende Verwahrlosung" die sofortige Wegbringung von dem Elternhause zu veranlassen sei." Dies gelte auch für nicht vorbestrafte Obdachlose, die bis Ende 1913 beim Gefängnisverein untergebracht wurden. Als provisorische Lösung schlug er vor, Räume im Kloster der Barmherzigen Brüder dafür zu nutzen, zu einer Entscheidung

---

369   Anlage zum CVF-Geschäftsbericht 1906/07 (ACVF-1001).
370   CVF-Geschäftsbericht 1905/06, S. 5 (ACVF-1001).
371   Schreiben Matti/BO v. 26.1.1914 (DAL-359A).
372   CVF-Geschäftsbericht 1905/06, S. 5 (ACVF-1001).

kam es aber nicht, zumal die Barmherzigen Brüder Planungen der katholischen Gemeinde generell etwas kritisch gegenüberstanden. [373]
Pfarrer Johannes Gander (Gallus), der als Kaplan 1898 in Flörsheim einen Kath. Arbeiterverein gegründet hatte, rief 1914 dazu auf, die in den Jugendherbergen und Arbeiterheimen lebenden katholischen Jugendlichen aufzusuchen und zu betreuen.[374] Kaplan Carl Rothbrust[375] betreute von 1915 bis 1923 die in der Dompfarrei liegenden Herbergen. Kneip[376] forderte 1918 vergeblich das BO auf, alle übrigen Pfarreien zu einem entsprechenden Handeln anzuweisen.[377]

3.6.4 Kindererholung

Aufgrund der mangelhaften hygienischen Situation in den Wohnungen und der einseitigen und oft unzureichenden Ernährung waren viele Arbeiterkinder kränklich und unterernährt. Sehr früh sah man es als erforderlich an, Erholungsmaßnahmen für Kinder und Jugendliche zu organisieren.

1750 hatte der englische Arzt Richard Russel in „De usu aquae marinae in morbis glandularum" die Basis für die Kindererholung am Meer gelegt, die 1796 mit einem 30 Plätze umfassenden Hospiz für rachitische und skrupulöse Kinder und Erwachsene in Margate an der Themsemündung verwirklicht wurde. In Deutschland initiierte der „Wohltätige Schulverein" eine Einzelunterbringung für 10–12 Kinder auf Bauernhöfen. Entscheidend für die Kindererholung wurde die 1876 von dem Zürcher Pfarrer Walter Bion in Appenzell für 64 Kinder organisierte „Ferienkolonie".[378] Georg Varrentrap, der 1871 erstmals Erholungsaufenthalte für kranke Kinder auf dem Land organisiert hatte, schloss sich diesem Modell an und führte 1878 die erste Frankfurter Ferienkolonie für 178 Kinder und Jugendliche durch.[379]

1911 richtete die Stadt einen „Ausschuss für Ferienfürsorge" ein, dem auch der CV angehörte, und setzte wie die meisten Städte auf geschlossene Ferienkolonien in eigenen Häusern wie der Wegscheide in der Nähe von Bad Orb. Auch Caritasdirektor Kneip favorisierte die Heimunterbringung, da die Unterbringung in Einzelfamilien oft auf Schwierigkeiten stieß:

„Oft müssen die Ferienkinder ihre Lagerstätte mit dem Kinde des Hauses teilen, was leicht gesundheitliche und moralische Nachteile bringen kann. Gehen die Pflegeeltern (...) früh zu ihrer Arbeit, dann stehen die Kinder, besonders die Jungen, auf ausgelassene Streiche, necken das Vieh, jagen die Hühner usw."[380]

---

373 Schreiben Matti/BO v. 26.1.1914 (DAL-359A).
374 Schreiben Gander/Dr. Höhler v. 3.3.1914 (DAL-359A).
375 Carl Rothbrust war 1910/11 für ein halbes Jahr Assistent in der Knaben-Erziehungsanstalt Marienhausen.
376 Postkarte Kneip/Pfarrer Ostermann v. 22.3.1918 1913 (ADCV 319.51/242).
377 Schreiben BO/ Höhler an Stadtpfarrer Abt v. 20.4.1918 (DAF-11.10.D).
378 Peter Richter, Die organisierte katholische Kindererholungs- und -heilfürsorge in Deutschland, Wiesbaden 1928, S. 1.
379 Richter, Kindererholungs- und -heilfürsorge, S. 4.
380 Kneip, Caritaszeit, S. 6–9 (ACVF-NL Roos).

3.6.4.1 Vincenzhaus Hofheim

Am 4. Juli 1876 hatte der Kaufmann Johann Vinzenz Buzzi testamentarisch[381] die katholische Kirchengemeinde in Frankfurt als Universalerbin mit der Auflage eingesetzt, dass „auf dem Land, und nicht allzu weit von Frankfurt entfernt (...) zwei voneinander getrennte geräumige Gebäude errichtet werden. In einem Haus sollten „sittlich gefährdete oder verwahrloste Kinder" Aufnahme finden und" zu einem religiös – sittsamen arbeitsamen Leben" erzogen werden. Das andere Haus war „zur vorübergehenden Aufnahme armer, kränklicher oder erkrankt gewesener und in Rekonvaleszenz begriffener Kinder" gedacht. Neben katholischen sollten auch lutherische und reformierte Kinder aufgenommen werden. Buzzi legte Wert darauf, dass die Häuser nach „Art der Familienerziehung" eingerichtet sein sollten, verzichtete auf „spezielle Vorschriften (...), da hierbei doch wesentlich die dem Wechsel unterworfenen jeweiligen Zeitverhältnisse maßgebend sein werden." Kurz darauf erwarb Münzenberger rd. 81.000 qm Wald und Ackerland, renovierte das Bauernhaus und die Nebengebäude. Außerdem wurde das Fachwerkhaus errichtet und vom Elisabethenverein eingerichtet.

Ab Sommer 1888 wurde das Vincenzhaus unter Leitung von Caroline von Steinle[382] als Sommerdomizil für erholungsbedürftige Kinder genutzt und vom Dom-Elisabethverein betreut, da den Ordensschwestern aufgrund des 2. Friedensgesetzes noch untersagt war, nichtkatholische Kinder zu betreuen. 1892 übernahmen die Dernbacher Schwestern die Leitung des Vincenzhauses und der neu eingerichteten ambulanten Krankenpflegestation und blieben dort bis zu ihrer Vertreibung 1939. Bis zum

Vincenzhaus in Hofheim

Ende des Ersten Weltkrieges wurden bis zu 50 Waisenkinder und andere erziehungsgefährdete Kinder aus Frankfurt bis zu ihrer Verselbständigung oder auf längere Zeit aufgenommen und ab 1893 Schulunterricht von einer Schulschwester und einem Geistlichen erteilt. Arme Kinder waren frei, für die anderen mussten monatlich 12 Mk gezahlt werden. Bei einem Pensionspreis von jährlich 350 Mk konnten 15–20 Mädchen im Vincenzhaus im Haushalt ausgebildet werden.[383]

---

381 Abschrift Testament Vinzenz Johann Buzzi v. 4.7. 1876 (ACVF-Buzzi-Stiftung).
382 Caroline v. Steinle war die Tochter des Malers Edward v. Steinle und Vorsitzende des Elisabethenvereins.
383 Charitas 1 (1896) Nr. 3 – März 1896, S. 68.

3.6.4.2 Kindererholung im Weltkrieg

Während des Weltkriegs verschlechterte sich die Ernährungslage und der Gesundheitszustand vieler Stadtkinder, die von Unterernährung bedroht waren. 1916 wurde die „Reichszentrale Landaufenthalt für Stadtkinder" gegründet, die mehrwöchige Ferienaufenthalte organsierte. Nach dem harten Winter 1916/17 gründeten Wohlfahrtsverbände am 8. Januar 1917 den „Verein Landaufenthalt für Stadtkinder" [384] um die notwendigen Maßnahmen auf eine einheitliche Basis zu stellen und die beschränkten Ressourcen voll nutzen zu können. So konnten im Sommer 1917 reichsweit 575.000 Kinder in Erholung geschickt werden, eine Zahl, die nie mehr erreicht werden sollte.[385] Die Organisation übernahm eine Verteilerstelle, die vom DiCV Köln und dem Generalsekretariat der Vinzenzvereine in Köln getragen wurde. Die meisten Kinder wurden in Pommern, Ost- und Westpreußen untergebracht. Dies nutzte auch der Frankfurter CV, der während des Weltkrieges ca. 3.000 Kinder in Erholungsheimen im Bistum Limburg und anderen deutschen Bistümern unterbrachte.[386] Im Sommer 1917 bemühte sich auch ein Priester aus dem Bistum Trier um die Unterbringung von Kindern in den neutralen Niederlanden und stellte auch dem CV Plätze in der überwiegend katholischen niederländischen Provinz Limburg zur Verfügung, doch kann nicht festgestellt werden, ob dies genutzt wurde.

Anfang Oktober 1917 fragte der DCV beim CV an, ob er die vom Schweizer CV ab 10. Oktober 1917 angebotenen 200 Erholungsplätzen im Kanton Aargau in Anspruch nehmen wolle. Kneip stellte sofort eine Gruppe zusammen und begleitete ohne Rücksprache mit dem Gesamtverband diese selbst in die Schweiz, um weitere Aufenthalte für den Sommer und Herbst 1918 zu organisieren. Jeweils etwa 200 „Kriegerkinder" und Kinder aus kinderreichen Familien konnten nun einen vierwöchigen Erholungsurlaub antreten. Während die Pflege und Unterbringung frei war, beliefen sich die Reisekosten auf 5.000 Mk, die von der Stadt Frankfurt getragen wurden.[387] Bürgermeister Hermann Luppe[388] stellte pro Kind 10 Mark mit der Bemerkung bereit, „Geld spielt gar keine Rolle, wer den Krieg verliert, der bezahlt."[389] Von der „Centrale für private Fürsorge" erhielt Kneip dank Wilhelm Polligkeit[390] so viel Geld, wie er brauchte.

---

384   DCV, der Katholische Frauenbund und der katholische Lehrerverband des Deutschen Reiches und die entsprechenden evangelischen und jüdischen Verbände
385   Richter, Kindererholungs- und -heilfürsorge, S. 8f.
386   In Caritas 22 (1917), S. 210 wurde aufgeführt, was die Kinder mitzunehmen hatten. U.a. gehörten dazu „ganze und reine Werktagskleider, dazu Werktagshut oder Mütze, 2–4 Schürzen für die Mädchen (...) zwei Hemden, 2 Paar Strümpfe (es dürfen nur lange Strümpfe getragen werden), reine Kragen, 2–4 Taschentücher. Für die Mädchen genügend Unterzeug, Kamm ... zwei Paar gute und ganze Schuhe, wenn möglich ein Paar Hausschuhe ... Gesang- und Gebetbuch, einen Rosenkranz. Wenn möglich ein Buch zum Lesen für Regentage, Spielball, Kreisel, 4 Postkarten mit der geschriebenen Adresse der Eltern, damit das Kind jeden Sonntag schreiben kann, wie es ihm geht."
387   Schreiben Kneip/BO v. 2.11.1917 (229 B/3).
388   Hermann Luppe (1874–1945), 1900 Magistratsassesor in Frankfurt, 1909 hauptamtl. Stadtrat, 1913–20 Bürgermeister von Frankfurt, anschließend bis 1933 Oberbürgermeister von Nürnberg. Mitbegründer der DDP 1918 und MdR 1919/20.
389   Die Reichsbank stellte der Stadt durch eine Schweizer Bank das Geld gegen Zins von 5% zur Verfügung, der Kredit sollte nach zwei Jahren „wenn der Kurs

Der Gesamtverband stand dieser Aktion skeptisch gegenüber und beklagte sich beim Bischof, dass Kneip diese Aktion ohne Rücksprache mit ihm organisiert habe und der Caritasdirektor für die Büroarbeit nicht zur Verfügung stehe. Kneip rechtfertigte sich gegenüber dem Bischof mit der Dringlichkeit und der Forderung des deutschen Botschafters in der Schweiz, dass die Kinder begleitet werden müssten und wies daraufhin, dass die Fortführung der Arbeit des Caritassekretariats sichergestellt gewesen sei.

Die Vorbereitungen waren sehr umfangreich, von der vorgeschriebenen Entlausung über ärztliche Untersuchung bis zur Impfung. Ein „Kinderwagen" wurde angehängt und jeweils 4 Kinder zum Preis eines Erwachsenentickets im D-Zug 4.Klasse befördert. Für je 10 Kinder wurde eine Begleitperson mitgenommen, wobei der spätere Stadtpfarrer Jakob Herr[391] nach der Fahrt aufgeregt erklärte: „So etwas lässt sich ja gar nicht machen, die Kinder bleiben ja nicht ruhig auf ihren Plätzen sitzen." Nach einer Schutzengelandacht in St. Leonhard gingen die Transporte über Konstanz nach Kreuzlingen. Hinter der Grenze erhielt jedes Kind von Kommerzienrat Stiegele[392] eine große Tafel Schokolade. Nach einem Mittagessen in Zürich wurden auf den Stationen bis Baden jeweils einige Kinder „abgegeben". Die Nachfrage war so groß, dass Kneip seine Transporte ausbauen konnte.[393] Allein die Gemeinde Wettingen übernahm 35 Kinder. Kneip informierte die „Rhein-Mainische Volkszeitung" regelmäßig über die Aktivitäten in der Schweiz, so dass die Väter an der Front etwas von ihren Kindern erfuhren. Bei der Rückreise wurden die Kinder so gut mit Bekleidung, Lebensmittel und Süßigkeiten ausgestattet, dass es Kneip sinnvoll erschien, bei der Zollkontrolle in Kreuzlingen/Konstanz selbst die Pakete zu kontrollieren und ggf. „etwas Bedenkliches" (Kneip) zu melden.

Trotz der verschärften Kriegslage und der Angst vor Spionage wurden die Transporte bis Oktober 1918 durchgeführt. Listen mit 15–18 Fragen mussten in zwölffacher Ausfertigung jeweils sechs Wochen vor dem Abreisetermin im Polizeipräsidium eingereicht werden und wurden auf die Versicherung von Kneip sofort bestätigt („Jawohl! – bum, Stempel darunter"). Diese Frist brachte aufgrund von Grippeepidemien oder Fronturlaub der Väter immer wieder Probleme, da einige Kinder nicht mitreisen konnten,

---

wieder normal ist" getilgt werden. (Schreiben Kneip/Ordinariat v. 2.11.1917 (229 B/3).

390 Dr. Wilhelm Polligkeit (1876–1960), Banklehre, Jurastudium, 1907 Promotion, 1903–20 Geschäftsführer der Centrale für Private Fürsorge, 1920–36 und 1946–50 Geschäftsführer bzw. 1920-35 und 1946–50 Vorsitzender des Deutschen Vereins für öffentliche und private Fürsorge.

391 Dr. Jakob Herr (1867–1950), Philosophie und Theologie-Studium in Bonn und an der Gregoriana Rom, 1892 Priesterweihe und Promotion, Kaplan in Montabaur und Wiesbaden, 1901 Pfarrer in Schlangenbad, 1906 Regens Priesterseminar Limburg, 1908–21 Generalpräses der katholischen Arbeitervereine, 1916 Pfarrverwalter und Kriegsgefangenenseelsorger in Niederselters, 1919–50 Stadtpfarrer Frankfurt/Bischöflicher Kommissar, 1950 bei Verkehrsunfall tödlich verunglückt.

392 Stiegele, Inhaber eines Kohle-Kontors in Frankfurt, stiftete dem CV monatlich über 60 Ztr. Kohlen.

393 auf Weisung von Bürgermeister Luppe blieb Kneip als Aufsicht bei den Kindern, wurde vom Generalvikariat zwar zurück berufen durfte nach dem Hinweis bleiben, die Kosten müssten von dort getragen werden.

aber alle Plätze bezahlt werden mussten. Also wurden Vertreter „gefunden", die an der Grenze beim Namensaufruf nur „ja" zu rufen hatten. Dies ging natürlich schief, weil eine besorgte Tante nach dem Namen ihrer Nichte suchte, die aber nicht auf der Transportliste stand, weil stattdessen ein anderes Kind mitgefahren war. Trotz Drohungen, diese Praxis nach Berlin zu melden, liefen auch die weiteren Transporte nach dem gleichen Verfahren. Die letzte Fahrt wurde noch Mitte Oktober 1918 durchgeführt, da Kneip sicher war, dass das Internationale Rote Kreuz notfalls helfen würde und erklärte den Kindern, wenn sie zurückkämen, habe man keinen Kaiser mehr. Dies traf dann auch zu, denn am 10. November 1918, dem Tag der Rückkehr hatte der Kaiser abgedankt. Das Defizit der Ferienaktion von 2200 Franken wurde durch eine USA-Spende abgedeckt.[394]

3.6.5 Jugend

Da viele Jugendliche finanziell auf eigenen Füssen standen und nur während der Arbeitszeit den betrieblichen Regeln unterworfen waren, waren sie frei in ihrem Handeln und entwickelten Verhaltensformen in gleichaltrigen Gruppen, die von den Erwachsenen als bedrohend empfunden wurden.[395] Man befürchtete eine Verwahrlosung, da zwischen Schulentlassung und Militärdienst „eine für die Industriegesellschaft typische Sozialisationsetappe" entstanden war.[396] Landstreicherei, kleinere Diebstähle, Verstößen gegen die Schulpflicht und der „Aufstieg" von der Rauferei zur Körperverletzung folgten in der Lebenswelt der männlichen Jugendlichen einer eigenen sozialen Logik, wurden von der Mehrheitsgesellschaft aber als Verletzung des Verhaltenskodex ebenso angesehen wie manche Mädchen und jungen Frauen wegen ihres „nichtkonformen" Lebenswandels.

Mit dem Preußischen Zwangserziehungsgesetz vom 13. März 1878 wollte man die Verwahrlosung der Kinder und die Zunahme des jugendlichen Verbrechertums verhindern. Vereinheitlicht wurde die Jugendfürsorge durch das am 1. Januar 1900 in Kraft getretene BGB und das preußische „Gesetz über die Fürsorgeerziehung Minderjähriger", das am 1. April 1901 in Kraft trat. Aufgrund der gestiegenen Jugendkriminalität forderten am 24. November 1901 die preußischen Minister der Geistlichen, Unterrichts- und Medizinalangelegenheiten, der Minister für Handel und Gewerbe und der Minister des Innern die Regierungspräsidenten auf, die Jugendpflege nach Kräften zu unterstützen, da „die neueren Bestimmungen über die Sonntagsruhe und über den zeitigen Ladenschluss die Mußezeit erheblich erweitert haben, weil ihr verhältnismäßig hoher Verdienst es den jungen Leuten ermöglicht, unbeeinflusst von der elterlichen Autorität unzweckmäßigen Zerstreuungen nachzugehen, und weil die jungen Leute, denen eine genügende Pflege und Fürsorge nicht von anderer Seite zuteilwird, nur zu leicht unter Einflüsse geraten, die geeignet sind, ihre geistige und sittliche Entwicklung in falsche Bahnen zu leiten".

---

394   Kneip, Caritaszeit, S. 6–9 (ACVF-NL Roos).
395   Peukert, Sozialdisziplinierung, S. 57.
396   Peukert, Sozialdisziplinierung, S. 55.

Um Jugendliche in ihrer Freizeit beeinflussen zu können, wurden vaterländische Organisationen bevorzugt und die Lehrer am 25. Juli 1908 aufgefordert, „auch außerhalb der Schulstunden (...) auf die gewerblich tätige Jugend innerhalb ihrer freien Zeit einen bestimmenden Einfluss zu gewinnen"[397] Am 18. Januar 1911 wurde in Preußen die „Jugendpflege" zur „nationalen Aufgabe ersten Ranges" erklärt und am 18. Januar 1912 wurden die Lehrerbildungsanstalten ausdrücklich angewiesen, Jugendpflege in den Lehrplan aufzunehmen.[398] 1912/13 wurde der „Einmillionenfonds" für die Jugendpflege geschaffen, mit dem zwar keine staatliche Jugendpflege begründet wurde, was am Widerstand der Kirchen gescheitert wäre, sondern Verbände und Organisationen der Jugendpflege unterstützt wurden.

Erst am 30. April 1913 wurde die Jugendpflege auf weibliche Jugendliche erweitert, allerdings unter besonderer Berücksichtigung der „Eigenschaften und Fertigkeiten", die „eine bessere Würdigung des Berufes einer Hausfrau und Mutter herbeiführen" können. Geeignete Räume sollten zur Verfügung gestellt werden.[399]

3.6.6 Männliche Jugendliche

Während man besonderen Wert auf Maßnahmen zugunsten des Schutz von Mädchen und jungen Frauen legte, waren junge Männer auf sich allein gestellt, soweit es sich nicht um wandernde Handwerksgesellen handelte, um die sich seit Mitte des 19. Jh. katholische und evangelische Gesellenvereine kümmerten. Erschwert wurde ihre Arbeit durch den vom Kulturkampf geprägten fügten Erlass vom 14. Februar 1876, der es bis zum 7. Februar 1913 Schülern in Preußen verbot, sich Vereinen anzuschließen.[400] Nur in an Pfarreien angelehnten, vereinsrechtlich aber nicht existenten, Lehrlingsvereinen,[401] konnte präventive Jugendarbeit gemacht werden. Diese bestand vorwiegend in religiöser Erziehung und Freizeitgestaltung. So ermöglichten die Borromäus-Pfarrbüchereien den kostenlosen Zugang zur Literatur und der Volksverein für das katholische Deutschland führte, meist kostenlose, Fortbildungsmaßnahmen durch.

Im April 1902 beklagte der Oberverwaltungsrat des Vinzenzvereins für Rhein-Preußen, dass es an katholischen Einrichtungen für Männer und vor allem männliche Jugendliche fehle, und empfahl die Jugendfürsorge „als eine der schönsten und edelsten Aufgaben des Vinzenzvereins"[402] Lediglich in Köln entstand daraufhin ein „Vincenz-Fürsorgeverein für Jünglinge und Knaben". Der Kölner Katholikentag hatte zwar die Gründung von Jugendfürsorgevereinen „soweit örtlich möglich, unter Anlehnung an

---

397   Siercks, S. 115.
398   Giesecke, S. 61f.
399   Giesecke, S. 78.
400   Hermann Giesecke: Vom Wandervogel bis zur Hitlerjugend, München 1981, S. 60
401   Für männliche Jugendliche bestanden der Aloysiusverein für katholische Lehrlinge am Dom (1880), der Katholische Kaufmännische Lehrlingsverein (1890), der St. Leonhard-Lehrlingsverein (1894) und der Lehrlingsverein Sachsenhausen (1898).
402   zit. nach Ulrich Brzosa, 100 Jahre Caritasverband für die Stadt Düsseldorf, Düsseldorf 2004, S. 296.

bestehende Vinzenzvereine"[403] gefordert, doch erfolgte dies schleppend, weil Vinzenz- und Gesellenvereine die Bedürfnisse der Arbeiterjugend nicht verstanden.

Während des 1. Caritaskursus 1906 in Frankfurt beklagte der Sindlinger Kaplan Müller die Gefahren durch das Schlafstellen- und Kostgängerwesen, fehlende oder keine Sparsamkeit, „Aneignung von falschen sozialen Grundsätzen" als Folge sozialistischer Agitation und die religiöse Gefährdung, die von der nachlassenden Teilnahme am Sonntagsgottesdienst, „verkehrte und schädigende Anwendung der Sonntagsruhe durch Vergnügungen unedler Art" sowie durch die Schmutz- und Schundliteratur drohe. Müller forderte, wenn auch vergeblich, die Berufung hauptamtlicher Geistlicher zu Betreuung der Arbeiter in Industriebezirken.[404]

Daher prangerte Agnes Neuhaus auf dem 15. Caritastag am 12. Oktober 1910 in Essen das fehlende Engagement bei der männlichen Jugend an. Hier klaffe „eine schmerzliche Lücke in unserer katholischen Caritas, die wir Frauen der Fürsorgevereine ganz genau kennen, weil die jungen Menschen und ihre Angehörigen zu uns in ihrer Not kommen [und forderte], dass für diese Hilfesuchenden die Männer mit einem eigenen Verein eintreten müssen". Die Vinzenzvereine seien ungeeignet, da die „schwierige Aufgabe (...) eine besondere Schulung verlangt."[405]

Erst zwei Jahre später wurde am 11. September 1912 in Essen der „Katholische Männerfürsorgeverein" als Gesamtverein mit selbständigen Ortsgruppen gegründet. Weder Caritasverbände noch Bistümer waren aber bereit, sich finanziell oder personell zu engagieren und eine eigene Position gegenüber der preußischen Jugendpolitik zu entwickeln, die vom vaterländischen Kampf gegen Sozialdemokratie und Katholizismus bestimmt war.

3.6.6.1 Gesellen (Kolping)vereine

Nach mehreren vergeblichen Versuchen gründeten am 30. November 1862 der Kaplan an Deutschorden, Andreas Niedermayer, und Karl Ibach den Katholischen Gesellenverein Frankfurt, der binnen kurzer Zeit 33 Mitglieder hatte und die Einrichtung eines Gesellenheims in Angriff nahm, um wandernden Gesellen eine Unterkunft zu bieten. Er umfasste aber weder jugendliche Industriearbeiter noch Schüler.[406] Nachdem man 1864 zunächst an eine Notunterkunft für Durchreisende in einer Gaststätte gedacht hatte, wurde 1867 das „Deutsche Haus" bezogen. Obwohl dort neben einem Vereinslokal als Lehrzimmer, einem Fremdenzimmer drei Schlafsäle mit 36 Betten vorhanden waren, reichte dies bald nicht mehr aus, so dass am 5. Januar 1894 das Haus Seilerstraße 20 erworben und am 1. November als Karlshaus eröffnet wurde. Bis 1912 wurde über

403   Verhandlungen der 50. Generalversammlung der Katholiken Deutschlands in Köln vom 23. bis 27. August 1903, Köln 1903, S. 74f.
404   Während der Vortragstext bisher nicht gefunden werden konnte, wurden die Thesen Müllers im Programmheft vorab veröffentlicht.
405   Agnes Neuhaus, Moderne Probleme der Jugendfürsorge. Vortrag auf dem Caritastag in Essen am 12. Oktober 1910 in: Caritas 16 (1910), S.125f.
406   CVF-Geschäftsbericht 1903/04 (DAF-IV. 15.8).

70.000 Gesellen eine größtenteils freie Unterkunft und Verpflegung gewährt. Trotz der immensen finanziellen Belastungen durch die Hypothekenzinsen organisierte man Fortbildung und ein Freizeitangebot mit Vorträgen, Unterricht, Gesang, Turnen und Lesen. Politische und religiöse Polemik waren nach den Statuten verboten. Alle 18–25jährigen konnten Mitglied werden, nicht nur Gesellen, sondern auch Fabrikarbeiter. Wenn sich jemand selbständig machte oder heiratete, schied er aus, konnte aber als „Schutzmitglied" an allen Veranstaltungen teilnehmen. Am 30. November 1884 wurde die Caroluskrankenkasse gegründet, von der man bei einem Wochenbeitrag von 20 Pf. im Krankheitsfalle eine wöchentliche Unterstützung von 10,80 Mk erhielt. Mit Inkrafttreten der Reichsversicherungsordnung wurde die Krankenkasse in eine Zuschusskasse umgewandelt. Daneben bestand eine Spar- und Weihnachtskasse und ab Juli 1908 eine Zahlstelle der „Zentralsterbekasse der katholischen Gesellenvereine". Der Gesellenverein bemühte sich auch um die Vermittlung von Wohnungen und Arbeitsstellen.

Am 6. März 1870 wurde der „Katholische Männerverein" als religiös-politischer Verein gegründet, der „fortan richtunggebend im Leben der katholischen Gemeinde" (A. Werthmann) werden sollte und aus dem wenig später die örtliche Zentrumspartei entstand. Der Männerverein engagierte sich auch sozial und zahlte ab 21. Dezember 1878 an die Hinterbliebenen der verstorbenen Mitglieder zunächst 50 Mk, später 100 Mk aus, schloss sich dann aber dem „Verein der Leo-Sterbekasse" an. Mit der Herausbildung der neuen Pfarrbezirke verlor er an Bedeutung und laut Anna Werthmann war die Hinterbliebenenfürsorge danach „in keiner Weise organisiert."[407]

3.6.6.2 Katholische Arbeitervereine

1889 gründete Pfarrer Christoph Knips in Eckenheim einen katholischen Arbeiterverein, nachdem er sich seit Mitte der 1870er Jahre für die meist aus der Rhön stammenden katholischen Arbeiter der Feldbrandziegeleien (Russenmacher) engagiert und einen Religionsunterricht für deren Kinder eingeführt hatte.

In Frankfurt gründete Gerhard Heil, Senior des Gesellenvereins, 1896 den „Verein der in Frankfurt a. M. beschäftigen katholischen Arbeiter" (später „Arbeiterverein"), der unter Ausschluss der Politik die kirchliche Bindung und Religiosität stärken, die „Standestugenden Fleiß, Treue, Nüchternheit, Sparsamkeit, Familiensinn" und das Standesbewusstsein fördern sollte. Besonders legte er Wert auf berufliche Bildung und die Schlichtung von Streitigkeiten unter Mitgliedern sowie die Zahlung von Sterbegeld und die Übernahme von Vormundschaften. 1908 wurde er in sieben Vereine dezentralisiert und ein Bezirksverband geschaffen. Heil setzte sich auch erfolgreich für die Gründung einer christlichen Gewerkschaft ein.

1905 wurde ein Arbeitersekretariat in der Trierischen Gasse 3 eingerichtet, das werktags von 9–13 und von 16–20 Uhr geöffnet und auch für

---

407   Werthmann, Caritasbewegung, S. 59f.

das Umland zuständig war.[408] Das Kuratorium stand unter dem Vorsitz von Oberlandesgerichtsrat Georg Wellstein, ab 1910 von Landesrichter Dr. Servatius, und Justizrat v. Steinle. Es beriet in Renten-, Miet- und Arbeitsrecht sowie Arbeitsschutzfragen, in Erbschaftsangelegenheiten sowie in einfachen „Staats- und Gemeindeangelegenheiten" sowie Steuersachen sowie nach Kriegsbeginn auch Fragen der Kriegsinvalidenfürsorge. Aus dem Jahresbericht 1910 ergibt sich, dass über ein Drittel der 2635 Hilfesuchenden keine Arbeiter, sondern Beamte, Handwerker, Gewerbetreibende und Bauern waren. 1.742 Besucher kamen aus Frankfurt, 843 aus dem Umland, 2.226 war männlich, 399 weiblich. 40% der männlichen Besucher waren gewerkschaftlich organisiert. Außer diesen Besuchern gab es weitere 1.000, die nach Arbeit suchten oder andere Vereinsinformationen einholen wollten. Für die Zukunft erhoffte man sich ein größeres Interesse des Mittelstandes und der „Bessergestellten", wenn die „irrige Meinung" beseitigt würde, das Sekretariat käme nur Arbeitern zugute. Im Mittelpunkt standen Zivilrechtssachen/Armenwohl (568), Dienst- und Arbeitsverträge (328) und Unfallsachen (382). Die Ursachen sah man vor allem in Leichtfertigkeit und Unkenntnis bei Kaufverträgen, Unkenntnissen im Arbeitsrecht sowie im „rücksichtslosen Vorgehen der Unfallberufsgenossenschaften" bzw. Stellungnahmen der Schiedsgerichte bei Rentenstreitigkeiten. Das Arbeitersekretariat war aber auch mit 117 Vorträgen in kirchlichen Verbänden (Volksverein, Gewerkschaft, Arbeitervereine) aktiv. Dabei wurde in den 46 Sitzungen beim Volksverein vor allem „antireligiöse Strömungen der Neuzeit und die Kampfesweise der Freidenker und Sozialdemokraten beleuchtet.[409] 1923 wurde ein Wohlfahrtsausschuss eingerichtet.[410]

3.6.6.3 Männerfürsorgeverein

Nachdem in vielen anderen Städten Männerfürsorgevereine gegründet worden waren, beschloss am 6. Februar 1913 der CV die Umwandlung der bestehenden Jugendkommission in eine Ortsgruppe des „Kath. Männerfürsorgevereins".[411] Diesen verstand man aber nicht als eigenständigen Verein, sondern als Abteilung innerhalb des CV. Da alle Mitglieder auch dem CV angehörten, verzichtete man auf Beiträge, überwies aber den Jahresbetrag aus Caritasmitteln an die Zentrale des Männerfürsorgevereins. Zum Vorsitzenden wurde Rektor Johannes Gander (Gallus) gewählt, stellv. Vorsitzender war Rechtsanwalt Wilhelm Lutsch. Zu den Beisitzern zählten Weckber, Anton Matti, Prof. A. Manns und Frl. Hämmerlein vom Frauenfürsorgeverein.[412] Der Paderborner Domkapitular Christian Bartels als Vorsitzender der Zentrale des Männerfürsorgevereins wies irritiert daraufhin,

---

408 Anzeige in Frankfurter Volksblatt v. 15.4.1907.
409 Bericht über das Katholische Arbeitersekretariat und Volksbureau in Frankfurt am Main für das Jahr 1910 (DAF IV.15.C).
410 Werthmann, Caritasbewegung, S. 60–63.
411 Jahresbericht des Kath. Caritas-Verbandes Frankfurt a. M. einschließlich des Männer-Fürsorge-Vereins über die Zeit vom 1. April 1914 bis 31. März 1915, Frankfurt 1915, S. 1 (DAL-359A).
412 Schreiben Kath. Caritas-Verband/Zentrale Kath. Männerfürsorgeverein Köln v. 15.4.1913 (ADCV 319.51/242).

dass „der Frauen-Fürsorge-Verein keine Männer als aktive Mitglieder auf-
nimmt" und man müsse ähnlich verfahren. Er legte Wert auf die Eigenständigkeit als Verein, Doppelmitgliedschaften seien aber kein Problem
und könnten vor Ort in Frankfurt geklärt werden.[413] Frl. Hämmerlein verzichtete auf ihre Mitgliedschaft und wurde durch Rektor Josef Quirmbach
ersetzt.[414] Der Verein wurde aber nie aktiv und „schlief", so Kneip am 5.
April 1929 gegenüber der Zentrale des Männerfürsorgevereins, bereits unter Gander wieder ein. Man habe ihm auch nach seinem Amtsantritt erklärt, er „solle ihn ruhig schlafen lassen."[415] Die Fragebögen der Zentrale
des Männerfürsorgevereins in Düsseldorf wurden, wenn überhaupt, nur
auszugsweise beantwortet. Kneip wies die Zentrale am 28. November
1928 darauf hin, dass die Pfarrkonferenz auf dem Standpunkt stehe, Vin-
zenz- und Elisabethenvereine nicht zu einem Männerfürsorgeverein
zusammenzuschließen, da diese Aufgaben seit jeher vom CV wahrgenommen würden.[416]. Düsseldorf ließ nicht locker und, obwohl Richter am
14. Januar 1930 geschrieben hatte, „seinen Spuren begegnet man aber
nirgends"[417], bat man Ende 1931 erneut um einen Gesprächstermin zur
Wiederbelebung des Männerfürsorgevereins[418] und forderte Anfang 1933
einen Geschäftsbericht an.[419]

3.6.6.4 Stellenvermittlung für Jugendliche

In Anlehnung an den 1888 gegründeten interkonfessionellen Verein „Jugendfürsorge", der Lehrlinge am Arbeitsplatz besuchte und für eine Frei-
zeitbeschäftigung am Abend und an den Sonntagen sorgte,[420] bzw. der
bereits erwähnten städtische Arbeitsnachweisstelle[421] bot man ab 1905
katholischen Schülern und ihren Eltern in den Abschlussklassen eine Berufsberatung und Lehrstellenvermittlung an. Dabei stützte sich der CV auf
private Kontakte von Matti und des Vinzenzvereins: „Man hält ein wachsames Auge auf sie, dass sie zu unverdorbenen Gesellen und einst zu
tüchtigen Meistern heranwachsen" [422] 1905/06 wurden 90 Lehrverträge
durch die Caritas mit unterschrieben, so dass man „das Recht zu einer
Controle, sowohl über Meister, wie Lehrling" hatte.[423] Die Lehrlinge wurden verpflichtet, dem Lehrlings- oder Jünglingsverein ihres Bezirkes beizutreten, die seit 1903 möglichst bei jeder Schule gegründet werden sollten.[424]

413 Schreiben Bartels-Zentrale Kath. Männerfürsorgeverein Köln/Vorstand CVF v.
     19.4.1913 (ADCV 319.51/242).
414 Schreiben Kath. Caritas-Verband/Zentrale Kath. Männerfürsorgeverein Köln v.
     7.5.1913 (ADCV 319.51/242).
415 Schreiben Kneip/Männerfürsorgeverein v. 5.4.1929 (ADCV 319.51/242).
416 Schreiben Kneip/Männerfürsorgeverein v. 28.11.1928 (ADCV 319.51/242).
417 Schreiben Kneip/Männerfürsorgeverein v. 14.1.1930 (ADCV 319.51/242).
418 Schreiben Männerfürsorgeverein/Richter v. 21.11.1931 (ADCV 319.51/242).
419 Schreiben Männerfürsorgeverein/Richter v. 4.3.1933 (ADCV 319.51/242).
420 P. Weckber, Charitasverband, S. 91.
421 Siehe Abschnitt 3.2.2 – Kommunale Arbeitsnachweisstelle, S. 56.
422 Widmann: Erziehliche Aufgabe in: Charitas 1 (1896), S. 168.
423 CVF-Geschäftsbericht 1905/06 (DAF II.13.2 bzw. ACVF-1001).
424 Caritas 8 (1903), S. 238.

Neben 18 selbst vermittelten Arbeitssuchenden wurden die übrigen an die städtischen Arbeitsvermittlungsstelle verwiesen und bezog bei Industriearbeitern auch das Katholische Arbeitersekretariat ein. Anfangs wurde auch das Volksbüro in Seligenstadt unter der Leitung von Johann Philipp Hofmann, Generalsekretär des Hessischen Bauernverbandes,[425] für die Vermittlung von Arbeitsplätzen und Pflegestellen auf dem Land beteiligt. 1905 hielt man eine eigenständige Stellenvermittlung noch nicht für realisierbar „solange (...) nicht freiwillige oder besoldete Hilfskräfte und weitere pekuniäre Mittel zur Verfügung gestellt werden."[426]

1908 wurde die Stellenvermittlung offiziell bestätigt. Schwerpunkt bildete die Vermittlung von männlichen Jugendlichen, wobei man weibliche nicht ausschloss, um dem Mädchenhandel entgegenwirken zu können. Stellen für Mädchen und Frauen wurden auch von der Bahnhofsmission und einigen Heimen vermittelt. Von einer geplanten Vermittlungsstelle für bessere Stellensuchende sah man schließlich ab, bis „uns nicht durch freiwillige oder besoldete Hilfskräfte Arbeit abgenommen wird. Solange uns eine pekuniäre Unterstützung noch fehlt, dürfen wir nicht noch weitere Übernahmen riskieren, die unsere Zeit über Gebühr in Anspruch nehmen." Man war sich über die Schwierigkeiten im Klaren, weil es „es immer sehr viele Wünsche zu erfüllen, Vorurteile zu bekämpfen gebe und besonders unvernünftigen Eltern Belehrung zu Teil werden zu lassen."[427]

Jeweils im Januar und Februar wurden die vor der Schulentlassung stehenden Schüler wurden aufgefordert, ihren Berufswunsch nieder zu schreiben und von ihrem Lehrer einen Leistungsvermerk hinzufügen zu lassen. Anfangs wurden zweimal wöchentlich wurden besondere Nachmittagssprechstunden eingerichtet, für die die Lehrer Ahlbach, Tang (Fröbelschule) und Prestel [428](Lersnerschule) gewonnen werden konnten. Ab 1911 war geplant, diese Aktion gemeinsam mit dem Verein „Jugendwohl" durchzuführen, doch liegen darüber keine Quellen vor.[429] Anschließend setzte sich das Caritassekretariat mit Handwerksmeistern in Verbindung, um bis zur Schulentlassung eine Lehrstelle finden zu können.

Über die städtische Arbeitsvermittlungsstelle vermittelte der CV 1914 bereits 18[430] und 1915 sogar 117 Stellen, dazu kamen 21 durch das Katholische Arbeitersekretariat.[431] Diese wurden für entlassene jugendliche Strafgefangene genutzt, die nicht zum Wehrdienst eingezogen werden durften.

---

425 Johann Philipp Hofmann (1873–1926), Fabrikant, seit 1907 Generalsekretär des Hessischen Bauernvereins, 1918 Mitglied der 2. Kammer der Landstände im Großherzogtum Hessen und danach Mitglied des Hessischen Landtags.
426 CVF-Geschäftsbericht 1905/06 (DAF II.13.2 bzw. ACVF-1001).
427 CVF-Geschäftsbericht 1905/06 (DAF II.13.2 bzw. ACVF-1001).
428 Rudolf Prestel ist nicht identisch mit dem gleichnamigen Mitarbeiter des Wohlfahrtsamtes und späteren Beigeordneten.
429 CVF-Geschäftsbericht 1909/11 (DAL 359a).
430 CVF-Geschäftsbericht 1905/06 (DAF II.13.2 bzw. ACVF-1001).
431 Caritas 21(1915/16), S. 82.

3.6.6.5 Strafgefangenen- und Jugendgerichtshilfe

Am 23. November 1868 hatten ca. 30 Frankfurter Bürger beim Magistrat die Genehmigung für einen „Gefängnißverein" beantragten. Ziele waren neben der Verbesserung der Haftbedingungen die „Überwachung und Leitung der entlassenen Strafgefangenen im engen Anschluss an die dahin zielende amtliche Thätigkeit der kirchlichen und staatlichen Behörden, [die] Vermittlung eines Unterkommens und eines geregelten Erwerbs (...) und Darreichung von Geld und anderen Unterstützungen an die Sträflinge nach deren Entlassung oder an deren Angehörige während ihrer Haft."[432] Der Verein betrieb ab 1. Oktober 1908 im ehemaligen Hotel Landsberg (Ziegelgasse 22) eine Unterkunftsstelle mit Kost und Logis für Strafentlassene.[433]

Zu den Mitgliedern gehörten auch der katholische Klerus und Bürger, die den Verein mit Spenden unterstützten und auch Vorstandsfunktionen innehatten. Im Vorstand war bis 1870 Kaplan Josef Michels, von 1870–1901 Rektor F. Bernhard (Liebfrauenkirche), der nach 1888 auch Kassenführer war, vertreten. 1894 wurde Matti Rechnungsprüfer, 1903–16 Kassenführer. Die Gefängnisseelsorge wurde bis zum 1. Mai 1901 von dem Eckenheimer Pfarrer Knips wahrgenommen.

Ab 1902/03 wurden der CV und der Frauenfürsorgeverein vom Gefängnis Preungesheim regelmäßig über vor der Entlassung stehende katholische Strafgefangene informiert.[434] Meist waren es Jugendliche, die wegen Landstreicherei oder Bettel zu kleinen Haftstrafen verurteilt worden waren.

§ 361 StGB betraf vorzugsweise Landstreicher und Bettler, erstreckte sich aber auch auf Jugendliche, die weder einen Arbeitsplatz oder eine Unterkunft nachweisen konnten. Man bemühte sich daher um Arbeitsstellen, „in denen sie neuen Versuchungen nicht ausgesetzt sind"[435] oder wurden „mit ihren Familien ausgesöhnt".[436] Jährlich wollte man etwa 25–30 Strafentlassene in das normale Leben eingliedern, was 1905/06 in 22 Fällen gelang.[437] Aus anderen Jahren sind

Gefängnis Preungesheim – Quelle: Neumanns Kalender 1887

---

432   Anzeige Gründung und der Ziele des Frankfurter Gefängnisvereins an den Magistrat der Stadt Frankfurt am Main v. 23.11.1868 (www.perspektivwechsel.org/netz/ 4542_gruendungfgv.pdf).

433   Der Ev. Armenverein unterhielt Einrichtungen zur Armenunterstützung, Wanderarmenfürsorge und Verwertung von Kleidungsstücken sowie der Verein zur Beschäftigung Arbeitsloser eine Bürstenmacherwerkstätte. (ADCV-127/F1-OCV Frankfurt).

434   Caritas 8 (1903), S. 238.

435   Caritas 8 (1903), S. 46.

436   Frauenfürsorgeverein-Geschäftsbericht 1904 (DAF-IV. 15.A).

437   CVF-Geschäftsbericht 1905/06 (DAF-IV. 15.A).

keine Angaben vorhanden. Besonders zu erwähnen ist, dass die Caritas-Mitarbeiter Schlüssel zu den Gefängniszellen erhielten, um ungestört mit diesen sprechen zu können. Bereits 1903/04 erwog man auch die Gründung einer kleinen Übergangsstation für katholische Gefangene, doch fehlten dazu die Mittel.

Nach dem Vorbild der amerikanischen Jugendgerichtshöfe wurde am 30. Januar 1908 in Frankfurt im Wege der Geschäftsverteilung ein Jugendgerichtshof[438] und wenig später das erste städtische Jugendamt eingerichtet, um durch die Zusammenarbeit von Jugendfürsorge und Vormundschaftsrichter „jugendliche Missetäter vom Strafrichter fernzuhalten."[439] CV und Frauenfürsorgeverein[440] auf katholischer sowie die Innere Mission auf evangelischer Seite waren bestrebt die Jugendlichen vor Strafvollstreckung und Untersuchungshaft zu bewahren und eine Fürsorgeerziehung zu vermeiden. Zwischen 1908 und 1911 war der CV insgesamt an 376 Jugendgerichtsverfahren beteiligt.

Die Arbeit des CV wurde vom Limburger Domvikar Heinrich Fendel und dem Generalsekretär des Hessischen Bauernverbandes Johann Philipp Hofmann unterstützt, [441] der Arbeitsplätze und Pflegestellen auf dem Land vermittelte, sowie durch Rektor Matthäus Müller und seinen Assistenten Friedrich Kneip, aus Assmanshausen.[442] Man übernahm die freiwillige Schutzaufsicht und vermittelte bei wohnungslos Aufgegriffenen Lehrstellen und Unterkünfte im ländlichen Bereich. Dabei mussten meistens die Kosten für die Anreise sowie für das Lehrgeld der ausbildungsbereiten Handwerksmeister abgedeckt werden, da viele Jugendliche „nur das Allernotwendigste, oft nicht einmal das" besaßen und oft über keine oder nur minderbemittelte Angehörige verfügten.[443] Die Kosten wurden vom Waisen- und Armenamt nicht übernommen, da man drohende Verwahrlosung nicht als Unterstützungsgrund ansah[444] und entsprechende Maßnahmen genauso wenig förderte wie die Rückführung ausgerissener Jugendliche in ihre Heimatorte, wenn die Eltern dazu finanziell nicht in der Lage waren oder die dazu verpflichtete Heimatgemeinde die Zahlung verweigerte. Der CV wies daraufhin, „dass die Jugendlichen hierbleiben und wohl in den meisten Fällen der Verwahrlosung anheimfallen, so dass sie doch wiederum eine Last für den Staat bedeuten, und (...) ihm Kosten verursachen."[445]

1905 konnten 22 Strafentlassene wieder eingegliedert werden.[446] Über die Zeit zwischen 1906 und 1912 sind keine Angaben vorhanden. 1913/14 wurden 77, 1914/15 65 Betreuungsfälle durch das Jugendgericht und 17 Untersuchungsgefangene zugewiesen. Im gleichen Zeitraum wurden elf Fälle durch die Staatsanwaltschaft zur Prüfung überwiesen, „ob die Bestraften

---

438 Der erste Jugendgerichtshof wurde 1906 in Hagen-Haspe errichtet, am 1. Januar 1907 folgten Köln, Stuttgart und Breslau.
439 Kölnische Zeitung v. 21.12.1907.
440 SKF, 100 Jahre, S. 25.
441 CVF-Geschäftsbericht 1909/11 (DAL 359a).
442 CVF-Geschäftsbericht 1913/14 (DAL-359A).
443 CVF-Geschäftsbericht 1911/12, a.a.O. (ACVF-10).
444 Schreiben Matti\BO v. 26.1.1914 (DAL-359A).
445 CVF-Geschäftsbericht 1905/06, S. 5 (ACVF-1001).
446 CVF-Geschäftsbericht 1905/06 (ACVF-1001).

würdig seien, dass ihnen auf dem Gnadenwege die über sie verhängte Freiheitsstrafe erlassen werde. Nur in einem Fall lehnte man eine Begnadigung ab. 1913/14 wurden 14 obdachlose Jugendliche vom Polizeipräsidium überstellt. 1914/15 waren es sogar 32 vom Gericht bzw. der Polizei zugewiesene meist männliche Personen, die in der Übergangsstation des Gefängnisvereins verpflegt wurden, der für 19 Strafentlassene auch die Kosten übernahm. Von den aufgegriffenen jugendlichen Durchwanderern erhielten 81 eine feste Arbeitsstelle, 8 wurden zu ihren Eltern zurückgebracht. Zahlreiche Jugendliche entzogen sich der Betreuung aber durch erneute Flucht. In einem Fall wurde der CV sogar für den angerichteten Schaden eines vermittelten Strafentlassenen regresspflichtig gemacht.[447]

Da trotz einer Spende des Hamburger Kommerzienrates Friedenau[448] die Einrichtung eigenes Übergangsheims für gefährdete Jugendliche nach Kriegsbeginn vertagt werden musste, wurden 17 Jungen und zwei Mädchen in anderen Erziehungsheimen untergebracht. Trotz des Krieges konnten 55 entlassene Strafgefangene vermittelt werden, von denen acht es an ihrem Arbeitsplatz nicht aushielten und fünf rückfällig wurden. Von den überwiesenen Jugendlichen wurden 83 in festen Arbeitsstellen untergebracht, davon 15 in Lehrstellen.[449] 1913/14 wurde beim Kaiser selbst eine Begnadigung für einen entlassenen Strafgefangenen erreicht, dem man eine Arbeitsstelle verschafft hatte.

3.6.7 Weibliche Jugendliche und junge Frauen

Im Verlauf der Industrialisierung nahm die Zahl der erwerbstätigen Frauen stark zu. 1895 waren 7,6 Mill. Frauen in Deutschland voll erwerbstätig, davon 19,3% hauptberuflich in Unternehmen, rd. 5% als Dienstboten, 4,23% berufslose Selbständige, aber noch 30% arbeiteten in der Landwirtschaft. Aufgrund des bestehenden Frauenüberschusses hatten Frauen aus den Oberschichten, „die nicht zum Heiraten kommen", die Chance Ärztin, Rechtsanwältin oder Lehrerin zu werden, auch wenn dies vor allem in protestantischen Gegenden aufgrund der männlichen Konkurrenz einen harten Kampf bedeutete. Während die Eintritte bei den Diakonissen nie sehr hoch waren, boten die sehr verschieden orientierten katholischen Orden vielen Mädchen und Frauen neben einer guten schulischen Ausbildung auch berufliche Perspektiven, insbesondere im Schulbereich.

Während bei männlichen Jugendlichen die Entfernung vom Elternhaus als normal angesehen und sie ihre Probleme selbst „wie ein Mann zu regeln" hatten, verstand man es in den „wohl geordneten" bürgerlichen und adligen Kreisen nicht, warum junge Frauen ihr Elternhaus verließen, um in den Industriezentren nach Arbeit zu suchen. So schrieb 1896 eine vermutlich adlige oder großbürgerliche Dame:

„die große Stadt braucht zahllose Arbeitskräfte, aber reichten hierzu nicht jene aus, die heimatlos in der Welt herumirren und die überall unbeschützt und allein

---

447 CVF-Geschäftsbericht 1913/14 (DAL-359a).
448 CVF-Geschäftsbericht 1903/04 (DAF-IV.15.A).
449 Caritas 21(1915/16), S. 82.

den Kampf des Lebens ausfechten müssen? Sollte es treusorgenden Eltern nicht möglich sein, ihre Kinder ... so zu beeinflussen, dass ihnen das Scheiden aus dem Elternhause als ein Unglück erschiene? (...) locken wenigstens wir keine hinaus aus dem heimatlichen Glück, wie es leider so viele Städter tun, sich und dem Mädchen zum Schaden."[450]

Wie in der freistädtischen Zeit vor 1866 waren Mädchen und junge Frauen in Frankfurt beinahe ausschließlich in privaten Haushalten beschäftigt. Erst in den 80er Jahren nahm die Zahl der Frauen zu, die einen industriellen Arbeitsplatz anstrebten. Der Rückgang an Dienstboten wurde häufig beklagt, weil man den Platz junger Frauen zwischen Schulende und Eheschließung als Vorbereitung auf die Rolle als Mutter und Hausfrau eher in einem fremden Haushalt als in der Fabrik sah. [451] Gleichzeitig nahm die Heiratsquote in den unteren Schichten zu, da vor allem Dienstmädchen von Arbeitern als Ehefrauen gesucht wurden. So bevorzugte man bei präventive Maßnahmen (Nähschulen, Wohnheime, Bahnhofsmission) mit dem Ziel, „die Vorbildung zur Heirat in hauswirtschaftlicher Beziehung zu heben". Neben der Bahnhofsmission als erstem Anlaufpunkt und Wohnheimen waren es vor allem Näh- und Haushaltungsschulen, die durch Sonntags- und Abendschulen sowie Ladenmädchen- und Arbeiterinnenvereine mit einem umfangreichen Freizeitangebot ergänzt wurden, um jedem Müßiggang vorzubeugen. Man entschied sich für die Vereinslösung, da sonst in größeren Städten „an Freiheit gewöhnten Personen ... [aus] Angst vor dem Rufe der Betschwesterei" fernbleiben würden (Hitze).[452]

Wenn sie noch kirchlich gebunden waren, hielten sie Kontakt zu den katholischen und evangelischen Pfarreien. Elisabethenvereine und evangelische Frauenvereine bemühten sich um eine Betreuung, was aber durch die Kulturkampfsanktionen sehr erschwert wurde. So war es in Preußen auch kaum möglich, Mädchen- und Frauenvereine zu gründen. Nach der Gründung des „Marianische Mädchenschutzvereins" 1896 wurde jeden Sonntag eine Versammlung abgehalten.[453]

3.6.7.1 Wohnheime – Stellenvermittlung – Strickschulen

Da es während des Kulturkampfes nicht möglich war, katholische Wohnheime mit pädagogischer Betreuung einzurichten, konnten die Aachener Franziskanerinnen erst nach den Friedensgesetzen an der Langestraße 1880 (1883 fertiggestellt) ein Mädchenwohnheim mit einer Stellenvermittlung für Hausangestellte eröffnen, um „den Mädchen [zu] helfen, wie auch Adolf Kolping sich der Gesellen angenommen hat. Frankfurt ist voller Gefahren für die weibliche Jugend, darum muss ein Haus geschaffen werden, (...) das der Jugend das Elternhaus ersetzt."[454] 1881 eröffneten die

---

450 Charitas 2 (1897), 8, S. 151.
451 Giesecke, S.79.
452 Rieg, Mädchenschutz auf dem Charitastag in Schwäbisch Gmünd 1896 in: Charitas 1 (1896), S. 26.
453 Charitas 1 (1896) 3 – März 1896, S. 68.
454 Zit. nach https://schervier-altenhilfe.de/frankfurt/franziska-schervier/senioren-pflegeheim/geschichte.html (Stand: 15.7.2019)

Dernbacher Schwestern ein Mädchenwohnheim in Bornheim. Stellungslosen Mädchen wollte man „eine gute christliche Stelle" vermitteln und vor den Gefahren der Großstadt schützen, indem man einen „anständigen Erholungsort für die Sonntage" anbot. 1903 wurde in Bornheim ein weiteres Mädchenwohnheim (Heidestr. 62) eingerichtet, zu dem eine Volksküche, ein Dienstbotenhaus und eine Haushaltungsschule/Nähschule gehörten. 1914 wurde dieses nach Fertigstellung des neuen Schwesternhauses erheblich erweitert. Beide Vermittlungen waren auf Hauswirtschaftsberufe ausgerichtet. Für alle anderen Berufe wurde ab 1895 die städtische Arbeitsnachweisstelle genutzt.[455]

Da viele katholische Mädchen in den Dienst protestantischer oder jüdischer Herrschaften traten und auch dort wohnten, wurden nach 1907 in den Pfarreien Dienstbotenvereine gegründet, mit denen man den Glauben sichern und eine Ausbeutung bis hin zum sexuellen Missbrauch verhindern wollte. Mit Hilfe einer Kollekte wurde 1914 der Neubau des Klosters der Dernbacher Schwestern in der Eichwaldstraße (damals Heidestraße) finanziert, in dem auch ein Heim für berufstätige Damen eingerichtet wurde.

Viele Mädchen und junge Frauen kamen wie die männlichen Jugendlichen ohne festen Arbeitsplatz nach Frankfurt. Um zu verhindern, dass Mädchen und junge Frauen an unseriöse Vermittler gerieten, die bis zu einem Monatslohn als Provision verlangten,[456] bemühten sich die Vinzenzvereine gemeinsam mit dem Gesellenverein wie auch die Elisabethenvereine, Arbeits- und Lehrstellen für zuwandernde katholische Jugendliche und Erwachsene zu finden: „Man hält ein wachsames Auge auf sie, dass sie zu unverdorbenen Gesellen und einst zu tüchtigen Meistern heranwachsen."[457]

Ansichtskarte des Marienheims Stuttgart (Ausschnitt)

Um die von der Bahnhofsmission ankommenden Frauen schnellstmöglich und sicher vermitteln zu können, plante der Diözesanmädchen-schutzverein 1911 die Einrichtung einer Stellenvermittlung[458] für junge Frauen in Frankfurt. Diese nahm aber vermutlich erst 1914 ihre Arbeit auf, da man im gleichen Jahr das Bistum bat, im Amtsblatt auf die Stellenvermittlung des Mädchenschutzvereins hinzuweisen,[459] doch hatte diese mangels Nachfrage nach Kriegsbeginn keine Bedeutung mehr, weil viele Frauen nun in der Rüstungsindustrie Arbeit fanden.[460]

---

455 Siehe Abschnitt 3.2.2 – Kommunale Arbeitsnachweisstelle, S. 56f.
456 Protokoll Diözesan-Mädchenschutzverein v. 12.3.1918 (ACVF-Mädchenschutz)
457 Widmann: Erziehliche Aufgabe in: Charitas 1 (1896), S. 168.
458 Protokoll Diözesan-Mädchenschutzverein v. 30.6.1911 (ACVF-Mädchenschutz).
459 Protokoll Diözesan-Mädchenschutzverein v. 5.2.1914 (ACVF-Mädchenschutz).
460 Protokoll Diözesan-Mädchenschutzverein v. 12.3.1918 (ACVF-Mädchenschutz).

Um nicht mehr schulpflichtige Mädchen auf Stellen als Haushaltshilfen oder als Mutter vorbereiten zu können bzw. ihnen Gelegenheit geben wollte, die eigene und die Bekleidung ihrer Familien in Ordnung zu halten, wurde 1892 die erste Strickschule von der Domgemeinde bei den Franziskanerinnen (Langestraße 12) eingerichtet. 1895 folgte die des Elisabethvereins Sachsenhausen im Deutschordenshaus (Brückenstr. 3) und 1897 die des Marienvereins im Turnsaal der Marienschule der Ursulinen (Unterweg 14). Zweimal wöchentlich nachmittags wurde ein zweistündiger Handarbeitsunterricht erteilt, für den ein wöchentliches Lehrgeld von 0,50–1 Mark je nach Familieneinkommen zu zahlen waren.[461] Durchschnittlich nahmen 260 Mädchen teil, die außerdem Brötchen, Kaffee und Obst erhielten.[462] 1911 folgte eine Handarbeitsschule der Dernbacher Schwestern in Zeilsheim.[463]

3.6.7.2 Mädchenschutz und Bahnhofsmission

Da junge Frauen Gefahr liefen, aufgrund ihrer Unerfahrenheit in unseriöse Arbeitsplätze vermittelt, in die Prostitution gedrängt zu werden oder in die Hände von Frauenhändlern zu fallen, wurden ab Mitte des 19. Jh. Mädchenschutzvereine gegründet. 1877 gründete die Engländerin Josefine Butler den internationalen Bund „Verein der Freundinnen junger Mädchen",[464] der 1884 in Genf die erste Auskunftsstelle für ortsfremde und allein reisende Mädchen einrichtete und sich dann auf 27 Länder ausdehnte. 1894 eröffnete Pfarrer Johannes Burckhardt mit dem „Verein zur Fürsorge für die weibliche Jugend"[465] in Berlin die erste evangelische Bahnhofsmission[466] mit zwei Diakonissen und ehrenamtlichen Mitarbeiterinnen, die das rosa Kreuz als Erkennungszeichen trugen. Freundinnenverein und Bahnhofsmission arbeiteten unter der Schirmherrschaft der Kaiserin weiter.[467]

Cyprian Fröhlich beklagte 1893 mit einer Schrift über die „Innere Mission der Protestanten in Bayern und München" die katholischen Defizite und regte 1895 die Gründung eines „Marianischen Mädchenschutzvereins" in München an, „damit sich kein Mädchen in der Fremde verlassen fühlen müsse." Der Verein Vorsitz von Christine von Preysing mit dem Patronat der „Mutter vom Guten Rat" verwendete das gelb-weiße Zeichen als Ausdruck der Kirchenzugehörigkeit, bemühte sich um das leibliche und seelische Wohl allein reisender und Arbeit suchender Frauen und vermittelte die Unterbringung in Wohnheimen, seriöse Arbeitsstellen und die Betreuung im Rahmen von Mädchenvereinen. Am 26. Januar 1897 gründete El-

---

461   Die private Fürsorge in Frankfurt, S. 169.
462   Strieth, S. 17.
463   Greef, Klaus, Das katholische Frankfurt, Frankfurt 1989, S. 104.
464   Heute als „Verein für internationale Jugendarbeit" Fachverband des Diakonischen Werkes und Mitglied des YWCA.
465   Nach anderen Quellen „Verein der Freundinnen junger Mädchen" .
466   dazu Bruno W. Nikles, Soziale Hilfe am Bahnhof. Zur Geschichte der Bahnhofsmission in Deutschland (1894–1960), Freiburg 1994.
467   Die Evangelische Bahnhofsmission, Hannover o. J. (ca. 1958).

len Amman die erste katholische Bahnhofsmission in München, später folgten Breslau (1898), Köln (1899), Aachen und Dortmund.[468]

Im Sommer 1897 erreichten die katholischen und protestantischen Mädchenschutzverbände die Genehmigung, Plakate auszuhängen, „durch welche unerfahrenen jungen Mädchen guter Rat und rechtzeitige Warnung erteilt wird, ehe sie in die Großstadt kommen."[469] Evangelische und katholische Mädchenschutzvereine einigten sich auf einheitliche Plakate in Bahnhöfen und in Eisenbahnwaggons 3. Klasse. In Frankfurt  wurden 1903/04 über 3.000 Plakate in abgehenden Eisenbahnwaggons aufgehängt.[470] In einem Plakat für das Königreich Württemberg wurden Adressen der katholischen Mädchenheime und Bahnhofsmissionen mit folgendem Hinweis veröffentlicht: „Katholische Mädchen und Frauen! Wer in die Fremde geht, berate sich vorher mit der Vertrauensperson des Kath. Mädchenschutzvereins der Heimatgemeinde! Wendet euch auf der Reise nie an Unbekannte! In fremder Stadt suchet Rat in der Kath. Bahnhofsmission!"[471]

Seit der Jahrhundertwende machte man sich auch Gedanken über katholischen Arbeiterinnen und thematisierte dies auf dem 1. Caritaskurs 1906. Der Mannheimer Stadtpfarrer Johann Knebel[472] forderte die caritativen Vereine auf, sich in der Arbeiterinnenfrage zu engagieren und stellte die Organisation in Form von Patronagen, Arbeiterinnenvereinen und Gewerkschaften zur Diskussion. Dazu sollten spezielle Arbeiterinnenheime und Unterrichtskurse sowie Versammlungen organisiert werden. Bei den Kursen wurden hauswirtschaftlichen Tätigkeiten (Kochen, Bügeln, Flicken, Haushaltungsunterricht) Vorrang eingeräumt.[473]

Die Anfänge der katholischen Bahnhofsmission in Frankfurt sind unklar. Einerseits geht Dora Kölsch[474] davon aus, dass diese 1901 gegründet

---

468   1897 entstand in Fribourg (Schweiz) die „Association Catholique Internationale des Oeuvres de protection de la jeune fille" (Internationaler katholischer Mädchenschutzbund) und am 20. August 1905 in Straßburg der „Deutsche Nationalverband der Katholischen Mädchenschutzvereine", heute „In Via".

469   Mittheilungen des Vereins der Freundinnen der jungen Mädchen Nr. 52 v. 1.7. 1897, S. 373, hier zit. nach Schick, S. 16.

470   Jahresbericht Frauenfürsorgeverein Frankfurt 1904 (DAF-IV. 15.A).

471   Plakat abgedruckt in: Konferenz für kirchliche Bahnhofsmission in Deutschland: 100 Jahre Bahnhofsmission, Stuttgart/Freiburg 1994, S. 35.

472   Rieg, Mädchenschutz, S. 26.

473   Johann Baptist Knebel (1871–1944), 1899–1916 Pfarrer in der Pfarrei Herz-Jesu Mannheim-Neckarstadt-West, der überwiegend katholischer Arbeiter angehörten. Knebel trat in der Zeitschrift „Arbeiterfreund" für die Belange der Arbeiter ein und war nach 1909 Zentrumsabgeordneter im badischen Landtag. 1906 gründete er den Mannheimer Arbeiterinnenverein. Später war er geistiger Beirat der katholischen Lehrerinnen sowie der katholischen Sozialbeamtinnen.

474   Dora Kölsch, Katholische Bahnhofsmission Frankfurt a. M. 1930, S. 2.

worden sei. Ob es aber der Frauenfürsorgeverein war, der die Bahnhofsmission als satzungsgemäßen Zweck bezeichnete, oder ob es der „Marianische Mädchenschutzverein" war, muss mangels weiterer Akten offenbleiben. Zwei ehrenamtliche Gründungsdamen waren noch 1930 aktiv. [475]
Vorsitzende des Frankfurter wie des Diözesan-Mädchenschutzvereins war
bis zu ihrem Tod 1921 Zoyla Bontant-Klehe, die auch die deutschen Mädchenschutzvereine im Ausland vertrat und vom DCV auch als Vertreterin
zu Caritastagungen in Deutschland und im Ausland entsandt wurde. 1911
veröffentlichte sie eine Broschüre über die Aufgaben des Mädchenschutzes. [476]

Im Gegensatz zu den übrigen beteiligte sich der Frankfurter Frauenfürsorgeverein zumindest bis 1909 auch an der Bahnhofsmission. Zoyla
Bontant-Klehe gewann nach ihrer Rede auf dem 8. Caritastag 1903 spon-
tan weitere 15 Damen zur Mitarbeit in der Bahnhofsmission. [477] 1904
schlossen sich lt. Jahresbericht des Frauenfürsorgevereins weitere 30 Damen der Bahnhofsmission an. 119 Mädchen wurden in Wohnheimen
untergebracht und 28 ein Nachtquartier vermittelt, sowie einige „ins Unglück geratene Personen" in den eigenen Räumen untergebracht. In Eisenbahnwaggons wurden über 3.000 Plakate des Mädchenschutzvereins
aufgehangen. Über 400 Mädchen und Frauen wurde geholfen. Ausdrücklich erwähnt wurde, dass durch die Anwesenheit der Bahnhofsmissionarin-
nen „gefährliche Personen dort die Tätigkeit vereitelt und das Erscheinen
verleidet wurde." [478]

Über die nächsten Jahre sind keine Unterlagen vorhanden. Vermutlich
schied der Frauenfürsorgeverein 1909/10 ganz aus der Bahnhofsmission
aus und beschränkte sich nach der Eröffnung des Monikaheims auf die
stationäre Frauenfürsorge. 1912 wird erwähnt, dass man 1911/12 insgesamt 6430 Fahrkarten im Wert von 257 Mk ausgegeben und in den Bahnhöfen Plakate des Mädchenschutzvereins aufgehängt habe. [479]

Während des Ersten Weltkrieges übernahmen die Bahnhofsmissionen
Aufgaben des Kriegshilfsdienstes und entwickelten sich bis zu einer
Dienstleistungsstelle für alle Notleidende, ohne das aber der Mädchenschutz in den Hintergrund trat. Durchreisende Soldaten wurden versorgt
und Verwundetentransporte und Flüchtlinge betreut. Kirchliche Einrichtungen wie das Schwesternhaus und das Josefheim Bornheim wurden dagegen zur Versorgung von Verwundeten genutzt.

Mit der Umstellung auf die Kriegswirtschaft wurden Frauen zuneh-
mend in der Rüstungsindustrie beschäftigt. Der Mädchenschutz suchte die
Munitionsarbeiterinnen in ihren Wohnungen auf und musste feststellen:
„Einrichtungen zum Besten der Arbeiterinnen konnten leider nicht getrof-

---

475   Kölsch, S. 2.
476   Zoyla Bontant-Klehe, Aufgaben und Arbeit des marianischen Mädchenschutzes,
      Stuttgart, 1911 (Referat vor der Landeskonferenz der Mädchenschutzvereine der
      Diözese Rottenburg).
477   Caritas 8 (1903), S. 278.
478   Jahresbericht Frauenfürsorgeverein Frankfurt 1904 (DAF-IV. 15.A).
479   Protokoll Vorstand Diözesanmädchenschutzverein v. 26.3.1912 (ACVF-Mädchen-
      schutzverein).

fen werden, da die Mittel fehlten und man sich jetzt von anderer Seite damit befasst." Angesichts der drohenden Hungersnot suchte man im Auftrag des Kriegsamtes 1917 die Dienstgeber von Mädchen auf, die noch nicht lange in Frankfurt waren, um sie für eine bestimmte Zeit zu beurlauben, damit sie ihren Eltern bei der Ernte helfen konnten. Viele Frauen waren bei Bahn und Post als Schaffnerinnen bzw. im weiblichen Hilfsdienst in der Etappe dienstverpflichtet. Von evangelischer Seite wurden dafür ein „Ausschuss für Eisenbahnbeamtinnen"[480] und der „Ausschuss zur Fürsorge für jugendliche Rüstungsarbeiterinnen" geschaffen, die in Bahnhofs- bzw. Fabriknähe Erholungsräume einrichteten.[481] Katholischen Mädchen und Frauen wurden vermutlich mit betreut, da katholische Pendants bisher nicht festgestellt werden konnten. Der Mädchenschutzverein stellte 2017/18 Mahlzeiten für Eisenbahnschaffnerinnen und Munitionsarbeiterinnen bereit[482] und organisierte zusammen mit dem Verein der Freunde junger Mädchen an Weihnachten 1917 eine Bescherung für 130 Eisenbahnschaffnerinnen. [483]

Eine wichtige Rolle spielte die Frankfurter Bahnhofsmission bei der Kinderlandverschickung. Sie begleitete Kinder nach Bad Soden und holte sie wieder ab. 10 Kinder wurden in Bamberg abgeholt, übernachteten im Gesellenhaus und fuhren am Folgetag nach Köln weiter. 31 Kinder aus Rheydt wurden im Gesellenhaus untergebracht. Für drei Gruppen mit jeweils 70–100 Kindern, die von Köln nach Bayern unterwegs waren, lieferte die Schulspeisung das Essen an den Hauptbahnhof. Man übernahm auch die Begleitung der Schweizfahrten[484] des CV bis Konstanz.[485]

1917 hatte die Bahnhofsmission 20 aktive und 87 zahlende Mitglieder und war täglich bis in die Abendstunden besetzt. 30 Mädchen wurden in Heimen untergebracht und 1151 Reisenden geholfen. Bargeld wurde nicht mehr ausgezahlt und „in den meisten Fällen, in denen Fahrkarten gegeben wurde, kam man dahinter, dass es Schwindel war. Es ist auffallend, dass sie gerade immer so viel Geld haben, um nach Frankfurt zu kommen und dann reicht es nicht mehr." [486]

Zur Entlastung der ehrenamtlichen Kräfte wurde eine hauptamtliche Schreibkraft eingestellt. Die Stellenvermittlung hatte keine Bedeutung, da es in Frankfurt wie fast überall keine stellensuchende Mädchen gab.[487] Das BO empfahl auch den CV als Meldestelle für zuziehende Katholiken, ohne dass dies aber groß in Anspruch genommen wurde. Zwar wurden 1917 über 1900 Karten vom Mädchenschutzverein an die katholischen Dienst-

---

480   Mitglieder waren der Deutsche Nationalverein der Freundinnen junger Mädchen, der Evangelische Verband zur Pflege der weiblichen Jugend Deutschlands und der Verband der Evangelischen Deutschen Bahnhofsmission (Merkblatt v. 1917 – ACVF-5510-03).
481   Schick, S. 18.
482   Protokoll Vorstand Diözesanmädchenschutzverein v. 12.3.1918 (ACVF-Mädchenschutz).
483   Tätigkeitsbericht des kath. Mädchenschutzvereins zu Frankfurt a./M. für das Jahr 1917 (DAF IV.15.C).
484   Siehe Abschnitt 3.6.4.2 – Kindererholung , S. 100f.
485   Tätigkeitsbericht Mädchenschutzverein Frankfurt 1917 (DAF IV.15.C).
486   Tätigkeitsbericht Mädchenschutzverein Frankfurt 1917 (DAF IV.15.C).
487   Tätigkeitsbericht Mädchenschutzverein Frankfurt 1917 (DAF IV.15.C).

botenvereine verschickt, über den Rücklauf ist aber nichts bekannt. Nur 16 zugezogene Personen wurden auf Bitte ihrer Heimatpfarreien in katholische Standesvereine aufgenommen. [488]

3.6.7.3 Stationäre Frauenfürsorge im Monikaheim

Während sich die Mädchenschutzvereine um allein reisende und arbeitsuchende Frauen bemühten, standen straffällig gewordene und geschlechtskranke Frauen am Rande der Gesellschaft. Wenn sie von der Polizei aufgegriffen wurden, wurden sie entweder in Krankenhäuser oder u.a. in die Klöster vom Guten Hirten eingeliefert. Seit 1835 bemühte sich auf katholischer Seite die „Kongregation der Schwestern vom Guten Hirten"[489] um ledige Mütter, Prostituierte und geschlechtskranke Frauen.

Agnes Neuhaus

Viele sozial engagierte Frauen hatten keine Ahnung von dem Schicksal ihrer Geschlechtsgenossinnen oder ignorierten es. Agnes Neuhaus bezeichnete es als Schlüsselerlebnis, als ihr 1897 in Dortmund die ehrenamtliche Betreuung einer Frau auf der syphilitischen Station des städtischen Krankenhauses übertragen wurde, „von deren Existenz ich bis dahin keine Ahnung hatte."[490] Aufgrund dieser Erfahrungen und Kontakten mit anderen Frauen im Rheinland" entstand mit einer gemeinsamen Kommunion von Agnes Neuhaus und gleichgesinnter Frauen in der Dortmunder Propsteikirche der „Verein vom Guten Hirten", der ledigen Müttern, Prostituierten und geschlechtskranken Frauen, weiblichen Strafgefangenen und Mündeln helfen wollte. Die offizielle Gründung erfolgte am 19. Juni 1900 unter Ausschluss der Öffentlichkeit mit einem Vortrag des Jesuiten Julius Seiler. 1901/02 wurde der Verein in „Katholischer Fürsorgeverein für Mädchen, Frauen und Kinder" umbenannt, um eine Verwechslung mit den „Klöstern vom Guten Hirten" zu vermeiden. Zahlreiche weitere Vereine bildeten sich im Rheinland, dann in Baden und im übrigen Deutschland.

Wie in anderen Großstädten spielte auch in Frankfurt Prostitution und Frauenhandel eine unrühmliche Hauptrolle. 1902 wurde sogar ein internationaler Kongress gegen den Frauenhandel in Frankfurt durchgeführt. Um „verirrte und sittlich gefährdete Mädchen" aufzufangen und wieder zu integrieren, hatte Münzenberger 1891 in Marxheim bei Hofheim im ehemaligen Schlösschen am Rosenberg das Kloster „Zum Guten Hirten" mit 45 Plätzen gegründet, das von den „Schwestern von der Liebe des Guten Hir-

488   Tätigkeitsbericht Mädchenschutzverein Frankfurt 1917 (DAF IV.15.C).
489   Die Kongregation umfasst 5.000 Schwestern in 70 Ländern und ist als Nichtregierungsorganisation (NGO) anerkannt.
490   Rede Agnes Neuhaus zum 25jährigen Bestehen des Frauenfürsorgevereins In: Jubiläumstagung des Katholischen Fürsorgevereins für Mädchen, Frauen und Kinder, Zentrale Dortmund 1925, Dortmund o.J.

ten"[491] bis zur Beschlagnahme des Klosters durch die Nazis 1939/40 bestand.

Nach der Gründung des Frauenfürsorgevereins 1901 besuchten die ehrenamtlichen Mitarbeitenden weibliche Strafgefangene, in der Regel Prostituierte oder wegen Bettel oder Landfahrerei Inhaftierte im Gefängnis, im Asyl oder in der Entbindungsanstalt; die Kinder wurden von der Entbindungsstelle zum Kinderheim Soden-Salmünster bzw. zum interkonfessionellen Kinderheim in Frankfurt gebracht, wenn junge Mütter sie nicht mit Hilfe des CV bei Pflegeeltern unterbringen konnten. Da die Kapazität in Marxheim nicht ausreichte und zu weit von Frankfurt entfernt war, wurden gefährdete Mädchen und Frauen auch bei den Franziskanerinnen am Unterweg untergebracht bzw. einige Zimmer in der Schmidtstraße angemietet.

Nachdem die Absicht, Frauen mit ihren Kindern unter Betreuung einer Franziskanerin in einer Fünfzimmerwohnung in der Eschersheimer Straße 41 unterzubringen, sich nicht realisieren ließ,[492] mietete man am 1. Oktober 1904 ein Haus mit acht Zimmern in der Niedenau 3 für eine Jahresmiete von 2.500 Mk auf fünf Jahre an und stellte eine Betreuerin ein.[493] Zunächst firmierte es als Katholisches Fürsorgehaus für gefallene Mädchen, aber bereits im November wurde es in Katholisches Fürsorgehaus umbenannt, in dem „gefährdete Personen allein oder mit ihren Kindern für kurze Zeit Unterkunft und tagsüber Beschäftigung finden" konnten. 1904 besuchte man über 40 Frauen mit über 100 Kindern.[494] 1909 mietete man für eine Monatsmiete von 1.500 Mk die ehemalige städtische Kinderherberge in der Löhergasse in Sachsenhausen mit zehn Zimmern an. Zum Schutz des Hauses und zur Verhinderung des Weglaufens wurde eine Wach- und Schließgesellschaft engagiert. Auf Anregung von Agnes Neuhaus wurden eine Wäscherei, eine Bügelei und eine Nähstube eingerichtet, „um den Mädchen dadurch wieder die Liebe zur Arbeit zu geben und ihnen den Weg zu besseren Stellen zu bahnen (...) [und] ihre Kinder bei sich behalten (zu können).[495] Bereits im Dezember 1910 deckten die Einnahmen die laufenden Haushaltungskosten.[496] Nach längerer Suche übernahm die „Kongregation vom Hl. Geist" aus Koblenz mit vier Schwestern die Leitung am 1. Mai 1910 und führte diese bis 1972 fort, nachdem Stadtpfarrer Abt eine zwischenzeitliche Kündigung 1913 verhindert hatte.[497] 1912 bat er die Mitglieder des Frauenfürsorgevereins, dagegen zu wirken, „dass die Schwestern im städtischen Krankenhaus den Mädchen von dem Fürsorge-

---

491   Die Kongregation der „Schwestern vom Guten Hirten" wurde 1835 in Angers (Frankreich) gegründet und ging aus dem Orden „Unserer Frau von der Liebe" hervor, der im 17. Jh. auf Initiative des 1925 von Papst Pius IX heiliggesprochenen französischen Volksmissionars Jean Eudes (1601–80) entstanden war.
492   Protokoll Vorstand Frauenfürsorgeverein-Vorstand v. 13.10.1907 (SKF).
493   Protokoll Vorstand Frauenfürsorgeverein-Vorstand v. 8.9. 1904 (SKF).
494   Jahresbericht Frauenfürsorgeverein 1904 (DAF IV.15.A).
495   Protokoll Frauenfürsorgeverein-Vorstand v. 3.5. 1910 (SKF).
496   Protokoll Frauenfürsorgeverein-Vorstand v. 15.2.1911 (SKF).
497   Protokoll Frauenfürsorgeverein-Vorstand v. 16.1.1913 (SKF), zit. nach SKFF, 100 Jahre, S. 24.

haus abraten und dasselbe schlecht machen."[498] Da das Haus Löhergasse zu klein geworden war, wurde am 4. Mai 1914 wurde das „Monikaheim" auf dem der Pfarrei St. Gallus gehörenden Grundstück in der Kostheimer Straße 11–15 eingeweiht, das von zehn Schwestern betreut wurde. Die Landeshauptleute in Wiesbaden und Kassel wiesen ab Ende 1914 laufend Fürsorgezöglinge zu, deren Zahl bis Februar 1915 auf 70 anstieg und die bis zu ihrem 21. Lebensjahr im Heim bleiben mussten. Dabei handelte es sich um schwangere „verführte Mädchen" und von der Sittenpolizei aus dem Gefängnis bzw. aus dem Krankenhaus nach der Entbindung für sechs Wochen überwiesene Frauen, für welche die Krankenkasse die Kosten trug. In der Abteilung „Marienschutzes" wurden allein nicht lebensfähig ältere Frauen, lebenslang untergebracht.[499] Während des Weltkrieges bewahrte der Frauen-Fürsorgeverein das Monikaheim mit dem Hinweis auf die dort untergebrachten Zöglinge vor einer Übernahme als Lazarett durch die Militärverwaltung. „Im Dienst der vaterländischen Idee [wurden] (...) verwaiste und verwahrloste Kinder bis zum siebenten Jahr, durchreisende Familien und später auch Flüchtlinge aufgenommen."[500]

Das Monikaheim tat wenig dazu, die Mädchen und jungen Frauen auf das Leben außerhalb des Heims vorzubereiten. So beschränkte sich die Fortbildung auf Kochen und Waschen. Rektor Gander (St. Gallus), zugleich Vorsitzender des Katholischen Erziehungsvereins, versuchte dies zu ändern, der Hauptzweck der Anstalt sei die Erziehung und Besserung der Mädchen und nicht der Betrieb einer katholischen Wasch- und Bügelanstalt. Da die Ordensschwestern nur Erfahrungen in der Krankenpflege hatten, forderte er einen zusätzlichen dritten Kaplan an, der aufgrund des Priestermangels aber nicht bewilligt wurde, obgleich der Fürsorgeverein das Kaplangehalt zahlen wollte.[501] 1916 versuchte er vergeblich, mit Hilfe der Kapläne einen kostenlosen Unterricht für die Insassinnen anzubieten, um deren schulische Defizite auszugleichen. 1917 wurden Säuglingskurse (zweimal wöchentlich) genehmigt, kurz darauf wurde das Monikaheim als Säuglingspflegeschule und Prüfstelle anerkannt.[502] Gander schaffte die Sonntagsprozession der teilweise schwangeren Insassinnen zur Pfarrkirche ab und setzte einen Gottesdienst mit Predigt in der Hauskapelle durch.[503] 1917 wurde im Nachbargebäude Kostheimer Str. 15 eine Station für kranke und syphilitische Kinder eingerichtet und 1918 eine Ärztin eingestellt.[504]

3.6.8 Alte und Kranke

Obwohl alte und kranke Menschen überwiegend von ihren Familien zuhause betreut wurden, richteten die Barmherzigen Brüder mit Unterstützung von Buzzi in der Nähe des Zoos ein Pflegeheim für 43 alte und sieche

---

498   Protokoll Frauenfürsorgeverein-Vorstand v. 11.4.1912 (SKF).
499   SKF, 100 Jahre, S. 38.
500   Jahresbericht Frauenfürsorgeverein 1914/15 (SKF).
501   Schreiben Pfarrer St. Gallus an BO v. 7.2.1915 (DAL-230/H1).
502   Protokoll Frauenfürsorgeverein-Vorstand v. 12. und 25.5.1917 (SKF).
503   Schreiben Pfarrer St. Gallus an BO v. 9.5.1914 bzw. Antwort v. 13.5.1914 (DAL-230/H1).
504   Festschrift zum 25-jährigen Jubiläum des katholischen Fürsorgevereins für Frauen, Mädchen und Kinder e. V. zu Frankfurt, Frankfurt 1926.

Männer ein. Die Pflegekosten wurden teils aus Pflegegeldern des Armenamtes, teils von den Pfleglingen selbst gedeckt.[505] 1881 richteten die Aachener Franziskanerinnen in der Langen Straße ein kleines Altenheim für alte Dienstboten ein, deren Pflegekosten vom Armenamt getragen wurden. Nach der Fertigstellung des neuen Klosters der Dernbacher Schwestern im November 1914 wurde im alten Schwesternhaus ein Witwenheim mit Altenwohnungen für alleinstehende ältere Frauen mit eigenen Möbeln und eigener Haushaltsführung sowie ein Wohnheim für berufstätige Damen eingerichtet. Ein weiteres Altenheim wurde bis zur Jahrhundertwende von der Guaita-Stiftung für verwitwete Männer geführt, die nicht mehr in der Lage waren, einen eigenen Haushalt zu führen. Ein weiteres von Buzzi gestiftetes Frauenaltersheim für Angehörige aller drei Konfessionen im Pfarrhaus Bergerstraße wurde nicht realisiert, weil die Pfarrgemeinde die Lage fern der Stadtmitte als ungeeignet ansah.[506]

3.6.9 Kriegsfürsorge

Anfang August 1914 schlossen sich Stadt, Stiftungen und alle Wohlfahrtsverbände in der „Kriegsfürsorge" zusammen, um die Angehörigen der Frontsoldaten zu betreuen. Später wurden auch Flüchtlinge, Kriegsbeschädigte und Kriegshinterbliebene betreut.

Um die Nahrungsmittelversorgung sicherzustellen, schlossen sich das Lebensmittelamt mit dem von Gerhard Heil gegründeten „Kleinhändlervereinigung der Lebensmittelbranche" und der Interessengemeinschaft sämtlicher Lebensmittelgroßhändler zusammen. Heil sorgte dafür, dass die kleinen Unternehmen angemessen beteiligt wurden und erhielt dafür das Kriegsverdienstkreuz.[507] Im Oktober 1915 wurde ein „Zentralbüro für Kartoffelversorgung" eingerichtet und Brotkarten (K = Kriegsbrot, KK = Kriegskartoffelbrot) eingeführt, die bis zum 15. Oktober 1923 in Gebrauch waren. Im Oktober 1916 wurde ein „Bureau für Schulkinderspeisung der Kriegsfürsorge" eingerichtet und im Kohlrübenwinter 1916/17 beschaffte die „Kriegsfürsorge" Lebensmittel, Kleidung und Brennstoffe und organisierte Kindererholungen. Bei mehreren Zentralsammlungen kamen 16 Mill. Mk zusammen, die aber nicht ausreichten, so dass die Stadt die Fehlbeträge abdecken musste.[508] 1917/18 gab es elf französische Bombenangriffe, wobei 21 Menschen starben und 49 verletzt wurden. Nach dem Demobilisierungsbeschluss vom 31. Dezember 1918 wurde im Januar 1919 die „Reichszentrale für Kriegs- und Zivilgefangene" eingerichtet, die für die Rückkehr der deutschen und die Rückführung der ausländischen Kriegsgefangenen zuständig war. Am 8. Februar 1919 wurde die Verordnung über die soziale Kriegsbeschädigten- und Kriegshinterbliebenenfürsorge erlassen und ein „Reichsausschuss für Kriegsbeschädigtenfürsorge" eingesetzt. Die „Kriegsgefangenenheimkehr" informierte als Für-

---

505   Werthmann, Caritasbewegung, S. 68ff.
506   Pfarrer Knoedgen (Pfarrgemeinde St. Josef/Kuratorium Buzzi-Stiftung v. 26.9.1906 (DAL-FF19–15/1).
507   Frankfurter Zeitung 29.3.1929.
508   Müller, Stiftungen, S. 133.

sorge- und Beratungsstelle über materieller Hilfe, die Rechtslage, die politische Lage und die Reintegration ins Berufsleben.[509]

Spendengutschein
© Reimer

Nach der Verabschiedung des Versailler Vertrages erreichte Benedikt Kreutz, damals Caritasdirektor in Berlin, beim Kriegsministerium die aktive Mitwirkung der Caritas und aufgrund des Erlasses vom 14. Juli 1919 wurde jedem Gruppenstab[510] ein Caritasvertreter zugeordnet, der die Leitung der katholischen Fürsorge, für die diesem Gruppenstab unterstehenden Lager übernehmen sollte. Aufgrund der Dringlichkeit wurden diese ohne Rücksprache mit den zuständigen Bischöfen ernannt.[511] Alle rückkehrenden Soldaten sollten für 6–20 Tage in Quarantäne untergebracht werden. Bereits am 5. Juli 1919 hatte Werthmann Bischof Kilian mitgeteilt, dass er Kneip dem Reichswanderungsamt als Vertreter für die Diözese Limburg vorschlagen werde und erbat einen Geistlichen zur Unterstützung, da Domkapitular Wilhelm Fischbach das Diözesancaritassekretariat nicht „neben seinen sonstigen vielen Arbeiten" führen könne.[512] Am 22. Juli lehnte das BO dies ab, da man über keine Mittel verfüge und Priestermangel bestehe.[513] Werthmann benannte trotzdem Kneip als Seelsorger für die Gruppe Rhein mit Sitz in Frankfurt, da kein anderer Pfarrgeistlicher die umfangreiche Arbeit neben seinen Berufspflichten hätte übernehmen können.[514]

Kneip war zuständig für die Lager Duisburg (Übernahmestation), Meschede (250 Offiziere/3.000 Mann), Köln, Gießen (250/4.000), Limburg (250/3.000), Wetzlar (250/3.000), Darmstadt (Übernahmestation), Hammelburg (1.000 Offz./Mannschaften), Göttingen (200/7.000), Eglosheim (100/3.300), Hohenasperg (50/600), Offenburg (Übernahmestation), Münsingen (50/3.100), Ohrdruf (Aushilfslager 100/1.150), Hannoversch Münden (450 Offz./Mannschaften), Holzminden (200/800), Sennelager (150/1.000), Rastatt (Sammellager für Elsass-Lothringen 200/4.000).[515] Über seine Tätigkeit konnten bisher keine Unterlagen aufgefunden werden.

---

509   https://www.dhm.de/lemo/kapitel/weimarer-republik/industrie-und-wirtschaft/
       kriegsheimkehrer-und-kriegsversehrte.html
510   Süd (Breslau), Nord (Bartenstein), Ostsee (Stettin), Nordsee (Wilhelmshaven),
       Wesel (Wesel), Rhein (Frankfurt/Main), Konstanz (Konstanz) sowie die Grenzüber-
       gangsstation Passau und das Aushilfslager des Kriegsministeriums in Berlin.
511   Schreiben Werthmann/BO Limburg v. 23.7.1919 (DAL-359A1).
512   Schreiben Werthmann/Bf. Kilian v. 9.7.1919 (DAL-359A1).
513   handschriftl. Vermerk v. 22.7.1919 auf Schreiben Werthmann/Bf. Kilian v.
       9.7.1919 (DAL-359A1).
514   Schreiben Werthmann an Bf. Kilian v. 28.7.1919 (DAL-359A1).
515   Rundschreiben DCV an die Caritasvertreter bei den Gruppenstäben v. 23.7.1919
       (DAL-359A1).

Da mit den zunehmenden Arbeitslosenzahlen Kriegsinvaliden keine Chance auf einen Arbeitsplatz hatten, wurden mit dem Reichsversorgungsgesetz vom April 1920 zwar die gesetzlichen Grundlagen zur medizinischen Behandlung und Rentenversorgung der Kriegsversehrten geschaffen, die aber weitestgehend wirkungslos blieben. 1924 waren noch über 700.000 auf staatliche Unterstützung angewiesen.

4. VOM WELTKRIEG ZUR WELTWIRTSCHAFTSKRISE (1916–29)

Nach dem Ende des Ersten Weltkrieges kamen Hunderttausende Flüchtlinge aus Osteuropa nach Deutschland, Die aus dem Elsass Ausgewiesenen gingen vorzugsweise nach Frankfurt, auch viele russische Kriegsgefangene, die nach der Oktoberrevolution nicht zurückkehren wollten, blieben nach der Auflösung des Gefangenenlagers in Frankfurt.[516] Als Eisenbahnknotenpunkt wurde Frankfurt zudem von arbeitssuchenden Industriearbeitern, die auf der Suche nach einem Arbeitsplatz nicht nur in Deutschland, sondern auch in Frankreich, Belgien, Luxemburg und Niederlande waren, frequentiert. Dazu kamen saisonal in der Landwirtschaft tätige polnische Wanderarbeiter.[517] Da mit der Umstellung auf die Nachkriegswirtschaft zahlreiche Arbeitsplätze verloren gegangen waren, suchten viele Jugendliche (meist ehemalige Soldaten), Kriegsinvaliden und Kriegerwitwen vergeblich nach Arbeit und Unterkunft. So stieg die Bevölkerungszahl bis 1925 auf 467.000 an, die Zahl der Erwerbslosen und lag bis 1925 meist bei etwa 2.500. Da sich viele Obdachlose nicht meldeten, ist die Dunkelziffer hoch.

Frankfurt verfügte zwar über eine städtische Stellenvermittlung, doch war diese mangels verfügbarer Arbeitsplätze relativ bedeutungslos geworden. 1920 wurde die bisher private „Hausratsammelstelle"[518] zur „Städtischen Arbeitszentrale für Erwerbsbeschränkte" umgewandelt eine Vermittlung und Arbeitsplätze in Werkstätten in der Bockenheimer Artilleriekaserne geschaffen.[519]

Oberbürgermeister Ludwig Landmann[520] schuf nach der Währungsreform am 15. November 1923 mit einer aktiven Wirtschafts- und Industrialisierungspolitik neue Arbeitsplätze und leitete für Arbeitslose Arbeitsbeschaffungsmaßnahmen ein. 1923–35 wurde

Ludwig Landmann, Oberbürgermeister (1923–33)

---

516 Wer das Kriegsgefangenenlager in Frankfurt betreute, in denen insgesamt 2800 Offiziere (Russen, Serben und Franzosen) untergebracht waren, ist bisher nicht feststellbar. 41 starben und wurden auf dem Hauptfriedhof beigesetzt..

517 Man schätzt die Zahl der polnischen und russischen Wanderarbeiter, die zur Spargel- und Rübenernte nach Deutschland kamen, auf etwa eine halbe Million.

518 1933 wurde sie als Teil der Arbeitsfürsorge mit der Bezeichnung „Gemeinnützige Arbeitsstätte" übernommen, 1934 „Volksdienst des Städtischen Fürsorgeamtes", 1938: Fürsorgeamt, Gemeinnützige Arbeitsstätte, 1943 aufgelöst.

519 Neben einfachen handwerklichen Arbeitsplätzen gehörte dazu eine Bürsten- und Mattenfabrik sowie ein Holzplatz für Männer. Außerdem gab es Nähstuben sowie Schreibstuben für stellenlose Kaufleute. Insgesamt waren 1926 über 900 Personen beschäftigt, davon 69 Angestellte.

520 Ludwig Landmann (1868–1945), Studium Rechtswissenschaft Heidelberg, Berlin und München, 1894 Stadtverwaltung und 1898 Stadtsyndikus Mannheim, 1917 Wirtschaftsdezernent Frankfurt, Mitglied der DDP, 1924–33 Oberbürgermeister, 1933 Rücktritt, Flucht nach Berlin und in die Niederlande.

das Waldstadion[521] errichtet, der Flughafen am Rebstock zu einem europäischen Luftverkehrsknotenpunkt ausgebaut[522] und Notstandsarbeiten (Straßenbau, Kanalisation) durchgeführt. 1926 wurde die Hafraba gegründet, die eine Autobahn von Hamburg über Frankfurt nach Basel errichten sollte. Ihr Baubeginn erfolgte erst nach der Machtergreifung am 23. November 1933 in Niederrad und wurde von den Nationalsozialisten propagandistisch vermarktet.

Trotzdem stieg die Arbeitslosenzahl von 2.441 im Juni 1925 explosionsartig auf 32.216 im April 1926 an und führte zum Zusammenbruch der städtischen Stellenvermittlung. Rd. 17 Mill. RM mussten allein 1925/26 von Stadt und Wirtschaft aufgebracht werden. Magistratsrat Michel befürchtete, dass die Zahl weiter ansteigen und die „auf den Einzelfall abgestellte Fürsorge ernstlich beeinträchtigen werde, (...) weil durch die in die Arbeitslosenfürsorge hineingetragenen Versicherungsgedanken eine große Zahl von Arbeitslosen keinen Anspruch auf die beim Arbeitsnachweis zur Auszahlung gelangende Arbeitslosenunterstützung machen konnte", weil sie nicht ausreichend Beiträge gezahlt hatten oder bereits wieder ausgesteuert waren, und von der Wohlfahrt betreut werden musste. [523]

Von 1929 bis zum 1. August 1930 stieg die Arbeitslosenzahl in Groß-Frankfurt auf 39.368 an, davon 34.090 allein in der Innenstadt. Dazu kamen weitere 16036 in den zum Arbeitsamtsbezirk Frankfurt gehörenden Außenbezirken, d.h. insgesamt 52.918.

4.1 Der Weimarer Wohlfahrtstaat

Während Weltkrieges war deutlich geworden, dass das unter Bismarck geschaffene Sozialversicherungssystem nicht ausreichte, um eine gleiche Versorgung auf Reichsebene zu gewährleisten, da viele Fürsorgebereiche länderbezogen organisiert waren. Mit der Bundesratsverordnung vom 15. Februar 1917 wurden die Aufsicht über die Wohlfahrtspflege reichsweit vereinheitlicht und in Preußen Jugend- und Wohlfahrtsämter eingeführt. Außerdem war der gewerkschaftliche Einfluss gewachsen, neue wohlfahrtsstaatliche Strukturen hatten sich entwickelt oder waren weiter ausgebaut worden, u.a. Arbeiterausschüsse, Tarifvertragswesen, Schlichtungseinrichtungen, Erwerbslosenunterstützung, Mutterschutz und Mieterrecht.[524]

Linksparteien (SPD, USPD, KPD) und Gewerkschaften knüpften in Erwartung einer bevorstehenden Revolution an Forderungen der Französischen Revolution an und setzten auf ein ausschließlich staatlich organisiertes Wohlfahrtssystem. Sozialpolitik wurde nicht als Ausgleich von Härtefällen, sondern als Instrument zur Veränderung der Gesellschaft und zur

---

521 Am 21. Mai wurde das Waldstadion eröffnet, in dem kurz darauf die 1. Internationale Arbeiter-Olympiade (24.-28. Juli 1925) stattfand. 1930 bewarb sich Frankfurt vergeblich um die Austragung der Olympischen Spiele 1936. An der Stelle des Waldstadions steht heute die Commerzbankarena.
522 Ab 1936 löste der Flughafen Rhein-Main den Flughafen Rebstock ab, der noch bis 1945 als Militärflughafen diente. 1958–62 wurde der Rebstockpark angelegt.
523 Michel, S. 171.
524 Ludwig Preller, Sozialpolitik in der Weimarer Republik, Stuttgart 1949, S. 85.

Schaffung eines „neuen Menschen" verstanden. Insbesondere die politische Linke war ausgehend von der russischen Oktoberrevolution „geprägt von der Leitidee des neuen sozialistischen Menschen"[525.] So meinte Leo Trotzki, „der durchschnittliche Menschentyp werde sich bis zum Niveau des Aristoteles, Goethe und Marx erheben."[526] Küenzler weist darauf hin, dass sich westliche Intellektuelle in ihrer Ablehnung „eines als alt und überlebt erfahrenen Europa" bis heute daran orientieren. [527]

4.1.1 Staatliche oder frei Wohlfahrtspflege

Die Weimarer Koalition (Zentrum, SPD und DDP) legte in Art. 151 RV fest: „Die Ordnung des Wirtschaftslebens muss den Grundsätzen der Gerechtigkeit mit dem Ziel eines menschenwürdigen Daseins für alle entsprechen." Mit dem Wohlfahrtsstaat sollte das gesellschaftliche Konfliktpotential eingedämmt und die Akzeptanz der neuen politischen Verhältnisse in den mittleren und unteren sozialen Schichten gefördert werden.[528] Damit übernahm der Staat eine „gewisse Gesamtverantwortung für den Arbeitsmarkt" (Gerhard A. Ritter),[529] auf dem durch das Kriegsende und die Reduzierung auf eine 10.000 Mann starke Reichswehr Arbeitsplätze für die über acht Millionen „überflüssigen" Soldaten bzw. die Flüchtlinge aus deutschen Siedlungsgebieten in Ost- und Südosteuropa geschaffen werden mussten.

Knackpunkt der politischen Diskussion war, ob die soziale Fürsorge alleinige Aufgabe des Staates sei und ob die Wohlfahrtsverbände beteiligt werden sollten. Das sozialdemokratische Parteiorgan „Vorwärts" sah 1919 die soziale Fürsorgetätigkeit als alleinige Aufgabe des Staates, der „als der organisatorische Gesamtausdruck des Volkes (...) den Schutz aller Volksglieder vor wirtschaftlichen Nöten zu übernehmen" habe. Gleichzeitig forderte er, dass der Staat „die für Wohltätigkeit und soziale Fürsorgemaßnahmen bestimmten Hinterlassenschaften von Privatpersonen grundsätzlich in seine Hände führt. Das ist umso notwendiger, weil die private Fürsorge ebenso wie die Tote Hand in ihren Wohltätigkeitsmaßnahmen durchaus nicht unpolitisch handeln. Wir brauchen wohl, namentlich soweit die katholische Kirche (...) in Frage kommt, keine Beweise dafür anzuführen."[530]

Die Wohlfahrtsverbände ließen sich aber nicht ausgrenzen, sondern bestanden auf einer stärkeren staatlichen Unterstützung ihrer meist flexibler gestalteten Arbeit unter Wahrung ihrer Eigenständigkeit. Auch Werthmann hatte erkannt, dass der Ausbau des Wohlfahrtsstaates „die Gefahr einer Beengung und Unselbständigmachung der kirchlichen Caritas" in sich barg und zur Ausdehnung staatlicher Kompetenz führen könn-

---

525 Küenzler, S. 15.
526 Leo Trotzki, Literatur und Revolution, Berlin 1968, S. 214f.
527 Küenzler, S. 16.
528 Jochen Oltmer, Migration und Politik in der Weimarer Republik, Göttingen 2005, S. 39.
529 Gerhard A. Ritter, Der Sozialstaat, Entstehung und Entwicklung im internationalen Vergleich, München 2. Aufl. 1991, S. 109.
530 Zit. nach Abschrift als Anlage zu Schreiben Lorenz Werthmann an Bf. Kilian v. 28.7.1919 (ADCV-125.51 bzw. DAL-359A1).

te. Er sprach dem Staat zwar das Recht ab, die Ausübung der Wohltätigkeit von einer vorherigen staatlichen Genehmigung abhängig zu machen.[531] Werthmann plädierte im Sinne einer effektiveren Caritasarbeit für die Nutzung aller finanziellen Mittel, „die von Behörden zur Förderung notwendiger sozial-caritativer, insbesondere sozial-hygienischer Bestrebungen bewilligt werden" z. B. für ländliche Pflegestellen und örtliche Krankenpflege. Auch könne man „sozial-caritative Aufgaben auf Kosten der Behörden" im Bereich Fürsorgeerziehung, Heilfürsorge für Erwachsene oder gefährdete Kinder übernehmen. „Diese Behörden sind regelmäßig zahlende Auftraggeber, und schon manche Anstalt hat durch Übernahme solcher Pfleglinge finanzielle Festigung erfahren." Werthmann betonte, die Caritas verlange „keine Bevorzugung, sondern nur Gerechtigkeit, freie Bahn und freies Arbeiten für alle Kräfte, ob staatlich oder kirchlich, konfessionell oder interkonfessionell".[532]

Mit der Reichsfürsorgepflichtverordnung vom 13. Februar 1924 und der Professionalisierung der Sozialberufe entstand eine Sozialbürokratie. Diese orientierte den gesetzlichen Sozialhilfeanspruch zunehmend an dem immer geringer werdenden finanziellen Rahmen und nicht mehr an der sozialen Notwendigkeit. So forderte man „eine klare Eingrenzung des Kreises der Leistungsberechtigten, die nicht zuletzt auch Inländer von Ausländern trennte" und diese systematisch benachteiligte.[533] Gleichzeitig verschob das Reich die Fürsorgekosten auf die Länder und erließ am 1. Januar 1925 die Reichsgrundsätze über Voraussetzung, Art und Maß der öffentlichen Fürsorge. Da die Zusammenarbeit der freien Wohlfahrtspflege mit den Behörden zur Pflicht gemacht wurde, konnten diesen auch Aufgaben der öffentlichen Fürsorge übertragen werden. Damit stand auch die Caritas vor der Aufgabe, „Vorsorge zu treffen, dass unsere Rechte und Grundsätze gebührend zur Geltung kommen (...) Die neuen Gesetze lassen die Möglichkeit (zu), dass die Aufgaben der Wohlfahrtsämter und Jugendämter zusammengefasst und durch gemeinsame Ausschüsse erledigt werden."[534]

Die Reformen schrieben einen Rechtsanspruch auf Unterstützung fest, doch selbst während der relativen Stabilitätsphase zwischen 1924 und 1929 konnten die Ansprüche der Wohlfahrtspflege und der Sozialpädagogik bei weitem nicht erfüllt werden. So wurde gegen Ende der 20er Jahre erneut über Funktion und Leistungsfähigkeit des Wohlfahrtssystems diskutiert werden. Viele kehrten nun der liberalen reformorientierten Sozialpädagogik den Rücken und forderten die Rückkehr zur zuchtvollen nationalpädagogischen und sogar paramilitärischen Erziehung. Verfechter von Rassenhygiene und Eugenik versprachen eine langfristigen Entlastung der öffentlichen Sozialausgaben und fanden damit größeren Anklang.[535]

---

531   Lorenz Werthmann, Grundsätzliches über staatliche Wohlfahrtspflege und freie Caritas" in: Caritas 23 (1917/18), S. 199ff.
532   Bericht CV für das katholische Deutschland e.V., Freiburg 1916, S. 17f.
533   Oltmer, Migration und Politik, S. 18.
534   Grundsatzpapier Hüfner v. Juni 1924 (DAL-359-B-Jugendamt).
535   Heddergott, a.a.O.

4.1.2 Reichsjugendwohlfahrtsgesetz 1924

Die Reformdiskussion der Weimarer Republik stand unter dem Motto „Erziehung statt Strafe" und nahm die Diskussion über die Reform des Fürsorgerechts wieder auf, die u. a. von Wilhelm Polligkeit 1907 mit seiner Dissertation „Das Recht des Kindes auf Erziehung" über eine Neuorientierung der Fürsorgebewegung eingeleitet worden war. Im Jugendgerichtsgesetz wurde 1923 das Strafmündigkeitsalter von 12 auf 14 Jahre heraufgesetzt und erstmals die Möglichkeit der Strafaussetzung zur Bewährung geschaffen. 1943 wurden diese Reformen rückgängig gemacht.

Am 1. April 1924 trat das Reichsjugendwohlfahrtsgesetzes (RJWG) in Kraft und legte als Basis der Kinder- und Jugendpolitik in § 1 RJWG fest:

„Jedes deutsche Kind hat ein Recht auf Erziehung zu leiblicher, seelischer und gesellschaftlicher Tüchtigkeit (...) Insoweit der Anspruch des Kindes auf Erziehung von der Familie nicht erfüllt wird, tritt unbeschadet der Mitarbeit freiwilliger Tätigkeit öffentliche Jugendhilfe ein."

Das RJWG war aber kein Leistungs-, sondern ein polizei- und ordnungsrechtlich geprägtes Organisationsgesetz, das die Arbeit der neugeschaffenen Jugendämter regeln sollte, deren „heterogene Arbeitsfelder (...) historisch ganz unterschiedliche Wurzeln hatten und erst in der sozialpädagogischen Reformdebatte der Jahrhundertwende spezifisch aufeinander bezogen worden waren". Das RJWG unterschied erstmals zwischen Fürsorgeerziehung und Hilfe zur Erziehung. Mit dem Ausführungsgesetz vom 29. März 1924 wurde ein flächendeckendes und einheitliches System kommunaler und öffentlicher Wohlfahrts- und Jugendämter eingeführt, die beratend, aber auch kontrollierend wirken sollten. In den neu geschaffenen Jugendwohlfahrtsausschüssen sollte jede Konfession bzw. ein Rabbiner, je ein Lehrer und eine Lehrerin im Ausschuss vertreten sein. 2/5 der nicht beamteten Mitglieder sollten auf Vorschlag der im Bereich der Jugendwohlfahrt tätigen Vereinigungen vom Magistrat oder Kreisausschuss ernannt werden. Diözesancaritasdirektor August Hüfner forderte auf, darauf zu achten, dass die katholischen Jugendvereine angemessen berücksichtigt würden.[536]

Ende der 20er Jahre änderte sich die Einstellung gegenüber dem Reformgesetz und der Anstaltserziehung und das Kernstück des RJWG wurde zum Skandalthema. Betroffene betrachteten Fürsorgerinnen und Wohlfahrtsbeamte nicht mehr als Helfer, sondern fühlten sich von ihnen belästigt und durch die Überwachung ihrer Lebensumstände kontrolliert.[537] Viele Jugendliche sahen in den modernen Fürsorgeerziehungsanstalten „Prügel- und Betanstalten" und fürchteten diese mehr als den Strafvollzug. Nun war die Rede von „Jungen in Not" und von der „Revolte im Erziehungshaus".

Mit der von der Regierung von Papen verfolgten Politik der selektiven Leistungsgewährung wurde der Auslesegedanken in das Fürsorgerecht

---

536 Grundsatzpapier Hüfner v. Juni 1924 (DAL-359-B-Jugendamt).
537 Elena Heddergott: Fürsorgerinnen im Nationalsozialismus – Stellung und Aufgaben (www. janstetter. de/wissen/referate/fuersorgerinnen.htm).

aufgenommen, um die Zahl der Wohlfahrtsempfänger rigoros zu verringern. Mit den beiden Notverordnungen vom November 1932 wurde das „Recht des Kindes auf Erziehung" eingeschränkt. Fürsorgeerziehung durfte nur bei Aussicht auf Erfolg angeordnet werden und das Höchstalter wurde auf 18 Jahre herabgesetzt. Die Erziehungseinrichtungen konnten nun „unerziehbare" Minderjährige aus der Jugendfürsorge ausschließen, ohne dass eine andere Unterbringung gesichert war.

4.1.3 Arbeitslosenversicherung

Nachdem vor dem Weltkrieg neben Frankfurt auch andere Großstädte eine kommunale Erwerbslosenfürsorge aufgebaut hatten, setzte die KPD 1918 die „Verordnung über die Erwerbslosenfürsorge" durch, mit der das Reich zu einem Drittel an den entstehenden Kosten der freiwilligen Erwerbslosenfürsorge beteiligt wurde. Es bestand aber kein Rechtsanspruch und finanzielle Hilfen waren nur mit einem Bedürftigkeitsnachweis möglich. Arbeitgeber und Arbeitnehmer wurden mit der Verordnung vom 15. Oktober 1923 erstmals zur Finanzierung der Erwerbslosenfürsorge verpflichtet. Ab 1926 unterstützte das Reich auch Kurzarbeiter und Langzeitarbeitslose, um die Fürsorgeaufwendungen der Kommunen zu senken. Da dies nicht ausreichte, bemühten sich Sozialpolitiker, Gewerkschaften und der Deutsche Städtetag um eine weitergehende Reform. Am 7. Juli 1927 beschloss der Reichstag als zweites europäisches Land nach Großbritannien das „Gesetz über Arbeitsvermittlung und Arbeitslosenversicherung", das am 1. Oktober 1927 in Kraft trat. Da die Arbeitslosenzahl seit 1926 kontinuierlich zurückgegangen war und im Spätsommer 1927 durchschnittlich bei etwa einer Million lag, ging man nur von max. 800.000 Arbeitslosen aus und wollte ggf. weitere 600.000 aus einem Notstock für Krisenzeiten finanzieren. Der Höchstbetrag von 3% wurde von Arbeitgebern und Arbeitnehmern paritätisch und die Finanzierungslücken vom Reich getragen. Im Dezember 1930 wurden 2,7 Mill. Arbeitslose aus der Arbeitslosenversicherung und weitere 0,7 Mill. von den Kommunen unterstützt.

4.2 Von der organisierten zur verbandlichen Caritas

Obwohl der DCV „im Bereich der Fürsorge und in der katholischen Welt einen bedeutenden Platz" (Catherine Maurer) erworben hatte, blieb das Verhältnis zur Bischofskonferenz bis 1915 gespannt, was auch auf Werthmann zurückzuführen ist, der Bischöfe und den örtlichen Klerus immer wieder brüskierte. Die „mangelhaften organisatorischen und vor allem finanziellen Grundlagen des Verbandes selbst, vor allem (...) die innerkirchlichen Begrenzungen seiner Zeit führte die Entwicklung des DCV bald in eine Sackgasse", betont Fibich.[538]

1915 bezog die Bischofskonferenz erstmals Stellung zur künftigen Struktur der Caritasbewegung:

---

538   Fibich, S. 26.

„II. Die katholische Caritas als älteste Tochter der katholischen Kirche kann sich am besten öffentlich Geltung verschaffen, wenn sie sich ebenfalls in Pfarrverbänden und Diözesanverbänden im Anschluss an den Caritasverband für das kath. Deutschland organisiert und als achtungsgebietende Organisation den widerstrebenden Richtungen gegenübertritt.
III. Die notwendige Verbindung dieser Organisation mit der Kirche wird dadurch hergestellt, dass die örtliche Organisation unter der Aufsicht des Pfarrers, der Diözesanverband unter der Aufsicht des Bischofs und der Zentralverband unter der Aufsicht des gesamten Episkopates steht. Letzterer übt seine Aufsicht aus unter Vermittlung des Ordinarius des Sitzes der Zentrale durch den hochwürdigsten Herrn Präses der Bischofskonferenz." [539]

Im Anerkennungsbeschluss am 23. August 1916[540] wurde dies kirchenrechtlich fixiert. Seitdem wird die Caritas von den Bischöfen kontrolliert, aber auch autorisiert, für alle in der katholischen Wohlfahrtspflege tätigen Organisationen zu handeln. Die Bischofskonferenz bevorzugte institutionelle Mitgliedschaften (Pfarreien, Vereine und Anstalten) statt Einzelmitgliedern. Einzelpersonen konnten nur indirekt über die Mitgliedschaft in einem Fachverband oder der Pfarrcaritas der Caritas beitreten, wie die 2.Satzung von 1917 zeigt, in der auch ein Zentralrat als Aufsichtsgremium eingesetzt wurde. Dies stand im Widerspruch zum bisherigen individuellen Engagement der „gebildeten Eliten des katholischen Milieus", die Maurer zu Recht als soziale Trägergruppe der Caritas bezeichnet.[541]

Die Struktur der Caritasorganisation wurde hierarchisch gegliedert und der jeweiligen kirchlichen Ebene angepasst, d. h. der Ortscaritasverband dem Ortspfarrer, der DiCV dem Ortsbischof und der DCV dem Erzbischof von Freiburg unterstellt. Werthmann kritisierte:

„Verlangt man, dass die Caritas ‚sozial' arbeite, dass sie selbständige Menschen und nicht Almosenempfänger großziehe, dann muss man auch ihr selbst gegenüber diesen Grundsatz gelten lassen und darf sie nicht lebenslänglich irgendeinem berufenen oder unberufenen Vormund unterstellen."[542]

Die Bischöfe waren aber mit wenigen Ausnahmen (u.a. DiCV Köln, DiCV Meissen) bis heute nicht bereit, den DCV, die Diözesancaritasverbände und erst recht nicht die Ortscaritasverbände als Rechtspersonen kirchlichen Rechts anzuerkennen,[543] obgleich dies während der Diskussion über die Reform des CIC[544] zum 1. Januar 1918 angesprochen wurde.[545] In diesem

---

539 Protokoll der 2. Sitzung der FBK v. 17.8.1915, abgedruckt in: Hans-Josef, Wollasch, CV und Katholische Kirche in Deutschland. Zur Bedeutung des „Anerkennungsbeschlusses" der Fuldaer Bischofskonferenz vom Jahre 1916, in: Caritas '72, Jahrbuch des Deutschen CV, Freiburg 1972, S. 72.
540 Protokoll der 4. Sitzung der FBK v. 23.8.1916, abgedruckt in: Wollasch, CV und Katholische Kirche, S. 72–73.
541 Catherine Maurer: Der CV zwischen Kaiserreich und Weimarer Republik. Zur Sozial- und Mentalitätsgeschichte des caritativen Katholizismus in Deutschland, Freiburg 2008, S. 146.
542 Werthmann, Aus seinen Reden und Schriften, S. 16.
543 Hierold, Organisation der Karitas, in: Listl, Handbuch,, S. 854.
544 Bis 1917 Corpus Iuris Canonici, danach Codex Iuris Canonici.
545 Klein, Verfassung, S. 45.

„immanente Geburtsfehler" (Fibich) sind die „zu unterschiedlichen Zeiten unterschiedlichen Spannungen zwischen der verbandlich organisierten Caritas und der verfassten Kirche"[546] begründet. Außerdem ignorierte man bei der Neufassung das Vereinsrecht, was als unzulänglich kritisiert wurde.[547]

Viele Caritasvereine wurden mit der Eintragung ins Vereinsregister zu privaten Vereinen bürgerlichen Rechts (§ 21 BGB) und stehen bis heute im Spannungsfeld zwischen kirchlichem und staatlichem Recht.[548] Fibich stellt die Frage, ob der Versuch einer Klassifizierung des CV nach den geltenden kirchlichen Kategorien überhaupt möglich ist und antwortet mit Baldus: „Die Gesamtorganisation der Caritas mit ihrer regionalen und fachlichen Gliederung verknüpft eine dezentralisierte kirchliche Fachverwaltung mit Formen des Apostolates, an dem alle Glieder des Volkes Gottes (Bischof, Priester und Laien) beteiligt sind. In rechtlicher Hinsicht wird der Verband daher stets Merkmale kirchenamtlicher (öffentlicher) und privater Herkunft aufweisen. Hier handelt es sich um eine Besonderheit, auf die nur eine kirchliche Rechtsordnung eingehen kann."[549] Da der Frankfurter CV erst 1931 ins Vereinsregister eingetragen wurde, wird diese Problematik erst in diesem Zusammenhang behandelt.[550]

Benedikt Kreutz, DCV-Präsident 1921–49 © ADCV

Die Hoffnung auf eine konfliktfreie Arbeit zwischen den Fachverbänden erfüllte sich aber nicht, denn weiterhin gab es Konflikte zwischen Fachverbänden (u.a. Katholischer Fürsorgeverein für Frauen, Mädchen und Kinder, Seraphisches Liebeswerk) und dem DCV. Die Fachverbände sahen keine Notwendigkeit für eine reichsweite zentral gesteuerte Organisation und bestanden auf der strikten Trennung ihrer Arbeitsfelder. Maurer beklagt, dass die „ausufernde Institutionalisierung und der Verlust an Spontaneität [den] wissenschaftlichen Anspruch [und die] konfessionelle Identität in Frage zu stellen drohten.[551]

Mit dem Anschluss des Bayerischen Caritasverbandes entstand auf der Sitzung des Zentralrates im November 1921 in Limburg ein ganz Deutschland umfassender Caritasverband.[552] In der Namensänderung von „Charitasverband" in „Caritasverband" wird deutlich, dass die Wohlfahrt nicht von dem Gedanken des griechischen „charis" = Gnade, sondern von dem lateinischen Begriff „carus"= lieb geprägt sein soll. Hilfe für die Notleidenden wird nicht als Gnade, sondern als verpflichtende Nächstenliebe verstanden.

546 Fibich, S. 77.
547 Listl, Joseph/Muller, Hubert/Schmitz, Heribert (Hg.), Handbuch des katholischen Kirchenrechts, Regensburg 1983, S. 458.
548 Fibich, S. 77.
549 Baldus, Gründung, S. 16; Hierold, Grundfragen, S. 847–50 sowie Heinemann, Stellung, S. 150–168.
550 Siehe Abschnitt 5.1.3 – Vereinsstatus und Gemeinnützigkeit, S. 194f.
551 Maurer, S. 259.
552 Wollasch, CV und Katholische Kirche, S. 66–68.

4.2.1 Frankfurter Katholizismus in der Zwischenkriegszeit

Durch die Zuwanderung aus Westerwald, Hunsrück, Taunus, Odenwald und Mainfranken hatte die Zahl der Katholiken seit 1912 einen Anteil von 30% an der Frankfurter Bevölkerung erreicht. Über die Hälfte, ca. 106.000, wohnte im Dekanat Dom/St. Bartholomäus mit den Pfarrbezirken Leonhard und Liebfrauen. Gleichzeitig stellten sie etwa 33% der im Bistum Limburg lebenden Katholiken. Obwohl politisch zu Frankfurt gehörend, war das Dekanat Bockenheim bis 1929 Teil des Bistums Fulda. Höchst, das bis zur Eingemeindung 1928 selbständig war, hatte einen eigenen Caritasverband, auf den gesondert eingegangen wird.[553]

Da die Katholiken meist den unteren Gesellschaftsschichten angehörten, hatte dies Konsequenzen für die Kommunalpolitik und die katholische Wohlfahrtspflege in Frankfurt. Nach der Wahl der Stadtverordnetenversammlung am 2. März 1919 mit dem neuem allgemeinen und gleichen Wahlrecht war das Zentrum mit 13,3% und 13 Sitzen gegenüber einem in der Vorkriegszeit drittstärkste Partei nach SPD (30/36,2%) und DVP (23/23,3). Mehrere Zentrumspolitiker waren im Umfeld des CV engagiert, so u.a. Else Alken[554], Prof. Friedrich Dessauer[555] und Rechtsanwalt Ludwig Ungeheuer, die bei der Professionalisierung 1929/30 unter Richter eine wichtige Rolle spielen sollten.

4.2.2 Vinzenzvereine kontra Klerus

1913 hatten in Frankfurt neun Vinzenzkonferenzen mit insgesamt 168 Mitgliedern bestanden.[556] Während des Weltkriegs verloren die Vinzenzvereine an Bedeutung, da viele jüngere Mitglieder gefallen waren oder aus Altersgründen nicht mehr aktiv mitarbeiten konnten.

---

553 Siehe Abschnitt 4.4 – Die Caritasausschüsse Höchst, Sindlingen und Zeilsheim, S. 168ff.

554 Else Alken (1877–1943), verh. mit Senatspräsident Karl Alken, 1895 mit ihren Eltern vom Judentum zum Katholizismus konvertiert, ehrenamtliches Engagement im Gefängnisverein und im Monikaheim, Vorsitzende des Frankfurter Frauenverbandes, 2. Vorsitzende der Frankfurter Zentrumspartei, 1921–28 bzw. 1928–33 ehrenamtliche Stadträtin (Zentrum), 1921–29 Abgeordnete im Nassauischen Kommunallandtag, 1933 Rückzug aus der Politik, danach Verfolgung mit Rentenkürzung, 1941 Beschlagnahme ihres Vermögens. Am 1.9.1942 nach Theresienstadt deportiert um am 24.12.1943 verstorben. Dazu Michael Bermejo: Die Opfer der Diktatur – Geschichte der Frankfurter Stadtverordnetenversammlung, Band 3: Frankfurter Stadtverordnete und Magistratsmitglieder als Verfolgte des NS-Staates, 2006, S. 23–28.

555 Dr. Friedrich Dessauer (1881–1963) 1907 Gründung eines elektrotechnischen Labors (spätere Veifa-Werke) und Forschungen auf dem Gebiet der Strahlen- und Tiefentherapie (Behandlung von Tumoren mit Röntgenstrahlen). 1920 ord. Professor Universität Frankfurt, 1921 Leiter des Instituts für medizinische Physik (später Max-Planck-Institut). 1919–1924 Stadtverordneter (Zentrum). 1921–34 Herausgeber der Rhein-Mainischen Volkszeitung, 1924–1933 Reichstagsabgeordneter. Wirtschaftspolitischer Berater unter Reichskanzler Brüning. 1934 sechs Monate in Gestapohaft, danach Emigration nach Istanbul und die Schweiz. 1953 Rückkehr nach Frankfurt.

556 St. Antonius 13, St. Bartholomäus 23, St. Bernhard 18, St. Gallus 12, Herz Jesu 10, St. Josef 18, St. Carolus 31 und Liebfrauen 20 (St. Vinzenzverein: Bericht Diözesanrates Frankfurt a. M. für die Diözese Limburg a. L. über das Geschäftsjahr 1913, Frankfurt 1914).

Quellen über das Verhältnis zwischen den Vinzenzvereinen und dem Klerus sind zwar nicht vorhanden, doch ist anzunehmen, dass die Vinzenzbrüder aufgrund ihrer meist gehobenen gesellschaftlichen Stellung dem Klerus eher kritisch gegenüberstanden, der nach der Errichtung neuer Pfarreien und der damit verbundenen Berufung von Pfarrern und Kaplänen um stärkeren Einfluss bemüht war. Dies zeigte sich nach der Ernennung von Stadtpfarrer Abt zum Bischöflichen Kommissar Ende 1915. Auf Weckbers Protest hin erklärte das BO am 5. Januar 1916, das Amt des geistlichen Ehrenpräsidenten des Vinzenzdiözesanbeirates nicht abschaffen zu wollen, forderte aber dazu auf, den Zusammenschluss der Vinzenz- und Elisabethvereine voranzutreiben. Die Neugründung von Vinzenzvereinen stoße erfahrungsgemäß auf Schwierigkeiten beim Klerus, der „eher zur Errichtung von Elisabethenvereinen geneigt ist."[557]

Kurz vorher hatte Matti am 30. Oktober 1915 sein Amt als ehrenamtlicher Caritasdirektor aufgegeben. Zwar wurde dies mit seinem Alter begründet, dagegen spricht aber, dass er noch bis mindestens 1938 im Vinzenzverein St. Bernhard und der Gefangenenfürsorge mitarbeitete.[558] Es ist anzunehmen, dass er mit den Arbeitsbedingungen unzufrieden war, da er nichts eigenständig entscheiden durfte und seine Interventionen zugunsten der männlichen Jugendlichen beim Ortsklerus und beim Bistum erfolglos geblieben waren. Caritassekretär Lettow übernahm vertretungsweise die Geschäftsführung. Nach dessen Einberufung Ende 1916 übernahm Matti zumindest die Vertretung des Verbandes bei den Behörden und Gerichten.[559]

4.2.3 Friedrich Kneip – der erste geistliche Caritasdirektor

Nach dem Rücktritt von Matti wurde über die Berufung eines hauptamtlichen geistlichen Caritasdirektors diskutiert, was bisher vom BO mit Hinweis auf den Priestermangel abgelehnt worden war. Der Caritasdirektor sollte sich um die caritative Arbeit kümmern und einen Gegenpol zum lokalen Klerus bilden. Es ist anzunehmen, dass Werthmann über diese Situation informiert war und spätestens bei der DCV-Vorstandsitzung im Juli 1916 in Frankfurt mit der Nachfolgefrage konfrontiert wurde. Werthmann sah eine Chance, endlich die Caritasidee im Bistum fest zu etablieren, nachdem der 1897 gegründete Diözesanverband kurz vor Kriegsbeginn eingegangen war und nur in Frankfurt ein funktionierender CV bestand. In Wiesbaden wurde die Caritasarbeit von den katholischen Vereinen wahrgenommen, ansonsten gab es im Bistum weder Vinzenz- und Elisabethenvereine noch Ortscaritasausschüsse. Zeitweise wurde auch daran gedacht, den Sitz des DCV von Freiburg nach Frankfurt zu verlegen bzw. Frankfurt vergleichbar mit Berlin und München zu einem regionalen Schwerpunkt des DCV auszubauen.

---

557 Schreiben BO an Rektor P. Weckber v. 5.1.1916 (ADCV-125. 51-1).
558 Fragebogen Vinzenzverein St. Bernhard f. Generalsekretariat Vinzenzkonferenz 1919–1926 (GKV-Akte Frankfurt/VK St. Bernhard).
559 Charitas 23 (1917/18), S. 101.

Es ist anzunehmen, dass Werthmann und Weckber Kneip[560] kannten und seine Fähigkeiten ebenso schätzten wie der Hessen-Nassauische Erziehungsverein. Dieser hatte Kneip als Leiter der neuen Erziehungsanstalt in Usingen in Aussicht genommen und Kneip 1912/13 in den USA entsandt, um Erziehungsheime im Raum Philadelphia[561] und das amerikanische Jugendgerichtsbarkeitssystem kennen zu lernen, das dem deutschen seit 1906 als Vorbild diente.[562] Werthmann unterstützte die Absicht Weckbers in einem Schreiben an den Limburger Bischof unter Hinweis auf den erfolgreichen geistlichen Caritasdirektor in Berlin: „Durch

Friedrich Kneip, Caritasdirektor Frankfurt (1916–29)

den geistlichen Caritasdirektor ist vor allem der notwendige Kontakt mit der Seelsorge ohne weiteres hergestellt. Die Caritashilfe in der Seelsorge wird in Zukunft eine Hauptrolle spielen. Auch bei den Behörden und anderen caritativen Organisationen wird ein gewandter und taktvoll auftretender Geistlicher dieselben Erfolge erzielen wie ein Laie."[563]

Im Februar 1916 schlug Weckber offiziell Kneip vor, während Justizrat Helfrich, der dem Kirchenvorstand angehörte, seinen Neffen Eugen[564], einen „alten Studenten", so Kneip ins Gespräch brachte. Aufgrund einer Bemerkung über Balleteusen, die Weckber zufällig mithörte, sprach sich der Kirchenvorstand Mitte Juli 1916 für Kneip aus. Weckber informierte Werthmann: „Gegenwärtig fehlt es nicht an jungen Geistlichen und in Limburg ist Geneigtheit, einen Geistlichen für unseren Caritasverband zu gewähren."[565] Werthmann forderte am 16. August 1916 Bischof Kilian auf, „baldmöglichst den von Dir in Aussicht genommenen Rektor Kneip zu dieser Stelle [zu benennen]. Er ist zweifellos für die Stelle besonders geeignet. Ich habe ihn auch, um ihn in der caritativen Welt bald bekannt zu machen, als Berichterstatter für den Caritaskurs in Berlin, der im Septem-

---

560 Friedrich Kneip (1880–1960), 1907 Priesterweihe, Kaplan in Oestrich, Frankfurt – St. Joseph und Wiesbaden – St. Bonifatius, 1911–16 Assistent von Matthias Müller in Marienhausen, 1.6.1916 Rektor Frankfurt-Ostend/Allerheiligen, 16.4.1917 Rektor mit dem Titel „Pfarrer" in Leonhard, 1918–21 DiCVL-Direktor, 1.10.1929 Anstaltspfarrer Preungesheim, 1937–45 Anstaltspfarrer Gerichtsgefängnis Limburg und Gefängnis Freiendiez, 1.10.1945 in Ruhestand, 1.1.1953 Rektor am Valentinushaus Kiedrich, 1.1.1954 Ruhestand im St. Clemenshaus in Oestrich.
561 in Philadelphia stellte ihm Theodor Hammecke, von 1899 bis 1924 Pfarrer an St. Ignace, ein Auto zur Verfügung, um die in der Umgebung liegenden Erziehungsanstalten besuchen zu können.
562 Wie er die Reise finanzierte ist unklar, da ihm vom Bistum zwar die Freistellung gewährt, das erbetene 2.000 Mk Darlehen aber ebenso nicht genehmigt wurde wie der zunächst zugesagte 5.000 Mk-Zuschuss des Hessisch-Nassauischen Erziehungsvereins (DAL-Personalakte Kneip).
563 zit. nach Osypka, Rede auf dem Caritastag 1976, S. 2.
564 Eugen Helfrich (CDU) war 1946–50 Mitglied des Hessischen Landtages und 1949 der ersten Bundesversammlung und außerdem 1946–48 Bürgermeister von Frankfurt.
565 zit. nach Osypka, Rede auf dem Caritastag 1976, S. 2.

ber stattfindet „einladen lassen." Werthmann betonte auch, dass Frankfurt „für Beratungen und Kurse, die vom DCV abgehalten werden, noch oft als Tagungsort gewählt werden wird. So sei es „für die Zukunft der Caritasbewegung sehr wichtig, in Frankfurt einen Mann zu haben, der Wissen, Energie und Takt in rechter Weise verbindet." Kneip solle aber nicht als geistlichen Beirat, wie von Helfrich beabsichtigt, sondern als „eigentlicher Direktor, dem die anderen Angestellten unterstehen, angestellt werden."[566] Nachdem der Kirchenvorstand am 3. November 1916 der Berufung eines Caritasgeistlichen zugestimmt, aber keine personelle Entscheidung getroffen hatte, forderte Werthmann am 18. Dezember 1916 Bischof Kilian erneut auf, Kneip für Frankfurt zu sichern und verwies auf das Angebot der Provinzregierung von Hessen-Nassau, ihn nach Usingen zu berufen.[567]

Erst am 1. April 1916 wurde Kneip zunächst als Pfarrer in die neue Pfarrei Allerheiligen im Ostend berufen.[568] Nachdem am 1. April 1917 alle fünf Rektorate- zu Pfarrstellen erhoben worden waren[569], wurde Kneip am 10. April 1917 zum Rektor von St Leonhard ernannt[570] Diese war Nebenkirche des Doms ohne eigenen Seelsorgebezirk[571] und wurde erst 1939 eigenständige Pfarrei. Mit dem Amt des Pfarrers, der bis 1935 sein Gehalt vom Gesamtverband und danach vom Bistum erhielt, war das „Amt eines Caritasgeistlichen" für die katholische Gesamt-Kirchen-Gemeinde von Frankfurt" verbunden, der als „Beauftragter der katholischen Pfarrgeistlichkeit der Stadt (...) die Vertretung der Interessen der katholischen Caritas bei der Regierung, der Stadtgemeinde und den interkonfessionellen Wohlfahrtsvereinigungen" wahrzunehmen hatte. So war er Mitglied in mehreren Ausschüssen des Wohlfahrtsamtes[572] bzw. Unterausschüssen[573] des Jugendamtes.[574] Kneip nahm regelmäßig an den Sitzungen des Wohlfahrts- und des Jugendamtes sowie an allen Sitzungen, die sich mit Jugendpflege und sozialer Hilfeleistung befassten, teil.

Obwohl keine Pfarrgemeinde war St. Leonhard häufig überfüllt, weil Kneips „deutliche Sprache (...) in starkem Kontrast zu vielen Predigern [stand], die schon durch ihre Wortwahl dartun, dass ihnen die Nöte der Zeit und ihre stolze Wissenschaft gleichermaßen vertraut seien", so sein Messdiener Walter Abschlag, der Kneip als „Titular- und Feierabend-

---

566 Schreiben Werthmann/Bf. Kilian v. 16.8.1916 (DAL-359A).
567 Schreiben Werthmann/Bf. Kilian v. 18.12.1916 (DAL-359A) .
568 Schreiben P. Weckber/Werthmann v. Febr. 1916 (Fotokopie in CVF-100).
569 Die „Kuratien" St. Antonius, St. Bernhard, Allerheiligen. St. Gallus und Deutsch-Orden) wurden in selbständige Pfarreien umgewandelt. 1922 wurde St. Bonifatius von Deutsch-Orden und 1925 Heilig Geist von Allerheiligen abgetrennt.
570 Aktennotiz Bf. Kilian v. 10.4.1916 (DAL-FF2-10/2), seit 1909 war der Rektor in Gallus, Johannes Gander, auch Rektor von St. Leonhard .
571 Vermerk Dr. Höhler v. 7.4.1917 ((DAL-FF2-10/2).
572 Ausschüsse für Altersfürsorge, Mittelstandsfürsorge, Trinkerfürsorge, Öffentliche Unterstützung, Soziale Ausbildung, Soziale Gerichtshilfe, Hilfskassen und Beschwerdekommission der Kriegsbeschädigten und Kriegshinterbliebenen.
573 Ausschüsse für Pflegekinder und Kleinkinder, Jugendschutz, Erholungsfürsorge, Gesundheitsfürsorge sowie die Gefährdeten- und Auswandererfürsorge.
574 Jahresbericht des CV Frankfurt a. M. vom 1. April 1926 bis 1. April 1927 in: Mitteilungen des DiCV Limburg v. 1.7.1927, S.7 (ADCV 125.4341).

pfarrer" charakterisierte.[575] Zeitweilig war Kneip vom 1. April 1925 bis zum 1. August 1925 Diözesancaritasdirektor und der Sitz des DiCV im Caritashaus.
Zur Zeit des Amtsantritts von Kneip bestanden lt. einer Auflistung des DiCVL in Frankfurt sieben caritative Hauptvereine mit 46 Untergliederungen sowie sieben caritative Einrichtungen. [576] Dies dürfte aber nicht zutreffend sein, da allein die Anzahl der von den Pfarreien getragenen Altenheime und Kindergärten weitaus höher lag.[577] Mit Ausnahme der Vinzenzvereine beharrten die übrigen Vereine und die Pfarreien auf ihrer

St. Leonhard (um 1930)

Eigenständigkeit und machten damit eine konzeptionelle Caritasarbeit in Frankfurt beinahe unmöglich.

4.2.3.1 Kneip als Caritas-Delegierter in Brasilien und den USA

Nach dem Ende des Weltkrieges hatte Erzbischof George W. Mundelein (Chicago) mit dem „Deutschen römisch-katholischen Zentralverein der USA" Sammlungen für deutsche notleidende Katholiken organisiert. Auf Weisung des Kölner Erzbischofs Felix Kardinal von Hartmann übernahm der DCV die Verteilung der Spenden und gründete mit dem Frauenbund Mitte Oktober 1919 die „Deutsche Caritative Gemeinschaft". Werthmann kündigte zunächst die Entsendung des Kamilianerpaters Joseph von Tongelen in die USA an, der mit der Lage in Deutschland und Österreich vertraut sei und „in Predigten und Reden die Dringlichkeit dieses Hilfswerks besonders darstellen sollte".[578] Der Bonifatiusverein entsandte im Spätsommer 1920 eine dreiköpfige Delegation unter Leitung von Friedrich Schlatter[579] zur Spendensammlung in die USA.

Werthmann befürchtete nun einen Rückgang der Spenden zulasten der Caritas, weil der Bonifatiusverein „im Auftrag des Gesamtepiskopats (...) für jegliche Not im Vaterland (...) sammelte."[580] Da die Bischofskonferenz aber dem DCV das Recht zugestanden hatte, „ausländische Gaben allein zu empfangen und zu verwenden"[581], vereinbarte Werthmann mit

575 Walter Abschlag, Dem Andenken an Friedrich Kneip „Wir sind nicht besser" (ACVF-1075).
576 Undatiertes (vermutlich vor 1919) Merkblatt des DiCVL für den Klerus und alle Caritasfreunde (Pfarrarchiv St. Bonifatius Wiesbaden).
577 So traten die Einrichtungen der Dernbacher Schwestern nach 1931 nur teilweise als zahlende Mitglieder dem CV bei.
578 Schreiben Lorenz Werthmann/Michael F. Girten, Vorsitzender der DRK Central Association of the USA v. 31.10.1919 (Archiv Erzdiözese Chicago).
579 Friedrich Schlatter (1878–1927), Theologiestudium Freiburg, 1901 Priesterweihe, Kaplan und Pfarrer in elsässischen Gemeinden, 1913 Schriftleiter Bonifatiusblatt und hauptamtlicher Generalsekretär des Bonifatiusvereins, 1914 Divisionspfarrer Westfront, 1920–27 Sammlungstätigkeit USA.
580 Kneip hatte einen amerikanischen Zeitungsartikel bei der DCV-Zentralratssitzung in Paderborn vorgelegt (Schreiben Kneip/Bf. Kilian v. 22.11.1920 (DAL 356-D1)).
581 Schreiben Kneip/Bf. Kilian v. 22.11.1920 (DAL 356-D1).

Heinrich von Hähling, Weihbischof von Paderborn und Vizepräsident des Bonifatiusvereins, dass die Caritas 50% der Spendeneinnahme erhalten werde, wenn sie einen eigenen Vertreter nach Nordamerika entsenden und dieser mit den Vertretern des Bonifatiusvereins zusammenarbeiten werde.[582]

Werthmann bat Bischof Kilian daraufhin um die Freistellung Kneips bis Ostern 1921, da dieser fließend englisch und französisch spreche. Weil er keine andere Person finden könne und auch Weihbischof von Hähling ihn als geeignete Persönlichkeit empfohlen habe, habe er schon mit Kneip Kontakt aufgenommen und ihm die Finanzierung der Stellvertretung mit Hilfe von Mess-Stipendien zugesagt. Diese könne mit Zustimmung von Stadtpfarrer Herr und dem Kirchenvorstand von Kaplan Rothbrust wahrgenommen werden, der nach Kneips Aussage geeignet und auch bereit sei, diesen im Jugendhilfeausschuss zu vertreten. Kneip schrieb an Bischof Kilian, er stehe „der ganzen Mission persönlich vollständig gleichgültig gegenüber", zumal die Spenden dank seiner Verwandten und der 1913 geknüpften Verbindungen „nicht reichlicher fließen" könnten. Die Reise habe aber auch Vorteile für Frankfurt und das Bistum Limburg, da „ein gewisser Prozentsatz abfallen" werde und so den meisten Heimen geholfen werden könnte, die insgesamt mehr als 1 Million Mk Schulden hätten. Auch die Zahl der Mess-Stipendien zugunsten bedürftiger Confratres könne sicher gesteigert werden.[583] Kneip verwies auf die Gefahren der Seereise und der Reisen auf dem nordamerikanischen Kontinent, zumal seine Mutter sehr krank sei und das bevorstehende Weihnachtsfest ihr letztes gemeinsames sein könnte.[584] Am 24. November 1920 stimmte Bischof Kilian der Entsendung zu.[585]

Weder Gesamtverband noch Stadtpfarrer Herr äußerten gegenüber Bischof Kilian Bedenken, sondern waren nur daran interessiert, zusätzliche Kosten zu vermeiden bzw. eine Ausgleichsfinanzierung durch den DCV zu erhalten, die auch anstandslos gewährt wurde. Zwischen März 1921 bis April 1922 und dann wiederum vom November 1923 bis mindestens Mai 1924 wurde er durch Kaplan Rothbrust vertreten.

Kneip trat die Reise nach Nordamerika nicht sofort an, sondern reiste erst Ende März 1921 zusammen mit Pfarrvikar Sommer in Vertretung des erkrankten und wenig später verstorbenen Lorenz Werthmann[586] in den Süden Brasiliens, um in den deutschen Auswandererkolonien des Raphaelsvereins während stark besuchter Lichtbildvorträge und Predigten

---

582 Schreiben Klieber/Kneip v. 25.4.1921 (ADCV R300).
583 Kneip machte Bf. Kilian darauf aufmerksam, dass ggf. das Vermögen seiner 78jährigen Tante der Kirche zufallen werde, die bereits in Steinbach geholfen habe
584 Schreiben Werthmann/Bf. Kilian v. 18.11.1920 (DAL 356-D1) bzw. Schreiben Kneip/Bf. Kilian v. 22.11.1920 (DAL 356-D1).
585 Handschriftlicher Vermerk Bf. Kilians auf Schreiben Werthmann/Bf. Kilian v. 18.11.1920 (DAL 356-D1).
586 Werthmann übernahm 1918 nach dem Rücktritt von Peter Paul Cahensly den Vorsitz des Raphaelvereins. 1921 folgte der Bischof von Osnabrück, Wilhelm Berning, da die Hafenstädte Hamburg und Bremen zum Bistum Osnabrück/Nordische Missionen gehörten.

Geldspenden zu sammeln[587] und verteilte als Andenken an die alte Heimat abgelaufene Lebensmittelkarten, kleine Notgeldscheine mit historischen Motiven und Stadtansichten.[588] Für größere Lebensmittelspenden (Mais, Haferflocken, Fleisch), die auch Frankfurt und Einrichtungen im Bistum Limburg zugutekamen,[589] wurden die Frachtkosten zu 2/3 vom Reichsernährungsministerium getragen.[590] Die Bitte von Kolonisten, 6–8jährige deutsche Waisenkinder zu adoptieren, wurde vom DCV abgelehnt, da der Eindruck entstehen könne, „dass Kinder verschachert werden".[591] Anfangs hatte es Schwierigkeiten gegeben, weil das Generalkonsulat in Porto Alegre nur sechs national gesinnten Organisationen (u.a. Kriegerdank der Auslandsdeutschen, Deutscher Schutzbund, Deutscher Offiziersbund) unterstützte und konfessionelle wie Caritas und Innere Mission ignoriert hatte.[592]

Obgleich Kneip bis zum 31. Dezember 1921 in Brasilien bleiben sollte, wurde er bereits im Juli 1921 nach Nordamerika versetzt und reiste im August 1921 nach Philadelphia, wo er mit Unterstützung der beiden Pfarrer John A. Beierschmidt (St. Boniface) und Theodor Hameke Spenden sammelte.[593] In Chicago sollte Kneip mit Francis A. Rempe[594], der kurz zuvor eine Reise durch die deutschen und österreichischen Diözesen unternommen hatte, in Fortführung der bisherigen amerikanischen Deutschlandhilfe" einen Verein zur Unterstützung der notleidenden deutschen Katholiken gründen. Am 8. Oktober 1921 bat DCV-Direktor Klieber Bischof Kilian, Kneip weiter bis zum 1. April 1922 freizustellen, da die Arbeit noch nicht abgeschlossen sei. Eine vorzeitige Rückkehr könnte „die Gründung des Hilfsvereins sehr in Frage stellen" und damit auch die Hilfe für die deutschen Katholiken gefährden. Aufgrund seiner hervorragenden englischen Sprachkenntnisse und seiner guten Beziehungen sei er „unersetzbar."[595] Unter dem Eindruck einer Spende von 2.500 RM für bedürftige Priester im Bistum informierte das BO am 10. November 1921 den Gesamtverband über die verlängerte Freistellung Kneips.[596] Der Gesamtverband stimmte unter dem Vorbehalt zu, dass ein Vertreter nur im Einvernehmen ernannt werden dürfe und keine zusätzlichen Kosten entstünden.[597] Im April 1922 kehrte Kneip dann wieder nach Deutschland zurück.

---

587 Schreiben DCV-Klieber/Stadtpfarrer Herr v. 8.10.1921 (ADCV R 300); hier hatte es anfangs Schwierigkeiten gegeben, weil das Generalkonsulat in Porto Alegre nur sechs nationalgesinnten Organisationen (u.a. Kriegerdank der Auslandsdeutschen, Deutscher Schutzbund, Deutscher Offiziersbund) empfohlen, konfessionelle wie Caritas und Innere Mission aber nicht erwähnt hatte (DCV/Auswärtiges Amt v. 17.9.1921 – ADCV R 300).
588 Internes Hausrundschreiben DCV v. 22.9.1921 (ADCV R 300).
589 Siehe S. 150f.
590 Schreiben DCV-Klieber/Kneip v. 27.9.1921 (ADCV R 300).
591 Internes Hausrundschreiben DCV v. 22.9.1921 (ADCV R 300).
592 DCV/Auswärtiges Amt v. 17.9.1921 (ADCV R 300).
593 Schreiben DCV/Kneip v. 11.11.1921 (ADCV R 300).
594 Francis A. Rempe war Pfarrer an St. Clement in Chicago (1905–46) und seit 1914 Generalvikar der Erzdiözese Chicago. 1929 Promotion Dr. theol. In Würzburg.
595 Schreiben Klieber/Stadtpfarrer Herr v. 8.10.1921 (ADCV R 300) bzw. Klieber/Bf. Kilian v. 8.10.21 (DAL 356-D1).
596 Schreiben BO-Göbel/DCV v. 11.11.1921 (ADCV R 300).
597 Beschluss Gesamtverband v. 12.11.1923 (DAL 356-D1).

Nach dem Abzug amerikanischer Truppen im März 1922 nahm die Spendenbereitschaft in den USA ab. Da sich in den USA die Lebensbedingungen als Folge der Dürren im Mittleren Westen verschlechtert hatten und die Arbeitslosigkeit stark angestiegen war, wurde es immer schwieriger eine Sammelerlaubnis der amerikanischen Bischöfe und Pfarrer zu erhalten, zumal viele auch nicht mehr an Not in Deutschland glaubten. Da viele Soldaten in Deutschland nicht kaserniert leben mussten, hatten sie aufgrund des günstigen Dollarkurses „glänzend leben" können. Amerikanische Besucher wurden von ihren „deutschen Verwandten (...) oft großartig bewirtet (...), die sich erkenntlich zeigen wollten für gesandte Liebesgaben."[598]

1923/24 war Kneip erneut in den USA und sammelte mit Unterstützung von Father Dennison von der katholischen Universität „Notre Dame du Lac",[599] den er bei einem Familienbesuch 1910 bzw. bei seinem Aufenthalt 1913 kennen gelernt hatte, allein bei acht Predigten an einem Morgen 1.350 Dollar, außerdem weitere 2.000 Dollar, die für den Ankauf des Hauses Oppenheimer Straße 49 verwendet wurden.

Aufgrund fehlender Quellen muss offen bleiben, ob der von Kneip und Rempe angestrebte Verein tatsächlich zustande kam oder mit der 1923 von Friedrich Schlatter in New York eingerichteten Sammelstelle identisch ist, aus der 1927 die „American St. Boniface Society" entstand.[600] Nach dem Tod Schlatters im Juni 1927 wurde erwogen, Kneip auf Dauer in die USA zu versetzen, doch erfolgten im Bewusstsein der sicheren Ablehnung seitens des Bistums keine Interventionen des DCV. Vermutlich hatte Kneip auch kein Interesse mehr. Festlegen lässt sich auch nicht die Abgrenzung zu der bis nach dem Zweiten Weltkrieg bestehenden Kriegshilfe der Nationalen Katholischen Wohlfahrtskonferenz (National Catholic Welfare Conference). Die Kriegshilfe gab deutschsprachige Ausgaben des Neuen Testaments heraus, was an sich der Tätigkeit des Bonifatiusvereins entsprochen hätte. Es ist zu vermuten, dass in diesem Engagement die enge Zusammenarbeit zwischen dem CV Frankfurt und dem NCWC nach dem 2. Weltkrieg mitbegründet ist.

4.2.4 Caritasverband kontra Gesamtverband

Die Meinungsverschiedenheiten zwischen Matti und dem Kirchenvorstand von Dom/St. Bartholomäus bzw. Katholischer Armenanstalt, waren mit der Berufung von Friedrich Kneip zum Caritasdirektor nicht behoben, zumal die rechtlichen Grundlagen auch unverändert blieben. Die seit 1901 ausstehende Eintragung des CV als eingetragenem Verein und damit die rechtliche Selbständigkeit scheiterte am Widerstand des Gesamtverbandes. So bestand von Anfang an zwischen Kneip und dem Dom-Kirchenvorstand bzw. später dem „Gesamtverband der katholischen Pfarrgemeinden im Gebiete der ehemals freien Reichsstadt Frankfurt", zu dem

---

598   Kneip, Caritaszeit, S. 1 (ACVF-NL Roos).
599   die 1842 gegründete katholische Universität Notre Dame du Lac liegt im Bundesstaat Indiana ca. 150 km östlich von Chicago.
600   sie unterstützte nach der Wende die ostdeutschen katholischen Gemeinden.

sich 1922 die acht Innenstadtpfarreien[601] zusammengeschlossen hatten, ein gespanntes Verhältnis. Kneip war sich bewusst, „dass der neugegründete Gesamtverband samt seinem Vorsitzenden, Stadtpfarrer Abt wenig Verständnis für die Caritas hatte."[602] Auch sein Nachfolger Jakob Herr war „nicht unbedingt ein besonderer Förderer verbandlichen Caritas, für die Kneip und Richter standen. Aber mit seiner Autorität und Unabhängigkeit konnte er ihr den (relativen) Freiraum sichern, den sie für ihre Arbeit in dieser Zeit brauchten." (Fibich)[603] Allerdings räumte er Kneip keine größere Unabhängigkeit ein und sah sich selbst als weisungsgefugt an. Auf entsprechende Kritik Kneips erklärte Josef Quirmbach (St. Bernhard), man könne meinen, „wir hätten vor Dir noch keine Caritas in Frankfurt gehabt", woraufhin Kneip entgegnete, „keine organisierte".[604]

Der Gesamtverband beanspruchte, für alle Pfarreien zu handeln. Während die nicht zu ihm gehörenden Pfarreien auf das Wohlwollen des Gesamtverbandes angewiesen waren, hatten die bis 1929 zu den Bistümern Mainz und Fulda gehörenden keinen Anspruch. Dies zeigte sich nach dem Frankfurter Katholikentag 1921 als Nuntius Eugenio Pacelli den Armen in Frankfurt 20.000 Mk stiftete, von denen 15.000 Mk die Armenanstalt erhielt. Die drei zum Bistum Fulda gehörenden Pfarreien St. Elisabeth Bockenheim, Eckenheim, Seckbach), denen 1/6 der Frankfurter Katholiken angehörten, waren von Zuwendungen der Armenanstalt ausgenommen. Pfarrer Karl Becker (St. Elisabeth) machte am 16. Oktober 1921 für die zum Bistum Fulda gehörenden Pfarreien einen Anspruch auf einen Teil der Pacelli-Spende geltend. Ob er Erfolg hatte, kann nicht belegt werden.[605]

Stadtpfarrer Herr erklärte im Januar 1925, die Tätigkeit des Caritassekretariats „sei mehr verwaltungsmäßig".[606] Kneip musste seine Vorhaben vom Gesamtausschuss des Gesamtverbandes genehmigen lassen, dem alle Pfarrer und vier Laien angehörten. Kneip hatte alles auszuführen, was diese beschlossen, auch wenn es mit der Caritasarbeit nichts zu tun hatte, wie die Führung einer Pfarrkartothek[607] und die Redaktion der „Katholischen Kirchenzeitung".[608] Denn die im CV, so Kneip später bitter, „haben ja die schönste Zeit."

601 Siehe Anm. 96.
602 Kneip, Caritaszeit, S. 2 (ACVF-NL Roos).
603 Fibich, S. 157 – Anm. 664.
604 Kneip, Caritaszeit; S. 2 (ACVF-NL Roos).
605 Schreiben Becker/Herr v. 16.10.1921 (DAF IV.15.B).
606 RMV Nr. 17 v. 22.1.1925.
607 Protokollauszug Kirchenvorstand kath. Gemeinde v. 10.9.1919 (DAL-FF3/20/2), dabei wurde auch die Einstellung einer Hilfskraft genehmigt.
608 Die „Katholische Kirchenzeitung für die Pfarrei Allerheiligen" erschien erstmals 1926 und wurde nach 1929 von Georg Nilges, Pfarrvikar in Heilig Kreuz, geleitet, der auch in der Redaktion der „Rhein-Mainischen Volkszeitung" als Verbindungsmann zur Amtskirche tätig war.

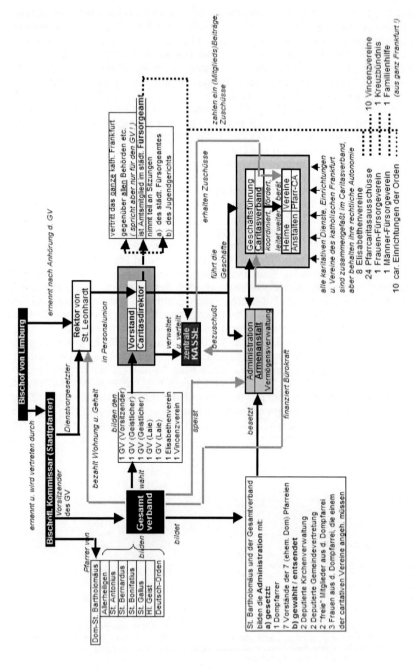

Bischof von Limburg

ernennt nach Anhörung d. GV

ernennt u. wird vertreten durch

Bischöfl. Kommissar (Stadtpfarrer)
Vorsitzender des GV

Dienstvorgesetzter

Rektor von St. Leonhardt

in Personalunion

Pfarrer von

Dom-St. Bartholomäus
Allerheiligen
St. Antonius
St. Bernardus   *bilden*
St. Bonifatius
St. Gallus
Hl. Geist
Deutsch-Orden

Gesamt verband

wählt

bezahlt Wohnung u. Gehalt

bilden den

1 GV (Vorsitzender)
1 GV (Geistlicher)
1 GV (Geistlicher)
1 GV (Laie)
1 GV (Laie)
1 Elisabethenverein
1 Vincenzverein

Vorstand
Caritasdirektor

verwaltet u. verteilt

zentrale **KASSE**

bezuschußt

bildet

speist

besetzt

Administration
Armenanstalt
Vermögensverwaltung

finanziert Bürokraft

vertritt das ganze kath. Frankfurt gegenüber allen Behörden etc.
(spricht aber nur für den GV !)
ist Amtsmitglied im städt. **Fürsorgeamt,**
nimmt teil an Sitzungen
a) des städt. Fürsorgeamtes
b) des Jugendgerichts

zahlen ein (Mitglieds)Beiträge, Zuschüsse

erhalten Zuschüsse

führt die Geschäfte

Geschäftsführung
Caritasverband
*koordiniert, fördert,
leitet weiter, berät*

Heime   Vereine
Anstalten Pfarr-CA

*alle karitativen Dienste, Einrichtungen
u Vereine des katholischen Frankfurt
sind zusammengefaßt im Caritasverband,
aber behalten ihre rechtliche Autonomie*

8 Elisabethenvereine
24 Pfarrcaritasausschüsse
1 Frauen-Fürsorgeverein
1 Männer-Fürsorgeverein
10 car. Einrichtungen der Orden

10 Vincenzvereine
1 Kreuzbündnis
1 Familienhilfe
(aus ganz Frankfurt !)

St. Bartholomäus und der Gesamtverband
bilden die **Administration** mit:
a) gesetzt:
1 Dompfarrer
7 Vorstände der 7 (ehem. Dom) Pfarreien
b) gewählt / entsendet
2 Deputierte Kirchenverwaltung
2 Deputierte Gemeindevertretung
2 "freie" Mitglieder aus d. Dompfarrei
3 Frauen aus d. Dompfarrei, die einem
der caritativen Vereine angeh. müssen

4.2.5 Finanzierung

Leider lässt sich über die finanzielle Lage des CV zwischen 1916 und 1929 im Gegensatz zum DiCVL[609] kaum etwas ausführen, da es keine Belege gibt. Vermutlich wurden die Ausgaben von der Armenanstalt getätigt, doch lässt sich auch dies nicht belegen, da deren Unterlagen im 2. Weltkrieg verloren gingen. Über die Mittelverwendung entschied allein der Vorsitzende des Gesamtverbandes, d.h. der Stadtpfarrer. Darüber hinaus gab es Zuwendungen seitens der Stadt und des Bezirksverbandes Nassau für die caritativen Einrichtungen in Frankfurt, doch liegen auch dazu keine Quellen mehr vor. Da der Gesamtverband die an sich seit 1901 fällige Eintragung des CV ins Vereinsregister ablehnte, konnte dieser keine Immobilien erwerben und büßte wie alle anderen Geldstiftungen sein vermutlich nicht sehr großes Barvermögen in der Währungsreform am 15. November 1923 ein. 1919 wurden Mitgliedsbeiträge von 4 und 6 Mk. inkl. des Bezugs des Heftchens „Caritasstimme" erhoben sowie von 10 Mk und 15 Mk (Vereine) inkl. der Zeitschrift „Caritas".[610]

Da Kneip aus einer gutsituierten Familie stammte, ist anzunehmen, dass er zum einen mit Geld umzugehen wusste, zum anderen deren Finanzmittel in Anspruch nahm, wenn es ihm notwendig erschien. Vor seiner Amerikareise „erpresste" er Bischof Kilian, mit dem Hinweis auf eine mögliche Erbschaft seiner 78jährigen Tante, die auch in Steinbach bei Hadamar tätig geworden war, nach Amerika fahren zu dürfen.[611] Mit amerikanischen Spendengeldern deckte er den Verlust aus der Kinderlandverschickung in die Schweiz und kaufte das Haus Oppenheimer Straße 49 auf seinen Namen. Es wurde zwischen 1885 und 1895 erbaut und gehörte bis 1922 Sanitätsrat Johannes Werthmann, einem Bruder Lorenz Werthmanns.[612] Kneip hatte die zum Kauf notwendigen 2.000 Dollar in den USA gesammelt Als Eigentümer wurde am 14. Dezember.1922 der Gesamtverband eingetragen, da der CV als nicht eingetragener Verein keine Grundstücke erwerben konnte.

Mit der Währungsreform und der Einführung der Rentenmark/Reichsmark am 15. November 1923 wurde der Nennwert von Bargeld und Barguthaben zu einem Kurs von 1 Billion zu einer Rentenmark abgewertet.[613] Damit wurden die meisten Stiftungen[614] vermögenslos und fielen als Zuschussgeber aus. Gesichert sind nur die Geistliche Rat Marx-Stiftung, die Schulgeld für katholische Kinder zahlte, die 1908 entstandene Bögner-Stiftung, die Arme in den Pfarreien Dom, St. Antonius, St. Bernhard, St. Gallus und Allerheiligen unterstützte, sowie die später entstandene Pirard-Stiftung für Mädchen besserer Stände, die aber auch arme Mädchen finanzierte. Alle bestanden noch 1947. Die Buzzi-Stiftung kam besser davon,

---

609   Dazu ausführlich Fibich, S. 107ff.
610   Bericht Caritasdirektor Kneip über die Tätigkeit des CV 1919 (DAF IV.15.B).
611   Schreiben Kneip/Bf. Kilian v. 22.11.1920 (DAL 356-D1).
612   Es ist zu vermuten, dass mit dem Erlös das Studium seiner Tochter Anna Werthmann finanziert werden sollte.
613   Parallel dazu wurde die Reichsmark eingeführt, beide Währungen galten bis zur Einführung der DM 1948.
614   Siehe S. 41f.

weil sie mit dem Vincenzhaus Grundbesitz hatte, dessen nomineller Wert von 1918 gleichwertig in Rentenmark umgestellt wurde.[615] Die beiden Guaita-Stiftungen, die auch große Teile ihres Stiftungsvermögens verloren hatten, wurden 1930 zusammengelegt. Sowohl die Guaita- wie auch die Buzzi-Stiftung bestehen noch heute im Rahmen des CV. Da die Vinzenz- und Elisabethkonferenzen ihre Einnahmen kurzfristig wieder ausgaben, waren sie von der Währungsreform nur gering betroffen. Allerdings waren die Einnahmen auch nicht sehr hoch.

Weiterhin wurden Sammlungen und Kirchenkollekten durchgeführt, doch ist darüber ebenso wenig bekannt wie über das Spendenaufkommen. Ob der DiCVL aus den Bistumssammlungen Anteile an den CV überwies, ist bisher nicht nachweisbar. Gleiches gilt für den DCV. Die Erträge der Caritassammlungen und -kollekten wurden vermutlich direkt nach Freiburg überwiesen. Kneip beklagte sich am 28. Februar 1929 gegenüber Hilfrich, von den Caritas-Kollekten käme nichts nach Frankfurt zurück, weil es im Ruf stehe, reich zu sein.[616] Ebenso unklar sind Zuweisungen seitens des Bistums an den CVF, da dieses vermutlich meist die Pfarrgemeinden direkt unterstützte, die nicht dem Gesamtverband angehörten und daher von diesem nichts zu erwarten hatte, wie z.B. Höchst, das bis zu seiner Eingemeindung 1928 einen eigenen CV besaß. In welchem Maße die beiden Bistümer Fulda und Mainz bis 1929 ihre Pfarrgemeinden auf Frankfurter Stadtgebiet versorgten, ist ungeklärt.

Ende 1928 war die finanzielle Situation des CV angespannt, wie sich aus einem Brief von Stadtrat Börner ablesen lässt.[617] Kneip bat am 28. Februar 1929 Bischof Hilfrich um einen Zuschuss für die Armenfürsorge, weil die Caritasmittel erschöpft seien und wies das BO daraufhin, dass bei den Sammlungen immer die gleichen Familien angefragt werden müssten. Viele, die früher gegeben hätten, wären jetzt selbst bei den Empfängern. Sicherlich stehe Frankfurt im Rufe, reich zu sein. Aber selbst wohlhabende Katholiken gäben wenig oder gar nichts und meistens an interkonfessionelle Einrichtungen[618]. Kurz darauf teilte das BO am 7. März 1929 mit, man werde 500 RM überweisen, nachdem auf Bistumseben 3.100 RM für Fürsorgeeinrichtungen und bei den Pfarrkollekten für Jugendfürsorge 249,10 RM eingekommen seien.[619]

Es stellt sich die Frage, weshalb die Armenanstalt zum Jahresbeginn 1929 nichts mehr für den CV [im doppelten Sinne K.R.] übrighatte, obgleich sie ein jährliches Aufkommen von etwa 2.400 RM jährlich aufwies.[620] Wenn es sich dabei um die Zinsen gehandelt hatte, dürfte sich

---

615 Die Buzzi-Stiftung musste eine 6%ige Hauszinssteuer auf den Grundstückswert an zahlen, der daraus bis 1931 den öffentlichen Wohnungsbau finanzierte. Sie verfügte am 15. April 1942 noch über ein Gesamtvermögen von 148121,63 RM, darunter 62991,63 RM in Hypotheken, 23930 RM in Wertpapieren und 62200 RM als Wertstellung für das Vincenzhaus (Vermerk v. 1.4.1942 (ISG Stiftungsabteilung 58).
616 Schreiben Kneip/Hilfrich v. 28.2.1929 (DAL 359).
617 Auszug aus einem Brief Gerhard Börners an seinen Sohn Erwin v. 8.9.1928, abgedruckt in Vermerk seines Sohnes Pfarrer Erwin Börner (ISG S2-2.134).
618 Schreiben Kneip/Hilfrich v. 28.2.1929 (DAL 359).
619 Entwurf für Brief BO/Kneip auf dessen Schreiben v. 28.2.1929 (DAL 359).
620 Schreiben an Richter/Herr v. 21.10.1929 (ACVF-1310).

das Anlagevermögen bei den damaligen Zinssätzen von 5–8% nur noch zwischen 30.000 und 48.000 RM bewegt haben.

Da es seit dem Beschluss der Bischofskonferenz 1916 nur noch institutionelle Mitglieder gab, dürfte auch das Aufkommen aus Mitgliedsbeiträgen sehr gering gewesen sein. So hatte der CV am 30. Oktober 1933 nur 81 dem DCV gemeldete Mitgliedseinrichtungen.[621]

4.2.5.1 Caritashaus Alte Mainzer Gasse 45

Nachdem der CV vor dem Weltkrieg zunächst im Gesellenhaus (Seilerstraße 20) und dann im Hirschgraben beheimatet war, bezog er 1917 das der Stadt gehörende Pfarrhaus St. Leonhard in der Alten Mainzer Gasse 45 gegenüber der Annenkapelle des Karmeliterklosters und damit mitten in dem „sozialen Brennpunkt" Altstadt.

Dabei zeigte sich das Desinteresse des Gesamtverbands an normalen Arbeitsbedingungen im Caritashaus. Zunächst hatte er alle 16 Zimmer zur Verfügung gestellt und Kneip richtete die Parterre-Zimmer als Büro ein, „um die Miete für das Büro im Gr. Hirschgraben und mir die Gänge dorthin zu ersparen."[622] Im Erdgeschoss befanden sich ein Wartezimmer und je ein Büro für den Caritasdirektor und die Angestellten. In der ersten Etage befand sich die Küche und ein größerer Saal, im Obergeschoss die Pfarrerwohnung. 1925 beanspruchte der Gesamtverband die erste Etage mit dem Saal für sich. Quirmbach drohte, so Kneip, „Wenn du damit nicht einverstanden bist, schreiben wir nach Limburg" und da er das nicht wollte gab er nach. Später soll ihm Bischof Kilian erklärt haben, er hätte dem Ansinnen des Gesamtverbandes nicht zugestimmt.[623]

Caritashaus Alte Mainzer Gasse 45. Innenhof und graues Haus rechts: im EG Caritasgeschäftsstelle und Kindergarten, im 1. OG Gesamtverband; darüber Pfarrwohnung. Nach 1934 wurden zusätzliche Büroräume im weißen Gebäude (Nr. 43) Bildmitte angemietet. © DAL

---

621 Schreiben Richter/Ungeheuer v. 30.10.1933 aufgrund dessen Anfrage v. 19.10.1933 (ACVF-1010).
622 Kneip, Caritaszeit; S.1 (ACVF-NL Roos).
623 Kneip, Caritaszeit, S.2 (ACVF-NL Roos).

Kneips Nachfolger Richter kritisierte noch 1931, dass das Wartezimmer „oft in unwürdigster Weise überfüllt (war) mit Personen aus den verschiedensten sozialen Schichten und mit den verschiedensten Anliegen, die nicht selten zwei Stunden und länger darin warten müssen." Dass in dem Büro der Angestellten gleichzeitig Beratung und Telefonate geführt sowie mit der Schreibmaschine geschrieben wurde, sei „mit Hinblick auf die vielfältigen diskreten Schwierigkeiten, die von den Besuchern vorgetragen werden, kaum zu verantworten."[624] Der Arbeitsanfall war so groß, dass der Vater des kränklichen Frl. Brosius versuchte, den Gesamtverband zu verklagen, weil dieser die Gesundheit seiner Tochter durch unbezahlte Überstunden geschädigt habe.[625]

4.2.5.2 Personal

Da die fest angestellten und vermutlich vom Gesamtverband bezahlten Kräfte[626] im Caritasbüro nur für Sekretariatsaufgaben zuständig waren, konnte die eigentliche Caritasarbeit nur mit ehrenamtlichen Kräften aus den Vinzenz- und Elisabethkonferenzen sichergestellt werden: „Fast in jeder Pfarrei gab es wahre Apostel der Caritas (...) Gestützt auf solche Kräfte, konnte ich es wagen, das weite Gebiet der Caritas in Frankfurt zu bearbeiten."[627] Von den ehrenamtlichen Helfern erwähnt Kneip den Postbeamten Anton Roos[628], der in der Vinzenzkonferenz von Allerheiligen aktiv war und von Kneip mit der Leitung des „Caritasausschuss für besondere Aufgaben" betraut wurde, über den aber keine Unterlagen vorhanden sind. Die aktiven Mitglieder der Vinzenzvereine waren meist über 50 Jahre alt, die jüngere Generation zog sich immer dann zurück, „sobald praktische Mitarbeit verlangt wird".[629]

4.3 Caritasarbeit in Inflation und Arbeitslosigkeit

Bereits vor Kriegsende hatte Caritasdirektor Kneip auf einem Treffen der Vinzenz- und Elisabethkonferenzen am 26. Februar 1918[630] auf die umwälzende Veränderungen infolge des Krieges in den sozialen und wirtschaftlichen Verhältnissen hingewiesen. Da die Zahl der unterstützten Familien stark zunehmen werde, werde die private Liebestätigkeit vor neue Aufgaben gestellt werden. Zwar fehle es bei keinem Mitglied der caritativen Vereinigungen an teilnahmsvollem Herzen und guten Willen, wohl

---

624 Antrag v. 12.11.1930 (ACVF-Korrespondenz/Gesamtverband).
625 Kneip, Caritaszeit, S. 1 (ACVF-NL Roos).
626 bis 1922/23 Lettow und die Bürokräfte Frl. Becker und Frl. Brosius, danach Maria Köth, die neben der Buchhaltung die Müttererholung in Schlossborn organisierte.
627 Kneip, Caritaszeit, S. 1 (ACVF-NL Roos).
628 Anton Roos engagierte in der Arbeiterkolonie Riederwald/Heilig Geist mit ihren kinderreichen und häufig zerrütteten Familien. Monatlich pflegte er die Jungen familienweise einzuladen, um ihnen die Haare zu schneiden, bis zur Kommunion einen „Stiftekopp", danach einen Scheitelschnitt. Außerdem engagierte er sich in der Gefangenenfürsorge, besuchte sonntags die Gefangenen und bemühte sich um die Unterbringung der Strafentlassenen. 1959 Orden „Pro Ecclesia et Pontifice".
629 Mitteilungen des DiCV Limburg 2 (1927), S. 12.
630 die Versammlung war um 19 Uhr, was die Frankfurter Volkszeitung zu dem Kommentar veranlasste, es sei für die Herren wohl zu früh gewesen, da sie durch geschäftliche Tätigkeit am Besuch verhindert wurden.

aber an der Gelegenheit, sich mit den vielen Einrichtungen der großzügigen Armenpflege der Stadt vertraut zu machen. Die Vereine müssten sich zusammenschließen, sich über die bestehenden Fürsorgeeinrichtungen und ihre Erfahrungen unterrichten und bei den städtischen Einrichtungen mitarbeiten, um die eigenen Ressourcen zu schonen.[631]

Zwischen 1918 und 1924 nahm die Zahl der Hilfesuchenden zu und erreichte monatlich 600–800 Besucher. Besonders hoch lag die Zahl zwischen Oktober 1919 und März 1920 mit zusammen 10667 Besuchern. Der Posteingang belief sich 1919/20 auf 5141 Briefe, der Postausgang auf 5745. Aus den folgenden Jahren bis 1926 sind kaum Unterlagen mehr vorhanden. Unterstützt wurde der CV von den Vinzenz- und Elisabethvereinen. So brachte der Elisabethenverein Dom von Jan.-Okt.1919 etwa 2847 RM für Notleidende auf.[632] 1920 unterstützten die Vinzenzvereine mit 141 Mitgliedern 97 Familien und 427 Einzelpersonen mit 31399 RM.[633]

Man bemühte sich zusammen mit dem Arbeitersekretariat und der Zentrumspartei um Lehrstellen für Jugendliche. Bekannt ist nur eine von der Zentrumspartei einberufenen Sitzung am 27. September 1919, in der über die Beschaffung von Lehrstellen beraten und eine Kommission eingesetzt wurde, die am 6. November beschloss, alle Vereinsvorstände abzufragen, wer von den Mitgliedern bzw. Angehörigen erwerbslos ist, und deren Namen, Adresse und Beruf dem Sekretariat der Zentrumspartei[634] mitzuteilen. Außerdem wurde nachgefragt, welche Mitglieder Gewerbetreibende sind oder eine führende Stellung in Unternehmen (Geschäftsführer, Prokurist, Werkführer) innehaben mit Angabe der Firma. Alle Vereine wurden gebeten, Kinder vor dem Schulabschluss für eine Vermittlung zu benennen.[635] Hinter der Aktion, über deren Ergebnis bisher nichts bekannt ist, standen der Zentrumsparteisekretär Willy Wolfermann und Stadtrat Gerhard Heil.

4.3.1 Arme

Seit Kriegsende mussten auch Kriegsopfer, Sozial- und Kleinrentner sowie kleine Selbständige betreut werden. Viele nicht mehr arbeitsfähige über 60jährige waren zu Kleinrentnern geworden, deren monatlicher Bedarf aus der Kleinrentnerfürsorge gedeckt wurde. Ihr Besitz (Möbel, Wertsachen wurde erst nach ihrem Tod der Kleinrentnerfürsorge zugewiesen, falls keine armen Verwandten vorhanden waren. Bei Hausbesitzern wurde eine Hypothek in Höhe einer zweijährigen Unterstützung eingetragen.[636]

Viele Mittelständler verloren mit der galoppierenden Inflation ihre Existenz und das für ihre Alterssicherung bestimmte Vermögen, das meist in nun wertlosen Kriegsanleihen angelegt worden war. Während sie früher die Armenfürsorge tatkräftig unterstützt hatten, bedurften sie nun selbst

631 Frankfurter Volkszeitung v. 27.2.1918.
632 Notiz über Ein- und Ausgaben des Elisabethenverein Dom 1919 (DAF IV.15.B.).
633 Bericht des Diözesanrates Frankfurt am Main für die Diözese Limburg a.d.Lahn über das Jahr 1920 (DAF IV.15.B).
634 Das Sekretariat befand sich am Liebfrauenberg 37 III.
635 Rundschreiben v. Dez. 1919 (DAF IV.15.B).
636 Notiz über Kleinrentnerfürsorge o. Datum (DAF IV.15.C.).

der Hilfe. Kneip erwähnt die Tochter eines Frankfurter Senators, die „eine heilige Elisabeth der Armen gewesen ist". Sie wurde nach 1918 pro forma im Marienkrankenhaus beschäftigt und untergebracht und musste 50 Pf. für die Lebensmittel bezahlen, „damit solche guten Leute nicht das Gefühl hatten, sie bekämen etwas geschenkt."[637]

Zu einem erneuten Armutsschub kam es mit der Währungsreform und Einführung der Rentenmark am 15. November 1923, als aus einer Billion Papiermark eine Rentenmark wurde. Zwar wurde die Inflation gestoppt, doch trotz der von Oberbürgermeister Ludwig Landmann angeregten Beschäftigungsprojekten stieg die Arbeitslosenzahl weiter an.

Auch Vinzenz- und Elisabethvereine wurden finanziell geschwächt, da die alten Stiftungen ihr Vermögen verloren hatten und keine Zuweisungen mehr machen konnten. Man war auf die Mitgliedsbeiträge, die jährlichen Kirchensammlungen (2. Weihnachtstag und Vinzenztag/27.9.) und Kollekten aller Veranstaltungen angewiesen. In einer Anzeige in der Katholischen Kirchenzeitung im April 1928 wurde darauf verwiesen, dass man „bereits die Unterbringung von körperlich und religiös gefährdeten Kindern schweren Herzens ablehnen" müsse. [638]

Erst für 1926 liegen Abrechnungen der Vinzenz- und Elisabethenvereine, vor. So unterstützten die Elisabethenvereine (Allerheiligen, St. Antonius, St. Bernhard, Dom/St. Bartholomäus, St. Gallus, Bornheim, Niederrad, Oberrad, Rödelheim, Sachsenhausen, Höchst, Sindlingen, Zeilsheim) mit 76 aktiven und 102 zahlenden Mitgliedern 229 Familien mit 4.876 RM Lebensmittel sowie 1.364 RM Bar- und Sachspenden. 3.400 RM des Lottrieerlöses (3.600 RM) wurden 1926 für Mittelstandshilfe aufgewendet.[639] 1928 gab allein der Elisabethenverein der Dompfarrei 3614 Brote, Milch und andere Lebensmittel im Wert von fast 2.000 RM aus.[640] Die Vinzenzkonferenzen (St. Antonius, Dom/St. Bartholomäus, St. Bernhard, Carolus/Deutschorden, St. Gallus, Herz Jesu, St. Josef, Liebfrauen und Höchst) mit 135 aktiven und 178 zahlenden Mitglieder brachten 1926 rd. 17.000 RM auf[641] und unterstützten 200 Familien mit ca. 900 Angehörigen.

---

637 Kneip, Caritaszeit, S. 1 (ACVF-NL Roos).
638 Katholische Kirchenzeitung Jg. 1928, Nr. 4.
639 Mitt. des DiCVL 2 (1927), S. 13.
640 Vermögensaufstellung des Elisabethenvereins (Domkonferenz) 1928 (DAF IV.15.B).
641 Mitt. des DiCVL 2 (1927), S. 13.

4.3.1.1 Sozialer Brennpunkt Altstadt

Im Mittelpunkt der Caritasarbeit stand die Altstadt, die teilweise einen Slumcharakter aufwies. 1922 begann der von Fried Lübbecke gegründete „Bund tätiger Altstadtfreunde" die Altstadt östlich des Karmeliterklosters auf sozialem, hygienischem und künstlerischem Gebiet zu sanieren. Unpassende Anbauten in den Hinterhöfen wurden abgerissen, verputztes Fachwerk freigelegt und für eine Begrünung gesorgt.[642] Außerdem wurden die seit 1877 bestehenden Bordellbetriebe in der Ankergasse geschlossen. Allerdings änderte sich kaum etwas an den sozialen Verhältnissen. 1925 erhielten in der Altstadt 1.865 Personen städtische Fürsorgeleistungen, dazu kamen 300 Sozialrentner, 15 Kleinrentner und 465 ausgesteuerte Erwerbslose. 312 Familien wurde das Gas bezahlt und 185 erhielten Arztgutscheine.

Alte Mainzer Gasse 18–19

Stadtpfarrer Herr kritisierte auf der Jahresversammlung der Altstadtfreunde am 21. Januar 1925, die Förderung künstlerischer und geschichtlicher Interessen als Hauptaufgabe (opus primarium) zu sehen: „In letzter Linie ist es der Mensch, als gottgeborenes, freies sittliches Wesen, der zu pflegen ist." Er stellte das Engagement der Caritas in den Bereichen Haus, Wohnungs-, Säuglings-, Kranken-, Jugend-, Armen-, Gefährdeten- und Trinkerpflege heraus. Besonders betonte er den schlechten Gesundheitszustand der Kinder, von denen ein Viertel TBC-verdächtig seien. Ca. 150 Bedürftige würden von den beiden Elisabeth- bzw. den Vinzenzkonferenzen der Dompfarrei betreut. Herr beklagte, dass bei der rasanten Entwicklung der Städte mit all ihren Nebenfolgen wie Bodenspekulation die kirchlichen Organisationen nicht Schritt halten könnten. So müssten alle Kräfte durch eine „gesetzliche und ortsstatuarische Regelung" gebündelt werden, da weder der frühere Armenkasten noch die private Hilfe ausreichten.[643]

4.3.1.2 Armenküchen

Nach dem Ende Weltkrieges hielt die unzureichende Versorgung mit Lebensmitteln an, die sich im Laufe der Inflation zudem stark verteuerten. Während des Ruhrkampfes organisierte der DCV im Rahmen des Deutschen Volksopfers das Caritashilfswerk für das Ruhrgebiet und appellierte an die Solidarität der Katholiken für ihre Glaubensgenossen.[644] Der DCV regte am 13. Oktober 1923 kurz vor dem Höhepunkt der Inflation eine reichsweite Opferwoche an, „da die Unterstützungen der öffentlich-rechtlichen Körperschaften wegen der Finanznot des Reiches dauernd an wirklicher Kaufkraft geringer werden."

---

642 Außerdem richteten sie eine Weihnachtsbescherung für Altstadtkinder in den Römerhallen und ein Kinderheim auf den Mainwasen ein. (www.freunde-frankfurts.de/verein/altst_freunde.htm).
643 RMV Nr. 17 v. 22.1.1925.
644 Schreiben DCV/Generaldirektor Klieber an Bf. Kilian v. 9.12.1923 (DAL-359A)

Notgeld der Stadt Frankfurt © Reimer

Kneip betonte die gute Zusammenarbeit mit den privaten Wohlfahrtsorganisationen. Mit der auch von Juden und Freimaurern unterstützten Frankfurter Winterhilfe wurden 1920 bzw. 1924 zahlreiche Küchen eingerichtet und täglich bis zu 2.000 Essen ausgegeben. Der CV betreute selbst weitere 800 Arme.[645] Um den Missbrauch von kostenlosen Mahlzeiten zu unterbinden,[646] führte Kneip Esskarten ein, die nur aufgrund eines polizeilichen Anmeldescheins für Frankfurt ausgegeben wurden und von denen bei der Essensausgabe der jeweilige Tag abgerissen wurde. Durchreisende erhielten einen Schein für zwei Mittagessen.[647]

Nach der Sonntagsmesse standen Messdiener mit einem Schild „Unser täglich Brot gib uns heute" vor St. Leonhard und sammelten in einem Wäschekorb Geld, das in der Bäckerei Hirner (Hohwaldstraße/Ostend) und der Eier- und Butterhandlung Eckert bei der Kleinmarkthalle in Lebensmittel umgesetzt wurden.

Immer war Kneip auf der Suche nach günstigen Gelegenheiten, kaufte das Inventar des Lazaretts in der Ginnheimer Straße auf oder erwarb große Posten Wolldecken bzw. -stoffe bei der Abwicklungsstelle in Berlin und verteilte diese an caritative Einrichtungen in Frankfurt und Umgebung. Kneips größte Leistung war es aber, während seiner Aufenthalte in Brasilien und den USA 1921 bzw. im Herbst 1923 in die USA große Dollarbeträge und Lebensmittellieferungen zu beschaffen. Hermann Josef Brüning[648], älterer Bruder des späteren Reichskanzlers, sammelte im Rahmen sogenannter Getreide- und Kleiderdrives, wobei der Mais kostenlos nach Europa und in die einzelnen Städte transportiert wurde.[649] Häufig waren mehr als 20 Ztr. im Leonhard-Pfarrhaus vorhanden. Fassweise beschaffte Kneip Heringe und Lebertran, der in der Waschküche deponiert wurde und „angeblich" heiß begehrt war. Kneip: „Kaum eine Schwester ging ins Mutterhaus, ohne eine Kanne Lebertran mitzunehmen. Nach Dernbach schrieb er einmal: „Schwestern, die wegen Knochenerweichung nicht mehr gehen konnten, stehen wieder auf". Eine zwei Zentner schwere Kakaosendung wurde von den Damen des Elisabethen-Vereins mit Hammer und Brecheisen aufgeteilt. Dazu kamen Wagenräder Käse aus dem Allgäu[650] und teilweise hochwertige Bekleidung, mit der Studentenpfarrer Nielen Studenten einkleiden konnte. Da Einfuhrgenehmigungen in das besetzte Gebiet, z. b.

---

645 Kneip, Caritaszeit, S. 10 (ACVF-NL Roos).
646 nach Kneip erschienen manche bis zu fünf Mal und holten auch „Mahlzeiten für ihren hungrigen Hund" ab.
647 Kneip, Caritaszeit, S. 4 (ACVF-NL Roos).
648 Hermann Joseph Brüning (1876–1924) arbeitete als Missionsgeistlicher in Übersee und kurz vor dem Ersten Weltkrieg als Seelsorger in England.
649 Schreiben Frederick Schlatter/Klieber v. 29.6.1921 (ADCV R300).
650 Kneip, Caritaszeit, S. 10 (ACVF-NL Roos).

nach Höchst, Hofheim und Marienhausen im Brückenkopf Mainz, schwer zu beschaffen waren, wurden manche Lieferungen unter Kartoffeln versteckt.[651]

4.3.1.3 Ambulante Pflege

Nach Kriegsende wurde die ambulante Pflege von den Gemeindeschwestern in den Pfarreien fortgeführt, die die finanzielle Belastung als Folge der Arbeitslosigkeit und Verarmung kaum tragen konnten. Lediglich für 1922 ist eine detaillierte Aufstellung vorhanden, die aber auch für die weiteren Jahre bis 1925 gelten dürfte.

1922 entfielen auf jede Pflegekraft 54 Kranke, 83 Nachtwachen und 785 Besuche. Anzumerken ist das der Anteil nach Konfessionen 1922 und 1925 etwa gleich ist: Katholiken 52,1%, Evangelische 34,5% und Juden 13,4%. In der Schwesternstation Langestraße lag der jüdische Anteil vor dem evangelischen, was vermutlich auf das angrenzende jüdische Viertel zurückzuführen ist. Bei den Barmherzigen Brüdern und an der Mainzer Landstraße lag der evangelische sogar über dem katholischen Anteil.[652]

1926 ging zwar die Zahl der Pflegekräfte aus bisher nicht nachvollziehbaren Gründen zurück, die Zahl der Kranken dagegen stieg rapide um 32,4 % an. 1926 benötigte man einen Zuschuss von 20 RM/Monat pro Pflegekraft, insgesamt 28.000 RM. Aufgrund der wirtschaftlichen Entwicklung konnten sie nicht mehr auf Spenden zurückgreifen, die häufig nicht mehr als 10 RM monatlich erreichten.[653] Über die Entwicklung bis 1934 sind keine Angaben vorhanden, es ist aber zu vermuten, dass die Nachfrage weiter anstieg. Offen muss auch bleiben, ob der Anteil der jüdischen Kranken unverändert blieb und ob diese nach der Machtergreifung der katholischen ambulanten Pflege „treu" bleiben konnten.

---

651 Kneip, Caritaszeit, S. 1 (ACVF-NL Roos).
652 Bericht über die Tätigkeit der ambulanten Krankenpflege im Jahre 1922 (IV.15.B), RMV v. 14.8.1925, CVF-Jahresbericht 1926/27 in: Mitt. des DiCVL 2 (1927), S. 81925, die Saldierungen sind nicht immer stimmig.
653 Schreiben Lamay/Zentrumsfaktion Kreistag Höchst v. 17.12.1926 (PAH 179).

Ambulante Pflege 1922–1926 in Frankfurt (ohne Höchst)

Station	Schwe stern/ Brüder	Kranke	Nacht- wachen	Besuche	Konfession		
					rk	ev	jüd
Barmh. Brüder	5	109	985	4.891	22	44	43
Niederrad	7	216	171	5.374	118	98	-
Oberrad	5	146	31	1.743	450	137	18
Bornheim	15	615	654	6.326	102	96	7
Eckenheim	5	205	203	1.445	249	162	20
Bockenheim	9	431	172	6.195	298	212	5
Heddernheim	7	515	102	11.545	300	198	161
Nordend	20	659	2.473	18.279	443	347	126
Westend	21	916	2.963	12.071	1.126	400	500
Lange Straße	13	1.986	2.212	18.425	220	170	-
Sachsenhausen	12	396	757	5.893	114	310	-
Mainzer Landstr.	7	424	80	7.090	292	279	29
Rödelheim	7	600	259	5.421	3.739	2.487	969
insgesamt 1922	133	7.215	11.042	104.498	3.700	2.500	970
insgesamt 1925	133	7.170	11.000	105.000			
insgesamt 1926	116	9.498					

4.3.2 Familie

Obwohl es nach Kriegsende nahe gelegen hätte, sich um die Millionen Familien zu kümmern, die ihren Ernährer verloren hatten und vor dem Nichts standen, standen andere kriegsgeschädigte Gruppen im Vordergrund. Man nahm an, „dass im Leben einer Frau und Mutter (...) Zeiten der Entspannung und des Ausgleichs eintreten oder dass innerhalb der Verwandtschaft der nötige Ausgleich herbeigeführt werden könne." Vor allem die Elisabethenvereine kümmerten sich um Problemfamilien. So bat der CV am 12. Juni 1920 die Elisabethenkonferenz am Dom um die Betreuung von sieben Familien, um die die „Bund der Kinderreichen" nachgefragt hatte.[654]

Am 31. August 1921 wurde die „Vereinigung der Familienhilfe in der Diözese Limburg a. d. Lahn" gegründet, die Mütterheime erwerben, geeignete Pflegekräfte rekrutieren und hilfsbedürftige Kinder durch Überweisung in geeignete Kinderheime oder auf anderem Weg aus ihrer Notlage zu befreien. Außerdem sollte ein Grundfonds und örtliche Sammelstellen (Wäsche, Nahrungsmittel) geschaffen werden, „um im Falle erwiesener Bedürftigkeit naturtreuen Normalfamilien, die bei der Ungunst der Zeiten ihren Wille zur Treue nur mühsam durchsetzen, Verbesserung des Hausrats und der Wohnweise, teilweise Bezahlung der Miete, Umzugsbeihilfen und wenn möglich Vermittlung einer gesundheitlich und sittlich einwandfreien Wohnung und ähnliche Dienste zu gewähren." Die Arbeit vor Ort sollte durch Ortsausschüsse erfolgen, die „möglichst von den Pfarräm-

---

654   Schreiben Kneip/Elisabethenkonferenz Dom v. 12.6.1920 (DAF IV.15.C).

tern aus ihre Tätigkeit ausüben."[655] Aber erst nachdem der Eugeniker Hermann Muckermann in zahlreichen Vorträgen , u.a. auch in Frankfurt, zu einer vorbeugenden Hilfe für die Familien mit Entbindungsstationen in katholischen Krankenhäusern, Eheberatung, Hauspflege und Müttererholung aufgerufen hatte, wurden Caritasverbände, Pfarreien und Müttervereine aktiv.

Angaben über die Tätigkeit der Vereinigung Familienhilfe in Frankfurt sind recht spärlich. 1925 wurde im Marienkrankenhaus eine Säuglingsabteilung eingerichtet.[656] Angaben sind nur von den beiden Müttervereinen im Gallus und in der Pfarrei Deutschorden für 1929 vorhanden. Der Mütterverein Gallus versorgte Wöchnerinnen, Mütter und kinderreiche Familien mit Sachhilfen sowie Weihnachtsgaben und Ausgaben für Kommunionkinder im Wert von ca. 3200 RM. In Deutschorden wurde vor allem Wäsche, Kleidung sowie Milch und Lebensmittel verteilt.[657] Außerdem bestanden zwei Nähstuben in Bornheim und Niederrad.[658]

Da die Zahl der Waisen nach dem Weltkrieg stark zugenommen hatte, richteten die Pfarreien in den Schwesternhäusern kleine Waisenabteilungen ein, z. B. in Oberrad-Mathildenstraße 26 für 25 Waisen. Nach wie vor bestand das Waisenhaus im Gallus-Mainzer Landstraße 293 (105 Waisen),[659] doch reichte dies zur Bedarfsdeckung nicht aus, sodass viele Waisen in Einrichtungen der Bistümer Limburg und Fulda untergebracht werden mussten.

4.3.2.1 Müttererholung

1919 gab es die ersten 14tägigen Mütterferien in Exerzitienhäusern, die dem seelsorgerischen Aspekt Vorrang einräumten. Wenig später erkannte man die Notwendigkeit ständiger Müttererholungsheime, um auch dem Erholungsaspekt gerecht werden zu können. 1921/22 wurden die ersten Müttersanatorien St. Anna in Bad Griesbach und St. Hedwig in Rhöndorf eröffnet, kurz darauf das bis heute vom CV mit genutzte Kurhaus in Bad Bocklet übernommen.

Bis zur Freigabe des von der französischen Rheinarmee konfiszierten Vincenzhauses konnte der CV nur wenige eigene Maßnahmen durchführen. 1924 der CV mit finanzieller Unterstützung des Bistums die ersten drei-sechswöchigen Müttererholungsfreizeiten,[660] die bis zur Beschlagnahme des Vincenzhauses 1940 fortgeführt wurde. 1925 erwarb die Pfarrei St. Bernhard das „Haus am Wald" in Schlossborn-Glashütten. Die Müttererholungskuren unter der Leitung von zwei Pallottinerinnen wurden stark nachgefragt, sodass der Caritasverband 1932 einen Erweiterungsbau finanzierte und das Haus 1935 selbst übernahm.

---

655 Satzung Vereinigung für Familienhilfe in der Diözese Limburg a. d. Lahn (DAF IV.15.B).
656 RMV 14.8.1925.
657 Niederschrift Vorstand der Vereinigung für Familienhilfe v 7.2.1930 (DAF IV.15.B).
658 RMV 14.8.1925.
659 RMV 14.8.1925.
660 Protokoll Arbeitsbesprechung 27.11.1930 (ACVF-1310).

1928/29 wurden 70 Mütter aus dem gesamten Bistum in Hofheim untergebracht, darunter nur wenige aus Frankfurt. Die Vereinigung für Familienhilfe des Bistums bezuschusste das Vincenzhaus 1929 mit 2764 RM.[661] 1930/31 wurden 54 Mütter in Hofheim und neun in Schlossborn durchschnittlich 14 Tage untergebracht.[662] Für Mütter, die nicht länger von zuhause wegbleiben konnten oder wollten, organisierten die Elisabethenvereine zusätzlich ab 1929/30 reichsweit eine halb- bzw. ganztägige Stadtranderholung.[663]

4.3.2.2 Kindergärten

Ein Teil der privaten Kindergärten wurde während des Krieges und in den ersten Nachkriegsjahren kommunalisiert, so dass Frankfurt schließlich über 60 kommunale Kindergärten verfügte.[664] Die konfessionellen Kindergärten bestanden weiter.

1919 eröffneten die Lehrer Ahlbach und Sigmund Gerhard im Caritashaus in der Alten Mainzer Gasse 45 den ersten Kindergarten in der Altstadt für über 100 Kinder betreut.[665] Betreut wurde der zwischen 8 und 17 Uhr geöffnete Kindergarten von einer Franziskanerin aus der Langestraße. Die Kinder erhielten auch Mittagessen aus der städtischen Kinderspeisung.[666] Nach dem Tod Ahlbachs baute Hermann Kress für die Vinzenzkonferenz Dom den Kindergarten zwar weiter aus, doch beklagte man 1925, dass mit einem großen Raum und einer Freifläche 200–300 Kinder betreut werden könnten. Der Gesamtverband vermietete daraufhin 1927 die ehemalige „Alte Synagoge" im Compostellhof in der Dominikanergasse an den Vinzenzverein, die nach den damals modernen und hygienischen Gesichtspunkten mit 90 Plätzen umgebaut, entsprechend eingerichtet und am 17. Mai 1928 (Christi Himmelfahrt) eingeweiht wurde.[667] Finanziert wurde dies mit einem Darlehen von 16.000 RM.[668] Außerdem wurde die Kinderbewahrschule in Gallus von den Franziskanerinnen ausgebaut und dieser selbst finanziert.

In beiden Fällen übernahm der Gesamtverband die Bürgschaft bzw. belastete sich durch eine Hypothek.[669] Es kam aber zu einer Kontroverse zwischen dem Gesamtverband und dem BO, das eine von der Franziskanerinnen-Oberin abgegebene Verpflichtungserklärung, nach dem der Gesamtverband nicht nur Eigentümer der Liegenschaft, sondern auch der Gebäude werde, ablehnte. Das BO forderte den Gesamtverband auf, den Franziskanerinnen die von ihnen aufgebrachten Zins- und Tilgungsmittel

661 Niederschrift Vorstand der Vereinigung für Familienhilfe v 7.2.1930 (DAF IV.15.B).
662 Niederschrift Ortscaritasausschuss v. 20.8.1931 (ACVF-1320).
663 Der Werdegang der Katholischen Müttererholungsfürsorge von 1919 bis 1958 (Caritas 59 (1958), S. 110.
664 Vermerk Schulamt/Krebs v. 27.9.1941 (ISG 7.800).
665 KK April 1928
666 RMV 25.8.1925
667 Mitteilungen des DiCVL 2 (1927), S.13 bzw. KK Juni 1928.
668 Bericht Willi Leicht über die Prüfung bei der Vinzenzkonferenz der Dompfarrei v. 22.7.1938 (DAF II.11.D).
669 Schreiben Gesamtverband/BO v. 8.11.1928 (DAL-FF2-20/1).

zu erstatten, wenn sie ihre Niederlassung aufgeben müssten.[670] Über den Ausgang der Auseinandersetzung konnte nichts ermittelt werden. Ein weiterer Kindergarten mit 50 Plätzen folgte am 15. Oktober 1928 in der Arbeitersiedlung Riederwald in der neuen Pfarrei Heilig Geist im Schwesternhaus (Görresstraße 38). Seitens der Stadt scheint man aber nicht so begeistert über den katholischen Kindergarten gewesen zu sein, denn die am 31. August 1928 beantragte Genehmigung wurde erst ein Jahr später am 12. August 1929 erteilt. Nachdem Rektorin Christine Lill[671] 1931 vorgeschlagen hatte,[672] die Kindergruppenarbeit in einem weiteren Hort zu konzentrieren, wurde Ende 1932 ein Kindergarten in der Ortenberger Straße in der Trägerschaft des CV für die Pfarrgemeinde Heilig Kreuz eingerichtet.[673] Drei katholische Kindergärten wurden 1933 von der Stadt bezuschusst: Fechenheim (567 RM), Schwanheim-Abtshof 2 (210 RM) und Dom/Dominikanergasse (8060 RM).[674]

4.3.2.3 Kindererholung

Nach Kriegsende wurden auf Anraten der Ärzte weitere tausend Kinder in Landerholung verschickt. Dies galt vor allem für Kinder aus den Arbeitersiedlungen und der Frankfurter Altstadt, die TBC-gefährdet waren. 1919 konnten 201 Kinder mit Unterstützung der örtlichen Pfarrer in einzelnen Familien untergebracht werden.[675] Kneip wies zwar daraufhin das dort die Versorgung mit Milch und Butter recht gut war, allerdings genossen sie dort nicht so viel Schutz und Ordnung wie in den Schwesternheimen. So fiel ein Junge vom Heuwagen und brach sich ein Bein. 799 Kinder wurden jeweils für einen Monat in Schwesternheimen untergebracht,[676] in denen sie beaufsichtigt wurden und sich in einem geregelten Tagesablauf gut erholten. So nahm eine Gruppe von 48 Jungen in einem Monat 302 Pfd. zu, einer sogar 14 Pfd. Seitens der Eltern wurde die Unterbringung in Heimen bevorzugt. Die Kosten beliefen sich auf insgesamt 200.000 Mk, von denen der Löwenanteil von der Frankfurter Kinderhilfe[677] getragen wurde, die ihrerseits die meisten Zuwendungen aus deutsch-amerikanischen Spenden erhielt.[678]

Der CV nutzte neben den drei Einrichtungen im Bistum Limburg mit 100 Plätzen auch Heime in den Bistümern Trier (16/1520) und Mainz

---

670 Schreiben Gesamtverband/BO v. 4.3.1929 bzw. BO-Vermerk v. 11.3.1929 und Schreiben BO/GV v. 18.3.1929 (DAL-FF2-20/1).
671 Christine Lill war Stadtverordnete für das Zentrum und wurde nach 1933 ebenso verfolgt wie ihre Kollegen Heinrich Scharp, Damian Schleicher und Else Alken, die 1943 im KZ Theresienstadt starb. Aufgrund ihrer Krankheit entging Christine Lill dem KZ und starb 1945 in Frankfurt.
672 Besprechung Kinderwohlarbeit in Frankfurt v. 1.4.1931 (DAF II-10.E).
673 Siehe Abschnitt 5.2.3.2 – Caritas-Kindergarten Ortenberger Straße 7, S. 220f.
674 Anlage 8 zu Vermerk Schulbehörden/Krebs v. April 1933 (ISG 7.800).
675 Höhr 30, Steinefrenz/Berod/Wallmeroth 47, Ulmbach 15, Hallgarten 35, übriger Rheingau 9, Mariennachdorf 15, Hasselbach 50.
676 Herschbach 70, Wiesbaden 30, Vincenzhaus Hofheim 30, St. Johannesstift Oberursel 25, Seligenstadt 10.
677 Die Frankfurter Kinderhilfe wurde von allen privaten Vereinen Frankfurts getragen, die sich mit Kinderhilfe befassten.
678 Bericht Caritasdirektor Kneip über die Tätigkeit des CV 1919 (DAF IV.15.B).

(3/63).[679] Das Heim in Wiesbaden wurde vom CV auch mit Lebensmitteln versorgt, während sich das Jugendheim in Herschbach auf umfangreiche Spenden der Quäker und des amerikanischen Militärs bis zu deren Abzug 1922 stützen konnte.[680] Das Vincenzhaus wurde vor allem zur Wiederherstellung der Gesundheit erkrankter Kinder genutzt.

Erholungsheim Wegscheide

Eine wichtige Rolle spielte die städtische „Kindererholungsstätte Wegscheide", in der von der „Frankfurter Kinderhilfe" monatlich 1.000–1.200 Kinder, davon 300–400 katholische, untergebracht wurden.[681] Anfangs wurden die Kinder mit einem Leiterwagen zum Gottesdienst gefahren. Um den 300–400 katholischen Kindern den einstündigen Fußweg nach Bad Orb zu ersparen, bat Kneip die Bistümer Limburg und Fulda um die Zuweisung eines katholischen Geistlichen, wie es bereits von evangelischer Seite erfolgt sei.[682] Nachdem in den beiden folgenden Jahren die Sonntagsmesse in einer Baracke bzw. bei gutem Wetter an einem Waldaltar im Freien stattfand wurde 1924 der Bau einer kleinen Waldkapelle diskutiert.[683] Die katholischen Eltern standen der Wegscheide ablehnend gegenüber, da eine seelsorgliche Betreuung immer wieder an den Nichtzuständigkeitserklärungen der BOs in Limburg und Fulda scheiterte.[684] Stadtpfarrer Herr protestierte im November 1925 gegen einen Film über die Wegscheid, in dem entgegen einem Beschluss der Schuldeputation gemeinsames Baden von Kindern mit Erwachsenen gezeigt wurde.[685] Schließlich übernahm der Diözesancaritasdirektor von Fulda, Beier, den Sonntagsgottesdienst, musste aber immer wieder darum kämpfen, wenigstens die 10 RM betragenen Fahrtkosten erstattet zu bekommen.[686]

Anfang der 20er Jahre nahmen die Bedenken gegen die Einzelunterbringung in Landpflegestellen zu. So lehnte der spätere Caritasdirektor Peter Richter in seiner Dissertation die Unterbringung in Landpflegestellen als untragbare Belastung der armen Landbevölkerung ab, die anderen Armen Hilfe leisten müsse, ohne aber selbst ein Auskommen zu haben. 1923 stieg der Bedarf an Pflegestellen so rapide an, dass „selbst Gewerk-

679 Siehe Maria Kiene, Die katholischen Kinderheilstätten und Kindererholungsheime, Freiburg 1924 mit Nachtrag 1925.
680 In Herschbach verhinderte Kneip die Vernichtung eines über 25 ha großen noch nicht reifen Getreidefeldes, auf dem ein Schießplatz errichtet werden sollte. Nach einer sanften Drohung gegenüber dem amerikanischen Kommandeur, was wohl die amerikanische Presse sagen würde, wenn ihr dieser Befehl bekannt würde, wurde das Vorhaben verschoben (Kneip, Caritaszeit –ACVF-NL Roos).
681 Schreiben Kneip/BO v. 6.4.1922 (DAL 217/BA 1).
682 Schreiben BO Fulda/Pfarrer Dehler (Bad Orb v. 28.7.1921 – Abschrift für BO Limburg).
683 Schreiben BO Fulda/Stadtpfarrer Dr. Herr v. 29.2.1924 (DAL 217 BA/1).
684 DiCV Fulda/Generalvikariat Limburg v. 15.3.1927 (DAL 217 BA/1).
685 RMV 21.11.25 bzw. Schreiben Herr/BO Limburg v. 21.11.25 ((DAL 217 BA/1)
686 Schreiben Caritasdirektor Beier (Fulda)/ BO Limburg 18.6.1928 (DAL 217 BA/1).

schaften und politische Vereine sich für befähigt zum Werk der Kinderunterbringung" hielten. Richter, damals als Wanderseelsorger für vertriebene Eisenbahnerkinder in Thüringen unterwegs, kritisierte dies als „Kinderverschleppung", da viele verschickt wurden, ohne zu wissen, ob und wo sie aufgenommen wurden.[687]

Der DCV suchte 1923 mit einer eigenen Richtlinie für die Unterbringung erholungsbedürftiger Kinder in seinen Einrichtungen eine einheitliche Betreuung zu sichern.[688] Verstärkt wurden als kindgerecht angesehener Heime errichtet, so dass allein die Caritas 1925 in ganz Deutschland über 102 Anstalten mit 8.000 Plätzen verfügte.[689] 1927 wurden besondere Seminare für Jugendleiterinnen eingeführt, um „die caritative Anstaltserziehung pflegen und neuzeitlich" durchzubilden.[690]

1926 wurden 82 Kinder (2.910 Pflegetage) in Oberursel, Kamp-Bornhoffen, Kelsterbach und in Vorarlberg untergebracht. Für die „Wegscheidekinder" wurden 1.525 RM bereitgestellt, von denen 2/3 vom „Wegscheidefonds" erstattet wurden.[691] 1928 brachte der CV 62 Kinder unter und wandte dafür 6.179,35 Mk auf, 1929 sollten 30 Jungen vom 167.-14.8.29 im Diözesanjugendheim Karlsheim in Kirchähr, 10 Jungen und 20 Mädchen im Schwesternhaus Schloss Hofen am Bodensee sowie 14 Mädchen zwischen 14–17 Jahren auf eigene Kosten im Kongreganistinnenheim in Innerlaterns/Feldkirch untergebracht werden. Im Kirchähr wurden auf Vorschlag der Pfarreien nur Kinder aus arbeitslosen und kinderreichen „praktisch-katholischen" Familien untergebracht. Die Kosten wurden von den Pfarreien, dem CV und dem Bistum getragen.[692]

4.3.2.4 Mündel, Vormund- und Pflegschaften

1919 wurden etwa 600 Vormundschaften und Pflegschaften vom CV geführt, die vor allem von den Vinzenz- und Elisabethvereinen wahrgenommen wurden. Kneip beklagte, dass vermehrt Anträge auf Fürsorgeerziehung für Kinder aus Mittelstandsfamilien gestellt werden mussten, um eine „vollständige Verwahrlosung zu verhindern."[693]

Das Reichsjugend- und -wohlfahrtsgesetz (RJWG) ersetzte 1924 die landesrechtlichen Regelungen (Berufs-, Anstalts- oder Einzelvormundschaft) durch eine einheitliche Amtsvormundschaft des Jugendamtes für alle unehelich geborenen Kinder sowie alle Kinder, die sich nicht in der häuslichen Gemeinschaft bei ihren Eltern aufhielten.[694] Das Jugendamt war nun nicht mehr verpflichtet, nach geeigneten Einzelvormündern zu

---

687 Richter, Kindererholung- und Heilfürsorge, S. 12.
688 Richtlinien des CV für die Unterbringung erholungsbedürftiger Kinder, Freiburg 1923.
689 Insgesamt gab es etwa 1.500 Anstalten, darunter 158 der Inneren Mission.
690 Jahrbuch der Caritaswissenschaft 1927, S. 81.
691 Jahresbericht des CV Frankfurt a. M. vom 1. April 1926 bis 1. April 1927 in: Mitteilungen des DiCV Limburg v. 1.7.1927, S.7 (ADCV 125.4341).
692 Schreiben Kneip/BO v. 6.7.1929 (DAL-359A).
693 Bericht Caritasdirektor Kneip über die Tätigkeit des CV 1919 (DAF IV.15.B).
694 am 1. Juli 1970 wurde die Amtsvormundschaft durch das Nichtehelichengesetz abgeschafft und die Vormundschaft meist der Kindesmutter übertragen. 1998 wurde mit der Kindschaftsreform die letzte Beschränkung des Sorgerechts aufgehoben.

suchen und lehnte vielfach im Gegensatz zur Vorkriegszeit die Vergabe an konfessionelle Träger mit Hinweis auf die weltanschauliche Neutralität ab.[695] So beklagten sich Evangelischer Volksdienst[696], Weibliche Stadtmission, CV und der Fürsorgeverein 1924 und 1926 vergeblich beim Jugendamt über ihre Benachteiligung bei der Zuweisung von Amtsvormundschaften.[697] 1925 bestanden in Frankfurt 6459 bzw. 1193 Vormund- und Pflegschaften.[698] 1926 wandte das Jugendamt für die Betreuung 3,5 Mill. RM auf, von denen 3 Mill. RM aus allgemeinen Steuermitteln stammten.

1926/27 bestanden nur noch 126 Vormundschaften und 195 Pflegschaften, von denen einige in umliegenden Orten wie Rüsselsheim, Dorn-Assenheim, Eberbach und Hochheim, aber auch in Italien, Frankreich, Stuttgart und Berlin wohnten. Dem Gemeindewaisenrat wurden 28 Vormünder vorgeschlagen, ob diese eingesetzt wurden, ist aber nicht bekannt. Kneip wies im Geschäftsbericht 1926/27 daraufhin, dass die Verwaltung der Wertpapiere und Sparkassenguthaben der Mündelgelder einen hohen Arbeitsaufwand erforderten.[699] Über die folgenden Jahre gibt es keine Quellen.

4.3.2.5 Eheanbahnung und Eheberatung

Während sich die St. Regis-Komitees vor dem Ersten Weltkrieg um die Sanierung wilder Ehen bemüht hatten,[700] stand in den 20er Jahren das Bemühungen um das Zustandekommen katholischer Ehen im Mittelpunkt, um Mischehen zu vermeiden. Man orientierte sich an dem Wort Papst Pius XI: „Gebt mir gute, katholische Eltern, und ich werde die Welt umgestalten."[701] 1919 wurde in München-Pasing zwar der Katholiken-Ehebund (Bund Neuland) gegründet, der als Gemeinschaft Gleichgesinnter alle Katholiken zum Beitritt aufforderte, die eine christlich-katholische Familie gründen wollten,[702] aber nur relativ geringen Anklang fand.

Zwischen 1919 und 1923 gab es in Frankfurt 9471 konfessionell gemischte und nur 5165 rein katholische Ehen. Von den Mischehen wurden nur 3009 katholisch getraut und von den aus Mischehen stammenden 8936 Kindern nur 3009 katholisch getauft.[703] Zwar befassten sich katholische Vereine schon immer in Form von Exerzitien und Einkehrtagen mit Eheberatung, doch wurde es bei der zunehmenden Zahl von Misch- oder nur standesamtlich geschlossenen Zivilehen immer schwieriger, den „wel-

---

695 Schreiben SKFF an SKF Dortmund v. 29.9.1917, 2.10.1917, 6.10.1917 und 18.11.1917 (ADCV-319. 41/125. 51).
696 der Evangelische Volksdienst wurde formell 1920 gegründet, de facto entstand er bereits 1910 mit der Berufung eines Berufsarbeiters für Fürsorge-, Erziehungs-, Jugend- und Gerichtsangelegenheiten durch die Frankfurter Bezirkssynode. 1981 in Diakonisches Werk umbenannt.
697 Schreiben SKFF an SKF Dortmund v. 8.8. 1924 bzw. Schreiben SKFF an SKF Dortmund v. 13.10.1926 (ADCV-319.41/125. 51).
698 Michel, S. 178.
699 CV-Jahresbericht 1926/27 in: Mitt. des DiCV Limburg 2 (1927), S. 9.
700 siehe Abschnitt 3.6 – Die Sanierung wilder Ehen, S. 86.
701 Prospekt des Katholiken-Ehebundes (DAF-IV.15.B).
702 In Kassel wurde eine Geschäftsstelle für Hessen eingerichtet.
703 Johannes Rübel, Religiöses und kirchliches Leben im heutigen Frankfurt in: Otto Ruppersberg, Frankfurt – das Buch der Stadt, Frankfurt 1927, S. 216.

tanschaulichen Frageteil der Ehe- und Sexualkrisen klar (zu) beantworten."[704]

Wilhelm Wiesen und Richter forderten konfessionelle Beratungsstellen mit gewissenhaften Ärzten, Geistlichen und Caritashelfern, „die einer konkreten Not wirksam zu begegnen wissen."[705] Hauptziel der Eheberatung müsse „in einer tieferen ideellen Aufklärung [liegen], damit einer „falschen Revolution der Jugend eines Lindsey [in einer] Gegenrevolution (...) mit den Waffen der christlichen Sittenlehre und der katholischen Ehewerbung" begegnet werden könne. [706] Vom 14.-28. März 1928 fand in Karlsruhe der erste Kurs für die Präsiden der katholischen Jugend statt, der mit einem Vortrag von Prof. Hermann Muckermann SJ über „Ehe und Familie im Gottesreiche" in der Karlsruher Stefanskirche seinen Abschluss fand.

Am 16. Februar 1929 forderte Diözesancaritasdirektor Lamay Stellungnahmen zur Notwendigkeit von Stellen für die Beratung von Brautpaaren ein. Auf Bitte von Caritasdirektor Kneip[707] wies sein Nachfolger Richter[708] daraufhin, dass die Familie als natürliche Eheberatungsstelle für Ehewerber in vielen Fällen versagt habe, eine ergänzende Beratung nach der „biologischen (erbbiologischen) und medizinischen Seite" sei bisweilen notwendig „und könnte durch eine katholische Eheberatungsstelle erweitert und vertieft werden." Die amtlichen und freien Eheberatungsstellen sowie die amtliche Seelsorge und kirchliche Fürsorge könnten einen großen Teil der verhandelten Fragen nicht übernehmen und „der erteilte Rat (sei) für katholische Ehewerber und Eheleute oft untragbar." In die Beratung sollte neben einem Arzt eine „sorgfältig ausgewählte Frau und Mutter" einbezogen werden, die fachmännisch geschult sein müssten und die notwendigen Kontakte herstellen könnten..[709]

4.3.3 Jugend

Auch nach dem Ersten Weltkrieg wurde die offene Jugendhilfe vom CV mit den Vinzenz- und Elisabethvereinen sowie dem Mädchenschutzverein bzw. der Bahnhofsmission getragen, während die stationäre Frauenfürsorge weiterhin vom Frauenfürsorgeverein mit dem Monikaheim wahrgenommen wurde. Der Pfarrklerus Frankfurt hatte kaum Interesse an der Jugendarbeit und schob schwierige Kinder und Jugendliche in Heime ab. So war Caritasdirektor Kneip, der Fürsorgeerziehung nur als letzten Ausweg ansah, verärgert, dass sich viele Pfarrer, ohne ihn zu kontaktieren, gegenüber dem Jugendamt häufig dafür aussprachen und dann der Vermerk erschien, „auch der Caritasverband hat sich für die Fürsorgeerziehung ausgesprochen".[710]

---

704   Pirmin Mußler, Zur Frage der Eheberatung in: Caritas 34 (1929), S. 29f.
705   Caritas 32 (1927), S. 337 bzw. Caritas 33 (1928), S.260).
706   Pirmin Mußler, S. 29f.
707   Schreiben Richter/Kneip v. 2.3.1929 (DAF-IV. 15.B).
708   Richter hatte zu dieser Thematik mehrere Artikel in der „Caritas" und im „Frankfurter Anzeiger" veröffentlicht.
709   Schreiben Richter/Kneip v. 2.3.1929 (DAF-IV. 15.B).
710   Kneip, Bericht, S. 3 (ACVF-NL Roos).

4.3.3.1 Männliche Jugendliche

Lorenz Werthmann, der ohnehin dem Pfarrklerus Frankfurt nicht viel zutraute, rief 1916 dazu auf, bei der staatlichen Erziehungstätigkeit mitzuwirken, „die nun einmal das Schulwesen und die weiteren Erziehungsaufgaben an sich genommen hat" und gewarnt, sonst „wird sie ohne uns fahren."[711] Diese Warnung war berechtigt, denn die Vinzenzbrüder resignierten gegenüber dem Desinteresse des Frankfurter Klerus an der Fürsorgeerziehung männlicher Jugendlicher. Da die Vinzenzvereine während der Inflationszeit wieder an finanzielle Grenzen stießen, sah man sich. im März 1926 sogar gezwungen, die Jugendpflege einzuschränken und aufgrund fehlender Pflegegelder keine Neuaufnahmen mehr vorzunehmen.[712]

Die männliche Jugendarbeit wurde vom Gesellenverein, den christlichen Gewerkschaften bzw. dem Arbeitersekretariat und dem Schülerverband Bund Neudeutschland[713] organisiert, über deren Aktivitäten aber kaum Quellen vorhanden sind. Da es mit Ausnahme des Gesellenhauses nach wie vor kein Heim für männliche Jugendliche gab, gründete der Kaufmännische Verein um Prof. Antonius Manns 1929 das „Heim für Kaufleute und Studenten" (Hochstraße 28–30)[714], um 70 männlichen wie weiblichen auslandsdeutschen Jugendlichen aus Elsass-Lothringen und dem Sudetenland eine preiswerte Unterkunft zu bieten,[715] da das Kolpinghaus nur männliche Handwerksgesellen aufnahm. Das Kaufleuteheim bestand bis zur Zerstörung Ende 1944 und bot auch noch nach der Machtergreifung ein, wenn auch beschränktes, Diskussionsforum.

4.3.3.2 Gerichtshilfe

Die Jugendgerichtshilfe verlor aufgrund der Überalterung und der mangelnden Anerkennung durch den Frankfurter Klerus nach 1920 zwar an Bedeutung, doch wurden nun verstärkt auch Erwachsene betreut, die unter Schutzaufsicht standen. Viele katholische Laien waren ohnehin im Gefängnisverein engagiert wie Else Alken oder Anton Matti, der diesen in der am 1. September 1921 beim Wohlfahrtsamt im Einvernehmen mit dem Gefängnisverein eingerichteten Fürsorgestelle vertrat.[716] Diese Stelle war eingerichtet worden, um „den Übertritt ins berufliche Leben zu erleichtern und (...) vor Rückfällen zu schützen."[717] 1922 wurde die seit 1910 besteh-

---

711 Bericht CV für das katholische Deutschland e.V., Freiburg 1916, S. 17.
712 Katholische Kirchenzeitung Jg. 1926/27, Nr. 3.
713 1919 auf Anregung des Kölner Erzbischofs Felix Kardinal von Hartmann von dem Jesuiten Ludwig Esch für die Seelsorge von Schülern an Gymnasien gegründet (weibliches Pendant: Heliand) und 1939 durch die Gestapo verboten. Nach 1945 Neugründung.
714 Eigentümer war die Wiener „Kongregation der Töchter der göttlichen Liebe", die das Heim mit 17 Schwestern betreute. Das Haus hatte eine Kapelle, einen öffentlichen Restaurations- und Klubraum, eine Bibliothek, Freizeitzimmer, einen 2.000 qm großen Garten und eine beheizbare Dachterrasse.
715 später wurden auch ausländische Jugendliche aufgenommen.
716 Vermerk v. 3.11.1921, zit. nach www.perspektivwechsel.org/netz/4546_zentralstelle Wohlfahrtsamt.pdf).
717 Vermerke v. 10.1.0.1921 bzw. 3.11.21 zit. nach www.perspektivwechsel.org/netz/4546 zentralstelle Wohlfahrtsamt.pdf).

ende städtische Übergangsstation im ehemaligen Hotel Landsberg (Ziegelgasse 22) nach Ablauf des Mietvertrages geschlossen.[718]

Caritasdirektor Kneip, der vor dem Weltkrieg das amerikanische Jugendgerichtswesen vor Ort kennen gelernt hatte und seit 1919 ehrenamtlich im Gefängnis Preungesheim tätig war, nahm regelmäßig an den Vorbesprechungen und Verhandlungen im Jugendgericht teil und wurde 1924 als Schöffe am Jugendgericht berufen, das von Jugendrichter Karl Allmenröder geleitet wurde. Dieser brachte ihm allerdings „zu viel Humor mit in den Gerichtshof (...), so dass der Ernst des Jugendrichters oft verloren ging und damit auch die Ehrfurcht der Jugend vor dem Jugendgericht."[719] 1926 war Kneip an 95 Voruntersuchungen beteiligt und der CV übernahm 76 Schutzaufsichten. Kneip legte Wert auf diese Arbeit, da sie „oft mehr Erfolg [bringe] als die Führung von Vormundschaften, wohl, weil es hauptsächlich Strafgefangene sind, die sich gut geführt haben und vorzeitig entlassen werden." Gnadengesuche hatten oft Erfolg. Für die Helfer und Helferinnen wurden 3 Schulungsabende und 16 Unterrichtsstunden durchgeführt.[720]

Der CV war auch an der Gründung des vom Gefängnisverein angeregten „Verein für Übergangsheime in Nassau" am 8. April 1927 beteiligt, der am 3. September 1927 auf dem städtischen Hofgut Langwiesen[721] in der Nähe von Molsberg mit einem 35.000 RM-Reichsdarlehen ein Übergangsheim für 25 entlassene Häftlinge ohne Unterkunft und Arbeit eröffnete. Bis zur Vermittlung einer Arbeitsstelle sollten sie an Stelle der bisherigen polnischen Wanderarbeiter maximal sechs Monate entweder auf dem Gut oder bei Drainagearbeiten eingesetzt werden,[722] den Wohlfahrtsetat entlasten und „durch erziehlich wirkende und nützliche Arbeit sittlich zu festigen und dadurch vor dem Rückfall bewahren."[723] Ende Mai 1928 bezeichnete der preußische Innenminister Schmidt nach einem Besuch Langwiesen als „vorbildliche soziale Schöpfung".[724] Das Heim wurde 1935 nach ständigen Interventionen der SA aufgelöst.

Als Kneip den CV verließ, um hauptamtlicher Gefängnispfarrer in Preungesheim zu werden, meinte er: „Wir sind nicht besser als die Strafgefangenen und die Zuchthäusler, wir haben es nur besser! Hätten wir so schlechte Anlagen geerbt, so wenig Erziehung genossen, so verdorbene Gespielen und Jugendgefährten gehabt, wahrscheinlich wären wir noch viel schlimmer geworden."[725]

718   Mittagsblatt v. 9.3.1922.
719   Kneip, Caritaszeit, S. 3 bzw. Bericht Caritasdirektor Kneip über die Tätigkeit des CV 1919 (DAF IV.15.B).
720   Jahresbericht des CV Frankfurt a. M. vom 1. April 1926 bis 1. April 1927 in: Mitteilungen des DiCV Limburg v. 1.7.1927, S.7 (ADCV 125.4341).
721   Das Gut wurde 1917 von Graf Walderdorff (Molsberg) bis 1942 gepachtet und 1931 unterverpachtet.
722   Siehe Max Michel, Strafentlassenenfürsorge in: Zeitschrift für das Heimatwesen 32 (1927), Nr.16, S. 494–497.
723   Städtisches Anzeigeblatt v. 10.9.1927.
724   Städtisches Anzeigeblatt v. 2.6.1928.
725   Walter Abschlag, Dem Andenken an Friedrich Kneip „Wir sind nicht besser" (ACVF-1010/75).

4.3.3.3 Weibliche Jugendliche und junge Frauen

Wie schon vor dem Krieg oblag dem Frauenfürsorgeverein die Fürsorge für junge gefährdete Frauen. Dabei ging es nicht um Prävention, sondern um nachträgliche Korrekturen und die Erziehung zur Hausfrau und Mutter im Monikaheim. Die Zuweisungen erfolgten durch Eltern, Verwandte, Jugendamt, Polizei, Vormundschaftsgericht, Gefängnis bzw. Arbeitshaus, die Fürsorge- oder Erziehungsbehörde bzw. die Entbindungsanstalt.

Clara Kreuzberg beklagte sich im Sommer 1918 bei Stadtpfarrer Abt, dass in der Landesanstalt in Idstein kein religiöser Einfluss auf die Mädchen ausgeübt, sondern eher „antikatholisch auf sie eingewirkt wird." Abt empfahl daraufhin, den Landeshauptmann zu bitten, katholische Mädchen anderswo unterzubringen.[726]

Monikaheim © DAL

Zwischen 1918 und 1923 wurden bis zu 200 Frauen und Kinder von 25 Schwestern betreut und in großen Schlafsälen ohne Privatsphäre untergebracht. Kinder über vier Jahre wurden von ihren Müttern getrennt und in andere Heime überwiesen. 1923–25 stellten Dienstmädchen und Kinder unter 14 Jahre den größten Anteil, bedeutend geringer war der Anteil der Fabrikarbeiterinnen und kaufmännischer Angestellten, während nur drei Prostituierte angegeben wurden. 1925 wurden gegenüber der Stadt 291.888 Pflegetage für Säuglinge und Kinder, 3.703 für uneheliche Mütter, 22.022 für Fürsorgezöglinge sowie 2.500 für andere Schützlinge abgerechnet.[727]

1925 wurde die dringend notwendige Renovierung und der Ausbau des Monikaheims auf 180 Betten begonnen. Nach der 1925 eingerichteten Kochlehrküche, in der jeweils vier Mädchen in zweimonatigen Kursen ausgebildet wurden,[728] konnte 1928 der „nach der hygienischen als auch der erziehlichen Seite mustergültig" ausgestattete Neubau bezogen werden. Dabei wurden die Baukosten für die Erweiterung um 14.000 RM überschritten, was die prekäre Finanzlage weiter verschlechterte.[729]

Im Marienschutz standen 27 Betten für von der Polizei nachts aufgegriffene Mädchen bereit, die sonst im Polizeigefängnis untergebracht worden wären. Polizei und Behörden hatten hier jederzeit Zutritt. Außerdem wurden plötzlich obdachlos und hilfsbedürftig gewordene Frauen bzw. ab 1928 auch Frauen zeitweise untergebracht, die wegen ihrer gewalttätigen Ehemänner Zuflucht suchten, bis neue Lebensverhältnisse (Familie, Arbeitsstelle, Heimunterbringung) geschaffen wurden. Viele, „die wir im Sinne einer katholischen Caritas nicht ablehnen können und auch nicht wollen",[730] wurden unentgeltlich aufgenommen.

---

726   SKF-Protokoll v. 16.8.1918 (SKF).
727   SKFF, 100 Jahre, S. 33.
728   undatiertes Manuskript der Chronik des SKF Frankfurt (SKF).
729   Frauenfürsorgeverein/BO v. 11.5.1927, Vermerk BO v. 10.6.1930 (DAL-230/H1).
730   Schreiben Fürsorgeverein/Clara Kreuzberg an BO v. 4.7.1929 (DAL-230/H1).

Das Klara-Margarethen-Heim war als halboffene Einrichtung für Mädchen bestimmt, die „von unserer Fürsorge aus in Geschäfte und Büros eingetreten sind, und für die es besser ist, erst noch einen Übergang zur vollen Freiheit zu schaffen." Ein Tagungsraum bot entlassenen Fürsorgezöglingen die Möglichkeit, „ihre freien Sonntage und Wochentagnachmittage bei uns (zu) verbringen und so eine nachgehende Fürsorge" betreiben zu können. Daneben bestand eine abgetrennte Abteilung für die Mädchen, die sich in Dienst- und Arbeitsstellen nicht bewährt haben (...) und erneuter Anstaltsfürsorge bedürfen, die wir aber aus erziehlichen Gründen nicht mehr den ersten Fürsorgezöglingen einreihen können." Die oberste Etage war geschlechtskranken Frauen, Kindern und Müttern vorbehalten.[731]

Die Verbindlichkeiten an Hypotheken und Darlehen erreichten 1929 einen Wert von 144,100 RM. Dazu kamen zahlreiche, wertmäßig nicht bezifferte Rechnungen. Die Verschuldung in Höhe von mehr als einem Jahreshaushalt beunruhigte kaum jemand, zumal Agnes Neuhaus 1927 an Bischof Kilian geschrieben: hatte: „Ein Zufluchtshaus (...) das gut arbeitet und seinen Zweck voll erfüllt, wird immer ein Zuschussbetrieb bleiben".[732] So wurden die städtischen Pflegesätze teilweise reduziert, bzw. Frauen kostenlos aufgenommen. Außerdem waren 1929 durchschnittlich 40–50 Betten nicht belegt und die Einnahmen aus der Wäscherei rückläufig. Das Bistum genehmigte zwar 1926 drei Kollekten, doch wurden 1926 nur ca. 4400 RM eingenommen, die Einnahmen der 1928er-Kollekte wurden erst 1930 gezahlt, die dritte Kollekte wurde erst 1936 als Kirchtür-Sammlung durchgeführt.[733] Das Städtische Revisionsamt monierte 1930, dass die 1929 erzielten Pflegesatzeinnahmen 16% unter den an sich möglichen lagen. Außerdem liege der tägliche Verpflegungssatz 1929 mit 1,07 RM über dem Üblichen und könne ohne Weiteres auf 0,95 RM gesenkt werden: „der Verein ist sehr gut in der Lage, mit den gezahlten Pflegesätzen auszukommen". So wurde die Pflegesatzerhöhung abgelehnt.[734]

Aufgrund staatlicher Vorschriften, die für je 30 Mädchen oder Frauen ein Wohn- und Speiseraum vorsahen, wurde 1931 ein zusätzlicher Flügel errichtet, das Schulzimmer in einen Aufenthaltsraum und die Nähstuben in Mädchenzimmer umgewandelt. Ein Flügel diente als Säuglings- und Mütterheim, der Mitteltrakt als Verwaltungsgebäude (Küche, Kapelle, Schwesternräume) und im anderen Flügel waren u.a. der Marienschutz und das Klara-Margarethenheim untergebracht.[735]

731 Gesuch des Frauenfürsorgevereins um Diözesankollekte an Bf. Kilian v. 6.10.1925 (DAL-230/H1).
732 Schreiben Frauenfürsorgeverein/BO v. 11.5.1927, Vermerk BO v. 10.6.1930, (DAL-230/H1).
733 Frauenfürsorgeverein/BO v. 11.5.1927, Vermerk BO v. 10.6.1930 (DAL-230/H1).
734 Abschrift Schreiben Städt. Revisionsamt/Fürsorgeamt v. 19.3.1930 (DAF IV.15.C).
735 Abschrift Schreiben Landeshauptmann in Nassau-Abt. Fürsorge-Erziehung Minderjähriger an Monikaheim v. 8.4.1930 (DAF IV.15).

Albert Perabo, Pfarrer Gallus

Einflussnahmen von außen auf den Frauenfürsorgeverein gab es kaum. Kneip erklärte resignierend, dass sie es wohl am besten verstünden.[736] 1931 startete Pfarrer Perabo[737] (Gallus) vergeblich einen neuen Versuch, die Mädchen zu unterrichten. Erneut lehnte Clara Kreuzberg ab, weil es zu einer „eingreifende Kürzung der Arbeitsstunden [geführt hätte] die zur Aufrechterhaltung des Betriebes notwendig sind."[738] Die Ausbildung blieb auf Kochen, Waschen und Säuglingspflege beschränkt. Erst Caritasdirektor Richter ging auf Konfrontation mit dem Frauenfürsorgeverein, weil er dessen Finanzgebaren, aber auch deren Philosophie ablehnend gegenüberstand.[739]

4.3.4 Migration

Während noch im 19. Jh. europaweit Arbeitskräfte gesucht worden waren, war nun die „Privilegierung der eigenen Staatsbürger", so Bommes, „grundlegendes Kriterium für die Beschäftigung auf den (...) national abgegrenzten, staatlich kontrollierten und strukturierten Arbeitsmärkten."[740] „Die Rechte der Ausländer im Inland sind in der Hauptsache abhängig von der Tatsache des Aufenthalts im Inland, und endigen daher (...) sobald der Staat von seiner Befugnis Gebrauch macht, sich der Ausländer durch Ausweisung zu entledigen. Ein Recht auf Aufenthalt im Inland steht den Ausländern nicht zu."[741] Es gab weder ein Asylrecht für politische Flüchtlinge noch einen Anspruch auf Einbürgerung, auch nicht für deutschstämmige (volksdeutsche) Ausländer. Flüchtlingspolitik sah man vor allem als sozial- und arbeitsmarktpolitisches, weniger als humanitäres Problem.[742]

Auf katholischer Seite wurde die Problematik der Wanderungsbewegungen zunächst außer Acht gelassen. So beklagte 1928 Prof. Franz Keller vom Freiburger Institut für Caritaswissenschaft, dass zwar ein evangelisches Institut für Migrationsforschung in Leipzig geschaffen worden sei, auf katholischer Seite aber bisher nichts erfolgt sei. Er setzte erfolgreich bei Bischof Kilian dafür ein, dass der spätere Frankfurter Caritasdirektor Richter an sein Institut beurlaubt wurde, um über das Problem der internationalen Wanderung zu arbeiten und „damit das Werk Kolpings, des

736 Kneip, Bericht, S. 3 (ACVF-NL Roos).
737 Albert Perabo (1885–1957), 1908 Kaplan Niederselters/Oberlahnstein, 1911 Hadamar, 1917 Rektor Herz-Jesu-Krankenhaus Dernbach, 1923 Pfarrvikar Dehrn, 1927–57 Pfarrer St. Gallus.
738 Schreiben Clara Kreuzberg/Perabo v. 24.3.1931 (DAL-230/H1).
739 Siehe Abschnitt 6.5.4.3 – Weibliche Jugendliche und junge Frauen – Monikaheim, S. 345ff.
740 Michael Bommes, Migration und sozialer Wohlfahrtsstaat, Opladen 1999, S. 92.
741 Drews/Hoffmann (Hg.): Handwörterbuch der Preußischen Verwaltung, Bd.1, S. 128.
742 Oltmer, Migration und Politik, S. 18f.

Raphaelsvereins usw. zeitgemäß fortzusetzen und weiter zu bauen."[743] Ab 25. September 1928 arbeitete Richter im Auftrag des DCV mehrfach kurzfristig am Internationalen Arbeitsamt in Genf und befasste sich dort mit den „sozialethischen Problemen der internationalen Wanderungen und Bevölkerungsregulierung".

Nachdem das Bistum Ende 1928 die Beurlaubung Richters aufgrund des vorherrschenden Priestermangels nicht verlängern wollte,[744] bedauerte dies Prof. Keller gegenüber Bischof Kilian und setzte darauf, dass Richter seine Forschungen später fortsetzen werde, denn „wenn es uns nicht gelingt, hierfür auf katholischer Seite wissenschaftliche Kräfte uns zu sichern, dann wird dieses Gebiet mehr und mehr von protestantischen und interkonfessionellen Kreisen ganz mit Beschlag belegt."[745] Richter setzte seine Studien fort und veröffentlichte seine Forschungsergebnisse in Aufsätzen und der 1933 angenommenen Habilitationsschrift, „Das Volk-Raum-Problem in der Moraltheologie", die nicht aufgefunden werden konnte.

Prof. Franz Keller © ADCV

4.3.5 Wanderer

In den Inflationsjahren wurde es immer schwieriger, zwischen arbeitssuchenden Industriearbeitern bzw. den in der Landwirtschaft tätigen polnische Wanderarbeitern einerseits und Nichtsesshaften andererseits zu unterscheiden. Auch viele Jugendliche (meist ehemalige Soldaten), Kriegsinvaliden und Kriegerwitwen suchten vergeblich nach Arbeit. Angesichts der Zunahme von Arbeitslosigkeit und Arbeitsplatzmangel wurden Bettler und Landstreicher nicht mehr von vornherein als arbeitsscheu bezeichnet.

Die Zahl der Übernachtungen im Städtischen Wohnungslosenasyl stieg von 13.819 (1922) auf 77.000 (1925), weitere 32.850 übernachteten 1925 in der Wanderarbeitsstätte Roter Hamm. 1926 sprachen täglich etwa 30 Wanderarbeiter auf der Caritasgeschäftsstelle wegen Fahrkarten vor, über die Frankfurter Kreisstelle erhielten Fußkranke einen Ausweis für einen Caritasgutschein, der von der Bahnhofsmission in eine nicht erstattungsfähige Fahrkarte umgetauscht wurde. 1926/27 wurden 1904 Fahrscheine ausgestellt. 1.219 Personen wurde von der Bahnhofsmission Unterkunft und 806 Personen Verpflegung beschafft. Dabei entstanden ca. 6.100 RM Kosten für die Bahnhofsmission, das Gesellenhaus und das Mädchenheim Lange Straße, die nur zu einem Drittel erstattet wurden.[746]

Kneip bemühte sich auch, den Bettlern und Musikern auf dem Eisernen Steg zu helfen. Durchreisende erhielten einen Schein für zwei Mittag-

743 Schreiben Prof. Keller/Bischof Kilian v. 22.9.1928 (DAL-Personalakte Richter).
744 Siehe dazu auch Abschnitt 5 – Prof. Dr. Peter Richter, S. 181f.
745 Schreiben Prof. Keller/Bischof Kilian v. 17.12.1928 (DAL-Personalakte Richter).
746 CV-Jahresbericht 1926/27 in: Mitteilungen des DiCV Limburg 2 (1927), S. 9).

essen.[747] Um die „berufsmäßigen Bettler" zugunsten der „wahren Bettler" zu bekämpfen, wurden bis mindestens 1938 Gutscheine im Wert von 5, 10 und 20 Pf. ausgegeben, die bei allen katholischen Geschäften gegen Lebensmittel eingetauscht werden konnten und vom CV erstattet wurden. „Es sei auffallend, wie schnell die berufsmäßigen Bettler verschwinden, wenn sie Caritasgutscheine bekommen", hieß es im Januar 1926 in der Kirchenzeitung.[748]

Seit Mitte der 20er Jahre verschärften sich angesichts der knappen kommunalen Kassen die Forderungen, die „asozialen Wanderer" in den Griff zu bekommen. Angesichts fehlender Arbeitsmöglichkeiten verzichtete man gegen Ende der Weimarer Republik auf Einweisungen in Arbeitshäuser, die nun fast leer standen. So waren am 31. Dezember 1932 nur noch 20 Männer aus dem Regierungsbezirk Wiesbaden in „korrektionaler Nachhaft".[749]

4.3.6 Bahnhofsmission und -dienst

Die an sich auf den Mädchenschutz angelegten Bahnhofsmissionen wurden gegen Ende des Weltkrieges zur „Erstkontaktstelle" für Hilfesuchende, seien es „Kinder, Jugendliche und Alte, Kranke, Gebrechliche und Blinde, Geistesgestörte, Strafentlassene, Ausreißer, Diebe, Verbrecher, Selbstmordkandidaten".[750] Dazu kamen Auswanderer[751], Arbeitslosen bzw. Wanderarbeiter.

Die Frankfurter Bahnhofsmission war nun 24 Stunden geöffnet und stützte sich neben einer hauptamtlichen auf 14 nebenamtlich tätige Mitarbeitende. Ein Teil davon gehörte dem Dritten Orden der Kapuziner an.[752] Auch die Bahnhofsmission wurde zunehmend in die Jugendarbeit eingebunden, nachdem die Zahl der Fahrschüler zunahm, die man durch die an den Bahnhöfen erhältliche „Schmutz- und Schundliteratur" gefährdet.

Da die ehrenamtlichen Mitarbeitende mit den männlichen Hilfesuchenden oft überfordert wurden, bezogen der Evangelischen Jungmänner-Verband und der Katholische Männerfürsorgeverein im Rahmen ihrer reichsweiten Arbeit für reisende arbeitsuchende männliche Jugendliche nun auch die Bahnhöfe ein.[753] 1925 wurde in Frankfurt der Evangelische Bahnhofdienst gegründet, der von der Gesellschaft zur Fürsorge für die zuziehende männliche Jugend getragen wurde und ab 1929 über eine hauptamtliche Kraft verfügte.[754]

747 Kneip, Caritaszeit, S. 4 (ACVF-NL Roos).
748 Katholische Kirchenzeitung für die Allerheiligen-Pfarrei Frankfurt a. Main Jg. 1926/27, Nr. 2.
749 Verwaltungsbericht BV Nassau 1933–34, S. 21.
750 Reichsverband der Evang. Deutschen Bahnhofsmission, Hauptgeschäftsstelle für die Bundesrepublik (Hg.): Die Evangelische Bahnhofsmission, Hannover o. J.
751 1926/27 wurden in Vertretung des Raphaelsvereins 79 Auswanderungswillige (USA 57, Brasilien 17, Argentinien 3 und Canada 2) beraten.
752 Die Kapuziner hatten 1919 die Liebfrauenkirche übernommen, in der Selektenschule ein Kloster und betreuten die Trinkerfürsorge.
753 Schick, S. 18; Nikles, S. 212.
754 Schick, S. 18; Nikles, S. 173.

1926 entstand der „Katholische Bahnhofsdienst" als Kooperation von DCV, Gesellenverein, Marianische Männerkongregation, Männerfürsorgeverein und der Generalkonferenz der Vinzenzvereine. Organisiert wurde er von den örtlichen Untergliederungen. Der 1926 in Frankfurt geplante Bahnhofdienst[755] kam erst 1930 zustande, da man über keine Übernachtungsmöglichkeiten für Männer verfügte. Diese
wurden an den evangelischen Bahnhofsdienst oder die städtischen Obdachlosen-
heime verwiesen bzw. in Zusammenarbeit
mit dem Jugendamt von diesem untergebracht.[756]

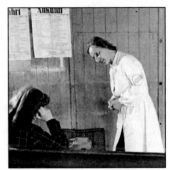

In der Bahnhofsmission Frankfurt
© DCV

4.3.7 Alkoholkranke

In den 20er Jahren hatte der Alkoholismus aufgrund der sich verschlech-
ternden sozialen Verhältnisse stark zugenommen. Die 1909 gegründete
Fürsorge- und Auskunftsstelle für Alkoholkranke wurde am 1. April 1919
an das Gesundheitsamt angegliedert. Die staatlichen und kommunalen
Wohlfahrtsbehörden nutzten den mit den Reichsgrundsätzen zur öffentlichen Fürsorge eingeräumten Handlungsspielraum für den quantitativen
und qualitativen Ausbau und die Professionalisierung staatlicher Trinkerfürsorge. Von Anfang an bestand ein grundlegender Unterschied zwischen
der Arbeit staatlicher und kirchlicher Stellen. Während staatliche Stellen
Erkenntnisse mit dazu verwandten, ggf. über ein Gerichtsurteil Alkoholkranke zum Schutz der Öffentlichkeit in eine geschlossene Anstalt einzuweisen, waren die kirchlichen Stellen nicht verpflichtet, Akteneinsicht zu
gewähren. Alkoholkranke hatten daher bei den kirchlichen Stellen weniger
unangenehme Konsequenzen zu befürchten, die bei Rauschtaten nur dann
Akteneinsicht gewährten, wenn es dem Patienten nutzen konnte.[757]
   Nach dem Weltkrieg setzten Kreuzbund und Abstinentenverein, die an
der Liebfrauenkirche von den dort seit 1919 tätigen Kapuzinern betreut
wurden, ihre Tätigkeit weiter fort. Täglich wurde eine Sprechstunde in einem Saal oberhalb der Sakristei Liebfrauen durchgeführt, bei der auch
notfalls Brot und Lebensmittel ausgegeben wurde. Vierzehntäglich wurde
ein Nähkurs mit anschließender Bibellesung und -exegese angeboten. Am
ersten Sonntag eines Monats gab es einen Vortrag im Drittordenssaal von
Liebfrauen, an einem Dienstag in der Monatsmitte einen weiteren im Franziskanerinnenkloster an der Langestraße. Einmal im Vierteljahr gab es eine kirchliche Versammlung in der Liebfrauenkirche. Ab Juni 1924 organisierte man vierzehntäglich gutbesuchte Männerabende mit Familie und am

755   Protokoll Arbeitsbesprechung 27.11.1930 (ACVF-1310).
756   Protokolle Vorstand Diözesan-Mädchenschutzverein v. 30.11.1926 bzw. 7.2.1930
      (ACVF-Mädchenschutz).
757   FAZ 25.8.1964.

zweiten Sonntag eines Monats eine Mitgliedermesse mit gemeinschaftlicher Kommunion. Der Kreuzbund bemühte sich erfolgreich um Arbeitsstellen für seine Mitglieder. Neben der Unterstützung der Mitgliedsfamilien engagierte sich der Kreuzbund auch für andere Arme und versorgte diese mit Kleidung, Wäsche und Naturalien. Am 17. Dezember 1925 wurde im Karlshaus ein Wohltätigkeitsabend, am 10. Januar 1926 ein Werbeabend durchgeführt und dabei 56 neue Mitglieder für den Kreuzbund und 14 für den Abstinentenverein gewonnen. Damit hatten beide Vereine 300 Mitglieder. Ein „Schutzengelbund" organisierte für Kinder und Jugendlichen Gruppennachmittage und Wanderungen. 1925 wurden 2.500 RM ausgegeben, die durch Beiträge und Spenden vollständig gedeckt wurden.[758]

1925/26 wurde die Zusammenarbeit zwischen Vinzenzverein und Kreuzbündnis in Liebfrauen reformiert und vom Bistum am 3. März 1926 bestätigt. Nun leitete ein Präses, qua Amt der Rektor der Liebfrauenkirche oder ein von ihm ernannter Vertreter, den Kreuzbund und ernannte die Mitglieder eines ihn unterstützenden Rates. Der Präses war auch Bezirkspräses für Frankfurt und seine Vororte. Neue Kreuzbündnisse und Abstinentenvereine durften nur noch gegründet werden, wenn sie von einem Geistlichen geführt wurden. Die praktische Arbeit wurde vom Vorsitzenden der Liebfrauen-Vinzenzkonferenz koordiniert.

Der Kreuzbund schloss sich dem CV als Fachabteilung an. Die örtlichen Vereine waren erfreut, „Trinkerfälle, denen sie bisher ratlos gegenüberstanden, an eine katholische Trinkerfürsorge überweisen zu können." Der Kreuzbund seinerseits suchte die Zusammenarbeit mit den Arbeitervereinen, um die männlichen Trinker besser betreuen zu können.[759]

Außerdem bestand noch eine Kreuzbundgruppe St. Paulus in der zum Bistum Fulda gehörenden Bockenheim, die Dekan Weidner in die Frankfurter Aktivitäten einbinden sollte. Auf eine entsprechende Anfrage Herrs[760] erklärte sich Weidner zu einem Familienabend bereit, auf dem er vorgestellt werden sollte.[761] 1929 wurde die Trinkerfürsorge mit einem hauptamtlichen Fürsorger auf eine neue Basis gestellt.

4.4 Die Caritasausschüsse Höchst, Sindlingen und Zeilsheim

Mit der Gründung der späteren Höchst AG nahm die Bevölkerung vor allem durch katholische Arbeiter bis 1890 auf über 1.000 zu. Zum Dekanat Höchst gehörten auch die Pfarrbezirke Zeilsheim, Sindlingen, Unterliederbach, Sossenheim, Nied, Griesheim und Schwanheim. 1861 bezogen die Dernbacher Schwestern das Schwesternhaus (Emmerich-Josef-Straße 14) und eröffneten 1883 einen Kindergarten, 1887 das Krankenhaus und 1917 einen Kinderhort. 1865 folgten die Barmherzigen Brüder von Montabaur. Vom Brüderhaus (Hostatostr. 12) aus übernahmen sie mit den Schwestern

---

758 Tätigkeitsbericht Kreuzbündnis (DAF IV.15.C).
759 Schreiben BO/Pater Eusebius Dieburg v. 3.3.1926 (DAF IV.15.C).
760 Schreiben Herr/Weidner v. 12.10.1928 bisher nicht auffindbar.
761 Schreiben Weidner/Herr v. 30.10.1928 (DAF IV.15.C).

die Armen- und Krankenpflege. 1901 wurden ein Vinzenz- und ein Elisabethenverein gegründet, die die Arbeit der Pflegeorden unterstützten.

In Höchst, das zum Brückenkopf Mainz gehörte, nahm während der französischen Besetzung die Not stark zu und man richtete 1922 eine Armenküche und eine Kleiderkammer ein. 1927 bestanden zwei Essensausgabestellen in der Volksküche und am Gesundheitsplatz. Speisepläne sind aus der Woche vom 13.-19. Juni 1927 erhalten.[762]

Friedrich Wolf © PA Höchst

Durch die Reichsfürsorgeverordnung von 1924 wurden die Stadt- und Landkreise zum Ansprechpartner für die in der Wohlfahrtspflege tätigen Organisationen. Da die Pfarreien und die katholischen Verbände nur auf Pfarr- oder Gemeindeebene tätig waren, wurden 1924/25 Kreiscaritasausschüsse gebildet, die sich teilweise auch Kreiscaritasverband nannten, ohne aber eine rechtliche Form zu haben oder diese anzustreben. Sie fungierten als Ansprechpartner für die Kreisfürsorge- und -jugendämter. Dies gilt besonders für Höchst, weniger für die im Juli 1917 eingemeindeten Sindlingen und Zeilsheim.

Das genaue Gründungsdatum des CV Hoechst lässt sich ebenso wenig festlegen wie seine Auflösung. Zwar hatte das Kirchliche Jahrbuch für das Bistum Limburg 1921/22 einen Ortscaritasverband Höchst erwähnt,[763] doch war dieser vermutlich eher eine „Koordinationsstelle im Pfarrbüro mit gelegentlichem Beratungsangebot."[764] 1924 wird ein CV Höchst durch Friedrich Wolf „unter Zusammenfassung dieser beider Vereine gegründet."[765]. Gemeint waren wohl der Vinzenz- bzw. der Elisabethenverein, die ebenso wenig aktenkundig sind wie die vermutlich bestehenden übrigen Pfarrcaritasausschüsse. Man firmierte unter „Katholischer Caritas-Verband Groß-Höchst" bzw. „Katholischer Charitas-Verband Alt-Höchst" (1927)[766]. Die Caritasarbeit wurde durch Kirchenkollekten und andere Sammlungen finanziert.[767] Gleichzeitig räumte Dekan Friedrich Wolf[768] gegenüber dem

762 Neben einer Suppe wurde Schweinebraten und Gulasch nebst Beilagen angeboten. Essenspläne (PfAH 179).
763 Krose (Hg.), Kirchliches Handbuch für das Bistum Limburg 1919–20, Limburg S. 132.
764 Fibich, S. 59.
765 Pfarrgemeinderat der St. Josephsgemeinde Höchst (Hg.): 75 Jahre Sankt Josef, Frankfurt 1984, S. 151 (im Folgenden zit. als „75 Jahre Sankt Josef".
766 So im Schreiben Wolf/Lamay v. 15.2.1927 (PAH 179); auch das Bezirksamt Höchst war sich über die korrekte Titulierung nicht im Klaren, wenn sie ihr Schreiben v. 6.12.1939 an den „Katholischen Karitasverband Ffm. Höchst" adressiert (PAH 179).
767 Schreiben Stadtpfarrer Wolf/DCV v. 23.10.1924 (PAH 179).
768 Friedrich Wolf (1884–1970), 1908 Priesterweihe und Kaplan in Rüdesheim, 1909 Kaplan in St. Liebfrauen Frankfurt bzw. 1911 St. Bartholomäus Frankfurt, 1913 Subregens Priesterseminar Limburg, 1914–18 Divisionspfarrer, 1918 Pfarrverwalter in Eppstein und 1919 in Cransberg, 1920–23 Pfarrer in Cransberg, 1923–1931 Stadtpfarrer in Höchst, 1931–54 Stadtpfarrer in Wiesbaden und bis 1962 Dekan .

Zentrumspolitiker Landers ein, dass dies als organisatorischer Mangel gewertet werden könne, es entspreche aber dem „religiösen Charakter der katholischen Caritas." Unterstützt wurden in „bedürftige Gemeindemitglieder, ohne andere Bedürftige auszuschließen."[769]
Aktenkundig wird der CV am 23. Oktober 1924 durch ein Schreiben an den DCV im Zusammenhang mit der Gründung eines Höchster „Vereins für private Fürsorge".[770] Während der Inflationszeit war in Höchst eine städtische und beim Wohlfahrtsamt angesiedelte interkonfessionelle und halbamtliche Notgemeinschaft „geschaffen [worden], in der der „sozialistische Einfluss maßgebend war". Dekan Wolf hatte sich an der Arbeit beteiligt, „um nicht isoliert zu werden und nicht der damals so reichen staatlichen Zuschüsse verlustig zu gehen."

Im Sommer 1924 strebte aber der SPD-Bürgermeister und späterer Frankfurter Stadtkämmerer Bruno Asch die Umwandlung der Notgemeinschaft „in einen selbständigen Verein für private Fürsorge" nach Frankfurter Vorbild mit „konfessionslos-freisinniger" Ausrichtung an.[771] Der fünfköpfige Gründungsausschuss, darunter Landers, sicherte Stadtpfarrer Wolf am 20. September 1924 einen Sitz im Ehrenausschuss des Vereins zu. Falls er nicht binnen einer Woche ablehne, gelte dies als Zustimmung.[772] Wolf lehnte am 14. Oktober 1924 ab.[773] Aus welchen Gründen er keine Rückfragen beim BO stellte und sich erst am 23. Oktober 1924 an den DCV wandte, lässt sich nicht klären. Fibich wertet dies als „ziemliche Eigenständigkeit".[774] Wolf vermutete, man wolle die Katholiken „in der richtigen Erkenntnis [dabeihaben], dass diese die Hauptarbeit leisten", und gab die Parole aus, „sich mit aller Kraft der katholischen Caritas zu widmen."

Vermutlich gab es dieses Angebot auch gegenüber der Inneren Mission. Landers warnte Wolf, der neue Verein werde „von den Sozialisten im Rathaus in ungebührlicher Weise bevorzugt" werden. Wolf erwog zwar die Möglichkeit einer korporativen Mitgliedschaft, befürchtete aber, der Wunsch des Vereins nach persönlichen Mitgliedern werde den Verlust „der Beiträge vieler Katholiken" zugunsten des „Vereins für private Fürsorge" nach sich ziehen.[775] DCV-Direktor Joerger[776] bestätigte die Haltung Wolfs wenige Tage später und erklärte es für verhängnisvoll, „wenn über die confessionelle Verbände der Wohlfahrtspflege noch eine interconfessionelle Vereinigung gesetzt würde, die alsdann eine Mittelstelle zwischen den confessionellen und den Wohlfahrtsbehörden wäre", insbesondere dann

---

769 Schreiben Stadtpfarrer Wolf/Landers v. 5.11.1924 (PAH 179).
770 Schreiben Stadtpfarrer Wolf/DCV v. 23.10.1924 (PAH 179).
771 Schreiben Stadtpfarrer Wolf/DCV v. 23.10.1924 (PAH 179).
772 Schreiben an Wolf v. 20.9.24, (PAH 179).
773 Handschriftlicher Vermerk auf Schreiben Ausschuss der Notgemeinschaft Höchst/Stadtpfarrer Wolf v. 20.9.1924 (PAH 179).
774 Fibich, S. 370.
775 Schreiben Stadtpfarrer Wolf/DCV v. 23.10.1924 (PAH 179).
776 Kuno Joerger (1893–1958),1915 Priesterweihe, 1916–21 DCV-Caritassekretär 1921–24 DCV-Generalsekretär, 1924–58 DCV-Caritasdirektor, 1924 Mitbegründer Int. Caritascomités, 1948 Initiator zur Einführung der Wohlfahrtsbriefmarken in der frz. Zone/Baden.

„wenn diese Organisation noch selbständige Mitglieder wirbt und dadurch die Einnahmequellen der confessionellen Verbände beeinträchtigt." Joerger bat Wolf, darauf hinzuwirken, „dass die katholischen Einwohner von Höchst sich der beabsichtigten Neugründung nicht als Mitglieder oder Mitarbeiter anschließen" und Landers zu bitten, seine Förderung des Vereins einzustellen. Eine freie Arbeitsgemeinschaft ohne Aufgabe der institutionellen Unabhängigkeit und ohne eigene Geschäftsstelle sei aber akzeptabel, „um ein allzu starkes Übergewicht der behördlichen Wohlfahrtspflege gegenüber den freien Wohlfahrtsverbänden zu verhindern."[777] Wolf informierte am 5.

Kuno Joerger, DCV-Direktor

November 1924 Landers über die DCV-Position, eine Reaktion ist ebenso wenig bekannt wie, ob sich Landers in dem neuen Verein[778] engagierte.[779]

Obgleich der Landeshauptmann von Hessen-Nassau am 15. Oktober 1925 den Kreisen Zuschussleistungen in gleicher Höhe wie den bereits gewährten zugesagt hatte, lehnte das Landratsamt Höchst Ende 1926 weitere Beihilfen für die katholischen Schwesternstationen ab. Diözesancaritasdirektor Lamay bat daraufhin den Vorsitzenden der Zentrumsfraktion im Kreistag Höchst, sich gemeinsam mit dem Sindlinger Pfarrer Lorenz Steinmetz für eine Weitergewährung stark zu machen, zumal dann auch die Bezirkszuschüsse abgerufen werden könnten.[780] Anfang 1927 lenkte das Kreiswohlfahrtsamt ein und erklärte, wenn die Orts- und Betriebskrankenkassen ihren Beitrag in Höhe von 8.000 RM zahlen würden, werde man auch die 1.000 RM Kreiszuschuss an alle Stationen auszahlen.[781]

Im Frühjahr 1928 suchte das Fürsorgeamt Höchst Fürsorgerinnen für die städtischen Fürsorgebezirke, für die sieben Damen vorgeschlagen wurden.[782] Ende 1928 kam es zu neuen Auseinandersetzungen, da nach der Eingemeindung nach Frankfurt das Bezirksamt Höchst die Weiterzahlung der Kleinrentnerbeihilfe für alle Schwestern rechtlich unzulässig erklärte und nur noch sieben Schwestern bezuschusst wurden. Für die Kindergartenschwester könne aber ein Zuschuss beim Schulamt beantragt werden.[783] Das Ergebnis ist nicht bekannt.

1927/28 arbeiteten in Höchst neun Schwestern, davon drei ohne staatliche Anerkennung, die außerdem den Kindergarten und die katholi-

777 Schreiben DCV-Kuno Joerger/Stadtpfarrer Wolf v. 29.10.1924 (PAH 179).
778 Im Höchster Kreisblatt v. 8.12.1924 wird von Unstimmigkeiten bei der Vorstandswahl in der Gründungsversammlung berichtet und eine neue Mitgliederversammlung für den 17.12.1924 angekündigt.
779 Schreiben Stadtpfarrer Wolf/Dr. Landers v. 5.11.1924 (PAH 179).
780 Schreiben Lamay/Zentrumsfaktion Kreistag Höchst v. 17.12.1926 (PAH 179).
781 Schreiben Kreiswohlfahrtsamt Höchst/Rektor Händler-Hattersheim v. 14.1.1927 (PAH 179).
782 Schreiben Dekan/Städtisches Fürsorgeamt v. 8.6.1928 (PAH 179).
783 Schreiben Bezirksamt Höchst/Kath. Schwesterstation Höchst v. 4.12.1928 (PAH 179).

schen Dienstbotenvereine betreuten und 16.480 Hausbesuche, 118mal Erste Hilfe bei Unfällen und 712 externe Nachtwachen leisteten. Neben Personalkosten in Höhe von 9.855 RM wurden 2.500 RM Sachkosten aufgewandt und inkl. der Kleinrentnerfürsorge rd. 3.200 RM eingenommen.[784]

1928 wurde Höchst nach Frankfurt eingemeindet, der CV bestand aber weiter. Dekan Wolf unterstützte den 1929 berufenen neuen Frankfurter Caritasdirektor Richter gegenüber dem Gesamtverband.[785] Wolf zählte zu den Gegnern von Stadtpfarrer Herr und gehörte zur Priestervereinigung Rhein-Mainische-Klerus Front, die nach dem Röhm-Morden Hilfrich und die Bischofskonferenz zu einer entschiedeneren Position gegenüber dem NS-Staat aufforderte.[786]

1928 verteilte man insgesamt Spenden in Höhe von 3.314 RM an Notleidende im Stadtgebiet Höchst, darunter an Erstkommunikanten 327 RM, Heilfürsorge 173 RM, Darlehen für sozial Schwache 200 RM und Weihnachtshilfen 550 RM. Mit Unterstützung des CV Höchst gewährte der Vinzenzverein 280 RM Hilfe an alleinstehende ältere Männer, der Elisabethenverein 1640 RM (davon 940 RM Eigenmittel) an Familienhilfe.[787]

Aufgrund der rapiden Zunahme der Arbeitslosenzahlen im Sommer 1930 verschlechterte sich die soziale Lage in Höchst weiter und das Bezirksamtes gewährte allen caritativ tätigen Vereinen Zuschüsse. Insgesamt gaben die drei Pfarreien Höchst, Sindlingen und Zeilsheim 3280,50 MK aus, davon 1156 Mk für Bekleidung/Kommunionsbekleidung/Schuhe, 972 Mk für Lebensmittel und 530,50 Mk für Ausbildungsbeihilfen/Lehrgeld.[788]

Da aufgrund der niedrigen Unterstützungssätze nur die wenigsten an die Beschaffung von Kohlen, Kartoffeln und Kleidung denken konnten, wurde auf Initiative des ehemaligen Höchster Bürgermeisters Bruno Müller am 3. November 1930 die „Notgemeinschaft für Winterhilfe Höchst" gegründet und ein sechsköpfiger Arbeitsausschuss eingesetzt, der später auf Wunsch der Belegschaft der I.G. Farben auf acht erweitert wurde und in wöchentlichen Sitzungen gemeinsam mit der örtlichen Presse die anstehenden Maßnahmen beriet.[789] Mit Plakaten, Straßensammlungen und Sammelbüchsen in Gaststätten wurden bis kurz vor Weihnachten 11.758 Mk Spenden geworben. Einige Mitarbeiter der Farbwerke Hoechst traten drei Monate lang ihren Lohn ab, die Kommunalbeamten überwiesen drei Monate lang Zahlungen. Die IG Farbenindustrie spendete Lebensmittel, Schuhe und Brennstoffe im Wert von 14.500 Mk. Relativ erfolglos blieb die

---

784   Jahresbericht Krankenpflegestation Höchst 1927/28 v. 23.5.1928 – PAH 179).
785   Siehe Abschnitt 5.1.2 – Das Caritas-Statut 1931, S. 186f.
786   Schatz, 291f.
787   Übersicht über die im Jahre 1928 an Bedürftige der Stadt Höchst erteilte Spenden v. 13.1.1929 (PAH 179).
788   Im Sommer 1930 gab der CV Zeilsheim von insgesamt 725 Mk allein 680 Mk für die Hausarmenpflege (Kleidung/Schuhe, Mietbeihilfe, Lebensmittel, Bargeld) aus (Bericht CV Zeilsheim 1.4.-30.9.30 – PAH 179). Der benachbarte CV Sindlingen gab 840 Mk für den gleichen Zweck aus (Vermerk v. 26.10.30 – PAH 179).
789   Tätigkeitsbericht der Notgemeinschaft für Winterhilfe 1930/31 (PAH 179).

gleichzeitig durchgeführte Brockensammlung[790] und auch die Pfundspende, bei der jeweils ein Pfund Lebensmittel mehr eingekauft und der Notgemeinschaft gespendet werden sollte. So konnten an Weihnachten 1930 insgesamt 400 Christstollen, 500 Lebensmittelpakete (Wert 1,50 RM), 650 Paar Schuhe, 3.000 Ztr. Kohlen verteilt werden. An Ostern 1931 wurden Lebensmittelgutscheine an ca. 700 verheiratete sowie 400 ledige Unterstützungsempfänger ausgeben.[791] Ab 1. März 1931 konnte der Mittagessenspreis inkl. Kaffee dank einer Zuwendung der Nothilfe in der Volksküche auf 20 Pf. gesenkt werden. Die IG Farben finanzierte zudem für 100 Schulkinder in Nied ab 2. Februar 1931 Schulspeisungen, andere Firmen nahmen einzelne Kinder zum Mittagessen auf.[792] 1931 wurden 215 Personen betreut, 3.990 Essen im Schwesternhaus und 410 im Pfarrhaus ausgeben. Dazu kamen Hilfen für sonstige Lebensmittel (154 RM), für Kleider, Wäsche und Schuhe, für Brennmaterial (54 RM), Bargeldhilfen (585 RM), Bar-Unterstützungen (585 RM) sowie 667 RM für andere Ausgaben.[793] 1933 wurden vom CV Höchst 4.292 RM für die Familien- und Armenfürsorge ausgegeben, 55 Familien und 5 Einzelpersonen betreut und ca. 700 Hausbesuche gemacht. [794]

Im Mai 1931 wurde Wolf als Stadtpfarrer nach Wiesbaden berufen und durch Wilhelm Schwickert[795] ersetzt, der Richter weiter unterstützte. Formell bestand der CV zumindest bis 1939 weiter. 1934 firmierte man als „Caritasverband Abtlg. Pfarrcaritasausschuss Ffm. Höchst"[796] und erst 1939 nur noch als „Pfarr-Caritas Ffm. Höchst"[797] Bis 1942 vertrat Dekan Martin Quirin[798] das Dekanat Höchst im Caritasvorstand, ab 1938 nahm Schwickert am Caritasrat teil und gehörte 1945 und 1952 dem Caritasvorstand an.

---

790 1890/91 wurde in Bethel die erste „Brockensammlung" organisiert, um wiederverwertbaren Hausrat, Kleidung, Bücher Schrott, Papier und Lumpen zu sammeln. Dabei orientierte man sich an Joh. 6,12, wo Jesus nach der Brotvermehrung seine Jünger anweist, alle Brocken zu sammeln, „damit nichts umkommt".
791 Verheiratete erhielten 750 g Fleisch, 250 g Wurst, 1 kg Dosenbohnen, 1 kg Mehl und 500 g Zucker, Ledige 500 g Butter und 250 g Wurst.
792 Tätigkeitsbericht der Notgemeinschaft für Winterhilfe 1930/31 v. 1.5.31 (PAH 179).
793 Rechenschaftsbericht 1931 (PAH 179).
794 Rechenschaftsbericht 1933 (PAH 179).
795 Wilhelm Schwickert (1889–1952), 1913 Priesterweihe, 1913 Kaplan in Frickhofen und Frankfurt-Bornheim, 1915 in Frankfurt-Schwanheim, 1917 in St. Bernhard, 1918 in St. Antonius, 1920 Pfarrverwalter und 1921 Pfarrer in Biedenkopf, 1932 Pfarrer in Höchst, 1942 Dekan in Höchst.
796 Tätigkeitsnachweis an den CV Frankfurt v. 18.1.1934 (PAH 179).
797 Kassenabschluss 1938, 8.1.1939 (PAH 179).
798 Martin Quirin (1885–nach 1946?) 1909 Priesterweihe und Kaplan Königstein, 1911 Kaplan St. Bonifatius Wiesbaden, 1917 Pfarrverwalter Nahstätten und Pfarrvikar Niederreifenberg, 1921 Pfarrer Griesheim, 1931 Dekan Höchst.

Dr. Wilhelm Schwickert,
Pfarrer Höchst

Schwickert stellte fest, dass mit ehrenamtlichen Kräften allein die anstehenden Aufgaben nicht zu bewältigen waren, bemühte sich die Vinzenzkonferenz wiederzubeleben[799] und suchte nach einer hauptamtlichen Unterstützung, die man schließlich „auf eigenartige Weisung durch Gottes Fügung [fand), als die Josefsgemeinde nach einer Seelsorgeschwester Ausschau hielt."[800] Schwester Thaddäa Gurk, die zur „Missionsgesellschaft vom Weißen Kreuz"[801] gehörte, war aufgrund ihrer Tätigkeit in der Freiburger Caritaszentrale mit der Caritasarbeit vertraut und übernahm auch die Büroarbeiten im Pfarrbüro. Fibich ermittelte, dass zwischen 1931 und 1938 regelmäßig 60–75 Familien, d.h. 200–325 Personen sowie 15–30 Einzelpersonen aus Höchst und 25–45 auswärtige Personen (Wanderarbeiter, Arbeitsuchende) unterstützt wurden.[802]

Die kurz nach dem Weltkrieg gegründete Kleiderkammer wurde von Peter Braun, einem ehrenamtlichen Armenpfleger der Stadt Höchst, und seiner Frau Katharina fortgeführt.[803] Nachdem er mehrfach bedroht wurde, führte er in den 30er Jahren Straßensammlungen unter Polizeischutz durch. Im September 1933 wurde er seines Amtes enthoben und legte sein Amt nieder.[804] Bis zum Verbot der Straßensammlung 1937 organisierte er diese in Höchst. Während des Zweiten Weltkrieges organisierte er mit Unterstützung von 12–15jährigen Schülern Hilfen für Ausgebombte und dann nach Kriegsende für Ostflüchtlinge im Charlottenbunker (Leunastr. 19).[805]

4.4.1 Gesellenverein-Sparkasse Höchst

Nach der Gründung des Höchster Gesellenvereins 1869 suchte man lange Zeit vergeblich Räume für Versammlungen und Schulungen sowie Übernachtungsmöglichkeiten für wandernde Gesellen. Erst 1910 erfolgte gemeinsam mit der Pfarrgemeinde St. Josef der Bau eines Gesellenhauses mit angebautem Festsaal,' das am 1. Oktober 1916 als „Antoniterhof" eingeweiht wurde. Vermutlich nach der Währungsreform 1924 gründete man eine Sparkasse, um Mitglieder und andere kirchlichen Projekte mit billigen Krediten finanzieren zu können. Vor 1930 eröffnete auch der CV Frankfurt

---

799   75 Jahre Sankt Josef, S. 32.
800   75 Jahre Sankt Josef, S. 132.
801   Die „Missionsgesellschaft vom Weißen Kreuz" für caritative und seelsorgerische Aufgaben wurde 1919 in Graz gegründet.
802   Fibich, S. 373ff.
803   1975 wurden sie von Weihbischof Kampe mit der goldenen Caritasnadel für 40jährigen Dienst am Nächsten ausgezeichnet (75 Jahre Sankt Josef, S. 45).
804   Schreiben Bezirksamt Höchst/NS-Bezirksratsfraktion vom 6. September 1933 bzw. Schreiben Braun/Fürsorgeabteilung des Bezirks Höchst v. 19.9.1933.
805   75 Jahre Sankt Josef, S. 152.

ein Sparkonto, dessen Guthaben sich am 1. April 1930 auf 7243 RM belief.[806]

In der Weltwirtschaftskrise zeigte sich, dass der Gesellenverein mit der vereinseigenen Sparkasse überfordert war und in eine finanzielle Schieflage geriet. Daher forderte der CV am 15. Mai 1931 seine Einlage zurück. [807] Am 19. Januar 1932 belief sich die Forderung inkl. Zinsen auf 8300 Mk auf, die aber jährlich weiter anstieg. Man bestand „grundsätzlich auf einer Rückzahlung. Solange der Gesellenverein dazu nicht in der Lage ist, sollte die Forderung als Hypothek auf das Gesellenhaus Antoniterhof eingetragen werden."[808] Die Rückzahlung wurde zögernd verfolgt, da man Wert auf den Fortbestand des Gesellenvereins legte. So reduzierte man

Antoniterhof Höchst

am 2. Juli 1934 den Zinssatz für das Geschäftsjahr 1934 von 8% auf 3%.[809] 1937 verhandelte der Höchster Dekan Quirin ergebnislos mit Diözesanpräses Maron über die Zahlung der weiter gestiegenen Zinsschuld.[810]

1939 kam dann das Ende der Sparkasse. Der Gesellenverein erklärte öffentlich unter Berufung auf Stadtpfarrer Herr als Caritasvorsitzendem, der CV habe stillschweigend auf seine Forderungen verzichtet, vermutlich um das Klima gegenüber der eigenen Sparkasse zu verbessern. Nachdem Herr dies dementiert hatte, bestand der CV auf der Rückzahlung[811] und teilte dies Maron auch schriftlich mit.[812] Da viele Kunden ihre Einlagen abhoben und keine neuen Einlagen erfolgten, fehlte liquides Kapital, das angelegte Kapital steckte im Antoniterhof. Da man es „ehrenhalber" nicht auf einen Konkurs ankommen lassen wollte, stellte der Kirchenvorstand von St. Josef weitere 20.000 Mk bereit und ließ Hypotheken auf das Pfarrhaus (15.000 Mk) und das Frühmessnerhaus (5.000 Mk) eintragen.[813] Schließlich verkaufte man am 1. Juli 1939 den Antoniterhof „wegen finanzieller Schwierigkeiten des Gesellenvereins" und bezeichnete dies als „schmerzlichen Verlust für die Höchster Katholiken." [814] 1942/43 schrieb der CV seine Einlage ab.[815]

806   CVF-Geschäftsbericht 1930 (ACVF-1001).
807   Protokoll CVF-Vorstand v. 15.5.1931 (ACVF-1310).
808   Protokoll CVF-Vorstand v. 19.1.1932 (ACVF-1310).
809   Protokoll CVF-Vorstand v. 2.7.1934 (ACVF-1310).
810   Protokoll CVF-Vorstand v. 17.12.1937, 21. und 30.3.1938 (ACVF-1310).
811   Protokoll CVF-Vorstand v. 30.3.1939 (ACVF-1310).
812   Schreiben Richter/Maron v. 14.4.1939 (DAF II.11.D).
813   75 Jahre Sankt Josef, S. 96.
814   75 Jahre Sankt Josef, S. 94–95.
815   Solidaris-Prüfbericht 1942/43 (ACVF-1510).

5. IN DER WELTWIRTSCHAFTSKRISE (1929–33)

Nach dem Verfall der Aktienkurse an der New Yorker Börse am Schwarzen Freitag, dem 25. Oktober 1929, zogen nordamerikanische Banken ihre Auslandsgeldangaben zurück, um selbst dem Zusammenbruch zu entgehen. Das ausländische Anleihekapital in Deutschland belief sich auf etwa 15,7 Mrd. RM. Die Arbeitslosenzahl, die sich Ende 1928 auf rd. 2,8 Millionen belaufen hatte, stieg rapide an und auch die Mittelschicht, kleine Gewerbetreibende und die Angehörigen des öffentlichen Dienstes wurden zu neuen Armen. Die Ausgaben der gesetzlichen Sozialversicherung führte zu einem Anstieg von 1 Mrd. RM (1913) auf 9 Mrd. RM (1929) sowie der Versicherungsbeiträge von 8 auf 12,5% zzgl. 3% für die 1928 eingeführte Arbeitslosenversicherung. Da diese nur auf konjunkturelle Schwankungen, nicht aber auf strukturelle Wirtschaftskrisen ausgelegt war und erst zwei Jahre bestand, war sie nicht in der Lage, die gesetzlichen Leistungen für gewähren. Sie wurde nur sechs Monate gezahlt, daran schloss sich eine immer weiter reduzierte Krisenunterstützung an. Ende 1929 gab es bei einer Gesamtbevölkerung von 62,4 Mill. bereits 2,79 Mill. Fürsorgeempfänger.

Über die Arbeitslosenversicherung zerbrach am 27. März 1930 die von Reichskanzler Hermann Müller (SPD) geführte Weimarer Koalition. Die SPD wollte die Beiträge um 3,5% erhöhen, der Koalitionspartner DVP die Leistungen senken. Obgleich sich alle darüber im Klaren sein mussten, dass es keine demokratische Alternative im Reichstag gab, reichte Müller am 27. März 1930 seinen Rücktritt ein.

Reichspräsident Hindenburg ernannte am 31. März 1930 den Zentrumspolitiker Heinrich Brüning zum Reichskanzler, der mit einem von der SPD tolerierten Kabinett aus Zentrum, DVP, DNVP und der Reichspartei des Deutschen Mittelstandes einen Machtzuwachs der KPD und der NSDAP verhindern wollte. Brünings Sanierungsplan stieß im Reichstag aber auf den Widerstand von KPD und NSDAP sowie Teilen der bürgerlichen Fraktionen. Hindenburg ermächtigte daraufhin Brüning, mit Notverordnungen gemäß Art. 48 RV zu regieren und die parlamentarische Demokratie de facto außer Kraft zu setzen. Brüning setzte seinen Sanierungsplan per Notverordnung zwar durch, doch wurde dieser von einer breiten parlamentarischen Mehrheit inkl. KPD und NSDAP am 18. Juli 1930 wieder aufgehoben.

Nach der Auflösung des Reichstages steigerte sich die NSDAP bei den nächsten Reichstagswahlen von 17 auf 107 Sitze und wurde zweitstärkste Fraktion nach der SPD. Dies hatte große Kursverluste deutscher Aktien zur Folge und weitere Auslandskredite wurden gekündigt. Reichsarbeitsminister Adam Stegerwald (Zentrum) erhöhte am 30. September 1930 die Arbeitslosenbeiträge um 6,5% und senkte die Leistungen mit dem Ziel, u. a. die Streichung der Reparationszahlungen zu erreichen, was ihm schließlich auch gelang.[816] Die von manchen geforderte stärkere Staatsverschuldung

---

816   Henning Köhler, Arbeitsbeschaffung, Siedlung und Reparationen in der Schlussphase der Regierung Brüning. In: Vierteljahreshefte für Zeitgeschichte 17 (1969), S. 276–306.

zugunsten von Arbeitsbeschaffungsmaßnahmen lehnte Brüning entschieden ab. Man verlängerte die Arbeitszeit und forderte berufstätige Frauen zur Heimkehr an den heimischen Herd auf, um die Stelle einem männlichen Arbeitslosen zu überlassen. Dabei ging es weniger um ein Zurückdrängen der Frau aus dem Berufsleben, sondern eher um die Sicherung der Familie des männlichen Arbeitslosen. Im Dezember 1930 wurden 2,7 Mill. Arbeitslose aus der Arbeitslosenversicherung und weitere 0,7 Mill. von den Kommunen unterstützt.

1931 verstärkte sich die Krise weiter, nachdem das von US-Präsident Hoover am 20. Juni 1931 vorgeschlagene Moratorium scheiterte, weitere Kredite abgezogen wurden und am 13. Juli 1931 alle deutschen Großbanken für mehrere Tage schließen mussten. Brüning versuchte mit Notverordnungen seine Deflationspolitik umzusetzen, um die staatlichen Ausgaben an die sinkenden Einnahmen anzupassen. Die SPD tolerierte diese Politik und lehnte alle Aufhebungsanträge von NSDAP und KPD ab, um Neuwahlen und einen weiteren Wahlerfolg der NSDAP zu verhindern, handelte sich aber den Vorwurf der KPD und der Gewerkschaften ein, „Sozialfaschisten" zu sein.

Bis zum Frühjahr 1932 sank die Industrieproduktion auf 60% von 1928 ab und die Zahl der Erwerbslosen erreichte ihren Höchststand von 6 Millionen. Der Anteil der Bedürftigen an der Gesamtbevölkerung erreichte ca. 35%. Nur 2 Mill. erhielten Leistungen aus der Arbeitslosenversicherung, die übrigen 4 Mill. waren auf die kommunale Wohlfahrt angewiesen. Da Brüning befürchtete, dass sich Deutschland nicht so schnell erholen würde, setzte er auf eine vorübergehende Rückkehr zu einer agrarischen Subsistenzwirtschaft. Arbeitslose wurden am Stadtrand oder im östlichen Reichsgebiet angesiedelt, damit sie sich selbst ernähren konnten.[817]

5.1 Die erste Professionalisierung des Caritasarbeit

Seit Mitte der 20er Jahre waren die Anforderungen an die privaten Wohlfahrtsverbände gestiegen. Einerseits hatte die Not in der Bevölkerung zugenommen, andererseits war das Wohlfahrtswesen weiter rechtlich genormt worden. Da dies ein ausgebildetes Personal erforderte und das ehrenamtliche Engagement aufgrund von Überalterung nachließ, setzten die Wohlfahrtsverbände auf fest angestelltes Personal. Das Caritas-Institut Köln-Hohenlind bildete seit Anfang der 20er Jahre Pfarr- bzw. Caritashelferinnen aus, die neben der rein fachlichen auch Ansätze einer sozialpädagogischen Ausbildung erhielten, um die ortsnahe Fürsorge in den Pfarrgemeinden sicher zu stellen. Der DCV beteiligte sich Ende der 20er Jahre auch an den Personalkosten in Diasporagemeinden wie in Zeilsheim und Sindlingen.

---

817 Köhler: Arbeitsbeschaffung, S. 289 f.

5.1.1 Von Friedrich Kneip zu Prof. Peter Richter

In Frankfurt wurde bis 1930 fast alle caritative Arbeit durch die ehrenamtlich tätigen Mitglieder der Vinzenz- und Elisabethenvereine, dem Frauenfürsorgeverein und den Gesellenverein getragen. Als einziges Gremium tagte unregelmäßig ein Caritasausschuss, dem nur Geistliche angehörten. Es sind aber keine Protokolle überliefert.

Im Herbst 1929 wurde Friedrich Kneip als Caritasdirektor durch Peter Richter abgelöst. Zwar ist weder in den Priesterakten des BO noch in den Akten des CV eine Begründung für den Wechsel enthalten. Inzwischen war aber deutlich geworden, dass Kneip es aufgeben hatte, die die katholische Wohlfahrtspflege zu reorganisieren und sich nur noch in den Bereichen engagierte, in denen ihm weder der Gesamtverband noch der Klerus hineinreden konnten. Nicht zu unterschätzen ist sein schlechtes Verhältnis zum Ehepaar Kreuzberg, die im Gesamtverband und im Frauenfürsorgeverein tonangebend waren. Dies war vermutlich auch dem BO nicht verborgen geblieben, das aber aufgrund des Priestermangels keinen Personalwechsel vornehmen konnte. Eine Ausschreibung hätte wenig Erfolg versprochen, da St. Leonhard bis 1937 zur Dompfarrei gehörte und nicht so besoldet war wie eine selbständige Pfarrei.

Eine neue Situation ergab sich mit dem Preußischen Konkordat vom 14. Juli 1929, als die zum Bistum Fulda gehörenden Frankfurter Pfarreien (außer Bergen-Enkheim) ins Bistum Limburg wechselten. Dazu gehörte die Gefängnispfarrei Preungesheim, die von dem Eckenheimer Pfarrer Leander Schumann mit betreut wurde. Schumann hatte seit 1928 vergeblich beim BO Fulda um eine Entlastung durch einen Kaplan gebeten. Da die Gefängnispfarrstelle staatlich besoldet wurde, eine Vakanz nicht zu rechtfertigen und Kneip seit 1919 dort ehrenamtlich tätig war, ernannte das BO Kneip mit Wirkung vom 1. Oktober 1929 zum hauptamtlichen Gefängnispfarrer in Preungesheim, 1937–45 war er Anstaltspfarrer im Gefängnis Freiendiez.[818]

Stadtpfarrer Herr ersuchte daraufhin am 30. August 1929 das BO um die baldige Ernennung eines Nachfolgers.[819] Bereits am 7. September wurde Richter informiert, dass er mit Wirkung vom 1. Oktober 1929 Pfarrer an St. Leonhard und zum Caritasdirektor ernannt sei[820] und seine Wohnung im Pfarrhaus zu beziehen habe.[821] Ob Richter bei Amtsantritt seine Bestellungsurkunde über Herr erhielt und/oder er sie ggfs. verlegt hatte, bleibt unklar. Zumindest bis Anfang 1935 spielte das keine Rolle, weil niemand danach fragte. Erst als Richter im Dezember 1934 das Bauamt wegen des Umbaus des stadteigenen Caritashauses kontaktierte,

---

818 Kneip betreute in Freiendiez belgische, französische und luxemburgische Kriegsgefangene, richtete eine Bibliothek ein, besorgte Lebensmittel und muttersprachliche Gebetbücher. Am 19. Oktober 1944 begleitete er sieben zum Tode verurteilte luxemburgische Jugendliche, die in Luxemburg zum Widerstand gehört hatten. Nach Kriegsende informierte er den luxemburgischen Justizminister, sodass die Jugendlichen exhumiert und in Luxemburg beigesetzt werden konnten. Vgl. dazu www.ons-jongen-a-meedercher.lu (Stand: 31.8.2019).
819 Schreiben Herr/BO v. 30.8.1929 (DAL359/A).
820 ABL Nr. 3/1929, S. 34.
821 Schreiben BO/Richter v. 7.9.1929 (DAL359/A).

stellte die Stadt Richters Verhandlungsberechtigung in Frage. [822] Nun stellten Richter und Herr fest, dass keine Ernennungsurkunde vorhanden war. Richter bat in Herrs Auftrag das BO um eine Erklärung, „aus welcher ersichtlich sei, dass ich von Amtswegen und nicht privat Direktor des Caritas-Verbandes für Frankfurt bin." Den Titel „Pfarrer" erhielt er am 14. Februar 1935. [823]

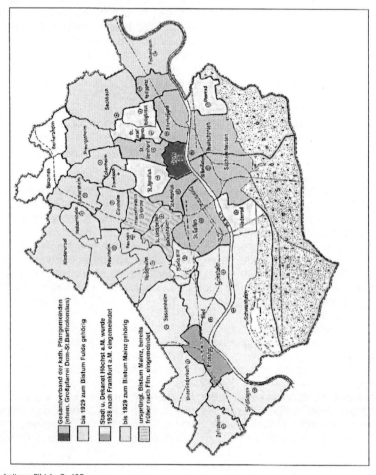

Bearbeitung Fibich, S. 405

---

822   Schreiben Krebs/Richter v. 15.1.1935 als Anlage zu Schreiben Richter/BO v. 21.1.1935 (DAL 359/A).
823   Schreiben BO/Richter v. 14.2.1935 (DAL 359/A).

5.1.1.1 Prof. Dr. Peter Richter

Peter Richter (1898–1962) stammte aus einfachen Verhältnissen, sein Vater Adam war Weichensteller in Hofheim, seine Mutter Margarethe Näherin.[824] Vermutlich mit einem Stipendium des Bistums Limburg machte er am Bischöflichen Konvikt Abitur und studierte Philosophie und Theologie in Fulda. Nach seiner Priesterweihe am 17. Dezember 1921 war er Kaplan in Sindlingen und studierte gleichzeitig Wirtschafts- und Sozialwissenschaften in Frankfurt. Während des Ruhrkampfes war er Wanderseelsorger für vertriebene Eisenbahnerkinder in Gera/Thüringen und in seiner weiteren Kaplan-zeit in Griesheim, Schlossborn und Wiesba-

Caritasdirektor Prof. Dr. Peter Richter (1929–62)

den-St. Bonifatius arbeitete er mit befristeten Beurlaubungen an seiner 1927 angenommenen Dissertation über „Die organisierte katholische Kindererholungs- und Heilfürsorge in Deutschland". Danach absolvierte er ein Zusatzstadium am Institut für Caritaswissenschaft der Universität Freiburg mit dem Ziel der Habilitation. Außerdem übernahm er Vorlesungen für die männlichen Wohlfahrtspflege am Institut für Caritaswissenschaft und der sozialen Frauenschule des DCV.[825] Nach der Rückberufung Richters zum 1. Januar 1929 wurde Benedikt Kreutz selbst aktiv und betonte am 16. März 1929 gegenüber Bischof Kilian, Richter habe für seine wissenschaftliche Arbeit Zugang zu „streng vertraulichem Material" des Genfer Ausschusses beim Internationalen Arbeitsamt erhalten und es „wäre für mich peinlich, wenn diese Arbeit nicht fertig gestellt werden könnte." Richter wurde weiter beurlaubt und mit dem Unterricht an der Sozialen Frauenschule betraut, um ihn finanziell besser zu stellen.[826] Mit der Berufung zum Caritasdirektor im September 1929 wurde die Beurlaubung aufgehoben, aber Richter gab diese Arbeit nie auf und habilitierte 1933 über „Das Volk-Raum-Problem in der Moraltheologie" (verschollen)- Am 7. März 1933 erhielt er die „venia legendi" durch das Badische Kultusministerium, die mit Pflichtvorlesungen im Institut für Caritaswissenschaft verbunden war. Nach der Pensionierung von Prof. Keller 1934 sollte Richter vertretungsweise die Institutsleitung übernehmen, doch legte sich vermutlich das Limburger BO quer, andererseits war aber auch eine Berufung eines Theologen vom Privatdozenten zum außerordentlichen Professor aufgrund eines Geheimerlasses untersagt worden. Nach der Schließung des Instituts für Caritaswissenschaft 1938 lehrte er an der theologischen Fakultät in Freiburg. Die nach sieben Jahren Tätigkeit als Privatdozent an sich übliche Ernennung zum Honorarprofessor blieb aus, da nach einem Geheimerlass Theologen der Professorentitel nicht mehr verliehen werden durfte. Am 7.

---

824   Er hatte zwei Schwestern Elisabeth und Margarethe.
825   Richter/BO v. 21.9.1928 (DAL-Priesterakten Richter).
826   Schreiben Benedikt Kreutz/Bf. Kilian v. 26.3.1929 (DAL-Personalakte Richter).

September 1939 wurde Richter zum Dozent „neuer Ordnung" ernannt. Dies wurde am 15. April 1940 von Reichserziehungsminister Rust widerrufen und während einer Vorlesung bekannt gegeben; trotzdem hielt er weiter Vorlesungen als Privatdozent, bis ihm das verboten wurde. Am 4. Juli 1949 wurde er vom Badischen Kultusministerium zum Dozent bzw. am 21. November zum außerplanmäßigen außerordentlichen Professor ernannt. Am 15. November 1950 erhielt er an der Universität Frankfurt einen Lehrauftrag für „Caritative Fürsorge in Theorie und Praxis"[827] und wurde am 24. August 1961 zum Honorarprofessor ernannt. Richter versuchte die durch den Krieg entstandenen Lücken an Bildern und Plastiken in St. Leonhard während seiner Reisen zu schließen. So erwarb er eine Krippe in Köln und eine Leonhard-Reliquie in Frankreich. Außerdem war er als Prediger beliebt und besonders der Silvestergottesdienst war meistens überfüllt.[828]

Mit Richter erhielt der CV einen Direktor, der dem Gesamtverband Paroli bot und nicht gewillt war, sich von dem Frankfurter „Klüngel" den Schneid abkaufen zu lassen. Bereits in seinem Personalbogen von 1921 ist vermerkt, dass „H. Richter nicht immer die wünschenswerte Bescheidenheit erkennen lässt [und] er glaubt vieles besser beurteilen zu können als erfahrene Seelsorger. Andererseits bekundet er eine volkstümliche Offenheit und Ehrlichkeit im Urteil und erweist sich als hilfsbereit und entgegenkommend."[829] Weihbischof Walther Kampe[830], 1947–52 bei Richter Kaplan in St. Leonhard, erklärte später, „hinter allem Planen und Verfügen [stand] ein Herz, das dem Menschen wohlwollte, ein Herz, das wohl so zartfühlend und weich war, dass er es oft verbergen musste hinter einem verschlossenen Wesen und einer rauen Schale."[831] Lamay meinte 1947 gegenüber Kreutz: „Ich weiß, dass die Art Richters nicht jedem liegt, ich weiß aber auch, dass derselbe zutiefst mit Caritas verbunden ist und in ihrer Pflege und ihrem Ausbau seine Lebensaufgabe sieht. Er hat etwas zu sagen und zu geben. Man wünscht vielleicht, dass sich manchmal etwas mehr die innere Wärme, die Glut zeigt."[832]

5.1.1.2 Verhältnis zwischen Caritasverband zum DiCV und DCV

Das Verhältnis zwischen CV und BO war davon geprägt, dass man Limburg nicht ernst nahm. Richter hielt den CV für „weitgehend unabhängig" (Fibich)[833] vom DiCVL und informierte beide nur über die eigenen Aktivitäten, wenn es nicht anders ging oder traf auch Entscheidungen, ohne vorher Kontakt aufzunehmen.

---

827   Schriftwechsel in DCV 127F/1030.
828   Hildegard Burkert im Gespräch mit dem Verfasser am 26.8.2010.
829   Personalbogen Peter Adam Richter (DAL-Priesterakte P. Richter).
830   Walther Kampe (1909–98), Philosophie und Theologiestudium St. Georgen, 1934 Priesterweihe, Seelsorge für Auslandsdeutsche in Emmental/Bessarabien (Diözese Iaşi), 1940 Flucht nach Hermannstadt (Rumänien), 1944–47 Zwangsarbeit in der Ukraine, Nov. 1947–Mai 1952 Kaplan St. Leonhard, 1952–84 Weihbischof Limburg
831   Manuskript Walther Kampe (ISG-S2-Peter Richter).
832   Schreiben Lamay an Kreutz v. 23.7.1947 (ADCV-125.51-2).
833   Fibich, S. 304.

So verlegte der Caritasvorstand am 27. Juli 1933 den festgesetzten Termin der Caritassammlung 1933 auf den 10. September 1933. Stadtpfarrer Herr als Caritasvorsitzender bat am 24. August 1933 das BO, dem „Vorstandsbeschluss des CV vom 27. Juli ds. Jrs. stattzugeben und die Verlegung der Caritas-Kollekte auf den 10. September mit Rücksicht auf die örtlichen Schwierigkeiten (Straßensammlung am Samstag u. Sonntag 23. September) zu genehmigen."[834] Bereits am 2. September 1933 wies das BO Herr daraufhin, dass die Kollekte „aber bereits gemäß Anordnung im Direktorium am 10. d. M. von den Kanzeln zu verkündigen (war). Es ist uns deshalb unverständlich, was diese Eingabe bezwecken sollte. Der Caritasverband hat übrigens keinen Beschluss zu fassen, bevor von uns die Verlegung der Kollekte genehmigt [unleserlich]".[835] Fibich weist daraufhin, dass der Bischöfliche Kommissar Herr selbst auf die Einhaltung der Vorgabe hätte achten müssen. Es zeigt aber auch die relative Ohnmacht des BO, dass nun „sehr amtlich und streng anordnet", was man in Frankfurt ohnehin wollte.[836] So beklagte Diözesancaritasdirektor Lamay 1935 auch vergeblich, dass der CV Frankfurt als kirchliche Einrichtung dem BO mindestens einmal jährlich eine Vermögensaufstellung vorlegen müsse.

Richter setzte mehr auf die Unterstützung des DCV, zumal er sich bis 1939 freitags zur Vorlesungen in Freiburg aufhielt. De facto war der DCV über die Aktivitäten des Frankfurter CV immer besser informiert als das BO und der DiCV. Lamay konnte aber über seinen Duz-Freund Kreutz auch Richter beeinflussen, was sicher häufiger genutzt wurde. So meinte Kreutz m Zusammenhang mit den geplanten Caritasbeiträgen 1937 zugunsten des DiCV zu Lamay. „Nach meinem Eindruck wird Dr. Richter gegen eine solche Regelung von oben nichts einzuwenden haben, sondern im Gegenteil froh sein, wenn ihn eine höhere Autorität deckt."[837]

Allerdings nahmen Richter und Herr diese Verpflichtung nicht besonders ernst, denn Generalvikar Göbel forderte vermutlich nicht nur einmal, „die Caritasverbände Frankfurt und Wiesbaden [auf], uns eine Übersicht über die Einnahmen und Ausgaben der Verbände alljährlich Anfangs Februar und in diesem Jahr innerhalb eines Monats vorzulegen."[838] Fast zehn Monate später wurden die Unterlagen von Richter mit dem vermutlich mit Herr abgestimmten Vermerk ans BO gesandt: „Wir wollen mit diesen Unterlagen dem Wunsche entsprechen, den der Hochwürdigste Herr Bischof wiederholt dem Herrn Stadtpfarrer, sowie dem unterzeichneten Caritasdirektor gegenüber geäußert hat."[839] Als Antwort gab es keinen Rüffel, sondern die Empfehlung: „Wir halten es deshalb für wichtig (...), dass auch in Zukunft ein gutes Einvernehmen und Zusammenarbeiten der großstädtischen Caritasverbände mit dem Diözesanverband gepflegt wird."[840] Das half nicht viel, denn Herr und Richter machten auch weiter-

834 Schreiben Herr/BO v. 24.8.1933 (DAL 359/A).
835 Schreiben BO/Herr v. 2.9.1933 (DAL 359/A).
836 Fibich, S. 304.
837 Schreiben Kreutz/Lamay v. 23.4.1937 – ADCV 125.51.030.
838 Schreiben Göbel/Lamay, Herr, Hüfner v. 23.7.1932 (DAL 359/A).
839 Schreiben Richter/BO v. 24.5.1933 (DAL 359).
840 Antwortentwurf BO/Richter auf Schreiben Richters v. 24.5.1933 (DAL 3599).

hin das, was sie für richtig hielten und verlegten auch mal eigenhändig eine Caritaskollekte. Fibich weist daraufhin, dass Herr selbstbewusst genug war, um so salopp mit Bischof Hilfrich umzugehen, der 1892 als Messdiener bei der Primiz von Herr 1892 dabei gewesen war.[841] Richter seinerseits war Kaplan bei Hilfrich in Wiesbaden gewesen und seine kritische Einstellung gegenüber Autoritäten war in seinen Personalakten aktenkundig.

5.1.1.3 Das kommunale „Netzwerk" Richters

Richter knüpfte an die Werthmann-Forderungen von 1916 an, sich auch der öffentlichen Wohlfahrtspflege zu bedienen,[842] die der freien Wohlfahrtspflege voraus habe, öffentliche Mittel einsetzen und mit amtlichen Druck ihre Verfügungen gegenüber einer „autoritätsunlustigen Haltung der Masse" durchsetzen zu können, während die „gegen früher erheblichen Schwierigkeiten der freien Liebestätigkeit, zu eigenen Geldern zu kommen, wirklich nicht unterschätzt werden dürfe. Richter sah Vorteile in einem „Netz öffentlicher Wohlfahrtspflegestellen, nach denselben Gesetzen konstruiert, im gleichen Geiste arbeitend, ein Netz, dessen Maschen immer enger werden, „mit einer Zusammenarbeit mit der privaten Wohlfahrtspflege" werden die Leistungen und Erfolge größer."[843] Wert legte Richter auf gute Beziehungen zur Stadtverwaltung, insbesondere den der Zentrum nahestehenden für Wirtschaft und Soziales zuständigen Beigeordneten Peter Schlotter, dem Verwaltungsleiter des Fürsorgeamtes Heinrich Butterweck, die nach ihrer Pensionierung stellv. Vorsitzende des CV wurden, sowie zu Magistratsrat Eisenhuth vom Jugendamt.

Von November 1930 an bestand eine direkte Telefonverbindung zum Rathaus, über die täglich ca. 14–15 Gespräche geführt wurden. Die Kosten von 150 RM wurden vom Caritasverband getragen und ersparten der Stadt ca. 450 RM Ausgaben für Anrufe über das öffentliche Telefonnetz.[844] Im Dezember 1934 übernahm das städtische Maschinenbauamt auch die Kosten für eine neue Telefonanlage zur Hälfte.[845] Der CV erhielt die behördeninterne Telefonnummer 1101. Diese konnte an sich nicht von außerhalb genutzt werden, ob eine Weitervermittlung vom Rathaus möglich war, lässt sich nicht prüfen. Dafür spricht, dass die Rufnummer 1101 in allen Angaben des CV aufgeführt wurde. Im Februar 1939 wurde die Verbindung nach einer Intervention des Oberlandesgerichtspräsidenten am 26. Juni 1939 gekappt.[846]

---

841 Fibich, S. 155; Herr hielt es nicht immer für notwendig, seine Briefe zu unterschreiben, da er davon ausging, dass man seine chaotische Schrift kannte. So wurde für Nuntius Orsenigo eine Abschrift angefertigt, damit dieser den Brief lesen konnte.
842 Siehe Abschnitt 4.2 – Von der organisierten zur verbandlichen Caritas, S. 130ff.
843 Richter, Kindererholungs- und -heilfürsorge, S. 30f.
844 Vermerk Bauamt-Maschinenwesen v. 19.1.1939 (ISG-Magistratsakten 8.846).
845 Protokoll CVF-Vorstand 10.12.1932 (ACVF-1310).
846 Vermerk Bauamt-Maschinenwesen v. 27.7.1939 (ISG-Magistratsakten 8.846).

Bis zur Aufhebung der Mandate im Juni 1933 bestand auch eine enge Zusammenarbeit mit den Zentrumsfraktionen im Kommunallandtag Nassau und der Stadtverordnetenversammlung Frankfurt. So waren die Stadträte Christine Lill[847], Else Alken und Gerhard Börner[848] bis 1933 im Ortscaritasausschuss und der Mitgliederversammlung vertreten. Auch nach dem Zweiten Weltkrieg gewann er mehrfach Beigeordnete wie Georg Klingler[849] und Ernst Gerhardt[850] für den Caritasvorstand, die mitunter als „fünfte Kolonne" fungierten und Richter über nicht genutzte städtische Mittel auf dem Laufenden hielten.

Johann Gerhard Börner
© Hist. Museum Ph1346

Richter, dem die Konflikte Kneips mit dem Gesamtverband bekannt waren, suchte sich Bundesgenossen unter den Pfarrern der nicht zum Gesamtverband gehörenden Pfarrgemeinden, so zu Dr. Schwickert (Dekan Höchst) und Pfarrer Perabo (Gallus). Richter setzte darauf, über die Vertreter der Ortscaritasausschüsse in öffentlichen Gremien ihre Interessen wahren zu können, z.B. dass katholische Kinder in katholischen Landpflegestellen bzw. Heimen untergebracht und sie von katholischen Vertrauenspersonen betreut würden.[851]

Innerhalb seiner Pfarrei stützte Richter sich u.a. auf die Brüder Albert und Friedrich Schwahn, die in der Buchgasse ein exklusives Geschäft für Papierblumen und Dekorationen betrieben. Es ist zu vermuten, dass sie Richter bei seinen Grundstückskäufen mit Zwischenfinanzierungen unterstützten. Beide beauftragten Richter mit ihrer Testamentsvollstreckung und vermachten dem CV über 350.000 DM für caritative Zwecke in der Leonhardpfarrei, mit deren Hilfe u.a. das 2009 abgerissene Haus St. Leonhard und der Kindergarten St. Leonhard (später Liebfrauen) errichtet wurde. Richter wurde in der Pfarrseelsorge u.a. von den Kaplänen Dr.

847 Christine Lill (1887–1945), Rektorin und Stadtverordnete, schied wegen Krankheit aus dem Caritasvorstand aus, wurde später als Rektorin abgelöst und auch nach 1945 nicht wiedereingesetzt. (ISG S2-14.247).

848 Johann Gerhard Börner (1878–1967), 1903–42 Lehrer an verschiedenen Frankfurter Mittelschulen, 1924–30 Stadtverordneter, 1929–33 ehrenamtlicher Stadtrat. Landesvorsitzender der Katholischen Schulorganisation und Vorstandsmitglied des Katholischen Lehrerverbandes, Präfekt der Frankfurter Marianischen Männerkongregation, 1945 lehnte er Berufung zum Magistratsschulrat ab (ISG S2-2.134).

849 Dr. med. h.c. Georg Klingler (1897–1985), 1946–66 Stadtkämmerer Frankfurt und Dezernent für Universitäts- und kirchliche Angelegenheiten im Magistrat Frankfurt, 1957 med. Ehrenplakette sowie Ehrenbürger und Ehrensenator der Universität Frankfurt, 1977 Stadtältester (ISG S2-635).

850 Dr. h.c. Ernst Heinz Gerhard (1921–?), nach Ausbildung Prokurist bei der Firma Braun AG, 1956 Stadtverordneter, 1960–89 hauptamtliches Magistratsmitglied (1960–66 Dezernent für öffentliche Einrichtungen, 1966–72 Dezernent für Soziales, Jugend und Gesellschaft, 1972–78 Dezernent für Gesundheit und öffentliche Einrichtungen, 1978–89 Stadtkämmerer), 1960–71 CDU-Vorsitzender Frankfurt, 1978–2018 Mitglied des Caritasvorstands, 1984 Ehrensenator der Universität Frankfurt, 1985 Ehrenbürger und 2003 Ehrendoktor der Universität Tel Aviv.

851 Richter, Kindererholungs- und -heilfürsorge, S. 34.

Walter Kleemann (1939–42), Dr. Alfons Kirchgässner (1942–43), K. Laux (1943–47) und dem späteren Weihbischof Walther Kampe (1947–52) unterstützt.

5.1.2 Das Caritas-Statut 1931

Die unterschiedlichen Zielsetzungen von Richter und Gesamtverband wurden bei der Diskussion über ein neues Caritas-Statut deutlich. Fibich weist daraufhin, dass zwischen den Anfängen 1901, als noch caritative Vereine und engagierte Laien das Sagen hatten, und der Situation 1929/30 Welten liegen, denn der Satzungsentwurf „atmete noch ganz den Geist der pyramidal geformten kirchl. Hierarchie jener Zeit, in der letztlich alle Fäden in der Hand des Bischofs, bzw. seines Vertreters in Frankfurt, dem Stadtpfarrer und Bischöfl. Kommissar, zusammenliefen."[852] Die Bezeichnung „Karitas-Sekretariat" im Satzungsentwurf, die von Richter konsequent durch Caritas-Verband" ersetzt wurde, macht deutlich, dass man keinen eigenständigen Verband wollte.[853] Obwohl der Caritasdirektor für „Armenpflege, Kinderwohl, Jugendfürsorge, Jugendgerichts, Vormundschaft, Strafentlassenenfürsorge, Durch- und Auswandererfürsorge, sowie der Auskunftserteilung im gesamten Unterstützungswesen" zuständig sein sollte, wurde ihm zunächst nur eine Bürokraft zugestanden. Man kann davon ausgehen, dass die Arbeit in den Pfarreien und Verbänden nach deren Gusto wahrgenommen oder, wenn durch den CV, aus dessen Mitteln finanziert werden sollte.

Im Sinne Werthmanns lehnte Richter den Satzungsentwurf des Gesamtvorstand ab. Er kritisierte, dass zwar alle Pfarreien zu Beiträgen herangezogen, nicht aber im Caritasvorstand vertreten sein sollten und griff damit die seit der Eingemeindung von Höchst, Sindlingen und Zeilsheim verstärkt erhobene Kritik auf. Alle staatlichen und städtischen Zuschüsse, auch für die nicht zum Gesamtverband gehörenden Stadtteile, sollten vom Caritasvorstand vergeben werden, der auch für Aktivitäten des Caritasdirektors in deren Bereich einen Beitrag festlegen wollte. Dem neunköpfigen Vorstand gehörten vier vom Gesamtvorstand entsandte, zwei von diesem gewählte Mitglieder der Vinzenz- bzw. Elisabethvereine und der weisungsgebundene Caritasdirektor an. Da der Vorsitzende des Gesamtvorstandes zusätzlich eine beschließende Stimme haben sollte, hätte der Gesamtverband weiterhin die absolute Mehrheit gehabt. Richter bemängelte, dass der Fürsorgeverein, die Familienhilfe, die Pfarrcaritasausschüsse der nicht dem Gesamtverband angehörenden Pfarreien, der Kreuzbund und die Schwesternanstalten in der Satzung benachteiligt würden, da „nach Möglichkeit Vertreter der Elisabeth- bzw. Vinzenz-Vereine" gewählt werden sollten.[854]

Die vorgesehene rechtliche Stellung des Caritasdirektors als Beauftragter des Gesamtverbandes sei unhaltbar, da dieser so bei den Behörden

---

852 Fibich, S. 160.
853 Vermerk Richter/Herr v. 21.10.1929 bzw. undatierter Statutenentwurf (ACVF-Korrespondenz/Gesamtverband).
854 Vermerk Richter für Herr v. 21.10.1929 bzw. undatierter Statutenentwurf (ACVF-Korrespondenz/Gesamtverband).

nicht als Vertreter der katholischen Belange von ganz Frankfurt auftreten könne. Richter forderte eine Neuregelung und war sich bewusst, „dass dadurch Schwierigkeiten entstehen werden." [855] Er stellte auch die Frage, ob die Zuwendungen des Gesamtverbandes für Wohnung und Gehalt des Caritasdirektors nicht eher für den Pfarrer von St. Leonhard bestimmt gewesen seien, konnte sich damit aber erst 1936 durchsetzen, als sein Gehalt rückwirkend vom Bistum übernommen wurde. Die Büroräume müssten durch den Gesamtverband finanziert werden, da dieser an der „Existenz [des CV] (...) als Hauptvertretung der Katholiken Frankfurts ein Interesse hat." Die Verwaltungskosten sollten von allen Pfarreien getragen werden. Für die Katholische Armenanstalt könne eine eigene Kommission bestellt werden. Mit dieser Konstruktion würde der Caritasdirektor Vertreter des bischöflichen „Kommissariats Frankfurt und nicht nur des Gesamtverbandes." Deutlich zeigten sich nun die Schwierigkeiten, die daraus resultierten, „dass für Groß-Frankfurt kein Gesamtverband besteht, sondern nur für die alten Innenpfarreien."[856] Gleichzeitig legte Richter einen nach dem Muster anderer Ortscaritasverbände ausgearbeiteten Satzungsentwurf vor[857] und sandte eine Durchschrift an Lamay und vermutlich auch an das BO. Beide unterstützten am 27. Januar 1930 die Forderungen Richters gegenüber Stadtpfarrer Herr.[858]

Richter führte den Begriff „Groß-Frankfurt" ein, um sowohl die im Gesamtverband zusammengeschlossen Innenstadtpfarreien, als auch die übrigen Pfarreien, die nicht dem Gesamtverband angehörten bzw. in den eingemeindeten Stadtteilen zu umfassen, und nahm ihn auch in § 6 Abs. 2 der Satzung auf. Die Bezeichnung „Groß-Frankfurt" taucht erst 1938 einem gedruckten Briefkopf auf,[859] wurde dann aber bis zur Namensänderung 1974 verwendet. Eine offizielle Umbenennung der Stadt Frankfurt in „Groß-Frankfurt" gab es dagegen zwar nicht, wurde aber dennoch verwendet.[860]

855 Vermerk Richter für Herr v. 21.10.1929 bzw. undatierter Statutenentwurf (ACVF-Korrespondenz/Gesamtverband).
856 Vermerk Richter für Herr v. 21.10.1929 (ACVF-Korrespondenz/Gesamtverband); Die Pfarrgemeinden in Bornheim mit St. Josef und Hl. Kreuz, Hausen, Heddernheim, Niederrad, Oberrad und Rödelheim gehörten dem Gesamtverband nicht an.
857 ACVF-110.
858 Schreiben BO-Göbel an Stadtpfarrer Herr v, 27.1.1930 (DAF-II.10.E).
859 Schreiben Richter/Herr v. 16.2.1938 (DAF II.11.D).
860 Bezeichnung wurde von u.a. von Innungen und der NSDAP benutzt, um ihre Wirkungsbreite über die Stadtgrenzen hinaus deutlich zu machen.

Logo 1932

Im Februar 1930 billigte der Gesamtverband den Satzungsentwurf als Grundlage für das endgültige Statut, doch tat sich zunächst nichts. Darauf organisierte Richter am 21. August 1930 eine Arbeitsbesprechung der Pfarrer und Vikare, an der auch Herr, Lamay, Jakob Husch[861] und Landeserziehungsrat Friedrich Stöffler[862] teilnahmen. Richter gab einen Zustandsbericht über die katholische Wohlfahrtspflege im Rahmen der öffentlichen und privaten Wohlfahrtsverbände Frankfurts und forderte für die Kommunalpolitik eine „zielbewusste Personalpolitik in der Besetzung der Stellen des Wohlfahrtsamtes und der Jugendfürsorgedirektion" und erreichte eine entsprechende Petition an die Zentrumsfraktion,[863] die von dieser 1932 auch in der Stadtverordnetenversammlung eingebracht wurde.[864] Außerdem wurde ein Ausschuss[865] gewählt, der dem Gesamtverband und den übrigen Pfarreien „Vorschläge zur Ausweitung und Vertiefung der Caritasarbeit in Frankfurt" unterbreiten sollte.[866] Ende September bat das BO mit einer Fristsetzung zum 15. Oktober 1930 darum, mit den nicht zum Gesamtverband gehörenden Pfarreien zu verhandeln, damit diese als korporative Mitglieder beitreten und in ihren Haushaltsplänen Beiträge für den CV einsetzen sollten, um Verwaltung und Geschäftsführung sicherzustellen.[867] Es scheint Widerstand gegeben zu haben, denn Lamay mahnte am 22. Oktober, baldmöglichst eine Besprechung zur Neuorganisation zu veranlassen, da sonst die Gefahr bestehe, „dass die Bildung von Notgemeinschaften der kath. (christl.) Arbeiterschaft immer mehr gefordert und auch durchgeführt (wird und damit die) Gefahr neuer Organisation und Nebeneinanderarbeitens" entstehe.[868]

Der Ausschuss beschloss am 14. November den leicht veränderten Entwurf dem BO und sämtlichen Frankfurtern Pfarrern und Pfarrvikaren

---

861 Jakob Husch (1875–1950), Postoberinspektor, 1928–33 Vorsitzender Zentrumspartei Frankfurt, nach 1933 politisch verfolgt, 1945 Mitgründer der CDU Frankfurt und Kreisvorsitzender, Mitglied des Kommunal- und Provinziallandtages Nassau, Mitglied des Preuß. Staatsrates März – Juli 1933, 1946–50 Mitglied der Verfassungsgebenden Landesversammlung Groß-Hessen und des Hessischen Landtages, 1949 Mitglied der Bundesversammlung.

862 Dr. Friedrich Stöffler (1894–1982), 1921 Studienassessor beim Bezirksverband Nassau im Dezernat Fürsorgeerziehung Minderjähriger, 1923–1934 Landeserziehungsrat, 1934 entlassen wegen Mitgliedschaft im Zentrum und Reichsbanner, 1947–53 Landesrat im Landeswohlfahrtsverband Nassau, 1953–59 stellv. Direktor des Landeswohlwohlfahrtsverbandes Hessen.

863 Protokoll Arbeitsausschuss v. 21.8.1930 (ACVF-1510-01).

864 Niederschrift Generalversammlung des Caritas-Verbandes Groß-Frankfurt v. 5.5.1932 (ACVF-1330).

865 Mitglieder waren Stadtpfarrer Jakob Herr, Dekan Becker, Dekan Wolf, Diözesancaritasdirektor Josef Lamay, Pfarrer Alois Eckert, Pfarrer Albert Perabo, Gerhard Börner (Zentrum), Stadträtin Else Alken (Zentrum), die Stadtverordnete Rektorin Lill (Zentrum), Frl. Kalus, Philipp Horneck und der Arbeitersekretär August Kunz.

866 Protokoll Arbeitsbesprechung v. 22.8.1930 (ACVF-1310 bzw. ACVF-1510).

867 Schreiben BO v. 22.9.1930 (ACVF-BO I).

868 Schreiben Lamay/DiCVL an CVF v. 22.10.1930 (ACVF-Korrespondenz/DiCVL 1930–44).

zuzustellen. Dem Vorstand sollten künftig weniger Vertreter und Vertreterinnen der Fachorganisationen [angehören], sondern „vielmehr solche Persönlichkeiten gewählt werden (...), die das Gesamtgebiet der katholischen Wohlfahrtspflege überschauen." Als Vorsitzender stand Stadtpfarrer Jakob Herr außer Frage, dem mit dem Verwaltungsdirektor des Fürsorgeamtes, Heinrich Butterweck, eine in der Wohlfahrtspflege erfahrene Person zur Seite gestellt werden sollte. Außerdem sollten 6–8 fachkundige Beisitzer berufen werden. Neben namentlich nicht genannten Arzt bzw. Juristen wurden Stadträtin Else Alken (Zentrum) und Stadtverordnete Christine Lill (Zentrum), Arbeitersekretär August Kunz und die Pfarrer Eckert bzw. Perabo, Magistratsrat Eisenhuth,[869] Amtsgerichtsrat Robert Deschauer[870], Bankdirektor Kuhn[871] und Hermann Kress (Gesamtverband) vorgeschlagen. Der Gesamtvorstand sollte gebeten werden, die Verwaltung der katholischen Armenanstalt und ihrer Erträge dem CV zu übertragen, der darüber jährlich einen Rechenschaftsbericht erstatten sollte.[872] In § 5c der später verabschiedeten Satzung ist davon nicht mehr die Rede, sondern es wurde nur bestätigt, das der Caritasdirektor „zugleich Geschäftsführer der katholischen Armenanstalt ist."

Am 21. November 1930 informierte Richter im Franziskanerinnenkloster alle Fachorganisationen, Vereine, Heime und Anstalten über die Neuorganisation und wies die 62 Vertreter[873] daraufhin, dass der „Caritasverband alle Interessen der ihm angeschlossenen Fachorganisationen unter Wahrung ihrer Selbständigkeit in der öffentlichen und privaten Fürsorge vertreten" wolle.[874] Am 27. November 1930 wurden Pfarrer und Pfarrvikare im Bereich des bischöflichen Kommissariats Frankfurts und des Dekanats Bockenheim sowie Dekan Wolf (Höchst) in die Beratung einbezogen.

Richter legte dabei den Geschäftsbericht 1929/30 vor und wies daraufhin, dass 6259 Fälle wirtschaftlicher Not, 333 Vormundschaften und Erziehungsfälle, 239 Strafentlassene, 1254 Durchwanderer und Ausländer sowie 50 Auswanderer beraten wurden. Dazu kamen 80 Eheberatungsfälle. Von den 96.000 RM Einnahmen (+ 14.000 RM gegenüber 1929/30) seien 56.000 RM direkt an die Gemeinden zurückgeflossen und man habe einen Überschuss von 9.000 RM erzielt. Die Zahl der Mitglieder, vermutlich Nichtbeitragszahlende aus den Pfarrcaritasausschüssen, stieg 1930 um etwa 400 an. Seitens des Verbandes wurden 3.200 Briefe verschickt ,

---

869   Franz Eisenhuth (1890–1966), 1932–46 Vorstandsmitglied der AG für Kleine Wohnungen, 1943–45 Obermagistratsrat/Leiter des Wohnungsamtes (ISG S2-3.356).

870   Robert Deschauer (1878–1966), gehörte zu den führenden Initiatoren der Jugendgerichtshilfe, 1931–43 Jugendrichter in Frankfurt (ISG S2-3.386).

871   Kuhn war Direktor des amerikanischen Bankhauses Kuhn, Loeb & Co, das weltweit führend im Anleihegeschäft tätig war und während des Erstes Weltkrieges Anleihen für Wohlfahrtsausgaben ausgab.

872   Protokoll Arbeitsbesprechung v. 14.11.1930 (ACVF-1310).

873   anwesend waren 27 Schwestern als Vertreterinnen der ambulanten Stationen, Kindergärten und -horte, Alters- und Mädchenheime sowie 35 Vertreter der Vinzenz- und Elisabethvereine, des Kreuzbundes, der Familienhilfe, der Gesellenhäuser, des Frauen-Fürsorgevereins sowie des Marien- und des Elisabethkrankenhauses.

874   Protokoll Arbeitsbesprechung am 21.11.1930 (ACVF-1310 bzw. ACVF-1330-01).

4.597 Telefonate geführt und an 300 Sitzungen teilgenommen.[875] Richter beklagte erneut, dass nur drei Räume, die Wohnung des Caritasdirektors und ca. 18.000 RM für diese Arbeit zur Verfügung gestellt worden seien,[876] seine Anregung zu mehr Mitteln wurde eher reserviert aufgenommen.[877]

Während Herr das BO tags darauf hinwies, dass die grundsätzlich mit dem Satzungsentwurf einverstandenen Pfarrern ihren Kirchenvorständen zur Entscheidung vorlegen wollten,[878] war sich Richter nicht so sicher, weil einige Pfarreien eine Schmälerung ihres Einflusses und damit auch der städtischen Zuwendungen befürchteten. So wies er in einem Rundschreiben am 1. Dezember 1930 alle Pfarreien daraufhin, dass, „der Vorstand des Caritasverbandes (...) in keiner Weise die Absicht (hat) die Pfarreien zu schädigen. Ein leistungsfähiger Caritasverband kommt allen Pfarreien zugute, und auf ihre amtliche Vertretung bei den städtischen Behörden und auf die Sicherung ihrer jugendfürsorgerischen und wohlfahrtspflegerischen Interessen wird keine Pfarrei verzichten wollen." [879]

Er veranschlagte den zusätzlichen finanziellen Aufwand der übrigen Gemeinden auf etwa 6.000 RM. Abschließend hieß es, „wenn eine Beitragsleistung (...) in der errechneten anteiligen Höhe nicht möglich ist, bitten wir um einen anderen geeigneten Beschluss. Auf alle Fälle bitten wir aber um die Entschließung des Kirchenvorstandes, dass die Pfarrei als korporatives Mitglied dem CV beitritt."[880] Die Alternative wurde auch genutzt. Die Pfarrgemeinde Bockenheim mit den beiden Pfarrbezirken St. Elisabeth und Mater Dolorosa erklärten sich bereit 100 RM aus den Caritaskollekten als Beitrag abzuführen.[881] Die Pfarrei St. Josef in Bornheim, die zu den Finanziers gehört hatte, trat dem CV zwar nicht korporativ bei, legte aber fest, dass ein Prozent der Kirchensteuereinnahmen an den Verband abgeführt werden sollten. 1931 waren dies ca. 600 RM.

Der vorläufige Vorstand beschloss am 10. März 1931 die Einberufung der Gründungsversammlung für den 20. März 1931, die durch Rechtsanwalt Ludwig Ungeheuer und Richter vorbereitet werden sollte. Für den Vorstand nominierte man Butterweck als stellv. Vorsitzenden[882] und Richter als Schriftführer. Als Beisitzer wurden Christine Lill, Hermann Kress für den Gesamtverband, Arbeitersekretär August Kunz, die Pfarrer Eckert, und Perabo, die Ärztin Steffi Ulitzka und Rechtsanwalt Ungeheuer nominiert.[883]

---

875   Protokoll Arbeitsbesprechung am 27.11.1930 (ACVF-1310 bzw. ACVF-1330-01). sowie CVF-Geschäftsbericht 1929/30 (ACVF-1510).
876   12.000 RM wurden vom Gesamtverband, 500 RM von der St. Josefgemeinde Bockenheim und 5.500 RM aus Zinserträgen der aufgewerteten Hypotheken der Armenanstalt aufgebracht (Rundschreiben Richter v. 1.12.1930 an alle Pfarreien Frankfurts – CVF-1311).
877   Protokoll v. 27.11.1930 (ACVF-1310).
878   Schreiben Herr/BO v. 28.11.1930 (DAL 359/A).
879   Rundschreiben Richter v. 1.12. 1930 (ACVF-Mitglieder 1930–44).
880   Rundschreiben Richter v. 1.12. 1930 (ACVF-Mitglieder 1930–44).
881   Schreiben Pfarrgemeinde Frauenfrieden v. 10.3.1930 (ACVF-Mitglieder 1930–44).
882   nach seinem Tod wurde Peter Schlotter am 28.2.1938 vom Ortscaritasausschuss zu seinem Nachfolger bestimmt.
883   Protokoll CVF-Vorstand 10.3.1931 (ACVF-1310).

Am 20. März 1931 wurde im Franziskanerinnenkloster der „Caritas-verband Groß-Frankfurt e. V." formell gegründet und Bischof Hilfrich informiert:

„Wir gestatten uns, gehorsamst mitzuteilen, dass am 20.3.1931 bei der Gründung des Caritas-Verbandes Gross-Frankfurt der Herr Bischöfliche Kommissar, Stadtpfarrer Prälat Dr. Herr zum ersten Vorsitzenden gewählt worden ist. Das Statut des Caritasverbandes Gross-Frankfurt, das inzwischen dem Herrn Diözesan-Caritasdirektor mit der Bitte um Weiterleitung und Erwirkung der Genehmigung seitens des Hochwürdigsten Bischöflichen Ordinariates zugestellt worden ist, bestimmt, dass der erste Vorsitzende durch Ew. Exzellenz bestätigt werde. Wir bitten darum ergebenst Ew. Bischöflichen Gnaden um die Bestätigung des vorgenannten ersten Vorsitzenden".[884]

Im Statut wurde als Verbandsorgane der Vorstand, der Ortcaritas-ausschuss und die Mitgliederversammlung eingesetzt. Der Vorstand bestand aus dem Vorsitzenden, einem Stellvertreter und dem Schriftführer (Caritasdirektor) und 6–8 Beisitzern, die auf drei Jahre durch den Ortcaritasausschuss gewählt wurden. Der Bischof musste den Vorsitzenden und nach Anhörung des Gesamtverbandes den Caritasdirektor bestätigen, der zugleich Geschäftsführer der katholischen Armenanstalt war. Der Vorstand hatte die Beschlüsse des Ortcaritasausschusses und der Mitgliederversammlung auszuführen, die Beziehungen zwischen dem Caritas-verband und den Pfarrcaritasausschüssen bzw. den Fachorganisationen in Frankfurt zu regeln und die Haushaltsführung bzw. Rechnungslegung durchzuführen sowie die Gehälter der Angestellten festzusetzen.[885]

Der Ortscaritasauschuss, dessen Befugnisse in § 6 der Satzung geregelt wurden und der dem heutigen Caritasrat entspricht, bestand aus dem Vorstand, den Pfarrern und Pfarrvikaren der Pfarreien, die dem Caritas-verband als korporative Mitglieder beigetreten waren, je einem Vertreter der angeschlossenen Fachverbände und bis fünf Mitgliedern, „deren Mitarbeit im Verband besonders wertvoll erscheint." Ob diese Vertreter der außerordentlichen Mitglieder im Gegensatz zur Mitgliederversammlung Stimmrecht hatten, lässt sich weder aus der Satzung noch aus den Protokollen entnehmen, da diese keine Abstimmungsergebnisse enthalten. Obgleich der Ortscaritasauschuss mindestens einmal jährlich einberufen werden sollte, wurde diese Regelung recht lax gehandhabt, da zwischen 1931 und 1937 bzw. zwischen 1942 und 1948 keine Sitzungen des Ortscaritas-ausschusses stattfanden. Da dessen Mitglieder überwiegend dem Pfarrklerus Frankfurt angehörten, kann angenommen werden, dass viele Fragen auch in anderen kirchlichen Gremien geklärt wurden. Andererseits ließen sich manche Pfarrer und Pfarrvikare im Ortscaritasauschuss vertreten, so dass Richter 1938 darauf hinwies, dass kein Geistlicher von einem Laien vertreten werde solle. Interessant ist auch, dass es in allen Gremien kein Beschlussquorum gab, so dass im Extremfall der Vorstand mit nur zwei Anwesenden, z. b. Caritasdirektor und Vorsitzendem, eine Entscheidung

884   Schreiben Richter/Hilfrich v. 20.5.1931 (DAL 359/A).
885   Statuten des Caritas-Verbandes Groß-Frankfurt v. 20.3.1931 (ACVF-110).

treffen konnte, da der Vorsitzende (Stadtpfarrer) doppeltes Stimmrecht hatte (§ 10 Satzung). Die Mitgliederversammlung (§ 8) bestand aus ordentlichen und außerordentlichen Mitgliedern, die beide beitragspflichtig waren. Aber nur ordentliche Mitglieder, d.h. die Vertreter der katholischen Anstalten und Verbände sowie der beigetretenen Pfarreien hatten Stimmrecht und wählten auch die fünf außerordentlichen Mitglieder des Ortscaritasauschusses. Die Mitgliederversammlung trat nur selten zusammen und war unbedeutend. Sie trat am 8. Mai 1942, am 9. Dezember 1948, 1954, am 16. Juni 1959 und am 25. Januar 1985 zusammen und findet seither in einem dreijährigen Turnus statt. Nachdem der Bischof die Neugründung am 23. April 1931 bestätigt hatte,[886] traten zahlreiche Vereine und Pfarreien dem Caritasverband bei.[887]

Ende 1931 zählte der Caritasverband neben den korporierten weitere 81 ordentliche Mitglieder.[888] Da Mitgliederlisten fehlen, kann nicht festgestellt werden, ob alle Vinzenz- und Elisabethenkonferenzen und Ordensniederlassungen zahlende Mitglieder waren.[889] Dies gilt auch für die Pfarreien, denn z. B. Niederrad erklärte sich zur finanziellen Unterstützung des Caritasverbands mit 150–200 RM bereit, ohne aber beizutreten.[890] Die Ortcaritasverbände Griesheim und Zeilsheim bzw. der Kreiscaritasverband Höchst lösten sich zwar als eigenständige Organisationen auf. Insbesondere Höchst verstand sich aber weiterhin als selbständiger Caritasverband.[891] Insgesamt ist festzustellen, dass alle dem CV beigetretenen Verbände und Pfarreien ihre Eigenständigkeit gemäß den Richtlinien von 1917 behielten.

Die „außerordentlichen Mitglieder", zahlten zwar Beiträge, hatten aber kein Stimmrecht. Sie entsandten fünf Vertreter in den Ortscaritasausschuss, die dort nur beratende Funktion hatten. Aufgrund der zahlenmäßigen Mehrheit wurden die Entscheidungen ohnehin von den kirchlichen Verbänden und dem Pfarrklerus Frankfurt getroffen.

---

886   Schreiben BO/CVF v. 23.4.1931 (ACVF-110).
887   Hausen (28.12.30-10 RM), Fechenheim (18.1.31-100 RM), Oberrad (8.2.31), Rödelheim (13.2.31-50 RM), Griesheim (23.2.31-150-200 RM), Eschersheim (8.3.31), Bund Katholischer Berufstätiger Frauen (17.4.31), Eckenheim (1.4.31-100 RM), Heddernheim (14.6.31-50 RM), Dekanat Höchst (20.10.31). Die 1931 von Eckenheim abgetrennte Pfarrgemeinde Seckbach hatte noch keinen Kirchenvorstand, zahlte aber 10 RM und wartete auf die Genehmigung des Kirchenvorstandes Eckenheim, sich dem CV anschließen zu dürfen (Schreiben Seckbach v. 31.3.31-CVF-Mitglieder 1930–44).
888   Schreiben Richter/Ungeheuer v. 30.10.1933 (ACVF-1010).
889   Handschriftlicher Vermerk auf Einladung zur Generalversammlung v. 16.5.1938 (DAF II.11.D).
890   Schreiben Pfarramt Niederrad v. 18.3.1931 (ACVF-Mitglieder 1930–44)
891   Höchst legte Wert darauf, im künftigen Vorstand repräsentiert zu sein. Der CV Frankfurt delegierte am 10.11.1930 den Höchster Pfarrer Wilhelm Schwickert in den Wohlfahrtsausschuss des Bezirksamtes Höchst (Schreiben an Schwickert v. 12.11.1930-ACVF-1310).

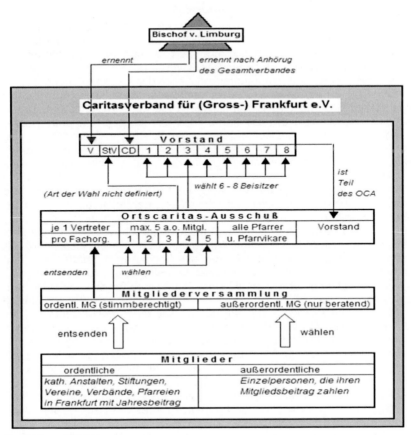

Bearbeitung Fibich

Fibich betont, dass Richter „aus der überholten gleichsam symbiotischen Einheit von Stadtkirche, katholischem Gesamtverband, der Armenanstalt und dem Caritasverband (einen) strukturierten und relativ eigenständig agierenden Wohlfahrtsverband" geschaffen hatte, sich aber letztlich nicht gegen die „Interessengemeinschaft der katholischen Vereine" und vor allem des Pfarrklerus durchsetzen konnte, was vor allem das Stimmrecht der persönlichen „außerordentlichen" Mitglieder betraf.[892] Der von der Bischofskonferenz 1917 gesetzte Rahmen ließ ihm keine andere Wahl.

---

892   Fibich, S. 187.

5.1.3 Vereinsstatus und Gemeinnützigkeit

Nach der Verabschiedung des Statuts trieb Richter die Eintragung ins Vereinsregister voran, um den zivilrechtlichen Status des CV abzusichern, was bisher vom Gesamtverband verhindert worden war. Mit der Eintragung ins Vereinsregister blieb der Caritasverband „die vom Bischof anerkannte institutionelle Zusammenfassung aller der Caritas dienenden Einrichtungen und Dienste in Frankfurt", auch wenn diese ihre Mitgliedschaft nicht erklärt und manche vermutlich auch nie die Absicht hatten. Damit gab es Einrichtungen, die das Primat des CV akzeptierten, und andere, denen das egal war. Die Aufsicht hatte der Bischof, vertreten durch das BO. Damit kam die 1918 von Kritikern des CIC befürchtete Konfliktsituation zum Tragen[893], auch wenn sie bis in die 1970er Jahre keine Auswirkungen haben sollte.

Der CV ist Rechtsträger mit allen im BGB festgelegten Rechte und Pflichten, untersteht aber der Aufsicht einer externen Autorität, dem Bischof von Limburg. Über die von ihm ernannten Amtsträger (Vorsitzender, Caritasdirektor sowie Mitglieder im Ortscaritasausschuss) kann er die Entscheidungen der Verbandsgremien mittelbar beeinflussen. Besonders gilt dies für den Caritasvorsitzenden, der gleichzeitig auch Stadtpfarrer und Bischöflicher Kommissar und als solcher dem Bischof direkt unterstellt ist.

In der Satzung (Statut) sind keine Maßnahmen für den Fall enthalten, dass sich der bischöflichen Weisung widersetzt wird. Der Bischof könnte allerdings seine Anerkennung widerrufen, was die Funktionsfähigkeit des nun reinen BGB-Vereins stark beschränken und seine Existenz bedrohen könnte. Der „weltliche" Caritasverband würde von der Nutzung kirchlicher Gebäude und Liegenschaften ausgesperrt, die kirchliche Finanzierung zurückgefahren und Vertretungsvollmachten für kirchliche Einrichtungen annulliert. Man gehe aber davon aus, dass die Funktionsträger „die vom Bischof gewünschten Ergebnisse richtig vorausdenkend in geeigneter Form zur Entscheidung in die Gremien bringen, bzw. es nicht zur Entscheidung kommen lassen.[894]

Bereits vor 1932 hatte sich der Leiter der DCV-Hauptvertretung Berlin, Heinrich Wienken[895] mit der Frage der Gemeinnützigkeit von Caritasverbänden befasst, und mit dem Preußischen Ministerium für Volkswohlfahrt eine Mustersatzung für die Anerkennung als „Milde Stiftung" erarbeitet, die von den Caritasverbänden mit Ausnahme von Richter aber eher ignoriert wurde, vermutlich weil sie die Tragweite nicht erkannten.[896] Mit der Eintragung ins Vereinsregister 1932 wurde die Eintragung als milde Stiftung möglich und damit auch die Befreiung von Körperschafts-, Erb-

---

893   Siehe Abschnitt 4.2 – Von der organisierten zur verbandlichen Caritas, S. 130ff
894   Fibich, S. 79.
895   Heinrich Wienken (1881–1961), 1909 Priesterweihe, 1906–12 Kaplan in Münster, 1912–16 Kaplan und Jugendpfarrer St. Sebastian Berlin-Wedding, 1916–20 stv. Geschäftsführer des OCV Berlin,1920–22 Mitarbeiter und 1922–37 Leiter der DCV-Hauptvertretung Berlin, 1937 Koadjutorbischof Bistum Meissen, 1937–46 Leiter Bischöfl. Kommissariat der Bischofskonferenz, 1946–51 Beauftragter für Verhandlungen mit der Sowjetischen Militäradministration und der DDR, 1951–57 Bischof von Meissen.
896   Schreiben Wienken/Richter v. 4.1.1932 (ACVF-1011)

schafts- und Umsatzsteuern. Dies betraf die steuerliche Behandlung von Mitgliedsbeiträgen, Spenden und Sammlungen. Bereits 1932 wurde der Caritasverband rückwirkend und einmalig von der Körperschafts-, Vermögens- und Umsatzsteuer für 1931 freigestellt.[897] Die Gemeinnützigkeit sollte aber von den Nationalsozialisten mehrfach in Frage gestellt werden.[898]

5.1.4 Qualifizierung der caritativen Arbeit

Parallel zur Satzungsdiskussion setzte Richter auch die Neukonzeption der Arbeit des Caritasbüros durch. Angesichts seines Freiburger Engagements beschränkte er sich selbst auf Grundsatzfragen und die Vertretung des Verbandes gegenüber kirchlichen und staatlichen Stellen. Richter war Mitglied der Wohlfahrts- bzw. der Jugendwohlfahrtsdeputation und Amtsmitglied in 14 Ausschüssen und blieb auch während der NS-Zeit in den entsprechenden städtischen Ausschüssen aktiv. Er war dazu stellv. Vorsitzender des Wirtschaftsbundes und hielt seit dem Anschluss des Caritasverband an die „Zentrale für private Fürsorge" den Kontakt zu den anderen Wohlfahrtsverbänden Frankfurts.[899] Trotz seiner Außentermine war Richter über alles informiert,[900] da von allen ausgehenden Schriftstücken zentral Tageskopien[901] abgelegt wurden, so Meta Nicolai, die bis zu ihrem Ausscheiden 1975, u.a. als Leiterin der Jugendarbeit, nachhaltig den CV mit prägte.

Richter ergänzte das aus zwei Sekretärinnen bestehende Büro mit zwei examinierte Fürsorgerinnen für den Bereich Jugend- und Familienhilfe (inkl. Vormundschaften, Jugendgerichtshilfe) bzw. eine dritte (Anni Baus) für die Trinkerfürsorge. Eine Fürsorgerin (Meta Nicolai) war für die Kinder- und Erholungsfürsorge, den Freiwilligen Arbeitsdienst und die Pfarrcaritas (inkl. Mitgliederwerbung) zuständig. Dies führte auch zu einem Anstieg der Personalkosten auf ca. 12.512 RM bis zum 31. März 1933.[902]

Der Arbeitsanfall war sehr hoch. 1930 wurden über 3200 Briefe verschickt und über 6.000 Fälle wirtschaftlicher Not und über 1.000 Aus- und Durchwanderer beraten.[903] 1932/33 waren es bereits 7.806 Briefe, 9.651 Telefonate und 184 Sitzungen. Am 24. November 1932 erklärte Richter, beim Caritasverband lägen ca. 4.000 Anträge auf Beihilfe vor, die voraussichtlich bis zum 31. März

Meta Nicolai (2001)

---

897   Antrag CVF/Finanzamt Frankfurt-Ost v. 12.7.1932 bzw. Freistellungsbescheinigung v. 5.8.1932 (ACVF-1011).
898   Siehe dazu Abschnitt 6.4.2 – Gemeinnützigkeit und Steuerfreiheit, S. 274.
899   Protokoll Arbeitsbesprechung v. 27.11.1930 (ACVF-1310).
900   Gespräch mit Meta Nicolai im Juli 2001.
901   leider wurden diese bei einer Aufräumaktion in den 90er Jahren vernichtet.
902   Kontenauszug 31.3.1933 (ACVF-1510).
903   Protokoll Arbeitsbesprechung v. 27.11.1930/ACVF-1311).

1933 erledigt werden könnten.[904] Die gewährten Unterstützungszahlungen stiegen von 77.237 (1930/31) über 140.577 (1931/32) auf 161.477 (1932/33) an.

Am 1. April 1931 löste sich das Raumproblem, da der Gesamtverband in die Thüringer Straße umzog.[905] Das Leonhard-Pfarrhaus wurde im Frühjahr 1934 umgebaut, wobei die Stadt 5/6 der Unterhaltskosten trug. Bei den neuen Räumen sollten die Kosten hälftig getragen und zurückgebaut werden, wenn sie nicht mehr benötig werden würden.[906]

5.1.5 Finanzierung

Mit dem Amtsantritt Richters wurde das Finanzwesen des CV erstmals auf eine breite und rechtlich abgesicherte Grundlage gestellt. Fibich bezeichnet Richter „als umtriebigen Makler und Finanzier" und verweist darauf, dass diese Tätigkeiten (..) zwar nicht unbedingt zum Kerngeschäft eines Wohlfahrtsverbandes gehören, die aber die eigentliche soziale Arbeit oft überhaupt erst ermöglichen."[907] Er führte 1931 eine Buchführung mit Kontenplan[908] ein und legte dem Vorstand auch eine Finanzplanung und eine Haushaltsrechnung vor. Als Wirtschaftsjahr wurde der Zeitraum 1. 10.-30.9. festgelegt. Bis 1990 wurden die Abschlussrechnungen und Prüfberichte von der 1932 gegründeten Solidaris Treuhand GmbH erstellt.[909]

Richter informierte auf der Arbeitsbesprechung am 27. November 1930 erstmals einen weiteren Kreis über die Finanzlage. Von den 96.000 RM Einnahmen (+ 14.000 RM gegenüber 1929/30) seien 56.000 RM direkt an die Gemeinden zurückgeflossen.[910] Da etwa 9.000 RM nicht verausgabt werden konnten, wurden Richters Forderungen nach mehr Mitteln eher reserviert aufgenommen. [911] Richter beklagte erneut, dass nur ca. 18.000 RM für diese Arbeit zur Verfügung gestellt worden seien,[912] seine Forderung nach mehr Mitteln wurde reserviert aufgenommen. Allerdings wurde dem CV die Verwaltung des Vermögens des Gesamtverbandes in Form eines Sondervermögens übertragen.[913] Damit verbesserte sich die Finanz-

---

904   Protokoll CVF-Vorstand 24.11.1932 (ACVF-1311).
905   Schreiben Herr/Richter v. 23.12.1930 (ACVF-Korrespondenz-Gesamtverband), noch am 1.12.1930 hatte ihm Herr den Sitzungssaal zugestanden, aber nur wenn er vor Sitzungen geräumt und „nicht als Niederlage von alten Kleidern etc." erscheint. (Schreiben Herr/Richter v. 1.12. 1930-CVF-Korrespondenz-Gesamtverband).
906   Protokoll CVF-Vorstand 2.7.1932 (ACVF-1310).
907   Fibich, S. 232.
908   Kontenplan von vermutlich 1937 (DAF II.11.D) .
909   Bericht der Solidaris Treuhand über die Jahresabschlüsse des Caritasverbandes Groß-Frankfurt sind für den Zeitraum 1930–1989 vorhanden (ACVF-1510). Sie werden als „Solidaris-Prüfbericht" zitiert.
910   Protokoll Arbeitsbesprechung am 27.11.1930 (ACVF-1310 bzw. ACVF-1330-01).
911   Protokoll Arbeitsbesprechung v. 27.11.1930/ACV F-1311).
912   12.000 RM wurden vom Gesamtverband, 500 RM von der St. Josefgemeinde Bokkenheim und 5.500 RM aus Zinserträgen der aufgewerteten Hypotheken der Armenanstalt aufgebracht (Rundschreiben Richter v. 1.12.1930 an alle Pfarreien Frankfurts – CVF-1311).
913   Schreiben Gesamtverband/Stadt Frankfurt-Rechtsamt-Stiftungsabteilung v. 20.1.1947 – Abschrift (ISG Stiftungsabteilung 58).

ausstattung des CV und man erzielte höhere Einnahmen aus Spareinlagen, Wertpapieren, Hypotheken und Darlehen.[914]

	1929/30	1930/31	1931/32	1932/33
Einnahmen	**96.000**	**113.550**	**176.883**	**216.319**
Gesamtverband		11.400	11.400	11.400
Beiträge/Spenden				30.778
Winterhilfe				28.744
Caritas-Sammlungen				19.027
Holzplatz	-			23.463
Zuschüsse Anstalten/Vereine				35.291
Zuschüsse Kinderwohl				15.668
Ausgaben	**87.000**	**110.628**	**177.881**	**213.831**
Personal- und Verwaltungskosten	35.967	77.238	140.577	161.477
Beihilfen	10.376			18.148
Ambulante Pflege	28.000	27.846	28.036	20.187
Schwestererholung	4.101	3.719	226	610
Wandererfürsorge	3.102			1.953
Kindergartenspeisung	3.725	1.825	1.030	
Kindererholung	424	-	8.012	13.408
Müttererholung	1.507	-	-	
Holzplatz				26.266
Zuschüsse Anstalten und Vereine				42.691
Sammlungsanteil Pfarreien				9.110
Winterhilfeanteil für Pfarreien				30.744
Saldo	**9.000**	**2.923**	**-1.925**	**-4.413**

Am 1. April 1930 verfügte der CV über ein Vermögen von 40177 RM.[915] Am 23. Dezember 1931 belief sich das Vermögen auf 62.000 RM, so dass der Caritasvorstand am 19. Januar 1932 feststellte, „dass einerseits die gegenwärtigen unsicheren wirtschaftlichen und finanziellen Verhältnisse und andererseits unsere Verpflichtungen dem durch den Vorstand verwalteten Armenvermögen gegenüber eine bestmögliche Sicherheit in der Anlage des Kapitals erfordern müsse."[916] Vermutlich steht dies im[917] Zusammenhang mit dem möglichen Verlust der Geldanlage in der Bank des Gesellenhauses Höchst.[918] Am 31. März 1933 hatte man ein Vermögen von 111.880 RM, denen Forderungen von 25.759 RM gegenüberstan-

---

914 Zu den Hypotheken und Darlehen an kirchliche Einrichtungen in Frankfurt siehe Abschnitt 5.1.5.2 – Zuschüsse und Darlehen für caritative Arbeit, S. 199f.
915 Solidaris-Prüfbericht 1930 (ACVF-1510).
916 Protokoll CVF-Vorstand v. 19.1.1932 (ACVF-1310).
917 Bericht der Solidaris Treuhand über die Jahresabschlüsse des Caritasverbandes Groß-Frankfurt sind für den Zeitraum 1930–1948 vorhanden, die folgenden bis 1990 sind z. Zt. nicht auffindbar (ACVF-1510). Sie werden im Folgenden als „Solidaris-Prüfbericht" zitiert.
918 Siehe Abschnitt 4.4.1 – Gesellenverein-Sparkasse H, S. 174f.

den.[919] Außerhalb des CV kannte vermutlich bis in die 70er Jahre niemand die Vermögenslage, da dem BO nur Haushaltsrechnungen vorgelegt wurden. Lamay beklagte vergeblich, dass der CV als kirchliche Einrichtung dem BO mindestens einmal jährlich eine Vermögensaufstellung vorlegen müsse.

Richter setzte aufgrund der negativen Erfahrungen in der Währungsreform auf Grundbesitz zur Anlagensicherung. Mit der Eintragung ins Vereinsregister (41 VR 1498) am 9. April 1932 wurde es möglich, Vermögen in Immobilien anzulegen, was aber erst nach 1933 erfolgte. Außerdem wurde die Eintragung als milde Stiftung möglich und damit die Befreiung von u.a. Körperschafts-, Erbschafts- und Umsatzsteuern. Dies betraf die steuerliche Behandlung von Mitgliedsbeiträgen, Spenden und Sammlungen. Am 19. Juli 1932 beantragte der CV die Gemeinnützigkeit und diese wurde bereits am 5. August 1932 rückwirkend von der Körperschafts-Vermögens- und Umsatzsteuer für 1931 freigestellt,[920] aber regelmäßig bis heute verlängert. Zeitweise wurden aber sicherheitshalber Rückstellungen in Höhe von bis zu 500 RM für Umsatzsteuer und Gewerbesteuer gemacht, die aber nie fällig oder rückerstattet wurden.

5.1.5.1 Öffentliche Mittel

Während der Weltwirtschaftskrise wurden die Zuschüsse der öffentlichen Hand (Stadt, Bezirksverband Nassau) ständig reduziert. Belegt sind nur Planansätze für 1931/32 (200 RM) und 1932/33 (900 RM).[921] Ob diese gezahlt wurden, muss offen bleiben. Zurückzuführen ist dies auf die Reduzierung der Kapazitäten in den Fürsorgeeinrichtungen und die mit der 4. Notverordnung vom 8. Dezember 1931 stark verringerten Leistungen der Krankenversicherungen, die die eigenen Einrichtungen bevorzugt belegten.

Bereits am 1. September 1931 hatte der Landeshauptmann von Nassau Zuschüsse für Mütterberatungs- und Säuglingspflegestellen sowie Milch und Nährmittel, Wanderer- und Gefährdetenfürsorge, Gefangenenfürsorge, Kinderspeisungen, Heil- und Erholungskuren für schulentlassene Jugendliche, Heil- und Erholungskuren der Pflegeschwestern sowie die Tbc-Vorsorge gestrichen. Reduziert wurde auch die Hilfe für Kriegsbeschädigte und – hinterbliebene.[922] Auch die Stadt reduzierte ihre freiwilligen und Gratisleistungen und zögerte auch die gesetzlichen Leistungen möglichst hinaus. Die Freifahrkarten für die Schwestern in der ambulanten Pflege wurden teilweise gestrichen, obgleich deren Beanspruchung stark zugenommen hatte. 1931 standen nur 65 übertragbare Netzkarten für 180 Pflegekräfte zur Verfügung, die 160.742 Krankenbesuche und 12.873 Nachtwachen mach-ten.[923] Die übrigen Kosten wurden vom CV übernommen. Gerhard

---

919 Solidaris-Prüfbericht (ACVF-1510).
920 Antrag CVF/Finanzamt Frankfurt-Ost v. 12.7.1932 bzw. Freistellungsbescheid v. 5.8.1932 (ACVF-1011).
921 Kostenvoranschläge 1931–1943 (ACVF-1510 bzw. DAL359).
922 Rundschreiben Landeshauptmann an Bezirksfürsorgeverbände v. 1.9.1931 (DAF II-10.F).
923 Schreiben Richter/Stadtgesundheitsamt v. 9.1.1932 (DAF II-10.F)

Börner beklagte am 22. April 1931, dass die Stadt angesichts des Rückgangs der Pfleglinge ihre Einrichtungen zulasten der konfessionellen retten wolle.[924] So hatte der CV am 22. Oktober 1930 vergeblich einen Modernisierungs-zuschuss in Höhe von jeweils einem Drittel der Gesamtkosten (1800 RM) für das Kinderheim im St. Anna-Haus (Heidestr. 62)[925] bei der Stadt Frankfurt bzw. beim Landeshauptmann Nassau beantragt.[926] Da das Fürsorgeamt nur vier Kinder dort untergebracht hatte und in das nicht voll belegte städtische Kinderheim Hammelsgasse verlegen wollte, erklärte man am 21. Januar 1931: „Es besteht alsdann auf längere Zeit kein Bedarf, das private Heim mit Kindern, die der öffentlichen Fürsorge anheimgefallen sind, zu belegen."[927] Ob seitens des Landeshauptmanns ein Zuschuss gezahlt wurde, ist zu bezweifeln. Auch ein vom Frauenfürsorgeverein für das Monikaheim gestellter Antrag wurde aus finanziellen Gründen zurückgestellt und vermutlich nicht gewährt. [928] Schließlich blieben nur Zuschüsse der Berufsgemeinschaft der Gemeindehelferinnen und des Landeshauptmanns Nassau für Bahnhofmission, Bahnhofdienst und Kinderspeisung übrig, die bis 1938 gezahlt wurden.

5.1.5.2 Zuschüsse und Darlehen für caritative Arbeit

Eine der Hauptaufgaben des CV war die Weiterleitung der öffentlichen Hilfsgelder über die Fürsorger und Fürsorgerinnen im Rahmen von Betreuungsmaßnahmen. Ergänzt wurde dies durch individuelle Einzelfallhilfen in Form von Beihilfen, Zuschüssen oder Darlehen, über die der Caritasvorstand die Entscheidung traf. Zwar gab es auch Personen, die sich direkt an das Caritassekretariat wandten, meist wurden Hilfsbedürftige aber von den jeweiligen Pfarrern unterstützt,[929] soweit dies finanziell möglich war und für die die Pfarrer, meist aber Vinzenz- und Elisabethenvereine bürgten.[930] Da Belege der beiden Vereine nicht erhalten sind, kann der finanzielle Umfang nicht beziffert werden. In Einzelfällen wurden auch Privatpersonen Darlehen gewährt.

Die Darlehen wurden hypothekarisch oder durch eine Rückbürgschaft des Gesamtverbandes abgesichert. Pfarreien erhielten einerseits verlorene, d.h. nicht rückzahlbare, Zuschüsse für die örtliche caritative Arbeit, andererseits gab man Darlehen und übernahm Bürgschaften bei caritativen Projekten für von Pfarreien aufgenommene Kredite.[931] Dem Gesamtverband wurden Bankguthaben gegen Schuldschein zur Verfügung gestellt,[932]

924   Auszug aus Brief Gerhard Börners an seinen Sohn Erwin v. 22.4.1931, abgedruckt in Vermerk seines Sohnes Pfarrer Erwin Börner ((ISG S2-2.134).
925   Siehe Anm. 957.
926   Schreiben Richter/Stadt v. 22.10.1930 (ISG-Magistratsakten 8.846).
927   Vermerk Fürsorgeamt-Jugendfürsorge-Direktion v. 17.11.1930 bzw. Vermerk v. 21.1.1931 (ISG-Magistratsakten 8.846).
928   Vermerk für Fürsorgeamt v. 18.12.1931 (ISG-Magistratsakten 8.846).
929   Pfarrer Schwickert erhielt am 24.1.1933 einmalig 50 RM, Stadtpfarrer Herr eine lfd. mtl. Zuwendung von 10 RM ür ein Frl. Z (Vorstandsprotokolle v. 24.1.1933 bzw. 21.3.1933 – ACVF-1310).
930   Protokoll CVF-Vorstand v. 13.11.1941 (ACVF-1310).
931   Siehe Abschnitt 5.1.5.2 – Zuschüsse und Darlehen für caritative Arbeit, S. 199ff.
932   Vermerk für Richter v. 11.1.1932 (DAF II-10.F).

Empfänger	Datum	Zuschüsse (Z) und Darlehen (D)
Arbeitervereine	10.11.1931	Z-200 RM Für Exerzitien
Bernhard	15.5.1931	D-10.000 RM – Hypothek Erweiterung Schlossborn mit 7 % Zinsen, jederzeit kündbar, 1935 mit Kauf von Schlossborn durch CV abgelöst
	24.1.1933	Hypothekenzins auf halbjährlichen Festgeldzins der Nassauischen Landesbank reduziert
	17.5.1935	Kauf von Schlossborn und Übernahme aller Bearbeitungskosten durch die Pfarrei [15.05.31].
		D-5.000 RM Zinslos mit jährl. Tilgung für Erweiterung Kindergarten
	4.3.1937[933]	Z-20 RM mtl. für zweite Pfarrsekretärin ab 1.4.1937
Frauenfürsorge-verein	10.5.1932	Z-50 RM mtl.
		D-1.000 RM Für dringende Rechnungen
	17.10.1939	Z-1.000 RM für Monikaheim
	24.3.1941	Z-1.041 für Kartoffelrechnung Monikaheim
Gesamtverband	11.1.1932	D-20000 RM mit Goldklausel, kurzen Laufzeiten und Kündigungsrecht, später auf 30700 RM aufgestockt
Gesellenverein Frankfurt	10.5.1932	Z-50 RM mtl.
		D-1.000 RM für dringende Rechnungen
Gesellenvereins-kasse Höchst		9.135 RM Sparguthaben zzgl. Zinsen als Darlehen behandelt und 1942/43 abgeschrieben
Vinzenzkonferenz Dom	5.10.1934	Z-30 RM mtl. für Kindergarten
	10.12.1934	Z-250 RM Darlehen, in Zuschuss umgewandelt
	1937	Z-250 RM für Sanierung Kindergarten
	21./28.11.1934	Z-25 RM mtl. ab August 1934 für caritative Aufgaben
Heilig Geist	10.12.1934	Z-Geld (in unbekannter Höhe. Erlaubnis, über die Volkshilfe weitere Mittel beantragen zu können. D-5.000 RM Darlehen mit 2. Hypothek auf Schwesternhaus Görresstraße
Schwanheim	10.5.1932	Z-30 RM mtl. für Pfarrhelferin/Caritasarbeit bis 31.3.41
	13.3.1936	D-40.000 RM für Kirche und Kindergarten, 1944 getilgt
Praunheim	10.4.1934	Z-20 RM mtl. für Gemeindehelferin
Ried	18.11.1940	Z-30 RM mtl. für örtliche Caritasarbeit bis 31.3.41
St. Josef	20.4.1933	Z-20 RM für Gemeindehelferin
Zeilsheim	20.4.1933	Z-20 RM für Gemeindehelferin
Griesheim	20.4.1933	Z-20 RM mtl. Für Krankenhausfürsorgerin Z-38 RM Für Haushaltspflegerin
Althainer Block	10.11.1931	Z-100 RM für Wärmestube
Sindlingen	20.4.1933	Z-20 RM für Gemeindehelferin

---

933   Auf dem Sitzungsprotokoll beigefügten Antrag St. Bernhard v. 24.3.1937 wurde handschriftlich vermerkt „genehmigt!". Im Sitzungsprotokoll wird Antrag nicht erwähnt (Protokoll CVF-Vorstand v. 4.3.1937 – ACVF-1310).

im Januar 1932 z.B. 20.000 RM mit einem fixierten Kündigungsrecht und kurzfristiger Laufzeit und Goldwertklausel.[934]
Der CV stellte Anträge zurück, wenn es die Finanzlage nicht erlaubte. U.a. betraf dies Anträge des Fachausschusses Kinderwohl,[935] pfarrliche Jugendhilfemaßnahmen,[936] Frauenfürsorgeverein und Gesellenverein Frankfurt.[937] Außerdem lehnte er Zuschuss- und Darlehensanträge ohne gemeinnützigen Hintergrund ab. So wurde am 12. Juni 1933 eine 25.000–30.000 RM Bürgschaft für die Inneneinrichtung für die neue Kirche in Niederrad abgelehnt, da dies kein caritativer Zweck sei und auch das BO kaum zustimmen würde. Unklar bleibt, weshalb ein 10.000 RM-Antrag von Deutschorden für die Neugründung eines Kindergartens abgelehnt wurde.[938] Darlehensanträge außerhalb des pfarrlichen Bereiches wurden ohne jegliche Prüfung abgelehnt wie die des Katholischen Frauenbundes, des Vereins katholischer weltlicher Krankenschwestern[939], des Jugendvereins Deutschorden[940], und des Herz-Jesu-Bundes[941].

Zuwendungen seitens des CV an Pfarreien oder kirchliche Verbände wurden aber ausschließlich für die pastoral-caritative Arbeit gedacht und als Personalkostenzuschüsse gezahlt. Teilweise wurden sie durch Zuschüsse des DCV ergänzt. Eine Ausnahme wurde beim Gesellenverein Frankfurt gemacht, der mit seinen beiden Häusern Karlshaus/Seilerstr. 20 und Gesellenhaus/Fellnerstraße in eine finanzielle Schieflage geraten war und seine 200 Mitglieder überfordert waren. Im Karlshaus waren über 100 Männer untergebracht, mehr als die Hälfte waren arbeitslos. So wurde ein monatlicher Zuschuss von 50 RM und ein zinsfreies 1.000 RM-Darlehen gewährt.[942]

Bisweilen kam es auch zu Komplikationen, insbesondere bei der Elisabethkonferenz bzw. Vinzenzkonferenz der Dompfarrei, da hier Stadtpfarrer Herr zugleich Präses und Caritasvorsitzender war. Herr zog einen Antrag der Elisabethenkonferenz Dom am 10. Mai 1932 zurück[943] und übernahm bei einem Antrag der Vinzenzkonferenz die weiteren Verhandlungen, bei der das Darlehen in einen Zuschuss umgewandelt wurde.[944] Andererseits gewährte der Örtliche Verwaltungsrat der Frankfurter Vinzenzkonferenzen, dessen Vorsitzender gleichzeitig auch die Vinzenzkonferenz am Dom leitete, 1935 dem CV ein Darlehen von 10.000 RM für die Errichtung einer Schwesternstation in einer notleidenden Vorortgemeinde an. Butterweck, Höhler und Richter sollten die Pfarrgemein-

---

934 Die von 1924–1949 übliche Goldwertsicherungsklausel sicherte im Falle einer Inflation den Darlehensbetrag mit einer festgelegten Goldmenge ab.
935 Protokoll CVF-Vorstand v. 10.5.1932 (ACVF-1310).
936 Protokoll CVF-Vorstand v. 28.7.1932 (ACVF-1310).
937 Protokoll CVF-Vorstand v. 20.4.1933 (ACVF-1310).
938 Protokoll CVF-Vorstand v. 12.6.1933 (ACVF-1310).
939 Protokoll CVF-Vorstand v. 2.7.1934 (ACVF-1310).
940 Protokoll CVF-Vorstand v. 10.5.1932 (ACVF-1310).
941 Protokoll CVF-Vorstand v. 9.4.1937 (ACVF-1310), ein dazu gehörendes Schreiben an das BO konnte nicht bisher aufgefunden werden.
942 Protokoll CVF-Vorstand 10.5.1932 (ACVF-1310).
943 Protokoll CVF-Vorstand v. 10.5.1932 (ACVF-1310).
944 Protokolle CVF-Vorstand v. 5.10. und 10.12.1934 (ACVF-1310).

de aussuchen. Dabei war zunächst Praunheim im Visier,[945] doch konnte nicht geklärt werden, ob und wenn ja, welche Gemeinde den Zuschlag bekam. Besonders engagierte sich der CV im Neubaugebiet Schwanheim/Goldstein, auf das weiter unten eingegangen wird.[946] Das Darlehen wurde 1944/45 völlig getilgt.[947] Diskutiert wurde auch die Übernahme von 4600 RM Schulden des Vinzenzvereins Dom durch den CV. Herr und Eckert wollten prüfen, ob der Gesamtverband diese ggfs. übernimmt bzw. der CV die Hälfte trägt, zumindest die fällige Annuitäten von 500 bzw. 300 RM. Näheres dazu ist nicht bekannt.[948] Im April/Mai 1946 war die Tilgung des Darlehens für die Vinzenzkonferenz wie das Bartholomäus-Komitee weiter offen, auch waren seit längerem keine Zinsen mehr gezahlt worden.[949] Auf die die finanziellen Schwierigkeiten des Monikaheims wird unten eingegangen werden.[950]

5.1.6 Service für die Pfarrcaritas

Der überwiegende Teil der caritativen Arbeit wurde von den Pfarreien, den Heimen und den Vereinen bewältigt. Die Pfarreien unterhielten einen Kinderhort für schulpflichtige Kinder (Unterweg 16) und 27 Kindergärten. Neben den beiden Gesellenhäusern in der Seilerstraße 20 (Karlshaus) und der Fellnerstraße bestanden acht Ledigenheime für Mädchen und Frauen.[951] In der Unteren Atzemer bestand ein Altersheim für Männer, daneben gab es mehrere Altersheime für Frauen.[952] Die Dernbacher Schwestern unterhielten ab 1907 im Nordend das Marienkrankenhaus und ab 1880 in Bockenheim das Elisabethen-Krankenhaus. Nur für 1929/30 liegen Angaben über die Unterstützung seitens des CV vor. So erhielten die Schwesternhäuser für die ambulante Pflege 28.000 RM. Für die Schwestererholung wurden 4.161 RM, für die Kindergartenspeisung 3.725 RM.[953]

Mit den Auswirkungen der Weltwirtschaftskrise und der bis in den Sommer 1932 stetig steigenden Arbeitslosigkeit und der Verarmung der Familien stiegen auch die Anforderungen an den Caritasverband und die katholischen Institutionen wie Pfarreien und Vereine. Dank der neuen Struktur und besserer Absprachen konnte der CV den katholischen Einrichtungen besser helfen als zuvor. So heißt es im Geschäftsbericht 1932/33:

---

945   Protokoll CVF-Vorstand v. 19.8.1935 (ACVF-1310).
946   Siehe Abschnitt 6.4.3.5.5 – Goldstein-Siedlung, S. 292f.
947   Solidaris-Prüfbericht 1944/45 (ACVF-1510).
948   Protokoll CVF-Vorstand v. 24.3.1941 (ACVF-1310).
949   Solidaris-Prüfbericht 1945/46 (ACVF-1510).
950   Siehe Abschnitt 6.5.4.3 – Weibliche Jugendliche und junge Frauen – Monikaheim, S.343ff.
951   Mädchenheim der Franziskanerinnen, Mädchenheim der Armen Dienstmägde Christi, Bundesheim des Herz-Jesu-Bundes für ledige weibliche Angestellte, Hildegardis-Stift für katholische Studentinnen, Klara-Margarethen-Heim für berufstätige Frauen und Mädchen, Monikaheim.
952   Marienheim, Klara-Margarethen-Heim, Josefshaus (Eschersheim) und Josefshaus (Hartmannsweiler Straße), Ludwig-Wilhelm-Stift (Rödelheim), Heim der Herz-Jesu-Schwestern, sowie Altersheime in der Mainzer Landstraße, Eichwaldstraße, Lange (damals Hans-Handwerk)-Straße, Kostheimer Straße, Kniebisstraße und Zeilsheim/Saalfelder Straße.
953   CVF-Geschäftsbericht 1929/30 (ACVF-1510).

"dass im vergangenen Arbeitsjahr kein katholisches Heim und kein einziger caritativer Verein durch die materielle Not gezwungen wurde, seine Hilfeleistungen völlig einzustellen, wenn es manchem dieser Vereine auch ausgesprochen schlecht geht. Dieses Durchhaltenkönnen und diese Vitalität (...) ist umso beachtlicher, als in derselben Zeitspanne die öffentlichen Körperschaften zu einem weitgehenden Abbau nicht nur der offenen, sondern auch der halboffenen und geschlossenen Fürsorgeeinrichtungen (gezwungen waren).[954]

Der CV beantragte mögliche Zuschüsse und leitete diese an die Pfarreien weiter. In einer vermutlich von 1932/33 undatierten Aufstellung der Ausgaben nach Pfarreien wurden 70056 RM verteilt, dazu kamen gesamtstädtische Ausgaben von 9547 RM, darunter u.a. für Gutscheine (3684 RM), Mündelfürsorge (3188 RM), Trinkerfürsorge (915 RM), Monikaheim (1380 RM). Bei den Pfarreien die Dompfarrei (8972 RM), St. Bernhard (6125 RM), St. Gallus (5280 RM), St. Josef (4116 RM) und St. Ignatius (3617 RM) die meisten Zuwendungen. Schwerpunkte bildeten die Bereiche Ambulante Pflege (23073 RM), Volkshilfe (13398 RM), Winterhilfe (12388 RM) und Müttererholung (6415 RM). Außerdem gab es kleine Beihilfen für Kommunionkinder, die Wärmestube in Sindlingen und die Erwerbslosenwerkstatt in St. Bernhard.[955]

Die Pfarreien verstanden den CV als Rückversicherung, falls die Mittel nicht ausreichen sollten, waren aber bestrebt, ihn möglichst aus der Arbeit fernzuhalten. So unterstützte der CV die Pfarreien durch Darlehen und Zuschüsse, wobei es sich oft nur um kleine Beträge. Lohnkostenzuschüsse in Höhe von monatlich 20 RM wurden für Gemeindehelferinnen u. a. in Nied, Griesheim, Sindlingen/Zeilsheim gezahlt (ab 1.3.1933), bei denen ein Teil der Kosten nachträglich von der DCV-Gemeindehelferinnenschule in Freiburg übernommen wurde.[956] Der CV übernahm die Antragstellung für Zuschüsse bei der Stadt bzw. beim Landeshauptmann, allerdings nicht immer erfolgreich.[957] Leistungen zugunsten des DiCV und des DCV wurden vom CV übernommenen. So beschloss man am 24. November 1932, die Beitragsleistungen der Pfarreien und karitativen Einrichtungen an den DiCV durch einen eigenen jährlichen Pauschalbetrag von 500 RM abzugelten.[958] Auch bei den Caritas-Sammlungen übernahm man die Aufteilung und Weiterleitung der abzuführenden Anteile. Andererseits lehnt man Bürgschaften für nichtcaritative Projekte ab, so der Antrag von Niederrad zur Finanzierung der Innenausstattung (30.000 RM) der neuen Pfarrkirche, zumal man davon ausging, dass das BO keine Genehmigung erteilen würde.[959] Bei der Schaffung einer Jugendpfarrer-Stelle durch den Gesamtverband am 1. März 1933 wurden monatlich 50 RM durch den General-

---

954   CVF-Jahresbericht 1932/33 (ACVF-1510).
955   Zusammenstellung der Ausgaben nach Pfarreien o.D. (ACVF-1510).
956   Protokoll CVF-Vorstand 12.6. bzw.10.12.1933 (ACVF-1310).
957   So wurde 1930/31 ein Antrag auf einen städtischen Zuschuss für die Renovierung des Kinderheims Heidestraße 62 (Eichwaldstraße) abgelehnt, weil die Stadt nur vier Plätze belegt hatte und ihre Belegkinder angesichts der s städtischen Finanzlage in ein unterbelegtes städtisches Heim verlegen wollte. (Korrespondenz in ISG 8.846).
958   Protokoll CVF-Vorstand 24.11.1932 (ACVF-1310).
959   Protokoll CVF-Vorstand 12.6.1933 (ACVF-1310).

präses der Jugendvereine zugesagt, doch Stadtpfarrer Herr wollte auch den Caritasverband an der Finanzierung beteiligen. Richter nutzte dies zur grundsätzlichen Klärung der Frage, ob nicht alle wohltätigen Stiftungen durch den Caritasverband verwaltet werden sollten.[960] In diesem Falle könne er auf die Zuwendung aus dem Stipendium Pauperum verzichten und einen Zuschuss zum Gehalt des Jugendpfarrers Albert Büttner geben,[961] dem ab August 1933 monatlich 25 RM für Jugendarbeit gewährt wurden.[962]

Mit Ausnahme des Fürsorgeverein für Mädchen, Frauen und Kinder, dem Kreuzbund, dem Taubstummenverein „Pax" und die Vereinigung für Familienhilfe bestanden alle übrigen Vereine nur auf dem Papier. So erklärte

Richter gegenüber DCV-Direktor Joerger, in Frankfurt bestehe keine einzige Fachorganisation, „die für das caritative Gesicht der Stadt sowohl in dem Bewusstsein unserer Pfarrer eine erhebliche Bedeutung hätte." Die Vinzenz- und Elisabethenvereine seien leistungsschwächer als die Pfarrcaritasausschüsse und stark überaltert, verbrauchten die wenigen Mittel aus den kirchlichen Kollekten und bäten den Caritasverband um Zuschüsse für Einzelfälle, wenn ihnen der Pfarrcaritasausschuss nicht helfen könne. In den neuen Pfarreien habe man daher auf die Gründung von Vinzenzvereinen zugunsten der Pfarrcaritasausschüsse verzichtet. Der akademische Vinzenzverein (Ozanam-Kreis[963]) habe nie richtig existiert und seine geringen Ausgaben wie der Albertus-Magnus-Verein[964] würden aus der Kasse des

Caritasverbands bestritten. Der Männerfürsorgeverein sei nie tätig geworden, Bahnhofdienst und Bahnhofsmission würden vom CV finanziert. Aus diesem Grunde sei eine Mittelverteilung an die Fachorganisationen für Frankfurt sinnlos, „weil sie entweder völlig auf der Tasche des Caritasverband liegen oder nichts leisten." Richter bezeichnete das Verhältnis zu den Pfarrern und den Caritasausschüssen als „gutes und schönes Verhältnis", es bestünden auch keine Spannungen, „weil das Übergewicht des Caritasverband gar zu groß ist."[965]

Nur wenn man nicht weiterwusste, brachte man den CV ins Spiel. Nachdem der Vertrag zwischen der Rhein-Mainischen-Volkszeitung und dem Frauenbund über die Pilgerfahrten für 1933 gekündigt worden war, bat man den Caritasverband, als Veranstalter aufzutreten. Dafür würde er den Reinertrag erhalten, ohne aber mit der Durchführung belastet zu wer-

---

960   Pfarrer Eckert erklärte sich bereit, gemeinsam mit Richter eine neue Aufstellung über die aufgewerteten Zinsen der Armenanstalt zu machen.
961   Protokoll CVF-Vorstand 24.1.1933 (ACVF-1310).
962   Protokoll CVF-Vorstand 28.11.1933 (ACVF-1310).
963   Der Ozanamkreis war ein Arbeitskreis studierender und berufstätiger Katholiken, die ehrenamtlich in der Jugendfürsorge und der Vereinsvormundschaft mitarbeiteten.
964   Der Albertus-Magnus-Verein als kirchliche Studienförderung unterstützt „katholische Studenten, die würdig und begabt sind und denen keine ausreichenden privaten oder öffentlichen Mittel zur Verfügung stehen"; die Förderung geschieht in der Regel durch zinslose Darlehen und erstreckt sich auf die Endphase des Studiums.
965   Schreiben Richter/Joerger v. 18.4.1934 (ADCV-127F/1030).

den. Christine Lill äußerte Bedenken, „dass der Caritas-Verband der Öffentlichkeit gegenüber als Unternehmen auftritt." Stadtpfarrer Herr empfahl, Richter möge mit dem Vorstand des Katholiken-Komitees verhandeln, das dieser offiziell als Veranstalter auftreten und dem CV zwei Drittel des Reingewinns abgeben solle.[966] Ein Ergebnis ist nicht bekannt, auch nicht, ob die Wallfahrten durchgeführt wurden.

5.2 Caritasarbeit in Frankfurt

Mit zunehmender Arbeitslosenzahl wandten sich vermehrt Bittsteller an die Pfarreien und den CV. Unter dem Titel „Wirtschaftsfürsorge" statt Armenfürsorge bemühte man sich zu helfen. Um Missbrauch vorzubeugen, zog man über jeden Bittsteller Erkundigungen bei beim Fürsorgeamt und der Zentrale für private Fürsorge ein. Außerdem stützte man sich auf die inzwischen fertiggestellte Pfarrkartothek und gewährte Hilfen nur nach Absprache mit dem jeweiligen Pfarramt. Man legte Wert auf Gutscheine, da diese nur in Geschäften eingelöst und nicht gegen Bargeld getauscht werden konnten.[967]

1929/30 wurden Gutscheine für 3606 RM ausgegeben. Die Pfarreien zahlten ihrerseits 3459 RM in bar aus, die vom CV erstattet wurden. Dazu kam eine Kohlenspende von 480 RM. Kinderreiche Familien erhielten 2030 RM aus der Erwerbslosenspende für kinderreiche Familien. Außerdem gab es weitergeleitete Hilfen aus Stiftungsmitteln (160 RM in zwei Fällen), der Zentrale für private Fürsorge (263 RM), der Tbc-Fürsorge (135 RM) und Gesundheitsfürsorge (134 RM). Außerdem wurden mehreren Erstkommunikanten geholfen. Aus der Sammlung des Weihnachtsliebeswerk wurden 7934 RM und 58 Weihnachtspakete an alte Leute (41), Mündel (10) und Strafentlassene (7) für 455 RM verteilt. [968]

5.2.1 Erwerbslose

Von 1929 bis zum 1. August 1930 verdoppelte sich die Arbeitslosenzahl in Groß-Frankfurt auf 39368 an, davon 34090 allein in der Innenstadt. Dazu kamen weitere 16036 in den zum Arbeitsamtsbezirk Frankfurt gehörenden Außenbezirken, d.h. insgesamt 52918. Im Februar 1931 erreichte die Arbeitslosenzahl im Arbeitsamtsbezirk Frankfurt mit 74257 ihren Höchststand, ging aber nach Ende des Winters saisonal bedingt wieder zurück. Am 1. März 1931 lag er bei 72670 z, davon 54644 in Groß-Frankfurt selbst.

Die hohe Arbeitslosigkeit hatte zu einem städtischen Haushaltsdefizit von 12 Mill. RM geführt. Unter den Arbeitslosen dominierten die Bauarbeiter, danach die Angestellten, weil Frankfurt als Bank-, Börsen- und Handelsstadt besonders unter der Weltwirtschaftskrise litt. Oberbürgermeister Landmann zeigte sich mehrfach verärgert, dass Frankfurt trotzdem als reiche Stadt angesehen und bei der nach freiem Ermessen der Ministerialbürokratie verteilten ohnehin unzulänglichen Reichshilfe, meist leer aus-

966   Protokoll CVF-Vorstand 24.1.1933 (ACVF-1310).
967   CVF-Jahresbericht 1929/30 (ACVF-1510).
968   CVF-Jahresbericht 1929/30 (ACVF-1510).

ging.[969] Ende 1932 war die Stadt zahlungsunfähig und die Verschuldung auf 30 Mill. RM angestiegen, etwa 25% des Haushaltes von 1932/33 wurde für die Arbeitslosen ausgegeben. Die Arbeitslosenzahl stieg weiter und erreichte am 1. Januar 1933 im Arbeitsamtsbezirk Frankfurt wieder 70.179.

5.2.1.1 Winterhilfswerke der Caritas 1930–1933

Caritasverband, Innere Mission und Rotes Kreuz organisierten im Winter 1929/30 nach dem Vorbild von 1924 ein „Weihnachtsliebeswerk" für Kinder aus Frankfurter Familien mit besonderen Notlagen bzw. einem arbeitslosen Vater. Zur Vermeidung von Doppelmeldungen mussten die Pfarrgemeinden separate Karten an den Caritasverband einreichen, die mit der Zuwendungsangabe an die Pfarrgemeinden zurückgingen, die dann die endgültige Verteilung vor Ort vornahmen. 1929/30 wurden 2,80 RM pro Kind zugeteilt.[970]

Caritas-Plakat 1932–33

Nachdem eine Neuauflage 1930/31 an der Ablehnung der Arbeiterwohlfahrt und des Landes Preußen gescheitert war,[971] rief Kardinal Bertram im Januar 1931 in einem Hirtenbrief „zum caritativen Hilfswerk im Winter und Frühjahr 1931 auf[972] und sicherte sich die Unterstützung der Reichsregierung. Eröffnet wurde die Spendenaktion im Rundfunk gemeinsam von Reichsinnenminister Joseph Wirth und Benedikt Kreutz sowie dem DRK-Präsidenten Joachim v. Winterfeldt-Menkin. Obgleich mit nur 97 Mill. RM weniger als erwartet eingenommen wurden, war die Aktion ein großer Erfolg der beteiligten Wohlfahrtsverbände und Kirchen, zumal die AWO mit SPD, ADGB und dem DBB eine eigene Kampagne durchführte. Im Bistum konnten gemäß sehr lückenhafter Berichte ca. 25.000 RM in bar sowie Naturalien und Wäsche im Wert von 50.000 RM ausgegeben werden.[973]

An der Kartoffelsammlung im Herbst 1931 beteiligten sich rd. 25 Westerwälder Pfarreien, die die Abgabe mit den einzelnen Frankfurter Pfarreien selbst regelten.[974] Das Dekanat Höchst war aufgrund einer eigenen Aktion daran nicht beteiligt. Diözesancaritasdirektor Lamay forderte die Vorstände der Arbeitervereine, der Jungmänner- und Jungfrauenvereine auf, Maßnahmen für erwerbslose Jugendliche und Erwachsene während der Wintermonate durchzuführen.[975] Nun wur-

969   Rebentisch, S. 280.
970   Protokoll Arbeitsbesprechung v. 21.11.1930 (ACVF-1310-01).
971   Hammerschmidt, S. 122.
972   Kirchliches Amtsblatt des Erzbischöflichen Ordinariats Breslau v. 5.1.1931.
973   Fibich, S. 85.
974   Protokoll Arbeitsbesprechung v. 21.11.1930 (ACVF-1310).
975   Protokoll Arbeitsbesprechung v. 14.11.1930 (ACVF-1310).

den auch erwerbslose Jugendliche bis 21 Jahre einbezogen. Ausdrücklich wurde darauf verwiesen, dass der Besuch eines katholischen Kindergartens allein nicht ausreichend sei. Für 1930/31 befürchtete man aufgrund der gestiegenen Meldungen einen niedrigeren Kopfbetrag als 1929/30.[976]

Obgleich sich in der zweiten Jahreshälfte die wirtschaftliche Lage spürbar verbesserte, weil ein Teil der politischen Maßnahmen zu greifen begann und die Arbeitslosigkeit stark zurückging, blieb die Not in der Bevölkerung groß. Der DCV sammelte im Winterhilfswerk 1932/33 Geld- und Sachspenden in Höhe von 27–30 Millionen RM. Das Aufkommen war größer als das von Innerer Mission und Rotem Kreuz zusammen. Die Reichsbahn stellte 1931/32 ca. 25.000 Güterwagen für den Transport von Lebensmittel, Brennstoffe Wäsche und Kleidung zur Verfügung und verzichtete aufgrund einer Vereinbarung zwischen DCV, Reichsinnen- sowie Reichsarbeitsministerium sowie Reichsbahnverwaltung auf Frachtkosten in Höhe von 1,86 Mill. RM.[977] 1931 wurden u. a. 18.000 t Lebensmittel (davon 14.000 t Kartoffeln), 5.750 t Kohlen und 35 t Kleidung per Bahn befördert.[978] Frankfurt erhielt davon u.a. 1.000 Ztr. Kartoffeln sowie 1.000 Ztr. Obst und Gemüse. 1932/33 wurden durch die Winterhilfe für die Frankfurter Pfarreien 30.744 RM bereitgestellt.[979]

Während der Winterhilfe 1932/33 kam es zu Querelen mit den örtlichen Kohlehändlern. Die Liga der Wohlfahrtsverbände, die Reichsbahn und der Centralverband der Kohlehändler Deutschlands organisierten eine Brennstoffverteilung an Arbeitslose, Fürsorgeempfänger und andere bedürftige Personengruppen.[980] Die Reichsbahn gab Frachtfreibriefe zur kostenlosen Beförderung aus, wenn die Brennstoffe mit Spendenmitteln gekauft und verschenkt wurden. Für die Verteilung vor Ort durfte seitens der örtlichen Kohlehändler nur eine geringe, ebenfalls aus Spendenmitteln stammende, Kostenerstattung erhoben werden. Ärger gab es, als ein Teil der weltlichen Wohlfahrtsverbände (Vaterländische Union) und einige Pfarrcaritasausschüsse und Pfarrer im Bistum Limburg die Frachtfreibriefe als Freibrief zum Verkauf missverstanden und die Brennstoffe verkauften und dabei Gewinne machten. Nachdem die Reichsbahn davon erfahren hatte, erhob sie konsequent Nachforderungen für reguläre Frachtkosten. Der davon betroffene Ortspfarrer von Steinbach/Hadamar wollte den örtlichen Kohlehändler für die Reichsbahnforderungen haftbar machen, was dessen Existenz gefährdet hätte. Daraufhin wandte sich dieser an Bischof Hilfrich selbst.[981] Aus einem Bericht von Lamay geht hervor, dass mehrere Nachzahlungen erfolgt seien, niemand habe aber einen finanziellen Vorteil gehabt und es seien auch keine nicht bedürftige Personen unterstützt worden.[982]

---

976   Protokoll Arbeitsbesprechung v. 27.11.1930 (ACVF-1310).
977   Amtsblatt für das Bistum Limburg, Nr. 12, 26.11.1931; S. 70, No. 153 sowie Karl Borgmann, Der Deutsche CV im „Dritten Reich" in: 75 Jahre Deutscher CV, Freiburg 1972, S. 103.
978   Übersicht über die Winterhilfsleistungen 1932 (DAF II-10.E).
979   Solidaris-Prüfbericht 1932/33 (ACVF-1510).
980   Zusammenstellung der Ausgaben nach Pfarreien o.D. (ACVF-1510).
981   Schreiben Kohlenhändler/Hilfrich v. 4.3.1933 (DAL 359).
982   Vermerk Lamay für Hilfrich v. 21.3.1933 (DAL 359).

5.2.1.2 Der „Verein Erwerbslosenküche"

Angesichts der schlechten Ernährungslage der Erwerbslosen organisierte man im Winter 1930/31 eine „bescheidene Erwerbslosenküche" in Gallus. Pater Schmalbach organisierte einen Monat lang einen Mittagstisch für 120 Personen in Heimen sowie 320 Familien. Pfarrer Lorenz Steinmetz plante einen Erwerbslosenküche mit evangelischen Pfarreien. Nachdem Butterweck auf dem Ortscaritasausschuss am 20. August 1931 die Notwendigkeit einer Erwerbslosenküche begründet hatte,[983] trafen sich am 1. Oktober 1931 Vertreter katholischer Vereine aus dem Dombezirk im Kompostellhof, um über die Einrichtung einer Erwerbslosenküche in der Altstadt zu beraten,[984] und gründeten tags darauf mit dem Caritasverband den „Verein Erwerbslosenküche".[985] Den Vorsitz übernahm Hermann Kress, die Stellvertretung Rektor Philipp Michels. Die Leitung der Küche und der Werbekommission übernahm Agnes Machan.[986] Insgesamt 38 Personen, vor allem aus den angeschlossenen Vereinen, arbeiteten ehrenamtlich mit. Die „redegewandten" Werber wurden von Michels am 7. Oktober 1931 geschult und auf die Aktion in der Tagespresse und während der Predigten aufmerksam gemacht. Am 15. Oktober 1931 wurde die Suppenküche im Kompostellhof (Predigerstraße 4) eingerichtet und von den Franziskanerinnen aus der Langestraße beliefert. Wohlfahrtsempfänger und Rentner zahlten unter Vorlage ihrer Ausweise pro Liter 10 Pf.. Die zur Kostendeckung notwendigen 15 Pf./Liter sollten von Spenden der Einwohner des und durch monatliche Mitgliedsbeiträge von 30 Pf. aufgebracht werden. Für ein Neumitglied erhielt der Werber 10 % des ersten bzw. der Kassierer eine von 5 % auf die weiteren Beiträge.[987] 1932/33 erwirtschaftete die Erwerbslosenküche mit einer leichten Unterdeckung von ca. 874 RM (Einnahmen 12321 RM/Ausgaben 13195 RM).[988]

1932 wurde der CV vom städtischen Fürsorgeamt und anderen freien Trägern gebeten, im Bahnhofsbereich eine Einrichtung zu schaffen, die auch eine weitere Erwerbslosenküche beinhalten sollte,[989] doch kam diese nicht zustande. Nach der Machtergreifung wurden im April 1933 alle Erwerbslosenküchen gleichgeschaltet und stellten am 20. Mai 1933 ihre Tätigkeit ein. An ihre Stelle trat der „Dachverein Erwerbslosenküche", dessen Vorstand neben Frau Jäger (NS-Frauenschaft) und Frau Probst (NSDAP), Hans Latsch und Caritasdirektor Richter angehörten.[990]

---

983 Niederschrift Ortscaritasausschuss v. 20.8.1931 (ACVF-1320).
984 Protokoll 1.10.1931 (DAF-IV.15.B).
985 Weitere Küchen wurden durch Pfarrer Veit im Evangelischen Gemeindehaus (Alte Mainzer Gasse) und vom Bund der Altstadtfreunde im Haus Braunfels eingerichtet
986 Protokoll 2.10.1931 (DAF-IV.15.B).
987 Protokolle vom 1. und 2.10.1931 (DAF-IV.15.B).
988 Kontenauszug 31.3.1933 (ACVF-1510).
989 Schreiben Steuerberater Muno/Katasteramt Frankfurt-I v. 22.1.1935 (ACVF-Immobilien/Niedenau 27).
990 Niederschrift Generalversammlung des Caritas-Verbandes Groß-Frankfurt v. 5.5.1933 (ACVF-1510-01).

5.2.1.3 Wohlfahrtsarbeitsplätze des Caritas-Verbandes

Neben der teuren Kohle war Holz die wichtigste Brennstoffquelle der ärmeren Bevölkerungsschichten. Heilsarmee und Innere Mission hatten daher bereits 1928 Holzplätze mit einer Übernachtungsmöglichkeit eingerichtet, um billiges Brennholz aus Altholz zu produzieren und gleichzeitig Wohlfahrtsarbeitsplätze zu schaffen.

1929/30 beschäftigten CV und der Zentrale für private Fürsorge erstmals 115 arbeitslose Jugendliche (davon 10 katholisch) und wandten dafür 385 RM auf. Am 10. Dezember 1931 beschloss der Caritasvorstand die Einrichtung eines „Arbeitsplatzes des Caritas-Verbandes" zum 1. Januar 1932 auf einem Grundstück zwischen Lahnstraße 58 und Mainzer Landstraße 349. Dieses verfügte über einen eigenen Bahnanschluss, zwei Werkstätten, einen Holzschuppen und eine Halle. Der Mietvertrag wurde bereits am 16. Dezember 1931 unterzeichnet.[991]

Monatlich sollten 1.500 Ztr. Holz verarbeitet werden, die als Anmach, Bündel-, Ofen- und Feinholz, sowie ofenfertiges Buchen- und Tannenholz und Sägemehl an Privathaushalte und auch Händler frei Haus geliefert werden. Außerdem wurde ein 1,5 t Hansa-Lloyd-Lieferwagen gekauft, sowie eine Bandsäge und weiteres Material, die wegen der Wirtschaftskrise aus Zwangsversteigerungen aktuell günstig zu erstehen waren. Damit war das Startkapital von 2.000 RM fast aufgebraucht. Zwei Männer (später drei) hauptamtlich, zwei (später sechs) auf Provisionsbasis

Sägemaschine

und bis zu 15 arbeitslose Männer sollten abwechselnd Arbeit finden. Mangels Übernachtungsmöglichkeit konnten nur Arbeitslose aus Frankfurt und der näheren Umgebung beschäftigt werden. Von dem Erlös sollten die lfd. Kosten, die Versicherungen, die Löhne für hauptamtliche Kräfte, zwei Vertreter auf Provisionsbasis und 15 arbeitslose, abwechselnd beschäftigte, Männer, bezahlt sowie ein Überschuss von 500 RM erwirtschaftet werden. Arbeitersekretär Kunz arbeitete eine Arbeitsordnung und Arbeitsverträge mit den fest angestellten Arbeitern aus, denen zwischen 24 und 40 RM wöchentlich (Stundenlohn 30 Pf.) gezahlt werden sollten. Rechtsanwalt Ungeheuer war für Rechts- und Versicherungsfragen zuständig.[992]

Aufgrund diverser Anlaufschwierigkeiten wurde der Holzplatz im September 1932 Kunz bzw. Butterweck unterstellt[993] Über die Pfarreien wurden die katholische Bevölkerung und Kleinhändler aufgefordert, ihren Brennholzbedarf bei der Caritas statt bei der Heilsarmee und der Inneren Mission zu decken.[994] Vom 25. Januar – 31. Dezember 1932 wurden

---

991 Mietvertrag vom 16.12.31 (ACVF-1310).
992 Protokoll CVF-Vorstand 10. und 23.12.1931 sowie 19.1.1932 (ACVF-1310).
993 Protokoll CVF-Vorstand 13.9.1932 (ACVF-1310).
994 Rundschreiben an die Pfarreien und caritativen Vereine v. 2.2.1932 (DAF II.10.F).

13.804 Ztr. Holz von 856 Arbeitern in 18.712 Stunden verarbeitet und Arbeitslöhne in Höhe von 4.840 RM gezahlt. Obwohl bis zum 31. März 1933 ein Defizit von 2.802 RM (Einnahmen 23.463 RM, Ausgaben 26.266 RM) erwirtschaftet wurde, beschloss man, das Projekt fortzuführen.

Am 15. September 1932 schlug Richter die Einrichtung einer oder mehrerer Nähstuben vor. An der Sitzung nahmen die Stadträtin Else Alken, die Stadtverordnete Christine Lill, Anton Sabel sowie mehrere Caritasfürsorgerinnen teil, während Stadtpfarrer Herr trotz persönlicher Einladung nicht erschienen war. [995] Im Gegensatz zu den bisherigen Nähstuben, z.b. im Monikaheim, sollten die neuen als Werkgemeinschaft geführt werden. Unter der Leitung einer notfalls auch über 25jährigen Frau und ggfs. einer zusätzlichen Pädagogin oder Gewerbelehrerin sollten jeweils 20–30 erwerbslose Mädchen oder Frauen im Alter von 18–25 Jahre die während der Winterhilfe 1932/33 gesammelte Bekleidung und Wäsche aufarbeiten. Daher sollten vor allem arbeitslose Näherinnen oder Schneiderinnen beschäftigt werden, die eine tägliche Vergütung von 1 RM sowie kostenloses Mittagessen, ggfs. Frühstück und Kaffee, aus einer Erwerbslosenküche erhalten sollten. Das Arbeitsamt war bereit, 50–80 Pf. zu zahlen und den Versicherungsbeitrag zu übernehmen, die bisher gezahlte Arbeitslosenunterstützung fiele aber weg.

Die tägliche Arbeitszeit sollte mindestens sechs Stunden betragen und danach durch eine eineinhalb bis zweistündige pädagogische Betreuung, Unterricht und Sport ergänzt werden. Einmal pro Woche war die Teilnahme an einer Erwerbslosenveranstaltung im Volksbildungsheim (Film, Konzert) und ein Sportnachmittag vorgesehen. Die übrigen Nachmittage außer dem freien Samstagnachmittag sollte die jeweilige Gruppenleiterin mit Vorlesen, Singen, Wandern oder Besichtigungen frei gestalten. Der Caritasverband würde Nähmaschinen und Flicklappen stellen und der Leiterin einen Stundensatz von 1 RM sowie 30–40 RM/monatlich zahlen. Bei zwei Leiterinnen würde dieser Betrag geteilt. Else Alken und die Fürsorgerin Karst wiesen aber auch den meist schlechten Zustand der gesammelten Kleidung hin, sodass schon einige Kenntnis und Erfahrung notwendig sei. Auch würden die Sammlungsergebnisse der Winterhilfe nicht für eine Vollbeschäftigung sorgen, sodass man auch die Aufarbeitung eigener Sachen erlauben sollte. Fürsorgerin Lutzinger war skeptisch, ob sich in den weiblichen Jugendvereinen arbeitslose Näherinnen finden würden, und schlug vor, auch außerhalb der Jugendvereine zu suchen. Als Standort suchte nun Richter ein mietfreies Lokal in der Nähe der Erwerbslosenküche. Man war sich einig mit einer Nähstube zu beginnen und dann ggfs. eine weitere einzurichten.[996]

---

995 Vermutlich kam es aufgrund des falschen Datums (16.9.1932) in Richters Einladung zu einem Missverständnis oder die Sitzung wurde kurzfristig vorverlegt, was sich aber nicht klären lässt.
996 Einladung Richter/Herr v. 8.9.1932 sowie Niederschrift Arbeitsbesprechung Nähstuben v. 15.9.1932 (DAF II.11.B).

Im November 1932 nahmen zwei Nähstuben in Bornheim und im Compostellhof[997] ihre Tätigkeit auf und erhielten eine Betriebsgenehmigung vom Landesarbeitsamt bis zum 31. März 1933.[998] Danach wurden sie geschlossen, denn im Herbst 1933 organisierte die NSV im Rahmen des Winterhilfswerks Nähstuben. Da Nähmaschinen fehlten, bat der stellv. NSV-Gauwalter W. Graf am 22. September 1933 Stadtpfarrer Herr um die Überlassung der frei werdenden Nähmaschinen der kirchlichen Nähstuben. Die kirchlichen Nähstuben durften nicht weitergeführt werden, um eine „schädliche Zersplitterung" zu vermeiden.[999] Herr antwortete tags darauf ohne Anrede und Grußzeile, ihm seien „die hiesigen Geistlichen bzw. Pfarrer nicht jurisdiktionell unterstellt" und könne nicht „die den verschiedenen Einrichtungen gehörigen Nähmaschinen Ihrerseits in Anspruch zu nehmen und darüber mit den Besitzern verhandeln. Beide Schreiben gingen an das BO, eine Antwort ist nicht bekannt.[1000]

Anfang Dezember 1932 wurde eine Möbelwerkstatt in der Pfarrei St. Bernhard in der Koselstraße eröffnet und vom CV bezuschusst. Hier wurden alte Möbel und Bekleidung aufgearbeitet und an Bedürftige abgegeben. Etwa 100 Jugendliche fanden hier einen Arbeitsplatz. Die Möbelwerkstatt wurde vom Landesarbeitsamt bis zum 31. März 1933 genehmigt,[1001] dann aber wie die Nähstuben nicht mehr weitergeführt.

5.2.1.4 Der Freiwillige Arbeitsdienst 1931–1933

Um die zahlreichen schulentlassenen Jugendlichen von der Straße zu bringen, führte die Regierung Brüning per Notverordnung am 5. Juni 1931 einen Freiwilligen Arbeitsdienst ein und stellte dafür finanzielle Mittel bereit. Die Diözesancaritasverbände Limburg und Fulda organisierten daraufhin gemeinsam mit den Caritasverbänden Wiesbaden und Frankfurt für Hunderte Schulentlassene einen einjährigen Aufenthalt zur Mithilfe auf Bauernhöfen. Genutzt wurde diese Möglichkeit erst im Frühjahr 1932, als über 100.000 Arbeitswillige gezählt wurden. Diese wurden in Jugendgruppen organisiert und regelmäßig durch die Fürsorgerinnen besucht, um ggf. Schwierigkeiten zwischen Pflegeeltern und Jugendlichen auszugleichen.[1002]

Am 16. Juli 1932 wurde die Beschränkung auf Arbeitslose und Empfänger von Unterstützungen aufgehoben. Kurz darauf veröffentlichte das Bistum die Kriterien und Ziele des FAD:

„Der Zweck des Freiwilligen Arbeitsdienstes (...) ist die körperliche und geistige Ertüchtigung der Arbeitslosen, insbesondere der Jugendlichen durch freiwillig geleistete planvolle Tätigkeit, die neue gemeinnützige Werke schafft und so dem Gemeinwohl dient. (...) Bei den einzelnen Arbeitswerken darf es sich nur um gemeinnützige und zusätzliche Arbeiten handeln, die nicht auf dem gewöhnlichen Arbeitsmarkt, auch nicht durch Notstandsarbeiten durchführbar sind."

---

997 Alternativen waren das Deutschordenshaus, die Schwesternhäuser in der Mainzer Landstraße und die Lange Straße.
998 Protokoll CVF-Vorstand 24.11.1932 (ACVF-1310).
999 Schreiben Graf/Herr v. 22.9.1933 (DAF II.11.B).
1000 Schreiben Herr/BO v. 23.9.1933 (DAF II.11.B).
1001 Protokoll CVF-Vorstand 24.11.1932 (ACVF-1310).
1002 Vermerk Meta Nicolai v. 11.9.1974 (ACVF-Allgemeines).

Träger des Dienstes war die Vereinigung, die die freiwilligen Kräfte stellt und für deren Betreuung verantwortlich ist. Das konnte eine Kirchengemeinde oder eine andere kirchliche Vereinigung sei. Koordiniert wurde der F.A.D. im Bistum Limburg durch den DiCV.[1003]

Nachdem die Reichsregierung am 4. September 1932 per Notverordnung weitere 135 Millionen RM zur Verfügung gestellt hatte, stieg die Zahl der FAD-Leistenden auf 250.000 an.[1004] Organisiert wurden die Projekte von den Wohlfahrtsverbänden in Zusammenarbeit mit der „Reichsanstalt für Arbeitsvermittlung und Arbeitsversicherung". Dafür wurde das „Katholische Heimatwerk für freiwilligen Arbeitsdienst" gegründet und jugendliche Arbeitslose auf ihrem Weg zum Arbeitsdienst von Bahnhofsmission und Bahnhofsdienst betreut.

5.2.2 Familie

Unterdessen wurde die Skepsis der großstädtischen und eher sozialistisch orientierten Jugendämter gegenüber der konfessionellen Fürsorgeerziehung immer deutlicher. Richter beklagte, dass man „lieber schwer gefährdete Kinder und Jugendliche verwahrlosen ließ, als dass man sie zu einem Zeitpunkt, der noch Aussicht auf Erfolg hat, in konfessionelle Anstaltserziehung gegeben hätte." So hätten die „Fälle der fürsorgerisch nicht erfassten sittlichen Gefährdung und Verwahrlosung beängstigend" zugenommen, gleichzeitig würden die Fürsorgeeinrichtungen mangels Belegung unwirtschaftlich.[1005] Da die simultanen gegenüber den konfessionellen Schulen in Frankfurt bevorzugt wurden, forderte Gerhard Börner am 17. Mai 1929, dass die „Instandsetzung der Familie grundsätzlich ihrer Entlastung von Erziehungspflichten voranzustellen" sei und Hilfseinrichtungen „auf konfessioneller Basis aufzubauen" seien. Man müsse verhindern, „dass die katholische Schuljugend nicht von „Kinderfreunden" erfasst wird, die sie zu politischen Zwecken missbrauchen und sie ihrer katholischen Lebensauffassung und ihren religiösen Verpflichtungen entfremden."[1006]

Angesichts der sich verstärkenden Notsituation der Familien in der Weltwirtschaftskrise äußerte sich Papst Pius XI am 31. Dezember 1930 in der Enzyklika „Casti connubii" zur „christlichen Ehe im Hinblick auf die gegenwärtigen Lebensbedingungen und Bedürfnisse von Familie und Gesellschaft und auf die diesbezüglich bestehenden Irrtümer und Missbräuche", so der Untertitel der Enzyklika. Neben der Ablehnung jeglicher Verhütung als „Sünde, die in Bezug auf die Nachkommenschaft begangen wird" und der Mischehe, da damit die Gefahr bestehe, dass sich die Kinder vom Glauben entfernen, betonte Pius XI Ehe und Familie als göttliche Institutionen. Familiengemeinschaft bedeute nicht nur gegenseitige Hilfeleistung, sondern auch, dass die Ehegatten durch ihre Lebensgemeinschaft

---

1003   ABL Nr. 11 v. 15.9.1932, S. 61, Nr. 135.
1004   Köhler, S. 192.
1005   Schreiben Richter/Kath. Stadtpfarramt St. Bartholomäus v. 2.6.1930 (DAF-IV. 15.B).
1006   Gerhard Börner, Die Erziehungsnot der Zeit. Familie und Schule in: Germania Nr. 227 v. 17.5.1929 – Morgenausgabe.

in den Tugenden immer größere Fortschritte machen. Ausdrücklich werden damit staatliche Eingriffe in das Recht auf Eheschließung aus eugenischen Gründen ebenso abgelehnt wie Sterilisationen durch den Staat oder Einzelne abgelehnt.

5.2.2.1 Freiwillige Erziehungshilfe

Anfang 1930 beklagte Richter gegenüber Herr „die Abneigung der (überwiegend sozialistischen großstädtischen) Jugendämter gegen die gesetzliche (konfessionelle) Jugenderziehung", die so weit gehe, dass man lieber schwer gefährdete Kinder und Jugendliche verwahrlosen ließ, als dass man sie zu einem Zeitpunkt, der noch Aussicht auf Erfolg hat, in konfessionelle Anstaltserziehung gegeben hätte. „Das hatte zur Folge, dass einerseits die Fälle der fürsorgerisch nicht erfassten sittlichen Gefährdung und Verwahrlosung beängstigend zunahmen, und andererseits unsere Fürsorgerziehungsstellen in ihrem Weiterbestehen bedroht wurden, weil sie wegen der geringen Zahl der überwiesenen Fälle unwirtschaftlich wurden."[1007]

Eine Alternative sah der Caritasverband in der freiwilligen Erziehungshilfe, die von der Zentrumsfraktion im Kommunallandtag Nassau im Frühjahr 1930 durchgesetzt wurde. 1929/30 konnten von zehn bearbeiteten Fällen drei durchgeführt werden, die Kosten wurden vom Landeshauptmann erstattet.[1008]

Landeserziehungsrat Friedrich Stöffler betonte, die freiwillige Erziehungshilfe könne für die seelsorgerische Arbeit zur Verhütung sittlicher Verwahrlosung und zur Abdämpfung sittlicher Gefährdung sehr nützlich sein, zumal ihre Handhabung einfach sei und eine anderweitige Unterbringung ohne Verhandlung mit dem Jugendamt möglich sei.[1009] Richter wies daraufhin, dass, wenn derartige Fälle „möglichst, ehe das Jugendamt oder die zuständige Kreisstelle damit befasst wurden" dem Caritasverband übertragen würden, verhindert werden könne, dass „seitens der städtischen Organe katholische Kinder in städt. Heime oder weltanschaulich uns fremde Familien zur Pflege und Erziehung gegeben werden. Gleichzeitig bat Richter das Stadtpfarramt um die Meldung von Pflegestellen für Säuglinge und Kleinkinder.[1010] Auf der Arbeitssitzung am 21. August 1930 informierte Friedrich Stöffler den Caritasvorstand über die Neuordnung der Erziehungsfürsorge in Nassau und wies auf die Problematik der bestehenden konfessionellen gesetzlichen Regelung hin. Er forderte eine Weiterentwicklung der gesetzlichen Fürsorgeerziehung zur freiwilligen Erziehungshilfe. Der Caritasverband wäre in der Lage, Kinder und Jugendliche selbst ohne das Jugendamt geeignet unterzubringen.[1011]

1007 Schreiben Richter/Kath. Stadtpfarramt St. Bartholomäus v. 2.6.1930 (DAF-IV. 15.B).
1008 CVF-Jahresbericht 1929/30 (ACVF-1510).
1009 Protokoll Arbeitsbesprechung am 21.8.1930 (ACVF-1310).
1010 Schreiben Richter/Kath. Stadtpfarramt St. Bartholomäus v. 3.6.1930 (DAF-IV. 15.B).
1011 Protokoll Arbeitssitzung v. 21.8.1930 (ACVF-1310).

Erst 1932 ging das städtische Fürsorgeamt angesichts knapper Kassen gezwungen, von seiner antikonfessionellen Linie ab und bat u.a. den CV, seine Aktivitäten im Bereich Vormund- und Beistandschaften sowie in der Fürsorge für gefährdete Jugendliche zu verstärken.[1012]

5.2.2.2 Mündel – Vormundschaften – Pflegschaften

Aufgrund fehlender Quellen bleibt vorläufig ungeklärt, wie sich die Vormundschaften und Pflegschaften bis 1933 entwickelten, da vollständige Angaben erst für 1932/33 vorliegen. Vermutlich setzte das städtische Fürsorgeamt seine antikonfessionelle Linie fort und zwang den CV dazu, sich selbst um Pflegestellen für katholische Kinder und Jugendliche zu bemühen. So bat Richter am 3. Juni 1930 das Pfarramt St. Bartholomäus um Mitteilung über katholische Pflegestellen für Säuglinge und Kleinkinder und wies daraufhin, dass die monatlichen Pflegegelder 50 RM bzw. 40 RM betragen würden.[1013] Ob dies Erfolg hatte, ist nicht bekannt. Für 1932 ist eine Aufstellung des Arbeitsaufwandes bekannt, 382 Hausbesuche, 660 Rücksprachen im Büro und 206 Briefe und Berichte. Da sich die Anzahl der am 1. April 1933 Betreuten gegenüber dem Vorjahr von 135 auf 178 erhöhte, dürfte auch die Anzahl der Kontakte zwischen den Fürsorgerinnen und Mündel weiter angestiegen sein. 1933 gab es 91 Vormundschaften, 14 Pflegschaften, 9 Beistandschaften, 22 Schutzaufsichten und 43 Fälle von Gerichtshilfe.[1014]

5.2.2.3 Eheberatung und -anbahnung

Während Kneip den Caritasverband noch außerstande gesehen hatte, die Aufgabe einer Eheberatung und Eheanbahnung zu übernehmen und den Frauenbund als zuständig erklärt hatte,[1015] richtete Richter kurz nach seinem Amtsantritt am 29. Oktober 1929 eine Eheberatungsstelle (Vertrauensstelle für Eheleute und Jugendliche) durch, die am 15. November 1929 ihre Arbeit aufnahm.[1016] Am 7. November informierte Richter die Pfarrämter über den Arbeitsplan der Eheberatungsstelle[1017] und gewann Frau Göpfert und Clara Kreuzberg, die Vorsitzende des Frauenfürsorgevereins, für die Sprechstunden am Dienstag- und Freitagnachmittag.[1018] Aufgabe der Eheberatungsstelle sei es, jedem Ratsuchenden selbst zu helfen oder an die zuständige Stelle zu verweisen. Personalien sollten nur aufgenommen werden, wenn der Ratsuchende einverstanden war. Bei ethischen Fragen sollte die jeweilige Beraterin wenn möglich selbst „kraft ihrer Persönlichkeit", in seelsorglichen Fragen ein Priester betraut und dabei auf

---

1012 Schreiben Steuerberater Muno/Katasteramt Frankfurt-I v. 22.1.1935 (ACVF-Immobilien/Niedenau 27).
1013 Schreiben Richter/Pfarramt St. Bartholomäus v. 3.6.1930 (DAF IV.15.B).
1014 Jahresbericht über die Jugend- und Gefährdetenfürsorge für 1934.
1015 Vermerk Kneip v. 22.4.1929 auf Schreiben Richter/Kneip v. 2.3.1929 (DAF-IV. 15.B).
1016 1926 wurde in Karlsruhe eine private gemeinnützige interkonfessionelle Eheberatung unter Leitung der Ärztin Johanna Maas eingerichtet .
1017 Schreiben Richter/Kath. Pfarrämter v. 7.11.1929 (DAF-IV. 15.B) bzw. an Pfarramt Höchst v. 2.12.1929 (PAH 179).
1018 Anlage zu Schreiben Richter/Kath. Pfarrämter v. 7.11.1929 (DAF-IV. 15.B).

eine „etwaige Abneigung gegen die Hilfe des Geistlichen (...) durch verständnisvolle Besprechung zu beseitigen".[1019] Bei Gesprächen über Eheschwierigkeiten sollte der Ehepartner zu einem separaten Gespräch eingeladen und ein drittes gemeinsames Gespräch vereinbart werden. Wenn es um Hilfen (Krankenhausaufnahme, Kinderunterbringung, finanzielle Unterstützung) ging, sollte an die zuständige fürsorgepflichtige öffentliche Stelle verwiesen werden, wobei der Caritasverband in schwierigen Fällen die Vermittlung übernehmen wollte.[1020] Es zeigte sich aber, dass die Stelle in den ersten Monaten kaum tätig wurde, weil sie von den Pfarrern zu wenig bekannt gemacht wurde. [1021]

Daher beschränkte man sich auf die Eheberatung, die bis 1934 nebenamtlich in den beiden Fachabteilungen Familienfürsorge und Alkoholkrankenfürsorge wahrgenommen wurde. 1929/30 waren es 80 Fälle, von denen6 zu einem Facharzt und 5 zu einem Rechtsanwalt überwiesen wurden.[1022] 1932/33 waren es insgesamt 75 Eheberatungsfälle.[1023]

5.2.3 Kinder und Jugend

Ein zentrales Anliegen von Richter war die Kinderfürsorge, „da es (das Kind) nicht gefragt worden (sei), ob es ins Dasein treten wolle, und je jünger es ist, desto weniger die Möglichkeit hat, für sich selbst zu sorgen. „Außerdem müsse es bis zum 18. Lebensjahr die ihm dann zugemutete (körperliche und geistige Leistungsfähigkeit) erreicht haben, da neben dem „soziologisch bedauernswerten Ausfall von produzierenden Kräften" sich sonst für die Gesellschaft ein „beklagenswerter Aufwand von weiteren pflegerischen Maßnahmen" ergeben werde.[1024]

Richter kritisierte, dass von den „gebräuchlichen Erholungs- und Heilformen" vor allem die offene Landpflege für die Kindergesundheitsfürsorge nicht geeignet sei, und „dass das Bestreben einer Gesellschaftsschicht,' den Kindern, zu helfen, einer anderen Gesellschaftsschicht, der Landbevölkerung gefährlich geworden ist „und es auch nicht gerecht sei, von ihr die Durchführung der Kindererholungsfürsorge zu verlangen. Richter wies auch darauf hin, dass der Kontakt zwischen Stadt- und Landkindern problematisch sei und ggf. auch die Landflucht verstärke.[1025] Einerseits sei aufgrund der bedeutenden Freizeiten

„für ein sittlich nicht sauberes Kind die offene Landpflegestelle eine neue Gefahrenquelle", andererseits „ist ein solches Kind Gefahrenquelle für die Landkinder. (...) Man ist es den guten Landleuten schuldig, ein Kind zu schicken, dem sie in

1019 in rechtlichen Fragen hatten sich die Rechtsanwältin Elfriede Cohnen bzw. Leo Zugehoer und Landgerichtsdirektor Sommer bereit erklärt unentgeltlich zu helfen, in medizinischen Fragen war der erste Termin beim Chefarzt des Marienkrankenhauses Bauche und der Ärztin Höfler kostenlos (Anlage zu Schreiben Richter/Kath. Pfarrämter v. 7.11.1929 (DAF-IV. 15.B) bzw. an Pfarramt Höchst v. 2.12.1929 (PAH 179).
1020 Anlage zu Schreiben Richter/Kath. Pfarrämter v. 7.11.1929 (DAF-IV. 15.B).
1021 Niederschrift der Vereinigung für Familienhilfe v. 7.2.1930 (DAF IV.15.B).
1022 CVF-Geschäftsbericht 1929/30 (ACVF-1510).
1023 CVF-Geschäftsbericht 1932/33 (ACVF-1510).
1024 Richter, Kindererholungs- und Heilfürsorge, S. 14ff.
1025 Richter, Kindererholungs- und Heilfürsorge, S. 23ff.

jeder Weise trauen können, und man ist es dem Kind schuldig, es nicht in Situationen zu bringen, die einem gefährlichen Hang neue Nahrung gäben."[1026]

Schwer erziehbare Kinder sollten in entsprechenden Erholungsheimen oder Heilstätten mit Fachpersonal untergebracht werden. Die Kommunen seien in ohne weiteres in der Lage, die erforderlichen Maßnahmen zu treffen. Daher dürfe nicht mehr unbeschränkt die „Liebespflicht der Landbevölkerung" in Anspruch genommen werden.[1027] Richter betonte, dass angesichts knapper Mittel keine Kinder „befürsorgt" werden sollten, deren Eltern dazu in der Lage zu seien. „Fürsorge ist erst dann fehlerlos, wenn wir mit möglichst geringem Aufwand den größtmöglichsten Erfolg erzielen."[1028]

Richter wurde in seinen Bemühungen um eine bessere Betreuung der Großstadtkinder vor allem durch Gerhard Börner unterstützt, der laufend auf die Erziehungsnot der katholischen Familien hinwies und sich insbesondere unter Einbeziehung der katholischen Lehrerschaft für den Ausbau der Freizeitgestaltung einsetzte. „Die Freizeitnot der katholischen Großstadt- und Industriejugend muss durch Kindergruppenarbeit unter katholischer Leitung gesteuert werden." Börner betonte, man müsse verhindern, „dass die katholische Schuljugend nicht von „Kinderfreunden" erfasst wird, die sie zu politischen Zwecken missbrauchen und sie ihrer katholischen Lebensauffassung und ihren religiösen Verpflichtungen entfremden."[1029]

Auf Anregung der Diözesanarbeitsgemeinschaft „Kinderwohl" wurde am 1. April 1931 ein Fachausschuss Kinderwohl im CV gegründet, der sich mit „allen Fragen des Kinderwohls theoretisch und praktisch beschäftigen" sollte. Beteiligt waren Klerus, Lehrerverein bzw. Lehrerinnenverein und Jugendorganisationen. Den Vorsitz übernahm Georg Heinrich Hörle, Schriftführer wurde Richter.[1030] Acht Pfarreien[1031] unterstützten diese Arbeit. Frl. Schüle übernahm die pädagogisch-psychologisch und technische Schulung der Helfer und Helferinnen in den Pfarreien Dom, Allerheiligen, St. Antonius, Deutschorden und dem Kreuzbund. Finanziert wurde die Arbeit 1931/32 durch Zuschüsse des CV, des BO und mehrerer Geistliche sowie Pflegesätze, insgesamt ca. 9.000 RM.[1032]

5.2.3.1 Kindererholung

Da in der 1910 als Arbeiterkolonie gegründeten Riederwald das soziale und gesundheitliche Niveau zu wünschen übrig ließ, sah Heinrich Hörle, erster Pfarrer der neugegründeten Pfarrgemeinde Heilig Geist, es als erforderlich an, den Kindern einen Aufenthalt in freier Natur zu ermöglichen. Nachdem ein Studienkollege und nun Pfarrer in Kransberg bei Usingen ihm

---

1026 Richter, Kindererholungs- und Heilfürsorge, S. 49f.
1027 Richter, Kindererholungs- und Heilfürsorge, S. 23ff.
1028 Richter, Kindererholungs- und Heilfürsorge, S. 54.
1029 Gerhard Börner, Die Erziehungsnot der Zeit. Familie und Schule in: Germania Nr. 227 v. 17.5.1929 – Morgenausgabe.
1030 Besprechung über die Kinderwohlarbeit in Frankfurt v. 1.4.1931 (DAF II-10.E)
1031 St. Bernhard, Heilig-Geist, St. Ignatius, Deutschorden, St. Gallus und Heilig-Kreuz, Allerheiligen und St. Josef. Später kamen St. Elisabeth und St. Bonifatius hinzu.
1032 Besprechung Kinderwohlarbeit in Frankfurt v. 12.12.1931 (DAF II-10.E).

ein Grundstück am Waldrand in der Nähe der Marienkapelle auf dem Holzberg überlassen hatte, wurde dort mit Hilfe von Helfern 1929 eine „Buben"-Holzhütte errichtet, während die Mädchen im aufgestockten Kindergarten untergebracht wurden. Während die Mädchen über Strom und Wasser verfügten, gab es für die Jungen nur den Bach. Jungen- und Mädchengruppen kamen nicht nur während der Ferien, sondern auch an den Wochenenden. Das Heim wurde von anderen Pfarreien und dem Caritasverband bis 1939 genutzt, während des Krieges war die Hütte für Jugendarbeit gesperrt.[1033]

Der Fachausschuss Kinderwohl diskutierte 1930/31 zwar Maßnahmen als Gegenaktion zur sozialistischen Kinderfreundebewegung, verzichtete aus Kostengründen auf eigene Projekte, da solche auch von der Stadt angeboten wurden. Man müsse aber dafür sorgen, dass sich genügend katholische Kräfte zur Verfügung stellen. Neben den außerörtlichen Maßnahmen wurde die bisherige Unterbringung in unentgeltlichen Landpflegestellen und in Zeltlagern fortgeführt. Dabei wurden die Kinder einer Pfarrei möglichst geschlossen und mit einer Begleitperson in einer Gemeinde untergebracht. (1932/33). „Kinderwohl" finanzierte zumindest bis 1941 verschiedene Maßnahmen für Kindergärten, Stadtranderholung und Müttererholung.

1932 wurde die Müttererholung fortgesetzt und für 22 Mütter 1507 RM aufgewandt. Außerdem gab es Zuwendungen von 424 RM für die Kinder- und Jugenderholung. 28 Kinder wurden in Kindersanatorien, Solbädern, Heimen und Schwarzwaldheimen untergebracht. Außerdem konnten Kinder für einen kostenlosen Aufenthalt am Bodensee (2), im Westerwald (6) und in Niederbrechen (4) vermittelt werden. Außerdem wurde eine Studentin während der Semesterferien nach Frankreich vermittelt. Es gelang auch, 180 verbilligte Fahrkarten zu beschaffen.[1034]

1931 wurde erstmals eine Stadtranderholung im Park der Carl und May von Weinberg[1035] gehörenden Villa Waldfried in Niederrad gegenüber dem Oberforsthaus durchgeführt, die zumindest bis zum Zwangsverkauf der Villa 1938[1036] fortgeführt wurde. Täglich nahmen daran etwa 215 Kinder teil, die nach Ermessen des jeweiligen Pfarrers bis 50 Pf./Tag inkl. Mittagessen zahlen mussten.[1037] Außerdem pachteten die Pfarreien St. Josef und Deutschorden für Stadterholungsmaßnahmen die Seehofwiese und die Mühlbergschule an.[1038] Mit Hilfe des DiCV[1039] wurden im Sommer 1931 ca. 750 Kinder aus 14 Frankfurter Pfarreien in Landerholung geschickt, davon

---

1033 Seit dem Krieg wird die Heinrich-Hörle-Hütte als Selbstversorgerhütte genutzt.
1034 CVF-Geschäftsbericht 1932/33 (ACVF-1510).
1035 May von Weinberg (1866–1937) hatte 1896 Carl von Weinberg, den Miteigentümer der Cassella Mainkur-Werke geheiratet und war 1916 zum Katholizismus konvertiert. Für sie richtete ihr Ehemann in der 1898 errichteten Villa Waldfried eine Kapelle ein, in der Georg Nilges, bis 1929 Kaplan in Niederrad, Sonntagsgottesdienst feierte. Zur Biographie siehe http://www.frankfurterfrauenzimmer.de/bp10-detail.html?bio=ai (Stand 2.9.2019).
1036 1938 musste Carl von Weinberg seine Villa unter Wert an die Stadt verkaufen und emigrierte nach Italien, wo er 1943 starb.
1037 Arbeits- und Kassenbericht Kinderwohl v. 30.1.1933 (DAF II-10.E).
1038 Besprechung über Kinderwohlarbeit in Frankfurt v. 1.4.1931 (DAF II-10.E.).
1039 Besprechung über Kinderwohlarbeit in Frankfurt v. 1.4.1931 (DAF II-10.E).

350 in unentgeltlichen Pflegestellen. Insgesamt waren sie auf 55 Gemeinden und 22 Schwesternhäusern im Westerwald, im Taunus und im Rheingau verteilt. Viele Kinder waren in den Herbstferien erneut in ihren Pflegestellen. Dank verbilligter Pflegesätze in Kindererholungsheimen konnten 30 Kindern nach Niendorf/Ostsee[1040], elf nach Müritz und 14 nach Walldürn/Baden geschickt werden. Weitere 19 waren in Bad Soden-Salmünster, Bad Kreuznach, Nauort/Westerwald und im Karlsheim in Kirchähr untergebracht.[1041] Insgesamt wurden zusammen mit der Stadtranderholung ca. 1.000 Kinder betreut. Unter Hinweis auf die vom Fürsorgeamt vermittelten 6.000 Kinder wies Richter im Ortscaritasausschuss am 20. August 1931 auf die Leistung hin, selbst 1.100 Kinder in Erholungsmaßnahmen vermittelt zu haben.[1042]

Anfang 1932 diskutierte der Fachausschuss Kinderwohl über die Errichtung eines weiteren Wochenendheims im Taunus. Richter schlug am 17. Februar 1932 vor, die interessierten Pfarrer sollten einen Antrag an den Caritasvorstand stellen, am Roten Kreuz[1043] ein 10 bis 12 Morgen großes Gelände zu kaufen und darauf Anlagen für Kinder- und Jugendgruppen für die Sommer-aktivitäten zu nutzen. Mit einer geringen Pacht sollten die Pfarreien sich an den Kosten für die Ausstattung beteiligen, im Rahmen des Freiwilligen Arbeitsdienstes könnten die Bau- und Unterhaltskosten reduziert werden. Ein näher nicht bekannter Pfarrer Schmitt erklärte, seine Pfarrei habe dort bereits zwei Morgen Land (0,5 ha) mit Strom- und Wasseranschluss erworben. Für ein Planschbecken sei ausreichend Wasser vorhanden. Fünf Pfarrer zeigten sich zwar interessiert, wollten sich aber nicht finanziell festlegen. Lediglich Stadtpfarrer Herr hatte Bedenken, die aufkommende Wochenendbewegung „ungehemmt zu fördern" und wies auf die in Frankfurt noch fehlenden Kindergärten, Horte und Jugendheime hin. Ein Ausschuss sollte die Eignung des Geländes prüfen, eine Denkschrift für den Caritasvorstand und die Pfarrer Groß-Frankfurts vorlegen und um eine Stellungnahme bitten. Nachdem die Stellungnahme am 10. März 1932 versandt worden war, lehnte der Caritasvorstand am 1. April 1932 die Vorfinanzierung von 20.000 RM ab.[1044] Vermutlich legte der Caritasvorstand am 10. Mai 1932 die Angelegenheit endgültig auf Eis, da alle Vorschläge von Kinderwohl zurückgestellt wurden, „da der Vorstand zunächst die bestehenden Einrichtungen absichern will und dafür alle verfügbaren Mittel benötigt."[1045]

Im Sommer 1932 wurden ca. 1.000 Kinder in Landpflegestellen und Schwesternheimen im Westerwald, Rheinau und Taunus untergebracht. Neben den Kindern, die erneut von ihren Pflegeeltern eingeladen worden waren, wurden 220 weitere in unentgeltlichen Landpflegestellen unterge-

---

1040 Kindererholungs- und -genesungsheim St. Johann.
1041 Besprechung Kinderwohlarbeit in Frankfurt v. 12.12.1931 (DAF II-10.E).
1042 Niederschrift Ortscaritasausschuss v. 20.8.1931 (ACVF-1320).
1043 Mittelgebirgspass im Taunuskamm zwischen Königstein und Glashütten, heute mit einem roten Sandsteinkreuz markiert.
1044 Schreiben Fachausschuss Kinderwohl an Pfarrer und Caritasvorstandsmitglieder v. 5.4.1932 (DAF II-10.F).
1045 Protokoll CVF-Vorstand v, 10.5.1932 (ACVF-1310).

bracht.[1046] Richter bat alle Geistlichen, ihre Kontakte zu ihren Heimat- oder früheren Dienstorten für die Requirierung weitere Aufnahmeplätze zu nutzen. Möglichst wurden 9–14jährige Kinder aus lange arbeitslosen Familien berücksichtigt, deren Familien von der Landunterbringung zusätzlich profitierten, da das Fürsorgeamt die Leistungen weiter voll auszahlte. Die Gemeindehelferinnen sollten darauf achten, „dass die Kleidung der Kinder möglichst den Richtlinien der Bischöfe entspricht" und der „religiössittlliche Befund (müsse) einwandfrei sein." Und für „religiös besonders gefestigte" sollten entsprechende Pflegeplätze ausgesucht werden. Elternbesuch war generell untersagt, auch sollte die Ausstattung nicht so umfangreich sein.[1047] In Zeltlagern bei Hachenburg, Kirchähr und im Grätenbachtal sowie in den Jugendherbergen Bad Doberan, Hachenburg, Schellenberg, Kransberg[1048], im Schwarzwald sowie in Schlossborn wurden 400 Kinder und Jugendliche für vier Wochen untergebracht. Möglichst sollten Pfarrgruppen gebildet und von einem Jungführer oder einer Gruppenführerin betreut werden. 127 Kinder wurden in Kindererholungsheime an Nord- und Ostsee (u.a. Wangerooge), in der Eifel, in Waldmichelbach/Odenwald und in Donaueschingen geschickt. Erholungskuren für Schüler wurden auch in der Erziehungsanstalt Marienhausen getrennt vom übrigen Betrieb für 1,50 – 1,70 RM angeboten. Die Kosten von ca. 15.300 RM wurden größtenteils aus öffentlichen Mitteln (Pflegesätze) abgedeckt, dazu kamen Zuschüsse vom BO und der Stiftung „Pauperum". Der Elternbeitrag belief sich auf 7 RM. Reise- und Versicherungskosten wurden den beteiligten Pfarreien getragen. Richter forderte alle Pfarreien zum Beitritt auf, da nur Mitgliedspfarreien die kostenfreien Maßnahmen nutzen durften.[1049]

1932 wurde im Rahmen des Freiwilligen Arbeitsdienstes unter Leitung von Anton Sabel, Landesjugendleiter der christlichen Holzgewerkhaft Hessen-Nassau und später Präsident der Bundesanstalt für Arbeit, ein Jugenderholungsheim für katholische Kinder und Jugendliche aus Frankfurt in Oberreifenberg errichtet. Dieses wurde von katholischen Vereinen für Wochenendkurse, Kinderferienerholung und als Übernachtungsmöglichkeit für wandernde Jugendgruppen genutzt.[1535] Nach mehreren Übergriffen von NSDAP, DAF und HJ und Übergabeforderungen des Jugendherbergswerks hatte die SS am 26. Oktober 1934 das Heim besetzt, musste aber wieder abziehen, nachdem der Landrat und der Kreisleiter eingegriffen hatten.[1050] Am 15. März 1935 beschloss der Caritasvorstand zwar den Kauf, um es vor dem Zugriff der NSDAP bzw. der DAF zu retten, konnte aber die Enteignung am 31. März 1935 nicht verhindern.[1051] Es wurde erst 1952 zu-

1046 Rundschreiben Kinderwohl v. 15.6.1932 (DAF II-10.F).
1047 Rundbrief Richter an alle Pfarrer v. 14.4.1932 (DAF II.11.D).
1048 Heinrich Hörle-Hütte, heute im Pfarrbesitz von St. Josef.
1049 Rundbrief Richter an alle Pfarrer v. 14.4.1932 (DAF II.11.D).
1050 Vermerk Anton Sabel v. 16.9.1945 als Anlage zu Fragebogen Kath. Pfarramt St. Antonius v. 17.9.1945 (DAL 561/7B).
1051 Protokoll CVF-Vorstand 15.3.1935 (ACVF-1310); in den Akten ist nur ein nicht abgesandter Briefumschlag an die Treuhandabteilung der Deutschen Arbeitsfront in Frankfurt enthalten (DAF II.10.E).

rückgegeben.[1052] Im Sommer 1933 konnten nur noch 150 Kinder aufs Land verschickt werden. [1053] Bis 1933 betreute Kinderwohl über 5.000 Kinder.[1054]

5.2.3.2 Caritas-Kindergarten Ortenberger Straße 7

Im Rahmen der Stadterweiterung ab 1927 wurde die Nussbergsiedlung oberhalb des Bornheimer Hangs von der stadteigenen „Aktienbaugesellschaft für kleine Wohnungen" errichtet. Für die hinzuziehenden Familien hatte die AG in ihrem ehemaligen Baubüro in der Friedrich-Ebert-Schule an der Kettelerallee einem privaten Kindergarten mit maximal 15 Plätzen errichtet, der sich aber bald als zu klein erwies.

Annonce in der Kirchenzeitung

Zusammen mit dem CV wurde am 15. Oktober 1932 der Kindergarten Nussbergsiedlung in einer Vierzimmerwohnung in der ersten Etage der Ortenberger Straße 7 eröffnet. Während die Miete von der Aktienbaugesellschaft getragen wurde, stellte der CV zunächst eine, später zwei Kindergärtnerinnen sowie die Einrichtung.

Von wem die Initiative ausging, lässt sich aus den Akten bisher nicht klären, vermutlich aber von Magistratsrat Franz Eisenhuth, gleichzeitig Vorstandsmitglied der AG für kleine Wohnungen und Mitglied im Ortscaritasausschuss. Aber auch CV und Pfarrvikar Georg Nilges waren an einem Kindergarten in der am 1. Oktober 1929 von St. Josef Bornheim abgetrennten Pfarrvikarie Heilig Kreuz interessiert, zumal das geplante Gemeindehaus nicht realisiert werden konnte. Außerdem war der in der Pfarrei Heiliggeist 1928/29 mit 50 Plätzen eröffnete Kindergarten zu weit entfernt. Das Schulamt ist auszuschließen, da dies im Dezember 1932 auf freie Plätze in den städtischen Kindergärten Spillingsgasse und Eichwaldstraße verwies. Die AG für kleine Wohnungen wies daraufhin, dass diese Kindergärten mit mindestens 20 Minuten Fußweg von der neuen Siedlung zu weit entfernt waren, außerdem wären bereits 38 Kinder angemeldet und weitere Interessenten für die insgesamt 50 Plätze vorhanden. Im Übrigen stammten die Kinder „aus noch zahlungsfähigen Bevölkerungsschichten, von denen der Besuch einer städtischen Anstalt kaum in Betracht gezogen wird."[1055] Es werde ein Monatsbeitrag von 5 RM gezahlt, bei Minderbemittelten würden Ausnahmen gemacht. Als Spielfläche stellte die Pfarrei Heiligkreuz ihren Pfarrgarten zur Verfügung, der zwischen Kettelerallee und

1052 1952 wurde das Haus der Katholischen Jugend Frankfurt zurückgegeben und später zu Erinnerung an den von der Gestapo 1937 ermordeten Frankfurter Sturmschar-Jugendführer in „Bernhard Becker Haus" umbenannt. Träger wurde der Verein „Taunusheim Oberreifenberg e.V." unter dem Vorsitz des jeweiligen Frankfurter Stadtpfarrers. Am 16. Mai 2004 wurde es nach Nachbarschaftsklagen wegen Lärmbelästigung geschlossen und später verkauft, um ein neues Jugendheim erwerben zu können.
1053 Vermerk Landpflegestellen auf die Frankfurter Pfarreien im Sommer 1935 (ACVF-1510).
1054 Lubentiusblatt Nr. 20 v. 20.5.1934, S. 314.
1055 Schreiben Aktienbaugesellschaft/Niemeyer v. 5.12.1932 (ISG Schulamt 4.579).

Ortenberger Straße gegenüber dem Kindergarten gelegen war. Besonders betont wurde, dass der Kindergarten „völlig paritätisch betrieben" werde, d.h. wohl, es wurden auch nichtkatholische Kinder aufgenommen.[1056] Nachdem das Schulamt am 6. Januar 1933 den Caritasverband informiert hatte,[1057] dass das Regierungspräsidiums keine Bedenken gegen die Errichtung des Caritaskindergartens habe, erfolgte die offizielle Genehmigung am 9. März 1933.[1058]

Der Kindergarten wurde in den folgenden Jahren offensichtlich ohne große Schwierigkeiten betrieben, da die Akten nur die üblichen Genehmigungsverlängerungen enthalten. Beim zweiten Leiterinnenwechsel 1940/41 gab es einen längeren Schriftwechsel. Dies ist umso erstaunlicher, da die neue Leiterin Josefa Thekla Heermann seit 1936 Mitglied des NS-Frauenbundes und der NSV war.[1059] Sie versah ihren Dienst bis zur Beschlagnahme des Kindergartens am 11. Oktober 1941, ein ablehnender Bescheid befindet sich nicht in den Akten. Über die Hintergründe ihrer Einstellung kann man nur spekulieren. Vielleicht wurde sie von Richter in der Hoffnung ausgewählt, die NSV würde es nicht wagen, einen von einem NSV-Mitglied geleiteten Kindergarten zu beschlagnahmen, was sich dann aber als Irrtum erweisen sollte. Nach der Beschlagnahme wurde der Kindergarten von der NSV fortgeführt und nach Kriegsende wieder von der Caritas übernommen.[1060]

5.2.4 Alkoholkranke

Da die Trinkerfürsorge unter Erfolgszwang stand, war die Versuchung auch groß, durch die Beschränkung auf die angeblich Heilbaren größere Erfolge zu erzielen und damit ihre Arbeit zu legitimieren. Anstrengungen, den Kreis der „Heilbaren" durch terminologische Erneuerungen zu erweitern, wurden Ende der 20er Jahre durch das von Sozial- bzw. Rassehygienikern forcierte Selektionsprinzip stark behindert. Die Gesellschaft glaubte immer mehr, sich die soziale Konstruktion des Alkoholismus als Krankheit ideologisch und behandlungstechnisch nicht mehr leisten zu können und begünstigte so nach der Weltwirtschaftskrise die veränderte Beurteilung des „Trinkers" als „Asozialem" im Dritten Reich.

1056 Schreiben Stadtrat Niemeyer/Aktienbaugesellschaft für kleine Wohnungen v. 21.10.1932 bzw. Antwort v. 25.10.1932 (ISG Schulamt 4.579).
1057 Schriftwechsel CVF-Kinderwohl/Städt. Schuldeputation v. Januar 1933 (ISG Schulamt 4.579).
1058 Schreiben Reg. Präs. Wiesbaden v. 9.3.1933 (ISG Schulamt 4.579).
1059 Schreiben Schulamt/Reg. Präs. Wiesbaden v. 24.7.1939 (ISG 4.579) sowie Auskunft NSDAP-Kreisleitung Nr. 5 v. 15.7.1941 (ISG 4.579).
1060 Siehe Abschnitt 7.3.2 – Caritas-Kindertagesstätte Ortenberger Straße, S. 425f.

Theodor Weidner

Während in Frankfurt selbst die Trinkerfürsorge vom Kreuzbund und den Kapuzinern im Liebfrauenkloster getragen wurde, bemühte sich Ende 1928 der neue Pfarrrektor von St. Elisabeth Bockenheim, Theodor Weidner,[1061] um eine zentrale Trinkerfürsorge für Frankfurt und Umgebung und schrieb Stadtpfarrer Herr an, wie man entsprechend den DCV-Richtlinien in Frankfurt eine katholische Trinkerfürsorge organisieren könne. Weidner schlug vor, für die Außenvertretung einen Vorstand (Jurist oder Arzt) zu berufen, dessen Geschäftsführer gleichzeitig Leiter des Kreuzbundes sein sollte. Im Vorstand sollten außerdem die „Ortsgeistlichkeit und Männer und Frauen aus den führenden Ständen" vertreten sein. Außerdem müsse ein Arbeitsausschuss berufen werden.[1062] Weidner erklärte sich bereit, sich auf einem Familienabend der Kreuzbundgruppe St. Paulus[1063] von Herr vorstellen zu lassen. Er hatte zwar einen guten Eindruck, meinte aber, „einige sind allerdings belastet mit einer gewissen fanatischen Enge, die an Abstinenten oft Andersdenkende abstößt."[1064]

Nachdem er Anfang 1929 in seiner Pfarrei St. Elisabeth Bockenheim eine Trinkerfürsorge unter Leitung des Fürsorgers Dauth eingerichtet hatte, beschlossen von Weidner eingeladene Frankfurter Pfarrer am 13. März und am 11. September 1929, für die nächsten zwei Jahre insgesamt 2400 RM bereitzustellen[1065] und zusätzlich eine jährliche Kollekte mit Predigt durchzuführen. Zu diesem Zeitpunkt waren Bornheim, Sachsenhausen und Bernhard neben einigen anderen Pfarreien noch nicht eingebunden.[1066] Am 1. Oktober 1929 nahm Weidner seine Tätigkeit auf und arbeitete mit der Städtischen Trinkerfürsorgestelle, dem Kreuzbund sowie den Helfern der Vinzenz- und Elisabethvereine zusammen.[1067]

Am 3. März 1930 empfahlen Richter, DCV-Caritasdirektor Baumeister sowie die beiden Pfarrer Perabo und Weidner die weitere Finanzierung der Fürsorgestelle in den Caritashaushalt aufzunehmen, um damit jährlich ei-

1061 Theodor Weidner (1881–1945) 1907 Priesterweihe und Kaplan Allendorf, 1908 Bockenheim, 1911 Hanau, 1914 Pfarrkurat Birstein, 1929 Pfarr-Rektor Bockenheim, 1932 Dekan und Stadtpfarrer Hanau, Haft 21.7.-11.8.1941 weil er Zwangsarbeiterinnen einer anderen Pfarrei am Tag nach einem nächtlichen Luftangriff vor 10 Uhr die Kommunion gereicht hatte. 19.3.1945 bei Luftangriff ums Leben gekommen.
1062 Schreiben Weidner/Herr v. 30.10.1928 (DAF IV.15.C).
1063 Franz Carl Pfeuffer war Kaplan in Sossenheim und Präses der Sektion St. Paulus des Kreuzbundes.
1064 Schreiben Weidner/Herr v. 30.10.1928 (DAF IV.15.C).
1065 Gallus 300 RM, Leonhard 250 RM, Rödelheim 100 RM, Allerheiligen 100 RM, Niederrad 100 RM, Antonius 300 RM, Elisabeth 250 RM, Mater Dolorosa 100 RM, Riederwald 50 RM, Dom 300 und Oberrad 150 (Vermerk v. 15.9.1930 – DAF IV.15.C).
1066 Besprechung über den Ausbau der kath. Trinker-Fürsorge in Frankfurt a. Min v. 3.3.1930 (DAF IV.15.C).
1067 Statistik der Katholischen Fürsorgestelle für Alkoholkranke und deren Angehörige Frankfurt a. Main v. 12.6.1930 (DAF IV.15.C).

ne bestimmte Summe zur Verfügung zu haben. Die Fürsorgestelle sollte als „Kath. Trinkerfürsorgestelle beim Caritasverband Frankfurt", alternativ „Kath. Fürsorge und Beratungsstelle für Alkoholkranke und deren Angehörige" firmieren. Dem vorläufigen Vorstand gehörten neben dem stellv. Vorsitzenden Richter, Weidner als Geschäftsführer, Perabo für die Geistlichkeit sowie als Beisitzer Damian Krick, Lehrer Jakobs als Vertreter der Lehrerschaft und Frl. Kunert an, die bisher die Betreuung im Kreuzbund übernommen hatte. Ein Vorsitzender wurde nicht bestimmt, handschriftlich wurde Franz Carl Pfeuffer, Präses der Sektion St. Paulus des Kreuzbundes, vermutlich als Alternative für die Geschäftsführung, aufgeführt. Standort der Fürsorgestelle sollte das Caritashaus sein. Weidner stellte ab 1. März 1930 einen Raum im Vereinshaus Frankfurt-West zur Verfügung.[1068]

Am 4. März 1930 übernahm die Fürsorgestelle 83 Fälle der öffentlichen und 21 der privaten Fürsorge. Zurückgestellt wurden 27 bzw., 3 Fälle wegen Besserung oder Aussichtslosigkeit. Im Juni wurden 64 durch die Fürsorgestelle selbst und 14 durch sechs Helfer betreut. Man verzeichnete 48 Hausbesuche, 71 Sprechstundenbesuche und 38 sonstige Rücksprachen. Der Postverkehr umfasste 249 ein- und ausgehende Briefe. Der Kostenaufwand seit 1.10.1929 war mit 130,90 RM gering.[1069]

Nachdem die Pfarrei St. Elisabeth sich außerstande sah, die lfd. Kosten aufzubringen, wurde Dauth im Sommer 1930 gekündigt. Stadtpfarrer Herr, Prälat Baumeister (DCV), Weidner und Richter einigten sich, die Trinkerfürsorgestelle unter der Leitung Dauths zunächst bis zum 31. März 1931 fortzuführen und in das Caritashaus zu verlegen. Die Kosten sollten vom DCV, CV und durch Kirchenkollekten in Frankfurt aufgebracht werden.[1070] Insgesamt vier Protokolle des „Trinker-Vorstands", so die offizielle Bezeichnung auf den Niederschriften, aus den Jahren 1931, 1932 und 1934 sind erhalten, dazu Tätigkeitsberichte für 1930–33 und 1941/42.

Am 15. April 1931 übernahm der CV die Trinkerfürsorge und die Fürsorgerin Anni Baus nahm ihren Dienst auf, nachdem sie eine vierwöchige Schulung absolviert hatte. Auf der nächsten Trinker-Vorstandsitzung am 22. Januar 1932 wurde der Vorstand auf Vorschlag Richters um Kreuzbund-Präses Pfeuffer, Hans Kunz, den Geschäftsführer der Kreuzbund-Ortsgruppe St. Paulus, und Gottfried Schneider, Geschäftsführer der Kreuzbund-Ortsgruppe St. Johannes Bockenheim erweitert. Nachdem 1931 die Zahl der betreuten Alkoholkranken um 107, davon 75% von der städtischen Fürsorgestelle Überwiesene, angestiegen war, entschied man sich für eine Öffentlichkeitsarbeit in Tages- und Kirchenzeitungen bzw. Plakate an den Kirchentüren. Viel versprach man sich von der Veröffentli-

1068 Besprechung über den Ausbau der kath. Trinker-Fürsorge in Frankfurt a. Min v. 3.3.1930 (DAF IV.15.C).
1069 Statistik der Katholischen Fürsorgestelle für Alkoholkranke und deren Angehörige Frankfurt a. Main v. 12.6.1930 (DAF IV.15.C).
1070 Protokoll Arbeitsbesprechung am 14.11.1930 (ACVF-1310 bzw. ACVF-1510-01).

chung des Jahresberichts[1071] in der Kirchenzeitung und in der Rhein-Mainischen Volkszeitung.[1072]

Trinkerfürsorge (1930–1933)						
	1930	1931	1932[1073]		1933[1074]	
			M	F	M	F
Fälle	180	275	294	31	354	36
geheilt	0	8	7	1	3	1
gebessert	11	36	12	1	25	3
teilweise gebessert	41	22	56	10	94	8
Unentschieden	128	209	189	9	77	4
Rückfällig					122	12
Sprechstunden			945		1128	
Hausbesuche Fürsorgerin			308		236	
Hausbesuche Helfer (Zahl)					900 (21)	
Sonstige Verhandlungen			110		257	
Beihilfen[1075]			106		230	

Anfang Februar 1932 beklagte Richter sich in dem vom Trinkervorstand angeregten[1076] Rundschreiben an alle Pfarrer und die Vinzenz- bzw. die Elisabethvereine, dass jahrelang Familien unterstützt worden seien, „in denen der Mann oder sonst ein Familienmitglied ein Vielfaches [der Unterstützung] vertrinkt, ohne dass ernstlich eingegriffen wird, wo die Tatsache des Trinkens zwar schmerzlich empfunden, aber als unabänderliches Übel hingenommen wird." Alle bekannt werdenden Fälle sollten gemeldet, überprüft und notfalls eingegriffen werden. Man hoffte, dass Alkoholiker, „die noch irgendwie religiös zu packen sind" am leichtesten zu beeinflussen seien. Auch wenn eine Heilung nicht mehr möglich sein sollte, sollte" mit äußeren Druckmitteln" die schlimmsten Auswüchse verhindert und zur Verbesserung der „Lage der meist sehr leidenden Familien (...) Mittel und Wege" gefunden werden. Die finanzielle Unterstützung der Familien sollte keinesfalls unterbrochen werden, neue Familien aber erst nach Rücksprache mit der Fürsorgestelle unterstützt werden. Richter versprach sich davon, dass durch diese Zusammenarbeit die Tätigkeit der Vinzenz- und Elisabethenvereine in den Trinkerfamilien" nicht nur wesentlich erleichtert, sondern auch sinnvoller und wirksamer werde."[1077] Geplant war auch ein gemeinsamer Vortrag von Pfeuffer und Baus auf der nächsten Generalversammlung der Vinzenzvereine, um weiter Aufklärung zu betreiben und

---

1071 Vorläufiger Tätigkeitsbericht der kath. Fürsorgestelle für Alkoholkranke und d. Angehörige für die Zeit vom 1.3.30 – 15.10.31 (DAF II.11.A).
1072 Protokoll Trinkervorstand v. 22.1.1932 (DAF II.11.A).
1073 Tätigkeitsbericht der Abt. Alkoholkrankenfürsorge des CV Groß-Frankfurt für das Jahr 1932 (DAF-II.10.F), Kassenbericht 1933 (ACVF-1510).
1074 Tätigkeitsbericht der Trinkerfürsorge 1933, S. 4 (DAF II.11.B).
1075 Behörden, Winterhilfe und Caritaseigenmittel.
1076 Protokoll Trinkervorstand v. 22.1.1932 (DAF II.11.A).
1077 Rundschreiben an die Pfarreien und die Mitglieder der St. Vinzenz- und Elisabethenvereine v. 2.2.1932 (DAF-II.10.F sowie PAH 179).

auch neue Helfer zu gewinnen.[1078] Die überwiegende Zahl der neuen Fälle wurden von der städtischen Trinkerfürsorge gemeldet, 1932 waren es 54 der 70 bzw. 1933 53 von 65, mit der 12 gemeinsame Arbeitssitzungen durchgeführt wurden. Im Tätigkeitsbericht für 1933 wurde ausdrücklich beklagt, dass die Pfarreien meist Alkoholkranke erst dann meldeten, wenn es schon zu spät war. So waren am 31.Dezember 1933 die meisten Alkoholkranken über 51 Jahre (175) bzw. über 41 Jahre (110), 33 waren unter 30 Jahre alt. 236 waren verheiratet, 151 ungelernte und 111 gelernte Arbeiter, viele arbeitslos.[1079]

Da sich inzwischen die Zahl der Alkoholkranken im Gallus-Viertel stark erhöht hatte und die Entfernung zu den beiden bestehenden Kreuzbund-Gruppen zu groß war, stellte Perabo in seiner Pfarrei einen Gruppenraum zur Verfügung, in dem sich samstags alkoholkranke Männer treffen und vierzehntäglich Familienabende abgehalten werden konnten. Vorläufig sollte die Kreuzbund-Gruppe St. Paulus die Betreuung übernehmen.[1080] Pater Elpidius Weiergans[1081] sollte während der Fastenzeit für eine Werbepredigt gewonnen und die neuen Mitglieder sollten den Stamm der neuen Kreuzbundgruppe werden. Der Vorstand kritisierte die Kreuzbund-Gruppe St. Johannes in Bockenheim, dass sie sich nur monatlich treffe. [1082] Aus den Übersichten kann man nicht feststellen, ob in den Familien mit „geheilten" bzw. „gebesserten" Betreuten wieder ein geordnetes Familienleben bestand bzw. ob sich die Lebensumstände zumindest teilweise wieder gebessert hatten. Unklar ist auch die Definition für „teilweise gebessert", wenn es heißt „Der Begriff der ‚teilweisen Besserung' (102) umfasst die Fälle, die beginnen mit einer Einschränkung des Alkoholmissbrauchs, so dass die Zwischenräume zwischen den einzelnen Rückfällen kürzer werden, bis zur zeitweisen längeren Enthaltsamkeit, ohne dass Anschluss an den Kreuzbund vollzogen wird." Der größte Teil der „rückfälligen" waren meist alleinstehende arbeitslose ältere Männer in primitiven Wohnverhältnissen. Inwieweit es sich dabei um Nichtsesshafte handelte, lässt sich nicht klären.

Ziel war, „die schlimmsten Exzesse zu verhüten und (...) die Angehörigen zu schützen und ihr Los erträglicher zu machen." Als weitere Aufgabe sah man es, die Vermögenswerte vor dem Verlust durch Trunkenheit zu schützen, betonte aber auch die eugenische Verantwortung: „was aus biologischer und eugenischer Hinsicht in den gebesserten Familien an Unheil und Elend verhütet wird, ist nicht nur vom moralischen und religiösen Standpunkt aus sondern auch vom volkswirtschaftlichen her zu werten." Wie wichtig die Unterstützung durch den Kreuzbund war, lässt sich an der Bemerkung ablesen: „den treuen und aus innerster Verpflichtung schaf-

---

1078 Protokoll Trinkervorstand v. 22.1.1932 (DAF II.11.A).
1079 Tätigkeitsbericht Abt. Trinkerfürsorge 1933 (ACVF-1510).
1080 Ob die vorgeschlagenen Lehrerinnen Gies, Mell und Müller dafür gewonnen werden konnten, lässt sich nicht feststellen.
1081 Pater Elpidius (Wilhelm) Weiergans OFM (1873–1946) hielt Werbepredigten für den Kreuzbund gegen den Alkoholismus. Im Dritten Reich erhielt er Schreibverbot.
1082 Protokoll Trinkervorstand v. 22.1.1932 (DAF II.11.A).

fenden Mitarbeitern des Kreuzbundes herzlichen Dank sagen für die hingebende und aufopfernde Tätigkeit des verflossenen Jahres."[1083]

5.2.5 Bahnhofsmission und -dienst – Wanderer

1929/30 leisteten in der Bahnhofmission unter der hauptamtlichen Leitung von Dora Kölsch neun ehrenamtlich tätige Damen Hilfe in 6905 Fällen.[1084] Ihre Arbeit wurde in einer Broschüre des DCV bundesweit als vorbildlich bekannt gemacht.[1085] Zwar stand der Mädchenschutz immer noch im Mittelpunkt der Arbeit, doch musste man gemeinsam mit dem Caritassekretariat männliche Hilfesuchende betreuen, da der Frankfurter Bahnhofsdienst seit seiner Gründung 1926 nur auf dem Papier bestand. Durchwanderer erhielten Essensgutscheine, teilweise auch Lebensmittelscheine, und getragene Kleidung. Jugendliche Wanderer wurden verpflegt und solange untergebracht, bis geklärt war, ob sie von ihrem Heimatort Unterstützung erhielten bzw. ob ihre Aufnahme in die Familie möglich sei.1929/30 wurden 69 Fahrkarten für 354 RM ausgegeben. Jugendlichen erhielten diese generell bis zum Zielbahnhof, Erwachsene in Ausnahmefällen. Die Arbeit wurde vom Landeshauptmann mit 3103 RM unterstützt, davon 2359 RM für das Gesellenhaus und 535 RM für die Bahnhofsmission.[1086]

Am 1. Mai 1930 gab es in 26 Städten einen Katholischen Bahnhofsdienst,[1087] der vorwiegend von den Ortscaritasverbänden in Zusammenarbeit mit dem Männerfürsorgeverein, den Arbeitervereinen, der Marianischen Männerkongregation, dem Gesellenverein oder dem Vinzenzverein getragen wurde. Man betreute männliche Reisende, meist Landhelfer, jugendliche Arbeitssuchende, erteilte Auskünfte, gab Essen aus, vermittelte Nachtquartieren oder Heimunterbringung und besorgte Fahrkarten. Außerdem wurden Arbeitsstellen vermittelt. [1088]

Während einer Sitzung des deutschlandweiten Katholischen Bahnhofsdienstes am 16. April 1930 im Frankfurter Gesellenhaus sprachen sich die 14 Frankfurter Teilnehmer dafür aus, Vorarbeiten für einen Bahnhofsdienst in Angriff zu nehmen.[1089] Nach einer Schulung erklärten sich 13 Herren sich bereit, am 11. November 1930 ihre Arbeit aufzunehmen.[1090] Da keine Aktivitäten nachweisbar sind, ist anzunehmen, dass die Durchwanderer weiterhin durch den CV selbst betreut wurden.

Um die volljährigen Durchwanderer unterbringen zu können, beschloss der Arbeitsausschuss am 21. November 1930 die Umwandlung des bisherigen Jugendheimes im Kompostellhof in ein Durchwandererheim für

1083 Tätigkeitsbericht der Trinkerfürsorge 1933, S. 4 (DAF II.11.B).
1084 Geschäftsbericht 1929/30 (ACVF-1510).
1085 Dora Kölsch, Kath. Bahnhofsmission Frankfurt a. Main, Freiburg 1930.
1086 CVF-Jahresbericht 1929/30 (ACVF-1510).
1087 Verzeichnis der örtlichen Bahnhofdienststellen zum 1.5.1930; In: Der Weg, Vierteljahresschrift für Wanderer- und Straffälligenfürsorge 1 (1930), Nr. 2, S. 31; abgedruckt in: Caritas '35, 1930.
1088 Rudolph Degen, Tagung des katholischen Bahnhofsdienstes in: Der Weg (Vierteljahreszeitschrift für Wanderer- und Straffälligenfürsorge 1(1930), Nr.1, S. 30.
1089 Degen, a.a.O.
1090 Geschäftsbericht 1929/30 (ACVF-1510).

männliche Erwachsene und bat den Gesamtverband, die bisher für Jugendliche bereitgestellten Mittel auch für dieses Heim zur Verfügung zu stellen.[1091] Da keine Unterlagen vorhanden sind, ist unklar, ob dies erfolgte. Stattdessen stellte vermutlich der Frankfurter Gesellenverein das Karlshaus in der Seilerstr. 20 zur Verfügung, denn Anfang 1932 geriet dieser in eine finanzielle Schieflage, weil mehr als die Hälfte der 100 untergebrachten Männer als Arbeitslose keine Miete zahlten, und der Caritasverband um eine finanzielle Unterstützung gebeten wurde.[1092]

Keine große Bedeutung hatte die Betreuung von Auswanderern im Auftrag des Raphaelsvereins. So wurden 1929/30 nur in drei Fällen Fahrkarten und Empfehlungsschreiben an den Raphaelsverein mitgegeben. [1093]

5.3 Das Ende der Weimarer Republik

Bei den Reichspräsidentenwahlen 1932 unterstützte Brüning Hindenburg, um Hitler zu verhindern, wurde kurz darauf aber auf Betreiben General Kurt von Schleichers entlassen. Hindenburg ernannte am 1. Juni 1932 Franz von Papen[1094] zum Reichskanzler, der ein „Kabinett der nationalen Konzentration" aus überwiegend adligen Beamten bildete. Hindenburg löste am 4. Juni auf Antrag Papens den Reichstag auf. Papen setzte mit Notverordnungen rigidere sozialpolitische Änderungen durch, als sie Brüning jemals geplant hatte. Am 14. Juni 1932 wurde mit der „Verordnung des Reichspräsidenten über Maßnahmen zur Erhaltung der Arbeitslosenhilfe und der Sozialversicherung sowie zur Erleichterung der Wohlfahrtslasten der Gemeinden" die Leistungspflicht der Gemeinden eingeschränkt.

Die „Verordnung über die Höhe der Arbeitslosenunterstützung und die Durchführung öffentlicher Arbeiten" vom 16. Juni 1932 sowie die „Verordnung über die Krisenfürsorge für Arbeitslose" vom 17. Juni 1932 schafften die Arbeitslosenversicherung praktisch ab, da die Unterstützung nur noch maximal sechs Wochen gezahlt und um 23% der bisher gezahlten Beträge gekürzt wurde. Die Zahl der Hilfeempfänger sank von 73,1% (1930) bis zum Sommer 1932 auf 28,9%. Die Parteien der Weimarer Koalition (SPD, Zentrum, DDP) waren nicht in der Lage, ihre Ziele zu vermitteln und zu einer gemeinsamen Basis zu finden, obgleich sie wie u.a. Theodor Heuss in „Hitlers Weg" das NSDAP-Programm als Sammlung von braunlackierten Ladenhütern bezeichneten. Auch Nuntius Pacelli glaubte noch, eine Koalition von Zentrum und SPD könne eine Machtergreifung der politischen Rechten verhindern. Dies war aber nach der Juliwahl 1932 nicht mehr möglich. Mit ihrer auf Provokation gegen die „Weimarer Systemparteien" ausgelegten Politik fand die NSDAP Anklang in der protestantischen Wählerschaft und verdoppelte bei den Reichstagswahlen am 31. Juli 1932 ih-

1091 Protokoll Arbeitsausschuss v. 14.11.1930 (ACVF-1310 bzw. 1530).
1092 Protokoll CVF-Vorstand 10.5.1932 (ACVF-1310).
1093 Geschäftsbericht 1929/30 (ACVF-1510).
1094 Obgleich Mitglied des Zentrums unterstützte Franz von Papen Hindenburg bei der Reichspräsidentenwahl 1925 und war nun an im Zentrum nur noch eine Randfigur. Am 3. Juni 1932 verließ er die Zentrumspartei, um einem Parteiausschluss wegen der Brüskierung Brünings zuvorzukommen.

ren Stimmenanteil vor allem in den überwiegend protestantischen Gebieten und wurde mit 37,4% zur stärksten Partei.

Zusammen mit der KPD (14,3%) verfügte die NSDAP über eine negative Mehrheit im Reichstag. Lediglich SPD (21,6%/-2,9%) und das Zentrum (12,4%/+0,6%) konnten ihre Position relativ behaupten, während alle übrigen Parteien bedeutungslos wurden. Von Papen bot Hitler vergeblich im Juli und Dezember 1932 das Vizekanzleramt an. Hitler erkannte die Absicht vieler Nationalliberaler und des Zentrums, die Regierungsunfähigkeit der NSDAP durch eine Regierungsbeteiligung deutlich zu machen, um nach der zu erwartenden Scheitern wieder allein regieren zu können.

Noch vor der Konstituierung des neugewählten Reichstages führte Papen am 9. September 1932 per Notverordnung ein staatlich finanziertes Arbeitsbeschaffungsprogramm ein, das Lohnsenkungen ermöglichte. Reidegeld betont, dass mit der gleichzeitigen Verlagerung der Zuständigkeit auf die Gemeinden die Erwerbslosenfürsorge nun den Rechtscharakter der Armenpflege erhielt, was bisher bis dahin politisch nicht gewollt war.[1095] Obwohl auf der konstituierenden Sitzung des Reichstags lediglich die Regierungserklärung Papens auf der Tagesordnung stand, unterstützten alle Parteien am 12. September das von der KPD eingebrachte Misstrauensvotum gegen Papen mit 512 gegen 42 Stimmen von DVP und DNVP. Obwohl Reichstagspräsident Göring vergeblich die von Papen bei Hindenburg erwirkte Auflösung des Reichstages gemäß § 23 RV ignorierte, war diese rechtskräftig und Papen konnte bis zu den Neuwahlen weiter mit Notverordnungen regieren. Leistungen wurden weiter gekürzt und eine zusätzliche „Abgabe zur Arbeitslosenhilfe" für Lohn- und Gehaltsempfänger eingeführt, um die während des Winters 1932/33 zu erwartenden Zusatzkosten abdecken zu können.[1096]

Nachdem die Zahl der Arbeitslosen im Sommer 1932 stark zurückgegangen war, verlor die NSDAP bei den Wahlen am 6. November 1932 fast 2 Mill. Stimmen und erhielt nur noch 33,1% (-4,2%), die negative Mehrheit mit der KPD (16,9%/+2,6%) blieb bestehen und verhinderte eine Neuauflage der Weimarer Koalition. Am 17. November 1932 trat von Papen zurück und Hindenburg ernannte General Kurt von Schleicher zum Reichskanzler, der aber im Januar 1933 von Papen wieder gestürzt wurde. Dieser bemühte sich vergeblich, ein Kabinett mit der NSDAP als Juniorpartner zu bilden. Schließlich stimmte er einem Kabinett unter Führung Hitlers zu, das am 30. Januar 1933 von Hindenburg eingesetzt wurde.

Viele, nicht nur das Episkopat, glaubten das Hitler-Kabinett werde sich an die Verfassung halten und die politische Situation wieder in Ordnung bringen. Kaum jemand ahnte, wie radikal die nationalsozialistischen Ziele in kurzer Zeit umgesetzt werden sollten. Die SA inhaftierte politisch missliebige Personen, u.a. Kommunisten, Sozialdemokraten, Gewerkschafter aber auch katholische Geistliche in „Schutzhaft" in den seit März 1933 eingerichteten „wilden" Konzentrationslagern[1097], um sie so „ange-

---

1095 Eckart Reidegeld, Staatliche Sozialpolitik in Deutschland, Bd. II Sozialpolitik in Demokratie und Diktatur 1919–1945, Wiesbaden 2006, S. 294.
1096 Reidegeld, S. 294.
1097 So wurde das Arbeitshaus Breitenau von Juni 1933 bis März 1934 als KZ genutzt.

blich" vor Übergriffen der Straße zu schützen. Viele wurden aufgrund einer Initiative Kardinal Faulhabers bereits an Ostern 1933 wieder freigelassen. Mit dem inszenierten Reichstagsbrand am 27. Februar 1933 spitzte sich die Lage weiter zu. Trotz des KPD-Verbots erreichten NSDAP, DNVP und die völkischen Parteien bei der Reichstagswahl am 5. März 1933 nicht die für eine Verfassungsänderung notwendige Dreiviertelmehrheit. Mit der Zustimmung des auf sechs Monate befristeten Ermächtigungsgesetzes durch Zentrum und Deutsche Staatspartei am 23. März 1933 erhielt die NS-Regierung freie Hand und hob mit der „Verordnung zur Sicherung der Staatsführung" vom 7. Juli 1933 die Mandate von SPD und Deutscher Staatspartei auf. Das Zentrum beschloss am 2. Juli 1933 die Selbstauflösung der Partei, um einer drohenden Auflösung zuvorzukommen.[1098]

Am 14. Juli 1933 wurde mit dem „Gesetz gegen die Neugründung politischer Parteien" das Mehrparteiensystem beseitigt und der Reichstag wurde zu einem Akklamationsorgan und öffnete mit dem „Gesetz gegen die heimtückischen Angriffe auf Staat und Partei" (Dezember 1934) den Weg zur Willkür und Unmenschlichkeit.

1098 Brüning hatte am 5. Mai 1933 den Parteivorsitz von Kaas übernommen und vergeblich versucht, die Existenz des Zentrums durch eine begrenzte Zusammenarbeit mit der NSDAP zu sichern.

6. CARITAS IM NATIONALSOZIALISMUS (1933-45)

Die Haltung der katholischen Kirche zum Nationalsozialismus war von Anfang deutlich, auch wenn dies in der veröffentlichten Meinung, teilweise bewusst, ignoriert wird. Bereits am 25. März 1928 hatte die Päpstliche Glaubenskongregation die NSDAP als unwählbar erklärt und „den Hass gegen das Volk [verurteilt], dass Gott in seinen uralten Tagen zu dem seinen erwählt hat – nämlich jenen Hass, den man üblicherweise als Antisemitismus bezeichnet". 1930 verbot der Mainzer Generalvikar Philipp Jakob Meyer die Mitgliedschaft in der NSDAP und drohte mit Exkommunikation, die aber nie ausgesprochen wurde: „Wir mussten diese Anweisungen geben, da das Programm der N.S.D.A.P. Sätze enthält, die sich mit katholischen Lehren und Grundsätzen nicht vereinigen lassen. Namentlich ist es der § 24 des Programms[1099], den kein Katholik annehmen kann, ohne seinen Glauben in wichtigen Punkten zu verleugnen."[1100]

Aufgrund Rosenbergs „Der Mythos des 20. Jahrhunderts" erklärte die Bischofskonferenz am 17. August 1931 die NSDAP-Mitgliedschaft als unvereinbar mit dem katholischen Glauben, da im Gegensatz zur NS-Ideologie jeder Christ die christlichen Werte in freier Entscheidung vorleben und so die Welt prägen solle.[1101] In einigen Bistümern wurden uniformierten NSDAP-Mitgliedern die Sakramente verweigert. Allerdings wurde die NSDAP nicht, wie beantragt, in eine Liste der für Katholiken verbotenen Organisationen aufgenommen.[1102] Ein Grund dafür ist vermutlich, dass man die NSDAP „als nationale Bewegung hinsichtlich der Verbesserung wirtschaftlicher und politischer Notstände" und als Bollwerk gegen den Bolschewismus akzeptierte, nicht aber den totalitären Charakter des NS-Regimes erkannte.

Im Gegensatz zum Episkopat kritisierten katholischen Medien offen den Nationalsozialismus und Hitler. Heinrich Höfler, Schriftleiter der Zeitschrift „Caritas", bezeichnete 1932 Hitler als Scharlatan und Friedrich Muckermann SJ schrieb in der katholischen Literaturzeitschrift „Gral": zu Hitlers „Mein Kampf": „Dieses Buch ist das Werk eines Demagogen, der das Volk beherrscht, weil er es peitscht (...) Obwohl letzte Ziele verschleiert werden, ersieht man doch aus dem Zusammenhang, dass hier mit bewusster Lüge oder mit unbewusster Selbsttäuschung eine Lehre verkündet wird, dazu bestimmt, die christliche Ära zu begraben und eine rassistische an ihre Stelle zu setzen."[1103]

1099 Das 25 Punkte Programm der NSDAP v. 24.10.1920 forderte in Punkt 24 die Einschränkung der Religionsfreiheit, wenn sie den Bestand des Staates gefährden „oder gegen das Sittlichkeits- und Moralgefühl der germanischen Rasse verstoßen" würde.
1100 Schreiben Generalvikar Mainz/Gauleitung NSDAP-Gau Hessen-Darmstadt über die Gründe für das Verbot der Parteizugehörigkeit für Katholiken vom 30. September 1930. Abgedruckt in: Gruber, Katholische Kirche, S. 2.
1101 Protokoll der Bischofskonferenz über die Haltung zum Nationalsozialismus 17. August 1931, Auszug abgedruckt in: Gruber, Katholische Kirche, S. 13.
1102 Bernhard Zimmermann-Buhr, Bernhard, Die katholische Kirche und der Nationalsozialismus in den Jahren 1930–1933, Frankfurt a.M.1982, S. 17f.
1103 zit. aus Nachruf seines Bruders Hermann Muckermann SJ (Mitt. aus den deutschen Provinzen der Gesellschaft Jesu, 17. Band, Nr. 113–116, 1953–56, S. 325–328).

Die katholische Bevölkerung war gegenüber der NS-Ideologie resistenter als die protestantische, auch wenn die öffentliche Meinung dies bis heute anders sieht. Die NSDAP erreichte in überwiegend katholischen Gegenden nie mehr als 30%, in protestantischen Städten wie Frankfurt oder Wiesbaden 48% bzw. 51%. Jürgen W. Falter wies 1991 nach, dass Hitler in einem katholischen Deutschland nie oder erst spät an die Macht gekommen wäre, in einem protestantischen bereits weitaus früher.[1104] In einer weiteren Studie stellte er 2018 fest, dass auch die Mitgliederzahl der NSDAP in katholischen Gebieten niedriger war als in protestantischen.[1105]

6.1 NS-Rassehygiene statt Sozialpolitik

Angesichts des starken Geburtenrückgangs in Deutschland von 894978 (1920) auf 516793 (1932),[1106] dem größten in einem Industrieland, setzte sich die NS-Politik die „Vermehrung der deutschen Rasse" zum Ziel und wollte im Gegensatz zur eugenischen Diskussion der Weimarer Zeit radikal „unwertes Leben" vernichten und gleichzeitig die Geburtzahl der „wertvollen Volksgenossen" stark steigern.

Orientiert an Rosenberg wurde ein Rassen- und Heldenmythos auf der Basis von „Treue als Kriterium biologischer Hochwertigkeit" entworfen.[1107] Der rassisch begründete, an die idealisierte Lebenswelt der „alten Germanen" angelehnte Geist einer solidarischen Gemeinschaft sollte alle Unterschiede in Herkunft, Beruf, Vermögen und Bildung überwinden und eine egalitäre „Volksgemeinschaft [deutscher] Volksgenossen" begründen, die Sandkühler als „Wolfsgemeinschaft auf dem Weg zum vorstaatlichen Naturstand" bezeichnet.[1108] „Die Volksgemeinschaft diente (…) als bequeme Allzweckparole, unter der sich Hilfswerke, Freizeitvergnügen, Konzerngründungen, militärische Übungen und später die Ausplünderung ganzer Völker gleichermaßen subsumieren ließen." (Kilb)[1109]

Reichsinnenminister Frick legte bereits am 28. Juni 1933 vor dem neugebildeten Sachverständigenbeirat für Bevölkerungs- und Rassenpolitik in Berlin die Programmatik nationalsozialistischer Rassehygiene dar.[1110] Am 14. Juli 1933 wurde das „Gesetz zur Verhütung erbkranken Nachwuchses"[1111] erlassen und seine Notwendigkeit mit dem Geburtenrückgang und der „hemmungslosen" Vermehrung von „Minderwertigen" begründet.[1112] Hermann Althaus betonte, mit dem Gesetz werde „die Aus-

---

1104 Jürgen W. Falter wies 1991 in seiner Studie „Hitlers Wähler" nach, dass Hitler in einem katholischen Deutschland nie oder spät an die Macht gekommen wäre, in einem protestantischen aber bereits weitaus früher.
1105 http://www.deutschlandfunk.de/untersuchung-der-mitgliederstruktur-ueberraschende.1148.de.html?dram:article_id=310180 (Stand: 19.5.18).
1106 Statistisches Jahrbuch für das Deutsche Reich 1941/42, S. 66.
1107 Friedrich Zipfel/Herzfeld, Hans: Kirchenkampf in Deutschland 1933–1945. Religionsverfolgung und Selbstbehauptung der Kirche in der nationalsozialistischen Zeit, Berlin 1965, S. 13.
1108 FAZ Nr. 280 v. 2.12.2009, S. N3.
1109 FAZ 17.10.2010.
1110 Reichsinnenminister Wilhelm Frick auf der 1. Sitzung des Sachverständigenbeirates für Bevölkerungs- und Rassenpolitik in Berlin am 28.6.1933 (BA R43 II/720a)
1111 RGBl I 1933, S. 529–531.
1112 Deutscher Reichsanzeiger und Preußischer Staatsanzeiger 1933, Nr. 172, S. 1–2;

schaltung des Erbkranken aus dem Erbstrom des Volkes in die Wege geleitet".[1113]

Nach Inkrafttreten des Gesetzes am 1. Januar 1934 wurden Erbgesundheitsgerichte an den Amtsgerichten eingerichtet, die bei Diagnose als vererbbar qualifizierter Krankheiten und bei schwerem Alkoholismus Zwangssterilisationen anordnen konnten. Mit dem „Gesetz zur Vereinheitlichung des Gesundheitswesens" (GVG) vom 3. Juli 1934 wurde ein staatlich gelenkter Gesundheitsdienst geschaffen, die alle kommunalen Gesundheitsämter dem Reichsinnenministerium unterstellte.

Diese erfassten gesundheitsbezogene und soziale Daten als Entscheidungsgrundlagen für Zwangssterilisationen. Trotz fehlender wissenschaftlicher Nachweise wurden angeborener Schwachsinn, Schizophrenie, zirkuläres (manisch-depressives) Irresein, erbliche Fallsucht, erblicher Veitstanz (Huntington-Chorea), erbliche Blindheit, erbliche Taubheit, schwere erbliche körperliche Missbildung sowie schwerer Alkoholismus als „Erbkrankheiten" aufgeführt. Antragsberechtigt zur Sterilisierung waren Kranke und ihre gesetzlichen Vertreter. Die meisten Anträge wurden von den Gesundheitsämtern gestellt, Amtsärzte und Anstaltsleiter waren ebenso wie die NSV-Gemeindeschwestern zur Anzeige von Missbildungen bei Kindern und „Verhaltensabnormitäten" verpflichtet. In nichtöffentlicher Sitzung entschieden ein Amtsrichter, ein Amtsarzt und ein weiterer Arzt über die Anträge, wobei eine Berufung an das Erbgesundheitsobergericht beim Oberlandesgericht möglich war. In Widerspruch zum § 218 StGB war bei schwangeren Frauen mit deren Einwilligung die Unterbrechung der Schwangerschaft bis zum sechsten Monat zulässig.[1114]

Mit den Nürnberger Gesetzen wurden sexuelle Beziehungen und Eheschließungen zwischen Juden und Ariern verboten und festgelegt, dass derjenige als Volljude zu gelten hatte, der von drei jüdischen Großelternteilen abstammte bzw. als „Geltungsjude", wenn er zwei jüdische Großelternteile hatte und bei Inkrafttreten der Nürnberger Gesetze am 15. September 1935 der jüdischen Religionsgemeinschaft angehörte, ihr später

---

1113 Althaus, H./Betcke, W. (Hg.): Handwörterbuch der Wohlfahrtspflege, Berlin, [1]1934, [2]1936, [3]1937–39.
1114 Gisela Bock kommt in ihrer Habilitationsschrift aufgrund von Schätzungen und Berechnungen anderer sowie eigener Recherchen zu dem Ergebnis, dass im Deutschen Reich in den Grenzen von 1937 zwischen 1933 und 1945 etwa 360.000 Menschen aufgrund der gesetzlichen Vorschriften zwangssterilisiert wurden. Mit den nach 1937 dazugekommenen Gebieten dürften etwa 400.000 Zwangssterilisierungen durch das NS-Regime erfolgt sein, wobei noch eine Dunkelziffer von einigen tausend außerhalb des Gesetzes durchgeführten Sterilisierungen („Rheinlandbastarde", „freiwillige" Sterilisierungen durch Zustimmung des gesetzlichen Vertreters, KZ-Sterilisierungsversuche u.a.) angenommen wird.

beitrat oder mit einem Volljuden verheiratet war oder später einen heiratete.

6.1.1 Gleichschaltung der freien Wohlfahrtspflege

Um die NS-Rassepolitik durchsetzen zu können, mussten die freien Wohlfahrtsverbände entweder durch freiwillige Vereinbarungen mit der NSV gleichgeschaltet oder aufgelöst werden. Zunächst war dies aber nicht möglich, da die NSV weder über die erforderlichen Einrichtungen noch das entsprechend qualifizierte Personal verfügte. Im Göring-Erlass vom 1. Juni 1933 hieß es ausdrücklich:

„Das Streben der Vergangenheit, die Aufgaben der Volkswohlfahrt grundsätzlich durch öffentliche Stellen und Einrichtungen zu erfüllen, hat sich als verhängnisvoller Fehlschlag erwiesen (...) Zugleich wurde die Wohlfahrtspflege politisiert und bürokratisiert und so dem Herzen des Volkes entfremdet; die freie Wohlfahrtspflege aber, insbesondere die konfessionelle, wurde zurückgedrängt und die Betätigung ehrenamtlicher Personen (...) beschränkt... Wohlfahrt und Jugendwohlfahrt können niemals die Kräfte entbehren, die sich freiwillig aus christlicher Nächstenliebe (...) zur Verfügung stellen."[1115]

Nachdem am gleichen Tag das Reichsarbeitsministerium mit der „Neuordnung des Wohlfahrtswesens" (Fibich) nur das DRK, die Innere Mission und der DCV sowie der Deutsche Paritätische Wohlfahrtsverband" als Reichsspitzenverbände anerkannt hatte,[1116] wurden sechs Wochen später mit dem „Gesetz über die Einziehung volks- und staatsfeindlichen Vermögens" vom 14. Juli 1933 wurde der sozialdemokratische „Hauptausschuss für Arbeiterwohlfahrt" sowie der „Arbeitersamariterbund" aufgelöst und der „Zentralwohlfahrtsstelle der deutschen Juden" die Anerkennung als nationalem Spitzenverband entzogen.[1117]

Nach der Unterzeichnung des Konkordats, dass in Art. 15 die katholische Wohlfahrtstätigkeit absicherte, wurde am 25. Juli 1933 die „Deutschen Liga der freien Wohlfahrtspflege" in die „Reichsgemeinschaft der Freien Wohlfahrtspflege Deutschlands" unter Vorsitz von Herrn von Moppen umgewandelt. Der bisherige Vorsitzende Hugo Graf von Lerchenfeld (Caritas) wurde Ehrenpräsident. Der „Deutsche Paritätische Wohlfahrtsverband" trat am 27. Juli 1933 der NSV als korporatives Mitglied bei, konnte damit seine spätere Gleichschaltung aber nicht verhindern, während das DRK sich bereitwillig in die NS-Struktur eingliederte.[1118] Am 24.

1115 Zit. nach Caritas 50 (1949), S. 107.
1116 Schreiben Reichsarbeitsministerium/DCV v. 25.7.1933 – Kopie (DAL 359).
1117 Die Zentralwohlfahrtsstelle musste 1935 als Folge der Nürnberger Gesetze ihren Namen ändern. Nach der Reichspogromnacht 1938 wurde das Steuerprivileg aufgehoben, sie erneut umbenannt, dann aufgelöst und durch die staatliche kontrollierte „Reichsvereinigung der Juden in Deutschland" ersetzt. Erst 1951 wurde die „Zentralwohlfahrtsstelle" neu gegründet.
1118 Das Deutsche Rote Kreuz übernahm in der Satzung von 1933 das Führerprinzip und verflocht sich personell eng mit der NSDAP. Am 18. Dezember 1936 beschränkte es seine Tätigkeit auf den sanitätsmilitärischen Bereich und gliederte sich am 9. Dezember 1937 vollständig in die NS-Struktur ein. Das Hakenkreuz wurde in das DRK-Logo eingefügt und alle Einrichtungen der NSV übertragen. Auf-

März 1934 wurde die Reichsgemeinschaft zur „Arbeitsgemeinschaft der Spitzenverbände der Freien Wohlfahrtspflege" und Hilgenfeldt unterstellt. Damit hatte sich die Struktur der Wohlfahrtspflege binnen eines Jahres grundlegend verändert und der Weg für die Umsetzung der NS-Rassehygienepolitik durch die NSV war frei.[1119] Am 1. Dezember 1933 wurde mit dem „Gesetz zur Sicherung der Einheit von Partei und Staat"[1120] wurde die NSV dem „Hauptamt für Volkswohlfahrt" unterstellt und damit Teil der öffentlichen Verwaltung.

Die „Arbeitsgemeinschaft der Spitzenverbände der Freien Wohlfahrtspflege" wurde nun bedeutungslos und wurde am 16. März 1940 aufgelöst, nachdem die Innere Mission erklärt hatte, sich in die Deutsche Evangelische Kirche eingliedern zu wollen. Mit der Auflösung wurde den freien Wohlfahrtsverbänden die letzte Garantie organisatorischer Eigenständigkeit genommen, dennoch wagte es die NS-Führung nicht, Caritas und Innere Mission der NSV einzuverleiben, auch wenn immer wieder die Ausschaltung der konfessionellen, insbesondere der katholischen, Wohlfahrtseinrichtungen von nachgeordneten Parteigliederungen gefordert wurde. Gründe dafür sind der Widerstand der Wehrmacht, die an der Nutzung der konfessionellen Einrichtungen interessiert war, und die Furcht vor „zusätzlichen Konflikte oder Irritationen an der Heimatfront."[1121]

Fibich ist zuzustimmen, dass „Versuch des NS-Regimes die Wohlfahrtspflege in Deutschland neu zu ordnen und vollständig an sich zu ziehen, letztlich nicht zum erwünschten Erfolg geführt (hat)." Neben den sich gegenseitig blockierenden Parallelstrukturen von Staat, Partei und Verwaltung, die es dem Caritasverband ermöglichte, seine Aufgaben wahrzunehmen, war es „die Unvereinbarkeit von „Ideologie und Realität". [1122]

6.1.2 NSV – nur für die Volksgemeinschaft

Zuständig für die Umsetzung der NS-Rassepolitik war neben der SS vor allem die 1931 als lokale Selbsthilfeorganisation für Opfer des Straßenkampfs in Berlin-Wilmersdorf gegründete „Nationalsozialistische Volkswohlfahrt „(NSV). Am 3. Mai 1933 wurde sie offiziell „zuständig für alle Fragen der Volkswohlfahrt und der Fürsorge" und am 1. Dezember 1933[1123] dem Leiter des Hauptamts für Volkswohlfahrt in der Reichsleitung der NSDAP, Erich Hilgenfeldt,[1124,] unterstellt und Teil der öffentlichen Verwaltung. Wie die NSDAP gliederte sich die NSV in Gau- Kreis- und

---

grund der unzureichenden personellen Ausstattung der NS-Schwesternschaft versahen die Rotkreuz-Schwestern aber weiterhin ihren Dienst.

1119 Siehe Peter Hammerschmidt, Die Wohlfahrtsverbände im NS-Staat, Opladen 1999, S. 188–206.
1120 RGBl I 1934, S. 1016.
1121 So Monika Dittmer, Die Entwicklung der sozialen Arbeit im Faschismus, Norderstedt 2006, S. 11.
1122 Fibich, S. 295.
1123 Gesetz zur Sicherung der Einheit von Partei und Staat (RGBl I 1934, S. 1016)
1124 Erich Hilgenfeldt (1897–1945), Offizier im 1.Weltkrieg, später Mitglied des „Stahlhelms" und der NSDAP (1930), 1932 Mitglied des Preußischen Landtags und NSDAP-Kreisleiter, 1933 Leiter des NSV-Hauptamts und des WHW, 1937 Beitritt zur SS, April 1945 Selbstmord.

Ortsgruppenwaltungen, Zellen bzw. Blöcke[1125] und wurde bis 1943 mit ca. 17 Mill. Mitgliedern zur zweitgrößten NS-Massenorganisation nach der Arbeitsfront (DAF).[1126]

Die NSV verstand sich als „Organ der Elite des deutschen Volkstums" und nicht als ein weiterer Wohlfahrtsverband. Mit der Parole „Gemeinnutz geht vor Eigennutz" – nutzte man die breite Identifikationsbereitschaft der Bevölkerung, deren Bedürfnis man mit inszenierten Massenveranstaltungen und -aktionen gerecht wurde. Dank rd. einer Million ehrenamtlicher Mitarbeiter, Mitgliedsbeiträgen und Spenden verfügte die NSV immer über ausreichende finanzielle und meist auch personelle Ressourcen, um mit den NSV-Hilfswerken Mutter und Kind, Mütterdienst im Deutschen Frauenbund, Hitler-Freiplatz-Spende, Kindergarten, Haushaltshilfe, Gemeindepflege-stationen, Jugendhilfe, Tuberkulosehilfswerk, motorisierte Zahnstationen, Bahnhofsdienst, Hilfswerk für die deutsche bildende Kunst, Ernährungshilfswerk, Winterhilfswerk in sämtliche Sozialbereiche vordringen zu können.

Erich Hilgenfeldt, Leiter des Hauptamts für Volkswohlfahrt

Nationalsozialistische Volkswohlfahrt „definierte sich nicht als Fürsorge für den Einzelnen, sondern als Förderung der Volksgenossen in der rassisch definierten Volksgemeinschaft, (für die) alle Maßnahmen zur Reinhaltung der arischen Rasse" getroffen werden sollten.[1127] Der Leiter des Wiesbadener Wohlfahrtsamtes, Arno Irrgang, bezeichnete Fürsorgeleistungen als Opfer der nationalsozialistischen Volksgemeinschaft und verlangte als Gegenleistung den Willen zur Verbesserung der eigenen sozialen Lage und ein ehrliches Verhalten der Hilfeempfänger.[1128] Konsequent lehnte man den in der Weimarer Republik demokratisch entwickelten Sozialstaat und die private bzw. konfessionelle Wohlfahrtspflege ab. Die christliche Liebestätigkeit vernachlässige das „Gesamtwohl des Volkes", da sie vom „notleidenden Individuum aus dem Glauben an den einmalig persönlichen Wert desselben vor Gott ausgehe."[1129]

Unter dem Motto „Nationalsozialistische Volkswohlfahrt ist darum Gesinnungspflege" sollten die im Fürsorgebereich Tätigen den Einzelnen „in seinem inneren seelischen Verhalten beeinflussen und unter Benutzung nationalsozialistischer Motive aus ihm ein nützliches, leistungswilliges

---

1125 Die NSV bestand Mitte 1939 aus 40 Gau-, 813 Kreis-, 26138 Ortswaltungen, 97161 Zellen und 511689 Blocks.
1126 Das 1934 gegründete Hilfswerk bot mit der NSV-Schwesternschaft Untersuchungen und Impfungen von Kleinkindern, Kinderspeisungen und Mütterfreizeiten an.
1127 Althaus, H./Betcke, W. (Hg.): Handwörterbuch der Wohlfahrtspflege, Berlin 1934, S. 768.
1128 Bekanntmachung Leiter Wohlfahrtsamt Wiesbaden Arno Irrgang an Fürsorgeempfänger v. 1.11.1935 in: Deutsche Zeitschrift für Wohlfahrtspflege 11 (1935/36), S. 488f.
1129 Althaus/Betcke, S. 25f.

Glied des Volksganzen machen."[1130] Zum Wohl des Volkes müssten, so Althaus, Minderwertige „in einer ausmerzenden Erbpflege" zurückgedrängt werden[1131] und so die Zahl derjenigen, „die immer wieder der Fürsorge zur Last fallen, verringert werden."[1132] Als Kriterien erblicher Minderwertigkeit galten nicht allein medizinische Faktoren, sondern auch das „Verhalten gegenüber der Volksgemeinschaft".[1133]

Ein wichtiges Instrument in der NS-Rassenpolitik bildete die NSV-Schwesternschaft. Um die katholischen Krankenhäuser und –Schwestern auszuschalten, denen die Mitwirkung an Abtreibungen und Sterilisationen untersagt war,[1134] begann Erna Mach 1934 nach der Auflösung der ineffektiv gebliebenen Braunen Schwestern bzw. Rote Hakenkreuzschwestern mit dem Aufbau der neuen NSV-Schwesternschaft mit dem Ziel, „Schwestern im Sinne Hitlers auszubilden und zu einer nationalsozialistischen Gemeinschaft zusammenzuschweißen (...) Alle Schwesternarbeit der Zukunft wird sich deshalb nach den Gedanken und Methoden dieser Schwesternschaft zu richten haben".[1135] Althaus erklärte: „Nicht mit Unrecht hat man gesagt, dass die NS-Schwesternschaft zur Durchführung der

Werbeplakat NSV-Schwestern

Ziele des Führers im Aufbau das sei, was die SA zur Zeit des Kampfes gewesen sei."[1136] So durften nur sie offiziell als Gemeindeschwestern arbeiten, Familien-, Kranken- und Altenpflege ordneten sie aber der NS-Rassehygiene unter und waren auch für viele Euthanasietote verantwortlich. Sie allein entschieden, welche Mütter rassepolitisch Anspruch auf Kuren und welche Kinder in die Kinderlandverschickung gehen durften.

Nachdem der Deutschen Gemeindetag am 5. Januar 1934 gefordert hatte, die Fürsorgeleistungen für „Asoziale" und „Minderwertige" auf ein Minimum zu reduzieren,[1137] „beschränkte" sich die NSV ab Sommer 1934 nur noch auf die „wertvollen" Volksgenossen und verwies alle nach NS-

---

1130 Althaus/Betcke, S. 13.
1131 Althaus/Betcke, S. 17.
1132 in diesem Zusammenhang ist ein Rechenbuch für Mädchenschulen im Bereich des Regierungsbezirks Düsseldorf aus dem Jahre 1930 anzuführen, das dem Verfasser vor mehreren Jahren vorlag. In einer Rechenaufgabe wurde danach gefragt, wie viele Häuser gebaut werden könnten, wenn nicht Ausgaben für Krüppel und Blinde gemacht werden müssten.
1133 rassehygienische und weltanschauliche Belehrungen spielten in den NS-Schulungen und ambulanten Beratungen eine große Rolle. 1933 wurde die Monatsschrift „Nationalsozialistischer Volksdienst" herausgegeben, 1936 folgte die Buchreihe „Ewiges Deutschland".
1134 so vom Apostolischen Administrator von Innsbruck-Feldkirch, Paul Rusch.
1135 zit. nach Hilde Steppe (Hg.), Krankenpflege im Nationalsozialismus, 7. Aufl., Frankfurt 1993, S. 62.
1136 Althaus, Nationalsozialistische Volkswohlfahrt, S. 35.
1137 Rundschreiben des Deutschen Gemeindetags an die Gemeinden und Gemeindeverbände v. 5.1.1934 (Archiv LWV Hessen – Bestand 2 Nr. 1945 – Abschrift).

Ideologie „Lebensunwerte" (Krüppel, Epileptiker, Geisteskranke und unheilbare Kranke) an Caritas bzw. Innere Mission.[1138] Fatale Konsequenz des kostenträchtigen Engagements von Caritas und Innerer Mission sollte es sein, dass für die in kirchlichen Einrichtungen konzentrierten potentiellen Opfer der NS-Euthanasie der spätere Zugriff erleichtert wurde.[1139]

6.1.3 Hessen-Nassau – Vorreiter der NS-Rassenpolitik

Jakob Sprenger (www.lagis-hessen.de/183-001)

Otmar Freiherr von Verschuer © Holocaustmuseum Washington

Besonders konsequent wurde die Rassepolitik im NSDAP-Gau Hessen-Nassau durch Gauleiter Jakob Sprenger[1140] vertreten und Maßnahmen in enger Zusammenarbeit mit dem Bezirksverband Hessen-Nassau gefördert.[1141] Viele nutzten ihre Funktionen in Partei oder Verwaltung als Sprungbrett, wechselten nach der vorläufigen Einstellung der Euthanasie in Hadamar in das Projekt T4, dass die „Endlösung" vorbereitete, und übernahmen nach Kriegsausbruch Schlüsselfunktionen in Polen und Russland.

Sandner betont, „dass die politischen Beamten[1142] (...) die Ideologie der so genannten „Vernichtung lebensunwerten Lebens" überzeugt verfochten (und) dass die Verbandsverwaltung insgesamt Mittel und Wege fand, diesen politischen Willen in die Tat umzusetzen und dabei zugleich die Verbandsinteressen – machtpolitischer und wirtschaftlicher Art – zu verfolgen. Nur die Allianz von Überzeugung und Pragmatismus, von Intention und Struktur konnte eine derart weitgehende Mitverantwortung des Bezirksverbandes für die NS-Euthanasie-Verbrechen hervorrufen." Die Be-

1138 Vertraulicher Vermerk Richter v. 18.9.1934 (ADCV-127F/1030).
1139 Siehe S. 252ff.
1140 Jakob Sprenger (1884–1945), 1902 Postverwaltungsbeamter, 1922 NSDAP und später SA-Obergruppenführer, 1925 Neubegründer der NSDAP Frankfurt und Mitglied der Stadtverordnetenversammlung, 1929 ehrenamtl. Magistratsrat, 1927–33 Gauleiter Hessen-Nassau-Süd, danach des neuen Gaues Hessen-Nassau und Reichsstatthalter des Volksstaates Hessen, 1935 Leiter der Landesregierung Hessen-Nassau, 1925 Mitglied der Stadtverordnetenversammlung,1929 des Magistrats und NSDAP-Fraktionsvorsitzender im Kommunallandtag, 1930–45 Mitglied des Reichstages, 1.9.1939 Reichsverteidigungskommissar Wehrkreis XII, 1944 Oberpräsident Provinz Nassau, nach Flucht Selbstmord in Tirol am 7.5.1945. Siehe Stephanie Zibell: Jakob Sprenger (1884–1945), NS-Gauleiter und Reichsstatthalter in Hessen, Darmstadt/Marburg 1999.
1141 Vorländer, Herwart: Die NSV. Darstellung und Dokumentation einer nationalsozialistischen Organisation, Boppard 1988, S. 27.
1142 Landeshauptmann Traupel und Anstaltsdezernent Bernotat, die seit langem der NSDAP und der SS angehörten.

amten setzten, so Sandner, „eine saubere Verwaltung (...) und einträgliche Etatgestaltung höher an als das Wohl der Patienten." Der Bezirksverband unterhielt zwei Sterilisationsabteilungen, mehrere ärztliche Direktoren wirkten als Richter am Erbgesundheitsobergericht mit.[1143]

Die „neuen wissenschaftlichen Grundlagen" lieferte das am 1. April 1935 unter der Leitung von Prof. Otmar Freiherr von Verschuer eingerichtete „Universitätsinstitut für Erbbiologie und Rassenhygiene" (Gartenstraße 4)[1145], an dem u.a. sein Assistent und spätere KZ-Arzt Josef Mengele promovierte.[1146] Am 26. März 1941 wurde das „Institut zur Erforschung der Judenfrage" als erste Außenstelle der „Hohen Schule der NSDAP" durch Sprenger in Frankfurt (Bockenheimer Landstraße 68/70) eröffnet, die „geistige Waffenschmiede für den Endkampf gegen das Weltjudentum" (Krebs). Es war zuständig für die Informationsbeschaffung für die Durchführung des Holocaust und wurde durch die massenhaften Beschlagnahmungen zur weltgrößten Bibliothek mit jüdischer und hebräischer Literatur.[1147]

Neben dem Bezirksverband wollten sich Sprenger sowie NSV-Gaupropagandawalter Wilhelm Haug und der Frankfurter NSV-Kreispropagandawalter Grübner auch für höhere Aufgaben profilieren. Grübner hatte bereits im Herbst 1933 in der kommunalpolitischen Zeitschrift „Das Rathaus" gefordert, das große Gebiet „der Charitas an den Kranken, Minderwertigen, Alten und solchen Volksgenossen, welche nie in die Lage kommen, der Gemeinschaft das, was sie zu ihrer Erhaltung tut, in Form von Arbeitskraft und Wehrhaftigkeit wiedergeben zu können" unter die staatliche bzw. die Fürsorge der bestehenden Organisationen zu bringen. Haug und Grübner bedrängten immer wieder Krebs, nationalsozialistische Ziele umzusetzen, auch wenn es dazu keine rechtliche Grundlage gab. Grübner forderte, die Zusammenarbeit mit den konfessionellen Einrichtungen zu beenden, denen „der führende Grundgedanke, nämlich die nationalsozialistische Idee" fehle. Man müsse „unter voller Anerkennung ihrer für die Volksgemeinschaft geleisteten Dienste zur Liquidation schreiten (...) Je williger sich diese Organisationen dem nationalsozialistischen Denken anpassen und je schneller sie dem unaufhaltsamen Zuge zum totalen Staat folgen, desto günstiger wird die Wirkung auf die Volksgemeinschaft sein. [Aufgabe der NSV sei es] den vollwertigen Volksgenossen wieder in Arbeit

---

1143 Sandner, Verwaltung, S. 691 und 696.
1144 Verschuer forderte 1941" eine neue Gesamtlösung des Judenproblems.
1145 Siehe Peter Sandner, Das Frankfurter „Universitätsinstitut für Erbbiologie und Rassehygiene". Zur Positionierung einer „rassehygienischen" Einrichtung innerhalb der „rassenanthropologischen „Forschung und Praxis während der NS-Zeit in: Fritz Bauer-Institut (Hg.): „Beseitigung des jüdischen Einflusses...". Antisemitische Forschung, Eliten und Karrieren im Nationalsozialismus, Frankfurt 1999, S. 73–100.
1146 Am 1.9.1937 wurde Josef Mengele, der spätere KZ-Lagerarzt in Auschwitz, Assistent am Institut und promovierte 1938 über „Sippenuntersuchungen bei Lippen-Kiefer-Gaumenspalte".
1147 Siehe Dieter Schiefelbein: Das „Institut zur Erforschung der Judenfrage Frankfurt am Main". Vorgeschichte und Gründung 1935–1939. Frankfurt-Main 1993 bzw. derselbe, Das „Institut zur Erforschung der Judenfrage Frankfurt am Main, Antisemitismus als Karrieresprungbrett im NS-Staat in: Fritz Bauer-Institut (Hg.): „Beseitigung des jüdischen Einflusses...", S. 43–72.

zu bringen und seine Familie und seine wirtschaftlichen Verhältnisse auf eine feste Grundlage zu stellen. (...) Auch um den Wert der Reinerhaltung seiner Rasse wird kein Volksgenosse unaufgeklärt bleiben."[1148]

NSV-Postkarte © Reimer

Obgleich im Rahmen der Euthanasie 1937/38 alle kirchlichen Behindertenheime in Hessen-Nassau geschlossen, die Insassen größtenteils in Hadamar ermordet und die Ordensleute vertrieben worden waren, war man im Bezirksverband Nassau mit der mit der schleppenden Ausschaltung der konfessionellen Wohlfahrtspflege unzufrieden. So empfahl im Dezember 1937 der im Bezirksverband für Volksfürsorge zuständige Landesrat Ludwig Johlen[1149] in einer Denkschrift, mit geeigneten „unpolitischen Mitteln (...) die konfessionelle, freie Wohlfahrtspflege als politisches Machtinstrument der Kirchen" zu entschärfen. Dazu gehöre u.a. die Besetzung von Positionen in den entsprechenden Gremien bzw. die Beeinflussung von Beschlüssen, die Gründung von Vereinen mit Hilfe von NS-Frauenschaft, NSV, BDM und DAF, die „beim Erwerb konfessioneller Anstalten (...) eingeschaltet wird."[1150]

1938/39 gründete SS-Gruppenführer Richard Hildebrandt[1151] mit dem Bezirksverband Nassau und der NSDAP-Gauleitung Hessen-Nassau den „Verein für Volkspflege und Siedlerhilfe", der im SS-Oberabschnitt Rhein dann mit Repressalien tätig wurde, wo die öffentliche Verwaltung formal dazu nicht in der Lage war. Zwischen Januar und Juni 1939 „erwarb" [sic] er über 20 katholische Liegenschaften. Häufig wurde der Vorsitzende durch die Gestapo verhaftet und durch einen kommissarischen Vorsitzenden ersetzt, der sofort die Satzung änderte und die Einrichtung dem später in Berlin gegründeten „Deutschen Reichsverein für Volkspflege und Siedlerhilfe" übertrug, der als Verein des Rasse- und Siedlungshauptamtes der SS angesehen werden muss.[1152] Am 25. März 1939 teilte die Gestapo Frankfurt Bischof Hilfrich mit, dass ihm alle Rechte über die Peter-Joseph-

---

1148 Das Rathaus 23 (1933) Nr. 19 v. 1.10. 1933.
1149 Ludwig Johlen, einer der beiden 1933 nicht ausgewechselten Landesräte, trat 1937 der NSDAP und 1939 der SS bei.
1150 Denkschrift des Bezirksverbandes Hessen und Nassau vom 19.12.1937 über „Möglichkeiten der Ausschaltung der Freien Wohlfahrtspflege" (ADC 748.1). Der mindestens 185seitige Originaltext ist nicht überliefert, es existiert lediglich eine zehnseitige Zusammenfassung.
1151 Richard Hildebrandt wurde später SS-Obergruppenführer und führte Euthanasie in Danzig/Westpreußen durch. 1943 war er Leiter des SS-Rasse- und Siedlungshauptamts. 1953 als Kriegsverbrecher in Polen gehängt.
1152 Siehe Isabell Heinemann, „Rasse, Siedlung, deutsches Blut": das Rasse- und Siedlungshauptamt der SS und die Neuordnung Europas, Göttingen 2003, S. 136 .

Stiftung[1153] entzogen worden seien. Das dazu gehörende Jugendheim Kirchähr wurde der HJ übergeben. Außerdem sollten „alle Almosen, Opferstockerträgnisse, Kirchenkollekten und Stipendien für bestellte hl. Messen" der Klosterkirche Bornhofen an einen dazu bestellten Kommissar übergeben werden.[1154]

NSV-Kreispropagandawalter Grübner und NSV-Gauwalter Haug intensivierten 1939 ihre Bemühungen zur Ausschaltung aller caritativen Verbände und forderten die Übernahme ihre Einrichtungen sowie der dafür gezahlten öffentlichen Zuschüsse durch den NSV, die NSDAP, die HJ oder den BDM. Alle Nonnen und Diakonissen in den Krankenhäusern sollten baldmöglichst durch NS-Schwestern bzw. Schwestern des Reichsbundes der freien Schwestern ersetzt werden[1155] und endlich die konfessionellen Kindergärten übernehmen. Grübner gelang es zwar, fast alle evangelischen Einrichtungen bis zum Kriegsbeginn mehr oder wenig freiwillig zu übernehmen, seine Versuche bei den katholischen Einrichtungen scheiterten aber daran, weil das Jugend- und Wohlfahrtsamt der NSV eher ablehnend gegenüber stand und die verzögernde Taktik Richters stillschweigend guthieß. So wurden auch viele aufgrund von Forderungen Grübners auf Öffentlichkeitswirkung angelegten „nationalsozialistischen Aktionen" des Oberbürgermeisters, wenn überhaupt, nur halbherzig verfolgt.

Im Juli 1939 forderte Stadtrat Fischer-Defoy nochmals CV, Evangelischen Volksdienst und Innere Mission, um eine Teilnahmeberechtigung städtischer Vertreter bei den Vorstandssitzungen zu erreichen. Während die beiden evangelischen Organisationen bis zum Dezember 1939 zustimmten[1156], begrüßte der CV zwar eine engere Zusammenarbeit mit der öffentlichen Fürsorge und der NSV, „wie sie auch bei den Reichsstellen geleistet werde", sah sich aber vorerst „nicht in der Lage, Vertreter der NSV oder der Stadtverwaltung in die Vorstände der caritativen Vereine aufzunehmen (...) Die Frage müsse vom Bischöflichen Kommissariat in Limburg und ggf. von der Bischöflichen Konferenz" geprüft werden.[1157] Nachdem im August 1940 immer noch keine Stellungnahme des CV erfolgt war, sah die Stadt „eine Weiterführung der Verhandlungen (...) als nicht angebracht „an, zumal die von städtischer Seite belegten Heime und Anstalten als Träger eine eigene Rechtspersönlichkeit hätten und nicht unter der Verwaltung des CV stünden.[1158] Die Stadtverwaltung unterstützte die erfolgreiche ablehnende Haltung von Pflegamt und Verwaltungsrat der städtischen Waisenhausstiftung gegen eine Übernahme durch die NSV.

1153 Die Peter-Joseph-Stiftung wurde von Bischof Peter Joseph Blum anlässlich seines silbernen Bischofjubiläums am 11.5.1868 eingerichtet und sollte u.a. arme Pfarrgemeinden unterstützen.
1154 Schreiben Hilfrich an alle (Erz-)Bischöfe v. 31.5.1939 (ADCV 125.51.030).
1155 Wilhelm Haug, Wohlfahrtsarbeit, a.a.O.
1156 Vermerk Hauptverwaltungsamt v. 6.12. 1939 (ISG-8854).
1157 Vermerk Fischer-Defoy/ Prestel/Baldes v. 3.7.1939 (ISG-8854).
1158 Vermerk OB Krebs/Prestel v. 19.8.1940 (ISG-8854).

6.2 Caritas im Kirchenkampf

Seit der Machtergreifung war der DCV gefordert, seine rd. 120.000 hauptamtlichen und mehrere Hunderttausend ehrenamtlichen Mitarbeiter sowie etwa 70.000 Ordensschwestern ebenso zu schützen wie diejenigen, die ihrer Obhut anvertraut waren und auf der Liste „unwerten Lebens" standen. Reichsweit wurden Caritaseinrichtungen und ihre Mitarbeiter, aber auch die betreuten Personen überwacht und schikaniert. Man setzte daraufhin auf eine Absicherung im Reichskonkordat. Papen forcierte die seit 1921 währenden Verhandlungen, um das außenpolitische Ansehen Deutschlands verbessern zu können.

6.2.1 Reichskonkordat und Caritas

Im Vorfeld des Ermächtigungsgesetzes sicherte Hitler dem Zentrum die Einhaltung der Länderkonkordate mit Baden[1159], Bayern und Preußen zu und erklärte, „die Beziehungen zum Heiligen Stuhl weiter zu pflegen und ausgestalten zu wollen. Die nationale Regierung werde in Schule und Erziehung den christlichen Konfessionen den ihnen zukommenden Einfluss einräumen (...) Der „Kampf gegen eine materialistische Weltauffassung (...) führe zur Herstellung einer wirklichen Volksgemeinschaft [die] den Interessen der deutschen Nation wie denen unseres christlichen Glauben"[diene].[1160]

Conrad Gröber, Erzbischof von Freiburg

Noch vor der Verabschiedung des Ermächtigungsgesetzes hatte Erzbischof Conrad Gröber am 18. März 1933 gegenüber Nuntius Pacelli empfohlen, „alles [zu] unterlassen, was wie eine Provokation der neuen Herrschaft aussehen und gegen die Kirche und ihre Priester einnehmen könnte" und hoffte, „dass sich in der nächsten Zeit ein Modus vivendi herausbildet, der für uns erträglich ist."[1161]

Angesichts des SA-Straßenterrors wollte Zentrumsvorsitzender Ludwig Kaas endlich das Reichskonkordat, das ihn „am meisten interessierte" (Brüning), endlich zustande zu bringen, um langfristig den Fortbestand der katholischen Strukturen zu sichern und befürwortete daher die Zustimmung zum Ermächtigungsgesetz, während eine Minderheit unter Führung von Brüning dies ablehnte.

Am 28. März 1933 erklärte die Bischofskonferenz, man müsse anerkennen, dass Hitler feierlich erklärt habe, dass

---

1159 Nach Verhandlungen zwischen Kardinalstaatssekretär Eugenio Pacelli und der badischen Regierung wurde das Konkordat am 30. Januar 1933 ratifiziert.
1160 Zit. nach https://www.deutschlandfunkkultur.de/hitlers-verhaeltnis-zu-den-kirchen-christsein-wie-ein.1278.de.html?dram:article_id=457675 (Stand: 23.8.2019)
1161 Zimmermann-Buhr, Katholische Kirche, S. 59 bzw. Schreiben Gröber/Pacelli v. 18.3.1933 abgedruckt in Repgen (Hg.), Akten deutscher Bischöfe, S. 9.

„der Unverletzlichkeit der katholischen Glaubenslehre und den unveränderlichen Aufgaben und Rechten der Kirche Rechnung getragen werden und die Staatsverträge der einzelnen Länder mit der Kirche ausdrücklich anerkannt würden.(...) Ohne die in unseren früheren Maßnahmen liegende Verurteilung bestimmter religiös-sittlicher Irrtümer aufzuheben, glaubt daher der Episkopat, das Vertrauen hegen zu können, dass die vorbezeichneten allgemeinen Verbote und Warnungen nicht mehr als notwendig betrachtet zu werden brauchen."[1162]

Ludwig Kaas, Vorsitzender Zentrumsfraktion im Reichstag	Adolf Kardinal Bertram, Fürstbischof von Breslau	Michael Kardinal von Faulhaber, Erzbischof von München-Freising

Um die Stimmung bei den Konkordatsverhandlungen ab dem 2. April 1933 zu verbessern, empfahl Bertram Ende März 1933, die Sanktionen gegen NSDAP-Mitglieder auszusetzen. Dies schien sich auszuzahlen, denn während der Verhandlungen schien die katholische Kirche von nationalsozialistischer Verfolgung verschont zu bleiben, zumal im zumal im Göring-Erlass vom 1. Juni 1933[1163] ausdrücklich die Bedeutung der christlichen Wohlfahrtspflege betont worden war und man daher im DCV glaubte, „dass sich für die künftigen Beziehungen zwischen öffentlicher und privater Wohlfahrtspflege recht günstige Perspektiven zu eröffnen scheinen."[1164]

Die Bischofskonferenz sorgte sich aber um den Fortbestand der Caritas: „Es wäre darum die Gleichschaltung und Verstaatlichung der christlichen Wohlfahrtspflege ein unersetzlicher Verlust für den Staat selbst, ganz abgesehen davon, dass das deutsche Volk damit seelische Kräfte verlieren würde, auf die ein Kulturvolk niemals verzichten darf."[1165] Im Hirtenwort am 6. Juni 1933 betonte die Bischofskonferenz, „dass bei der Zugehörigkeit zu einem Staatswesen die ausschließliche Betonung der Rasse und des Blutes zu Ungerechtigkeiten führt, die das christliche Gewissen belasten, vor allem, wenn sie Mitmenschen treffen, die in Christus durch das hl. Sakrament der Taufe wiedergeboren sind und „ein neues Geschöpf" in

---

1162 Erklärung der FBK zur politischen Lage, 28. März 1933", in: Zeitgeschichte in Hessen <https://www.lagis-hessen.de/de/subjects/idrec/sn/edb/ id/2190> (Stand: 12.3.2019).
1163 Runderlass vom 1.6.1933 in: Ministerialblatt für die Preußische innere Verwaltung, Teil I, Ausgabe A.
1164 Caritas 1933, H. 6, S. 264.
1165 Caritas 1933, H. 6, S. 263f.

ihm wurden (2 Kor. 5,17)" und wiesen gleichzeitig auf die Gerechtigkeit als „Grundlage aller Volkswohlfahrt!" hin.[1166]

Nach dem SA-Terror gegen den Kolping-Gesellentag am 11. Juni 1933 in München[1167] und der Selbstauflösung der Bayerische Volkspartei (4. Juli) und der Zentrumspartei (5. Juli) befürchtete Kardinalstaatssekretär Pacelli die Reichsregierung könne das Interesse an einem Konkordat verlieren und die Lage der katholischen Kirche könne sich dann verschlechtern.[1168] So paraphierte man am 8. Juli 1933 das Konkordat, ohne aber die schützenden katholischen Verbände ausdrücklich zu notifizieren. Am gleichen Tag hob Hitler alle bestehenden Zwangsmaßnahmen gegen die katholische Kirche auf und bestätigte die Hoffnungen des Episkopats. Am 20. Juli wurde das bis heute gültige Konkordat unterzeichnet und am 10. September 1933 vom Reichstag ratifiziert.

Im Konkordat hatte man aus Zeitgründen auf eine Festlegung der zu schützenden katholischen Verbände im Art. 31 verzichtet und vorgesehen, dies in einem Nachtrag nachzuholen, was aber angesichts des sich zuspitzenden Kirchenkampfes aussichtslos erschien. DCV und viele Ortscaritasverbände, darunter auch Frankfurt, waren kritischer und wandten sich über Kreutz an den NSV-Hauptamtsleiter Hilgenfeldt, der schon in einem Rundschreiben am 27. Oktober 1933[1169] seine Untergliederungen zurecht gewiesen hatte, die häufig gegen oder in Unkenntnis bestehender Regelungen eine eigene Politik vor Ort betrieben, insbesondere in der Mitgliederfrage[1170] oder anlässlich von Sammlungen.[1171]

Da die Caritasverbände keine kirchliche Vereine im Sinne des CIC sind, waren sie mit Ausnahme des Frankfurter CV nicht gesichert und die Bischöfe der drohenden Gefahr bewusst. Die FBK bekräftigte ihre Position in ihrer Erklärung zur Caritasarbeit am 22. August 1935: „Die katholische Kirche sieht in der kirchlichen Caritas ein unveräußerliches Gut christlicher Liebesgemeinschaft, einen nicht übertragbaren Auftrag ihres göttlichen Stifters (...) Die Kirche kann sich von dieser Verpflichtung nicht entbinden."[1172]

Mit der Bedrohung kirchlicher Vereinigungen wurde 1935 die 1916 abgeschaffte Einzelmitgliedschaft in den Ortscaritasverbänden wieder aufgenommen, ohne dass diese Mitglieder besonderen Einfluss erhielten. Vorrangiger Verbandszweck war nun, „den Geist tätiger christlicher Nächstenliebe unter den Katholiken Deutschlands zu stärken, auszubreiten und zu vertiefen". In der Tat führte dies zu einem verstärkten Engagement in der

---

1166 Amtsblatt des Bistums Limburg Nr. 8 v. 8.6.1933.
1167 Der Offenbacher Kolpingpräses verstarb während des Gesellentages an Herzversagen. In seinem Sarg wurde die Kolpingfahne zurück nach Offenbach geschmuggelt, um sie dem Zugriff der SA zu entziehen.
1168 Ludwig Volk, Das Reichskonkordat vom 20. Juli 1933. Von den Ansätzen in der Weimarer Republik bis zur Ratifizierung am 10. September 1933, Mainz 1972, S. 173ff.
1169 Hilgenfeldt-Rundschreiben v. 27.10.1933 (DAL 359).
1170 Siehe Abschnitt 6.4.4 – Mitgliedschaft in Caritas und/oder NSV, S. 299ff.
1171 Siehe Abschnitt 6.4.3.4 – Sammlungen, S. 283ff.
1172 Grundsätzliche Erklärung des Deutschen Episkopats zur Caritasarbeit der Kirche v. 22.8.1935, in Konrad Repgen (Hg.), Akten deutscher Bischöfe, 1976, S. 309.

Pfarrcaritas und damit auch in den Caritasverbänden, was sich u.a. auch in einem bis zum Kriegsende ständig ansteigenden Spendenaufkommen zeigte. Viele spendeten auch der Caritas, weil sie der NSV nicht spenden wollten.

6.2.2 Caritas gegen NSV

Angesichts der Verordnungswut mit unterschiedlichen Interpretationen auf den verschiedenen NS-Entscheidungsebenen suchte man nach Wegen, „wie man durch die Maschen der Verordnungsnetze schlüpfen und im Sinne der Caritas wirken könnte."[1173] Ab Sommer 1934 wurden alte oder lebensuntüchtige Hilfsbedürftige an Caritas bzw. Innere Mission verwiesen, um die sich weder NSV noch das Hilfswerk „Mutter und Kind" kümmern durften.[1174] Bis zum Kriegsaus-

Anti-Caritas-Parole © ADCV

bruch 1939 gab es weiter eine begrenzte Zusammenarbeit mit der NSV beim „Winterhilfswerk" und dem Hilfswerk „Mutter und Kind".[1175]

Es kam immer wieder zu örtlichen Konflikten, weil vielfach, so Vorländer in Bezug auf die NSV „untergeordnete Führer Möglichkeiten [suchten), ihren Machtbereich zu erweitern, vielleicht auch ihre antikirchlichen Ressentiments abzureagieren, oder sie meinten einfach, besonderen Eifer an den Tag legen zu müssen. Je weiter unten in der Hierarchie, desto schwieriger war oft die Zusammenarbeit und desto intrigenreicher waren häufig die Spannungen und Kleinkriege".[1176] Deutlich zeigt sich dies bei NSV-Gauwalter Wilhelm Haug, der „mit seinem Gauleiter zu den Satrapen Hitlers in der NSDAP" gehörte, die nicht bereit waren, einer zentralen Instanz wie dem Hauptamt für Volkswohlfahrt (...) zu folgen, sondern rücksichtslos voranstürmen und Hilgenfeldt und sein Hauptamt zwingen wollten, ihnen Rückendeckung zu geben.(Bookhagen).[1177] Daher intervenierte Kreutz[1178] häufig bei Hilgenfeldt. Zwar ist die behauptete Kriegskameradschaft zwischen beiden in das Reich der Legende zu erweisen,[1179] doch

---

1173 Missalla, S. 27.
1174 Vertraulicher Vermerk Richter v. 18.9.1934 (ADCV-127F/1030).
1175 In einer NSV-Anweisung von 1935 wurde darauf verwiesen, dass alle Wohlfahrtsverbände, bei der Auswahl der zur Verschickung kommenden Mütter herangezogen werden sollen. Der NSV werde Helferinnen für Mütter bereitstellen, die vom CV in eigener Regie verschickt werden würden. Besonders betont wurde, dass in Arbeitsgruppen „Mutter und Kind" auch ein Caritasvertreter hinzuziehen sei. (Schreiben Richter an die Frankfurter Geistlichkeit v. 1.5.1935 – DAF II.10.E).
1176 Vorländer, NSV, S. 27.
1177 Rainer Bookhagen, Die evangelische Kinderpflege und die Innere Mission in der Zeit des Nationalsozialismus, Bd.2 Rückzug in den Raum der Kirche, Göttingen 2002, S. 392f.
1178 Benedikt Kreutz (1879–1949) geb. Freiburg, Theologiestudium in Freiburg, 1902 Priesterweihe, Vikar, Divisionspfarrer, Eisernes Kreuz 1.Kl., 1918–21 Leiter DCV-Hauptvertretung Berlin, 1921–49 DCV-Präsident.
1179 In den persönlichen Aufzeichnungen Kreutz aus seiner Zeit als Divisionspfarrer bei der 55. Division in Finnland wird Hilgenfeldt nicht erwähnt und auch in der Familie

machte sein Auftreten „in vollem Wichs" und seine Trinkfestigkeit bei den NS-Größen wohl Eindruck. Kreutz rettete unter dem Motto „Die Caritas hat keine Gegner, die Caritas hat nur Aufgaben"[1180] die Caritas-Infrastruktur über den Krieg, auch wenn der Verband durch die Beschlagnahme zahlreicher Einrichtungen nach 1938 teilweise ausgeschaltet wurde. Sein langjähriger Mitarbeiter Karl Borgmann erklärte 1971, Kreutz sei „national und sturkatholisch" und habe die Caritasideale sowie die katholischen Prinzipien nie verraten.[1181]

6.2.3 Winterhilfswerk

Die NS-Führung war sich darüber im Klaren, dass die kirchliche Sammlungstätigkeit, auf die weiter unten eingegangen wird,[1182] soweit wie irgendwie möglich ausgeschaltet werden musste, um die finanzielle Basis vor allem der katholischen Kirche entscheidend zu schwächen. Das NS-Sammlungswesen diente vor allem der Kontrolle der „Volksgenossen" wie das. „Winterhilfswerk"[1183] oder der „Eintopfsonntag", der ab dem 1. Oktober 1933 und dann an jedem ersten Sonntag im März und Oktober durchgeführt wurde. Alle Gaststätten mussten einen Eintopf für 50 Pf. anbieten, auch alle Haushalte sollten sich daranhalten. Die Differenz zum höheren Preis der gewohnten Sonntagsmahlzeit sollte dem WHW gespendet werden und wurde von Sammlern im Restaurant oder zu Hause kassiert.

Spendenquittung vom Eintopfsonntag © Reimer

Am 8. Oktober 1933 wurde mit über einer Million freiwilliger Helfer die erste Sammlung für das „Winterhilfswerk des Deutschen Volkes" durchgeführt. Alle anderen Haus- und Straßensammlungen waren als Konkurrenz verboten. Da Caritas und Innere Mission den größten Teil ihrer Mittel über öffentliche Haus- und Straßensammlungen aufgebracht hatten, war ihre Existenz stark gefährdet. Da man selbst 1932/33 eine Winterhilfe organisiert hatte, konnte man sich von der WHW-Sammlung nicht distanzieren, auch wenn die Zielsetzung den katholischen Vorstellungen widersprach, da sie die Nichtarier ausschloss.[1184] Stadtpfarrer Herr machte gegenüber dem BO deutlich, „dass eine Zentralisierung der Winterhilfe zweifellos von Vorteil sei, dass aber

von Kreutz war der Name unbekannt. In den entsprechenden Regimentsakten gibt es keinen Hinweis auf Hilgenfeldt.

1180 Zit. nach Deutscher CV (Hg.) 1897–1972, Waldkirch o.J. (1972), S. 99.

1181 So Borgmann im Interview mit Reinhold Ihorst. Zit. nach Reinhold Ihorst, Zur Situation der katholischen Kirche und ihrer caritativen Tätigkeit in den ersten Jahren des Dritten Reiches. Freiburg 1971, S. 152.

1182 Siehe Abschnitt 6.4.3.4 – Sammlungen, S. 283f.

1183 Zwischen Oktober 1933 und März 1943 wurden ca. 8.000 Abzeichen in Millionenauflage zu den monatlichen Sammlungen und lokalen Anlässen ausgegeben.

1184 Unterstützt werden sollten neben „bedürftigen und bewährten Kämpfern der nationalsozialistischen Revolution" kinderreiche Familien mit mehr als vier Kindern. Dabei sollte „Krankheit in einer erbgesunden Familie als besonderer Notstand" berücksichtigt werden. Nicht unterstützt werden durften „asoziale Elemente wie Trin-

die kirchlichen Einrichtungen weitergeführt werden sollten. Das Problem sei kein lokales, sondern ein allgemeines."[1185]

Am 22. September 1933 wies der stellv. NSV-Gauwalter G. Wolf Stadtpfarrer Herr daraufhin, er möge „die Ihnen unterstellten Herrn Geistlichen anweisen (...) in den Gottesdiensten auf dieses Winterhilfswerk hinzuweisen und den Gläubigen aufzugeben, nach ihrer Vermögenslage ein Scherflein zu spenden. Heil Hitler!" [1186] Wie schon in anderem Zusammenhang[1187] wies Stadtpfarrer Herr Wolf daraufhin, er könne seine Geistlichen nicht anweisen und habe nur Weisungen des Bistums auszuführen. [1188] Vermutlich deshalb nahm Richter an Stelle von Bischof Hilfrich und Stadtpfarrer Herr an der Eröffnungsfeier der WHW-Sammlung im Herbst 1933 für den Gau Hessen-Nassau teil, bei dem Gauleiter Sprenger und NSV-Gauwalter Wilhelm Haug sprachen. Nach Meinung Richters gab es „Schiefheiten", die er aber nicht für besonders wichtig hielt.[1189] Die WHW-Sammlungserträge stiegen von 360 Mill. RM (1933) auf 1,5 Mrd. RM (1943).[1190]

Örtliche NS-Verbände versuchten, Kirchenkollekten als konkurrierende Sammlungen zum WHW zu unterbinden. So wurde dem Bad Sodener Dekan Wilhelm Müller 1933 vorgeworfen, er habe sonntags zweimal „Pfundsammlungen" durchgeführt. Dabei brachten die Gläubigen während der Gabenbereitung in Pfundtüten verpackte Lebensmittelspenden zum Altar, die nach dem Gottesdienst an bedürftige Familien verteilt wurden. Müller wurde aufgefordert, die Sammlungen einzustellen, sonst würden die katholischen Einwohner aufgefordert, dem Pfarrer nicht mehr zu folgen, sonst würden sie von den WHW-Leistungen ausgeschlossen.[1191] Müller wies die örtliche NSDAP-Führung unter Hinweis auf ein Schreiben Hilgenfeldts an DCV-Präsident Kreutz daraufhin, dass „Sammlungen, die (...) von dem Einzelpfarrer oder sonst im Kirchenraum angeordnet sind, (...) von dem allgemeinen Sammelverbot nicht berührt" werden.[1192] Die Frankfurter NSV forderte den Caritasverband im November 1933 mit Hinweis auf eine Anordnung Hilgenfeldts auf, Mitgliedsbeiträge ganz oder teilweise dem WHW zur Verfügung zu stellen, wie es in der NSV auch er-

---

ker, Arbeitsscheue" (NSV-Anordnung Nr. 3 v. 25.7.1934, hier zit. nach DiCVL-Rundschreiben an Pfarrcaritas-Ausschüsse v. 17.10.1954 (DAL-359-B).

1185   Schreiben Herr/BO v. 23.9.1933 (DAF II.11.B).
1186   Schreiben Graf/Herr v. 22.9.1933 (DAF II.11.B).
1187   Graf bat Herr, der NSV die Nähmaschinen der Caritasnähstuben zu überlassen.
1188   Schreiben Herr/NSV Hessen-Nassau, v. 23.9.1933 (DAF II.11.B).
1189   Schreiben Richter/Bf. Hilfrich v. 5.10.1933 (DAL-359-B-Winterhilfswerk).
1190   Später wurde auch die Kleidung der in KZs ermordeten Juden vom WHW verteilt .
1191   WHW-Gauführung Hessen-Nassau an Pfarrer Müller (Bad Soden) v. 20.12.1933-Abschrift (DAL-359-B-Winterhilfswerk).
1192   Die Auseinandersetzung dauerte auch im Folgejahr an. Nachdem Müller eine überbrachte und binnen zwei Tagen auszufüllende Beitrittserklärung ignorierte und ein Schreiben der NSV bezüglich der Nennung bedürftiger Katholiken nicht beantwortet hatte, wurde ihm am 12.10.1934 erklärt, man „stelle diese Ablehnung" einer gemeinsamen Arbeit mit der NSV fest (Korrespondenz in DAL-359-B-Winterhilfswerk).

folge.[1193] Diese Bestimmung war aber der DCV-Hauptvertretung Berlin nicht bekannt.[1194]

WHW-Plaketten 1934 © Reimer

Um den Erfolg des Winterhilfswerks 1934 zu steigern, wurden vom 3. Juli 1934 bis zum 31. Oktober 1934 alle öffentlichen Sammlungen von Geld- und Sachspenden ebenso wie der Verkauf von Gegenständen verboten, deren Wert in keinem Verhältnis zum geforderten Preis stand, z.B. Wohlfahrtspostkarten. Nur Mitgliedsbeiträge durften weiterhin eingezogen werden.[1195] Eintrittskarten durften nur über öffentliche Vorverkaufsstellen oder in den Veranstaltungshäusern selbst verkauft werden. Nur Kollekten waren gestattet.[1196]

Im Oktober 1934 informierte der CV über die Bestimmungen für die bevorstehende WHW-Sammlung 1934/35. Anträge auf Hilfe aus dem WHW konnten an NSV, Innere Mission, Caritas und Rotes Kreuz gestellt werden und wurden nur von erfahrenen NSDAP- und NSV-Mitgliedern geprüft. Ausgeschlossen wurden asoziale Elemente wie Trinker, Arbeitsscheue oder „festgestellt Nichtwähler". Anträge von Caritas, Innere Mission und Rotem Kreuz wurden aber nur überprüft, wenn die NSV-Ortsgruppe „politische Bedenken" hegt. Jede WHW-Ortsgruppe bildete eine Arbeitsgemeinschaft, der der NSV-Ortsgruppenkassenwart, je ein Vertreter der NSBO, SA, SS, der NS-Frauenschaft, der Wohlfahrtsverbände und der beiden Konfessionen angehörten. Sie leiteten die Anträge an eine Spruchkammer weiter, in der die Wohlfahrtsverbände und der NSV-Ortsgruppenamtsleiter vertreten waren, dem die endgültige Entscheidungsbefugnis oblag. Für 1934/35 wurden 44.000 Karten für Anträge ausgegeben.[1197]

Ab November 1935 wurden die Herbst-Lebensmittelsammlungen der Pfarrcaritasausschüsse und der caritativen Einrichtungen erneut verboten, weil sie mit den WHW-Sammlungen konkurrierten. Bischof Hilfrich empfahl 1936 und auch in den folgenden Jahren aber die WHW-Sammlungen,[1198] weil Caritasverbände und caritativen Einrichtungen fast alle beantragten Zuwendungen erhielten. Obst wurde als Folge der Missernte nicht verteilt, die beantragten Eierkontingente durch Mehlkontingente ersetzt.

1193 Schreiben Richter/Prälat Wienken/DCV-HV Berlin v. 10.11. 1933 (ADCV-127F/1030).
1194 Schreiben Wienken/DCV-HV Berlin an Richter v. 18.11.1933 (ADCV-127F/1030)
1195 Vereinbarung bez. Beteiligung der Spitzenverbände der freien Wohlfahrtspflege am WHW v. 1.11.1934; hier nach CVF-Rundschreiben v. 6.12.1934 (DAF-II.10.F)
1196 DiCVL – Rundschreiben 14/34 an Pfarrcaritasausschüsse v. 10.9.1934 (DAF II.10.F).
1197 Rundschreiben CVF an Pfarrcaritas-Ausschüsse v. Okt. 1934 (DAF II.11.D).
1198 ABL Nr. 21 v. 22.10.1936, S. 121f, Nr. 245.

6.3 Frankfurt wird „braun"

In Frankfurt erreichte die NSDAP bei den Reichstagswahlen am 5. März 1933 erstmals 44,1% (SPD 20,9%, Zentrum 12,6%, DNVP 3,7%) und verfehlte bei den Kommunalwahlen am 12. März 1933 mit 47,9% mit 42 Mandaten nur um einen Sitz die absolute Mehrheit, die aber nach dem Ausschluss der acht KPD-Abgeordneten am 31. März sichergestellt wurde.[1199] Gauleiter Sprenger informierte den Magistrat, dass Regierungspräsident Werner Zschintzsch[1200] auf seine Empfehlung hin Landgerichtsrat Friedrich Krebs[1201] als kommissarischen Oberbürgermeister eingesetzt habe. Krebs wurde am 17. Juni in seinem Amt bestätigt.

Friedrich Krebs, Oberbürgermeister Frankfurt (1933–45)

Krebs sicherte als „Alter Kämpfer" und NSDAP-Kreisleiter mit einer langjährigen juristischen Berufserfahrung relativ erfolgreich den „Selbstverwaltungsanspruch" seiner Stadt gegenüber Gauleitung und NSV, obgleich die Oberbürgermeister mit der Deutschen Gemeindeordnung 1935 zu „Exekutiv-Organen des jeweiligen Gauleiterwillens" degradiert wurden.[1202] Er legte sich mit den oft rabaukenhaft auftretenden Ortsgruppen (Bornheim, Bockenheim, Dornbusch, Niederrad) und der SA an, die Frankfurt, das im Juni 1933 mit 26158 Juden und 4,7% den größten Anteil jüdischer Bevölkerung unter den Großstädten (Berlin 3,8%, Breslau 3,2% aufwies, binnen kürzester Zeit „judenfrei" machen wollten und dabei von Sprenger und NSV-Gauwalter Wilhelm Haug unterstützt wurden. Da Krebs immer wieder eigene Wege einschlug, betrieb Sprenger 1944 seine Ablösung vor der 1945 anstehenden Neuwahl. Die Entscheidung Himmlers, Krebs bis Kriegsende im Amt zu belassen, macht deutlich, dass Krebs auf Linie lag[1203] und nicht wie einige städtische Mitarbeiter glaubten und zahl-

---

1199 im Juni wurden auch die SPD-Mandate aufgehoben.
1200 Werner Zschintzsch (1888–1953), Jurastudium, 1925–33 zuletzt Ministerialrat im Preußischen Innenministerium, 1933–36 Regierungspräsident Wiesbaden, 1936–1945 Staatssekretär im Reichs- und Preußischen Ministerium für Wissenschaft, Erziehung und Kultur, 1945–48 Internierung durch britisches Militär, 1933 Eintritt in NSDAP und SS, 1937 SS-Führer beim Stab Reichsführer SS.
1201 Friedrich Krebs (1894–1961), Jurastudium, 1914–18 Kriegsfreiwilliger, 1923–25 Amtsrichter bzw. 1928–33 Landgerichtsrat in Frankfurt, 1922–25 in der völkischen Bewegung, 1929 NSDAP-Mitglied und 1933–37 Kreisleiter, 1937 Eintritt in SA und 1939 Obersturmbannführer, 1932–33 MdL Preußen, 1933–45 Oberbürgermeister Frankfurt, 1945–48 interniert, 1947 als minderbelastet eingestuft, 1950 – Nov. 1953 Stadtverordneter der Deutschen Partei, danach als Rechtsanwalt tätig. Siehe auch Heike Drummer, Friedrich Krebs – Nationalsozialistischer Oberbürgermeister in Frankfurt am Main. Rekonstruktion eines politischen Lebens, in: Hessisches Jahrbuch für Landesgeschichte 42, Marburg 1992, S. 219–253 sowie Konrad Schneider, Neue Quellen zur Tätigkeit des Frankfurter Oberbürgermeisters Friedrich Krebs 1933–1945, in: Archiv für Frankfurts Geschichte und Kunst 65, Frankfurt am Main 1999, S. 350–362.
1202 Zibell, Sprenger, S. 338f.
1203 Rebentisch, Führungskader, S. 190.

Erster Spatenstich für die Reichsautobahn durch Hitler, links Gauleiter Sprenger (© BA 183-R27373)

reiche Persilscheine von 1947 belegen, er „sei im Grunde seines Herzens (...) kein Nationalsozialist, sondern ein Gegner derselben gewesen."[1204]

Sprenger wollte das in NSDAP-Sicht negative Image Frankfurts als „verjudete" Großstadt, als „Vorposten der Demokratie" und als „Stadt der Juden und Demokraten" beseitigen, und sich für höhere Aufgaben empfehlen. Seine erste Aktion war der Gründungsparteitag des NSDAP-Gaus Hessen-Nassau in Frankfurt, in dessen Rahmen Hitler am 23. September 1933 den ersten Spatenstich für den Bau des seit 1926 durch die Hafraba geplanten Autobahnabschnitts Frankfurt-Darmstadt vollzog. Mit großem Propagandaaufwand marschierten über 700 „der Arbeitslosigkeit entrissene Volksgenossen" vom Arbeitsamt in der Großen Friedberger Straße zur Baustelle Niederrad und erhielten von Sprenger ihre Schaufeln.[1205]

Krebs gründete im Herbst 1933 das „Frankfurter Hilfswerk des Oberbürgermeisters", das diejenigen unterstützen sollte, die von der NSV nichts zu erwarten hatte, wie z. B. in Not geratene „völkische" Künstler, die auch von Sprenger unterstützt wurden, arbeitsunfähige Handwerker, unverschuldet in Not geratene Familien und Schwangere, deren Kind „wertvolles Volksgut" darstelle. Nachdem bis zum Jahresende 1933 bei den großbürgerlichen Frankfurter Familien über 40.000 RM gesammelt worden waren, löste Sprenger am 2. Oktober 1934 das Hilfswerk als Konkurrenz zur NSV und zum Winterhilfswerk mit der Begründung auf, man brauche keine zusätzliche private Initiative zwischen behördlicher und parteiamtlicher Fürsorge.[1206] Sprenger wollte, so Zibell, die „offenkundig erfolgreichen sozialpolitischen Vorstöße" stoppen und eine weitere Popularisierung von Krebs in Frankfurt verhindern. Entgegen der Weisung überführte Krebs die Mitglieder seines Hilfswerks in die seit 1912 bestehende „Heusenstammsche Stiftung" und führte sein Hilfswerk fort.[1207]

6.3.1 Jugend- und Wohlfahrtsamt – Parteiraison oder Verwaltungsvernunft

Oberbürgermeister Krebs war als Jurist an einer funktionierenden und effektiven Verwaltung interessiert. Er stand Projekten der Gauleitung skeptisch gegenüber und verfolgte diese nur halbherzig. Manche Vorschläge des NSV-Kreispropagandawalters Grübner wurden von Krebs zwar propagandistisch vermarktet, ansonsten aber überwiegend ignoriert.

1204 Zibell, Sprenger, S.341.
1205 Wippermann, Wolfgang: Das Leben in Frankfurt zur NS-Zeit, Frankfurt-Main 1986, Bd. III, S. 20.
1206 Zibell, Sprenger, S. 339f; Drummer, Krebs, S. 44f.
1207 Zibell, Sprenger, S. 340f.

Schon vor dem „Gesetz zur Wiederherstellung des Berufsbeamtentums vom 7. April 1933" wurden alle jüdischen Angestellten in städtischen Dienststellen bzw. der Gesellschaften mit städtischen Mehrheitsanteilen[1208] und die SPD-Bürgermeister Karl Schlosser und Stadtrat Max Michel sowie alle ehrenamtlichen Stadträte entlassen. Krebs beließ aber fünf vor 1933 gewählte Stadträte[1209] bis zum Kriegsende im Amt,[1210] weil dafür keine geeigneten Parteigenossen vorhanden waren. [1211] Während der dienstälteste Stadtrat Peter Schlotter,[1212] offiziell wegen Krankheit frühpensioniert, ehrenvoll am 9. Oktober 1933 mit der Ehrenplakette der Stadt Frankfurt verabschiedet und durch den bisherigen Stadtmedizinalrat Werner Fischer-Defoy (NSDAP)[1213] ersetzt wurde, arbeiteten die meist vor 1933 eingestellten Beamten und Angestellten wie bisher weiter, da ihnen Krebs weitgehend freie Hand ließ. Von 13 Mitarbeitern waren acht evangelisch, vier katholisch und einer „gottgläubig". Mitglied der NSDAP waren acht, davon zwei Katholiken. Von diesen waren nur zwei bereits vor der Machtergreifung Mitglied. [1214] Eine wichtige Rolle spielte der Magistratsrat und spätere Sozialdezernent Rudolf Prestel[1215], der seit 1936 im Jugendamt tätig war und, so Hans Aichinger, Kinder aus Mischlingsfamilien und andere, die als „lebensunwert" getötet werden sollten, gerettet haben soll.[1216] Diese Kontinuität hatte eine nicht zu unterschätzende Bedeutung für die Caritasarbeit, insbesondere in den Bereichen Adoption und Vormundschaften sowie in der Altenfürsorge. So war der CV immer über die geltende Rechtslage auf dem Laufenden und wurde vermutlich auch mit internen Rechtsgutachten versorgt, wie sich insbesondere nach der Beschlagnahme der Kindergärten im August 1941 zeigen sollte. Dies stieß

1208 Verfügung der Stadtverwaltung Frankfurt vom 28.3.1933; abgedruckt in: Die Verfolgung und Ermordung der europäischen Juden durch das nationalsozialistische Deutschland, Bd. 1 Deutsches Reich 1933–37, München 2008, S. 97; später wurden noch „national Unzuverlässige" der Stadtverwaltung und ein Drittel des Lehrkörpers der Universität entlassen.

1209 Darunter Schul- und Kulturdezernent Rudolf Keller (Deutsche Staatspartei), der trotz seiner antinationalsozialistischen Aktivitäten während der Weimarer Republik ebenso im Amt belassen wurde wie der bis 1946 amtierende Dr. August Linglau (Zentrum), der sich 1945 dem Befehl, die Stadt zerstören zu lassen, widersetzte und einem Erschießungskommando entkam. Beide traten nicht der NSDAP bei.

1210 Stadtrat Gerhard Börner (Zentrum) wurde am 31.12. 1933 entlassen.

1211 Siehe Bettina Tüffers, Der Braune Magistrat. Personalstruktur und Machtverhältnisse in der Frankfurter Stadtregierung 1933–1945 (Studien zur Frankfurter Geschichte 54), Frankfurt am Main 2004.

1212 Peter Schlotter (1879–1958), Studium Staatswissenschaften Innsbruck, Marburg und Münster, 1906 Promotion, 1907 Eintritt in die Stadtverwaltung Frankfurt, 1920–22 als Oberregierungsrat im Reichsarbeitsministerium an der Gestaltung des Gesetzes für Arbeitsvermittlung und Arbeitslosenversicherung beteiligt. 1922 hauptamtlicher Stadtrat und Direktor des kommunalen Arbeitsamtes, 1.10.1933 wegen Krankheit frühpensioniert, 1938–58 stellv. Vorsitzender des CV Frankfurt.

1213 Werner Fischer-Defoy (1880–1955), Arzt, 1913–19 Direktionsassistent am Hygienemuseum Dresden, 1919 Stadtschularzt in Frankfurt, 1929 Stadtmedizinalrat und Eintritt in die NSDAP, Juni 1934 hauptamtlicher Stadtrat und Dezernent für das Gesundheits- und Fürsorgeamt, 1945 entlassen.

1214 Vermerk v. 10.2.1939 – ISG-Magistratsakten 8.846.

1215 Rudolf Prestel (1898–79), 1926 wiss. Referent beim Deutschen Verein für öffentliche und private Fürsorge, 1936 Eintritt in die Stadtverwaltung, 1946–66 Stadtrat/Sozialdezernent .

1216 FR 2.7.1966.

außerhalb der Verwaltung auf Widerstand. So versuchte der Chefpräsident des Frankfurter Oberlandesgerichts, Otto Stadelmann, immer wieder, über seinen früheren Richterkollegen, Einfluss zu nehmen. Im Januar 1939 forderte er sogar Auskunft über die personelle Besetzung des Jugendamtes.[1217]

Die seit 1934 im CV als Fürsorgerin tätige Meta Nicolai betonte die enge Zusammenarbeit: „Die Stadt hat uns da eigentlich auch geholfen, die haben ja lieber uns was zugeschustert als der NSV, da die zum Teil ja auch gar keine Ausbildung hatten. Die alten städtischen Beamten der Stadt, mit denen haben wir immer gut zusammengearbeitet."[1218] Auf der Mitgliederversammlung am 20. April 1940 wurde ausdrücklich die gute Zusammenarbeit gelobt.[1219] Auch Monica Kingreen betont, „dass die Frankfurter Verwaltung nicht gewillt war, ihre sachliche wie fachliche Zuständigkeit für die Wohlfahrtspflege an Parteieinrichtungen abzugeben",[1220] was sich insbesondere in der zumindest bis 1943 erfolgreichen Verteidigung der städtischen Kindertagesstätten gegenüber NSDAP und NSV zeigen sollte. 1947 wies das Fürsorgeamt daraufhin, dass der CV „in der Vergangenheit und besonders während des Krieges (...) sehr wertvolle Hilfe dadurch geleistet hat, dass er neue Heime – die zwar außerhalb des Stadtgebietes lagen, aber ausschließlich der kranken und hilfsbedürftigen Frankfurter Bevölkerung dienten – errichtete."[1221]

6.3.2 Sterilisation und Euthanasie

Im Gau Hessen-Nassau waren nicht nur die Gauleitung und der Landeswohlfahrtsverband sehr engagiert, sich in der Frage der Ausschaltung „unwerten Lebens" gegenüber der Reichsführung zu profilieren. Noch vor dem Inkrafttreten des „Gesetzes zur Verhütung erbkranken Nachwuchses" am 1. Januar 1934, richtete Fischer-Defoy im Herbst 1933 im Stadtgesundheitsamt eine neue „Erbgesundheitsbegutachtungsabteilung" ein, die neben dem neu eingestellten städtischen Personal innerhalb des ersten Jahres auch alle Fürsorgeakten und 3.000 Anträge auf Ehestandsdarlehen „Ehetauglichkeitszeugnissen" sowie Adoptions- und Pflegefälle[1222] überprüfte. Ca. 29% Anträge auf Ehestandsdarlehen wurden aufgrund asozialem Verhalten, politischer Unzuverlässigkeit, Geschlechtskrankheiten oder seelischen Erbkrankheiten abgelehnt. 570 Sterilisationsanzeigen wurden geprüft und nach der Einführung der Erbgesundheitsgerichte wurden 167 Minderjährige aus städtischen Heimen sterilisiert.[1223] Medizinalrat Kurt Gerun, Leiter der Abteilung für Erb- u. Rassenpflege, ließ alle Straffälligen

1217 Vermerk v. 10.2.1939 – ISG-Magistratsakten 8.846.
1218 so Meta Nicolai gegenüber dem Verfasser 2001.
1219 Niederschrift Mitgliederversammlung v. 25.4.1940 (ACVF-1330-01).
1220 Becht, Wohlfahrtseinrichtungen in: Kingreen, Kristallnacht, S. 229.
1221 Vermerk Fürsorgeamt bzgl. „Schwesterdank" v. 27.5.1947 (ISG-Magistratsakten 8.846).
1222 Wolf Gruner, Wohlfahrt und Judenverfolgung, S. 62.
1223 Vgl. dazu Monika Daum/Hans-Ulrich Deppe (Hg.): Zwangssterilisation in Frankfurt am Main 1933–1945, Frankfurt am Main 1991.

und Untersuchungsgefangenen ungeachtet der Straftat in der Kartei der Erbgesundheitsstelle erfassen.[1224]

Am 30. November 1934 ordnete Fischer-Defoy an, „alle Fürsorgeakten von Asozialen (...) auf dem Aktendeckel besonders kenntlich zu machen. (...) Dort ist mit Tintenstift außer der Angabe, ob es sich um Sozialrentner, Kleinrentner usw. handelt, deutlich die Bezeichnung" As." anzubringen. Soweit (...) Zweifel darüber bestehen, ob es sich um asoziale Betreute handelt oder nicht, ist im Einzelfall der Kreisfürsorgearzt zu hö-

Dr. Werner Fischer-Defoy

ren."[1225]

1934/35 wurden die Krüppelfürsorge, Trinkerfürsorge, Wandererfürsorge und das für Prostituierte zuständige Pflegeamt räumlich zum Gesundheitsamt verlegt, um die „gesundheitsfürsorgerischen Maßnahmen" besser in Angriff nehmen zu können, was offensichtlich Erfolg hatte, da u.a. für 126 angeblich erbkranke Alkoholiker eine Sterilisation durchgeführt wurde.[1226] Aufgrund einer Initiative von Verschuer wurde neben der Beratungsstelle I im Stadtgesundheitsamt (Frankfurt nördlich des Mains) eine weitere amtsärztliche ‚Beratungsstelle für Erb- und Rassenpflege II' (Frankfurt südlich des Mains) eingerichtet, in der er selbst für die Eheberatung mit rassenhygienischer Zielrichtung zuständig war und in der jährlich etwa 1.000 Personen untersucht wurden.

6.3.2.1 Ermordung von Insassen der Heime im Bistum Limburg

Allen katholischen Anstalten und Ordensangehörigen war mit der Enzyklika „Casti Connubii" die Mitwirkung an Abtreibungen und Sterilisationen grundsätzlich untersagt worden und dies wurde auch auf Bistumsebene umgesetzt. Da der Caritasverband Frankfurt selbst keine Heime unterhielt und keine Unterlagen über ggf. anderweitig untergebrachte männliche Personen vorhanden sind, kann nicht geklärt werden, ob diese von Beschlüssen des Frankfurter Erbgesundheitsgerichts betroffen waren. Der Frauenfürsorgeverein, der im Rahmen des Marienheims geistig behinderte Frauen betreute, wurde am 2. August 1934 allerdings mit Beschlüssen zu erzwungenen Abtreibungen und zur Zwangssterilisation konfrontiert, doch wurden diese zumindest bei drei betroffenen Frauen bis Juli 1935 nicht durchgeführt.[1227]

1224 Schreiben Gefängnisverein/OB Krebs v. 3.7.1935.
1225 Verfügung Fischer-Defoy an Kreisstellenvorsteher und Abschnittsführer des Fürsorgeamts Frankfurt v. 30.11.1934 (ISF- Magistratsakte 7020).
1226 Daum/Deppe, Zwangssterilisation, S. 56.
1227 SKF-Protokoll v. 4.7. 1935 (SKF).

Erbgesundheitsakte (ISG Frankfurt © Reimer)

Am 24. Mai 1937 wurden die ersten schwachsinnigen Pfleglinge aus dem St. Valentinushaus Kiedrich und dem St. Vincenzstift Aulhausen meist mit den neutral erscheinenden grauen Reichspostbussen abtransportiert. Später erfolgte der Abtransport aus den Häusern der Barmherzigen Brüder in Montabaur (Caritashaus und Vinzenzstift) und Hadamar (Josefsanstalt). Ziel waren die vier Landesheilanstalten Eichberg, Herborn, Hadamar und Weilmünster des Bezirksverbandes Nassau, die Landeshauptmann Wilhelm Traupel unterstanden. Bischof Hilfrich protestierte gegenüber dem Kasseler Oberpräsident Prinz Philipp von Hessen gegen die Verlegung von über 700 Pfleglingen und bestand auf dem kirchlichen Charakter des Vincenzstifts. Als Folge wurden die restlichen Kinder aus Aulhausen abtransportiert, am 14. März 1938 das Heim übernommen und die Dernbacher Schwestern Ende Dezember entlassen und das Heim ab 10. Januar 1939 als Kindererholungsheim des „Vereins für Volkspflege" fortgeführt. Aus einer DCV-Umfrage 1937 ergibt sich, dass aus den katholischen Einrichtungen im Bistum über 700 geistig und körperlich behinderte Menschen abtransportiert und ermordet wurden.[1228]

Die Verlegungen wurden finanziell begründet, doch zielten sie, neben der Vernichtung „unwerten Lebens", auf die Schwächung der kirchlichen Einrichtungen ab. Die Pflegesätze in staatlichen Heimen lagen ca. 30% über den kirchlichen Heimen, die aber auf diese Einnahmen angewiesen waren. Ziel war die Schließung dieser Einrichtungen und danach die Übernahme. [1229] Benedikt Kreutz wurde mehrfach in Berlin vergeblich vorstellig. Schließlich drohte man, Außenstehende hätten sich damit nicht zu befassen, weil die Aktion vom Reichsverteidigungsrat als „Geheime Reichssache" behandelt werde, andernfalls werde das wie ein „Geheimnisverrat im Kriege" mit dem Tod bestraft.[1230]

6.3.2.2 Aktion T4

Vielen ging die Ausschaltung des „unwerten Lebens" aber zu langsam voran. NSV-Gauwalter Haug forderte im Juni 1939 in der Zeitschrift „Weltanschauung und Volkswohlfahrt", alle „Erbuntüchtigen und Erbkranken zu erfassen und zu überwachen (...) und der öffentlichen Fürsorge zu überweisen (...) Nur so ist es möglich zu verhindern, dass diese Menschen (...)

1228 H.J. Wollasch, Caritas und Euthanasie im Dritten Reich, in: Caritas '73, S. 66.
1229 Sander, Verwaltung, S.189 und 191.
1230 Borgmann, CV, S. 99.

zwangsläufig den konfessionellen Verbänden zur Betreuung in die Arme getrieben (...) und [diesen] die Möglichkeit einer Beeinflussung eines Teils des deutschen Volkes" gebe."[1231]

Kurz darauf forcierte der „Reichsausschuss zur wissenschaftlichen Erforschung erb- und anlagebedingter schwerer Leiden" die Bestrebungen für eine völlige Ausschaltung, da es in dem zu erwartenden Krieg sonst zu einer „negative Auslese" (Tod oder Verstümmelung der Gesunden, Überleben der Kranken) kommen werde. Durch geheimen Runderlass des Reichsministeriums vom 18. August 1939 wurden Hebammen und Ärzte verpflichtet, anfallende Missgeburten (Idiotie, Mongolismus, Mikro- und Hydrocephalus, Missbildungen der Extremitäten) sowie Kinder bis zu drei Jahren mit diesen Leiden den Gesundheitsämtern zu melden. Aufgrund der Meldebogen entschieden drei vom Reichsausschuss beauftragte Gutachter über Leben und Tod der Kinder und forderten die Gesundheitsämter auf, nach eingehender fachärztlicher Überprüfung sei das Kind in eine der 30 Kinderfachabteilungen von Heil- und Pflegeanstalten einzuliefern. Bis 1945 wurden etwa 100.000 Meldungen erstattet und 5.000 – 8.000 Kinder ermordet.

Im Oktober 1939 ermächtigte Hitler in einem auf den 1. September rückdatierten geheimen Führererlass seinen Leibarzt und Generalkommissar für Sanitäts- und Gesundheitswesen, Karl Brandt und den Leiter der Führerkanzlei, Reichsleiter Philip Bouhler, „die Befugnisse namentlich zu bestimmender Ärzte so zu erweitern, dass nach menschlichem Ermessen unheilbar Kranken bei kritischer Beurteilung ihres Krankheitszustandes der Gnadentod gewährt werden kann".[1232]

Nachdem die „Pflegeanstalt Grafeneck" bei Münsingen, in der seit 1939 insgesamt 10.654 Menschen im Rahmen der „Aktion Gnadentod" vergast worden waren,[1233] aufgrund örtlicher Proteste geschlossen werden musste, stellte der Bezirksverband Hessen-Nassau die Landesheil- und Pflegeanstalt auf dem Mönchberg in Hadamar mietfrei zur Verfügung. Nach entsprechenden Umbauten[1234] begannen im Januar 1941 in den als Duschräumen getarnten Gaskammern die Massentötungen von geisteskranke Menschen in der Aktion T4[1235] mit Hilfe von Kohlenmonoxid. Bis August 1941 wurden über 10.000 Menschen ermordet, die als körperlich oder geistig behindert und

Krematorium Hadamar © DAL.
Die Rauchwolke wurde nachträglich eingefügt

1231 Wilhelm Haug, Parteiamtliche und öffentliche Wohlfahrtsarbeit in: Weltanschauung und Volkswohlfahrt 6/1939 – Abschrift (DCV-125. 51030).
1232 zit. http://ghdi.ghi-dc.org/sub_document.cfm?document_id=1528&language=german (Stand: 21. Juli 2018)
1233 Der Kommandant von Grafeneck, Dr. Horst Schumann, war später in Auschwitz für die Selektion an der Rampe zuständig.
1234 Sandner, Verwaltung, S. 697.
1235 Die Bezeichnung T 4 wurde von der Berliner Adresse, Tiergarten 4 abgeleitet, wo die Zentrale für das Programm untergebracht war.

als „lebensunwert" bezeichnet wurden. Die Toten wurden anschließend verbrannt.[1236] In der Bevölkerung war man über den Rauch über dem Krematorium beunruhigt und mied den Kontakt zum Personal, so OLG-Präsident Ungewitter in einem Schreiben an Reichsjustizminister Gürtner am 16. Mai 1941.[1237] Bekannt wurde dieses grauenhafte Geschehen deutschlandweit, weil ein „Standesamt Hadamar-Mönchberg" gefälschte und fehlerhafte Sterbeurkunden mit den Urnen in die Heimatgemeinden verschickte. Dazu gehörten Luise Hug (6.3.1941) und Alexandra Richter (3.4.1941) aus der Pfarrei Eckenheim.

6.3.2.3 Bischofsprotest gegen die Massenmorde

Während das Euthanasie-Programm in der Ärzteschaft kaum auf Kritik stieß und sich auch das Pflegepersonal[1238] auf seine „untergeordnete und dienende Funktion (...) als Entschuldigung für die vergangenen Verbrechen" zurückzog,[1239] kam massiver Protest von den katholischen Bischöfen.

Am 30. März 1941 informierte Stadtpfarrer Herr das BO über die Massentötungen in Hadamar und kritisierte das Schweigen des Episkopats in der Euthanasiefrage: „Das Heilige Offizium zu Rom hat die direkte Tötung Unschuldige (...) verworfen, auch wenn sie ex mandato auctoritatis publicae befohlen wird. (...) Diese Thatsache wird bekannt, und es fragt sich, was von Seiten der Verkündigung des Wortes Gottes in dieser Sache zu geschehen hat. (...) Das im Schweigen des öffentlichen Lehramtes eine ungeheure Verantwortung liegt, ist ohne weiteres klar, und die denkende Geistlichkeit wird dies nicht verstehen. (...) Ich bitte dringend, das Nötige gutscheinend zu veranlassen, damit wir unsere Gewissenspflicht in dieser Sache erfüllen.[1240] Daraufhin informierte Lamay, der die bischöfliche Aufsicht über die kirchlichen Einrichtungen im Bistum Limburg wahrnahm, Generalvikar Göbel, der seinerseits Bischof Hilfrich, veranlasste, die Massentötungen auf dem Bischofskonveniat der Kirchenprovinzen Köln und Paderborn am 9.-10. Juni 1941[1241] zur Sprache gebracht wurde. [1242] Im Juli 1940 erhielt der Bischof von Münster, Clemens August Graf von Galen,

---

1236 Im Oktober 1945 verurteilte das amerikanische Militärgericht in Wiesbaden sieben Ärzte und Angestellte wegen ihrer Mitwirkung bei der Ermordung sowjetischer und polnischer Zivilisten, drei von ihnen wurden hingerichtet; im Mai 1947 wurden zwei weitere Ärzte zwar zum Tode verurteilt, die Urteile aber in lebenslange Haft umgewandelt. Sieben Schwestern und Pfleger erhielten langjährige Zuchthausstrafen.

1237 Erhard Zimmer, Die Geschichte des Oberlandesgerichts in Frankfurt am Main, Frankfurt 1976, S. 149.

1238 Die Krankenschwester Luise Erdmann erklärte im Münchner Schwesternprozess 1965: „Aber wir hatten doch gehorsam zu sein und die Anordnungen des Arztes auszuführen." Alle 14 angeklagten Krankenschwestern der Heilanstalt in Obrawalde (Polen), in der ca. 10.000 Menschen getötet wurden, wurden freigesprochen und arbeiteten meist in der Pflege weiter.

1239 Die Schwester/Der Pfleger 29 (1990) 5, S. 374.

1240 Schreiben Herr/BO v. 30.3.41 (DAL 561/20).

1241 Protokoll der Konferenz der westdeutschen Bischöfe vom 9.-10.6.1941; Entwurf einer Denkschrift, in: Akten Deutscher Bischöfe, Bd. 34, Nr. 665a, S. 401.

1242 Friedrich Stöffler, Die „Euthanasie" und die Haltung der Bischöfe im Hessischen Raum (1940/45) in: Archiv für mittelrheinische Kirchengeschichte, 13 (1961), S. 321.

auch Kenntnis von den Tötungsaktionen in Westfalen und erhob am 26. Juli bei der Provinzialverwaltung Westfalen vergeblich Einspruch gegen die Abtransporte. Allein aus der Pflegeanstalt Warstein wurden in der darauffolgenden Woche über 800 Personen abtransportiert. Kurz darauf erstattete von Galen am 28. Juli 1941 auf der Grundlage des § 211 StGB Strafanzeige wegen Mordes an geistig Behinderten. Erzbischof Gröber als zuständiger Caritasbischof bot am 1. August 1940 dem Leiter der Reichskanzlei, Reichsminister Lammers, an, „auf karitativem Wege für alle die Unkosten aufzukommen, die dem Staat durch die Pflege der zum Tod bestimmten Geisteskranken erwachsen" und die Kardinäle Bertram und Faulhaber protestierten schriftlich bei Reichsinnenminister Frick.

Bischof Graf von Galen kritisierte in der berühmten Predigt am 3. August 1941 in der Münsteraner Lambertikirche öffentlich die NS-Euthanasiepolitik: „Wenn einmal zugegeben wird, dass Menschen das Recht haben, unproduktive Mitmenschen zu töten, dann ist grundsätzlich an allen unproduktiven Menschen, also unheilbar Kranken, den Invaliden der Arbeit und des Krieges, dann ist der Mord an uns allen, wenn wir alt und altersschwach und damit unproduktiv werden, freigegeben. Dann ist keiner von uns seines Lebens mehr sicher. Irgendeine Kommission kann ihn auf die Liste der Unproduktiven setzen, die nach ihrem Urteil lebensunwert geworden sind. Und keine Polizei wird ihn schützen und kein Gericht seine Ermordung ahnen und den Mörder der verdienten Strafe übergeben. Wer kann da noch Vertrauen haben zu seinem Arzt. Vielleicht meldet er den Kranken als unproduktiv und erhält die Anweisung, ihn zu töten. Es ist nicht auszudenken, welche Verwilderung der Sitten, welch allgemeines Misstrauen bis in die Familie hineingetragen wird, wenn diese furchtbare Lehre geduldet, angenommen und befolgt wird."[1243]

Nun reagierte auch Bischof Hilfrich und protestierte schriftlich am 13. August 1941 bei Reichsjustizminister Gürtner gegen „die planmäßige Euthanasie tausender geistig kranker Menschen (...) Die Bevölkerung begreife nicht, „dass planmäßige Handlungen vollzogen werden, die nach Paragraph 211 des Strafgesetzbuches mit dem Tode zu bestrafen sind." Hilfrich forderte den Minister auf, weitere Verletzungen des fünften Gebotes Gottes zu verhindern, und mahnt, der „ethische Wert des Autoritätsbegriffs [erfahre durch] „die Vorgänge eine furchtbare Erschütterung" und gefährde die öffentliche Ordnung. Auch die Reichsminister des Innern bzw. für Kirchenangelegenheiten erhielten Abschriften.[1244] Reaktionen sind zwar nicht bekannt, vermutlich auch nicht erfolgt. Auf entsprechenden Widerstand auch aus der evangeli-

Antonius Hilfrich, Bischof von Limburg © DAL

1243   Maschinenschriftliche Kopie (Eicheler Archiv).
1244   Schreiben Hilfrich/Reichsministerium der Justiz v. 13.8.1941.

schen Kirche wurden auf Weisung Hitlers am 24. August 1941 die Massentötungen ausgesetzt. [1245]

Am 31. August 1941 erließ der Kölner Kapitalvikar Emmerich David[1246] eine Anordnung für die in der Pflege tätigen Ordensleute, die von Lamay im an einen ausgewählten Adressatenkreis[1247], darunter auch Richter, weitergeleitet wurde: „Ordenspersonen, die überzeugt sind, dass ein Kranker in eine andere Anstalt überführt werden soll, damit dort über seine Tötung entschieden werde, ist es nicht gestattet,

1. den Kranken eigens so zu kennzeichnen, dass auch seine Leiche erkennbar ist,
2. den Kranken durch Spritzen oder ähnliche Eingriffe in einen Zustand zu versetzen, der ihn an der Geltendmachung seines Rechtes zum Leben hindert,
3. den Kranken aufzufordern, sich zu dem Transportwagen zu begeben,
4. den Transport zu begleiten." [1248]

Mitte 1942 wurden die Massentötungen als „wilde Euthanasie" mit „Hungerkuren",[1249] Überdosen von Medikamenten oder Luftinjektionen wieder aufgenommen.[1250] Während der Mordphase 1942–45 kamen Weilmünster (Medikamente/Nahrungsmittelentzug), Köppern (Medikamente) und Goddelau (Nahrungsmittelentzug) dazu. Zwischenstationen auf dem Weg nach Hadamar waren Eichberg, Weilmünster, Herborn und Kalmenhof. Jüdische Patienten kamen in die Sammellager Heppenheim und Gießen. Außerdem unterhielt die Gestapo bei Guxhagen ein „Arbeitserziehungslager".

Erst am 19. und 26. September 1943 wurde das bereits 1942 angekündigte und lange erhoffte „Hirtenschreiben der Bischöfe von Groß-Deutschland über die zehn Gebote als Lebensgesetze der Völker" in den Kirchen verlesen. Zum fünften Gebot hieß es unmissverständlich:

„Tötung ist in sich schlecht, auch wenn sie angeblich im Interesse des Gemeinwohls verübt würde: an schuld- und wehrlosen Geistesschwachen und –kranken, an unheilbar siechen und tödlich verletzten, an erblich Belasteten und lebensuntüchtigen Neugeborenen, an unschuldigen Geiseln und entwaffneten Kriegs- oder Strafgefangenen, an Menschen fremder Rassen und Abstammung. Auch die Obrigkeit kann und darf nur wirklich todeswürdige Verbrechen mit dem Tode bestrafen."[1251]

1245 Ab Herbst 1941 wurden die T4-Akteure in der Aktion „14f13" (Ermordung nichtleistungsfähiger KZ-Häftlinge) und bei der „Endlösung der Judenfrage" eingesetzt.
1246 Dr. Emmerich David (1882–1953) 1931–1952 Generalvikar Köln; 1941–42 Kapitularvikar.
1247 Dazu gehörten die Generaloberinnen der Dernbacher Schwestern und der Pallottinerinnen, die Barmherzigen Brüder Montabaur, Dr. August Hüfner/Wiesbaden, Oberinnen des Josefshauses in Elz und Herz-Jesu-Heim Wiesbaden-Limburg sowie die Vorsteher der Barmherzigen Brüder in Frankfurt und Hadamar und der DiCV selbst.
1248 Anweisung Göbel/Lamay v. 8.10.1941 (DAL 561/20).
1249 Sandner (S. 700) weist daraufhin, dass dies durch die Verwaltung geplant wurde, die einen Tagessatz von 44 Pf. festlegte, die selbst der Frankfurter OB Krebs als zu niedrig bezeichnete.
1250 insgesamt schätzt man die Zahl der Opfer bis August 1941 auf 60–80.000.
1251 Zit. nach Manuskript Adlhoch zur Einweihung des Konrad von Preysing-Hauses am 11.11.1980 (ACVF-3410-03).

Nachdem Walter Adlhoch, damals Anstaltsgeistlicher in Weilmünster, den Hirtenbrief vor Patienten, Pflegern und Ärzten bzw. deren Familien verlesen hatte, wurde ihm vom Bezirksverband verboten, weiter Gottesdienste in der Anstalt zu feiern, konnte aber mit Unterstützung des Chefarztes und des leitenden Pflegers weiter seelsorglich arbeiten.[1252]

Mit Beginn des Luftkrieges 1943/44 wurden zahlreiche Pflege- und Heilanstalten geräumt, um Platz für Ausweichkrankenhäuser zu schaffen. Brandt, inzwischen Reichskommissar für das Sanitäts- und Gesundheitswesen, organisierte in der „Aktion Brandt" die Massentötung von Kranken und Pflegebedürftigen und Insassen von Altersheimen, aber auch von Menschen, die an psychischen Störungen durch Luftangriffe oder Fronteinsätze litten. Das Reichsinnenministerium ordnete außerdem am 21. Mai 1943 die Zusammenlegung aller jüdischen Mischlingskinder an,[1253] dem SS-Obersturmbannführer und Landesrat Bernotat sofort Folge leistete und in Hadamar ein „abgesondertes Erziehungsheim [errichtete], in dem alle jüdischen und als jüdisch geltenden Kinder und Jugendlichen, die sich in Heimerziehung, Fürsorgeerziehung u. sonstiger Heimerziehung befinden, untergebracht werden müssen". Alle Heime wurden aufgefordert, „von jeder Einweisung eines minderjährigen jüdischen Mischlings (...) sofort Mitteilung zu machen."[1254] Zehn Tage später präzisierte er dies auf Mischlinge 1. Grades, bezog aber nun auch die in Pflegestellen untergebrachten mit ein und forderte ggf. eine Fehlanzeige.[1255]

Es wurden nicht nur Mischlingskinder aus Hessen, sondern vermutlich aus ganz Deutschland in Hadamar ermordet. Lamay informierte am 9. Juli 1943 Bischof Hilfrich, nachdem ihm bekannt geworden war, dass zwei Mischlingsmündel des CV Nürnberg aus der St. Hildegardisanstalt in Memmingen durch das Reichsinnenministerium nach Hadamar verlegt worden waren. Offensichtlich war sich Lamay noch nicht über das Ziel der neuen Einrichtung bewusst, denn er machte sich Sorgen darüber, ob es dort katholische schulpflichtige Kinder gibt und ob für deren Religionsunterricht gesorgt sei.[1256] Neben Hadamar unterhielt der Reichsausschuss Kinderfachabteilungen in der Landesheilanstalt Eichberg in Eltville und in der Heilerziehungsanstalt Kalmenhof in Idstein.

Bei den Nürnberger Prozessen wurde die Zahl der als erbbiologisch minderwertig ermordeten „Ballastexistenzen" auf ca. 275.000 geschätzt, davon allein ca. 20–30.000 Menschen in hessischen Pflegeanstalten. Hartmut Kühne wies im Zusammenhang mit der vom Holocaust-Museum Washington konzipierten Ausstellung „Tödliche Medizin"[1257] darauf hin,

1252 Manuskript Adlhoch zur Einweihung des Konrad von Preysing-Hauses am 11.11.1980 (ACVF-3410-03).
1253 Runderlass Reichsministerium des Innern v. 21.5.1943 – IV J I 1793/43-8400 XI.
1254 Rundschreiben Oberpräsident-Landesjugendamt an Kinderheime v. 15.5.1943 – Abschrift (DAL-561/21).
1255 Rundschreiben Oberpräsident-Landesjugendamt an Kinderheime v. 25.5.1943 – Abschrift (DAL-561/21).
1256 Vermerk Lamay für BO v. 9.7.1943 (DAL-561/21).
1257 Die Ausstellung wurde vom Dezember 2006 bis Juni 2007 im Dresdener Hygiene-Museum gezeigt, das während des 3. Reiches die rassenhygienischen Programme der Nationalsozialisten propagierte und seither seine Geschichte aufarbeitet.

dass jeder Opfer aus dem eigenem Umfeld kannte, aber dennoch schwieg und verwies auch auf die aktuelle Diskussion über Gentechnik, Abtreibung von behinderten Kindern und Sterbehilfe.[1258]

6.3.3 Judenverfolgung in Frankfurt

Bereits vor der Machtergreifung war es in Frankfurt zu Übergriffen auf Juden gekommen, was sich nach den Kommunalwahlen im März 1933 noch verstärkte. Am 28. März 1933 wurden vor dem „Gesetz zur Wiederherstellung des Berufsbeamtentums" (7. April 1933) alle jüdischen Angestellten in städtischen Dienststellen bzw. der Gesellschaften mit städtischem Mehrheitsanteil entlassen.[1259] Verschiedene NSDAP-Ortsgruppen (Bornheim, Bockenheim, Dornbusch, Niederrad) wollten sich profilieren und Frankfurt binnen kürzester Zeit judenfrei machen. Die enge Verflechtung der Frankfurter Protestanten mit dem NS-Regime wurde auch bei den Kirchenwahlen am 23. Juli 1933 deutlich, bei der über 78% für die „Deutschen Christen" stimmten.[1260]

Alois Eckert, Pfarrer St. Bernhard, später Stadtpfarrer Frankfurt

Nachdem die NSDAP-Reichsleitung am 30. März 1933 zum Boykott jüdischer Geschäfte („Kauft nicht bei Juden"), Ärzte und Anwälte am 1. April aufgerufen hatte, kritisierte Alois Eckert[1261] am 4. April 1933 die antisemitischen Tendenzen in der „Rhein-Mainischen Volkszeitung": „Kein Mensch darf einfach wegen seiner Rasse minderen Rechtes sein und wegen Zugehörigkeit zu einer Rasse diffamiert werden. Nach der Lehre des Christentums ist diese Zugehörigkeit zu einer Rasse eine göttliche Gegebenheit, die der betreffende Mensch gehorsam und dankbar anzunehmen und die der Mensch der anderen Rasse gehorsam und ehrfurchtsvoll zu respektieren hat."[1262] Der Terror der Straße setzte sich fort und gipfelte vorläufig am 10. Mai 1933 mit der Verbrennung marxistischer und „undeutscher" Schriften auf dem Römerberg.

Mit dem „Gesetz gegen die Überfüllung von deutschen Schulen und Hochschulen" wurden Juden von schulischer und universitärer Bildung ausgeschlossen und mit der Schließung der jüdischen Banken setzte der Exodus des wohlhabenden jüdischen Bürgertums aus Frankfurt ein. Trotz-

---

1258 Hartmut Kühne im Rheinischen Merkur Nr. 47/2006.
1259 Verfügung der Stadtverwaltung Frankfurt vom 28.3.1933; abgedruckt in: Die Verfolgung und Ermordung der europäischen Juden durch das nationalsozialistische Deutschland, Bd. 1 Deutsches Reich 1933–37, München 2008, S. 97; Später folgten noch „National Unzuverlässige" in der städtischen Verwaltung und etwa ein Drittel des Lehrkörpers der Universität.
1260 Die Christliche Welt, Sp. 767/768.
1261 Alois Eckert wurde 1937 zu einer halbjährigen Gefängnisstrafe verurteilt, weil er seine Kirche St. Bernhard an einem NS-Feiertag nicht beflaggt hatte.
1262 RMV Nr. 88 v. 4.4.1933 (DAL 561/21.)

dem ging die Zahl der jüdischen Bevölkerung nur leicht zurück, da dem Umzug in andere deutsche Städte und ins Ausland ein Zuzug von Juden aus den ländlichen Gegenden entgegenstand. 1934 zogen 1703 Juden zu, während 1700 innerhalb Deutschlands verzogen und 803 emigrierten. 1936 zogen sogar 2181 Personen zu, 1318 gingen ins Ausland und 1288 zogen innerhalb Deutschlands um.[1263] Viele glaubten anfangs auch zu Recht, in der anonymen Großstadt der auf dem Lande zunehmenden Diskriminierung entkommen zu können, wo jeder jeden kannte.[1264] 1935 forderte Sprenger eine Zuzugssperre, weil er befürchtete, dass die Zuziehenden überwiegend nicht in der Lage sein würden, ihren Lebensunterhalt zu sichern und der öffentlichen Fürsorge zum Opfer fallen würden. Angesichts von nur 13 Anmeldungen bedürftiger Juden verzichtete das Fürsorgeamt auf Gegenmaßnahmen, verpflichtete aber den im September 1933 vom SA-Untergruppenführer zum Polizeipräsident avancierten Adolf Beckerle, den Zuzug zu kontrollieren[1265] und kürzte mit dem Hinweis auf die Notstandsgemeinderegelung (§ 33 Reichsfürsorgegrundsätze) die Fürsorgesätze um 30%.[1266]

Fischer-Defoy war bemüht, Frankfurt als Vorbild für den Kampf gegen die Juden herauszustellen und bestimmte den rigiden Kurs des Deutschen Gemeindetages gegenüber den Juden mit.[1267] Leidtragende der Nürnberger Gesetze waren auch die Hausangestellten in jüdischen Haushalten. So protestierten die Frankfurter katholischen Haushaltsgehilfenvereine dagegen, „allein durch die Dienstübernahme in einem jüdischen Haushalt gleichsam als feile Dirnen gebrandmarkt werden" und dass sie nach dem Ausscheiden keine oder keine adäquaten Arbeitsplätze mehr finden würden, mit denen sie „ihre Familien in der Heimat unterstützen" könnten.[1268]

Am 1. Oktober 1936 wurden alle jüdischen Wohlfahrtsempfänger in der „Juden-Sonderstelle" zusammengefasst, um eine von den „Ariern" getrennte Versorgung für jüdische Kranke umsetzen zu können, die auch nur noch von jüdischen Ärzten behandelt werden durften. Ab Herbst 1936 wurden außerdem die gesetzlich festgelegten Unterstützungen von ca. 1800 jüdischer Armen gekürzt.[1269]

Da Sprenger selbst das Zuzugsverbot nicht erlassen konnte, bedrängte er immer wieder vergeblich Krebs tätig zu werden, da man nicht diejenigen unterstützen könne, die man eigentlich vernichten wolle. Eine Chance bot sich im Sommer 1938 nach der Einführung der neuen Kennkarte,

---

1263 Dokumente Frankfurter Juden, IX 18 und 20, S. 418.
1264 Siehe Monica Kingreen: Zuflucht in Frankfurt. Zuzug hessischer Landjuden und städtische antijüdische Politik in: Kingreen, Monica Nach der Kristallnacht. Jüdisches Leben und antijüdische Politik in Frankfurt am Main 1938–1945, Frankfurt 1999, S.119–156.
1265 Fürsorgeamt an OB Krebs v. 5.12.1935 (Dokumente Frankfurter Juden, VIII 3, S.371f.).
1266 Gruner, Wohlfahrt und Judenverfolgung, S. 73.
1267 Gruner, Wohlfahrt und Judenverfolgung, S. 61.
1268 Entschließung kath. Hausgehilfinnen-Vereine von Groß-Frankfurt v. Sept. 1935 (DAL 353 K/1); am 21.7.1939 wurden die Hausgehilfinnenvereine von der Gestapo aufgelöst (Schreiben Gestapo/Pfarrer Sand-St. Antonius v. 21.7.1939 (DAL 353 K/1).
1269 Gruner, Wohlfahrt und Judenverfolgung, S. 90–92.

dem Vorläufer des 1951 eingeführten Personalausweises. Während Wehr-
pflichtige die Kennkarte im Rahmen der Kriegsvorbereitung ständig mit
sich führen mussten, war allen anderen deutschen arischen Staatsbürgern
nach Vollendung des 15. Lebensjahres mit Wohnsitz im Inland die An-
tragsstellung freigestellt. Nur Juden, auch die in „privilegierter Mischehe"
Lebenden, mussten ihn ständig mitführen. Neben Melde- und Beschreibungsdaten, einem Passbild und den Abdrücken der beiden Zeigefinger
enthielt die jüdische Kennkarte zusätzlich die seit 17. August 1938 obliga-
torischen jüdischen Namenszusätze.[1270] Auf Wunsch der Schweizer Behörden wurden Pässe und Kennkarten ab Oktober 1938 mit dem Buchstaben
„J" gestempelt. Viele Juden nutzten stattdessen die drei Jahre gültige
Postausweiskarte, die ein Passbild und Beschreibungsdaten enthielt und
überall akzeptiert wurde. [1271] Die von Polizeipräsident Beckerle erlassene
„Polizeiverordnung über den Zuzug der Juden nach Frankfurt/M." wurde
vom Deutschen Gemeindetag aber als rechtlich unzulässig erklärt und zurückgenommen.

Krebs hatte sich zwar gegenüber Sprenger behauptet, ihm war aber
das Schicksal der Juden gleichgültig und er unternahm im Gegensatz zu
seinem Hamburger Amtskollegen Karl Kaufmann nichts, als am 9. November jüdische Einrichtungen zerstört wurden. Zibell vermutet, dass Krebs
die „Lösung der Judenfrage" dadurch erleichtern wollte, indem er „den Betroffenen ermöglichte, von Frankfurt aus vergleichsweise ungestört ihre
Auswanderung planen und durchführen" zu lassen.[1272] Krebs war an der
Sicherung der in jüdischem Besitz befindlichen Kulturgüter interessiert, die
die auswandernden Juden zurücklassen mussten.[1273] Er wollte aber auch
verhindern, dass die ggf. notwendigen werdenden Fürsorgeaufwendungen
nicht den städtischen Haushalt belasteten. Göring hatte mit der „Verordnung über die öffentliche Fürsorge für Juden" die jüdische Wohlfahrtspflege für alleinzuständig erklärt und eine Begrenzung der Leistungen eingeführt, die allerdings zur Förderung der Auswanderung nicht gelten sollte.

Unterdessen hatte die NSV die Gelegenheit genutzt und während der
Reichspogromnacht die jüdischen Einrichtungen übernommen, obwohl ihr
„streng untersagt worden war, die jüdischen Wohlfahrtsbetriebe selbst zu
führen." Nachdem eine Generalvollmacht für NSV-Kreiswalter Otto Höche
zurückgenommen worden war, forderte er das Fürsorgeamt auf, für eine
Übergangszeit die jüdischen Einrichtungen zu übernehmen. Am 21. November wurde vereinbart, dass der vom Fürsorgeamt bestellte Kommissar

---

1270 Verordnung über Kennkarten vom 22.7.1938 (RGBl I, S. 913) sowie Bekanntma-
      chungen des Reichsministeriums des Innern zur Ausführung des Reichsbürgerge-
      setzes v. 23.7.1938 (RGBl I, S. 921ff). Am 1.1.1938 war der Reichsinnenminister
      mit dem § 12 des Gesetzes über die Änderung von Familien- und Vornamen
      (NamÄndG) ermächtigt worden, diese zu ändern (RGBl I, 8.1.1938, S. 9f).
1271 Am 1. Januar 1904 wurde die Postausweiskarte als Nachweis für den Empfang von
      Kreditbriefen und postlagernder Sendungen eingeführt, sie wurde aber als Perso-
      nalausweis akzeptiert. Ihre Gültigkeit wurde 1943 bis Kriegsende verlängert.
1272 Zübell, Sprenger, S. 343.
1273 Die Hebraica und Judaica der Universitätsbibliothek wurden in dem am 26. März
      1941 gegründeten „Institut zur Erforschung der Judenfrage", der Außenstelle der
      „Hohen Schule der NSDAP" zusammengefasst und sollten dem „Kampf gegen das
      Weltjudentum" dienen.

den Geschäftsführer Ralf Bergel zwar überwachen, nicht aber in das Verwaltungsgeschehen eingreifen dürfe. Außerdem gab die NSV alle jüdischen Vermögenswerte zurück, die zur Finanzierung der jüdischen Wohlfahrtspflege und Auswanderfürsorge bereitgestellt wurden. Diese Regelung war für die jüdische Fürsorge letztlich günstiger als die „totale Verfügungsgewalt durch die NSV" (Becht).[1274]

Am 14. Dezember 1938 wurde mit der „Verordnung zur Ausschaltung der Juden aus dem Wirtschaftsleben"[1275] die Grundlage für eine Übernahme aller jüdischen Einrichtungen geschaffen. Krebs „arisierte" einen Teil der jüdischen Stiftungen, die Fürsorgestiftungen ließ er weiter arbeiten, weil dies finanziell vorteilhafter sei, als die jüdischen Armen selbst zu betreuen.[1276] An die Stelle von Bergel trat Stadtamtmann Heinrich Böcher, der seine Aufgabe aber korrekt versah, wie die Spruchkammerverfahren nach 1945 belegen.

Dies lief den Absichten der Gestapo zuwider. Am 27. März 1939 wurden die unterschiedlichen Positionen von Stadt und Gestapo deutlich, als die Stadt von der jüdischen Gemeinde Unterstützungsvorlagen zu Lasten der Auswanderungsbeihilfen einfordern wollte, was die Gestapo ablehnte.[1277] „Es ist nicht einzusehen, dass die Stadtverwaltung als Hauptgläubiger auf ihre Forderungen verzichtet und Gefahr läuft, dass der jüdischen Gemeinde noch zur Verfügung stehende Mittel (...) vom Reich" beansprucht werden könnten, wie es dann ja auch 1943 geschah. Prestel betonte am 26. Juni 1939, dass bei 16.000 Juden „damit zu rechnen sei, dass die Leistungskraft der jüdischen Wohlfahrtspflege (...) sich verringere und dass die Zahl der hilfsbedürftigen Juden zunehme." Deutlich wird, wie sehr sich Krebs gegen die Auszehrung der kommunalen Selbstverwaltung zu behaupten versuchte. [1278]

Nachdem am 4. Juli 1939 die im Februar entstandene „Reichsvereinigung der Juden in Deutschland" offiziell gegründet[1279] und die Aufsichtspflicht vom Reichsinnenministerium auf das Reichssicherheitshauptamt übertragen wurde, bemühte sich der Frankfurter Gestapochef SS-Obersturmbannführer Anton Weiss-Bollandt die jüdischen Wohlfahrtseinrichtungen unter seine Kontrolle zu bringen, stieß damit aber auf den Widerstand des Fürsorgeamtes. In einem Vermerk über ein Gespräch am 10. August 1939 mit Oberbürgermeister Krebs wird betont, dass „die jüdische Wohlfahrtspflege nach der gesetzlichen Neuregelung eine Eigenständigkeit [besitze], die für eine Mitwirkung der öffentlichen Fürsorge keinen

---

1274 Becht, Wohlfahrtseinrichtungen, S. 221.
1275 RGBl. I 1938, S.223.
1276 OB Krebs an NSDAP/Kreisleitung/Amt für Kommunalpolitik v. 17.12.1938 (Dokumente Frankfurter Juden III, 76, S. 142; siehe Gruner, Wohlfahrt und Judenverfolgung, S. 85 bzw. S. 209–11.
1277 Becht, Lutz: „Die Wohlfahrtseinrichtungen sind aufgelöst worden ... „Vom „städtischen Beauftragten bei der Jüdischen Wohlfahrtspflege zum Beauftragten der Geheimen Staatspolizei..." 1938 bis 1943, in: Kingreen, Monica (Hg.): Nach der Kristallnacht. Jüdisches Leben und antijüdische Politik in Frankfurt am Main 1938–1945, Frankfurt 1999, S. 218.
1278 Kingreen, Kristallnacht, S. 219.
1279 10. VO zum Reichsbürgergesetz (RGBl I).

Raum lässt." Da dies den öffentlichen Finanzen abträglich sei, forderte man eine gewisse Überwachung, um den Status quo zu sichern.[1280] Krebs bat am 31. August 1939 vergeblich das Reichsinnenministerium, die Fürsorgeverbände mit der Aufsicht über die Reichsvereinigung zu beauftragen, angeblich „um zu verhindern, dass von dieser über den Rahmen der allgemeinen Fürsorge hinausgehende Fürsorge betrieben wird", de facto aber um den städtischen Einfluss weiter sicherzustellen.[1281] Im November 1939 wurde der unter städtischer Aufsicht stehende Verein Jüdische Wohlfahrtspflege aufgelöst, an seine Stelle trat die „Jüdische Gemeinde", zugleich Bezirksstelle der Reichsvereinigung der Juden in Deutschland.

Da die Gestapo die örtliche Aufsicht über die Jüdische Gemeinde führte, intrigierte Weiss-Bollandt erfolgreich gegen Böcher, um den städtischen Einfluss endgültig zu beenden.[1282] Am 10. Februar 1940 wurde er in Abwesenheit von Krebs mit Hilfe des Sprenger ergebenen Bürgermeisters Joseph Kremmer[1283] durch den Verwaltungsinspektor und Alten Kämpfer Ernst Holland[1284] ersetzt.[1285]. Damit wurde Krebs ausgebremst, der mit Hilfe von Prestel hatte sicherstellen wollen, dass die Gestapo nicht das jüdische Vermögen dem Zugriff der Stadt entziehen und damit die aufgewandten Fürsorgeleistungen nicht mehr kompensiert werden könnten.[1286] Mitte März beklagte sich Krebs, kein Aufsichtsrecht mehr über die Jüdische Wohlfahrt zu haben[1287] und kurz darauf wurde der der Gestapo übermittelte Entwurf einer Dienstanweisung für Holland ignoriert, in der ein städtisches Weisungsrecht enthalten war.[1288] Die Gestapo setzte am 31. Mai 1940 Holland als „Beauftragter für die Überwachung der jüdischen Wohlfahrtseinrichtungen zu Frankfurt a.M" ein, [1289] der nur ihr verantwortlich war. Holland nutzte seine Position skrupellos aus und raffte bis Herbst

---

1280 Niederschrift Fürsorgeamt über Besprechung beim Oberbürgermeister bez. Prüfung der jüdischen Wohlfahrtspflege vom 14.8.1939 (ISG Magistratsakten 7020-11).

1281 Entwurf Schreiben OB Krebs/Reichsministerium des Innern v. 31.8.1939 (ISG-Magistratsakten 7020-11).

1282 Siehe Monica Kingreen, Nach der Kristallnacht. Jüdisches Leben und antijüdische Politik in Frankfurt am Main 1938–1945, Frankfurt 1999, S. 137.

1283 Joseph Johann Adolph Kremmer (1886–1976), Postbeamter, 1930 Mitglied der NSDAP, 1933 wurde er mit der Gleichschaltung der Beamtenverbände in Hessen-Nassau beauftragt, anschließend war er bis 1937 Landrat und NSDAP-Kreisleiter im Rheingaukreis bzw. Stadtverordneter in Frankfurt, danach bis 1945 Bürgermeister.

1284 Ernst Holland (1898–?), 1930 Eintritt in NSDAP und SS, 1935 Stadtverwaltung Frankfurt, 1938 Verwaltungsinspektor, 1940–43 Beauftragter der Gestapo für jüdische Wohlfahrtseinrichtungen, 1943–45 in SS-Sanitätseinheit in Stettin, ab März 1945 untergetaucht. Siehe Becht, in: Kingreen, Kristallnacht. S.211ff.

1285 An dieser Besprechung nahmen für die Stadt außerdem Stadtrat Fischer-Defoy, Magistratsrat Prestel, Verwaltungsdirektor Baldes sowie SS-Obersturmbannführer Weiss-Bolland für die Gestapo teil (Niederschrift in ISG-Magistratsakten Az. 7020/11, Dokumente, S. 333f).

1286 Schreiben Fischer-Defoy/Hauptverwaltungsamt v. 28.3.1940 (ISG-Magistratsakten 7020-11).

1287 Vermerk OB Krebs v. 18.3.1940 (ISG-Magistratsakten 7020-11).

1288 Personalakte Holland (ISG-17.043, Bl. 221).

1289 Am 28.10.1940 wurden Holland die Jüdische Gemeinde, die Jüdische Wohlfahrtspflege und die daran angeschlossenen zehn Sozialeinrichtungen unterstellt (ISG-Magistratsakten 7020-11).

1943 aus den Wohnungen deportierter Juden ein Vermögen von ca. 60.000 RM zusammen.[1290]

Am 19. September 1941 wurde das Tragen des 1939 im besetzten Polen eingeführten Judensterns[1291] im Deutschen Reich verbindlich. Das Auswanderungsverbot von Anfang Oktober 1941 machte offensichtlich, dass alle Juden vernichtet werden sollten.

Erich Holland wollte Frankfurt „judenfrei" machen, vertrieb 670 Juden aus 185 Wohnungen im Westend und siedelte sie ins Ostend an.[1292] Um die Betriebe, die jüdische Zwangsarbeiter beschäftigten, durch die für ihn vorrangigen Deportationen nicht zu behindern, forderte er nichtjüdische Arbeitskräfte als Ersatz beim Landesarbeitsamt an und meldete stolz in einem Bericht am 14. Juli 1942, dass sich die Zahl jüdischer Arbeitskräfte auf rd. 800 verringert habe und die „abgewanderten jüdischen Arbeitskräfte (...) durch Ostländer ersetzt worden" seien.[1293] Bis zum Herbst 1942 wurden insgesamt 11.134 jüdische Frankfurter ermordet. Mehr als 700 begingen Selbstmord.

Nun forderte Sprenger, monatlich etwa 100 jüdische Mischehepartner und Mischlinge Ersten Grades zu deportieren. Der Gestapo-Beamte Heinrich Baab, und Erich Holland setzten nichtjüdische Ehefrauen unter Druck, sich scheiden zu lassen, um dann freie Hand gegen deren jüdischen Ehemänner zu haben. Trotz eines Einspruchs von Kardinal Bertram am 11. November 1942 bei der Reichsregierung wurden im Februar 1943 deutschlandweit über 8.000 Nichtarier „mit größerer Härte" deportiert.[1294]

Insbesondere Baab war bestrebt, nach der Maxime „Jud bleibt Jud" alle „verrecken" zu lassen.[1295] Für etwa 800 Personen begann nun ein „Versteckspiel auf Leben und Tod im Schatten von Auschwitz" (Bonavita), das nur kurzfristig nach dem schweren Bombenangriff im Oktober 1943 unterbrochen wurde, da die Gestapo-Haftstätte im Hermesweg 5/7 bis auf den Keller zerstört wurde und alle Karteien neu erstellt werden mussten. Holland war unterdessen zu einer SS-Sanitätseinheit einberufen worden, nachdem die Gestapo trotz des Hinweises, dass „auf seine Mitarbeit (...) bei der Verwaltung des umfangreichen Vermögens der Reichsvereinigung" nicht verzichtet werden könne, vergeblich eine UK-Stellung beantragt hatte. Krebs hielt die von Holland verwalteten jüdischen Vermögenswerte für die Sicherung des fürsorgerechtlichen Unterhalts der wenig verbliebenen Juden für ausreichend und nutzte die Gelegenheit, Holland endlich los zu

---

1290 Seine Frau versuchte vergeblich in einem Spruchkammerverfahren 1947 dieses Vermögen geltend zu machen, dass bei einem Bombenangriff 1945 zerstört wurde (Becht, Wohlfahrtseinrichtungen, in: Kingreen, Kristallnacht, S. 227f.).
1291 Goebbels hatte 1938 in einer Denkschrift bzw. Heydrich auf der Berliner Konferenz am 12. November 1938 eine reichsweite Kennzeichnungspflicht gefordert; aus Rücksichtnahme auf die USA bis zur Genehmigung durch Hitler am 20. August 1941 nicht eingeführt.
1292 Becht, Wohlfahrtseinrichtungen, in: Kingreen, Kristallnacht, S. 227f.
1293 ISG-Magistratsakten 7020/11, abgedruckt in Dokumente, S. 478.
1294 Siehe ausführlich Abschnitt 6.5.10 – Hilfe für verfolgte nichtarische Katholiken, S. 364ff.
1295 Ernst Klee, Das Personenlexikon zum Dritten Reich. Wer war was vor und nach 1945, Frankfurt am Main 2003.

werden. Da auch die Gestapo ihn nicht übernahm, wurde Holland am 14. Oktober 1943 nach Stettin eingezogen, sein Verbleib ist ungeklärt.[1296] Mit seinem Abschlussbericht vom 30. September 1943 kam das Ende der Jüdischen Wohlfahrtspflege und das Vermögen der Frankfurter Gemeinde fiel an die Reichsvereinigung und damit an die Gestapo. Zu diesem Zeitpunkt lebten namentlich nicht genannte 602 Rasse- und Geltungsjuden in Frankfurt, davon 407 mit „Ariern" verheiratete jüdische Ehepartner sowie 57 „arische" Ehepartner aus geschiedenen Familien. 291 waren als Zwangsarbeiter im Einsatz.[1297] Auch nach der Versetzung Baabs endeten die Deportationen nicht. So wurde 1942 die frühere Stadträtin Else Alken nach Theresienstadt deportiert, wo sie ein Jahr später starb. Noch am 14. Februar 1945 ging ein Transport von ca. 300 Personen nach Theresienstadt.[1298]

Anfang April 1945 waren von ca. 300.000 Juden (1933) nur wenige übriggeblieben, 106 Juden lebten noch in sechs Ghettohäusern, Ende April erhöhte sich aufgrund von Angaben des World Jewish Congress die Zahl um weitere 160.[1299] Die jüdische Kultusgemeinde war ausgelöscht, lediglich Mischehenpaare und deren Kinder hatten überlebt. Kugelmann geht von ca. 260 aus, die „zufällig den Deportationen entgangen waren, weil sie in Mischehen lebten". Im Mai und Juni 1945 kamen noch Rückkehrer aus den KZs Dachau, Buchenwald, Bergen-Belsen und im Juli 1945 noch 362 Überlebende der über 3.000 ins KZ Theresienstadt Deportierten dazu. Außerdem hatten sich einige hundert polnische Juden illegal in Frankfurt niedergelassen. Der als nichtarisch geltende religionslose August Adelsberger war zunächst zuständig für „Juden, Mischlinge und jüdisch Angeheiratete. Im Juli 1945 wurde er von Rabbiner Leopold Neuhaus abgelöst. Er gründete ein Rückwanderer-Hilfswerk, dass über die Verwendung der von Adelsberger am 31. Mai 1945 gesammelten 134.000 RM entscheiden sollte, die nur Frankfurter Juden zugutekommen sollten. Außerdem schuf er eine Betreuungsstelle für die Unterstützung von Juden und Halbjuden.[1300] Auf die Beratungsstelle für nichtarische Katholiken wird unten eingegangen.[1301]

Petra Bonavita ist es zu verdanken, dass bis 2006 das Schicksal von über 60 Frankfurtern geklärt werden konnte.[1302] Da es kaum Aktenbelege gibt und Retter wie Gerettete jahrzehntelang darüber nicht sprechen konnten oder wollten, ist die Klärung weiterer Schicksale sehr schwierig.

1296 Becht, Wohlfahrtseinrichtungen, in: Kingreen, Kristallnacht, S. 227f.
1297 Cilly Kugelmann, Befreiung – und was dann? Zur Situation der Juden in Frankfurt am Main im Jahr 1945 in: Kingreen, Monica (Hg.): Nach der Kristallnacht. Jüdisches Leben und antijüdische Politik in Frankfurt am Main 1938–1945, Frankfurt 1999, S. 439f.
1298 Kugelmann, Befreiung in: Kingreen, Kristallnacht, S. 440.
1299 Schwanenstr. 20 und 22, Uhlandstr. 54 und 60, Fichtestr. 10 und Feststr. 6 (Kugelmannn, Befreiung in: Kingreen, Kristallnacht, S. 440.
1300 Siehe Kugelmann, in: Kingreen, Kristallnacht, S. 441.
1301 Siehe Abschnitt 6.5.10 – Hilfe für verfolgte nichtarische Katholiken, S. 364ff.
1302 Petra Bonavita, Mit falschem Pass und Zyankali. Retter und Gerettete aus Frankfurt am Main, Stuttgart 2009, S. 7.

6.3.4 Kirchenkampf in Frankfurt

In Frankfurt versuchten insbesondere die NSDAP-Ortsgruppen Bornheim, Dornbusch, Ober- und Niederrad das katholische Leben in Frankfurt zu behindern. Gottesdienste wurden gestört, Prozessionen behindert und andere Schikanen organisiert. 1934 erfolgte die erste Attacke auf die Hochschule St. Georgen, deren Mauer von der HJ beschmiert wurde.[1303]

Hetzgedichte und eine „Einheitsspeisekarte der Heiligenstädter Gastwirtschaften" wurden verteilt, auf der u.a. „Kulturkampfsuppe mit Kolpingeinlage, Gebackene Schwarzröcke mit Caritasspargel, Jugendkraftbrühe mit Messdienerknödeln, Zentrums- und Separatistenknochen mit Sowjetbohnen sowie große Schieberzigarren der Fa. Mönch & Nonne" aufgeführt waren.[1304] Krebs ließ im Herbst 1935 ein gegen Ordensgeistliche gerichtetes

HJ-Parolen an der Hochschule St. Georgen

Schmähgedicht „Nonnengesang – Abteilung Devisenschieber"[1305] aus dem „Stürmer"-Kasten an der Ecke Römerberg/Haus Landsberg entfernen.

Krebs schloss sich einer Beschwerde über das „Machwerk einer verrohten Poesie in der Stadt Goethes" an, in der darauf verwiesen wurde, dass „sich die einzelnen SS-, Sa- und HJ-Formationen mit der schon notorisch gewordenen Souveränität „über alle Verbote hinwegsetzen würden.[1306]

Als sie nach Frankreich zogen,
es waren ihrer drei,
ein Pfaffe und zwei Brüder,
es war'n Devisenschieber,
ne Nonn war auch dabei.

Ihr Pfaffen, Nonnen, Brüder,
ihr sitzet nun recht hart!
Das Schieben hat ein Ende,
Nun faltet eure Hände
Auf diese stolze Tat!

Fünf Jahre sind Euch sicher
Und fünfzigtausend Mark –
Ihr heuchlerischen Brüder,
Ihr seid Devisenschieber,
ein rabenschwarzes Pack!

Die Nonn, die hat verschoben
Devisen ohne Zahl
Der Kopf war kahlgeschoren,
sah aus wie'n Arsch mit Ohren.
– jetzt bleibt er ewig kahl!

Und als sie weiter zogen,
da kam die Polizei,
sie nahm sie beim Schlawittchen
und steckte sie ins Kittchen:
aus war die Schieberei!

Kommt Ihr dereinst in die Hölle-
Ich denk ihr kommet rein –
Fachschaft Devisenschieber
Wird dann von solchen Brüdern
Recht gut vertreten sein!

1303 Schreiben Rektor J. Gemmel/Gestao Frankfurt v. 27.6.1934 (DAL 561/3A).
1304 ISG-Kreisleiter OB Krebs (ISG-Rep. 815, 10, Bl. 1).
1305 Abschrift v. Sept. 1935 (ISG-Rep. 815, 10, Bl. 1).
1306 Schreiben Franz Müller/OB Krebs v. 9.9.1935 (ISG-Rep. 815,12, Bl. 92–94).

Nach der Verhaftung des Herausgebers Dessauers und des Chefredakteurs Heinrich Scharp[1307] der Rhein-Mainischen-Volkszeitung am 21. Juni 1933 regte sich in den katholischen Gemeinden, vor allem in der Pfarrei St. Bernhard, Widerstand gegen die örtliche NSDAP. Pfarrer Alois Eckert, der selbst mehrfach in Rom bei Kardinalstaatsekretär Pacelli vorstellig wurde, gehörte zu den Mitbegründern der Rhein-Main-Front, einem informellen Zusammenschluss von Geistlichen aus den Bistümern Mainz, Limburg und Trier. Diese forderten Hilfrich auf, gegen die NS-Umtriebe Stellung zu nehmen und verlangten von der Bischofskonferenz 1936 eine öffentliche Stellungnahme gegen die Judenverfolgung und KZ-Willkür.[1308] Nachdem am 1. März 1935 die Rhein-Mainische Volkszeitung ihr Erscheinen einstellen musste, protestierte Bischof Hilfrich auf dem Diözesanjugendtag am 24. März 1935 im Frankfurter Dom vor etwa 14.000 Jugendlichen und warnte vor gravierenden Eingriffen in das kirchliche Leben. Dies war die letzte katholische Massenkundgebung in Frankfurt während des Dritten Reiches.

Auch Stadtpfarrer Herr musste nun feststellen, dass die NS-Politik nach der „Rückkehr der Autorität" nicht den „Zielen altkonservativer deutschnationaler Formierungspolitik (entsprach), wie sie seit Beginn des krisenhaften Endstadiums der Weimarer Republik vertreten wurde"[1309] und wurde zum NS-Kritiker. 1936 bzw. 1942 wurde er von der Gestapo kurz inhaftiert bzw. mit KZ bedroht, wegen kritischer Predigten für 3 Wochen in Schutzhaft genommen und mit einem Sicherungsgeld in Höhe von 3.000 RM belegt. Alois Eckert wurde am 6. Oktober 1936 zu drei Monaten Gefängnis und 1.000 RM Geldstrafe verurteilt, weil er am 9. November 1935, dem „Gedenktag der Bewegung/Ehrung der Blutzeugen" (Jahrestag des Hitlerputsches 1923) die Beflaggung von St. Bernhard verweigert hatte.[1310] Unter Anrechnung der Untersuchungshaft war er vom 25. Februar bis 7. Mai 1937 im Gefängnis[1311] und konnte so an der darauffolgenden

---

1307 Dr. Heinrich Scharp (1899–1977), Chefredakteur der Rhein-Mainischen Volkszeitung, 1921 Geschäftsführer der Frankfurter Zentrumspartei, 1930–32 Mitglied Aufsichtsrat des Südwestdeutschen Rundfunks, Juli 1933 mehrere Tage Gestapo-Haft, danach Journalist in Rom, 1936 Korrespondent für die Frankfurter Zeitung in Prag und ab 1940 in Berlin. 1945–50 Haft saß er im nun sowjetischen Lager Buchenwald, 1950 wurde er zu 18 Jahren Zuchthaus verurteilt, 1952 auf Vermittlung des ehemaligen Reichskanzlers Joseph Wirth freigelassen, danach tätig als Historiker.

1308 http://www.ffmhist.de/ffm33-45/portal01/portal01.php?ziel=t_hm_stBernhard (Stand: 25.12.2014).

1309 Hans-Uwe Otto/Heinz Sünker (Hg.) Politische Formierung und Erziehung im Nationalsozialismus, Frankfurt/Main, S. 89–93, zit. nach Dittmar, S. 12.

1310 Eckert nahm gegenüber dem Bischof eine klare Position ein: „Am 9. November habe ich meine Kirche nicht beflaggt, einmal weil ich die Bekanntmachung des Reichsministers des Innern vom 24. Oktober für eine unannehmbare Äußerung klaren Staatskirchentums halte, und zweitens, weil der besondere Anlass der Beflaggungsanordnung zum 9. November ein mit der christlichen und kirchlichen Moralehre unvereinbarer Revolutionsakt gegen eine rechtmäßige Regierung war. Billigt meine Behörde mein Verhalten oder missbilligt sie es? Mein Verhalten bedeutet natürlich ein gerichtliches Verfahren gegen mich und wahrscheinlich eine mehrwöchentliche seelsorgliche Behinderung (Schreiben Eckert/BO v. 11.11.1935 – DAL 561/22).

1311 Gatz, Geschichte, S. 272.

Caritasvorstandssitzung nicht teilnehmen an der sein Antrag vom 24. Februar 1937 um einen Zuschuss für eine zweite Pfarrhelferin beraten werden sollte. Er wurde im Protokoll als „entschuldigt" vermerkt, sein Antrag wurde offiziell nicht beraten, sondern mit dem handschriftlichen Vermerk Richters „genehmigt" als Anlage beigefügt. [1312] Später wurden weitere katholische Geistliche im KZ Dachau inhaftiert wie der Schwanheimer Pfarrer Anton Severin Lenferding (28.2.43 – 29.3.1945) und der Jesuit Kurt Dehne (mehrfach bis 1945).

Nach dem Verbot des Katholischen Jungmännerbundes (Sturmschar) im Bereich der Staatspolizeistelle Frankfurt „wegen fortgesetzter Verstöße gegen die Verordnung vom 23.07.1935 betr. Betätigung der konfessionellen Jugendverbände und wegen staatsfeindlicher Betätigung" verhaftete die Gestapo am 27. November 1937 Mitglieder des Jungmännerbundes der Pfarrei St. Bernhard in einer Mansarde des Hauses Schwarzburgstraße 50. Der Kunststudent Bernhard Becker[1313], Leiter des „Katholischen Jungmännerbundes" in St. Bernhard wurde verhaftet und kam in der Gestapohaft ums Leben, angeblich wegen Selbstmord. Am 18. Dezember 1937 wurde er mit einem über 1.000 Personen umfassenden Trauerzug begraben. Die Todesanzeige hatte die Losung „Ich habe einen guten Kampf gekämpft". Ein anderer Sturmschärler Horst Stankowski[1314] wurde während seiner Gestapohaft vom Abitur ausgeschlossen.

Auch der CV war betroffen. Meta Nicolai berichtete, dass alle vier Wochen Leute von der Partei kamen, „um mit uns zu reden, sie sind in die verschiedenen Büros und haben gefragt und gesprochen."[1315] U.a. ging es dabei um den späteren Pfarrer von St. Michael, Alfons Kirchgässner[1316], der seit 1935 von der Gestapo überwacht und am 26. November 1936 von der Gestapo festgenommen wurde. Er wurde vier Tage verhört, weil er über die Verhaftung eines seiner Jungmänner eine Notiz verfasst und ins Ausland geschmuggelt habe. Diese wurde bei Diözesanjugendpfarrer Ferdinand Dirichs[1317] gefunden.[1318] Protokolle der Caritassitzungen wurden

---

1312 Auf dem Sitzungsprotokoll beigefügten Antrag der Pfarrei St. Bernhard v. 24.3.1937 wurde handschriftlich vermerkt „genehmigt!". Im Sitzungsprotokoll dieser und der nächsten Vorstandssitzung wird der Antrag nicht erwähnt (Protokoll CVF-Vorstand v. 4.3.1937 – ACVF-1310).

1313 Bernhard Becker (1914–37), 1933 Entzug des Stipendiums wegen Wehrdienstverweigerung, Leiter der Sturmschar St. Bernhard, 1937 in Gestapohaft umgekommen. Siehe ausführlich: Helmut Mann, Bernhard Becker. Katholischer Jugendführer und Opfer des Gestapo-Terrors, in: Archiv für mittelrheinische Kirchengeschichte 49/1977, S. 259–291.

1314 Horst Stankowski (1920–1995), Jungführer der Sturmschar St. Bernhard, 1937 Gestapohaft, 1938 Ausschluss vom Abitur, 1955–82 Leiter des dpa-Büros in Rom

1315 Gespräch mit Meta Nicolai im Juni 2001.

1316 Dr. Alfons Kirchgässner (1909–93) promovierte über ein alttestamentliches Thema, seine Unterlagen wurden zerrissen, so Meta Nicolai. 1939 Kaplan St. Leonhard, 1942 Promotion, 1943–45 Jugendpfarrer und Pfarrkurat in Eckenheim, 1946–50 Pfarrer Allerheiligen, 1950–56 Pfarrer St. Bernhard, 1956–1972 St. Michael.

1317 Ferdinand Dirichs (1894–1948), 1922 Priesterweihe und Kaplan in Montabaur, 1925 Pfarrer Wiesbaden/Dreifaltigkeit, 1930 Subregens Priesterseminar und Diözesanpräses Jungmännervereine, 1937–41 Diözesanjugendpfarrer/Leiter des Diözesanjugendamt, 1941–47 Pfarrer Winkel, 1947–48 Bf. v. Limburg und Flüchtlingsbischof. 1948 Gründung der Katholischen Aktion und des St. Georgwerks, das

von der Gestapo eingesehen. Protokoll und Einladung der Mitgliederversammlung vom 8. Mai 1942 wurden beschlagnahmt und nie zurückgegeben.[1319] Während der sogenannten Sittlichkeitsprozesse forderte Oberbürgermeister Krebs am 19. Juni und 3. Juli 1937 die Gestapo auf, von den Barmherzigen Brüdern behandelte Personen über Vorkommnisse anzuhören.[1320] Die Gestapo teilte am 28. August 1937 mit, „wenn sich einer über das Institut äußerte, dann wurden die Brüder über alles gelobt."[1321] 1937 wurde Pfarrer Jakob Bentz (Herz Jesu) wegen „Unzucht mit Minderjährigen" verurteilt und am 15. September 1942 in Wien vergast.[1322]

6.4 Krisenmanagement in der NS-Diktatur

Mit der Eintragung ins Vereinsregister hatte der CV Frankfurt die Rechtsgrundlage erhalten, um sich gegen die immer wieder neu auftretenden Bedrohungen behaupten zu können. Die gute personelle Ausstattung ermöglichte eine Diversifizierung der Caritasarbeit und aufgrund der guten Verbindung zum DCV konnte sich der CV gegenüber die Attacken des NSV Kreispropagandawalters Grübner zur Wehr setzen. Insbesondere die Eintragung als gemeinnützig sollte es ermöglichen, die caritativen und finanziellen Strukturen weitgehend über den Krieg zu retten.

6.4.1 Personal

Richter setzte während des Dritten Reiches seine Personalpolitik unverändert fort. Es gibt keine Hinweise darauf, dass ihm der Gesamtverband, das Bistum oder die Stadt dabei irgendwelche Schwierigkeiten bereiteten. Hand in Hand mit der Ausweitung der Caritastätigkeiten und der Bürokratisierung der Verwaltungsabläufe wurden zusätzliche Arbeitskräfte benötigt. Richter war bestrebt, nur fachlich qualifizierte Mitarbeiter einzustellen und diese den städtischen Angestellten rechtlich und in der Bezahlung gleichzustellen,[1323] um eine Abwanderung zu verhindern. So bat er 1936 das Personalamt um die städtische Tarifordnung für das städtische Krankenhaus, die ihm auch postwendend zuging.[1324] Personalkosten wurden bis in die 60er Jahre auch vom Personalamt ausgerechnet.[1325] Nach dem Erlass des „Gesetzes zur Ordnung der Arbeit in öffentlichen Verwaltungen

Bauzuschüsse für Familien Schwerkriegsbeschädigter, Familien mit kranken Angehörigen und kinderreichen Familien gewährte.
1318 DAL-561/7 B, fol.137.
1319 Vermerk Richter ohne Datum (ACVF-1330-01).
1320 Schreiben OB an Gestapo v. 19.6.1937 bzw. 3.7.1937 (ISG-Magistratsakten-8.846).
1321 Schreiben Gestapo an OB Krebs v. 28.8.1937 (ISG-Magistratsakten-8.846)
1322 Vgl. dazu www.ffmhist.de/ffm33-45/portal01/portal01.php?ziel=t_ak_oberrad%20 kath_kirche.
1323 Vermerk v. 26.2.1942 f. DiCVL (ACVF-Geschäftsführung 1901–45).
1324 Schreiben Richter/Personalamtsleiter Stadt Frankfurt v. 18.8.1936 bzw. Antwort v. 24.8.1936 (ISG-Magistratsakten 8.846).
1325 So Meta Nicolai gegenüber dem Verfasser im Sommer 2001.

und Betrieben" vom 21. März 1934 führte der Caritasverband eine Dienstordnung ein, auf die im weiter unten eingegangen wird.[1326] Durch die Neueinstellungen für die Mündelfürsorge und Eheanbahnung, im Kindergarten Ortenberger Straße und auf dem Holzplatz sowie von vier Pfarrhelferinnen im Frankfurter Nordwesten und Höchst verdoppelten sich die Personalkosten von 20735 RM (1931/32) auf ca. 39536 RM (1935/36). Nachdem Richter ab 14. Februar 1935 nicht mehr indirekt über den CV vom Gesamtverband, sondern nach seiner Ernennung zum Pfarrer von St. Leonhard rückwirkend ab dem 27. Juni 1930 vom Bistum besoldet wurde,[1327] gingen die Personalkosten zurück, stiegen ab 1937/37 wieder an. Aufgrund der novellierten Gemeinnützigkeitsverordnung vom 15. Juli 1939 fielen sechs Pfarrhelferinnen weg, dafür wurden drei Stenotypistinnen eingestellt.

Nachdem die Ursulinen, die neben der Küsterarbeit in St. Leonhard auch dem Caritasverband zur Verfügung standen, eine Filialgründung von einer Mindestzahl von acht Schwestern abhängig machten, gewann Richter im September 1938 stattdessen die Erlenbader Franziskanerinnen, die bis in die 70er Jahre im Pfarrhaus und im CV tätig waren.[1328] 1940 fuhr er in deren Mutterhaus nach Sasbach und bat die Provinzialin um eine Nonne, die nicht zu alt sein, stenografieren können und nicht zu hässlich sein solle.[1329] Die damals 24jährige Schwester Margherita tat dann über 43 Jahre bis zu ihrem Tod 1983 in St. Leonhard und im Caritashaus Dienst. Während des Krieges wurde ein Gestellungsvertrag zwischen Pfarrgemeinden und den Mutterhäusern vereinbart, nach dem die Schwestern zu den gleichen Konditionen angestellt wurden wie Laienkräfte.[1330]

Personalausgaben Verwaltung 1933–1945 (in RM)

1933/34	1934/35	1935/36	1936/37	1937/38	1938/39
(30.483)	18.857	20.316	23.740	26.290	27.316

1939/40	1940/41	1941/42	1942/43	1943/44	1944/45
(41.080)	25.501	31.015	(30415)	k. A.	20.794

Quellen: Solidaris-Prüfberichte, Beträge in () aus Kostenvorschlägen (ACVF-1510)

Bei den Personalkosten wurden nur die Verwaltungsfachkräfte (Buchhaltung, Stenotypistin, Telefonistin) berücksichtigt, der Caritasdirektor wurde ab 1935 vom Bistum bezahlt. Die Personalkosten der übrigen Mitarbeiter wurden in die Sachkosten eingerechnet.[1331] Im September 1940 verfügte der CV über maximal 20 Beschäftigte. Anna Baus betreute ca. 600 Alkoholkranke und deren Familien, die Auswanderwilligen in Zusammenarbeit

---

1326 Siehe Abschnitt 6.4 – Dienstordnung des Caritas-Verbandes Groß-Frankfurt, S. 272.
1327 Briefentwurf BO/Richter v. 14.2.1935 (DAL 359/A).
1328 Richter/BO v. 19.9.1938 (DAL-FF2/10/2).
1329 Sonntag 17.7.1983.
1330 Vertragsentwurf als Anlage zu Schreiben Richter/Herr v. 28.1.1943 (ACVF-Geschäftsführung 1901–45).
1331 Vorlage für Ortscaritasauschuss am 9.12.1948 (ACVF-1320).

mit den zuständigen Behörden und bemühte sich um Heimplätze für Gebrechliche und Nervenkranke. Johanna Bargenda war mit der Eheberatung, insbesondere der Betreuung unvollständiger und zerbrochener Familien, betraut. Maria Braun war für die Vermittlung von Pflegestellen, Heimunterbringung von Kleinkindern, Fürsorgemaßnahmen für Wohnungslose und zusammen mit Anna Wippo für die Führung von ca. 800 Vormundschaften und Pflegschaften zuständig. Meta Nicolai und Cilly Theisen betreuten bis zur Beschlagnahme 1941 noch 28 Kindergärten und bemühten sich um Heimfürsorge für gesundheitlich geschwächte Kinder. Josefa Heermann und Martha Bischoff arbeiteten als Kindergärtnerin bzw. - pflegerin im Kindergarten Ortenberger Straße 7 mit 60 Kindern. Maria Köth betreute die Müttererholung sowie die Buchhaltung. Dazu kamen bis 1941 Anton Sabel als Leiter des Holzplatzes und Maria Schweizer als Verwaltungskraft sowie drei Stenotypistinnen, Reinigungskräfte und ein Bote.

Richter machte im September 1940 gegenüber dem Arbeitsamt deutlich, dass der Arbeitsanfall so groß sei und man sich vergeblich um die Anstellung von zwei weiteren Fachkräften bemüht habe, da die beiden zusätzlichen Mutterhausschwestern nicht ausgereicht hätten. Er bat, „von jedem Entzug von Arbeitskräften abzusehen", zumal der „Caritasverband mit seinen Anstalten eine Anzahl kriegswichtiger Betriebe umfasst (Krankenanstalten), durch welche (...) viel Arbeit entsteht."[1332]. Später wechselten vier Angestellte zur Stadt, weil es ihnen beim Caritasverband zu gefährlich schien, sie konnten aber ersetzt werden.

Von der Ende August 1944 erlassenen Verfügung von Gauleiter Jakob Sprenger als Reichsverteidigungskommissar- XII Rhein-Main, dass ihm alle arbeitsbuchpflichtigen männlichen wie weiblichen Personen und die für die Rüstungsarbeit einberufenen Personen zu melden seien, blieb der CV verschont. Im Rahmen dieser „Auskämmaktion des civilen Sektors" hätten auf Anforderung des Gauarbeitsamtes 2% der Beschäftigten aus der Verwaltung bzw. den nachgeordneten Einrichtungen abgestellt werden müssen.[1333] So war der CV 1943/44 noch in der Lage, Aufgaben für die Stadt zu übernehmen, die diese nicht der NSV übertragen wollte oder konnte, und zusätzlich die Fürsorge für nichtarische Katholiken aufrechtzuerhalten. Da die Gefahr von Hausdurchsuchungen durch die Gestapo bestand, wurde so wenig wie möglich aufgezeichnet. Nach Berichten überlebender Illegaler wurden diese mit Hilfe gespendeter Lebensmittelmarken versorgt.

6.4.1.1 Dienstordnung des Caritas-Verbandes Groß-Frankfurt

Am 20. Januar 1934 wurde mit dem „Gesetz zur Ordnung der nationalen Arbeit"[1334] in allen Unternehmen und Verwaltungen das Führerprinzip eingeführt. Die Vorgesetzten verfügten nun über eine absolute Befehlsgewalt, die Untergebenen (Gefolgschaftsmitgliedern) waren zu unbedingtem Gehorsam verpflichtet. Während in der privaten Wirtschaft die in der Weimarer Zeit eingeführten innerbetrieblichen demokratischen Rechte abge-

---

1332 Schreiben Richter/Direktor Arbeitsamt Frankfurt v. 23.9.1940 (ACVF-Personal).
1333 Schreiben BO/Herr-Abschrift (ACVF-BO I).
1334 RGBl I 1934, S. 45ff.

schafft wurden, bedeutete dies keine Änderung in kirchlichen Einrichtungen, in denen diese nicht gegolten hatten. Ergänzt wurde das Gesetz am 23. März 1934 mit dem „Gesetz zur Ordnung der Arbeit in öffentlichen Verwaltungen und Betrieben"[1335]. Unter Bezug auf §16 Abs. 1 wurde eine Dienstordnung[1336] erlassen, der Zeitpunkt lässt sich nicht belegen.

Eindeutig definierte sich der CV als „Bestandteil der katholischen kirchlichen freien Liebestätigkeit" (§ 1): „Von den in diesem tätigen Gefolgschaftsmitgliedern wird erwartet, dass sie der durch die religiöse Grundlage bedingten Eigenart dieser caritativen Einrichtung innerhalb und außerhalb des Dienstes Rechnung tragen, sich stets der religiösen und volksgemeinschaftlichen Grundverpflichtung ihres Wirkens entsprechend führen und an der Erfüllung der Aufgabe ihrer Dienststelle mit ganzer Kraft mitarbeiten." Neben dem normalen Kündigungsrecht gab es auch die Möglichkeit einer fristlosen Kündigung bei „Angriffen gegen Führer und Staat", „bei schweren Verstößen gegen katholisch Glaubens- und Sittengesetze oder bei grober Achtungsverletzung gegen die Leitung oder Gefolgschaft, gegen leitende Personen und wesentliche Einrichtungen der katholischen Kirche und bei schwerer Verleumdung oder Schädigung der Verwaltung und deren Angehörigen." (§5 Abs.3) Es ist aber kein Fall bekannt.

Festgelegt wurde eine werktägliche 48 Stundenwoche. In Ausnahmefällen musste eine in der Regel unbezahlte Überzeitarbeit geleistet werden, die durch Freizeit ausgeglichen wurde (§ 6). Grundsätzlich bestand die Barvergütung aus Grund-gehalt und ggf. Kinderzulagen, deren Höhe sich nach den Besoldungsrichtlinien der Stadt richtete. Fürsorgerinnen und Fürsorger sowie die gleichgestellten Gemeindehelferinnen wurden mit der Eingangsstufe der Besoldungsgruppe 5b der Gehaltstafel II der Stadtgemeinde Frankfurt besoldet, stiegen dann aber bis zur Gehaltsstufe 6, d.h. der Vergütungsgruppe 7 der „Neuen Angestelltenbezüge für sämtliche Angestellte im öffentlichen Dienst". Weitere Anhebungen konnten durch den Caritasvorstand beschlossen werden. In der Regel wurden zwischen 2779 und 2939 RM gezahlt.[1337] Kaufmännische Angestellte wurden nach der entsprechenden Tarifordnung bezahlt und erhielten zwischen 1460 und 1800 RM.[1338] Handwerker, Reinigungskräfte u. ä. wurden nach den für die „entsprechenden Arbeitergattungen bestehenden Tarife oder falls dieser nicht besteht nach den ortsüblichen Tarifen" bezahlt. In der Hauswirtschaft tätige Mitarbeiter erhielten die Bezahlung entsprechend den „von dem zuständigen Treuhänder der Arbeit aufgestellten Richtlinien". Bei allen übrigen in der „Caritas- oder Erziehungsarbeit tätigen Personen wurde die Besoldung einzelvertraglich festgelegt (§7).

Nach sechs Monaten Tätigkeit wurde ein Anspruch auf bezahlten Urlaub „zur Erhaltung der Dienstkraft und der Dienstfreudigkeit" erworben. Fürsorgerinnen und Seelsorghelferinnen drei Wochen, nach mindestens fünfjähriger Tätigkeit dreieinhalb Wochen und nach mindestens zehnjähri-

---

1335 RGBl I 1934, S. 220ff.
1336 Dienstordnung des Caritas-Verbandes Gross-Frankfurt e.V., o. D. (DAF II.11.D).
1337 Finanzierungsplan 1938/39/40 (DAF II.11.D).
1338 Finanzierungsplan 1938/39/40 (DAF II.11.D).

ger Tätigkeit bzw. ab dem 40. Lebensjahr vier Wochen. Bei allen übrigen Beschäftigten richtete sich der Urlaubsanspruch nach dem Tarifvertrag bzw. wurde mit dem Treuhänder vereinbart. (§8) Im Krankheitsfall bestand Lohnfortzahlung bei einer dreimonatigen Betriebszugehörigkeit zwei Wochen, bei einer sechs- bzw. zwölfmonatigen Betriebszugehörigkeit drei bzw. sechs Wochen (§10). Um eine finanzielle Gleichstellung mit den städtischen Angestellten zu erreichen wurde 1942/43 eine Altersversorgung angedacht,[1339] doch lässt sich nicht feststellen, ob diese noch während des Krieges umgesetzt werden konnte. Neben einer privatrechtlichen Versicherungslösung bzw. einer Höherversicherung bei der gesetzlichen Rentenversicherung wurden der Anschluss an die „Werthmannhaus-Unterstützungs-GmbH" des DCV und sogar eine eigene Betriebskasse diskutiert, an die 20% der Lohnsumme eingezahlt werden sollten.[1340] Während der Beitritt zur DCV-Kasse rechtlich nicht möglich war, sah man aufgrund der niedrigen Versichertenzahl von einer eigenen Kasse ab, da die Ordensleute nicht als Arbeitnehmer galten.[1341] In den Pfarreien wurden Fürsorgerinnen besser bezahlt als die Seelsorgehelferinnen.

6.4.2 Gemeinnützigkeit und Steuerfreiheit

Während in der Weimarer Republik Stiftungen zugunsten der Allgemeinheit steuerlich kaum betroffen waren,[1342] wurde die Steuerfreiheit nach der Machtergreifung von immer neuen Voraussetzungen abhängig gemacht. Alle gemeinnützigen Einrichtungen hielten ständig Kontakt zu den Finanzbehörden und mussten bei jeder Beihilfe die Vermögensverhältnisse überprüfen und dokumentieren. Ständig kam es zur Prüfung der Körperschafts- und Vermögenssteuerpflicht.[1343] Da Verstöße durch rückwirkende Aufhebung der Steuerfreiheit geahndet werden konnten, hing immer ein Damoklesschwert über den Einrichtungen.[1344]

Da die NS-Führung bestrebt war, an das Vermögen der kirchlichen, sozialdemokratischen, kommunistischen und der jüdischen Stiftungen und Vereine zu gelangen, war Richter bedacht, schnellstmöglich und ggfs. rückwirkend die Gemeinnützigkeit zu erreichen, da man Anfang 1933 ein Haus gekauft hatte um die in Kürze fällige Grundvermögenssteuerzahlung zu vermeiden. Auf Richters Schreiben an Wienken[1345] und Joerger[1346] sicherte dieser bereits am folgenden Tag zu, die Satzung zu überprüfen,[1347] was dann bis Mai erfolgte.

In Abstimmung mit dem DCV und der DCV-Hauptvertretung Berlin wurden verabschiedeten Vorstand und am 5. Mai 1933 die Generalversammlung Satzungsänderungen, um den Gemeinnützigkeitsantrag stellen

---

1339 Vermerk BO v. 19.11.1942 (ACVF-Geschäftsführung 1901–45).
1340 Schreiben Solidaris Treuhand GmbH Berlin/CVF v. 11.1.1943 bzw. Vermerk v. 12.4.1943 (ACVF-1541-01).
1341 Schreiben Solidaris Treuhand GmbH Berlin/CVF v. 7.5.1943 (ACVF-1541-01).
1342 Müller, Stiftungen, S. 167.
1343 ABL Nr. 6 v. 7.3.1939, S. 23, Nr. 31.
1344 Müller, Stiftungen, S. 168.
1345 Schreiben Richter/Wienken v. 6.3.1933 (ACVF-1011).
1346 Schreiben Richter/Joerger v. 6.3.1933 (ACVF-1011).
1347 Schreiben Joerger/Richter v. 7.3.1933 (ACVF-1011).

zu können. Teilweise waren sie nur formaler Natur: „Der Ortscaritasverband Frankfurt dient mit sämtlichen Einkünften ausschließlich und unmittelbar gemeinnützigen und mildtätigen Zwecken. Der Hauptzweck des Verbandes ist darauf gerichtet, Personen die infolge ihrer körperlichen oder geistigen Beschaffenheit oder ihrer wirtschaftlichen Lage der Hilfe bedürfen Unterstützungen durch unentgeltliche Zuwendungen zu gewähren."

Teilweise wurden die Aufgaben genau beschrieben. So wurden in §2b als Leistungen aufgenommen: „durch Geldspenden, durch verbilligte nötigenfalls unentgeltliche Speisungen, durch Beschaffung von Lebensmitteln und Heizmaterial, durch Kleiderbeihilfen, durch Errichtung von allgemein zugänglichen Wärmehallen, durch Besorgung von unentgeltlichen oder verbilligten Wohnungen und dergleichen."

Außerdem musste klar formuliert werden, dass den Mitgliedern „durch ihre Mitgliedschaft keinerlei Vermögensvorteile erwachsen" bzw. *„das Vermögen im Falle einer Auflösung des Verbandes oder des Wegfalls der Gemeinnützigkeit und Mildtätigkeit den Pfarreien Frankfurts, soweit sie Mitglieder des Verbandes gewesen sind, zugeführt [wird] zur restlosen Verwendung für ausschließlich[1348] und unmittelbar mildtätige Zwecke, die der leiblichen Not des Nächsten auf die in § 2b der Satzung festgelegte Art und Weise zu steuern vermögen."* Wie spitzfindig das Amtsgericht handelte lässt sich an der Forderung ablesen, alle nicht anwesenden Mitglieder müssten nachträglich die Satzungsänderungen schriftlich genehmigen.[1349]

Das Anerkennungsverfahren wurde nun mit geballter juristischer Macht betrieben. Neben Rechtsanwalt Ungeheuer wurden der DCV-Justitiar Bappert,[1350] Joerger und Wienken mobilisiert. Dieser empfahl Richter, das Verfahren im Alleingang bei den zuständigen Preußischen Ministerien des Inneren, der Justiz und der Finanzen durchzuführen.

Zwar leitete Richter die Vorschläge bereits am 15. Mai 1933 an Ungeheuer weiter,[1351] der den überarbeiteten Antrag aber aus nicht bekannten Gründen erst sieben Monate am 20. Dezember 1933 beim einreichte,[1352] und Richter darüber am 30. Dezember 1933 informierte.[1353] Dieser war schon in Panik geraten und hatte Wienken am Vortag um eine persönliche Intervention beim Innenministerium gebeten, da die fälligen Steuern nur gestundet seien.[1354] Nachdem sich auch die Stadt am 19. Januar 1934 nach der Sachlage erkundigt hatte,[1355] bat Richter am 22. Januar 1934 Wienken „sehr herzlich (um) Mitwirkung", da die Steuerzahlung am 1.

1348 Ein kritischer Begriff war „ausschließlich", mit dem man die Senckenberg-Stiftung erheblich zur Kasse bitten wollte, weil sie das Grab ihres jüdischen Stifters pflegte.
1349 Schreiben Amtsgericht v. 19.8.1933 und Vermerk Ungeheuer für Richter (ACVF-1010).
1350 Schreiben Bappert/Joerger bez. Anfrage des CV Frankfurt v. 28.4.1932 (ACVF-1011).
1351 Schreiben Richter/Ungeheuer v. 15.5.1933 (ACVF-1011).
1352 Schreiben Ungeheuer/Preußisches Innenministerium v. 20.12.1933 – Abschrift (ACVF-1011).
1353 Schreiben Ungeheuer/Richter v. 30.12.1933 (ACVF-1011).
1354 Schreiben Richter/Wienken v. 29.12.1933 (ACVF-1011).
1355 Schreiben Stadt Frankfurt/Richter v. 19.1.1934 (ACVF-1011).

Februar 1934 fällig werde, falls nicht bis dahin eine Anerkennung vorliege.[1356] Wienken nahm daraufhin Kontakt zum Innenministerium auf und informierte Richter kurz darauf über den dort erfolgten Personalwechsel sowie eine „größere Anzahl unerledigter Akten" und verwies darauf, dass es noch etwas dauern könne, da auch das Justiz- und das Finanzministerium noch zustimmen müssten.[1357]

Für Unruhe sorgte nun das Finanzamt Frankfurt-Ost, das den Nachweis verlangte, „dass auch die Geschäftsführung des Verbandes seinen satzungsmäßigen Hauptzweck (der leiblichen Not Hilfsbedürftiger durch unentgeltliche Zuwendungen zu steuern) tatsächlich entspricht „ und forderte für die vergangenen drei Jahre Rechnungsabschlüsse, Einnahme- und Ausgabenrechnungen, eine Satzung und den Beleg für den Vereinsregistereintrag an. Außerdem erbat sie den Zeitpunkt, ab dem die Gebühren- und Stempelfreiheit gelten solle.[1358] Anfang April 1934 forderte das Landesfinanzamt Kassel weitere Unterlagen an und erklärte dann dem Finanzamt Frankfurt-Ost am 5. April 1934: „Soweit sich der Caritasverband zur Auszahlung der Unterstützungen an Hilfsbedürftige nicht der Pfarreien und seiner caritativen Untergliederungen bedient, führt er diese Unterstützungen den Hilfebedürftigen unmittelbar zu und zwar meist in Form von Gutscheinen über Lebensmittel und Kleidungsstücken."[1359]

Am 24. April 1934 teilte das Preußische Finanzministerium bzw. das Justizministerium Rechtsanwalt Ungeheuer mit: „Auf das an den Herrn Minister des Innern gerichtete Gesuch vom 20. Dezember 1933 erkennen wir den Caritas-Verband Groß Frankfurt, e.V., in Frankfurt a.M. mit Wirkung vom 9. April 1932 als milde Stiftung an."[1360] Auch die rückwirkende Befreiung von der Steuerschuld bedurfte noch Geduld, denn am 22. Juli 1936 bat vermutlich die Kanzlei Ungeheuer die Berliner Zweigstelle der Solidaris-Treuhand[1361] um eine Intervention bezüglich der Steuerbefreiung seit dem 9. April 1932, der Eintragung ins Vereinsregister.[1362] Über das Ergebnis ist nichts bekannt, doch dürfte es positiv ausgegangen sein, da es sonst sicher in einer Vorstandsitzung zur Sprache gekommen wäre.

Mit der Gemeinnützigkeitserklärung war die Sache nicht ausgestanden, denn im Steueranpassungsgesetz v. 16.10.1934 wurde die Mildtätigkeit auf „bedürftige, im Inland befindliche Personen oder bedürftige Deutsche Volksgenossen im Ausland" und nach den Nürnberger Gesetzen am 1. Dezember 1936 weiter „auf bedürftige Deutsche Volksgenossen" beschränkt und damit Juden, aber auch Ausländer ausgeschlossen.[1363] Der

---

1356 Schreiben Richter/Wienken v. 22.1.1934 (ACVF-1011).
1357 Schreiben Wienken/Richter v. 26.1.1934 (ACVF-1011).
1358 Schreiben Finanzamt Frankfurt-Ost/CV Frankfurt v. 9.3.1934 (ACVF-1011).
1359 Schreiben Richter/Finanzamt Frankfurt-Ost v. 5.4.1934 (ACVF-1011).
1360 Schreiben Preuß. Finanzministerium/Ungeheuer v, 24.4.1934 (ACVF-1011).
1361 Die Solidaris Treuhand GmbH wurde 1932 gegründet, um Träger und Einrichtungen der freien Wohlfahrtspflege in ihren wirtschaftlichen, steuerlichen und organisatorischen Angelegenheiten zu beraten. Sie besteht noch heute.
1362 Schreiben N.N./Solidaris Treuhand AG Berlin v. 22.7.1936 (ACVF-1011). Dieses Schreiben muss außerhalb des CV gefertigt worden sein, da es das einzige Schriftstück ist, das mit dem „Deutschen Gruß" unterzeichnet ist.
1363 Die steuerlichen Verhältnisse des CV Frankfurt nach Vorliegen des Betriebsprüfungsberichtes v. 29.3.1941 (ACVF-1011).

Reichsfinanzhof verschärfte diese Regelung später dadurch, dass „Bedürftigkeit" nur gegeben sei, wenn der Empfänger nur über einen festgelegten sehr niedrigen Betrag verfügte[1364] und er „arischer" Abstammung war. Der CV sah sich gezwungen, bei der Weihnachtsbeihilfe 1939 darauf hinzuweisen, „dass nur (...) arische hilfsbedürftige Pfarrangehörige namhaft gemacht werden."[1365] Ob dies eingehalten wurde, ist zu bezweifeln.

Während private und kirchliche Vereine immer Gefahr liefen, durch NS-Organisationen ausgeschaltet zu werden, war die Existenz der Inneren Mission und der Caritas als anerkannte Wohlfahrtsverbände an sich ungefährdet. Eine Gefahr bestand aber darin, dass das Reichsfinanzministerium durch ständige Novellierungen der Gemeinnützigkeitsverordnung, die in den Satzungen berücksichtigt werden mussten, sich Zugriff auf das Vermögen der gemeinnützigen Vereine verschaffen wollte. Einerseits war dies durch die Aufhebung der Steuerfreiheit bei angeblichen Verstößen, z. B. einer nicht unverzüglich erfolgten Satzungsänderung oder eine nichtsatzungsgemäßen Mittelverwendung möglich. Besonders gefährlich war der in § 15 Abs. 2 GemVO eingeführte „Einwilligungsvorbehalt" der jeweiligen Finanzbehörden eingeführt. Solidaris kritisierte in einem Gutachten, dass „Beschlüsse darüber, wie das Vermögen bei Auflösung oder Aufhebung der Körperschaft oder bei Wegfall ihres bisherigen Zwecks zu verwenden ist, dürfen erst nach Einwilligung des Finanzamtes durchgeführt werden." Bei einer Satzungsänderung hätte das Finanzamt jederzeit in die Vermögensverwaltung bis hin zur Beschlagnahme eingreifen können und so ist es nicht verwunderlich, dass sich nicht nur der CV Frankfurt dagegen zur Wehr setzte.

Zwar wurden zwischen die Fristen (zuletzt bis zum 31. Dezember 1941) immer wieder verlängert, die Gefahr einer Aberkennung der Gemeinnützigkeit stand aber immer im Raum. Der CV hatte zwar seine Satzung 1939 an die geänderte GemVO angepasst und glaubte sich auf sicherem Boden, hatte die Rechnung aber ohne das Finanzamt Frankfurt-Ost gemacht, dass nach einer Betriebsprüfung des Finanzamtes Frankfurt-Ost am 18. Dezember 1940 die Steuerbefreiung des CV am 21. März 1941 aufhob, da dieser selbständige Caritaseinrichtungen unterstütze. Dies verstoße aber gegen die Forderung einer „unmittelbaren Gemeinnützigkeit" und man werde rückwirkend seit 1936 eine Steuer-nachzahlung von insgesamt 27593 RM veranlagen. Eine „kritische Stellungnahme" sei überflüssig, da man sich an den Wortlaut des Prüfberichts halten werde. Eine Stundung sei auch nur dann möglich, wenn der CV erfolgsbegründende Rechtsmittel vorbringen könne.[1366] Gegen diese Interpretation hatte der DCV bereits eine Klage beim Reichsfinanzhof eingereicht.

Da die Übernahme der kirchlichen und privaten gemeinnützigen Vereine nicht wie erhofft verlaufen war, fasste das Reichsfinanzministerium alle bisherigen Änderungen in der „Gemeinnützigkeitsverordnung" vom 16. De-

---

1364 die Cronstetten-Stiftung musste 40.000 RM an Steuern nachzahlen, weil sie in drei Fällen eine Unterstützung an Bewerberinnen gezahlt hatte, welche diesem engen Begriff nicht entsprachen (Müller, Stiftungen, S. 167).
1365 Rundschreiben CVF an Pfarrcaritasausschüsse v. 8.12.1939 (DAF II.9.D).
1366 Betriebsprüfungsbericht v. 18.12.1940 (ACVF-1011).

zember 1941 zusammen.[1367] Dem CV wurde nun vorgeworfen, seine Satzung seit 1939 nicht angepasst zu haben. Dieser schaltete nun die Solidaris Treuhand ein, die im Frühjahr 1942 ein Gutachten[1368] erstellte und grundsätzlich erklärte, dass die Steuerbefreiung aufgrund der bestehenden rechtlichen Bestimmungen weiterbestehe und die Satzung bezüglich der Neuinterpretation des „Zweckvermögens" nicht geändert werden müsse, da nur von einem positiv vorhandenen Zweckvermögen, nicht aber von einem negativen Zweckvermögen die Rede sei. Daher müsse auch kein Einwilligungsvorbehalt eingefügt werden, denn sonst müssten „in hunderten von Fällen von neuen Mitgliederversammlungen, Vorstandssitzungen, Zusammenkünfte von Verwaltungsräten usw. (...) erfolgen (... und), dass in allen diesen Fällen Vereinsregisterbehörden, die Überwachungsstellen für diese Vereine und die für die Aufsicht über die Stiftungen zuständigen Staatsbehörden in Tätigkeit gesetzt würden, und dass nicht zuletzt die Finanzbehörden in all diesen Fällen Satzungen zur Begutachtung und Stellungnahme vorgelegt erhielten und prüfen müssten. Wir können nicht annehmen, dass eine solche Auswirkung durch eine Verordnung herbeigeführt werden soll, die der Verwaltungsvereinfachung dient."[1369]

Unter Bezugnahme auf einen entsprechenden Bescheid des Reichsfinanzministeriums v. 31. Juli 1942 gegenüber dem „Reichsverband der freien und gemeinnützigen Kranken- und Pflegeanstalten Deutschlands" beantragte die Solidaris, dass die in §3 Ziffer 1–4 GemVO angeführten negativen Angaben nicht in die Satzung aufnehmen zu müssen und begründete dies wie folgt: „Diese Satzungsbestimmung (die positive Angabe der Stiftungszwecke) schließt ohne weiteres die Erklärung (die negative Angaben) in sich, dass die Stiftung keinen anderen als in der Satzung bezeichneten Zwecken dient. Es braucht daher in der Satzung nicht ausdrücklich gesagt zu werden, die Stiftung diene keinen anderen als den in der Satzung bezeichneten Zwecken." [1370]

Noch bevor das Reichsfinanzministerium am 26. Oktober 1942 den Antrag ablehnte und auf einer satzungsmäßigen Festlegung der „Ausschließlichkeit" bestand,[1371] hatte die Solidaris am 23. Oktober 1942 darauf hingewiesen, dass bisher alle vor Inkrafttreten der neuen GemVO geltenden Bestimmungen erfüllt worden seien und alle seit dem 15. Juli 1939 erfolgten Änderungen seien vom Finanzamt Frankfurt-Ost akzeptiert worden. Die neuen Bestimmungen könnten daher erst nach deren Inkrafttreten am 16. Dezember 1941 angewandt werden und deshalb gelte die alte Rechtslage. Solidaris bat um einen baldigen Bescheid, da die Frist für eine steuerrechtlich rückwirkende Satzungsänderung bald ablaufe und man „Rechtsklarheit und Rechtssicherheit" brauche.[1372] Da das Reichsfinanzmi-

1367 RGBl I, S. 925. Diese GemVO wurde am 24. Dezember 1953 durch eine Neufassung (BGBl I, S. 1592) abgelöst.
1368 Solidaris-Gutachten zu Fragen zur Gemeinnützigkeitsverordnung, o.J. (ACVF-1011).
1369 Schreiben Solidaris/Reichsfinanzminister v. 22.10.1942 – Abschrift (ACVF-1011).
1370 Schreiben Solidaris/Reichsfinanzminister v. 22.10.1942 – Abschrift (ACVF-1011). Unterstreichungen im Originaltext.
1371 Schreiben Reichsfinanzminister/Solidaris v. 26.10.1942 – Abschrift (ACVF-1011).
1372 Schreiben Solidaris/Reichsfinanzminister v. 23.10.1942 – Abschrift (ACVF-1011).

nisterium auf seiner Position bestand,[1373] intervenierte Solidaris noch-mals,[1374] allerdings erfolglos.[1375] Da Unterlagen fehlen, ist der Ausgang nicht zu klären.

6.4.3 Finanzen

Fibich hatte versucht, anhand der ihm vorliegenden Kostenvoranschläge die Haushaltsplanung zu rekonstruieren, doch konnte er nicht alle Ansätze zweifelsfrei zuordnen. [1377] Obwohl ein Teil der Prüfberichte und Jahresab-schlussrechnungen 2019 aufgefunden werden konnte, ist eine dezidierte Mittelverwendung nicht nachweisbar, da Summen- und Saldenlisten teil-weise fehlen und viele Einnahmen und Ausgaben über ein Konto „Diver-ses" gebucht wurde. Unklar sind auch die Buchungen auf den Konten „Sparkasse" bzw. „Zinsen und Rückzahlungen. Unklar ist auch der Rück-gang 1939/40, er könnte auf den Ausbruch des Zweiten Weltkrieges zu-rückzuführen sein. Andererseits wich die Bilanz nur unwesentlich von den Vorjahren bzw. den Folgejahren ab.

Bei der Kassenprüfung 1937 heißt es, die Prüfung „ergab außer der buchmäßigen Richtigkeit auch durchaus den Eindruck einer sorgfältigen und gewissenhaften Führung der Geschäfte. Dies ist deswegen sehr be-achtlich, weil die wiederum stark vermehrte Zahl der Kassenvorgänge und der Belege gegenüber dem Vorjahr eine beträchtliche Zunahme der zu lei-stenden Arbeit erkennen lässt." So stieg die Anzahl der Buchungen im Hauptkassenbuch von 1.925 Posten (1933) über 3.297 (1934), 4.299 (1935) und 4.542 (1936) auf 5.152 (1937), teilweise begründet mit der gestiegenen Mündelverwaltung. [1378]

Gewinn- und Verlustrechnung (in RM) 1930–45

	Erlöse	Aufwand	Ergebnis	Bilanzsumme
1933/34	198.845	201.296	-2.451	160.519
1934/35	228.080	22.404	4.037	174.432
1935/36	279.908	276.005	3.902	211.973
1936/37	270.771	269.943	828	211.535
1937/38	278.635	274.002	4.633	229.668
1938/39	308.479	305.876	2.604	371.185
1939/40	96.906	96.762	144	373.560
1940/41	112.433	118.514	-6.082	364.575
1941/42	121.672	130.762	-9.089	349.810
1942/43	136.761	140.714	-3.953	336.187
1943/44[1376]	-	-	-	355.820
1944/45	275.121	162.069	113.651	437.364

Quelle: Berichte Solidaris Treuhand Abschlussrechnungen 1930–1945 (ACVF-1510)

1373 Schreiben Reichsfinanzminister/Solidaris v. 27.10.1942 – Abschrift (ACVF-1011).
1374 Schreiben Solidaris/Reichsfinanzminister v. 4.11.1942 – Abschrift (ACVF-1011).
1375 Schreiben Solidaris/Reichsfinanzminister v. 6.11.1942 – Abschrift (ACVF-1011).
1376 Alle Unterlagen wurden im Bombenangriff am 23.3.1944 vernichtet.
1377 Fibich, S. 320–329.
1378 Prüfvermerk vom 14.5. 1938 (DAF II.11.D).

1939 wurde der Kontenplan zwar geändert, gibt aber trotzdem keine Auskunft über einzelne Ausgabenbereiche, da keine Kostenstellenrechnung erfolgte. Alle Jahresabschlüsse wurden auf dem folgenden Ortscaritasauschuss vorgelegt und genehmigt, letztmals am 8. Mai 1942 für 1941/42.

Ergebnisrechnung 1934–45 (in DM)

	Erlöse	Aufwand	Ergebnis
1934/35	228.080	224.043	+ 4037
1935/36	279.907	276.005	+ 3902
1936/37	270.771	269.943	+ 828
1937/38	279.463	278.635	+ 828
1938/39	308.479	305.875	+ 2604
1939/40	96.906	84.782	+12124
1940/41	k, A.	k. A.	k. A.
1941/42	121.672	130.702	- 9030
1942/43	k. A.	K, A,	k. A.
1943/44	Unterlagen bei Bombenangriff vernichtet		
1944/45	275.721	162.070	113.651

Quellen: Solidaris-Prüfberichte (ACVF-1510)

Die späteren Abschlüsse wurden erst auf dem Ortscaritausschuss am 9. Dezember 1948 akzeptiert.[1379] Aufgrund der Zerstörung des Caritashauses wurde für 1943/44 keine Gewinn- und Verlustrechnung erstellt. Kassenbuch und Durchschreibebuchhaltung blieben zwar erhalten, sodass eine Gewinn- und Verlustrechnung an sich hätte erstellt werden können, aufgrund der schweren Erkrankung der Buchhalterin und des Arbeitsumfangs wurde aber darauf verzichtet.[1380]

Insgesamt ergibt sich aus den vorliegenden Bilanzen eine Eigenkapitalsteigerung von 168235 RM (31.5.36) auf 180.234 RM (31.3.1945).[1381]

6.4.3.1 Mitgliedsbeiträge

Die Bischofskonferenz beschloss 1916, dass nur noch kirchliche Einrichtungen Mitglied der Caritas werden konnten, Einzelpersonen konnten aber Mitglied bleiben. Mitgliedsbeiträge spielten daher keine große Rolle in der Finanzplanung. So waren am 30. Oktober 1933 nur 81 ordentliche Mitglieder aus Frankfurt beim DCV gemeldet[1382] was bei einem Grundbeitrag von 10 RM insgesamt etwa 810 RM ergeben hätte. Allerdings waren höhere Beiträge möglich. Der Beitrag der Pfarrgemeinden war satzungsgemäß pauschaliert und blieb mit insgesamt ca. 1.000 RM relativ konstant. Darin sind vermutlich auch die Einzelmitglieder der Pfarrcaritausschüsse enthalten, deren Zahl nicht zu beziffern ist. 1930 erwähnte Richter in der Generalversammlung eine Zunahme um 400 gegenüber 1929.

1379 Vorlage für Ortscaritausschuss am 9.12.1948 (ACVF-1320).
1380 Vorlage für Ortscaritausschuss am 9.12.1948 (ACVF-1320).
1381 Solidaris-Prüfberichte sowie Einzelvermerke (ACVF-1510).
1382 Schreiben Richter/Ungeheuer v. 30.10.1933 aufgrund dessen Anfrage v. 19.10.1933 (ACVF-1010). Das Amtsgericht benötigte zur schriftlichen Bestätigung der Satzungsänderung auch die Angaben über bei der Mitgliederversammlung v. 5.5.1933 fehlenden Mitglieder.

Mit der Öffnung für persönliche Mitglieder 1934[1383] stiegen die Beiträge ständig an und blieben bis 1942/43 konstant. Grund sind die Beitritte aufgrund der Forderung nach einer Mitgliedschaft in einem Wohlfahrtsverband, mit der ein NSV-Beitritt vermieden werden konnte. Nicht zu erklären ist aber bisher das hohe Beitrags- und Spendenaufkommen von 1937/38 mit dem Rekorderbnis von 79.682 RM bzw. 1937/38 von 71.828 RM. 1944/45 belief es sich noch auf 18.898 RM. Ein Drittel der Beiträge verblieb bei den Pfarreien und wurde offiziell als Aufwand beim CV verbucht.[1384] Der CV überwies zusätzlich aus seinem Beitragsaufkommen pro Mitglied 0,30 RM als DCV-Beitrag.[1385]

Mitgliedsbeiträge 1933–1945 (RM)*		
	insgesamt	Pfarreien	Pers. Mitglieder
1933/34	(18.700)	(4.000)	
1934/35	19.839	(17.200)	
1935/36	58.711**	(37.000)	
1936/37	(39.700)		
1937/38	79.683**		
1938/39	71.828**		
1939/40	41.913		
1940/41	42.095		
1941/42	41.294	k. A.	k. A.
1942/43	41.294	32.286	9.009
1943/44	Nicht ermittelt/Unterlagen verbrannt		
1944/45	18.898	13.488	5.409

Quelle: Solidaris-Prüfberichte (ACVF-1530), Beträge in (kursiv) aus Kostenvorschlägen (ACVF-1510 bzw. DAL359) – ** inkl. Spenden

6.4.3.2 Öffentliche Mittel

Auch nach der Machtergreifung wurden vom Landeshauptmann Nassau und der Stadt bis 1937/38 weiter Zuschüsse für Bahnhofmission, Bahnhofdienst und Kinderspeisung gezahlt. Von 1932/33 auf 1933/34 verdreifachten sich die öffentlichen Mittel von 900 auf 2.700 RM und erreichten 1936/37 den Höchststand von 3.800 RM, die überwiegend für die Kindergärten bestimmt waren. So erhielten 1933 die katholischen Pfarrkindergärten Fechenheim (567 RM), Schwanheim Abtshof 2 (210 RM) und Dom/Dominikanergasse (8.060 RM)[1386] und zumindest 1937 wurden die Verluste des defizitären Domkindergartens übernommen[1387]. Diese Zuschüsse sind in den Ergebnisrechnungen nicht aufgeführt, da sie vermutlich zwischen Stadt und den einzelnen Kindergärten intern geregelt wurden..[1388]

Für andere Fürsorgemaßnahmen wurden keine Mittel mehr bereitgestellt, da die Ideologie der Rassehygiene die Reduzierung der Kosten für „minderwertige" Fürsorgeempfänger verlangte, die nicht mehr von der NSV, sondern nur von kirchlichen Einrichtungen betreut werden durften. 1939 wurden noch 779 RM vom Fürsorgeamt für ambulante Stationen gezahlt.

1383 Zur Problematik der Mitgliedschaften siehe Abschnitt 6.4.4 – Mitglieder, S. 295f.
1384 Solidaris-Prüfberichte 1939/40 bzw. 1944/45 (ACVF-1510).
1385 Solidaris-Prüfbericht 1941/42 (ACVF-1510).
1386 Anlage 8 zu Vermerk Schulbehörden/Krebs v. April 1933 (ISG 7.800).
1387 Bericht Wilhelm Leicht über die Prüfung beim Vinzenzverein der Dompfarrei v. 22.7.1938 (DAF II.11.B)
1388 Solidaris-Prüfbericht 1941/42 (ACVF-1510).

6.4.3.3 Kirchliche Mittel und Spenden

Der CV erhielt Zuschüsse vom DCV, DiCVL, der Berufsgemeinschaft der Gemeindehelferinnen-Schule, Kinderwohl und der diözesanen Familienhilfe und vom Gesamtverband Der Gesamtverband überwies zumindest bis zur Währungsreform 1948 monatlich 850 RM aus Mitteln „alter Stiftungen".[1389] Die Bedeutung Frankfurts zeigt sich daran, dass es 1938 vom DiCV/Bistum mit 6.700 RM lt. Fibich etwa fünfmal so viel erhielt wie Wiesbaden.[1390]

Kirchliche Zuschüsse und Spenden 1931–1945 (in RM)				
	Insgesamt	**Gesamtverband**	**Sonst. Zuschüsse**	**Spenden**
1931/32	(19.616)	11.400	? RM-Kinderwohl	
1932/33	(17.220)	11.400	? RM-Kinderwohl	
1933/34	(16.536)	11.400	? RM-Kinderwohl	
1934/35	18.716	12.478	3378 RM-Kinderwohl	
1935/36	15.014	11.400	3614 RM-Kinderwohl	
1936/37	>11.400	11.400	? RM-Kinderwohl	
1937/38	18.925	11.400	7.258 RM-Kinderwohl	
1938/39	21.840	11.400	7.012 RM-Kinderwohl	
1939/40	14.724	11.400	945 RM-Bhf.-Mission, 540 RM-Gemeindehelfer. 1.839 RM-Kinderwohl	17.859
1940/41	15.862	11.535	3.315 RM – Kinderwohl	1.012
1941/42	12.150	12.350		
1942/43	11.400	11.400		139
1943/44	11.400	11.400		
1944/45	74.195	11.400	14.000 RM – DCV, 46.000 RM – DiCVL	3.196

Quelle: Solidaris-Prüfberichte (ACVF-1510), Angaben in () aus Kostenvoranschlägen (ACVF-1310)

Spenden wurden in der Ergebnisrechnung wie kirchliche Mittel behandelt und oft auch gemeinsam ausgewiesen. Fibich weist daraufhin, dass die erhaltenen Spenden mit einer kirchlichen Intention gegeben oder von kirchlichen Funktionsträgern eingeworben wurden.[1391] Nach 1933 bemühte man sich weiter um Großspenden, was aber immer schwieriger wurde. So wandte sich Stadtpfarrer Herr im Februar 1934 an Carl von Weinberg, den kaufmännischen Direktor der Farbenfabrik Cassella & Co, die inzwischen zur I.G. Farben gehörte. Carl von Weinberg hatte u.a. den Neubau der Pfarrkirche Mutter vom Guten Rat in Niederrad unterstützt und seit 1931

1389 Solidaris-Prüfbericht 1941/42 (ACVF-1510).
1390 Fibich, S. 115.
1391 Fibich, S. 323.
1392 Carl von Weinberg (1861–1943) war jüdischer Herkunft und wurde 1880 mit seinem Vater evangelisch, 1896 Heirat mit der irischen Adligen May Forbes, die 1916 zum Katholizismus konvertierte. 1908 geadelt, 1919 war er Mitglied der deutschen Delegation bei den Friedensverhandlungen in Versailles. 1925 überführte er mit seinem Bruder die Cassella Mainkur-Werke in die Fusion mit der I.G. Farben. 1938 verkaufte er auf der Druck der NS-Stadtverwaltung u.a. seine Villa mit dem dazugehörigen Park an die Stadt und emigrierte nach Italien. Sein Bruder starb 1941 im KZ Theresienstadt.

sein Anwesen der katholischen Stadtranderholung zur Verfügung gestellt. Sein Sekretariat erteilte aber eine Absage, da man für alle möglichen sozialen und karitativen Zwecke in Anspruch genommen werde und zwar in einer Art, die aus begreiflichen Gründen das bisher geübte Maß von Wohltätigkeit weit überschreitet und das diese sich einige Beschränkungen auferlegen müssen, da die Mittel (...) erschöpft sind."[1393]

Nach Kriegsbeginn gingen die Spenden stark zurück und beliefen sich 1942/43 nur noch auf 138 RM.[1394] Gegen Kriegsende stiegen sie aber wieder an und erreichten 1944/45 wieder 3196 RM.

6.4.3.4 Sammlungen

Eine wichtige Rolle in der Finanzierung der Caritasverbände waren die Sammlungen, aus denen die Personal- und Sachkosten finanziert wurden. Mit den Straßen- und den Bittbriefsammlungen erreichte man auch nicht-katholische und kirchenferne Spender, die Kirchenkollekten im Rahmen von Gottesdiensten waren besonders in der NS-Zeit „ein sicheres, weil von staatlichen Stellen nicht angreifbares Mittel der Einnahme" (Fibich).

Da Haus- und Straßensammlungen zwischen 1933 und 1936 zu einem Erfolg wurden und die Caritasfinanzen stärkten, wurden, um eine weitere Stärkung zu verhindern, ab 1937 Genehmigungen zur öffentlichen Haus- und Straßensammlung zwar nicht offiziell verboten, aber nicht mehr genehmigt[1395] und damit spontane Spenden verhindert.[1396] Um die drohenden Einnahmeausfälle zu verhindern, schlug Lamay am 24. Mai 1937 Bischof Hilfrich vor, eine Mitgliederumlage bei den Pfarrcaritasausschüssen sowie den Vinzenz- und Elisabethvereinen einzuführen, die am 5.

Straßensammlung 1934 © ACVF

Juli 1937 auch eingeführt wurde,[1397] über das Ergebnis ist aber nichts bekannt. Tags darauf schrieb Lamay am 6. Juli 1937 an den DCV: „Es macht allen Geistlichen, die bis jetzt in ihrer Freude vorsprachen, der Umstand besonders Freude, dass zu erkennen ist, wie das Volk zur Caritas steht. In der Situation, in der wir hier stehen, macht es uns Mut."[1398] Das Kirchenvolk machte „aus seinem Einsatz für die Caritas ein Votum gegen den Nationalsozialismus" und sicherte das Überleben der Caritas. Im Gegensatz dazu konnte das Episkopat nicht über seinen Schatten springen und sah „die gottgewollte Ordnung [nur] im gehorsamen Befolgen der bischöfli-

---

1393 Schreiben Sekretariat von Weinberg/Herr v. 20.2.1934 (DAF II.11.B).
1394 Solidaris-Prüfbericht 1942/43 (ACVF-1510).
1395 Verbote der Caritassammlungen in München, Erzbischöfliches. Ordinariat München vom 20.5.1935 (DAL 359/A).
1396 ABL Nr. 12 v. 22.6.1937, S. 61 Nr. 12.
1397 Entwurf eines Schreibens von Hilfrich an die Seelsorgevorstände der Diözese Limburg zur Finanzierung der Caritasarbeit (DAL 359/B).
1398 Schreiben Lamay/DCV v. 6.7.1937 (ADCV 125.51.030).

chen Weisungen durch die Gläubigen (...), [die] mit hohem Pathos und Moral in den diversen Hirtenbriefen" erfolgten. (Fibich)[1399]

Caritas-Sammlungen 1932–1945[1400]

	Straßen-sammlung	Haus-samm-lung	Kirchen-sammlung	Weihnachts-bittbrief	Caritaskoll ekte**	Gesamter-gebnis
1932 /33	9.362	-	-	-	(5.500)*	9.362
1933 /34	9.878	-	-	-	(6.300)*	9.878
1934 /35	16.872	16.659	-	-	(2.000)*	33.331
1935 /36	16.052	18.575	-	4.303	(1.846)*	>38.830
1936 /37	36.622		32.613	-	-	69.235
1937 /38	-	-	19.939	(500)	-	19.939
1938 /39	-	-	-	(4.000)	8.191	32.974
1939 /40	-	-	-	-	82.202*	37.855*
1940 /41	-	-	-	-	9.097	9.097
1941 /42	-	-	-	-	23.981	61.387[1401]
1942 /43	-	-	-	-	38.608	38.608
1943 /44	-	-	-	-	119.465*	119.465*
1944 /45	-	-	-	-	27.855	27.855

Quelle: Solidaris-Prüfberichte (ACVF-1510) Angaben in () aus Kostenvoranschlägen, * gesamtstädtisches Ergebnis.

6.4.3.4.1 Caritas-Kirchenkollekten

Nach dem Verbot der Straßensammlungen durfte nur noch in Räumen, „in denen üblicherweise kirchlich religiöse Handlungen vorgenommen werden" gesammelt werden.[1402] Dies bedeutete allein in Frankfurt eine Einbuße

---

1399 Fibich, S. 21.
1400 Sammelaufstellungen in ACVF-1510, DAF II.11.D und 359 sowie PAH 175). Da die Gesamtaufstellung der Pfarrergebnisse bei Fibich, S. 415–416 abgedruckt ist, wurde hier darauf verzichtet.
1401 In der Vorlage zum Ortscaritasausschuss am 9.12.1948 wurden nur 50.137 RM angegeben (ACVF-1320).
1402 Runderlass Preußisches Ministerium des Inneren v. 5.4.1937 (ABL Nr.10 v. 21.5.1937).

von ca. 50.000 DM pro Sammlung. Insgesamt wurde der Ausfall in Frankfurt 1954 mit 400.000 DM beziffert.[1403] Daraufhin sah sich der DiCVL gezwungen, die beiden großen Caritasverbände Frankfurt und Wiesbaden zu unterstützen. So erhielt Frankfurt 1938 rd. 6.595 RM und damit allein 22,7% der caritativen Ausgaben des DiCV.

Als Ausgleich für die Kollekten am weggefallenen Caritas-Volkstag und der Haus- und Straßensammlung wurde auf Vorschlag verschiedener Diözesancaritasverbände vom DCV eine reichsweite Kollekte am Sonntag innerhalb der Oktav des Festes des hl. Blutes (1.Juli) [1404] vorgeschlagen und erstmals am 4. Juli 1937 durchgeführt.[1405] Kreutz schrieb an alle Bischöfe:

„Die Caritasbewegung braucht in der Tat, zumal für ihr Wirken in der Öffentlichkeit, den kräftigen Antrieb aus dem Religiösen, und es muss ihr möglich sein, sich wenigstens einmal im Jahr in besonders eindrucksvollen Formen an breiteste Schichten des gläubigen Volks zu wenden."[1406]

Mit einem umfangreichen Rahmenprogramm unterschied sich der Caritas-Sonntag von den übrigen Caritaskollekten, die im Rahmen des örtlichen Kollektenplans über das Jahr verteilt erhoben wurden. Kreutz erhoffte sich ein reichsweites Gemeinschaftsgefühl und eine intensivere Verbundenheit mit der katholischen Kirche und ihrer Caritas sowie ein dementsprechendes Sammlungsergebnis.[1407] 1938 wurden und die Seelsorger umfangreich über die Durchführung der Caritas-Kirchenkollekte informiert. Welches Zutrauen der DCV in die Pfarrer hatte, zeigt sich im Satz nach der Anrede: „Bitte werfen sie diese Drucksache, die als Brief zu Ihnen kommt, n i c h t   i n   d e n   P a p i e r k o r b !" (im Original gesperrt).[1408] Darin enthalten waren Ablaufpläne, Predigtentwürfe, ein Sammelbildchen und ein Plakat. Am 22. Mai 1938 wurde im ersten Caritasgottesdienst eine Predigt mit dem Hinweis auf den kommenden Caritassonntag gehalten, an dem z.B. im Frankfurter Dom fünf Messen mit Hirtenwort und Caritaskollekten gelesen wurden. 8 – 10 Männer in schwarzem Anzug sammelten in geschmückten Körbchen die

Caritas ruft Dich!

1403   Antrag CVF an RP Wiesbaden v. 29.9.1954 aufgrund des Bundesergänzungsgesetzes auf Entschädigung für Opfer der NS-Verfolgung v. 18.9.1953 (ACVF-1712/1).
1404   Das Fest des hl. Blutes wurde 1849 von Papst Pius IX eingeführt und von Papst Pius X auf den 1.Juli verlegt. Bei der Reform des römischen Kalenders 1969 wurde es gestrichen, da der Festinhalt werde bereits mit Fronleichnam gewürdigt sei.
1405   Das Programm sah u.a. eine Predigt, ein Hirtenwort und eine Andacht vor.
1406   Schreiben Kreutz an alle Bischöfe v. 9.7.1937 (DAL 359).
1407   Schreiben Kreutz an alle Bischöfe v. 9.7.1937 (DAL 359).
1408   Merkblatt für die Caritas-Kirchenkollekte am 29.5.1938, S. 1 (DAF II.11.D).

Spenden ein.[1409] Da sich die Pfarrkinder immer freuen, „wenn ihnen der Ertrag ihrer Gebetätigkeit mitgeteilt wird," sollte dieser am nächsten Sonntag mit einem Dankeswort bekanntgegeben werden.[1410]

6.4.3.4.2 Sonstige Sammlungen

Neben der Haus- und Straßensammlung und den Kollekten setzte der CV auch auf die Spendenbereitschaft während der Caritasopferwoche, am Caritassonntag und der Caritasfeiern, Ergebnisse konnten bisher aber nicht festgestellt werden. Eine andere Möglichkeit waren Bittbriefe, die an Weihnachten 1936 rd. 4.304 RM einbrachten. Pfarrvikar Dr. Josef Kirchberg sammelte später in Bittbriefen rd. 10.000 RM für den Neubau seiner kriegszerstörten Kirche, die aber durch einen Bescheid des Oberlandesgerichts Frankfurt eingezogen wurden.[1411] Nach dem Verbot der Straßensammlungen wurde 1938 auch die Bittbriefsammlung verboten, der entstehende Einnahmeausfall konnte später nicht beziffert werden.[1412]

Die Einschränkung der kirchlichen Sammlungstätigkeit erreichte selbst die kleinste pfarrliche Aktivität. 1938/39 plante Richter, mit kleinen Konzerten Mittel für die Bekleidung armer Erstkommunikanten zu sammeln und bat am 18. Januar 1939 den DCV[1413] um Rechtsauskunft. Dieser warnte tags darauf per Eilboten vor der Durchführung der Veranstaltung, da das Reichsinnenministerium mit seinem Erlass zu § 4 Sammlungsgesetz vom 5. April 1937 den Begriff der geschlossenen Gesellschaft durch nichtöffentliche Veranstaltung ersetzt hatte. Damit galt eine kirchenmusikalische oder ähnliche Veranstaltung im kircheneigenen Raum für Mitglieder der Kirchengemeinde als öffentliche genehmigungspflichtige Veranstaltung. Gleichzeitig konnte mit der Genehmigung das Verbot verbunden werden, Eintrittsgelder zu erheben oder eine freiwillige Sammlung durchzuführen. Der DCV wies darauf hin, dass die Befugnisse der Polizei im Bereich des Vereins- und Versammlungsrechtes weiter gingen. Gegen Verfügungen der Gestapo als Polizeibehörde gebe es überhaupt keine Rechtsmittel. Hier könne nur im Wege der Dienstaufsichtsbeschwerde gegen deren Verfügungen vorgegangen werden, wobei kaum Aussicht auf Erfolg bestünde. Wenn die Gestapo eine Veranstaltung zulasse, könne sie auch die Rahmenbedingungen festlegen.[1414]

Nach Kriegsausbruch hob das Reichsinnenministerium am 7. September 1939 im Runderlass Nr. 183 alle Genehmigungen aufgrund des Sammlungsgesetzes vom 5. November 1934[1415] auf und verbot damit alle Sammlungen mit Ausnahme des WHW. Ausgenommen blieben Kollekten bei Gottesdiensten oder kirchliche Veranstaltungen, bei denen die Hälfte in der Pfarrgemeinde verblieb. Diese wurden weiter durchgeführt und erziel-

1409 Handschriftlicher Vermerk im Merkblatt für die Caritas-Kirchenkollekte am 29.5.1938 (DAF II.11.D).
1410 Merkblatt für die Caritas-Kirchenkollekte am 29.5.1938, S. 3 (DAF II.11.D).
1411 Spiegel 38/1966.
1412 Siehe Anm. 1403.
1413 Schreiben CVF/ Richter an DCV/Kreutz v. 18.1.1939 (z. Zt. nicht auffindbar, ggf. Akten Kreutz).
1414 Schreiben DCV/Meister an CVF/ Richter v. 19.1.1939 (ADCV-127F/1030).
1415 RGBl 1934 I, S. 1068.

ten sehr gute Ergebnisse.[1416] So musste der Chef der Sicherheitspolizei und des SD/Amt III nach Abschluss der WHW-Sammlungen 1940/41 feststellen, dass reichsweit das Kirchenvolk bei „Kirchensammlungen" und „sogenannten Kollekten" sehr aktiv sei und die Ergebnisse „in einem ständigen Steigen" begriffen seien. Man war sich wohl bewusst, dass die Kirchgänger „sich beim Kampf um die Kirche auf Seite der Kirche stellen".[1417]

6.4.3.5 Grundstücke

Mit der Eintragung ins Vereinsregister und der Anerkennung als gemeinnützig erwarb der CV Grundstücke und Immobilien, übernahm im Besitz der Pfarrgemeinden befindliche Häuser und stellte sie diesen wieder zur Verfügung. Statt einer Miete trugen diese die Zinskosten, hatte aber wieder freies Kapital für andere pfarrliche Aufgaben, wie z.B. die Pfarrei St. Bernhard für ihren Kindergarten. CV und Gesamtverband handelten wie z.B. beim Grundstück Rebstöcker Straße wie normale Kaufleute mit dem Ziel der Steuervermeidung und nutzten Vorkaufsrechte, Grundstückstausch und Verkäufe ohne Geldfluss.[1418] Das Engagement des CV war immer darauf gerichtet, eigene Maßnahmen auf den Pfarrgrundstücken durchführen zu könne, z.B. in Goldstein. Es ist zu vermuten, dass er auf private Finanzhilfen für den CV, z.B. der Gebrüder Schwahn, zurückgreifen konnte. Interessant ist auch, dass auch externe Personen in die Finanzierungen eingebunden wurden. So wurde im März 1937 eine bisher auf Kneip laufende 3.000 RM-Hypothek auf dem Haus Sternstraße 17 auf den CV umgeschrieben.[1419]

Bei der Immobilienanlage ging man kein Risiko ein und verzichtete auf Ankäufe mit unsicherer Rendite. So wurde im Januar 1932 der Kauf des Hauses Mainkai 8 nicht weiterverfolgt und stattdessen nach einer anderen Grund- oder Haus-Immobilie als sicherer Geldanlage gesucht.[1420] Im November 1933 wurde die Übernahme des Hauses Habsburger Allee 66 abgelehnt, weil es mit einer 28.000 RM-Hypothek belastet war und die Vermietung von Fünfzimmerwohnungen schwierig sein werde, außerdem müssten für die Unterbringung einer Mieterin monatlich 50 RM Zuschuss gezahlt werden.[1421]

Diözesancaritasdirektor Lamay akzeptierte zwar die Linie des Caritasvorstands „Ohne Grund und Boden hängt man in der Luft!" und „vorhandene Geldmittel in Immobilien anzulegen", fragte sich aber auch, ob dies nötig sei „in einer Zeit, da man den Orden vorwirft, sie seien zu wirtschaftlich eingestellt [und] das kurz nach einer Sammlung, bei der für die Armen gebeten wurde."

1416 DiCVL-Rundschreiben an die Pfarrer v. 30.10.1939 (DAL-359-B).
1417 Berlin SW 11, den 8. Mai 1941, Meldungen aus dem Reich; http://www.forost.ungarisches-institut.de/pdf/19410508-1.pdf (Stand:18.5.2018).
1418 Fibich, S. 243.
1419 Protokoll CVF-Vorstand v. 4.3.1937 (ACVF-1310).
1420 Protokoll CVF-Vorstand v. 19.1.1932 (ACVF-1310).
1421 Protokoll CVF-Vorstand v. 21.(28.)11.1933 (ACVF-1310).

6.4.3.5.1 Haus Niedenau 27

Nachdem die Sparkasse 1822 im Juli 1932 das zur Zwangsversteigerung anstehende Haus Mainzer Landstraße 66 angeboten hatte,[1422] verhandelte der CV mit der Eigentümergemeinschaft. Geplant waren eine selbst getragene Kindertagesstätte sowie eine Nutzung für Kindergruppenarbeit und Jugendvereine sowie Einrichtungen für arbeitslose Jugendliche des CV und der Pfarrei St. Antonius. Außerdem sollte dort ab 15. Oktober 1932 eine Erwerbslosenküche in Betrieb genommen werden.[1423] Am 24. Oktober 1932 stimmte der Caritasvorstand dem Ankauf mit einer Gegenstimme (C. Lill) zu. Pfarrer Sand erklärte sich für den Kirchenvorstand bereit, die Kaufsumme mit dem halbjährlichen Sparbuchzins der Nassauischen Landesbank zu verzinsen und sich an den Realsteuern zu beteiligen, falls diese nicht wegfallen würden. Beide Seiten waren sich einig, dass von der Pfarrei gezahlten Zinsen und Steuern als Gebühr für die Nutzung bestimmter Räume gelten sollten.[1424]

Die Erbengemeinschaft Bolongaro-Crevenna als Besitzer des als Alternative gedachten Hauses Niedenau 27 senkte daraufhin ihren Verkaufspreis auf 35.000 RM ab. Nachdem das Katasteramt eine Streichung der Grundvermögens- und der Hauszinssteuer für den Fall einer ausschließlich caritativen Nutzung in Aussicht gestellt hatte, beschloss der Caritasvorstand auf den Kauf des Hauses Mainzer Landstraße 66 zu verzichten, das Anwesen Niedenau 27 zu erwerben und es an die Pfarrei St. Antonius zu vermieten. Bei Eigennutzung sollte die Miete vom CV gezahlt werden. Steuern und öffentliche Abgaben sollten vom Kirchenvorstand St. Antonius übernommen werden.[1425]

Die anschließenden Mietvertragsverhandlungen verliefen recht kontrovers, da sowohl der CV wie die Pfarrei bestrebt waren, den Vertrag zu ihren Gunsten zu gestalten. Pfarrer Sand wollte eine Festlegung, dass die Pfarrei das Haus später zum gleichen Kaufpreis erwerben könne, und lehnte ein Vorkaufsrecht als zu wenig ab. Der Caritasvorstand seinerseits kritisierte, dass alle Risiken dem CV zugewiesen, eine möglich Wertsteigerung aber nur der Pfarrei zugutekommen solle. Schließlich einigte man sich darauf, dass Steuern und ggfs. Gewinne brüderlich geteilt werden sollten und der Kirchenvorstand St. Antonius übertrug seinen Beschluss bezüglich der Mainzer Landstraße 66 auf die Niedenau 27. Da Ungeheuer daraufhin wies, dass der Kaufvertrag für die Mainzer Landstraße 66 immer noch in der Schwebe war und bei einer Auflassung zumindest die Anzahlung fällig werde, stellte man die Beschlussfassung zurück und forderte die baldige Unterzeichnung des Mietvertrages. Im Übrigen sei das Haus bis zum 1. Oktober 1933 noch bei der Allianz versichert.[1426] Obgleich noch kein Mietvertrag abgeschlossen worden war, wurde eine Anzahlung von

---

1422 Ursprünglich hatte auch das der Stadt gehörende Haus Mainkai 4 zur Diskussion gestanden (Protokolle CVF-Vorstand v. 13.9.1932 bzw. 21,3,1933 – ACVF-1310).
1423 Protokoll CVF-Vorstand 13.9.1932 (ACVF-1310).
1424 Protokoll CVF-Vorstand 14.10.1932 (ACVF-1310).
1425 Protokoll CVF-Vorstand 24.11.1932 (ACVF-1310).
1426 Protokoll CVF-Vorstand v. 24.1.1933 (ACVF-1310).

10.000 RM geleistet und der Kindergarten eröffnet.[1427] Der CV schloss den Kaufvertrag allein ab, wurde im Grundbuch eingetragen und teilweise steuerbefreit. Pfarrer Sand ging aber weiter davon aus, dass der CV das Haus nur pro forma erworben habe.

Der CV führte Haus Niedenau 27[1428] offiziell als Nebenbetrieb und nutzte in der oberen Etage mehrere kleine Büroräumen selbst und stellte den Saal dem Vinzenz- und Elisabethvereinen, den Pfarrcaritasausschüssen und anderen kirchlichen Vereinen zur Verfügung. Das Erdgeschoss mit vier Räumen und einer Küche wurde der Pfarrei St. Antonius überlassen, die Anfang März 1933 ihren Kindergartens eröffnete, der am 11. August 1941 von der NSV beschlagnahmt und ohne Mietzahlung als NSV-Kindergarten bis Kriegsende fortgeführt wurde.

Ungeheuer wurde im November 1941 beauftragt, dem Pfarramt einen Mietvertrag vorzulegen, „um etwaigen Unklarheiten wegen eines eventuellen späteren Verkaufs durch die Pfarrei vorzubeugen.[1429] Nachdem ein Wertgutachten bei einer örtlichen Maklerfirma eingeholt wurde, wurde am 7. Dezember 1936 beschlossen, der „Firma" (welcher ist unklar) einen unverbindlichen Zwischenbescheid zu geben."[1430] Danach war vier Jahre lang Funkstille bis zum November 1940 gewesen, als im Caritasvorstand gutgeheißen wurde, dass der Kirchenvorstand zur nächsten Vorstandssitzung einen Mietvertrag vorlegt, in dessen Mietpreis auch die notwendigen Reparaturen berücksichtigt werden. Da der Kirchenvorstand nun darauf bestand, dass der CV als Hauseigentümer auch die Reparaturen übernimmt, müsse die Miete entsprechend angepasst werden. An Stelle des inzwischen verstorbenen Rechtsanwalts Ungeheuer übernahm Dickerhoff von der Solidaris die Verhandlungen.[1431] Am 24. August 1941 stimmte der Kirchenvorstand St. Antonius dann dem Mietvertrag zu, sodass im August 1941 nach fast acht Jahren endlich einen gültigen Mietvertrag zustande kam.[1432]

Nach der Beschlagahme des Kindergartens verlangte der Kirchenvorstand am 24. August eine Senkung des Mietpreises überwies für Januar-Juni 1942 mit 900 RM nur die Hälfte des Mietpreises.[1433] Der CV verlangte zunächst eine Jahresmiete von 3600 RM, gestand dann aber 2400 RM zu, was der üblichen Zinsbelastung ohne Tilgung entsprach. Nachdem der CV die Kosten für die Beseitigung der Fliegerschäden allein getragen hatte, empfahl die Solidaris im Mai/April 1946 feststellen zu lassen, „in welchem Umfang eine Übernahme der Kosten zur Beseitigung der Fliegerschäden durch die Kirchengemeinde nach den örtlichen Verhältnissen angemessen ist."[1434] Aus den folgenden Jahren sind keine Unterlagen vorhanden, doch

---

1427 Protokoll CVF-Vorstand v. 21.3.1933 (ACVF-1310).
1428 1951 wurde im Haus Niedenau 27 das Mädchenwohnheim „Haus Barbara" (siehe S. 451) eingerichtet, der Kindergarten St. Antonius später verlegt und zwischen 1963 und 1981 ein Übernachtungsheim für die Bahnhofsmission eingerichtet.
1429 Protokoll CVF-Vorstand v. 21.(28).11.1932 (ACVF-1310).
1430 Protokoll CVF-Vorstand v. 7.12.1936 (ACVF-1310).
1431 Protokoll CVF-Vorstand v. 24.3.1941 (ACVF-1310).
1432 Protokoll CVF-Vorstand v. 28.8.1941 (ACVF-1310).
1433 Protokoll CVF-Vorstand v. 20.3.1942 (ACVF-1310).
1434 Solidaris-Prüfbericht 1945/46 (ACVF-1510).

brach der Streit 1950 erneut aus, als der CV eine Mietanpassung verlangte und die Sache vor dem Amtsgericht Frankfurt landete.

6.4.3.5.2 Rebstöcker Straße/Mainzer Landstraße

Am 21. März 1933 diskutierte der Caritasvorstand über den von der Pfarrei St. Gallus beantragten Kauf eines Bauplatzes an der Ecke Rebstöcker Straße/Frankenallee/Altenhainer Block, der der Firma Holzmann AG gehörte. Der Kaufpreis von 50–60.000 RM wurde von der Pfarrei St. Gallus mit 4% verzinst. Eine weitere größere Transaktion betraf ein Grundstück zur gemeinsamen Nutzung als Jugendheim, Kindergarten und Spielplatz zwischen Mainzer Landstraße und Altenhainer Block durch den CV und als Bauplatz für einen Kirchenneubau.[1435]

Der Kauf wurde am 20. April 1933 beschlossen und dem Gesamtverband ein Vorkaufsrecht eingeräumt. Man übernahm die Bürgschaft für ein von der Pfarrei zusätzliches benötigtes 40.000 RM-Darlehen bei der Frankfurter Sparkasse 1822., das bei einer monatlichen Kündigungsfrist erst binnen zwei Jahren zurückgezahlt werden sollte.[1436] Diese sollte aber auf ihr monatliches Kündigungsrecht verzichten und der Gesamtverband gegenüber dem CV eine Rückbürgschaft übernehmen. Am 12. Juni 1933 stimmte der Caritasvorstand und wenig später auch das BO trotz einiger Bedenken der auf 30.000 RM reduzierten Bürgschaft zu. [1437] Nach einem Gespräch zwischen Richter, Perabo und dem BO[1438] wurde der Kauf abgeschlossen und durch den Verkauf von Wertpapieren im Oktober 1934 finanziert. Außerdem wurde dem CV das Vorkaufsrecht auf ein Nachbargrundstück, das ebenfalls der Firma Holzmann gehörte, eingetragen.[1439] Am 21. März 1938 verzichtete der Caritasvorstand auf sein Vorkaufsrecht an dem Gelände Rebstöcker Straße.[1440]

1940/41 diskutierte man erneut über die Grundstücksfrage und entschied sich nach einer Rückfrage bei der Solidaris dafür, das Darlehen des Gesamtverbandes in Höhe von 27307 RM durch Wertpapiere mit gleicher Verzinsung abzulösen, falls der Gesamtverband die Kosten der Wertpapierbeschaffung übernehmen würde.[1441] Gleichzeitig erfolgte ein Grundstückstausch: „Zwischen dem GV und dem CV soll ein Grundstückstausch stattfinden. Der Vorstand stimmt zu, dass der CV als Eigentümer des Grundstücks Rebstöcker Straße eingetragen wird, unter folgender Maßgabe: der GV tauscht 1.700 qm von seinem Grundstück an der Mainzer Landstraße/Kostheimer Straße gegen 1.700 qm an der Rebstöcker Straße unter Anrechnung der jeweiligen Grundstückswerte und zahlt den restlichen Betrag in bar an den CV. Sollten die Behörden diesen Tausch nicht genehmigen, sollen jeweils 1.700 qm an der Rebstöcker Straße, auf dem die Gebäude stehen und auf dem Grundstück Mainzer Landstraße amtlich

---

1435 Protokoll CVF-Vorstand v. 21.3.1933 (ACVF-1310).
1436 Protokoll CVF-Vorstand v. 12.6.1933 (ACVF-1310).
1437 Protokoll CVF-Vorstand v. 12.6.1933 (ACVF-1310).
1438 Protokoll CVF-Vorstand v. 27.7.1933 (ACVF-1310).
1439 Protokoll CVF-Vorstand v. 5.10.1934 (ACVF-1310).
1440 Protokoll CVF-Vorstand v. 21.3.1938 (ACVF-1310).
1441 Protokoll CVF-Vorstand v. 18.11.1940 und 24.3.1941 (ACVF-1310).

eingemessen und dann getauscht werden. Die 1.300 qm an der Rebstöcker Straße sollen dem CV als Grundeigentümer verbleiben, eventuell könnte alternativ ein Eintrag zum Nießbrauch erfolgen. Weitere Details, insbesondere die Ablösung der Hypothek sind mit dem Gesamtverband zu verhandeln." [1442]

Kurz darauf setzten einige Vorstandsmitglieder durch, das Grundstück Rebstöcker Straße nicht zu tauschen, sondern zu verkaufen. Da aber der Kauf eines Ersatzgrundstückes wirtschaftlich ungünstig sei, solle kein Geld fließen. Der Gesamtverband musste sich verpflichten, nach der Wiederherstellung wirtschaftlich normaler Umstände, dem CV den Kauf eines geeigneten Ersatzgrundstückes zu ermöglichen. Um zu erwartende steuerliche Nachteile für den CV auszugleichen, sollten diese vom Gesamtverband übernommen werden. [1443] 1949 wurde das Grundstück an den Gesamtverband verkauft und mit dem Erlös das Jugendheim Goldstein errichtet.

6.4.3.5.3 Haus am Wald Schlossborn

Seit 1925 nutzte die Pfarrei St. Bernhard das „Haus am Wald", ein ehemaliges Forsthaus, in Schlossborn als Mütterholungsheim. 1932 stellte der CV der Pfarrei ein Darlehen von 10.000 RM zur Erweiterung bereit, um dort selbst Kinderfreizeiten durchzuführen. [1444] Da St. Bernhard aber nicht in der Lage war, die Belastung zu tragen, wurde 1933 der Zinssatz reduziert [1445] und 1935 dem CV Schlossborn zum Kauf angeboten, um mit dem Resterlös den neuen Kindergarten zu finanzieren. Am 8. März 1935 befasste sich der Vorstand mit dem Angebot und beauftragte Eckert, Kunz, Ungeheuer und Richter mit der Klärung von Detailfragen und terminierte wegen der Einhaltung wichtiger Fristen die nächste Vorstandssitzung bereits eine Woche später, die aber ergebnislos verlief, da der Kirchenvorstand die Verlegung des Kindergartens auf längere Zeit vertagte. [1446] Am 17. Mai 1935 beschloss der Vorstand der Kauf von Schlossborn für 25.000 RM, die durch die Löschung der 10.000 RM-Hypothek und eine Zahlung von 15.000 RM an Pfarrer Eckert, als den im Grundbuch eingetragenen Besitzer.. [1447]

Nachdem das BO zugestimmt hatte, wurde Schlossborn am 1. August 1935 übernommen, als Mütter- und Kindererholungsheim für alle Frankfurter Pfarreien genutzt, stand aber auch anderen caritativen Einrichtungen zur Verfügung. Es war nun auch während des Winters geöffnet. [1448] Dies führte offensichtlich zu einer Auslastung des Hauses, [1449] denn der Vorstand befasste sich nicht mehr dazu. Allerdings gab es im Bereich Müttererholung ständige Querelen mit Lamay, der der Auffassung war,

1442 Protokoll CVF-Vorstand v. 18.11.1940 (ACVF-1310).
1443 Protokoll CVF-Vorstand v. 13.11.1941 (ACVF-1310).
1444 Protokoll CVF-Vorstand v. 15.5.1931 (ACVF-1310).
1445 Protokoll CVF-Vorstand v. 24.1.1933 (ACVF-1310).
1446 Protokolle CVF-Vorstand v. 8. und 15.3.1935 (ACVF-1310).
1447 Protokoll CVF-Vorstand v. 17.5.1935 (ACVF-1310).
1448 Protokoll CVF-Vorstand v. 19.8.1935 (ACVF-1310).
1449 Protokoll CVF-Vorstand v. 13.3.1936 (ACVF-1310).

Schlossborn nehme den übrigen diözesanen Heimen die Mütter weg. Zur Abrundung des Geländes erwarb Richter im Dezember 1937 einen an Schlossborn angrenzenden Acker auf eigenen Namen, da ein Kauf durch den CV infolge des Todes von Butterweck und eines Urlaubs von Stadtpfarrer Herr rechtlich nicht möglich war.[1450] 1938 wurde das Grundstück auf den CV umgeschrieben. Ein kleinerer Grundstücktausch zur Arrondierung erfolgte im Juli 1938.[1451]

6.4.3.5.4 Taunusheim Oberreifenberg

1932 wurde unter Leitung von Anton Sabel im Rahmen des Freiwilligen Arbeitsdienstes das Taunusheim in Oberreifenberg bei Königstein/Taunus erworben, das von katholischen Vereinen für Wochenendkurse, Kinderferienerholung und als Übernachtungsmöglichkeit für wandernde Jugendgruppen genutzt wurde.[1535] Nach Übergriffen von NSDAP, DAF und HJ und Übergabeforderungen des Jugendherbergswerks besetzte die SS am 26. Oktober 1934 das Heim, musste aber schließlich wieder abziehen, nachdem der Landrat und Kreisleiter eingegriffen hatten. [1452] Daraufhin beschloss der Caritasvorstand am 15. März 1935 den Kauf des Heims, um es vor dem Zugriff von NSDAP und DAF zu retten. Bedingung war die bischöfliche Genehmigung und eine schriftliche Kopie des Verkäufer, dass jede für den CV unangenehme Weiterung ausgeschlossen werde.[1453] Dies war aber vergeblich, denn am 31. März 1935 wurde das Taunusheim enteignet.[1454]

6.4.3.5.5 Goldstein-Siedlung

In der 1930 geplanten Goldstein-Siedlung wurden nach 1931 für kinderreiche Familien aus dem Umland zunächst vom Freiwilligen Arbeitsdienst, dann vom Reichsarbeitsdienst und in Selbsthilfe bis 1936 320 Kleinsiedlerstellen errichtet. Mit 750 qm waren die Grundstücke, auf denen jeweils eine Doppelhaushälfte stand, recht groß, da sie auch für Gärten und die Haltung von Kleinvieh gedacht waren. Die einfach gebauten Häuser hatten ein Plumpsklo im Garten und weder Gas- noch Wasser- oder Kanalanschluss. Die Siedler gruben selbst die teilweise noch heute sichtbaren Abflussgräben. [1455]

Jeder Siedler erhielt ein Reichsdarlehen und musste bei einem niedrigen Kaufpreis zunächst 2.700, später 4.500 Arbeitsstunden ableisten. Siedler, die einen Arbeitsplatz gefunden hatten, mussten einen Ersatzmann bezahlen, was die meisten aber überforderte. Ab 1933 wählte des NSDAP-Kreispersonalamt die Siedler aus den Autobahnbauarbeitern nach

---

1450 Protokoll CVF-Vorstand v. 17.12.1937 (ACVF-1310).
1451 Protokoll CVF-Vorstand v. 7.7.1938 (ACVF-1310).
1452 Vermerk Anton Sabel v. 16.9.1945 als Anlage zu Fragebogen Kath. Pfarramt St. Antonius v. 17.9.1945 (DAL 561/7B).
1453 Protokoll CVF-Vorstand v. 15.3.1935 (ACVF-1310).
1454 Protokoll CVF-Vorstand v. 15.3.1935 (ACVF-1310); in den Akten ist nur ein adressierter, aber nicht abgesandter Briefumschlag an die Treuhandabteilung der Deutschen Arbeitsfront in Frankfurt enthalten (DAF II.10.E).
1455 1950 wurde eine Kläranlage für die Abwässer der amerikanischen Flughafensiedlung errichtet, die später auch die Abwassergräben ersetzte.

politischen Gesichtspunkten aus und brachte sie über die DAF in Arbeit. 1936 gab es keine arbeitslosen Siedler mehr[1456] und Goldstein wurde zur NSDAP-Hochburg.[1457]

Nachdem die Goldsteinsiedlung 1934/35 voll bezogen war, bemühten sich das Dekanat Höchst und die Pfarrgemeinde St. Mauritius Schwanheim um den Ausbau der kirchlichen und caritativen Strukturen in Goldstein, u.a. um die Einrichtung eines Kindergartens mit Spielplatz am Wiesenhof. Er war als Zweigstelle des Schwanheimer Kindergartens gedacht, erhielt aber trotz Fertigstellung keine Betriebserlaubnis, weil er als unzulässige Neueröffnung angesehen wurde.[1458] Am 29. Oktober 1935 unterbreitete der Caritasvorstand dem BO zwei Vorschläge. Im ersten wollte der CV den Kindergarten bauen, auf Mieteinnahmen verzichten und dafür das Recht auf jährliche Kindererholungsmaßnahmen für

Luftbildaufnahme 1934 der Goldsteinsiedlung © Historisches Museum S7_25243

Frankfurter Kinder auf dem Gelände am neuen Kindergarten erhalten. Die Pfarrei Schwanheim sollte die Gemeindeschwestern bezahlen und den Bauplatz kaufen, auf dem der Bonifatius-Verein einen Gemeindesaal als Notkirche errichten sollte. Im zweiten angenommenen Vorschlag, erwarb der CV das für den Kindergarten und Kindererholung benötigte Gelände, errichtete den Kindergarten und trug auch die Erschließungskosten. Die Verzinsung übernahm der Bonifatiusverein, während die Pfarrgemeinde für den Geistlichen und die Schwestern sorgen sollte. Der CV-Vorstand lehnte aber eine vom BO vorgeschlagene Erbpachtregelung ab.[1459]

Am 13. März 1936 stellte der CV der Pfarrgemeinde ein 40.000 RM-Darlehen für caritative Aufgaben in Goldstein bereit, um eine Kirche und einen Kindergarten zu bauen. Der CV erhielt das Recht, auf dem angrenzenden Gelände seine Kindererholung durchzuführen und den Kindergarten mit zu nutzen.[1460] Die Pfarrgemeinde sollte 3% Zinsen zahlen und ab 1941 tilgen. Für den Fall eines Zahlungsverzugs sollte das BO einspringen.[1461] Am 11. Juni 1936 wandte sich Richter an das Polizeipräsidium, das die Darlehensaufnahme genehmigen musste. Dieses wollte aber zunächst geklärt haben, „inwieweit Ihnen [Caritasverband] ein Teil dieser Beträge mit der

1456 http://www.ffmhist.de/ffm33-45/portal01/portal01.php?ziel=t_isg.Gold-steinsiedlung_01, [05.01.2012]; vgl. auch: http://www.ffmhist.de/ffm33-45/portal01/portal01. php?ziel=t_isg_zwalager01 (Stand: 5.6.2018).
1457 Nach dem Krieg sorgte die Stadtverwaltung durch die Ansiedlung von Arbeitern und Angestellten des Flughafens, Messer/Griesheim und der Farbwerke Hoechst AG im Rahmen der Wohnraumbewirtschaftung für eine politische Durchmischung, die nun zu hohen sozialdemokratischen Stimmenanteilen führte.
1458 Vermerk Bürgermeister Keller/Reg. Präs. Wiesbaden v. 9.6.1941 sowie Schreiben CV Frankfurt/Reg. Präs. Wiesbaden v. 5.9.1941 (ISG 7.808).
1459 Protokoll CVF-Vorstand v. 29.10.1935 (ACVF-1310).
1460 Protokoll CVF-Vorstand 13.3.1936 (ACVF-1310).
1461 Protokoll CVF-Vorstand v. 13.3.1936 (ACVF-1310).

Auflage gegeben wurde, die für die religiöse und caritative Versorgung der Siedlung Goldstein zu verwenden[1462] und wie das Darlehen hypothekarisch abgesichert werde. Mitbeteiligt waren auch das Reichskirchenministerium und die DCV-Zentralstelle in Berlin. Seitens des Polizeipräsidiums räumte man den wohlfahrtpflegerischen Anteil Vorrang ein und schlug vor, die Notkirche vom CV an die Pfarrgemeinde zu vermieten. [1463]

Nach dem Tod einer Mäzenin im Dezember 1936 befürchtete man, eine Steigerung der Baupreise könne den Kostenrahmen von 40.000 RM sprengen.[1464] Zu diesem Zeitpunkt stand die Genehmigung des Polizeipräsidiums noch aus, der diese aber erteilen wollte, wenn ein Teil der Kirchenkollekten für die Verzinsung und Amortisation verwendet würde. Stadtpfarrer Herr erreichte nach mehreren Gesprächen die bischöfliche Zustimmung. [1465] Am 9. April 1937 wurde der Finanzierungsplan zwar genehmigt,[1466] doch im Juli 1938 wurden weitere Zahlungen an den Kirchenvorstand Schwanheim bis zu einer Entscheidung des BO ausgesetzt, nachdem es Probleme mit dem Kindergarten gegeben hatte. Allerdings hatte der Regierungspräsident zu diesem Zeitpunkt bereits die Baugenehmigung erteilt, sodass der CV-Vorstand keine Bedenken bezüglich der Fortführung hatte.[1467] Am 15. August 1938 genehmigte das BO die Finanzierung und der Restbetrag des Darlehens wurde, falls erforderlich auch mit Mitteln des CV Frankfurt, zugesichert.[1468]

Nachdem 1944 der CV der Pfarrei mitgeteilt hatte, dass vorläufig nur die Zinsen und Amortisation gezahlt werden müssten, war der Kirchenvorstand über die Bemerkung verärgert, dass wohl „bei einem Weiterbestehen der Schuld das Recht des CV auf die örtliche Kindererholung in der Goldsteinsiedlung besser in Erinnerung gehalten würde. Das BO betonte, dass Kirchengemeinden, „sobald sie dazu in der Lage sind, von den vorhandenen Lasten freizukommen suchen, weil die Zukunft an jede Kirchengemeinde neue Anforderungen stellen wird.[1469]

6.4.3.5.6 Heimprojekt Heiligkreuz

Nachdem der CV in der 1927–29 errichteten Siedlung am Bornheimer Hang seit 1932 einen Kindergarten (Ortenberger Straße 7) betrieb, interessierte man sich 1938 auch für die Errichtung eines Jugendheimes bei der Heiligkreuzkirche. Auf der Vorstandssitzung am 7. Juli 1938 legte Architekt Weber eine Skizze vor und äußerte sich zur Baugenehmigung.[1470] Am 6. Dezember 1938 wurde aber beschlossen, diese erst in einigen Monaten der Baupolizei einzureichen.[1471] Erst nach dem Ende des

---

1462 Schreiben Polizeipräsident Frankfurt/CV v. 20.6.1936 (DAF II.11.D).
1463 Schreiben Polizeipräsident/CV v. 20.6.1936 bzw. Richter/Pfarrer Hartlieb Schwanheim v. 17.8.1936 (DAF II.11.D).
1464 Protokoll CVF-Vorstand v. 7.12.1936 (ACVF-1310).
1465 Gesprächsvermerke Herr/Bischof Hilfrich v. 23.2.1937, (DAF II.11.A).
1466 Protokoll CVF-Vorstand v. 9.4.1937 (ACVF-1310).
1467 Protokoll CVF-Vorstand v. 7.7.1938 (ACVF-1310).
1468 Protokoll CVF-Vorstand v. 6.12.1938 (ACVF-1310).
1469 Schreiben BO/CVF Frankfurt v. 27.10.1944 (ACVF-BO I).
1470 Protokoll CVF-Vorstand v. 7.7.1938 (ACVF-1310).
1471 Protokoll CVF-Vorstand v. 6.12.1938 (ACVF-1310).

Krieges befasste sich der Vorstand mit dem Projekt, nachdem auch das BO das Gelände für ein Jugendheim mit bis zu 60 Plätzen nutzen wollte. Der Kirchenvorstand von Heiligkreuz lehnte nun den Verkauf des Geländes ab.[1472] Stattdessen favorisierte der CV einen vom städtischen Liegenschaftsamt angebotenen Bauplatz an der Eschersheimer Landstraße. Das Projekt konnte aber nicht realisiert werden konnte und führte stattdessen zum Bau des Mädchenheims St. Leonhard.[1473]

6.4.3.5.7 Nicht zustande gekommene Trägerschaften

Da der CV als finanzstarker Träger galt, wurde er mehrfach um die Übernahme von Einrichtungen angegangen. Im Dezember 1936 beriet der Caritasvorstand über eine Übernahme der Trägerschaft für das Frankfurter Wohnheim des in finanziellen Schwierigkeiten befindlichen „Bundes katholischer berufstätiger Frauen", Das Wohnheim war seit 1931 Mitglied des CV. Nachdem bei der folgenden Sitzung kein Beschluss gefasst worden war,[1474] wurde auf Bistumsebene erneut darüber beraten. Der vom Bischof beauftragte Notar glaubte zwar, der CV würde bei anderen Konditionen doch eine Trägerschaft übernehmen, doch nach dem bischöflichen Schreiben (N.O.E. 9887/36 et 90/37) war die Trägerschaft gescheitert. [1475] Im Dezember 1937 wurde der CV erfolglos, gebeten, ein Mutterhaus für die Übernahme des Privatkrankenhauses „Baden" in der Vogelweidstraße zu finden.[1476]

6.4.4 Mitglieder

Aufgrund des Beschlusses der Bischofskonferenz 1916 konnten nur Pfarreien und caritative Vereine Mitglied eines Caritasverbandes werden. Nach der Selbstauflösung der Zentrumspartei im Juli 1933 ging man von diesem Prinzip ab und ermöglichte den Beitritt zu kirchlichen Vereinen. Viele Katholiken hofften, dort eine durch das Reichskonkordat gesicherte Nische zu finden und der organisierten Erfassung durch die NS-Organisationen zu entgehen. Erzbischof Gröber 1936 schrieb im Hirtenwort zur Caritassammlung im Erzbistum Freiburg: „Heutzutage bedeutet die Unterstüt-

Caritas-Anhänger © Reimer

zung der Caritas ein offenes Bekenntnis unseres christlichen Glaubens,"[1477] doch fragt Fibich wohl zu Recht, „ob mit der Entscheidung ‚pro Caritas/Kirche immer auch ein inhaltliches Bekenntnis verbunden werden

1472 Protokoll CVF-Vorstand v. 25.1.1946 (ACVF-1310).
1473 Vgl. Abschnitt 7.4.2.5 – Mädchenwohnheimprojekt Eschersheimer Straße, S. 450f.
1474 Protokolle CVF-Vorstand v. 7.12.1936 und 2.2.1937 (ACVF-1310).
1475 Gesprächsvermerke Herr/Bischof Hilfrich v. 23.2.1937, (DAF II.11.A).
1476 Protokoll CVF-Vorstand v. 17.12.1937 (ACVF-1310).
1477 Hirtenwort Gröbers zur Caritassammlung im Erzbistum Freiburg v. 20.6.1936, abgedruckt in: Wollasch, Beiträge, S. 109–112, hier zit. S. 111.

kann."[1478] Immerhin dürfte die Ausgabe von Türplaketten wie bei der NSV und Anhänger, die einen als Spender auswiesen. eine Rolle gespielt haben, da man dann vor NSV-Sammlungen verschont blieb.[1479]

Nutznießer war vor allem der CV, der aufgrund der Bestätigung vom 25. Juli 1933 eine Alternative zur NSV darstellte. Da das Registergericht „ein sorgfältig geführtes Mitgliederverzeichnis" verlangte, verteilte Richter im Sommer 1933 in einer Werbeaktion im Sommer 300 Beitrittserklärungen und 100 durchnummerierten Mitgliedskarten an alle Pfarreien. Die ausgefüllten Beitrittserklärungen sollten an die Gottesdienstbesucher ausgegeben und von diesen ausgefüllt beim Pfarramt abgegeben werden. Nach der ersten Beitragszahlung wurden die Mitgliedskarten ausgestellt und jährlich erneuert. Die Beiträge wurden von entsprechend geschulten ehrenamtlichen Helfern monatlich kassiert, während dies die Fachverbände in Eigenregie durchführten.[1480] Für die Beiträge wurden Marken eingeklebt. Von den Mitgliedsbeiträgen wurde z. B. 1940/41 ein Anteil von 79.152 RM an die Pfarreien überwiesen.[1481]

Hippodrom Sachsenhausen

Im Oktober 1933 hatte der CV selbst 790 Mitglieder, dazu kamen 6006 Mitglieder der Elisabethen- und Vinzenzvereine, Familienhilfe und Pfarrcaritasausschüsse. Nach dieser Aktion wurden binnen kurzer Zeit über 4.000 neue Mitglieder aufgenommen, [1482] sodass der CV Ende 1933 selbst über 4.750 Mitglieder verfügte. Vinzenz- und Elisabethenvereine blieben selbständig, wurden aber als Fachorganisationen dem CV angeschlossen und erhielten CV-Mitgliedsausweise.

Trotz der NS-Aktivitäten zeigte der HCV Flagge und richtete zum Abschluss der Caritas-Opferwoche am 13. Mai 1934 im Hippodrom die Caritasfeier zum Abschluss der Caritaswoche mit über 6.000 Katholiken. Richter nahm Bezug auf das Elisabethfest 1931, als man die Parole ausgegeben habe: „Keiner darf hungern, keiner darf frieren". Dass die Reichsregierung dies für das Winterhilfswerk übernommen habe, sei eine Bestätigung dafür, dass die Frankfurter Katholiken auf dem richtigen Wege seien. Es gebe 34 Pfarrcaritasausschüsse und 25 katholische Kindergärten mit über 1.000 Kindern. 400 Ordensleute seien im Dienst der Krankenpflege tätig und rd. 5.000 Kinder würden vom Kinderwohl betreut.

1478 Fibich, S. 127.
1479 Schreiben DCV/J an CVF v. 26.4.1934 bzw. 15.5.1934 (ADCV-127F/1030).
1480 Rundschreiben Richter an alle Pfarreien vom 18.8.1933 mit Beitrittserklärungen (DAF II.11.B).
1481 Solidaris-Ergebnisrechnung 1940/41 (ACVF-1510).
1482 Schreiben CVF-Richter/BO-Domkapitular Bertold Merkel v. 17.10.1933-Durchschrift (ADCV-127F/1030).

An den Klosterpforten würden zudem täglich mehr als 1.000 Essen ausgegeben.[1483] Besonders herausgestellt wurden die Caritasheiligen Don Bosco sowie der Altöttinger Kapuzinerpater Conrad von Parzham. Pater Josef Gummersbach SJ formulierte als Caritasidee: „Ich muss Gutes tun an jedem Tag, in jeder Stunde, in jeder Minute. Am Himmel des Christentums steht die Caritas wie eine leuchtende wärmende Sonne. Drum wird es nie sternenlose Nacht geben und nie Sonnenfinsternis der Caritas. Denn die Caritas ist aus Gott, leibhaftig uns erschienen in Jesus Christus." Bischof Hilfrich wies in seiner immer wieder von Beifallsstürmen unterbrochenen Rede daraufhin, der Caritasgeist müsse lebendig bleiben und habe seine Quelle im Kreuz des Herrn. Mit der Formulierung, das Kreuz, an dem Christus gestorben sein, müsse unsere Haltung in dem Ringen der Zeit bestimmen, wandte er sich auch gegen das Hakenkreuz. Hilfrich wandte sich auch gegen die Auffassung, das Christentum sei tot.[1484]

1934/35 wurden abseitsstehende Katholiken von den Pfarrcaritasausschüssen und der Zentrale angesprochen und weitere 1412 Mitglieder gewonnen. Unter den 584 Abmeldungen waren Korrekturen von Doppelmitgliedschaften in Fachorganisationen und Neuanmeldungen bei Umzügen. Am 1. April 1935 waren 11.385 Frankfurter Katholiken direkt oder indirekt über die Fachorganisationen Mitglied des CV. Die meisten CV-Mitglieder gab es am 1. April 1935 in den Pfarreien Bernhard (1177), Höchst (528), Antonius (365), Bonifatius (333), Allerheiligen (326) und St, Josef Bornheim (315). Bei den Fachorganisationen/Pfarrcaritasausschüssen dominierten Gallus (758), Heiligkreuz (755), Deutschorden (750), Bockenheim (345) und Rödelheim (226).[1485]

© Reimer

Nach Richter gab es „nicht mehr viele gläubige katholische Familien in Frankfurt, die nicht heute Mitglied des Caritas-Verbandes sind und in irgendeiner Form der tätigen Hilfe sich eingeschaltet haben in den Liebesbund der Kirche."[1486] 1936 rief Bischof Hilfrich im Hirtenwort zum Caritassonntag alle Katholiken dazu auf, Caritasmitglied zu werden; „Wir müssen dahin kommen, dass alle Pfarrkinder, die noch lebendige Glieder der Kirche sein wollen, sich auch als tätige Mitglieder der pfarrlichen Caritas bewähren. Ich erwarte deshalb, dass alle treuen Katholiken Mitglieder der Caritas-Organisation werden, wenn sie es noch nicht sind."[1487]

Die Zunahme der Mitgliedszahl 1935/36 ist eindeutig auf die NSDAP-Forderung nach der Mitgliedschaft jedes deutschen „Volksgenossen" in einem anerkannten Wohlfahrtsverband zurückzuführen. Obwohl man damit

1483 Lubentiusblatt Nr.20 v. 20.5.34, S. 314.
1484 Lubentiusblatt Nr.20 v. 20.5.34, S. 314.
1485 Vermerk Mitgliederbewegung des Caritasverbandes 1934/35 (ACVF-1510).
1486 Jahrbuch der Katholiken von Groß-Frankfurt 1935.
1487 Hilfrich-Hirtenwort zum Caritas-Sonntag 1936 (ABL v. 2.9.1936, S. 86, Nr. 191)

die NSV-Mitgliedschaft vermeiden konnte, hatte die bischöfliche Aufforderung zur Caritasmitgliedschaft vom November 1936[1488] in Frankfurt im Gegensatz zum übrigen Bistum kaum Auswirkungen,[1489] weil der Mitgliederstand schon hoch war.

Es ist zu vermuten, dass Richter während seiner regelmäßigen Vorlesungsaufenthalte darauf angesprochen wurde oder dies selbst tat. Kreutz schrieb jedenfalls am 23. April 1937 an Lamay:

„Es kann Dir sicher nicht schwer sein, angesichts der jetzigen Gesamtlage unserer Caritasarbeit einen entsprechenden bischöflichen Erlass zu erwirken. Es müsste darin verordnet sein, dass für jedes Mitglied der Pfarrcaritas und caritativer Organisationen für Diözese und Zentrale ein Betrag von je -,40 RM – also zusammen -,80 RM– abgeführt werden muss. Hierfür wird der Caritasruf gratis geliefert. – Wenn Du es wünschst, kann ich Dir genauere Unterlagen hierfür zusenden lassen. – Nach meinem Eindruck wird Dr. Richter gegen eine solche Regelung von oben nichts einzuwenden haben, sondern im Gegenteil froh sein, wenn ihn eine höhere Autorität deckt."[1490]

Lamay wandte sich daraufhin an Bischof Hilfrich, der in seinem Mitgliedsbeitragserlass vom 6. Juli 1937[1491] alle Mitglieder der örtlichen Fachverbände zu Mitgliedern des DiCV erklärte. Mitglieder der Pfarrcaritas mussten nun 80 Pf. (Pfarrcaritas) bzw. 20 Pf. Vinzenz- oder Elisabethenvereine entrichten. Ob dies zu dem gewünschten Ergebnis führte, kann nicht festgestellt werden, ist aber eher zu bezweifeln.

Frankfurt hatte 1936 etwa 42% aller Caritasmitglieder im Bistum. Vermutlich lag der Anteil noch höher, denn in der Fläche wurde die Mitgliederzahl meist nur geschätzt und lag sicher zu hoch. Die Beiträge wurden von den Pfarrgemeinden übernommen, diese führten aber nur ca. 10% davon ab. Das Problem lag in den rückläufigen Abonnentenzahlen für den „Caritasruf" und die Pfarrer waren nicht bereit, den anteiligen DCV-Beitrag von 0,30 RM aufgrund der vom DiCV gemeldeten höheren Mitgliederzahlen abzuführen. So erhielt der DCV, der nur von tatsächlich beitragszahlenden Mitgliedern ausging, aus Frankfurt statt der eingeplanten 4.500 RM 1938 nur 964,50 RM[1492] und 1941/42 sogar nur 361 RM. [1493] Durchschnittlich zahlte 1941/42 ein Mitglied 4,16 RM Beitrag. [1494]

1938 verfügte der CV Frankfurt mit 32 Pfarrcaritasausschüssen und 7.391 Mitgliedern sowie 3.047 Mitgliedern in Fachverbänden über fast die Hälfte der Caritasmitglieder im Bistum Limburg.

Nach Kriegsbeginn wurden alle Genehmigungen auf der Grundlage des Sammlungsgesetzes vom 5. November 1934 erteilt, was auch die Mitgliederwerbung betraf und darauf abstellte, dass Vereinsmitglieder einen

---

1488 ABL Nr. 17 v. 02.09.1936, Nr. 191, S. 89.
1489 Fibich, S. 322.
1490 Schreiben Kreutz/Lamay v. 23.4.1937 (ADCV 125.51.030).
1491 Anordnung Hilfrich an alle Seelsorgevorstände v. 6.7.1937 (DAL 359/B).
1492 Schreiben Lamay/Hilfrich v. 24.5.1937 (DAL 359/B).
1493 Solidaris-Prüfbericht 1941/42 (ACVF-1510).
1494 Im Solidaris-Prüfbericht 1941/42 (ACVF-1510) wird von 10.000 Mitgliedern ausgegangen.

persönlichen Bezug zueinander haben und aktiv tätig sein sollten. Die Werbung „unechter" Mitglieder, bei denen „es ausschließlich oder überwiegend auf die Erlangung von Geld oder geldwerten Leistungen ankommt" blieb weiter untersagt.[1495] Damit sollten vor allem die großen konfessionellen Massenvereine Caritas und Diakonie getroffen werden, bei denen aufgrund der großen Mitgliederzahl sich nicht alle kennen konnten und man weit weg von ihnen operierenden Vereinsvorständen wohnte. Dies führte aber auch bei Vinzenz- und Elisabethvereinen zu organisatorischen und finanziellen Problemen.[1496] Trotzdem gab es auch 1940 weitere Neuanmeldungen aus den drei neu gebildeten Pfarrvikarien, aber auch mehr Abmeldungen.[1497]

Problematisch ist die Feststellung der tatsächlichen Mitgliederzahl. Der DiCVL hatte nach Freiburg zwischen 20.000 und 25.000 Mitglieder gemeldet, davon allein

	1937[1498]	1938[1499]
Pfarrcaritas	8.038	7.391
Fachverbände	4.023	3.047
insgesamt	12.061	10.438

15.000 aus Frankfurt. Andererseits waren für den DiCVL aufgrund von Kontrollzählungen nur 3215 namentlich bekannt.[1500] Fibich geht davon aus, dass es sich dabei um die Mitglieder der Pfarrcaritasausschüsse gehandelt haben muss,[1501] für die die Pfarreien Pauschalbeiträge hätten abführen müssen. Aber noch 1944 wies der CV gegenüber dem Amtsgericht ca. 10.000 Mitglieder aus, was auch in etwa dem 1943 angesetzten Beitragsaufkommen von 43.000 RM entspricht.[1502] Angesichts der Umstände könne man eine genaue Anzahl nicht feststellen.[1503]

Fibich kritisiert zu Recht, dass angesichts der Tatsache, dass auf Ortsebene „der persönliche Einsatz der Mitglieder unverzichtbar" ist und gerade darin „die Liebestätigkeit der Kirche" zum Ausdruck kommt, ausgerechnet diejenigen, die das Wesensmerkmal der Kirche leben, „in ihrem ureigensten Mitgliedsrecht beschnitten" wurden.[1504] Im April 1947 bestand noch ein Beitragsrückstand von 2317 RM gegenüber dem DCV und Solidaris forderte, zu klären, ob diese noch gezahlt werden müssten und dann zu bezahlen.[1505]

6.4.4.1 Mitgliedschaft in Caritas und/oder NSV

In Frankfurt als Gauhauptstadt des NSDAP-Gaus Hessen-Nassau waren viele Funktionsträger der NS-Verbände von Ortsebene aufwärts bestrebt,

1495 DiCVL-Rundschreiben an die Pfarrer v. 30.10.1939 (DAL-359/B).
1496 Fibich, S. 102 Anm. 410.
1497 Niederschrift CVF-Mitgliederversammlung v. 25.4.1940 (ACVF-1330-01).
1498 Schreiben Lamay/Hilfrich v. 24.5.1937 (DAL 359/B).
1499 Jahresbericht CV für die Diözese Limburg v. 19.5.1939 (DAL-359/B).
1500 Schreiben Kreutz/Lamay v. 23.4.1937 (ADCV 125.51.030).
1501 Fibich, S. 330.
1502 Solidaris-Prüfbericht 1941/42 (ACVF-1510).
1503 CVF/Amtsgericht Frankfurt, Durchschlag vom 15.12.1944 (ACVF-1010/1b.).
1504 Fibich, S. 188.
1505 Solidaris-Prüfbericht 1945/46 (ACVF-1510).

sich für höhere Aufgaben zu qualifizieren und bei Gauleiter Jakob Sprenger Eindruck zu machen.

Im September/Oktober 1933 kam es in Frankfurt zur ersten großen Konfrontation zwischen NSV und Caritas. Vor dem Gründungsparteitag des neuen NSDAP-Gaus Hessen-Nassau mit dem Motto „Arbeit und Frieden" rief Krebs am 7. September 1933 zur Mitgliedschaft in der NSV auf, ohne dass sich viel tat. Die NSV-Ortsgruppen sorgten aber immer wieder für Unruhe, so dass Bischof Hilfrich alle Geistlichen anwies, am 1. Oktober 1933 den Hilgenfeldt-Erlass zur Mitgliedschaft zu verlesen: „Um Unklarheiten zu begegnen und Missverständnisse zu beseitigen, die in letzter Zeit an vielen Stellen aufgetaucht sind, bringe ich folgendes zur Kenntnis: Es bestehen nun mehr im Deutschen Reiche noch 4 Spitzenverbände der freien Wohlfahrtspflege, (...) Im Rahmen dieser Spitzenverbände steht nach ausdrücklich abgegebenen Erklärungen der Reichsregierung der Deutsche Caritasverband völlig frei und gleichberechtigt neben den anderen genannten Wohlfahrtsorganisationen."[1506]

NSV-Kreispropagandawalter F. Grübner, sprach am gleichen Tag in der kommunalpolitischen Zeitschrift „Das Rathaus" den konfessionellen caritativen Verbänden erneut jede Existenzberechtigung ab.[1507] und der NSV setzte die Kampagne gegen die Caritas am 13. Oktober 1933 auf einer Großkundgebung mit über 1.000 NSV-Amtswaltern fort. Dabei drohte man, Geistliche, die ihre Caritaswerbung im Beichtstuhl fortzusetzen würden, als „konzentrationsfähig" in KZs einzuweisen. Der CV dürfe keine neuen Mitglieder mehr werben, sondern müsse seine Mitglieder in die NSV überführen.[1508] Mit ihm werde man ebenso fertig werden wie mit dem Zentrum.[1508] Grübner hatte kurz zuvor alle Ortsgruppenleiter aufgefordert, nach dem Muster der Übernahme der Gewerkschaften durch die NSBO[1509] der Caritas und der Inneren Mission ihre Mitglieder wegzunehmen und in die NSV zu überführen.

Richter bat abends telefonisch DCV-Direktor Joerger um eine Marschroute für Verhandlungen mit dem Kreisleiter.[1510] Joerger informierte sofort Bischof Hilfrich, obgleich Richter eine persönliche Intervention des Bischofs erst als ultima ratio ansah. Hilfrich reagierte mit einem Erlass an alle Geistlichen, um das Spannungsverhältnis mit der NSV nicht zu verschärfen.[1511] Er hatte seine Rechnung aber ohne Richter gemacht, der am 14. Oktober 1933 NSV-Kreiswalter Höche unter Hinweis auf die ihm von Freiburg per Eilboten übersandten Unterlagen aufforderte, an einer Befriedung in Frankfurt mitzuarbeiten. Es ist zu vermuten, dass es auch telefonische Kontakte zwischen Kreutz, Hilgenfeldt und Höche gab, denn am Montagmorgen (16.10.1933) unterschrieb Höche einen von Richter verfassten Vermerk, der wegen seiner Einzigartigkeit hier vollständig abgedruckt wird:

1506 Schreiben Hilfrich an alle Geistlichen v. 28.9.1933 (ADCV 125.51.030).
1507 Das Rathaus 23 (1933) Nr.19 v. 1.10.1933.
1508 Schreiben Joerger an Bf. Antonius Hilfrich v. 13.10.1933 (ADCV-127F/1030).
1509 Nationalsozialistische Betriebszellenorganisation.
1510 Schreiben Joerger an Richter v. 13.10.1933 (ADCV-127F/1030).
1511 Erlass Hilfrich an alle Geistlichen v. 28.9.1933 (DAL 359).

„A b m a c h u n g zwischen Herrn Höche, als dem Kreisführer der N.S.V und Herrn Caritasdirektor Dr. Richter, die am 16.10.[19]33 getroffen wurde.
1. Die N.S.V. im Kreise Gross-Frankfurt betrachtet und wertet den Caritas-Verband Gross-Frankfurt als eine im Kampfe gegen die Not des Deutschen Volkes mit ihr zusammenarbeitende Organisation. Sie betrachtet und wertet ihn nicht als eine unliebsame oder gar feindliche Organisation, die aufgerieben oder gar vernichtet werden soll.
2. Die N.S.V. im Kreise Gross-Frankfurt bekennt sich uneingeschränkt zu dem gemeinsamen Erlass des Herrn Reichsministers des Innern (II B.5400) und des Herrn Reichsarbeitsministers (II b.Nr.7136/33) vom 25.7.33, demzufolge der CaritasVerband auch in Frankfurt als einer der vier Reichsspitzenverbände der freien Wohlfahrtspflege der N.S.V. völlig gleichgestellt und gleichberechtigt ist.
3. Die Kreisleitung der N.S.V. in Gross-Frankfurt sorgt dafür, dass diese ministeriellen Verfügungen, die auch die restlose Zustimmung des Reichswalters der N.S.V., sowie die Genehmigung der Zentralleitung der N.S.D.A.P. bei einer Sitzung im Braunen Hause in München gefunden haben, allen ihren Organen und Mitgliedern im Kreise Gross-Frankfurt bekannt werden.
4. Die Kreisleitung der N.S.V. weiss, dass die Freiheit und Selbständigkeit der kirchlichen Caritasarbeit durch das zwischen der Reichsregierung und dem Apostolischen Stuhl (Seite 2) abgeschlossene und bereits ratifizierte Reichskonkordat (Artikel 1.13, 15, 23,28, 31 Abs.1) auch staatlicherseits geschützt und feierlich garantiert ist. Auch aus diesem Grunde wird die Kreisleitung dafür sorgen, dass kein Mitglied des Caritas-Verbandes wegen seiner Zugehörigkeit zum Caritas-Verband belästigt und keine Einrichtung des Caritas-Verbandes in ihrer Arbeit behelligt wird.
5.Die Kreisleitung der N.S.V. Gross-Frankfurt bekennt sich zu der reichsmässig getroffenen Regelung bezüglich des Winterhilfswerkes, wonach die vier Spitzenverbände der freien Wohlfahrtspflege ihre volle Gleichberechtigung bewahren. Die Kreisführung des Winterhilfswerkes in Gross-Frankfurt wird gemäss dem Schreiben des Deutschen Caritas-Verbandes vom 13.10.33 an den Caritas-Verband Gross-Frankfurt das Winterhilfswerk durchführen.
gez. H ö c h e /Kreisführer/Frankfurt a.M. den 16.10.33"[1512]

Höche versandte die Abmachung an alle 48 NSV-Ortsgruppen und wies diese an, dass ein Zusammenarbeiten mit den zugelassenen konfessionellen Verbänden unbedingt gewährleistet sein muss.". Richter wiederum informierte alle Pfarrcaritasausschüsse, damit diese bei „Grenzüberschreitungen" tätig werden konnten. Richter erklärte stolz: „Ich verhehle mir bei alledem nicht, dass ein Teil der Unruhe der letzten Wochen von unserer vermehrten Werbetätigkeit herrührt; sich andererseits aber rechtfertigt: aber wir mussten wohl werben und aufklären wegen des Einbruchs der N.S.V. in unseren eigenen Bereich, wenn wir an die Güte unserer Sache glaubten. Ich schätze, dass wir so etwa 4.000 Mitglieder neu geworben haben."[1513]

Richter bat nun am 19. Oktober bzw. am 11. November 1933 Prälat Wienken, bei Hilgenfeldt gegen Grübner zu intervenieren und eine Richtig-

---

1512 Schreiben Richter/Wienken/DCV-HV Berlin v. 20.10. bzw. 11.11. 1933 (ADCV-127F/1030).
1513 Schreiben Richter/Wienken/DCV-HV Berlin v. 20.10. bzw. 11.11. 1933 (ADCV-127F/1030).

stellung im „Rathaus" zu veranlassen.[1514] Hilgenfeldt[1515] wies im Rundschreiben Nr. 22 ausdrücklich darauf hin, „dass es nicht statthaft sei, das in Vereine oder Einrichtungen, die diesen Verbänden [gemeint waren Caritas, Innere Mission, DRK] angeschlossen sind, seitens der NS-Volkswohlfahrt eingegriffen wird oder in irgendeiner anderen Form vorgegangen wird (...). Gegen unberechtigte Übergriffe werde ich schärfstens vorgehen. Bezüglich der Mitgliederwerbung ersuche ich gleichfalls loyal zu verfahren."[1516]

Wienken erklärte am 20. November 1933 gegenüber Joerger: „Die Reichsleitung bemerkt regelmäßig zu solchen Äußerungen der nach geordneten Stellen der NSV, bezüglich zwangsmäßiger Erwerbung der Mitgliedschaft für die Beamten, dass es sich hier um Anweisungen handelt, die vor der Veröffentlichung des Rundschreibens 22 ergangen sind. Sie meint, dass dieses jetzt nicht mehr vorkommt."[1517]

Dies interessierte auf örtliche Ebene kaum jemand, zahlreiche NSV-Gliederungen übten weiterhin Druck auf Beamte, Eisenbahner und Lehrer aus. So hatte Magistratsschulrat K. Müller während einer Mittelschullehrerversammlung angedroht, er werde einen Lehrer mit 400 Mk Gehalt und sich mit Hinweis auf die Caritasmitgliedschaft geweigert habe der NSV beizutreten, dem Oberbürgermeister melden.[1518] Stadtpfarrer Herr wandte sich am 9. Oktober 1934 an Oberbürgermeister Krebs. Müller bestätigte diesem seine Drohung, verwies aber darauf, diese Äußerung bereits im Winter 1933 gemacht zu haben.[1519] Herr zitierte auch aus einem Schreiben des NSDAP-Kreises Groß-Frankfurt (Amt für Beamten-Fachschaft VIII), in dem am 6. September 1934 vor dem CV gewarnt wurde, „denn derselbe bedeutet verkapptes Zentrum und katholische Beamtenvereinigung. Für die Kameraden kommt nur die NSV in Frage. Der Gauwart Landrat Kremmer erwartet strengste Durchführung der Anordnungen."[1520] Krebs übernahm aber die Formulierung Müllers und erklärte, „dass es für einen Lehrer mit einem Monatseinkommen von etwa 400 RM als selbstverständlich betrachtet werden müsse, der N.S.-Volkswohlfahrt beizutreten und somit am Aufbauwerk des Führers mitzuhelfen. [1521] Während

---

1514 Abmachung v. 16.10.1933 zwischen NSV-Kreisführer Höche und Richter (ADCV-127F/1030).

1515 Über die „Reichsgemeinschaft" hatte Hilgenfeldt bereits am 18. Oktober 1933 erklärt, „dass bei der Werbung von Mitgliedern für die NSV mit fairen Mitteln gearbeitet wird [und] die Werbung neuer Mitglieder seitens der anderen Spitzenverbände der freien Wohlfahrtspflege in keiner Weise behindert wird (...) Ganz ausgeschlossen ist es, dass die Mitglieder der anderen Verbände gezwungen werden, der NSV beizutreten (ABL Nr. 15 v.17.11.1933, S. 85 Nr. 176.

1516 zit. nach Rundschreiben DiCVL an Pfarrcaritasverbände und -ausschüsse vom 27.11.1933 (ADCV-125. 51-2).

1517 Schreiben Wienken/Joerger v. 20.11.1933 (ADCV 125.51.030).

1518 Schreiben Herr/Krebs v. 9.10.1934 (ISG-Magistratsakten 8.846).

1519 Vermerk Müller/Krebs v. 19.10.1934 (ISG-Magistratsakten 8.846).

1520 Schreiben Herr/Krebs v. 9.10.1934 (ISG-Magistratsakten 8.846).

1521 Schreiben OB Krebs an Bischöfl. Kommissariat Frankfurt v. 16.11.1934 (DAF II.10.F); auch die NSDAP-Gauleitung Hessen-Nassau in Frankfurt sicherte am 18.12.1933 offiziell zu, „das auf die Mitglieder des CV kein Druck ausgeübt wird, sich bei der NSV anzumelden" (Rundschreiben DiCVL an Pfarrcaritasverbände und -ausschüsse v. 22.12.1933-DAL-359-B-Winterhilfswerk).

Krebs bestritt, dass „einem Schullehrer die Zugehörigkeit zum Caritas-Verband untersagt ist oder gar durch mich gerügt wird."[1522], sah NSV-Gauwalter Haug die Caritas-Mitgliederwerbung als verboten an[1523] und NSV-Kreiswalter von Limburg/Unterlahn, Karl Ohl, drohte all jenen, die sich weigerten, der NSV beizutreten, „in die Dorfchronik Ihrer Heimatgemeinde eintragen zu lassen, damit (...) Ihr schändliches Tun und Treiben noch der Nachwelt erhalten bleibt und sich Ihre Kinder und Kindeskinder noch Ihrer schämen müssen."[1524]

Während andere NSV-Verbände wie Paderborn Caritasmitgliedern bei Doppelmitgliedschaft eine Beitragsermäßigung anboten,[1525] setzte die Frankfurter NSV ihre Kampagne fort und erklärte am 9. November 1933 in allen Frankfurter Zeitungen, dass die Stadt 900 Wohlfahrtsbeamte einsparen könne, wenn die NSV die Aufgaben des städtischen Wohlfahrtsamtes übernehmen würde.[1526] Am 19. November 1933 erklärte die NSV-Ortsgruppe Bornheim, die bisherigen Fürsorgeeinrichtungen als „Reste des liberalistisch-marxistischen Zeitalters" müssten „auf schnellstem Wege durch die Fürsorge im nationalsozialistischen Sinne" abgelöst werden.[1527] Die NS-Frauenschaft, die die „völkisch-rassischen Gesundheit" und die Familie als Keimzelle der Nation stärken und die Tätigkeit als Hausfrau und Mutter professionalisieren sollte, versuchte ebenfalls auf örtlicher Ebene auf die katholischen Frauenvereine Einfluss nehmen, deren Unterlagen einzusehen und den Mütterpfennig zu kassieren, weil der CV Mitglied des „Deutschen Frauenwerkes" sei, was aber nicht zutraf.[1528]

Nach der Umwandlung der „Reichsgemeinschaft" am 24. März 1934 in die „Arbeitsgemeinschaft der Spitzenverbände der Freien Wohlfahrtspflege" wurden zwar die Zuständigkeiten der vier Verbände untereinander geregelt,[1529] sie spielten aber keine große Rolle. NSV-Ortsgruppen forderten die Pfarrcaritasausschüsse auf, mehrere Persönlichkeiten für die örtlichen „Arbeitsgemeinschaften der Verbände" zu benennen, von denen zwei durch den NSV-Ortsgruppenwalter ausgewählt werden sollten.[1530] Richter lehnte dies nach Rücksprache mit DCV entschieden ab.[1531]

6.4.4.2 Echte oder unechte Mitgliedschaft

Am 5. November 1934 erließ die Reichsregierung mit dem Sammlungsgesetz[1532] ein „Instrument der Machthaber zur Sicherung der NSDAP und ih-

---

1522 Siehe Anm. 1521.
1523 undatierter Zeitungsausschnitt v. Ende September 1939 (ADCV-125. 51).
1524 Schreiben Kreisleiter Limburg-Unterlahn von vermutlich 1942 (ADCV-125.51-030).
1525 Schreiben Richter/Wienken/DCV-HV Berlin v. 10.11. 1933 (ADCV-127F/1030).
1526 Schreiben Richter/Wienken/DCV-HV Berlin v. 10.11. 1933 (ADCV-127F/1030).
1527 Rundschreiben NSV-Ortsgruppe Bornheim v. 19.11.1933 (ADCV-127F/1030).
1528 Schreiben NS-Frauenschaft Kronberg an CV Königstein v. 12.10.1934-Abschrift bzw. Rundschreiben Diözesanverband der kath. Frauen- und Müttervereine v. 17.10.1934 (DAL-359-B-Winterhilfswerk).
1529 Schreiben Kreutz/Hilfrich v. 28.3.1934 (DAL 359).
1530 Schreiben DCV/J an CVF v. 29.5.1934 (ADCV-127F/1030).
1531 Schreiben DCV/J an CVF v. 30.5.1934 (ADCV-127F/1030).
1532 Gesetz zur Regelung der öffentlichen Sammlungen v. 5.11.1934 (RGBl 1934 I, S. 1086-88), zit. nach http://www.documentarchiv.de/ns/1934/sammlungsgesetz.html – Ausgelesen 4.12.2014.

rer Gliederungen (...) und zur Bekämpfung der freien Wohlfahrtstätigkeit und der Kirchen", so das Bundesverfassungsgericht bei der Nichtigkeitserklärung des Gesetzes im Herbst 1966. Vor allem § 2 sorgte mit der Unterscheidung von „echten" [aktiven) sowie „unechten" [inaktiven) Mitgliedern für ständige Querelen: „Wer zum Eintritt in eine Vereinigung oder zur Entrichtung von Beiträgen oder geldwerten Leistungen an eine Vereinigung öffentlich auffordern oder wer die auf Grund dieser Aufforderung einkommenden Beiträge oder Leistungen entgegennehmen will, bedarf der Genehmigung der zuständigen Behörde, wenn die Umstände des Falles oder die Art oder der Umfang der Aufforderung ergeben, dass es dem Veranstalter ernstlich nicht auf die Herbeiführung eines festen persönlichen Verhältnisses zwischen der Vereinigung und den angegangenen Personen und auf ihre Betätigung in der Vereinigung, sondern vielmehr ausschließlich oder überwiegend auf die Erlangung von Geld oder geldwerten Leistungen ankommt." [1533] Um das „feste persönliche Verhältnis" zu belegen, erhielten alle vom Caritasmitglieder zwischen April 1935 und Oktober 1939 aus Freiburg den „Caritasruf" um „die Anerkennung der echten Mitgliedschaft durch die Behörden sicher (zu) stellen."[1534]

Die Werbung um „unechte" Mitglieder war nur möglich durch Aufruf von der Kanzel oder in „nichtöffentlicher Form (...), wenn sie innerhalb eines eng begrenzten zahlenmäßig kleinen Personenkreises durchgeführt wird, die Mitglieder dieses Personenkreises in einem näher ihnen bewussten inneren Zusammenhang zueinanderstehen und auch der Werbende zu diesem Personenkreis gehört. Knifflig bei der Kanzelwerbung von der Kanzel war die Formulierung, dass „der Beitritt muss aber ohne jedes weitere Zutun irgendeines Dritten (...) erfolgen, d.h. die Mitglieder müssen darauf hin von selbst sich anmelden. Alle anderen Werbemaßnahmen um unechte Mitglieder z. b. durch Werbebriefe, waren „genehmigungspflichtig und (...) ohne vorliegende Genehmigung strafbar". Es ist anzunehmen, dass diese zumindest bei der Caritas vermutlich nie erteilt wurde.[1535]

Alle anderen „unechten" Mitgliedschaften bedurften der Genehmigung durch die Aufsichtsbehörde. Bei Verstößen drohten den Verantwortlichen Geld- oder Haftstrafen (§13) und die Sammlungserträge wurden eingezogen (§14).[1536] Dies führte immer wieder zu Streitigkeiten. So wurde der Pfarrer von Allerheiligen, Schwickert, zweimal zur Gestapo vorgeladen,

1533 a.a.O.
1534 Schreiben Lamay/Hilfrich v. 24.5.1937 (DAL 359/B).
1535 Rundschreiben zur Werbung von Caritas-Mitgliedern o. J. – Abschrift (DAF II.11.D).
1536 siehe Anm. 1533 http://www.documentarchiv.de/ns/1934/sammlungsgesetz.html.

weil er brieflich einige Pfarrmitglieder um den Beitritt zum CV gebeten hatte. Der Staatsanwalt verurteilte ihn zu 100 RM Geldstrafe und zog die gesammelten Mitgliedsbeiträge ein.[1537]

6.4.5 Das Ende der Vinzenz- und Elisabethenvereine

Die rückläufige Bedeutung der Vinzenz- und Elisabethenvereine setzte sich während des Dritten Reiches fort und wurde durch den Aufbau der Pfarrcaritasausschüsse noch verstärkt, in denen sich die neuen Mitglieder in großem Umfang engagierten. 1933 lösten sich der Vinzenz- und der Elisabethenverein Höchst auf, ihre ca. 300 Mitglieder schlossen sich dem CV direkt an.[1538] Dafür wurde von einzelnen Pfarreien, vor allem von St. Bernhard eine gezielte Mitgliederwerbung betrieben und am 1. April 1935 erreichte man 1177 CV-Mitglieder und weitere 225 in Fachorganisationen. Im April 1934 informierte Diözesancaritasdirektor Lamay den DCV über den Zustand der Frankfurter Vinzenzvereine. Danach bestanden 13 Vinzenzkonferenzen mit über 150 tätigen Mitglieder und folgender Altersstruktur: 15 bis 40 Jahre, 27 zwischen 40 und 50 Jahren, jeweils 27 zwischen 50 und 60 bzw. 60 und 70 Jahren sowie 9 Mitglieder über 70 Jahre. 283 Teilnehmer an verschiedenen Maßnahmen und Veranstaltungen wurden gemeldet, 826 Personen wurden einmalig, 814 mehrfach und 1139 dauernd mit insgesamt 13051,61 RM betreut. Diözesancaritasdirektor Lamay ging in seinem Bericht an den DCV davon aus, dass die „HH Pfarrer mit ihren Caritasausschüssen lieber und intensiver arbeiten.[1539] 1937 verfügten sie nur noch über 100 aktive und 150 passive Mitglieder. Da für die Elisabethenvereine keine Unterlagen aufgefunden werden konnten, kann nur für 1937 eine Momentaufnahme die Vinzenzkonferenzen gemacht werden. Im Sommer 1938 prüfte Willi Leicht[1540] für den Vorsitzenden des Örtlichen Verwaltungsrates, Rechtsanwalt Ernst Wahl, die Kassen der Frankfurter Vinzenzvereine und ermittelte dabei auch die Mitgliederzahlen und die Vermögenslage der einzelnen Ortskonferenzen. 1939 gab es 33 Pfarrcaritas-Ausschüsse,[1541] dreizehn Elisabethen-Vereine[1542] und zwölf

---

1537 Fragebogen Kath. Pfarramt Allerheiligen v. 13.9.1945 (DAL 561/7B).
1538 Vermerk Mitgliederbewegung des Caritasverbandes 1934/35 (ACVF-1510).
1539 Schreiben Lamay/ DCV v. 8.4.1934 (ADCV-125. 51-1-DiCVLs.
1540 Willi Leicht (1903–?), Mischling 1. Grades, Dipl.Kfm/Dipl.Hdl. 1932–Okt. 1933 Kriminalkommissaranwärter entlassen, 1936–39 Steuerhelfer, 1941–45 kfm. Angestellter, 1944 und Anfang 1945 für vier Wochen mit dem Fahrrad untergetaucht, um Dienstverpflichtung zu entgehen. Wiedergutmachungsantrag wurde am 18.10.1955 zunächst abgelehnt, am 19.1. bzw. 28.11.1957 aber entsprochen. Während seine Schwester überlebte, ist das Schicksal seines Bruders nicht bekannt. Willi Leicht gehörte lange Zeit dem Caritasvorstand an. (Fragebogen in: Hilfsstelle für verfolgte nichtarische Katholiken – ACVF-7210 sowie Wiedergutmachungsakte (10951).
1541 Dom, Allerheiligen, Antonius, Bernhard, Bonifatius, Deutschorden, Dornbusch, Eschersheim, Eckenheim, Frauenfrieden, Elisabeth Fechenheim, Gallus, Ginnheim, Griesheim, Hausen, Heddernheim, Heilig-Geist (Riederwald), Heilig-Kreuz, Ignatius, Josef (Bornheim), Höchst, Maria-Hilf, Nied, Niederrad, Oberrad, Praunheim, Rödelheim, Schwanheim, Seckbach, Sindlingen, Soßenheim, Unterliederbach, Zeilsheim.
1542 Dom, Allerheiligen, Antonius, Bernhard, Bonifatius, Deutschorden, Eckenheim, Elisabeth Bockenheim, Frauenfrieden/Mater Dolorosa, Gallus, Oberrad. Der Elisabethen-Verein in Ignatius arbeitete in Kooperation mit dem Pfarrcaritasausschuss.

	Mitglieder	Vermögen	Einnahmen	Ausgaben
Diözesanrat der Vinzenzkonferenz en	-	-4.777		
Örtl. Verwaltungsrat der Vinzenzkonferenz en Frankfurt		10.360,16	Beiträge der Vinzenkonzferenz en	10.000 RM Darlehen an den Caritasverband für Schwesternstation
Allerheiligen/ Herz Jesu 14tägig	7 Aktiv 33 Passiv	134,63	Sammlungen bei Sitzungen, Kollekten, Geschenke	Sachgutscheine
Antonius 14tägig	14 Aktive	198,22	Beiträge, Spenden, Kollekten bei Trauungen und Versammlungen	Sachgutscheine, die der Kassier in den Geschäften einlöst
Bernhard 4-6 Wochen	4 Aktive	27,04	Beiträge, Spenden	Zuschüsse für Pfarrcaritas, Sachspenden
Bonifatius montags	5 Aktive	106,32	Kollekten, Spenden, Zuschüsse des Pfarrers	Sachspenden
Karolus wöchentlich	10 Aktive	258,54	Kollekten, Beiträge	Sachspenden
Dom/Bartholomä us	21 Aktive 30 Passive	- 5.200,00	Kollekten	Schuld aus Aus- und Umbaukosten Kindergarten
Elisabeth regelmäßig		1.093,64	Beiträge, Kollekten, zweimonatliche Kirchentürkollekten	Gutscheine
Frauenfrieden montags	6 Aktive 34 Passive	404,29	Beiträge, Zweimonatliche Kollekten	
St. Gallus wöchentlich	6-8 Aktive	40,84	Kollekten, Opferstock, Spenden	Sachspenden
St. Josef montags	8-10 Aktive, 50 Passive	215,77	Sammlungen, Spenden	Sachspenden
Liebfrauen wöchentlich	6-8 Aktive	236,59	Sammlungen, Spenden, Türkollekten	

Vinzenz-Vereine, die in einem Stadtverband unter Vorsitz von Rechtsanwalt Ernst Wahl zusammengeschlossen waren.[1543]

1543 Dom, Liebfrauen, Allerheiligen, Antonius, Bernhard, Bonifatius, Deutschorden, Elisabeth, Deutschorden, Frauenfrieden, Gallus, Josef (Bornheim) und Praunheim.

Die Finanzbasis der Vinzenzvereine war sehr schwach und man lebte „von der Hand in den Mund". Da zwischen 1938 und 1941 das Darlehen zum Bau des Domkindergartens vom Vinzenzverein nur um 600 RM getilgt worden war, diskutierte im Caritasvorstand am 24. März 1941, ob er oder der Gesamtverband die Restschuld von 4.600 RM übernimmt bzw. der CV die Hälfte trägt, zumindest aber die fällige Annuität von 500 bzw. 300 RM.[1544]

1941 löste Eckert, der die Vinzenz- und Elisabethenvereine als Form kirchlichen Engagements für überholt hielt, die nur noch aus vier Mitgliedern bestehende Vinzenzkonferenz St. Bernhard auf.[1545] Weder über die übrigen Vinzenzkonferenzen noch über die Elisabethvereine liegen Quellen vor.

Obwohl bei der ersten Generalversammlung am 22. Juli 1945 in St. Josef zur aktiven Mitarbeit aufgerufen wurde,[1546] sah sich Wilhelm Heil, Vorsitzender des Diözesanrats, gezwungen, am 23. Februar 1946 den Generalsekretär der Vinzenzvereine zu informieren, dass nur Deutschorden und St. Josef noch arbeiten würden. Während man mit Stadtpfarrer Herr und dem CV problemlos zusammenarbeiten könne, würden sich „unsere alten Herren (...) nicht ernstlich bemühen, (...) junge Männer zu werben."[1547] Es ist anzunehmen, dass sie Frankfurter Vinzenz- und Elisabethenvereine alle mehr oder weniger klanglos „eingeschlafen" waren, auch wenn sie im Schematismus 1956 noch aufgeführt wurden.[1548]

6.5 Katholische Wohlfahrtspflege in Frankfurt 1933–45

Die caritativen Aktivitäten in Frankfurt lassen sich aufgrund der vorhandenen Unterlagen nur zusammengefasst darstellen. 1938 gaben alle Pfarreien zusammen 78250 RM für Lebensmittel, Bekleidung, Brennmaterial und Geldhilfen aus. 2749 Familien, 1197 ortsansässige Einzelpersonen und 661 Nichtsesshafte (Wanderer) unterstützt. 122 Erstkommunikanten wurden ganz, 502 teilweise eingekleidet. 292 Kinder wurden in Erholungsheime und Heilstätten, 218 in Landfamilien untergebracht und für 242 Kinder eine Orterholung mit einem Kostenaufwand von 26 029 RM organisiert, von denen 6021 RM auf die Pfarreien entfielen. Außerdem wurden 188 Erwachsene (davon 20 Mütter) im Rahmen der Erholungsfürsorge auswärts untergebracht. 14 Hilfsbedürftige (davon neun Kinder) wurden auf Kosten der Pfarreien in einer Anstalt bzw. 25 Pflegekinder in entsprechenden Stellen untergebracht.[1549].

Auch nach Kriegsbeginn setzte der CV aufgrund seiner guten personellen Ausstattung seine Arbeit beinahe ungehindert fort. Eine besondere Rolle spielten die an Weihnachten[1550] und regelmäßig zum Weißen Sonn-

---

1544 Protokoll CVF-Vorstand v. 24.3.1941 (ACVF-1310).
1545 Bericht Heil an Generalsekretariat der Vinzenzkonferenzen v. 23.2.1946 (GKV-Frankfurt).
1546 Tut Gutes allen – DiCVL-Rundschreiben v. Sept. 1945 (ADCV 25.51.65).
1547 Heil an Generalsekretariat Vinzenzkonferenzen v. 23.2.1946 (GKV-Frankfurt).
1548 Handbuch des Bistums Limburg 1956, S. 369.
1549 Geschäftsbericht Caritasverband für die Diözese Limburg (DAL-359-B).
1550 Protokoll CVF-Vorstand v. 18.11.1940 (ACVF-1310).

tag gewährten Beihilfen für bedürftige Erstkommunikanten.[1551] Am 7. März 1940 forderte Richter die Pfarrer auf, Namen und Adressen zu melden. Es wurde ein Pauschalbetrag von 200 RM festgelegt, der aber von der Anzahl der gemeldeten Kinder und deren Bedürftigkeit abhängig war.[1552] 1942 wurden aufgrund der Kassenlage Kommunionbeihilfen nur auf Antrag gewährt.[1553]

	Stationen[1554]	Schwestern bzw. Brüder
Arme Dienstmägde Christi Dernbach	18	206
Barmherzige Brüder Montabaur	2	16
Arme Schwestern vom hl. Franziskus (Schervier-Schwestern/Aachener Franziskanerinnen)	2	21
Vinzentinerinnen (Fulda)	2	8
Schwestern der Göttlichen Vorsehung (Mainz)	1	4

6.5.1 Ambulante Pflege

Die NSV sah als einer ihrer wichtigsten Aufgaben die Neuordnung, d.h. die Gleichschaltung des bisherigen Schwesternwesens im Sinne des Nationalsozialismus. Nur NSV-Schwestern durften nach 1934 als Gemeindeschwester arbeiten. Sie waren aber weniger für die Krankenpflege zuständig, sondern hatten, wie bereits ausgeführt, „die Aufgabe, vor allem in der Gemeindepflege die gesundheitspflegerischen Gesichtspunkte im nationalsozialistischen Sinne zur Geltung zu bringen."[1555] So blieben die katholischen Gemeindeschwestern weiter im Einsatz, mehr oder weniger unbehelligt. 1934 erwähnte Richter auf dem Caritastag noch 400 Ordensleute im Einsatz in Alten- und Krankenpflege, Altenheimen, Krankenhäusern und Kindergarten.[1556] Da die Zahl der Schwesterstationen gegenüber der Weimarer Zeit unverändert geblieben war, kann angenommen werden, dass auch die Nachfragesituation sich nicht verringert hatte.

Viele Pfarreien waren finanziell zu schwach, die Schwesterstationen zu unterhalten und erhielten für ihre Arbeit Anteile an den Mitgliedsbeiträgen und den Sammlungen. Hilfeleistungen für Arme durch die Pfarreien wurden vom CV erstattet. Zusätzlich gewährte er mit Hilfe des DCV Darlehen und Zuschüssen zu den Kosten der Gemeindeschwestern und Pfarrhelferinnen.[1557] So erhielt die Pfarrgemeinde Heiliggeist mehrfach Zuschüsse und Darlehen vom CV. 1934 waren es ein 5.000 RM-Darlehen, Geld in unbekannter Höhe und die Erlaubnis, weitere Mittel über die

1551 Protokolle CVF-Vorstand v. 28.3.1940 bzw. 24.3.1941 (ACVF-1310).
1552 Rundschreiben Kommunionbeihilfe an alle Pfarreien v. 7.3.1940 (DAF II.11.D).
1553 Protokoll CVF-Vorstand v. 20.3.1942 (ACVF-1310), Rundschreiben konnte bisher nicht aufgefunden werden.
1554 Schematismus des Bistums Limburg 1936, S. 87–119.
1555 Althaus, Nationalsozialistische Volkswohlfahrt, S. 35.
1556 Lubentiusblatt Nr.20 v. 20.5.34, S. 314.
1557 Siehe Abschnitt 5.1.5.2 – Zuschüsse und Darlehen für caritative Arbeit, S. 199ff.

Volkshilfe beantragen zu können.[1558] Die zugunsten der NSV wegfallenden städtischen Zuschüsse konnten dank des steigenden Spendenaufkommens ausgeglichen werden.

Unterstützung für Pfarreien, Vereine und Anstalten 1933–1945 (in RM)

	33/34	34/35	35/36	36/37	37/38	38/39
Einnahmen		22.794	24.326	25.895	27.615	>24.808
Unterstützung		1.259	1.561	1.632	2.075	k. A.
Vereine/Anstalten		21.535	22.765	24.263	25.540	24.808
Fürsorgeamt						779
Ausgaben	(20.150)	46.052	34.066	31.863	37.000	>52.668
Unterstützung		19.092	16.719	16.067	12.255	k.A.
Pfarrei-Anteil Mitgliedsbeiträge						
Vereine/Anstalten		26.360	22.258	25.797	24.744	25.090

	39/40	40/41	41/42	42/43	43/44	44/45
Einnahmen					Unterla-	
Pfarreien	K. A.				gen bei	k. A.
Vereine/Anstalten	K. A,				Bomben-	k. A.
Fürsorgeamt	779				angriff	k. A.
Ausgaben	12.565	14.199		(21.600)	ver-	k. A.
Unterstützung	11.455		6.914		brannt	3.537
Pfarranteil Mitgliedsbeiträge			17.585			6.744
Vereine/Anstalten	1.110		1.122			k. A.

Quellen; Solidaris-Berichte (ACVF-1530, Beträge in () wurden Kostenvorschlägen entnommen (ACVF-1510 bzw. DAL359)

1935 diskutierte man über den Aufbau einer neuen Schwesternstation in einem der notleidenden Frankfurter Vororte. Der Örtliche Verwaltungsrat der Frankfurter Vinzenzkonferenzen bot dem CV dafür ein Darlehen von 10.000 RM an. Butterweck, Höhler und Richter sollten die Pfarrgemeinde aussuchen. Zunächst war Praunheim im Visier,[1559] doch konnte bisher nicht geklärt werden, ob und welche Gemeinde schließlich den Zuschlag bekam.

Am 3. März 1936 informierte das Fürsorgeamt den CV und den Evangelischen Volksdienst über eine Kürzung der Zuschüsse für ambulante Pflege um jeweils 4.000 RM auf nunmehr 18.000 RM zugunsten der NSV-Schwestern, nachdem „aus Kreisen der hilfsbedürftigen und minderbemittelten Bevölkerung und der NSV (…) wiederholt der Wunsch (nach) NS-Schwestern" vorgetragen worden sei.[1560]

1558 Protokoll CVF-Vorstand v. 10.12.1934 (AVCF-1310).
1559 Protokoll CVF-Vorstand v. 19.8.1935 (ACVF-1310).
1560 Schreiben Fürsorgeamt Frankfurt an CVF/ Richter v. 3.3. 1936 – Abschrift für DCV (ADCV-127F/1030).

Nach Meinung von Kreutz war in „anderen Orten die betreffende Regelung noch wesentlich ungünstiger."[1561] Die Bischofskonferenz reagierte in ihrem Hirtenwort: „Wir können nicht begreifen, dass man den mildtätigen segnenden Arm der Caritas immer mehr verkürzt und die katholischen Schwestern von den Krankenbetten und aus den Kindergärten verdrängt."[1562] 1937 organisierte Kreutz in der „Reichsgemeinschaft freier Caritasschwestern" unter der Leitung von Adelheid Testa all diejenigen Schwestern, die nicht der NS-Schwesternschaft beitreten wollten.

Die NSV scheiterte mit dem Versuch, die konfessionellen Schwesternstationen zu verdrängen, „was aber aufgrund deren rein zahlenmäßiger Überlegenheit und Verwurzelung in der Bevölkerung nicht erreicht werden konnte."(Fibich) Konfessionellen Schwestern lehnten jede Zusammenarbeit mit den NSV-Schwestern ab, diese wollten ihrerseits nur „ideologisch einwandfreie Pflegekräfte rekrutieren".[1563]

Obgleich die NSV ständig die Übernahme sämtliche Pflegestationen forderte, wurde die ambulante Pflege durch die katholischen Pflegestationen in Frankfurt unverändert fortgeführt, denn die Haushaltsansätze zeigen im Gegensatz zu Wiesbaden[1564] etwa gleichbleibende Aufwendungen, die von der Stadt fast vollständig bezuschusst wurden. 1938/39 bzw. 1939/40 wurden noch 779 RM gezahlt.[1565]

Die Zuschüsse für die Schwesternhäuser, die seit 1936 unverändert geblieben waren, wurden mit Kriegsbeginn erhöht, da es nicht gelungen war, die benötigte Zahl von NS-Schwestern auszubilden, um die Rotkreuz-Schwestern, die seit 1936 die Lücke gefüllt hatten und nun in den Wehrmachtskrankenhäusern benötigt wurden, zu ersetzen. 1940 wurden die Straßenbahnfahrkarten nicht mehr erstattet.[1566]

Brosche der freien Caritasschwestern © Reimer

Übergriffe oder Versuche, die Arbeit der katholischen Schwestern zu beschränken, konnten bislang in Frankfurt nicht festgestellt werden und wurden in den Nachkriegsberichten der Pfarreien an das Bistum auch nicht erwähnt. Die Stadt würdigte ihre Arbeit nach dem Krieg durch eine 10.000 RM-Spende für die Aktion „Schwesterndank" des DCV: „Darüber hinaus erleichterte er die Aufgabe der öffentlichen Fürsorge, indem er den Mangel an den kaum noch zu beschaffenden Pflegepersonal sowohl durch Stellung von Pflegeschwestern in den Heimen als auch in den Schwesternstationen durch Übernahme von Hauspflege und Nachtwachen abhalf.

1561 Schreiben DCV/J an CVF v. 31.3.1936 (ADCV-127F/1030).
1562 Gemeinsames Hirtenwort der deutschen Bischöfe v. 19.8.1936.
1563 Fibich, S. 268.
1564 In Wiesbaden gingen die Ausgaben für die ambulante Pflege dagegen von 3.775 RM (1933) auf nur 404 RM (1937) zurück.
1565 Solidaris-Prüfbericht 1941/42 (ACVF-1510).
1566 Niederschrift Mitgliederversammlung v. 25.4.1940 (ACVF-1330-01).

Hierdurch wurden in der öffentlichen Fürsorge große Ersparnisse erzielt."[1567]

6.5.2 Familie

Angesichts des starken Geburtenrückgangs in den 20er Jahren und dem rassenpolitischen Ziel der „Vermehrung der deutschen Rasse"[1568] stand die Fürsorge für Mütter zunächst im Mittelpunkt der nationalsozialistischen Politik. Berufstätige Frauen wurden veranlasst, ihren Arbeitsplatz zugunsten arbeitsloser Männer zu räumen und sich stattdessen der Familie zu widmen. Dies änderte sich allerdings Ende der 30er Jahre mit dem zunehmenden Arbeitskräftemangel und man holte sie zurück in die Fabrik.

Neben den NSV-Schwestern, die nur rassisch einwandfreie Familien betreuen und unterstützen sollten, gewährte NSV-Hilfswerk „Mutter und Kind" kinderreichen Familien Hilfe zur Finanzierung von Kleinsiedlerstellen, medizinische Betreuung und Kinderbetreuung.[1569] Eingeführt wurden unverzinsliche Ehestandsdarlehen und Kinderzulagen in der Sozialversicherung, die Bezugsdauer für Waisenrenten und für Kinderzuschläge wurde ausgedehnt. Dazu kamen kinderzahlabhängige Steuerermäßigungen und Kinderbeihilfen für Familien mit vier und mehr Kindern.

Diese Leistungen waren an amtsärztliche Zeugnisse über die Erbgesundheit geknüpft und wurden nur „Ariern" gewährt, die dies im Ahnenpass nachweisen mussten. Das „Gesetz zum Schutze des deutschen Blutes und der deutschen Ehre" (Blutschutzgesetz) vom 15. September das „Gesetz zum Schutze der Erbgesundheit des deutschen Volkes" (Ehegesundheitsgesetz) vom 18. November 1935 formulierten die „rassischen" und „erbgesundheitlichen" Bedingungen für Eheschließungen. Eine Eheberatung durfte nur durch die Gesundheitsämter erfolgen, da sonst „die öffentliche Ordnung und Sicherheit gefährdet werde."[1570]

6.5.2.1 Müttererholung

Nachdem 1934 alle Müttererholungsmaßnahmen außerhalb der NSV verboten wurden, war die katholische Müttererholung stark gefährdet und wurde überall, wo sie bekannt wurde, als unerwünscht abgewürgt."[1571] Da die NSV die meisten Erholungsheime selbst übernahm oder langfristig belegte, mussten die wenigen verbliebenen kirchlichen Einrichtungen konsequent genutzt werden.

Nachdem das Amt für Volkswohlfahrt 1934 Richtlinien für die Müttererholung veröffentlicht hatte, gab Richter diese an die Pfarrcaritasaus-

---

1567 Vermerk Fürsorgeamt bez. „Schwesterdank" v. 27.5.1947 (ISG-Magistratsakten 8.846).
1568 Siehe Abschnitt 6.1 – NS-Rassehygiene statt Sozialpolitik, S. 232.
1569 siehe ausführlich H. Vorländer, Die NSV. Darstellung und Dokumentation einer nationalsozialistischen Organisation, Boppard 1988.
1570 Urteil BVG Wiesbaden in Verwaltungsstreitsache Caritas-Verband Groß-Frankfurt gegen Reg. Präs. Wiesbaden Az. 216/37 v. 27.1.1938 (Abschrift (ADCV-127F/1030).
1571 Der Werdegang der Katholischen Mütterfürsorge von 1919 bis 1958 in: Caritas 59 (1958), S.109.

schüsse weiter,[1572] die mit ehrenamtlichen Helferinnen weiter arbeiteten. Bei der Auswahl der Mütter sollte neben der gesundheitlichen auch die seelische Verfassung berücksichtigt und „erbbiologisch gesunde" Mütter mit mindestens zwei Kindern sowie durch Krankheit oder Entbindung geschwächte Mütter bevorzugt werden. Vorschläge sollten über den CV an das Amt für Volkswohlfahrt eingereicht werden. Der CV konnte auch eigene Maßnahmen mit Mitteln des Hilfswerk Mutter und Kind und auch Unterbringung in konfessionellen Heimen durchführen und hatte damit die Chance, auch nach NS-Meinung „weniger geeignete" Mütter zu berücksichtigen.

Am 17. Mai 1935 beschloss der Caritasvorstand[1573] mit Zustimmung des BO die Übernahme des Haus am Wald in Schlossborn, das bisher der Pfarrei St. Bernhard gehört hatte und mit einer Hypothek des CV belastet war.[1574] Richter gewann zwei Pallottinerinnen für die Heimleitung sowie eine Hausangestellte und bot ab 1. August 1935 eine ganzjährige Mütter- und Kindererholung auch für Pfarreien außerhalb Frankfurts an.[1575] Obwohl nur jeweils 5–6 Frauen zu ein-vierwöchigen Kuren untergebracht werden konnten, hielten sich dort zwischen Mai 1935 und Juni 1936 bereits 104 Mütter auf, die zwischen 8 und 28 Tagen dort verweilten.[1576]

Zwar beklagten sich BO und DiCV später, man sei von der geplanten Nutzung Schlossborns nicht informiert worden, dies muss aber offenbleiben. Andererseits hatte auch die Pfarrei St. Bernhard seit 1925 Schlossborn für die Müttererholung genutzt. Lamay beklagte am 11. Juni 1935, der CV wolle sich mit Schlossborn der Aufsicht der diözesane Familienhilfe entziehen, gleichzeitig aber größere Zuschüsse verlangen, während der DiCV bisher eine Einzelprüfung gemacht habe.[1577]

Am 11. August 1938 bat Lamay Stadtpfarrer Herr um Rücksprache über die Absichten Richters, die die Müttererholung des DiCV durch eine zeitweilige Nutzung für die Kindererholung beeinträchtigt werden könnte.[1578] Nachdem Hofheim in Winter und Frühjahr meist mit Landfrauen belegt wurde, weil Frankfurterinnen dafür angeblich nicht zu gewinnen seien, beklagte sich Lamay, dass dies angesichts der Belegungslage im Haus am Wald wohl nicht der Fall sei. In den Monaten April – August hätte man mit den in Schlossborn untergebrachten Frauen eine Volldeckung erreichen können, so hätten aber immer Betten leer gestanden. Zuschüsse für die Müttererholung in Schlossborn lehnte Lamay ab, da Frankfurt ohnehin mehr als die Hälfte aller Zuschüsse erhalten habe.

Während Lamay 1934 die Weiternutzung Hofheims in Frage gestellt hatte, [1579] wurde im August 1938 über eine Nutzung in den Wintermonaten diskutiert, um die Leerstände aufgrund einer fehlenden Belegung

---

1572 Rundschreiben Richter an Pfarr-Caritasausschüsse Groß-Frankfurt v. 15.6.1934 (DAF II.11.B).
1573 Protokoll CVF-Vorstand v. 17.5.1935 (ACVF-1310).
1574 Mit dem Erlös finanzierte die Pfarrei St. Bernhard den neuen Pfarrkindergarten.
1575 Protokoll CVF-Vorstand v. 21.3.1934 (ACVF-1310).
1576 CV Frankfurt/Richter/BO v. 24.6.1936 (DAL-359-D/1).
1577 Vermerk Lamay für BO v. 11.6.1935 (DAL-359-D/1).
1578 Lamay/Herr v. 11.8.1938 (DAF II.11.D.).
1579 Vermerk Lamay für BO v. 30.6.1934 (DAL-359-D/1).

durch den DiCV wie den CV Frankfurt[1580] mit einer zusätzlichen Kindererholung auszugleichen.[1581] Die Buzzi-Stiftung beschloss am 4. Oktober 1938, das Vinzenzhaus wie bisher vom 15. April bis 15. Oktober der Familienhilfe des Bistums zu überlassen.[1582]

Haus am Wald Schlossborn © ACVF

Auch nach der teilweisen Beschlagnahme 1939 fand die Müttererholung weiter statt. 1940/41 waren es 105 Mütter, davon 18 mit Kleinkindern bzw. Schulpflichtigen, im Jahr 1941/42 darauf bis zur Beschlagnahme 82 Mütter für 2–3 Wochen, davon 24 junge Mütter mit Kleinkindern und Schulpflichtigen. In Schlossborn wurden 1941/42 insgesamt 18 dreiwöchige Kuren mit je 6 Müttern durchgeführt, von denen 29 junge Mütter mit Kleinkindern und Schulpflichtigen waren. Im Jahr zuvor waren es 20 junge Mütter. Um acht jungen Müttern eine Teilnahme zu ermöglichen, mussten 18 Kleinkinder anderweitig untergebracht werden. 1941/42 wurde erstmals auch das Forsthaus mit 2*5 Müttern belegt. 1942/43 standen nur noch Schlossborn und einige Plätze im Westerwald und im Taunus zur Verfügung.[1583] Nach der Zerstörung des Caritashauses wurde die Müttererholung eingestellt und in Schlossborn die ausgebombten Caritasmitarbeiter untergebracht.[1584] Die Mittelverwendung in Schlossborn wurde im Rahmen der Nebenbetriebe abgerechnet und war immer defizitär.

6.5.3 Kinder

Bereits in den Kindergärten sollten Mädchen und Jungen auf ihre Rollen als Mutter und Soldat festgelegt werden. Besonderer Wert wurde auf die Vermittlung der Überlegenheit der arischen Rasse und den Kampf gegen das „jüdisch geprägte" Christentum gelegt, was sich ab 1934 auch in der Umgestaltung der Weihnachtsfeiern zeigen sollte. Weihnachtsfeiern der caritativen Vereine und Anstalten durften weiter durchgeführt werden, eine öffentliche Sammlung bzw. ein Aufruf in den Tageszeitungen wurde aber verboten. Es war lediglich gestattet, zwischen dem 5. und 11. Dezember 1934 „Bittbriefe an die ihnen nahestehenden Kreise" zu versenden.[1585] Gestaltet von örtlichen NSDAP-Propagandaleitern wurden für den 23. Dezember 1934 öffentliche Weihnachtsfeiern oder Julfeiern als Zeichen der „Volksverbundenheit aller Volksgenossen" in allen Städten über 5.000 Einwohner mit einer Kinderbescherung geplant. Der Julmann und

1580 Schreiben Richter/Herr v. 2.9.1938 – DAF II.11.D.
1581 Siehe Abschnitt 6.5.3.2 - Kindererholung, S. 328f.
1582 Schreiben Vereinigung für Familienhilfe in der Diözese Limburg/Herr v. 4.10.1938 (DAF II.11.D).
1583 Tätigkeitsbericht Müttererholung 1941/42 als Anlage zum CVF-Mitgliederversammlung v. 8.5.1942 (ACVF-1230).
1584 Siehe Abschnitt 6.6 – Zerstörung des Caritashauses, S. 375ff.
1585 NSV-Rundschreiben Nr. 60 v. 23.11.1934, zit. nach CV-Rundschreiben v. 6.12.1934 (DAF-II.10.F).

sein Begleiter Knecht Ruprecht ersetzten den Nikolaus bzw. das Christkind. Die Geschenke wurden den Sachspenden des WHW entnommen und die Zahl der zu bescherenden Kinder in den Groß- und Industriestädten auf 10 pro 1.000 Hilfsbedürftige beschränkt, um die Aktivitäten des WHW nicht zu beeinträchtigen.

Kinderfürsorge 1933–1945 (in RM)

	33/34	34/35	35/36	36/37	37/38	38/39
Einnahmen	(16.240)	14.617	13.471	16.619	23.391	2.446
Kinderwohl	k. A.	3.378	3.614	3.854	5.160	4.349
Kindererholung	k. A.	11.239	9.857	12.765	18.231	20.097
Ausgaben	(14.200)	18.976	15.293	18.224	25.514	26.870
Kinderwohl	k. A.	8.729	5.977	6.051	7.258	7.012
Kindererholung	k. A.	10.247	9.316	12.173	18.256	19.858

	39/40	40/41	41/42	42/43	43/44	44/45
Einnahmen		(27.100)	18.403	(19.000)	Unterla-	5.018
Kinderwohl	275*	k. A.	18.403	k. A.	gen bei	5.018
Kindererholung		k. A.		k. A.	Bomben-	
Ausgaben		(27.300)	23.941	(20.800)	angriff	12.234
Kinderwohl		k. A.	23.941	k. A.	ver-	
Kindererholung	1.980*	k. A.		k. A.	brannt	13.234

Quelle: Solidaris-Prüfberichte (ACVF-1510), * Jahressaldo, Angaben in () aus Kostenvoranschlägen (ACVF-1310)

Trotz des NS-Anspruchs blieb die Kinderfürsorge zwischen 1933 und 1945 eine Hauptaufgabe des CV, auch wenn er Kindergärten und die Kindererholung überwiegend durch andere kirchliche Einrichtungen wahrnehmen ließ. Da die Jahresabrechnungen immer defizitär waren, ist anzunehmen, dass das Defizit aus Eigenmitteln ausgeglichen wurde.

6.5.3.1 Kindergärten

Hilgenfeldt und Althaus machten schon im Oktober 1933 deutlich, dass nur die NSV Träger der Kindergartenarbeit sein dürfe, damit alle Kinder in nationalsozialistischem Sinne erzogen würden. Generell verboten wurden die Reformpädagogik, vor allem die Montessori- und Waldorfpädagogik, sowie psychoanalytisch geprägte Einrichtungen.[1586] Stattdessen orientierte man sich u.a. an den Erziehungsratgebern von Johanna Haarer, die davor warnte, Kinder zu trösten oder zu streicheln. Jede Gefühlsbekundung, ja selbst bloßer Blickkontakt, lehnte sie kategorisch ab. Die „deutsche Mutter" sollte zur Erziehung Züchtigungsmittel einsetzen, wie Kinder ohne Essen ins Bett zu schicken, sie in den Keller zu sperren oder stundenlang auf ungekochten Erbsen knien zu lassen.[1587] Die Übernahme der Kindergärten der Arbeiterwohlfahrt, des Fröbel-Verbandes, des Paritätischen Wohlfahrtsverbandes sowie des Roten Kreuzes durch die NSV verlief ebenso reibungslos, wie die Entlassung der Diakonissen und Ordensschwestern aus den kommunalen Kindergärten. Da die katholischen Kindergärten

---

1586 Franz-Michael, Konrad, Der Kindergarten – seine Geschichte von den Anfängen bis in die Gegenwart, Freiburg 2004, S. 175.
1587 Siehe Johanna Haarer, Die deutsche Mutter und ihr erstes Kind, München 1934.

durch das Konkordat geschützt waren, wurden im öffentlichen Dienst stehende evangelische Beschäftigte mehr oder weniger vergeblich aufgefordert, ihre Kinder in NSV-Kindergärten anzumelden.[1588]

6.5.3.1.1 Schließung der städtischen Kindergärten

Der Frankfurter Magistrat verfolgte angesichts der finanziellen Lage einen anderen Kurs und war bestrebt, die Zahl der städtischen Kindergärten drastisch zu reduzieren. Nachdem Richter davon erfahren hatte, informierte er die Caritas-Mitgliederversammlung am 5. Mai 1933 vertraulich, dass die Stadt 26 Kindergärten abstoßen wolle und auch daran denke, in den letzten 14 Jahren übernommene Fürsorgebereiche an konfessionelle Träger zurück zu übertragen.[1589] Krebs beauftragte am 17. Juni 1933 die Schulbehörden Kontakte zu den privaten Organisationen der Jugendwohlfahrtspflege mit dem Ziel der Überführung der Kindergärten aufzunehmen.[1590] Die Verhandlungen währten noch bis Ende 1933,[1591] blieben aber letztlich erfolglos. So erhielt der in der Goldsteinsiedlung am Wiesenhof als Zweigstelle von Schwanheim geplante Kindergarten mit Spielplatz keine Betriebserlaubnis, weil dies als unzulässige Neueröffnung gesehen wurde.[1592] 1933 scheiterte die Einrichtung eines Kindergartens in Deutschorden an einer nicht gewährten Bürgschaft des CV. Die Gründe sind nicht bekannt.[1593]

Inzwischen war die Stadt weiter bestrebt die städtischen Zuschüsse weiter zu reduzieren und das Schulamt wurde angewiesen, „neue Aufnahmegrundsätze mit dem Ziel der Drosselung der Ausgaben auszuarbeiten."[1594] Daraufhin schlug das Fürsorgeamt am 7. Juli 1933 vor, „grundsätzlich keine Freistellen mehr (zu geben) und auch die Kinder von Unterstützungsempfängern einen Mindestbeitrag zahlen" zu lassen.[1595] Innerhalb des Schulamtes war man zwar überzeugt, dass für die Übernahme von Kindergartenkindern oder ganzer Kindergärten „nur konfessionelle Organisationen in Betracht kommen. Es ist nicht ausgeschlossen, dass dies als nichts wünschenswert im Interesse des Ausbaus des Deutschen Volksstaates angesehen werden kann. Solange keine neutralen Organisationen vorhanden sind, (...) kann nicht anders verfahren werden" und man hoffte vergeblich, die NSV gewinnen zu können,[1596] was aber bis 1939 erfolglos blieb.

Am 1. Oktober 1933 wurden sechs, am 1. Januar und am 1. Mai 1934 drei weitere städtische Kindergärten geschlossen, da die Zahl der Kinder zurückgegangen war. Außerdem wurden mehrere Kindergärten und -horte

---

1588 Konrad, S. 159.
1589 Niederschrift über die Generalversammlung des Caritas-Verbandes Groß-Frankfurt v. 5.5.1933 (ACVF-1330-01).
1590 Schreiben Krebs/Städtische Schulbehörden v. 17.6.1933 (ISG 7.800).
1591 Protokoll CVF-Vorstand 28.11.1933 (ACVF-1310).
1592 Vermerk Bürgermeister Keller/Reg. Präs. Wiesbaden v. 9.6.1941 sowie Schreiben CVF/Reg. Präs. Wiesbaden v. 5.9.1941 (ISG 7.808).
1593 Protokoll CVF-Vorstand 12.6.1933 (ACVF-1310).
1594 Schreiben Krebs/Städtische Schulbehörden v. 17.6.1933 (ISG 7.800).
1595 Vermerk Städtisches Fürsorgeamt v. 7.7.1933 (ISG 7.800).
1596 Vermerk Schulamt v. 21.9.1933 (ISG 7.800).

zusammengelegt.[1597] Das Personal wurde auf andere Kindergärten verteilt, in denen Mitarbeiter als politisch unzuverlässig entlassen worden waren.[1598]

Interessant ist die Bemerkung von Magistratsrat Brühl „es im Sinne der nationalsozialistischen Regierung liege, das Kind statt in öffentlichen Anstalten wieder in der Familie erziehen zu lassen." „Kindern bemittelter Eltern (...) in Zukunft die städtischen Kindergärten verschlossen bleiben" müssten. Der Zuschuss für die Kindergärten sollte um mindestens 50% gesenkt werden.[1599] Wenig später wurden die Ferienspiele gestrichen, eine beantragte Angliederung der Kindergärten an das Fürsorgeamt aber abgelehnt und die Höchstzahl der städtischen Kindergartenplätze auf 1100 beschränkt. Außerdem wurden Zuschüsse für private Kindergärten nur noch für Kinder gewährt, die diese auch in städtischen Kindergärten erhalten hätten.[1600] Im November 1935 bestanden nur noch 14 städtische Kindergärten mit 1002 angemeldeten Kindern und einem durchschnittlichen Besuch von 782.[1601]

Von der Reduzierung der städtischen Zuschüsse an nichtgemeindliche Kindergärten waren auch Einrichtungen der NS-Frauenschaft betroffen. Gauleiter Sprenger wandte sich daher am 22. März 1934 an Reichsjugendführer Baldur von Schirach, um den Aufbau der von der NS-Frauenschaft gegründeten „Deutschen Kinderschar" zu fördern, obgleich diese kurz zuvor von Hitler aufgelöst worden war.[1602] Am 24. April 1934 forderte Krebs vom Wiesbadener Regierungspräsidenten „eine Verfügung zu erlassen, die die Neugründung von Kindergärten (...) verbietet."[1603] Da 1935 der Anteil der NSV-Kindergärten in den Gemeinden mit mehr als 20.000 Einwohnern nur 4% betrug, verbot man nun auf der Basis der im RJWG verankerten Genehmigungspflicht zum Betrieb von Kindergärten in den novellierten Landeskindergartengesetzen die Neugründung konfessioneller Kindergärten und versuchte auch alle anderen privaten Träger auszuschalten, was aber keinen großen Erfolg hatte.[1604]

Im Juni 1935 beschwerte sich die NSDAP-Ortsgruppe Rödelheim bei der Stadtverwaltung, dass in der evangelischen Kinderschule Wehrhofstraße vier jüdische Kinder aufgenommen seien, da „den Vg. [Volksgenossen] nicht zugemutet werden (kann), ihre Kinder mit fremdrassischen zu-

---

1597 Magistratsbeschlüsse v. 28.9.1933, 11.12.1933 und 19.3.1934 (ISG 7.800).
1598 Im Mai 1933 wurde angeordnet, das gesamte städtische Kindergartenpersonal auf seine Parteizugehörigkeit zu überprüfen (Vermerk Schulamt v. 28.7.1933-ISG 7.800). Der Personalbestand ging von März 1933 bis Februar 1934 von 127 auf 91 zurück und wurde danach auf 61 abgesenkt (Vermerk Rechneiamt v. 26.2.1934 .
1599 Protokoll Besprechung Rechnungsprüfungsamt zwecks Angliederung der Kindergärten an das Fürsorgeamt v. 18.2.1934 (ISG 7.800).
1600 Vermerk V. 19.3.1934 (ISG 7.800).
1601 Reisebericht über die Besichtigung der Kindergärten- und Kinderhorteinrichtungen der Städte München und Stuttgart und abschließender Bericht betr. Verminderung der Aufwendungen für das Kindergarten- und Kinderhortwesen in Frankfurt a. M. v. 2.1.1936 (ISG 7.800).
1602 Schreiben Sprenger/Schirach v. 22.3.1934 – Abschrift für Krebs (ISG 7.800).
1603 Entwurf Schreiben Krebs/Reg. Präs. Wiesbaden v. 24.4.1934 (ISG 7.800).
1604 Brookhagen, S. 38.

sammen erziehen zu lassen."[1605] Krebs wies auf einen seit 1933 ausstehenden Erlass des Reichsunterrichtsministeriums bezüglich der Aufnahme von nichtarischen Kindern in Privatschulen hin, das „vorläufig keine Möglichkeit (besteht) den evang. Kindergarten anzuweisen, Kinder jüdischer Eltern von dem Besuch des Kindergartens auszuschließen."[1606]

1938/39 war durch eine verstärkte Beschäftigung der Frauen „das Bedürfnis der Betreuung von Kindern in den öffentlichen Kindergärten erheblich gewachsen" und der Mangel an Kindergartenplätzen in einigen Frankfurter Stadtteilen wurde immer unübersehbarer, [1607] Konsequent forderte das Schulamt die Abkehr von der bisherigen Politik und kritisierte die 1934 festgelegten Einweisungsgrundsätze[1608] sowie die Leitlinie der Familien- statt der öffentlichen Erziehung. Nach einem Besuch in München und Stuttgart verwies man auf die dortige Praxis, die allen Bevölkerungskreisen den Zugang zu öffentlichen Kindergärten ermöglichte, weil der „Gedanke des Volksgedankens es sogar verlange, neben den aus den ärmsten Kreisen stammenden Kindern auch Kinder aus den besser gestellten Bevölkerungsschichten zu betreuen. Aus letzterem Grunde ist in diesen Städten auch die Neugründung privater Kindergärten möglichst unterbunden worden."[1609]

Aber erst am 9. Januar 1940 beschloss man, den Kindergartenausbau voranzutreiben und die Aufnahmesperre für Kinder „bemittelter" Eltern aufzuheben, die dazu geführt habe, dass seit 1934 „in zunehmenden Maße Kinder den privaten und konfessionellen Anstalten zugeführt wurden." [1610]

6.5.3.1.2 Kampagne gegen konfessionelle Kindergärten

Nachdem im Rheinland und in Schlesien wiederholt Anträge zur Eröffnung katholischer Kindergärten abgelehnt worden waren, befasste sich die Bischofskonferenz im September 1935 mit der Kindergartenfrage. Bertram wandte sich an das Reichsinnenministerium und kritisierte, die „Bestrebungen hoher staatlicher Stellen, den Grundsatz der Entkonfessionalisierung des öffentlichen Lebens jetzt sogar auf die Betreuung und Erziehung der Jugendlichen frühesten Alters auszudehnen, und so die Kirche und ihre Organisationen aus Bildung, Betreuung und Erziehung der Kinder immer mehr zu verdrängen" sowie die Aussage, konfessionelle Kindergärten „seien nicht zu vereinbaren mit dem Begriffe der Volksgemeinschaft". Bertram bat das Reichsinnenministerium, „die Bezirks-Regierungen anzuweisen, den Anträgen auf Einrichtung und Unterhaltung katholischer Kindergärten (…) und der Wünsche der katholischen Eltern weitherziges Entgegenkommen zu erweisen".[1611] Da sich nicht viel tat, wiederholte

1605 Schreiben NSDAP-Ortsgruppe Rödelheim/Stadtverwaltung Frankfurt v. 6.6.1935 (ISG 7.800).
1606 Entwurf Schreiben Krebs/NSDAP-Ortsgruppe Rödelheim v. 16.7.1935 (ISG 7.800).
1607 Vermerk Schulamt/Krebs v. 22.6.1938 (ISG 7.800).
1608 Vermerk Schulamt/Krebs v. 13.5.1939 (ISG 7.800).
1609 Vermerk Schulamt/Krebs v. 13.5.1939 bzw. Jugendamt/Krebs v. 7.7.1939 (ISG 7.800).
1610 Vermerk Schulamt/Krebs v. 27.9.1941 (ISG 7.800).
1611 Schreiben Bertram/Reichsinnenministerium v. 15.10.1935 – Abschrift (ISG 7.800), abgedruckt in: B. Stasiewski, Akten III, Dok. Nr. 262.

Bertram aufgrund einer Initiative des DCV am 3. Juni 1936 gegenüber Reichskultusminister Bernhard Rust und Reichskirchenminister Hanns Kerrl seine Stellungnahme vom 15. Oktober 1935 und wies zusätzlich daraufhin, dass die staatliche Praxis mit Art. 15 des Reichskonkordats unvereinbar sei. [1612] Zu diesem Zeitpunkt gab es etwa 4.450 katholische Kindergärten mit etwa 300.000 Kindern. [1613]

Bertram setzte sich für katholische wie für evangelische Kindergärten ein, da der „konfessionellen Zweiheit Rechnung zu tragen sei". [1614] Kurz vor der nächsten Sitzung der Bischofskonferenz am 12./13. Januar 1937 wies der vom Wiesbadener Regierungspräsident zum Staatssekretär im Reichskultusministerium avancierte Werner Zschintzsch dies am 6. Januar 1937 gegenüber Kardinal Bertram zurück. Der deutsche Kindergarten habe die Aufgabe „das Erlebnis nationalsozialistischer Volksgemeinschaft zu vertiefen [... und] alle Aufspaltungen nach Bekenntnis und Stand" seien unwesentlich". Daher schließe der „den nationalsozialistischen Staat tragende Grundgedanke der rassisch und völkisch bestimmten Schicksalsgemeinschaft des Volkes (...) grundsätzlich eine bekenntnismäßige Einengung der Kindergartenarbeit aus." Dieser Grundgedanke gelte auch für evangelische und NSV-Kindergärten. Das Vorgehen der Regierungspräsidenten der Rheinprovinz und Schlesiens sei kein Verstoß gegen Artikel 15 des Reichskonkordates, „da es sich um keine besonderen Beschränkungen der katholisch-caritativen Arbeit handelt. [1615]

Da die Enzyklika „In brennender Sorge" in Vorbereitung war, informierte Bertram am 7. Februar 1937[1616] die Kurie und erhob am 24. Februar 1937 bei Reichskultusminister Rust Einspruch gegen das Zschintzsch-Schreiben, das sich „gegen Lebensinteressen der katholischen Kirche richtet, die religiöse Erziehung der Kinder sowohl wie die Elternrechte verletzt und mit der katholischen Kirche zugesicherten Bewegungsfreiheit unvereinbar" sei. [1617] Am 10. März 1937 verfügte Rust per Rundschreiben[1618] dass verstärkt NSV-Kindergärten gefördert werden sollten und erklärte die nationalsozialistische Kindergartenpolitik mit dem Reichskonkordat für vereinbar. Am gleichen Tag unterzeichnete Pius XI die am 21. März 1937 die Enzyklika" In brennender Sorge", die dann am 21. März 1937 verlesen wurde. Kurz darauf wurde die Eröffnung eines neuen evangelischer Kindergarten in Senftenberg/Brandenburg untersagt[1619] und Caritas sowie Innerer Mission reichsweit die Fachaufsicht über die Kindergärten entzo-

---

1612 Schreiben Bertram/Reichskultusministerium v. 3.6.1936 – Abschrift (ISG 7.800).
1613 B. Stasiewski, Akten III, Dok. Nr. 262/IIe, S. 196–203.
1614 B. Stasiewski, Akten III, Dok. Nr. 244, S. 50–52.
1615 Schreiben Zschintzsch/Bertram v. 6.1.1937–Abschrift (ISG 7.800), abgedruckt in: L. Volk, Akten IV, Dok. Nr. 355, S.172.
1616 L. Volk, Akten IV, Dok. Nr. 355, S.170–72.
1617 L. Volk, Akten IV, Dok. Nr. 357, S.176.
1618 Schreiben Reichs- und Preußischer Minister für Wissenschaft, Erziehung und Volksbildung an Regierungspräsidenten „unmittelbar", die Oberpräsidenten, den Stadtpräsidenten der Reichshauptstadt Berlin, die Unterrichtsverwaltung der Länder, den Reichskommissar für das Saarland, den Reichs- und Preußischen Minister für die kirchlichen Angelegenheiten und den Reichs- und Preußischen Minister des Innern v. 10.3.1937.
1619 Siehe ausführlich Brookhagen, S. 38.

gen und den kommunalen Jugendämtern übertragen. Daraufhin appellierte die FBK an die katholischen Erziehungsberechtigten, auf der Unterbringung in katholischen Einrichtungen zu bestehen.[1620]

Am 1. Juni 1938 wurde in einem Erlass des Reichsinnenministeriums die Ablösung der konfessionellen durch NSV-Kindergärten empfohlen, doch tat sich nichts. Nachdem NSV-Gauwalter Haug dies als „dringende staatspolitische und unumgängliche Notwendigkeit „bezeichnet hatte, beschwerte sich Haug 1939, es sei untragbar, dass den 355 NSV-Kindergärten im Gau Hessen-Nassau immer noch über 400 konfessionelle Kindergärten gegenüberständen. [1621] Haug ignorierte, dass die Frankfurter NSV bisher kaum Interesse an der Gründung und Übernahme von Kindergärten gezeigt hatte.

Erst nachdem die NSV sich nach Zuschüssen erkundigt hatte, beschloss der Magistrat am 3. Juli 1939, dass neue Kindergärten „ausschließlich von der NSV betrieben werden und alle städtischen Kindergärten fortzuführen sind."[1622] Am 9. Januar 1940 beschloss der Magistrat, den Kindergartenausbau voranzutreiben und hob die Einkommensgrenze auf, die dazu geführt habe, dass seit 1934 „in zunehmenden Maße Kinder den privaten und konfessionellen Anstalten zugeführt wurden.[1623] In einer Vereinbarung zwischen Stadt und NSV wurde festgelegt, dass die NSV nur in Stadtteilen ohne öffentliche Kindergärten oder dort, wo der städtische Kindergarten nicht ausreichte, tätig werden solle. Die Stadt behielt sich das Recht vor, selbst weitere Kindergärten einzurichten. Die Errichtung der NSV-Kindergärten wurde von der Stadt mitfinanziert und 45 RM pro Kind/Jahr gezahlt. Bis zum Oktober 1940 richtete die Stadt für die NSV vier von sieben zugesagten Kriegskindergärten ein, drei weitere sollten folgen.[1624] Im März 1941 bestanden 24 NSV Kindergärten mit 2148 angemeldeten Kindern.[1625]

Die konfessionellen Kindergärten blieben in Frankfurt unbehelligt, während im Juli/August 1939 sieben evangelische Kindergärten im Raum Darmstadt von der Gestapo mit der Begründung geschlossen wurden, die Leiter würden keine Gewähr für die Erziehung der Kinder im Geiste der nationalsozialistischen Weltanschauung bieten.[1626] Schul- und Kulturdezernent Rudolf Keller lehnte im Januar 1940 den Antrag der evangelischen Gemeinde Nied ab, den Kindergarten in das neue Gemeindehaus zu verlegen, weil dies einer unzulässigen Neueröffnung gleichzusetzen sei.[1627]

Am 21. März 1941 verfügten Reichsinnenministerium und Führerstellvertreter Rudolf Hess die Übernahme sämtlicher nichtgemeindlicher Kin-

1620 ABL Nr. 6, 23.3.1937, S. 37, No.71.
1621 Wilhelm Haug, Parteiamtliche und öffentliche Wohlfahrtsarbeit, S. 181.
1622 Vermerk Fischer-Defoy/ Prestel/Baldes v. 18.9.1939 (ISG-8.854 – Bestand-Ausschaltung kirchlicher Wohlfahrtseinrichtungen).
1623 Vermerk Schulamt v. 23.11.1939 sowie Protokoll Besprechung bei OB Krebs v. 9.1.1940 (ISG 7.800).
1624 Vermerk Schulamt v. 1.10.1940 (ISG 7.800).
1625 Vermerk Schulamt/Krebs v. 27.9.1941 (ISG 7.800).
1626 Rechtsgrundlage war §1 der Verordnung des Reichspräsidenten zum Schutz von Volk und Staat v. 28.2.1933.
1627 Vermerk Bürgermeister Keller/Reg. Präs. Wiesbaden v. 9.6.1941 (ISG 7.800).

dergärten durch die NSV und gestatteten nur noch der NSV die Planung neuer Kindergärten, behielten aber bezüglich der bestehenden gemeindlichen Kindertagesstätten den bisherigen Rechtszustand bei und räumten den Gemeinden, die Übernahme von der NSV nicht fortgeführter Kindergärten ein. In dem Erlass wurde ausdrücklich darauf verwiesen, dass „besonders erfolgreiche" Stadtkreise im Einvernehmen mit dem Stellvertreter des Führers „ermächtigt werden, auch den Betrieb neuer Kindertagesstätten selbst zu übernehmen."[1628] Daher antwortete Krebs auf erneute Rückfragen Ecks von Ende März 1941[1629] lapidar am 19. April 1941 mit der Übersendung des Runderlasses, „der für die Gemeinden bindend ist."[1630]

Kreutz forderte Hilgenfeldt im Mai 1941 auf, diesen Erlass nicht im Kriege durchzuführen und informierte auch die evangelische Seite über dieses Gespräch. Dennoch verstärkten sich die Befürchtungen über die Übernahme der konfessionellen Kindergärten, so dass sich die Mitgliederversammlung und der Ortscaritasausschuss auf einer gemeinsamen Sitzung am 15. Mai 1941 ausführlich damit befassten. Im Protokoll sind aber keine Einzelheiten aufgeführt.[1631] Am 23. Juni 1941 verbot Gauleiter Sprenger die Fortführung konfessioneller Einrichtungen über den 31. Juli 1941 hinaus. Da die Verfügung nicht veröffentlicht wurde, kam es zu Unstimmigkeiten in den kommunalen Verwaltungen über das weitere Vorgehen. Während einige Gemeinden sofort tätig wurden,[1632] zögerten andere, darunter auch Frankfurt, die ihre Zweifel an der rechtlichen Grundlage für eine Beschlagnahme nie ganz aufgaben. In einem neuen Erlass am 16. Juli 1941, wurde darauf hingewiesen, dass in Zusammenarbeit mit den NSV-Kreisamtsleitern im „Laufe des Monats August sämtlich nichtgemeindlichen Kindergärten seitens der N.S.V. (Amt für Volkswohlfahrt übernommen" und bis zum 10. September 1941 entsprechende Meldungen abgegeben werden müssten.[1633] Das Schulamt erklärte zwar, den erforderlichen Beistand leisten zu wollen, wollte aber selbst nicht tätig werden.[1634]

6.5.3.1.3 Katholische Kindergärten

Die städtische Notlage zeigte sich auch darin, dass 1933 die drei Pfarrkindergärten (Fechenheim, Schwanheim/Abtshof und Dom/Dominikanergasse noch bezuschusst und 1937 das Defizit des Domkindergartens übernommen wurde. 1935 standen mit dem neu eröffneten Kindergarten in St. Bernhard[1635], 26 katholische Kindergärten mit über 1.000 Plätzen gegenü-

---

1628 Erlass Reichsministerium des Inneren und des Stellvertreters des Führers v. 21.3.1941 (MinBl. 1941, Sp. 525).
1629 Schreiben NSDAP-Gauschatzmeister/Krebs v. 31.3.1941 (ISG 7.800)
1630 Schreiben Krebs/Eck v. 19.4.1941 (ISG 7.800).
1631 Kurze Niederschrift CVF-Mitgliederversammlung und CVF-Ortscaritasausschuss v. 15.5.1941 (ACVF-1330-01).
1632 Verfügung erwähnt in Schreiben Landratsamt Erbach/Ev. Kirchengemeinde Michelstadt v. 8.7.1941 (LKA Darmstadt 1/2241), siehe Bookhagen, S. 607.
1633 Vermerk Reg. Präs. Wiesbaden an Landräte und Oberbürgermeister des Bezirks v. 16.7.1941 (ISG 7.808).
1634 Vermerk Schulamt/OB Krebs v. 31.7.1941 mit Briefentwurf, der aber nicht abgesandt, sondern am 4.8.1941 umformuliert wurde (ISG 7.808).
1635 Der Neubau wurde mit dem Verkauf von Schlossborn an den CV finanziert.

ber,[1636] die so weit wie möglich vom CV unterstützt wurden. U.a. unterstützte man ab 1934 den Domkindergarten mit monatlich 30 RM[1637] und bezuschusste 1937 eine Sanierung.

Der CV war immer bemüht, mit dem Schulamt zusammenzuarbeiten und wies nach der Beschlagnahme der katholischen Kindergärten im August 1941 daraufhin, man habe es nie „an Beweisen der Bereitschaft zur Förderung und Ausgestaltung der kirchlicherseits in Frankfurt bestehenden Kindertagesstätten sowie an dem Willen zur fruchtbaren Zusammenarbeit mit den bestehenden übrigen Einrichtungen, insbesondere der städtischen, (...) fehlen lassen. Wir selbst haben nicht nur unseren Kindergarten auf unsere Kosten eingerichtet und unterhalten, sondern haben auch die Kindergärten der Pfarreien mit Rat und Tat unterstützt." [1638] 1938 beantragte man beim Bistum einen jährlichen Zuschuss von 1.000 RM für die Kindergartenarbeit, den man vermutlich auch erhielt.[1639]

Aufgrund des Mangels an Kindergartenplätzen hatte die unzureichende Buchführung im Domkindergarten keine Konsequenzen seitens der Stadt. Während Wilhelm Leicht in seinem Prüfvermerk die „Buchführung für einen Kindergarten für unverantwortlich" hält, war die Stadt mit der Buchführung „zum Zwecke der Vorlage bei der Stadt Frankfurt" offenbar zufrieden und erstattete vierteljährlich das Defizit.[1640] Das Verhältnis zwischen Stadt und der Pfarrgemeinde St. Gallus blieb weiterhin gut, sodass das zum Monikaheim gehörende Gartenhaus vom 1. November bis 14. Dezember 1941 der Stadt kostenlos für einen Kindergarten für 13–16 keuchhustenkranke Kinder aus Sachsenhausen und Gallus zur Verfügung gestellt wurde.[1641]

Mit der Frankfurter Linie war man auf Seiten der NSDAP- sowie der NSV-Gauleitung aber nicht einverstanden. Nach der Einberufung Haugs 1940 zum Wehrdienst folgte Fritz Fuchs[1642] nach, der das Verfahren gegen den Bad Sodener Pfarrer angestrengt hatte. Er wurde von Landesrat Johlen unterstützt, der am 12. Juli 1940 an Richard Hildebrandt schrieb, in Hessen-Nassau sei nun „der Betrieb von Kindergärten allein und ausschließlich Aufgabe der NSV",[1643] obgleich dies nicht der Fall war. Der 1941 neu ernannte NSV-Kreiswalter Kurt Hahn forderte daraufhin das Evangelische Landeskirchenamt Darmstadt auf, zum 30. Januar 1941 geeignete Kindergärten der NSV zu übergeben.[1644] Eine Aufforderung

1636 Lubentiusblatt Nr.20 v. 20.5.34, S. 314.
1637 Protokoll CVF-Vorstand v. 5.10.1934 (ACVF-1310).
1638 Schreiben CV Frankfurt/Reg. Präs. Wiesbaden v. 5.9.1941 (ISG 7.808).
1639 Protokoll CVF-Vorstand v. 21.3.1938 (ACVF-1310).
1640 Bericht Wilhelm Leicht über die Prüfung beim Vinzenzverein der Dompfarrei v. 22.7.1938 (DAF II.11.B).
1641 Schreiben Stadtgesundheitsamt/Personalamt v. 25.10.1940 bzw. Vermerk Stadtgesundheitsamt/Krebs v. 13.1.1941 (ISG 7.808).
1642 Fritz Fuchs (1894–1977), Bankkaufmann und Leiter der Städt. Kreditgenossenschaft Bad Soden, 1925 NSDAP-Eintritt und Ortsgruppenleiter, 1933 ehrenamtlicher und 1937 hauptamtlicher Kreisleiter Bad Soden, 1940 NSV-Gauwalter und ab 1943 NSV-Gauhauptamtsleiter Hessen-Nassau sowie NSDAP-Kreisleiter Mainz, 1943–45 MdR.
1643 Schreiben Johlen/Hildebrandt v. 12.7.1940 (IFZ MA 605).
1644 Zit. nach Bookhagen, S. 594.

gegenüber dem Bistum Limburg konnte bisher nicht festgestellt werden, wäre aber auch ignoriert worden.

Aber auch die städtischen Kindergärten waren der NSV ein Dorn im Auge. NSDAP-Gauschatzmeister Eck wollte von Krebs am 11. September 1940 wissen, welche Kindergärten und -horte die Stadt noch unterhalte und wofür die im Haushalt ausgewiesenen 560.000 RM dezidiert pro Einrichtung nach Personal- und Sachkosten bestimmt seien.[1645] Zwar wurde die Zahl der Kindergärten für den Juni 1940 mit 14 (1.111) und der Kinderhorte mit 26 (1.585) angegeben,[1646] weitere Angaben mit Hinweis auf nicht vorhandene Einzelnachweise wurden abschlägig beschieden.[1647] Am 26. November 1940 forderte Gauschatzmeister Walter Eck „im Einverständnis mit dem Gauleiter" Oberbürgermeister Krebs auf, die städtischen Kindergärten und -horte der NSV zu übertragen, da der Führer die Betreuung der Klein- und Kleinstkinder der NSV übertragen habe und kein Grund bestehe, „dass sich in dieser Aufgabe zwei Instanzen teilen."[1648]

Das Schulamt zögerte seine Antwort hinaus und nahm Kontakt zum Deutschen Gemeindetag und zum NSDAP-Hauptamt für Kommunalpolitik auf, das nach Gesprächen mit Hilgenfeldt, Reichsgesundheitsführer Leonardo Conti sowie Hauptamtsleiter Walther Sommer (Stab des Stellvertreters des Führers) in seinem Rundschreiben vom 4. Januar 1940 festlegte, dass alle „bisher gemeindlichen Kindergärten den Gemeinden verbleiben, (…) die bisher von konfessionellen und sonstigen Organisationen betriebenen Kindertagesstätten nach und nach von der N.S.V übernommen (…) und die Trägerschaft an den neu zu errichtenden Kindertagesstätten der N.S.V vorbehalten (werden)."[1649] In einem Briefentwurf vom März 1941 wies Krebs die Forderung mit Hinweis auf das Rundschreiben zurück und erklärte „der bestehende Zustand kann auf sich beruhen bleiben."[1650] Der Brief wurde aber mit Hinweis auf eine bevorstehende Regelung des Reichsinnenministers zunächst zurückgestellt.[1651]

Da Frankfurt als einzige Stadt im Gau Hessen-Nassau noch Kindertagesstätten unterhielt, war die Frankfurter NSDAP bemüht, endlich reinen Tisch zu machen. Parallel zum Sprenger-Erlass forderte NSDAP-Kreisleiter Otto Schwebel am 23. Juni 1941 Krebs auf, die Kindergärten und -horte der NSV zu übergeben, weil die Absicht bestehe, „sämtliche in Frankfurt a/M bestehenden Kindergärten und Kinderhorte an die NSV zu übertragen",[1652] erhielt aber die gleiche Antwort wie sein Gauschatzmeister.[1653] NSV-Kreisamtsleiter Hahn ließ nicht locker, sondern forderte am 19. Juli 1941 „namens des Gauleiters" von Krebs die Überführung der städtischen

---

1645 Schreiben NSDAP-Gauschatzmeister/Krebs v. 11.9.1940 (ISG 7.800).
1646 Aufstellung v. 1.4.1940 (ISG 7.800).
1647 Bearbeitungsvermerk vom 1.10.1940 auf Rückseite von Schreiben NSDAP-Gauschatzmeister/Krebs v. 11.9.1940 (ISG 7.800).
1648 NSDAP-Gauschatzmeister Walter Eck/Krebs v. 26.11.1940 (ISG 7.800).
1649 Rundschreiben G2/1940 des NSDAP-Hauptamtes für Kommunalpolitik v. 4.1.1940 (ISG 7.800).
1650 Briefentwurf Krebs/Stadtrat Eck v. März 1941 (ISG 7.800).
1651 Vermerk Hauptverwaltungsamt v. 10.3.1941 (ISG 7.800).
1652 Schreiben NSDAP-Kreisleiter/Krebs v. 23.6.1941 (ISG 7.800).
1653 Schreiben Krebs/NSDAP-Kreisleiter v. 10.7.1941 (ISG 7.800).

Kindergärten an die NSV. Auf den Hinweis von Krebs auf dem Erlass des Reichsinnenministeriums vom 21. März 1941 erklärte Hahn, „es handle sich um eine Kann-Vorschrift" und schlug vor, „die Überführung der Kindergärten auf die NSV dem Gauleiter zum Geburtstagsgeschenk zu machen". Abgesehen von seiner grundsätzlich negativen Einstellung gegenüber Sprenger erklärte Krebs, „er werde getreu seinem Beamteneid die Anordnungen des zuständigen Innenministers befolgen. (...) Wenn der Gauleiter seine Forderung weiterverfolge, so müsse der Minister entscheiden, ob der Runderlass vom 21.3.41 aufrechterhalten bleibe oder nicht."[1654]

Nachdem der Stabsamtsleiter Sprengers Krebs zu einem Gespräch mit Kreisleiter Schwebel aufgefordert hatte,[1655] wandte sich Krebs am 28. Juli auf dem Dienstweg über den Regierungspräsidenten an den Reichsinnenminister. Sein Schreiben wurde aber nicht weitergeleitet und stattdessen am 11. August 1941 betont, dass auch die gemeindlichen Kindergärten „später in die NSV überführt und von ihr betreut werden müssen."[1656]

Unterdessen waren Anfang August alle evangelischen Kindergärten überwiegend freiwillig der NSV übertragen worden, wie der Dank von Krebs an die evangelische Propstei am 5. August 1941 zeigt.[1657] Auch 33 private Kindergärten mit 746 Kindern wurden beschlagnahmt und 31 als „Kindertagesstätten der NSDAP" fortgeführt.[1658] Am 4. August 1941 wurde der Regierungspräsident informiert, dass „insbesondere auf katholischer Seite keine Geneigtheit zur Überleitung" bestehe. Im Gegensatz zur NSV-Kreisamtsleitung sah Krebs aber im Reichsleistungsgesetz keine Grundlage für eine Beschlagnahme, verwies aber auf das in Offenbach praktizierte Verfahren, den Weiterbetrieb unter Bezugnahme auf den Erlass des Reichsstatthalters in Hessen zu untersagen und forderte eine entsprechende Ergänzung des Erlasses vom 16. Juli 1941.[1659]

Am 5. August 1941 wurde der Gesamtverband aufgefordert, bis zum 7. August die „Bereitwilligkeit" zur Übergabe der Kindergärten zu erklären, damit „alltäglich einige Kindergärten von Vertretern des Amtes übernommen werden" können.[1660] Herr erklärte postwendend, dass die in Betracht kommenden Kindergärten ihm „weder jurisdiktionell noch finanziell" unterstellt seien. Zwar führe der Caritasdirektor die Aufsicht, er habe „jedoch (...) kein Verfügungsrecht." Vermögen inkl. Gebäude, Räume und Inventare gehöre den Kirchengemeinden ggf. dem Gesamtverband. „Darüber haben die Kirchenvorstände unter Oberaufsicht der Bischöflichen Behörde zu Limburg zu beschließen." Dies habe er dem NSDAP-Kreisamtmann bereits vor 14 Tagen mitgeteilt. Herr zitierte zudem aus einem

---

1654 Vermerk v. 26.7.1941 (ISG 7.808).
1655 Schreiben NSDAP-Gau Hessen-Nassau-Stabsamtsleiter/Krebs v. 23.7.1941 (ISG 7.800).
1656 Schreiben Reg. Präs. Wiesbaden/Krebs v. 11.8.1941 (ISG 7.800).
1657 Schreiben Krebs/Ev. Propstei Frankfurt/Main v. 5.8.1942, hier zit. nach S. Richter, Die Entwicklung des Kindergartenwesens, S.106.
1658 Schreiben NSV-Kreisamt Frankfurt/Schulamt Frankfurt v. 12.11.1941 (ISG 7.808).
1659 Schreiben OB Frankfurt/Reg. Präs. Wiesbaden v. 4.8.1941 (ISG 7.808).
1660 Schreiben OB Frankfurt/Gesamtverband der kath. Pfarrgemeinden, z.Hd. von Herrn Stadtpfarrer Herr v. 5.8.1941 (ISG.7.808).

Schreiben des BO an den Regierungspräsidenten, das darauf verwiesen hatte, „dass von konfessionellen Kindergärten in dem Rundschreiben [vom 21. März 1941] mit keinem Wort die Rede (sei). Die Rechtslage der kirchlichen karitativen Kindergärten, die alle von den zuständigen Behörden genehmigt und beaufsichtigt wurden, ist nach dem Gesagten so klar, dass eine Auf- oder Abgabe derselben nicht in Betracht kommen kann."[1661]

Herr bat den Regierungspräsidenten sich für den Fortbestand der „von ihm genehmigten, kirchlichen, karitativen Kindergärten" einzusetzen und für den Fall, „die Genehmigung ohne Berücksichtigung der oben genannten Vorschriften entziehen zu müssen" die Anweisung zu geben, „dass die kirchlichen Räume nicht in Anspruch genommen werden."[1662] Das Wiesbadener Regierungspräsidium übermittelte am 9. August 1941 Krebs   vorab den Wortlaut einer Verfügung über die Aufhebung der „widerruflichen Befreiungsgenehmigung" mit sofortiger Wirkung,[1663] die dann am 11. August 1941 generell für Hessen-Nassau erlassen wurde.[1664] Am gleichen Tag wurden die ersten, an den folgenden Tagen die übrigen noch bestehenden 27 katholischen Kindergärten beschlagnahmt.[1665] Stadtpfarrer Herr protestierte sofort bei Krebs:

„1. Es ist mir kein deutsches Gesetz bekannt, welches die Zuweisung oder Benutzung von Eigentum privater Personen oder öffentlicher Körperschaften ausspricht als das Kriegsleistungsgesetz. Die Anwendung und Ausführung dieses Gesetzes ist lediglich Sache des Oberkommandos der Wehrmacht. Dieses hat sich über die vorliegende Sache meines Wissens nicht ausgesprochen.
2. Die Kindergärten sind eine Einrichtung der Erziehung und unterstehen als solche dem Herrn Minister für Erziehung, Wissenschaft und Volksbildung. Derselbe hat m. W. in vorliegender Sache sich nicht ausgesprochen und keine Anweisung gegeben.
3. Der Herr Regierungspräsident hat unsere Kindergärten aufgelöst, aber in seiner Verfügung die Benützung unserer Räume nicht ausgesprochen sowie auch nicht der dort befindlichen Gegenstände.
4. Die Bischöfliche Behörde zu Limburg hat die Pfarrer angewiesen, bei Übernahme, Vermietung oder Verpachtung der Räume der Kindergärten zu erklären, dass Räume in kircheneigenen Grundstücken kirchenfremden Organisationen nicht zur Verfügung gestellt werden können. Die fordernde Stelle ist an das Bischöfliche Ordinariat zu verweisen.
5. Wenn trotzdem und ohne die Einwilligung dieser Behörde diese kircheneigenen Räume von dem Vertreter der NSV in Anspruch genommen werden, so stellt sich bei dieser Rechtslage die Handlungsweise als ein Akt der (Staats-)[1666] Gewalt dar und ich muss darum Rechtsverwahrung einlegen."[1667]

1661 Schreiben Herr/OB Frankfurt v. 5.8.1941 (ISG 7.808).
1662 Schreiben Herr/OB Frankfurt v. 5.8.1941 (ISG 7.808).
1663 Schreiben Reg. Präs. Wiesbaden/OB Frankfurt v. 9.8.1941 (ISG 7.808).
1664 Verfügung Reg. Präs. Wiesbaden an Landräte des Bezirks und OB Wiesbaden v. 11.8.1941 (ISG 7.808).
1665 Antrag CV Frankfurt an RP Wiesbaden v. 29.9.1954 (ACVF-1712/1-DiCVL Korrespondenz 1945–54).
1666 Handschriftlich eingefügt.
1667 Schreiben Herr/OB Frankfurt v. 12.8.1941 (ISG 7.808); weshalb Herr hier den handschriftlich eingefügten Deutschen Gruß verwendet hat, lässt sich nicht klären.

Bischof Hilfrich protestierte am 4. August 1941 beim Regierungspräsiden-ten gegen die bevorstehende Beschlagnahme und öffentlich in einem Hir-tenwort am 14. August 1941[1668], es gab aber ebenso wenig eine Reaktion wie auf die Proteste Kardinal Bertrams vom 3. Juni und 5. August 1941.

Die Pfarreien berieten sich mit dem BO und dem CV und legten mit fast gleichlautenden Schreiben Protest beim Regierungspräsident Wiesba-den ein. Interessant ist, dass sich die in den ersten drei Punkten getroffe-nen juristischen Feststellungen mit Aussagen in internen Papieren des Frankfurter Schulamtes decken, so dass angenommen werden kann, dass diese dem Verfasser des Schreibens zugänglich waren. Am 5. September 1941 protestierte der CV gegen die Beschlagnahme des Kindergarten Ortenberger Straße 7:[1669]

„1.) Eine Verfügung über die Schließung des Kindergartens, die Beschlagnahme der Räume und der Einrichtung sowie die Übertragung auf die NSV, liegt uns bis heute nicht vor. Es ist uns lediglich ein schriftlicher Bescheid des Herrn Regie-rungspräsidenten vom 12. August ds. Js. an den Herrn Bischof in Limburg a.d.Lahn auf dessen Eingabe vom 4. August 1941 bekannt, demzufolge die Maß-nahmen der Regierung sich auf einen Runderlass des Reichsministeriums des Innern vom 21.3.1941 (...) stützen. Eine schriftliche Verfügung selbst liegt uns bis heute nicht vor.
2.) Die Verordnung des Herrn Reichsministers des Innern, auf die sich der Be-scheid des Herrn Regierungspräsidenten stützt, bietet u.E. keine ausreichende Rechtsgrundlage zu den getroffenen Maßnahmen. Diese regelt die Zusammenar-beit zwischen den Gemeinden und der NSV in Fragen der Kindertagesstätten und kann in dem einzigen Satz, in der die privaten Kindertagesstätten genannt wer-den (II. Abs.1 letzter Satz), nach dem ganzen Zusammenhang nur so verstanden werden, dass für den Übergang solcher Gärten an andere Stellen nur die NSV., nicht also etwa die Gemeinde in Frage kommen. Von einem Zwang zur Überfüh-rung ist nie die Rede. Dieser hätte sich wohl bei einem so bedeutsamen eingriff besonders hervorgehoben werden müssen.
3.) Aber auch wenn die Verfügung des Herrn Reichsministers dortseits eine wei-tere Auslegung erfahren würde. So könnte sie auch in diesem Falle nicht als aus-reichende Rechtsgrundlage für die dortigen Anordnungen dienen. Unser Kinder-garten ist gemäß § 29 des Reichsgesetzes für Jugendwohlfahrt vom 9. Juli 1922 durch Verfügung des Herrn Regierungspräsidenten vom 9. März 1933 von den Vorschriften der §§20–23 und des § 26 befreit worden. Diese Befreiung ist also auf Grund eines noch bestehenden Gesetzes erfolgt und kann nur unter be-stimmten, in Ziffer IX des Runderlasses des Herrn Preußischen Ministers für Volkswohlfahrt vom 1. August 1925 zu § 29, Abs.1 und 2 RJWG näher umschrie-benen Voraussetzungen entzogen werden. Da jedoch weder die Befreiung entzo-gen worden ist, noch dortseits Mängel im Sinne des Gesetzes festgestellt worden sind, so dürfen wir mit gutem Grunde feststellen, dass unser Kindergarten in Übereinstimmung mit den gesetzlichen Bestimmungen geführt worden ist. Eine nach den Vorschriften des Gesetzes geführte und damit zu Recht bestehende Einrichtung kann aber nach unserer Auffassung nicht durch eine Verwaltungsve-

---

1668 Hilfrich-Hirtenwort über unsere kirchlichen Kindergärten v. 14.8.1941 (abgeheftet nach ABL Nr. 17 v, 19.12.1941).
1669 Schreiben CV Frankfurt/Reg. Präs. Wiesbaden v. 5.9.1941 (ISG 7.808).

rordnung aufgehoben werden, da eine solche die reichsgesetzlichen Bestimmungen weder ersetzen noch gar außer Kraft setzen kann.
4.) Über die der katholischen Kirche in dem Reichskonkordat vom 20. Juli 1933 hinsichtlich kirchlicher Einrichtungen zustehenden Rechte hat der Herr Bischof von Limburg in seiner an den Herrn Regierungspräsidenten in Wiesbaden gerichteten Eingabe vom 4. August 1941 eingehende Ausführungen gemacht, so dass auf diese hier verwiesen werden darf. Es sei nur vermerkt, dass auch der Kindergarten Ortenberger Straße 7 als Einrichtung des Caritasverbandes zu den durch das Konkordat in Artikel 31, Abs. 1 geschützten kirchlichen Einrichtungen gehört. Wir weisen ferner darauf hin, dass aber auch in dem Kindergarten Ortenberger Straße 7 niemals Mitglieder von Orden oder religiösen Genossenschaften tätig gewesen sind, sondern ausschließlich Laienkräfte.
5.) Hinsichtlich der Geltendmachung des Reichsleistungsgesetzes vom 1. September 1933 zur Begründung der Beschlagnahme der Räume und der Einrichtung zugunsten der NSV. Sind ebenfalls in dort bereits vorliegenden Eingaben in dieser Sache Ausführungen gemacht, auf welche wir uns hiermit beziehen."

Abschließend versicherte der CV „es an Beweisen der Bereitschaft zur Förderung und Ausgestaltung der kirchlicherseits in Frankfurt bestehenden Kindertagesstätten sowie an dem Willen zur fruchtbaren Zusammenarbeit mit den bestehenden übrigen Einrichtungen, insbesondere der städtischen, nicht haben fehlen lassen. Wir selbst haben nicht nur unseren Kindergarten auf unsere Kosten eingerichtet und unterhalten, sondern haben auch die Kindergärten der Pfarreien mit Rat und Tat unterstützt. Die Mithilfe zur Beseitigung eines Notstandes in der neu entstandenen Siedlung Goldstein wurde uns seinerzeit leider versagt; obwohl die Räume und der Spielplatz fertiggestellt waren, wurde uns die Erlaubnis zur Eröffnung des Kindergartens nicht erteilt."[1670] Der Bitte des CV, den ursprünglichen Rechtszustand wieder herzustellen, wurde vom Regierungspräsidium Wiesbaden aber nicht entsprochen.

Da das Regierungspräsidium und die Gauleitung die Übernahme der städtischen Kindergärten weiterverfolgten, beschwerte sich Krebs am 18. August gegen die Nichtweitergabe seines Schreibens und bezeichnete es als unerträglich, „dass fortgesetzt von allen Seiten immer neue Forderungen an die Gemeindeverwaltung auf „Abgabe von Aufgaben und Einrichtungen an Organisationen oder an Reichsbehörden gestellt werden. (...) Gegen diese Entwicklung, die in unvereinbarem Gegensatz zu den Erlassen des Reichsinnenministeriums steht, stemme ich mich mit aller Entschiedenheit als leidenschaftlicher Verfechter des Einheitsgedankens nicht nur für das Reich, sondern auch für die Gemeinde als Grundlage des Staates. (...) Anordnungen des Reichsinnenministers (... unterliegen) weder einer Vereinbarung zwischen dem Gemeindeleiter und einer außergemeindlichen Stelle (... und können) ausschließlich und allein vom Ministerselbst aufgehoben oder abgeändert werden."[1671]

Krebs sandte eine Abschrift an den Deutschen Gemeindetag mit der Bitte, „umgehend bei dem Herrn Reichsinnenminister vorzusprechen und

---

1670 Schreiben CVF/Reg. Präs. Wiesbaden v. 5.9.1941 (ISG 7.808).
1671 Schreiben Krebs/Reg. Präs. Wiesbaden v. 18.8.1941 (ISG 7.808).

dessen Weisung herbeizuführen. [1672] Diesmal wurde das Schreiben vom Regierungspräsidenten weiter geleitet und Krebs informiert, „dass nach einer Vereinbarung mit dem Gauleiter die Übernahme der gemeindlichen Kindergärten nicht zur Debatte steht, wohl aber für die Zukunft vorgesehen ist."[1673] Ende September 1941 wurde der Gemeindetag im Reichsinnenministerium erfolgreich vorstellig[1674] und Beigeordneter Schlüter teilte Krebs am 23. Dezember 1941 mit, dass der Reichsinnenminister an seinem Erlass festhalte und sowohl den Oberpräsidenten in Kassel bzw. die beiden Regierungspräsidenten in Kassel und Wiesbaden aufgefordert habe, „nicht auf die Gemeinden einzuwirken, dass sie ihre Kindergärten an die NSV abgeben.[1675] Am 9. Dezember 1941 wurde in einem Runderlass des Reichsinnenministeriums bekräftigt, dass die zu diesem Zeitpunkt kommunalen Kindergärten weiterhin im Gemeindebesitz bleiben.[1676]

Die NSV übernahm insgesamt 55 Kindergärten[1677] mit einer durchschnittlichen Belegungszahl von 2942 Kindern und nutzte das vorhandene Inventar weiter. Für die in kirchlichem Besitz befindlichen Räumlichkeiten wurde aber keine Miete gezahlt. [1678] Am 21. Oktober wurde die Stadt aufgefordert, die bisher an die kirchlichen Kindergärten gezahlten Zuschüsse in Höhe von 45 RM/Kind und Jahr an den NSV auszuzahlen. [1679] Seitens der Stadt war man zunächst nicht bereit, angesichts knapper Kassen weiterhin ca. 135.000 RM bereit zu stellen. Begründet wurde die Ablehnung damit, dass die von der NSV übernommenen konfessionellen Kindertagesstätten Neugründungen und nicht Rechtsnachfolger seien. Vermutlich wurden die Zuschüsse später aber dann doch gewährt. 1943 wurden die staatlichen Zuschüsse für Kindertagesstätten gestrichen und die Gemeinden vor beinahe unlösbare Aufgaben gestellt. Da man bestrebt war, die städtischen Einrichtungen finanziell abzusichern, reduzierte man vermutlich die Zuschüsse an die NSV.

Trotz der eindeutigen Stellungnahmen von Reichsinnenminister Frick verfolgte Gauleiter Sprenger seine Absicht zur Übernahme der städtischen Kindergärten weiter. Am 20. April 1943 erklärte er gegenüber Krebs, falls er die Kindergärten freiwillig der NSV übertragen werde, habe ihm der Reichsinnenminister versichert, keinen Einspruch einlegen. Krebs beeindruckte dies nicht im Geringsten, sondern erklärte mit Hinweis auf § 2 der Deutschen Gemeindeordnung, es sei Aufgabe der Gemeinden Kindertagesstätten zu unterhalten und die „Abschaltung der Gemeinden, wie sie in anderen Städten und Gauen erfolgt sei, sei (…) falsch und schädlich. Man

1672 Schreiben Krebs/Reg. Präs. Wiesbaden v. 28.6.1941 (ISG 7.800).
1673 Schreiben Reg. Präs. Wiesbaden/Krebs v. 20.8.1941 (ISG 7.800).
1674 Schreiben Deutscher Gemeindetag-Beig. Schlüter/Krebs v. 23.9.1941 (ISG 7.800).
1675 Vertrauliches Schreiben Deutscher Gemeindetag-Beig. Schlüter/Krebs v, 23.12.1941 sowie Abschrift Schreiben Reichsminister des Innern-Dr. Frick/Sprenger v. 9.12.1941 (ISG 7.800).
1676 Runderlass Reichsinnenministerium v. 9.12.1941 (IV W II 228/41-300) und Schreiben Reg. Präs. Wiesbaden/Krebs v. 24.12.1941 (ISG 7.800).
1677 Lediglich der private Kindergarten Betz bestand noch am 1. November 1941. Näheres dazu konnte nicht gefunden werden.
1678 Schreiben Solidaris GmbH/CVF v. 16.3.1942 (ACVF-Immobilien/Niedenau 27).
1679 Schreiben NSV-Kreisamt Frankfurt/Schulamt Frankfurt v. 21.10.1941 (ISG 7.808).

werde später wieder zu einer Zusammenarbeit mit der Gemeinde kommen." Sprenger meinte, der Zeitpunkt der Übergabe werde kommen. Da sich Krebs sicher war, dass das Reichsinnenministerium an der bisherigen Rechtslage festhalten werde, meinte er abschließend, es „ist alles im bisherigen Zustand verblieben." [1680] Aufgrund fehlender Akten für 1943–45 kann nicht geklärt werden, ob es zu weiteren Übernahmeversuchen bei städtischen Kindergärten kam.

Nachdem die NSV ihr Ziel der Ausschaltung aller konfessionellen Kindergärten erreicht hatte, verfügte sie 1942/43 reichsweit über 30899 Kindergärten, in denen über 1,5 Mill. Kinder betreut wurden. [1681] In einzelnen Diözesen wie Rottenburg gab es bis zum Kriegsende katholische Kindergärten, da der Widerstand der Bevölkerung dort die Schließung verhinderte.

6.5.3.2 Kindererholung

Auch nach der Machtergreifung hielt man an den in Düsseldorf 1931 aufgestellten pädagogischen Grundsätzen fest, die „auch unter den veränderten Zeitverhältnissen unveränderten wegweisenden Wert haben" sollten. Im Mittelpunkt sollten auch weiterhin uneheliche Kinder, Halb- und Vollwaisen sowie Kinder aus zerrütteten oder geschiedenen Ehen stehen. [1682] Außerdem war man bestrebt, der NS-Ideologie und dem Angebot der NS-Kindererholung Paroli zu bieten. So wurden im Frühjahr 1934 und eine Volkstanzschulungswoche für Gruppenleiter und -leiterinnen durchgeführt. Dabei wurden 30 neue Kindertänze und 10 Kinderlieder erlernt und probeweise „in einer disziplinierten Hopserei" an einem Nachmittag mit 200 Kindern vermittelt. Außerdem führte „Kinderwohl" vom 24.-26. April 1934 eine Kinderseelsorgetagung durch, an der auch Frl. Schüle teilnahm, bei der die Vermittlung religiöser Themen im Mittelpunkt stand.

Nachdem die städtische Kindererholung mehr oder weniger eingestellt worden war und HJ, BDM und NSV an ihre Stelle getreten waren, standen weniger unentgeltliche Plätze zur Verfügung. [1683] Da die NSV sich auf erbtüchtige und erbgesunde Kinder beschränkte, [1684] bat Bischof Hilfrich am 12. März 1934 den Pfarrklerus Frankfurt, dafür zu sorgen, dass die Sommererholung erfolgreich ablaufe. Bistumsweit müssten rd. 2.000 hilfsbedürftige Kinder für vier Wochen in katholischen Familien auf dem Land untergebracht werden, da Großstädte dafür nicht geeignet seien. [1685]

Aufgrund negativer Erfahrungen bei der Auswahl im Vorjahr mussten die Pfarreien den Gesundheitszustand und die häuslichen Verhältnisse der in Frage kommenden Kinder mitteilen, die vom CV aufgrund eines ärztlichen Gutachtens ausgewählt wurden. 1934/35 wurden über 900 Kinder in Erholungsmaßnahmen untergebracht. 58 schwächliche Kinder aus ungünstigem häuslichen Milieu und solche, bei denen man Erziehungsschwierig-

---

1680 Vermerk Krebs über Gespräch bei Gauleiter Sprenger am 20.4.1943 (ISG 7.800).
1681 Fritz Heine, Die Nationalsozialistische Volkswohlfahrt, Bonn 1988, S. 14.
1682 Protokoll Kinderwohl-Sitzung v. 4.12.1934 (DAF-II.10.F).
1683 CV an Stiftungsausschuss des „Stipendium pauperum" v. 20.4.1933 (DAF II-10.F)
1684 Sachße/Tennstedt, Wohlfahrtsstaat, S. 135.
1685 Rundschreiben Hilfrich an den Pfarrklerus v. 12. März 1934 (DAF II.11.B).

keiten vermutete, wurden in Schwesternhäusern wie in Dernbach (12), Marianum (6 Mädchen) untergebracht.

Im Sommer 1934 standen 370 unentgeltliche Landpflegestellen sowie Plätze in Schwesterhäusern im Taunus und Westerwald zur Verfügung gestellt wurden. Etwa 100 Kinder waren außerdem seit 1931 regelmäßig in den gleichen Familien untergebracht. 330 Kinder waren zu einem reduzierten Tagessatz in den Jugendherbergen Cransberg, Burg Rotholz und mit Hilfe des CV Flensburg in dänischen Jugendherbergen und Familien sowie in Schlossborn untergebracht. Da man auch Kindern aus finanziell besser gestellten Familien Kuraufenthalte am Meer, im Gebirge oder im Solbad ermöglichen wollte, wurden 1934 und 1935 entsprechende Plätze für 150 Kinder mit einem Tagessatz von 1,50 bis 2 RM in verschiedenen Kinderheimen am Meer und im Gebirge[1686] gebucht. Viele Eltern zahlten den verbilligten Pflegesatz selbst, bei anderen gab es Zuschüsse der Krankenkasse und den Arbeitgebern des Vaters. Die Differenz sollte vom CV und den Pfarreien getragen werden. Für die Stadtranderholung stellte May von Weinberg seit 1931 den Wald- und Wiesenpark ihrer Villa „Waldfried" zur Verfügung. Über 150 Kinder wurden in den Sommerferien für einen Tagessatz von 0,40 RM Mittagessen sowie Vesperbrot und -trunk bereitgestellt und wöchentlich ein Kinderfest mit Spielen, Kuchen und Geschenken organisiert. Dazu wurde ein Werbefilm erstellt. Im Sommer 1934 wurden 900–1.000 Kinder betreut.[1687] Außerdem wurden im Winter 1934/35 etwa 20 Kinder in längere Heilkuren vermittelt.

Da 1934/35 die Beiträge der Pfarreien ausgeblieben waren, kam es zu einem Defizit von 3.000 RM. Da der CV sich außerstande erklärte, alle Kosten zu übernehmen, beschloss man am 4. Dezember 1934, dass statt der bisherigen zwölf alle Pfarreien ab 1. April 1935 einen Jahresbeitrag von 5 RM pro 1.000 Seelen zahlen sollten. Träger des „Kinderwohls" waren nun alle Pfarreien, der CV und die beitragsbefreiten Jugendverbände, da die Lehrerverbände nach der Gleichschaltung dazu nicht mehr in der Lage waren. [1688] Ein neuer Arbeitsausschuss (Stadtpfarrer Herr als Vertreter der Pfarreien, Caritasdirektor Richter und Jugendpfarrer Büttner koordinierten die Zusammenarbeit, hoben die bisherige Arbeitsüberschneidung auf und übernahmen die Schulung der Frohscharführerinnen[1689]. Die Schulung der Kongreganistinnen, die Mädchen über 14 Jahre betreuen sollten, übernahm die Diözesanpräfektin.[1690] Im Winter 1934/35 wurde die Schulungsarbeit der 623 ehrenamtlich tätigen Gruppenleiter und -innen auf Pfarrebene intensiviert und „Kinderwohl" stand bei der Vorbereitung und Durchführung von Pfarrfesten zur Verfügung. So wurde ab dem 1. Januar 1935 ein monatlicher Kindertanznachmittag in der Turnhalle des Ur-

---

1686 St. Willehadisstift Wangerooge, St. Ottoheim Zinnowitz/Usedom, Stella Maris Binz/Rügen, Kinderheim Mittelberg/Allgäu, Kinderheilstätte Friedensweiler/ Schwarzwald, St. Antoniushaus Münster am Stein, Kindererholungsheim Waldmichelbach/Odenwald und Knabenheim Marienhausen.
1687 Arbeitsbericht des Kinderwohl für das Geschäftsjahr 1934/35 (ACVF-1510).
1688 Protokoll Kinderwohl-Sitzung v. 4.12.1934 (DAF-II.10.F).
1689 Die Frohschar ist ein katholischer Verband für Mädchen von 10–14 Jahre.
1690 Arbeitsbericht des Kinderwohl für das Geschäftsjahr 1934/35 (ACVF-1510).

sulinenklosters durchgeführt und vom 28. Januar bis 3. Februar 1935 die Volkstanzschulungswoche für das Dekanat Höchst wiederholt.[1691]
Mit Unterstützung des DiCVL, zahlreicher Landpfarrer und den Vorsitzenden der Mütter- und Jugendvereine konnte der CV auch im Sommer 1935 über 385 unentgeltliche Landpflegestellen (Westerwald 254, Rheingau 67, Taunus 63) verfügen, die für 20 Caritasmündel und alle Pfarreien bestimmt waren. Die meisten wurden von St. Josef Bornheim (42), Dom/Bartholomäus (40), Bernard (35), Maria Hilf (22), West (20), Allerheiligen (17) und Antonius (17) in Anspruch genommen. 50 Kinder wurden von ihren Pflegeeltern erneut eingeladen. Im Abschlussbericht wurde die Aktion überwiegend positiv bewertet, nur von 10 Pflegeeltern kamen Klagen, vor allem weil die Kinder nicht alles essen wollten. Einige Pfarrgemeinden mieteten Jugendherbergen für eigene Gruppen an. Der CV erreichte für viele Gruppen eine 75% Fahrpreisermäßigung. 35 Kinder reisten kostenlos zur dänischen Grenze und zurück und wurden vom CV Flensburg in dänischen Jugendherbergen und in Familien untergebracht.

Kindererholung 1933–1939 (in RM)						
	1933/34	1934/35	1935/36	1936/37	1937/38	1938/39
Einnahmen	-	11.239	9.857	12.765	18.231	20.097
Ausgaben	-	10.207	9.316	12.173	18.256	19.858
Quelle: Solidaris-Prüfberichte (ACVF-1510)						

Nachdem der CV mit Zustimmung des BO am 17. Mai 1935[1692] Schlossborn erworben hatte, befürchtete Lamay am 11. Juni 1935, der CV wolle Schlossborn auch für die Kindererholung nutzen und künftig das Karlsheim in Kirchähr und Königshofen weniger belegen.[1693] Vermutlich wurde Richter vom BO zu einer Stellungnahme über die Nutzung von Schlossborn aufgefordert und antwortete am 24. Juni 1936 mit einer „förmlichen, wenn auch nicht ganz aufrichtigen Entschuldigung" (Fibich)[1694]: „Das Hochwürdigste Bischöfliche Ordinariat bitten wir gütigst entschuldigen zu wollen, dass wir versäumt haben, früher über die Verwendung des Caritashauses in Schlossborn zu berichten."[1695] Nach einer Darstellung der bisherigen Tätigkeit in Schlossborn, endet sein Schreiben ohne Grußzeile, was seine Verärgerung wohl deutlich werden lässt und nicht zu seiner Entschuldigung am Briefanfang passt. (Fibich)[1696]
1936/37 organisierte das Frankfurter „Kinderwohl" 90 Spielnachmittage, davon 41 an Sonntagen, und an weiteren 115 Nachmittagen wurden Spiele eingeübt. Für die Gruppenführerinnen wurden 70 Schulungsabende

---

1691 Arbeitsbericht des Kinderwohl für das Geschäftsjahr 1934/35 (ACVF-1510).
1692 Protokoll CVF-Vorstand v. 17.5.1935 (ACVF-1310).
1693 Vermerk Lamay für BO v. 11.6.1935 (DAL-359-D/1).
1694 Fibich, S. 293.
1695 Schreiben Richter/BO v. 24.6.1936 (DAL 359).
1696 Fibich, S. 294.

und 4 Tagungen organisiert. [1697] Außerdem nahmen 180 Kinder an einer Sommerfreizeit des DiCV teil. [1698]

Auch nach 1938, als die NSV zur beherrschenden Kraft wurde und die öffentliche und freie Wohlfahrtspflege immer stärker zurückdrängte, [1699] konnte die Caritas weitere Maßnahmen durchführen. Richter informierte am 14. Juni 1938 alle Pfarreien, dass die Zahl der Kinder unbeschränkt sei. Die örtliche Sommererholung wurde 1938 vom 18. Juli bis zum 13. August für Mädchen bis 14 Jahren sowie Jungen bis 12 Jahre durchgeführt. Pro Kind musste für Mittagessen inkl. Getränk 40 Pf. von der Pfarrgemeinde gezahlt werden. Die Fahrtkosten von 20 Pf. zahlten die Eltern selbst, auch das Frühstück musste mitgebracht werden. Richter bat auch darum, gute Führerinnen auszuwählen, die mindestens 14 Tage, besser aber einen Monat die Betreuung übernehmen sollten. [1700] Vom 9. – 29. Juli 1938 wurden außerdem Kinder aus der Dompfarrei in Hofheim für eine Ferienmaßnahme untergebracht. Eltern und Angehörigen war jeder Besuch untersagt. „Paket'chen mit Kuchen und sonstigen unnötigen Gegenständen" waren verboten und wurden ggfs. auf alle Kinder aufgeteilt. [1701] Ab 18. Juli 1938 wurde eine Walderholung für Kinder aus dem Dombezirk organisiert, bei der sich die Kinder morgens um 7.30 Uhr am Dom trafen und dann mit der Straßenbahn in den Stadtwald fuhren. [1702] Ob dafür weiterhin das Gelände der Weinberg-Villa „Waldfried" genutzt werden konnte, das 1938 unter Wert an die Stadt verkauft werden musste, lässt sich nicht klären. [1703]

Am 19. Juli 1938 teilte Herr als Verwaltungsratsvorsitzender der Buzzi-Stiftung mit, dass das Vincenzhaus fünf-sechs Kinder auf Kosten der Buzzi-Stiftung für ein ganzes, mindestens aber ein halbes Jahr im Vincenzhaus aufnehmen werde, um sich wirksam erholen zu können. Die Kosten würden sich auf etwa 4.000 RM belaufen. [1704] Ob dies noch vollständig realisiert werden konnte, kann nicht festgestellt werden, da die Dernbacher Schwestern das Vincenzhaus nach Kriegsbeginn fluchtartig verließen.

Im Sommer 1938 diskutierte man im CV nach Rücksprache mit der Oberin eine Wintererholung ab 15. Oktober 1938 für Kinder in Schlossborn, das im Winter meist leer stand. Dafür wollte man eine zusätzliche weltliche Kindergärtnerin einstellen, da die Schwestern „nicht in der Lage sind, den ganzen Tag über und während der Nacht die Kinder ununterbrochen zu betreuen." [1705] Lamay schlug stattdessen am 11. August 1938 vor, im Sinne einer besseren Zusammenarbeit sollten die Dernbacher Schwestern selbst eine weltliche Kindergärtnerin einstellen, wenn sie selbst kei-

1697 Vermerk zur CVF-Mitgliederversammlung v. 11.6.1937 (ACVF-1032).
1698 Schreiben Lamay an alle Pfarrer v. 19.5.1938 über Caritasarbeit 1937 (DAL 359).
1699 Sachße/Tennstedt, Wohlfahrtsstaat, S. 136.
1700 Rundschreiben CV an alle Pfarrer, Kapläne und Gemeindehelferinnen v. 14.6.1938 (DAF II.11.D).
1701 Merkblatt v. Juli 1938 (DAF II.13.A).
1702 Postkarte v. 15. Juli 1938 (DAF II.13.A).
1703 Vgl. Anm. 1392.
1704 Schreiben Herr/Richter v. 19.7.1938 (DAF II.11.D).
1705 Schreiben Richter/Herr v. 2.9.1938 (DAF II.11.D).

ne Kindergärtnerin abstellen könnten.[1706] Richter ging aber am 2. September 1938 auf die Empfehlung Lamays nicht ein, und erklärte gegenüber Herr, er habe nicht mit Lamay gesprochen, da er dazu keinen Anlass gesehen habe.[1707] Es ist zu vermuten, dass die Wintererholung 1938/39 und auch die Sommererholung 1939 noch stattfanden.

NSV-Werbeplakat für Kinderlandverschickung

Mit Kriegsbeginn 1939 wurden die Möglichkeiten einer Kindererholung durch die Beschlagnahme der Kindererholungsheime, u.a. auch des Vincenzhauses, für Lazarette, Erholungsheime für Wehrmachtsangehörige oder die Unterbringung von Umsiedlungskindern sehr erschwert, was besonders in den Ferien deutlich wurde und zur Ablehnung vieler Anträge führte. Zudem ordnete Hitler m 27. September 1939 die erweiterte Landverschickung für von Kindern aus bombengefährdeten Städten, die aber erst am 3. Oktober 1940 begann und bis Kriegsende von der HJ unter Mitwirkung der NSV und des NS-Lehrerbundes organisiert wurde. Vermutlich über 850.000 statt der oft genannten 2,5 Mill. Jugendliche wurden in 9.000 Lagern fernab der Städte untergebracht. Neben der in den Vordergrund gestellten gesundheitlichen Erholung erreichte man mehrere Ziele. Die Mütter wurden von der Erziehung freigestellt und konnten als Arbeitskräfte in die Fabriken gehen, die Kinder und Jugendlichen wurden vor dem Krieg geschützt, konnten paramilitärisch ausgebildet und waren dem Einfluss des Elternhauses entzogen. Viele Eltern holten daher ihre Kinder zurück, was von Goebbels sehr kritisiert wurde.

Zwar ist die Quellenbasis 1941 und 1942 schwach, doch geht aus einer zur Mitgliederversammlung am 8. Mai 1942 vorgelegten Übersicht hervor, das jährlich noch ca. 350 Kinder in Erholungsmaßnahmen vermittelt wurden.[1708] Da man die bisherige Sommererholung kriegsbedingt ganzjährig erweiterte, stiegen 1942/43 die Ausgaben rapide an. Für die Kinderheimerholung 28.344 RM, für Kinderlanderholung 2.390 RM und für Kinderwalderholung 855 RM ausgegeben, und ein Defizit von 3.410 RM erzielt.[1709] Für die auswärtige Unterbringung wurden nur Kinder ausgewählt, denen ein ärztliches Attest die Notwendigkeit einer Luftveränderung bestätigte oder eine Verschickung während der Schulzeit nicht möglich war. 31 Kinder wurden in den Heilstätten Mittelberg/Allgäu (12), Friedenweiler/Schwarzwald (4), Bad Nauheim (3) und Bad Dürrheim/Schwarzwald (12) untergebracht. 262 Kinder vermittelte man eine Erholungsmaßnahme in Kindergenesungs- und Erholungsheimen wie in Herschbach/Westerwald

1706 Lamay/Schreiben Vereinigung für Familienhilfe in der Diözese Limburg/Herr v. 4.10.1938 (DAF II.11.D).
1707 Schreiben Richter/Herr v. 2.9.1938 (DAF II.11.D).
1708 Jahresübersicht 1941/42 der Kindererholungsfürsorge als Anlage zur Niederschrift CVF-Mitgliederversammlung v. 8.5.1942 (ACVF-1330-01).
1709 Solidaris-Prüfbericht 1942/43 (ACVF-1510).

(72), Calw (42) und Karlstadt/Main (20).[1710] Außerdem wurden Eltern beraten, die in der Lage waren, ihre Kinder selbst zu verschicken.

	1939/40	1940/41	1941/42	1942/43	1943/44	1944/45
Stadtrander-holung					Unterlagen bei Bombenangriff verbrannt	
Einnahmen			2.289	855		-
Ausgaben	1.516*		2.990			-
Landerholung						
Einnahmen	275*		936	2.390		
Ausgaben			993			
Heimerholung						
Einnahmen			15.179	28.344		13.234
Ausgaben	464*		15.959			
insgesamt						
Einnahmen	275*					13.234
Ausgaben	1.970*			31.590		

Quelle: Solidaris-Prüfberichte (ACVF-1510), *Jahresergebnis

Neben der Heimbetreuung waren nach wie vor 70 Landfamilien im Westerwald und in Unterfranken bereit, Pflegekinder wieder einzuladen, die als „Großstadtkinder Freude daran hatten, jetzt in der Kriegszeit ihren Pflegekindern tüchtig bei der Erntearbeit mitzuhelfen."

Insgesamt 572 Kindern wurde 1941/42 ein Erholungsaufenthalt vermittelt, wofür 2.500 Postausgänge und 700 Einzelberatungen notwendig wurden. 1941 wurde eine Walderholung in Goldstein vom 21. Juli bis 9. August 1941 für Mädchen und vom 11. Bis 23. August 1941 für Jungen durchgeführt wurde ausgebaut und jeweils 120 Jungen bzw. 120 Mädchen dort für 3½ Wochen untergebracht und damit „240 Eltern einen Teil ihrer Sorge um ihre Kinder" abzunehmen. Jeder musste eine Lebensmittelkarte (175g Fett, 250g Fleisch, 1.000g Brot, 175g Nährmittel, 100g Zucker sowie ein Ei) abgeben.[1711]. Da die Ausgaben für die Heimerholung 1942/43 sehr stark anstiegen, ist zu vermuten, dass das Angebot über die Sommermonate hinaus ausgeweitet wurde.

1710 Weitere Heime waren Schwenningen, Lenzfried/Allgäu, Bad Wörishofen, Armstorf/Oberbayern, Dillingen/Donau, Bonndorf/Schwarzwald und Sannerz/Rhön.
1711 Karte v. 19.7.41 (II.13.A).

Jugendsport am Caritashaus auf dem Feldberg ©ADCV

Jugendpfarrer Alfons Kirchgässner betreute zusammen mit anderen jüngeren Priestern die während der Landverschickung in der Diaspora untergebrachten Kinder. Auch wurden nichtarische und behinderte Kinder in abgelegene Heime verlegt, doch liegen dazu verständlicherweise keine Unterlagen vor. [1712] Fibich geht davon aus, dass dies nicht ohne Wissen von Stadtpfarrer Herr durchgeführt werden konnte.[1713] Im Juni 1942 wurden sieben Kinder ohne Ortsangabe verschickt, am 3. März 1943 sechs Kinder nach Calw.[1714] Einige Kindererholungsmaßnahmen sind aber noch für 1944 gesichert. Die um 1940/41 errichtete Liegehalle für die Kinderstadtranderholung wurde allerdings durch einen Fliegerangriff zerstört[1715] und 1942/43 die Stadtranderholung verboten. Hintergrund war wahrscheinlich die Gefahr von Luftangriffen auf den nahegelegenen Flughafen. nahmen. Der hohe Aufwand für die Kinderheimerholung 1944/45 mit 13234 RM macht deutlich, dass diese unverändert fortgeführt wurde, zumal die süddeutschen Heime nach den schweren Luftangriffen auch bereitwilliger als vorher Frankfurter Kinder aufnahmen. So kehrten Anfang April 1944 zwei Gruppen zurück, zwei weitere sollten Ende April 1944 nach Albbruck und in das Caritashaus auf dem Feldberg abgehen."[1716]

6.5.3.3 Mündel – Vormundschaften – Adoptionen

1934 stellte der CV klar, dass jedem „Kath. gefährdeten Jugendlichen (..) ein kath. Vormund, Pfleger, Beistand oder Schutzaufsichtshelfer" zur Seite gestellt werden müsse, blieb die Mündelfürsorge eine wichtige Aufgabe, die vom Caritasverband, von den Vinzenz- und Elisabethvereinen sowie dem „Ozanamkreis", getragen wurde. Etwa 20 berufstätige Jugendliche waren auf Pfarrebene aktiv und trafen sich wöchentlich im Caritashaus. Man war „für jeden Brauchbaren dankbar"[1717] und wünschte sich eine noch stärkere Beteiligung der „werktätigen und studierenden Jugendlichen beiderlei Geschlechts." [1718]

Trotz häufiger NS-Attacken wurde die Mündelfürsorge beinahe unbeeinträchtigt fortgeführt. Die Zuschüsse stiegen während des 2. Weltkrieges sogar noch an. da den städtischen Behörden eine ordnungsgemäße Betreuung der Mündel wichtiger war als die NS-Ideologie. Viele Kinder

---

1712 mündliche Berichte von Meta Nicolai v. 11.9.1974.
1713 Fibich; S. 285.
1714 Vermerke (DAF II.13.A).
1715 Solidaris-Prüfbericht 1944/45 (ACVF-1510).
1716 Bericht Pfarramt St. Leonhard/CV Frankfurt an BO v. 15.4.1944 (ACVF-BO I).
1717 Jahresbericht Jugendfürsorge 1939/40 als Anlage zur Niederschrift CVF-Mitgliederversammlung v. 25.4.1940 (ACVF-1330-01).
1718 Jahresbericht über die Jugend- und Gefährdetenfürsorge für 1934 (ACVF-1510).

verloren den gefallenen Vater oder sogar beide Elternteile, z.B. durch Flucht und Vertreibung.

Die Angaben in den Solidaris-Ergebnisrechnungen sind nicht plausibel. Von 1938/39 auf 1939/40 stiegen die Ausgaben um fast 4.000 RM und gingen dann rapide um 40.000 RM zurück. Es sind auch keine Einnahmen mehr ausgewiesen. So kann nur vermutet werden, dass die Unterhaltszahlungen und Waisenrenten als durchlaufende Posten behandelt wurden und die ausgewiesenen Mittel Sparbuchauszahlungen oder zusätzliche Unterstützung beinhalteten.[1719] Rechenschaftsberichte über die Tätigkeit der Mündelfürsorge blieben teilweise erhalten.

Obgleich die NS-Rassegesetze auch Adoptionen und Vormundschaften umfassten, änderte sich de facto zunächst nichts. Fischer-Defoy erklärte am 24. Oktober 1934 gegenüber Krebs: „Der Erziehungsberechtigte, d.h. im Regelfall die uneheliche Mutter, kann insofern einen Einfluss auf die Vormundschaft ausüben, als sie auf einer konfessionellen Regelung bestehen kann." Daher sei das Jugendamt gezwungen, u.a. auch den CV heranzuziehen.[1720] Krebs wies am 16. Dezember 1934 Stadtpfarrer Herr daraufhin, dass Vereinsvormundschaften nur in einfach gelagerten Fällen an die Wohlfahrtsverbände übertragen werden könnten. Der Caritas-Verband werde „in gleichem Maße zur Arbeit des Fürsorgeamtes herangezogen (...) wie andere auf Mildtätigkeit eingestellte Verbände."[1721]

Mündelfürsorge 1934–1945 (in RM)			
	Spargutgaben	Einnahmen	Ausgaben
1934/35	(9.400)	10.514	12.376
1935/36	k. A.	19.091	20.119
1936/37	K. A.	23.981	29.705
1937/38	k. A.	27.159	33.788
1938/39	25.387	40.552	47.300
1939/40	25.271	k. A.	7.787
1940/41	k. A.	K. A.	7.887
1941/42	27.590	k. A.	9.857
1942/43	31.254	K. A.	13.466
1943/44	24.567	k. A.	k. A.
1944/45	31.613	k. A.	14.354
Quelle: Solidaris-Prüfberichte (ACVF-1510)			

Nachdem der CV über zwei Fachkräfte verfügte, wurden ab 1934 auch die Vereinsvormundschaften über weibliche Minderjährige übernommen und nicht mehr an den Frauenfürsorgeverein weitergeleitet. Dieser beschwerte sich 1936 erfolglos bei Bischof Hilfrich über die Übernahme von 10 Vormundschaften und 17 Mündel in Schutzaufsicht.[1722] Am 24. Januar 1935 vereinbarten NSV-Kreisamt und das Jugendamt Richtlinien über ihre Zusammenarbeit, in denen der NSV bei der Abgabe von Vormundschaften Vorrang eingeräumt wurde.[1723] Die NSV übernahm aber grundsätzlich keine Vormundschaften, wenn die Kinder und Jugendliche als für

---

1719 Solidaris-Ergebnisrechnung 1940/41 (ACVF-1510).
1720 Vermerk Fischer-Defoy/Krebs v. 24.10.1934 (ISG-Magistratsakten 8.846).
1721 Schreiben OB Krebs an Bischöfl. Kommissariat v. 16.12.1934 (DAF II.10.F).
1722 Vermerk Schreiben Fürsorgeverein/Bf Hilfrich v. 11.3.1936 (DAL-230/H1).
1723 Richtlinien für die Zusammenarbeit des Jugendamtes mit dem Amt für Volkswohlfahrt Kreisamt Gross-Frankfurt a. M. auf dem Gebiet der Jugendfürsorge v. 24.1.1935 (ISG Magistratsakten 8.846).

die Volksgemeinschaft wertlos galten oder die arische Abstammung nicht einwandfrei nachgewiesen werden konnte. Besonders wichtig war die Sicherung der Rechtsansprüche der Betreuten. Nach der Neuordnung der Rechtspflege im „Gesetz zur Verhütung von Missbräuchen auf dem Gebiete der Rechtsberatung vom 13. Dezember 1935"[1724] erreichte der DCV beim Reichsjustizministerium am 17. Februar 1937 die notwendige Absicherung: „Eine unter rein seelsorgerischen oder fürsorgerischen Gesichtspunkten erfolgende Betreuung ist keine Besorgung von Rechts-Angelegenheiten (...) insbesondere für (...) sich mit körperlich, geistig oder seelisch Hilfsbedürftigen Beratung und Vertretung seines Mündels (...) keiner Erlaubnis bedarf, da er in Erfüllung der ihm behördlich übertragenen Aufgaben handelt."[1725] Da die Rechtslage sich nicht verändert hatte, behielt man die bisherige Praxis bei. In den nächsten Jahren stiegen die übernommenen Vormundschaften von 229 (1935/36) über 268 (1937) auf 322 (1938) weiter an, was sich in der verstärkten Belastung der Kassenführung ausdrückte.[1726]

Vor allem der Chefpräsident des Oberlandesgerichts Frankfurt, Otto Stadelmann, versuchte über seinen früheren Richterkollegen und jetzigen Oberbürgermeister Einfluss auf das Jugendamt zu nehmen. Am 27. Oktober 1937 wies Fischer-Defoy daraufhin, dass „im Interesse einer sparsamen Verwaltungsführung Wert daraufgelegt (wird), abgabereife Vormundschaften an die freien Einrichtungen der Wohlfahrtspflege überzuleiten, (...) [wenn keine] Nachteile, insbesondere vermögensrechtlicher Art, für die Kinder zu befürchten sind." Vormundschaftsabgaben an den CV, den Kath. Fürsorgeverband und die Innere Mission seien nicht zu vermeiden, wenn die Mutter eine konfessionelle Einrichtung wünscht. In allen anderen Fällen werde „selbstverständlich der Rat erteilt, die N.S. Volkswohlfahrt" in Anspruch zu nehmen.[1727]

Nachdem die Zahl der betreuten Adoptionen von 229 (1936/37) über 268 (1937/38) auf 322 (1938/39) angestiegen war,[1728] reklamierte die NSV, alle Adoptionsvermittlungen der Reichsadoptionsstelle beim NSV-Hauptamt zu übergeben, da

„die Jugendämter mit fachlich sowie verwaltungs-technisch geschultem Personal arbeiten, dessen Einstellung auf die Zielsetzungen des nationalsozialistischen Staates nicht in Zweifel gezogen werden können. (Für) vereinzelte Fehlvermittlungen (... seien) die Jugendämter nicht verantwortlich zu machen," weil erfolgreiche Vermittlungen von persönlichen (...) Umständen abhängt, die sich der verstandesmäßigen Erkenntnis und Beurteilung und damit der Einflussnahme jeder Vermittlungsstelle entziehen."[1729]

1724 RGBl I, S. 1748.
1725 Schreiben Reichsminister der Justiz/Volkmar an Kreutz v. 17.2.1937 (Abschrift als Anlage zu Schreiben DCV/BO Limburg v. 13.3.1937 (DAL-359A).
1726 Prüfvermerk v, 14.5.1938 (DAF II.11.D).
1727 Schreiben Fischer-Defoy/Stadelmann v. 27.10.1937 (ISG Magistratsakten 8.846)
1728 Geschäftsbericht CV für die Diözese Limburg v. 19.5.1939 (DAL-359-B).
1729 Schreiben Reichsminister des Innern/NSV-Hauptamt v. 8.12.1938 – Abschrift (ISG Magistratsakten 8.846).

Da die Linie Fischer-Defoys am 8. Dezember 1938 vom Reichsinnenministerium bestätigt wurde, dass den Anspruch der NSV ablehnte, kritisierte Stadelmann in einer Besprechung mit Krebs am 16. Januar 1939, dass sich das Jugendamt u.a. „in seiner Eigenschaft als Gemeinde-Waisenrat (...) u. a. des Caritasverband bediene, dieser etwa 600 Vormundschaften führe."[1730] Interessant ist, dass das Jugendamt die Äußerungen Stadelmanns als „ungewöhnliche Anschuldigungen" bezeichnete und in einem ausführlichen Rechtsgutachten „das Zahlenwerk des Herrn Oberlandesgerichtspräsidenten (als) nicht bekannt" bezeichnet und in Frage gestellt wurde. Aufgrund der bestehenden Vormundschaften zum Stichpunkt 31. Dezember 1938, die alle seit 1917 eröffneten Fälle umfasse, dürfte „selbst der 5. Teil der vorbezeichneten Vormundschaften noch eine zu hohe Zahl" ergeben. „Schlüsse auf eine Bevorzugung des Caritasverbandes durch das Jugendamt können daraus wohl nicht gezogen werden."[1731] Allerdings erhielt der CV von den zwischen dem 1.4.1937 bis zum 31.12.1938 neu vergebenen 430 Amtsvormundschaften insgesamt 33, der Evangelische Volksdienst 18 und der NSV lediglich 9 der Vormundschaften.[1732] Nach einer umfangreichen internen Klärung erklärte Prestel am 31. Januar 1939 lapidar, es sei dazu nichts weiter vorzutragen,[1733] an der Praxis änderte sich nichts.

Im Juni 1939 forderte NSV-Gauwalter Haug in der Zeitschrift „Weltanschauung und Volkswohlfahrt": „Es ist unmöglich, dass die öffentliche Fürsorge sich der konfessionellen Verbände bedient und nicht der NS-Volkswohlfahrt". Die karitativen Verbände würden immer noch aufgefordert, Vormünder zu bestellen. Haug warnte vor den Gefahren, wenn „die Erziehung junger Menschen (...) in Hände liegt, die nachweisbar die Beeinflussung des Jugendlichen nicht gerade im Sinne der nationalsozialistischen Weltanschauung zu betreiben versuchen." Dies müsse ebenso abgestellt werden, wie die Adoptionsvermittlung und die Jugendgerichtshilfe durch die konfessionellen Verbände.

Auf der CV-Mitgliederversammlung 1940 wurde darauf verwiesen, dass die Arbeit durch die stärkere berufliche Inanspruchnahme der Eltern und besonders der Mütter einerseits und die „zunehmende Gefährdung durch Umwelteinflüsse" schwieriger geworden sei. Da die Unterhaltspflichtigen größtenteils arbeiteten und damit zahlungsfähig geworden waren, habe sich der Arbeitsaufwand erhöht. [1734] 1942 verbesserte sich die Zahlungsmoral weiter, so dass weniger Lohnpfändungen vorgenommen werden mussten.[1735] Beklagt wurde aber, dass die ehrenamtliche Mitarbeit aufgrund der Einberufungen zum Erliegen gekommen sei. Eine besondere

---

1730   Vermerk Prestel f. OB Krebs v. 31.1.1939 (ISG-Magistratsakten 8.846).
1731   Vermerk Prestel zu den Beanstandungen OLG-Präsident Stadelmann v. 31.1.1939 (ISG 8.854).
1732   Vermerk v. 27.1.1939 (ISG-Magistratsakten 8.846).
1733   Vermerk Prestel f. OB Krebs v. 31.1.1939 (ISG-8.854).
1734   Niederschrift CVF-Mitgliederversammlung v. 25.4.1940 (ACVF-1330-01).
1735   Niederschrift CVF-Mitgliederversammlung v. 25.4.1940 (ACVF-1330-01).

Bedeutung wurde in den formlosen Betreuungen gesehen, da „Jugendnot und Hilfsbedürftigkeit (...) vollen Einsatz erfordert".[1736]

	Vormundschaften	Pflegschaften	Beistand schaften	Schutzaufsichten	Formlose Betreuung	Fürsorgeerziehung beantragt	Heimunterbringung	Insgesamt
1.4.33		91		14	22	43		170
1.4.34		164		21	82			247
1.4.35		222		45	130			397
1.4.36		229		112	143	19	40	543
1.4.38		268						268
1.4.39		322		+80	234			>616
1.4.40	303	30	13	44	240			630
1.4.42	239	37	6	34				416
1.4.45								130

Quellen: Jahresberichte Jugendfürsorge 1934, 1939/40 und 1941/42 (ACVF-1510-01). Geschäftsbericht CV für die Diözese Limburg v. 19.5.1939 (DAL-359-B).

Es wurde immer schwieriger, geeignete Pflegefamilien im Frankfurter Umland zu finden, sodass selbst das Jugendamt mit entsprechenden Bitten an den CV heran trat. Meta Nicolai und Maria Braun forderten immer wieder die Pfarreien um Mitwirkung auf, „damit die Jugendämter die Kinder nicht ohne Rücksicht auf die Konfession unterbringen müssen."[1737] 1940 wies man daraufhin, dass man nun die ledigen Mütter früher erfassen und ihre Kinder in der vom Johannisstift Oberursel gegründeten Säuglings- und Kleinkinderstation unterbringen könne. In Zusammenarbeit mit dem Jugendamt wurden weitere 52, vermutlich katholische, Kinder nach Oberursel vermittelt.[1738] Was von den drei bzw. später drei Fürsorgerinnen geleistet wurde, lässt sich aus der nachstehenden Statistik entnehmen:

Der Arbeitsanfall im Caritassekretariat lässt sich aus der nachstehenden Tabelle entnehmen:

1736 Niederschrift CVF-Mitgliederversammlung v. 25.4.1940 (ACVF-1330-01).
1737 Jahresbericht Jugendfürsorge 1941/42 als Anlage zur Niederschrift CVF-Mitgliederversammlung v. 8.5.1942 (ACVF-1330-01).
1738 Niederschrift CVF-Mitgliederversammlung v. 25.4.1940 (ACVF-1330-01).

	1934/35	1935/36	1939/40	1941/42
Hausbesuche	768	1.044	1.043	875
Bürotermine	2.294	3.322	4.177	2.940
Briefe/Berichte	2.038	2.875	3.266	3.200
Verhandlungen mit Behörden/ Arbeitgebern	k. A.	2.558	3.014	2.910

Quellen: Jahresberichte Jugendfürsorge 1934, 1939/40 und 1941/42 (ACVF-1530-01). Geschäftsbericht CV für die Diözese Limburg v. 19.5.1939 (DAL-359-B)

Am Kriegsende betreute der CV noch 130 Vormund-, Pfleg- und Beistandschaften und Schutzaufsichten und damit 176 weniger als 1941/42. Während bei einem vermutlichen großen Teil der Mündel die Vormundschaft mit der erreichten Volljährigkeit automatisch endete, sind die Schicksale der übrigen bis auf den 1923 unehelich geborenen Max Merscher ungeklärt. Seine katholische Mutter gab trotz mehrfacher Gestapovernehmungen den Namen des jüdischen Vaters nicht preis.[1739] Seit wann der CV die Vormundschaft führte, kann nicht festgestellt werden, da die Vormundschaftsakten nicht mehr vorhanden sind.[1740] Max war beschnitten und wurde jüdisch erzogen, wurde aber 1933 getauft[1741] und im Einwohnermeldeamt als katholisch geführt. Nachdem er bis zum 20. Oktober 1939 im Karlshof Wabern untergebracht war, wurde er 1942 in die vom Bezirksverband Nassau gleichgeschaltete Heilerziehungs- und Pflegeanstalt der Inneren Mission in Scheuern bei Nassau verlegt und dann im angeschlossenen Hof Mauch in der Landwirtschaft eingesetzt. Am 15. Juni 1943 wurde der völlig gesunde und geistig normale Jugendliche auf Veranlassung des Oberpräsidenten Nassau von Scheuern nach Hadamar gebracht, am 20. Juni 1943 ermordet und seine Mutter telegraphisch benachrichtigt. Lt. Angabe von Richter brachte sie den Leichnam selbst nach Frankfurt, wo dieser am 30. Juni 1943 auf dem Friedhof Oberrad beerdigt wurde.[1742]

6.5.4 Jugend

Ziel der NS-Jugendpolitik war die Heranbildung einer dem System treu ergebenen Jugend. In der Zeitschrift „Kindergarten" hieß es dazu:

„Der völkische Staat hat (...) seine gesamte Erziehungsarbeit in erster Linie nicht auf das Einpumpen bloßen Wissens einzustellen, sondern auf das Heranzüchten kerngesunder Körper. Erst in zweiter Linie kommt die Ausbildung geistiger Fähigkeiten. Hier aber wieder an der Spitze die Ausbildung des Charakters, besonders

---

1739 Das Schicksal des Vaters ist ungeklärt (Email Prof. Dr. Kaelber an den Verfasser v.24.5.2018).
1740 Ein Teil der Akten fiel dem Bombenangriff 1944 zum Opfer, die übrigen wurden entsprechend der früher geltenden Praxis im CV 30 Jahre nach Volljährigkeit vernichtet, während dies bei den Jugendämtern, Jugend- und Familiengerichten schon 10 Jahre nach Volljährigkeit erfolgte.
1741 Email Prof. Dr. Kaelber an den Verfasser v.24.5.2018.
1742 Anmelde- und Vorprüfstelle zur Durchführung des Entschädigungsgesetzes Nr. 2, S.12–15 –ISG), Vermerk Kath. Pfarramt St. Leonhard bzgl. Verfolgungspolitik des Dritten Reiches v. 26.9.1945 (DAL-561/7B) und Schreiben DiCV-Lamay/DCV-von Mann v. 9.7.1943 (ADCV 319.025).

die Förderung der Willens- und Entschlusskraft, verbunden mit der Erziehung zur Verantwortungsfreudigkeit, und erst als Letztes die ,wissenschaftliche Schule'".[1743]

NSDAP und NSV waren bestrebt, den Einfluss konfessioneller Träger in der Kinder- und Jugendarbeit auszuschalten, um die eigenen Erziehungsziele ungehindert durchsetzen zu können. Der CV Frankfurt bezog dagegen im Jahresbericht über die Jugend- und Gefährdetenfürsorge für 1934 klar Position:

„Konfessionelle Jugend- und Gefährdetenfürsorge ist ein wesentlicher Bestandteil der Aufgaben des Deutschen Caritasverbandes, auf die die katholische Kirche aus ihrer Verantwortung Verwaisten, unehelichen Kindern und den infolge einer geistigen oder leiblichen Notlage gefallenen Jugendlichen gegenüber nicht verzichten kann."[1744] *(...)*

Das RJWG blieb bis auf den am 1. Februar 1939 geänderten §1 unverändert in Kraft, in dem an die Stelle der demokratischen Grundsätze nationalsozialistisches Gedankengut gestellt wurde. 1938 wurde mit dem „Gesetz über Kinderarbeit und über die Arbeitszeit von Jugendlichen" Kinderarbeit sowie Nachtarbeit verboten und die Arbeitszeit der 14–18jährigen begrenzt. Die Jugendämter verloren ihre Zuständigkeit in der Schulgesundheitspflege bzw. die Mütter- und Kinderberatung an die NSV und kooperierten im Gegensatz zum Frankfurter Jugendamt in den übrigen Bereichen immer enger mit NS-Organisationen, nachdem sie festzustellen glaubten, dass Jugendarbeitslosigkeit und –kriminalität nachgelassen hatte.

Im Herbst 1934 beendete das Fürsorgeamt offiziell die Zusammenarbeit mit dem CV. Fischer-Defoy erklärte am 24. Oktober 1934 gegenüber Oberbürgermeister Krebs, „dass der Caritas-Verband nicht mehr wie andere auf Mildtätigkeit eingestellte Verbände zu der Arbeit des städt. Fürsorgeamtes herangezogen wird."[1745] De facto wurde sie aber unverändert weitergeführt. Dies ist darauf zurückzuführen, dass viele Mitarbeiter bereits vor 1933 tätig waren und auch nach 1945 weiter beschäftigt wurden.

1935 wurden die teilweise seit 1880 bestehenden katholischen Stellenvermittlungen verboten. Kardinal Bertram protestierte dagegen am 20. August 1936 vergeblich beim Reichsinnenministerium bzw. Reichsarbeitsministerium.[1746] Neben Stellen im Hauswirtschaftsbereich waren auch Stellen in Arbeitsbeschaffungsmaßnahmen kirchlicher Einrichtungen betroffen. So hatte der CV 1935/36 noch 23 Stellen vermittelt.

6.5.4.1 Jugendgerichtshilfe

Obgleich die Bestimmungen der Weimarer Zeit bis 1943 unverändert blieben ging die Beteiligung an der Jugendgerichtshilfe nach 1933 zurück.

1743 Kindergarten 1934, S. 91.
1744 Jahresbericht über die Jugend- und Gefährdetenfürsorge für 1934 (ACVF-1510).
1745 Vermerk Fischer-Defoy/Krebs v. 24.10.1934 (ISG-Magistratsakten 8.846).
1746 Protokoll Plenarkonferenz der Fuldaer Bischofskonferenz 1936 (DAL 359).

1934/35 wurden noch 53, am 1. April 1935 sogar 70 davon 60 Neuzugänge.[1747] Ob diese auch vor Gericht betreut wurden, lässt sich nicht feststellen. 1935 wurde der CV zwar wöchentlich noch zu den allgemeinen Vorbesprechungen mit dem Jugendrichter gebeten, an denen auch die Vertreter des Jugendamtes, der NSV, der HJ und der übrigen konfessionellen Jugendfürsorgeorganisationen teilnahmen. An Jugendprozessen beteiligt war er aber nur noch in sechs Fällen, da Hitlerjungen nur von der HJ vertreten werden durften. [1748]

1935 wird noch eine Betreuung der in der Strafanstalt Kassel-Wehlheiden Inhaftierten erwähnt, die vom CV über die aktuelle Situation ihrer Angehörigen informiert wurden. Damit verbunden war die Fürsorge für die zurückgelassenen Familien „wo sie am Platze ist." [1749]

Als Fortsetzung der restriktiven Maßnahmen gegen die „Asozialen" wurde im Reichsjugendgesetz von 1943 die Bewährungsstrafe abgeschafft, der Jugendarrest bzw. die Jugendstrafe verschärft und das Strafmündigkeitsalter wieder auf 12 Jahre abgesenkt sowie die Jugendgerichtshilfe abgeschafft. Diese Regelungen blieben bis zur Novellierung des Jugendgerichtsgesetzes 1953 in Kraft.

6.5.4.2 Stationäre Jugendfürsorge

Schon vor der Machtergreifung hatten die konfessionellen Heime finanzielle Schwierigkeiten, da die meisten Gemeinden und Städte Jugendliche vorzugsweise in weltanschaulich „neutrale" Heime einwiesen. Bischof Hilfrich erklärte 1933, dass „für die Betreuung unserer katholischen Kinder (...) grundsätzlich die Heime der kirchlichen Liebestätigkeit in Betracht" kommen müssten, und damit auch der evangelischen Heime miteinschloss. Er forderte die Pfarrer auf, die Eltern auf das Verzeichnis katholischer Einrichtungen hinzuweisen.[1750] Die Situation verschärfte sich weiter, so dass die Bischöfe 1937[1751] an die Erziehungsberechtigten appellierten, auf der Unterbringung in katholischen Einrichtungen zu bestehen, um die religiöse und sittliche Erziehung sicherzustellen.[1752]

Nachdem Haug 1939 seine Bemühungen zur Übernahme der Einrichtungen aller caritativen Verbände erneuerte und Krebs unter Druck gesetzt hatte, beauftragte dieser am 6. März 1939 das Fürsorge- und Jugendamt, „dass mit sämtlichen konfessionellen Anstalten, die vom Fürsorgeamt oder Jugendamt belegt werden, über einen erweiterten Einfluss oder eine verstärkte Mitwirkung verhandelt werden soll." Dabei solle grundsätzlich ein städtischer Vertreter im Vorstand oder im Beirat der Anstalten vertreten sein und dem städtischen Rechnungsprüfungsamt die

---

1747 Jahresbericht über die Jugend- und Gefährdetenfürsorge für 1934 (ACVF-1510).
1748 Jahresbericht Jugendfürsorge 1939/40 als Anlage zur Niederschrift CVF-Mitgliederversammlung v. 25.4.1940 (ACVF-1330-01).
1749 Jahresbericht Jugendfürsorge 1939/40 als Anlage zur Niederschrift CVF-Mitgliederversammlung v. 25.4.1940 (ACVF-1330-01).
1750 ABL Nr. 10 v. 31.7.1933, S. 54, Nr. 109.
1751 die Wohlfahrtsverbände erhielten aufgrund der neuen Wohlfahrtsgesetzgebung ab 1924 quasi einen Bestandsschutz und gründeten zahlreiche neue Heime, die zu einem Überangebot von Heimplätzen führen.
1752 ABL Nr. 6 v. 23.3.1937, Nr. 71.

Möglichkeit eingeräumt werden, Jahresabschlüsse und Haushaltspläne zu prüfen.[1753] Krebs forderte am 3. Juli 1939 das Jugend- und Wohlfahrtsamt auf, „die Ausschaltung der kirchlichen Wohlfahrtspflege (...) in jeder Weise" zu betreiben", dieses lehnte aber ab, weil „die zu einer völligen Ausschaltung erforderlichen Auffangeinrichtungen durch den Bezirksverband Nassau] noch nicht geschaffen" seien. Seitens der Stadt wurden Mittel bereitgestellt, die Jugendlichen selbst zu betreuen und auch die Einweisung in „kirchlich geleitete Erziehungsanstalten" genehmigt, „zumal auch der Landeshauptmann sie in neuerer Zeit notgedrungen wieder benutzt."[1754] Man könne nicht auf kirchlich geleitete Heime (...) verzichten, sie würden „selbstverständlich nur in Notfällen in Anspruch genommen werden, wenn andere geeignete Möglichkeiten nicht vorhanden sind." [1755] Besonders gelte dies für „erziehungsgefährdete Jugendliche der verschiedenen Altersstufen", da es kaum Anstalten gebe. Ausdrücklich wurde die Einweisung von „unerziehbaren Jugendlichen" in die Landesarbeitsanstalt Breitenau abgelehnt, da dort der „verwahrloste Jugendliche (...) eher verkommt als gebessert wird." [1756]

Die Situation verschärfte sich im November 1939, nachdem alle weiblichen Strafgefangenen zwischen 14 und 21 Jahren aus den OLG-Bezirken Düsseldorf-Hamm, Kassel, Karlsruhe und München im Gefängnis Preungesheim inhaftiert wurden. Die Rückbeförderung war gemäß §6d der Reichsgrundsätze Pflichtaufgabe des Bezirksfürsorgeverbandes, dessen Auslagen aber nur dann vom Heimatverband erstattet wurden, wenn sie 50 RM überstiegen. Da viele Entlassene nicht nach Hause zurückkehren wollten,[1757] wurde der Gefängnisverein mit der Nachbetreuung beauftragt, damit sie nicht „im Lande herumstreunen."[1758] Das Jugendamt betonte, „der Grad der Verwahrlosung [sei] im Einzelfall, die Jugendlichkeit der Beteiligten und die Abgebrühtheit in geschlechtlichen Dingen selbst dem Jugendamt und dem Pflegeamt" aufgefallen. So wurde das Monikaheim von der Stadt und später auch von der NSV für die vorläufige Unterbringung „verwahrloster Mädchen genutzt", weil eine andere geeignete Auffangeinrichtung nicht vorhanden ist und zurzeit auch nicht geschaffen werden kann." Lt. Vermerk vom 3. März 1941 wurden 80–90 Betten in Anspruch genommen,[1759] deren Kosten von der Stadt getragen wurden.

Da es in Frankfurt mit Ausnahme des Kolpinghauses kein katholisches Jungenwohnheim gab, belegte man katholische Einrichtungen im Bistum, sonst in anderen Diözesen. So bestand eine große Nachfrage nach der Unterbringung schulpflichtiger Jungen mit leichten Erziehungsschwierigkeiten oder unzureichender elterlichen Betreuung nach der Einberufung der Väter zur Wehrmacht, die allem im Jugendheim St. Johannispflege Aschaffenburg untergebracht wurden. Auf der Mitgliederversammlung

1753 Vermerk Fischer-Defoy/ Prestel/Baldes v. 6.3.1939 (ISG-8854).
1754 Vermerk Fischer-Defoy/Prestel+Baldes v. 3.7.1939 (ISG-8854).
1755 Vermerk OB Krebs/Prestel v. 19.8.1940 (ISG-8854).
1756 Vermerk Fischer-Defoy/Prestel/Baldes v. 3.7.1939 (ISG-8854).
1757 Besprechung bei OB Krebs v. 20.5.1940 (ISG-8854).
1758 Besprechung bei OB Krebs v. 27.11.1939 (ISG-8854).
1759 Vermerk Fischer-Defoy v. 3.3. 1941 (ISG-8846).

1940 wurde beklagt, dass alle Heime „so stark gefüllt [sind] wie seit vielen Jahren nicht mehr" und man mehrere Heime für Kinder, Jugendliche und Alte benötige, „wenn wir den Bedarf seitens öffentlicher Organe und Privater befriedigen wollen."[1760] Die Zahl der vom CV auf staatliche bzw. städtische Kosten untergebrachten Jugendlichen unter 18 Jahren ging von 2061 (1933) auf 494 (1945) zurück.

Richter lehnte die Heimfürsorge nicht ab, war aber darauf bedacht, damit nicht andere caritative Aktivitäten gefährden zu lassen. So vertrat er den Standpunkt „kein Pflegetag ohne Bezahlung" und kritisierte die auch im Monikaheim übliche Praxis, auch Unbemittelte aufzunehmen, für die infolge bürokratischer Behandlung schließlich nichts gezahlt wird, sodass öfter wenigstens ein Teil der Kosten an dem Heim hängen bleibt." Stadtpfarrer Herr war dagegen bereit „Gefährdete aus seelsorglichen Rücksichten zuweilen an(zu)nehmen mit dem Risiko einer geldlichen Einbuße".[1761]

6.5.4.3 Weibliche Jugendliche und junge Frauen – Monikaheim

Die stationäre Frauenfürsorge blieb auch während des Dritten Reiches ausschließliche Aufgabe des Monikaheims, das diese Zeit relativ ungefährdet überstand. Zwar gab es einige vergebliche Versuche, Insassinnen des Marienschutzes im Rahmen der Euthanasie zu ermorden, doch waren sowohl die Stadt, aber auch der Bezirkshauptmann und später auch die NSV an der Mitnutzung des Monikaheims interessiert. Insbesondere galt dies für die kurzzeitige Unterbringung von Mädchen und jungen Frauen, die im Bahnhofsbereich während der Sperrstunden aufgegriffen wurden.

Nachdem die finanziellen Schwierigkeiten unverändert anhielten, bat der Fürsorgeverein im April/Mai 1933 um Hilfe und ggfs. die Übernahme des Monikaheims durch den CV. Am 12. Juni 1933 wurden Richter, Butterweck, und Ungeheuer zu Verhandlungen ermächtigt,[1762] falls ein Revisionsbericht vorgelegt werden würde.[1763] Richter war zu einem Gespräch mit Thomas (DCV) nur dann bereit, wenn nicht unbeirrt an der Trägerschaft des Frauenfürsorgevereins festgehalten werde.[1764] Das Gespräch fand vermutlich nicht statt und da kein Revisionsbericht der Solidaris vorgelegt wurde, wurden am 28. November 1933 künftige Zuschussanträge zwar schon vorab abgelehnt, [1765] später doch größere Zuschüsse gewährt.

Bis Anfang 1934 stieg der Schuldenstand auf 250.000 RM an.[1766] Nina Bergh/Monika Wintermeyer führen an, dass die Verarmung der Bevölkerung, geringere staatliche Zuschüsse bzw. Einnahmen aus der Wäscherei und eine Vergabe der Plätze zu ermäßigten Preisen zu dieser Krise beigetragen haben. Agnes Neuhaus bezog sich gegenüber Bischof Hilfrich auf Prälat Lenné: *„Ein Zufluchtshaus (...) das gut arbeitet und seinen Zweck*

1760 Niederschrift CVF-Mitgliederversammlung v. 25.4.1940 (ACVF-1330-01).
1761 Schreiben Herr/BO v. 12.12.1939 (DAL-230H/1).
1762 Protokoll CVF-Vorstand 12.6.33 (ACVF-1310).
1763 Protokoll CVF-Vorstand 27.7.33 (ACVF-1310).
1764 Abschrift Schreiben Richter/ Thomas v. 19.7.1933 (DAL-230/H1).
1765 Protokoll CVF-Vorstand 28.11.1933 (ACVF-1310).
1766 Schreiben CVF- Richter an DCV-Joerger. 18.4.1934 (ADCV-127F/1030).

voll erfüllt, wird immer ein Zuschussbetrieb bleiben" und wies daraufhin,"
dass unsere Arbeit eine Seelsorgearbeit ist und dass wir (...) oft genug ein
Mädchen aufnehmen müssen, das nicht zahlen kann, das aber gerade
deshalb in großer sittlicher Not auf der Straße steht, weil es nicht zahlen
kann. „Gleichzeitig beklagte sie sich, dass Richter gegenüber der Schwester Oberin erklärt habe, in einem Haus mit Unterbilanz" darf es keine
unbezahlten Pflegetage geben."[1767]

Der Caritasvorstand war der Auffassung, der Frauenfürsorgeverein
solle sich bankrott erklären, „wenn er aus eigener Kraft nicht mehr leben
könne,"[1768] und war verärgert, dass der Dortmunder Zentralverband vom
DCV regelmäßig Zuschüsse bekam, die auch aus den Frankfurter
Caritasspenden und –kollekten finanziert wurden, während man selbst
kaum etwas erhielt.

Elisabeth Zilleken

Nach der Berufung eines kommissarischen Vorstands und der Ablehnung einer
Übernahme durch Dortmund verweigerte
Richter gegenüber DCV-Direktor Joerger am
18. April 1934 jegliche Hilfe, weil der Frauenfürsorgeverein glaube, das Monikaheim auf
seinem eigenem Namen stehen zu lassen.
Man sei auch bereit, für eine ordentliche Bezahlung der ungenügend bezahlten Kräfte zu
sorgen. Elisabeth Zilleken[1769] müsse begreifen, dass sie die hiesigen Schwierigkeiten
nicht bei dem Caritasverband, sondern bei der
ohnmächtigen und unfähigen Ortsgruppe ihres Frauenfürsorgevereins zu suchen hat (...)
Entweder: der hiesige Frauenfürsorgeverein
bleibt weiterhin so unpopulär und unbedeutend wie bisher, dann wird er
(...) nicht ohne fremde Hilfe auskommen. Oder der Frauenfürsorgeverein
versucht eine breitere Basis im Volke zu bekommen, indem er zahlende
Mitglieder wirbt, dann stößt er aber mit den Interessen der Pfarrcaritasausschüsse und des Caritasverband zusammen." Richter bat um Vermittlung, da es ihm nicht mehr möglich sei, Elisabeth Zilleken um die Übergabe des Monikaheims zu bitten, „da dies so ausgelegt werden könnte, als
wollte sich unser Caritasverband ungerechterweise bereichern."[1770] Agnes
Neuhaus war in der Tat der Auffassung, Richter wolle „das Monikaheim
(...) haben, und um dieses Ziel zu erreichen, hungert er uns aus".[1771] Im
Dezember 1934 rang man sich schließlich zu einem zinslosen Darlehen

1767 Anlage zum Schreiben Agnes Neuhaus an BO v. 29.1.1936 (ADCV-127F/1030).
1768 Schreiben Richter an Joerger. 18.4.1934 (ADCV-127F/1030).
1769 Elisabeth Zilleken (1888–1980), Studium an der Handelshochschule Köln, danach
Lehrerin an kaufmännischen Lehranstalten in Köln, Hannover und Düsseldorf. Zunächst im „Volksverein für das Katholische Deutschland, dann zusammen mit ihrer
Schwester Anna Mitarbeitende von Agnes Neuhaus. Bis 1933 Generalsekretärin
des Frauenfürsorgevereins, danach Vorsitzende bis 1971. Ratsmitglied in Dortmund 1919–33 (Zentrum) und 1945–46 (CDU). 1930–33 MdR für das Zentrum.
1770 Schreiben CVF- Richter an DCV-Joerger v. 18.4.1934 (ADCV-127F/1030).
1771 Anlage zum Schreiben Agnes Neuhaus an BO v. 29.1.1936 (ADCV-127F/1030).

von 300 RM durch, dass in eine Spende umgewandelt werden sollte, falls die Dortmunder Zentrale die gleiche Summe spenden würde.[1772] Richter war immer über die finanzielle Lage des Monikaheims und des Fürsorgevereins informiert. So teilte DCV-Generalsekretär Joerger am 6. März 1935 Richter mit, dass die Zentrale des Fürsorgevereins insgesamt einen Gesamtzuschuss von 25.000 RM aus der letzten Caritassammlung erhalten habe.[1773] Am 25. Mai 1935 bat Agnes Neuhaus Stadtpfarrer Herr, das Monikaheim und die Frankfurter Ortsgruppe bei der Verteilung der Caritaskollekte „wohlwollend zu bedenken",[1774] zumal man 1934 und 1935 nichts erhalten habe. Am 4. November 1935 erklärte Richter Agnes Neuhaus, zwei Zufluchtshäuser im Bistum als ausreichend und hielt an der Übernahmeabsicht fest, da er genug Geld habe.[1775]

1935 beherbergte das Monikaheim 885 Personen mit 47.203 Pflegetagen bei einem Auslastungsgrad von 73%. 1935 wurden 57 Jugendliche, zwölf Bewahrungsbedürftige und neun Strafentlassene betreut. In einer getrennten Abteilung wurden Frauen und Mädchen untergebracht, die vom Gesundheitsamt eingewiesen worden waren. 1935 waren es 267 Pfleglinge, die an 1.413 Tagen betreut und auf Geschlechtskrankheiten untersucht wurden. Dazu kamen weitere 66 Jugendliche und 19 Bewahrungsbedürftige. Mit dem Klara-Margarethenheim wurde auch eine halboffene Abteilung betrieben, in der 1935 89 Mädchen untergebracht waren, davon 5 unentgeltlich an 43 Pflegetagen bzw. 25 zu einem stark ermäßigten Pflegesatz an 967 Pflegetagen. Die Säuglings- und Kleinkinderabteilung umfasste 1935 fünfzig Betten, in denen insgesamt 100 Kinder bis zwei Jahre sowie 43 Kleinkinder mit insgesamt 14.206 Pflegetagen untergebracht waren. Zehn waren unentgeltlich aufgenommen worden. 93 der Kinder waren unehelich, die anderen kamen aus zerrütteten Familienverhältnissen. 43 Kinder konnten in Pflegestellen untergebracht werden. Die Mütterabteilung betreute 53 uneheliche Mütter. Die geschlossene Erziehungsabteilung hatte 117 Schützlinge, davon 54 der Provinz Hessen-Nassau. Insgesamt gab es 46 dauernd bewahrungsbedürftige (davon 27 sterilisiert). Sechs Schützlinge wurden unentgeltlich und 136 zum ermäßigten Pflegesatz aufgenommen. Von den 12 Plätzen im Altersheim waren durchschnittlich sechs belegt.[1776]

Nachdem das BO am 26. März 1936 dem Monikaheim eine Bestandsgarantie gewährt und darauf bestanden hatte, dass die Trägerschaft beim Frauenfürsorgeverein verbleiben müsse, erklärte Stadtpfarrer Herr dem Vorstand des Frauenfürsorgevereins am 2. Mai 1936, der Caritasverband könne das Fürsorgevereins-Eigentum nur dann übernehmen, wenn „sich das Haus nicht anders halten lasse." Der Vorstand wurde aufgefordert, alle Lieferantenschulden bis zum Jahresende abzutragen, keine defizitäre Bilanz mehr vorzulegen. Das Defizit müsse nach Durchführung der Kir-

---

1772 Protokoll CVF-Vorstand 10.12. 1934 (ACVF-1310).
1773 Schreiben DCV/J an CVF v. 6.3.1936 (ADCV-127F/1030).
1774 Abschrift Schreiben Neuhaus/Herr v. 25.5.1935 (DAL-230/H1).
1775 Anlage zum Schreiben Agnes Neuhaus an BO v. 29.1.1936 (ADCV-127F/1030).
1776 Bericht der Arbeit und Lage des Monikaheimes Frankfurt/M. v. 7.4.1936 (DAL-230/H1).

chentür-Sammlung sowohl vom Caritasverband als auch der Dortmunder Zentrale in Form von Spenden ausgeglichen werden. [1777] Butterweck erhielt Einblick in die Bilanz, die er im Wesentlichen akzeptierte, aber neben einer geringen Entlohnung der Beschäftigten voller Verwunderung feststellte, das sich „das gesamte Jahresaufkommen der für die Schulden des Fürsorgevereins verantwortlichen Eigentümer des Fürsorgevereins" 1935 nur auf 345 RM belaufen habe, während sich die Schulden auf 150.000 RM betrugen. Er regte an, einen Träger zu finden, „der auch in der Lage ist, im Bedarfsfalle mit den nötigen Reserven auszuhelfen."[1778] Im Sommer 1936 wies Richter Stadtpfarrer Herr und das BO daraufhin, dass man von 1931–1935 an Gehaltszuschüssen, zinslosen Darlehen und Spenden (u. a. aus dem WHW) fast 4.000 RM gezahlt habe.[1779] Außerdem wurde am 25. März 1936 eine Beihilfe von 1.500 RM bewilligt.[1780]

Die Situation besserte sich zwar leicht, dennoch war ein jährliches Defizit von 6.000–7.000 RM die Regel, so dass der Fürsorgeverein 1939 nochmals den Caritasverband um ein 5.000 RM-Darlehen ersuchen musste, um Kohle und eine neue Heißmangel anschaffen zu können. Diesem wurde am 7. Dezember 1939 unter der Bedingung stattgegeben, dass der CV nach Maßgabe des BO Einblick in die Geschäftsführung erhalte. Stadtpfarrer Herr bemühte sich beim BO um eine Vereinbarung, ein Ergebnis ist nicht bekannt. Da die entsprechenden Akten des CV nicht mehr existieren und in den Bilanzen des Frauenfürsorgevereins der Caritaskredit nicht auftaucht, kann angenommen werden, dass er nicht gewährt wurde. Allerdings wurde ein Zuschuss von 1.000 RM an den Frauenfürsorgeverein für das Monikaheim gezahlt. [1781] 1940 übernahm man eine Kartoffelrechnung des Monikaheims (1041,18 RM). [1782] 1941 folgte eine weitere Zuweisung von 1122 RM.[1783] Obwohl sich die Einnahmesituation durch die seit 1939 erfolgreichen Einweisungen seitens der Stadt und der NSV verbessert haben dürfte, bestanden in der letzten erhaltenen Bilanz vom 31. Dezember 1942 immer noch Verbindlichkeiten in Höhe von ca. 227.000 RM bei einem Jahreshaushalt von ca. 141.000 RM,[1784] das heißt doppelt so hoch wie 1929.

6.5.5 Alkoholkranke

Nach der Machtergreifung verschärfte sich der Kurs gegenüber den Alkoholkranken. Polligkeit forderte auf der Sitzung des Wohlfahrtsausschusses des Deutschen Gemeindetages am 28. Juli 1933 u.a. die „Ausmerzung der

1777 Schreiben Herr/Vorstand Frauenfürsorgeverein v. 2.5.1936 (DAL-230/H1).
1778 Schreiben Butterweck/Herr v. 28.4.1936 (DAL-230/H1).
1779 Schreiben Richter/Herr v. 23.6.1936 in Anlage zu Schreiben Richter an Domkapitular Merkel v. 23.6.1936 (DAL-230H/1).
1780 Schreiben Richter/BO (DAL-230H/1).
1781 Protokoll CVF-Vorstand v. 17.10.1939 (ACVF-1310).
1782 Protokoll CVF-Vorstand v. 24.3.1941 (ACVF-1310).
1783 Protokoll CVF-Vorstand v. 28.8.1941 (ACVF-1310), Solidaris-Prüfbricht 1941/42 (ACVF-1510).
1784 Bilanz Frauenfürsorgeverein v. 31.12.1942 (DAL-230H/1).

gewohnheitsmäßigen Trinker."[1785] Man differenzierte zwischen „wertvollen" und „unwerten und asozialen" Trinkern, gegen die man u.a. während der Aktionen gegen die „Asozialen" rigoros vorging. Mit der verschärften Meldeordnung wurden „alle irgendwie alkoholisch auffallenden Menschen" von Polizei, Fürsorgeamt, Gesundheitsamt, Krankenhaus, Nervenklinik eher erkannt und der Städtischen Trinkerfürsorge gemeldet, während die Familien in den Pfarreien „ihren durch Alkoholismus eines Familienmitgliedes bedingten Notstand lange zu verbergen" suchten. Am 24. November 1933 wurde das „Gesetz gegen gefährliche Gewohnheitsverbrecher und über Maßregeln der Sicherung und Besserung „(Maßregelgesetz) erlassen, aufgrund dessen straffällig gewordene Trinker gemäß § 42c nach Verbüßung einer Haftstrafe bis zu zwei Jahre in eine Trinkerheilanstalt eingewiesen werden konnten. Angeblich erbkranke Alkoholiker wurden z.B. von der städtischen Trinkerfürsorge in Frankfurt erfasst und 1934/35 126 Sterilisationsanzeigen gemacht.[1786]

Trinkerfürsorge 1934–1945 (in RM)					
	34/35	35/36	36/37	37/38	38/39
Einnahmen	2.964	4.632	5.916	5.534	4.265
Ausgaben	3.450	5.208	6.701	5.740	4.873
	39/40	40/41	41/42	42/43	44/45
Einnahmen	(4.500)	(3.000)	k. A.	k. A.	k. A.
Ausgaben	(4.500)	(3.000)	726*	k. A.	110*

Quelle: Solidaris-Prüfberichte und Kassenberichte (ACVF-1510), Beträge in () aus Kostenvorschlägen (ACVF-1510 bzw. DAL359), *Unterstützung für Alkoholkranke

Der CV führte seine Trinkerfürsorge nach 1933 ungehindert fort, zumal die Hauptämter für Volksgesundheit und Volkswohlfahrt in einem gemeinsamen Erlass über die Bekämpfung der Rauschgifte die Zusammenarbeit der NSV und anderer Parteistellen mit alkoholgegnerischen Verbänden neu regelten und man auf eigene Trägerschaften verzichtete. Stattdessen sollten die bestehenden wertvollen Trinkerhilfe-Einrichtungen gefördert werden, um sie lebensfähig und wirkungsvoll zu erhalten. [1787]1933 stieg die Zahl der Personen weiter auf 406 an. In den Jahresberichten 1933/34 bzw. 1934/35 wurden auch soziographische Daten aufgeführt. Dem Familienstand nach waren 78 ledig, 236 verheiratet, 30 verwitwet, 24 getrennt und 22 geschieden. Es gab 14 Freiberufler, 19 selbständige Handwerker bzw. Gewerbetreibende, 9 Beamte, 31 kaufmännische Angestellte, 111 gelernte und 151 ungelernte Arbeiter. 55 Personen gaben keinen Beruf an und/oder waren vermutlich arbeitslos. Die Hälfte der Kranken war über 50 Jahre alt.

Neben der Betreuung der Alkoholkranken war das Arbeitspensum sehr hoch. So wurden 12 Helferschulungen und 8 aufklärende Vorträge in

---

1785 Protokoll der 1. Sitzung des Wohlfahrtsausschusses des Deutschen Gemeindetages am 28.7.1933 in Berlin (BA R36/928).
1786 Monika Daum/Hans-Ulrich Deppe (Hg.): Zwangssterilisation in Frankfurt am Main 1933–1945, Frankfurt am Main 1991, S. 56.
1787 Tätigkeitsbericht Trinkerfürsorge 1934/35 (ACVF-1510).

kirchlichen Vereinen gehalten. Man nahm an 12 Arbeitssitzungen der städtischen Trinkerfürsorge und an 6 Konferenzen mit anderen antialkoholischen Organisationen teil.

Anni Baus wies im Vorstand am 5. Februar 1934 daraufhin, dass nur ein Bruchteil der katholischen Alkoholkranken erfasst seien, da Pfarrämter und kirchliche Vereine nicht mitwirkten. Es sei aber notwendig, neue Fälle frühzeitig zu erfassen, da die Heilungsaussichten bei Älteren sehr beschränkt wären. Um den Klerus zu sensibilisieren, referierte der Hauptgeschäftsführer des Kreuzbundes Heinrich Czeloth auf der Priesterkonferenz am 21. März 1934 über „eugenische Fragen unter besonderer Berücksichtigung des Alkoholmissbrauchs und seiner Bekämpfung". Anni Baus sollte in den Müttervereinen über die notwendige Früherfassung von Alkoholkranken informieren und weitere Helferinnen gewinnen. 1934 waren es 21. Pfeuffer erklärte sich auf Bitte von Stadtpfarrer Herr bereit, im Rahmen der bevorstehenden Missionserneuerung einen Vortrag zu halten. Festgestellt wurde auch, dass in 19 Fällen das städtische Fürsorgeamt auf Bitte der Caritasfürsorgestelle kein Bargeld mehr an bekannte Trinker oder nur an die Ehefrau ausgezahlt wurden.[1788] Außerdem wurde der Jahresbericht 1933 allen Geistlichen, Pfarrhelferinnen und den Vorständen der caritativen Vereine sowie den Pfarrern eine Auflistung der Fälle ihrer Pfarreien zugestellt.

Die Städtische Trinkerfürsorge setzte ihre Überweisungen fort und überwies 1934/35 allein 25 der neuen 50 Fälle. Neben den 14 Meldungen von Verwandten gab es nun auch mehr Meldungen aus den Pfarreien und katholischen Vereinen (9+2). Von den neu gemeldeten 50 Alkoholkranken waren 33 arbeitslos. Die Altersstruktur verteilte sich wie folgt: 11 (21–30), 18 (31–40), 9 (41–50) und 12 (51 und älter). 34 waren verheiratet, die übrigen ledig, getrennt lebend, geschieden oder verwitwet[1789] Über die Jahre 1934–40 sind nur wenige Unterlagen vorhanden, auch wurde in den Caritasvorstandsitzungen die Trinkerfürsorge nur selten thematisiert.

1939 führte der DCV in Frankfurt eine Reichstagung „Gegen Alkohol und Nikotin zu Frankfurt/Main" und rief „zu einem sühnenden Fasten" auf. Haus Hoheneck übermittelte Mütter- und Frauenvereinen „Richtlinien für die Gestaltung eines gesunden Familienlebens und die Erziehung der Jugend" Die SS wies in ihrem Vierteljahresbericht darauf hin, die Kirche wolle den Eindruck erwecken, dass auch sie neben der NSDAP wertvolle Arbeit leisten würde.[1790]

Im Anschluss an Hoheneck stand weiterhin die Sicherung der „materiellen und seelischen Grundlage der Familie" über Pflegschaft, Vormundschaft oder andere Zwangsmittel im Mittelpunkt. In Fällen von häuslicher Gewalt wurde die Städtische Trinkerfürsorge eingeschaltet. Alkoholgefährdete wurde angehalten „entspringend aus Einsicht, Verantwortung, Ehrge-

---

1788 Protokoll Trinker-Vorstand v. 5.2.34 (DAF II.11.A).
1789 Tätigkeitsbericht Trinkerfürsorge 1934/35 (ACVF-1510).
1790 Meldungen aus dem Reich. Die geheimen Lage des Sicherheitsdienstes der SS 1938–1945, Bd. 2, S. 231.

fühl, sich einer Heilbehandlung" zu unterziehen, entweder in einer Heilstätte oder in offener Fürsorge.[1791]

Nach Kriegsbeginn ging die ehrenamtliche Trinkerfürsorge zurück, da die Fürsorgerin Anni Baus auch mit der Betreuung auswanderungswilliger nichtarischer Familien betraut worden war und viele ehrenamtlichen Helfer zur Wehrmacht eingezogen oder beruflich stärker beansprucht wurden. Infolge der Verdunkelungen und der Einschränkung der Versammlungstätigkeit seit Kriegsbeginn konnte auch die Helferschulungsarbeit nur beschränkt durchgeführt werden. Mit zunehmender Dauer des Krieges häuften sich auch Rückfälle. Anni Baus war sich auch darüber im Klaren, dass die Alkoholknappheit nicht zum Verschwinden des Alkoholismus führen werde und befürchtete, dass wie nach dem Ersten Weltkrieg nach Kriegsende „wieder eine Welle von Genusssucht über das Volk hereinbrechen" werde. [1792]

	33/34 [1793]	34/35 [1794]	38/39 [1795]	39/40 [1796]	1942 [1797]
insgesamt	406	447	693	670	644
-Frauen	36	42			
-trocken	4	6	13	16	
-gebessert	28	119	109	92	
-teilw. gebessert	102	-	-	-	
-rückfällig	256	322	571	544	
Entziehungskuren	7	3		16	6
Sprechstunden	1.128*	1.270	2.100*		235
Hausbesuche	1.136*	985*	1.080*		300
Entmündigung/Schutzaufsicht	15	22			
Vormundschaft, Fürsorge-erziehung/Schutzaufsicht	9	12			
Sperrung Unterstützung oder Auszahlung Ehefrau	19	9			
Sparbücher Alkoholkranke			3.686	4.660	
Ärztliche Begutachtungen	16	15			
Behördenrücksprachen	257	117			
Unterstützte Familien	230				
Besuche der Fürsorgerin in Anstalten und bei Schützlingen	6	7			
Posteingänge	135				
Postausgänge	463				

*Inkl. ehrenamtlicher Helfer

1791 Tätigkeitsbericht Baus als Anlage zur Niederschrift CVF-Mitgliederversammlung v. 25.4.1940 (ACVF-1330-01).
1901 Niederschrift CVF-Mitgliederversammlung v. 25.4.1940 (ACVF-1330-01).
1793 Protokoll Trinker-Vorstand v. 5.2.34 (DAF II.11.A), Tätigkeitsbericht Trinkerfürsorge 1934/35 (ACVF-1510).
1891 Jahresbericht CV für die Diözese Limburg 1934 (DAL-359-B) sowie Tätigkeitsbericht Trinkerfürsorge 1934/35 (ACVF-1510). Die Zahlen sind nicht immer deckungsgleich. Die DiCVL-Angaben sind etwas niedriger.
1892 Jahresbericht CV für die Diözese Limburg v. 19.5.1939 (DAL-359-B).
1893 Niederschrift CVF-Mitgliederversammlung v. 25.4.1940 (ACVF-1330).
1894 Jahresstatistik in der Fürsorge für Suchtkranke und Alkoholgefährdete als Anlage zur Niederschrift CVF-Mitgliederversammlung v. 8.5.1942 (ACVF-1330).

Im Herbst 1940 schied Anni Baus aus und wurde durch ein Frl. R (?) ersetzt. Gleichzeitig diskutierte man im Caritasvorstand darüber ggfs. eine weitere hauptamtliche Kraft einzustellen,[1798] zumal die Städtische Fürsorgestelle weiterhin katholische Alkoholkranke überwies und 1940 sogar den Kreuzbund aufforderte, einen Zuschuss zu beantragen und bewilligte 200 RM. Außerdem wurden 1940 Mittel für 20 Kuren für erholungsbedürftige Frauen von Trinkern durch das Fürsorgeamt bereitgestellt.[1799]

1942 stellte man fest, dass die Zahl der gemeldeten Alkoholkranken bis 1938 stetig angestiegen war und danach nur leicht zurückging. Seitens des CV wurde weiter darum gebeten, dass die Pfarreien entsprechende Fälle melden, damit nicht „gute Familien mit dem Odium der amtlichen Trinkerfürsorge belastet werden", doch blieb dies relativ erfolglos. Neben der Caritasfürsorgerin waren noch 26 ehrenamtliche Helfer tätig, die überwiegend dem Kreuzbund angehörten. Trotz der Kriegsbedingungen wurden insgesamt 104 Sprechtage mit 235 Beratungen und außerdem 300 Hausbesuche durchgeführt und erstmals Personen wegen Nikotin- und Medikamentensucht beraten. Beklagt wurde, dass die von der Stadt bereitgestellten 20 Entziehungskuren nicht voll genutzt werden konnten, da die arbeitenden Mütter aus ihren Familien nicht abkömmlich waren. Als medizinischer Berater fungierte ein Arzt der städtischen Fürsorgestelle für Nerven- und Gemütskranke.[1800]

6.5.6 Eheberatung und Eheanbahnung

Um die päpstliche Enzyklika „Casti connubii" umzusetzen, versandte die Bischofskonferenz eine Handreichung an den Seelsorgeklerus um ihre Pfarrkinder „über die christliche Ehe im Hinblick auf die gegenwärtigen Lebensbedingungen und Bedürfnisse von Familie und Gesellschaft und auf die diesbezüglich bestehenden Irrtümer und Missbräuche" beraten zu können.[1801] Ausdrücklich wurde die ablehnende Haltung der Enzyklika gegen staatliche Eingriffe in das Recht auf Eheschließung aus eugenischen Gründen und Sterilisationen durch den Staat oder Einzelne übernommen.

Damit war der Konflikt mit dem Caritasverband nur eine Frage der Zeit, denn die NS-Führung hatte sich zum Ziel gesetzt, die „arische Rasse" baldmöglichst rasch zu vermehren und gleichzeitig die Zahl der „minderwertigen" Geburten drastisch zu reduzieren. Erster Schritt dazu war das am 3. Juli 1934 erlassene „Gesetz zur Vereinheitlichung des Gesundheitswesens" (GVG), das alle Gesundheitsämter, und damit auch das Stadtgesundheitsamt Frankfurt, dem Reichsinnenministerium unterstellte. Auf-

---

1902   Protokoll CVF-Vorstand v. 24.3.1941 (ACVF-1310).
1799   Tätigkeitsbericht Baus als Anlage zur Niederschrift CVF-Mitgliederversammlung v. 25.4.1940 (ACVF-1330).
1903   Jahresstatistik in der Fürsorge für Suchtkranke und Alkoholgefährdete als Anlage zur Niederschrift CVF-Mitgliederversammlung v. 8.5.1942 (ACVF-1330-01).
1904   Wie können die Seelsorger für die Durchführung der Grundsätze der Enzyklika Casti connubii wirken? Über die christliche Ehe im Hinblick auf die gegenwärtigen Lebensbedingungen und Bedürfnisse von Familie und Gesellschaft und auf die diesbezüglich bestehenden Irrtümer und Missbräuche. Im Auftrage der Fuldaer Bischofskonferenz dem hochw. Seelsorgeklerus zur Nachachtung durch die Herren Dechanten (Erzpriester) übersandt., Breslau, o.J., (DAF II.11.B).

gabe der Gesundheitsämter war vor allem die Förderung der „Erb- und Rassenpflege" mit einer entsprechenden Eheberatung und der Verbreitung von „erbbiologische und rassekundliche Kenntnisse". Die Eheberatungsstellen der Gesundheitsämter waren damit auch Meldestellen der „erbbiologischen Bestandsaufnahme" und unterstützten die Zwangssterilisationen. Da man „sonstige" Eheberatungsstellen ausschalten wollte, die die „rassehygienischen Ziele" nicht unterstützten, kam es 1937 zu einem Rechtsstreit mit dem Frankfurter Polizeipräsidenten vor dem Wiesbadener Bezirksverwaltungsgericht, auf den im nächsten Abschnitt ausführlich eingegangen wird.

6.5.6.1 Eheberatung

Nachdem die Eheberatung bisher nebenamtlich in den beiden Fachabteilungen Familienfürsorge und Alkoholkrankenfürsorge wahrgenommen worden war und sich hauptsächlich mit der eher seelsorglichen Beratung von Eheproblemen befasst hatte, beschloss der Caritasvorstand am 21. März 1934 auf Vorschlag von Stadtpfarrer Herr die Zusammenfassung in einer eigenständigen Fachabteilung, die neben der Eheanbahnung seelsorgliche Hilfe gegen Mischehen geben sollte.[1802] Die Eheberatung sollte nicht nur „katholischen „Männern und Mädchen aus gesunden und geachteten Familien zu einer katholischen Ehe verhelfen, sondern auch die katholischen Prinzipien für Ehe und Familie verbreiten. [1803] Vorsorglich wurde eine weitere Planstelle genehmigt, die sich ausschließlich mit der Eheanbahnung befassen sollte,[1804] die aber nie besetzt wurde. Die Eheberaterin sollte „eine verheiratete Frau sein, die die nötige fachliche <u>Vorbildung</u> und die nötigen intellektuellen und menschlichen <u>Eigenschaften</u> hat."[1805] Schließlich wurde dafür die jung verwitwete Johanna Bargenda gewonnen, die zu diesem Zeitpunkt aber noch keine staatliche Anerkennung hatte. Sie sollte die Stelle aber bis 1971 wahrnehmen.

1934/35 wurden bereits 203 Beratungen für 73 Personen, 49 Eheleute und 24 Ledige, durchgeführt. In 17 Fällen musste ein Rechtsanwalt, in 6 Fällen ein Arzt eingeschaltet werden. In 14 Fällen wurden Ermittlungen beim Fürsorgeamt angestellt und in 27 Fällen erfolgte ein Hausbesuch. 1935/36 waren es bereits 127 Personen. 90% der Ratsuchenden waren Frauen, davon 60% aus der Mittelschicht und 40% aus dem Arbeiterstand. 94 Personen ka-

Johanna Bargenda © ACVF

Protokoll CVF-Vorstand 21.3.1934 (ACVF-1310).
1905 Richter, Das erste Jahr unserer Ehe-Anbahnungsstelle, o.J. (verm. Nov. 1934) (DAL 359).
1906 Protokoll CVF-Vorstand 21.3.1934 (ACVF-1310).
1907 Herr, Betrifft Eheberatung, handschriftlicher Entwurf für einen Erlass über Einrichtung und Modalitäten einer Eheberatungsstelle, o. Datum (DAF II.11.B). Unterstreichungen im Original.

men aus eigenem Antrieb, 25 auf Veranlassung von Geistlichen oder der Gemeindehelferinnen und s 4 auf Empfehlung der städtischen Fürsorgerin. Anlass der Hilfeersuchen waren in 45 Fällen allgemeine persönliche Missstände (Eifersucht, Misshandlung, mangelnder Unterhalt oder wirtschaftliche Notlagen), von denen 15 durch Rücksprache mit dem Ehepartner beigelegt werden konnten. In 12 Fällen lagen zerrüttete Eheverhältnisse vor (Ehebruch, Perversität), in fünf Fällen wurde die Ehe mit Hilfe des CV sogar geschieden und in sechs Fällen das Jugendamt wegen Kindesgefährdung informiert. Auch eine Beratung in sexuellen Schwierigkeiten wurde erbeten und zwei Frauen an Dr. Bauch im Marienkrankenhaus verwiesen. Achtmal standen kirchenrechtliche Ehefragen im Mittelpunkt, insbesondere Ehescheidung oder Wiederverheiratung. In drei Fällen stand die Frage einer Zwangssterilisation zur Debatte, die in einem Fall in zweiter Instanz dank der Mithilfe des CV zurückgezogen wurde. Ein weiterer Schwerpunkt war die voreheliche Beratung, die sich meist an einen der 128 gehaltenen Vorträge anschloss. Immerhin 42 Personen suchten die Sprechstunden der Beratungsstelle auf und wurden teils an einen Arzt oder Rechtsanwalt verwiesen. Vorwiegend ging es um Auskünfte über Ehekandidaten, sexuelle Aufklärung, Beratungen bezüglich der Nürnberger Gesetze (Bekanntschaften mit jüdischen Mischlingen I. und II. Grades) bzw. Mischehen mit andersgläubigen Christen.[1806]

Im Juni 1936 untersagte der Reichs- und Preußische Minister für kirchliche Angelegenheiten kirchlichen Einrichtungen die Bezeichnung Eheberatungsstelle weiter zu verwenden, woraufhin die Caritas-Eheberatung in „Beratungsstelle für Seelsorghilfe in Ehe- und Familienfragen" umfirmiert wurde,[1807] behielt aber das hausinterne Schild „Nr. 8 – Eheanbahnung und -beratung" bei, was 1937 zu einem Rechtsstreit mit dem Frankfurter Polizeipräsidenten führen sollte.

Ende 1936 verstärkten die Nationalsozialisten ihre Kampagne gegen die christliche Familienerziehung. Besonders wandte man sich gegen das von der „Freien Vereinigung für Seelsorgehilfe in Freiburg" herausgegebene und von den Bischöfen empfohlene „Katholische Merkblatt über die Ehe". Es enthielt 17 Grundsätze über die Bedeutung der katholischen Ehe, die Pflichten und die innere Einstellung der Eheleute bzw. Verlobten zum Sakrament der Ehe sowie der Verantwortung für eine gesunde Nachkommenschaft. Eine gewissenhafte ärztliche Untersuchung und der Besuch einer Eheberatungsstelle wurden empfohlen, die „zur Erteilung eines oft notwendigen diskreten und verantwortungsvollen Rates in wirtschaftlichen, gesundheitlichen und allgemein menschlichen Fragen" bereitstünden. Das Merkblatt, von dem 1934 etwa 20–30 Exemplare bezogen worden waren, wurde ab Herbst 1936 nicht mehr verteilt, vermutlich, weil keine mehr vorhanden waren. Am 27. Januar 1937 betonte Bischof Hilfrich in einem Hirtenbrief die Bedeutung der christlichen Erziehung in der Familie, da die Schule immer mehr entchristlicht werde und die katholische Ta-

---

1806 Jahresbericht 1935/36 der katholischen Eheberatungsstelle als Anlage zu Niederschrift CVF-Mitgliederversammlung v. 10.7.1936 (ACVF-1330-01).
1807 Schreiben CV an Reg. Präs. Wiesbaden v. 25.6.1937 (DAF II.10.E).

gespresse verschwunden sei. Nach der Enzyklika „In brennender Sorge" vom 21. März 1937 spitzte sich die Situation weiter zu.

Am 14. Juni 1937 verbot Polizeipräsident Beckerle unter Bezug auf das Merkblatt dem CV das Führen der Bezeichnung Eheberatungsstelle und die weitere Tätigkeit der „katholischen Eheanbahnungsstelle, soweit sie in das Gebiet der Eheberatungsstelle für Erb- und Rassenpflege der Gesundheitsämter übergreift" und drohte für jeden Fall der Zuwiderhandlung ein Zwangsgeld von 100 RM an.[1808] Die Beschwerde[1809] wurde mit dem Hinweis auf das von der Polizei am 3. Juli 1937 in Augenschein genommene hausinterne Schild am 13. August 1937 durch den Wiesbadener Regierungspräsidenten abgewiesen. Die „Tätigkeit einer Eheanbahnungsstelle [sei] in der heutigen Zeit ohne zwangsläufige Berührung der Erb- und Rassenpflege, also eines Arbeitsgebietes der Gesundheitsämter, kaum denkbar."[1810]

Nach dem Einspruch[1811] am 1. September beim Bezirksverwaltungsgericht Wiesbaden, verlangten am 29. September zwei Gestapobeamte die Änderung des Hinweisschildes und die Aushändigung aller von der Eheberatungsstelle verwendeten Formulare und Druckschriften.[1812] Am 4. Oktober untersagte die Gestapo der Eheberatungsstelle" die Herausgabe und Verbreitung von Schriften irgendwelcher Art."[1813] Zwei Tage später bat Richter vergeblich um ein Gespräch mit der Gestapo. Da man auf Weisung des Geheimen Staatspolizeiamts in Berlin gehandelt habe, werde nichts geändert.[1814] Richter nahm daraufhin Kontakt zum BO und Wilhelm Wiesen von der „Freien Vereinigung für Seelsorghilfe" auf, der das Verbot als Eingriff in die Lehrfreiheit der Kirche wertete.[1815] Am 13. Oktober wies Richter telefonisch die Gestapo daraufhin, dass man ohne Fragebogen und Merkblatt nicht weiter arbeiten könne und man die Frage „Sind Sie gesund?" herausgenommen habe. Daraufhin erklärte der zuständige Sachbearbeiter, er sei überzeugt, dass der CV korrekt arbeite und schlug vor, mit Berlin abzuklären, ob diese Formulare auch untersagt seien.[1816] Am 21. Oktober 1937 empfahl Generalvikar Göbel, das bisher verwendete Flugblatt mit einer persönlichen Anrede und Adresse als Brief zu versenden, da die Eheanbahnungsstelle als solche von der Gestapo ja nicht in Frage gestellt worden sei. Man habe aber von weiteren Schritten beim Ministerium abgesehen.[1817] Ende Oktober 1937 erklärte ein Herr Steffens von der Gestapo fernmündlich gegenüber Richter, weder die „Bedingungen" noch der „Fragebogen" seien zu beanstanden und dürften weiterver-

---

1808 Schreiben Pol. Präs. an CVF v. 14.6.1937 (DAF II.10.E).
1809 Schreiben CVF an Reg. Präs. Wiesbaden v. 25.6.1937 (DAF II.10.E).
1810 Schreiben Reg. Präs. Wiesbaden an CVF v. 3.8.1937 (DAF II.10.E).
1811 Klageschrift v. 1.9.1937 (DAF II.10.E).
1812 Aktennotiz Bargenda/Köth v. 29.9.1937 (DAF II.10.E).
1813 Verfügung der Gestapo-Staatspolizeistelle Frankfurt v. 4.10.1937 (DAF II.10.E).
1814 Aktennotiz Richter zum Telefongespräch mit Gestapo v. 6.10.1937 (DAF II.10.E).
1815 Aktennotiz Richter v. 8.10.1937 (DAF II.10.E).
1816 Aktennotiz Richter zum Telefongespräch mit Gestapo v. 13.10.1937 (DAF II.10.E).
1817 Schreiben Generalvikar Göbel/Richter v. 21.10.1937 (DAF II.11.D).

wendet werden. Auch könne die Caritas-Tätigkeit wie bisher fortgesetzt werden.[1818]

Prof. Otmar Freiherr von Verschuer, unterstützte in dem vom Bezirksverwaltungsgericht angeforderten Gutachten die Auffassung des Regierungspräsidenten, räumte aber bedauernd ein, Eheanbahnung habe mit Erb- und Rassenpflege nichts zu tun, ihr sollte aber eine Eheberatung vorhergehen. Dazu fehle aber die gesetzlichen Grundlage. Am 10. Dezember 1937 betonte der Caritasverband, man firmiere ausschließlich unter „Caritas-Verband" und betreibe nur die Anbahnung von Ehen und vermittle Bekanntschaften wie jede andere Ehevermittlungsstelle. Die Beratung beziehe sich auf bestehende Ehen „unter absolutem Ausschluss erbbiologischer oder rassepflegerischer Gesichtspunkte (...) Kein Sachverständiger würde bekunden, dass die vom Kläger ausgeübte Tätigkeit ohne erbbiologische oder rassepflegerische Gesichtspunkte nicht möglich sei." Der Caritasverband stützte sich auf ein von ihm verlangtes Zweitgutachten des Stadtgesundheitsamtes. Medizinalrat Kurt Gerun, der dem Caritasverband nahestand,[1819] erklärte, eine Verwechslung mit öffentlichen Stellen sei nicht gegeben, da die städtische Stelle seit 1935 gemäß der 3. Durchführungsverordnung als „Beratungsstelle für Ehe- und Rassenpflege" firmiere. In Übereinstimmung mit Professor Freiherr von Verschuer habe Eheanbahnung mit Erb- und Rassenpflege nichts zu tun. [1820] Am 27. Januar 1938 hob das Bezirksverwaltungsgericht Wiesbaden die polizeiliche Verfügung mit dem Hinweis auf das nicht mehr verteilte Merkblatt auf, da seither der Caritasverband nicht mehr „erb- und rassenpflegerisch beraten" habe.[1821]

6.5.6.2 Eheanbahnung

Johanna Bargenda verfolgte eine Doppelstrategie, „um die katholischen Kreise wieder für ein christliches Eheideal zurück zu gewinnen". Einerseits wollte sie im vorehelichen Bereich zugunsten der katholischen Ehe durch Vorträge, Kurse und Ausspracheabende wirken und hielt im ersten Jahr 98 Vorträge über Sinn und Zweck der Eheberatung, über Ehe- und Familiengestaltung sowie lebenskundliche Fragen. Davon wurden 40 in Müttervereinen und 44 in den Marien- und Hausangestelltenvereinen, aber auch 14 in den Jungmännervereinen gehalten.[1822] Andererseits erkannte sie, dass in einer Stadt, in der die katholische Bevölkerung nur ein Drittel ausmachte, kaum Gelegenheit bestand, einen katholischen Partner kennen zu lernen.[1823] Die Geistlichen wurden am 20. August 1934 zur Mitarbeit aufgefordert,[1824] um das übliche „Odium der primitiven Ehevermitt-

1818 Schreiben Richter/BO v. 5.11.1937 (DAF II.11.D).
1819 Gerun hatte an einer der vorbereitenden Sitzungen für die Neugründung des CV im November 1930 teilgenommen.
1820 Niederschrift öffentliche Sitzung Bezirksverwaltungsgericht Wiesbaden (BVG I 216/37) v. 27.1.1937 (DAF II.11.D).
1821 Urteil Bezirksverwaltungsgericht Wiesbaden in Verwaltungsstreitsache Caritas-Verband Groß-Frankfurt gegen Reg. Präs. Wiesbaden v. 27.1.1938 (DAF II.11.D).
1822 Johanna Bargenda, Unsere katholische Eheberatungsstelle, undatiertes (verm. April 1935) Manuskript (ACVF-Eheberatung).
1823 Richter, Das erste Jahr unserer Ehe-Anbahnungsstelle, o.J. (Nov. 1934) (DAL 359)
1824 Rundschreiben v. 20.8.1934 konnte bisher nicht aufgefunden werden.

lungsstellen" vermeiden. Johanna Bargenda versuchte die neue Einrichtung bis zum Spätherbst 1934 über Vorträge in den Kirchengemeinden zu bekannt zu machen.

Da die „Verhältnisse, Altersstufen und Wünsche der Ehekandidaten so verschieden gelagert waren" entschied man sich trotz Bedenken für Inserate in der Kirchenzeitung St. Georgsblatt, erstmals am 25. November 1934[1825] Anfangs waren es 14-tägig kleine einzelne Inserate, schließlich ganzseitig. und erschienen sie bis mindestens Februar 1940. Darauf stieg die Zahl der Interessenten auf über 500 an. Dabei meldeten sich weitaus mehr weibliche als männliche Interessenten, was nach Meinung Bargendas „in der Natur der Sache" lag. Während bei den Frauen 20 % unter 25 Jahre, 50 % zwischen 25 und 35 Jahren, 25 % zwischen 36 und 45 Jahren waren, waren bei den Männern 60 % unter 30 Jahre und jeweils 20 % zwischen 31–45 bzw. über 45 Jahre alt. Die Frauen waren Hausangestellte oder kaufmännische Angestellte, bei den Männern waren es selbständige Kaufleute, Handwerker oder Landwirte.[1826] Johanna Bargenda gab sich keiner Illusion hin: „Die Arbeit ist in ständiger Bewegung. Was gestern und heute angebahnt ist, kann morgen und ebenso in 1 bis 2 Monaten auseinander gehen. Wir können immer nur gute Voraussetzungen einer Begegnung schaffen, den Ausgang derselben müssen wir den Beteiligten überlassen".

Johanna Bargenda prüfte jede Bewerbung sorgfältig und traf jeden Interessenten persönlich, um ihm entsprechende Vorschläge zu machen. Falls kein geeigneter Partner vorhanden war, wurde ein Inserat in der Kirchenzeitung aufgegeben, bzw. abgewartet, bis sich ein geeigneter Partner fand. „Grundsätzlich führen wir keine Begegnungen herbei, die nur eine Betriebsamkeit vortäuschen, aber nicht den gestellten Anforderungen entsprechen."[1827] Bis zum Jahresende 1934 kamen bereits mehrere Ehen zustande, es gab aber auch fehlgeschlagene Vermittlungsversuche.[1828]

Nachdem Richter auf einer Seelsorgetagung in Unkel am 9. Januar 1936 die Eheanbahnungsstelle vorgestellt hatte,[1829] ermunterte der „Reichsausschuss für katholische Eheberatung" am 22. Februar 1936 den Caritasverband, seine Arbeit fortzusetzen und damit weitere Vorarbeit für andere Eheanbahnungsstellen in Deutschland zu leisten. Richter bat daraufhin das BO, die Plakate des „Neulandbundes"[1830] durch Plakate der Caritas-Eheanbahnungsstelle zu ersetzen und in der Kirchenzeitung kostenlose Annoncen zu veröffentlichen.[1831] Im Juli 1936 informierte das St. Georgsblatt in einem zweiseitigen Artikel über die Eheanbahnungstelle und

---

1825 Caritas-Verband – Rundschreiben an Pfarrer und Kapläne v. 24.11.1934 (DAF-II.10.F).
1826 Jahresbericht 1935/36 Katholischen Eheanbahnungsstelle als Anlage zu Niederschrift CVF-Mitgliederversammlung v. 10.7.1936 (ACVF-1330-01).
1827 Bargenda, Ehe-Anbahnungsstelle, a.a.O.
1828 Richter, Das erste Jahr unserer Ehe-Anbahnungsstelle, o.J. (Nov. 1934) (DAL 359)
1829 Jahresbericht 1935/36 der Katholischen Eheanbahnungsstelle als Anlage zu Niederschrift CVF-Mitgliederversammlung v. 10.7.1936 (ACVF-1330-01).
1830 kurz zuvor hatte sich das Erzbistum München-Freising vom Neulandbund bzw. vom Katholiken-Ehebund distanziert.
1831 Schreiben Richter an BO v. 20.4.1936 (DAF II.10.E).

veröffentlichte nachstehendes Inserat: Katholische Eheanbahnung mit kirchlicher Gutheißung im Caritas-Verband Gross-Frankfurt, Alte Mainzer Gasse 45, bietet Damen und Herren aller Kreise Möglichkeit zur Ehe. (...) Zuschriften auf die nachstehenden Inserate sind unter Angabe der seitlich vermerkten Kenn-Nummer und unter Beifügung des Rückportos an die obige Adresse einzusenden oder persönlich abzugeben. Es kommen nur Bewerbungen von Katholiken in Frage. Strengste Verschwiegenheit ist selbstverständlich.[1832]

Auch während des Verfahrens vor dem Wiesbadener Bezirksverwaltungsgericht arbeitete Frau Bargenda 1936/37 weiter, hielt 98 Vorträge und organisierte zwei Brautleute- und zwei Einkehrtage.[1833] Von Oktober 1937 bis Oktober 1938 wandten sich 2105 Ehesuchende an die Eheberatungsstelle, ein Drittel davon Männer. Etwa 362 Personen konnte man erfolgreich helfen können. Da man künftig in der Frankfurter Kirchenzeitung keine Anzeigen mehr werde schalten können, wurden die Pfarrer am 4. Oktober 1938 gebeten, Veranstaltungen mit Frau Bargenda unter dem Thema „Was kann ich zur Erhaltung und Förderung der katholischen Familie tun", durchzuführen. Daraufhin wurde Frl. Bargenda 1939/40 zu 36 Vorträgen in den Pfarrgemeinden eingeladen.[1834] 1939/40 nutzten 1871 Personen (1192 Frauen und 679 Männer) die Einrichtung, obwohl es durch die Einberufung der Ehewilligen zum Heer und Westwall sowie die Versetzungen nach Polen und ins Sudetenland bisweilen zur „seelischen und wirtschaftlichen Erschütterung" kam. 1939 wurden 516 Inserate geschaltet, 8078 Briefe (3709 Eingänge/4369 Ausgänge) bearbeitet und 1900 Telefongespräche geführt. Der Rückgang der Ehewilligen von 50–60% auf 30% war in der geringen Publikationsmöglichkeit nach dem Wegfall einiger Kirchenzeitungen begründet. Nur das St. Georgsblatt veröffentlichte 1940 noch Annoncen.

Die kriegsbedingten Reisebeschränkungen und der Wegfall der Sonntagsfahrkarten führten zu einem Rückgang der Sprechstunden von 2140 (1938/39) auf 1872 (1939/40).[1835] Am 23. April 1940 baten Frl. Bargenda und Richter erneut die Pfarrer, die „Gründung guter katholischer Familien, die auch für ihren Seelsorgebezirk von Bedeutung ist, zu unterstützen", ein Werbeplakat aufzuhängen, auf die Eheanbahnungsstelle hinzuweisen und Frl. Bargenda zum kostenlosen Vortrag „Was kann ich zur Erhaltung und Förderung der Familien tun?" in die Gemeinde einzuladen.[1836] 1941/42 waren es 46 Termine, davon drei in auswärtigen Pfarreien.[1837]

1832 St. Georgsblatt No. 29 vom 19.7.1936, S. 14–15.
1833 Undatierter Vermerk zur CVF-Mitgliederversammlung v. 11.6.1937.
1834 Tätigkeitsberichte Eheanbahnung 1939 als Anlage zu Niederschrift-CVF-Mitgliederversammlung v. 25.4.1940 (ACVF-1330-01).
1835 Tätigkeitsbericht Eheanbahnung 1941/42 als Anlage zu Niederschrift-CVF-Mitgliederversammlung v. 8.5.1942 (ACVF-1330-01.
1836 Schreiben Bargenda/Richter an alle Hochwürdigen Herren Seelsorgsgeistlichen von Gross-Frankfurt v. 23.4.1940 (ACVF-1330-01).
1837 Tätigkeitsbericht Eheanbahnung 1941/42 als Anlage zu Niederschrift-CVF-Mitgliederversammlung v. 8.5.1942 (ACVF-1330-01).

Trotz der Zerstörung des Caritasbüros arbeitete die Eheberatung unverändert weiter, da ein Teil der Unterlagen rekonstruiert werden konnten. Geplant war neben den Sprechstunden in Frankfurt auch ein Sprechtag in Wiesbaden, „weil viele auswärtige Ehewerber die Reise nach Frankfurt gegenwärtig scheuen."[1838] Unterlagen sind aber nicht vorhanden.

Eheberatung und Eheanbahnung 1934 – 1945			
	Einnahmen	Betriebskosten	Saldo
1934/35	382	80	+ 302
1935/36	928	198	+ 730
1936/37	2.731	558	+ 2.173
1937/38	3.965	1.477	+ 2.488
1938/39	4.370	2.288	+ 2.082
1939/40	k. A.	k. A.	+ 1.764
1940/41	k. A.	k. A.	k. A.
1941/42	k. A.	k. A.	+2.705
1942/43	k. A.	k. A.	+ 3.181
1943/44	Unterlagen durch Bombenangriff vernichtet		
1944/45	k. A.	k. A.	+ 928
Quelle: Solidaris-Prüfberichte 1934–45 (ACVF-1510)			

Zeitweise wurden in der Jahresabschlussrechnung nur die Überschüsse aufgeführt. Da es keine Kostenstellenabrechnung gab und ein Teil der Betriebskosten nicht umgelegt wurde, sondern in den allgemeinen Verwaltungskosten enthalten sind, dürfte die Eheberatung und -anbahnung trotz der buchhalterischen Überschüsse defizitär gewesen sein, da sich die jährlichen Personalkosten auf ca. 4.580 RM beliefen.

	1934/36[1]		1939/40		1940/41		1941/42	
	F	M	F	M	F	M	F	M
kirchlich getraut	5	5	68	68	57	57	32	32
verlobt	27	27	42	42	52	52	43	43
Feste Bekanntschaften	36	36	75	75	96	96	58	58
Ohne Erfolg	312	42	249	83	293	67	324	57
ausgeschieden (and. verheiratet)	178		374	136	264	99	220	142
Einmalige Bewerbungen auf Inserate oder sonstige Spezialinteressenten	146		384	275	355	244	173	75
			1.192	679	1.117	613	850	367

1838 Bericht Pfarramt St. Leonhard/CV Frankfurt an BO v. 15.4.1944 (ACVF-BO I).

6.5.7 Holzplatz und Caritas-Nebenbetriebe

1933/34 wurden zunächst der Holzplatz, dann der Kindergarten Ortenberger Straße,[1839] ab 1935 das Caritashaus Schlossborn und das Haus Niedenau 27 (Miete) haushaltsmäßig in den „Nebenbetrieben" erfasst. Der Holzplatz nahm den Löwenanteil dieses Haushaltstitels in Anspruch. In den Abrechnungen für das Caritashaus Schlossborn ist auch die Müttererholung enthalten, der Kindergarten wurde nicht immer eingerechnet.

Anton Sabel ©Bundesarbeits-agentur

Nach dem Gewerkschaftsverbot 1933 übertrug der Caritasverband dem bisherigen Landesjugendleiter der christlichen Holzarbeiter in Hessen und späteren ersten Präsidenten der Bundesanstalt für Arbeitsvermittlung und Arbeitslosenversicherung, Anton Sabel[1840] die Leitung des Holzplatzes, der im April 1933 erstmals einen Gewinn erzielte, aber nicht die notwendigen Abschreibungen erwirtschaften konnte hatte.[1841] Sabel übernahm im März 1934 für ca. 780 RM das Holzplatz-Inventar der Heilsarmee[1842] mit einer Bandsäge und im September 1936 eine weitere Bandsäge und andere Maschinen für 4723 RM,[1843] die nach einer Generalüberholung monatlich 9.000 Holzbündel schneiden und die Nachfrage decken konnte.[1844]

1940 wurden mit 20–30 Arbeitskräften ca. 35.000 Ztr. Holz aufgearbeitet und abgesetzt[1845] und man erwog die Verlegung in die Eytelweinstrasse, da der Grundstücksbesitzer Eigenbedarf geltend machte. Man verhandelte mit der Firma über eine Übernahme der Umzugskosten, doch kam es dazu nicht mehr.[1846] Im August 1941 wurde der Holzplatz geschlossen, nachdem eine UK-Stellung Sabels trotz Einspruch des Wirtschaftsamts und der Industrie- und Handelskammer abgelehnt worden war.[1847]

1839 Zum Kindergarten Ortenbergerstraße siehe Abschnitt 5.2.3.2 – Caritas-Kindergarten Ortenberger Straße 7, S. 220f.

1840 Anton Sabel (1902–83), 1926 Bezirksleiter und Landesjugendleiter der christlichen Holzarbeiter in Hessen bzw. Hessen-Nassau, 1933–1941 Fürsorger beim CV Frankfurt, 1945–49 Leiter des Arbeitsamtes Fulda, 1949–57 MdB, 1957–1968 Präsident der Bundesanstalt für Arbeitsvermittlung und Arbeitslosenversicherung. Sabel führte das Schlechtwettergeld ein und war maßgeblich an der Anwerbung ausländischer Arbeitnehmer beteiligt.

1841 Protokoll CVF-Vorstand 28.11.1933 (ACVF-1310).

1842 Protokoll CVF-Vorstand 21.3.1934 (ACVF-1310); die Heilsarmee bestand zwar nach 1933 weiter, ihr war aber jegliches öffentliche Auftreten verboten worden.

1843 Solidaris-Prüfbericht 1936/37 (ACVF-1510).

1844 Schreiben Richter an Vorstand v. 10.9.1936 (ACVF-1310).

1845 Richter an Direktor Arbeitsamt Frankfurt v. 23.9.1940 (ACVF-Personal).

1846 Protokoll CVF-Vorstand v. 28.3.1940 (ACVF-1310).

1847 Schreiben Richter v. 31.12.1940 an Bezirkskommando II Frankfurt (ACVF-Holzplatz).

Nebenbetriebe 1933–1944 (in RM)

	33/34	34/35	35/36	36/37	37/38	38/39
Einnahmen	(23.520)	>21.953	>23.039	>33.192	>28.506	>41.909
Holzplatz	k. A.	21.953	20.830	33.192	28.506	37.269
Ortenberger Str.	k. A.	k. A.	k. A.	k. A.	k. A.	k. A.
Schlossborn	-	-	2.209	k. A.	k. A.	3.640
Niedenau	-	-	k. A.	k. A.	k. A.	k. A.
Ausgaben	(20.960)	>22.030		>35.028	>27.299	>44.694
Holzplatz	K, A.	22.030	20.430	35.028	27.299	34.498
Ortenberger Str.	k, A.	k. A.	k. A.	k. A.	k. A.	k. A.
Schlossborn	-	-	4.311	k. A.	k. A.	10.146
Niedenau	-	-	-	-	-	-

	39/40	40/41	41/42	42/43	43/44	44/45
Einnahmen	(40.800)	(40.110)		(6.400)	Unterla-	
Holzplatz	1.519*	983	6.044	-	gen bei	-
Ortenberger Str.	458*	4.577	1.959	--	Bomben-	-
Schlossborn	2.137*	2.058	2.422	3.810	angriff	3.481
Niedenau	1.671	1.492	2.675		vernich-	1.256
Ausgaben		>15.345	>	(19.485)	tet	
Holzplatz	K. A.	k. A.	6.389	-		-
Ortenberger Str.	k. A.	4.708	1.915–	-		-
Schlossborn	k. A.	10.637	6.950	1.674		6.547
Niedenau	K. A.	k. A.	k. A.	K. A.		k. A.

Quellen: Solidaris-Prüfberichte (ACVF-1510), Beträge in () wurden Kostenvorschlägen entnommen (ACVF-1510 bzw. DAL359); *Jahresüberschuss >mehr als

6.5.8 Wanderer – Bahnhofsmission und -dienst

Die NS-Politik war bestrebt, Bahnhofsmissionen und -dienste zu überneh-men, da diese für alle Reisende und Hilfesuchende eine Kontakt-möglichkeit zur Caritas bzw. Inneren Mission darstellten und von diesen auch als internes Kommunikationsnetz genutzt werden konnten. Während viele evangelischen Bahnhofsdienste im Rahmen der Aktionen gegen „Asoziale" bereits 1933 übernommen wurden, wurde daher die Übernah-me der Bahnhofsmissionen durch die NSV durch das Fehlen eines im NS-Sinne geeigneten Personals erschwert[1848] und man versuchte die beste-henden Bahnhofsmission gleichzuschalten. So stellte der nassauische Lan-desausschuss am 24. Juni 1933 der Frankfurter Bahnhofsmission einen Zuschuss von 400 RM bereit, falls sie ihre „Gleichschaltung" durch eine Bescheinigung der örtlichen NSDAP-Kreisleitung nachweise. Daraufhin wandte sich August Hüfner als Vorsitzender des Mädchenschutzvereins an das BO, weil er befürchtete, im Falle einer Weigerung würde auch der städtische Zuschuss wegfallen, und bat um eine schnelle Anweisung. [1849]

1848 So wurde die Bahnhofsmission noch zum 100jährigen Jubiläum der Deutschen Reichsbahn in Nürnberg 1935 eingeladen. Reichsverband der Evang. Deutschen Bahnhofsmission – Hauptgeschäftsstelle für die Bundesrepublik (Hg.): Die Evange-lische Bahnhofsmission, Hannover o. J. (ca. 1958).
1849 Schreiben Hüfner/BO v. 15.7.1933 (DAL 359).

Eine Antwort ist nicht bekannt, doch ist anzunehmen, dass die Bahnhofsmission die Bescheinigung nicht beantragt und somit auch den Landeszuschuss nicht erhalten hat. Ob auch der städtische Zuschuss gestrichen
wurde, lässt sich nicht feststellen. Nach wie vor unterstützte der CV die
Bahnhofsmission und stellte in den Haushaltsplänen 1933/34 bis 1938/39
weiter Personalkosten für die hauptamtliche Leitung der Bahnhofsmission
ein. Da diese in keinem Vorstandsprotokoll erwähnt wird, kann davon
ausgegangen werden, dass es sich um die 1920 geschaffene hauptamtliche Stelle handelt.

Erst 1936 begann der NSV mit der Einrichtung eines eigenen Bahn-
hofdienstes durch die NS-Frauenschaft. Zunächst wurden die Sammlungen
in den Bahnhöfen und dann zunehmend die kirchlichen Bahnhofsmissionen
verboten. Dank des Verhandlungsgeschicks von Benedikt Kreutz und Otto
van Kamekes, dem Vorsitzenden der Evangelischen Bahnhofsmission,
konnten bis 1939 zumindest offiziell 350 Stationen aufrechterhalten werden, viele davon standen aber vermutlich nur noch auf dem Papier. Die
Bahnhofsmission stand 1936 unter der Leitung von Frl. Färber.[1850]

Im Juni 1934 wurde der „Katholische Seelsorgsdienst für die „Wandernde Kirche" eingerichtet, um die im Rahmen der Pflichtdienste (Reichsarbeitsdienst, Landjahr) wandernden Katholiken vor der „religiös gleich-
gültige[n und oftmals (…) ablehnende[n], ja direkt christentums- u[nd]
glaubensfeindliche[n] Umgebung" sowie vor einer „Gefährdung des Glaubens" zu bewahren.[1851] Bei einzelnen Caritasverbänden, wie dem DiCV
Augsburg, wurden Meldestellen eingeführt. In Frankfurt sollte der Katholische Bahnhofsdienst diese übernehmen. Er sollte u.a. Arbeitsdienstfreiwil-
lige und Landhelfer im Westerwald und im Taunus, die vom Frankfurter
Arbeitsamt dem CV gemeldet wurden, den Besuch eines Priesters, eines
Messebesuchs mit Sakramentenempfang ermöglichen. Obgleich der Bahnhofsdienst formell bis 1938 bestand, lässt sich nicht feststellen, ob er tatsächlich tätig wurde. 1939 wird er im Haushaltsplan nicht erwähnt und
1940 darauf verwiesen, dass er geschlossen werden musste, sein Vermögen aber erhalten blieb.[1852]

Da die Bahnhofsmission mit Ausnahme 1939/40 in den Ergebnisrechnungen nicht berücksichtigt wurde, ist zu vermuten, dass die entsprechenden Einnahmen und Ausgaben im Rahmen der Wandererfürsorge abgerechnet wurden.

1850 Schematismus 1936, S. 254–255.
1851 Konrad Algermissen: Artikel „Wandernde Kirche" in: Lexikon für Theologie und
      Kirche (10) 1938, Spalte 748f (Stand: 27.9.2011).
1852 Niederschrift CVF-Mitgliederversammlung v. 25.4.1940 (ACVF-1320).

Noch vor dem Verbot der konfessionellen Bahnhofsmissionen durch die Reichsregierung am 17. Februar 1939 mussten Caritas und Innere Mission am 29. Januar 1939
binnen einer Stunde ihre Räume im Frankfurter Hauptbahnhof verlassen, ohne dass
es eine Kündigung durch die Reichsbahn
gegeben hatte. Das Mobiliar wurde von der
NSV auf den Bahnhofsvorplatz geworfen.
Von nun an versah die NS-Frauenschaft den
Bahnhofsdienst, der während des Krieges
mit den übrigen NS-Bahnofdiensten in die
Kriegsmaschinerie eingegliedert wurde.

Ende der Bahnhofsmission 1939

Nach der Schließung der Bahnhofsmission
1939 war die Stelle im Haushaltsplan
1939/40 zwar formell noch vorhanden, aber mit 0 RM angesetzt. [1853] In
der Ergebnisrechnung 1939/40 wurden aber 1450 RM ausgewiesen, ggfs.
die Gehaltskosten der hauptamtlichen Leiterin der Bahnhofsmission.

Auf der Caritas-Mitgliederversammlung 1940 wurde das Ende der
„jahrzehntelangen Tätigkeit" zwar beklagt, aber betont, dass das vorhandene Vermögen nicht beschlagnahmt worden war und das der „Flut der
Arbeit, die sich auf den Bahnhöfen ergab durch die Rückführung aus den
bedrohten Gebieten, durch Umsiedlung und den Kriegszustand" weder
Bahnhofsmission noch Bahnhofsdienst gewachsen gewesen wären. Im Übrigen handle es sich nun um Arbeiten, „die von kirchlichen Organisationen
nicht gutgetan werden können."[1854]

Da der Bahnhofsdienst vermutlich inaktiv war, wurden die Wanderer
von der Bahnhofsmission und vom Caritassekretariat sowie den Pfarreien
betreut. Da die Bahnhofsmission in den Ergebnisrechnungen nicht berücksichtigt wurde, ist zu vermuten, dass die entsprechenden Einnahmen und
Ausgaben im Rahmen der Wandererfürsorge abgerechnet wurden.
1934/35 sprachen noch insgesamt 1800 Wanderer und Durchreisende
beim CV vor. Ihnen wurden 163 Übernachtungen mit Verpflegung sowie
138 Mittagessen im Karlshaus (153 RM), 123 Fahrkarten (600 RM, davon
244 RM erstattet) sowie Gutscheine bzw. Barbeihilfen im Wert von 314 RM
gewährt.[1855]

Wandererfürsorge 1934–1945								
	34/35	35/36	36/37	37/38	38/39	39/40	42/43	44/45
Einnahmen	3.778	2.802	1.936	1.486	337	k. A.	k. A.	k. A.
Ausgaben	5.428	4.670	4.541	4.018	3.827	948	373	317
Quelle: Solidaris-Prüfberichte (ACVF-1510)								

1853 Niederschrift vom 30.3.1939, ACVF-1310-f.2, DAF II.11.D.
1854 Niederschrift CVF-Mitgliederversammlung v. 25.4.1940 (ACVF-1320).
1855 Vermerk über Wandererfürsorge im Geschäftsjahr 1934 (ACVF-1510).

Auch nach Kriegsbeginn wurden weiter Wanderer betreut, was zeigt, dass sich der CV von den Repressalien im Zusammenhang mit der NS-Kampagne gegen „asoziale Wanderer" nicht beeindrucken ließ, allerdings gingen nun die Ausgaben für Wanderer zurück. Viele Wanderer wurden aber wie bisher in den Pfarreien selbst betreut. So brachte die Pfarrgemeinde St. Gallus 1940 Obdachlose in einem Gartenhaus auf dem Gelände des Monikaheims unter. [1856]

6.5.9 Altenheime

Im Wohlfahrtsamt erkannte man Ende 1943, dass „die Einrichtung von Altersheimen außerhalb des engeren Bereichs der Großstädte (...) ein dringendes Gebot der Stunde [sei], um die Luftabwehrmaßnahmen in den Großstädten zu verbessern."[1857] Abgesehen von Gebäuden, die der Stadt angeboten wurden, war das Wohlfahrtsamt selbst auch auf der Suche nach geeigneten und teilweise leerstehenden Gebäuden in den außerhalb von Frankfurt gelegenen Kurbädern.[1858] Dabei bat der Oberbürgermeister über den Gauleiter als Reichsverteidigungskommissar den Regierungspräsidenten, den zuständigen Landrat anzuweisen, dass er zugunsten der Stadtgemeinde dieses und jenes Anwesen in Anspruch nimmt „, d. h. nach dem Reichsleistungsgesetz beschlagnahmt.[1859] Die Stadt schloss einen Mietvertrag mit dem Besitzer und einen weiteren mit dem jeweiligen Träger, da man selbst über kein Personal zum Betrieb der Wohlfahrtseinrichtung verfügte. Die Miete richtete sich nach den Bestimmungen des Reichsleistungsgesetzes und wurde vom Träger aus den Pflegesätzen refinanziert, so dass der Stadt keine Kosten entstanden.

Haus Hubertus Bad Schwalbach
© ACVF

Am 3. Januar 1944 bot die Stadt dem CV an, das von ihr angemietete Fremdenheim „Haus Hubertus" (früher Parkhotel) in Bad Schwalbach[1860] mit 28 Betten zu überneh-

---

1856 Schreiben Stadtgesundheitsamt/Personalamt v. 25.10.1940 (ISG 7.808).
1857 Schreiben Wohlfahrtsamt Stadt Frankfurt an Landrat Main-Taunus-Kreis v. 21.1.1944 (ISG-1746 – Wohlfahrtsamt/Haus Hubertus) bzw. Schreiben Richter an Joerger v. 25.4.1944 (ACVF-DCV).
1858 undatierter Vermerk (vermutl. nach 3./4.2.1944) für Verwaltungsdirektor Baldes (ISG-1746).
1859 Am 24.2.1944 wurden auf Wunsch der Stadt beschlagnahmt: Heim der Inneren Mission in Auerbach, Hotel Viktoria Schlangenbad, Haus Hubertus Bad Schwalbach und Kurhaus Bad Salzhausen (Kreis Büdingen) (Schreiben Wohlfahrtsamt Stadt Frankfurt an Reichsverteidigungskommissar Wiesbaden v. 29.2.1944-ISG-1746).
1860 Das frühere „Parkhotel" war 1935 von einem jüdischen Unternehmer für 23.000 RM (Einheitswert: 1.1.35: 19.900 RM) erworben und 1938 für 20.500 RM wiederverkauft worden. Nach mehreren Zwischenbesitzern erwarb es Pfarrer Netterer am 1.9.1941 für 30.000 RM als Alterssicherung für seine ehemalige Pfarrhaushälterin Werzinger und verpachtete es an deren Bekannte, Regina Kaufmann, weiter. (Vermerk Stolting/Fürsorgeamt v. 9.3.1944 (ISG-1746 – Wohlfahrtsamt/Haus Hubertus). Sie bestätigte am 8. Februar 1944, dass das Pachtverhältnis weiter bestehe und vereinbarte am 15. Februar 1945 einen Pachtvertrag mit der Stadt, so

men und zur „Einrichtung eines Altersheimes für den selbstzahlenden Mittelstand" zu nutzen.[1861] Unter Einschaltung des Reichsverteidigungskommissars[1862] schlossen am 1. Februar 1944 die eigentliche Mieterin Kauffmann und die Stadt einen Untermietvertrag.[1863] Am 3./4. Februar einigten sich Stadt und CV am 6. Februar wurde es teilweise[1864] mit den ehemaligen Bewohnern des ausgebombten städtischen Altenheims am Dornbusch belegt. Am 12. Februar 1944 übernahmen die Erlenbader Franziskanerinnen die Hausleitung. Neben einer Oberschwester betreuten zwei Schwestern und zwei Dienstmädchen[1865] ca. 30 alte Männer und Frauen, die in Doppel- oder Dreibettzimmern untergebracht wurden. Da sich Vermieterin und Stadt nicht über die Miete einigen konnten und vom CV keine Pflegesatzberechnung durchgeführt werden konnte, gab es einen mehrmonatigen vertragslosen Schwebezustand. Nachdem nach Kriegsende die bisherige Pächterin das Haus wieder übernehmen wollte, bemühte sich der CV um das in der Nähe liegende „Haus Gertrud" und war bereit 30–40 % der dortigen Plätze dem Untertaunuskreise zur Verfügung zu stellen,[1866] doch kam es dazu nicht. Außerdem pachtete die Stadt am 30. Januar 1944 Haus Quisisana als Ausweich-Altersheim und verpachtete es am 30. März 1944 an den CV weiter. Hier wurden 52 gebrechliche Pfleglinge untergebracht, die von sieben Aachener Franziskanerinnen und zwei weltlichen Pflegekräften versorgt wurden. Es gab Reibereien mit dem Verpächter, der nach neuen Pächtern mit besseren Konditionen suchte.[1867] Für den CV war der Betrieb der beiden Altenheime mit einem Gesamtüberschuss von 33.221 RM lohnend, auch wenn ein Teil der Kosten im allgemeinen Haushalt abgerechnet und nicht umgelegt wurde.

Interesse bestand auch an der Anmietung des Hauses „Herka" in Bad Schwalbach, das aber vom Reichsverteidigungskommissar nicht freigegeben wurde, weil „in vermehrtem Masse die Wirkung von Moorbädern zur Beseitigung der Sterilität von Frauen ausgenutzt werden solle (...) und die

---

dass der Pachtvertrag zwischen CV und der Stadt am 23.2.1945 verlängert werden konnte. Nach der Eintragung eines Vorkaufsrechts am 29.11.1952 erwarb der CV das Grundstück am 27. November 1953 (Vermerk v. 17.5.1967–CVF-Immobilien).

1861 Schreiben Wohlfahrtsamt Stadt Frankfurt an Richter/OCV Frankfurt v. 3.1.1944 (ISG-1746 – Wohlfahrtsamt/Haus Hubertus), Solidaris-Prüfbericht 1944/45 (ACVF-1510).

1862 der Kurdirektor von Bad Schwalbach lehnte ein Altenpflegeheim direkt am Kurpark ab und hatte der Besitzerin, Frau Kauffmann, gedroht, jeden „herauszuschmeißen, der in das Haus Hubertus komme". (Telefonnotiz für Baldes v. 1.2. 1944-ISG-1746). Andererseits erhob auch der Darmstädter Medizinaldirektor Schmitt Anspruch auf Haus Hubertus, der es als Ausweichkrankenhaus dem Stadtgesundheitsamt Wiesbaden angeboten hatte (Vermerk 24.1.1944-(ISG-1746).

1863 Pachtvertrag v. 1.2. 1944 (ISG-1746 – Wohlfahrtsamt/Haus Hubertus).

1864 eine Vollbelegung war nicht möglich, da die bisherige Mieterin mit insgesamt zehn Personen mehrere Räume blockierte. Dies führte zu Querelen mit der Schwester Oberin, da sie zeitweise an der Gemeinschaftsverpflegung teilnahm, dafür aber keine Lebensmittelmarken abgeben wollte.

1865 In einem undatierten (vermutl. nach dem 3./4.2.1944 angefertigten) Vermerk für Verwaltungsdirektor Baldes war ein Dienstmädchen eine Russin. Ob es sich dabei um eine Zwangsarbeiterin handelte, konnte nicht festgestellt werden (ISG-1746)

1866 Vermerk Fürsorgeamt v. 28.11.1945 (ISG-1746).

1867 U. a. war er an einem Pachtvertrag mit der Wehrmacht interessiert, da er davon eine sichere Verpflegung erhoffte. Vermerk v. 23.2.44 (ISG-1747–Haus Quisisana)

363

Unterbringung von Alten und Siechen zu dem Aufgabengebiet der NSV gehört und dass hierfür Beherbergungsraum in Kurbädern nicht freigemacht werden kann."[1868]

Im April spitzte sich die Lage weiter zu. Prestel erklärte am 29. April 1944 gegenüber dem Reichsverteidigungskommissar, dass ihm rd. 360 Vormerkungen für unterzubringenden Alte und Sieche vorlägen, die Zahl steige ständig. Außerdem müssten die in Frankfurt liegenden Altersheime geräumt werden, was aber erst möglich sei, „wenn die von Parteidienststellen und Familienangehörigen gemeldeten, noch unversorgten Personen berücksichtigt worden sind." Die zahlreichen ländlichen Pflegestellen seien im Übrigen unsinnig, da wichtigste Sorge der Bauern die Feldbestellung sein müsse[1869] Nachdem Prestel über den Oberpräsidenten von Hessen-Nassau 450 Betten in den beiden Heilanstalten Weilmünster und Eichberg einrichten ließ, war er auch interessiert, die Anstalt Montabaur zu nutzen und dort weitere 200 Betten zu belegen.[1870] Auch diese sollte dem CV zur Bewirtschaftung angeboten werden, doch kam es dazu ebenso nicht wie zu weiteren Projekten im Rheingau, wo sich mehrere Dörfer auf Nachfrage bereit erklärt hatten, Pfleglinge aufzunehmen, wenn sie durch Caritas-Schwestern betreut werden würden. [1871] Im Rheingau interessierte sich auch der CV für das Jagdschloss Rüdesheim.[1872] Schwierigkeiten bestanden mit der Beschaffung der benötigten Einrichtung aus dem süddeutschen Raum.[1873] Ein weiteres zusammen mit der Stadt geplantes Altersheim in der Lange Str. (Hans-Handwerk-Str.) wurde vor der Inbetriebnahme durch Bomben zerstört. Der CV forderte von der Stadt eine Entschädigung für die bereits getätigten Vorbereitungskosten, ob diese aber gewährt wurde, ist nicht feststellbar. [1874]

6.5.10 Hilfe für verfolgte nichtarische Katholiken

Mit der Ausschaltung der Juden aus dem Berufsleben nach der Machtergreifung wurde die prekäre Lage der nichtarischen oder nicht rein arischen Christen immer deutlicher, die als „Glaubensbrüder" (Götz Aly) angesehen wurden.[1875] Obwohl der Reichskirchenminister „unzureichende" Nachweise auf Urkunden kritisiert und notfalls die Nachtragung einer jüdischen Abstammung gefordert hatte,[1876] beteiligten sich, so Götz Aly nur „ausnahmsweise (…) katholische Geistliche an der Sichtung der Kirchenbücher, um getaufte Juden aufzuspüren", während u.a. der evangelische Archivrat

---

1868 Schreiben Reichsverteidigungskommissar an Fürsorgeamt Frankfurt v. 13.3.1944 (ISG-1746).
1869 Schreiben Prestel an Reichsverteidigungskommissar v. 29.4.44 (ISG-1747)
1870 die übrigen 250 Betten sollten für militärische Zwecke (Korpsarzt) genutzt werden.
1871 Bericht Pfarramt St. Leonhard/CV Frankfurt an BO v. 15.4.1944 (ACVF-BO I)
1872 Schreiben Richter/OCV Frankfurt an Fürsorgeamt Frankfurt v. 2.4. 1944 (ISG-1746).
1873 Schreiben Richter an Joerger v. 25.4.1944 (ACVF-DCV).
1874 Solidaris-Prüfbericht 1944/45 (ACVF-1510).
1875 Siehe Götz Aly, Die Verfolgung und Ermordung der europäischen Juden durch das nationalsozialistische Deutschland 1933–1945, Bd. 2, Deutsches Reich 1938–August 1938, München 2009, S. 48.
1876 Vermerk jüdischer Abstammung auf Urkunden des Reichsministers für kirchliche Angelegenheiten I 16605/38 v. 10.8.1938 (ABL Nr. 14/1938, S. 65).

Karl Themel aus den Kirchenbüchern sogar eine „Fremdstämmigen-taufkartei" zusammenstellte.[1877]

Seit der Machtergreifung 1933 verzeichnete der Raphaelsverein eine gestiegene Auswanderungslust bei „politisch tätig gewesenen Katholiken und bei katholischen Nichtariern" und beschloss am 20. November 1933, Maßnahmen zu treffen, „um in einer besonderen Not der Gegenwart nicht zu versagen." Da eine Auswanderung aufgrund „der erneut verschärften und nirgends auch nur teilweise herabgeminderten Absperrung der aller-meisten Länder (...) besonders (bei einigen Ländern) von Nichtariern" und der Devisenschwierigkeiten immer komplizierter (wurde)", wurde auch besser Situierten ein Verbleib in Deutschland angeraten," besonders wenn mit der Auswanderung ein schwieriger Berufswechsel verbunden sein muss." [1878] „Gänzlich mittellose Nichtarier (könnten) wohl nur in den sel-tensten Fällen im Ausland untergebracht werden."[1879] Dass man die Situa-tion noch nicht als gravierend einschätzte, lässt sich daran ablesen, dass diesen empfohlen wurde, „sich als Angehörige eines Gastvolkes in Deutschland zu fühlen und die Vergünstigungen in Anspruch zu nehmen, die gesetzlich allen Bedürftigen dargeboten werden.[1880] Beklagt wurde, dass im Gegensatz zu den jüdischen Hilfskomitees, die in den Einwande-rungsländern finanzielle Hilfen und Kredite sammeln, auf katholischer Sei-te" nur Beratung und guter Wille zur Stellenvermittlung" vorhanden sei. Allerdings würden die Nichtarier übersehen, dass die Katholiken in allen Ländern große eigene Aufgaben haben".[1881] Der Raphaels-Verein versuch-te auch, Möglichkeiten einer „überseeischen nichtarischen Siedlung", u.a. in Brasilien, zu klären. 1933/34 bemühte er sich um Stipendien des Alber-tus-Magnus-Vereins und die kostenlose Unterbringung nichtarischer Schü-ler in Klöstern. [1882]

1877 Aly, Verfolgung und Ermordung, Bd. 2, S. 48.
1878 Anlage 1 zum Protokoll der Verwaltungsratssitzung des St. Raphaels-Vereins v. 20.11.1933 (DAL 360 H 12) sowie ABL Nr. 15 v. 17.11.1933.
1879 Schreiben Generalsekretariat Raphaels-Verein/Hilfrich v. 6.10.1933 (DAL 360 H 12).
1880 Entwurf eines Artikels für die kirchliche Presse v. Okt. 1933 (DAL 360 H 12).
1881 Streng vertraulicher Bericht des Hilfsausschusses für kath. Nichtarier (Abt. Aus-wanderung beim St. Raphaelsverein vom April 1938 (DAL 360 H 12).
1882 Bericht des Sonderhilfswerkes des St. Raphaelsvereins für Persönlichkeiten, die infolge ihrer Abstammung oder aus anderen Gründen ihre Existenz verloren ha-ben. Der undatierte Text stammt vermutlich von 1935 (DAL 360 H 12).

Friedrich Muckermann © ADCV

Im Juni 1933 versuchte Friedrich Mucker-mann SJ in der Zeitschrift „Caritas" mit dem Artikel „Etwas über die Liebe" auszuloten, „wie weit man für die von der NSDAP Verfolgten noch öffentlich eintreten konnte"[1883] und schloss die Kommunisten in den Konzentrati-onslagern und die seit April entlassenen Beam-ten ein. Im Mittelpunkt stand für ihn die „Ju-denfrage", weil deutsche Juden mit der deut-schen Kultur seit Jahrhunderten verbunden seien und im Weltkrieg für ihr Vaterland Deutschland gekämpft hätten. Etwa vier Millio-nen Christen seien jüdischer Abstammung:

„Hier schließe ich auch keineswegs die Juden aus, die wir dem Evangelium des Herrn gemäß lieben sollen, selbst wenn es unsere Feinde wären (...) Freilich muss immer wieder betont werden, dass die ... Anthropologie die Voraussetzun-gen nicht liefert, auf die sich manche berufen. Eine jüdische Rasse gibt es über-haupt nicht, gibt es auch freilich gewisse Merkmale, die sich in dieser wie in an-deren Rassenmischungen immer wieder finden." Abschließend betonte er, dass, *wer"* aus der Gemeinschaft des Staates ausgestoßen wird oder wer in unserer *Gemeinschaft gewisse Rechte verliert, (...) noch in der Gemeinschaft der Kirche (verbleibt), all seine Rechte behält."*[1884]

Während der Konkordatsverhandlungen erfolgte keine Reaktion, doch dann drohte das badische Innenministerium am 28. August 1933 mit ei-nem mehrmonatigen Verbot der Zeitschrift „Caritas", falls nochmals „eine erhebliche Kritik an den Maßnahmen der Regierung (geübt werde), die zwischen den Zeilen als unbillig und ungerecht dargestellt werden."[1885] Bis zur Einstellung der „Caritas" 1937 verzichtete man auf offene Worte und setzte sich in der täglichen Praxis entschieden für die Verfolgten ein.[1886] 1935 folgte das „Caritas-Notwerk zur Hilfe für die aufgrund des Gesetzes zur Wiederherstellung des Berufsbeamtentums nach 1934 entlassenen Beamten und Angestellten."

6.5.10.1 Hilfseinrichtungen für katholische Nicht-Arier

Im Juli 1933 schlossen sich evangelische und katholische Christen zum „Reichsverband christlich-deutscher Staatsbürger nicht arischer oder nicht rein arischer Abstammung"[1887] mit gemeinnütziger Zielsetzung zusam-

---

1883 Borgmann, CV, S. 94.
1884 Caritas 1933, H. 6, S. 246ff.
1885 Caritas 1933, H. 9, S. 401.
1886 So überlebten der 2006 verstorbene Präsident des Zentralrats der Juden in Deutschland, Paul Spiegel, und seine Mutter den Krieg bei katholischen Bauern in Belgien und erfuhr dabei aus Sicherheitsgründen die normale katholische Milieuso-zialisation. Bei einem Fernsehinterview zeigte er einen Rosenkranz, der er von ei-nem belgischen Pfarrer bekommen habe und den er immer bei sich trage. (RhM 32/2007).
1887 Siehe Alexandar-Sasa Vuletic, Christen jüdischer Herkunft im Dritten Reich. Ver-folgung und organisierte Selbsthilfe 1933–1939, Mainz 1999.

men. Mitte Oktober 1933 wurde er ins Berliner Vereinsregister eingetragen, nachdem der dortige Polizeipräsident auf Rückfrage des Gerichts keinen Einspruch die gegen die Eintragung erhoben hatte. Ziel war, nicht als Emigranten ins Ausland zu gehen, sondern „im deutschen Boden verwurzelt (...) in Deutschland unsere deutsche Lebensarbeit (zu) leisten." In Orts- und Bezirksgruppen sollte „durch persönliche Beziehung zueinander der so notwendige seelische Halt „gewonnen werden und insbesondere die Jugend" nicht seelisch verkümmern zu lassen."[1888] Am 3. Januar 1934 wurde eine Frankfurter Ortsgruppe gegründet. Als Folge staatlicher Repression konnte die angestrebte Rolle als Selbsthilfeorganisation aber nicht wahrgenommen werden. So erfolgte Ende 1934 eine Umbenennung in „Reichsverband der nichtarischen Christen", 1936 in „Paulus-Bund. Vereinigung nichtarischer Christen" und 1937 in „Vereinigung 1937". Maximal gehörten dem Verband 5400 Mitglieder an.[1889] 1939 wurde er von der Gestapo verboten.

Im Frühjahr 1934 wurde unter dem Vorsitz des Osnabrücker Bischofs Wilhelm Berning und Präsidenten des Raphaels-Vereins der an diesen angegliederte „Hilfsausschuss für katholische Nicht-Arier" geschaffen, um „wertvollen katholischen Persönlichkeiten, die infolge ihrer Abstammung oder aus anderen Gründen ihre Existenz verloren haben und im Inland nicht unterkommen können, im Ausland zur Erreichung einer Existenz behilflich zu sein."[1890] In den USA unterstützte das Bischöfliche Komitee in New York sowie die NCWC (National Catholic Welfare Conference) die Integration mit der Vermittlung von Lehrstellen und Arbeitsplätzen.[1891]

Am 1. April 1938 wurden 300 Fälle bzw. 967 Personen betreut, von denen bei 221 die Auswanderung erfolgreich organisiert und vom „Hilfsausschuss für katholische Nichtarier" mit 8954 RM unterstützt wurde. Die Zahl der auswanderungswilligen christlichen Nichtarier wurde auf einige Tausend geschätzt, von denen ein Drittel nur kurzfristige Hilfe bei der Auswanderung selbst bzw. ein Drittel die entscheidende Hilfe (Visa, Verwandten- und Freundesbürgschaften) erwartete. Ein Drittel hatte keinen Kontakt zum Raphaelsverein hatte. Zur finanziellen Ausstattung des Hilfswerks für die katholischen Nichtarier beschloss die FBK 1938 einen Sonderfonds, in den 2% aller caritativen Erlöse einzuzahlen seien. 1939 wurden davon ca. 100.000 RM für erwartete 2000 Auswanderungswillige bereitgestellt.[1892] Im August 1938 wurde ein weiteres „Hilfswerk beim Bischöflichen Ordinariat Berlin" und 1939 zusätzlich die „Caritas-Reichsstelle für nichtarische Katholiken" eingerichtet.[1893]

1888 Rundschreiben Reichsverband christlich-deutscher Staatsbürger nichtarischer oder nicht rein-arischer Abstammung, undatiert, verm. Okt./Nov. 1933 (DAL-371/L1).
1889 Vuletic, S. 273.
1890 Schreiben Generalsekretariat St. Raphaels-Verein/Bf. Hilfrich v. 31.5.1935 (DAL 360 H 12).
1891 Jahresbericht des St. Raphaelsverein für das Jahr 1937 (DAL 360 H 12).
1892 200 davon waren aus KZs entlassen worden und nach Holland ausgereist.
1893 Siehe Abschnitt 6.5.10 – Hilfe für verfolgte nichtarische Katholiken, S. 364ff.

Theodor Kardinal Innitzer, Erzbischof von Wien

Mit dem Anschluss Österreichs 1938 kamen zusätzliche 160.000–180.000 christliche Nichtarier dazu, darunter meist Akademiker, vorwiegend Ärzte, sowie viele Haushaltsangestellte und Kindermädchen. Das 1936 von Wiener Erzbischof Theodor Kardinal Innitzer gegründete „Pauluswerk" musste nach dem Anschluss seine Tätigkeit einstellen und sein Leiter Johannes Österreicher nach Frankreich bzw. in die USA emigrieren. Nun engagierte sich Manuela Gräfin Kielmannsegg in ihrer „Aktion K" zusammen mit der „Beratungsstelle für katholische Auswanderer" und der „Caritas-Hilfsstelle" um nichtarische Christen. Am 1. Dezember 1940 richtete Innitzer in seinem Palais die „Erzbischöfliche Hilfsstelle für nichtarische Katholiken" unter Leitung des Jesuitenpaters Ludger Born[1894] ein, der von 1946–49 die „Hilfsstelle für nicht-arische Katholiken" in Frankfurt leiten sollte.[1895]

Gertrud Luckner[1896] baute in der DCV-Zentrale einen Helferkreis für Juden und andere Verfolgte auf und bemühte sich mit dem Raphaelsverein[1897] bis zu dessen Verbot am 25. Juni 1941[1898] und dann allein bis zu ihrer Einlieferung in das KZ Ravensbrück im März 1943 um die Auswanderung bzw. Fluchthilfe für Verfolgte ins Ausland. Nach der Verhaftung von Domprobst Bernhard Lichtenberg, übernahm Kardinal Preysing die Leitung des „Hilfswerks beim Bischöflichen Ordinariat Berlin", das sich nun der pastoralen und caritativen Betreuung der Hilfe Suchenden widmete.

Durch Erlass des Reichsfinanzministeriums vom 15. Juli 1939 wurde sichergestellt, dass kranke und alte nichtarische Katholiken „in deutschen Anstalten" betreut werden dürfen und dadurch die Steuerbegünstigung nicht verloren ging. Unter der Bedingung, dass solche Aufnahmen „nach außen nicht sichtbar sind" stellte der Reichsinnenminister am 3. August

---

1894 Ludger Born SJ (1897–1980), 1917 Eintritt in den Jesuitenorden, 1935–39 Studentenpfarrer in Hamburg und Gründung eines Hilfswerks für verfolgte Juden in der Jesuitenniederlassung am Schlump. 1939 Versetzung nach Wien, 1.12.1940 – 1945 Leiter der „Erzbischöfliche Hilfsstelle für nichtarische Katholiken", 1946–49 Leiter der „Hilfsstelle für verfolgte nichtarische Katholiken" in Frankfurt.

1895 Siehe Abschnitt 7.8 – Die Hilfsstelle für verfolgte nichtarische Katholiken, S. 494ff.

1896 Gertrud Luckner (1900–95), als Jane Hartmann in Liverpool geboren, später adoptiert und evangelisch getauft, 1934 katholisch, 1922 deutsche Staatsbürgerschaft, 1925–33 Studium Volkswirtschaft Berlin, Königsberg, Frankfurt, 1938 Promotion, 1936–68 Referentin im DCV, zuletzt als Leiterin der Verfolgtenfürsorge, 1943–45 im KZ Oranienburg.

1897 Auf Bitte des St. Raphaelsvereins erwirkte Papst Pius XII beim brasilianischen Staatspräsidenten 3.000 Einreisevisa für katholisch getaufte „Nichtarier". Brasilien bestand auf einer Taufe vor 1933, da die meisten Emigranten aber erst 1939 getauft worden waren, stockte die Einreise nach dem ersten Kontingent im Mai 1940 (Aly, Verfolgung, S. 777, Anm.11).

1898 siehe Lutz-Eugen Reutter, Katholische Kirche als Fluchthelfer im Dritten Reich. Die Betreuung von Auswanderern durch den St. Raphaels-Verein, Hamburg 1971.

1939 die kirchlichen Einrichtungen unter Schutz, so dass die FBK von der Einrichtung besonderer Krankenhäuser und Altenheime absah.[1899]

6.5.10.2 Nichtarische Katholiken in Frankfurt

In Frankfurt gab es vermutlich mehrere Hundert nichtarische Katholiken, die als solche aber nie erfasst wurden. So wies der Frankfurter Paulusbund bis zu 500 Mitglieder auf, vermutlich gab es aber auch zahlreiche Angehörige. 1940 gab es im CV etwa 1.000 Ausreisewillige, die vermutlich auch aus dem Umland stammten. 1948 beklagte Pater Odilo Braun OPr gegenüber Bischof Hilfrich, dass es keine „genaue Statistik der christlichen Juden und der Mischehen" gebe."[1900]

Pflasterstein

Carl Rosellit wandte sich am 27. Mai 1933 an Hilfrich, „durch die Arierbestimmungen können die Kinder Nichtarischerabstammung mehr noch als ihre Eltern in ihrem Fortkommen geschädigt sein ... (und es) können sich Schwierigkeiten und Folgen bilden, deren Tragweite gar nicht zu übersehen ist."[1901]

Im Ortscaritasausschuss war zeitweise die konvertierte Jüdin und ehemalige Stadträtin Else Alken vertreten, die sich 1941 über Bischof Hilfrich und Nuntius Orsenigo um eine Anstellung im Vatikan bemühte, um vor der Deportation geschützt zu sein. Da ihre jüdische Herkunft nicht bekannt war, ging man von einer politischen Verfolgung wegen ihrer Zentrumsaktivitäten aus und sicherte ihr 1942 nur eine finanzielle Unterstützung zu. Im September 1942 wurde sie deportiert und starb kurz darauf im KZ Theresienstadt.[1902]

Ende 1933 bemühte sich das spätere CV-Vorstandsmitglied Willi Leicht um die Gründung einer Ortsgruppe und bat Stadtpfarrer Herr um Unterstützung und Namenslisten.[1903] Während das BO zustimmte, lehnte Diözesancaritasdirektor Lamay eine offizielle Aufforderung im Amtsblatt ab, nahm aber einen Hinweis auf die Geschäftsstelle auf.[1904] Nach der Gründungsversammlung am 13. Januar 1934 für die Bistümer Mainz, Fulda und Limburg im Beisein des Jugendpfarrers Albert Büttner[1905] bat Willi Leicht, der zusammen mit Arthur Götz den Vorsitz übernommen hatte, am 11. Februar 1934 Bischof Hilfrich um eine Unterstützung seitens der Cari-

1899 Bericht für Bischofskonferenz (22.-24.8.1939) bez. Kirchliche Arbeit für die kath. Nichtarier von 1938–39 (DAL-561/21).
1900 Vermerk P. Odilo Braun OPr für Bf. Hilfrich im Auftrag Kardinal v. Preysings v. 26.6.1943 (DAL-561/21).
1901 seine Tochter war aufgrund ihrer jüdischen Mutter nicht eingestellt worden (Schreiben Carl Rossellit/Bf. Hilfrich v. 27.5.1933 – DAL 561/21).
1902 Bermejo, a.a.O.
1903 Schreiben Leicht/Herr v. 26.11.1933 (DAL-371/L1).
1904 Schreiben Herr/BO v. 2.12.1933 (DAL-371/L1) bzw. Vermerk Lamay v. 22.2.1934 (DAL-561/21).
1905 Für die Reichsleitung war Oberstudiendirektor Landsberg (Berlin) anwesend (Rundschreiben v. 4.2.1934 – DAL 561/21).

tasverbände. Tagungsort war das „Heim für Kaufleute und Studenten".[1906] Weitere Unterlagen konnten bisher nicht aufgefunden werden, der Paulus-bund soll in Frankfurt aber über etwa 500 Mitglieder verfügt haben. Nicht geklärt werden kann daher auch, ob Else Alken im Paulusbund engagiert war. De Situation der nichtarischen Katholiken war in den Pfarreien be-kannt, doch lassen sich nur einzelne Aktivitäten belegen. Belegt ist aber, dass die Vorsitzende des Elisabethvereins St. Antonius, Frau M. Dormeier, im Dezember 1943 zur Gestapo vorgeladen wurde, weil sie einer auf der Straße zusammengebrochenen alten Jüdin geholfen und sie in ein Kran-kenhaus hatte bringen lassen. Von ihr wurde verlangt, künftig vor jedem Juden auszuspucken. Bereits früher war ihr vorgeworfen worden, der Eli-sabethverein dürfe keine Armen betreuen, weil dies der NSV vorbehalten sei.[1907]

Seit 1919 betreute der CV als Zweigstelle des Raphaelsverein Aus-wanderungswillige. Anni Baus wurde 1940 von ihrer Arbeit in der Trinker-fürsorge teilweise freigestellt und mit der Betreuung von ca. 1.000 aus-wanderungswilliger nichtarischer katholischer Familien und Einzelpersonen betraut.[1908] Offiziell wanderten 1940 zwei Frauen nach San Domingo aus.[1909] Das Schicksal der übrigen ist ungeklärt.

Mit der Zerstörung der Innenstadt ab 1941 wurde es für Verfolgte und Untergetauchte immer schwerer, sich zu verstecken, und waren auf ihnen zugesteckte Lebensmittel angewiesen. Am 28. August 1939, vier Tage vor Kriegsbeginn, waren Lebensmittelkarten eingeführt worden, die Lebensmittel mussten aber bezahlt werden. Da die Marken nur zum Emp-fang berechtigten, falls Waren vorhanden waren, gingen daher die Juden, deren Karten ab Januar 1940 mit einem „J" markiert und nur bei be-stimmten jüdischen Geschäften eingelöst werden konnten, häufig leer aus. So war eine katholische Krankenschwester aus der Pfarrei Allerheiligen für 10 Monate im KZ, weil sie eine jüdische Familie, die sie früher gepflegt hatte, mit Lebensmitteln versorgt hatte. [1910] Einem Transport konnte man nur entgehen, wenn man von einem Arzt als transportunfähig erklärt wur-de oder sie gefälschte Pässe aufweisen konnten.

Von der jüdischen Bevölkerung Frankfurts waren am Kriegsende nur wenige übrig geblieben, deren Überleben auch nur in einzelnen Fällen do-kumentiert werden kann, da sowohl Retter wie Gerettete lange Zeit schwiegen bzw. sich niemals geäußert haben. Dokumente sind kaum vor-handen und betreffen vor allem nichtarische Katholiken und Protestanten, die sich nach Kriegsende bei den Hilfsstellen für verfolgte nichtarische Evangelische bzw. Katholiken gemeldet und Fragebögen ausgefüllt haben.

1906 Schreiben Leicht/Ortsgruppe Groß-Frankfurt des Reichsverbandes christlich-deut-scher Staatsbürger nichtarischer oder nicht rein arischer Abstammung/Bischof Hilfrich v. 11.2.1934 (DAL-561/21).
1907 Fragebogen Kath. Pfarramt St. Antonius v. 17.9.1945 (DAL 561/7B).
1908 Tätigkeitsbericht Trinkerfürsorge 1939 als Anlage zu Niederschrift CVF-Mitglieder-versammlung 25.4.1940 (ACVF-1320).
1909 Vermerk DiCVL über Zuweisung aus dem Sonderfonds für kath. Nichtarier v. 26.4.1940 (DAL-561/21).
1910 Kath. Pfarramt Allerheiligen v. 13.9.1945 (DAL-561/7B).

Zu den Personen, die mit Hilfe des CV überlebt haben, zählt auch Willi Leicht, der nach seiner Entlassung aus der Kriminalpolizei als Mischling 1. Grades, bis 1939 als Steuerberater, danach als kaufmännischer Angestellter bei einem ehemaligen Klienten arbeitete. Ende 1944 und Anfang 1945 tauchte er zweimal für vier Wochen mit Fahrrad im Taunus unter, um einer Dienstverpflichtung zu entgehen. Vermutlich wurde er von dem Kriminalkommissar Fries gewarnt, der auch zwei weitere frühere Kollegen Wagner und Korn vor dem Zugriff der Gestapo bewahrte. Da er zum Bekanntenkreis von Richter gehörte, kann vermutet werden, dass dieser ihm geholfen hat. Willi Leicht arbeitete nach dem Krieg bis in die 70er Jahre als Steuerberater für den CV und gehörte auch lange dem CV-Vorstand an. Richter erwähnte 1945 gegenüber dem Bistum eine nichtarische Katholikin als spurlos verschwunden.[1911] Eine Familie überlebte in der Pfarrei St. Albertus in Ginnheim,[1912] eine andere in St. Bonifatius[1913] und eine dritte in St. Joseph Bornheim.[1914] Belegt ist auch, dass Stadtpfarrer Herr weiter Kontakt zu dem in der Altstadt (Schöne Aussicht 9) wohnenden und 1940 zum Kirchenaustritt gezwungenen Gestapobeamten Gotthold Fengler hielt.[1915]

Petra Bonavita hat einen Teil dieser Schicksale aus Frankfurt dargestellt und kommt zu dem Schluss, dass auf evangelischer Seite nur Pfarrer Welke, der zur Bekennenden Kirche gehörte, geholfen hat. In ihrer Studie sind auch einige Fälle auf katholischer Seite erwähnt, weitere wurden inzwischen neu entdeckt. Daraus lässt sich entnehmen, dass es vermutlich eine Zusammenarbeit zwischen Pfarrer Welke und dem CV gab, der sich auch auf Mitarbeiter des städtischen Jugendamtes stützen konnte. Dieses übertrug Vormundschaften und Pflegschaften für nicht oder nicht rein arische Kinder und Jugendliche dem CV, da sich die NSV um diese nicht kümmern durfte. Unter dem Deckmantel der Erholungsfürsorge wurden nichtarische und behinderte Kinder in abgelegenen Heimen außerhalb Hessens untergebracht und soweit es möglich war, Nichtariern und Verfolgten individuell geheim geholfen.[1916] Die Zahl der illegal Ausreisenden lässt sich nicht beziffern. Petra Bonavita belegt, dass einige Frankfurter Juden mit einer Grenzübergangsskizze in die Schweiz fliehen konnten, die vermutlich von Gertrud Luckner stammte. Ebenso wie Pfarrer Welke, der sich verkleidet an den Abtransporten am Ostbahnhof aufhielt, war dort auch der CV mit einer Fürsorgerin präsent.[1917]

1911 Vermerk Kath. Pfarramt St. Leonhard bez. Verfolgungspolitik des Dritten Reiches v. 26.9.1945 (DAL-561/7B).
1912 Schreiben Kath. Pfarramt Albertus Ginnheim/BO v. 17.12.1944 (DAL-561/21).
1913 Die konvertierte Witwe Lina Ulmenhofer wurde am 21. Februar 1945 noch nach Theresienstadt deportiert, während ihre drei Kinder bleiben konnten. Zwei waren verheiratet, eine davon mit einer Tochter von Clotilde Kalker (Schreiben Kath. Pfarramt Bonifatius/BO 21.12.1944 (DAL-561/21).
1914 Clotilde Kalker geb. Löwenstein überlebte mit zwei Töchtern, von denen eine mit einem Sohn Lina Ulmenhofers verheiratet war (Schreiben Kath. Pfarramt St. Joseph Bornheim/BO 4.1.1945 – DAL-561/21).
1915 So die Tochter Fenglers, die nach dem Krieg wieder katholisch wurde, gegenüber Petra Bonavita im April 2011.
1916 Vermerk Meta Nicolai v. 11.9.1974 (ACVF-Allgemeines).
1917 So Elisabeth Mick am 17.5.2011 gegenüber dem Verfasser.

Während in „privilegierter Mischehe" mit einem „christlichen Arier" Verbheiratete vom Tragen des Judensterns befreit waren, mussten alle übrigen den Stern tragen.[1918] Nachdem Eckert Polizeipräsident Beckerle vergeblich um eine Dispens gebeten hatte, bat er das Ordinariat, zu prüfen, ob für „christliche Nichtarier wenigstens für die Zeit ihres Gottesdienstbesuches eine Ausnahme von dieser Verpflichtung zu erwirken, [da sie dies] als große Erschwernis für ihren Gottesdienstbesuch empfinden" würden.[1919] Kardinal Bertram wies seine Amtskollegen an, übereilte Anweisungen zu vermeiden, die für jüdische Katholiken als verletzend angesehen werden können", z.B. besondere Judenbänke oder getrennte Sakramentenspendung.[1920] Bischof Berning (Osnabrück) erhielt auf seine Nachfrage von der Staatspolizei die Antwort, dass „Ausnahmen (...) nicht gemacht werden würden."[1921] Schließlich verzichtete die Bischofskonferenz auf weitere Schritte.[1922]

Nachdem am 19./20 Oktober 1941 überraschend die ersten Transporte von ca. 1200 Juden von der Großmarkthalle im Ostend in das Ghetto Litzmannstadt/Lodz abgingen,[1923] informierte Stadtpfarrer Herr am 21. Oktober 1941 Nuntius Orsenigo, dass „eine nicht geringe Zahl von Juden (...) unter Zurücklassung ihrer Habe mit Ausnahme eines bescheidenen Quantums an Geld und notwendigem Reisebedarf" abtransportiert wurden. „Katholiken, die nicht durch Verheiratung" mit der arischen Bevölkerung verbunden sind (...) haben den Besuch der staatspolizeilichen Organe bereits empfangen und stehen unter besonderer Aufsicht derselben." Unter Verweis auf Art.1 des Reichskonkordates (Gewährleistung der Religionsausübung) bat Nuntius Orsenigo, vorstellig zu werden, um den deportierten Gläubigen die Möglichkeit zur Teilnahme am kirchlichen Leben zu geben.[1924] Hilfrich ergänzte, dass die nichtarischen Christen von ihren Rassegenossen „wegen ihrer Konversion als Apostaten" angesehen werden und stellte eigene Siedlungen zur Diskussion.[1925] Bischof Berning wurde erklärt, die „Transportierten kommen in die Ostgebiete. Dort wird es ihnen nicht verwehrt sein, an dem Gottesdienst der Polen teilzunehmen." Im Übrigen würden nur in Ausnahmefällen christliche Nichtarier deportiert", die mit der Staatspolizei schon in Konflikt gekommen seien. (...) Die kirchlichen Stellen könnten sich mit den örtlichen Staatspolizeistellen in Verbin-

---

1918 Polizeiverordnung über die Kennzeichnung der Juden vom 1.9.1941 (RgBl 1941, I 100).
1919 Schreiben Eckert/BO v. 10.9.1941 (DAL-561/21) bzw. Schreiben Elisabeth Hirsch/Bischof Hilfrich v. 20.9.1941 (DAL-561/21), die den Frankfurter Polizeipräsident Beckerle um Dispens gebeten hatte.
1920 Rundschreiben C.A. 5968 bez. Polizeiverordnung vom 1. September 1941 betr. Kennzeichnung der Juden v. 17.9.1941 (DAL-561/21).
1921 Schreiben Bf. Wilhelm (Osnabrück)/Kardinal Bertram v. 27.10.1941 – Abschrift (DAL 561/21).
1922 Vermerk für Bischofskonferenz bez. Kirchliche Sorge für christliche Nichtarier o. Datum, vermutlich Herbst 1941. (DAL-561-21).
1923 11 begingen Selbstmord, so Schreiben Hilfrich/Bf. Wienken v. 27.10.1941 (DAL-561/21).
1924 Schreiben Bischöfl. Kommissariat Frankfurt/Apost. Nuntius Berlin v. 21.10.1941 (DAL-561/21).
1925 Schreiben Hilfrich/Bf. Wienken v. 27.10.1941 (DAL-561/21)

dung setzen, um den Termin zu erfahren und nachzufragen, ob christliche Nichtarier unter den zum Transport Bestimmten sich befänden. Dann sei es den Kirchen möglich, vor dem Abtransport noch Seelsorge auszuüben."[1926] Außerdem sprach sich die Bischofskonferenz dafür aus, dass „Geistliche und Ordensschwestern, die als Nichtarier oder Halbarier Schwierigkeiten zu befürchten haben, sich für die Seelsorge und Fürsorge bei den Evakuierten zur Verfügung stellen, um diesen besonderen Gottesdienst im Lager und Religionsunterricht für die Kinder zu gewähren.[1927]

1942 forderte Sprenger, monatlich etwa 100 jüdische Mischehepartner und Mischlinge Ersten Grades zu deportieren. Der Gestapo-Beamte Heinrich Baab, der ab Sommer 1942 die Deportationslisten erstellt hatte, und Erich Holland setzte nichtjüdische Ehefrauen unter Druck, sich scheiden zu lassen, um dann freie Hand gegen deren jüdischen Ehemänner zu haben. Die Bischofskonferenz erkannte diese Gefahr im Herbst 1941 und entschied sich für eine kirchenrechtliche Prüfung einer „separatio tori, mensae et habitationes" (Trennung von Tisch und Bett) auf Verlangen des arischen Teils nach ca. 1128 und 1131 CJC im Einzelfall mit „pastoraler Klugheit".[1928] Am 11. November 1942 protestierte Kardinal Bertram bei der Reichsregierung gegen die Pläne, „rassisch gemischte Ehen" durch den Staatsanwalt auflösen zu lassen, falls der nichtarische Ehegatte eine kurz bemessene Frist zur Eheauflösung verstreichen lasse und im Falle einer Scheidung die nichtarischen Familienangehörigen abtransportieren zu lassen.[1929] Trotz dieses Einspruches wurden im Februar 1943 über 8.000 Nichtarier „mit größerer Härte" deportiert und veranlassten Kardinal Bertram zu einem erneuten Protest.[1930] Die Reichsregierung verzichtete nun auf eine rechtliche Lösung[1931] und ging „den kalten Weg", so der Dominikanerpater Odilo Braun, z.B. durch die Dienstverpflichtung des arischen oder des nichtarischen Ehepartners oder durch die Kriminalisierung wegen der „Nichtbeachtung von allerlei Vorschriften". Braun beklagte, dass es keine „genaue Statistik der christlichen Juden und der Mischehen" gebe. Braun betonte, „es müsste (...) deutlich gesprochen werden über die Gräuel an den Juden überhaupt."[1932]

Nachdem der Bischof von Galen am 3. Oktober Pfarrer und Pfarrrektoren im Bistum Münster aufgefordert hatte, ihn bis zum 20. Oktober

1926 Schreiben Bf. Wilhelm (Osnabrück)/Kardinal Bertram v. 27.10.1941 – Abschrift (DAL 561/21).
1927 Vermerk für Bischofskonferenz bez. Kirchliche Sorge fr christliche Nichtarier o. Datum, vermutlich Herbst 1941. (DAL-561-21).
1928 Vermerk für Bischofskonferenz bez. Kirchliche Sorge für christliche Nichtarier o. Datum, vermutlich Herbst 1941. (DAL-561/21).
1929 Gleichlautende Schreiben Kardinal Bertram/Reichsjustizminister, Reichsminister des Innern und Reichsminister für kirchliche Angelegenheiten v. 11.11.1942 (DAL-561/21).
1930 Gleichlautende Schreiben Kardinal Bertram/Reichsjustizminister, Reichsminister des Innern und Reichsminister für kirchliche Angelegenheiten, Reichsminister Lammers, Reichssicherheitshauptamt v. 2.3.1943 – Abschrift (DAL-561/21).
1931 im Bestand DAL-561/21 befindet sich die Abschrift eines Resolutionsentwurfes für den Fall einer gesetzlichen Regelung.
1932 Vermerk P. Odilo Braun OPr für Bf. Hilfrich im Auftrag Kardinal v. Preysings v. 26.6.1943 (DAL-561/21).

1944 über das Schicksal nichtarischer bzw. nicht rein arischer Christen und der in Mischehen Lebenden zu informieren, wurden entsprechende Schreiben auch von anderen Bistümern versandt, u.a. in Limburg am 4. Dezember 1944 mit einer Fristsetzung zum 30. Dezember 1944. Gefragt wurde u.a. nach Deportationen, dem Bestimmungsort und ob eine Verbindung besteht bzw. eine seelsorgliche Betreuung möglich ist. Außerdem sollte angegeben werden, ob dabei unversorgte Kinder oder pflegebedürftige Angehörige zurückgeblieben seien bzw. und ob für diese karitativ gesorgt worden sei.[1933] Die meisten Fragebögen gingen erst im Laufe des Jahres 1945 ein.

6.5.10.3 Die Affäre Mayer

Obgleich von der NS-Regierung die Anwendung der katholischen Kirche abgelehnten Arierparagrafen in privaten kirchlichen Häusern nicht gefordert wurde,[1934] versuchte der NS-Ärztebund immer wieder, Einfluss zu nehmen. Viele Ärzte waren bestrebt, ihre jüdischen Kollegen auszuschalten und informierten entweder die NSV oder Julius Streichers Kampfblatt „Stürmer".

Stürmer-Karikatur Nr.18/34

Am 17. Oktober 1934 erhob der NS-Ärztebund Einwendungen gegen die Beschäftigung des halbjüdischen Arztes Clemens Mayer[1935] als Assistenzarzt an der gynäkologischen Abteilung des Marienkrankenhauses. Seine Mutter war arisch und katholisch, sein Vater ein zum Protestantismus konvertierter Jude und hoher hessischer Richter. Der während des Ruhrkampfes Ausgewiesene wurde von Gauleiter Sprenger wegen seiner nationalen Gesinnung geschätzt.[1936] Chefarzt Bauche lehnte am 20. Oktober 1934 jede Einmischung unter Hinweis auf Art. 15 des Konkordats ab.[1937] Nachdem Kreutz in Berlin Oberarzt Strauss (DAF) auf das Konkordat hingewiesen hatte, schien die Angelegenheit beigelegt. Ende November 1934 erschien dann aber der Artikel „Der Judenarzt im Marienkrankenkrankenhaus in Frankfurt a/Main" im „Stürmer".[1938]

Aufgrund eines angeblichen Anrufes der SA am 1. Dezember, in dem die sofortige Entlassung Mayers gefordert wurde, entschied sich die Oberin ohne Rücksprache mit Mutterhaus, Stadtpfarrer Herr und Caritasdirektor Richter für die sofortige vorläufige Beurlaubung von Mayer.

1933 Rundschreiben Bischof Graf von Galen v. 3.10.1944 (GAL-561/21).
1934 Vermerk Lamay v. 27.12.1934-DAL-118-F/1.
1935 Schreiben Bauche/Strauss-Reichsbetriebsgemeinschaft freie Berufe v. 20.10.1934-DAL-118.F/1.
1936 Bericht Richter für Bf. Hilfrich v. 4.1.1935 (DAL-118-F/1).
1937 in Art. 15 Abs. 1 heißt es: „Orden und relig. Genossenschaften unterliegen in (...) der Ordnung ihrer Angelegenheiten und der Verwaltung ihres Vermögens keiner besonderen Beschränkung."
1938 Der Stürmer Nr. 48/1934.

Innerhalb der katholischen Führung Frankfurts erfuhr man von dieser Aktion erst Mitte Dezember 1934 durch die öffentliche Diskussion. Während die Pfarrkonferenz die sofortige Wiedereinsetzung von Mayer forderte, informierten Richter und Herr u.a. Bischof Hilfrich[1939] und Diözesancaritasdirektor Lamay, der daraufhin erklärte:

„Es ist unverständlich, dass die Oberin in einer solchen Situation, in der es um die Existenz eines Menschen ging, nicht mit dem Mutterhaus.. sprach und sich Weisung geben ließ, während bei jeder Anschaffung gefragt wird."[1940]

Kreutz forderte Richter auf, den Schwestern deutlich zu machen, dass es ihnen „nicht erlaubt (sei), eingegangene Rechtsverpflichtungen einseitig zu lösen und gar noch – als Ordensleute – aufgrund von Vorkommnissen, zu deren Sicherung man eigens das Konkordat geschaffen hat."[1941]

Nachdem die von Herr beantragte polizeiliche Untersuchung ergebnislos verlaufen war und auch die örtliche SA jegliche Verantwortung von sich gewiesen hatte, erklärte Chefarzt Bauche am 3. Januar 1935, einer Rückkehr von Mayer stünde nichts mehr im Wege, zumal sein Verhältnis zu den Kranken und den Schwestern gut gewesen sei.[1942] Richter wurde tags darauf aber von der Oberin mit Hinweis auf die negative Haltung der übrigen Assistenzärzte erklärt, er solle sich nicht mehr um Mayer bemühen, seine Einstellung sei ein Fehler gewesen.[1943] Die Dernbacher Schwestern lehnten die Wiedereinstellung ab, waren nach einer Intervention von Bischof Hilfrich zumindest bereit, bei der Provinzialoberin in Amerika „zu seinem weiteren Fortkommen behilflich zu sein".[1944] Näheres konnte nicht ermittelt werden.

Nach Kriegsbeginn 1939 musste auch der Chefarzt der Inneren Abteilung des Marienkrankenhauses, Richard Stefan, wegen Kontakt zu einer Jüdin entlassen werden und wurde nach Königshütte versetzt.[1945] Sein weiteres Schicksal ist nicht bekannt. Auch Max Flesch, leitender Chirurg am Evangelischen Krankenhaus und Bruder des früheren Stadtrats Karl Flesch, wurde als „Nichtarier", entlassen und selbst eine Eingabe bei dem Leiter des Dachverbandes, einem ordinierten Pfarrer, hatte keinen Erfolg.

6.6 Zerstörung des Caritashauses

Aufgrund seiner Lage in der Altstadt waren der Caritasverband und die übrigen katholischen Einrichtungen von den Bombenangriffen auf Frankfurt betroffen. Beim Bombenangriff am 1. August 1942 wurden das Caritashaus sowie St. Leonhard schwer beschädigt und alle Altenheime zerstört. Das Küsterhaus und das Schwesternhaus blieben relativ intakt.

1939 Schreiben Richter/Bf. Hilfrich v. 15.12.1934 (DAL-118-F/1).
1940 Vermerk Lamay v. 27.12.1934-DAL-118-F/1.
1941 Abschrift Kreutz/ Richter v. 19.12.1934 für Bf. Hilfrich (DAL-118-F/1).
1942 Vermerk Bauch/Marienkrankenhaus v. 3.1.1935 (DAL-118-F/1).
1943 Bericht Richter für Bf. Hilfrich v. 4.1.1935 (DAL-118-F/1).
1944 Schreiben Mayer/Bf. Hilfrich v. 24.3.1935 bzw. ADJC/Bf. Hilfrich v. 4.6.1935 (DAL-118-F/1).
1945 Information von Petra Bonavita v. 13.4.2011.

Nach einem weiteren Bombenangriff am 22. März 1943 wurde das Caritashaus endgültig zerstört und das Caritasbüro ins Dompfarramt (Domplatz 14) und anschließend in den Untermainkai 4 verlegt.[1946]

Leonhard-Kirche 1945 © ACVF

Nach dem Großangriff (500 Flugzeuge, 4.000 Spreng- und 250.000 Brandbomben, 529 Tote) in der Nacht vom 4./5. Oktober 1943 wurde die Hochschule St. Georgen[1947] schwer getroffen und Pförtnerhaus, Lindenhaus, Neubau und Baracke zerstört. Richter wurde durch Bombensplitter verletzt und musste im Krankenhaus behandelt werden. Richter und Lamay informierten den DCV über die Schäden und DCV-Direktor Joerger drückte am 14. Oktober 1943 sein Bedauern aus.[1948]

Am 20. Dezember 1943 brannte nach einem Bombenangriff der Dachstuhl des Mädchenheims in Bornheim ab und nach den Bombenangriffen am 29. Januar 1944 konnte auch das „Heim für Kaufleute und Studenten" nur noch eingeschränkt genutzt werden. Der Bombenangriff am 11. Februar 1944 zerstörte das Schwesternhaus, das Witwenheim und den Mitteltrakt des Josefheims, dabei kam Schwester Claudia ums Leben.

Die große Katastrophe kam am 18./19. bzw. am 22./23. März 1944 (2.000 Flugzeuge), als die Innenstadt zu 90% vernichtet und 90.000 Wohnungen zerstört wurden. 1.870 Tote waren zu beklagen und 180.000 Menschen wurden wohnungslos. Die im Monikaheim verbliebenen Kinder wurden in das Johannesstift nach Oberursel gebracht. Das St. Ursula-Kloster wurde völlig zerstört und die Schwestern und das Altenheim in die Zisterzienserabtei Marienstatt evakuiert. St. Georgen wurde endgültig zum Trümmerfeld, die Jesuiten hausten von nun an im Kohlenkeller. Auch das Hl. Geist-Kloster an der Lange Straße wurde fast vollständig bis auf Küche und Keller zerstört. Ebenso wurde das Heilig-Geist-Krankenhaus von Brandbomben getroffen und die Krankenbetten zum Schutz vor den Flammen um den Weiher aufgestellt.[1949]

1946 Solidaris-Prüfbericht 1944/45 (ACVF-1510).
1947 Die philosophisch-theologische Hochschule St. Georgen wurde am 1. September 1939 offiziell geschlossen, wurde zu Weihnachten 1939 wieder geöffnet. Im Sommersemester 1944 siedelten die verbliebenen Studenten in das Zisterzienserkloster Marienstatt/Westerwald über. Bereits am 3. September 1939 nutzte die Stadt den Neubau als Städtisches Hilfskrankenhaus, die Zimmer der Alumnen wurden geräumt, die Speisesäle und der große Hörsaal beschlagnahmt. Lediglich die Kapelle verblieb den Jesuiten. Ab Dezember 1940 wurden auch Lungenkranke aufgenommen, deren Zahl schließlich auf 300 anstieg. Im Oktober 1941 wurde der Altbau als Lazarett für verwundete und erkrankte Soldaten genutzt. Nur das Lindenhaus blieb den Jesuiten bis zur Zerstörung 1943 erhalten. (Bericht Vizerektor an Bistum Limburg v. 14.9.1939 sowie Schreiben P. Schütt SJ an BO v. 1.1941 – DAL-54 A/1) .
1948 Schreiben Joerger/Lamay v. 14.10.1943 (ADCV 125.51.030).
1949 Zit. nach https://schervier-altenhilfe.de/frankfurt/franziska-schervier/seniorenpflegeheim/geschichte.html (Stand: 15.7.2019).

Am 22. März 1944 wurde das Caritashaus endgültig zerstört. Auch alle im Keller aufbewahrten Akten verbrannten, nur der Kassenschrank blieb erhalten. Da auch die meisten Buchhaltungsunterlagen zerstört wurden und es zu aufwändig gewesen wäre, diese zu rekonstruieren, wurde aufgrund des zu großen Aufwands und längeren Arbeitsunfähigkeit der Buchhalterin darauf verzichtet.[1950] Richter ließ sich aber von dem „endzeitlichen Chaos des vorletzten Kriegsjahres" (Fibich) nicht beeindrucken und informierte die Vorstandsmitglieder am 15. April 1944 mit „einer ans Absurde grenzenden Normalität". Sein Brief, der anschließend abgedruckt wird gibt zugleich eine Momentaufnahme der unter Lebensgefahr arbeitenden Menschen in der Caritasgeschäftsstelle." (Fibich)[1951]

„Hiermit übersenden wir Abschrift eines Berichtes vom 13.4....[1944] an die Bischöfliche Behörde, weil in diesem auch die Schäden und der derzeitige Stand der Arbeit unseres Caritasverbandes beschrieben sind. Ergänzend hierzu bemerken wir folgendes: Die Einladungen zu einer Vorstandsitzung waren vorbereitet, als in der Nacht zum 23.3.[1944) die Geschäftsräume und mit ihm die meisten Akten und das gesamte Mobiliar vernichtet wurden. Über den Hof des Pfarrhauses und aus dem Vorderhaus konnten wir nichts retten, weil wir wegen des Feuers in der gesamten Straße das Haus nicht verlassen konnten und weil es nicht möglich war, auf dem engen unterirdischen Fluchtweg größere Stücke wegzuschaffen. Fertiggestellt war auch bereits für die Vorstandssitzung der Voranschlag für das Geschäftsjahr 1944/45. Die Jahresabschlussarbeiten waren im vollen Gange. Infolge der Katastrophe war es unsern Vorstandsmitgliedern nicht möglich, den Voranschlag, der sich gegenüber dem Vorjahr nur wenig geändert hatte, zu prüfen. Wenn uns nichts Anderes mitgeteilt wird, nimmt der Unterzeichnete an, dass der Vorstand damit einverstanden ist, dass wir den Voranschlag so gut wie möglich rekonstruieren und bis zu seiner ordentlichen Annahme durch den Vorstand und bis zu unserer Jahreshauptversammlung, die wohl erst erfolgen sollte, wenn der durch die Solidaris geprüfte Jahresabschluss 1943/44 vorgelegt werden kann, aufgrund des Voranschlages in Einnahmen und Ausgaben die Geschäfte führen. Wenn die Einnahmen aus Mitgliedsbeiträgen, Zahlungen und Kollekten in diesem Jahre – wie zu erwarten – nicht ausreichen werden, so werden, wie ich annehme, wohl die Bischöfliche Behörde und der Diözesan-Caritasverband uns helfen, die Folgen dieser schweren Katastrophe zu überwinden.[1952]

Nach dem Angriff gingen die Angestellten zu Fuß über Rödelheim ins Haus Hubertus nach Schlossborn und wurden dort in den bereits beengten Verhältnissen mit untergebracht. Morgens mussten die Angestellten, die in Frankfurt „bemerkenswert gut besuchte" Sprechstunden im Schwesternhaus abhielten, eine halbe Stunde Fußweg zu einer Bushaltestelle zurücklegen, fuhren mit dem Bus nach Königstein, dann um 6.40 Uhr mit dem Zug nach Frankfurt, wo sie um 7.43 Uhr ankamen. Abends nahmen sie den gleichen Weg zurück. Da in Schlossborn schon früher Teile des in Frankfurt nicht benötigten Inventars untergebracht worden waren, konn-

1950   Solidaris-Prüfbericht 1944/45 (ACVF-1510).
1951   Fibich, S. 264.
1952   Schreiben Richter an CVF-Vorstand v. 15.4.1944 (ACVF-1310).

ten die Büroarbeiten dort weiter erledigt werden.[1953] Die Buchhaltung musste aber neu aufgebaut werden, da die meisten Unterlagen verbrannt waren. Zwar konnte der Kassenschrank äußerlich unversehrt aus dem Brandschutt geborgen werden, doch konnte bisher nicht festgestellt werden, ob die darin befindlichen Unterlagen erhalten geblieben waren. Allerdings verfügte man über eine ca. sechs Monate alte Aufstellung des Mündelvermögens.[1954] Auch der Kassen- und Vermögensstand ist bekannt und der Jahresabschluss zum 31. März 1943 mit einer Vermögensaufstellung blieb erhalten, ist aber nicht auffindbar. Mittels der Solidaris Treuhand wurden nach Wien ausgelagerte Jahresabschlussberichte 1938–1943 zurückgegeben, [1955] während Buchhaltungsformulare nicht zu beschaffen waren. Noch im Oktober 1946 durfte die in der sowjetischen Zone in Österreich ansässige Druckerei nur Bestellungen bis 1 Pfd. Bruttogewicht für die englische bzw. amerikanische Zone durchführen.[1956]

Obgleich die Stadt andere Räume angeboten hatte, alle nicht völlig zerstörten Gebäude aufgrund der Bombengefahr gesperrt waren und auch die meisten Behörden sich am Stadtrand befanden, entschied sich Richter für das Schwesternhaus als Behelfsbüro, „um den Leuten, die uns an der gewohnten Stelle aufsuchen wollten, Wege zu ersparen". Während die Leonhardkirche zerstört war, blieb das daneben liegende Schwesternhaus[1957] (Küsterhaus) als einziges Haus in der Altstadt relativ unbeschädigt, sollte aufgrund der Luftangriffsgefahr an sich nicht genutzt werden.[1958] „Wenn es regnete spannte man einen Schirm über dem Herd auf, sonst wäre alles nass geworden."[1959] Außerdem erwirkte er die Genehmigung, im Nachbarhaus Mainzer Straße 49 einige Räume für Wohn- und Arbeitszwecke der Caritas-Angestellten bewohnbar machen zu können, da diese alle Wohnung und Eigentum verloren hatten.

Am 12. September 1944 wurden das Elisabeth-Krankenhaus, das Schwesternhaus und das Pflegeheim Heiligkreuz völlig zerstört. Dabei kamen auch die Oberin, vier Hausmädchen und zwei alte Frauen ums Leben. Die beiden Häuser der Erlenbader Franziskanerinnen für Studentinnen und Berufstätige an der Schwindstraße brannten völlig aus. Eine Luftmine in der Nähe des Domes beschädigte das Dompfarrhaus. Durch weitere Luftminen wurde in dem stark zerstörten Gallusviertel die Kirche schwer getroffen, das Pfarrhaus, das Küsterhaus und das Jugendheim brannten teilweise aus. Schwer beschädigt wurden auch das Schwesternhaus am Westendplatz[1960,] in dem acht Menschen, darunter die Oberin ums Leben kamen sowie und das Monikaheim, wo sich zum Zeitpunkt des Angriffs ca.

1953   vermutlich stammen die erhaltenen Unterlagen aus diesen Beständen.
1954   Bericht Pfarramt St. Leonhard/CV Frankfurt an BO v. 15.4.1944 (ACVF-BO I).
1955   Schreiben Solidaris Treuhand GmbH Zwgst. Freiburg/CVF-Dr. Richter v. 29.4.1944 bzw. 4.5.1944 (ACVF-1541-01).
1956   Schreiben Solidaris Treuhand Zwgst. Freiburg/CVF v. 15.10.1946 (ACVF-1541-01)
1957   hier wohnten vier Erlenbader Schwestern, von denen je zwei die Kirche betreuten bzw. dem CV zur Verfügung standen.
1958   im Haus Alte Mainzer Gasse 43 konnten die Hausbewohner durch einen unterirdischen Gang zum Main entkommen.
1959   So Meta Nicolai gegenüber dem Verfasser 2001.
1960   Schreiben Richter an DCV v. 21.9.1944 (ACVF-DCV).

200 Menschen im Keller befanden. Das Dachgeschoss brannte bis zum vierten Stock ab und die Nebengebäude wurden stark zerstört.[1961] Richter informierte das BO und den DCV über die Schäden an den Frankfurter caritativen Einrichtungen und erhielt von diesem 4.000 RM als Nothilfe.[1962] Joerger bedauerte am 14. Oktober 1943 die schweren Schäden in Frankfurt gegenüber Lamay, der ihn am 9. Oktober informiert hatte.[1963]

Im Heim für Kaufleute und Studenten wurde im Dezember 1944 noch eine Notkapelle eingerichtet, doch musste es nach den letzten Bombenangriffen am 22. März 1945 ganz geschlossen werden. Prof. Manns und die Schwestern wurden in den Kellerräumen des Opernhauses untergebracht.[1964] Das Schicksal der Heimbewohner ließ sich bisher nicht feststellen. Bei diesem Angriff wurde auch das St. Anna-Haus mit dem Kinderheim in der Heidestraße 62 (heute Eichwaldstraße 40) zerstört.

1961 die Kinder waren nach dem ersten Angriff im März 1944 in das Johannesstift Oberursel evakuiert worden.
1962 Richter hatte vorher eine Zuwendung von 4.000 RM erhalten, sie lässt sich aber nicht zeitlich einordnen. Schreiben Joerger/Lamay v. 4.10.44 (ADCV 125.51.030).
1963 Schreiben Joerger/Lamay v. 14.10.44 (ADCV 125.51.030).
1964 Rothberg, Joachim/Barbara Wieland/Schüller, Thomas: Zwangsarbeiter und Kriegsgefangene in katholischen Einrichtungen im Bereich der Diözese Limburg. Ein Werkstattbericht (Limburger Texte 25), Limburg 2001, S. 46.

7. AUF DEM WEG ZUM WIEDERAUFBAU (1945–61)

Um den Einmarsch der amerikanischen Truppen zu verhindern, wurden am 25./26. März auf Befehl der Gauleitung alle Mainbrücken gesprengt, doch konnte dies den Einmarsch am 26. März 1945 nicht verhindern. Oberbürgermeister Krebs und Stadtrat August Linglau weigerten sich aber, die von Gauleiter Sprenger angeordnete Zerstörung der Versorgungsbetriebe durchzuführen und die Stadtverwaltung aufzulösen.[1965] Offiziell war der Zweite Weltkrieg in Frankfurt am 29. März 1945 zu Ende und die Militärregierung wurde Träger aller staatlichen und kommunalen Rechtsbefugnisse. Alle nicht belasteten städtischen Beamten und Angestellten wurden übernommen. Oberstleutnant Robert K. Phelps setzte den ehemaligen Journalisten Wilhelm Holbach als vorläufigen Bürgermeister ein, dem am 31. März 1945 ein „Engerer Rat" (Council) von zehn Referenten zur Seite gestellt wurde, der dreimal wöchentlich tagte.[1966]

Blick von der Alten Mainzer Gasse zum Dom (um 1956) – © ACVF

1965 Linglau entkam nur knapp einem Erschießungskommando. Nicht gesichert ist ein Kommando der Frankfurter SA, das angeblich von Sprenger telefonisch beauftragt worden sei, Krebs festzunehmen und bei Widerstand zu erschießen. Da die Stadtverordnetenversammlung woanders tagte, sei das Kommando unverrichteter Dinge wieder ins Adolf-Hitler-Haus in der Gutleutstrasse zurückgekehrt. Siehe Zibell, Sprenger, S. 346, die Sprenger einen Mordauftrag aber nicht zutraut.

1966 Mitglied war u.a. Stadtpfarrer Herr.

Im Juni 1945 wurde Holbach durch den 1933 entlassenen Hanauer Bürgermeister Kurt Blaum (CDU) [1967] ersetzt und an die Stelle des „Council" trat ein „Bürgerrat", dem alle vier Parteien (CDU, SPD, FDP, KPD) angehörten. Nach den Kommunalwahlen 1946 (SPD 41%, CDU 35,1%, LDP 11,8%, KPD 11,6%) löste ihn Walter Kolb (SPD) ab. Zum Schutz der Verpflegungs- bzw. Materiallager und der Lebensmittelgeschäfte wurden unbewaffnete kommunale Hilfspolizisten in Zivilkleidung mit weißen Armbinden eingesetzt. Die Polizeiaufgaben wurden bis zum Aufbau der Gendarmerie im Oktober 1945 von der amerikanischen Militärpolizei wahrgenommen.[1968]

Die Bevölkerungszahl von 553464 (17.5.1939), die bis zu den Bombenangriffen 1944 auf ca. 210.000 zurückgegangen war,, stieg bis zum 1. März 1945 zunächst auf 269.000 und dann aufgrund der Massenflucht aus den deutschen Ostgebieten sowie Böhmen-Mähren im Sommer bis zum 29. Oktober 1945 auf 424.065 an. Am 28. November 1947 lebten in Frankfurt 430.697 Personen, meist in Ruinen, Kellern, Gartenlauben, Barackenlagern und Bunkern.[1969] Um den Zuzug bzw. die Rückkehr evakuierter Frankfurter zu verhindern, wurde am 23. August 1945 die seit 1943 geltende Zuwanderung von Zuzugsgenehmigungen abhängig gemacht.[1970]

Als Folge der Bombenangriffe waren 1945 nur noch 90.706 Wohnungen (47% des Vorkriegsbestandes) nutzbar.[1971] In der am stärksten betroffenen Innenstadt waren noch 14.512 Wohnungen von 51.619 (1939) bewohnbar. 26% der Wohngebäude waren völlig zerstört, 27% schwer- und mittelschwer beschädigt, 32% leicht beschädigt. Nur 15% hatten den Krieg unbeschädigt überstanden. Dazu kamen noch 2.666 Notwohnungen, die u. a. in 20% der zwischen 1940 und 1943 errichteten Bunker durch Einbau von Fenstern und Inneneinrichtung erstellt und bis Ende 1956 genutzt wurden. 75% der Industrie- und Gewerbebetriebe waren ebenso zerstört wie alle Straßen und Brücken über den Main.

Trotz der katastrophalen Situation nach dem Zusammenbruch und der Teilung in zwei deutsche Staaten mit unterschiedlichen Gesellschaftsordnungen profitierte Frankfurt am meisten. Als Verkehrsknotenpunkt für den Interzonenverkehr und Ausgangspunkt der drei Luftkorridore nach Berlin wurde rasch eine neue Infrastruktur geschaffen. Zunächst Verwaltungssitz der amerikanischen Besatzungszone, wurde es 1947 Sitz der Bizonen- bzw. im Jahr darauf der Trizonenverwaltung. Mit der Gründung der Bank der deutschen Länder 1948 (Bundesbank) und der Rückverlegung vieler Berliner Banken wurde Frankfurt wieder Finanzmetropole. Die Ansiedlung neuer Industrieunternehmen ergänzte die für den Wiederaufbau günstige traditionelle Struktur und trug mit der Wiederaufnahme der Mes-

1967 Kurt Blaum (CDU), 1922–1933 Oberbürgermeister von Hanau, ab 1946 Präsident des Hessischen Roten Kreuzes.
1968 Stadt Frankfurt-Magistrat (Hg.): 20 Jahresbericht Frankfurt/Main 1945–1965, Frankfurt 1965.
1969 Anlage zum Schreiben Protokoll CVF-Vorstand an DiCVL v. 18.3.1947 (ACVF-DiCVL).
1970 Siehe Abschnitt 7.3.6 – Zuzugsgenehmigungen, S. 436f.
1971 Zum Vergleich: Berlin 68%, Düsseldorf 40%, Köln 30%.

setätigkeit dazu bei, dass Frankfurt bereits Anfang der 50er Jahre wieder ein international relevanter Wirtschaftsstandort war und einen großen Arbeitskräftebedarf entwickelte,[1972] der die Nachfrage nach Wohnraum explodieren ließ.

Am 20. Dezember 1945 wurden der private Aufbau der mehr als 70% zerstörten Häuser verboten und alle Trümmer beschlagnahmt. Insgesamt 17 Mill. cbm Schutt[1973] wurden im Auftrag der Trümmerverwertungsgesellschaft mit dem „Adolf-Hitler-Gedächtnis-Express" auf den nicht mehr bestehenden „Monte Scherbellino" auf dem Gebiet der Eisporthalle und des Festplatzes aufgeschüttet und in Aufbereitungsanlagen außerhalb der Stadt zu Baumaterial aufgearbeitet. Erst am 21. November 1946 war der Römerberg vom Schutt geräumt.

Adolf-Hitler-Gedächtnisexpress (Trümmerbahn)

Die Wiederinstandsetzung beschädigten Wohnraumes und die Erstellung von Aufbau- und Neubauwohnungen konnte mit der Bevölkerungszunahme aber nicht Schritt halten. So wurde der größte Teil der wohnungslos Zuziehenden in unterbelegten oder beschlagnahmten Wohnraum eingewiesen. Zwar stand zwei Personen nur ein Wohnraum zu, doch wurde denen ein weiterer Raum zugebilligt, der eine mehr als 50% zerstörte Wohnung wiederinstandsetzte. So wurden in den folgenden Jahren rd. 23.000 Wohnungen wiederaufgebaut bzw. 72.000 wiederinstandgesetzt[1974] und am 31. März 1949 wieder 124.118 Wohnungen gezählt, doch reichte dies angesichts der Zuwanderung nach Frankfurt weiterhin nicht aus.[1975] Die Bevölkerung stieg von rd. 484.000 (1948) über 516.000 (1951) auf 618.000 (1954) an, die Zahl der anerkannten Wohnungssuchenden im gleichen Zeitraum von 15.000 (1948) über 30.000 (1951) auf 64.000 (1954) an, nachdem die Zuzugssperre am 13. Februar 1950 aufgehoben und die Freizügigkeit wieder hergestellt worden war. Aufgrund des Wohnungsmangels wurde bis 1965 eine Wohnraumbewirtschaftung (schwarzer Kreis) aufrechterhalten.[1976]

1972 Beste, S. 83.
1973 Frolinde Balser, Aus Trümmern zu einem europäischen Zentrum: Geschichte der Stadt Frankfurt am Main 1945–1989. (Veröffentlichungen der Frankfurter Historischen Kommission. Band XX), Sigmaringen 1995, S. 56.
1974 1946 wurde die vom soziografischen Institut aufgestellte Wohnungshaushaltskartei mit einer alphabetischen Straßeneinteilung ergänzt und zur Ermittlung unterbelegten Wohnraums verwendet.
1975 SPD/CDU (Hg. Frankfurter Allgemeine Zeitung, 24.3.1950, S. 10: Umquartierung in den Wohnbunkern.): Frankfurt im Wiederaufbau 1945–48, April 1948.
1976 U.a. musste für die Ablösung von Wohnraum 100 DM/qm gezahlt werden, die bis zum 28.2.1951 rd. 215.000 DM erbrachten und für Neubauwohnungen verwendet wurden. Ab 1.7.1956 wurde besonderer Wohnraum für Personen mit niedrigem Einkommen reserviert (sozialer Wohnungsbau).

7.1 Caritas in der Stunde Null

Caritasverband, Pfarreien, katholische Verbände wie der neu gegründete Katholische Jugenddienst, und Einzelpersonen bemühten sich, den Notleidenden zu helfen, obgleich es den helfenden Personen oft nicht besserging.[1977] Aufgrund fehlender Unterlagen ist es nicht möglich, aber auch nicht notwendig, zu bestimmen, wer eine Hilfsmaßnahme angeregt und durchgeführt hat. Viele erkannten die Notwendigkeiten, andere leiteten geeignete Maßnahmen ein. So sah ein vermutlich von Walter Dirks, früher Redakteur der Rhein-Mainischen Volkszeitung, verfasstes Arbeitskonzept[1978] für die „Volksarbeit" die Einrichtung von Wärmestuben und Suppenküchen, die Wiedereröffnung der Bahnhofsmission, Kartoffelaktionen und Arbeitsvermittlung ebenso vor wie der Caritasverband und einige Pfarreien.

Bereits im Mai 1945 organisierte der CV erstmals einen „Caritastisch" an drei Ausgabestellen (Kaufleuteheim, Franziskanerinnenklinik und Elisabeth-Krankenhaus) für 242 Personen.[1979] Die Pfarreien übernahmen nach und nach die von der NSV beschlagnahmten katholischen Kindergärten, mussten aber teilweise wie in Heilig Geist die am 9. Februar 1945 mit unbekanntem Ziel abtransportierte Einrichtung suchen, die in einem Gasthaus im Kreis Groß-Gerau gefunden und von dem späterem Limburger Bischof Wilhelm Kempf wieder zurückgebracht wurde. Außerdem arbeiteten 26 Krankenpflegestationen für ambulante Pflege,[1980] die katholischen Krankenhäuser (Städtisches Krankenhaus Höchst, Marienkrankenhaus, Elisabethkrankenhaus) mit 345 Betten, und fünf Heime für Berufstätige, Studenten und durchwandernde Soldaten.[1981] Dazu kamen vier Altenheime: Konradheim, St. Josefhaus Eschersheim, Schwesternhaus Rödelheim, Herz-Jesu Kloster Zeilsheim und das Witwenheim St. Joseph. Die Ursulinen kehrten nicht mehr zurück, auf dem Gelände ihrer zerstörten Schule am Unterweg wurden die beiden Jugendwohnheime des CV[1982] und der Katholischen Jugend[1983] sowie ein weiterer Caritas-Kindergarten[1984] errichtet. Neben den Suppenküchen wurden Wärmestuben für Alte und Alleinstehende eingerichtet, die erste von St. Bernhard im November 1945.[1985]

1977 Mitte Dezember 1945 wurde auf Anregung eines Heimkehrers aus dem Gallus eine Holzaktion angeregt, bei der Männer in den Taunus fuhren, um Holz für Alte und Kranke zu schlagen. (DiCVL-Rundschreiben „Tuet Gutes Allen" v. Jan. 1946 (ACVF-1712/1).
1978 CVF-1910 und Privatarchiv Walter Dirks (ASD).
1979 Siehe Abschnitt 7.2.3 – Der Kampf gegen den Hunger, S. 408f.
1980 Lange Straße, St. Wendelin, Fechenheim, Schwanheim, St. Albert, Bockenheim, Niederrad, Sindlingen, St. Antonius, Eschersheim, Oberrad, Sossenheim, St. Bernhard, Heddernheim, Goldstein, Unterliederbach, Deutschorden, Rödelheim, Griesheim, Zeilsheim, Heilig Geist, Bornheim, Höchst, St. Ignatius, Eckenheim und Nied.
1981 Vermerk v. 18.3.1946 für Lebensmittelzuteilung aus der amerikanischen Katholikenspende (ACVF-1212/2-Pfarreien).
1982 Siehe Abschnitt 7.4.2 – Caritas-Jugendwohnheim Heddernheim, S. 443f.
1983 Siehe Abschnitt 7.4.2.4 – Jugendwohnheim St. Martin, S. 449f.
1984 Siehe Abschnitt 7.3.2.2 – Caritas-Kindertagesstätte Unterweg, S. 426f.
1985 Sonntag 23.1.1977.

1946 betreuten die katholischen Einrichtungen mit 357 Schwestern, 242 Laien und 969 ehrenamtlichen Helfern 3.034 Kinder, 1.872 Kranke, 650 alte Leute, 898 Pfleglinge und 2.263 andere Personen. Trotz der günstigen wirtschaftlichen Entwicklung nahm die Zahl der zu betreuenden Personen zwischen 1945 und 1950 zu. Anfang Februar 1950 veranschlagte Richter ca. 11.000 Flüchtlinge in Bunkern, 2.975 Kinder in 29 Kindergärten, etwa 1.000 Tbc-gefährdete Familien und etwa 3.000 gefährdete Jugendliche. Die Bahnhofsmission hatte monatlich etwa 4.000 Hilfeersuchen.[1986]

Am 20. September 1950 legte Richter eine Statistik aller erfassten 24.412 Hilfsbedürftigen der Frankfurter Pfarreien vor:[1987]

Antonius	814	Goldstein	304	Mariahilf	497
Allerheiligen	542	Ginnheim	240	Nied	448
Bernhard	1.705	Griesheim	284	Niederrad	1.050
Bonames	408	Hausen	84	Oberrad	150
Bonifatius	1.403	Hl. Geist	600	Praunheim	399
Deutschorden	1.200	Hl. Kreuz	330	Rödelheim	540
Dom	570	Heddernheim	255	Seckbach	250
Eckenheim	267	Höchst	1.120	Sindlingen	656
Elisabeth	320	Ignatius	800	Sossenheim	305
Eschersheim	120	Josef	1.500	Schwanheim	410
Fechenheim	408	Leonhard	350	Unterliederbach	350
Frauenfrieden	518	Liebfrauen	300	Wendelin	180
St. Gallus	475			Zeilsheim	610
Jugendfürsorge	2.700	Mädchenschutz	200		
Trinkerfürsorge	250	Bunkerfürsorge	400		

7.1.1 Caritas und/oder Volksarbeit

Pius XI hatte in der Enzyklika „Uni arkane" vom 23. Dezember 1922 gefordert, das Laien-Engagement bei der „Ausbreitung und Festigung des Reichs Christi" in enger Anbindung an die Hierarchie zu fördern. Während dies in anderen Ländern zur Entstehung der „Katholischen Aktion" führte, schien dies bis zur Zerstörung der in Deutschland weit entwickelten katholischen Vereinstätigkeit durch die Nationalsozialisten nach 1933 nicht notwendig. Während der NS-Herrschaft hatten u.a. der Diözesanjugendpfarrer und spätere Limburger Bischof Ferdinand Dirichs „Pfarrjugend" und „Laienapostolat" als neue Aktionsformen aufgebaut. Mit dem Bedeutungs-

Walter Dirks © KAS

1986   Richter an DiCVL v. 1.3. 50 (ACVF-1712).
1987   Schreiben an DiCVL v. 20.9.50 (ACVF-1712).

zuwachs der Pfarrcaritasausschüsse und deren steigenden Mitgliedszahlen waren die Vinzenzvereine gegen Ende des Dritten Reiches aufgrund von Überalterung bedeutungslos geworden, zumal auch der Nachwuchs fehlte.

Anfang April 1945 sprachen Eckert und Dirks mit katholischen Laien und Priestern[1988] über die Wiederherstellung des kirchlichen Lebens nach dem Ende des Nationalsozialismus mit dem Ziel „Gottes Reich im armen Volk der der Deutschen." Aus der „Gnade der Stunde Null" (Dirks) heraus, sollte die Arbeit der Kirche und ihrer Organisationen auf eine neue Grundlage gestellt und nicht an den Strukturen der Weimarer Republik angeknüpft werden, denn „deren Fehler und Schwächen hatten ja den Nationalsozialismus möglich gemacht."[1989] Vielfach sollte diese Formulierung aber nach der Veröffentlichung des Hochhuth-Dramas „Der Stellvertreter" als Bestätigung für die angebliche Förderung des Nationalsozialismus durch den deutschen Katholizismus missbraucht werden. Der Kreis um Eckert engagierte sich für einen „offenen Katholizismus" und trat für einen politisch-sozial modernisierten „Volksverein für das katholische Deutschland" ein.[1990] Im Anschluss an Alfred Delp suchte man den „Weg zu den Fragen" und nicht „fern von allen Auseinandersetzungen die ewigen Wahrheiten verkünden", sondern sich „mit der Welt wirklich einzulassen."[1991] Man verstand sich als „Frontabschnitt einer unter den neuen Verhältnissen sinn- und zeitgemäß durchzuführenden „Katholischen Aktion" (actio catholica[1992]), der „Teilnahme der Laien an hierarchischen Apostolat der Kirche."[1993]

Mit Zustimmung von Stadtpfarrer Herr formierte sich im Juni/Juli 1945 die „Katholische Volksarbeit (KVA)" mit dem Ziel, „Anreger und Gestalter einer gründlichen Klärungs-, Führungs- und Bildungsarbeit unter den katholischen Männern und Frauen" zu werden. Am 16. November 1945 wurde das „Thomas-Institut" der Volksarbeit eröffnet, das für das Winterhalbjahr 1945/46 Kurse über Psalmen, ausgewählte Texte aus der Bibel sowie über Hölderlin und Dante vorsah. Da der Kreis um Eckert und Dirks Richter kritisch gegenüber stand, gründete man parallel zu den bestehenden Caritasausschüssen eigene Pfarrausschüsse und mehrere Fach-

---

1988 Dazu gehörten u. a. Jugendpfarrer Karl Pehl, Hans Breitbach und Oberstudiendirektor Ludwig Zenetti.
1989 zit. nach Stankowski, S. 73 .
1990 Schatz, S. 311.
1991 Vorwort zum Programmheft Sommer 1955, hier zit. nach Schatz, S. 312.
1992 Am 16. Mai 1948 (Pfingstsonntag) proklamierte Bischof Ferdinand Dirichs die „Katholische Aktion" (KA) für das Bistum Limburg um lt. Satzung „die katholischen Laien zur Mitwirkung an den Aufgaben der Kirche im öffentlichen Leben mit der Absicht der Verchristlichung der menschlichen Gesellschaft „zusammenfassen. Durch Schulung und Bildung sollte diese Vorgabe verwirklicht werden, „um Zellen religiös sittlichen Lebens in Familie, Beruf und Staatsleben zu schaffen". 1948 führte die „Hochschule der Katholischen Aktion" einen sechswöchigen und einen dreimonatigen – jeweils philosophisch-theologisch angelegter Kurs – durch. In jeder Pfarrei sollte ein Pfarrausschuss, der Vorgänger des heutigen Pfarrgemeinderates gebildet werden. 1968 wurde die „Katholische Aktion" durch die Synodalordnung für das Bistum Limburg abgelöst, die den Forderungen des Zweiten Vatikanischen Konzils (1962–65) Rechnung trug. Oberstudienrat Ludwig Zenetti übernahm 1953–1960 den Vorsitz.
1993 undatiertes (verm. Juni 1945) maschinenschriftliches Positionspapier (ACVF-1910)

ausschüsse, u. a. den „Politischen Ausschuss"[1994] und den Ausschuss „Caritas und Fürsorge". Dieser erhob den Anspruch, „Träger und der Ort einer gründlichen (...) Nothilfearbeit zu sein", da „öffentliche Fürsorge und der Caritasverband[1995] (...) dem Übel nicht Herr (würden)."[1996] Im Gegensatz zum Beschluss der Bischofskonferenz 1916 lehnte man die Monopolisierung der christlichen Liebestätigkeit in einem Verband ab, war aber zur Zusammenarbeit bereit.[1997]

Richter beschwerte sich daraufhin am 19. Februar 1946 beim BO, es sei „nicht nützlich, wenn in der Volksarbeit als Teilgebiet eine überpfarrliche Arbeit erstrebt wird, welche (...) [ihre] Zusammenfassung im Caritas-Verband gefunden hat." Ihm sei nicht bekannt, ob es auf Pfarrbzw. auf Klerusebene eine Versammlung gegeben habe, auf der zur Frage Nothilfe, Pfarrcaritas und Caritasverband Stellung bezogen worden wäre. Es habe mit den Behörden bereits Schwierigkeiten durch das Nebeneinander zweier katholischer Organisationen gegeben. In der auf Veranlassung der Militärregierung gegründeten „Vereinigten Frankfurter Wohlfahrtspflege", in der neben der Stadt die kirchlichen und privaten Organisationen vertreten seien, sei kein Platz für eine zweite katholische Dachorganisation. Diese bedürfe der Genehmigung der Militärregierung und setze ein positives Gutachten von Polligkeit, der mit der Leitung des Fürsorgeamtes betraut worden war, voraus. Im Übrigen dürfe man der katholischen Bevölkerung nicht zumuten, zu entscheiden, ob sie ihre finanzielle Hilfe der Caritas oder der Katholischer Nothilfe zukommen lassen wolle. Die Volksarbeit könne ihre Organisation nur auf Kosten des Caritasverbands aufbauen.[1998]

Erst im Juli 1946 informierte das BO Richter, dass man die Volksarbeit darauf hingewiesen habe, dass „hinsichtlich der Nothilfearbeiten (...) der Caritasverband mit der Vertretung der kirchlichen Liebestätigkeit und der Durchführung notwendiger Aufgaben und Einrichtungen beauftragt ist". Die KVA wurde aufgefordert, „dass baldigst eine Klärung des Verhältnisses zum Caritasverbande herbeigeführt wird und die zu dessen Aufgabenkreis gehörigen Arbeitsgebiete ihm überlassen werden. Der Caritasverband selber wird Anregungen und Kräfte, welche die Kath. Volksarbeit zur Verfügung stellt, gerne annehmen." Außerdem wurde die Volksarbeit aufgefordert, Formulierungen zu vermeiden, „die der Katholischen Volks-

---

1994 Aus dem Politischen Ausschuss, der als Vertretung gegenüber der amerikanischen Militärregierung gedacht war, wurden am 5. September 1945 u.a. Walter Dirks und Hans Breitbach in den Bürgerrat berufen. Kurz darauf wurde er in den „Katholikenausschuss" umgewandelt, der „die politischen Entscheidungen im kirchlichen Sinne" vorklären und ein parteipolitisches Engagement prüfen sollte. Ein „vorbereitender Ausschuss", dem auch Walter Dirks, Eugen Kogon, Alois Eckert und Jakob Herr angehörten, gründete eine Woche später am 15. September 1945 die „Christlich-Demokratischen Partei" (CDP) und wählten Jakob Husch zum Vorsitzenden. (undatiertes – verm. Juni 1945 – maschinenschriftliches Positionspapier – ACVF-1910).
1995 Im Programm der Katholischen Volksarbeit, Frankfurt 1946, S. 5 schwächte man dies zu „die caritativen Organisationen" ab.
1996 undatiertes (verm. Juni 1945) maschinenschriftliches Positionspapier (ACVF-1910)
1997 Programm der Katholischen Volksarbeit, Frankfurt 1946, S. 6.
1998 Schreiben Richter an BO Limburg v. 19.2.1946 (ACVF-1910).

arbeit eine gewisse Vorrang- oder Monopolstellung zusprechen und die Beitragsleistungen zu anderen Organisationen beeinflussen könnten."[1999] Das BO bestätigte am 23. November 1946 die Katholische Volksarbeit „als überpfarrliche Zusammenfassung der Laien in Frankfurt."

Der KVA-Vorstand bestand aus einem vom Bischof zu bestätigenden Laien als Vorsitzenden, dem Leiter der KVA-Hauptstelle und weiteren 2–4 Laien sowie dem vom Bischof bestimmten geistlichen Assistenten. Dem Hauptausschuss gehörten die Vorsteher der Pfarrausschüsse und die jeweiligen Pfarrer, Vertreter der überpfarrlichen Organisationen und katholischer Pfarrvereine sowie durch den KVA-Vorstand berufene Einzelpersonen an. In jeder Pfarrei sollte ein Pfarrausschuss gebildet werden.[2000] Erster Vorsitzender wurde Oberstudienrat Ludwig Zenetti[2001].

Karl Pehl © DAL

Bis zur Fertigstellung des „Hauses der Volksarbeit"[2002] befand sich das Büro der Volksarbeit im zerstörten Dompfarrhaus. bzw. ab 1948 in der stark beschädigten Ursulinenschule am Unterweg 10. Im Mai 1948 bestanden neben dem Referat „Religiöse Erwachsenenbildung"[2003] ein Sozialreferat mit dem Arbeitsbereich „Soziale und Arbeiterfragen" bzw. „Werkgemeinschaften" und ein Referat „Rat und Hilfe" mit einer Stellen- und Wohnungsvermittlung und Beratung bzw. Hilfe in jeder Notlage.[2004] Daraus entwickelte sich der Beratungsdienst der KVA, der sich später in die Bereiche Eheberatung (1951), Rechts- und Sozialberatung sowie Erziehungsberatung aufspaltete. Am 1. Oktober 1957 richtete Karl Pehl[2005] mit dem „Frankfurter Notruf" die erste katholische Telefonseelsorgestelle in Deutschland ein. Um alle ansprechen zu können, verzichtete man anfangs auf die Bezeichnung „Telefonseelsorge".[2006]

Die negative Einstellung der Volksarbeit gegenüber dem Caritasverband zeigte sich auch nach der Übernahme des von der „Katholischen Jungen Mannschaft" in der Marienschule ausgebauten Jugendwohnheims

1999 Schreiben BO Limburg an Richter v. 17.7.1946 (ACVF-1910).
2000 Abschrift des Statuts der Kath. Volksarbeit v. 23.11.1946 (ACVF-1910).
2001 Ludwig Zenetti (1887–1975), geb. in Frankfurt, Studium Naturwissenschaften Marburg und München, 1912 Lehrer Goethegymnasium, 1917 Studienrat, 1946 Oberstudienrat, 1952 Oberstudiendirektor. 1946–19?? Vors. Katholische Volksarbeit, 1953–60 Präs. Katholische Aktion im Bistum Limburg).
2002 Der jetzige Bau wurde 1963 errichtet.
2003 Bereits 1946/47 wurde in den Pfarreien ein breites Bildungsangebot organisiert, das 1954/55 mit der „Frankfurter Bildungsarbeit" außerhalb des kirchlichen Raumes fortgesetzt wurde.
2004 Mitteilungen Hauptstelle der Katholischen Volksarbeit Nr. 1 v. 20.5.1948 (ACVF-1780-HDV-03).
2005 Karl Pehl (1913–2003), 1936 Priesterweihe und Kaplan in Frickhofen, 1940 Kaplan Camberg, 1942 Kaplan Frankfurt-Dom, 1945 Jugendpfarrer in Frankfurt, 1949 Diözesanvikar und Diözesanseelsorger der Frauenjugend, 1954 Leiter Kath. Erwachsenenbildungsstätte Frankfurt.
2006 25 Jahre notruf-telefonseelsorge frankfurt 1982 (ACVF-1780-HDV-10).

(33 Betten) am 1. August 1949 durch die Volksarbeit. Nachdem Schwester Klara sich beim Fürsorgeamt um Luftschutzbetten bemüht hatte, erklärte Zenetti gegenüber dem stellv. Caritasvorsitzenden Schlotter, man habe von einer Rückfrage beim CV abgesehen, da dieser weder die notwendigen Geldmittel als auch Sachen habe und es auch „nicht gerne hätte, wenn irgendwelche andere Stelle sich auf dem caritativen Gebiet betätigt."[2007]

Da im Statut keine Abgrenzung gegenüber dem CV getroffen wurde, blieb das Verhältnis bis in die 90er Jahre gespannt, obgleich der Stadt-pfarrer qua Amt beiden Vorständen angehörte. Eckerts Sympathien lagen eindeutig bei der Volksarbeit, auch wenn bei einer Besprechung am 14. März 1950 erklärt wurde, „dass die Volksarbeit in keiner Weise Aufgaben des Caritasverbandes erfüllen will. Wenn es in der Vergangenheit bisweilen einen gegenteiligen Eindruck gemacht habe, so deswegen, weil man geglaubt habe eine notwendige Tagesaufgabe erfüllen zu müssen, welche der Caritas-Verband aus zeit- oder raumbedingten Gründen nicht über-nehmen könnte." Eckert und Richter einigten sich, „dass ein Unternehmen wie die Kindertagesstätte sowie die Notunterkünfte für Jugendliche und Erwachsene als caritative Unternehmen anzusprechen sind, welche über den Rahmen einer Pfarrei [gemeint war St. Bernhard] hinausgehen und deswegen beim Caritas-Verband organisatorisch und wirtschaftliche untergebracht werden sollen."[2008]

7.1.2 Organisation

Der Caritasverband setzte nach Kriegsende seine Arbeit unverändert fort und hatte weder personell noch finanziell eine Stunde Null. Die Verwal-tungskosten stiegen zwar seit 1941/42 von 31015 RM auf nun 36477 RM (1947/48) an. Besonders hoch war aber der Anstieg bei den Personalko-sten von 31115 RM (1941/42) auf 75994 RM (1947/48).[2009] Da die Anzahl der Verwaltungskräfte gleichgeblieben war, dürfte dies auf eine Umbu-chung der bisher unter Sachkosten geführten Fürsorgekräfte zurückzufüh-ren sein. 1946 wurde der Vorstand durch Rechtsanwalt Dr. Hans Breit-bach[2010] ergänzt. Damit war sieben Jahren nach dem Tod Ungeheuers wieder ein Jurist im Vorstand vertreten, der einen engen Draht zu den Richter-Kritikern um Eckert hatte und auch stellv. Vorsitzender des Ge-samtverbandes war.

Die Mitgliederversammlung und der Ortscaritasauschuss traten erst-mals seit 1942 am 9. Dezember 1948 wieder zusammen, um u.a. die fi-nanziellen Auswirkungen der Währungsreform zu beraten. Obgleich alle Pfarreien Mitglied des CV waren, waren nur neun vertreten, fünf fehlten

---

2007 Schreiben Zenetti/Schlotter v.6.8. 1949 (ACVF-1780-HDV-03).
2008 Aktenvermerk v. 14.3.1950 über Besprechung Eckert und Richter (ACVF-3115).
2009 Vorlage für Ortscaritasauschuss am 9.12.1948 (ACVF-1320).
2010 Dr. Hans Breitbach (1901–82), 1937 Mitglied im Kirchenvorstand St. Bernhard, ab April 1943 Mitglied der Juristischen Kommission des Gesamtverbandes und seit 31.5.1944 stellv. Vorsitzender des Gesamtverbandes. 1945 Mitglied im Bürgerrat, 1946–48 CDU-Stadtverordneter, u.a. war er im Ältestenrat, im Schulausschuss sowie in der Schuldeputation vertreten (FNP 13.3.1982, FAZ 13.3.1982).

entschuldigt und 22 Pfarreien unentschuldigt.[2011] Richter war bestrebt, seine Priesterkollegen von der Notwendigkeit der caritativen Mitarbeit zu überzeugen. Es gehe nicht an, dass „dem Vorstand und der Leitung und den Mitarbeitern des Caritas-Verbandes nicht ein an Würdelosigkeit grenzender, häufiger, eindringlicher, bisweilen als aufdringlich empfundener Appell in Permanenz, aufgebürdet wird, zu der Last, die selbstverständlich zu tragen ist." [2012] Richter beklagte die mangelnde Solidarität einzelner Pfarrgemeinden, die vom Krieg nicht so betroffen waren, gegenüber denen, die fast vor dem Nichts standen. Richter forderte, die Pfarrcaritas dürfe sich nicht als „geschlossene Gesellschaft" verhalten und nicht an den Pfarreigrenzen haltmachen, „sonst wird die göttliche Tugend, die mit ihrem Wohlwollen und Wohltun alle umfassen soll, zu einem Gruppenegoismus. Auch die Pfarrei als Ganzes hat eine Caritaspflicht in der Gemeinschaft mit anderen Pfarreien, wie auch die Diözese ihrerseits zum Bund in der Barmherzigkeit mit den anderen Diözesen verpflichtet sind. Alle Anstrengungen aber gelten dem einen Ziel: parare Domino plebem perfectam [dem Herrn ein perfektes Volk zu schaffen]."[2013] Der Ortscaritasausschuss forderte, die Zahl der Laien wieder auf fünf aufzustocken, nachdem nur noch Obermagistratsrat Eisenhuth Mitglied war, und zwei oder drei „Frauenpersönlichkeiten" zu berufen, wie dies früher der Fall gewesen sei.[2014]

Seit Kriegsende wurde mit dem Neuaufbau der Wohlfahrtseinrichtungen und -verbände der Caritasdirektor entweder für den Caritasverband selbst oder „die katholische Geistlichkeit" als „Amtsmitglied oder Vorstandsmitglied oder in einer anderen Eigenschaft" berufen. [2015] Die Wahrnehmung der Termine bezeichnete Richter als „besonders lästig" [2016]

Da Richters Gesundheitszustand aufgrund einer Herzschwäche nicht sehr gut war und er gegen Ende der 50er Jahre mehrfach wegen Krankenhaus- und Kuraufenthalten abwesend war, übernahmen Maria Braun und vor allem Meta Nicolai einen Teil seiner Arbeit. Beide waren resolut genug, um sich weder von städtischen noch von kirchlichen Autoritäten beeindrucken zu lassen, was sich insbesondere beim Ende des Kindergartens bzw. des Jugendwohnheims am Unterweg 1961 zeigen sollte.

2011 So fehlten Allerheiligen, Antonius, Bonifatius, Deutschorden, Eckenheim, Eschersheim, St. Elisabeth Bockenheim, Goldstein, Griesheim, Hausen, Heddernheim, Heilig Geist, Heilig Kreuz, St. Ignatius, Liebfrauen, Nied, Niederrad, Oberrad, Seckbach, Sindlingen, Sossenheim und St. Wendelin.
2012 Bericht Caritasdirektor Ortscaritasauschuss 9.12.1948 (ACVF-1330).
2013 Bericht Caritasdirektor Ortscaritasauschuss 9.12.1948 (ACVF-1330).
2014 Protokoll Ortscaritasauschuss v. 9.12.1948 (ACVF-1320).
2015 U.a. Wohlfahrtsamt, Jugendamt, Städtischer Erziehungsausschuss, Jugendgericht, Seminar für soziale Berufsarbeit, Frankfurter Volksküchen GmbH, Vereinigte Frankfurter Wohlfahrtspflege, Friedrichshain-Krüppelheim, Frankfurter Verband der nichtstädtischen Krankenanstalten, Gesellschaft zur Bekämpfung von Geschlechtskrankheiten, Hessische Landearbeitsgemeinschaft für Kriegsgefangenenfragen, Deutsche Krankenhausgesellschaft (als Vertreter des Landes Hessen), Wirtschaftsbund für gemeinnützige Wohlfahrtseinrichtungen (als Zweigstellenleiter für Hessen.
2016 Bericht Caritasdirektor auf CV-Mitgliederversammlung am 9.12.1948 (ACVF-1330).

Da die alten Caritasgebäude zerstört waren, nutzte der Caritasverband neben dem der DEGUSSA gehörenden Haus Alte Mainzer Gasse 73 bzw. dem im städtischen Besitz befindlichen Haus Mainkai 4 bis zum Weißen Sonntag 1950 auch Räume in der 2. Etage des Dompfarrhauses. Ab dem Frühjahr 1950 war Richter bemüht, alle Büroräume im Komplex Alte Mainzer Gasse 73 bzw. Mainkai 4 zusammenzulegen, zumal Stadtpfarrer Eckert, die Räume des Dompfarrhauses als Pfarrerwohnung nutzen wollte. Mittelfristig plante er die Errichtung einer Caritaszentrale im Sanierungsgebiet Buchgasse, Münzgasse, Karmelitergasse und Alte Mainzer Gasse.[2017]

Organisationsstruktur 1948
Caritasdirektor Dr. Peter Richter

Verwaltung Büroleitung Auskunftsbüro/ Telefonzentrale, Buchhaltung/ Kasse	Jugendfürsorge Sicherung der konfessionellen Kindererziehung, Erziehungsberatung, Pflegestellen- und Kindesannahmevermittlung, Jugendgerichtshilfe, Vormundschaften, Pflegschaften, Schutzaufsichten	Kindererholung – Heilfürsorge Beschaffung von kath. Heimplätzen für gesundheitlich reduzierte Kinder Auswandererberatungsstelle, Restabwicklung des Suchdienstes	Mädchenschutz und Bahnhofsmission
Suchtkrankenfürsorge	Bunker- und Flüchtlingsfürsorge	Ortsfremdenfürsorge	Eheberatung und Eheanbahnung

7.1.3 Personal

Der CV setzte nach Kriegsende seine Arbeit unverändert fort, da er sein Personal über den Krieg hatte retten können. So beschäftigte er eine Fürsorgerin (Meta Nicolai), drei Seelsorgehelferinnen (Johanna Bargenda, Maria Braun, Schwester Margherita) und zwei weitere hauptamtliche Kräfte (Friedel Urban und Frl. Tremel). Kurzzeitig arbeitete auch Anton Sabel mit, bis er zum Leiter des Hessischen Landesarbeitsamtes berufen wurde. Wenig später kam mit Paula Neles eine weitere Fürsorgerin dazu, die bis 1953 den Mädchenschutz und die Bahnhofsmission betreute.

Bis November 1948 wurde das Personal in der Zentrale, den Heimen und Volksküche auf 76 Personen aufgestockt. In den drei Gebäuden Untermainkai 4, Alte Mainzer Gasse 73 und Dompfarrhaus waren 27 Personen beschäftigt.[2018] Die eigentliche Verwaltung bestand nur aus dem Caritasdirektor, der als Pfarrer von St. Leonhard vom Bistum bezahlt wurde, einer Buchhalterin und einer Schreibkraft sowie Maria Braun mit einer halben Stelle. Die übrigen in der Zentrale tätigen Angestellten waren mit „unmittelbar fürsorgerischen oder seelsorgerischen Arbeiten" betraut. In

---

2017 Siehe Abschnitt 7.1.6 – Der Neubau des Caritaskomplexes 1950/56, S. 400.
2018 Darunter ein Praktikant und zwei Reinigungskräfte.

den Heimen und übrigen Einrichtungen waren 49 Personen beschäftigt.[2019] Die Personalkosten beliefen sich 1947/48 auf 142.304 RM, 1948/49 auf 150.493 RM.[2020]

Da in der Währungsreform die Personalkosten 1:1 umgestellt worden waren und dies zu Finanzproblemen geführt hatte, überprüfte der Caritasvorstand den Personalbestand und beschloss die Einstellung von zwei zusätzlichen Kräften, die man aber bis zur Mitgliederversammlung am 9. Dezember 1948 nicht finden konnte. Da zum 1. Januar 1949 zwei weitere Angestellte ausscheiden würden, weil sie mehr verdienen wollten, lehnte Richter trotz der schwierigen finanziellen Lage weitere Entlassungen und Gehaltsreduzierungen ab, da man sonst den satzungsmäßen Aufgaben nicht gerecht werden könne und erinnerte an einen Vorschlag zur Schmerzreduzierung, „dass man den Patienten tötet oder wenigstens K. O. schlägt." Der CV zahle keine zu hohen Gehälter und niemand erhalte wie die städtischen Fürsorger Wohngeld. Außerdem zahle man keine Überstundenvergütung, obwohl viele „oft oder sogar täglich über die offizielle Arbeitszeit tätig sein müssen." Personalabbau bedeute Rückgang der Leistungen, denn im Gegensatz zu anderen kirchlichen Organisationen kämen die Hilfesuchenden auf den CV von selbst zu.[2021] Da die Personalkosten der Fürsorgebereiche in die Sachkosten eingerechnet wurden, sind die ausgewiesenen Kosten nur die der Verwaltungskräfte ohne den vom Bistum besoldeten Caritasdirektor. Sie blieben in der Richter-Ära relativ konstant und steigerten sich entsprechend der Änderungen des BAT.

7.1.4 Finanzen

Dank der inzwischen aufgefundenen Solidaris-Prüfberichte lässt sich die finanzielle Situation des CV nach Kriegsende genau darstellen. Sie macht deutlich, dass der CV auch finanziell keine Stunde Null hatte, sondern seine bisherige Arbeit unverändert fortführen konnte.

Das Reinvermögen von 293.884 RM am 31. März 1945 steigerte man bis zum 31. Dezember 1946 auf 400.639 RM, das bis zur letzten RM-Bilanz am 21. März 1948 nur geringfügig auf 397.533 RM zurückging.[2022] Interessant ist, dass man am 31. Dezember 1946 über ein Barvermögen von 183.078 RM verfügte. So war man in der Lage, einen Pkw und einen Lkw anzuschaffen, die neuen Heime (Quisisana, Haus Hubertus, Jugendwohnheim Heddernheim) einzurichten und sich an der Volksküche zu beteiligen.[2023] Für die zerstörten Gebäude wurde zwar eine Forderung gegen die Stadt von rd. 90.000 RM geltend gemacht. Davon waren aber 80.100 RM buchhaltungstechnisch nicht relevant, da die zerstörte Mariahilf-Kirche zwar auf einem Caritasgrundstück stand, die Kirche aber von der Pfarrgemeinde errichtet worden war.

Die Finanzlage verschärfte sich nach der Währungsreform am 20. Juni 1948. Nach der Zahlung von 40 DM Kopfgeld wurden am 27. Juni 1948

2019 Bericht Caritasdirektor auf CV-Mitgliederversammlung am 9.12.1948 (ACVF-1330)
2020 Solidaris-Prüfberichte 1947/48 und 1948/49 (ACVF-1510).
2021 Bericht Caritasdirektor auf CV-Mitgliederversammlung am 9.12.1948 (ACVF-1330).
2022 Solidaris-Prüfberichte 1945/46, 1946/47 und 1947/48 (ACVF-1510).
2023 Solidaris-Prüfbericht 1946/47 (ACVF-1510).

mit dem Umstellungsgesetz private Bankguthaben im Verhältnis 10 RM zu 1 DM umgetauscht. Eine Hälfte des Guthabens war frei verfügbar, die andere blieb auf einem Festgeldkonto bestehen und wurde im Festkontengesetz vom Oktober 1948 im Verhältnis 100 RM zu 6,50 DM abgewertet. Laufende Zahlungen wie Löhne und Gehälter, Steuern, Mieten, Sozialrenten und Pensionen wurden im Verhältnis 1 RM zu 1 DM umgestellt. Wertpapiere wurde im Verhältnis 10:1 abgewertet. Die Militärregierung strich schließlich die Restguthaben, um den Überschuss an umlaufendem Geld zu beseitigen. Auch der CV und die Pfarreien waren betroffen.

Da es kaum städtische oder staatliche Zuschüsse gab, blieb die Finanzlage des CV kritisch, zumal Richter sich bemühte, auf die Zuschüsse des Bistums zu verzichten, die eine stärkere Einflussnahme bedeutet hätten. Das Aufkommen von Spenden und Mitgliedsbeiträgen war niedrig, da an die Kriegsopfer auf Weisung der Militärregierung nach 1945 entweder keine oder nur unter erschwerten Bedingungen Rente gezahlt werden durfte und die Ausgebombten, Flüchtlinge, Vertriebene und Heimkehrer kaum in der Lage waren, für die erhaltenen Leistungen etwas beizutragen. Allerdings kam es 1946–48 zu größeren Spenden als Dank für die erhaltenen ausländischen Liebesgaben.[2024]

Auf der Mitgliederversammlung am 9. Dezember 1948 bezeichnete Richter die finanziellen Schwierigkeiten des CV

Gewinn- und Verlustrechnung (bis 1947/48 in RM, danach in DM)

	Erlöse	Aufwand	Ergebnis
1945/46	381.794	275.029	+106.755
1946/47	460.697	460.704	- 7
1947/48	800.672	495.672	+304.918
In DM			
1948/49	341.498	361.072	-19.574
1949/50	476.470	451.047	+25.422
1950/51	450.950	473.055	-22.105
1951/52	514.161	532.295	-18.133
1952/53	642.937	694.850	-51.913
1953/54	755.158	836.133	-80.975
1954/55	881.485	904.879	-23.394
1955/56	1.053.511	1.023.205	+30.306
1956/57	1.229.651	1.263.969	-34.318
1957/58	1.293.067	1.284.916	+8.151
1958/59	1.382.544	1.320.646	+61.890
1959/60	1.455.542	1.475.444	-19.903
1960/61	1.195.123	1.205.916	-10.794
1961/62	1.731.069	1.686.735	-10.793
1962/63	1.775.271	1.836.646	+44.334
1963/64	2.007.347	2.014.804	-7.458

Quellen: Solidaris-Prüfberichte (ACVF-1510)

„als selbstverständlich in einer Zeit wie der gegenwärtigen und bei einem Institut, wie es der Caritas-Verband ist. Man bedenke nur, dass der Caritas-Verband weder wie der einzelne schaffende Mensch einen Rechtsanspruch hat auf angemessene Vergütung und gerechten Lohn für die Arbeit, die er leistet, und dass er nicht nach Art der Körperschaften öffentlichen Rechts berechtigt ist, seinen Geldbedarf durch Umlagen zu decken. Finanzielle Schwierigkeiten gehören zu den permanenten und immanenten Schwierigkeiten der caritativem Tätigkeit, sofern sie ausschließlich auf freiwillige Leistungen angewiesen ist."[2025]

2024 Siehe Abschnitt 7.2.3.3 – Lebensmittellieferungen aus dem Ausland, S. 411ff.
2025 Bericht Caritasdirektor am 9.12.1948 – ACVF-1330).

Da die Haushaltsplanung für 1948/49 von einem Defizit von fast 209.100 DM ausging und für Richter eine Reduzierung der Ausgaben nicht in Frage kam, bot nur eine Einnahmensteigerung eine Chance zur Verringerung bzw. zum Ausgleich des Defizits. Möglichkeiten sah er in der Steigerung der Mitgliederzahl und -beiträge sowie der verschiedenen Caritassammlungen und -kollekten. 1945/46 nahm man mit 40.010 RM etwa so viel an Mitgliedsbeiträgen ein wie 1941/42 (41.294 RM). 1946/47 waren es schon 52.873 RM und 1947/48 lagen die Mitgliedsbeiträge mit 72.914 RM sogar um 82% höher als 1945/46. Auch die Erträge aus Sammlungen und Kollekten waren gegenüber 1945/46 sogar um das Siebenfache auf 341.922 RM gestiegen.[2026] Außerdem müsse man an „übergeordnete kirchlicher Stellen" wegen Zuschüssen herantreten. Wen er im Auge hatte, ist offen, zumal er den DiCVL und das Bistum gerne außen vorhalten wollte. [2027] In den folgenden Jahren gab es weiter regelmäßige Zuschüsse des Gesamtverbandes, des DiCVL und DCV. Die Einnahmen aus Kollekten, Sammlungen und Mitgliedsbeiträge waren aber nicht so hoch, um damit das Anlagevermögen auszubauen. Bei Spenden waren es 1950/51 noch 60.996 DM, im Jahr darauf nur noch 54.210 DM. Die Einnahmen aus Kollekten und Spenden stiegen dagegen von 50.258 auf 107.481 DM an.[2028]

Über die folgenden Jahre liegen bisher keine Angaben vor. So setzte man auf Fördermittel vom Land Hessen, vom Landeswohlfahrtsverband und der Stadt Frankfurt für den Bau neuer Heime, mit denen Erlöse erzielt werden konnten. Die öffentlichen Mittel „zur Erfüllung satzungsgemäßer Aufgaben zur Errichtung von Heimen" waren aber zweckgebunden und konnten „nicht beliebig verwendet werden". Da bis Mitte der 60er Jahre meist Selbstzahler aufgenommen wurden, für die der CV eigenständig die Pflegesätze festlegen konnte, wurden hier Erträge erzielt, mit deren Hilfe die Fürsorgearbeit mitfinanziert werden konnte. So wurde 1959 beklagt, wie überaus knapp trotz dieser finanziellen Scheinblüte, welche sich in unseren Häusern darstellt, die finanziellen Mittel für die Aufwendungen der Fürsorge sind." [2029]

Insgesamt scheint seine Linie aber erfolgreich gewesen zu sein, da die erste Jahresrechnung nach der Währungsreform nur ein Jahresdefizit von 19.574 DM verzeichnete und 1949/50 sogar mit einem Überschuss von 25.942 DM abschloss. Während in den beiden folgenden Jahren wieder kleine Defizite von 22.105 DM bzw. 18.133 DM ausgewiesen wurden, stieg das Defizit dann an. Die beiden negativsten Ergebnisse der Richter-Ära mit 51.913 DM (1952/53) bzw. 80.975 DM (1953/54) sind vermutlich auf die hohen Anlaufkosten der drei Jugendheime zurückzuführen. Anschließend gab es zwar wechselnde Jahresergebnisse, insgesamt gab es in der DM-Ära Richters ein Gesamtdefizit von 19.612 DM. Am 31. März 1959 wurde ein Anlagevermögen von 2.666.436 DM angegeben, von dem 1.365.966 DM, d.h. 51,2%, durch Eigenkapital gedeckt waren. Der Grad

2026 Vermerk Ortscaritasausschuss v. 9.12.1948 (ACVF-1520).
2027 Bericht Caritasdirektor Jam 9.12.1948 – ACVF-1330).
2028 Solidaris-Prüfberichte (ACVF-1510).
2029 Protokoll CVF-Mitgliederversammlung v. 16.6.1959 (ACVF-1330).

der Selbstfinanzierung wurde als zufriedenstellend und die Liquidität als gut bezeichnet.[2030]

7.1.4.1 Öffentliche Zuschüsse und Darlehen

Die Caritasarbeit in den ersten Nachkriegsjahren wurde u.a. durch das Hessische Hilfswerk unterstützt, das 1946/47 einen Zuschuss von 15400 RM bereitstellte.[2031] Neben staatlichen und städtischen Zuschüssen sind mehrere zinslose Darlehen für katholischen caritativen Einrichtungen belegt, bei denen der CV Antragstellung und Abwicklung für die Zuschussempfänger übernahm. So wurde am 14. Dezember 1951 ein auf 10 Jahre befristetes städtisches 300.000 DM-Darlehen für den Bau des Mädchenwohnheimes St. Leonhard, den Wiederaufbau und die Erweiterung des Franziskanerinnenklosters Langestraße, den Ausbau des St. Josefheims Eichwaldstraße und zur Fertigstellung des Brüderkrankenhauses Untere Atzemer gewährt.[2032] Ein weiteres städtisches 500.000 DM-Darlehen wurde am 21. Februar 1952 bewilligt,[2033] das für bisherige Projekte sowie die Mädchenwohnheime Haus Barbara und Haus Lucia bestimmt war.[2034]

7.1.4.2 Kirchliche Zuschüsse und Stiftungen

1945/46 und 1947/48 bezuschusste der DiCVL die Frankfurter Caritasarbeit mit insgesamt 105.000 RM, 1949/50 waren es 30.000 DM, im Jahr darauf 26700 DM. Der Gesamtverband zahlte bis zur Währungsreform weiter einen jährlichen Zuschuss von 11.400 RM und danach 11.400 DM aus den von ihm verwalteten Stiftungen. [2035] Während die Buzzi-Stiftung und die Guaita-Stiftung vom Gesamtverband verwaltet wurden, ist dies bei den übrigen vom Gesamtverband unabhängigen Stiftungen bisher nicht geklärt. Anfang Januar 1947 bestanden noch die Bögner-Stiftung, die mit den Erträgen aus einem Vermögen von 2.500 RM die Armen in den Pfarreien Dom, St. Antonius, St. Bernhard, St. Gallus und Allerheiligen unterstützte. Die Geistliche Rat Marx-Stiftung (Wertpapiere 8.725 RM) zahlte Schulgeld für katholische Kinder, die Pirard-Stiftung (16.900 RM) finanzierte arme Mädchen. Auch das Stipendium Pauperum verfügte noch über ein Vermögen (Hypotheken 67.722,20 RM bzw. Wertpapiere 15.825 RM). [2036]

7.1.4.3 Mitgliedsbeiträge

Zwar verfügte der Caritasverband nach Kriegsende noch über zahlreiche Mitglieder, doch waren diese kaum in der Lage ihre Caritasbeiträge zu zahlen. Für die Mitglieder der Pfarrcaritasausschüsse zahlten ohnehin die

---

2030   Protokoll CVF-Mitgliederversammlung v. 16.6.1959 (ACVF-1330).
2031   Solidaris-Prüfbericht 1946/47 (ACVF-1510).
2032   Protokoll-Auszug Stadtverordnetenversammlung v. 13.12.1951 (ISG-Magistrats-akten 8.846).
2033   Protokoll-Auszug Stadtverordnetenversammlung v. 6.3.1952 (ISG-Magistratsakten 8.846).
2034   Siehe Abschnitt 7.4.2.6 – Haus Lucia/Haus Barbara, S. 451.
2035   Solidaris-Prüfbericht 1946/47 (ACVF-1510).
2036   Schreiben   Gesamtverband/Stadt   Frankfurt-Rechtsamt-Stiftungsabteilung   v. 20.1.1947 – Abschrift (ISG Stiftungsabteilung 58).

Pfarreien, die institutionellen Mitglieder waren aber häufig nicht in der Lage, ihre Beiträge an den CV zu entrichten. So wurden die Kirchenvorstände am 28. Oktober 1948 gebeten, zumindest die Hälfte ihrer Caritasbeiträge zu zahlen, da man sonst das Jugendwohnheim Heddernheim sowie das Säuglings- und Kleinkinderheim in Hofheim schließen müsse. Auch sei an den Bau eines dringend benötigten Jugendwohnheims und eines weiteren Altenheims nicht zu denken.[2037]

Auf der Mitgliederversammlung am 9. Dezember 1948 hielt Richter die Steigerung der Erträge aus den Kollekten und den Mitgliedsbeiträgen für möglich. Der Caritasmitgliederanteil an dem aller Gläubigen schwanke in den Pfarreien zwischen 1,7 und 26,5%. Da in vielen Pfarreien der Anteil aber zwischen 5 und 10% liege, sei es möglich, in allen Pfarreien diesen Anteil auf 10% und mehr zu steigern. Der durchschnittliche Monatsbeitrag liege zwischen 0,55 und 3,10 DM, in 17 Pfarrgemeinden über 1 DM, sodass auch hier eine Verbesserung möglich sei.[2038] Für die Mitgliederwerbung schlug er vor, die bei den normalen Sammlungen als Sammler eingesetzten Rentner für jedes neue Mitglied mit einem Monatsbeitrag zu belohnen. Dieser solle aber erst später ausgezahlt werden, „um wirklich bleibende Mitglieder" zu gewinnen.[2039]

Nach wie vor ungeklärt war seit 1939 die Berechnung der an den DiCV bzw. den DCV abzuführenden Beitragsanteile. Richter erklärte die von Freiburg zugrunde gelegten 10.000 Mitglieder in Frankfurt für falsch, er sei aber nicht in der Lage, „einen genauen Mitgliederbestand herzustellen, weil mehr als die Hälfte der Pfarreien (sich) dabei gar nicht oder nur unrichtig sich beteiligen würde."[2040] Mitte 1956 stellte der Caritasverband sogar seine Beitragszahlungen an den DCV ein. Nachdem eine Beitragsschuld von 6.000 DM im April 1958 aufgelaufen war, wurde der Caritasverband gemahnt.[2041] Der Ausgang der Auseinandersetzung konnte bisher nicht festgestellt werden.

7.1.4.4 Spenden

Das inländische Spendenaufkommen blieb an sich in den ersten Nachkriegsjahren unverändert, da viele dazu nicht mehr in der Lage waren. Allerdings spendeten viele Empfänger ausländischer Liebesgaben aus Dank. 1946/47 werden außerdem Spenden anlässlich eines Konzerts des Regensburger Domchors in Höhe von 7.079 RM aufgeführt.

So konzentrierte man sich auf Auslandsspenden, da viele Waren nur auf dem Schwarzmarkt zu erhalten waren, zum anderen Barspenden in Auslandswährungen bis zur Währungsreform wertbeständig waren. So dankte auch Richter den ausländischen Spendern auf der Mitgliederver-

---

2037 Rundschreiben CV-Vorstand v. 28.10.1948 (ACVF-1310).
2038 Zweiter Teil des Berichtes des Caritasdirektors gelegentlich der Jahreshauptversammlung am 9.12.1948 (ACVF-1330), zit. als Bericht Caritasdirektor auf CV-Mitgliederversammlung am 9.12.1948.
2039 Bericht Caritasdirektor auf CV-Mitgliederversammlung am 9.12.1948 (ACVF-1330).
2040 Schreiben CVF-Dr. Richter-DCV-Tilgner v. 3.4.58 (ADCV 127F/1.030 – OCV Frankfurt).
2041 Vermerk Tilgner für DCV-Präsident Eckert v. 14.4.58 (ADCV 127F/1.030 – OCV Frankfurt).

sammlung am 9. Dezember 1948, denn es ist „keine Selbstverständlichkeit, dass uns völlig unbekannte Diözesen in Nord- und Südamerika und sonstwo für die Diözesen in Deutschland sammeln." Gleichzeitig kritisierte er wie schwer es sei, eine namentlich nicht genannte „wenig kriegsgeschädigte Pfarrei" zu einer Patenschaft für eine andere „schwer durch den Krieg betroffene Pfarrei" zu bewegen. [2042]

Neben den großen ausländischen Spendenaktionen, auf die weiter unten ausführlich eingegangen wird,[2043] waren es vor allem kleinere private Spenden. Im Rahmen der Spendenwerbung wurde immer wieder darauf aufmerksam gemacht, um „Dankbriefe und Berichte besorgt zu sein. Sie sollen vor allem persönlich, anschaulich und konkret sein, Notstände darstellen, aber auch wie durch die spenden diesen Notständen geholfen werden konnte. Zumal Briefe von Kindern sind sehr erwünscht."[2044] „Unsere ausländischen Wohltäter erwarten sichtbare Zeichen für ihre Hilfen (...). Man wünscht eine mehr positive Darstellung, Berichte darüber, was trotz aller Not und aller Trümmer in Deutschland geschafft wird. Aus solchen Berichten könne durchaus hervorgehen, dass die eigenen Anstrengungen ohne fremde Hilfe die Aufgaben nicht meistern können."[2045]

Pater Heinrich Böcker SJ, Pfarrer an St. Ignatius, informierte jeden Spender in den USA in englischer Sprache über die soziale und wirtschaftliche Lage:

„Sie sollten die zufriedenen Gesichter sehen, mit denen diese zurück in ihr zuhause gehen, froh, etwas zum Leben zu haben. Die Bedingungen haben sich in den letzten Jahren für diejenigen gebessert, die Geld verdienen können. Aber es gibt so viele Frauen, die ihren Ehemann im Krieg verloren haben, die nun allein sind mit ihren Kindern. Es gibt viele ältere Menschen, die keine Beschäftigung finden können und mit 30 Mark im Monat leben müssen. Diese Leute (...) haben ihren Besitz durch die Luftangriffe oder in den Ländern, aus denen sie vertrieben wurden, verloren oder sie verloren ihr Geld in der Währungsreform. Und sie mussten ihre Wertsachen verkaufen, die sie gerettet hatten. Diese armen Leute – und ich kenne viele davon, die zu den besseren Kreisen gehörten, stehen vor dem Nichts. Es ist traurig, liebe Mrs. Bagdon, dass sie nicht mit eigenen Augen sehen können, wie dankbar Ihre Geschenke angenommen wurden."[2046]

Einem schlesischen Flüchtlingskind wurde ein Kommunionkleid gestiftet, woraufhin die Caritas-Fürsorgerin selbst dankte, weil „das Kind mit der deutschen Sprache noch so weit zurück [sei], dass kein Brief auf die Beine zu bringen war."[2047] Anfang 1948 gingen die Hilfslieferungen zurück, während die Zahl der namentlich adressierten Einzelpakete stark zunahm. [2048]

Mitte der 50er Jahre kam es auch zu einer Missstimmung zwischen Caritasverband und den DCV. Richter beklagte, die Spendenwerbung sei

---

2042 Bericht Caritasdirektor auf CV-Mitgliederversammlung am 9.12.1948 (ACVF-1330).
2043 Vgl. Abschnitt 7.2.3.3 – Lebensmittellieferungen aus dem Ausland, S. 411f.
2044 DiCV-Rundschreiben „Tuet gutes allen" Nr. 2 v. Okt. 1946 (ACVF-DiCV).
2045 Schreiben Klein/DCV an Richter v. 9.7.1948 (ACVF-DCV I).
2046 Schreiben Böcker an Mrs. R. Bagdon v. 21.8.1949 (ACVF-Spenden).
2047 Schreiben Caritas-Betreuungsstelle Bad Hersfeld an CV Frankfurt v. 20.11.1950 (ACVF-Korrespondenz-sonstige Caritasverbände).
2048 Bericht Caritasdirektor auf CV-Mitgliederversammlung am 9.12.1948 (ACVF-1330).

für den CV schwierig, da die DCV-Großspendenwerbung auch die Frankfurter Unternehmen anspreche, die zusätzliche Spenden an den Caritasverband ablehnten. Auch die Anzeigenaktionen des Kodex-Verlages mit „beachtlichen Preisen" beeinträchtige die eigene Spendenwerbung.[2049] Am 18. August 1958 reklamierte Richter bei Caritasdirektor Anton Wopperer, den hessischen Caritasdirektoren liege kein Beschluss des Zentralrates über eine derart einseitige Spendenverteilung vor. So habe die Hausbank dem DCV 500 DM überwiesen und weitere Spenden an den Caritasverband selbst abgelehnt. In einem anderen Fall sei ein Frankfurter Vermögen als Zuwendung an den DCV gegangen, von dem man selbst nichts erhalten habe.[2050] Unter Hinweis auf ein Schreiben der Deutschen Bank forderte Richter am 6. Dezember 1959 vom DCV einen Anteil an der Bankspende[2051] und erhielt schließlich 1.000 DM.[2052]

7.1.4.5 Caritas-Sammlungen

Am 13. Mai 1945 wurde die erste Nachkriegscaritaskollekte durchgeführt, die in Frankfurt mit 142.249,61 RM ein Rekordergebnis erbrachte. Interessant ist, dass die beiden Domfilialbezirke St. Leonhard und Liebfrauen jeweils den doppelten Betrag der Dompfarrei aufbrachten. 1947/48 erzielte man inkl. Spenden 431.922 RM, das erste DM-Ergebnis 1949/50 erreichte ohne Spenden 413.474 DM das gleiche Niveau.

Auf der Mitgliederversammlung am 9. Dezember 1948 forderte Richter höhere Einnahmen bei den Caritaskollekten im Frühjahr und Herbst, den Caritas-Werbewochen im März und November 1950 sowie der Caritas-Kirchenkollekten. De Steigerung der Caritaskollekten sei möglich, wenn nicht am Caritas-Sonntag auch für andere, in einem Falle sogar für vier, Zwecke gesammelt wird. Richter wies daraufhin, dass bei einer letzten Kollekten eine der kleinsten Pfarreien das höchste Sammlungsergebnis erzielte, und kritisierte einen Pfarrer, der weitaus weniger als eigentlich vorgeschrieben, dem CV überwies. In einigen Pfarreien sollten statt der bisherigen „bessere und gelenkigere" Sammler eingesetzt werden und Kassierer der Mitgliedsbeiträge nicht zusätzlich belastet werden. Es reiche nicht aus, wenn nur ein kleiner Hinweis auf die Sammlung erfolge. So sei es sinnvoll, die Pfarrei in Caritasbezirke aufzuteilen, systematisch die Caritas-Sammlung von der Kanzel und durch Pfarrbriefe vorzubereiten. Falls sich nicht ausreichend Ehrenamtliche finden würden, könne man Rentner einsetzen und mit 7–10% des Sammelergebnisses belohnen.[2053]

Richter lehnte zusätzliche Kirchenkollekten und eine Änderung des Verteilungsschlüssels zugunsten des CV bzw. zuungunsten der Pfarrcaritas ab, da dies eher zu einer Beeinträchtigung des Sammelergebnisses führen würde.[2054] Hauptärgernis für blieb weiterhin die Caritaskollekte und die

---

2049   Schreiben Richter/DCV-Tilgner v. 3.4.58- (DCV 127F/1.030- OCV Frankfurt).
2050   Schreiben Richter/DCV-Wopperer v. 18.8.58 (ADCV 127F/1.030- OCV Frankfurt)
2051   Richter/DCV-Wopperer v. 6.12.59 (ADCV 127F/1.030 – OCV Frankfurt).
2052   Schreiben DCV-Wopperer/OCV-Richter v. 18.12.1959 (ADCV 127F/1.030 – OCV Frankfurt).
2053   Bericht Caritasdirektor auf CV-Mitgliederversammlung am 9.12.1948 (ACVF-1330).
2054   Bericht Caritasdirektor auf CV-Mitgliederversammlung am 9.12.1948 (ACVF-1330).

Haus- und Straßensammlungen, deren Abrechnung vom CV übernommen wurde. Obgleich der CV Kriegsfolgekosten zu tragen habe, müsse er dennoch große Abführungen machen. Von der Caritaskollekte und der Opferwoche blieben nur 20%, der Rest gehe an die Pfarreien und den DiCV.[2055]

7.1.5 Grundstücke

Nach Kriegsende verfügte der CV über alle bisher erworbenen Grundstücke und ein großes RM-Guthaben. Da die Reichsmark ihre Funktion als Wertaufbewahrungsmittel verloren hatte und an ihre Stelle Tauschhandel und Ersatzwährungen (Zigarettenwährung) auf dem Schwarzmarkt getreten waren, bemühte sich Schlotter um Immobilien, um die RM-Guthaben zu retten und die zerstörten caritativen Einrichtungen aufbauen zu können.

Im nördlichen Westend (Reuterweg 93) wurde dem CV 1945 ein Haus für eine Monatsmiete zwischen 800 und 1.000 RM angeboten. Dort sollte ein Ersatz für das zerstörte Heim des „Bundes berufstätiger katholischer Frauen" mit einem Pensionstagessatz von 2,30 RM geschaffen werden. Da die Renovierungskosten höher als geplant ausfallen sollten, stellte man das Projekt zurück, zumal offen war, ob das fertiggestellte Haus nicht von der Militärregierung beschlagnahmt werden würde. Mehrfache Anfragen an die Militärregierung blieben unbeantwortet. Negativ verlief auch eine geplante Anmietung von Haus Gertrud in Bad Schwalbach zur Nutzung als Altenheim, da sich der Bürgermeister durchsetzte, der das Haus für Ostflüchtlinge nutzen wollte. Auch in Hofheim kam es zu einem Konflikt mit dem Bürgermeister, der das Vinzenzhaus auch für Ostflüchtlinge beschlagnahmen wollte. Der Höchster Landrat erklärte aber, der CV könne das Haus für Flüchtlingskinder und Kinder evakuierter Familien nutzen.[2056] Negativ verliefen auch Verhandlungen über ein Haus in Eppenheim.[2057]

Bereits 1946 hatte der CV den Gesamtverband um die Rückgabe des Hauses Oppenheimer Straße 49 gebeten, aber erst am 16. Juni 1950 beschloss der Gesamtverband die Umschreibung, die dann am 18.Januar 1952 erfolgte. Das Haus hatte zwar im 2. Weltkrieg schwere Schäden erlitten, wurde dann aber mit Hilfe der Mieter wiederhergestellt. Aufgrund der in Frankfurt geltenden Wohnraumbewirtschaftung bestand an sich keine Chance, vermietete Wohnungen für Caritaszwecke umzuwandeln. Als Folge von illegalen Untervermietungen und anderen Rechtsverstößen der offiziellen Mieter[2058] wurden die Wohnungen nach langwierigen Gerichtsverfahren bis 1957 geräumt und für die Wohngruppe Oppenheimer Straße genutzt.

Da die Bahnhofsmission im Hauptbahnhof nur einige Betten für Frauen, Mütter und Kinder sowie Sitzgelegenheiten für Männer im gemeinsamen Dienstraum nutzen konnte, bemühte man sich seit Mitte der 50er

---

2055 Schreiben Dr. Richter/DCV-Tilgner v. 3.4.58 (ADCV 127F/1.030 – OCV Frankfurt).
2056 Protokoll CVF-Vorstand v. 18.12.1945 (ACVF-1310).
2057 Protokoll CVF-Vorstand v. 25.1.1946 (ACVF-1310).
2058 Da es 1947/48 üblich war, dass sich Mieter zu 50% an den Wiederheerstellungskosten beteiligten, vermieteten viele Zimmer und Schlafplätze weiter. Ein Mieter kassierte zwar die Zuschüsse seiner fünf Untermieter, beglich aber weder die Handwerkerrechnungen, noch leitete er das Geld an den Treuhänder des Gesamtverbandes weiter. (ACVF-1511-OPP49).

Jahre vergeblich um ein Grundstück für einen Neubau. Am 14. August 1959 beschloss der Caritasvorstand, das BO zu informieren, dass nur noch wenige Trümmergrundstücke im Bahnhofsviertel zur Verfügung stünden und diese vermutlich bald für andere Bauzwecke genutzt werden würden. Aufgrund der steigenden Grundstückspreise würde man, schrieb Richter an das BO, aber kein Risiko eingehen, auch wenn man die Finanzierung erst später klären würde. So wurden das Hotel „Heidelberger Hof" für 430.000 DM inkl. Inventar und das daneben liegende unbebaute 922 qm großes Grundstück für 150 DM/qm angeboten. Weiter standen das Grundstück Pforzheimer Straße 3 für 40.000 DM und drei 1376 qm große Grundstücke Westendstraße 19–21 für ca. eine halbe Million DM zur Diskussion, auf dem zugunsten einer größeren Rentabilität auch ein Parkhaus errichtet werden könnte. Richter bat um eine kurzfristige Entscheidung, um ggfs. eine Ortsbesichtigung zu vereinbaren. Die Angelegenheit wurde aber nicht weiterverfolgt. [2059]

7.1.6 Der Neubau des Caritaskomplexes 1950/56

Für die zerstörte Altstadt zwischen Römerberg und Karmeliterkloster plante die Stadt 1950 eine Musterbebauung, u.a. mit Sozialwohnungen, dem Wiederaufbau des Pfarrhauses St. Leonhard und caritativen Einrichtungen.[2060] Der CV war seit 20. Oktober 1947 im Besitz der Grundstücke Buchgasse 4 und Alte Mainzer Gasse 2, die ihm von den Brüdern Friedrich und Albert Schwahn zusammen mit einem Drittel ihres Barvermögens mit der Auflage vermacht worden waren, sie für soziale Zwecke in der Pfarrei St. Leonhard zu verwenden.[2061]

Richter und der Caritasvorstand planten nun mittelfristig den größten Teil der Neugestaltung zu übernehmen und neben einem kombinierten Mädchen – und Altenheim auch eine neue Caritaszentrale zu errichten. Nachdem die Grundstücke Buchgasse 1 und 3, Alte Mainzer Gasse 32 sowie Karmelitergasse 10 und 12 für 118.000 DM erworben werden konnten, wurde auch ein Kindergarten mit einer großen Freifläche mit eingeplant. Damit wurde erstmals die Idee eines Lebenshauses umgesetzt, die im 2011 eröffneten St. Leonhard-Lebenshaus fortgeführt wird.

Vor Baubeginn mussten der Baugrund im Juli/August 1951 mit erheblichen Zusatzkosten enttrümmert werden. Das Haus Alte Mainzer Gasse 32 (ehemals Haus Prinz Carl) wurde abgebrochen. Eine Firma, die ebenfalls drei kleine Grundstücke belegte, wurde umgesiedelt.[2062] Die Baukosten von 1,286 Mill. DM wurden über Hypotheken und städtische Darlehen finanziert. Eine Finanzierung über die Schweizer Europahilfe[2063] für be-

---

2059 Schreiben CVF/BO v. 25.8.1959 (ACV-5110-03).
2060 Richter/Vorgrimler v. 8.12. 1950 (ACVF-DCV 1944–56).
2061 Am 30. Mai 1956 wurde im Rahmen des CV eine unselbständige, vermögenslose „Friedrich und Albert Schwahn'sche Stiftung" errichtet und ein Kuratorium eingesetzt. Das sich am 27.3.1958 auf etwa 250.000 DM belaufende Vermögen wurde Sondervermögen des CV und wurde für den Bau des Gebäudes Karmelitergasse 6 verwendet (Vermerk Jung v. 8.5.1967–CVF-Grundbesitz).
2062 Vermerk v. 29.5.1967 (ACVF-Immobilien).
2063 1951 wurden der Schweizer Europahilfe von der Schweizer Bundesregierung 3 Mill. Franken zur Verfügung gestellt, die durch Spenden (ca. 1,5 Mill. sfrs) aus einer

stimmte Maßnahmen in vom Krieg betroffenen Ländern mit hohem Flüchtlingsanteil wurde am 8. Februar 1951 vergeblich beantragt.[2064]

1954 nahm Richter die Planung für ein Caritashaus und ein neues Pfarrhaus auf. In einem Schreiben vom 22. Oktober 1954 heißt es: „Die Projekte St. Leonhards-Pfarrhaus und Caritas-Bürohaus werden zweckmäßig zusammengefasst, da nach Auffassung aller Beteiligten aus städtebaulichen und wirtschaftlichen Gründen eine einheitliche Planung erforderlich ist." Richter ging davon aus, dass eine unbestrittene Dotationspflicht der Stadt für den Pfarrhausneubau bestehe und der Neubau des Caritashauses von der Aufbau-AG auf 282.000 DM veranschlagt werde. Die DEGUSSA, die an einer Räumung ihres Hauses Mainzer Gasse 73 sowie am Ankauf des Hauses Mainkai 4 interessiert war, bot eine 1. Hypothek von 250.000 DM sowie eine Ablösung von 25.000 DM für die vorzeitige Kündigung des Mietverhältnisses an. Gleichzeitig wurde ein Sozialbau mit Wohnungen und einem Kindergarten für 100 Kinder geplant, der etwa 100.000 DM kosten sollte. Die nicht bezifferten Kosten für einen Gemeindesaal und die Wohnungen sollten teils von der Pfarrei St. Leonhard selbst, teils vom Gesamtverband übernommen werden, „der bereits eine Reihe von Pfarrkindergärten finanziert hat."

Caritaszentrale, Pfarrhaus St. Leonhard und Haus St. Leonhard (um 1964) © ACVF

Straßensammlung aufgestockt werden sollten. Mi den Mitteln sollten vorhandene oder neu errichtete Jugendwohnheime instand zu setzen oder zu möblieren. Notwendig war außerdem eine finanzielle Beteiligung durch den Träger (DCV an Diözesan-Caritasverbände Westdeutschlands v. 2.2. 1951-Abschrift-CVF-DCV I).

2064 der Antrag wurde über den DCV-Abt. Auslandshilfe an den Schweizer CV weitergeleitet, der Gespräche mit der Schweizer Europahilfe führte (DCV an Diözesan-Caritasverbände Westdeutschlands v. 2.2.1951-Abschrift-ACVF-DCV).

Für den Kauf weiterer Grundstücke im Bereich Karmelitergasse/Alte Mainzer Gasse/Münzgasse/Buchgasse wurden 44.800 DM veranschlagt, von denen 8.000 DM der Stadt zu günstigen Konditionen zu zahlen seien, außerdem würden die Grundstücke aufgrund der Dotationspflicht um weitere 10.000 DM verbilligt werden. Am 18. März 1955 stimmte der Gesamtverband dem Vorhaben unter der Bedingung zu, dass die Stadt das Grundstück für den Pfarrhausneubau ohne besondere Zahlung bereitstelle und dem Gesamtverband einen einmaligen Betrag von 300.000 DM zahle. Damit seien alle Verpflichtungen der Stadt für das Pfarrhaus „in alle Zukunft abgegolten." Für das Gesamtprojekt (Caritashaus, Pfarrhaus, Kindergarten) standen 645.000 DM zur Verfügung, in denen ein Bistumszuschuss von 50.000 DM sowie ein 50.000 DM-Darlehen der Dompfarrei bzw. der Pfarrei St. Leonhard enthalten waren. 1956/57 wurde der zweigeschossige Neubau des Caritashauses fertiggestellt. Die veranschlagten Baukosten von 596.925 DM wurden mit 623.413 DM leicht überschritten.[2065] Später wurde noch die so genannte Schwahn'sche Stiftung in der Karmelitergasse 6 errichtet, in der auch die Krabbelstube des Kindergartens untergebracht wurde.[2066] Die obere Etage wurde als Schwesternwohnheim genutzt.

Da sich das Aufgabenspektrum des CV u.a. als Folge des Bundessozialhilfegesetzes stark erweitert hatte, wurde im Sommer 1964 eine Aufstockung um ein Geschoss und die Modernisierung des vorhandenen Gebäudes für einen Kostenaufwand von 442.260 DM beschlossen, von denen bis auf 150.000 DM durch Eigenmittel, Bistumsmittel und Landesbaudarlehen gesichert waren. Die Finanzierungslücke wurde durch einen städtischen Zuschuss gedeckt.[2067] In den neuen Räumen wurden die Jugend- und Suchtkrankenfürsorge und die Erwachsenenfürsorge untergebracht.

7.2 Caritasarbeit in den Nachkriegsjahren

Die Nachkriegsjahre waren von dem Überlebenswillen der notleidenden Bevölkerung geprägt, die jeden Strohhalm ergriff, um sich aus ihrer Notlage zu befreien. Am deutlichsten lässt die Notsituation an den Bahnhöfen aus einem Bericht der Katholischen Jugend ablesen:

„Nirgendwo ist in Deutschland das Elend größer als an den Bahnhöfen, wo Tag und Nacht ein endloser Zug von Flüchtlingen und entlassenen Kriegsgefangenen durchströmt. Das Grauen, da sich hier offenbart, ist in keiner Weise zu vergleichen mit den Trümmern und Zerstörungen der riesigen Stadtkadaver ... Zwischen zerfallenen Bahnhofsmauern, unter glaslosen Hallen, in Wind und Wetter, bei Tag und Nacht, in Regen und unter sengender Sonnenglut liegen sie auf bloßen Steinfliesen, Frauen, Kinder, werdende Mütter, Amputierte, entlassene Gefangene...Wo sie sich hinlegen, schlafen sie ein, um jeden Moment wieder schreckhaft aufzuwachen, um nach ihren stinkenden Bündeln zu greifen, aus Angst, sie könn-

---

2065 Protokoll zur Sitzung des Verwaltungsrates der Kirchengemeinde St. Leonhard Frankfurt/Main v. 18. März 1976 (ACVF-1755-LEO).
2066 Vermerk Jung v. 8.5.1967 (ACVF-Grundbesitz).
2067 Vortrag Magistrat an Stadtverordnetenversammlung v. 10.8.1964 sowie Magistratsbeschluss v. 15.10.1964 (ISG-Magistratsakten 8.846).

ten schon gestohlen sein ... Das Schlimmste in all diesem Elend ist, dass junge Mädchen und Burschen durch diese Menge schleichen, um sich selber feilzubieten..." [2068]

Die Bahnhofsmission beklagte, dass „unverantwortliche Eltern ihre Kinder auf Hamstertouren schicken". Diese wurden nachts von der Polizei aufgegriffen und der Bahnhofsmission zur Überleitung an das Jugendamt übergeben bzw. an die ihrem Heimatort nächstgelegene Bahnhofsmission zurückgeschickt. Außerdem wurde zahlreiche Säuglinge von ihren Eltern „liegen gelassen", die sich „besseren Lebensgewohnheiten" zuwandten. [2069]

7.2.1 Wiedereröffnung der Bahnhofsmission am Hauptbahnhof

In Frankfurt standen der Hauptbahnhof, der Südbahnhof [2070] und der Ostbahnhof im Zentrum der caritativen Arbeit. Bis zur Wiederherstellung der zerstörten Mainbrücken endete ein Teil der Züge am Hauptbahnhof, ein anderer am Süd- bzw. am Ostbahnhof.

Da Rote Kreuz übernahm im Juli 1945 die „Mutter und Kind"-Räume der NSV. Da man mangels ausgebildeter Mitarbeiter nicht in der Lage sei, eine geistige Betreuung zu leisten, forderte das Rote Kreuz im Juli 1945 Bahnverwaltung, Stadt, Innere Mission und CV auf, die Bahnhofsmission wiedereinzurichten. Bei vielen Reisenden fehle „eine Betreuung in dem Sinne von Beratung und Aufrichtung" da sie durch das Nichtauffinden von Angehörigen und „durch das Scheitern von Plänen und Absichten" seelische Zusammenbrüche erlitten hätten. Richter forderte eine Aufgabenbeschreibung, damit die Bahnhofsmission nicht zu einer Art Bahnpolizei werde.

Im August 1945 nahmen die evangelische und die katholische Bahnhofsmission sowie zeitweise ein jüdischer Bahnhofdienst [2071] ihre Tätigkeit in zwei Räumen im südlichen Teil des Hauptbahnhofs mit drei hauptamtlichen Kräften wieder auf, die in einem Achtstundenturnus arbeiteten. Für die Räume mussten der Reichsbahndirektion Frankfurt Miete und Nebenkosten gezahlt werden. [2072] Am 6. November 1947 wurde der Mietvertrag zwar verlängert, nach der Renovierung der Räume im Januar 1948 für ca. 2.500 RM [2073] zum 31. Juli 1948 gekündigt, da „infolge des nun nachlassenden Reiseverkehrs und des damit verbundenen Rückgangs in der Betreuung" ein Raum auf der Südseite des Bahnhofs ausreichen werde und man die Räume für die Gepäckabfertigung brauche. [2074] Erst nach dem Besuch von Reichsbahnpräsident Hess im März 1953 wurde der frühere Ge-

---

2068 Katholische Jugend hilft an deutschen Bahnhöfen – Manuskript (AHdV).
2069 Vermerke der Kath. Bahnhofsmission v. 22.7. und 22.8.1948 (ACVF-5110-03).
2070 Über die Bahnhofsmission am Südbahnhof liegen keine Unterlagen vor. Der CV hatte die Pfarreien um Mitarbeit am Südbahnhof gebeten, doch liegen dazu keine Unterlagen vor ((Schreiben CVF/Kath. Pfarramt St. Wendelin v. 6.10.1945 – AVCF-5533).
2071 Die Jüdische Bahnhofshilfe übertrug ihre Aufgaben 1946 der evangelischen Bahnhofsmission.
2072 Vertrag Reichsbahn-Maschinenamt Frankfurt und CV v. 2.9. 1946 (ACVF-5110-03).
2073 Schreiben Städt. Bauamt v. 1.12. 1947 (ACVF-5110-03).
2074 Schreiben Reichsbahndirektion Frankfurt an CVF v. 29.6.1948 (ACVF-5510-03)

päckraum mit Waschbecken und Toilette zusätzlich überlassen[2075] und auf die Miete verzichtet, 50 % der Nebenkosten mussten aber gezahlt werden.[2076] Wie kleinlich verfahren wurde, zeigt die 1954 erfolgte Sperrung der Eisenbahnerkantine für die ehrenamtlichen Mitarbeiter der Bahnhofsmission.[2077]

Die Bahnhofsmission stützte sich auf ehrenamtliche Mitarbeitende, die bis an die Grenze der Erschöpfung arbeiteten, und den Katholischen Jugenddienst, der die verwahrlosten Räume strich und durch Einbau von Fenstern und Türen bewohnbar machte. Ein Raum wurde als Unterkunftsraum für allein reisende Frauen mit Kleinkindern eingerichtet und von einer Ordensschwester und Mädchenhelferinnen betreut. In der überfüllten Bahnhofsmission war ein ungestörtes Stillen nicht möglich, die Mütter waren aber nicht bereit, ohne ihre Angehörigen in den Nordteil des Bahnhofs in die nur tagsüber geöffnete Fürsorgestelle „Mutter und Kind" des DRK zu wechseln. Jugendpfarrer Karl Pehl bemühte sich erfolgreich bei der Reichsbankdirektion um die verwahrlosten Zollräume und einen angrenzenden Backsteinbau mit Licht und Dampfheizung, so dass nun Platz für 50 Frauen und Kinder vorhanden waren.

Kinderbetten in der Bahnhofsmission © ACVF

Anfangs stellte die Pfarrei Bernhard abends 30 Liter Essen bereit, für das die katholische Jugend auf dem Land ca. 150 Zentner Kartoffeln und Gemüse sammelte. Mit dem steigenden Essensbedarf griff man auf die Volksküche zurück und bezahlte diese, soweit möglich mit Lebensmittelmarken, die z.B. an Weihnachten 1945/46 von den Pfarreien gesammelt worden waren.[2078] Brotmarken wurden in Bezugscheine für Zwieback getauscht, um Kleinkinder versorgen zu können.[2079] Soweit Tee übrig blieb, wurde er an Durstige und Frierende in der Bahnhofshalle verteilt. 1945/46 wurden über 10.610 Essen ausgegeben, 11249 Personen zum Zug begleitet, 7.980 abgeholt und 100.013 Auskünfte erteilt. Zwischen Herbst 1945 und dem 30. September 1948 wurden von der Bahnhofsmission 94.750 Mahlzeiten ausgegeben, 91.393 Flüchtlinge und 101.814 Heimkehrer, 112.946 Frauen mit Kindern und 57.250 Jugendliche betreut.[2080] 1948 gab es 22.375 Übernachtungen in der Bahnhofsmission, 29.411 im Bahnhofsbunker und 3.300 in Hotels oder Privatquartieren.

2075 Notiz Neles v. 18.3.1953 (ACVF-5110-03).
2076 Schreiben Eisenbahndirektion Frankfurt an CVF v. 15.7.1953 (ACVF-5110-03); Schreiben Kath./Ev. Bahnhofsmission an DB-Eisenbahnbetriebsamt v. 30.11.1951 (ACVF-5110-03).
2077 Schreiben Ev./Kath. Bahnhofsmission an Bundesbahndirektion Frankfurt v. 17.5.1954 (ACVF-5510-03).
2078 umfangreiche Korrespondenz (ACVF-5110-03).
2079 Schreiben Jugendpfarrer Kehl an Ernährungsamt Frankfurt v. 25.1.46 (AHdV).
2080 Bericht Caritasdirektor auf CV-Mitgliederversammlung am 9.12.1948 (ACVF-1330). Andere widersprechende Zahlen sind in einem Schreiben der Kath. Bahnhofs-

Da die Bunkerschlafplätze überwiegend von Frankfurtern in Anspruch genommen wurden, die aufgrund der Sperrstunde und fehlender Straßenbahnverbindungen nicht nach Hause fahren konnten, wurden auf Vorschlag von Paula Neles von der Polizei Nachtpassierpässe ausgestellt, die am anderen Morgen beim zuständigen Polizeirevier wieder abgeben werden mussten.[2081] Der Andrang blieb aber so groß, dass eine Übernachtung im Bahnhofsbunker nur für Mütter mit Kindern möglich war.[2082]

Weil die katholische Bahnhofsmission bis 1963 über kein Heim verfügte, und die beiden Heime des Jugenddienstes nur bis Ende 1946 bestanden, nutzte die Bahnhofsmission bis 1951 den Bahnhofsüdbunker (kostenlos) und den Nordbunker (gegen Bezahlung, da „Hotel mit Luftschutzbetten"), danach ein Kellergeschoss im Hauptbahnhof mit 12 Erwachsenen- und sieben Kinderbetten.[2083] Zwischen 1948 und 1963 wurde das „Bahnhofs-Hospiz der Inneren Mission" (Theodora-Heim) in der Karlsruher Straße (36 Betten) mitgenutzt.[2084] Die Innere Mission belegte außerdem die oberste Etage eines Lagerhauses, in der in 4–7 Bett-Zimmern etwa 30 Personen untergebracht werden konnten, die zwischen 3,40 und 7 DM für Übernachtung/Frühstück entrichten mussten.[2085]

Nach der Schließung des Südbunkers 1951 bat die Bundesbahndirektion das DRK vergeblich, ihre Räume nachts für durchreisende Flüchtlinge, Kranke und Kinder offen zu halten und sich wegen der Betreuung mit der Bahnhofsmission in Verbindung zu setzen.[2086] Ab Mitte Februar 1952 war die Bahnhofsmission für Mütter mit Kindern bis zu zwei Jahren auch nachts geöffnet.[2087] Richter stellte am 5. März 1952 auf einer von der Bundesbahn veranlassten Sitzung der beteiligten Organisationen und der Stadtverwaltung den DRK-Tauschvorschlag von 1945 wieder zur Debatte, falls von der Bahn keine Räumlichkeiten bereit gestellt werden könnten.[2088] Das DRK lehnte ab, da es den Platz für Flüchtlingstransporte aus Berlin benötige.[2089]

mission an DCV v. 1.1. 1949 (ACVF-5110-03) enthalten. Danach wurden zwischen 1946 und 1949 ca. 120.000 Personen betreut, davon 39.302 Alleinreisende, 16.529 Mütter oder Ehepaare mit Kindern, 10.873 allein reisende Kinder sowie 17.699 Jugendliche. Dazu kamen 24.134 Soldaten und 20.177 Flüchtlinge.

2081 Vermerk Neles v. Feb. 1946 (ACVF-5110).
2082 Schreiben Bahnhofsmission an Schweizerisches Rotes Kreuz v. 31.10.1949 (ACVF-5110-03).
2083 Vortragsentwurf Magistrat an Stadtverordnetenversammlung v. März 1964 (ISG-Magistratsakten 8.846).
2084 Das Theodora-Heim wurde am 30. März 1979 geschlossen.
2085 Schreiben CVF/BO v. 25.8.1959 (ACV-5110-03).
2086 Abschrift des Schreibens DB-Eisenbahndirektion Frankfurt an Rotes Kreuz Hessen v. 4.12. 1951 (ACVF-5110-03).
2087 Notiz Neles v. 20.2.1952 (ACVF-5110-03).
2088 Notiz Neles v. 8.3.1952 (ACVF-5110-03).
2089 Notiz Neles v. 7.5.1952 (ACVF-5110-03).

Übernachtungsheim der kath. Bahnhofsmission in der Niedenau 27 © ACVF-Meier-Ude

In den 50er Jahren wurde es immer schwieriger, die Nachfrage von reisenden Müttern mit Kindern nach einer Unterkunft in der Bahnhofsmission selbst bzw. im evangelischen Theodoraheim zu decken. Nachdem sich alle anderen Planungen zerschlagen hatten und die Belegungszahlen in Haus Barbara/Haus Lucia Anfang der 60er Jahre zurückgegangen waren, richtete der Caritasvorstand 1963, im Haus Barbara (Niedenau 27) ein Übernachtungsheim der Bahnhofsmission mit separatem Eingang und insgesamt 20 Betten ein. Von der Stadt wurde der 42.000 DM teure Umbau mit 17.000 DM bezuschusst,[2090] da „allein reisende Frauen und Familien abgewiesen werden und oft von zweifelhaften Übernachtungsmöglichkeiten Gebrauch machen" müssten. [2091] Die ungeachtet ihrer Konfession zugewiesenen Frauen mit ihren Kindern konnten zunächst um 20 Uhr, später schon um 18 Uhr ihre Zimmer beziehen und mussten diese am nächsten Morgen nach sechs Uhr und einem kostenlosen Morgenkaffee bzw. Frühstück (5 DM bzw. kostenlos für Bedürftige) wieder verlassen. Zeitweise war auch die Unterbringung von Ehepaaren mit Kindern möglich. Tagsüber wurden die Räume durch das Hauspersonal von Haus Barbara/Haus Lucia gereinigt und die Betten für die nächsten Gäste neu bezogen.[2092] Anfang der 80er Jahre wurde es auch mit obdachlosen Männern belegt und aufgrund zahlreicher Schwierigkeiten am 30. September 1981 geschlossen.

7.2.2 Der „Katholische Jugenddienst" am Ostbahnhof

Jugendpfarrer Pehl organisierte im Herbst 1945 mit heimkehrenden Soldaten und Jugendlichen den „Katholischen Jugenddienst", der ab 23. Oktober 1945 am Hauptbahnhof parallel zur Bahnhofsmission eine Anlaufstelle mit Strohsäcken, Feldbetten und Tischen einrichtete. Kochkessel, Wärmebehälter, Essgeschirre und –bestecke sowie Waschschüsseln und Spültische waren aus Autobahnlagern gekauft worden. Aus Luftschutzbeständen stammten Verbandsmaterial und Notfallapotheken. Bis zu 30 Soldaten und Versehrten wurden mit Barackenunterkünften, Essen und Wärmestuben und möglichst mit Arbeitsplätzen für den Winter versorgt.

Da die Militärregierung nur Wohlfahrtsverbänden die Tätigkeit am Bahnhof gestattete, hatte Richter verlangt, die Jugendlichen sollten die Armbinden der Bahnhofsmission verwenden, was aber ignoriert worden war. Am 15. November 1945 wurde dem „Jugenddienst" von der Militärregierung der Zutritt verboten, weil am Eingang ein Schild „Katholischer Ju-

---

2090 Die restlichen 25.000 DM stellte das Bistum bereit.
2091 Vortragsentwurf Magistrat an Stadtverordnetenversammlung v. März 1964 sowie Magistratsbeschluss v. 13.4.1964 (ISG-Magistratsakten 8.846).
2092 Schreiben Adlhoch/Generalpriorin Mater de Lima v. 18.12.1962 (ACVF-1760-DOM)

genddienst" angebracht worden war. Richter und Pehl erreichten die Wiedereröffnung mit der Erklärung, die Hilfeleistung der Jugendlichen sei Bestandteil der Bahnhofsmission. Der Vorfall führte zu einer Verstimmung zwischen beiden, die nie beigelegt werden konnte. Kurz darauf besuchte ein amerikanischer Offizier den „Jugenddienst" und verteilte Zigaretten. Für Heiligabend bereiteten die Pfarrei St. Antonius, die protestantische Gemeinde und die Stadt eine Bescherung im Bahnhofsbunker vor, die nicht so wie erwartet besucht wurde, so dass auch die Bewohner des Bahnhofsheims eingeladen wurden.[2093]

Wenig später übernahm der Jugenddienst die Aufgaben der Bahnhofsmission im schwer zerstörten Ostbahnhof. Hier war die Lage besonders prekär, da die Reisenden aufgrund der ständigen Verspätungen häufig die Nacht auf dem Bahnhof verbringen mussten, in dem es keine Wartesäle gab und der außerhalb des Bahnhofs liegende Ostbahnhofbunker nach der Sperrstunde nicht mehr erreichbar war. Schließlich überließ die Oberpostdirektion Frankfurt bis Juli 1946 ihre nicht genutzten Bahnposträume mit Waschraum, Toilette und Küche (377 qm), in denen Raum für 200–300 Personen war.[2094] Mit Hilfe von Pfarrer Hermann Schlachter wurde am 1. November

Ostbahnhofbunker © Reimer

1945 ein zweites Heim mit 100 Betten in der ehemaligen Bahnpost eingerichtet und dank der Zulieferung aus der Volksküche konnte auch Essen kostenlos abgegeben werden. Insgesamt wurden monatlich etwa 6.000 RM aufgewandt.[2095]

Nach der Wiederherstellung der Mainbrücke im Januar 1946 fuhren die Sammeltransporte wieder zum Hauptbahnhof, der Ostbahnhof wurde zum Durchgangsbahnhof. Abends begleiteten acht Helfer einen von Pferden gezogenen Straßenbahnsonderzug mit 120–150 Personen vom Hauptbahnhof zum Bahnhofsbunker am Ostbahnhof. Ein weiterer Sonderzug fuhr zum Glauburgbunker. Da dies nicht ausreichte, wurde nach ihrer Instandsetzung die heute noch bestehende Hafenbahn entlang des Mains zwischen West- und Osthafen für den Personen- und den Gütertransport genutzt.

Im Sommer 1946 ging die Zahl der Hilfsbedürftigen stark zurück und viele Jugendlichen am Bahnhof betätigten sich überwiegend im Schwarzhandel. Da dies die Kompetenz und die Vorstellungen der jungen Helfer überschritt und als Aufgabe geübter Fürsorger angesehen wurde[2096] und die Oberpostdirektion ihre Räume ab Juli 1946 wieder selbst nutzen wollte

---

2093 Katholische Jugend hilft an deutschen Bahnhöfen – Manuskript (AHdV).
2094 Schreiben Neles/Reichsbahndirektion Frankfurt v. 4.8.1947 (ACVF-552); über die Miete für diese Räume (3.405 RM) gab es einen längeren Schriftwechsel, in dem um Erlass oder Reduzierung der Miete gebeten wurde.
2095 Vgl. Anm. 2093.
2096 Vgl. Anm. 2093.

und auch keine Ersatzräume zur Verfügung standen, wurden die Bahnhofsheime am Ostbahnhof am 10. August 1946[2097] bzw. am Hauptbahnhof im Oktober 1946 geschlossen und das Inventar der Bahnhofsmission übergeben. Von Oktober 1945 bis Herbst 1946 waren auf beiden Bahnhöfen ca. 50.000 Menschen betreut worden. [2098] Am 31. Juli 1947 wurde die Bahnhofsmission am Ostbahnhof endgültig geschlossen. Der CV übernahm nachträglich die Miete von 3.405 RM, obgleich die Räume eigentlich zur unentgeltlichen Nutzung überlassen worden waren.[2099]

7.2.3 Der Kampf gegen den Hunger

Während nach dem Ersten Weltkrieg noch vor Ort Lebensmittel gekauft werden konnten, gab es diesmal zwar Geld, aber keine Lebensmittel und Bekleidung. Schon vor dem Krieg stammten über 30% aller Getreide- und Kartoffellieferungen ohnehin aus den deutschen Ostgebieten, die nun wegfielen und ersetzt werden mussten. Daher wurde die 1939 eingeführte Zwangsbewirtschaftung von Lebensmitteln beibehalten. Je nach Alter und Lebensverhältnissen teilte das Landesernährungsamt Hessen nach Kalorien bemessene Lebensmittelkarten zu. Mit ca. 27.000 Menschen wurden mehr als 10 % der Bevölkerung durch Fürsorgemaßnahmen als vor dem Krieg (ca. 10.000 – 4 %) unterstützt. Statt der an sich notwendigen 3.400 Kalorien sank die täglich zugeteilte Kalorienzahl bis Ende Mai 1946 zunächst auf 857, stieg dann bis Mitte Juli 1946 auf etwa 1.130 an. Oberbürgermeister Walter Kolb beschrieb die Lage so, es gäbe „weniger als nichts."[2100] Jeder war bemüht, irgendwo irgendwas zu ergattern, um überleben zu können. „Hamstern" war verboten und man riskierte, dass die erworbenen „Schätze" beschlagnahmt wurden, wenn man keine Bezugskarte vorweisen konnte. Jeder Lieferwagen und Güterwaggon wurde beobachtet, um das, was „heruntergefallen wurde" aufzusammeln.

Hungerndes Kind © ADCV

7.2.3.1 Caritastisch und Suppenküchen

Bereits im Mai 1945 organisierte der CV einen „Caritastisch" mit drei Ausgabestellen (Kaufleuteheim, Franziskanerinnenklinik und Elisabeth-Krankenhaus) für 242 Personen. Im August 1945 folgten zwei Suppenküchen in der Textorschule und in der Hochstraße, die bis zur Währungsreform täglich 1.700 Essen ausgaben. Im September 1945 folgte die Suppenküche der Pfarrei St. Bernhard im Ursulinenkloster Unterweg und weitere in

---

2097 Schreiben Neles/Reichsbahndirektion Frankfurt v. 15.7.1947 (ACVF-5110-03).
2098 Vgl. Anm. 2093.
2099 Schreiben Richter/Reichsbahndirektion Frankfurt v. 6.11.1947 – Durchschrift für Pfarrer Pehl (AHdV).
2100 80 Jahre Arbeiterwohlfahrt Frankfurt am Main – Jede Menge Leben, Frankfurt 1999, S. 28.

den Pfarreien Dom, St. Bonifatius, St. Joseph, St. Leonhard, Deutschorden, St. Wendelin und St. Ignatius, Dornbusch, Fechenheim und Nied. [2101] Durchschnittlich wurden täglich 1.092 unentgeltliche und 1.057 entgeltliche Essen ausgegeben. [2102] Die Bauarbeiter an den zehn Kirchenbaustellen wurden bis 1948 mit ca. 42.000 Mahlzeiten versorgt. [2103] Da viele einen höheren Preis bezahlten und Lebensmittelmarken spendeten, wurden in der Textorschule große Überschüsse erzielt, [2104] die vermutlich den Pfarreien zur Verfügung gestellt wurden. Angaben für den Caritastisch in der liegen nur für die RM-Zeit 1945 bis 1948 vor. Insgesamt gab es Einnahmen von 132.595 RM, Ausgaben sind nur für 1947/48 mit 37.103 RM belegt. [2105]

Im September 1945 gründeten Stadtverwaltung, CV, Innere Mission, Konsumverein und das Institut für Gemeinwohl die „Volksküche GmbH", [2106] die 1945 mit ca. 1,5 Mill. Essen begann und 1947 bereits 4,1 Mill. Essen auslieferte. Zusätzlich wurden 60 Schulen mit 7,5 Mill. Essen beliefert und die Versorgung von 70 Betrieben ohne eigene Küche sowie die Vollversorgung der Bahnhofsmission und der Flüchtlingswerke übernommen. [2107]

Ab 1. August 1946 wurde „im Rahmen der verfügbaren Lebensmittel" die Kinderspeisung auf die Kindergärten ausgedehnt [2108] und pro Kind und Tag 75g Mehl, 5g Fett, 10g Kunsthonig, 5g Zucker und 5g Milchpulver ausgegeben. [2109] Im harten Winter 1946/47 holten die Kindergartenschwestern die Lebensmittel in Taschen oder mit dem Handwagen beim CV ab und kochten selbst. Unterstützt wurde die Arbeit durch das „Großhessische Hilfswerk" des Großhessischen Wohlfahrtsministeriums. Die Gelderträge wurden vom Landeswohlfahrtsverband, die Sachspenden auf Kreisebene verteilt. Zuständig in Frankfurt war u.a. der CV. [2110]

Nach der Währungsreform ging die Zahl der in den ausgegebenen Essen mangels Zuschüsse auf 700 zurück. Außerdem versorgte man zeitweise noch 200 Studenten. Mehrere hundert Essen wurden täglich in der Bahnhofsmission ausgegeben. Vermutlich 1949 wurde die Küche in der Textorschule eingestellt und tauchte in den Ergebnisrechnungen nicht mehr auf.

2101 Die sieben Pfarreien Dom, St. Bonifatius, St. Joseph, St. Leonhard, Deutschorden, St. Wendelin und St. Ignatius erhielten bis Dezember 1948 insgesamt 32.000 Portionen für ihre Arbeiter, die Pfarreien Dornbusch, Fechenheim und Nied stattdessen zweimal Lebensmittelzuteilungen aus den Beständen der Liebesgaben und des Caritastisches (Vermerk Bargenda v. 8.12.1948 als Anlage zur Niederschrift der CVF-Mitgliederversammlung v. 9.12.1948 – ACVF-1330-01).
2102 Vermerk v. 18.3.1946 für Lebensmittelzuteilung aus der amerikanischen Katholikenspende (ACVF-1212/2-Pfarreien).
2103 Bericht Caritasdirektor auf CV-Mitgliederversammlung am 9.12.1948 (ACVF-1330)
2104 Solidaris-Prüfbericht 1945/46 (ACVF-1510).
2105 Solidaris-Prüfberichte (ACVF-1510).
2106 Einladung CVF-Vorstand am 24.9.45 (ACVF-1310).
2107 SPD/CDU (Hg.): Frankfurt im Wiederaufbau 1945–48, April 1948.
2108 Schreiben Stadt Frankfurt an CVF v. 1.8. 1946 (ACVF-??) .
2109 Bericht Caritasdirektor auf CV-Mitgliederversammlung am 9.12.1948 (ACVF-1230).
2110 Rundschreiben DiCVL „Tuet Gutes allen" vom Mai 1946.

7.2.3.2 Caritasmitarbeiter auf Hamstertour

CV und Pfarreien benötigten für die Suppenküchen Lebensmittel in großem Umfang. Für die Suppenküche der Pfarrei Bernhard sammelte die katholische Jugend auf dem Land ca. 150 Zentner Kartoffeln und Gemüse. Um Lebensmittel für den CV zu beschaffen, war Friedel Urban zu Fuß oder per Anhalter im LKW bis nach Regensburg und Passau unterwegs.[2111] Die Franziskanerinnen sammelten so effektiv, dass der DiCV Mainz 1947 den Limburger Verband anschrieb:

„Wir haben beschlossen, dass auch in diesem Jahre wegen der geringen Ernte keine auswärtigen Klöster und Anstalten in unserer Diözese sammeln sollen. Da im letzten Jahre trotz unseres Verbotes Franziskanerinnen von Frankfurt in Oberhessen gesammelt haben, bitten wir Sie, zu veranlassen (...) in diesem Jahre davon Abstand nehmen."[2112]

Auch der Würzburger DiCV beschwerte sich am 15. September 1947: „Täglich strömen Tausende von Rheinländern und Hessen nach Bayern, um sich Wintervorräte auf mehr oder weniger erlaubte Weise zu beschaffen. Es kommen aber auch caritative Anstalten, um vor allem in der Diözese Würzburg „Caritas-Sammlungen" zu halten. (...) Auf der Caritas-Direktoren-Konferenz am 11.September 1947 wurde beschlossen, jede Sammlung auswärtiger caritativer Anstalten in Bayern zu verhindern und in Schwierigkeiten geratenen fremden Schwestern keine Hilfe angedeihen zu lassen."[2113] Abschließend warnte man,

„dass Anstalten, welche es dennoch versuchen in Unterfranken der Bevölkerung die letzten Nahrungsmittel wegzunehmen, Gefahr laufen (...), dass ihnen die Lebensmittel beschlagnahmt werden."[2114]

2111 Bericht Friedel Urban v. 1972 (ACVF-Dienstbesprechungen).
2112 undatierter Vermerk v. Sommer 1947 (ACVF-1712).
2113 Rundschreiben DiCVL an die Caritasverbände des Rhein-Main-Gebiets v. 15.9.1947 (ACVF-1712).
2114 Rundschreiben DiCVL Würzburg an die Caritasverbände des Rhein-Main-Gebiets v. 15.9.1947 (ACVF-1712); später fragte man vorher an, wo man „in diesem Jahr Kartoffeln sammeln dürfe" (CV Frankfurt an DiCV v. 7.9. 1954 (ACVF-1712).

7.2.3.3 Lebensmittellieferungen aus dem Ausland

1945/46 war mit Ausnahme der USA weltweit ein Rückgang der Nahrungsmittelproduktion zu verzeichnen. Bis Dezember 1945 waren daher alle Lieferungen von Nahrungsmitteln nach Deutschland verboten, da sie „die Politik der Begrenzung des deutschen Lebensstandards auf den der europäischen Nachbarn behindern könnten".[2115] Anfang 1946 setzten aber Präsident Harry S. Truman und 34 Senatoren Nahrungsmittellieferungen nach Deutschland und Österreich durch, die von der am 19. Februar 1946 gegründeten CRALOG[2116] organisiert wurde und ab Juli 1946 zu den ersten Hilfslieferungen aus den USA (CRALOG, CARE, CROP[2117]) führte. Ab dem 4. Juni 1946 durften auch private Geschenkpakete aus den USA in die amerikanische Besatzungszone geschickt werden. Dazu kamen Liefe-

Plakat © Reimer

rungen aus vom Krieg selbst betroffenen Ländern (Frankreich, Niederlande), der Schweiz (Schweizer Spende an die Kriegsgeschädigten[2118]) Eine große Bedeutung hatte auch die Vatikanspende, die über die „Vatikanische Vertretung in Kronberg" verteilt wurde. Bis zum Sommer 1949 kamen rd. 950 Güterwaggons mit päpstlichen Hilfsgütern aus der (Vatikanspende) nach Deutschland (963 t).[2119]

Ab August 1946 stellte der Caritasverband sechs Mitarbeiter ein, um die Hilfslieferungen zu verteilen. Zwar hatte der DiCV die Caritasverbände Frankfurt und Wiesbaden mit der Verteilung der Auslandsspenden beauftragt, doch gab es immer wieder Auseinandersetzungen. Der Caritasvorstand war über die am 13. März 1947 durch das BO verfügte rückwirkende Änderung des Verteilerschlüssels zum September 1946 zugunsten der ländlichen Gebiete verärgert, da „weder die Zahl der Flüchtlinge in Stadt und Land, noch die der Katholiken in ihrer Verteilung auf die Großstadt Frankfurt und die übrige Diözese (...) ein geeigneter Maßstab für die Schlüsselung (sei), entscheidend seien vielmehr die vorhandenen Notstände, die in der Großstadt ungleich größer seien als auf dem Lande. (...) die Not der Ausgebombten und Evakuierten [sei] der der Flüchtlinge

---

2115 OMGUS, Control Office, Hist Br, History of U.S. Military Government in Germany, Public Welfare, 9 Jul 46, in OMGUS 21-3/5.
2116 CRALOG (Council of Relief Agencies Licensed to Operate in Germany) verschickte für das Rote Kreuz und weitere 11 Hilfsorganisationen 1946–62 ca. 314.000 t Lebensmittel, Medikamente und andere Waren im Wert von ca. 755 Mill. DM nach Deutschland.
2117 Christian Rural Overseas Program.
2118 Für die am 1. Dezember 1944 ins Leben gerufene Schweizer Spende an die Kriegsgeschädigten wurden 150 Mill. Sfr bereitgestellt und bis 1948 weitere Sammlungen organisiert.
2119 Schreiben DiCVL v. 15.6.1946 (ACVF-1720-01).

gleichzusetzen." Viele Frankfurter hätten nicht ausreichend zu essen und der CV sei seit Wochen nicht mehr in der Lage, seinen 1.500 Mittagsgästen Kartoffeln und Gemüse zu geben: „Die städtische Bevölkerung muss sich von schwer entbehrlichen Kleidungs- und Wäschestücken trennen, um (...) bei der Landbevölkerung die notwendigsten Lebensmittel zu beschaffen, also bei dem gleichen Bevölkerungsteil, dessen Zahl mit der großstädtischen Bevölkerung gleichgesetzt wurde." Seit dem 10. September 1946 seien keine ausländischen Lebensmittel mehr nach Frankfurt gelangt. Der Vorstand „vertraue darauf, dass die bischöfliche Behörde (...) von einer Rückwirkung des Verteilungsschlüssels Abstand nimmt",[2120] hatte damit aber keinen Erfolg.

Anfang 1948 gingen die großen Hilfslieferungen zurück, während die Zahl der namentlich adressierten Einzelpakete stark zunahm. Bis zum 31. Oktober 1948 wurden noch 50.000 Typenpakete aus der Schweiz und den USA sowie 20.000 Privatpakete, u.a. aus Brasilien, Chile, Argentinien, Spanien und Luxemburg, verteilt.[2121] Viele Empfänger spendeten aus Dank dem CV 1946–48 insgesamt 120.215 RM. Damit konnten die Versandkosten, die sich allein 1947/48 auf 47.661 RM beliefen, abgedeckt werden konnten.[2122]

7.2.4 Medikamente aus der Schweiz und den USA

Die unzureichende und einseitige Verpflegung in den ersten Nachkriegsjahre führte zu chronischer Unterernährung und wirkte sich auf den Gesundheitszustand der Bevölkerung aus. Bei Säuglingen und Jugendlichen verdoppelte sich die Sterblichkeit, bei Erwachsenen nahm sie um 50% zu. Zurückzuführen ist dies u. a. darauf, dass es kaum Medikamente gab, insbesondere keine Antibiotika.[2123]

Der CV versuchte über den DCV in der Schweiz rezeptpflichtige Medikamente zu beschaffen und war dabei äußerst hartnäckig. So bat der DCV den Caritasverband, er möge nicht ständig reklamieren, da es sich „weder um Mangel an gutem Willen, noch um organisatorische Fragen ‚eines einheitlichen Weges‘„ handle, wie Maria Braun gegenüber Martin Vorgrimler äußerte,[2124] sondern um praktische Schwierigkeiten. Das Attest werde in die Schweiz geschickt und überprüft, ob es das Medikament oder ein vergleichbares gebe oder es in den USA beschafft werden müsse. Die Medikamente seien in der Schweiz bis zu achtmal teurer als in den USA und teilweise ausfuhrgesperrt. Jede Medikamentenausfuhr mit einem Wert von über 100 RM bedürfe eines umständlichen Genehmigungsverfahrens, das Wochen daure und auf das man keinen Einfluss habe. Bezahlt wurden die Medikamente vermutlich durch die Schweizer „Christliche Nothilfe".[2125] Die

---

2120 Anlage Schreiben CVF-Vorstand/DiCVL v. 18.3.1947 (ACVF-DiCV).
2121 Bericht Caritasdirektor auf CV-Mitgliederversammlung am 9.12.1948 (ACVF-1330)
2122 Solidaris-Prüfberichte 1946/47 und 1947/48 (ACVF-1510).
2123 So starb die damals sieben Jahre alte Schwester des Verfassers 1947 an Lungenentzündung, weil in der Eifel kein Penicillin zu beschaffen war.
2124 Schreiben Braun an Vorgrimler v. 13.3.1948 (ACVF-DCV 1945–51).
2125 Die Christliche Nothilfe wurde 1946 in Zürich von dem emigrierten Andernacher Bimsfabrikanten Dr. Jakob Kindt-Kiefer gegründet und lieferte innerhalb von zwei Jahren Pakete im Wert von 10 Mill. DM nach Deutschland (Spiegel 14.9.1955).

Medikamente wurden in kleinen Mengen im kleinen Grenzverkehr von Caritashelfern in die französische Zone gebracht, weil ihre Freigrenzen auf Wochen „durch tausenderlei Wünsche und Bitten vorbelegt seien." Im Übrigen würden sich schweizerische Behörden wie auch die französische Militärbehörde Reklamationen seitens des DCV verbitten.[2126]

Nach der Einrichtung der Luftbrücke während der Berliner Blockade organisierte der Cv für den DCV die Abwicklung von Lieferungen der Christlichen Nothilfe nach Berlin. Viele Lieferungen gingen „verloren". So fragte der DCV am 19. Februar 1949 nach, wo die für Kardinal von Preysing bestimmten drei Autoreifen geblieben seien, während die von spanischen Katholiken für Messzwecke gespendeten und damit gemeinsam versandten 400 kg Olivenöl ihr Ziel erreicht hätten.[2127]

7.3 Familie

Mit dem Kriegsende verschärften sich die Anforderungen an die beiden, später vier, Familienpflegerinnen des CV und die Gemeindeschwestern in den Pfarrgemeinden. Zwar hatte es auch nach dem 1. Weltkrieg zahlreiche Waisen und Invaliden gegeben, doch war ihre Zahl weitaus niedriger und es gab keine Zerstörungen von Wohnraum.

Bereits in den letzten Kriegsjahren war die Familienpflege mit den Folgen des Krieges für die Familien konfrontiert worden, doch stieg nun die Zahl der hilfesuchenden mittelständischer Familien und vor allem alleinerziehender Mütter zu verzeichnen. Arbeitsbereiche waren die Jugendgerichtshilfe, die Pflegestellenvermittlung, Heimeinweisungen, Erziehungsberatung sowie die Berufsberatung inkl. der Unterbringung in Haushalten und Fachschulen.[2128] Um die Hilfesuchenden ausreichend betreuen zu können, führte man Gruppenarbeit ein, teilweise auch an Wochenenden.

Mit der Änderung der Rentenbestimmungen der Angestellten- und Invalidenversicherung, dem Soforthilfegesetz bzw. dem Wiedergutmachungsgesetz 1949/50 nahm die Arbeitsbelastung der Caritas-Fürsorger weiter stark zu, da alle Akten überarbeitet und neue Anträge gestellt werden mussten. Man vermittelte Plätze in Kinderkrippen, Kindergärten und Kinderhorten, caritative Fachschulen, beriet jährlich etwa 30–40 Eltern in Schulfragen[2129] und bemühte sich um Lehrstellen und Internatsplätze für begabte Jugendliche. Ca. 90% konnten in Lehrstellen untergebracht werden bzw. schlossen eine Ausbildung ab.[2130] Zwischen 1954 und 1964 arbeiteten zusätzlich vier Lorenzschwestern[2131] in den Pfarreien und knüpften im Rahmen der Liebesgabenaktionen Kontakte und leisteten ggf. Hilfe.

2126 Schreiben Vorgrimler-DCV an/CVF v. 25.3.1948 (ACVF-DCV 1945–51).
2127 Schreiben DCV/CVF v. 19.2.1949 (ACVF-DCV I).
2128 Bericht Caritasdirektor auf CV-Mitgliederversammlung am 9.12.1948 (ACVF-1330).
2129 Bericht Entwicklung der Jugendfürsorge seit Kriegsende v. 13.11.1948 als Anlage zur Niederschrift der CVF-Mitgliederversammlung v. 9.12.1948 (ACVF-1330-01).
2130 CVF-Geschäftsbericht 1954, S. 13.
2131 Protokoll CVF-Vorstand 2.10.1964 (ACVF-1310); nachdem Schwester Rita 1964 in Bad Wörishofen ein Heim übernommen hatte und eine Schwester verstorben war, standen für die Familienpflege keine Schwestern mehr zur Verfügung.

Bis in die 70er Jahre bestanden regelmäßige Kontakte zu vielen Pfarrge-memeinden.[2132]

Johanna Bargenda setzte ihre Tätigkeit in der Eheberatung unverän-dert fort. Wie bereits vor dem Krieg wurden weiter positive Jahresergeb-nisse erzielt, doch wurden die Personalkosten nicht eingerechnet, sodass de facto ausgeglichene Ergebnisse zu verzeichnen sind. Unterlagen über ihre Tätigkeit bis zu ihrem Ausscheiden 1963/64 liegen nicht vor. Zwi-schen 1951/52 und 1962 kam es immer wieder zu Kompetenzproblemen, nachdem auch die Volksarbeit 1951 eine Eheberatungsstelle im Haus der Volksarbeit und das Bistum am 1. Januar 1952 das Bischöfliche Frauen-sekretariat (später: Frauenseelsorgeamt) in Frankfurt unter Leitung der Ärztin Magda Grube eingerichtet hatte. Erst 1962 kam es zu einer Ver-ständigung.[2133]

7.3.1 Kinderfürsorge

1945 gab es über 1,7 Millionen Witwen und 2,3 Millionen Halb- und Voll-waisen. Im Frühjahr 1947 waren noch 2,3 Mill. Kriegsgefangene in alliier-ten und etwa 900.000 in sowjetischen Lagern inhaftiert. Radebold schätzt, dass in der Nachkriegszeit etwa 25–30% aller Kinder „bei langanhaltender oder dauernder väterlicher Abwesenheit unter in der Regel zugleich anhal-tend beschädigter Lebensumstände" aufwuchsen. Er betont, dass u.a. „ei-ne adäquate frühkindliche Eltern-Kind-Beziehung, eine dauerhaft gute Be-ziehung zur Mutter als primärer Bezugsperson [oder] eine beschützende und auffangende Großfamilie" fehlten. Bei weiteren 25–30% geht Rade-bold von „zeitweise eingeschränkten Lebensbedingungen" aus. Fast 90% der Kinder und Jugendlichen hatten Bombenangriffe und Kämpfe, etwa 35% Flucht und Vertreibung erlebt, was bei manchen erst Jahre später zu einer Traumatisierung führen sollte.[2134]

An die Stelle der traditionellen Familienpflege trat die Hilfe für allei-nerziehende Mütter und ihre Säuglinge bzw. für die vielen heimat- und oft auch elternlosen Jugendlichen. Zahlen liegen nur für 1949 vor, als 122 El-tern, meist aus bürgerlichen Verhältnissen, Hilfe vom CV erbaten. Viele alleinerziehende Mütter standen vor der Mehrfachbelastung, halb- oder ganztägig arbeiten zu müssen, um den Lebensunterhalt zu sichern, gleich-zeitig ihre „Schlüsselkinder" bestmöglich zu erziehen und ggf. auch kriegsversehrte Angehörige zu betreuen, deren Zahl sich 1951 auf über 2,1 Mill. belief.

Da den Müttern nicht die Erziehung abgenommen, sondern deren Energie und Erziehungswillen gestärkt werden sollte, beließ man die Kin-der so weit wie möglich in ihrer Obhut, übernahm aber die Vormund-

---

2132 Meta Nicolai beklagte 1972, dass durch die Stellensperre, die starke Vermehrung der Pfarreien und die Zunahme der Arbeit der Kontakt zu den Pfarreien nicht im erforderlichen Maße gehalten werden konnte. (Protokoll Dienstbesprechung 16.3.1972 – ACVF-Dienstbesprechungen).

2133 Vgl. Abschnitt 8.6.7 – Eheanbahnung und Eheberatung, S. 557f.

2134 Hartmut Radebold, Abwesende Väter – Fakten und Forschungsergebnisse in: Schulz, Hermann/Radebold, Hartmut/Reulecke, Jürgen: Söhne ohne Vater. Erfah-rungen der Kriegsgeneration, Berlin 2004, S. 117.

schaft.[2135] Vorwiegend handelte es sich um Scheidungs- und Kriegswaisen, Halbwaisen und uneheliche Kinder, die bei der Mutter lebten. Während man bei den Müttern unehelicher Kinder glaubte, deren Vertrauen gewinnen zu können und damit auch die Erziehungsmethode verbessern zu können, sah man größere Probleme bei den Ehescheidungswaisen, die aus dem Leben in zerrütteten Familienverhältnissen resultierten. Viele Kriegsehen wurden in den ersten Nachkriegsjahren geschieden, weil sich die Ehepartner nur kurzzeitig gekannt hatten oder die durch Krieg und Gefangenschaft traumatisierten Väter kein normales Familienleben mehr führen konnten.

Der CV verstand die „Hilfe für den Säugling (...) [als Hilfe] für die Kriegerwitwe, die uneheliche Mutter, die gezwungen ist, ihren Lebensunterhalt selbst zu verdienen." Viele Mütter wurden mit Säuglingswäsche und zusätzlichen Lebensmittel für kranke und unterernährte Kleinkinder unterstützt. Da es neben der Kinderkrippe in St. Bernhard keine städtischen Kinderkrippen gab, wurden ständig etwa 30 Kinder bis zu fünf Jahren im Waisenhaus des Vincenzhauses und 3–4 Kinder im DiCVL-Kinderheim Johannisberg/Rheingau untergebracht.[2136]

Bei älteren Kindern wollte man denen helfen, denen die „Erziehungskräfte der gesunden Normalfamilie fehlen." Die Zerstörung der bis autoritären gesellschaftlichen Ordnung im Zusammenbruch des Dritten Reiches führte häufig zu einem Autoritätsverlust der bisherigen Bezugspersonen und einer Orientierungslosigkeit der Kinder und Jugendlichen. Viele waren kontaktschwach und zeigten sich durch Kriegs- und Fluchterlebnisse gehemmt, vermissten durch die Überforderung ihrer vielfach alleinstehenden Mütter die notwendige Geborgenheit und reagierten mit Bettnässen, kleine Diebstählen, Lügen und Streunen. Andere, teilweise aus intakten Familien und oft sehr intelligent, kamen in den großen Klassen der öffentlichen Schulen mangels Konzentration nicht mit, wurden aber wegen ihrer Aggressivität in Kinderheimen oder Internaten nicht aufgenommen. [2137] Für diese richtete der CV 1954 das Heilpädagogische Institut im Vincenzhaus ein[2138] und nahm dort mit den Lorenzschwestern die Familienpflege auf, die aber 1964 aus Personalmangel eingestellt wurde.

Obwohl 1954 bundesweit 27.000 der insgesamt 40.000 in Fürsorgeerziehung stehenden Jugendlichen aus unvollständigen Familien (1954: 1,5 Mill.) stammten, ging man nicht davon aus, dass diese Kinder grundsätzlich gefährdet waren, man sah aber die Gefahr, dass viele Mütter aufgrund ihrer Doppelbelastung nicht mehr die Kraft hatten, nach einem langen Arbeitstag selbst zur Ruhe und Besinnung zu kommen und sich ausreichend um ihre Kinder kümmern zu können.

2135 Siehe Abschnitt 7.3.1.2.1 – Vormundschaften, S. 418.
2136 Vgl. Anm. 2129, S. 415.
2137 Die heilpädagogischen Heime des Caritasverbandes Frankfurt, Manuskript v. Mai 1967 (ACVF-3111-03), S. 1.
2138 Siehe Abschnitt 7.4.4.2 – Heilpädagogisches Institut „Vincenzhaus" Hofheim, S. 468ff.

7.3.1.1 Erziehungsberatung

Kindheiten verliefen in der Zeit nach dem 2. Weltkrieg sehr unterschied-lich. Radebold weist daraufhin, dass etwa 45% aller Kinder „bei anwesen-dem Vater in sicheren, stabilen familialen, sozialen, materiellen und wohn-lichen Verhältnissen" bzw. 25–30% zeitweise ohne Vater und unter einge-schränkten Lebensverhältnissen aufwuchsen. Unter „anhaltend beschädig-ten Lebensumständen" und ohne väterliche Anwesenheit mussten weitere 25–30% ihre Kindheit verbringen.[2139]

Innerhalb des CV erkannte man, dass die bisherige Familienpflege den neuen familiären Verhältnisse nicht mehr gerecht werden konnte, und organisierte 1947 eine „Beratung in Erziehungsschwierigkeiten". M. Trapp beklagte, dass viele Großstadtkinder milieugeschädigt seien, da sie in un-vollständigen Familien ohne Vater, aber mit berufstätigen Müttern tagsü-ber unbetreut lebten, diese aufgrund ihrer Überlastung aber häufig nervös und unfähig waren, Geborgenheit zu geben und viele sich als Flüchtlings-kinder entwurzelt und heimatlos fühlten. Die Raumnot führte dazu, dass viele Kinder „Tag und Nacht das Leben der Erwachsenen teilten" und viele frühreif waren.[2140]

1948 waren 52 Kinder in freiwilliger Erziehungshilfe. Bei 15 älteren Vaterhalbwaisen ließ sich der Caritasverband zum Vormund bestellen, „um größeren Einfluss nehmen zu können.[2141] Bis 1949 arbeitete man eng mit dem Leiter der städtischen jugendkundlichen Beratungsstelle Ritter zu-sammen, der bei schwach- und mindersinnigen Kindern eine Untersu-chung durch das Stadtgesundheitsamt veranlasste. 1950 wurde zeitweise auch die Umwandlung des Kindergartens Ortenberger Straße in ein Ta-gesheim für Schulkinder mit vorwiegendem heilpädagogischem Charakter" diskutiert. [2142]

Aufgrund negativen Erfahrungen in anderen Städten kooperierte man ab 1950 mit dem frei praktizierenden Psychiater Pittrich[2143] und wies auch die Pfarreien verstärkt auf die mögliche Beratung hin und bat um eine frühzeitige Information über solche Kinder durch die Caritasausschüs-se.[2144] Vielfach konnte man „die Kinder durch Beratung in geordnete Bah-nen lenken und das Eingreifen des Jugendamtes verhindern

Die Kinder wurden in eine formlose Betreuung übernommen und zu-nächst in das 1947 geschaffene städtische heilpädagogische Beobach-tungs-heim mit 55 Plätzen eingewiesen, das als Folge der gleichzeitigen Inbetriebnahme der psychiatrischen Universitätsklinik mit einer Beobach-tungsstation nur zu Hälfte ausgelastet war. Wenn physische Erkrankungen oder psychische Abnormalitäten offenbar wurden, wurde in Verbindung mit einem Facharzt eine Beratung und Behandlung durchgeführt. Entwick-lungsstörungen, Sprachstörungen und Anpassungsschwierigkeiten führten

---

2139 Radebold, S. 115f.
2140 Vermerk Trapp v. 9.2.1950 (ACVF-2150-ORT).
2141 Vgl. Anm. 2129, S. 415.
2142 Siehe Abschnitt 7.3.2 – Caritas-Kindertagesstätte Ortenberger Str., S. 425f.
2143 Pittrich wurde später Leiter des Hessischen Landeswohlfahrtverbandes.
2144 Jahresbericht der Jugendfürsorge 1949/50 (ACVF-1310).

dazu, dass Kinderheime und Internate Kinder und Jugendliche ablehnten, die aufgrund ihrer Unruhe und Aggressivität unerwünscht waren. Die endgültige Heimeinweisung erfolgte „erst (...), wenn die Verwahrlosung schon fortgeschritten war oder die Eltern erziehungsunfähig." 1947 wurden 125 Kinder wegen Erziehungsschwierigkeiten in Heimen untergebracht. Davon waren 24 unehelich, 16 Vaterhalb- und 18 Mutterhalbwaisen, 44 aus geschiedenen und 4 aus zerrütteten Familien sowie 16 aus an sich geordneten Familienverhältnissen. Weitere 60 Kinder wurden aufgrund von Berufstätigkeit der Mutter, Tod der Mutter oder schlechter Wohnverhältnisse in Heimen untergebracht.[2145]

Nachdem 1953/54 immer mehr Frauen um eine Heimunterbringung ihrer Kinder baten, versuchte man im Rahmen der formlosen Erziehungshilfe durch Erziehungsgespräche zu helfen und organisierte auch getrennten sechswöchigen Erholungsurlaub für Mutter und Kinder, um eine neue Ausgangsbasis zu schaffen.[2146]

7.3.1.2 Mündelfürsorge

Auch nach Kriegsende engagierte sich der CV weiterhin im Vormundschafts- und Pflegschaftswesen. Von Mai 1945 bis Dezember 1948 nahm die Zahl der Vormundschaften um 320 zu, dazu kamen zahlenmäßig nicht ermittelbare Pflegschaften, Beistandschaften, Adoptionen, Schutzaufsichten und formlose Betreuungen. Richter gab eine Zahl von ca. 1.000 Kinder und Jugendlichen an. 10% davon waren Vollwaisen, 90% unehelich.[2147] Vermutlich sind darin auch Kinder und Jugendliche enthalten, die vom CV außerhalb des Mündelwesens zumindest teilweise betreut wurden, denn erst 1954 wurde die Tausendermarke erreicht. Am 31. März 1947 verwaltete man Mündelsparbücher im Wert von 29.458 RM.

	Vor-mund-schaften	Bei-stand-schaften	Pfleg-schaften	gerichtlich bestellte Schutz-aufsichten	formlose Schutz-aufsichten	insge-samt
31.3.45						130
13.11.48						450
1.4.50	365	5	119	9	195	693
1.4.51	392	4	225	21	215	757
1.5.53	41		12	2	20	75
1954	650			310		960

Der CV übernahm die Sorge für den Unterhalt durch Einziehung der Alimente (uneheliche Kinder) bzw. Unterhaltsklagen (eheliche Kinder) und Rentenanträge (Waisen). Mündelsparkonten wurden angelegt, um später eine Berufsausbildung zu ermöglichen.[2148] Zusammen mit dem Arbeitsamt vermittelte man Lehr- und Arbeitsstellen und knüpfte damit an die Traditi-

---

2145 Vgl. Anm. 2129, S. 415.
2146 CVF-Geschäftsbericht 1954, S. 12.
2147 Bericht Caritasdirektor am 9.12.1948 (ACVF-1330).
2148 Jahresbericht der Jugendfürsorge 1949/50 (ACVF-1310).

on vor dem Ersten Weltkrieg an. Seit 1947 versuchte der CV, neue Helfer zu gewinnen, die die persönliche Betreuung übernehmen sollten, um die hauptamtlichen Kräfte zu entlasten, die sich verstärkt der Einziehung der Unterhaltsbeiträge, Renten und Vermögensverwaltung befassen sollten.[2149]

Aus vielen Mündelakten[2150] lässt sich entnehmen, dass es noch Jahre und in einzelnen Fällen sogar Jahrzehnte nach Beendigung der Vormundschaft Briefkontakte und gegenseitige Besuche zwischen Mündeln und ihren „Tanten" von der Caritasfürsorge gab.

7.3.1.2.1 Vormundschaften

An Kriegsende bestanden 130 Vormundschaften, Pfleg-, Beistandschaften und Schutzaufsichten. Nachdem sich der CV dem Jugendamt gegenüber bereit erklärte hatte, neue Vormundschaften zu übernehmen, wurde der CV von den einzelnen Kreisstellen als Vormund vorgeschlagen bzw. stellte in den Fällen, in denen man Mutter und Kind bereits betreut hatte, einen Antrag auf Übertragung der Vormundschaft. So stieg die Zahl der Vormundschaften bis zum November 1948 wieder auf 450 an, davon 90% uneheliche Kinder bzw. 10% Vollwaisen.[2151]

Nikolausfeier der Bubengruppe mit der Hochschule St. Georgen © ACVF

1954 war der Caritasverband für 463 uneheliche Kinder und 187 Ehescheidungswaisen sowie für 650 Mündel und 310 unter Schutzaufsicht stehenden Kindern und Jugendliche zuständig, von denen die Hälfte über 14 Jahre alt war. Obwohl man sich aufgrund des Personalmangels nicht um weitere Vormund- und Pflegschaften bemühen wollte, stieg die Zahl in den folgenden Jahren weiter leicht an, weil auf katholischer Seite bevorzugt die Caritas nachgefragt wurde.

Für alle unter Vormundschaft stehenden Kinder wurde eine Weihnachtsbescherung mit individuellen Paketen organisiert, die überwiegend von C&A und Edeka, aber auch von amerikanischen Vereinen, gespendet wurden.[2152] So berichtet die Caritasfürsorgerin Liesel Mick, dass im Advent nach Dienstschluss körbeweise Plätzchen gebacken wurden.[2153]

Eine Arbeitsgruppe der Hochschule St. Georgen engagierte sich zwischen 1950 und 1954 für eine Freizeitbetreuung der unter Vormundschaft

---

2149 Vgl. Anm. 2129, S. 415.
2150 Aufgrund der üblichen Verwaltungspraxis wurden die bei Jugendgerichten und Jugendämtern geführten Akten zehn Jahre nach Ablauf der Aufsichtsmaßnahme vernichtet. Die vom CV geführten Parallelakten wurden bis zur Empfehlung der Deutschen Bischofskonferenz 2008 bis 30 Jahre nach Volljährigkeit aufbewahrt und dann vernichtet. Z. Zt. sind nur noch die Akten der Geburtsjahrgänge nach 1955 vorhanden, die unter Wahrung der Bestimmungen der Europäischen Datenschutzgrundordnung zugänglich sind.
2151 Vgl. Anm. 2129, S. 415.
2152 Jahresbericht der Jugendfürsorge 1950/51 (ACVF-1310).
2153 Gespräch mit Elisabeth Mick am 17.5.2011.

des Caritas-Verbandes stehenden Jungen zwischen 10 und 14 Jahren. Zunächst betreute Herr Eikamp wöchentlich zwei Gruppen mit insgesamt 30 Jungen und ergänzte seine Arbeit durch gelegentliche Hausbesuche.[2154] 1953 bildete die MC St. Georgen eine neue Arbeitsgruppe, die Theologen die Möglichkeit geben sollte, in der Jugendhilfe eine neue Aufgabe kennen zu lernen und Erfahrungen zu sammeln. Nach einem ersten Kennenlernen während des Sommerfestes der ABE-St. Georgen 1953 organisierte man eine achttägige Ferienfreizeit in einem Heim der katholischen Jugend in Königshofen/Taunus, die durch Elternbesuche vorbereitet wurde. Neben den üblichen Freizeitaktivitäten wurden 35 Jugendliche, die meist aus „unreligiösen, meist geschiedenen oder wilden Ehen" stammten, „auf Umwegen für religiöse Dinge" interessieren wollte, führte man vom 13.-20. Oktober 1954 ein weiteres Jugendlager in der Jugendherberge Rothenfels/Main mit 35 Jugendlichen zwischen 9 und 17 Jahren durch.[2155] Vergeblich versuchte man regelmäßige Treffen im Caritas-Jugendwohnheim am Unterweg durchzuführen; dies scheiterte u. a. an den großen Entfernungen und dem unregelmäßigen Schulbetrieb.[2156] Während die Freizeiten keinen so großen Erfolg hatten,[2157] waren Veranstaltungen wie Nikolausfeiern, eine von amerikanischen Offizieren organisierte Weihnachtsfeier auf dem Flughafen, Fastnachtveranstaltungen und Tageswanderungen, erfolgreicher.[2158]

7.3.1.2.2 Pflegschaften

Gegenüber der Vorkriegszeit nahm auch die Bedeutung der Pflegschaften weiter zu, bei denen der Anteil von Scheidungskindern stark zunahm, während „Unterhaltspflegschaften" rückläufig waren. Vielfach erschienen dem Caritasverband „weder Vater noch Mutter (...) geeignet, [da] das Kind zwischen den Eltern steht und keiner verzichten will." Ziel war es „trotz ungünstigster Bedingungen, dem Kind eine einigermaßen harmonische Erziehung angedeihen zu lassen." Seit 1947 versuchte der Caritasverband, neue Helfer zu gewinnen, die die persönliche Betreuung übernehmen sollten, um die hauptamtlichen Kräfte zu entlasten, die sich verstärkt der Einziehung der Unterhaltsbeiträge, Renten und Vermögensverwaltung befassen sollten. [2159]

Zwar wurde der CV häufig in familienrechtlichen Fragen, vor allem bei Sorgerechtsentscheidungen, um Hilfe gebeten, doch scheint die Zusammenarbeit mit dem Jugendamt schwierig gewesen zu sein. Nach wie vor sah das Frankfurter Jugendamt eine religiöse Erziehung als nachrangig an. Um eine religiöse Erziehung zu garantieren, forderte der CV bei Ehescheidungen mit katholischen Kindern gehört zu werden, bevor das Vormund-

2154 Jahresbericht der Jugendfürsorge 1950/51 (ACVF-1310).
2155 Kurzbericht Pünder über das Lager Rothenfels vom 13.-20.10.54, Nikolausfeier 11.12.54 (ACVF-1310).
2156 Kurzbericht Schickel über die Caritas-Fürsorge-Arbeit 1953/54 (ACVF-1310).
2157 Siehe Abschnitt 7.3.3 – Kindererholung, S. 432f.
2158 Kurzbericht Schickel über die Caritas-Fürsorge-Arbeit 1953/54 (ACVF-1310).
2159 Vgl. Anm. 2129, S. 415.

schaftsgericht über das Sorgerecht entschied und verlangte Informationen durch die Pfarreien oder das Jugendamt. [2160]

Seit Kriegsende war es in Frankfurt praktisch unmöglich geworden, Pflegefamilien zu finden. Vor allem fehlten geeignete Pflegestellen für Kleinkinder bis zu zwei Jahren, viele Kinder waren für Privatpflege nicht geeignet und viele Jugendliche wurden „aus häuslichen Gründen nur vorübergehend untergebracht", sodass sich eine Verlegung (aus der pädagogischen Heimbetreuung) in Privathaushalte nicht empfahl. Vergeblich versuchte man beim Wohnungsamt Erleichterungen für Pflegeeltern durchzusetzen, da es „einem Ehepaar nicht zumutbar sei, dass ein fremdes Kind, das meist aus ungeordneten Familienverhältnissen kommt, bis zum Alter von 10 Jahren mit im gleichen Zimmer schläft."[2161] Man bedauerte auch, dass viele „Frauen, die früher als Pflegemütter in Frage kamen, berufstätig sind" und damit nicht mehr zur Verfügung stehen. Viele potentielle Pflegeltern wünschten auch nur „Waisenkinder oder Kinder ohne Anhang",[2162] weil sie sich vor einer von den Angehörigen des Kindes veranlassten Trennung von den „leihweise" zu sich genommenen Kindern fürchteten, zumal der Entzug des Sorgerechts gerichtlich kaum zu verhindern war.[2163]

Relativ leicht war eine Vermittlung, wenn der CV selbst für eine regelmäßig eingehende Waisenrente oder den Unterhaltsbeitrag sorgte und es sich um über 10 Jahre alte Jungen handelte. 1947/48 gelang es dem CV mit den Kreiscaritasfürsorgerinnen in den Diözesen Limburg und Fulda 65 Pflegekinder, teilweise sogar unentgeltlich, unterzubringen. 22 davon waren vom Jugendamt dem CV gemeldet worden. Der CV bemühte sich aber vergeblich, vom Jugendamt die Aufsicht über die Pflegestellen zu erhalten.[2164] Das Jugendamt lehnte aber eine Aufsicht durch Caritas-Fürsorgerinnen ab und beauftragte eigene Vertrauenspersonen, die gegen einen kleinen Unkostenbeitrag „die bei Pflegefamilien untergebrachten Kinder überwachten, obgleich sie „nicht den Anforderungen entsprachen, die wir als katholische Organisation auch im seelsorglichen Interesse stellen müssen." Dagegen kontrollierten die ehrenamtlichen Helfer und die Fürsorgerin der Abteilung Stadtbetreuung die vom CV ausgewählten Pflegefamilien in der Diözese Fulda so häufig, was „manche gute Familien von der Aufnahme eines Kindes abschreckte." Hinweise des CV auf Pflegestellen für katholische Kinder bei katholischen Eltern in Frankfurt und den Diözesen Fulda, Würzburg, Mainz und Limburg wurden von der Stadt meistens ignoriert. So wurden im Kreis Gelnhausen acht katholische Kinder in rein evangelischen Orten untergebracht, obgleich katholische Familien bereitgestanden hätten.[2165]

2160 Jahresbericht der Jugendfürsorge 1950/51 (ACVF-1310).
2161 Aktennotiz Nicolai über Jugenddeputationssitzung v. 10.10.1947 (ACVF-Jugend-wohlfahrtsausschuss).
2162 Sozialverwaltung der Stadt Frankfurt-Jugendamt: Übersicht über die Unterbringung von Kindern und Jugendlichen auf öffentliche Kosten seit dem Jahre 1933 v. 23.3.1956 (ACVF-Jugendwohlfahrtsausschuss).
2163 Jahresbericht der Jugendfürsorge 1950/51 (ACVF-1310).
2164 Vgl. Anm. 2129, S. 415.
2165 Nicolai/DiCV Fulda v. 28.1.1955 (ACVF-DiCV Fulda).

Im Herbst 1947 beauftragte das Jugendamt eine Fürsorgerin, um mit Hilfe der caritativen Organisationen Pflegestellen zu finden und selbst zu vergeben. 1950 verfügte die Stadt über 955 Pflegestellen. Monika Franze beklagte 1950, dass es der zuständigen städtischen Fürsorgerin „nicht ohne weiteres recht sei, wenn sich eine Familie bei uns wegen der Vermittlung eines Pflegekindes meldet, obwohl dann auch wiederholt schon solche Kinder von uns vermittelt wurden, für deren Heimkosten die Stadt bisher aufkommen musste." [2166] Das Jugendamt versuchte im Oktober 1954 sogar, mit Anzeigen in der Würzburger Kirchenzeitung und anderen Kirchenzeitungen nach Pflegestellen zu suchen. Die Redaktion war darüber so verwundert, dass sie beim CV rückfragte und daraufhin die Anzeigen ablehnte. [2167] Auf das Angebot des DiCV Würzburg an das Jugendamt, gemeinsam Pflegestellen zu besetzen, erfolgte dagegen keine Reaktion. [2168]

Nach wie vor gab es kaum eine Zusammenarbeit von CV wie dem Frauenfürsorgeverein mit den Frankfurter Pfarreien. Man muss aber auch davon ausgehen, dass viele ledige Mütter oder Familien im Notfall eher zur städtischen Sozialstation gehen würden. Monika Franze betonte 1971 rückwirkend: „Vermutlich werden den Pfarreien (...) die Probleme und Nöte der Leute in ihrer Gemeinde nicht einmal bekannt sein, da Kontakte nur zu Kirchgängern und da auch nur im Rahmen des religiösen Lebens bestehen (...) Ansonsten halten die Pfarreien den Caritas-Verband offenbar nur für eine Erholungsverschickungsstelle und Hilfsstelle in großer finanzieller Not oder auch bei einer notwendigen Heimunterbringung für zuständig." Manche Pfarreien informierten den CV auch nicht über selbst vermittelte Pflegestellen, weil dieser nur selten von den Pfarrcaritasausschüssen gemeldete erziehungsgefährdete Kindern vermitteln konnte. [2169]

Nachdem 1960 nur 1080 städtische Pflegestellen, davon 351 außerhalb Frankfurts, zur Verfügung standen, änderte die Stadt ihre Politik und errichtete fünf „Kinderhäuser". Der Jugendwohlfahrtsausschuss wurde, so Meta Nicolai, „wie üblich vor vollendete Tatsachen gestellt". [2170] Am 1. April 1963 wurde in Preungesheim das erste Haus mit einer Wohnfläche von 178 qm und zunächst sechs, dann acht Kindern eröffnet. Zwei weitere folgten in Rödelheim und in Nied. [2171]

7.3.1.3 Adoptionen

Mit dem Adoptionsgesetz vom 19. April 1939 verloren die Caritasverbände das Recht auf Adoptionsvermittlung, auch wenn in Einzelfällen noch Adoptionen erfolgten. Nach Kriegsende war der CV bemüht, für katholische Kriegswaisen und Kinder lediger Mütter geeignete katholische Pflege- bzw. Adoptiveltern zu finden, doch war dies vor der Verabschiedung eines neu-

---

2166 Jahresbericht der Jugendfürsorge 1950/51 (ACVF-1310).
2167 Nicolai/DiCV Fulda v. 23.1.1955 (ACVF-DiCV Fulda).
2168 Nicolai/DiCV Fulda v. 28.1.1955 (ACVF-DiCV Fulda).
2169 Protokoll Dienstbesprechung 3.2.1972 (ACVF-Dienstbesprechungen).
2170 Vermerk Nicolai v. 8.4.1963 für Sitzung Jugendwohlfahrtsausschuss v. 19.4.1963 (ACVF-Jugendwohlfahrtsaussschuss) .
2171 Vermerk Nicolai v. 21.5.1963 über Sitzung Jugendwohlfahrtsausschuss v. 10.5.1963 (ACVF-Jugendwohlfahrtsausschuss).

en Adoptionsgesetzes sehr schwierig. So verfiel man auf den Ausweg, Kinder in Pflegestellen zu geben und das Jugendamt um den Abschluss entsprechender Verträge über Adoptionsstellen zu bitten, was 1947/48 in 18 Fällen zum Erfolg führte. Im November 1948 suchte man für weitere 12 Kinder, davon 6 Vollwaisen, geeignete Adoptionsstellen. Man setzte darauf, nach Anerkennung als Adoptionsvermittlungsstelle dieses Angebot auch öffentlich bekanntmachen zu können.[2172] Von den bis 1951 ca. 50 zur Adoption frei gegebenen Kindern wurden 16 Kinder endgültig vermittelt und bei weiteren zehn war der Adoptionsvertrag vom zuständigen Vormundschaftsgericht bereits genehmigt. Aktenmäßig nachweisbar sind aber bisher nur fünf Adoptionsfälle.[2173]

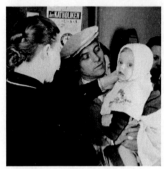

Betreuung durch die NCWC

Mit dem Inkrafttreten des Adoptionsgesetzes im Februar 1951 und der Anerkennung des CV als Adoptionsvermittlungsstelle erwartete man sich größere Chancen.[2174] Säuglinge und Kleinkinder waren leichter zu vermitteln als Vollwaisen über 12 Jahre. Dank der neuen fortlaufenden Nummerierung lässt sich feststellen, dass bis 1970 insgesamt 104 Kinder zur Adoption freigegeben waren. Bei ca. 80% der Fälle wurde die Adoption erfolgreich abgeschlossen.

Anfang der 50er Jahre verstärkte sich die Tendenz, dass mögliche Pflegeeltern eine Adoption anstrebten, „als sich mit der Angst einer etwaigen späteren Trennung hinzuschleppen"(FAZ). Adoptionskinder wurden „knapp" und im Sommer 1953 gab es z.B. im Jugendamt Hanau und Mannheim kein einziges zur Adoption freigegebenes Kind. Andererseits lebten zahlreiche Kinder aus ungeklärten Familienverhältnissen in Heimen, Vollwaisen waren in der Minderzahl. Der CV bearbeitete Adoptionen aus der amerikanischen und britischen Zone.

Das oft langwierige Verfahren führte in den USA dazu, dass kinderlose Ehepaare ihre „Babys" ledigen Müttern in Lateinamerika illegal „abkauften" um nicht ewig warten zu müssen. Um dies zu unterbinden, bemühte sich der NCWC nach dem Amtsantritt von Pauline Macguire Anfang März 1955 verstärkt in Adoptionsfragen um legale Adoptionen von Pflegekindern und Kriegswaisen. Das Frankfurter NCWC-Büro[2175] bemühte sich um Auskünfte sowie die erforderlichen kirchlichen Urkunden und Zeugnisse der amerikanischen Heimatpfarreien. Sie half auch im Visaverfahren beim amerikanischen Generalkonsulat. Man nutzte die Möglichkeiten der ameri-

---

2172 Vgl. Anm. 2129, S. 415.
2173 Die Aktenzeichenvergabe ist nicht einheitlich. Von den vier noch vorhandenen Akten stammen zwei aus 1948/49 und tragen die Nr. 48/1948 bzw. Nr.48/1950. Akten des Jugendamtes bzw. des Vormundschaftgerichts sind nicht mehr vorhanden.
2174 Jahresbericht der Jugendfürsorge 1949/50 bzw. 1950/51 (ACVF-1310).
2175 Dieses befand sich zunächst in der Liebigstr. 46, dann auf der Zeil 18.

kanischen Armee, was bei den langwierigen Adoptionsverfahren und den regelmäßigen Versetzungen vom Vorteil war.[2176]

Die Adoption erfolgte nach deutschem wie nach amerikanischem bundesstaatlichem Adoptionsrecht. Oft erhielten die adoptierten Kinder nach britischem oder amerikanischem Recht einen neuen Vornamen und eine neue Identität. Zwischen 1953 und 1965 wurde über die Hälfte aller Kinder von amerikanischen katholischen Ehepaaren adoptiert, die oft auch zwei und mehr Kinder annahmen. Manche nahmen später auch Kontakt zum CV auf. Auf Seiten des Jugendamtes war man von den Adoptionen wenig angetan und machte immer wieder Schwierigkeiten. So berichtete die FAZ, dass die junge Frau eines hochgestellten amerikanischen Diplomaten im Frankfurter Jugendamt „nach wenigen Minuten keinen Zweifel mehr darüber [hatte], dass sie sich auf einer Anklagebank befand und nicht zu fragen, sondern zu antworten hatte." [2177]

7.3.2 Kindertagesstätten

Nach der Befreiung Frankfurts übernahmen die Pfarreien wieder die von der NSV beschlagnahmten katholischen Kindergärten, mussten aber teilweise wie in Heilig Geist die am 9. Februar 1945 mit unbekanntem Ziel abtransportierte Einrichtung suchen. Sie wurde in einem Gasthaus im Kreis Groß-Gerau gefunden und von Pfarrer Wilhelm Kempf, dem späteren Limburger Bischof, wieder zurückgebracht, so dass der Kindergarten am 5. Juni 1945 wiedereröffnet werden konnte.

Am 25. Juli 1945 waren wieder 14 Kindergärten in Betrieb, davon elf in den Vororten und drei im Stadtzentrum. Ein Jahr später im Juni 1946 gab es wieder 25 katholische Kindergärten mit 2.870 Plätzen, davon zehn mit eigener Küche, und drei Kinderhorte und (Frauenfrieden, St. Johann, Liebfrauen) eine Krippe für Säuglinge in St. Bernhard. Ab 1. August 1946 wurde „im Rahmen der verfügbaren Lebensmittel" die Kinderspeisung auf die Kindergärten ausgedehnt[2178] und pro Kind und Tag 75g Mehl, 5g Fett, 10g Kunsthonig, 5g Zucker und 5g Milchpulver ausgegeben.[2179]

Ende 1948 bestanden 29 Kindergärten mit 3.500 Plätzen. St. Leonhard und die Dompfarrei hatten keinen eigenen Kindergarten, so dass die Kinder evangelische bzw. städtische Kindergärten besuchen mussten, da die Entfernung zu den katholischen Kindergärten zu groß war.

Der CV sah seine Aufgabe vor allem darin, den in den Kindergärten Arbeitenden „Rat und Hilfe für ihre Arbeit" nach der mehrjährigen Zwangspause zu geben und organisierte 1946 monatliche Schulungen. 1947 wurde die Schulkinderspeisung auf die Kindergärten ausgedehnt und vom Caritasverband Lebensmittel zugeteilt, um „besonders wertvolle zusätzliche Mahlzeiten" herstellen zu können.[2180]

2176 So sind in den Adoptionsakten Kontakte zu amerikanischen Militärdienststellen in Japan, auf den Philippinen, in Frankreich und in den USA belegt.
2177 FAZ 15.7.1953.
2178 Schreiben Stadt Frankfurt an CVF v. 1.8. 1946 (ACVF-??).
2179 Bericht Caritasdirektor auf CV-Mitgliederversammlung am 9.12.1948 (ACVF-1230).
2180 Vermerk für CVF-Mitgliederversammlung v. 9.12.1948 (ACVF-1330-01).

Nachdem sich der CV bis zur Beschlagnahme 1941 auf das Abrechnungswesen für die Pfarrkindergärten beschränkt hatte, wurde er nach nun auf Wunsch einzelner Pfarreien und des Gesamtverbandes selbst aktiv und errichtete neben dem bestehenden Kindergarten in der Ortenberger Straße 7[2181], zwei neue am Unterweg 6[2182] und in St. Leonhard.[2183] In Bonifatius, Deutschorden, Hausen und Bonames wurden neue Kindergärten eröffnet. Wichtig war die Wiederinbetriebnahme des Kindergartens in der kinderreichen Pfarrei Maria-Hilf bzw. des neuen Kindergartens in dem zur Pfarrei Hausen zählenden Industriehof, in dem Flüchtlings- und Ausländerkinder aufgenommen wurden.

Aufgrund der baulichen Unzulänglichkeiten wurden die Pfarrkindergärten in Allerheiligen, St. Gallus, Ginnheim und Goldstein am 1. Juli 1951 geschlossen und durch Neubauten ersetzt.[2184] Insgesamt 15 Kindergärten wurden zwischen 1951 und 1954 grundlegend mit der Hilfe von Zuschüssen der Stadt und des Landesjugendamtes renoviert. Eine Erweiterung des Kindergartens Riederwald scheiterte bis 1954 an fehlenden Mitteln. Mit der Auflösung des Landesjugendamtes stockte die Instandsetzung weiterer Kindergärten, da das nun zuständige Innenministerium alle Anfragen unbeantwortet ließ. 1954 bestanden in Frankfurt 33 katholische Kindergärten und 6 Horte für Schulkinder, die von ca. 3.000 Kindern besucht wurden.[2185]

Die personelle Situation in den Kindergärten war mit nur 2 Jugendleiterinnen, 43 Kindergärtnerinnen, 11 Kinderpflegerinnen und 48 unausgebildete Helferinnen ausgesprochen schlecht. Das in den Landesrichtlinien geforderte Verhältnis von 30 Kindern pro sozialpädagogisch ausgebildete Leiterin wurde nur in drei Kindergärten erfüllt. In vier Kindergärten waren nur unausgebildete Kräfte vorhanden, in 11 waren es mehr als 80 Kinder, in einem sogar 180 Kinder pro ausgebildete Kraft. Der Mangel an Kindergärtnerinnen beruhte zum einen auf fehlendem Ordensnachwuchs, zum anderen in der niedrigen Bezahlung, die zur Sicherung des Lebensunterhalts einer Kindergärtnerin nicht ausreichte. Um die Abwanderung aufzuhalten, forderte man eine tarifvertragliche Besoldung wie im Kölner Erzbistum und den Einsatz von Kirchensteuermitteln. Man warnte vor weiteren Konsequenzen, zumal das Land weitere Zuschüsse nur bei ausreichend qualifiziertem Personal gewähren werde.[2186] Im Gegensatz zu Nordrhein-Westfalen (bis 0,15 DM/Kind) gab es in Hessen keine Zuschüsse zu den Betriebskosten.

Zwischen 1954 und 1959 wurden fünf neue katholische Pfarrkindergärten in Eschersheim, St. Michael, St. Pius, St. Leonhard/Dom und St. Elisabeth sowie drei neue Horte in den Pfarreien St. Michael, St. Antonius und Ginnheim eröffnet. Zuschüsse in Höhe von 35.000 DM (1957/58) bzw. 17.500 DM (1958/59) gab es vom Landeswohlfahrtsverband, dem Land

2181   Siehe Abschnitt 7.3.2 – Caritas-Kindertagesstätte Ortenberger Str., S. 425f.
2182   Siehe Abschnitt 7.3.2.2 – Caritas-Kindertagesstätte Unterweg, S. 426f.
2183   Siehe Abschnitt 7.3.2.3 – Caritas-Kindergarten St. Leonhard, S. 428f.
2184   Schreiben Braun/DiCVL v. 16.3.1955 (ACVF-1720/01).
2185   CV Frankfurt-Geschäftsbericht 1954, S. 7.
2186   CV Frankfurt-Geschäftsbericht 1954, S. 8f.

und der Stadt, die für Renovierungen, Spielmaterial und die Anlage von Spielplätzen eingesetzt wurden. Ab Mai 1955 gewährte die Stadt Zuschüsse für den Betrieb von Kindergärten- und horten: 1955/56: 160.780 DM. 1956/57: 202.727 DM, 1957/58: 223.934 DM und 1958/59: 235.904 DM. Damit konnte der Personalbestand ausgebaut und besser qualifizierte Kindergärtnerinnen angestellt werden. [2187]

Ende der 50er Jahre forderten die Ratsfraktionen von CDU und FDP die Schaffung von freien Kindergärten in den neuen Stadtteilen, konnten sich aber nicht gegen die SPD durchsetzen. Der SPD-Fraktionsvorsitzende und spätere Bundesfinanzminister Alex Möller soll der CDU erklärt haben, „Die Subsidiarität ist ein Schlag gegen die Demokratie."[2188] Richter lehnte aber eine Konfrontation mit der mit absoluter Mehrheit regierenden SPD ab und bat den DCV im Rahmen der Diskussionen um das Jugendwohlfahrtsgesetz auf Hinweise auf Frankfurt zu verzichten. Man sei darauf angewiesen, Jugendliche in staatlichen Heimen unterzubringen, die erfahrungsgemäß in katholischen Heimen abgelehnt würden.[2189]

Nach der Schließung des Kindergartens am Unterweg 6 fungierte der CV bis zur Inbetriebnahme des internationalen Kindergartens in Höchst 1970 nicht mehr als Träger, übernahm aber weiterhin die Abrechnung der städtischen und diözesanen Zuschüsse. Meta Nicolai forderte den Bau zusätzlicher kirchlicher Kindergärten und betonte, freie Verbände müssten sich beim Entstehen neuer Stadtteile beeilen, „rechtzeitig ein Grundstück erwerben und einen Kindergarten zu planen, weil ihnen sonst die Stadt zuvorkommt." 1961 wurde mit dem Bau der Kindergärten in der Siedlung Taunusblick (94.700 DM), Sindlingen (10.928 DM) und Niederrad (150.000 DM) begonnen, mit einem Aufwand von 100.000 DM sollten weitere Kindergärten modernisiert werden.[2190] 1962 wurden von der Stadt zum Neubau von privaten Kindergärten nur 100.000 DM bewilligt, von denen etwa die Hälfte auf katholische Kindergärten entfiel.

7.3.2.1 Caritas-Kindertagesstätte Ortenberger Straße 7

Der Kindergarten Ortenberger Straße 7 in Bornheim wurde 1946 wiedereröffnet, war aber u.a. 1949/50 nur schwach besucht und vermutlich von Anfang an aufgrund der hohen Personalkosten und rückläufiger Beitragseinnahmen defizitär. Gründe dafür sind vermutlich die Konkurrenz eines benachbarten privaten Kindergartens und epidemisch auftretende Erkrankungen der Kinder. Daraufhin schlug M. Trapp „mit Rücksicht auf wichtige überpfarrliche Aufgaben der Kinderfürsorge" vor, den Kindergarten zum Schuljahresende am 15. April 1950 zu schließen und stattdessen ein „Tagesheim für Schulkinder mit vorwiegendem heilpädagogischen Charakter einzurichten". Der Bedarf sei angesichts der Berufstätigkeit vieler Mütter sehr groß und es gebe in den 40 Frankfurter Pfarreien nur drei katholische Horte. In der heilpädagogischen Beratung habe sich ergeben, dass viele

2187 Protokoll CVF-Mitgliederversammlung v. 16.6.1959 (ACVF-1330).
2188 zit. nach Schreiben Nicolai/ Schmidle/DCV v 14.3.1961 (ACVF-1710/1e).
2189 Schreiben Nicolai/ Schmidle/DCV v 14.3.1961 (ACVF-1710/1e).
2190 Schreiben Nicolai/ Schmidle/DCV v 14.3.1961 (ACVF-1710/1e).

Kinder milieugeschädigt seien. Sie schlug vor, einen Hort einzurichten, in dem von 7 Uhr morgens bis 7 Uhr abends bis zu 12 Jahre alte Schulkinder „durch [einen] ausgesprochenen Familienheim-Charakter dem gehemmten, geschädigten und gefährdeten Kinde die Möglichkeit zu gesunder Entfaltung" und erzogen werden. Das Heim sollte keine „Bewahranstalt für arme Kinder" sein, sondern auch Kindern „aus gutem Hause" eine Erziehung zum Ausgleich der häuslichen Mängel bieten. Vor allem sollten Kinder mit fehlender Schulreife aufgenommen werden. Explizit wurde ein gutes Mittagessen, die Überwachung des Schulbesuchs und der Hausaufgaben und Körperpflege erwähnt. Ermäßigungen des auf 20–25 DM veranschlagten Monatsbeitrages für ärmere Kinder sollten von den Pfarreien übernommen werden. Angestrebt war auch die Zusammenarbeit mit einem guten katholischen, wenn möglich heilpädagogischen, Arzt und dem Stadtgesundheitsamt.[2191] Dieser Plan wurde aber nicht realisiert.

1953/54 besuchten 60 Kinder mit einem durchschnittlichen Monatsbeitrag von 9,50 DM den Kindergarten. Angesichts der Gesamteinnahme von 6182 DM [2192] dürfte immer noch ein Defizit zu verzeichnen gewesen sein. Obwohl weitere Unterlagen bisher nicht aufgefunden werden konnten, ist zu vermuten, dass dieser Kindergarten bis zur Eröffnung des Pfarrkindergartens Heiligkreuz 1957 bestand.

7.3.2.2 Caritas-Kindertagesstätte Unterweg 6

Nachdem der Kindergarten der Pfarrei St. Bernhard im Unterweg 6 einen chronischen Betriebsverlust von ca. 20.000 DM zu verzeichnen hatte, wurde der Kindergarten auf Wunsch des Gesamtverbandes vom CV übernommen und am 1. April 1950 mit 90 Plätzen in drei Gruppen wiedereröffnet.[2193] Der Kindergarten wies von Anfang an ein jährliches Defizit von 20.000 DM aus, das bis Mai 1951 um ca. 5.300 DM reduziert werden konnte. Dennoch blieb die Finanzlage kritisch, da der Gesamtverband seinen früher an die Pfarrei gezahlten Zuschuss von 8.000 DM nicht mehr überwies.[2194] So wurde im Juli 1953 erstmals darüber diskutiert, den Kindergarten zu Ostern 1954 aufzulösen.[2195] Zu diesem Zeitpunkt waren in der Kinderkrippe 21 Kinder (11 katholisch, 10 evangelisch), im Kindergarten 41 Kinder (11/30) und 42 (20/22) im Kinderhort untergebracht. Die Gesamteinnahme belief sich auf 15.922 DM.[2196] Besser situierte Eltern zahlten durchschnittlich 13 DM, ärmere Eltern einen niedrigeren Beitrag.

2191 Vermerk Trapp v. 9.2.1950 (ACVF-2150-ORT).
2192 Schreiben CV/BO v. 27.10.54 (ACVF-2150-UNT).
2193 Schreiben CVF/Gesamtverband v. 9.5.51 bzw. Schreiben CVF/BO v. 27.10.54 (ACVF-2150-UNT).
2194 Schreiben CVF/Gesamtverband v. 9.5.51 (ACVF-2150-UNT).
2195 Aktenvermerk v. 31.7.1953 (ACVF-1310).
2196 Schreiben CVF/BO v. 27.10.54 (ACVF-2150-UNT).

Bei einer Anhörung der Eltern wurde deutlich, wie gering deren Kenntnisse waren und welche Einstellung sie zu Caritas hatten. Die meisten Eltern waren erstaunt, dass der CV mit dem Kindergarten überhaupt etwas zu tun hatte und sahen ihn als gewerblichen Betrieb an. Viele lehnten jede Auskunft ab, da sie für ihre Kinder bezahlen würden und meinten, dass die Kindergärtnerinnen arbeitslos würden, wenn die Kinder nicht geschickt würden oder entrüsteten sich wie eine Mutter darüber, dass die Kindergärtnerinnen überhaupt für ihre Arbeit bezahlt und dies nicht umsonst machen würden. Es gäbe bestimmt viele Reiche, die das umsonst machen würden wie die Heilsarmee. Zurückzuführen war dies auf die 1952 ausgeschiedene Leiterin, die keine Kenntnisse von der Konfession der Kinder hatte („Danach ist bei uns bis jetzt nie gefragt worden").[2197]

Wilhelm Kempf, Bischof von Limburg

Pfarrer Kirchgässner schlug zwar vor, im Rahmen des Kirchneubaus St. Michael in den für die abendliche Jugendarbeit vorgesehenen Räumen tagsüber einen Kinderhort einzurichten und das Essen von der Städtischen Kinderspeisung beziehen, sah sich aber nicht in der Lage, die erforderlichen Mittel aufzubringen. Da der Caritasverband befürchtete, der Gesamtverband könne bei einer Schließung die Räume selbst beanspruchen und damit die geplante Erweiterung des Jugendwohnheimes in Frage gestellt sei, entschied man sich zur Schließung der Kinderkrippe an Ostern 1954, nachdem alle Kinder diesem entwachsen waren. Kindergarten sowie Kinderhort wurden fortgeführt[2198] und der Gesamtverband beteiligte sich nun mit einem jährlichen Zuschuss von 10.000 DM. Außerdem wurden nun die Einkommen der Erziehungspflichtigen verstärkt überprüft und eine Verpflegung durch die Küche des benachbarten Jugendwohnheimes (Unterweg 8) gesichert.[2199]

Das Ende des Caritaskindergartens kam überraschend im Frühjahr 1961, als die Volksarbeit das Grundstück für den Neubau des Hauses der Volksarbeit reklamierte und Ende April 1961 die Kindergartenräume zum 1. Juli 1961 kündigte. Da Richter sich krankheitshalber in Baden-Baden aufhielt, fasste der Caritasvorstand am 3. Mai 1961 keinen Beschluss zur Kündigung.[2200] Während die Hortkinder im Liebfrauenhort untergebracht werden könnten, erklärten sich Eckert und Pehl am 4. Mai 1961 gegenüber Meta Nicolai außerstande, die 56 Kindergartenkinder unterzubringen oder den Baubeginn zu verschieben.

Nachdem sich Meta Nicolai und Maria Braun in Baden-Baden mit Richter abgestimmt hatten, kam es zu mehreren Gesprächen mit Bischof Kempf und dem BO. Seidenather und der Generalvikar sprachen sich für

2197 Aktenvermerk v. 18.7.1953 (ACVF-1310).
2198 Bericht über die Situation der Kindertagesstätte Unterweg 6 v. 23.8.1953 (ACVF-2150-UNT).
2199 CVF-Vorstand 13.1.1954 bzw. 9.3.1954 (ACVF-1310).
2200 Protokoll CVF-Vorstand 3.5.1961 (ACVF-1310).

eine Verlegung des Kindergartens aus und schlugen vor, mit dem Bau der Kindertagesstätte St. Bernhard sofort zu beginnen und dort entweder Kapazitäten für die Caritas bereitzustellen oder ein eigenes Gebäude zu errichten. In einem weiteren Gespräch verlangte Eckert die Herausgabe der Adresslisten der Kindergartenkinder, um mit den Eltern selbst zu verhandeln, da sich die Kindergartenleiterin geweigert hatte, dies zu tun. Alle Hinweise auf bestehende Arbeitsverhältnisse und Rückzahlungspflicht von Zuschüssen wurden von Pehl abgelehnt. Die Arbeitsverhältnisse müssten gelöst und die Zuschüsse aus dem Soforthilfefonds (55.000 Mark), Hessenjugendplanmitteln und Bundesmitteln zurückgezahlt werden. Schließlich meinte Eckert, es sei sinnlos, weiter zu diskutieren, beklagte sich aber, dass es richtiger gewesen sei, ihn bei den Gesprächen im BO hinzuzuziehen. Ende Juni 1961 wurde der Kindergarten geschlossen.

Wenig später erklärte die Pfarrei St. Bernhard am 14. Juli 1961 gegenüber dem BO, den Kindergarten selbst weiterführen zu wollen. Die Pfarrei St. Bernhard bestand während einer Besprechung im BO am 26. Juli 1961 auf der Fortführung des Kindergartens als Pfarrkindergarten, zumal das BO eine Trägerschaft des CV „als untunlich" bezeichnet hätte. Da die Stadt den CV gebeten hatte, einen Kindergarten für behinderte Kinder zu schaffen, erklärte sich Seidenather zwar bereit, dafür ggfs. ein Haus in der Innenstadt anzumieten, [2201] was aber nicht erfolgte. Stattdessen erhielt man die Zusage für ein Jugendwohnheim, das 1967 mit dem Haus Thomas in Betrieb genommen wurde. [2202]

7.3.2.3 Caritas-Kindergarten St. Leonhard

Im Zusammenhang mit dem Projekt St. Leonhard errichtete der Caritasverband mit Mitteln der Schwahn'schen Stiftung den Pfarrkindergarten St. Leonhard in der Karmelitergasse und vollendete damit die damals einzigartige Kombination von Mädchenwohnheim, Altenheim und Kindergarten. Der Kindergarten verfügte über eine im Gegensatz zu heute einzigartige Grünfläche mit einem Spielplatz zwischen dem Haus St. Leonhard und dem Caritashaus. Später wurde der Kindergarten mit denen der Dompfarrei und Liebfrauen zusammengelegt. Anfangs wurde der Kindergarten von einer weltlichen Kindergärtnerin geleitet, dann aber von einer Erlenbader Schwester abgelöst. Wie in evangelischen und staatlichen Kindergärten bevorzugte auch Richter ledige Kräfte.

7.3.3 Säuglings- und Kinderheim Vinzenzhaus Hofheim

Im Herbst 1945 informierte der Landrat des Kreises Höchst die Buzzi-Stiftung, dass sie das Vinzenzhaus[2203] nach der Freigabe im Februar 1946 durch die Militärregierung wieder nutzen werden könne. Schwierigkeiten

---

2201 Aktenvermerk Besprechung BO/St. Bernhard/CV v. 26.7.61 (ACVF-2150-UNT6).
2202 Siehe Abschnitt 8.8.2 – Heilpädagogisches Schülerheim „Haus Thomas", S. 596ff.
2203 1939 hatten die Dernbacher Schwestern fluchtartig das Vincenzhaus verlassen, wobei ein Teil der Hauschronik verloren ging. Das Vincenzhaus wurde von der Luftwaffe als Pflegeheim beschlagnahmt, ein Beobachtungsposten auf dem Dach eingerichtet und ein Luftschutzbunker errichtet. Zeitweise wurden auch russische Kriegsgefangene inhaftiert.

ergaben sich, als der Hofheimer Bürgermeister das Haus für die Unterbringung von Ostflüchtlingen beschlagnahmen wollte. Schlotter wandte sich daraufhin an den Landrat, der ihm mündlich zusicherte, das Haus für die Unterbringung von Flüchtlingskinder und Kinder evakuierter Familien nutzen zu können.[2204]

Der Gesamtverband nutzte das Hauptgebäude als Flüchtlingskrankenhaus und beauftragte den CV am 15. März 1946 mit der Verwaltung. Insgesamt wurden 4.285 Pflegetage geleistet, es ist aber noch offen, ob das veranschlagte Entgelt von 17.140 RM von der Flüchtlingsfürsorge, der Ortskrankenkasse, der Barmer Ersatzkasse und der Mittelstandshilfe auch tatsächlich erstattet wurde. Einnahmen von 18.079 RM standen Ausgaben von 19.855 RM gegenüber, sodass sich ein Defizit von 1.776 RM ergab, [2205] Im Mai 1946 beschlagnahmte

Kinderheim Hofheim © ACVF

der Taunus-Kreis das Flüchtlingskrankenhaus und führte es bis zur der erneuten Beschlagnahme durch die Militärregierung am 12. Oktober 1946 selbst weiter.[2206] Obgleich der päpstliche Visitator und spätere Apostolische Nuntius Aloysius Muench immer wieder für den Caritasverband intervenierte, wurde das Vincenzhaus erst 1954 wieder voll zurückgegeben.

Die Nebengebäude und der landwirtschaftliche Betrieb bzw. der Wald dienten bis 1962 der Aufnahme von Säuglingen und Kleinkindern diente. Unter der Leitung der Heimleiterin Maria Klug waren hier vier Caritasschwestern, darunter eine Säuglingsschwester, sowie fünf Arbeitskräfte tätig. Dank der von dem Ehepaar Gärtner bewirtschafteten Landwirtschaft und des Gartens war die Nahrungsmittelversorgung weitgehend gesichert.[2207] Hier wurden kurzfristig auch Kinder untergebracht, deren Mütter zur Erholung in Schlossborn waren.

2204 Protokoll CVF-Vorstand v. 18.12.1945 (ACVF-1310).
2205 Solidaris-Prüfbericht 1946/47, S. 9 (ACVF-1330).
2206 Die älteren Insassen wurden in das Altersheim Bad Soden umquartiert.
2207 Aufstellung der Personalkosten des CV, o. Datum (ACVF-1310).

Nähschule © ADCV

Nach der Währungsreform 1948 schien die Existenz des Säuglings- und Kinderheims in Hofheim gefährdet, da die RM-Guthaben stark abgewertet worden waren. Die Kirchenvorstände wurden am 28. Oktober 1948 gebeten, zumindest die Hälfte zu zahlen, da man sonst das Jugendwohnheim Heddernheim sowie das Säuglings- und Kleinkinderheim in Hofheim schließen müsse.[2208] Dank der von dem Ehepaar Gärtner bewirtschafteten Landwirtschaft und des Gartens war die Nahrungsmittelversorgung weitgehend gesichert.[2209] Anfang 1954 verfügte das Kinderheim über zwei Milchkühe, um den Bedarf an Frischmilch selbst decken zu können.[2210] 1967 wurde das Kleinkinderheim aufgelöst, das eigentlich schon mit der Eröffnung des Heilpädagogischen Instituts geschlossen werden sollte und nur fortgeführt worden war, weil es für die Kleinkinder keine andere Unterbringung gab.[2211]

7.3.4 Nähstube

Da in den Nachkriegsjahren Selbsthilfe gefragt war, wurden weitere Nähstuben und später auch Nähschulen eingerichtet, um Frauen die Möglichkeit zu geben, sowohl ihre als die Kleidung ihrer Angehörigen in Ordnung zu halten. Der Nationalverband der Mädchenschutzvereine verstand Nähschulen aber nicht nur als Reparaturservice, sondern setzte darauf, dass die Mädchen und Frauen „durch den geordneten Nähschulbesuch über das praktische Nähen hinaus charakterlich (gewinnen), ihre Freizeit mit eigenen fraulichen Können recht verwenden (und) ein Stück guter Ehevorbereitung erhalten." Zielgruppe waren arbeitslose Frauen, Hausangestellte und Arbeiterinnen sowie junge Mütter, die sich selbst keine Nähmaschinen leisten konnten. Man war sich bewusst, dass die caritativen Nähschulen kein Erwerbsunternehmen sein dürften und setzte auf Pfarr- und kommunale Zuschüsse, bestand aber auch auf der Zahlung von „Schulgeld", zumal „manche Mütter für Unnötiges Geld haben".[2212]

2208   Rundschreiben CV-Vorstand v. 28.10.1948 (ACVF-1310).
2209   Aufstellung der Personalkosten des CV, o. Datum (ACVF-1310).
2210   Schreiben CVF/Deutschen Bauerndienst v. 13.1.1954 (ACV-1310).
2211   Die heilpädagogischen Heime des CV Frankfurt, Manuskript v. Mai 1967 (ACVF-3111-03), S. 2.
2212   Merkblatt „Die Caritativen Nähschulen" des Erzbistums Paderborn, ohne Datum vermutl. 1952 (ACVF-2912).

Nähstuben (Stand 6.12.1962)				
	Fläche / Nähma-schinen	Fachkräfte	Besucher/ Woche (minder-bemittelt)	Öffnungszei-ten
Schwesternhaus Alt Fechenheim 62 (bis 1962)	30 qm – 5	Schwestern	12 (4)	Mo-Sa 15.00–18.00
Schwesternheim Griesheim, Hartmannsweilerstr. 71 (bis 1965)	30 qm – 6	Meisterin (bezahlt)	32–35 (9)	Mo-Fr 13.30–18.00
Schwesternhaus Schwanheim, Im Abtshof 2 (bis 1967)	20 qm – 6	Schwestern	32 (10)	Täglich 14.00–17.30
Nähstube Mariahilf, Rebstöckerstr. 70	40 qm – 4	3 ehrenamtl. Kräfte	15 (6)	Einmal wö-chentlich 20.00–22.00
Nähstube Dom, Domplatz 14	20 qm – 2	Ehrenamtl. Kräfte	6–7	täglich 14.00–19.00
Haus Lucia Haus Barbara	16 qm – 1 20 qm – 1	Fachkraft (bezahlt)	Alle Heiminsassen	Täglich nach-mittags und abends
Haus Leonhard, (bis 1967)	10 qm – 1	Schneiderin/ Handarbeits-lehrerin	Alle Heiminsassen	Täglich ab 17.00. Zu-sätzlich ein Nähkurs
Nähstube St. Sebastian Nordwest (ab 1966)				
Mütterschule St. Josef Eschersheim, Rhaban-Fröhlich-Str. (1965–	8 qm – 5	Fachkraft	15 (5)	Mi 15.00–22.00

Nachdem die Spitzenverbände der Freien Wohlfahrtspflege über Zuschüsse für die Errichtung von Nähstuben am 10. März 1950 beraten hatte, bei denen vor allem Flüchtlingsfrauen bei selbst gestelltem Material, Anleitung und Unterstützung zur Selbstherstellung und Reparatur von Kleidern erhalten sollten,[2213] lehnte die Stadt eine Pauschalierung wie in Offenbach ab, gestand aber zu, jährlich pro bereit gestellter Nähmaschine 100 DM zu bezuschussen.[2214] Der DCV bemühte sich vergeblich beim Hauptamt für Soforthilfe, wies aber auf die Möglichkeit in der amerikanischen Zone hin, über den zuständigen Resident Officer Mittel aus dem McCloy-Fonds zu erhalten.[2215] Gleichzeitig wurde im Meinwerk-Institut Paderborn eine Fortbildung von Nähschulschwestern bis zur Meisterprüfung angeboten.[2216] Am 22. März 1952 erkundigte sich Maria Braun erneut nach den städtischen Zuschussbedingungen für die bestehenden Nähschulen, eine Antwort ist nicht bekannt,[2217] doch übernahm der CV bis 1981 die Antragstel-

2213 Schreiben DiCVL/CVF v. 4.4.50 (ACVF-2912).
2214 Vermerk v. 24.1.1950 über Gespräch mit Direktor Baldes (ACVF-2912).
2215 Schreiben DiCV/CVF v. 12.12.1950 (ACVF-2912).
2216 Rundschreiben Dt. Nationalverband der katholischen Mädchenschutzvereine – ohne Datum, vermutl. November 1950 (ACVF-2912).
2217 Schreiben Braun/Baldes v. 22.3.52 (ACVF-2912).

lung und Abrechnung für städtische Zuschüsse, die Organisation blieb mit Ausnahme der caritaseigenen Nähstuben bei den Pfarreien.

Am 20. September 1950 bestandenes vier Nähschulen (u.a. Bernhard, Bonifatius, Riederwald) mit einer täglichen Besucherzahl von 20–25 Personen, dazu 14 Nähstuben mit täglich 15–20 Besuchern, für die zehn Nähmaschinen benötigt wurden.[2218] In der Innenstadt gab es Bedarf, in St. Ignatius, Deutschorden und bei den Franziskanerinnen in der Lange Straße aber keine geeigneten Räume.[2219] Später folgten weitere Nähschulen, die aber wie in Sossenheim, Sindlingen, Zeilsheim, Nied und Heddernheim bis 1961 aufgrund des Schwesternmangels wieder aufgelöst wurden.[2220]

7.3.5 Erholungsfürsorge

Die Erholungsfürsorge wurde kurz nach Kriegsende von den katholischen Verbänden, den Pfarreien und dem CV wiederaufgenommen, erfolgte aber häufig nur ad hoc, wenn sich entsprechende Möglichkeiten ergaben und wurde häufig auch nicht dokumentiert. Eine einheitliche Konzeption gab es nur in der Müttererholung, die nach 1951 über das Müttergenesungswerk finanziert wurde, während in der Kindererholung und Altenerholung unterschiedliche Projekte verfolgt wurden, die abhängig vom jeweiligen Zuschussgeber waren. Für jeden Teilnehmer musste ein eigener Finanzierungsplan erstellt und die einzelnen Beträge beantragt werden. Sie war aber auch ein Arbeitsgebiet mit erheblicher Breitenwirkung, da der Personenkreis von Jahr zu Jahr wechselte.

7.3.5.1 Kindererholung

Die ersten Erholungsmaßnahmen für Kinder wurden bereits 1945 wieder aufgenommen, um Kindern aus allen Bevölkerungsschichten die Möglichkeit zu geben, kindgemäße Ferien zu verleben. Die Möglichkeiten einer Heimerholung waren gering. Die Caritasheime der näheren Umgebung hatten kaum noch freie Kapazitäten, die in der französischen Zone liegenden Heime im Schwarzwald- und Allgäu waren ebenso unerreichbar wie die vor Kriegsende nun in der russischen Zone liegenden Ostseeheime. Viele bisher genutzten Heime wurden nun auch Flüchtlingsheime genutzt.[2221]

1946 konnte aber bereits 200 Frankfurter Kindern ein Aufenthalt in Bad Nauheim, Soden-Salmünster, auf Schloss Falkenhof in Bensheim/Bergstraße,[2222] sowie in Berchtesgaden, Bad Reichenhall und im Landeskindersanatorium Weilmünster vermittelt werden. Dazu kamen Er-

---

2218 Schreiben an DiCVL v. 20.9.50 (ACVF-1712/1-DiCVL Korrespondenz 1945–54).

2219 Vermerk v. 17.4.1950 (ACVF-1712/1-DiCVL Korrespondenz 1945–54).

2220 Siehe Abschnitt 8.6.6 – Nähstuben, S. 555f.

2221 Bericht die Entwicklung der Kindererholungsfürsorge in den letzten Jahren als Anlage zur Niederschrift der CVF-Mitgliederversammlung am 9.12.1948 (ACVF-1330)

2222 Schloss Falkenhof wurde im Januar 1946 vom CV Darmstadt als Kinderheim mit 50 Plätzen in mehreren Schlafsälen eröffnet. Die schulpflichtigen Kinder besuchten die eine halbe Stunde entfernt liegende Schule in Schönberg. Belegt wurde das Heim 1949 auch zeitweise von der Stadt Frankfurt und diente auch der Erholung Berliner Kinder (Besuchsbericht Anthes v. 20.1.1949 – ISG Fürsorgeamt 1.1190).

holungsmaßahmen in den Pfarreien Dom, St. Bonifatius, St. Joseph, St. Leonhard, Deutschorden, St. Wendelin und St. Ignatius. 1947 setzte sich dieser Trend fort, allerdings wäre angesichts des um sich greifenden Hungers weitaus mehr erforderlich gewesen. Allerdings konnte die 1942/43 verbotene Stadtranderholung wieder aufgenommen werden, die 337 Kindern zugutekam. 1948 waren es schon ca. 500 Kinder.

Richter wies in der Mitgliederversammlung am 9. Dezember 1948 daraufhin, dass dies weit unter der früher normalen Zahl von 800 lag und man „leicht sämtliche Ansprüche der Pfarreien" befriedigen könne und betonte, es sei richtig gewesen, trotz „des Geldüberhangs" hierfür keine neuen Heime zu errichten.[2223] Trotzdem war die Kindererholung zwischen 1945 und 1948 defizitär, Einnahmen von 38600 RM standen Ausgaben von 52645 RM gegenüber, sodass 19075 RN aus Eigenmitteln abgedeckt werden mussten.[2224] Im Mittelpunkt standen kinderreiche Familien, alleinstehende Mütter, die keinen Urlaub mit ihren Kindern machen konnten, weil sie ihren Urlaub für sonstige Zwecke verbrauchen mussten, Eltern, die sich beruflichen Gründen mit ihren Kindern keinen Urlaub machen konnten, sowie Kinder aus Notunterkünften.

Am 13. Dezember 1949 fuhren erstmals 500 Kinder aus Frankfurt und Umgebung in die Niederlande, weitere Kinder wurden von den Caritasverbänden aus Belgien, Niederlande, Schweiz, Spanien und Italien) aufgenommen. Eingeladen wurden aber nur Kinder aus Flüchtlingsfamilien, während Kinder aus geschiedenen oder vaterlosen Familien und Mischehen außen vorblieben, denen eigentlich „das Erlebnis der gemeinsamen religiösen Betätigung (hätte) vermittelt" werden müssen.[2225]

Ab April 1950 organisierte der DCV mit der spanischen Auxilio Social die erste achtmonatigen Kindererholung in Pamplona (Nordspanien), an denen sich auch Frankfurt beteiligte. 203 Kinder wurden in katholischen Familien in Belgien und den Niederlanden untergebracht. Bis 1953 wurden insgesamt 4495 Kinder, davon 1103 in ausländischen Familien, untergebracht. 1953/54 wurden 764 in Erholung, davon 561 in insgesamt 21 Kurheime geschickt.[2226] Eine Ferienerholung für Frankfurter Kinder im Juli 1954 konnte mangels Plätzen nicht organisiert werden,[2227] auch die Ferienunterbrin-

Schwester Margheritamit Jugendlichen 1963 in Cesenatico (ACVF)

2223 Bericht Caritasdirektor auf CV-Mitgliederversammlung am 9.12.1948 (ACVF-1330).
2224 Solidaris-Prüfberichte 1945–48 (ACVF-1510).
2225 Protokoll Dienstbesprechung v. 27.1.1992 (ACVF-Dienstbesprechungen).
2226 U.a. Asthma-Heilstätte Bad Reichenhall, Kinderheilstätte St. Joseph Bad Nauheim, Caritashaus Feldberg und Buchau (Württemberg), die beiden Kindererholungsheime in Westerland (Haus Nordmark) bzw. auf Wangerooge (Meeresstern), das Jugendheim St. Michael Sonthofen, das Caritas-Kindererholungsheim in Hirsau/Schwarzwald, das Kindererholungsheim Schwenningen und das Jugendkurheim St. Ursula in Herdringen/Sauerland.
2227 CV Frankfurt-Geschäftsbericht 1954, S. 10.

gung in Belgien und den Niederlanden fiel nach 1953 weg. Stattdessen wurde 1954 erstmals eine Ferienmaßnahme mit 200 Kindern an der Adria durchgeführt und mit zusätzlichen Häusern in den folgenden Jahren ausgebaut. Außerdem konnten Häuser im Allgäu, in Tirol und an der Nordsee zeitweise belegt werden, sodass 1959 wieder 730 Kinder verschickt werden konnten. Dies Maßnahmen wurden ebenso wie Heilkuren für Kinder mit Asthma, Anämie sowie Herz- und Kreislauferkrankungen in den 60er Jahren fortgeführt.[2228]

Nachdem die Stadt ab 1956 selbst Ferienerholungen organisierte und damit in Konkurrenz zu Caritasverband und Innerer Mission trat, konnten deren Programme aus finanziellen Gründen nur mit großen Schwierigkeiten verwirklicht werden. So wurden 1960 von der Stadt 592.057 DM für Maßnahmen in städtischen bzw. 667.903 in nichtstädtischen Heimen ausgegeben, während den freien Trägern insgesamt nur 40.000 DM bewilligt wurden. Proteste der freien Träger, die von CDU und FDP unterstützt wurden, die auf die freien Plätze in ihren Einrichtungen hinwiesen, wurden vom Jugendamt mit dem Hinweis abgelehnt, man könne die Vereinbarungen mit den auswärtigen Jugendheimen und Jugendherbergen nicht mehr rückgängig machen. In den folgenden Jahren wurde trotz Einwände von Mitgliedern der Jugendwohlfahrtsdeputation diese Praxis fortgesetzt. Bis zur Einrichtung des Hessenjugendplans gab es keine städtischen Zuschüsse für die Kindererholung der freien Träger, während bei städtischen Maßnahmen auch die Kostenbeiträge der bedürftigen Eltern übernommen wurden.[2229]

Das Erholungsprogramm wurde in den 60er und 70er Jahren fortgesetzt und führte u.a. nach Österreich und Italien. Vermutlich 1958 wurde die erste Ferienfreizeit in Cesenatico durchgeführt, die u.a. von Schwester Margherita und Annelies Blumrich betreut wurden. 1961 nahmen 250 Kinder und 150 Jugendliche teil.[2230] 1971 organisierte der CV Ferienerholungsmaßnahmen für 800 Kinder, während 312 Kinder zu Kuren entsandt wurden. Weitere Zahlen liegen bisher nicht vor.

Anfang der 70er Jahre organisierte man Ferienfreizeiten für die Jugendlichen aus den Heimen und bot nach der Errichtung der Spiel- und Lernstuben Stadtranderholungen und kürzere Ferienaufenthalte an. Diese Programme laufen bis heute.

7.3.5.2 Müttererholung

1946 organisierten die Frankfurter Pfarreien allein oder in Zusammenarbeit mit dem CV Maßnahmen zur Müttererholung, u.a. im Hotel Seipel in Bad Orb, im Haus Hubertus in Bad Schwalbach und im Haus am Wald in Schlossborn. Im Hotel Seipel konnten zusätzlich zu den Altenheimplätzen 15 erholungsbedürftige Frauen mit einem Tagessatz von 4 DM untergebracht werden. 1948 und 1949 waren es 129 bzw. 132 Mütter, die in der Regel drei Wochen blieben. Es handelte sich zu 60% um arme Frauen und

---

2228 Protokoll CVF-Mitgliederversammlung v. 16.6.1959 (ACVF-1330).
2229 Nicolai/Schmidle/DCV 14.3.1961 (ACVF-1710/1e).
2230 Schreiben Braun/Mater Archangela v. 26.1.1961 (ACVF-1760-ERL).

zu 40% um Flüchtlingsfrauen.[2231] Im Haus am Wald wurden nach der Modernisierung und Erweiterung im Februar 1949 Plätze für zehn Mütter eingerichtet, die sich einen Monat dort aufhielten und ihre Zimmer selbst in Ordnung halten mussten. [2232]

Nach dem Besuch in einem Erholungsheim des Bayrischen Mütterdienstes in Stein bei Nürnberg war Elly Heuss-Knapp, die Frau des ersten Bundespräsidenten, so beeindruckt, dass sie beide Kirchen und die drei freien Wohlfahrtsverbände überzeugte, unter dem Dach des von ihr am 31. Januar 1950 gegründeten Müttergenesungswerkes für eine „Müttergenesung" zu gewinnen, die Erholungsmaßnahmen ohne intensive körperliche und geistig seelische Betreuung ausschloss.[2233] Aber erst 1962 wurde die Müttergenesung in §36 BSHG verankert. Mit dem hohen Spendenaufkommen werden bis heute zahlreiche Maßnahmen des CV unterstützt. Als besonders wichtig wurden Sonderkuren für Mütter in besonderen Lebenssituationen angesehen, wie Mütter geistig und körperlich behinderter Kinder, Frauen von suchtkranken Männern, alleinerziehende Mütter, Mütter aus sozialen Brennpunkten und psychisch labile Mütter. Neben jungen Müttern, die an einem gezielten Kurprogramm, z. b. Bäderkuren, teilnahmen, überwogen Frauen über 50 Jahre, deren Kinder aus dem Haus waren und die nun Zeit hatten, an sich selbst zu denken. Viele hatten gesundheitliche Schäden davongetragen und fürchteten sich vor Ferien auf eigene Faust, weil sie das Alleinsein nicht gewöhnt waren oder weil sie nicht auch im Urlaub allein sein wollen.[2234] Die Zahl der Zahl der katholischen Heime nahm bis 1958 von 16 auf 54 zu. 1957 allein wurden bundesweit Erholungsmaßnahmen für über 22.000 Mütter organisiert.

Müttererholung in Schlossborn (ACVF)

1953 wurde die Zuständigkeit für Mütterkuren auf die Bundesversicherungsanstalt übertragen. Dies führte dazu, dass LVA wie AOK Frankfurt ab 1. Oktober 1953 Zuschüsse für Müttererholungskuren ablehnten, „um die Leistungsfähigkeit der Kasse zu erhalten."[2235]

Kurz vor Weihnachten 1952 erklärten die Pallottinerinnen, sie müssten ihre drei Schwestern aus Schlossborn abziehen, um ein Krankenhaus in Köln zu übernehmen, und baten den CV, sich um andere Schwestern zu bemühen. Nachdem man sich vergeblich um Freie Caritasschwestern und die bereits im Haus Lucia/Haus Barbara tätigen Dominikanerinnen bemüht

2231 Fragebogen für Müttergenesungswerk v. Juli 1950 (Anlage zu Schreiben Braun an DCV v. 18.7.1950 (ACVF-DCV I).
2232 Schreiben Braun an Generaloberin Paula (Oakford) v. 10.6.1953 (ACVF-1760-DOM).
2233 Träger sind Arbeiterwohlfahrt, Paritätischer Wohlfahrtsverband, Deutsches Rotes Kreuz, evangelische Arbeitsgemeinschaft für Müttergenesung (EAG) und Katholische Arbeitsgemeinschaft für Müttergenesung (KAG).
2234 Protokoll Dienstbesprechung 27.1.1992 (ACVF-Dienstbesprechungen).
2235 AOK Frankfurt/CV v. 5.10. 1953 (ACVF-AOK).

hatte,[2236] übernahmen schließlich die Ursulinen aus Freienwaldau das Haus am 28. Juli 1953 mit vier Schwestern bis zum 31. Dezember 1958.[2237] 1957/58 wurde die Kapazität um drei Plätze auf 22 aufgestockt. Nach dem Abzug der Ursulinen übernahm die pensionierte städtische Familienpflegerin Maria Winner provisorisch die Leitung. Außerdem wurden eine Wirtschafterin und eine Hauswirtschaftspraktikantin eingestellt. Schließlich übernahm am 20. Februar 1960 mit Frau Emmerich erstmals eine weltliche Leiterin.

Nachdem die Kurverwaltung dem CV nahegelegt hatte, Haus Hubertus nicht mehr als Altersheim zu nutzen, führte der CV 1953/54 eine grundlegende Renovierung durch, schuf durch die Aufteilung des großen Saales weitere 16 Plätze und nutzte es als Müttergenesungsheim. Im vierwöchentlichen Turnus konnten jeweils 30 Frauen untergebracht werden.[2238]. Während des Winters war geplant, jungen Mädchen aus Bad Schwalbach Gelegenheit zu geben, Hauswirtschaft, Nähen und Sprachen zu lernen. Dies wurde zwar von Bischof Kempf begrüßt,[2239] ob dies erfolgte, ist nicht feststellbar. 1958 wurde die Kapazität auf 50 Plätze erweitert.

1959 war die Nachfrage nach Plätzen in der Müttererholung so groß, und in Altenheimen so groß das es längere Wartelisten gab. Die städtische Altersfürsorge bezifferte ihre Warteliste Anfang 1959 auf rd. 1.000 Bewerber. Beklagt wurde 1959 auch, dass es keine katholischen Plätze in Frankfurt selbst gab, sodass viele Heime der Arbeiterwohlfahrt nutzten, die ihr Angebot stark ausgebaut hatte. So wurden auch regelmäßig dreiwöchige Kuren im Schwesternhaus in Lahr bei Limburg belegt. Für 1960 plante man weitere Plätze in auswärtigen Schwesternhäusern zu belegen, um die von den Pfarreien gewünschte Altenerholung ausbauen zu können.

7.3.6 Zuzugsgenehmigungen

Als Folge des Krieges stand in Frankfurt nur wenig intakter Wohnraum zur Verfügung. Neben den Arbeitssuchenden benötigten auch die amerikanische Militärregierung und später die Bizonen-Verwaltung für ihre Mitarbeiter neben Büro- auch Wohnraum. Das Wohnungsamt bewirtschaftete daher den Wohnraum auf der Grundlage der Wohnraumlenkungsverordnung vom 27. Februar 1943 weiter. Oberbürgermeister Wilhelm Holbach verlängerte am 23. August 1945 den Zuzug- und den Rückkehrstopp nach Frankfurt. Für Ausnahmefälle wurde die Abteilung „Zuzugsgenehmigung" eingerichtet. Die beschlagnahmten NS-Aktivistenwohnungen wurden rassisch, religiös und politisch Verfolgten zugewiesen. Mit dem Kontrollratsgesetz Nr. 18 vom 8. März 1946 wurde die Ordnung im Wohnungswesen wiederhergestellt.

Auch der CV unterstützte Anträge, wenn Arbeitsplatz und Wohnmöglichkeit vorhanden[2240] war oder eine Familienzusammenführung erreicht

---

2236   Schreiben Maria Braun an Generaloberin Paula v. 10.6.1953 (ACVF-1760-DOM).
2237   Protokoll CVF-Vorstand 20.3.53 (ACVF-1310).
2238   Braun an DCV v. 18.7.1950 (ACVF-DCV I).
2239   Aktennotiz v. 27.6.1953 (ACVF-1760-URS).
2240   in einem Fall hatte eine 43jährige, die „sich als überzeugte Katholikin geweigert (hatte), der SED beizutreten und.. wegen Drohung mit Zwangsverpflichtung aus

werden konnte.[2241] Einer 22-jährigen Frau, die legal in die amerikanische Zone gewechselt war und über den CV eine Stelle in Frankfurt bekommen hatte, wurde die Zuzugsgenehmigung verweigert, obgleich sie alle nachträglich geforderten Papiere vorlegen konnte.[2242] In einem anderen Fall wurden zwei Mädchen (21 und 15 Jahre), die von ihren Eltern zu ihrem verheirateten Bruder nach Frankfurt geschickt worden waren, um nicht in ein polnisches Lager verschleppt zu werden, die Zuzugsgenehmigung nach Frankfurt verweigert, weil sie sich vorher in der britischen Zone aufgehalten hatten.[2243] Der Ausgang der Caritas-Intervention ist nicht bekannt. Am 23. Februar 1950 wurde die Zuzugssperre wieder aufgehoben.

7.4 Jugend

Der Zusammenbruch des Dritten Reiches mit der Erschütterung der gesellschaftlichen Ordnung und dem Autoritätsverlust der bisherigen Bezugspersonen stellten die häufig orientierungslosen Jugendlichen vor große Probleme. Da die Schulen ihren Betrieb erst im Oktober/November 1945 wieder aufnahmen, waren viele Kinder und Jugendliche tagsüber auf sich allein gestellt, weil die Väter gefallen oder in Gefangenschaft waren und ihre Mütter arbeiten mussten, um den Lebenshalt zu sichern. Viele hatten auch aufgrund zerrütteter Familienverhältnisse ihre Familie verlassen, oder auf der Flucht ihre Angehörigen verloren und konnten oder wollten nicht mehr in ihre Heimat zurück.[2244] Darunter waren ca. 50.000 aus der Sowjetischen Besatzungszone.[2245] Hilfe für Mädchen und jungen Frauen hatte Vorrang, während von männlichen Jugendlichen erwartet wurde, dass „sie ihren Mann stehen" und selbst einen Ausweg aus ihrer Krisensituation finden. Eine Unterstützung zur Reintegration erhielten sie nur selten.

Die Jugendlichen sahen in den Städten am ehesten eine Chance auf zum Überleben, waren dort aber auch am meisten gefährdet, da diese genügend Gelegenheit für eine kriminelle Karriere boten. So hatte sich die Jugendkriminalität in Frankfurt bis 1947 gegenüber der Vorkriegszeit verfünffacht.[2246] Viele Jugendliche wurden durch Herumtreiberei, Obdachlo-

der russischen Zone fliehen" musste, eine Stelle und Unterkunft in der Kantine ihres Bruders bei der Bizonen-Oberbauleitung in Aussicht. (Bescheinigung v. 18.6.1948-CVF-Mädchenschutz I).

2241 Der Ehemann war als Bauschreiner beim Control Office der I. G. Farben beschäftigt, die aus Frankfurt stammende Ehefrau war mit zwei Kindern aus Hinterpommern nach Thüringen ausgewiesen worden und dann nach Frankfurt geflohen (Schreiben Neles an Wohnungsamt Frankfurt v. 28.6.1948). Am 21.10.1948 wurde die Genehmigung erteilt.

2242 Schreiben Neles/Obermagistratsrat Eisenhuth v. 23.11.1948 (ACVF-Mädchenschutz I).

2243 Schreiben Neles an Wohnungsamt Frankfurt v. 28.6.1946 (ACVF-Mädchenschutz I).

2244 In einem Fall kehrten die Eltern nach Temesvar (Rumänien) zurück, die 28jährige Tochter, die einige Semester Philologie studiert hatte, blieb in Frankfurt, um weiter in der amerikanischen Verwaltung zu arbeiten (ACVF-Mädchenschutz I).

2245 Anlage zu Schreiben Erzbischof George J. Lucas an Apostolischen Administrator Weihbischof Manfred Grothe v. 5.5.2014 bez. Seligsprechungsverfahren Edward Flanagan.

2246 SPD/CDU (Hg.): Frankfurt im Wiederaufbau 1945–48, April 1948.

sigkeit, Übertretung der Sperrstunde und des Rauchverbotes in der Öffentlichkeit aktenkundig. Männliche Jugendliche lebten vom Schwarzmarkt und Kleinkriminalität oder liefen Gefahr über die Anwerbestelle in Mainz den Weg in die französische Fremdenlegion anzutreten. Für Mädchen und Frauen war die Versuchung groß, als Prostituierte zu arbeiten.[2247]

7.4.1 Offene Jugendhilfe

Die offene Jugendhilfe nach dem Zweiten Weltkrieg wurde für weibliche Jugendliche vom CV und der Bahnhofsmission getragen, für männliche Jugendliche erfolgte dies durch die Volksarbeit und die katholischen Jugendverbände (BdKJ, DPSG) getragen. Aber auch die Heimleiter der verschiedenen Jugendwohnheime sowie einzelne Pfarreien bemühten sich, entsprechende Angebote zu schaffen.

7.4.1.1 Programm „German Youth Activities" (GYA)

Schon vor Kriegsende wurde das Programm „Army Assistance to German Youth" ins Leben gerufen, das später in „German Youth Activities"(GYA) umbenannt wurde. Ziele waren, die deutsche Jugend politisch umerziehen (Reeducation), die Jugendkriminalität senken und soziales Verhalten zu fördern. Militärdienststellen sollten Jugendinitiativen von Kommunen, Verbänden und Kirchen unterstützen, sich aber selbst nicht in die Vereinsarbeit einschalten.[2248] Dazu gehörten Schulspeisungen, Filme für den Schulunterricht, die ab 1947 organisierten Zeltlager der Stadt- und Landkreise und das ab 1950 durchgeführte „Deutsche Seifenkisten-Rennen".

Pater Edward Flanagan
© boytown.org

Wichtig waren die ab 1947 von den amerikanischen Ortskommandanten eingerichteten Jugendclubs. In Frankfurt bestanden mehrere GYA-Klubs, die als „Deutsches Jugendheim" firmierten, u.a. in Höchst, Praunheim, Griesheim, Bonames, Eckenheim und Schwanheim sowie in der Rheingau-Allee und der Süßmayerstraße. 1948 besuchte Pater Edward Flanagan, der Gründer des amerikanischen Modelljugenddorfes Boytown bei Omaha/Nebraska, als Mitglied einer Kommission mehrere dieser Klubs und traf dabei Walter Adlhoch[2249], damals Caritasdirektor in Wiesbaden.[2250]

1950 versuchte die US-Army vergeblich, die Klubs an kirchliche oder kommunale Träger zu übergeben. Lediglich vier Heime (Bonames, Süßmayerstraße, Rheingau-Allee und Center

---

2247 Schreiben Neles an G. Schrammer v. 11.11. 1947 (ACVF-Mädchenschutz I).
2248 Rundschreiben Headquarters US Forces, European Theater v. 5.10.1946 (ISG – Fürsorgeamt 1.765).
2249 Walter Adlhoch würdigte 1952 das Wirken Flanagans (Father Flanagan baut eine Stadt für Jungen, Freiburg 1952).
2250 Anlage zu Schreiben Erzbischof George J. Lucas an Weihbischof Manfred Grothe v. 5.5.2014 bez. Seligsprechungsverfahren Edward Flanagan.

Betts Area 97th General Hospital) waren in amerikanischem Besitz, die übrigen gehörten Privatpersonen. Nachdem die GYA 1951 ihre Arbeit in Frankfurt[2251] eingestellt hatte bemühte sich die Stadt zuletzt am 29. September 1951 um die Übernahme der Jugendclubs, doch lässt sich ein Ergebnis bisher nicht feststellen. Seitens der Stadt wurde vorgeschlagen, dass die I.G.Farben und ggfs. eine Brauerei (Henninger oder Binding) kontaktiert werden sollten.[2252]

7.4.1.2 Stellenvermittlung

Da es in Frankfurt genügend Arbeitsplätze gab, strömten viele Arbeitssuchende in die Stadt. Etwa zwei Drittel waren Heimatvertriebene, ein Fünftel Bombengeschädigte, Evakuierte und Halbwaisen. Um Jugendlichen eine Chance zu geben, beriet man jährlich etwa 30–40 Eltern in Schulfragen[2253] und bemühte sich um Lehrstellen und Internatsplätze. Ca. 90% konnten in Lehrstellen untergebracht werden bzw. schlossen eine Ausbildung ab.[2254]

Der CV übernahm mit dem Nationalverband der Mädchenschutzvereine die Stellenvermittlung für Mädchen und junge Frauen. Anlaufstelle war die Bahnhofsmission, die Vermittlung erfolgte durch Paula Neles im CV. Regelmäßig wurden Mädchen aus Marktredwitz zur Vermittlung gemeldet, wo sich schlesische Flüchtlingsfamilien niedergelassen hatten.[2255] Weibliche Jugendliche wurden auch nach außerhalb vermittelt, „um sie dem ungünstigen Einfluss ihrer Verwandten zu entziehen, sie selbst soll noch ganz ordentlich sein."[2256] Hauptsächlich wurden Stellen als Haushaltsgehilfinnen in möglichst katholischen und geordneten Familien vermittelt und bei der Integration in das neue Umfeld geholfen. In Zusammenarbeit mit dem Mädchenschutz wurden Mädchen als Au-pair nach Irland, Frankreich, Spanien, Schweden, die französische Schweiz und Frankreich vermittelt, um sich in einer Fremdsprache auszubilden und geordnete Familienverhältnisse kennen lernen zu können.[2257] Wie lange die Stellenvermittlung betrieben wurde, lässt sich nicht feststellen. 1958/59 wurde eine zusätzliche Kraft eingestellt.[2258]

In den CV-Akten sind nur wenige Anfragen von männlichen Jugendlichen nach Arbeitsplätzen zu finden, die an den Katholischen Jugenddienst weitergeleitet wurden. Dieser bemühte sich mit dem Arbeitsamt ab Herbst 1945 um Arbeitsplätze für Heimkehrer, später auch für die übrigen männlichen Arbeitsuchenden. Hauptsächlich wurden Arbeitsplätze im Hoch- und Tiefbau, Landwirtschaft und Gartenbau vermittelt, denn viele Firmen boten bei „mäßiger Bezahlung" (Facharbeiter 1 RM/Std. und Hilfsarbeiter

2251 1956 wurde das Programm offiziell eingestellt.
2252 Schreiben Jugendamt/Radigan – US-Kreis-Resident-Officer v. 29.9.1951 (ISG-Fürsorgeamt ISG 1.765).
2253 Bericht Entwicklung der Jugendfürsorge seit Kriegsende v. 13.11.1948 als Anlage zur Niederschrift der CVF-Mitgliederversammlung v. 9.12.1948 (ACVF-1330-01).
2254 CV Frankfurt-Geschäftsbericht 1954, S. 13.
2255 Schremmer an CV Frankfurt o. Datum (ACVF-Mädchenschutz I).
2256 Vermerk v. Neles v. 1.7.47 (ACVF-Mädchenschutz I).
2257 Bericht Caritasdirektor auf CV-Mitgliederversammlung am 9.12.1948 (ACVF-1330).
2258 Protokoll CVF-Mitgliederversammlung 16.6.1959 (ACVF-1330).

0,75 RM/Std.) freie Unterkunft und warme Verpflegung. Als Teilschwer- oder Schwerarbeiter erhielten sie Zulagekarten (wöchentlich 200 g Fleisch, 200 g Fett, 800 g Nährmittel, 500 g Brot sowie Käse und Kartoffeln).[2259] Da auf Anweisung der Militärregierung zunächst keine Renten gezahlt werden durften, waren Kriegsinvaliden auf geeignete Arbeitsplätze angewiesen.[2260]

7.4.1.3 Weibliche Jugendliche

Katholische und evangelische Bahnhofsmission informierten sich gegenseitig über weibliche Jugendliche der anderen Konfession[2261] und halfen sich bei der Unterbringung.[2262] Aus den Akten lassen sich nur wenige Betrugsversuche mit Hinweis auf angeblich gestohlene Taschen, Fahrkarten, Ausweispapiere und Geld entnehmen.

Damit die Mädchen und jungen Frauen Kontakt zu Gleichaltrigen halten konnten, bot der CV ab 1. Oktober 1948 Freizeitmaßnahmen im Wohnzimmer der 1947 verstorbenen Agnes Machan in der Brönnerstraße 32, dem späteren Haus Ursula, an. Jeden zweiten Sonntagnachmittag traf sich der Mädchenschutzkreis. Dank einer Lebensmittelspende des Schweizer Mädchenschutzes[2263] wurde bis Juli 1949 dreimal wöchentlich ein Abendessen für ca. 20–35 berufstätige junge Frauen angeboten. Die Mädchen konnten sich mit einer wöchentlichen Spende beteiligen.[2264] Mangels Beteiligung wurde der Abendtisch im Sommer 1949 eingestellt.[2265] Gleichzeitig wurde eine Nähstube eingerichtet, die zunächst dienstags und donnerstags, später nur noch donnerstags ab 16 Uhr geöffnet war. Die Nähutensilien mussten mitgebracht und ein Kostenbeitrag von 20 Pfennig geleistet werden.[2266] Die Nähmaschine war von einer Angestellten der Bahnhofsmission zur Verfügung gestellt worden.[2267] 1952 nahmen die Franziskanerinnen in der Langen Straße auch die hauswirtschaftliche Ausbildung junger Mädchen wieder auf, die als wertvolle Vorbildung in einen sozialen Beruf dienen sollte. Die Ausbildung wurde später eingestellt. [2268]

1959 wurde nach der Aufstockung des Caritashauses im 2. Stock ein Clubheim für Mädchen eingerichtet, das im Gegensatz zu den Heimen der offenen Tür als „Abend-Heimstatt" für die überwiegend berufstätigen Frauen zwischen 16 und 25 Jahren konzipiert war. Im Sommer war es

2259 Schreiben Bauzug Kurzweg an Kath. Jugend-Dienst v. 6.6.1946 (AHdV).
2260 Katholische Jugend hilft an deutschen Bahnhöfen – Manuskript (AHdV).
2261 Paula Neles informierte am 8.11.1948 die Innere Mission über ein evangelisches Mädchen, dass man in einem katholischen Haushalt als Angestellte untergebracht hatte. Die Evangelische Markus-Gemeinde in Frankfurt-West bedankte sich am 13.11.1948 für die Mitteilung und teilte mit, man habe sie zu einem Hausangestelltenkreis eingeladen. (ACVF-Mädchenschutz I).
2262 Paula Neles bat die Übernachtungsstelle des Roten Kreuzes mehrfach, Arbeitsuchende und mittellose Frauen kostenlos für eine Nacht unterzubringen (Schreiben Neles v. 8.9.1948 bzw. 18.8.1949-ACVF-Mädchenschutz II bzw. I).
2263 Neles an R. Hippler v. 19.7.1948 (ACVF-1790-In Via).
2264 Aktennotiz für Vorstandsitzung v. 1.9.1948 (ACVF-1551-BRÖ).
2265 Aktennotiz v. 19.7.1949 (ACVF-1551-BRÖ).
2266 Schreiben Neles an E. Büchner v. 1.10.1948 (ACVF-2912).
2267 Aktennotiz für CVF-Vorstand v. 1.9.1948 (ACVF-1551-BRÖ).
2268 https://schervier-altenhilfe.de/frankfurt/franziska-schervier/seniorenpflegeheim/geschichte.html (Stand: 15.7.2019).

Dienstag bis Freitag von 17–22 Uhr, im Winter auch Samstag und Sonntag von 16–22 Uhr geöffnet. Neben einem Gruppen- und einem Lesezimmer (Bibliothek, Plattenspieler, Radio) gab es eine moderne Küche, ein Bad mit Gelegenheit zum Wäschewaschen und eine im Flur abgetrennte Cocktailecke. Die Kosten von ca. 11.000 DM wurden je zur Hälfte vom CV und vom Bund getragen. [2269] Das Clubheim wurde regelmäßig von 40–50 Mädchen pro Woche besucht, die auch Freunde und Verlobte zu Tanzabenden und Seminaren mitbringen durften. Viele Besucherinnen wohnten außerhalb in möblierten Zimmern und hatten in Frankfurt keine Angehörigen. Etwa 8% waren CV-Mündel. Beruflich überwogen kaufmännische Angestellte, dann folgten ungelernte Arbeiterinnen, Sozialberufe und Hausangestellte. Kaum jemand war in einem Jugendverband organisiert. Der Mädchenclub bot die Gelegenheit für persönliche Aktivitäten (Waschen, Baden, Bügeln, Nähen), für Spiele, Schallplattenhören, Fernsehen und Lesen in der eigenen Bücherei. Neben Bildungsseminaren wurden auch Näh- und Kochkurse, Tanzabende und Ausflüge unternommen sowie 40 ermäßigte Theater- und Konzertabonnements bereitgestellt, die von den Mädchen selbst bezahlt wurden. Ab 1960 wurden auch ausländische Arbeitnehmerinnen aufgenommen, um die „Mädchen (…) unmittelbar mit den Gewohnheiten und der Andersartigkeit fremder Völker" zu konfrontieren und „Schritt für Schritt auf die Begegnung mit dem Fremden" vorzubereiten."[2270] Der Mädchenclub wurde vermutlich mit dem Ende des Mädchenwohnheims 1964 geschlossen.

7.4.1.4 Studentenfürsorge

Nachdem die Militärregierung die während der NS-Zeit stark belastete Universität schließen wollte, setzten Bürgermeister Wilhelm Holbach und der neu ernannte Rektor Georg Hohmann mit Unterstützung amerikanischer Universitäten die Wiedereröffnung am 1. Februar 1946 durch. Erstmals im Wintersemester 1947/48 betreute der Caritasverband rd. 100 Studenten. Dazu gehörte die Unterstützung mit Lebensmitteln, die Beschaffung von Zimmern, vier Öfen und Fensterglas sowie Kleidung. Soweit möglich wurden auch Kuren und Erholungsaufenthalte vermittelt. Monatlich erhielten 30–35 kranke, kriegsversehrte und unterernährte Studenten zusätzliche Lebensmittelmarken. Anfangs wurden auch finanzielle Hilfen gewährt sowie Stipendien der Frau Gertrud von Hindenburgstiftung [2271] (250 RM/Semester) vermittelt. Anfangs nutzten 600 Studenten, nach der Währungsreform noch etwa 200 Studenten den Caritas-Mittagstisch.[2272] Nach 1949 sind keine Quellen mehr vorhanden.

2269 Entwurf Jahresbericht Mädchen-Klubheim v. 3.7.1962 (AVCF-3121).
2270 Jahresbericht Clubheim 1961 v. 22.5.1962 (ACVF-3121).
2271 Die „Frau Gertrud von Hindenburg Stiftung zur sittlichen Stärkung der deutschen Jugend" wurde 1918 von der Frau des späteren Reichspräsidenten gegründet.
2272 Bericht über die Tätigkeit der Studentenfürsorge in der Zeit vom 15.9.1947 bis zum 15.11.1948 als Anlage zur Niederschrift der CVF-Mitgliederversammlung v. 9.12.1948 (ACVF-1330-01-01).

7.4.2 Jugendwohnheime

In Frankfurt hatte es vor dem 2. Weltkrieg mit Ausnahme des Kolping-hauses mit 120 Betten[2273] und dem 1944 ausgebombten Heim für Kaufleute und Studenten keine Unterkunftsmöglichkeiten für Arbeit suchende katholische Jugendliche bzw. Auszubildende gegeben, wenn man von den Arbeiterwohnheimen der großen Industriebetriebe absieht. Diese Situation verschärfte sich nach Kriegsende. Jugendherbergen gab es nicht mehr, viele Baracken mit Schlafplätzen waren nur notdürftig eingerichtet und die sanitären Bedingungen katastrophal, aber dennoch kaum bezahlbar. Jugendliche erhielten nur Arbeit oder eine Lehrstelle, wenn sie eine Zuzugsgenehmigung hatten und wenn sie einen Schlafplatz nachweisen konnten.[2274]

Da viele Jugendliche in Bahnhöfen oder in Hausruinen übernachteten, stellte die Militärregierung am 26. April 1947 in Bahnhofsnähe eine Baracke mit zwei Schlafsälen für durchreisende Jugendliche von 14–18 Jahren auf, um sie vom Schwarzmarkt fernzuhalten. Wegen der nächtlichen Ausgangssperre (21.30 – 5.00 Uhr) liefen Jugendliche Gefahr, von der amerikanischen Militärpolizei oder der deutschen Polizei aufgegriffen zu werden. Gemäß der „Verordnung über die heimatlose Jugend" wurden weibliche Jugendliche der Bahnhofsmission zur Unterbringung in Jugendheime überstellt,[2275] während die männlichen in den Bunker Rendeler Straße bzw. „schwierige" auf der Basis des Kontrollratsgesetzes Nr. 3 in das Lager Sossenheim eingewiesen wurden.[2276]

Rendelerbunker © Reimer

Aufgrund des traditionellen Rollenbildes hatten es weibliche Jugendliche leichter als männliche, bei denen man von einer bewusst in Kauf genommenen Benachteiligung sprechen muss. Während die als Hausangestellte vermittelten Mädchen meist in den Familien selbst untergebracht wurden, wurden den Studentinnen oder Schülerinnen, die in Frankfurt eine Schule besuchen wollten, Zimmer vermittelt.[2277] Die Stadt richtete im Germaniabunker ein Aufnahmeheim für 60 Mädchen ein. Für eine kurzfristige Unterbringung wurde auch das Theodora-Heim der evangelischen Bahnhofsmission genutzt. Weibliche Jugendli-

---

2273 das Kolpinghaus wurde von 4 Ordensfrauen, 5 Laien und 12 Hilfskräften betrieben.
2274 FR v. 19.11.1945.
2275 so schrieb das Jugendamt zu einer Überstellung in das Caritasheim Ilbenstadt v. 18.2.1947, die Betreffende habe zwar einen guten Eindruck erweckt, so dass man ihr eine Arbeitsstelle bei einem Arztehepaar vermittelt habe, sie habe die Stelle aber nicht angetreten, sondern sei nur zu den Mahlzeiten und spätabends in den Glauburgbunker zurückgekehrt, „wo sie sich an weniger wertvolle Mädchen angeschlossen habe und .. in recht herausfordernder Art die Verbindung mit dem männlichen Geschlecht (suche). (ACVF-Mädchenschutz I).
2276 Notiz Nicolai über Jugenddeputationssitzung v.1.10.1947 (ACVF-JWA).
2277 Korrespondenz Neles/Kath. Pfarramt Dudweiler/Saar v. Frühjahr 1947 (ACVF-Mädchenschutz I).

che wurden meist ohne eigenen Kostenbeitrag untergebracht, während wohnungslose männliche Jugendliche ohne Zuzugsgenehmigung ab September 1945 in den städtischen Bunker Rendeler Straße eingewiesen wurden und ab Herbst 1947 zunächst 1,85 RM, später 2 RM des sich auf 2,50 RM belaufenden Selbstkostenpreises entrichten mussten. Obgleich es nicht genügend Arbeitsplätze gab, wurde von ihnen verlangt, Fahrgeld und Lebensunterhalt selbst zu verdienen und ansonsten mit Sanktionen gedroht.

Angesichts dieser Entwicklung sah sich der Gesamtverband veranlasst, Einrichtungen zu schaffen, um den von ihren Familien getrennten Jugendlichen, die eine Berufsausbildung anstrebten, Unterkunft und ein geordnetes Leben zu bieten. Mit finanzieller Unterstützung des Bistums Limburg wurden Jugendwohnheime gefördert. Bei den Wohnheimen für männliche Jugendliche übernahmen die Katholische Jugend und neugegründete Trägervereine die Leitung, bei den Wohnheimen für weibliche Jugendliche der CV. Die hauswirtschaftliche Betreuung oblag bei den Jungenwohnheimen mit Ausnahme des Kolpinghauses Laienkräften, bei den Mädchenwohnheimen Ordensschwestern.

Der CV befasste sich am 18. Dezember 1945 mit den Planungen des Gesamtverbandes für die Errichtung eines neuen Jugendheimes, der 10.000 RM als verlorenen Zuschuss oder zinsloses Darlehen bereitstellen wolle, und beschloss die Trägerschaft und wirtschaftliche Führung zu übernehmen. Da aus pastoralen und organisatorischen Gründen der Jugendpfarrer im Haus wohnen sollte, wurde Pehl beauftragt, mit dem BO über eine Dienstwohnung zu verhandeln. Die finanzielle Beteiligung des CV sollte erst nach dem Vorliegen der Pläne und Kostenanschläge festgelegt und auch eine finanzielle Beteiligung des Bistums beantragt werden.[2278] Unklar ist bisher, welches der in den folgenden Jahren entstandenen Jugendheime auf diese Planung zurückgeht.

7.4.2.1 Caritas-Jugendwohnheim Heddernheim

Da kein geeignetes Haus zur Verfügung stand, bemühte man sich im Herbst 1945 um die ehemalige B-Baracke (Bordellbaracke) des Arbeitserziehungslagers der Gestapo für Fremdarbeiter[2279] auf dem Gelände der Heddernheimer Kupferwerke (VDM) am Zeilweg.[2280] Am 24. September 1945 wurde beschlossen, Schlotter als Treuhänder vorzuschlagen, die Baracke am Standort zu belassen, dort Ortsfremde und Obdachlose unterzubringen und nach der Rekrutierung des notwendigen Personals die Baracke zu eröffnen.[2281] Tags darauf übernahm der CV die Baracke und Schlot-

---

2278 Protokoll CVF-Vorstand v. 18.12.1945 (ACVF-1310).
2279 Vom 1. April 1942 bis 18. März 1945 bestand ein von der Gestapo kontrolliertes „Arbeitserziehungslager" mit drei Häftlingsbaracken, Schuppen, Wachraum mit Wachturm, einen „Bunker"(Gefängnis), Entlausungsbad, Hundezwinger und Bordellbaracke. Ausgelegt für 200 Häftlinge war es mit bis zu 400 Häftlingen belegt. (Fritz Koch, Verwaltete Lust. Stadtverwaltung und Prostitution in Frankfurt am Main 1866–1968, Frankfurt 2010, S. 225–7).
2280 Bekanntmachung betr. Vermögensbeaufsichtigung v. 25.9.1945 (ACVF-1561).
2281 Protokoll CVF-Vorstand v. 24.9.1945 (ACVF-1310).

ter wurde von der Militärregierung als Treuhänder eingesetzt. [2282] Die Jugendlichen zwischen 14 und 18 Jahren wurden von einem Ehepaar betreut.[2283] 34 ortsfremde und meist heimatlose männliche Jugendlichen hatten so eine bescheidene Unterkunft. Zeitweise lebten dort sogar 60 Jugendliche. Bis November 1948 wurden insgesamt 85 Jugendliche untergebracht, davon 52 aus Gebieten östlich der Oder-Neisse-Linie. Von den 49 ausgeschiedenen Jugendlichen konnten 20 nach Ermittlung der Anschrift ihren Eltern zugeführt und 15 nach Beendigung ihrer Ausbildung in Arbeitsstellen vermittelt werden. Während acht aus dem Heim ausrissen, kamen fünf wegen erheblicher Erziehungsschwierigkeiten in geschlossene Heime. Obgleich zahlreiche Jugendliche um Aufnahme nachsuchten, war dies aus Kapazitätsgründen nicht möglich. Teilweise wurden diese in Landstellen vermittelt, was aber aufgrund der um Arbeit nachsuchenden Flüchtlinge 1947/48 immer schwieriger wurde. Meta Nicolai beklagte, dass in den zahlreichen Werkarbeitslagern „eine Erziehung nicht gegeben [sei und] die Jugendlichen (...) unter den Erwachsenen (...) nichts Gutes" lernen und sprach sich für die Errichtung eines Jugendwohnheimes aus.[2284]

Das Heim war ein grosses Zuschussgeschäft. Zwischen 1945 und 1948 standen Einnahmen von 25.348 RM Ausgaben von 73.513 RM gegenüber, sodass sich ein Defizit von 48.765 RM ergab. Angaben über die DM-Zeit liegen bisher nicht vor, doch wurde mehrfach die negative Bilanz beklagt.[2285] Bereits vor der Währungsreform hatte der Gesamtverband dem CV das Grundstück Unterweg 8 mit dem zerstörten Ursulinenkloster als Ersatz für die Heddernheimer Baracke angeboten. Da nach der Währungsreform die finanziellen Mittel fehlten und sich weder Bistum noch DiCV engagieren wollten[2286] und stattdessen das Jugendwohnheim Goldstein förderten,[2287] blieb man nach der Kündigung durch VDM vom 30. April 1949 bis zur gerichtlich durchgesetzten Räumung bis zum 15. Juni 1950 in Heddernheim.

Da man auch der Wanzenplage[2288] nicht Herr wurde und VDM das Eigentumsrecht geltend machte, bemühte man sich um einen Neubau mit 55 Plätzen auf einem von der Stadt angebotenen Erbpachtgrundstück in der Scheidswaldstraße mit Baukosten von 287.000 DM, auf dem auch ein Altenheim geplant war. Beide konnten trotz unterschriftsreifer Verträge nicht realisiert werden, da die benötigten Mittel in der Währungsreform verloren gingen. Auch ein 1950 mit der Siedlungsgesellschaft Union ge-

---

2282 In einem Antrag an das Bayerische Jugendsozialwerk v. 13.2.1952 wird bereits der 1.Juni 1945 angegeben (ACVF-3115).
2283 Protokoll CVF-Vorstand v. 18.12.1945 (ACVF-1310).
2284 Bericht über Entwicklung Jugendfürsorge seit Kriegsende v. 13.11.1948 als Anlage zur Niederschrift der CVF-Mitgliederversammlung v. 9.12.1948 (ACVF-1330-01).
2285 Solidaris-Prüfberichte (ACVF-1510).
2286 undatiertes Schreiben Richter/BO v. Herbst 1948 (ACVF-3114).
2287 Siehe Abschnitt 7.4.2.3 – Jugendwohnheim Goldstein, S. 447ff.
2288 Meta Nicolai meinte gegenüber dem Verfasser 2001, die Baracke sei so verwanzt gewesen, sie müsse sich immer noch jucken, wenn sie am Zeilweg umsteigen müsse.

plantes Jugendwohnheim mit 100 Plätzen auf dem Gelände der ehemaligen Flakkaserne in Hausen (heute Industriehof) kam nicht zustande.[2289]

7.4.2.2 Caritas-Jugendwohnheim Unterweg 8

Nachdem das BO eine Mitfinanzierung zugesagt hatte, wurden die Gebäude im Ursulinenkloster am Unterweg 6 und 8 wiederaufgebaut, am 15. Juni 1950 bezogen und 44 Jugendliche zwischen 14 und 21 Jahren in Vierbettzimmern untergebracht. Sie wurden von sechs Mitarbeitern unter Leitung des Ehepaars Dembowski, beides Fürsorger, betreut. Alle Näh-, Flick- und Bügelarbeiten mussten im allein beheizbaren Tagesraum/Speisesaal erledigt werden. Die Bausubstanz war schlecht und führte zu Rissen in den Wänden und einem ständig undichten Dach. Da ein Fahrradschuppen fehlte, wurden allein im 2. Halbjahr 1951 drei Fahrräder gestohlen.[2290] Dank einer 10.000 DM-Spende von Raimund Brenninkmeyer (C&A) wurde 1955 eine Heizung eingebaut.[2291]

Vorwiegend wurden Jugendliche ohne Elternhaus oder mit einem Bedarf an besonderer pädagogischer Behandlung aufgenommen.[2292] Das Jugendamt überwies regelmäßig „ausgesprochen erziehungsschwierige Jugendliche (...) auf besondere Anordnung der Leitung", obgleich es selbst in den Wohnheimen Rendeler Straße und Roter Hamm über 250 Plätze verfügte.[2293] Um ein „reibungsloses Zusammenleben" sicherzustellen, wurde 1957 eine „Bummelkassen-Ordnung" eingeführt,

Caritas Jugendwohnheim Unterweg 8
© ACVF

in der kleinere Geldbußen für verspätetes Heimkommen, verbotswidriges Rauchen, grobe Unordnung, verschlepptes Geschirr oder Zerstören von Bettzeug erhoben und für gemeinnützige Anschaffungen „die nach Wunsch der Gemeinschaft gewählt werden können (...) im schlimmsten Fall ein Fernsehgerät."[2294]

Die Belegungszahl ging Ende der 50er Jahre stark zurück. Ende 1956 verpflichtete man sich als Gegenleistung für den 1951 gewährten Zuschuss, 17 Plätze mit jugendlichen Lastenausgleichsgeschädigten zu belegen,[2295] dennoch standen im Oktober 1959 zwanzig der 47 Plätze leer.[2296] Dies führte zu einem erheblichen Defizit von fast 2.000 DM und der Forde-

2289 Schreiben Dr. Breitbach/CV v. 17.3.1950 (ACVF-3115).
2290 Vermerk Moser für Rücksprache mit Schlotter v. 15.4.1952 (ACVF-3115).
2291 Schreiben Richter/R-.Brenninkmeyer v.19.8. und 1.9.1955 (ACVF-3115).
2292 Vermerk zum Caritas-Jugendwohnheim Hausen v. 20.8.1966 (ACVF-3112).
2293 Undatierter (vermutl. 1953/54) Vermerk Jugendwohnheim Unterweg (ACVF-3115).
2294 Bummelkasten-Ordnung, undatiert vermutl. 1958 (ACVF-3115).
2295 Schreiben Stadt Frankfurt Sozialverwaltung/CVF v. 22.11.1956 bzw. CVF/Lastenausgleichsamt Wiesbaden v. 21.1.1957 (ACVF-3115).
2296 Aktennotiz Braun v. 14.10.1959 (ACVF-3115).

rung Willi Leichts, das Haus in den Kirchenzeitungen der benachbarten Diözesen besser bekannt zu machen.[2297]

Das Ende des Lehrlingswohnheims, das immer wieder durch größere
Reparaturen und Verbesserungen, meist aber nur notdürftig, den Erfordernissen der Zeit angepasst worden war, kam 1961 für den CV relativ
überraschend. Zwar hatte Pfarrer Pehl bereits im Herbst 1955 die Errichtung eines „Haus der Begegnung" als dringend erforderlich angesehen und
dafür die dem Bistum gehörenden Grundstücke am Unterweg 6–10 empfohlen, doch tat sich zunächst nichts, da man sich über die Zusammenlegung der bestehenden Heime Goldstein und Martin noch nicht klar war,
zumal die Stadt ihrerseits ein Grundstück für ein neues größeres Jugendwohnheim angeboten hatte.[2298] Maria Braun war sich schon zu diesem
Zeitpunkt darüber im Klaren, dass ein Abriss der beiden vom CV genutzten Häuser in naher Zukunft zu erwarten sei.[2299]

Ende 1958 nahm die Volksarbeit Planungen für das Haus der Volksarbeit auf und bezog die dem Bistum gehörenden Grundstücke Unterweg 8
und 10 ein, ohne aber den CV zu informieren. Das Haus der Volksarbeit
war als Zentrum für das katholische Leben in Frankfurt geplant. Hier sollten die Katholische Glaubensinformation, der Frankfurter Notruf, die Beratungsstellen für Familien-, Rechts- und Sozialfragen, das Familienbil-
dungswerk und die Elternschule untergebracht werden.[2300] Am 16. Februar 1961 erklärte sich der Gesamtverband mit den Plänen einverstanden
und beantragte beim BO die Bereitstellung von 1,7 Mill. DM für Bau- und
Einrichtungskosten.[2301]

Ende April 1961 kündigte der Gesamtverband die Räume des Wohnheims zum 30. Juni 1961 ebenso wie den Kindergarten. Der Caritasvorstand traf am 3. Mai keine Entscheidung zur Kündigung, da sich Richter
krankheitshalber in Baden-Baden aufhielt. Stadtpfarrer Eckert lehnte es
aber ab, nach Baden-Baden zu fahren und mit Richter selbst zu sprechen.
Meta Nicolai und Maria Braun setzten sich tags darauf mit Ernst Gerhardt[2302] in Verbindung, um mit dessen Hilfe eine Ersatzlösung zu finden,
und fuhren am nächsten Tag zu Richter nach Baden-Baden, um die
Marschroute abzustimmen. Am 8. Mai 1961 trafen Meta Nicolai und Frau
Braun mit Bischof Kempf zusammen, dem von der Volksarbeit erklärt
worden war, die Verlegung der Jugendlichen sei bereits geregelt. In der
Tat hatten Stadtpfarrer Eckert und Pfarrer Pehl bereits am 4. Mai 1961 der
Unterbringung der Jugendlichen in den Heimen der katholischen Jugend
zugestimmt, da u.a. auch das Bischof-Dirichs-Heim unterbelegt war. Bei
einem weiteren Gespräch zog Domkapitular Hans Seidenather den Generalvikar hinzu, da Diözesancaritasdirektor Adlhoch verhindert war. Beide

2297 Prüfung Buchführung v. 2.12.1959 (ACVF-3115).
2298 Aktennotiz Braun v. 17.10.1955 (ACVF-3115).
2299 Aktennotiz Braun v. 8.11.1955 (ACVF-3115).
2300 Abschrift Protokoll Gesamtverband der kath. Gemeinden Frankfurts v. 16.2.1961
      (ACVF-1310).
2301 Vermerk Nicolai/Braun v. Mai 1961 (ACVF-1911-Kath. Volksarbeit).
2302 Ernst Gerhardt (1921–), 1936 kfm. Prokurist bei der Braun AG, 1956 Mitglied der
      Stadtverordnetenversammlung für die CDU, 1960 Magistratsmitglied, 1978–89
      Stadtkämmerer, 1974–2017 Mitglied des CVF-Vorstandes.

waren sehr verwundert, dass der CV erst eine Woche zuvor informiert worden sei, da ihnen vor längerer Zeit von Pfarrer Pehl erklärt worden sei, mit der Auflösung der beiden Einrichtungen gehe alles in Ordnung. Seitens des BO wurde ein zusätzliches Heim abgelehnt. Meta Nicolai und Braun betonten aber, es handle sich um ein kleines Heim mit 30 Plätzen für schwierige Jugendliche und Caritas-Mündelkinder, an den man einen Bau für ausländische Arbeiter anschließen könne, der zu 2/3 aus Mitteln des Landesarbeitsamtes gefördert werde. Gleichzeitig empfahlen beide, die bestehenden Lehrlingswohnheime auch für Studenten, Jungarbeiter und ausländische Arbeiter zu öffnen, da dafür Bedarf stehe und das Kolpinghaus keine ausreichenden Kapazitäten habe. Bei einem weiteren Gespräch mit Weihbischof Kampe am Nachmittag erfuhren beide, dass das Neubauvorhaben bereits seit anderthalb Jahren geplant sei und die Volksarbeit den Caritasverband bereits damals über den beabsichtigten Abriss der beiden Häuser hätte informieren müssen.[2303]

Gerhardt lehnte das Vorgehen der Volksarbeit am 9. Mai 1961 gegenüber Meta Nicolai entschieden ab, da man in einer Stadt wie Frankfurt keine sozialen Einrichtungen zugunsten eines solchen Zentrums aufgeben könne. Aufgrund eines entsprechenden Hinweises aus Limburg unternahm man nichts, sondern verwies darauf, dass man die Auflage hätte, nichts zu tun. Über das in den folgenden Tagen geplante Gespräch zwischen BO und Stadtpfarrer Eckert bzw. Pfarrer Pehl konnte zwar nichts ermittelt werden, doch wurde der Baubeginn zurückgestellt und mit den Abbrucharbeiten erst im September 1961 begonnen. Der „Sonntag" kritisierte am 24. September 1961, „das Lehrlingsheim des Caritas-Verbandes und der Kindergarten mit Kinderhort (habe) der Spitzhacke und dem Bagger weichen (müssen), um Platz für den Neubau des Hauses der Volksarbeit" zu machen.[2304] Später stellte das BO als Ersatz das Grundstück in der Großen Nelkenstraße für das spätere Haus Thomas zur Verfügung.[2305]

7.4.2.3 Jugendwohnheim Goldstein

Nach dem Ende des Jugenddienstes am Haupt- und Ostbahnhof und der Schließung der beiden Bahnhofsheime regte Jugendpfarrer Pehl die Einrichtung eines Jugendwohnheimes an. Dabei erfolgte trotz Anweisung seitens des BO keine Abstimmung mit dem CV[2306] und die Volksarbeit richtete im Kellergeschoß am Unterweg 10 ein eigenes Jugendwohnheim mit 32 Plätzen in Etagenbetten ein. Maßgeblich beteiligt waren Maria Grees und Hans Abt (KVA), Georg Wüst (Junge Mannschaft), die Leitung übernahmen Richard Hackenberg und Schwester Klara.[2307]

1947 stellte die Pfarrei Goldstein einen Bauplatz neben ihrer Notkirche am Wiesenhof zur Verfügung. Die „Dom-Spielschar"[2308] der katholi-

2303 Vermerk Nicolai/Braun v. Mai 1961 (ACVF-1911-Kath. Volksarbeit).
2304 Richter/Adlhoch v. 29.9.1961 (ACVF-1911-Kath. Volksarbeit).
2305 siehe Abschnitt 8.8.2 – Heilpädagogisches Schülerheim „Haus Thomas", S. 596.
2306 undatiertes Schreiben Richter/BO v. Herbst 1948 (ACVF-3114).
2307 1947–67. 20 Jahre Jugendwohnheim Unterweg 10, Frankfurt am Main 1967, S. 6.
2308 Zwischen Ab 1946 führte die Dom-Spielschar der Katholischen Jugend bis 1955 u.a. das „Überlinger Münsterspiel" (1946), das „Spiel von der Nachfolge Christi"

schen Jugend spielte unter der Leitung von Carl Send[2309] bis 1955 mit zahlreichen Aufführungen inner- und außerhalb Frankfurts das benötigte Geld ein, das durch großzügige Spenden der Stadt aufgestockt wurde. Pfarrer Pehl erwarb kurz vor der Währungsreform ein Holzfertighaus vom amerikanischen Militär und stellte dieses mit den Jugendlichen auf.[2310] Nachdem zunächst der DiCV die Trägerschaft übernehmen sollte, gründete man dann den Trägerverein „Katholisches Jugendwohnheim Frankfurt am Main Goldsteinsiedlung e.V". Die ersten fünfzehn Jugendlichen, die aus der sowjetischen Besatzungszone stammten, zogen am 1. Mai 1948 ein, die Einweihung erfolgte am 25. Juli 1948.

Nach der Währungsreform am 20. Juni 1948 wurde mit Sammlungen zugunsten eines „Heims für heimatlose Jugend" begonnen und „Bausteine" verkauft. Unter Leitung von Jugendpfarrer Heinz Wolf wurde in Selbsthilfe ein Massivbau im Mai 1949 fertig gestellt, das weiteren 31 Jugendlichen, gleich welcher Konfession, eine Heimat und eine Startmöglichkeit in den Beruf bot. Dank zahlreicher Spenden, Mittel aus dem Soforthilfefonds und Darlehen konnte auch eine einfache Inneneinrichtung bereitgestellt werden.[2311] Die älteren Heimbewohner halfen den Jüngeren und eine Heimvertretung unterstützte Heimleiter Adolf Rudolf in seiner Arbeit. Rudolf legte großen Wert darauf, Kontakt zu den seit dem Kriegsende zugezogenen Goldsteiner Familien zu entwickeln. Er organisierte Vorträge, Filmabende und Feierstunden, an denen auch die Goldsteiner Jugendlichen teilnahmen. Dass man situativ arbeitete, wurde den Beteiligten später vom Gesamtverband als Dilettantismus vorgeworfen.[2312]

Der positive Ruf des Heimes auch außerhalb Frankfurts führte dazu, dass Jugendliche im Heim vorstellig wurden oder Ämter außerhalb Frankfurts nach Plätzen nachsuchten. Mit Hilfe von CARE, das u. a. Werkzeug bereitstellte, Materialspenden der Bauindustrie und der Unterstützung einiger Handwerker stellte man ab 4. August 1952 in Feierabendtätigkeit einen zum Herbst einen Erweiterungsbau teilweise fertig, der Schlafräume, Tagungsraum, Badezimmer, Waschräume, Bastelraum und Küchenkeller. Damit standen 63 Plätze zur Verfügung.[2313]

Nach der Inbetriebnahme des Jugendwohnheimes St. Martin wurde der Massivbau des bisherigen Jugendwohnheims Goldstein als Lehrlingswohnheim für Flüchtlinge und heimatlose Jugendliche unter dem Namen

---

(1947), „Extemporale (Febr. 1948)", „Meier Helmbrecht" als Freilichtspiel vor dem Dom mit 25.000 Zuschauern vor. Einige Aufführungen fanden auch im Werkarbeiterlager I an der Schwanheimer Brücke statt.

2309 Carl Send war Diözesan-Aktionsleiter für Laienspiel.

2310 Das aus der Schweiz stammende Serienhaus war auch dem CV angeboten worden, dessen Architekt den Ankauf aber ablehnte, weil es als normales Wohnhaus konzipiert und damit als Jugendheim ungeeignet sei. Es erfordere zudem erhebliche Zusatzaufwendungen für Installation und Versorgungsanlagen (undatiertes Schreiben Richter/BO v. Herbst 1948 – ACVF-3114).

2311 FR v. 17.9.1952; Oberbürgermeister Dr. Walter Kolb brachte zur Einweihung einen großen Stapel Schlafdecken mit.

2312 Manuela Poschen/Maike Ries: Die Geschichte des katholischen Jugendwohnheims Frankfurt am Main.- Goldsteinsiedlung, Abschlussarbeit im SB Sozialarbeit der Fachhochschule Frankfurt/Main, unveröffentl. Manuskript 1984 (ACVF-3114).

2313 FR v. 17.9.1952.

„Bischof-Dirichs-Heim" fortgeführt. Träger war der „Verein Katholisches Jugendwohnheim Bischof Dirichs e.V.", in dem der Stadtjugendpfarrer den Vorsitz führte. 1958/59 wurde das Jugendwohnheim abgerissen, da die Pfarrei Goldstein das Grundstück für den Neubau der Pfarrkirche benötigte, nachdem alle Versuche ein benachbartes städtisches Grundstück zu erwerben, gescheitert waren. Das Bistum zahlte an den Trägerverein „Katholisches Jugendwohnheim Frankfurt am Main Goldsteinsiedlung e.V." eine Ablösesumme von 180.000 DM, mit der 1959 der Neubau am Ziegelhüttenweg 149 finanziert wurde.[2314]

7.4.2.4 Jugendwohnheim St. Martin

Da die Nachfrage in Goldstein nicht zu decken war und die Gebäude nicht mehr den bautechnischen und hygienischen Anforderungen entsprachen, wurden die Arbeiten am Erweiterungsbau nicht fortgeführt, sondern ein neues Jugendwohnheim in der Stadtmitte geplant. Zunächst standen das zerstörte Karmeliterkloster, in dem heute das Institut für Stadtgeschichte untergebracht ist, und das nicht minder beschädigte Deutschordenshaus zur Diskussion, doch scheiterten dies an zu hohen Baukosten und den baulichen Gegebenheiten.

Die Katholische Jugend ließ aber nicht locker und forderte zusammen mit dem zum Diözesanjugendpfarrer avancierten Pehl und den beiden Jugendpfarrern Wolf und Hermann Schlachter[2315] ein zusätzliches Jugendwohnheim. Schlachter, der neben dem Religionsunterricht an den Berufsschulen auch sehr stark in der Freizeitarbeit für katholische Berufsschüler und –schülerinnen engagiert war, wollte gleichzeitig ein „Heim der offenen Tür" realisieren, dass der nichtorganisierten Jugend Möglichkeiten für Spiel und Unterhaltung bieten sollte.

Am 22. März 1954 diskutierten Caritasverband, Volksarbeit, Katholisches Jugendamt und Pehl, ob die Katholische Jugend im Tausch das Caritas-Jugendwohnheim Unterweg 8 an Stelle des Jugendheimes Goldstein übernehmen sollte.[2316] Der Gesamtverband stellte schließlich das Trümmergrundstück Unterweg 12 der ehemaligen Marienschule der Ursulinen zur Verfügung. Das Haus wurde von der Katholischen Jugend instandgesetzt und bereits am 30. Mai 1954 konnten im Unterweg 12–14 das mit 27 Vierbettzimmern und 104 Plätzen und das erste „Heim der offenen Tür" eröffnet werden, in dem mit Hilfe der Frankfurter Coca-Cola-Niederlassung eine Milch- und Coca-Cola-Bar eingerichtet wurde.

Die Heimleitung übernahm Adolf Rudolf, der auch das bisherige Bischof-Dirichs-Haus bis zu dessen Abriss weiterführte. Die Kontinuität bildete die Grundlage für die enge Bindung vieler Jugendlicher an das Heim, auch nach ihrer Selbständigkeit. Unterstützt wurde er von 6 Laien und 9 Hilfskräften.[2317] 1955 wurde der Trägerverein „Kath. Jugendhaus St. Mar-

---

2314 Weiter in Abschnitt 8.8.5 – Jugendwohnheim Bischof Dirichs, S. 607ff.
2315 Hermann Schlachter (1913–94), Priesterweihe 1937, Kaplan in Berod/Westerwald (1938/39), Ginnheim (1939–45), St. Josef-Bornheim (1945–48), Hadamar (1948–50) und St. Bernhard (1950–??).
2316 Protokoll CVF-Vorstand 22.3.1954 (ACVF-1310).
2317 Neue Presse v. 31.5.1954.

tin e.V." gegründet, um „heimat- und berufslosen Jugendlichen aus den Kreisen der Kriegsfolgenhilfe und aus industriearmen Gegenden", die in Frankfurt einen Arbeitsplatz gefunden hatten, „Unterkunft und Betreuung zu gewähren."[2318] Vorwiegend wurden jugendliche Flüchtlinge aus der DDR, aus Osteuropa und sowie strukturschwachen Gebieten aufgenommen.[2319] Im Fremdenbuch steht unter den ersten Einträgen der damalige Maschinenschlosser und spätere Limburger Weihbischof Gerhard Pieschl.[2320] Zwischen 1954 und 1969 wurden insgesamt 2.000 Jugendliche im Jugendwohnheim St. Martin untergebracht, ungeachtet ihrer Konfession. Das Heimreglement beinhaltete nur die Mahl- und Schlafzeiten, die Freizeitgestaltung war frei, doch wurde das Freizeitangebot (Vorträge, Besichtigungen) intensiv genutzt. 1955 wurden die ersten Ferienfreizeiten in Italien und in Tirol angeboten.[2321]

7.4.2.5 Mädchenwohnheimprojekt Eschersheimer Straße

Bereits vor dem Krieg gab es nur unzureichende Kapazitäten für die Unterbringung berufstätiger, alleinstehender ortsfremder Frauen. Durch die Zerstörungen konnten die Mädchenwohnheime Eichwaldstraße und Langestraße, das Arbeiterinnenwohnheim Kostheimer Straße, das Studentinnenwohnheim Schwindtstraße[2322] und das Heim für Kaufleute und Studenten in der Hochstraße nicht wiedereröffnet werden. [2323]

Nachdem sich das seit 1938 geplante Projekt eines Jugendheims in der Nähe der Heiligkreuzkirche Ende 1945 zerschlagen hatte,[2324] bot das Liegenschaftsamt dem CV einen Bauplatz an der Eschersheimer Landstraße 12–14 für 20 RM/qm an. Der Vorstand und der Ortscaritasausschuss beschlossen am 9. Dezember 1948, einen Kaufvertrag mit der Stadt abzuschließen.[2325] Stadtpfarrer Herr verweigerte mit einem handschriftlichen Vermerk seine Unterschrift unter der Niederschrift, weil seine vom Ortscaritasausschuss zur Kenntnis genommene Ablehnung nicht vermerkt worden war. Herr lehnte das Projekt eines Alten- und Jugendwohnheims mit einem Kostenaufwand von 150.000 DM angesichts des Haushaltsplandefizits von 210.000 DM ab.[2326] Das Projekt kam schließlich nicht zustande.

2318 Schreiben Landesjugendamt Hessen/Vorstand Kath. Jugendhaus St. Martin v. 4.2.1977 (ACVF-3113-05).
2319 Am 31.1.1957 waren von 108 Jugendlichen 49 Heimatvertriebene, 26 Kriegs- und Halbwaisen, 10 DDR-Jugendliche und 23 einheimische. 68 waren Lehrlinge, 40 Jungarbeiter und Gesellen (Schreiben Rudolf/Hess. Innenministerium-Abt. Jugendwohlfahrt v. 31.1.1957 – ACVF-3113-02).
2320 Gerhard Pieschl (geb. 1934 Mährisch-Tribau) 1961 Priesterweihe, Subregens Konvikt Hadamar, Kaplan Bad Ems, Bad Schwalbach und Frankfurt-Bornheim (St. Josef), 1968 Militärseelsorger/Militärdekan Diez, 1975 Standortpfarrer Koblenz, seit 1977 Weihbischof Limburg und Beauftragter der Deutschen Bischofskonferenz für die Flüchtlings-, Vertriebenen-, Aussiedler- und Polizeiseelsorge .
2321 FAZ v. 29.4.1955 bzw. Neue Presse v. 2.5.1955.
2322 Die Ersatzeinrichtung wurde außerhalb Frankfurts errichtet.
2323 Rede zur Einweihung des Wohnheimes Rüsterstraße 5 v. 10.12.1951 (ACVF-3122).
2324 Vgl. Abschnitt 6.4.3.5.6 – Heimprojekt Heiligkreuz, S. 294.
2325 Protokoll CVF-Vorstand v. 25.1.1946 (ACVF-1310).
2326 Protokoll Ortscaritasausschuss v. 9.12.1948 (ACVF-1320).

Ende 1949/Anfang 1950 plante man erneut die Errichtung eines Jugendwohnheims mit 100 bzw. eines Altenheimes mit 200 Betten auf einem anderen städtischen Grundstück an der Eschersheimer Straße/Friedlebenstraße in Dornbusch, wofür der Christliche Notdienst ein 100.000 DM-Darlehen zur Verfügung stellen wollte. Das BO lehnte dieses Vorhaben aufgrund der ihm als untragbar erscheinenden Folgekosten ab, war aber grundsätzlich damit einverstanden, ein Jugendwohnheim für männliche oder weibliche Jugendliche und ein kleineres Altenheim zu errichten. Ein neuer Finanzierungsplan wurde vom Caritasvorstand am 4. Juli 1950 mit drei Gutachten der Anstalts-Kredit-Gesellschaft, der Solidaris GmbH und der Stadtverwaltung Frankfurt dem BO als auch dem DCV übersandt. Vom Bistum wurde nun ein Jugendwohnheim mit 120 Plätzen befürwortet, gleichzeitig aber empfohlen, das Altenheimprojekt zurückzustellen.[2327] Da ein Vertreter des Bistums Limburg, der vermutlich nicht ganz auf dem Laufenden war, auf der DCV-Zentralratssitzung in Speyer erklärte, das Frankfurter Projekt werde aufgrund des zu großen Risikos nicht mehr unterstützt,[2328] annullierte die Christliche Nothilfe ihr Engagement für das Projekt Eschersheimer Straße. Richter bemühte sich über den DCV vergeblich um eine Korrektur.[2329] Die Stadt stellte am 18. Januar 1951 zwar ein Darlehen zur Verfügung,[2330] doch wollte sie für das kleinere Jugendwohnheim ohne Altenheim nur einen Teil des Geländes zu einem erhöhten Preis zur Verfügung zu stellen. Damit war das Projekt gescheitert und man änderte die Planungen zugunsten des Standortes zwischen Karmeliter- und Buchgasse ab.

7.4.2.6 Haus Lucia/Haus Barbara

Angesichts des Wohnungsmangels nutzte der CV die Bereitstellung von 40.000 DM aus der Soforthilfe und beschloss am 4. Januar 1951 den Bau eines Wohnheims für berufstätige Frauen und Mädchen auf dem Trümmergrundstück Rüsterstraße Nr. 5.[2331] Da dieses Grundstück zur Finanzierung anderer Aufgaben 1949 an die „Christliche Nothilfe" in Zürich verkauft worden war, musste es nun für 16.150 DM zurückgekauft werden. Die Finanzierung der ca. 330.000 DM Bau- und Einrichtungskosten erfolgte über ein Darlehen des Landesarbeitsamtes sowie Zuschüsse aus der Soforthilfe, dem Bundesjugendplan und der Schweizer Europahilfe und beinhaltete eine 25jährige Nutzungsbindung als Mädchenwohnheim. Die Baupläne wurden

---

2327 Richter an Vorgrimler v. 30.10.1950 (ACVF-DCV 1944–56). Dem CV ging genauso wie der Arbeiterwohlfahrt, der der AWO-Hauptausschuss bei der Vorplanung für das 1952 eröffnete Johanna-Kirchner-Heim mit 170 Plätzen mitteilte: „Wir bitten (...) aber doch noch einmal sehr zu überlegen, wie nicht nur die Finanzierung momentan möglich ist, sondern auch die Amortisierung und der Unterhalt eines solchen Altenheimes sich ermöglichen lässt. Es wird bei der Höhe des Objekts doch etwas bange vor der Arbeit, die ihr hier übernehmen wollt." (80 Jahre Arbeiterwohlfahrt, S. 35).
2328 Vorgrimler an Dr Richter v. 6.11. 1950 (ACVF-DCV 1944–56).
2329 Richter an Vorgrimler v. 30.10.1950 (ACVF-DCV 1944–56).
2330 Protokoll-Auszug Stadtverordnetenversammlung v. 18.1.1951 (ISG-Magistratsakten 8.846).
2331 Protokoll CVF-Vorstand v. 4.1.1952 (ACVF-1310).

von der Christlichen Nothilfe finanziert.[2332] Der Eigenanteil des CV belief sich mit ca. 113.000 DM auf ein Drittel der Gesamtkosten.[2333]

Das Wohnheim sollte mit dem auf der Rückseite angrenzenden Haus Niedenau 27 gemeinsam von Ordensschwestern geführt werden. Dies stieß auf den Widerstand des Landesarbeitsamts, das aber schließlich einlenkte, da der CV auf einer kirchlichen Heimleitung bestand und überzeugt war, ein Heim mit Laienkräften nicht wirtschaftlich führen zu können.[2334] Generell wurde ein Pauschalbetrag (anfangs 50 DM/Monat pro Schwester) an das jeweilige Mutterhaus gezahlt, dass für die Renten- und Krankenversicherung verantwortlich war. Auf Vorschlag des Landesarbeitsamtes sollten 16 Betten als Dauerplätze und 32 Betten für Übergangsmieter bereitgestellt werden. Diese sollten sich binnen eines halben Jahres eine andere Unterkunft in Frankfurt suchen, um neu hinzuziehenden Platz zu machen.

Haus Lucia © ACVF

Anfang 1951 erklärte sich die Generalpriorin der südafrikanischen „Dominicane Congregation of Oakford"[2335], Mater Paula Hebel bereit, beide Häuser zu übernehmen,[2336] um junge Schwestern einsetzen zu können, denen mit Beginn der Apartheid die Einreise nach Südafrika verboten worden war. Der CV-Vorstand beschloss am 13. März 1951 Verhandlungen mit dem Beauftragten der Dominikanerinnen, bestand aber darauf, dass diese „eindeutig erklären, (…) dass sie personell und fachlich dazu auch in der Lage sind",[2337] was aber von Richter bezweifelt wurde.[2338] Die Kontroverse zwischen dem CV und dem Orden wird ausführlich dargestellt, um deutlich zu machen, wie schwierig es war, eine ordnungsgemäße Zusammenarbeit zu gewährleisten. Bereits vor dem Vertragsabschluss am 15. Juli 1951 übernahmen zwei Dominikanerinnen die Betreuung der Mädchen, die im Souterrain des Haus Niedenau 27 aufgrund des Platzmangels in der Brönnerstraße untergebracht worden waren.[2339] Am 31. August 1951 wurde festgelegt, dass Aufnahme und Ent-

---

2332 Rede zur Einweihung des Wohnheimes Rüsterstraße 5 v. 10.12.1951 (ACVF-3122).
2333 Vermerk Jung v. 22.5.1967 (ACVF-Niedenau).
2334 Vermerk über Rücksprache Dr. Richter und Alois Eckert mit Dr. Sieprecht (Landesarbeitsamt) v. 29.3.1951 (ACVF-1760-DOM).
2335 „The Dominican Sisters of Oakford" wurden 1889 in Natal gegründet. 1950 gehörten ihr über 300 deutsche Schwestern an, die in südafrikanischen Schulen, Krankenhäusern, einem Entbindungsheim, einem Altersheim, in Mädchenheimen und einer Jungenstadt arbeiteten. 1909 wurde ein Provinzialat/Noviziat im Missionshaus St. Joseph in Neustadt/Main und 1921 das Herz-Jesu-Missionshaus auf dem Volkersberg in der Rhön gegründet.
2336 Schreiben Dr. Richter/BO v. 3.12.1956 (ACVF-1760-DOM).
2337 Protokoll CVF-Vorstand v. 13.3.1951 (ACVF-1310).
2338 Schreiben Dr. Richter/BO v. 3.12.1956 (ACVF-1760-DOM).
2339 Aktennotiz Besprechung Dr. Richter und Dr. Schlotter mit Mater Mercedes (Neustadt) und Mater Salesia, der Priorin vom Volkertsberg v. 22.6.1951 (ACVF-1760-DOM).

lassung der Heiminsassen durch den CV erfolgen und seitens der Dominikanerinnen bei Bedarf weitere Postulantinnen bereitgestellt werden sollten, um die Hinzuziehung weltlicher Kräfte zu vermeiden.[2340] Nach Einspruch der Generalpriorin wurde Oberin Mater Mercedes aber zugestanden, Mädchen entlassen zu können, „die sich ständig der Autorität (...) oder der Ordnung des Hauses widersetzen."[2341]

Am 10. Dezember 1951 wurde das mit einem Aufwand von 310.000 DM errichtete[2342] „Haus Lucia" in der Rüsterstraße 5 eingeweiht und im Januar 1952 von 30 Mädchen bezogen, die von sechs Schwestern und mehreren Postulantinnen betreut wurden. Bis 1968 wurden durchschnittlich zwischen 45 und 70 junge Frauen zwischen 16 und 24 Jahren betreut, die sich in der Lehre befanden bzw. studierten oder berufstätig mit einem geringen Einkommen waren.[2343] Die Bausubstanz war ebenso schlecht wie im Jugendwohnheim Unterweg 8, die bestehende Luftheizung reichte bei weitem nicht aus und einige Zimmer waren sogar ohne Heizung.[2344]

1955/56 diskutierte das Generalkapitel der Dominikanerinnen, sich aus Frankfurt zurückzuziehen, um das mit 25 Schwestern personalintensive Krankenhaus in Flörsheim übernehmen zu können.[2345] Das Bistum wollte aber nur zuzustimmen, wenn die Dominikanerinnen in Frankfurt bleiben würden. [2346] Kurz vor Ablauf der sechsjährigen Amtszeit von Mater Mercedes teilte das das Generalkapitel im November 1956 dem BO die Kündigung des Vertrages mit dem CV mit, was Generalvikar Höhle ausgesprochen verärgerte: „[sie] werfen es jetzt dem Caritas-Verband hin, der es wohl schließen müsste."[2347] Höhle informierte daraufhin den ahnungslosen Caritasverband über das Schreiben, in dem u.a. darauf verwiesen wurde, dass keine Nachfolgerin für Mater Mercedes zur Verfügung stehe und dass die Schwestern aufgrund des Mangels an Hauspersonal „zu wenig zu gemeinsamen Gebet kommen [und] zwei Schwestern bis spät in die Nacht in ihrer Nachtruhe gestört werden". Er ordnete ein Gespräch des Prämonstratenserpaters Wenzeslaus Süß mit den Schwestern an und bat Richter um eine Stellungnahme, „damit wir unsere Ablehnung wirkungsvoll begründen können".[2348] Dieser wies die Begründung des Generalkapitels als nicht stichhaltig zurück und betonte, inzwischen seien fünf Niederlassungen gegründet und Schwestern versetzt worden, ohne den CV zu informieren. In beiden Häusern arbeiteten vier Hausmädchen für 78 Mädchen, „die tagsüber berufstätig sind, ihre Betten selber machen und ihre Leibwäsche selbst versorgen." Abgesehen davon, dass dieser Vorwurf bisher nie erhoben worden sei, konnte sich Richter die Bemerkung nicht verkneifen,

2340 Vertrag v. 31.8.1951 (ACVF-1360-DOM).
2341 Vertrag v. 3.1.1952 (ACVF-1360-DOM).
2342 Protokoll CVF-Vorstand 17.7.52(ACVF-1310).
2343 FR 22.8.1964.
2344 Schreiben CV/Jan Brüntink-Landesvorstand AWO v. 30.9.1954 (ACVF-3115)
2345 Schreiben Generalvikar Dr. Höhle/Vikarin Dominikanerinnen Flörsheim v. 23.1.1956 – Abschrift (ACVF-1760-DOM).
2346 Notiz Maria Braun v. 10.1.1956 bzw. Richter v. 16.1.1956 (ACVF-1760-DOM).
2347 Vermerk Generalvikar Dr. Höhle v. 22.11.1956 (ACVF-1760-DOM).
2348 Vermerk über Telefonanruf von Generalvikar Dr. Höhle v. 26.11.1956 bzw. Schreiben BO/Dr. Richter v. 24.11.1956 (ACVF-1760-DOM).

„dass in den ordenseigenen Heimen die Schwestern mehr strapaziert werden und mehr putzen müssen als bei uns." Den Hinweis auf zu wenig gemeinsames Gebet bezeichnete Richter als „töricht", die Störungen der Nachtruhe habe selbst die Provinzialin Mater Salesia „zum Lachen gebracht", da die „Mädchen erstaunlich wenig ausgingen, weil sie doch recht müde von der Arbeit heimkämen" (Mater Mercedes). Richter vermutete, Mater Mercedes sei der Generalpriorin „nicht ohne weiteres in allen Dingen willfährig", sie fühle sich aber dem Dienst gegenüber den Mädchen und dem Caritasverband verpflichtet und sei geeignet, ein solches Heim zu leiten. Die Generaloberin dagegen verhindere durch häufige Versetzungen von jungen für Leitungsaufgaben qualifizierten Schwestern „das Nachwachsen von begabten Erzieherkräften" und bringe sich so selbst in Schwierigkeiten.[2349] Bischof Kempf übernahm uneingeschränkt Richters Argumentation und warf der Generaloberin vor, eine Aufgabe im Wissen darüber übernommen zu haben, dass „nur eine einzige Oberin zur Verfügung steht, die man nach Ablauf ihrer Amtszeit nicht mehr ersetzen konnte" und wies daraufhin, dass ein Verlängerung der Amtszeit durch die römische Religiosen-Kongregation beantragt werden könne. Alle übrigen Vorwürfe erklärte Bischof Kempf aufgrund des Visitationsberichtes von Pater Süß als gegenstandslos.[2350]

Generalpriorin Hebel lenkte am 30. Januar 1957 ein, bestand aber auf der Einrichtung einer Klausur, der Aufstockung auf sechs Hausmädchen und dass das Haus nach 23.30 Uhr geschlossen bleiben und alle Schwestern die Nacht in der Klausur verbringen müssten.[2351] Kurz darauf wurde Mater Mercedes am 13. Februar 1957 plötzlich nach England und dann nach Swasiland versetzt.[2352] An ihre Stelle trat Mater Titus Horten, die bis zum 31. August 1964 amtierte. Sie hielt es für untragbar, dass das Haus „nachts ohne Schwester bleibt,[2353] und hielt die alte Regelung bei. Sie glaubte aber, die Disziplin durch eine größere Distanz aufrechterhalten zu müssen, und stieß damit auf die Kritik Richters. Früher habe ein „frohen lustiger Ton" bestanden, nun liefen die Schwestern nur noch „mit ernster Miene umher."[2354]

Nachdem der Kindergarten St. Antonius im Frühjahr 1958 sein neues Domizil bezogen hatte, erhielt das Haus eine Ölheizung und alle Zimmer fließendes Wasser.[2355] Durch den Umbau des Souterrains in eine Klausur und der Einrichtung einer Kapelle mussten acht Mädchen in das neue Ju-

---

2349 Schreiben Richter/BO v. 3.12.1956 (ACVF-1760-DOM).
2350 Schreiben Bischof Kempf/Generalpriorin Missionsdominikanerinnen Oakford (Natal) v. 7.12.1956 – Abschrift (ACVF-1760-DOM).
2351 Schreiben Mater Paula/Bischof Kempf v. 30.1.1957 – Abschrift bzw. Mater Paula/Richter v. 1.2.1957 (ACVF-1760-DOM).
2352 Richter, Maria Braun und Meta Nicolai hielten weiter ständigen Kontakt zu Mater Mercedes, wie der Briefwechsel belegt (ACVF-1760-DOM).
2353 Schreiben Dr. Richter/BO v. 7.3.1957 (ACVF-1760-DOM).
2354 Vermerk Nicolai über Besprechung mit Mater Titus und Schwester Lidwina v. 23.9.1957 (ACVF-1760-DOM).
2355 Schreiben Richter/Sr. Remiga und Magdalena v. 14.1.1958 (ACVF-1760-DOM).

gendheim der Pfarrei St. Antonius verlegt werden. [2356] Ende 1958 waren die Umbauarbeiten abgeschlossen.

In den folgenden Jahren ging die Belegungsquote von Haus Barbara/Haus Lucia aufgrund der geburtenschwachen Jahrgänge der Nachkriegszeit und der Einführung des 9. Schuljahrs so stark zurück, dass man sich entschloss in der zweiten Etage von Haus Niedenau ab 1. April 1963 ein Übernachtungsheim für die Bahnhofsmission mit separatem Eingang einzurichten, das am 30, Oktober eingeweiht wurde und bis zum 30. September 1981 bestand. Alle über 18 Jahre alten Mädchen wurde nun im „Haus Lucia" untergebracht, während die jüngeren im „Haus Barbara" verblieben. Richter machte erneut deutlich, dass die Schwestern Radegundis und Nikomedia, die an einem 18monatigen Erzieherinnenlehrgang in Belgien teilgenommen hatten, „den beiden Heimen für pädagogische Aufgaben erhalten bleiben", um für die kleine Gruppe jüngerer Mädchen eine intensivere Betreuung als bisher zu gewährleisten.

Trotz der geringeren Belegungszahl bestand Adlhoch wie sein Vorgänger auf einer unveränderten Schwesterzahl: „Wir möchten wünschen, dass diese Schwestern noch mehr von anderen Arbeiten freigestellt, sich den erzieherischen und musischen Aufgaben widmen, um die Mädchen in ihrer Freizeit zu beschäftigen."[2357] Adlhoch bat die Generalpriorin de Lima, einen Austausch in der Leitung vorzunehmen, da Mater Titus zwar eine hervorragende Jugendleiterin sei, mit der Leitung der beiden Häuser und den zusätzlichen Aufgaben der Bahnhofsmission aber überfordert zu sein scheine. [2358] Nachdem die Generalpriorin erwog, eine Schwester abzuziehen, die angeblich mit der Wäscherei betraut werden sollte, und darauf verwiesen hatte, dass die jungen Schwestern eigentlich in der Mission arbeiten wollten, wies Adlhoch im März 1963 die Generalpriorin darauf hin, dass dies nicht der Fall sei und ohnehin eine Schwester zu wenig anwesend sei. Die erzieherischen Aufgaben im Haus Lucia/Haus Barbara seien „sicher der in der Mission gleichzusetzen" und warnte, das Entgegenkommen des CV bezüglich der Arbeitsbedingungen der Schwestern auszunutzen.[2359]

Ende 1963 wurde auf Wunsch der Mädchen beschlossen, Heimplätze nur mit Frühstück zu vergeben. Zeitweise wurde mittags ein Essen für die Schwestern und die Mädchen angeboten, die in ihren Betrieben keine Mahlzeit erhielten, bzw. für abends vorgekocht. Damit sollte eine ganztägige Anwesenheit von Schwestern in der Küche vermieden und diese für andere Arbeiten freigestellt werden. Nun mussten auch die Mädchen ihre Zimmer selbst in Ordnung halten.[2360]

Im September 1964 wurde turnusgemäß Mater Titus durch die im Haus Lucia/Haus Barbara tätige Schwester Lidwina Hellmann (1.9.1964–30.5.1968) abgelöst, die bereits bei ihrem Amtsantritt informiert war,

2356   Schreiben Richter/Sr. Remiga, Magdalena und Johanna v. 3.4.1958 (ACVF-1760-DOM).
2357   Schreiben Adlhoch/Generalpriorin Mater de Lima v. 28.11.1962 (AVCF-1760-DOM).
2358   Schreiben Adlhoch/Generalpriorin Mater de Lima v. 18.12.1962 (AVCF-1760-DOM).
2359   Schreiben Adlhoch/Generalpriorin Mater de Lima v. 20.3.1963 (AVCF-1760-DOM).
2360   Schreiben Adlhoch/Generalpriorin Mater de Lima v. 18.12.1963 (AVCF-1760-DOM).

dass ihr Mutterhaus die Frankfurter Niederlassung auflösen wolle. Deutlich wird dies auch daran, dass es bei den Deutschlandaufenthalten der Generalpriorin de Lima nur selten zu kurzen Kontakten mit dem jeweiligen Caritasdirektor kam, obgleich dies mehrfach bei An- bzw. abreise vom Frankfurter Flughafen angeboten wurde.

Zwischen 1965 und 1967 stieg das jährliche Defizit von 18612 DM (1965) über 19571 DM (1966) auf 32317 DM (1968) an, weil die Dreibettzimmer nur als Zweibettzimmer vermietet wurden und damit weniger Einnahmen erbrachten. Aufgrund des Trends zu Einzelzimmern gab es auch weniger Anmeldungen und die Belegungszahl sank Anfang 1967 auf 50 Studentinnen und berufstätigen jungen Frauen ab, davon 15 Ausländerinnen. Ein Jahr später waren es nur noch 44, davon 12 Ausländerinnen. Bis auf sieben (1967: acht) waren alle katholisch, fünf evangelisch und zwei ohne Religionsangabe. Drei Mädchen traten als Novizinnen den Dominikanerinnen bei, eine allerdings später wieder aus. Gleichzeitig wurden weitere Hilfskräfte eingestellt, um nach dem vertragswidrigen Abzug von zwei Schwestern die übrig gebliebenen vier Schwestern zu entlasten und für pädagogische Arbeit freizustellen. Auch die Finanzierungskosten für den unterirdischen Verbindungstunnel zwischen beiden Häusern und das neue Waschhaus belasteten die Bilanz. [2361]

Mater Lidwina informierte im Juni 1967 Caritasdirektor Jung über das Anfang Juli stattfindende Generalkapitel ihrer Kongregation, bei der vermutlich wieder über die Auflösung der Frankfurter Niederlassung diskutiert werde, der Mater Lidwina auf die ablehnende Haltung Bischof Kempfs hinwies, aber verstimmt war, weil ihn die Provinzialin Mater Salesia bei einem Treffen in Haus Barbara darüber nicht informiert hatte. [2362] Das Generalkapitel beschloss im Juli die Schließung mehrerer kleinerer Niederlassungen und damit auch der Frankfurter Niederlassung zugunsten einer Konzentration in Südafrika. Obgleich es einen gültigen Vertrag zwischen dem Caritasverband und den Dominikanerinnen gab, wurde dieser nicht gekündigt und auch der Caritasverband nicht informiert. Stattdessen bat Generalpriorin de Lima am 26. Juli 1967 Bischof Kempf, den CV über die Schließung zum 31. Dezember 1967 zu informieren. Bei dem Schwesternmangel sei es nicht möglich, ältere und kranke Schwestern zu ersetzen. Die Arbeit in Küche, Waschküche und Haus könne auch von Laien übernommen werden. [2363]

In seiner Stellungnahme für das BO vom 22. August 1967 erklärte Jung, dass der CV allen Bitten der Generalpriorin entgegengekommen sei und kritisierte, dass der von der Generalpriorin geforderte „Missionseinsatz" gerade in Frankfurt möglich sei, wo es häufig zu Gesprächen zwischen Schwestern und den Mädchen komme, während in den anderen Niederlassungen den Dominikanerinnen ohnehin nur die wirtschaftliche Führung obliege. Jung wies daraufhin, dass bei der Auflösung der Niederlassung die Schließung drohe, „weil es anders finanziell nicht tragbar ist".

2361 Aktennotizen Jung v. 17.8.1967 und 5.1.1968 (ACVF-1760-DOM).
2362 Aktennotiz Jung v. 13.6.1967 (ACVF-1760-DOM).
2363 Schreiben Generalpriorin Mater de Lima/Bischof Kempf v. 26.7.1967 (ACVF-1760-DOM).

Der Kündigungstermin verstoße gegen den Vertrag und erlaube keine „sachgerechte Einführung der nachfolgenden Heimleitung." In seinem Briefentwurf hieß es abschließend: „wir sind vom Konzil und durch Enzyklika „Ecclesiam suam" belehrt, dass der Dialog, auch der innerkirchliche, intensiver gepflegt werden soll. Wir pflegen nicht anzuordnen, ohne den Partner gehört zu haben."[2364] Die Einwände Jungs wurden teilweise wortwörtlich in das Antwortschreiben 26. August 1967 des BO übernommen,[2365] von der Generalpriorin aber zurückgewiesen und dem CV sowie Bischof Kempf am 8. September 1967 fristgemäß zum 15. März 1968 die Rückberufung der Schwestern angekündigt.[2366] Der Caritasvorstand billigte am 11. September 1967 ausdrücklich die Stellungnahme Jungs [2367] und Maria Braun schrieb am 15. September an Mater Mercedes, „dass in Afrika Euer Blick getrübt ist für die ebenso wichtige Aufgaben in Eurem Heimatland.[2368] Über die knappe Kündigungsmitteilung verärgert, warf Generalvikar Höhle auf Vorschlag Jungs am 17. Oktober Generalpriorin de Lima vor, mit ihrer Vorgehensweise „mit keinem einzigen Wort auf die dringenden Gründe [des Caritasverbandes] einzugehen (...) und es an dem geringsten Handlungswillen fehlen zu lassen" und eine legitime Möglichkeit zu finden, den getroffenen Entschluss rückgängig zu machen.[2369] Dieser Brief kam aber als angeblich unzustellbar zurück, während ein gleichzeitig abgesandter Brief Maria Brauns an Mater Mercedes ihr Ziel erreichte.

Obwohl Jung überzeugt war, dass die Generalpriorin nur mit dem BO verhandeln wolle, wurde der Brief des Generalvikars von Mater Mercedes Anfang Januar 1968 persönlich mitgenommen[2370] und durch eine Stellungnahme Jungs ergänzt. Darin machte Jung deutlich, dass ein Ersatz der Schwestern durch Laien eine Steigerung der Personalkosten für nun 2 pädagogische Kräfte (BAT Vb bzw. VIb) sowie 2,5 Reinigungskräfte (mtl. 800 DM) von bisher rd. 30.000 DM auf 49.835 DM und damit eine Defizitsteigerung auf ca. 50.000 DM bedeuten würde. Eine andere Verwendung der beiden Häuser habe ebenfalls beträchtliche Kosten zur Folge, da die staatlichen Zuschüsse und Darlehen von einer 25jährigen Nutzungsdauer, d. h. bis 1976, ausgingen. Jung wies erneut darauf hin, dass die Schwestern apostolisch und missionarisch tätig sind [und) der ständige Kontakt mit jungen Mädchen die Möglichkeit bietet, Ordensberufe zu finden und anfängliche Neigung zu stärken. Außerdem biete Haus Barbara/Haus Lucia die Möglichkeit als Absteigequartier für durchreisende Ordensangehörige. Jung sah es auch als schwierig an, „eine Heimleiterin zu finden, die auch

---

2364 Schreiben Jung/BO v. 22.8.1967 (ACVF-1760-DOM).
2365 Schreiben Generalvikar/Generalpriorin Mater de Lima v. 26.8.1967 (ACVF-1760-DOM).
2366 Schreiben Generalpriorin Mater de Lima an CV Frankfurt bzw. Bischof Kempf v. 8.9.1967 bzw. (ACVF-1760-DOM).
2367 Protokoll CVF-Vorstand 15.9.1968 (ACVF-1310).
2368 Aktennotiz Maria Braun über ihren Brief an Mater Mercedes v. 15.9.1967 (ACVF-1760-DOM) .
2369 Schreiben Generalvikar Dr. Höhle/Generalpriorin de Lima v. 17.10.1967 bzw. Schreiben Jung/BO v. 10.10.1967 (ACVF-1760-DOM).
2370 Schreiben Generalvikar Dr. Höhle/Generalpriorin de Lima v. 3.1.1968 (ACVF-1760-DOM).

nur einigermaßen an die Fähigkeiten und Möglichkeiten einer Ordensfrau herankommt." Jung bat Generalpriorin de Lima, die Schwestern im Einverständnis mit dem Generalrat der Kongregation vorläufig in Frankfurt zu belassen und bei ihrem geplanten Deutschlandbesuch im Frühjahr 1968 eine Lösung zu finden.[2371] Sie lehnte aber eine Verhandlung als zwecklos ab, „da ich ja nichts (...) ändern kann.".[2372]

Am 1. Februar 1968 genehmigte Generalvikar Höhle die Schließung der Frankfurter Niederlassung, bat aber um eine Fristverlängerung bis zum 1. September, die den CV in die Lage versetzen sollte, „die durch die Zurückziehung ihrer Schwestern notwendigen Umstellungen ohne Überstürzung vornehmen zu können."[2373] Jung erklärte in einem Schreiben am 14. Februar, er hoffe, die Generalpriorin werde dem bischöflichen Wunsch zustimmen,[2374] was dann auch bis zum 31. Mai 1968 erfolgte.[2375]

Nachdem sich die Möglichkeit ergeben hatte, kroatische Schwestern zu bekommen, wenn ein Kroatisches Zentrum im Haus Lucia eingerichtet wurde, [2376] gewann der neue Caritasdirektor Osypka vier Schwestern aus Split, die am 22. September 1968 ihre Arbeit aufnahmen. Gegen diese Lösung legte die Kath. Arbeitsgemeinschaft Jugendsozialarbeit in Hessen erfolglos Einspruch ein,[2377] die den Fortbestand des Mädchenwohnheims sichern wollte und darauf hinwies, dass ggf. zweckgebundene Investitionsmittel zurückgezahlt werden müssten.[2378] Während Haus Lucia weitergeführt wurde, wurde Haus Barbara in das „Kroatische Zentrum P. Ante Antic" umgewandelt. [2379]

Nachdem Anfang 1971 die Kroatische Mission beantragt hatte, Haus Lucia in einen kroatisch-deutschen Kindergarten umzuwandeln, und die kroatischen Schwestern zum 31. Dezember 1971 gekündigt hatten, weil „die Leitung eines Mädchenwohnheimes nicht zu einer erfüllenden Lebensaufgabe der Schwestern zählt", wurde den meisten Mädchen zum gleichen Termin gekündigt. Der Caritasvorstand stimmte am 19. Mai 1971 der Umwandlung von Haus Lucia unter der Bedingung zu, dass seitens des Bistums Grundkapital für ein neues Mädchenwohnheim bereitgestellt würde, da man die Oppenheimer Straße und Haus Barbara abgegeben habe. Man dürfe die Arbeit im Bereich der Jugendwohnheime nicht ohne weiteres zugunsten der Ausländerbetreuung aufgeben, sondern sie müsse unter „modernen sozialpädagogischen Gesichtspunkten" fortgeführt werden.[2380]

2371 Schreiben Jung/Generalpriorin de Lima v. 5.1.1968 sowie Aktennotiz Jung v. 4.1.1968 (ACVF-1760-DOM).
2372 Schreiben Generalpriorin de Lima/CV Frankfurt bzw. Generalpriorin de Lima/BO v. 20.1.1968 (ACVF-1760-DOM).
2373 Schreiben Generalvikar Dr. Höhle/Generalpriorin de Lima v. 1.2.1968 (ACVF-1760-DOM).
2374 Schreiben Jung/Generalpriorin de Lima v. 13.2.1968 (ACVF-1760-DOM).
2375 Schreiben Generalpriorin de Lima/Jung bzw. Schreiben Generalpriorin de Lima Generalvikar Dr. Höhle v. 16.2.1968 – Abschrift (ACVF-1760-DOM).
2376 Protokoll CVF-Vorstand 17.5.1968 (ACVF-1310).
2377 Protokoll CVF-Vorstand 3.10.1968 (ACVF-1310).
2378 Protokoll CVF-Vorstand 19.5.1971 (ACVF-1310).
2379 Siehe Abschnitt 8.7.3.4 – Jugoslawien (Kroatien), S. 575ff.
2380 Protokoll CVF-Vorstand 19.5.1971 (ACVF-1310).

Da sich die Einrichtung des kroatischen Kindergartens verzögerte, erwog der Caritasvorstand Ende 1972, Haus Lucia wieder als Mädchenwohnheim fortzuführen. Da die Vergangenheit gezeigt habe, dass beide Häuser am besten gemeinsam geführt werden, müsse die Kroatische Mission verlegt und auch Haus Barbara wieder als Wohnheim geführt werden.[2381] Dazu kam es aber nicht.

7.4.2.7 Mädchenwohnheim „St. Leonhard"

Nach dem Scheitern des Projektes an der Eschersheimer Straße beschloss der Caritasvorstand am 16. Januar 1951 den Bau eines Heimes für alte und junge Menschen im Bereich der Buchgasse und wurde vom Gesamtverband unterstützt. Die Stadt bestätigte das für die Eschersheimer Straße bewilligte zinsfreie Darlehen am 13. Dezember 1951 für das neue Projekt.

Obwohl der Baugrund mit erheblichen Zusatzkosten enttrümmert und saniert werden musste,[2382] wurde „Haus Leonhard"[2383] bereits am 17. Dezember 1952 eingeweiht. Die Leitung von Haus Leonhard übernahmen die bisher im Haus Hubertus tätigen vier Erlenbader Franziskanerinnen, die von bis zu 15 Hausmädchen unterstützt wurden. Richters Bemühungen um eine Aufstockung scheiterten an dem sich bereits damals abzeichnenden Schwesternmangel.[2384]

Haus Leonhard um 1956
© ACVF

Die Mädchenzimmer wurden nicht sofort vergeben, da „es gelte, eine richtige Auswahl unter den Bewerbern zu treffen."[2385] Bis 1959 waren durchschnittlich 52–55 zwischen 16 und 25 Jahre alte junge Frauen wohnhaft, danach sank die Zahl bis auf 47 ab (1962). In der Regel waren es junge Berufstätige, vereinzelt auch Fachschülerinnen.[2386] Anfang 1954 beliefen sich die Unterbringungskosten auf 150 DM (Doppelzimmer pro Person).[2387] 1958 gab es 74 Plätze für ältere und jüngere berufstätige Frauen.[2388]

Anfang der 60er Jahre kam es zu personellen Engpässen, nachdem mehrere Hausmädchen wegen Differenzen mit den Franziskanerinnen gekündigt hatten und vorübergehend nur noch vier statt der benötigten 15 zur Verfügung standen. Richter war mit der Arbeit der Fran-

2381 Protokoll CVF-Vorstand 6.12.1972 (ACVF-1310).
2382 Siehe Abschnitt 7.1.6 – Der Neubau des Caritaskomplexes 1950/56, S. 400f.
2383 Namensgebung am 14.2.1952 – Protokoll CVF-Vorstand 14.2.52 (ACVF-1310).
2384 Schreiben Richter/Mater Catharina OSF v. 12.9.1951 bzw. Mater Catharina OSF/Richter v. 29.9.1952 (ACVF-1760-ERL).
2385 Protokoll CVF-Vorstand 28.11.52 (ACVF-1310).
2386 Berichtsbogen Mädchenbildung v. 3.6.1960 (ACVF-3121).
2387 Vermerk v. 23.2.1954 (ISG-Magistratsakten 8.846).
2388 Protokoll CVF-Mitgliederversammlung 16.6.1959 (ACVF-1330).

ziskanerinnen aber so zufrieden, dass er im März 1962 die monatliche Abführung an das Mutterhaus von 1.000 auf 1.200 DM erhöhte. [2389]

Nachdem die Nachfrage seit Anfang der 60er Jahre nachließ, wurden die frei werdenden Mädchenzimmer in Altenzimmer umgewandelt und das Wohnheim 1964 geschlossen.

7.4.2.8 Haus Ursula

Bereits 1938 wollte Agnes Machan ihr Miethaus in der Brönnerstraße 32 dem CV für caritative Zwecke zur Verfügung stellen. Aber erst am 4. September 1946 wurde das Haus erworben, das aber nur eingeschränkt für caritative Zwecke wie die Nähschule, den Abendtisch und für Sitzungen des Mädchenschutzkreises genutzt werden konnte, da die meisten Wohnungen vermietet waren. Zwischen 1948 und 1951 wurden mehrere alleinstehende Mädchen und junge Frauen untergebracht und von Susi Bergmann, der früheren Pflegerin von Agnes Machan, betreut. 1951 wurde ein Teil der Mädchen in das neu eröffnete Haus Lucia verlegt.[2390] Gleichzeitig erwog man den Verkauf des Hauses, nahm dann aber davon Abstand, weil der Erlös zu gering ausgefallen wäre.

Haus Ursula © ACVF

Nachdem mit den Mädchenwohnheimen Leonhard, Lucia und Barbara genügend Plätze bereitstanden verzichtete der Caritasvorstand auf die Einrichtung eines weiteren Lehrlingsheims[2391] und beschloss am 10. Januar 1953 das renovierungsbedürftige Haus für den Mädchenschutz und die Jugendfürsorge zu nutzen.[2392] Geplant waren 25 Doppelzimmer für weibliche Strafentlassene, eine Küche und ein Gemeinschaftsraum und ein neues Waschhaus im Innenhof. Ziel war es, Strafentlassenen eine Arbeitsstelle zu geben, damit sie bei der Wiedereingliederung ins Berufsleben als letzten Arbeitgeber den CV angeben konnten. Für die Leitung stand eine ausgebildete Fürsorgerin bereit.[2393] Schließlich gab man das Projekt auf, da die 1954 vom Land bereitgestellten 100.000 DM aus der Nichtsesshaftenhilfe nur für Männer genutzt werden durften.[2394] Aufgrund der Wohnraumbewirtschaftung konnten auch die vermieteten Wohnungen trotz Unterstützung durch das Jugendamt[2395] nicht frei gemacht werden. So nutzte man den freien Teil des Hauses für den Mädchenschutz und brachte dort 25 Mädchen unter.

2389 Schreiben Richter/Mater Archangela OSF v. 26.3.1962 bzw. Mater Archangela OSF/Richter v. 4.4.1960 (ACVF-1760-ERL).
2390 Schreiben Maria Braun/Schwester Valeria Machan V. 17.12.1951 (ACVF-3424-03).
2391 Protokoll CVF-Vorstand 13.1.52 (ACVF-1310).
2392 Protokoll CVF-Vorstand 10.1.53 (ACVF-1310).
2393 Braun/ Schmand-DiCV Fulda v. 16.11.1954 (ACVF-DiCV Fulda).
2394 ursprünglich waren die 100.000 DM für ein Wohnheim der Wiesbadener Heilsarmee gedacht (Vermerk Maria Braun v. 26.11.1954 – ACVF-3424-03).
2395 Aktennotizen v. 9. und 26.2.1953 (ACVF-3424-03).

Ende 1955 unternahm man einen neuen Anlauf, nachdem die Lorenz-Schwestern in den Mansardenwohnungen untergebracht worden waren.[2396] Im Februar 1956 beantragte man die Trümmerbeseitigung im Hinterhof[2397] und plante nach dem Auszug weiterer Mieter im April 1956 für August die Aufnahme von 20 bzw. bei weiteren Renovierungen bis Dezember von weiteren 25 Mädchen.[2398] Aber erst nachdem 1957 die letzten Mieter ausgezogen waren, konnte man das Haus mit einem Aufwand von 221.000 DM grundlegend renovieren.[2399]

Am 1. April 1958 wurde das Mädchenwohnheim St. Ursula unter der Leitung der Lorenzschwester Clara Adamski mit 32 Plätzen eröffnet.[2400] Die Namensgebung erfolgte in Abstimmung mit den drei dort tätigen Lorenzschwestern.[2401] Bestimmt war es für weibliche Auszubildende zwischen 16 und 18 Jahren ohne Ausbildungsbeihilfe und junge Angestellte und Arbeiterinnen mit einem maximalen Einkommen von 200 DM, wobei Flüchtlinge aus der DDR und solche allein stehende Mädchen bevorzugt werden sollten, „die einer erzieherischen Lenkung bedürfen (...) Ausgesprochen gefährdete junge Mädchen" sollten nicht aufgenommen werden. Da der Frauenfürsorgeverein trotz langjähriger Bitten des CV eine halboffene Abteilung im Monikaheim ablehnte, wurde ein Stockwerk für aus Heimen entlassene Mädchen genutzt. Zeitweilig plante man auch eine Abteilung für Hausangestellte, die bei Stellenwechsel kurzzeitig ohne Wohnung waren, als Ersatz für das im Krieg zerstörte Franziskanerinnenheim in der Langestraße 12.[2402]

7.4.3 Stationäre Jugendhilfe

War schon die Unterbringung normaler Jugendliche angesichts des knappen Wohnraums mit beinahe unlösbaren Schwierigkeiten verbunden, so galt dies erst recht für körperlich oder geistig Behinderte, aber auch wir Jugendliche mit Erziehungsschwierigkeiten. Viele frühere Heime waren entweder zerstört oder von der NSV beschlagnahmt oder geschlossen worden waren. Da der CV in der stationären Jugendpflege immer auf diözesane Einrichtungen zurückgegriffen hatte, hatte er Schwierigkeiten, bei der Belegung der in diözesanen Einrichtungen vorhandenen Heimplätze berücksichtigt zu werden. Im November 1945 wurde das von den Salesianern betriebene Knabenheim Marienhausen wieder bezogen, das nur für leichte Fälle gedacht war, angesichts des Bedarfs aber auch für Schwererziehbare genutzt wurde. Dagegen zog sich die Inbetriebnahme des St. Vinzenzstiftes in Aulhausen, in dem 250 geistesschwache Kinder bis zum

---

2396 Schreiben Maria Braun/DiCV-Fulda Schmand v. 23.12.1955 (ACVF-3124-03).
2397 Schreiben Richter/Schermuly (Hochbauamt) v. 9.1.1956 (AVCF-3124-03).
2398 Schreiben Richter/DiCV-Direktor Adlhoch v. 23.4.1956 (ACVF-3124-03) bzw. Zuschussantrag v. 19.5.1956 an Hess. Innenministerium-Abt. Jugendwohlfahrt (ACVF-3124-03).
2399 Vermerk v. 12.12.1980 (ACVF-3124-03).
2400 Vergeblich wurde 1958 versucht ein Nachbargrundstücke zu erwerben (Aktennotiz Braun v. 3.7.1958 – ACVF-3124-03).
2401 Vermerk Jung v. 10.5.1967 (ACVF-3124-03).
2402 Vermerk Nicolai v. 2.12.1958 (ACVF-3124-03).

Alter von 16 Jahren aufgenommen werden sollten, bis Juni 1946 hinaus.[2403]

Da das Monikaheim auch während des Krieges immer voll belegt war, griff man auch bei weiblichen Jugendlichen auf diözesane Einrichtungen zurück.[2404] Ende April 1945 nahmen die Dernbacher Schwestern den Betrieb im St. Valentinushaus in Kiedrich wieder auf und brachten dort neben weiblichen Epileptikerinnen, Geistesschwachen, Gemüts- und Geistkranken auf amtsärztliches Attest hin auch „Frauen und Mütter unter, die von nervöser Erschöpfung Genesung suchen." Schwierig waren dagegen die Unterbringung geschlechtskranker Mädchen und schwangere Frauen. So bat das Caritasheim St. Gottfried Ilbenstadt darum, „in unsere Haustöchter-abteilung niemand mehr zu empfehlen, von dem Sie nicht etwas mehr wissen. Wir können neben dem „Jungmädchenheim" keine „Übergangsfälle" gebrauchen."[2405] Nach der Freigabe des Klosters zum Guten Hirten in Marxheim im Dezember 1945 wurden dort die ersten nicht geschlechtskranken Mädchen aufgenommen. Kurz darauf folgte das Johannesstift in Wiesbaden mit Plätzen für 25 geschlechtskranke Mädchen und 25 schwangere Frauen.

Anfang der 50er Jahre wurde es schwieriger, Pflegestellen zu finden, da die Zahl der Pflegefamilien stark abgenommen hatte.[2406] 1949/50 suchte man Heimplätze für 135 Kinder, 15 Jugendliche bzw. 85 Waisen, Halbwaisen und uneheliche Kinder, die aus ihren Familien herausgenommen werden mussten.[2407] 1950/51 mussten weitere Plätze in sieben Heimen belegt werden, da die zur Verfügung stehenden Plätze in 22 Heimen nicht mehr den Anforderungen genügten.[2408] Die Kosten wurden, soweit nicht Renten und Unterhaltszahlungen verwendet wurden, zu 90% durch das Jugendamt und das Landesjugendamt im Rahmen der freiwilligen Erziehungshilfe erstattet. Die Differenz übernahm der CV.

Meta Nicolai betonte 1961, dass es dem CV und der Inneren Mission leicht gewesen wäre, mit städtischer Unterstützung neue Heime zu bauen oder die vorhandenen zu erweitern, zumal die städtischen Heime einen ca. 40% höheren Aufwand erforderten. Man habe aber dem Vincenzhaus nur 59.000 DM, dem Monikaheim nur kleinere Zuschüsse und der Antrag des Familienbildungswerkes zum Bau einer heilpädagogischen Tagesstätte erst beim dritten Mal genehmigt. Allein 1957 seien dagegen für die Vergrößerung des städtischen Kinderheims 481.000 DM bewilligt worden.[2409]

Der CV engagierte sich nun verstärkt in der Fürsorge für gefährdete junge Mädchen im Bahnhofsviertel sowie der Kinder und Jugendlichen mit Erziehungsschwierigkeiten. Beide Projekte waren die ersten ihrer Art in

---

2403 Protokoll DiCVL-Vorstand 20.5.1946 v. 1.6.1946 bzw. DiCVL-Rundschreiben „Tuet Gutes Allen" v. Jan. 1946 (ACVF-1712/1).
2404 Braun/DiCVL v. 16.3.1955 (ACVF-DiCVL).
2405 Caritaswerk St. Gottfried/Neles v. 17.9.1947 (ACVF-Mädchenschutz I).
2406 Siehe Abschnitt 7.3.1.2.2 – Pflegschaften, S. 419ff.
2407 Jahresbericht der Jugendfürsorge 1949/50 (ACVF-1310).
2408 Vinzentinum Würzburg, Nardinihaus Pirmasens, Kinderheim Miltenberg/Main, Kinderheim Ernstkirchen/Spessart und Heim für schulentlassene Jugendliche in Oberrimsingen bei Freiburg.
2409 Meta Nicolai/Schmidle-DCV v. 14.3.1961 (ACVF-).

Deutschland und sollten wegweisend werden. Während die Mädchenwohngruppe Zapf ein Vorläufer der „innengeleiteten Wohngruppen" werden sollte, wurde das Heilpädagogische Institut Vincenzhaus mit zum Wegbereiter der Heilpädagogik in Deutschland.

7.4.4 Jugendgerichtshilfe

Das 1943 verschärfte RJGG[2410] blieb nach Kriegsende in Kraft und wurde bei der JGG-Novellierung von 1953 „nach übereinstimmender Auffassung in Rechtsprechung und Rechtslehre (...) als ein Gesetzeswerk (bezeichnet), dass die bisher fortschrittlichste Kodifikation des Jugendstrafrechts in Deutschland enthält."[2411] Dies ist nicht überraschend, da Prof. Friedrich Schaffstein sowohl das RJGG 1943 wie das von 1953 beeinflusst hat. Pieplow bedauert, dass nun „die eindeutig bestrafungskritische Stoßrichtung des Erziehungsgedankens von 1923 in seinem historischen Anliegen nicht mehr erkennbar war und ist."[2412]

Allerdings bezog das Jugendamt den CV und die Jugendfürsorgeträger wieder mit ein. Ende 1948 wurde die Schutzaufsicht für katholische Jugendliche in all den Fällen übertragen, in denen eine Erziehungsmaßnahme angeordnet werden würde. Außerdem erhielt der CV bei angeordneter Fürsorgeerziehung das Vorschlagsrecht für die Unterbringung in einem katholischen Heim.[2413]

Im Gegensatz dazu lag das in Wiesbaden eingesetzte amerikanische Militärgericht, das sich bis 1949 auch mit deutschen Straftätern befasste, auf der Linie des JGG von 1923. Nach dem bis heute geltenden amerikanischen Recht können Strafgefangene auf Bewährung (Parole) vorzeitig entlassen werden, stehen aber bis zum Ende ihrer Freiheitsstrafe unter Aufsicht eines Parole-Ausschusses. 1949 überstellte der Wiesbadener Ausschuss dem Caritasverband Frankfurt 29 Jugendliche, von denen 1950 noch 15 unter Aufsicht standen. 1951/52 bemühte sich der CV auch um inhaftierte katholische DPs in hessischen Strafanstalten, um diese während der Haft und nach der Entlassung betreuen zu können. Da die meisten von amerikanischen Gerichten wegen verurteilt worden waren, verweigerten viele Gefängnisse die benötigten Auskünfte. Ob Eingaben bei der Militärregierung in Wiesbaden Erfolg hatten, lässt sich nicht feststellen.

Die von Militärgerichten Verurteilten wurden nach Verbüßung eines Drittels der Strafe vom HICOQ-Clamency Board entlassen, wenn sie Wohnung und Arbeitsplatz nachweisen und sich verpflichteten, auf Rauschgift zu verzichten, keinen Schriftverkehr mit Gefangenen zu unterhalten und keinen Kontakt zu schlechtbeleumundeten Personen zu unterhalten. Heiraten waren nur mit Zustimmung des Paroleausschusses und des Pflegers

---

2410 Siehe Abschnitt 6.5.4 – Jugendgerichtshilfe, S. 340.
2411 Bundestagsdrucksache 1/3264, S. 35, zit. nach Lukas Pieplow, Jugendhilfe statt Strafe – 50 Jahre Jugendgerichtsgesetz in: Jugendhilfereport 1/04 S. 7.
2412 Pieplow, S. 6.
2413 Tätigkeitsbericht über die Entwicklung über die Jugendfürsorge seit Kriegsende v. 13.11.1948 als Anlage zur Niederschrift der CVF-Mitgliederversammlung v. 9.12.1948 (ACVF-1330-01-01).

möglich. Zusätzlich wurden Beistände bestellt, die auch von den Betroffenen selbst ausgewählt werden konnten. Monatlich musste Bericht erstattet werden. Mit dem Übergang der Strafgerichtsbarkeit auf deutsche Gerichte gingen die Parole-Verfahren Ende 1949 wieder stark zurück.[2414]

Die Jugendgerichtshilfe spielte aber nicht mehr die große Rolle wie in der Weimarer Zeit, obgleich die Zahl der jugendlichen Straffälligen in den 50er Jahren nach wie vor bei etwa 2200 pro Jahr lag. Einerseits fanden die früher üblichen Vorbesprechungen aufgrund der Überlastung der Jugendrichter nicht mehr statt, andererseits war es nicht mehr möglich, die Liste der straffällig gewordenen Jugendlichen beim Jugendamt durchzusehen, dann über die katholischen Jugendlichen mit der jeweiligen Pfarrei zu sprechen und sich notfalls einzuschalten.[2415] Anfangs 1949/50 hatten auch nur noch 15% selbst bzw. deren Familie eine Bindung an die katholische Kirche.[2416] 1950/51 wurde der CV nur noch in 32 Fällen um Stellungnahmen bezüglich vorzeitiger Entlassungen aus der Strafanstalt Butzbach gebeten. Familienverhältnisse wurden überprüft, notwendige Erkundigungen eingezogen und ggf. auch Arbeitsstellen vermittelt.[2417]

1956 lag der Anteil der weiblichen Straffälligen in der Gruppe der Jugendlichen (89 – 0,5 %) wie der Heranwachsenden (161 – 1,1 %) 1956 weit unter denen der männlichen Jugendlichen (837 – 4,6 % bzw. 1113 – 7,6 %), bei denen die Zahl der Straffälligen weiterhin anstieg. 1956 wurden von den insgesamt 64554 in Frankfurt lebenden Jugendlichen und Heranwachsenden 1539 verurteilt, d. h. 2,38% aller Jugendlichen, darunter waren aber nur 120 Mädchen und junge Frauen.[2418] Gegen Mitte der 50er Jahre kam die Mitarbeit des CV in der Jugendgerichtshilfe zum Erliegen und wurde erst 1965 für ausländische Jugendliche wieder aufgenommen.[2419]

7.4.4.1 Caritas-Wohngruppe Oppenheimer Straße 49

Angesichts der zwischen Hauptbahnhof und Altstadt herrschenden Prostitution[2420] sprachen Bahnhofsmission und die Frankfurter Ortsgruppe der Legio Mariae[2421] junge Prostituierte an, um diese in Gesprächsrunden zum Ausstieg zu bewegen. Nachdem man vergeblich nach entsprechendem Wohnraum gesucht hatte, bat im Januar/Februar 1956 die Legio Mariae den CV um Unterstützung, da sich die Legio außerstande sah, selbst einen finanziellen Beitrag leisten.

2414 Jahresbericht der Jugendfürsorge 1949/50 bzw. 1950/51 (ACVF-1310).
2415 Jahresbericht der Jugendfürsorge 1950/51 (ACVF-1310).
2416 Jahresbericht der Jugendfürsorge 1949/50 (ACVF-1310).
2417 Jahresbericht der Jugendfürsorge 1950/51 (ACVF-1310).
2418 Stadt Frankfurt-Sozialverwaltung-Abt. Jugendschutz: Jugendkriminalität in Frankfurt. Berichtsjahr 1956 (1.4.56–31.3.57) v. 3.10. 1957 (ACVF-JWA).
2419 Siehe Abschnitt 8.7.5 – Jugendgerichtshilfe, S. 591f.
2420 Lt. einem Vermerk v. 13.9.1958 gab es in Frankfurt 250 eingetragene Prostituierte und etwa die fünffache Zahl von HWG-Frauen (ACVF-Allgemeine Korrespondenz).
2421 Die am 7.9.1921 in Dublin als private Krankenhaushilfe entstandene Legion Mariens ist mit weltweit 11 Mill. Mitgliedern die bedeutendste katholische Laienorganisation. Als Laienapostolat engagiert sie sich im sozialen und seelsorgerischen Bereich. 1950 in der Pfarrei St. Gallus eine Niederlassung (Senatus) gegründet.

Am 3. Februar 1956 beauftragte der Caritasvorstand Richter die „caritativen und pastoralen Bemühungen" eines in Paris dafür freigestellten Priesters in Augenschein zu nehmen.[2422] Nach seiner Rückkehr bemühte er sich um die Einrichtung eines halboffenen Heimes, in dem junge Prostituierte wohnen und betreut werden konnten und die Möglichkeit erhalten sollten, einer geordneten Arbeit nachzugehen. Bis dahin mussten die Mädchen und Frauen, die sich nicht für eine geschlossenes Heim oder ein Jugendwohnheim" eigneten", in die, so Richter, „vorbildlich arbeitende" Stadtmission eingewiesen werden.[2423] Da der Katholi-

Haus Oppenheimer Str. 49
© ACVF

sche Frauenfürsorgeverein vom Bundesinnenministerium und vom DCV „mit der Federführung der Fürsorgearbeit in Gebieten mit Truppenkonzentrationen auf katholischer Seite" beauftragt worden war, sprach sich Richter dafür aus, das der Frauenfürsorgeverein ein neues halboffenes Heim zu errichten oder das Monikaheim umzuwandeln, da es für dessen Klientel genügend Plätze in anderen katholischen Heimen in Hessen gebe, stieß aber auf grundsätzliche Ablehnung.

Am 11. Juni 1956 beschloss der Vorstand „Straßenmädchen und in ähnlicher Weise gefährdete Personen, welche ihren Lebenswandel gründlich umstellen wollen, Aufnahme zu gewähren und im Sinne einer echten Gefährdetenfürsorge (...) zu betreuen, bis sie wieder Papiere und einen ordentlichen Arbeitsplatz gefunden haben, dergestalt, dass sie einen ständigen Rückhalt an diesem Heim haben."[2424] Richter wurde von der Stadt über mögliche Zuschüsse aus dem 8. Bundesjugendplan informiert und um die Einrichtung eines Heimes für „ehemalige Prostituierte als auch besonders gefährdete Mädchen" gebeten.[2425] Aus dem Bundesjugendplan wurden eine Fürsorgerin und Heimleiterin finanziert, weitere Mittel wurden aus dem „Staatszuschuss zur Förderung der freien Wohlfahrtspflege" bewilligt.[2426]

Am 23. April 1957 wurden im hessischen Innenministerium Mittel für Jugendhilfe in Gebieten mit besonderer Jugendgefährdung beantragt, da der Caritasverband verpflichtet sei, Einrichtungen zu schaffen, „wenn nicht eine andere katholische Organisation dazu in der Lage ist."[2427] Das In-

2422 Protokoll CVF-Vorstand 3.2.1956 (ACVF-1511/56).
2423 CVF- Richter an DiCV-Adlhoch v. 10.9.1957 – Abschrift für DCV-Präsident Eckert (DCV 127F/1030-OCV Frankfurt).
2424 Vermerk v. 11.6.1956, zit. nach: CV Frankfurt: 25 Jahre Wohngruppe für Mädchen und Frauen 1958–1983, Maschinenschrift, Frankfurt 1983 (ISGG-S3/2251 – CV).
2425 CVF-Richter an DiCV- Adlhoch v. 10.9.1957 – Abschrift für DCV-Präsident Eckert (DCV 127F/1030).
2426 Antrag CVF an Hess. Ministerium des Innern-Jugendwohlfahrt v. 23.4.1957 – Abschrift für Prälat Eckert (DCV 127F/1030).
2427 CVF-Richter an DiCVL-Adlhoch v. 10.9.1957 – Abschrift für DCV-Präsident Eckert (DCV 127F/1030).

nenministerium holte daraufhin bei der Zentrale des Kath. Fürsorgevereins in Dortmund eine Stellungnahme ein, die vermutlich ebenso negativ ausfiel wie die gegenüber Adlhoch. Elisabeth Zilleken erklärte, dass „das Monikaheim als Aufnahme genügt und es nicht notwendig ist, dass die Legio Mariae ein weiteres Heim errichtet." Das Bundesinnenministerium habe außerdem erklärt, „dass (...) eine Ausweitung der bereits laufenden Maßnahmen gegenüber dem Vorjahr nicht mehr gerechtfertigt ist. Insbesondere erscheint es nicht vertretbar, (...) neue Fürsorgekräfte auf Bundesebene einzustellen." Dies sei auch Auffassung des DCV-Präsidenten Eckert.[2428] Richter störte sich aber nicht daran und verfolgte sein Ziel weiter.

Aufgrund eines längeren Kontaktes in einer Vormundschaftssache schlug Caritasfürsorgerin Monika Franze vor, die Leiterin des Übergangsheims Haus Agnes in Würzburg, Lidwina Zapf, für diese Aufgabe zu gewinnen. Beim ersten Gespräch im Herbst 1957 wurde deutlich, dass man das Pariser Nest nicht kopieren könne, da dort „die Frauen zum Teil kaserniert leben, sehr gepflegt [sind], eine andere Mentalität haben (...) und vom Manne her höhere Ansprüche gestellt [werden, wie] wie Ausgehen und vor allem Konversation (...) In Frankfurt war die Prostitution geballt in ein kleines Stadtviertel, von daher direkter, ohne Umschweife, gefährlicher, ungepflegt und rau, ordinär", so Lidwina Zapf.[2429]

Lidwina Zapf und Irene Stegmann nahmen am 1. Januar 1958 ihre Arbeit in einer noch nicht eingerichteten Etage in der Oppenheimer Straße 49 auf, in der es neben zwei Betten nur zwei Eimer als Sitzgelegenheit gab und auf der Fensterbank gefrühstückt werden musste. Binnen zwei Monaten wurde die Einrichtung komplettiert. In der Breite Gasse und Albusgasse konnte man leichter Kontakte älteren und pflegebedürftigen Prostituierten zu knüpfen als die Legio, mit der es zum Bruch kam, da diese satzungsgemäß allen Prostituierten helfen wollte[2430], man aber die vorhandenen sechs Betten möglichst nur für minderjährige HWG-Frauen nutzen wollte.[2431] Als Erziehungsziel sahen es beide an, unter Verzicht auf Strafen oder Druck die Mädchen in ihrer Persönlichkeitsentwicklung voranzubringen. Lidwina Zapf betonte, dass Prostituierte „als Ventil zur Monogamie, die einen hohen Moralanspruch stellt, ... der Gesellschaft einen Dienst (leisten), aber wegen ihrer unausgereiften Persönlichkeit nicht die Vorteile eines Gewerbes erlangen." Hintergrund sei häufig die Herkunft aus zerrütteten Familien, sexueller Missbrauch oder unglücklich verlaufene erste Liebe. Wichtig sei es gewesen, diese zu motivieren, eine Berufsausbildung in Angriff zu nehmen, um mittelfristig ein selbständiges Leben in einer eigenen Wohnung zu ermöglichen. Eine Erziehung zur Arbeit sei für die vom Schicksal benachteiligten Mädchen kaum dienlich." Statt sie zu fordern, müssten sie für das Leben ermutigt werden.[2432]

2428 Schreiben KFV-Zilleken/DiCVL- Adlhoch v. 30.7.1957 – Abschrift für DCV-Präsident Eckert (DCV 127F/1030-OCV Frankfurt).
2429 Undatierter Vermerk Lidwina Zapf von 1977 (ACVF-3123).
2430 Protokoll Dienstbesprechung v. 26.8.1971 (ACVF-Dienstbesprechungen).
2431 Undatierter Vermerk Lidwina Zapf von 1977 (ACVF-3123).
2432 Protokoll Dienstbesprechung v. 26.8.1971 (ACVF-Dienstbesprechungen).

Nach dem Konzept der „innengeleiteten Wohngruppe" lebten beide Sozialarbeiterinnen mit bis zu zwölf jungen Frauen zwischen 16 und 19 Jahren wie in einer großen Familie zusammen[2433] Das Haus als Einrichtung war von außen nicht zu erkennen, da die Frauen nur so bereit waren hier zu wohnen. Die Adresse wurde außerdem geheim gehalten.[2434] Um geeignete Betriebe zu finden, ließ sich Irene Stegmann dort anstellen, um einen authentischen Eindruck zu gewinnen. In 70 % aller Fälle wurde das Ziel der Arbeit erreicht, die Mädchen in die Selbständigkeit zu entlassen, nur wenige fielen in ihr altes Leben zurück.

Ab 1963 arbeitete die „Wohngemeinschaft Zapf" mit dem Jugendamt zusammen. Bis 1967 waren insgesamt 115 Mädchen in die Wohngruppe aufgenommen worden, von denen u.a. 31 heirateten, 26 zu ihren Eltern zurückgingen, 21 selbständig in einem neu erlernten Beruf arbeiteten. Lediglich 13 Mädchen liefen wieder weg und kehrten vermutlich in ihr altes Milieu zurück.[2435] Julia Schwarzmann betont, dass „eine derartige Lebensumstellung (...) in der Hauptsache dem nie erlahmenden Einsatz der beiden Sozialarbeiterinnen zu danken ist."[2436] Lidwina Zapf und Irene Stegmann erhielten für ihre Arbeit 1984 das Bundesverdienstkreuz.

Mit der Einführung des Sperrgebietes am Hauptbahnhof wurden die Mädchen nicht mehr selbst aufgesucht, sondern die 14–18 Jahre alte jungen Frauen wurden vom Jugendamt zugewiesen. Einige konnten aus unterschiedlichen Gründen nicht mehr in ihren Familien leben. Andere waren wegen Animierens oder Prostitution aufgegriffen worden. Als Minderjährige erhielten sie keine Laufkarte und auch keine gesundheitspolizeiliche Kontrolle.

1977 wurde die Mädchenwohngruppe in eine vollstationäre Jugendhilfeeinrichtung mit Tag- und Nachtbetreuung umgewandelt, die über Pflegesätze finanziert wurde. Um die intensive Betreuung der 12 Mädchen umfassenden Wohngruppe möglich zu machen, wurden die Personalstellen auf insgesamt vier Pädagoginnen und eine Hauswirtschafterin erhöht. Nach der Pensionierung von Lidwina Zapf 1993 übernahm Petra Gass die Leitung, die sie bis heute innehat. Da aufgrund des baulichen Zustands die Wohnungen 1994 nicht weiter für die stationäre Jugendhilfe genutzt werden konnten, und bezog man im Mai 1995 das renovierte Kloster und Altenheim der Pfarrei Heilig Geist" in Riederwald.

2433 trotz der 24stündigen Anwesenheit war die Lösung kostengünstiger, da bei kleinen Einheiten die Finanzierung aufwendiger Dienstleistungen wie in großen Heimen entfiel, z. B. für Koch, Küchenhilfe, Reinigungspersonal und Hausmeister.
2434 Undatierter Vermerk Lidwina Zapf von 1977 (ACVF-3123).
2435 Protokoll Dienstbesprechung v. 26.8.1971 (ACVF-Dienstbesprechungen) bzw. Undatierter Vermerk Lidwina Zapf von 1977 (ACVF-3123) sowie Gespräche des Verfassers mit Lidwina Zapf und Irene Stegmann.
2436 Julia Schwarzmann: Die Verwahrlosung der weiblichen Jugendlichen. Entstehung und Behandlungsmöglichkeiten, München/Basel 2. Aufl. 1971, S. 73ff, die das Projekt ausführlich darstellt.

7.4.4.2 Heilpädagogisches Institut „Vincenzhaus" Hofheim

Aufgrund der Erfahrungen in der Erziehungsberatung in den ersten Nach-kriegsjahren[2437] und der Ablehnung vieler „aggressiver" Jugendliche durch Internate und Kinderheime, wurde 1953 die Planung eines eigenen heilpä-dagogischen Heimes in Angriff genommen. „Auch wenn Eltern wirklich versagt haben, so müssen wir als Christen ihnen die Chance einer Wand-lung geben und damit auch die Möglichkeit, das an einem Kind Verfehlte wieder gut zu machen."[2438] Meta Nicolai beklagte, dass auf katholischer Seite kleinere heilpädagogische Häuser mit entsprechenden Schulen und besonders ausgebildeten Erziehern und Erzieherinnen fehlten. Daher sei es nicht zu vermeiden gewesen, dass das Jugendamt katholische Kinder in anthroposophische Heime einwies.[2439]

Nach der Freigabe des Vincenzhauses am 22. Juni 1954[2440] sah Meta Nicolai die Chance für das zweite heilpädagogische Heim in Deutschland und sicherte beim Landesjugendamt noch nicht abgerufene Zuschussmit-tel für die Startphase des Vincenzhauses als Kinderheim mit heilpädagogi-scher Abteilung.[2441] Da Deutschland „noch sehr am Anfang der Heilpäda-gogik war" und es keine Richtlinien über heilpädagogische Heime gab, orientierte man sich an heilpädagogischen Kinderheimen in der Schweiz und der Kinderpsychiatrischen Klinik in Marburg. Die aufgrund der Erfah-rungen der ersten Gruppen entwickelte Konzeption musste auch nach der Einführung der heilpädagogischen Richtlinien durch die AFET nicht geän-dert werden. [2442]

Um neue Wege für die Heilung der seelischen Fehlentwicklungen und Fehlhaltungen von Jugendlichen einschlagen zu können, „war aber ent-sprechend ausgebildetes Personal notwendig. Zwei andere kurz zuvor er-richtete heilpädagogische Heime hatten vorübergehend schließen müssen, weil das Personal „sich nicht auf diese spezielle Arbeit umstellen wollte und entlassen werden musste" und sich gezeigt hatte, dass die Teamarbeit zwischen Heilpädagogen, Psychologen und Heimleitung nicht einfach zu realisieren war.[2443] Für die Leitung wurden die Freiwaldauer Ursulinen[2444] gewonnen, die seit Juni 1953 im Haus Hubertus in Schlossborn waren[2445] und das Vincenzhaus bis 1994 führten.[2446] Einige hatten ihre Kenntnisse in

---

2437 Siehe Abschnitt 7.3 – Erziehungsberatung, S. 416f.
2438 So Meta Nicolai im Gespräch mit dem Verfasser im Juni 2001.
2439 Schreiben Nicolai/DiCVL v. 25.6.1952 (ACVF-1720/1b).
2440 dieses wurde mit einem Aufwand von ca. 115.000 DM renoviert. 40.000 DM wur-den vom Besatzungskostenamt Wiesbaden übernommen.
2441 so Meta Nicolai gegenüber dem Verfasser im Juni 2001.
2442 Die heilpädagogischen Heime des CV Frankfurt, Manuskript v. Mai 1967 (ACVF-3111-03).
2443 Die heilpädagogischen Heime des Frankfurter CV, Manuskript v. Mai 1967 (ACVF-3111-03), S. 2 (zit. als Heilpädagogische Heime).
2444 die Ursulinen mussten im Kulturkampf Breslau verlassen und ließen sich im böh-mischen Freiwaldau nieder. 1948 wurden sie auch aus der Tschechoslowakei ver-trieben und kamen in den Ursulinenkonventen in Innsbruck und Feldkirch unter.
2445 Protokoll CVF-Vorstand 20.11.53 (ACVF-1310).
2446 1994 verließen die Ursulinen das Vincenzhaus und bezogen mit ihrer langjährigen Oberin Schwester Angela einen Teil des „Haus zum Guten Hirten" in Hofheim, blie-ben aber im Kontakt zum Vincenzhaus.

heilpädagogischen Instituten in der Schweiz gewonnen und waren beeinflusst von Linus Bopp.[2447] Sie legten den Schwerpunkt auf die interdisziplinär ausgerichtete Erziehung, Schulung und Förderung von Kindern und Jugendlichen mit Entwicklungsbeeinträchtigungen und Behinderungen unter Einbeziehung von u.a. Medizin, Psychologie und Ergotherapie. Der Arzt und Heilpädagoge Adalbert Stifter übernahm nach achtzehnjähriger heilpädagogischer Tätigkeit in Diensten der Stadt Wien Anfang 1955 eine kleine Praxis in Dietenbergen und stellte sich nachmittags zur Verfügung. Außerdem wurden eine Heilpädagogin, eine Fürsorgerin, mehrere Kindergärtnerinnen und später eine Diplom-Psychologin angestellt. Da man nirgends Rat einholen konnte und immer wieder Neues selbst ausprobiert werden musste, [2448] fuhr Meta Nicolai „jede Woche abends nach Hofheim und führte mit diesen Pädagoginnen Gespräche – wir haben soweit wir konnten, die Entwicklung jedes einzelnen Kindes durchgesprochen."[2449]

Nach dem Umbau des großen Hauses zogen im Mai 1955 die ersten zehn Kinder ein. Im Abstand von jeweils drei Monaten folgten zwei weitere Gruppen mit je zehn Kindern. Anfangs reichten drei abgeschlossene Wohnungen, zwei Schulräume, ein Werkraum und ein Schmierraum aus, um Erfahrung zu sammeln, geeignete Mitarbeiter zu gewinnen und weiter auszubauen. Dennoch konnte nicht verhindert werden, dass es zwischen 1961 und 1965 zu mehreren gewaltsamen Übergriffen und sexuellem Missbrauch kam, die aber erst 2010 aufgedeckt werden konnten.

1960 plante man eine Aufstockung um zwei weitere Gruppen mit einem Kostenaufwand von 488.000 DM und beantragte einen städtischen Zuschuss von 59.000 DM. Mit Ausnahme einer Gruppe sollten die Kinder nicht mehr im Haupthaus, sondern in vier neuen Pavillons untergebracht werden. Der Antrag für einen Pavillon für die Schule und einen großen Gymnastikraum[2450] am 28. April 1960 genehmigt[2451] und in den folgenden Jahren realisiert.

7.4.4.3 Monikaheim

Das Monikaheim hatte zwar während des Krieges ungehindert weiterarbeiten können, war aber gegen Kriegsende durch Bombenangriffe schwer beschädigt worden. Noch 1957 waren zahlreiche Schäden vorhanden, obgleich bereits wieder 160 Insassinnen im Heim untergebracht waren.

1949 richtete das Monikaheim wieder eine Aufnahmeabteilung ein, in der bis 15 Mädchen und junge Frauen untergebracht werden konnten.

2447 Der katholische Theologe Linus Bopp verwies 1930 in seinem Hauptwerk „Allgemeine Heilpädagogik in systematischer Grundlegung und mit erziehungspraktischer Einstellung (Freiburg/Breisgau 1930, S. 64)" darauf, dass bei vielen „Objekten der Heilerziehung der Wertsinn und der Wertwille darum ausfällt oder ernstlich gehemmt ist, weil die betreffenden Individuen mangels der notwendigen seelischgeistigen Fähigkeiten dazu gar nicht oder nur erschwert fähig sind."
2448 Heilpädagogische Heime (ACVF-3111-03), S. 2.
2449 so Meta Nicolai gegenüber dem Verfasser im Juni 2001.
2450 Vortrag Magistrat an Stadtverordnetenversammlung v. 7.3.1960 (ISG-Magistratsakten 8.846).
2451 Protokoll-Auszug Stadtverordnetenversammlung v. 28.4.1960 (ISG-Magistratsakten 8.846).

Teilweise wurden diese von der Polizei eingewiesen, teilweise suchten weibliche Minderjährige um eine Unterbringung nach. Außerdem wurden ausgerissene weibliche Fürsorgezöglinge bis zur Klärung ihrer weiteren Versorgung untergebracht. Die normale Verweildauer betrug 14 Tage.

Um die Wäscherei, mit der die meisten Einnahmen erzielt wurden, Bäder und die Heizungsanlage mit einem Kostenaufwand von 90.000 DM zu erneuern, gewährte die Stadt am 30. September 1957 einen Pflegeko-stenvorschuss von 25.000 DM, der in monatlichen Raten von 250 DM im Laufe von zehn Jahren getilgt werden sollte.[2452] Der Antrag wurde von Caritasdirektor Richter unterstützt. Nachträglich wurde am 14. April 1958 ein Zuschuss von 50.000 DM bewilligt.[2453] Da insbesondere am Wochen-ende die zur Verfügung stehenden Plätze nicht ausreichten, wurden 1961 mit einem Kostenaufwand von 18.000 weitere sieben Plätze geschaffen, der große Schlafsaal sowie der Arbeitsraum in jeweils zwei kleinere unter-teilt und eine Spülküche eingerichtet.[2454]

1964 wurde auf dem Gelände des Monikaheims ein neues Kinderheim für 1,35 Mill DM errichtet, da die bisherige Unterbringung von 65 Kindern in vier Gruppen in der 2. Und 3. Etage nicht mehr den Anforderungen ent-sprachen. Diese Räume wurden nach einer Renovierung für schulentlasse-ne Mädchen genutzt. Das neue dreigeschossige Heim konnte bei einer Ma-ximalbelegung von acht Kindern insgesamt 74 Kinder aufnehmen und soll-te nun auch „eine familienmäßige Gruppenerziehung" ermöglichen. Neben einem Gymnastikraum wurde eine Lehrküche für den Berufsschulunter-richt (Hauswirtschaftsgehilfin) eingerichtet.[2455]

7.5 Alten- und Kranke

Während des Zweiten Weltkrieges hatten viele alte Menschen jüngere An-gehörige verloren, soziale Beziehungen waren zerstört worden und für vie-le bestand kaum eine Chance, einen würdigen Lebensabend verleben zu können. Während noch viele zuhause von der ambulanten Pflege betreut werden konnten, waren andere auf eine Unterbringung in einem Alten- oder Pflegeheim angewiesen.

7.5.1 Ambulante Pflege

Nach Kriegsende blieb die Situation in der Gemeindekrankenpflege ange-spannt und so ist es nicht verwunderlich, dass die Stadt am 17. Juli 1947 für die „Schwesterndank"-Jubiläumsstiftung des DCV 10.000 RM bewillig-te, da „in Zukunft besonders viele alte, Pflegebedürftige und Kranke zu

2452 Niederschrift über Sitzung Wohlfahrtsdeputation v. 4.7.1957 – Abschrift bzw. Ma-gistratsbeschlüsse v. 12.8. und 30.9.1957(ISG-Magistratsakten -8.846); 40.000 DM sollten über eine Hypothek der Stadtsparkasse und 25.000 DM aus Eigenmit-teln aufgebracht werden.
2453 Magistratsbeschluss v. 14.4.1958 (ISG-Magistratsakten 8.846).
2454 Vortrag Magistrat an Stadtverordnetenversammlung v. 6.11.1961 sowie Magis-tratsbeschluss v. 14.12.1961 (ISG-Magistratsakten 8.846).
2455 Vortrag Magistrat an Stadtverordnetenversammlung v. 6.11.1961 sowie Magis-tratsbeschluss v. 16.12.1963 (ISG-Magistratsakten 8.846); davon stammten je-weils 250.000 DM vom Bistum und der Stadt sowie 240.000 DM vom Land.

versorgen sein werden und in der Jugendarbeit – Einrichtung von Kinder-gärten usw. – hilfsbereite und selbstlose geschulte Kräfte nicht zu erset-zen sind, die Mitarbeit des Caritasverbandes unentbehrlich ist."[2456]

Ordensschwestern in der ambulanten Altenpflege (Stand 10. 7. 1961) [2457]									
Frankfurt-Süd	2	Bornheim	5	Lange Straße	19	Riederwald	3	St. Wendel	1
Niederrad	2	Fechenheim	2	Mittelweg	6	Sindlingen	2	Westend	4
Oberrad	2	Goldstein	3	Nied	3	Sossenheim	2	Zeilsheim	2
Rödelheim	2	Griesheim	3	Niederrad	2	Schwanheim	2		
Riederwald	3	Heddernheim	3	Oberrad	2	Unterliederbach	2		
Sindlingen	2	Höchst	3	Rödelheim	2				

Neben den städtischen Einrichtungen waren im katholischen Bereich die Pfarreien für die Betreuung der älteren Bürger zuständig, die mit unter-schiedlichem Engagement wahrgenommen wurde.[2458] In St. Bonifatius und in Bonames waren 1954 zwei katholischer Schwesterhäuser mit 3 bzw. 5 Ordensfrauen in Betrieb, die für die ambulante Pflege zuständig waren. Am 15. September 1955 wurde das „Hauskranken- und Familien-pflegewerk" für alle Frankfurter Pfarreien eingerichtet, dass von den Lo-renzschwestern getragen wurde.[2459] Die ambulante Pflege wurde durch Ordensfrauen und 35 ehrenamtliche Helferinnen wahrgenommen, die aber aufgrund ihrer Berufstätigkeit keine weiterführende Ausbildung erhalten konnten.

Nachdem die Franziskanerinnen am 4. Oktober 1961 die zweite ka-tholische Altenpflegeschule St. Benevenuta eröffnet hatten, warb der CV, wenn auch erfolglos in den Pfarreien für die sechsmonatigen Altenpflege-kurse .[2460] Auch Pfarrer Franz-Josef Jäger, Seelsorger der katholischen Frauenarbeit, versuchte vergeblich, geeignete Frauen zu finden, die nach ihrer Ausbildung bei der Caritas eingesetzt werden sollten. Ein Grund lag in der Konkurrenz durch den lange bestehenden „Hauspflegeverein" in dem unter der katholischen Leiterin Helene Kirch auch zahlreiche ka-tholische Frauen ausgebildet und eingesetzt wurden.[2461] Ende 1960 ver-fügte der CV im Bereich Altenpflege neben der Leiterin Schwester Clara Adamski nur über zwei haupt- und zwei nebenamtliche Familienpflegerin-nen. Zwei weitere sowie eine Altenpflegerin waren zwar für 1961 geplant, ob sie tatsächlich eingestellt wurden, lässt sich nicht feststellen.

7.5.2 Altentagesstätten und Altenklubs

Die offene Altenarbeit wurde bis in die 70er Jahre beinahe ausschließlich von den Pfarreien und katholischen Vereinen getragen. Erst Ende der 50er

---

2456 Vermerk des Fürsorgeamte v. 21.6.1947 sowie Protokoll-Auszug der Stadtverord-netenversammlung v. 17.7.1947 (ISG-Magistratsakten 8.846).
2457 Aufstellung zu Schreiben CVF/DiCVL v. 14.7.1961 (ACVF-1720/01).
2458 Protokoll Dienstbesprechung v. 20.1.1972 (ACVF-Dienstbesprechungen).
2459 Protokoll CVF-Vorstand 5.8.1955 (ACVF-1310).
2460 Protokoll CVF-Vorstand 19.10.1961 (ACVF-1310).
2461 Schreiben Braun/DiCV Fulda-Schmand v. 17.1.1961 (ACVF-DiCV Fulda).

Jahre wurden für eine Tagesbetreuung und Freizeitgestaltung vermehrt Altentagesstätten und Altenklubs eingerichtet. In St. Antonius wurde Mitte Dezember 1960 eine Altentagesstätte eröffnet, die von dienstags bis freitags mit Zugang zur Pfarrbücherei geöffnet war. Zum gleichen Zeitpunkt war die Modernisierung der Altentagesstätte in St. Michael noch nicht abgeschlossen, da die beantragten Mittel noch nicht genehmigt waren. Im September 1963 richtete man einen Altenklub im Keller von St. Leonhard ein[2462] und eröffnete nach der Schließung des Mädchenclubs eine Altentagesstätte am 15. Dezember 1964. Im Juni 1964 erklärte man gegenüber der Stadt, in jedem der geplanten fünf neuen katholischen Altenheime (Seckbach, Hausen, St. Bonifatius, Deutschorden, Oberrad) einen Altenklub einrichten zu wollen.[2463]

7.5.3 Stationäre Altenpflege

Nach Kriegsende bestanden neben den beiden noch während des Krieges angemieteten Caritasaltenheimen (Hubertus, Quisisana)[2464] nur noch vier von den Dernbacher Schwestern geführte Altenheime (Konradheim St. Konrad Nordend, St. Josefhaus Eschersheim, Schwesternhaus St. Antonius Rödelheim, Herz-Jesu Kloster Zeilsheim) und das Witwenheim in St. Joseph in Bornheim. Das teilweise zerstörte Altenheim der Aachener Franziskanerinnen an der Lange Straße wurde erst 1948 wieder eröffnet. [2465] Die Barmherzigen Brüder von Montabaur bauten ihr zerstörtes Altenheim nicht mehr auf und verkauften mangels Nachwuchs ihr Grundstück den Barmherzigen Brüdern (Hospitalorden vom hl. Johannes v. Gott), die darauf das Brüderkrankenhaus errichteten.

Hotel Seipel in Bad Orb (Postkarte um 1935)

Angesichts der vielen allein stehenden älteren Personen plante man im Frankfurter Umland intakte Häuser zu erwerben oder zu pachten. Dies scheiterte aber teils an fehlenden geeigneten Objekten, teils wie in Bad Schwalbach an der Ablehnung der Gemeinde, teils an finanzkräftigeren Mitbewerbern. So wurde das Haus Gertrud in Bad Schwalbach zwar von der Besitzerin zur Nutzung für eine Monatsmiete von RM 600,- monatlich zur Anmietung angeboten, doch setzte sich der dortige Bürgermeister durch, der das Haus für Ostflüchtlinge nutzen wollte.[2466]

1946 konnte das Hotel Seidel in Bad Orb als Altenheim eröffnet werden, in dem

2462 Schreiben CVF/ Kirchenvorstand Dompfarrei v. 9.9.1963 (ACVF-1130).
2463 Schreiben CVF-Adlhoch/Magistrat-Sozialverwaltung v. 26.6.1964 (ACVF-Sozialamt) bzw. Protokoll CVF-Vorstand 17.7.1964 (ACVF-1310).
2464 Siehe Abschnitt 6.5.9 – Altenheime, S. 362.
2465 https://schervier-altenhilfe.de/frankfurt/franziska-schervier/seniorenpflegeheim/geschichte.html (Stand: 15.7.2019).
2466 Protokoll CVF-Vorstand v. 18.12.1945 (ACVF-1310).

25 alte und 15 erholungsbedürftige Frauen untergebracht werden konnten. Vier Mitarbeiter (2 hauswirtschaftlich, 1 gesundheitspflegerisch und 1 seelsorgliche Betreuung) betreuten 1948 insgesamt 129 (3318 Verpflegungstage) und 1949 insgesamt 132 Mütter (3416 Verpflegungstage) bei einem Tagessatz von 4 DM. Es handelte sich zu 60 % um arme Frauen und zu 40 % um Flüchtlingsfrauen.[2467] Als Folge eines Brandes am 18. März 1950 musste das Haus zum 15. Januar 1951 ganz geräumt werden. Die Männer wurden im Haus Quisisana, die Frauen im Schwesternhaus Eichwaldstraße der Dernbacher Schwestern untergebracht. Statt in 1–2 Bettzimmern wurden sie nun mit Vierbettzimmern untergebracht.[2468]

Auch Haus Hubertus in Bad Schwalbach, das nach dem Kriegsende als Altenheim genutzt wurde, wurde ab 1953 für die Altenerholung genutzt und die Insassen in das am 17. Dezember 1952 eingeweihte „Haus Leonhard" in Frankfurt verlegt, das über 30 Plätze verfügte.

1948 bot die Stadt ein Grundstück an der Scheidswaldstraße für die Errichtung eines Alten- und Siechenheimes in Erbpacht an. Es war nach einem Vorstandsbeschluss und der Zustimmung der Stadt sowie des BO im Dezember 1948 zwar unterschriftsreif, [2469] kam aber nicht zustande kam, da die für das Projekt eingestellten Mittel in der Währungsreform 1948 abgewertet worden waren.[2470]

Ende 1949/Anfang 1950 nahm man die Planung für ein kombiniertes Jugend- und Altenwohnheim mit 100 bzw. 200 Betten an der Eschersheimer Straße auf, doch lehnte das BO erneut ab, das nur ein kleines Altenheim akzeptieren wollte und später ganz ablehnte.

Am 16. Januar 1951 wurde der Bau eines Heimes für alte und junge Menschen an der Buchgasse beschlossen und fand die Unterstützung des Gesamtverbandes und der Stadt. [2471] Am 17. Dezember 1952 wurde es eingeweiht und von den bisherigen Insassen von „Haus Hubertus" bezogen, die weiterhin von den Erlenbader Franziskanerinnen betreut wurden. [2472] Aufgrund entsprechender städtischer Auflagen für die Darlehensgewährung für Haus Leonhard wurden auch Bewohner des nun für Obdachlose genutzten Mörfelder Bunkers untergebracht.[2473] Anfang 1954 beliefen sich die Unterbringungskosten auf 198 DM (Einzelzimmer) bzw. 175 DM (Doppelzimmer pro Person).[2474]

Auf Wunsch des Kurdirektors von Bad Schwalbach Anfang 1953 wurde Haus Hubertus als Altenheim geschlossen. Zuletzt hatten hier 23, meist über 80 Jahre alte und kranke Frauen gelebt.[2475] Nach der Renovierung

---

2467 Fragebogen für Müttergenesungswerk v. Juli 1950 (Anlage zu Schreiben Br an DCV v. 18.7.1950 (ACVF-DCV I).
2468 Schreiben Braun/DiCV v. 22.12.50 (ACVF-DiCV).
2469 Bericht Caritasdirektor auf CV-Mitgliederversammlung am 9.12.1948 (ACVF-1330).
2470 CVF/Hess. Staatsministerium – Minister für Arbeit und Wohlfahrt – Ref. Jugendfürsorge v. 26.4.1949 (ACVF-1561).
2471 Siehe Abschnitt 7.4.2.7 – Mädchenwohnheim „St. Leonhard", S. 459ff.
2472 Protokoll CVF-Vorstand 28.11.52 (ACVF-1310).
2473 Vermerk Revisions- und Organisationsamt v. 27.2.1952 (ISG-Magistratsakten 8.846).
2474 Vermerk v. 23.2.1954 (ISG-Magistratsakten 8.846).
2475 Aktennotiz v. 27.6.1953 (ACVF-1760-URS).

wurde es ab Juli 1953 unter Leitung der Ursulinen von Freienwaldau als Müttergenesungsheim fortgeführt.[2476]

Trotz der Wiederinbetriebnahme zahlreicher Altenheime durch die Stadt und die freien Wohlfahrtsverbände bestand bis 1958 ein Bedarf von mindestens 1.000 Betten in Frankfurt, die von der Stadt selbst nicht abgedeckt werden konnten. So blieb es Aufgabe der Wohlfahrtsverbände, sich um die Altenhilfe zu kümmern. Besonders aktiv war die Arbeiterwohlfahrt, die mehrere innerstädtische Altenheim errichtete, die auch von katholischen Alten genutzt wurden., da die acht über das Stadtgebiet verteilten kleinen, meist aus der Jahrhundertwende stammenden, Pfarraltenheime zwar nach und nach wieder in Betrieb genommen worden waren, die 200 Plätze zum einen belegt waren, zum anderen nicht mehr den geltenden Standards entsprachen.

Da die hohen Investitionskosten der Altenheime mit den festgesetzten Pflegesätzen nicht abgedeckt werden konnte, verzichtete die Stadt 1958 in einer großen Umschuldungsaktion auf die Rückzahlung städtischer Kredite und übernahm die weitere Tilgung der Fremdmittel.[2477]

Ende 1959 diskutierte der Caritasvorstand über den Bau eines Altenheims auf einem 150 ha großen Erbpachtgrundstück der Pfarrei Sindlingen und alternativ auf Grundstücken in Seckbach bzw. Niederrad.[2478] 1960 erwarb man ein kirchliches Grundstück in Schwanheim. Weshalb die Planungen für Sindlingen und Schwanheim nicht fortgeführt wurden, ließ sich bisher nicht feststellen. Stattdessen plante man in Seckbach ein Altenzentrum mit Altenwohnungen (Einzel- und Doppelapartments) und einer Pflegeabteilung mit ca. 50 Betten. Dies kam aber nicht zustande,[2479] da die Pfarrei Heiligkreuz auf ihren Spielplatz nicht verzichten wollte und stattdessen empfahl, statt zwei kleinen Altenheimen ein acht-neungeschossiges Altenheim in Niederrad zu errichten. Stadtpfarrer Eckert schlug auch vor, ein Gelände in der geplanten Nord-West-Stadt mit in Betracht zu ziehen.[2480] Richter wies aber darauf hin, dass diese Pläne nur mit Hilfe städtischer Mittel realisiert werden könnten. Außerdem müssten Schwesternschaften für die Leitung gewonnen werden, was aber nicht erfolgversprechend sei.[2481] Erst 1964 nahm man die Planungen für ein Altenheim wieder auf.[2482]

7.6 Ortsfremde

Nach dem Krieg wurde die Ortsfremdenfürsorge[2483] gemeinsam von der Bahnhofsmission und dem CV getragen. 1945 wurde zur Entlastung der

---

2476 Siehe Abschnitt 7.3.5.2 – Müttererholung, S. 434f.
2477 80 Jahre Arbeiterwohlfahrt, S. 36.
2478 Protokoll CVF-Vorstand 8.12.1959 (ACVF-1310).
2479 Schreiben Osypka/Mater Archangela OSF v. 14.5.1970 bzw. Schreiben Mater Archangela v. 1.6.1970 (ACVF-1760-ERL).
2480 Protokoll CVF-Vorstand 24.6.1960 (ACVF-1310).
2481 Protokoll CVF-Vorstand 5.2.1960 (ACVF-1310).
2482 Siehe Abschnitt 8.9.3 – Stationäre Altenpflege, S. 620f.
2483 Die Ortsfremdenfürsorge hatte 1954 Ausgaben von 3232,01 DM für Esskarten, Reparaturen, Übernachtungen und Fahrkarten.

Bahnhofsmission im CV eine Beratungs- und Hilfsstelle für Nichtsesshafte eingerichtet und dafür eine eigene Fürsorgekraft abgestellt, die täglich etwa 40–50 Personen betreute. Häufig ließ sich nicht klären, ob es sich um Vertriebene, Heimkehrer, Displaced Persons, illegale Grenzgänger oder um „traditionelle" Landfahrer handelte, da man sich auf deren Angaben verlassen musste, weil oft keine oder auch gefälschte Papiere vorgelegt wurden.

Nach der Währungsreform wurde es unmöglich, „den vielen Bitten um Geldunterstützung" nachzukommen. Viele der Ärmsten besäßen zwar Lebensmittelkarten hätten, „aber keinen Pfennig, um etwas zu kaufen." Lebensmittelkarten belegten nur den Anspruch, die Lebensmittel mussten aber bezahlt werden. Viele wollten auch arbeiten, doch verhinderte die Wohnungsnot eine Arbeitsaufnahme. Sie schlug vor, der CV könne ggf. Baugrund bereitstellen bzw. kath. Firmen das Baumaterial. Die „Durchwanderer-Facharbeiter" könnten dann selbst Baracken bzw. Häuser bauen.[2484] Dazu kam es aber nicht.

Für Arbeitsuchende wurden Arbeitsmöglichkeiten gesucht und die Kosten für Unterkunft und Verpflegung für die ersten Tage übernommen. Arbeitsfähige und nicht zu alte Personen wurden ohne Schwierigkeiten im Hafen, am Großmarkt und bei der I.G. Farben untergebracht. Auch bei der Beschaffung von Wohnraum war der CV behilflich. Ordentliche Zimmer kosteten nach der Währungsreform etwa 60 DM Miete pro Monat, die von den meist von Unterstützung lebenden Arbeitsuchenden aber nicht aufgebracht werden konnten. Preiswerter waren Einfachunterkünfte mit Sechs- bis Zehnbettzimmern (Bett pro Woche 10,50 DM), bei denen auch eine polizeiliche Anmeldung möglich war. Diese Unterkünfte wurden von Arbeitern akzeptiert, von Angestellten und Vertretern dagegen abgelehnt, die stattdessen im Kolpinghaus und „besonders ordentliche Männer und Frauen" in den Schwesternhäusern untergebracht wurden.[2485] An Feiertagen wie Ostern, Weißer Sonntag, 1. Mai, Pfingsten und Weihnachten hatte man viel mit mittellosen Reisenden zu tun. Darunter waren viele Jugendliche, die ohne viel Geld auf Reisen gingen und nicht daran gedacht hatten, in der Jugendherberge zu reservieren. Häufig handelte es sich auch um kath. Jugendgruppen und Pfadfinder, die in St. Ignatius untergebracht wurden.[2486]

Besonders kritisch äußerte man sich zu einer namentlich als „Dauerkundschaft" im Geschäftsbericht 1954 aufgeführten Gruppe von angeblich Arbeitsuchenden. Den meisten ginge es nur um Geld, da nur zwei Personen den Wäschereigutschein in Anspruch nahmen und nur wenige Schuhreparaturen durchführen ließen. Bei der Essensausgabe werde sich über die Ausgabe von belegten Broten beschwert, die Esskarten vom Fürsorgeamt für die Volksküche am Schauspielhaus aber nicht abgeholt. Viele wurden zum Kolpinghaus geschickt, aber man könne nicht „die übelsten Wanderer dort hinschicken."[2487] Besonders kritisch sei die Zeit um Messen und lands-

---

2484 Bericht über die Tätigkeit der Fürsorge für Durchwanderer v. 13.11.1948 zur Niederschrift der CVF-Mitgliederversammlung v. 9.12.1948 (ACVF-1330-01).
2485 Schreiben Nicolai/DiCVL v. 10.11. 1954 (ACVF-1712/1).
2486 CVF-Jahresbericht 1954, S. 39f.
2487 CVF-Jahresbericht 1954, S. 40.

mannschaftliche Kongresse, da diese „ein Heer von Bettlern und Herumtreibern mit sich bringe." Else Mierski gab zu Bedenken, ob der frühere Holzplatz oder eine ähnliche Einrichtung nicht angebracht sei, bei der man Arbeit geben könne, damit die Belästigung durch Arbeitsscheue aufhöre.

Auch der Gefängnisverein fühlte sich mit den ausländischen Strafentlassenen überfordert, da diese im Gegensatz zu den inländischen im Gefängnis jegliche Arbeit ablehnten und daher nach ihrer Entlassung mittellos dastanden. Die von der Fürsorgestelle für Obdachlose bereitgestellten Notstandsarbeitsplätze würden von ihnen ebenfalls nicht wahrgenommen. So überwies der Gefängnisverein spätestens ab Herbst 1954 alle katholischen haftentlassenen bzw. durchreisender Ausländer der DP-Fürsorgerin. Auch der CV überwies alle osteuropäischen Hilfesuchenden an die DP-Fürsorgerin, während er Italiener und Franzosen selbst betreute. [2488]

Der DiCVL stellte monatlich 50 DM zur Verfügung, die aber häufig nicht ausreichten, sodass im November und Dezember 1954 von der DP-Fürsorgerin Kaever über 100 DM als Essensbeihilfen in den Sprechstunden ausgegeben werden mussten. Vergeblich wandte sie sich an den Gefängnisverein, nur besonders schwierige Fälle zu überweisen. Diözesancaritasdirektor Seidenather bat den CV die den Betrag von 50 DM übersteigenden Beträge zu übernehmen Er wies aber auch daraufhin, dass seitens der NCWC Lebensmittel und Bekleidung bereitgestellt würden, und somit die Zuwendungen für DPs weitaus höher liegen würden.[2489] Meta Nicolai wies Richter daraufhin, dass man 1954 für die Gefangenenbetreuung insgesamt 300 DM erhalten habe, mit denen man maximal zwei Strafentlassene unterstützen könne, Arbeit und ein Zimmer zu finden. „Für die arbeitsscheuen, ausländischen Strafentlassenen" dieses Geld teilweise zu verwenden, sei ebenso wie der von Seidenather geforderte Zuschuss nicht zu verantworten. Es gehe nicht an für arbeitswillige Strafentlassenen 60 DM, für arbeitsscheue Ausländer aber 100 DM bereitzustellen.[2490]

Ende der 1950er Jahre wanderten viele aus industriefernen Orten nach Frankfurt, um dort Arbeit zu finden. Problematisch war die Zuwanderung aus Berliner Lagern per Flugzeug nach Frankfurt, da aufgrund der Wohnraumbewirtschaftung kein Unterkunft zu finden war. Auch nicht nach Frankfurt entlassene Strafgefangene kamen dennoch mit dem Hinweis auf angeblich hier lebende Verwandte und Bekannte, die „verreist waren" und beim CV um Hilfe nachsuchten. Dazu kamen „Kerbekunden", die bei jedem Fest, Zirkus oder Messe nach Frankfurt kamen und im CV und den Pfarreien „abzugrasen" versuchten. Viele in Übersee gescheiterte Rückwanderer würden scheitern und oft straffällig. Kritisiert wurden auch gutsituierte Personen ohne Unterkunft in Frankfurt, die „nicht einmal die Telefonate vergüteten, die notwendig sind, um ein Zimmer zu kriegen. Unterstützt wurden nach 1956 auch Bundeswehrurlauber und -entlassene, die ihr Entlassungsgeld von 200 DM schnell ausgegeben hatten. 1958/59 wurden u.a. Mittag- und Abendessen (Kolpinghaus, Klöster, Krankenhäuser) sowie Lebensmittel

---

2488 Vermerk Nicolai für Dr. Richter v. 28.1.1955 (ACVF-7300-03).
2489 Schreiben DiCVL/CVF v. 31.12.1954 (ACVF-7300-03).
2490 Vermerk Nicolai für Dr. Richter v. 28.1.1955 (ACVF-7300-03).

ausgegeben, Schuhreparaturen und Fahrkarten finanziert und Übernachtungen bei der Heilsarmee organisiert. Dazu kamen Gutscheine für Wäschereien und Apotheken, von denen ein Drittel nicht eingelöst wurden. Abschließend heißt es „Der Bittsteller liebt Bargeld!"[2491]

7.7 Migration

Nach dem 2. Weltkrieg hatten in Europa massive Flüchtlingsströme eingesetzt. Anfangs waren es Volksdeutsche, die aus ihren Siedlungsgebieten in Ost- und Südosteuropa vertrieben worden waren.[2492] Dazu gehören die ins Generalgouvernement Evakuierten bzw. Umgesiedelten, die vor der Roten Armee flohen und nach Hause zurückkehren wollten. Nach dem Tod Stalins 1953 und dem Adenauerbesuch in Moskau 1956 lockerten die kommunistischen Staaten ihre restriktive Haltung gegenüber den deutschen Kriegsgefangenen und den Volksdeutschen, von denen viele nach den niedergeschlagenen Aufständen in Posen und Ungarn zwischen 1956 und 1959 offiziell ausreisen konnten oder flüchteten. Auch die Entwicklung in der Sowjetischen Besatzungszone bzw. nach 1949 der DDR veranlasste viele, „in den Westen zu machen" und führte zum „antifaschistischen Schutzwall" (Ulbricht) am 13. August 1961, mit der die DDR eine weitere Abwanderung verhindern wollte und konnte.

Außerdem lebten Millionen „Displaced Persons" in Deutschland, aus Furcht vor Repressalien nicht mehr in die nun kommunistischen Heimatländer zurückkehren konnten oder wollten.[2493] Später kamen vor allem politisch motivierte Flüchtlinge aus Osteuropa dazu, auch wenn ökonomische Aspekte nicht vernachlässigt werden dürfen.[2494] Da die Richtlinien des Völkerbundes von 1927 den Anforderungen nicht mehr gerecht wurden, verabschiedete man am 28. Juli 1951 die Genfer Flüchtlingskonvention, die 1967 weiter novelliert wurde.[2495]

In den 50er Jahren nahm der Arbeitskräftemangel in der aufstrebenden deutschen Wirtschaft zu, der nur vorübergehend durch Flüchtlinge, Heimat-vertriebene, Spätheimkehrer und DDR-Übersiedler ausgeglichen werden konnte. 1954 gab es nur 76.000 ausländische Arbeitnehmer in Deutschland. Nach dem Ungarn-Aufstand 1956 wurden gezielt über 5.000 Berg- und Metallarbeiter in den österreichischen Flüchtlingslagern ausgewählt. 1955 wurde das erste Anwerbeabkommen mit Italien abgeschlossen, weitere folgten nach 1960.[2496]

Unabhängig davon versuchten viele Ausländer auch auf eigene Faust in Frankfurt Arbeit zu finden. Der CV hielt es 1959 für schwierig, selbst Arbeitsuchende aus Spanien, Italien, Frankreich, Algerien, Marokko, Türkei und Österreich zu vermitteln bzw. sie unterzubringen. Spanier kamen

---

2491 Vermerk v. 15,6,1959 als Anlage zu Protokoll CVF-Mitgliederversammlung 1959 (ACVF-1330).
2492 Siehe Abschnitt 7.7.1 – Flüchtlinge und Heimatvertriebene, S. 478ff.
2493 Siehe Abschnitt 7.7.5 – Displaced Persons, S. 486ff.
2494 Siehe Abschnitt 7.7.6 – Politische Flüchtlinge, S. 489ff.
2495 Siehe Abschnitt 8.7 – UN-Menschenrechtskonvention, S. 561f.
2496 Siehe Abschnitt 8.7.1 – Ausländische Arbeitnehmer, S. 559ff.

auch meist mit ihren Ehefrauen, die aber „wahrscheinlich aus Angst vor dem Mutterschutzgesetz" nicht eingestellt wurden.[2497]

7.7.1 Flüchtlinge und Heimatvertriebene

Plakat Ende 1945

Mit dem sowjetischen Vormarsch Anfang 1945 setzte eine Massenflucht aus Ostpreußen, Schlesien und dem Sudetenland ein, die sich aufgrund der Beschlüsse der Potsdamer Konferenz im August 1945 verstärkte und nun auch die volksdeutsche Bevölkerung in Polen, Ungarn, Rumänien und Jugoslawien betraf. Insgesamt wurden etwa 11,7 Mill. Deutsche vertrieben, von denen etwa 2,1 Mill. Flucht oder Vertreibung nicht überlebten. Die meisten gingen nach Schleswig-Holstein, Niedersachsen, Nordrhein-Westfalen, Bayern und Hessen.

Nachdem 1949 bereits 7,6 Mill. Flüchtlinge, Heimatvertriebene und Übersiedler gekommen waren, beschloss die Bundesregierung am 29. November 1949 ein Umsiedlungsprogramm für 300.000 Vertriebene, um eine gleichmäßiger Verteilung und Belastung der Bundesländer sicherzustellen. Nach dem im März 1949 vereinbarten Königsteiner Schlüssel wurden die Zuwanderer auf die Bundesländer verteilt. Bis 1950 kamen rd. 1 Mill. Heimatvertriebene und Flüchtlinge nach Hessen, darunter ca. 400.000 Sudetendeutsche, ca. 200.000 Schlesier, ca. 100.000 Ostpreußen, 70.000 aus Pommern und der Mark Brandenburg, ca. 60.000 ca. Polen und Danzig sowie rd. 60.000 aus Südosteuropa.

Mit dem Lastenausgleichsgesetz vom 31. August 1952 wurden Vermögensverluste ersetzt, die Eingliederung in das Arbeitsleben erleichtert und soziale Not behoben. Das Bundesvertriebenengesetz, das am 5. Juni 1953 in Kraft trat, sollte gleiche Startchancen gegenüber den Einheimischen garantieren. Die Bundesregierungen von CDU/CSU, FDP und zeitweise des GB/BHE banden die Zuwanderer mit ihrer antikommunistischen Politik ein, außerdem gab es eine enge Zusammenarbeit aller Wohlfahrtsverbände. So kam es trotz der Massenzuwanderung zu keinen politischen Erschütterungen, da die Flüchtlinge gemäß Art. 116 GG Deutsche waren und sich auch als solche verstanden.

Aufgrund des 1935 erlassenen „arisch geprägte" Reichsbürgergesetz wurde „Nichtariern" die Staatsangehörigkeit aus politischen, rassischen oder religiösen Gründen entzogen" und ab 1937 die im Ausland lebenden Personen deutscher Volkszugehörigkeit aber anderer Staatsangehörigkeit, nicht mehr als Auslandsdeutsche, sondern als „Volksdeutsche" bezeichnet. Dies führte dazu, dass z. B. in der UdSSR die deutschen Minderheit ausgebürgert und zu Staatenlosen erklärt wurden. 1945 wurde das Reichs-

2497 Vermerk v. 15,6,1959 als Anlage zu Protokoll CVF-Mitgliederversammlung 1959 (ACVF-1330).

bürgergesetz aufgehoben und 1949 im Grundgesetz festgelegt, dass der Deutscher ist, „wer die deutsche Staatsangehörigkeit besitzt oder als Flüchtling oder Vertriebener deutscher Volkszugehörigkeit oder als dessen Ehegatte oder Abkömmling in dem Gebiete des Deutschen Reiches nach dem Stande vom 31. Dezember 1937 Aufnahme gefunden hat." (Art. 116 Abs. 1 GG) Damit mussten alle ausgebürgerten deutschen Staatsangehörige „und ihre Abkömmlinge auf Antrag wieder eingebürgert werden. Sie gelten als nicht ausgebürgert, wenn sie nach dem 8. Mai 1945 ihren Wohnsitz in Deutschland genommen und nicht einen entgegengesetzten Willen zum Ausdruck gebracht hatten." (Art. 116 Abs. 2 GG) Daher sind anerkannte Aussiedler und Spätaussiedler Deutsche im Sinne des Grundgesetzes, deren Zuwanderung und Eingliederung bis heute in § 6 Bundesvertriebenengesetz geregelt wird.

Wichtigste Aufgabe war die Suche nach Familienangehörigen über den „Kirchlichen Suchdienst"[2498], die seelsorgliche Betreuung der Flüchtlingslager durch den „Katholischen Lagerdienst"[2499] und die Eingliederung der Vertriebenen durch die „Kirchliche Hilfsstelle."[2500]

7.7.1.1 Kirchlicher Suchdienst

Im August 1945 beschloss die Bischofskonferenz den kurz darauf am 5. September 1945 in der DCV-Zentrale eingerichteten „Caritassuchdienst", der bis Ende 1946 selbst etwa 1,5 Mill. Suchanträge abschließen konnte.[2501] Am 9./10. Januar 1946 gründeten Caritas, Innere Mission und das Internationale Rote Kreuz in Frankfurt den Zentralen Kirchlichen Suchdienst,[2502] der für all die bestimmt war, die Zivilpersonen und entlassene Kriegsgefangene suchten oder die sich selbst als gesucht glaubten. Angehörige, deren Anschrift sich nicht geändert hatte, wurden aufgefordert, vorläufig auf Suchmeldungen zu verzichten und ein Lebenszeichen abzuwarten. Angehörige mit verändertem Wohnsitz füllten Suchkarten[2503] aus, damit Post nachgeschickt

Plakat 1947 © Reimer

und den entlassenen Soldaten die neue Anschrift mitgeteilt werden konnte. Beerdigungen von Soldaten sollten gemeldet werden, damit deren Angehörige nicht in Ungewissheit blieben. Der CV Frankfurt war auch zuständig für die Dekanate Bad Homburg und

---

2498 Vgl. Abschnitt 7.5 – Kirchlicher Suchdienst, S. 479f.
2499 Vgl. Abschnitt 7.7.7 –Bunker- und Lagerfürsorge in Frankfurt, S. 490f.
2500 Vgl. Abschnitt 7.7.1.2 – Kirchliche Hilfsstelle für Vertriebene, S. 481f.
2501 Sabine Voßkamp, Katholische Kirche und Vertriebene in Westdeutschland 1945–1972. Integration, Identität und Ostpolitik, Stuttgart 2007, S. 67.
2502 Einladung o. Datum (ACVF-DCV 1944–56).
2503 Die Karten wurden von den Pfarrämtern mit Ausnahme von Wiesbaden und Frankfurt ausgefüllt. Hier erfolgte es durch die Caritasverbände (Rundschreiben DiCVL „Tuet Gutes Allen" v. Nov. 1945 (ACVF-1712).

Königstein. [2504] Der Suchdienst war kostenlos und wurde, da keine staatlichen Zuschüsse gezahlt wurden, aus Spenden finanziert. 1946/47 wurden vom CV dafür 918 RM, 1947/48 nur noch 308 RM ausgegeben.[2505] Weitere Angaben liegen nicht vor. Da der Suchdienst an Bedeutung verloren hatte, widmete sich dafür im CV zuständige M. Trapp ab 1948 der Erholungsarbeit für Flüchtlingskinder. [2506]

Nachdem die Kosten allein für die Zonenzentrale der amerikanischen Zone in München auf 30.000–40.000 RM veranschlagt wurden, schlug Caritasrektor Franz Müller (München) vor, den Suchdienst einzustellen, da der Aufwand in keinem Verhältnis zum Erfolg stehe.[2507] Nachdem auch festgestellt wurde, dass die inzwischen auf über 4 Mill. Karten angewachsene Kartei überholt war, weil sie über die Heimkehr vieler Gesuchter nicht in Kenntnis gesetzt wurde, änderte man das Konzept. Unter Federführung der DCV-Hauptvertretung München wurden im Frühjahr 1948 Heimatortskarteien (HOK) bei verschiedenen Diözesancaritasverbänden eingerichtet.[2508] Auf der Basis von Anschriftenmaterial und Befragungen wurden „die Flüchtlinge nach ihrer früheren Heimat gebiets- und ortsmäßig" erfasst, um so die verloren gegangenen Kirchenbücher zu ersetzen, mögliche Unterhaltsansprüche zu sichern und das Schicksal vermisster Personen klären zu können.[2509] Ab Juli 1950 veröffentlichte die Tageszeitung „Katholische Beobachter" alle Such- und Meldelisten mit den Namen vermisster Soldaten, Flüchtlingen, Lage von Kriegsgräbern, Nachlassfunden und der Kindersuchaktion, die auch an den Kirchentüren angeschlagen werden sollten.[2510] 1950/51 wurden die in der Auffangstelle für Kriegsgefangenenpost gelagerten 135.000 unzustellbaren Feldpostbriefe den Heimatsortskarteien überlassen und können bis heute dort abgerufen werden.[2511] Der Kirchliche Suchdienst wird bis heute vom DCV und dem Diakonischen Werk Stuttgart getragen und vom Bundesinnenministerium unterstützt. Er erteilt mit zwei, von den jeweiligen Diözesancaritasverbänden getragenen, HOK-Zentren in Passau und Stuttgart jährlich etwa 22.000 Auskünfte. Erfasst sind beinahe lückenlos über 20 Mill. Personen aus den Vertreibungsgebieten zwischen 1939 und 1945. Das Schicksal von über 600.000 Zivilvermissten ist bis heute ungeklärt.

2504 Rundschreiben DiCVL „Tuet Gutes Allen" v. Nov. 1945 (ACVF-1712).
2505 Solidaris-Prüfberichte 1946/47 und 1947/48 (ACVF-1510).
2506 Siehe dazu Abschnitt 7.3.3 – Kindererholung, S. 432f.
2507 Schreiben DVC-Hauptvertretung München/Landesverband Bayern an Caritasmeldeköpfe im Bereich der Zonenzentrale München v. 8.1.1947 (ACVF-sonstige DiCV).
2508 Niederschlesien (DiCV Bamberg), Breslau (Caritasstelle Cham), Oberschlesien (DiCV Passau), Sudetendeutsche (DiCV Regensburg), Groß-Prag/LK Zittau (DiCV Eichstätt), Slowakei (DiCV Würzburg), Jugoslawien/Rumänien (DiCV Augsburg), Ungarn (DiCV Rottenburg/Stuttgart), Berlin/Brandenburg (DCV-Stelle Berlin), Pommern/Mecklenburg/Sachsen/Thüringen (DiCV Fulda), Danzig/Westpreußen/Grafschaft Glatz (DiCV Paderborn), Ostpreußen (CV Hamburg und Schleswig-Holstein), Wartheland/Polen (CV Hannover), Baltikum (DiCV Osnabrück) und rückgesiedelte Auslandsdeutsche (CV Bremen).
2509 ABL Nr. 4 v. 7. März 1948.
2510 ABL Nr. 10 v. 2. Juli 1950.
2511 Die letzten Anfragen an den CV Frankfurt stammen von 2011.

7.7.1.2 Kirchliche Hilfsstelle für Vertriebene

Im August 1945 errichtete die Bischofskonferenz in Frankfurt durch die die Umwandlung des „Reichsverbands für das katholische Deutschtum im Ausland" die „Kirchliche Hilfsstelle für Vertriebene", die sich an der 1943 für Ostflüchtlinge errichteten „Kirchliche Hilfsstelle" orientierte. In

Maximilian Kaller – Statue im Dom Frambork © Reimer   Aloysius Kardinal Muench

München[2512] und in Köln wurden Zweigstellen eröffnet. Am 24. Juni 1946 wurde der vertriebene Bischof von Ermland, Maximilian Kaller,[2513].zum „Päpstlichen Beauftragten für die Heimatvertriebenen" ernannt und mit besonderen Vollmachten ausgestattet. Nach seinem Tod 1947 übernahm der Limburger Bischof Dirichs das Amt des Flüchtlingsbischofs. Ab 1947 wurden nur noch die südosteuropäischen Vertriebenen betreut. und 1950/51 beide Hilfsstellen durch zwei „Katholischen Arbeitsstellen für Heimatvertriebene" ersetzt.[2514]

7.7.2 Kriegsgefangene und Spätheimkehrer

Bereits während des Krieges bemühte sich das Päpstliche Informationsbüro, mit Hilfe der Nuntiaturen Informationen über vermisste oder gefangene Soldaten zu sammeln, Kriegsgefangenenlisten zusammen zu stellen und zusätzlich zum Roten Kreuz einen Korrespondenzdienst aufzubauen[2515] und das Päpstliche Hilfswerk für deutsche Kriegsgefangene und Zivilgefangene unter Leitung von Pater Ivo Zeiger SJ[2516] eingerichtet, aus der in Absprache mit der amerikanischen Militärregierung die „Vatikanische Hilfsmission in Deutschland" in Kronberg/Taunus entstand, die vom

---

2512 Die Hilfsstelle München bemühte sich vor allem um Sudetendeutsche und wurde von Pater Paulus Sladek geleitet, der von 1946–1980 auch Geistlicher Beirat der Ackermanngemeinde, war, einer Vereinigung katholischer Vertriebener aus dem Sudetenland.

2513 Maximilian Kaller (1880–1947), 1903 Priesterweihe, 1917–26 Pfarrer St. Michael Berlin, 1926–30 Apostolischer Administrator von Schneidemühl, 1930 Bf. von Ermland, 1945 auf Druck des polnischen Primas Augustyn Kardinal Hlond zum Rücktritt gezwungen und ausgewiesen. Er lebte in Frankfurt und wurde am 26.9.1946 päpstlicher Sonderbeauftragter für die heimatvertriebenen Deutschen. Zusammen mit Prälat Albrecht Büttner, dem früheren Leiter des „Reichsverbands für das katholische Deutschtum im Ausland" gründete er im Herbst 1946 den „Katholischen Siedlungsdienst", aus dem 1949 das „Gemeinnützige Siedlungswerk" der Bistümer Fulda, Limburg und Mainz entstand. 2003 wurde ein Seligsprechungsverfahren eingeleitet, aber bis heute nicht abgeschlossen.

2514 Voßkamp, S. 97–103.

2515 ABL 1943, Nr. 108/1943 bzw. Osservatore Romano v. 16.5.1943.

2516 Ivo Zeiger SJ (1898–1954) war bis 1944 Rektor des Collegium Germanicum.

10. November 1945 bis zum 9. Juni 1951 bestand und zwischen 1946 und 1949 von dem amerikanischen Bischof Aloysius Muench[2517] als päpstlicher Visitator geleitet wurde und für Vertriebene aus Deutschland und Osteuropa zuständig war. Kanzler wurde Pater Ivo Zeiger SJ. [2518]

Die Caritasverbände informierten Angehörige über den Verbleib ihrer kriegsgefangenen Angehörigen und bemühten sich um Freilassungsgesuche, die einer Beglaubigung des Bürgermeisters und Pfarrers bedurften. Über den DCV konnten Postkarten mit maximal 25 Worten Schreibmaschinenschrift an die Kriegsgefangenen weiter geleitet werden.[2519]

Postkarte © Reimer

Die „Katholische Junge Mannschaft" kümmerte sich um die Unterstützung von Frauen von Vermissten, Kriegerwitwen und deren Kinder.[2520] Französische Heeresgeistliche übernahmen die Seelsorge in den Kriegsgefangenenlagern und das Bistum Limburg das Patronat für die Diözese Bordeaux. Zunächst bestand dies in Form von Gebeten und später mit Büchern und Zeitschriften.[2521] Die Abwicklung übernahmen Caritas und die Gefangenendienste des Bundes der Katholischen Jugend (BdKJ) bzw. der Kolpingfamilie.

Im Frühjahr 1947 befanden sich noch ca. 2,3 Mill. Kriegsgefangene in allliierten Lagern, von denen bis Ende 1947 etwa 350.000, 1948 etwa 500.000 und 1949 weitere 280.000 entlassen wurden. Im Gegensatz zu Algerien, Italien, Großbritannien, Frankreich und den USA gab es aber Informationen von sowjetischer bzw. russisch-orthodoxer Seite über die dort inhaftierten 900.000 Kriegsgefangenen, so dass das vatikanische Informationsamt für Kriegsgefangene seine Nachforschungen am 16. März 1948 vorläufig[2522] und 1953 endgültig als ergebnislos einstellte.

2517 Aloysius Muench (1889–1962), Studium in Madison/Wisconsin, Fribourg, Leuven, Oxford, Cambridge und an der Sorbonne, 1913 Priesterweihe, 1921 Promotion, 1922 Prof. f. Dogmatik und Sozialwissenschaften, 1935 Bischof von Fargo (Wisconsin), 1946 apostolischer Visitator und Leiter der Päpstlichen Mission für Flüchtlinge in Deutschland mit Sitz in Kronberg sowie Verbindungsbeauftragter für religiöse Angelegenheiten bei der US-Militärregierung in Deutschland, 1949 Verweser der vakanten apostolischen Nuntiatur und 1951–1959 Erzbischof und Apostolischer Nuntius in Deutschland, 1959 Verzicht auf das Bistum Fargo und als Kardinalpriester erstes amerikanisches Mitglied der römischen Kurie.

2518 Siehe vorhergehender Abschnitt 7.7.1 – Flüchtlinge und Heimatvertriebene, S. 478f.

2519 Schreiben Höfler/DCV-Kriegsgefangenenhilfe an Richter v. 21.1.1946 bzw. Schreiben Richter/DCV v. 11.2.1946 (ACVF-DCV 1944–56).

2520 DiCVL-Rundschreiben „Tuet Gutes Allen" v. 2.2.1948 (ACVF-1712/1-DiCVL Korrespondenz 1945–54).

2521 ABL Nr. 7/1946, Nr. 89.

2522 ABL Nr.5 v. 5.4.1948, S. 32.

Nach dem Tode Stalins am 8. März 1953 stieg die Zahl der Spätheimkehrer an. Im Oktober 1955 kam der erste Transport mit 620 Spätheimkehrern aus dem Kriegsgefangenenlager Swerdlowsk in Herleshausen an. Nach Adenauers Moskaubesuch 1956 kamen die angeblich letzten noch lebenden deutschen Kriegsgefangenen zurück. Das Schicksal von mehr als einer Million in Russland vermisster Soldaten ist bis heute ungeklärt. Immer wieder werden neue Gräber gefunden.

Die Heimkehrer erhielten im Lager Friedland ein Kopfgeld von 300 DM und ein Begrüßungsgeld der Stadt Friedland in gleicher Höhe. Dieses wurde meist für Bekleidung ausgegeben und genutzt, die Verwandten derjenigen zu besuchen, die noch nicht heimkehren durften. Vielfach waren die Heimkehrer anschließend oft mittellos und suchten bei den Wohlfahrtsverbänden um finanzielle Unterstützung nach.[2523]

Schwierig ist die Beurteilung der psychologischen Hilfe durch Wohlfahrtsverbände und damit auch den CV Frankfurt. Aufgrund der langen Gefangenschaft hatten sich die Familien meist auseinandergelebt und entfremdet. Die Kinder akzeptierten oft nur unwillig das „neue" Familienoberhaupt, das selbst traumatische Erfahrungen zu verarbeiten hatte und sich nur schwer in die rapide veränderten Lebensverhältnisse einfinden konnte. So zerbrachen viele Familien. Während Frauen und Kinder im Rahmen der Familienhilfe betreut wurden, waren die Männer nach der Entlassung aus dem Lager Friedland häufig auf sich allein gestellt. So

Durchgangslager Friedland (DCV-Postkarte)

gab es in Frankfurt keinen „Sozialdienst Katholischer Männer", auch im CV und in der Katholischen Volksarbeit fühlte sich niemand dafür zuständig.

7.7.3 Übersiedler aus der Sowjetischen Besatzungszone/DDR

Da Bundesrepublik die DDR nicht als Staat anerkannte und weiter von einem einzigen Deutschland ausging, wurden diejenigen, die aus der sowjetischen Besatzungszone in den Westen wechselten, nicht als Flüchtlinge oder Vertriebene, sondern als „illegale Grenzgänger" angesehen. Nachdem ihre Zahl 1948/49 stark zugenommen hatte, wurden mit den Uelzener Beschlüssen Zonendurchgangslager (Notaufnahmelager) in Uelzen-Bohldamm und Gießen sowie in Berlin-Marienfelde eingerichtet und die anerkannten „Übersiedler" nach dem bis heute gültigen Königsteiner Schlüssel vom März 1949 auf die Bundesländer verteilt.

Mit dem „Gesetz über die Notaufnahme Deutscher in das Bundesgebiet" (Notaufnahmegesetz) vom 22. August 1950 bedurften deutsche Staatsangehörige oder Volksdeutsche mit Wohnsitz in der SBZ einer besonderen Aufenthaltserlaubnis. Ein Aufnahmeausschuss bzw. der Beschwerdeausschuss überprüfte, ob u.a. eine Gefahr für Leib und Leben

---

2523 CVF-Jahresbericht 1954, S. 41f.

oder die persönliche Freiheit bestand, und wies einen Wohnsitz sowie weitere Hilfen zu. Abgelehnte durften bleiben, erhielten aber keine Hilfen. Das Gesetz war bis zum 30. Juni 1990 gültig. Viele Übersiedler gingen zu Verwandten und durchliefen nicht das Notaufnahmeverfahren. Bis zum Bau der Berliner Mauer am 13. August 1961 kamen über 3,5 Mill. Übersiedler aus der DDR. Über die Hälfte war unter 25 Jahre alt und folgte ihren Eltern, die zunächst aus den Mittelschichten stammten und die Diskriminierungen wegen ihrer „Klassenherkunft" ausgesetzt waren, z. B. durch Enteignung, Entlassungen und Schikanen. Später kamen auch Arbeiter und Angestellte dazu.

Ostzonenflüchtlinge 1949 © ADCV

1952/53 wurde ein Wohnungsbauprogramm für SBZ-Flüchtlinge aufgelegt und ab September 1953 die ersten Wohnungen auf dem bisherigen Niedwiesenlager bereitgestellt. [2524] Außerdem wurden die SBZ-Flüchtlinge bis 1957 in den beiden Lagern Zeilsheim-Pfaffenwiese und Griesheim-Anspacher Straße und dann im Flüchtlingswohnheim Oberrad-Gruneliusstraße untergebracht. [2525]

Zahlreiche Übersiedler wählten den einfachen Weg über den russischen Ostsektor nach Westberlin und wurden im Notaufnahmelager Berlin-Marienfelde untergebracht. Da der Landweg durch die DDR nicht genutzt werden konnte, wurden die anerkannten Übersiedler auf dem Luftweg nach Frankfurt gebracht. Da sie in der Regel zwischen 21 und 22 Uhr ankamen und die vom Hauptbahnhof abgehenden Züge nach Süddeutschland nicht mehr erreicht werden konnten, richtete die Bahnhofsmission am 16. Februar 1953 einen Bereitschaftsdienst auf dem Flughafen ein. Bis zum 26. März 1953 ab es 230 Transporte mit 10.332 Flüchtlingen, denen 6311 Fahrkarten zur Weiterfahrt ausgestellt wurden. Die Bahnhofsmission gab bei einem längeren Aufenthalt Wertgutscheine (0,10–1,10 DM) zur Einlösung bei der Mitropa bzw. der DSG aus. Unklar blieb, was mit den Flugscheinen passieren sollte, wenn nicht geflogen wurde. Die Verpflegungs- und Getränkekosten wurden aus Bundesmitteln refinanziert.[2526] Reisende aus der DDR erhielten auf Wunsch auch ein Begrüßungsgeld. Die DDR warnte, dieses anzunehmen, da die damit verbundene Adressenangabe von den „Spionagezentralen für ihr verbrecherisches Handwerk" genutzt würden und u.a. die Frankfurter Bahnhofsmission „mit der Polizei des Adenauer-Staates zusammenarbeitet."[2527] Etwa zur gleichen Zeit wurde den überwiegend evangelischen Bahnhofsmissionen in der DDR ihre Tätigkeit untersagt und

---

2524 Bericht Besprechung „Hollandspende" vom 20.3.1953 (ACVF-Flüchtlinge).
2525 Siehe Abschnitt 7.7.7 – Bunker- und Lagerfürsorge in Frankfurt, S. 490f.
2526 Schreiben Bahnhofsmission/Städt. Fürsorgeamt Frankfurt v. 27.3.1953 (ACVF-554-Bahnhofsmission Flughafen).
2527 Undatierter DDR-Zeitungsausschnitt von vor 1961 (ACVF-5510-03); begründet wurde dies mit der Einsichtnahme in die Meldelisten.

dann 1956 nach der Verhaftung von elf Helferinnen endgültig verboten. An ihre Stelle trat das Rote Kreuz. [2528] Wie lange der Bereitschaftsdienst unterhalten wurde, konnte nicht festgestellt werden.

Eine besondere Bedeutung hatten die „illegalen Jugendlichen", deren Zahl 1950 auf 40.000 – 80.000 geschätzt wurde und die im einzigen Jugenddurchgangslager Poggenhagen (Niedersachsen) untergebracht wurden. Ab Oktober 1955 wurden die jugendlichen SBZ-Flüchtlinge im Haus Brönnerstraße 32 dreimal wöchentlich betreut. [2529] Aufgrund der in der DDR geltenden Volljährigkeit mit 18 Jahren wurden alle Minderjährigen zurückgeführt. Dies erfolgte auch noch nach dem Mauerbau, als ein 15jähriger Ausreißer aus Thüringen nach Aufenthalt im Jugenddurchgangslager Gießen-Krofdorf bzw. im Jugendwohnheim St. Martin in telefonischer Absprache mit den Eltern, dem Amt für Jugendhilfe Eisenach und der Volkspolizei im März 1962 wieder nach Hause zurückkehrte. [2530] Die letzte dem CV bekannte Rückführung auf eigenen Wunsch erfolgte im Mai 1964. [2531]

In der Betreuung der SBZ-Flüchtlinge gab es eine Kontroverse zwischen Volksarbeit und CV. Zenetti warf dem CV vor, dass er sich „um die Unterbringung und Weiterversorgung von Erwachsenen, Arbeitern, Angestellten und was sonst so jetzt von der Ostzone hierher flüchtet (...) doch kaum oder nur am Rande bemüht (habe)."[2532] Richter war aber der Meinung, die Flüchtlingsfürsorge müsste in die Pfarrarbeit integriert werden,[2533] und forderte im Mai 1952 den Gesamtverband auf, die Personalkosten durch die vier Dekanate zu übernehmen und Schwester Hermine einen Raum im Haus der Volksarbeit zu überlassen,[2534] doch lässt sich nicht feststellen, ob dies erfolgte.

7.7.4 Aussiedler

Nachdem in den ersten Nachkriegsjahren die deutschen Minderheiten systematisch aus den kommunistischen Staaten Ost- und Südosteuropas vertrieben wurden, stellte man die Vertreibung Anfang der 50er Jahre ein und man konnte diese Staaten nur mit einem Ausreiseantrag verlassen. Nach dem Tode Stalins 1953 und dem Moskaubesuch Adenauers 1956 reisten bis 1960 über 13.000 Aussiedler aus der UdSSR aus, danach ging die Zahl wieder zurück und lag bis 1988 weit unter denen anderer kommunistischer Staaten. Bis 1962 kamen ca. 440.000 Aussiedler aus Ost- und Südosteuropa, davon zwei Drittel aus Polen. [2535]

Entscheidend für die Aussiedlung waren überwiegend emotionale und politische, weniger ökonomische Gründe. Ihre Ausreise war häufig mit hohen Kosten für Ausreisepässe verbunden, die ab 1966 von der Bundesre-

2528 Reichsverband der Evang. Deutschen Bahnhofsmission, Hauptgeschäftsstelle für die Bundesrepublik (Hg.): Die Evangelische Bahnhofsmission, Hannover o. J. (ca. 1958).
2529 Aktennotiz Maria Braun v. 26.10.1955 (ACVF-3124-03).
2530 Begleitschein v. 1.3.1962 (ACVF-3113-9047).
2531 Bescheinigung v. 8.5.1964 (ACVF-3113-9056).
2532 Schreiben Ludwig Zenetti/ Peter Schlotter v. 6.8. 1949 (ACVF-1780-HDV-03).
2533 Protokoll CVF-Vorstand 2.5.52 (ACVF-1310).
2534 Protokoll CVF-Vorstand 17.7.52 (ACVF-1310).
2535 Vgl. Gesamtübersicht auf S. 586.

publik getragen wurden, da ihr Besitz oft mit Verlust aufgegeben oder Ausbildungskosten erstattet werden mussten. Eine besondere Situation bestand für Jugendliche und Kinder, die nicht gefragt wurden und ihr gewohntes Lebensumfeld aufgeben und sich in einer neuen für sie fremdsprachigen Umgebung zurechtfinden mussten.

7.7.5 Displaced Persons

Am 9. November 1943 wurde in Atlantic City zur Rückführung der Flüchtlinge nach Kriegsende die UNRRA (United Nations Relief and Recovery Program)[2536] gegründet, dessen Deutschlandbüro 1945 kurze Zeit in Frankfurt-Höchst eingerichtet und dann nach Arolsen verlegt wurde.[2537] Nach Kriegsende fanden die Alliierten in den drei Westzonen etwa sieben Millionen Zwangsarbeiter, Kriegsgefangene, KZ-Häftlinge und andere Flüchtlinge aus Osteuropa vor, die „Displaced Persons" (verschleppte Personen).[2538] Auf Beschluss der Jaltakonferenz (4.-11.2.1945) wurden bis Ende September 1946 etwa 6 Millionen in ihre Heimat zurückgeführt oder eine Auswanderung nach Großbritannien, Südafrika und Kanada ermöglicht. Mit der Neuordnung der Einwanderungsrichtlinien durch den neuen Präsidenten Harry S. Truman im Frühjahr 1946 wurde auch die Auswanderung in die USA möglich.[2539]

Etwa eine Million Displaced Persons wurde als nicht repatriierbar angesehen und in „Assembly Centers" in der amerikanischen und der britischen Zone untergebracht. Meist waren es Russen, Balten oder Ukrainer, die aus politischen Gründen oder weil sie in der Wlassow-Armee und Hilfstruppen der Wehrmacht gedient hatten, nicht zurückkehren wollten. Daher gab es auch kein Lager in der sowjetischen Zone. Dazu kamen die Angehörigen der ehemaligen Anders-Armee.[2540] Die Lager standen unter Aufsicht der UNRRA bzw. deren Nachfolgeorganisation IRO.

Aufgrund des Harrison-Reports vom August 1945[2541], der die Behandlung der jüdischen DPs in der amerikanischen und britischen Zone, abgesehen von der Vernichtung, mit der unter der NS-Herrschaft gleich setzte,

---

2536 Die UNRRA wurde am 9. November 1943 von den USA, Großbritannien, der UdSSR und China gegründet und nach Kriegsende von den Vereinten Nationen übernommen und in Europa bis zum 31. Dezember 1946 aktiv- Sie wurde am 30. Juni 1947 durch die im Dezember 1946 gegründete IRO (International Refugee Organization) ersetzt. 1952 wurde sie durch den UNHCR (United Nations High Commissioner for Refugees) abgelöst, der für alle Flüchtlinge weltweit zuständig ist.

2537 Vgl. dazu Juliane Wetzel, United Nations Relief and Rehabilitation Administration (UNRRA), publiziert am 25.06.2012; in: Historisches Lexikon Bayerns, URL: <https://www.historisches-lexikon-bayerns.de/Lexikon/United_Nations_Relief_and_Rehabilitation_Administration_(UNRRA)> (3.10.2019)

2538 dazu Hans Harmsen, Die Integration heimatloser Ausländer und nichtdeutscher Flüchtlinge in Westdeutschland, Augsburg 1958, Leonard Dinnerstein, America and the Survivors of the Holocaust, New York 1982 sowie Wolfgang Jacobmeyer: Vom Zwangsarbeiter zum Heimatlosen Ausländer. Die Displaced Persons in Westdeutschland 1945–1951, Göttingen 1985.

2539 Kugelmann, S. 438.

2540 Die Anders-Armee wurde 1941 aus von der Sowjetunion nach der Besetzung Ostpolens deportierten Polen aufgestellt, die u.a. auf Seiten der Alliierten an der Einnahme des Monte Cassino beteiligt waren und dort riesige Verluste erlitten.

2541 Earl G. Harrison war ehemaliger US-Kommissar für Einwanderung und reiste im Auftrag von US-Präsident Harry S. Truman.

wurden die jüdischen Lager unter Selbstverwaltung gestellt, die Kalorienzuteilung erhöht und Vorrang bei der Wohnraumsuche vor der deutschen Bevölkerung eingeräumt. In Frankfurt richtete die Militärregierung im ersten Halbjahr 1945 für zwei jüdische Hilfsorganisationen ein Büro ein, in denen Mitarbeiter der Jewish Agency in UNRRA-Uniformen die illegale Einwanderung nach Palästina organisierten.

Im Sommer 1947 lebten etwa 182.000 jüdische DPs in Westdeutschland, darunter auch Juden, die vor den Pogromen in Polen und Russland geflohen waren.[2542] Harry Maor weist auf das Paradox hin, „dass Deutschland, das seine jüdische Bevölkerung ausgestoßen und in den Tod getrieben hatte, nach dem Krieg unter dem Schutz der Siegermächte zum Rettungshafen einiger Hunderttausend Juden wurde."[2543] 1952 lebten noch etwa 12.000 jüdische DPs in Deutschland[2544] und begründeten die jüdische Gemeinde in Deutschland.

Neben den 1900–25 errichteten Arbeiterwohnungen der Farbwerke Höchst war 1942 ein Zwangsarbeitslager als Ziegelbarackenlager eingerichtet worden. 1945 beschlagnahmte die US-Army die Hoechst-Siedlung, vertrieb ihre Bewohner und wandelte alles in das UNRRA/IRO-Assembly Center 557 um.[2545] Im Oktober 1946 lebten im größten deutschen DP-Lager über 3.570 ehemalige jüdische KZ-Häftlinge und Flüchtlinge bis zu ihrer Repatriierung oder Ausreise nach Israel sowie heimatlose Ausländer.[2546] 1946 besuchten der spätere israelische Ministerpräsident David Ben Gurion und die ehemalige US-First Lady Eleanor Roosevelt das Lager. Am 15. November 1948 wurde das Assembly Center nach der Gründung des Staates Israel geräumt und viele Insassen nach Israel gebracht. Damit wurde, so die „Allgemeine Zeitung" am gleichen Tag, „das größte „Waren haus" der Westzone seine Pforten. In Zeilsheim konnte man alles kaufen."[2547] Dies führte auch dazu, das der Schwarzmarkt und die Kriminalität blühten. Viele wurden nach Razzien der Militärpolizei festgenommen und verurteilt. Bis zum Abriss 1958 wurde das Lager Zeilsheim-Pfaffenwiese als Durchgangslager für ehemalige deutsche Kriegsgefangene und Ostvertriebene genutzt.[2548] Die beschlagnahmten Hoechst-Häuser wurden 1949 zurückgegeben.

2542 Florian C. Knab, Displaced Persons im besetzten Nachkriegsdeutschland (www.shoa.de).
2543 Michael Brenner, Nach dem Holocaust, Juden in Deutschland 1945–1950, München 1995, S. 26.
2544 Harry Moar, Über den Wiederaufbau der jüdischen Gemeinden seit 1945, unveröffentl. Dissertation Universität Mainz 1961, S. 24.
2545 Das Lager befand sich auf der Grünfläche hinter der Stadthalle in der Pfaffenwiese
2546 Im Lager gab es eine Theatergruppe, eine Synagoge, ein Jazz-Orchester, einen Sportverein und Schulen. Außerdem wurden zwei jiddische Zeitungen „Undzer Mut" (Unser Mut) und dann „Unterwegs" herausgegeben. Ausführlich dazu Jim G. Tobias, Eine selbstverwaltete jüdische Enklave in Frankfurt, Nürnberg 2011.
2547 Allgemeine Zeitung v. 15.11.1948.
2548 Siehe Abschnitt 7.7.7 – Bunker- und Lagerfürsorge in Frankfurt, S. 490f.

UNRRA/IRO Lager Zeilsheim
© Holocaust Museum Washington

Am 1. Juli 1950 übertrug die IRO den Bundesländern die Fürsorge für ca. 85.000 DPs, die keine Aussicht auf Auswanderung hatten, und war weiterhin für die übrigen 113.000 IRO zuständig. Am 25. April 1951 wurden die DPs als „heimatlose Ausländer" den deutschen Flüchtlingen gleichgestellt und die IRO-Lager in „Regierungslager für heimatlose Ausländer" umbenannt. 1951 weist eine NCWC-Statistik noch 72.440 katholische DPs in 130 Camps aus.[2549]

Zwischen 1945 und 1955 stellte die NCWC Nahrungsmittel und Kleidung im Wert von 63 Mill. DM zur Verfügung,[2550] und bemühte sich um Arbeitsplätze, Visa, Wohnungen und Fährpassagen in die USA. Bis 1951 wurden in Westdeutschland 118.684 Auswanderer betreut, darunter 107.663 DPs aus Deutschland, Österreich und Italien, 6.015 Volksdeutsche sowie 5.006 Angehörige der Anders-Armee.[2551] Da viele DPs zur Auswanderung zu krank oder gebrechlich waren, wurde mit Hilfe der IRO in München das St. Nikolaus-Altersheim mit 350 Plätzen errichtet und am 17. Mai 1953 durch den Münchener Erzbischof Josef Kardinal Wendel eingeweiht.

Befreites Mädchen im KZ Buchenwald vor UNRRA-Lkw
© Holocaust Museum Washington

In diesem Zusammenhang muss auf die „unaccompanied children" hingewiesen werden, die als uneheliche Kinder von Zwangsarbeiterinnen geboren, als Pflegekinder im Rahmen des „Germanisierungsprogramms" aus dem besetzten Polen in Familienpflegschaften bzw. auch zur Adoption freigegeben worden waren oder wie tausende jüdische Kinder die Todesmärsche überlebt hatten. Die UNRRA gründete 1945 eine Abteilung „Child Tracing Section" (später „Child Search Branch"), um diese Kinder zu finden und wenn möglich ihren Eltern zuzuführen. Bis zur Repatriierung oder Auswanderung blieben sie in „Children Centers" der IRO wie im Kloster Indersdorf bei Dachau.[2552] Die Bischofskonfe-

---

2549 ADCV 371 (73). 065.1.
2550 Vermerk Stadtkanzlei-Verbindungsstelle – Abschrift v.23.3.1955 (ISG-Magistratsakten 8.846).
2551 Caritas 53 (1952), S. 43.
2552 In dem 1938 beschlagnahmten Kloster der Barmherzigen Schwestern in Markt Indersdorf wurde 1943/$4 wurde ein Kinderheim für Kinder von Zwangsarbeiterinnen eingerichtet, von denen die meisten nach kurzer Zeit starben. Ab 1945 brachte die UNRRA bis 1948 über 200 jüdische Kinder unter, die den Todesmarsch aus dem KZ Flossenbürg überlebt und von amerikanischen Truppen befreit worden waren. Die Betreuung übernahmen die Barmherzigen Schwestern.

renz rief 1954 im Zusammenhang mit der Familienzusammenführung von in den polnisch besetzten Gebieten verbliebenen deutschen Kindern dazu auf, in Deutschland lebende polnische Kinder zu ihren Eltern in Polen zurückzuführen.[2553]

7.7.6 Politische Flüchtlinge

Nach den Volksaufständen in der DDR am 17. Juni 1953 bzw. dem Posener Aufstand und dem Ungarn-Aufstand 1956 suchten viele eine neue politische und wirtschaftliche Zukunft in Westeuropa. Die Eingliederung dieser Flüchtlingsgruppen war relativ unproblematisch, da sie einerseits angesichts des Arbeitskräftemangels willkommen waren und andererseits selbst bemüht waren, baldmöglichst Fuß zu fassen.

So flohen nach dem der Grenzöffnung am 4. November 1956 binnen kurzer Zeit über 200.000 ungarische Flüchtlingen nach Österreich. Die Bundesregierung erklärte sich am 7. November 1956 bereit, 3.000 aus den Flüchtlingslagern aufzunehmen, hob die Zahl bis zum 27. November auf 10.000 an, schließlich wurden 13.500 offiziell anerkannt.[2554] Insgesamt kamen aber über 80.000 nach Bayern und reisten von dort meist zu Verwandten weiter. Die Integration bereitete keine Schwierigkeiten, da die Flüchtlinge „mit offenen Armen erwartet" wurden (Csík). Mit ihrer guten Ausbildung und guten deutschen Sprachkenntnissen hatten binnen kurzer Zeit bereits 5.000 einen Arbeitsplatz im Bergbau und der Metallindustrie erhalten, Viele hielten ihre familiären Kontakte aufrecht und konnten Mitte der 60er Jahren wieder nach Ungarn reisen. Im Bistum Limburg lebten 1957/58 ca. 3.000 Ungarnflüchtlinge, davon ca. 1.500 in Frankfurt, für die das Bistum eine „Betreuungsstelle für Südostkatholiken" unter Leitung der ungarischen Priester Peter Feuerbach bzw. später Szanislzó Ambrus finanzierte, die zunächst im Caritashaus, später bis 1992 in der Oppenheimer Straße 46/49 untergebracht war.[2555] Der CV bezuschusste lange Jahre die Weihnachtsfeier der ungarischen Gemeinde in St. Raphael. [2556]

Unklar ist die Struktur der in Frankfurt lebenden Polen, Ukrainer und Balten. Vermutlich waren die meisten Zwangsarbeiter oder Displaced Persons, die nach der kommunistischen Machtergreifung in Osteuropa nicht mehr nach Hause zurückkehren wollten. Am 5. Juni 1945 ernannte Pius XII den polnischen Feldbischof Józef Gawlina zum Bischof für die Polen in Deutschland und Österreich, die als Gefangene von KZ- und Arbeitslagern, als Zwangsarbeiter oder als Soldaten der Wachkompanien nach Deutschland verbracht worden waren. Er wandelte die im Auswandererlager München-Freimann gegründete „Zentrale der polnischen Seelsorge" in eine Bischofsvikarie um und verlegte sie 1946 nach Frankfurt. Das bis 1976 bestehende „Bischöfliche Generalvikariat für die Polen in Deutschland" (Altkönigstr. 19) war zuständig für die drei Westzonen, nachdem die Polen aus der sowjetischen Zone nach Polen repatriiert worden waren. Leiter des

---

2553 ABL 1948, Nr. 7, S. 37.
2554 SZ 18.9.2015.
2555 ABL Nr. 15 v. 5. August 1958, S. 66.
2556 Aktenvermerk v. 25.6.1986 und lfd. Korrespondenz (ACVF-4111/HUN).

Generalvikariats war Generalpfarrer Prälat Edward Lubowiecki. [2557] 1955 bestand eine polnische Caritasstelle (Caritas Polski ma Frankfurcie) und ein Verband Polnischer Flüchtlinge mit Sitz in Schwanheim (Schwanheimer Str. 131),[2558] die in Frankfurt über 2.000 Polen betreute. In den folgenden drei Jahren wurde die polnische Ausreisepolitik gelockert und zahlreiche Polen, Deutsche und Juden reisten in die Bundesrepublik (ca. 225.000), in die DDR (ca. 37.500) sowie nach Israel (ca. 46.000) aus.

1947 ernannte Pius XII Erzbischof Iwan Buczko zum Apostolischen Visitator in Westeuropa und betraute ihn mit der Seelsorge für die in Deutschland lebenden katholischen Ukrainer des byzantinischen Ritus. Sein ständiger Vertreter und Generalvikar in Deutschland wurde Prälat Petro Holynskyj.[2559] In Frankfurt war der Priester Dyonisius Kulczycky zuständig. Für die baltischen Katholiken unterhielt der aus Riga stammende Priester Michael Lizdiks ein Büro im Untermainkai 4.[2560] Da das Haus vom CV angemietet worden war, ist eine Zusammenarbeit zu vermuten.

7.7.7 Bunker- und Lagerfürsorge in Frankfurt

Da Frankfurt der wichtigste Bahnknotenpunkt im Interzonenverkehr war, blieben viele Flüchtlinge und Heimkehrer, weil sie sich hier größere Chancen versprachen. Bis zum 1. November 1946 waren 131.177 Flüchtlinge eingetroffen. Sie hatten weder ausreichend Kleidung noch Ersparnisse noch gab es Erwerbsmöglichkeiten. Für aus Frankfurt stammende ehemalige politische, religiöse oder rassische KZ-Häftlinge erhielt das Fürsorgeamt Kleidung und Nahrungsmittel aus Mitteln der im Mai 1945 gegründeten Rückwandererwerke, die in der Beratungsstelle für Sonderfälle ausgegeben wurden. Dazu hieß es: „Grundsätzliche Voraussetzung für die Unterstützung ist selbstverständlich das einwandfreie Verhalten der Antragsteller in den Strafanstalten und Lagern."[2561]

Die Flüchtlinge wurden in Bunkern und Barackenlagern untergebracht. Ende 1948 gab es in Frankfurt acht Bunker und fünf Barackenlager mit insgesamt 1197 Insassen, in denen die katastrophalen Wohnverhältnisse nur zögerlich beseitigt (Ausbesserung der Dächer und Fußböden, Aufteilung der Säle durch Zwischenwände) wurden und „zum größten

Flüchtlingsfamilie © ADCV

2557 Handbuch des Bistums Limburg 1956, S. 424f; nach dem Tode Gawlinas 1964 war Lubowiecki bis zu seinem Tod kanonischer Inspektor über die polnischstämmige Bevölkerung in Deutschland. Danach wurde die Bischofskurie aufgelöst, 1975/76 die polnische Seelsorge der deutschen kirchlichen Jurisdiktion unterstellt und die „Polnische Katholische Mission in Deutschland" gegründet.
2558 Einladung zu polnischem Musikabend am 22.5.1955 im Kolpinghaus (ISG-Magistratsakten 8.846).
2559 http://www.ukrainische-kirche.de/wp/?page_id=307 – Stand 27.2.2015).
2560 Handbuch des Bistums Limburg 1956, S. 424f.
2561 FR v. 19.10.45.

Teil die gleichen geblieben sind wie zu Beginn meiner Tätigkeit." (Schwester Hermine)

Während ansonsten der „Katholischen Lagerdienst" [2562] bzw. das Bistum[2563] zuständig war, wurde in Frankfurt und später in Hanau (ab März 1957) die Betreuung der katholischen Lager- und Bunkerinsassen vom CV übernommen und finanziert. Schwester Hermine machte ab mindestens 1947 wöchentlich etwa 30 Haus- und Bunkerbesuche bzw. in ihrer Sprechstunde 25–30 Beratungen. Zumindest zeitweise übernahm Schwester Hermine auch die seelsorgliche Betreuung, da die dem Flüchtlingspfarrer Dr. Broska genehmigte Seelsorgehelferin entweder erst später oder gar nicht ihre Arbeit aufnahm.[2564] Obgleich sich die Pfarrcaritas um die Flüchtlinge kümmern sollte, fanden viele „nicht den rechten Anschluss an ihre Pfarrei" und Schwester Hermine bemühte sich häufig vergeblich, einen Kontakt herzustellen. Immerhin waren fast 10.000 der im Dezember 1948 in Frankfurt lebenden 15.722 Heimatvertriebenen katholisch. [2565]

Nach der Aufhebung der Zuzugssperre 1950 verdoppelte sich der Zuzug nach Frankfurt. Nachdem die 15 Großbunker Ende März 1950 mit 1.525 Personen belegt waren, beschloss der Magistrat, Familien, Frauen mit Kindern von alleinstehenden Männern und Frauen entsprechend zusammenzulegen, um die Lebensumstände erträglicher zu gestalten und die kurzfristige Einquartierung von aufgegriffenen Neuankömmlingen besser zu steuern, „da das Bunkerpersonal [...] nicht in der Lage« sei, dauernd für die in solchen Massenquartieren notwendige Ordnung zu sorgen".[2566]

Gleichzeitig verdoppelte sich die Zahl der von Schwester Hermine betreuten Bunkerinsassen von etwa 400 (1950) bis 1952 auf ca. 800. Lebensmittel und Kleidung wurden bereitgestellt und bei der Arbeits- und Wohnungssuche geholfen.[2567] Schwester Hermine bemühte sich bei Firmen um die Überlassung von Textilien (vor allem C&A) und Haushaltswaren zu niedrigeren Preisen und wurde auch mit Care-Paketen für kinderreiche Familien unterstützt. Kritisch war die Lage der Familien ohne Ernährer und der von der Fürsorgeunterstützung lebenden alten und kranken Leute, da zunächst keine Renten und Pensionen gezahlt werden be-

2562 Parallel zum „Heimatlosen-Lagerdienst" des CVJM wurde am 24.10.1952 die „Arbeitsgemeinschaft Katholische Lagerdienst" (Kath. Jugendhilfe in Flüchtlingslagern) von DCV, Fachverband für Mädchenschutz, Elisabetharbeit, Männer- und Frauenfürsorgeverband sowie dem Bund der Katholischen Jugend gegründet. 1989 umbenannt in „Arbeitsgemeinschaft katholischer Flüchtlings- und Aussiedlerhilfe", 2000 dann in „Katholische Arbeitsgemeinschaft Migration" (KAM). Der DCV hatte bis 1952 selbst 25 Lager eingerichtet und betreute bis 1959 insgesamt 552 Lager.
2563 Der Limburger DiCV verwaltete das Flüchtlingslager in Eltville, das bis über 10.000 Flüchtlinge passiert hatten.
2564 Bescheinigung v. 8.5.1964 (ACVF-3113-9056) .
2565 Davon stammten 9550 aus Gebieten östlich von Oder-Neisse und 3878 aus der CSR (Sudetenland). Die übrigen kamen aus Ungarn, Rumänien, Jugoslawien und Polen.
2566 FAZ 24.3.1950.
2567 Protokoll CVF-Mitgliederversammlung 16.6.1959, S. 2 (ACVF.1330).

durften.[2568] Nachdem der Suchdienst an Bedeutung verloren hatte, widmete sich M. Trapp 1948 der Erholungsarbeit für Flüchtlingskinder.[2569]

Als Beispiel der gegenseitigen Hilfe sind die Hilfsaktion Deutschlands für die Geschädigten der großen Sturmflut vom 31. Januar/1. Februar 1953 und die Hollandspende für die Ostflüchtlinge im Frühjahr 1953 hervorzuheben. Die nach der Flutkatastrophe nicht mehr ausgegebene unverpackte Bekleidung im Umfang von 600.000 Tonnen wurde Deutschland zur Verfügung gestellt. Sieben Binnenschiffe waren für Hessen bestimmt, das erste für Frankfurt traf am 20. März 1953 im Westhafen ein. Federführend war das Berliner Hilfswerk, dazu kamen neben den übrigen Wohlfahrtsverbänden auch der CV mit sechs ehrenamtlichen Helfern, denen eine Aufwandsentschädigung der Landesregierung zugesichert wurde. Nach der Sortierung der Bekleidung wurde diese ab dem 23. März 1953 ausgegeben.[2570]

Nach der Schließung des DP-Assembly-Centers wurde das Lager Zeilsheim für die zeitweilige Unterbringung deutscher Kriegsgefangene, SBZ-Flüchtlinge und Heimatvertriebene sowie die nicht repatriierbaren DPs genutzt. UNRRA/IRO und die katholische NCWC betreuten bis 1954 etwa 3.500 Menschen. Dabei arbeitete man mit Friedel Urban vom CV zusammen,[2571] die 1954–57 durch die Lorenzschwestern Clara und Rita[2572] unterstützt wurde. Das Lager wurde am 1. Mai 1958 endgültig geschlossen. Ein weiteres Lagerbestand in Griesheim an der Anspacher Straße, das in dem im März 1944 durch einen Luftangriff zerstörte Zwangsarbeiterlager eingerichtet wurde. Es wurde notdürftig wieder aufgebaut und dort SBZ-Flüchtlinge untergebracht. [2573]

Nach der Schließung der beiden Lager in Zeilsheim (1. Mai 1958) und Griesheim[2574] wurden die SBZ-Flüchtlinge in dem 1956 auf dem Gelände der ehemaligen Sternbrauerei in Oberrad (Gruneliusstr.) errichteten Kreisflüchtlingswohnheim mit 54 Wohnungen untergebracht. Je Etage gab es drei Wohnungen mit Gemeinschaftsküche und zwei Waschräume. [2575] 1971 wohnten hier noch 257 Personen. Die Betreuung für den CV übernahm die Pfarrhelferin von Oberrad, Schwester Magdalena.[2576] 1959 wur-

---

2568 Tätigkeitsbericht Schwester Hermines als Anlage zur Niederschrift der CVF-Mitgliederversammlung am 9.12.1948 (ACVF-1330).
2569 Siehe dazu Abschnitt 7.3.3 – Kindererholung, S. 432f.
2570 Bericht über Besprechung „Hollandspende" vom 20.3.1953 (ACVF-Flüchtlinge).
2571 Bericht Friedel Urban v. 1972 (ACVF-Dienstbesprechungen).
2572 Die Lorenzschwestern waren eine nur vier Schwestern umfassende Gemeinschaft, die zu den Nazareth-Schwestern in Goppeln/Schlesien gehört und sich nach der Flucht 1950–55 im Kinderheim in Waischenfeld bei Bayreuth gebildet hatten. Sie standen unter der Protektion des Paderborner Erzbischofs Lorenz Jäger. Im September 1955 kamen sie nach Frankfurt und blieben bis 1977.
2573 Schreiben Neles an Diözesancaritasdirektor Adlhoch v. 5.9. 1958 (ACVF-Flüchtlinge).
2574 Auf einem Teil des Barackenlagers zwischen Froschhäuser Straße und der Ahornstraße wurde in den 60er Jahren die Siedlung Griesheim-Nord errichtet.
2575 Schreiben Neles an Diözesancaritasdirektor Adlhoch v. 5.9. 1958 (ACVF-Flüchtlinge).
2576 Gesamtbericht der Spitzenverbände über ihre Lagertätigkeit 1953–1969 v. 23.6.1969 (ACFV-Flüchtlinge).

de ein weiteres Kreisflüchtlingsheim Heddernheim (Dillenburger Str. 1 und 1a) für ca. 250 Personen eröffnet, das bis 2005 bestand. Nachdem in den 50er und 60er Jahren in mehreren Stadtteilen Sozialbau- und Reihenhaussiedlungen für SBZ-Flüchtlinge und Heimatvertriebene errichtet worden waren, wurden die bis zu ihrer Auflösung 1972 weiter bestehenden Barackenlager und Bunker mit Familien belegt, die ihre Wohnungen in der Innenstadt meist aus finanziellen Gründen hatten aufgeben müssen.[2577]

7.7.7.1 Wohnwagenplatz Bonames

Neben den Bunkern und Lagern stand der auf Beschluss der Stadtverordnetenversammlung ab Januar 1953 an der Grenze zwischen Eschenheim und Bonames errichtete Wohnwagenplatz immer in der Kritik.[2578] Hier wurden zwangsweise 220 Wohnwagenbewohner (Einzelpersonen und Familien) angesiedelt, die bisher mit ihren kaum beweglichen und meist verrotteten Wohnwagen im Stadtgebiet gestanden hatten und sich ihren Lebensunterhalt durch Schrottsammeln („schrotteln") oder als Schausteller verdienten. Der „Bonameser Platz" hatte keinen Stromanschluss, bei Regen glich er einer Schlammwüste. Erst später wurden in Eigenregie zwei Hydranten, eine Wasserleitung, eine Waschanlage und ein Reinigungsbad eingerichtet. 1959 waren hier 850 Personen polizeilich gemeldet.[2579]

1956 übertrug der Evangelische Volksdienst einem Sozialdiakon die die Betreuung der Wohnwagenkolonie. Anfang Juli 1964 Evangelischer Volksdienst und der CV die Aufstellung einer Sozialbaracke am Lagereingang durch, in der eine Fürsorgerin vor allem in der Mütterberatung tätig wurde.[2580] Da die zahlreichen Kinder weder Kindergarten noch Schule besuchten stellte der Volksdienst stellte eine Kindergärtnerin für die vorschulpflichtigen Lagerkinder ein, die schulpflichtigen Kinder wurden therapeutisch erfasst und schulreif gemacht.[2581] Am 1. April 1965 wurde hier die erste Frankfurter Spielstube eröffnet. Erst 1967 erhielt der Platz seine offizielle Bezeichnung „Wohngemeinschaft Bonameser Weg", der seit 2012 vom Diakonischen Werk in seiner Gemeinwesenarbeit betreut wird.

2577 Vgl. Abschnitt 8.4.1 – Von der Obdachlosensiedlung in soziale Brennpunkte, S. 527.
2578 Vgl. dazu ausführlich Sonja Keil, Soziale Wirklichkeit und Geschichte des Wohnwagenstandplatzes Bonameser Straße in Frankfurt am Main. Prozesse unkonventioneller Habitusbildung in einer besonderen Lebenswelt. Frankfurt 2018.
2579 https://www.kulturexpress.de/1738.htm.
2580 FAZ 2.7.1964.
2581 Aktennotiz über Besprechung Volksdienst/CVF v. 5.8.1964 (ACVF-1761/DW).

7.8 Die Hilfsstelle für verfolgte nichtarische Katholiken

Im Juni 1946 richtete die evangelische Kirche eine Hilfsstelle für rassisch verfolgte Christen ein, deren Frankfurter Büro zunächst auch die Hilfe suchenden Katholiken betreute.[2582] Im Herbst 1946 wurde beim DCV ein

Gertrud Luckner in Yad Vashem
© ADCV

„Arbeitsausschuss für ehemalig vom Nationalsozialismus Verfolgte und KZ-Insassen" eingerichtet und ein „Hilfswerk für Christen jüdischer Herkunft und ehemals politische Verfolgte" geplant, doch beklagte Gertrud Luckner, dass es an einer Koordination einzelner Stellen mangele. [2583]

Da man auf evangelischer wie auf katholischer Seite an einer ökumenischen Lösung interessiert war, wurde im Oktober 1946 in Berlin die „Arbeitsgemeinschaft christlicher Hilfsstellen für rassisch Verfolgte nicht-jüdischen Glaubens in Deutschland" unter dem Vorsitz von Probst Heinrich

Grüber (Berlin) gegründet, dem Sommer von der „Hilfsstelle beim bischöflichen Ordinariat Berlin" und drei weitere Personen als Vorstandsmitglieder angehörten. Für jede Westzone wurde ein Beiratsmitglied bestimmt, für die britische Zone Herr Berkowitz (Christliches Hilfswerk für Rassisch Verfolgte Köln), für die amerikanische Zone Caritasdirektor Aloys Schmand (Fulda) und für die französische Zone Gertrud Luckner. In einem Rundschreiben vom 31. Dezember 1946 an die Diözesancaritasverbände betonte Kreutz, dass zwar das Verhältnis der rassisch Verfolgten Katholiken gegenüber den protestantischen Verfolgten nur 1:5 betrage, dass aber auf katholischer Seite besonders eifrig gearbeitet worden sei. Es bestehe die Chance, mit Hilfe der Truman-Aktion die Auswanderung in die USA nutzen zu können.

Kreutz kündigte an, dass man in Absprache mit den hessischen Caritasdirektoren in „bürokratischer Anlehnung an den dortigen örtlichen Caritasverband" eine „Hilfsstelle für verfolgte nichtarische Katholiken" mit dem Arbeitsbereich Großhessen aufbauen werde.[2584] Als Leiter wählte man den früheren Leiter der „Erzbischöflichen Hilfsstelle für Nichtarier" in Wien, Pater Ludger Born SJ[2585], der ohnehin vom Jesuitenorden nach Frankfurt abgeordnet worden war, um die zerstörte Hochschule St. Georgen wieder aufzubauen. Offiziell wurde die Hilfsstelle in St. Georgen angesiedelt, de facto erfolgte die Arbeit aber im Caritashaus, da Paula Neles neben ihrem bisherigen Arbeitsbereich auch Born als Hilfskraft zugewiesen wurde. Born stellte im April 1947 zusätzlich Frl. Mangold ein, die Häftling im KZ

2582 Schreiben Carl Scholling/CV Frankfurt v. 15.6.1946.
2583 Rundschreiben Arbeitsausschuss für ehemalig vom Nationalsozialismus Verfolgte und KZ-Insassen" v. 8.10.1946 ((ADCV 284+284.3).
2584 Rundschreiben Kreutz v. 31.10.1946 (ADCV 284+284.3).
2585 Zur Person Ludger Borns siehe Anm. 1894.

Ravensbrück gewesen war und in der Bahnhofsmission gearbeitet hatte.[2586]

Am 19. Dezember 1946 klärten Richter und Born die Grenzen der Zusammenarbeit ab, doch gab es immer wieder Auseinandersetzungen über die Zuständigkeit, da Richter meinte, dass die Hilfsstelle ihm unterstellt werden müsse.[2587] Nach Gesprächen zwischen Kreutz und Joerger um den 10. Februar 1947 erreichte Born, dass diese in der „Hilfsstelle eine Stelle des Deutschen Caritasverbandes erblicken" und er unabhängig vom Ortscaritasverband sei, auch wenn er vorläufig noch „in büromäßiger Anlehnung" arbeiten müsse: „Ich muss diese Auffassung allerdings dem hiesigen Chef noch beibringen."[2588]

Ludger Born SJ © Erzbischöfliches Diözesanarchiv Wien

Die Situation spitzte sich nach der Gründung der Bizone am 1. Januar 1947 zu, da DCV-Caritasdirektor Joerger „eine Vertretung des DCV in Frankfurt (anstrebe), weil es so aussehe, dass Frankfurt zur Hauptstadt der drei Westzonen werde und man Born auch als Landescaritasdirektor für Großhessen ins Auge gefasst habe.[2589] Joerger schlug am 2. April 1947 den Namen „Hilfsstelle für religiös, rassisch und politisch Verfolgte" vor und wies Born daraufhin, dass die vorläufige büromäßige Anlehnung der an den Caritasverband Groß-Frankfurt „nicht unwesentliche Einsparungen" ermöglicht habe. Er bat Born, „Herrn Caritasdirektor Richter (…) unseren herzlichen Dank (…) zu übermitteln." [2590] Richter machte gegenüber Born in der Osterwoche seine Verärgerung deutlich, dass ihm die Auffassung der DCV-Leitung nicht durch Kreutz selbst oder bei der Februarsitzung mitgeteilt worden sei. „Der DCV schafft sich in Frankfurt eine Stelle, die nicht dem Caritasverband untersteht, sondern unmittelbar der Zentrale". Wenn die Hilfsstelle dem DCV unterstehe, könne sie sich in der Stadt ein Büro suchen, in der aktuellen Situation habe aber er die Verantwortung.[2591] Bei einer Sitzung der hessischen Caritasdirektoren ohne Teilnahme von Born stellte man fest, dass sich in Hessen 660 Personen ohne Kinder und andere Angehörige als Betroffene gemeldet hatten.[2592] Adlhoch wies daraufhin, dass in Wiesbaden ein Arbeitsausschuss geplant sei, die Wiesbadener nichtarischen Katholiken wurden aber weiterhin von Frankfurt betreut.

Obgleich der gesundheitlich schwer angeschlagene Richter Born bereits im April 1947 mangels englischer Sprachkenntnisse abgelehnt und

2586 Handschriftlicher Vermerk o. Datum (ADCV 284+284.3).
2587 Schreiben Born/Luckner v. 4.5.1946 (ADCV 284+284.3).
2588 Schreiben Born/Luckner v. 25.2.1947 (ADCV 284+284.3).
2589 Schreiben Joerger/Born v. 19.5.47 (ADCV 284+284.3).
2590 Schreiben Joerger/Born v. 2.4.19 47 (ADCV 284+284.3)
2591 Schreiben Born/Luckner v. 12.4.1947 (ADCV 284+284.3).
2592 Frankfurt 500, Wiesbaden 44, restl. Bistum Limburg 50, Bistum Fulda 58 und Bistum Mainz 56.

dieser sich bereit erklärt hatte, sein Amt aufzugeben, wenn ein geeigneter Kandidat für den Landescaritasdirektor bzw. als Leiter der Hilfsstelle bereitstehe,[2593] hielt Joerger an seinem Plan fest und empfahl mit Hinweis auf die Bauarbeiten in St. Georgen am 19. Mai 1947, es sei wohl günstiger auf Kosten des DCV ein anderes Büro zu suchen.[2594] Ob davon die hessischen Caritasdirektoren Kenntnis erhalten hatten, lässt sich nicht feststellen, Caritasdirektor Fritz Lutz (Offenbach) informierte aber am 23. Mai 1947 Lamay, dass Born weder die komplizierten Verhältnisse in dem neu geschaffenen Hessen kenne, noch entsprechende Kontakte habe. Der geeignete Mann für diese Position sei Richter.[2595] Lamay wies Kreutz daraufhin, dass Richter aufgrund der Gerüchte um einen Landescaritasdirektor in einer „seelischen Verfassung [sei], die das Arbeiten mit ihm erschwert, die Zusammenarbeit oft zu einer Last macht."[2596] Am 31. Juli 1947 stellte Kreutz klar, Born sei nur als Leiter der Hilfsstelle ausersehen[2597] und habe sich zur Verbindungsstelle zur Bizonenverwaltung noch nicht entschieden.[2598]

Während die ideelle und materielle Unterstützung der Betroffenen entsprechend der bisherigen Abmachungen mit den Pfarreien erfolgen solle, sollte die Hilfsstelle den betroffenen Personenkreis im Rahmen der „cura ordinaria" einbeziehen. Die Hilfsstelle solle nur dort unterstützen, wo Pfarrseelsorge und Pfarrcaritas noch nicht dazu bereit seien. Als Aufgabenbereich wurde festgelegt: Vertretung der betroffenen Personen gegenüber den entsprechend bestehen konfessionellen oder nicht konfessionellen Hilfsstellen für rassisch Verfolgte, Beratung und Hilfe in Sonderfällen, bei denen die „cura ordinaria" nicht helfen kann, Erschließung ideeller und materieller Unterstützung durch ausländische Hilfsstellen und die Information der ordentlichen Seelsorge über die Entwicklung der diese Personen angehende Fragen. Richter ging klar davon aus, dass „die Tätigkeit der Hilfsstelle (...) als gegenwärtig noch nötige Form der Sonderbetreuung (...) sobald wie möglich eingestellt werden soll" und dass die entsprechenden Mittel entsprechend der Nachfrage" durch die kirchlichen Dienststellen des Landes Hessen anteilsmäßig übernommen" werden.[2599] Für den Aufbau der Hilfsstelle erhielt der Caritasverband 800 RM und weitere 200 RM waren für die evangelische Stelle bestimmt. [2600] Die Zusammenarbeit zwischen den drei Hilfsstellen und der Betreuungsstelle der Stadt Frankfurt war gut.[2601]

Born hielt dienstags und freitags Sprechstunde, die aktuellen Vorsprachen übernahm Paula Neles, [2602] dazu kamen Hausbesuche.[2603] Zu

---

2593 Schreiben Born/Joerger v. 29.4.1947 (ADCV 284+284.3).
2594 Schreiben Joerger/Born v. 19.5.1946 (ADCV 284+284.3).
2595 Schreiben Dr. Lutz/Lamay v. 23.7.1947 (ADCV-125.5-2).
2596 Schreiben Lamay an Kreutz v. 23.7.1947 (ADCV-125. 51-2).
2597 Die Hilfsstelle unterhielt eine Dependance beim CV Wiesbaden.
2598 Schreiben Kreutz an Lamay v. 31.7.1947 (ADCV-125. 51-2).
2599 Vermerk Richter v. 19.12.1946 – Abschrift (ADCV 284+284.3).
2600 Besprechungsvermerk Kreutz v. 24.1.1947 (ADCV 284+284.3)
2601 Schreiben Born/Luckner v. 12.4.1947 (ADCV 284+284.3).
2602 Schreiben Born/Luckner v. 26.1.1947 (ADCV 284+284.3).
2603 Handschriftlicher Vermerk o. Datum (ADCV 284+284.3).

den Aufgaben gehörte u.a. die Beratung in Auswanderungsfragen, Unterstützung mit Kleidung, Lebensmitteln und Geld und die Hilfe bei der Wohnungssuche und bei der Beschaffung von Bezugsscheinen für Möbel. Außerdem bemühte man sich um Erholungsaufenthalte für Kranke sowie für schwache und unterernährte Kinder. [2604]

Zu Weihnachten 1946 konnten bereits 20 Familien mit Lebensmitteln, Kleidung und Wäsche beschenkt und eine gemeinsame Weihnachtsfeier mit der evangelischen „Hilfsstelle für rassisch verfolgte Christen" durchgeführt werden. Kurz darauf nahm Born Kontakt zu Cahn auf und empfahl die im zu verteilenden Pakete nicht mehr direkt, sondern über ihn zu verteilen und die Kontakte der örtlichen Hilfsstellen auch so zu gestalten.[2605]

Am 26. Januar 1947 meldete Paula Neles 850 katholische[2606] und 2800 evangelisch rassisch Verfolgte nach Freiburg. [2607] Im Mai 1947 wurden 283 Familien mit 753 Personen sowie 47 Alleinstehende betreut. Darunter waren 29 Volljuden, 52 Hinterbliebene von Volljuden, 4 Erwerbsunfähige und 35 Personen über 60 Jahre.[2608] Nachdem Gertrud Luckner am 23. Mai 1947 Spendensuchen für 800 Personen nach Amerika und England gemeldet hatte,[2609] konnte Born bereits am 17. Juni 1947 einhundert Pakete der christlichen Nothilfe aus der Amerikaspende verteilen, u.a. Lebensmittelpakete (0,5 kg Fett, je 2 kg Weißmehl und Haferflocken, 1 kg Zucker, 0,5 kg Kaffee). Vom Münchener Caritasverband hatte er zudem kurz zuvor 30 halbe Care-Pakete erhalten.[2610] Kleider- und Wäschepakete erhielt er über den nach Amerika emigrierten früheren Leiter des Wiener Pauluswerks Johannes Österreicher.[2611] Born beklagte sich darüber, dass er vom Caritasverband Frankfurt nur zwei Care-Freipakete erhalten habe, und bat um Informationen über Stipendien für Studenten und finanzielle Unterstützung bei Auswanderung.[2612] Schließlich wurde für 86 Kinder eine Kindererholung in der Schweiz arrangiert. [2613] Im September 1947 wurden 78, an Weihnachten 1947 weitere 100 Familien mit Kleidung, Wäsche, Decken und Schuhen versorgt sowie 168 Familien mit 470 Personen mit Lebensmitteln bzw. 189 Kinder mit Spielzeug und Süßigkeiten. An Ostern 1948 wurden 123 Familien mit 310 Personen mit Lebensmittel und Kleidung sowie 110 Kinder mit Süßigkeiten versorgt. Am Weißen Sonntag 1948 erhielten 8 Erstkommunionkinder eine Einkleidung und einen Lebensmittelzuschuss. Weitere Hilfen erfolgten im Mai und September 1948 für insgesamt etwa 115 Familien. Alle Spenden waren von Ludger Born

2604 Bericht über die Tätigkeit der Hilfsstelle als Anlage zur Niederschrift der CVF-Mitgliederversammlung v. 9.12.1948 (ACVF-1330-01-01).
2605 Schreiben Born/Luckner v. 30.12.1946 (ADCV 284+284.3).
2606 Telegramm Neles/Luckner v. 26.1.1947 (ADCV 284+284.3).
2607 Schreiben Born/Luckner v. 26.1.1947 (ADCV 284+284.3).
2608 Bericht über die Tätigkeit der Hilfsstelle als Anlage zur Niederschrift der CVF-Mitgliederversammlung v. 9.12.1948 (ACVF-1330-01-01).
2609 Luckner/Hilfsstelle v. 23.5.1947 ((ADCV 284+284.3).
2610 Schreiben Born/Luckner v. 18.6.1947 ((ADCV 284+284.3).
2611 Schreiben Born/Luckner v. 14.6.1947 ((ADCV 284+284.3).
2612 Schreiben Born/Luckner v. 25.2.1947 (ADCV 284+284.3).
2613 Handschriftlicher Vermerk o. Datum (ADCV 284+284.3).

beschafft worden.[2614] Nachdem Born im Juni 1949 nach Dortmund versetzt wurde, übernahm Pfarrer Böcker SJ (St. Ignatius) die Leitung bis zur Auflösung der Hilfsstelle. Die Betreuung wurde weiter von Else Mierski wahrgenommen.[2615]

Da nichtarische Christen von Hilfsmaßnahmen zugunsten der jüdischen Opfer des Nationalsozialismus ausgeschlossen waren, richtete die Bundesregierung 1952 das „Hilfswerk für die Geschädigten der Nürnberger Gesetze" ein, das Hilfen für Betroffene und die Wohlfahrtsverbände bereit stellte. Ende 1953 meldete der Caritasverband 23 jüdische Katholiken, 37 Hinterbliebene aus Mischehen und 153 Mischlinge. Gertrud Luckner hielt diese Zahl für zu gering, da in der Zeit der Großhessischen Hilfsstelle noch 783 Personen erfasst gewesen seien.[2616] und im Sommer 1959 eine von Else Mierski erstellte Liste[2617] noch 350 Personen enthielt.[2618]

Am 11. August 1960 beantragte der DiCVL beim DCV einen Zuschuss für die Erweiterung des in Königstein-Falkenstein eingerichteten Altenheims St. Raphael für Flüchtlinge und Heimatvertriebene. [2619] Von den neuen 30 Plätzen sollten 20–25 für Verfolgte nichtjüdischen Glaubens reserviert werden.[2620] 10 Plätze waren für Frankfurt bestimmt, doch wollten die meisten in Frankfurt bleiben.[2621] Da das Verfahren bis 1964 währte, waren bis auf einen Berechtigten alle bereits verstorben. Für sieben Berechtigte wurde eine 30jährige Platzbindung festgelegt,[2622] vermutlich aber nie genutzt.

7.9 Trinker

Nach dem Zweiten Weltkrieg führte Gerda Lemanczyk[2623] die Arbeit der Trinkerfürsorge fort, übernahm Pfleg- und Vormundschaften für Alkoholkranke und baute den Kreuzbund wieder auf. Sie übernahm gleichzeitig auch den Arbeitsbereich Pfarrcaritas, weil sie hoffte, dadurch die Arbeit der Suchtkrankenhilfe in den Pfarreien bekannt zu machen und ehrenamtliche Helfer für die Arbeit im Kreuzbund zu gewinnen. Über die Pfarreien sollte Kontakt zu Familien mit Alkoholproblemen aufgenommen werde, doch waren diese daran nicht sonderlich interessiert. So kritisierte man auf der Mitgliederversammlung 1959, dass die Pfarreien immer wieder gebeten werden mussten, ein Hinweisschild auf die Beratungsstelle an der Kirchentüre anzubringen. Meist erfolgte die Kontaktaufnahme zu den Al-

2614 Bericht über die Tätigkeit der Hilfsstelle als Anlage zur Niederschrift der CVF-Mitgliederversammlung v. 9.12.1948 (ACVF-1330).
2615 Schreiben Born/Luckner v. 5.10.1949 (ADCV 284+284.3).
2616 Telegramm Else Mierski/Luckner v. 21.12.1953 bzw. Schreiben Luckner/Mierski v. 29.12.1953 (ADCV 284+125).
2617 Diese Liste konnte bisher noch nicht aufgefunden werden.
2618 Schreiben Adlhoch-DiCVL/Luckner v. 24.8.1959 (ADCV 284.1 bzw. 237.4).
2619 Siehe Bestand HNG-Globalmittel für Heimplätze (ADCV 284.1 bzw. 237.4).
2620 Schreiben Adlhoch-DiCVL/HNG v. 11.8.1960 (ADCV 284.1 bzw. 237.4).
2621 Vermerk v. 28.8.1960 in Anlage zu Schreiben Adlhoch-DiCVL/Luckner v. 5.9.60- (ADCV 284.1 bzw. 237.4).
2622 Frank/Luckner-DCV v. 28.10.64 (ADCV 284.1 bzw. 237.4).
2623 Gerda Lemanczyk war von 1947 bis 1974 als Fürsorgerin in der Suchtkrankenhilfe tätig. Die Ausführungen basieren auf ihrem Bericht, da Akten aus dieser Zeit nicht aufgefunden werden konnten.

koholkranken über die Angehörigen mit dem Ziel, die ganze Familie in den Kreuzbund einzubeziehen. Dabei wurde bald deutlich, dass Alkoholismus als Randgebiet angesehen wurde und Alkoholiker in den Pfarreien kaum bekannt waren. Dennoch stieg ihre Zahl stark an, sodass man um Ehrenamtliche für den „Kreuzbund" und die „frohe Insel" bemüht war, mit der Freizeiten für Alkoholkranke und ihre Angehörigen organisiert wurden. [2624] Dazu gehörten auch Aktivitäten während des Wäldchestags[2625] oder des Karnevals.

2624 Protokoll CVF-Mitgliederversammlung v. 16.6.1959, S. 3 (ACVF-1330).
2625 Seit dem Mittealter wurde der Wäldchestag am Pfingstdienstag als Volksfest u.a. am Oberforsthaus durchgeführt und Arbeitnehmern der Nachmittag arbeitsfrei gegeben.

8. VON DER FÜRSORGE ZUR HILFE (1962–92)

Nachdem die Aufbauphase abgeschlossen war, die Flüchtlings- und Heim-
kehrerfrage fast erledigt schien und in der Rentenreform 1957 und damit
der Dynamisierung der Altersrenten ein entscheidender Schritt gegen die
Altersarmut unternommen worden war, dachten die meisten nur noch an
materiellen Wohlstand und Wirtschaftswachstum. Gefragt waren nun Arbeitskräfte und Konsumenten, die nicht mehr in die Rollenzwänge Beruf,
Funktion und Position eingeengt waren. Man glaubte, dass die Industriegesellschaft in der Lage sei, die materielle Armut, d.h. das Wohlstandsni-
veau zu heben und die absolute Armut (Notstandsarmut) zu überwinden.
Armut wurde beinahe ausschließlich als isoliertes Phänomen gesellschaftlicher Randgruppen und Folge individuellen Versagens gesehen.

Die Arbeit des CV änderte nun ihren Charakter, blieb aber ihrem Motto treu „ein wachsames Auge (zu) haben auf alle bestehenden und entstehenden Notstände Not sehen und handeln".[2626] Entstanden als primär katholische Hilfsorganisation, engagierte man sich nun für Notleidende,
gleich welcher Nationalität oder Konfession. Angesichts fehlender eigener
Mittel bzw. eines rückläufigen Kirchensteueraufkommens griff der CV verstärkt auf kommunale bzw. staatliche Fördermittel zurück, um die neuen
Aufgaben erfüllen zu können. Das zusätzlich benötigte qualifizierte Personal konnte aber im nicht aus der katholischen Bevölkerung rekrutiert werden, sodass immer mehr Arbeitskräfte anderer christlichen Konfessionen
eingestellt wurden. Außerdem musste die seit drei Jahrzehnten verfolgte
relativ eigenständige und von Bistum bzw. Staat unabhängige Struktur
des CV aufgegeben und den neuen Anforderungen angepasst werden.

8.1   Freie Wohlfahrtspflege und/oder staatliche Sozialpolitik

Mit der Ablösung der Weimarer Fürsorgepflichtverordnungen durch das
Bundessozialhilfegesetz und das Jugendwohlfahrtgesetz 1961, wurde das
Prinzip der Solidarität über das der Subsidiarität gestellt und „jede Ausdehnung der sozialstaatlichen Leistungen als Fortschritt angesehen." Eine
vom Staat umverteilte Mark erhielt eine höhere Weihe als eine vom Indi-
viduum verdiente und ausgegebene Mark. Was der Staat aus eigener Initiative und mit seinen eigenen Kräften leisten könne, dürfe ihm nicht entzogen und privater Tätigkeit zugewiesen werden und nur dort, wo der
Staat überfordert ist, dürfe sich Privatinitiative entfalten (Weizsäcker).
Damit wurde die Eigenständigkeit und die Daseinsberechtigung der freien
Wohlfahrtsverbände in Frage gestellt und die Aussage der Sozialenzyklika
„Quadragesimo anno" von 1931 konterkariert, nach der „dasjenige, was
der Einzelne aus eigener Initiative und mit eigener Kraft leisten kann, ihm
nicht entzogen und der Gesellschaftstätigkeit zugewiesen werden" dürfe.[2627]

2626 Caritas-Satzung 1901.
2627 Carl Christian v. Weizsäcker, Die Perversion eines Prinzips. Der Gedanke der Subsidiarität gehört wieder vom Kopf auf die Füße gestellt in: Kölner Universitäts-
Journal 2/2003, S. 25.

Der Spielraum der freien Wohlfahrtspflege schien zwar gesichert, musste aber angesichts der neuen Anforderungen genutzt und gestaltet werden. Die Entscheidungsfreiheit wurde durch den finanziellen Zügel staatlicher und kommunaler Zuwendungsgeber beschränkt, nachdem Spenden und Mitgliedsbeiträge bzw. bei den konfessionellen Trägern auch die Zuschüsse aus Kirchensteuermitteln zurückgingen. Die öffentlichen Mittel reichten nur selten aus, zusätzliche neue Aufgaben zu finanzieren, und erforderten zusätzliche Eigenmittel. Im Interesse der Existenzsicherung besteht damit seither die Gefahr, „unrentable" Aufgaben entweder nachrangig zu behandeln oder sie ganz einzustellen zu müssen.

Sozialpolitik wird seit Beginn der 60er Jahre immer stärker vom gesellschaftspolitischen Zeitgeist geprägt, dessen Ziele auf allen politischen Ebenen in einem eher an öffentlicher Wirksamkeit orientierten Aktionismus zu Projekten führen, die von staatlichen wie privaten Trägern umgesetzt werden sollen, ohne aber auf deren Möglichkeiten Rücksicht zu nehmen. Mit dem Bundessozialhilfegesetzes wurde die Forderung der Französischen Revolution umgesetzt, dass Staat und Gesellschaft für die „Armen" aufzukommen haben, wenn sie es nicht schafften, selbst ein Auskommen zu sichern. Zunehmend macht man die Gesellschaft und das soziale Umfeld für die sozialen Notlagen verantwortlich. Da trotz der sozialen Reformen im System der „sozialen Marktwirtschaft" immer noch zahlreiche Armenquartiere bestanden, an denen die gesellschaftliche Entwicklung und das Wirtschaftswunder vorbei gegangen war, machte man dafür das bestehende „verkrustete" Gesellschaftssystem mit seinen Werten Familie, Beruf, Behörde, Autorität, Leistung und Disziplin verantwortlich.

Die Kontrollmechanismen gegen einen möglichen Missbrauch wurden von den „neuen" Sozialarbeitern häufig als repressiv verstanden. Sie sahen sich als Anwalt der unterdrückten und benachteiligten unteren sozialen Schichten nicht nur gegenüber Staat und Gesellschaft, sondern auch gegen die Wohlfahrtsverbände und suchten ihre Vorstellungen gemeinsam mit ihrer Klientel, teilweise auch gewaltsam wie in den Auseinandersetzungen um die selbstverwalteten Jugendheimen, durchzusetzen.

Da die Studenten in neu eingeführten Praktika Erfahrungen für ihr Studium sammeln sollten, kam es zu Konflikten mit den Fürsorgern und Fürsorgerinnen. Die Studenten kritisierten die konfessionellen Wohlfahrtsverbände und warfen den „alten" Fürsorgern vor, als „barmherzige Gemeindeschwester (...) nur caritative, freiwillige und dem Wohlwollen unterworfene Dienste" zu leisten. (Weber)[2628] anstatt die Ursachen sozialer Not zu bekämpfen. Da diese ohnehin nur mit fremdem Geld arbeiten würden, müsse die öffentliche Wohlfahrt die Aufgaben von Caritas und Diakonisches Werk übernehmen und wertneutral fortführen. Man betonte die postmaterialistischen Werte Menschlichkeit, Kreativität und Selbstverwirklichung und legte ein „menschenwürdiges Lebens" als Maßstab sozialer Hilfe zugrunde.

2628 So Prof. Dieter-Peter Weber (Ev. FH Berlin) auf dem Deutschen Sozialarbeitertag 1972 (FR 6.6.1972).

Am 11. Februar 1971 wiesen Caritas-Mitarbeiter in einer Dienstbesprechung auf die „Ablehnung der Institution von Seiten der Studenten hin (...) Wir können unseren Klienten gegenüber nicht verantworten, dass sie experimentieren." Vor allem wurde eine Gefahr bei den „modernen" Aufgabengebieten Vorschulerziehung in Kindertagesstätten und der Arbeit in sozialen Brennpunkten gesehen, „da (...) widersprüchliche Theorien aufgestellt werden und die Problematik durchaus noch nicht geklärt ist."[2629]

An die Stelle der klassischen Fürsorge trat zunehmend ein soziales Marketing, das potentielle „Kunden" aufsuchte und nicht mehr darauf wartete, dass diese von selbst kamen. Im Gegensatz zum klassischen Fürsorger verstanden sich die „neuen" Sozialarbeiter als Sachwalter ihrer „Klienten" und waren bestrebt, deren „Rechtsanspruch auf gesellschaftliche Teilhabe" durchzusetzen. Dies führte dazu, dass immer neue Tätigkeitsfelder und benachteiligte Zielgruppen „erkannt wurden" und öffentliche Mittel eingefordert wurden, um deren „Notlagen" zu beseitigen. Mit „dem Recht auf öffentliche Unterstützung forderte man eine soziale Wiedergutmachung, um den Betroffenen ein „menschenwürdiges" Leben zu ermöglichen und Verarmung bzw. Misserfolg möglichst vor den Augen anderer zu verbergen. Aus „Armen" wurden „Hilfebedürftige", dann „Hilfeempfänger", schließlich „Leistungsempfänger".

8.2 Der „Umbau" Frankfurts

Die Einwohnerzahl Frankfurts stieg bis 1960 auf über 683.000 an und erreichte damit mit einer völlig veränderten Bevölkerungsstruktur den Vorkriegsstand. Obwohl ein großer Teil der zerstörten Wohnungen notdürftig wieder hergestellt worden waren,[2630] herrschte Wohnungsnot und bis zum 30. Juni 1965 eine Wohnraumbewirtschaftung (Schwarzer Kreis). Gleichzeitig stiegen die Mietpreise von 1,65 DM/qm bis 1965 auf 2,50 DM/qm an. Für sozial Schwache standen nur noch Sozialwohnungen zur Verfügung, zusätzlich wurden zwischen Oktober 1960 und 31. Dezember 1964 ca. 1,67 Mill. DM an Wohnungsbeihilfen gezahlt. Mit Inkrafttreten des Wohngeldgesetzes am 1. April 1965 wurden Beihilfen auch an Mieter von Altbauwohnungen und freifinanzierten Wohnungen gezahlt.

Um die Wohnungsnot zu beheben, brach Planungs- und Baudezernent Hans Kampffmeyer nach amerikanischen Vorbildern ab 1957 die bestehenden städtischen Strukturen rigoros auf. Bis 1965 wurden ca. 4.000 Projekte mit ca. 55.000 Sozialwohnungen in Angriff genommen. „Kommunalpolitik und Planung wurden von einer Wachstumsphilosophie geprägt, die auf eine unbegrenzte ökonomische Expansion setzte und wenig Rücksicht auf traditionelle Quartiersmentalitäten nahm." (Beste)[2631] Frankfurt wurde zum Symbol für die „Unwirtlichkeit der Städte" (Alexander Mitscherlich).

2629 Protokoll Dienstbesprechung am 11.2.1971 (ACVF-Dienstbesprechungen).
2630 In dem vom Bombenkrieg relativ verschont gebliebenen Westend gab es katastrophale hygienische Zustände, da die meisten Häuser seit ihrer Entstehung Anfang des 20. Jh. nicht mehr renoviert worden waren.
2631 Beste, S. 84ff.

An die Stelle des bisherigen städtischen Lebens traten die separaten Lebensbereiche Wohnen, Arbeit, Bildung und Freizeit. In der Innenstadt wurde der Banken- und Dienstleistungssektor konzentriert, der um 1960 ca. 275.000 Menschen beschäftigte. Während Projekte wie die U-Bahn (ab 1963) noch akzeptiert wurden, war dies bei der City-Erweiterung im Westend nicht mehr der Fall und führte über Bürgerproteste zum Frankfurter „Häuserkampf" 1971.

Die innerstädtische Bevölkerung siedelte, falls sie finanziell dazu in der Lage war, in die neuen Siedlungen am Stadtrand und in die Städte am Taunusrand um, während die zurückbleibende finanzschwache Bevölkerung ebenso wie die nachziehenden Migrantenfamilien Opfer der Wohnungsspekulation wurden. Die Grundstückspreise stiegen im Westend zwischen 1965 und 1970 um bis zu 600 % an. Viele abbruchreife Häuser, auch solche in städtischem Besitz, wurden für eine ausbeuterische Zwischenvermietung genutzt. Wohnungen wurden Zimmerweise vermietet und waren bei bis zu 40 Menschen auf 100 qm kaum in Ordnung zu halten, was die von einigen Hausbesitzern gewollte Verslumung mit dem Ziel eines späteren Abrisses und lukrativerem Neubaus förderte.[2632]

8.3 Von Walter Adlhoch über Christian Jung zu Werner Osypka

Die letzten Lebensjahre des schwer herzkranken Caritasdirektors Richter waren von häufigen Krankenhausaufenthalten in Baden-Baden geprägt. Meta Nicolai, Maria Braun und Schwester Margherita hielten ständigen Kontakt, führten den CV in seinem Sinne und gingen wie er keinem Konflikt aus dem Weg, wie sich u.a. auch beim Neubau des Haus der Volksarbeit gezeigt hatte. Nach seiner Rückkehr beklagte Richter beim BO die Bevorzugung der Volksarbeit, die eine Erziehungsberatung, Eheberatung, Heilpädagogische Arbeit bzw. Kinderhort und eine Rechts- bzw. Sozialberatung mit kirchlichen Mitteln habe aufbauen können, während dies dem CV versagt worden sei. Richter legte Wert darauf, dass das BO dieses Gespräch gegenüber Stadtpfarrer Eckert vertraulich behandelte.[2633] Meta Nicolai präzisierte in vielen Vorträgen die Linie des CV.[2634] Am 3. August 1962 starb Richter nach fast 33jähriger Amtszeit im Frankfurter Katharinenkrankenhaus und wurde feierlich in Anwesenheit von Weihbischof Kampe begraben.

8.3.1 Walter Adlhoch

Nachfolger wurde bereits am 16. September 1962 der bisherige Diözesancaritasdirektor Walter Adlhoch[2635], der als Frankfurter mit den Konfliktbe-

---

2632 80 Jahre Arbeiterwohlfahrt Frankfurt, S. 46.
2633 Richter an BO Limburg v. 29.9.1961 (ACVF-1911-KVA-03).
2634 Siehe Manuskripte im NL Nikolai.
2635 Walter Adlhoch (1913–85), 1938 Priesterweihe in Limburg, 1945–52 Caritasdirektor in Wiesbaden/Kaplan St. Bonifatius, 1952 Diözesanjugendpfarrer, 1956–62 Diözesancaritasdirektor Limburg, 1962–66 Caritasdirektor Frankfurt/Pfarrer St. Leonhard, 1966–82 Stadtpfarrer/Stadtdekan Frankfurt und Vorsitzender CV Frankfurt, 1.10.1982 Ruhestand, 14.3.1985 tödlich verunglückt. Veröffentlichungen:

reichen zwischen CV, Volksarbeit und dem Frauenfürsorgeverein vertraut war. Die Ernennung macht deutlich, wie gering der Stellenwert des Diözesancaritasdirektors war. Nach seiner Priesterweihe 1938 war Adlhoch zunächst Kaplan in Wetzlar und vom 1. April 1943 bis zum 1. Mai 1945 Seelsorger in der Landesheilsanstalt Weilmünster. Vom 1. September 1945 bis zum 1. September 1952 war er Caritasdirektor in Wiesbaden und zugleich ab 1. Juli 1946 Seelsorger der Haft- und Strafanstalt Wiesbaden. Am 1. September 1952 wurde er Diözesanjugendpfarrer, bevor er am 1. Januar 1956 das Amt des Diözesancaritasdirektors übernahm.

Adlhoch bot im Gegensatz zu Richter aufgrund seiner humorvollen und eher barocken Handlungsweise wenig Angriffsfläche und war auf Ausgleich bedacht, obgleich er seine Ziele ebenso konsequent durchsetzte wie Richter. Charlotte Schiffler[2636] meinte in Anspielung an die Papstnachfolge, auch der CV habe nach dem Pius einen Johannes. Bischof Kamphaus würdigte Adlhoch bei dessen Verabschiedung als Stadtdekan am 3. Oktober 1982 mit den Worten „solche Mitbrüder wünsche ich mir" und betonte, durch ihn habe er erfahren, dass das freie Wort „in der Kirche nicht gering zu veranschlagen sei. Oberbürgermeister Wallmann charakterisierte Adlhoch

Walter Adlhoch, Caritasdirektor 1962–66 © ACVF

als Persönlichkeit, die Tapferkeit, Gradlinigkeit, Unbestechlichkeit und Nächstenliebe auszeichneten. In seine Amtszeit fielen u.a. die Aufstockung des Caritashauses mit der Ausweitung des Beratungsgebots, die Annäherung an die Volksarbeit und den Frauenfürsorgeverein, die Anfänge der Betreuung italienischer und spanischer Arbeitnehmer in Frankfurt und die Einrichtung der internen Erziehungsberatung.[2637] Adlhoch amtierte bis zum 30. September 1966, blieb aber als Stadtpfarrer dem CV als Caritasvorsitzender bis zu seinem Tod 1982 erhalten.

Nach der Aufstockung des Caritashauses 1964/65 wurde die räumliche Enge beseitigt und das Beratungsangebot verbessert. Kirchliche Einrichtungen sahen allerdings Leistungen, die der CV z. B. für das Rechnungswesen der Kindergärten und Altersheime gegenüber den Zuschussgebern erbrachte, als selbstverständlich an und schätzten den Arbeitsaufwand eher gering ein. Am 14. März 1964 wurden 43 caritative Anstalten

Father Flanagan baut eine Stadt für Jungen, Freiburg 1952 – Auf einen guten Tag, Frankfurt/Main 1969 – Zwischen Dom und Rathaus, Frankfurt/Main 1983.
2636 Charlotte Schiffler (1909–92), Studium Germanistik und Soziologie in Köln und Wien, 1944 Promotion, 1947 Diözesanvorsitzende des Kath. Deutschen Frauenbundes, 1948–73 Sozialbezirksvorsteherin Oberrad, 1950–52 MdL/CDU, 1952 Stadtverordnete, 1960–68 ehrenamtliche Stadträtin, 1974 Stadtälteste, ab 1970 Engagement für Neve Schalom-Wahat al-Salam (Israel), wo Juden, Christen und Muslime gemeinsam leben. 1992 erhielt sie mit Wolfgang Thierse den Moses-Mendelssohn-Preis. 1952/53 wurde sie Pflegemutter für acht Mischlingskinder und zwei weißen Kindern, für die keine Adoptiveltern gefunden werden konnten.
2637 Siehe Abschnitt 8.6.1 – Erziehungsberatung, S. 549.

bei der Neuplanung und Erweiterung beraten. Es waren vier Krankenhäuser, ein Müttergenesungsheim, ein Kurheim und elf Altenheime, vier Wohnheime, acht Jugendwohnheime, drei Erziehungsheime, ein Übernachtungsheim, zwei Ausländerzentren, sieben Schulen und eine Pflegevorschule.[2638]

Organisationsstruktur 1964

Caritasdirektor Walter Adlhoch

Familienfürsorge incl. Kinder und Jugendfürsorge	**Jugendsozialarbeit**	**Erwachsenenfürsorge**	
Mündelfürsorge Adoptionen Heimunterbringung Heimberatung Erziehungsberatung Heilpädagogische Untersuchungen, Jugendgerichtshilfe Kindererholung und -heilfürsorge, Ferienfreizeiten	Beratung ortsfremder Jugendliche bei Stellenvermittlung und Wohnungssuche Jugendgemeinschaftswerk, Mädchenclubheim, Mädchenschutz Heilpädagogisches Jugendheim	Familinpflege, Suchtkrankenfürsorge Blinden- und Gehörlosenfürsorge Beratung italienischer und spanische Gastarbeiter, heimatloser Ausländer, nichtdeutscher Flüchtlinge und der Südostvertriebenen Lagerbetreuung, Gefangenen- und Haftentlassenfürsorge, Ortsfremdenfürsorge Pflegschafte für Erwachsene und Alte Familienfürsorge und -beratung	
Altenhilfe	**Kindertagesstätten**	**Gesundheitsfürsorge**	**Pfarrcaritas**
Beratung der Hilfesuchenden und Einrichtungen Vermittlung von Heimplätzen Vermittlung von Altenpflegerinnen Stadtranderholung Vermittlung von Dreiwochenkuren	Beratung und Überwachung der 39 kath. Kindertagesstätten bei Neuerrichtungen und Verbesserungen Fortbildung pädagogischer Kräfte	Ambulante Pflege Geschäftsführung der Kath. Arbeitsgemeinschaft für Müttererholung Vermittlung von Frauen- und Mütterholungskuren Haus am Wald Schlossborn Haus Hubertus Bad Schwalbach	Beratung der pfarrlichen Caritasausschüsse Schulungen Ortskonferenzen
Anstaltswesen	**Bahnhofsmission**	**Eheberatung und Eheanbahnung**	**Verwaltung**
Beratung und Planung von Erweiterungs- und Neubauten der 43 caritativen Einrichtungen Frankfurts	Koordination der fünf haupt- und nebenamtlichen Mitarbeiter Fortbildung Übernachtungsheim Niedenau 27		Sekretariat Buchhaltung Mitgliederverwaltung

Adlhoch, der ein gutes Verhältnis zu Stadtpfarrer Eckert und zu Pfarrer Pehl hatte, bemühte sich die Spannungen zur Volksarbeit und zum Frauenfürsorgeverein abzubauen und zu einem kooperativen Miteinander zu

---

2638 Einrichtungen und Dienste des CVF v. 14.3.1964 .

gelangen. Im Rahmen des Volksarbeit-Forums „Fragen an die Kirche" referierte er am 21. März 1963 zum Thema „Caritas im Zeichen des Wirtschaftswunders – Was macht die Caritas mit ihrem Geld?" und lud dazu auch alle Caritas-Mitarbeiter ein.[2639] Ab Juni 1963 wurden regelmäßige Besprechungen der Fachkräfte von CV und Frauenfürsorgeverein vereinbart, die aber nur vereinzelt stattfanden und schließlich eingestellt wurden. Am 28. Oktober 1963 bat er Pehl um ein Gespräch über die überlappenden Tätigkeitsbereiche, an dem auch Meta Nicolai und Maria Braun teilnahmen, und von nun wies die Volksarbeit auch auf Aktionen des CV hin, z. b. auf das „Fliegende Kommando in Höchst". Anfang Januar 1965 bat Adlhoch erfolgreich um die Aufnahme des CV in den Verteiler der Volksarbeit.[2640]

Wie gut sich das Klima entwickelt hatte, sah man 1970, als der CV für das BO die Kostenaufstellung des von der Volksarbeit als „Sozialtherapeutische Kleinsteinrichtung" geplantem Mädchenwohnheim (Eschenheimer Anlage 20) überprüfen sollte, dass keine Bistumsmittel erforderlich seien.[2641] Osypka bestätigte dies kurz darauf, so dass die Volksarbeit ihre Einrichtung in Betrieb nehmen konnte.[2642]

8.3.2 Christian Jung

Nachfolger wurde am 1. Februar 1966 Diözesanjugendpfarrer Christian Jung.[2643] Nach seiner vierjährigen russischen Kriegsgefangenschaft und einem Theologiestudium wurde er 1951 zum Priester geweiht und nach mehreren Kaplanstellen am 1. Januar 1956 zum Diözesanjugendpfarrer als Nachfolger von Walter Adlhoch ernannt.

In seiner kurzen Amtszeit versuchte er angesichts der rückläufigen Zahl von Ordensschwestern und auch der Überalterung vieler ehrenamtlich tätiger Frauen verstärkt Männer in die caritative Arbeit einzubeziehen. So erklärte er auf dem Caritastag November 1966,

Christian Jng, Caritasdirektor 1966–68 © ACVF

dass er nicht einsehe, dass die Caritasarbeit nur von Frauen geleistet werde und er beabsichtige, in Frankfurt einen „Sozialdienst Katholischer Männer" zu gründen, um verstärkt Männer für

2639 Rundschreiben v. 9.3.1963 (ACVF-1780-HDV-03); zu weiteren Vorträgen wurden auch Caritas- Mitarbeitende eingeladen.
2640 Adlhoch/KVA v. 18.1.1965 (ACVF-1780-HDV-03).
2641 BO-Finanzverwaltung/Osypka v. 8.4.1970 (ACVF-1780-HDV-03).
2642 Osypka/BO-Finanzverwaltung v. 14.4.1970 (ACVF-1780-HDV-03).
2643 Christian Jung (1920–74) nach Rückkehr aus vierjähriger sowjetischer Kriegsgefangenschaft Theologiestudium, 1951 Priesterweihe Subregens in Hadamar, Kaplan in Montabaur und Wiesbaden, 1956–66 Diözesanjugendpfarrer, 1966–68 Caritasdirektor Frankfurt, 1968–72 Stadtpfarrer Wiesbaden, 1972–74 Generalvikar.

die soziale Arbeit zu gewinnen.[2644] Dazu kam es nicht, weil BO wie DiCV „selbständige Fachverbände nicht wünschten."[2645]

Unter Jung engagierte sich der CV unabhängig von den Pfarrgemeinden in der Stadtteilarbeit, u.a. mit der Gründung der ersten Spiel- und Lernstube in Fechenheim. Jung stellte nach seiner Amtsübernahme fest, dass der CV bisher keine Personalkostenzuschüsse vom Bistum erhalten hatte, und gewann den Caritasvorstand dafür, von der Abschottung gegenüber dem BO abzuweichen, was aber letztlich zum Ende der bisherigen Unabhängigkeit des CV vom BO und dem DiCVL führen sollte. Nach der Berufung von Werner Osypka zu seinem Nachfolger übernahm er das neugeschaffene Amt des Caritaspfarrers zur geistlichen Betreuung der Ordensangehörigen in den kirchlichen Einrichtungen Frankfurts, die bisher von den geistlichen Caritasdirektoren selbst wahrgenommen worden war.

8.3.3 Werner Osypka

Werner Osypka, Caritasdirektor
1968–92 © ACVF

Mit dem Diplom-Theologen und Diplom-Volkswirt Werner Osypka[2646] wurde am 1. Januar 1968 nach über 50 Jahren wieder ein Laie als Caritasdirektor in Frankfurt berufen. Nach dem Theologiestudium in Erfurt und Volkswirtschaftsstudium in Münster arbeitete er als Jugendbildungsreferent im Bistum Speyer und als wissenschaftlicher Mitarbeiter der Rhabanus-Maurus-Akademie sowie der kath. Akademie der Bistümer Limburg, Mainz und Fulda. Die Initiative ging dabei nicht von Osypka aus.[2647] Der Verband entschied sich bewusst für einen nichtgeistlichen Caritasdirektor, da die Zahl der Geistlichen spürbar zurückgegangen war und es als ausreichend empfunden wurde, dass Geistliche im Vorstand vertreten waren. Das BO hatte am 18. August 1967 seine grundsätzliche Bereitschaft erklärt,[2648] einen Laien zu berufen.

Werner Osypka verstand seine Aufgabe grundlegend anders als seine geistlichen Vorgänger:

„Am Anfang, da war der Caritasdirektor der große Macher. Er erzählte, wie die Aufgaben zu bewältigen waren, und die Mitarbeiter haben gesagt, jawohl machen wir. Das hat sich gewaltig geändert. Ich habe versucht, den Informationsfluss

---

2644 Hoffmann-Zentrale des Kath. Fürsorgevereins/Direktor Karl Richter-Zentrale Männerfürsorgeverein v. 28.11.1966 (ADCV 319.51/212).
2645 Direktor Karl Richter-Zentrale Männerfürsorgeverein – Zentrale Männerfürsorgeverein/Franz Staber v. 23.2.1968 (ADCV 319.51/212).
2646 Werner Osypka (1931–2012), Studium der Theologie in Erfurt und der Volkswirtschaft in Münster. Jugendbildungsreferent in der Diözese Speyer, Wiss. Mitarbeiter der Rhabanus-Maurus-Akademie Frankfurt und der kath. Akademie der Bistümer Limburg, Mainz und Fulda. 1983–95 CDU-Abgeordneter im Hessischen Landtag.
2647 Schreiben Osypka/Generalvikariat v. 7.1.1980 (ACVF-1310).
2648 Protokoll CVF-Vorstand 11.9.1967 (ACVF-1310).

von unten nach oben zu leiten, und umgekehrt. Teamarbeit nenne ich dies be-wusst nicht, da ich der Ansicht bin, im Team kann sich einer verstecken, aber bei der Caritas haben wir andere Anforderungen an unsere Mitarbeiter."

Osypka wies darauf hin, dass sich die Aufgaben eines Caritasdirektors ebenso ständig veränderten wie die Tätigkeit der Sozialarbeiter.[2649] Teilweise wöchentliche Dienstbesprechungen auf Sachbereich- und Referatsebene behandelten das gesamte Arbeitsfeld des Verbandes und waren in Berichterstattung, Diskussion und Weg in die Zukunft gegliedert.

Nach der Übernahme des CDU-Landtagsmandats 1986 hatte Osypka nicht mehr ausreichend Zeit, um den CV den sich wandelnden Anforderungen anzupassen, glaubte aber, dem CV durch seine Aktivitäten im Landtag ebenso gut dienen zu können, wie SPD-Abgeordnete ihrer Arbeiterwohlfahrt. Seine verbandsinternen Aufgaben wurden von Hermann-Josef Menne als „Leiter der Jugend- und Sozialarbeit" übernommen, der auch als „ständiger, berufener Gast" an den Vorstandssitzungen teilnahm.

Organisationsstruktur ab 1975
Caritasdirektor Werner Osypka
Leiter der Jugend- und Sozialarbeit
Meta Nicolai (bis 1975) / Hermann Josef Menne (ab 1975)
Stand: 1986/87

SB Jugend- und Familienhilfe, Einzelhilfe, Familientherapie, Gemeindecaritas	SB Soziale Gruppenarbeit- Soziale Brennpunkte, Gemeinwesenarbeit,	SB Gefährdetenhilfe, Bahnhofsmission und Heim Zapf	SB Ausländische Sozialdienste, Hilfe für ausl. Arbeitnehmer und Centren	SB Erholungsmaßnahmen, Ferienfreizeiten offene Altenhilfe, Familienpflege,
Referat Kindertagesstätten	Referat Kinder- und Jugendwohnheime	Referat Zentralstationen, Offene Altenhilfe (ab 1986), Erholungsmaßnahmen, Ferienfreizeiten	Referat Erziehungsberatungsstellen	Referat Buchhaltung und Rechnungswesen

8.3.4 Die Neustrukturierung

Während Osypkas Amtszeit wurden neue Tätigkeitsfelder wie Zentralstationen als Ersatz für die ambulante Gemeindepflege, der Flughafensozialdienst, Erziehungsberatungsstellen und der Ausbau der Nichtsesshaftenhilfe als individuelle Hilfe von entsprechenden Sachbereichen und Referaten aufgenommen. Eine besondere Bedeutung hatte dabei der Sachbereich „Soziale Brennpunkte – Soziale Gruppenarbeit", der unter seinem Leiter Michael Heinz zum größten Arbeitsbereich wurde und „überwiegend auf die Arbeit mit randständigen Gruppen"[2650] ausgerichtet war. So erhielt der

---

2649   so Werner Osypka im Gespräch mit dem Verfasser im Juli 2001.
2650   CVF-Jahresbericht 1986/87, S. 27 (ACVF-1001).

509

CV eine nach Sachbereichen gegliederte neue Struktur, die auch nach den Reformen in den 90er Jahren im Wesentlichen beibehalten wurde.

8.3.5 Personal

Als eine seiner schwierigsten Aufgaben sah es Osypka, an geeignete Mitarbeiter für die neuen Aufgaben zu gewinnen. „Zum einen wollten wir nicht unserem Selbstverständnis nach evangelisch und katholisch durcheinanderbringen" und die Führungsfunktionen mit Katholiken besetzen. Die waren aber nicht immer da", so Osypka. „Wir brauchten fachlich gut ausgebildete, persönlich integre und im christlichen Glauben verwurzelte Mitarbeiter" und beklagte, dass es früher für einen Akademiker eine Ehre gewesen wäre, bei einem solchen Verband zu arbeiten.[2651]

Der CV stellte bereits in den 70er Jahren in unterschiedlichen Arbeitsbereichen Arbeitsplätze für Zivildienstleistende und für junge Männer und Frauen im „Freiwilligen Sozialen Jahr" (FSJ) zur Verfügung, die mit dazu beitrugen, die caritative und soziale Arbeit sicherzustellen. Anfangs lag der Schwerpunkt auf der offenen Altenhilfe, später kamen Kindertagesstätten, Zentralstationen, Altenheime und die Bahnhofsmission hinzu. Viele entschlossen sich dazu, einen sozialen Beruf zu ergreifen.

Um die Arbeit des immer größer werdenden CV zu koordinieren, wurden neue Gesprächsformen eingeführt:

Konferenz der Sachbereichsleiter und Referenten	Einmal wöchentlich mit Caritasdirektor als institutionalisierte Entscheidungsebene des Verbandes (abgesehen von den Satzungsgremien)
Informelle Konferenz	Jeden Mittwoch mit Sachbereichsleitern, Referenten und dem Leiter der Jugend- und Sozialarbeit zum Informations- und Erfahrungsaustausch (ca. eine Stunde)
Gespräch über Leitungsaufgaben	Einmal wöchentlich Caritasdirektor und Leiter der Jugend- und Sozialarbeit über anstehende Entscheidungen
Klausurtagungen	Sachbereichsleiter und Referenten zu aktuellen Schwerpunktthemen (z.B. Armut in Frankfurt)
Fachspezifische Dienstbesprechung	Weiterbildung aller im sozialen Bereich tätigen Mitarbeiter im jeweiligen Sachbereich oder Referat
Konferenzen	Informations- und Erfahrungsaustausch der einzelnen Dienste

Quelle: CVF-Jahresbericht 1986/87, S.13f

Über die Personalentwicklung liegen mit Ausnahme von 1986/87 leider keine Zahlen vor, da die Prüfberichte der 40jährigen Schutzfrist unterliegen und in Geschäftsberichten von 1983/84 und 1989/90 dazu keine Angaben vorhanden sind. 1986/87 beschäftigte der CV insgesamt 463 Mitarbeiter, davon 23 Ordensschwestern und 20 Zivildienstleistende.[2652]

Obgleich vermutlich weitere Mitarbeiter eingestellt wurden, kam es 1989 zu personellen Engpässen, die größtenteils durch die Arbeitszeitverkürzung hervorgerufen wurden. Man beschloss aus finanziellen Gründen,

---

2651 so Werner Osypka im Gespräch mit dem Verfasser im Juli 2001.
2652 CVF-Jahresbericht 1986/87, S. 76 (ACVF-1001).

die Verbandsarbeit auf die bestehenden Arbeitsbereiche zu beschränken. Eine Ausnahme machte man für aus öffentlichen Mitteln finanzierte Stellen in der Kinderbetreuung der Aussiedler und Zuwanderer. [2653]

8.3.6 Finanzen

Auch unter den Caritasdirektoren Adlhoch, Jung und Osypka blieb das Rechnungswesen weitgehend unverändert, obwohl die Bilanzsummen ständig entsprechend der zusätzlich übernommenen Aufgaben zunahm. Seit der Neuordnung des Wohlfahrtswesens entscheiden Bund, Land und Kommunen darüber, welche Bereiche wie lange und in welchem Umfang gefördert werden soll. Dies führt dazu, dass die Wohlfahrtsverbände sich nicht sicher sein können, wie sie mittel- bzw. langfristig planen können. Um ihre Existenz und insbesondere den Personalbestand zu sichern, bemühten sie sich daher um neue Projekte bzw. Anschlussprojekte.

Osypka bemühte sich einerseits um neue Aufgabenbereiche, andererseits traten auch Bistum, Stadt und Land an den CV heran, um für sie Aufgaben zu übernehmen, da sie selbst nicht über qualifiziertes Personal verfügten. Dies sicherte zwar die Existenz des CV, machte diesen aber auch von den wechselnden Förderstrategien abhängig.

Trotz zunehmender Leistungsnachfrage wurden die Zuwendungen seitens des Bistums und des Landes aber später reduziert. 1982 und 1983 wurden die Bistumsmittel um jeweils 5% ohne Berücksichtigung eventueller Lohnsteigerungen gekürzt, die Zuschüsse des Landes bzw. des Landeswohlfahrtsverbandes eingefroren und Mitte 1982 eine 10%-Haushaltssperre verhängt. Caritasvorstand und DiCVL sahen sich zur Streichung freiwilliger Leistungen[2654] ab 1. Januar 1983 gezwungen und die Streichung der Fahrkostenpauschale wurde bis zu einer einheitlichen Regelung im Bistum ausgesetzt.[2655] Diese Entwicklung setzte sich in den folgenden Jahren weiter fort. So wurden die Bistumszuschüsse für die Erziehungsberatungsstellen und neu eingerichteten Zentralstationen weiter gekürzt. Im Gegensatz dazu wurden 1990 gegenüber 1989 eine Steigerung der öffentlichen Zuschüsse um fast 25% verzeichnet.

Da nur 1986/87 ein Jahresbericht mit Bilanzzahlen veröffentlicht wurde und die Prüfberichte der 40jährigen Schutzfrist unterliegen, kann nur das Jahresergebnis für 1986/87 dargestellt werden. Bei einer Bilanzsumme von 37.876.237 DM erzielte man Einnahmen von 28.898.503 DM, denen Ausgaben in gleicher Höhe gegenüberstanden. Bei den Einnahmen stammten 22.369.186 DM aus Zuschüssen, Erlösen, Mitgliedsbeiträgen, Spenden und sonstigen Einnahmen. Die Ausgaben teilten sich auf für Personalkosten mit 16.444.673 DM bzw. Sachkosten für 12.453.829 DM, d.h. 56,9% für Personal und 43,1% für Sachkosten. Das Bilanzergebnis ist nicht bekannt.[2656]

2653 CVF-Jahresbericht 1990, S. 3 (ACVF-1001).
2654 gestrichen wurden Essensgeld (1,50 DM/Tag), die Zuschüsse zu Betriebsausflügen und die Fortbildungskosten wurden auf 400 DM/Jahr begrenzt.
2655 Protokoll CVF-Vorstand 30.9.1982 (ACVF-1310).
2656 CVF-Jahresbericht 1986/87, S. 76 (ACVF-1001).

Die finanzielle Situation dürfte sich in den folgenden Jahren verschlechtert haben. Im Geschäftsbericht 1989 hieß es dazu: „Grundsätzlich halten wir uns an den Vorstandsbeschluss, aus personellen und finanziellen Gründen keine Ausweitung der Verbandsarbeit vorzunehmen." [2657]

Beim Ausscheiden von Caritasdirektor Werner Osypka 1992 wies das Betriebsergebnis ein Defizit von nahezu zwei Millionen DM aus, das Bilanzergebnis ergab ein Defizit von drei Millionen DM, wenn man den Sanierungsbedarf für die Caritas-Liegenschaften einrechnete, für die keine Rücklagen erstellt wurden.

8.3.7 Das Ende der Unabhängigkeit des Caritasverbandes

Mit der Verrechtlichung des Sozialwesens, der Ausweitung der gesellschaftlich erwünschten Tätigkeitsbereiche und der damit verbundenen Abhängigkeit von finanziellen Zuwendungen, nahm auch der Verwaltungsaufwand erheblich zu, da alles Handeln dokumentiert werden musste. Unter den Caritasdirektoren Kneip und Richter hatte der CV, wenn auch mit großen finanziellen Engpässen, seine Eigenständigkeit gegenüber dem Bistum wahren können. Dieses wurde häufig im Unklaren über Planungen und vor allem deren Finanzierung gelassen. Dies war teilweise auch darauf zurückzuführen, dass seitens des Landeswohlfahrtsverbandes und der Stadt Informationen an Dritte über erhaltene Zuschüsse nicht zulässig waren, wenn diese an den Projekten nicht beteiligt waren. Dies galt vor allem für Personalkosten, da viele Projekte überwiegend aus staatlichen oder kommunalen Quellen und der Rest aus Spenden finanziert wurden.

Seit Mitte der 60er Jahre hatte sich aber auch die finanzielle Lage des CV als Folge rückläufiger Spenden und öffentlicher Zuschüsse verschlechtert, andererseits war der Personalbedarf durch die neuen Aufgaben aus dem Bundessozialhilfegesetz bzw. dem Jugendwohlfahrtsgesetz weiter angestiegen. Jung stellte nach seiner Amtsübernahme fest, dass der CV bisher keine Personalkostenzuschüsse vom Bistum erhalten hatte, und gewann den Caritasvorstand dafür, von der strikten Abschottung gegenüber dem BO abzuweichen.

1967 wurde die von Richter eingeführte Tarifordnung der AVO, die die Gleichstellung der Caritasangestellten mit den städtischen Angestellten sicherstellte, durch die AVR für diejenigen Caritasmitarbeiter ersetzt, deren Gehalt aus Kirchensteuermitteln finanziert wurde. Die AVR orientierte sich am Bundesangestelltentarif (BAT) und galt in den kirchlichen Einrichtungen des Bistums. Viele Mitarbeiter akzeptierten dies nur widerstrebend, weil sie sonst nicht beihilfeberechtigt gewesen wären und keinen Anspruch aus der Kirchlichen Zusatzversorgungskasse erhalten hätten. Bis zur Aufsplittung des BAT in einen kommunalen und einen Landes- bzw. Bundestarif 1969/70 bedeutete dies zunächst eine Besserstellung, danach aber eine Schlechterstellung gegenüber der AVO. Diese Regelung war verlockend, da so die Finanzierung der Personalkosten durch das Bistum gesichert werden konnte. Andererseits mussten nun die Zuschüsse auf die Erträge der Caritaskollekten und Opferwochen angerechnet und das bisher

---

2657 CVF-Jahresbericht 1989, S. 3 (ACVF-1001).

einheitliche Besoldungssystem aufgegeben werden.[2658] Mit der Übertragung der Gehaltsbuchhaltung auf die Finanzverwaltung des BO[2659] stellte dieses abweichende Eingruppierungen fest und verlangte Einblick in die Personalunterlagen, um die Einstellungs- und Besoldungsrichtlinien des CV denen des Bistums anzupassen. Dies erfolgte aber zunächst nicht.

8.3.7.1 Bischöfliches Weisungs- und Aufsichtsrecht

Obwohl der Bischof in der Regel weder Caritasmitglied ist noch selbst eine Funktion im CV bekleidet, ernennt er die Mehrheit der Vorstandsmitglieder, den Caritasvorsitzenden und den Caritasdirektor. Fibich geht davon aus, dass „die dem Bischof unterstehenden übergeordneten Leitungskräfte im Verband die vom Bischof gewünschten Ergebnisse richtig vorausdenkend in geeigneter Form zur Entscheidung in die Gremien bringen, bzw. nicht zur Entscheidung kommen lassen." Sollten sie dies nicht tun, hätte er allerdings kein aus dem CIC ableitbares Sanktionsrecht mit Ausnahme der Rücknahme der kirchlichen Anerkennung. Damit würde der CV zwar als Verein weiter bestehen und auch seinen Namen behalten können, würde aber die Nutzungsrechte kirchlicher Einrichtungen verlieren. [2660]

Ende der 60er Jahre verschärfte sich die Situation zwischen BO und dem DiCVL und dem auf seine Eigenständigkeit stolzen CV Frankfurt, der auch auf die Unterstützung des CV Wiesbaden zählen konnte. Die personelle Konstellation begünstigte den Konflikt, denn in Frankfurt war Adlhoch seit seinem Ausscheiden als Caritasdirektor 1964 Stadtpfarrer und Caritasvorsitzender, sein Nachfolger Jung inzwischen Stadtpfarrer in Wiesbaden. In beiden Vorständen saßen kompetente Juristen, die das vom Bischof gewünschte Mitentscheidungsrecht für vereinsrechtlich fragwürdig hielten und bis 1989 immer konfliktbereit waren. Das Registergericht Wiesbaden machte auf den seiner Ansicht nach vereinsrechtlichen bedenklichen Zustand aufmerksam, dass der Vorstand nicht demokratisch durch die Mitgliederversammlung oder den Caritasrat legitimiert sei.

Um sicher zu gehen, falls sich der Vorstand kontrovers fernhielt, war das BO bestrebt „die rechtliche Wirksamkeit" der Beschlüsse des CV von seiner schriftlichen Zustimmung abhängig zu machen und wollte dies in der Satzung verankern. Bis zur Satzungsänderung wurden dem CV am 3. April 1969 „Richtlinien über den Umfang der genehmigungspflichtigen Rechtsgeschäfte" auferlegt. U. a. sollten alle Immobiliengeschäfte, Miet- und Pachtverträge mit einem Jahr Laufzeit, Aufnahme und Gewährung von Darlehen, entgeltliche Anstellungsverträge, Vergleiche mit Beträgen über 3.000 DM sowie Bauvergaben und Beauftragungen von Architekten. Lediglich Darlehen und Bürgschaften im Rahmen der Fürsorge blieben ausgenommen.[2661] Die Befolgung dieser Wünsche, so Konstantin Spiller, wäre einer Entmündigung gleichgekommen und hätte damit Vorstand und

---

2658 Schreiben Osypka/Generalvikar v. 7.1. 1980 (ACVF-1310).
2659 Die Gehaltsbuchhaltung wurde am 1. Januar 1995 auf den CV rückübertragen.
2660 Fibich, S. 79.
2661 BO-Finanzverwaltung: Richtlinien über den Umfang der genehmigungspflichtigen Rechtsgeschäfte v. 3.4.1969 (ACVF-1310).

Caritasdirektor überflüssig gemacht. „Ein untergeordneter Angestellter [sei] zur Ausführung der Ordinariatsanordnungen ausreichend."[2662] Der Caritasvorstand setzte am 21. Juni 1974 eine Kommission (Adlhoch Gerhard, Spiller und Osypka) zur Klärung der strittigen Satzungsfragen mit dem BO ein. Das Treffen wurde vom BO mehrfach verschoben und fand erst am 14. Oktober 1974 mit Generalvikar Seidenather und Direktor Raimund Lehmkul statt. Nachdem am 2. September 1974 die Vorläufigen Vergütungsrichtlinien erlassen worden waren und man in dem Gespräch den Eindruck gewann, „dass die selbständigen Einrichtungen und Verbände durch die Satzungsänderungen ‚an die Kandare' genommen werden sollten, lehnte der Caritasvorstand am 7. Februar 1975 die verlangte Satzungsänderung einstimmig ab, „da sie der Idee eines Verbandes der freien Wohlfahrtspflege abträglich ist. Darüber hinaus erschwert sie die Arbeit und macht den Verband zu einer weisungsgebundenen Behörde."[2663] Am 18. März 1975 lehnte auch die Mitarbeitervertretung (MAV) die „Vorläufigen Vergütungsrichtlinien" ab und protestierte am 5. Dezember 1975 bei Osypka unter Bezugnahme auf § 6c der Satzung, nach der der Vorstand allein „für die Festsetzung der Gehälter der Angestellten" zuständig ist, gegen die Einreichung der Personalunterlagen beim BO.[2664]

Nachdem das Bistum 1975 die Personalkostenbezuschussung geändert und damit die Gemeindekrankenpflege erschwert hatte, erklärte Klein (DCV) am 13. November 1975, dass die DCV-Strukturkommission bereits am 15. Februar 1973 dem DCV-Zentralrat empfohlen habe, auf „eine Satzungsbestimmung mit einem Katalog genehmigungsbedürftiger Rechtsgeschäfte bei einem Spitzenverband der freien Wohlfahrtspflege [zu verzichten], der sich unter die Aufsicht des Bischofs stellt, (...) weil das amtskirchliche Interesse durch die bestellten Vertreter hinreichend abgesichert ist."[2665] Daraufhin beschloss der Caritasvorstand am 19. Dezember 1975 einstimmig, „die [rechtliche und faktische] Eigenständigkeit des Caritas-Verbandes – gegenüber der Öffentlichkeit und im Verkehr mit der kirchlichen Behörde – als eines (zwar kirchlichen, aber doch) freien Verbandes der Wohlfahrtspflege zu erhalten bzw. zu stärken" und eine Kommission mit dem CV Wiesbaden und ggf. dem DiCV zu bilden, um ein Gespräch mit dem Bischof zu führen.[2666]

Beim nächsten Gespräch am 8. Juni 1976 im BO gewann Spiller den Eindruck, „es gehe hier ausschließlich um Anreicherung von Machtkompetenz", da im BO „keinerlei Verständnis (...) für unsere Ablehnung der Vorschläge zu spüren ist." Tags darauf wurde vom BO der Abbau bzw. die Streichung der Sozialarbeiterzulage verfügt. Da die „genehmigungspflichtigen Rechtsgeschäfte" auf einer Sondersitzung am 9. August 1976 abgeklärt werden sollten, Osypka aber an den Vorstandsbeschluss gebunden war, genehmigte ihm Stadtdekan Adlhoch als Caritasvorsitzender den vor-

---

2662 Schreiben Spiller an Caritas-Verband v. 2.7.1976 (ACVF-1310).
2663 Stellungnahme Spiller – Anlage zum Protokoll CVF-Vorstand 7.2.1975 bzw. Schreiben an das BO-Dez. Kirchliche Dienste v. 26.2.1975 (ACVF-1310).
2664 Schreiben Mitarbeitervertretung an Osypka v. 5.12.1975 (ACVF-1310).
2665 Schreiben Klein/DCV an Osypka v. 13.11.1975 (ACVF-1310).
2666 Protokoll CVF-Vorstand 19.12.1975 (ACVF-1310).

zeitigen Jahresurlaub, um ihm die Teilnahme an der Abstimmung zu ersparen.[2667] Spiller forderte zum Widerstand auf und die Gehaltsbuchhaltung wieder von Limburg abzuziehen. Man solle beim BO darauf drängen, dass dem CV ein bestimmter Etatposten eingeräumt wird und war dafür aber bereit, die Mittelverwendung durch das BO prüfen zu lassen.[2668]

Die Beziehungen zwischen BO und Caritasvorstand kühlten sich Anfang 1977 weiter ab, da der CV die Zulagen für Sozialarbeiter und Ausländerbetreuer beibehielt, und das Bistum weiterhin die Vorlage aller vom CV verweigerten Unterlagen verlangte.[2669] Im Frühjahr 1977 zeichnete sich ein weiterer Konflikt mit dem DiCV ab, hinter dem vermutlich das BO steckte. Der DiCV verstand nun den CV Frankfurt als „seine Gliederung".[2670] Nachdem längere Zeit auf beiden Seiten Stillstand geherrscht hatte, entbrannte die Diskussion im Februar 1979 von neuem, zumal die angekündigten Klärungsgespräche nicht stattgefunden hatten. Stattdessen wurde am 23. Februar 1979 in zwei Bischofsbriefen angeordnet, die Psychologischen Beratungsdienste aus der Dienstgemeinschaft des CV Frankfurt herauszunehmen und erneut Einsicht in die Personalakten verlangt. Am 7. März 1979 versuchte Ordinariatsrat Josef Frank vergeblich Stadtdekan Adlhoch zu überzeugen, dass die vom Bistum vorgeschlagenen Satzungsänderungen den DCV-Mustersatzungen entsprechen würden und mit dem DCV abgesprochen seien. Nach Rücksprache mit dem DCV beschwerte sich Osypka am 22. März bei Frank über dessen unkorrekte Auskünfte, insbesondere, dass der Bischof „jederzeit das Recht (habe), Einsicht in Unterlagen zu nehmen und Auskünfte zu erhalten" und dieses Recht dem BO übertragen habe.[2671] Auch die Mitarbeitervertretung lehnte am 3. April die Bischofsbriefe ab. Zwar wurde „eine besondere Beziehung von Seelsorge und Beratung und damit verbunden eine besondere Funktion der sogenannten Psychologischen Beratungsdienste" akzeptiert, aber kritisiert, dass in den Briefen dem Caritasdirektor „eine sachgerechte Entscheidung" abgesprochen und der Bischof die von ihm am 9. Juni 1978 erlassenen §§ 18–23 der Mitarbeitervertretungsordnung (MAVO) selbst aushöhle.[2672]

2667 Protokoll CVF-Vorstand 28.7.1976 (ACVF-1310).
2668 da Spiller an der Vorstandsitzung nicht teilnehmen konnte, sandte er seine Stellungnahme am 2.7.1976 vorab zu – Protokoll CVF-Vorstand 7.2.1976 (ACVF-1310).
2669 Protokoll CVF-Vorstand 16.2.1977 (ACVF-1310).
2670 Protokoll CVF-Vorstand 27.4.1977 (ACVF-1310).
2671 Schreiben Osypka an BO-Kirchl. Dienste/OR Josef Frank v. 22.3.1979 (ACVF-1310).
2672 MAV-Stellungnahme des Caritas-Verbandes Frankfurt e. V. zum Schreiben vom 23. Februar 1979 – AZ2988/79/1 des Bischofs von Limburg v. 3.4.1979 (ACVF-1310).

Prof. Johannes Baptist Hirschmann SJ © Stadtarchiv Püttlin-
gen)

Der Caritasvorstand befasste sich am 6. April 1979 mit den Bischofsbriefen und bat Prof. Johannes Hirschmann SJ um ein Grundsatzreferat.[2673] Hirschmann hielt die Limburger Forderung angesichts des aktuellen Beratungstands der Fragestellung Caritas und katholisches Verbandswesen in der Bischofskonferenz, im Zentralkomitee der deutschen Katholiken, in der Arbeitsgemeinschaft der katholischen Verbände und beim DCV „für sehr bedenklich". Hirschmann machte deutlich, dass es einen Unterschied darstelle, ob man freiwillig gewisse Rechtsgeschäfte als durch den Bischof genehmigungspflichtig erkläre oder ob in Ausführung des Aufsichtsrechtes von diesem Weisungen erteilt würden und sah eine Gefahr, die möglicherweise aus der neugefassten bischöflichen Aufsicht in den Beratungsdiensten für „die wirksame Präsenz der Kirche im zunehmend weltlicheren Gefüge des Beratungswesens bestehe."[2674]

Daraufhin erklärte sich der Vorstand außerstande, die auferlegten Satzungsänderungen der Mitgliederversammlung zur Genehmigung vorzulegen und wies Osypka und seine Mitarbeiter an, bei Kontrollbesuchen nur die bisherige Praxis zu dulden und keine zusätzlichen Unterlagen offen zu legen.[2675] Am 29. Mai 1979 teilten Adlhoch und Osypka Bischof Kempf mit, dass der CV seiner Weisung keine Folge leisten werde, und baten um eine Wiederaufnahme der abgebrochenen Gespräche. Beide bezeichneten die bischöfliche Weisung als „persönliche Diskriminierung" der bisherigen Arbeit, für die man bisher immer gelobt worden sei. „Es kann doch nicht angehen, dass für diese Arbeit auf einmal (...) in wesentlichen Dingen andere Weisungen und Regelungen gelten sollen."[2676] Unbeirrt forderte das BO den CV am 12. Juni 1979 auf, einen Haushaltsplan zur Genehmigung einzureichen.[2677]

Der DiCV-Verwaltungsratsvorsitzende legte am 24. September 1979 einen neuen Vorschlag über die genehmigungspflichtigen Rechtsgeschäfte vor, der vom Caritasvorstand am 5. Oktober 1979 akzeptiert wurde. Er umfasste Satzungsänderungen, Immobiliengeschäfte über 50.000 DM, Bürgschaften und Darlehen mit Ausnahme derjenigen, die im Rahmen der laufenden sozialen Arbeit gewährt werden, Darlehen mit Ausnahme von auf sechs Monate befristeten Betriebsmittelkrediten, Planung und Durch-

2673 Hirschmann war bis 1976 Professor für Moral- und Pastoraltheologie an der Hochschule St. Georgen und Berater der Deutschen Bischofskonferenz bzw. des Zentralkomitees der deutschen Katholiken.
2674 Stellungnahme Hirschmann SJ zur Neuordnung des bischöflichen Aufsichtsrechtes in Statut und Arbeitsweise der Caritasverbände im Bistum Limburg v. Mai 1979 (ACVF-1310).
2675 Protokoll CVF-Vorstand 6.4.1979 (ACVF-1310).
2676 Schreiben Adlhoch/Osypka an Bf. Kempf v. 29.5.1979 (ACVF-1310).
2677 Schreiben konnte bisher nicht aufgefunden werden.

führung von Baumaßnahmen über 100.000 DM sowie Prozesse. Man erklärte sich bereit, den Haushaltsplan für 1980 nach der satzungsmäßigen „Vorprüfung des Voranschlages" durch den Caritasvorstand beim BO einzureichen.[2678] Bei der Frage der Mitwirkung des BO bei der Regelung von Arbeitsverhältnissen wurde an der Beschlusslage vom 8. Dezember 1978 festgehalten.[2679]

Die Personalkostenzuschüsse des Bistums für die Ortscaritasverbände wurden zunächst aus den durch die zentrale Besoldung bekannten Zahlen und aufgrund von Angaben der Caritasverbände berechnet. Dann versuchte man, die für den DiCV geltenden Richtlinien auch auf den rechtlich selbstständigen CV Frankfurt anzuwenden. Lange Zeit lehnte dieser die Vorlage der Bilanzen ab, sah sich aber schließlich doch dazu gezwungen, weil sonst der Beitritt zur Kirchlichen Zusatzversorgungskasse nicht möglich gewesen wäre. Die Auswertung der Bilanz zeigte nach Meinung des BO, dass der CV jährliche Überschüsse erziele, „die letztlich und weitestgehend mit einer sogenannten ,Doppelbezuschussung" zusammenhängen würden.

Nachdem die BO-Dezernentenkonferenz die von allen Caritasverbänden akzeptierten Pauschalzuschüsse mit dem Hinweis auf ihre Verantwortung für die Kirchensteuermittel abgelehnt hatte, informierte der Generalvikar am 23. November 1979 den CV. Osypka wies in am 7. Januar 1980 das Bistum Limburg darauf hin, dass es sich damit in Gegensatz zu anderen Bistümern, die Stadt und anderen Zuschussgebern stelle. Man sehe, so Osypka, „zwar die e.V.s als nützliche Einrichtungen" an, traue ihnen aber nicht über den Weg, auch wenn die Vorsitzenden und weitere Vorstandsmitglieder vom Bischof berufen bzw. von diesem bestätigt werden. Osypka weigerte sich erneut, dem Finanzdezernat die öffentlichen Zuschussbescheide auszuhändigen, da dies als „schwerwiegender Eingriff in die Verbandautonomie" angesehen werde. Der CV Frankfurt solle genauso schlecht gestellt werden wie die anderen Caritasverbände, die mit zweckgebundenen Mitteln der Caritaskollekte Aufgaben mit pastoraler Nähe finanzieren müssten, weil das Bistum dafür keine Mittel bereitstelle.[2680] Das Finanzdezernat ignoriere die vielfach notwendige Misch- und Querfinanzierung, ohne die defizitäre Einrichtungen wie Bahnhofsmission, Kleider- und Möbeldienst, Hausaufgabenhilfe für Ausländerkinder) eingestellt werden müssten. Besonders ärgerte sich Osypka über die Behauptung, die Kürzungen hätten keine Auswirkungen auf die derzeitigen Aktivitäten und stellte die Frage, ob damit nur die vom Dezernat Finanzen genehmigten Aktivitäten gemeint seien. Etwas sarkastisch fügte er seine Neuversion des Gleichnisses von den Talenten an: „dem einen gab er 5 Talente, mit der Auflage, möglichst bald für eine Rückzahlung eines Teils derselben zu sorgen und nicht, damit zu wuchern und 10 daraus zu machen."[2681]

2678 Protokoll CVF-Vorstand 5.10.1979 (ACVF-1310).
2679 CV Frankfurt an Vorsitzenden des Verwaltungsrates des DiCV Limburg und alle Stadt- und Bezirkscaritasverbände im Bistum v. 20.11.1979 (ACVF-1310).
2680 Osypka wies auf die Erziehungsberatungsstellen, Kinderhilfe in sozialen Brennpunkten und Obdachlosenhilfe in der Stadt Limburg hin, die vom DiCV aus der Diözesancaritaskollekte finanziert werden müssten.
2681 Protokoll CVF-Vorstand 25.4.1980 (ACVF-1310).

Osypka begrüßte, dass ein Schlussstrich unter die Vergangenheit gezogen werden solle, dazu gehöre aber auch die Zahlung der vorenthaltenen Personalkostenzuschüsse von ca. 200.000 DM. Abschließend wies er auf die Gefahr hin, dass das vom BO gewünschte Finanzzuweisungssystem dazu führen könne, dass der CV ganz oder teilweise von der öffentlichen Bezuschussung ausgeschlossen werden könne.[2682]

Nach Gesprächen zwischen Osypka und Generalvikar Perne bzw. Bischof Kamphaus im März 1980 gewann man den Eindruck, dass man Kompromisse schließen müsse, um „keinen endgültigen Bruch zu vollziehen." Der Vorstand stand am 25. April 1980 vor der Alternative, entweder Einsicht in die geforderten Unterlagen zu geben, um größeren Schaden abzuwenden oder dies abzulehnen, dann aber auch die Vorkommnisse öffentlich bekannt zu machen. Einstimmig akzeptierte man dies für 1976–80, erwartete aber für die folgenden Jahre „eine für alle annehmbare Finanzzuweisung."[2683]

Am 29. März 1982 entschied sich auch die MAV für die Übernahme der „Vergütungsrichtlinien für die Mitarbeiter im kirchlichen Dienst des Bistums Limburg", um eine Gleichbehandlung aller Caritasmitarbeiter zu erreichen.[2684] Nachdem der Vorstand diese mit Wirkung vom 1. Juli 1982 eingeführt hatte,[2685] lehnte aber das BO die Zahlung der daraus resultierenden zusätzlichen Personalkosten Am 26. Juli 1982 ab, die Kosten müssten durch Stellenvakanzen und Stellenstopp aufgefangen werden. Die MAV protestierte am 30. September 1982, man habe sich seit langem für die Übernahme der Vergütungsrichtlinien eingesetzt und dieser Gegenvorschlag bedeute „auf lange Sicht eine Arbeitsplatzvernichtung auf Raten."[2686]

Mit der Klärung dieser Fragen schienen zwar die entscheidenden Hindernisse für die Änderung seit 1932 bestehenden Satzung entsprechend der Rahmensatzung des DCV/DiCV aus dem Weg geräumt, dennoch stockte die Satzungsberatung erneut, nachdem der DCV sich gegen die Aufnahme eines bischöflichen Weisungs- und Aufsichtsrechts in die Satzung ausgesprochen und verlangt hatte, die Frage von der Deutschen Bischofskonferenz entscheiden zu lassen. [2687]. Im Sommer 1988 wurden erneut die Frage der Vereinheitlichung des Arbeitsrechts und damit die generelle Umstellung von der AVO auf die AVR im Bereich der Caritasverbände zum 1. Januar 1989 diskutiert. Generalvikar Raban Tilmann schlug am 28. Juni 1988 dem DiCV vor, die Mitarbeiter über die arbeitsrechtlichen Umstellungen zu informieren und in den Caritasvorständen die entsprechenden Beschlüsse zu fassen.[2688]

2682 Schreiben Osypka/Generalvikar v. 7.1 1980 (ACVF-1310).
2683 Protokoll CVF-Vorstand 25.4.1980 (ACVF-1310).
2684 Schreiben MAV an Vorstand CVF v. 29.3.1982 (ACVF-1310).
2685 Protokoll CVF-Vorstand 9.6.1982 (ACVF-1310).
2686 Schreiben MAV an Generalvikar Perne v. 30.9.1982 (ACVF-1310).
2687 Protokoll CVF-Vorstand 25.4.1980 (ACVF-1310).
2688 Schreiben BO an DiCVL v. 28.6.1988 – Abschrift für Osypka (ACVF-1310).

8.3.7.2 Die Satzungsreform 1984/85

Die seit 1974 anstehende Satzungsreform wurde aufgrund der Diskussion über das Weisungs- und Aufsichtsrecht und der Bischofsgespräche immer wieder aufgeschoben. Nachdem der DiCV 1983 eine neue Rahmensatzung für Stadt- und Bezirkscaritasverbände vorgelegt hatte, setzte der Caritasvorstand die eigene Diskussion aus und wartete die DiCV-Vertreterversammlung im Januar 1984 ab.

Klaus Greef, Stadtpfarrer 1982–97

Die Rahmensatzung stärkte zwar die Stellung der persönlichen Mitglieder im Verband erheblich und bot durch Einbeziehung der pfarrgemeindliche Ebene als Basis für Mitarbeitergruppen eine Chance, die Dienste des CV stärker als bisher in die Gemeinden hineinzutragen und dort multiplikatorisch wirken zu lassen. Von der Angliederung an den DiCV (§ 11, Nr. 2–4 Rahmensatzung) befürchtete man aber eine Einengung der Eigenverantwortung, insbesondere weil der DiCV gegenüber den Ortscaritas verbänden eine stärkere Position erhielt. Der Caritasdirektor sollte nur noch als Geschäftsführer bezeichnet werden, was die Außenvertretung des Verbandes nach dem BGB sehr erschwerte. Sachbereichsleiter und Fachberater wiesen am 10. Mai 1984 Stadtdekan Klaus Greef[2689] als Caritasvorsitzenden darauf hin, „dass die bestehende Praxis unmittelbarer Entscheidungskompetenzen (...) immer noch Möglichkeiten und Spielräume eröffnete, ... [Antworten] auf die sich strukturell und spezifisch wandelnden Realitäten" zu finden.[2690] Vereinsrechtlich wurden die bischöflichen Rechte als nicht zulässig angesehen, da der Bischof nicht Mitglied des Vereins war, dennoch aber neben dem Caritasvorsitzenden und dem Caritasdirektor auch weitere fünf Mitglieder des Vorstands ernennen sollte. Sowohl im geschäftsführenden Vorstand wie im Gesamtvorstand war damit der bischöfliche Durchgriff gesichert. Auf der Vorstandssitzung am Tag darauf bedauerte Osypka, dass das BO nicht mehr zu Änderungen bereit sei und man angewiesen worden sei, die neue Satzung anhand der Rahmensatzung zu erarbeiten.[2691]

Am 25. Januar 1985 trat erstmals seit 1959 wieder eine Mitgliederversammlung zusammen und verabschiedete die nochmals leicht abgeänderte Satzung, die bis 2018 Gültigkeit haben sollte. Wie bisher gab es drei Organe Mitgliederversammlung, Caritasrat und Vorstand. Die Mitgliederversammlung war für die Beratung von Grundsatzfragen sowie des Tätig-

---

2689 Klaus Greef (1930–?), 1955 Priesterweihe, 1955 Kaplan in Salz, 1957 am Limburger Dom, 1961 Pfarrvikar/Pfarrer St. Hildegard Limburg, 1972 Pfarrer St. Martin Lahnstein, 1973–82 Bezirksdekan Rhein-Lahn, Nov. 1982–1997 Bischöfl. Kommissar/Stadtdekan Frankfurt sowie 1994–97 Pfarrer von St. Leonhard.
2690 Schreiben Sachbereichsleiter/Fachberater an Stadtdekan Greef v. 10.5.1984 (ACVF-1310).
2691 Protokoll CVF-Vorstand 11.5.1984 (ACVF-1310).

keitsberichts des Vorstandes zuständig und wählte eigene Vertreter für den Caritasrat. Der Caritasrat befasste sich mit der Beratung und Entscheidung von Grundsatzfragen, insbesondere die Aufnahme neuer Arbeitsfelder und die Förderung ehrenamtlicher Tätigkeit. Außerdem genehmigte er den Tätigkeitsbericht und die Jahresabschlussrechnung des Vorstandes und wählte die ihm zustehenden Vorstandsmitglieder. Dem Vorstand oblagen alle wichtigen Angelegenheiten des Verbandes, die nicht zur laufenden Geschäftsführung des Caritasdirektors gehörten. Noch bevor Bischof Kamphaus die Satzung am 9. April 1985 genehmigt hatte, erklärte sich der CV einverstanden, dass die Genehmigungsbefugnis am 1. Januar 1986 vom BO auf den DiCV übergehen sollte. Aus welchem Grund die Satzungsänderung aber erst 1987 im Vereinsregister eingetragen wurde, ist nicht bekannt. Am 21. November 1986 wurde erstmals ein Caritasrat gewählt.

Im Gegensatz zu Frankfurt ging der Caritasvorstand in Wiesbaden zunächst auf Konfrontationskurs, sah sich 1990 aber zum Einlenken gezwungen, nachdem ihm angedroht wurde, die bischöfliche Anerkennung und damit auch die finanzielle Unterstützung zu entziehen.

8.3.8 Der „Ethische Arbeitskreis" und das Selbstverständnis des Caritasverbandes

Ende 1973 regten Caritasmitarbeiter eine Diskussion über das Selbstverständnis des CV an. Werner Osypka schlug am 7. Februar 1974 als Arbeitsziel eines „Ethischen Arbeitskreises" vor, eine Konzeption für die Arbeit des CV zu entwerfen und zu aktuellen Fragen aus ethischer, theologischer, moralischer Sicht Stellung zu nehmen. Als Fragestellungen wurden formuliert: [2692]

- *Was erwarten die Menschen von der Kirche und ihrer Liebestätigkeit?*
- *Welches Image hat der Caritas-Verband innerhalb der Kirche und in der Gesellschaft?*
- *Welches ist das Verhältnis zwischen der katholischen Soziallehre – sofern es sie gibt – zur Sozialarbeit, die sich von ihren Wurzeln (Diakonie, Nächstenliebe) anscheinend unabhängig davon entfaltet hat?*
- *Kontroverse Fragen: Euthanasie, §218, Sexualität (Geburtenregelung, Ehescheidung, Pro Familia)*
- *Wo liegt der Unterschied des Caritasverbandes zu anderen Wohlfahrtsverbänden und zur behördlichen Sozialarbeit (besteht überhaupt ein Unterschied?)?*
- *Abgrenzung unserer Arbeit der institutionalisierten Caritas gegenüber der Pfarrcaritas?*
- *Wo liegt der Unterschied der Arbeit des Caritas-Verbandes zu anderen Wohlfahrtsverbänden und zur behördlichen Sozialarbeit (besteht überhaupt ein Unterschied?)?*
- *Welche Schwerpunkte setzt sich der Caritas-Verband? Es erscheint sinnvoll, zu überprüfen, aus welchen Gründen (Motivation), wo und welche Schwerpunkte der Caritasverband gesetzt hat und heute aktiv ist. (Frage*

2692 Protokoll Dienstbesprechung vom 7.2.1974 (ACVF-Dienstbesprechungen).

nach und Begründung der Prioritäten) Damit verbunden wäre die Berechtigung, heute bestehende Schwerpunkte zu hinterfragen.

- Müssen neue Aufgaben aufgegriffen werden (z. b. Behindertenhilfe)?
- Was ist die „christliche Basis" unserer Arbeit (Definition)?
- Welche Anforderungen stellt der Caritas-Verband an seine Mitarbeiter (z. B. christliche Haltung)?

Alle Mitarbeiter wurden am 25. Februar 1974 um Stellungnahmen gebeten,[2693] deren Ergebnisse dem Caritasvorstand am 20. März 1974 vorgelegt werden sollten. Am 20. Juni 1974 referierte Prof. Hirschmann über das „Selbstverständnis des CV als kirchlicher Verband freier Wohlfahrtspflege", am 20. September 1974 folgte ein Referat von Generalvikar Hans Seidenather über das „Selbstverständnis der Kirche unter besonderer Berücksichtigung der kirchlichen Caritas" und am 20. März 1975 äußerte sich DCV-Präsident Georg Hassler zu aktuellen Caritasfragen.

Aus welchen Gründen der „Ethische Arbeitskreis" nur dreimal tagte und dann seine Arbeit einstellte, lässt sich bisher nicht klären. Seine Protokolle blieben ohne Resonanz und wurden bei der Beratung des Caritas-Leitbildes Ende der 90er Jahre nicht einmal als Arbeitspapier berücksichtigt. Es ist als sicher anzunehmen, dass niemand mehr diese Papiere kannte.

8.3.9 Die Reform der Gemeindecaritas

Seit Anfang der 60er Jahre wurde klar, dass die ambulante Pflege in den Pfarreien in der bisherigen Form nicht mehr lange aufrechterhalten werden könne. Die Orden hatten Schwierigkeiten, die pensionsreifen Gemeindeschwestern durch jüngere mit den inzwischen erforderlichen Qualifikationen zu ersetzen. Adlhoch war bestrebt, das Verhältnis zu den Pfarreien zu verbessern und ehrenamtliche Helfer und Helferinnen zu gewinnen. Man bot eine Beratung der Pfarrcaritasausschüsse und Helfergruppen an und organisierte Schulungen und Konferenzen im Stadtgebiet.

Magda Grube vom Bischöflichen Frauensekretariat propagierte 1962 die „Zeitspende", d.h. Männer und Frauen sollten sich auf ökumenischer Basis bereit erklären, zeitweise für caritative Aufgaben zur Verfügung zu stehen. Die Vermittlung könne z. B. über den CV erfolgen. Bekannt ist aber bisher nur ein 1962/63 von Margarete Fendel in St. Josef/Höchst gegründetes „Fliegendes Kommando", während aus anderen Pfarrgemeinden bisher nichts bekannt ist.

Während Adlhoch bereit war, mit Pater Johannes Leppich SJ über eine Einbindung der „Aktivkreise Pater Leppich"[2694] zu sprechen, um neue engagierte Laien zu gewinnen, äußerten Stadtpfarrer Eckert und Pfarrer Jae-

---

2693 Rundschreiben v. 25.2.1974 (ACVF-Dienstbesprechungen).
2694 Die „action 365" war von Pater Johannes Leppich SJ („Maschinengewehr Gottes") 1958 als Laienbewegung in Form der „Aktivkreise Pater Leppich" gegründet worden. 1971 schied Leppich aus, da er mit der ökumenischen Ausrichtung nicht einverstanden war. Pater Wolfgang Tarara SJ verstand die actio365 als missionarische Laienbewegung des Zweiten Vatikanischen Konzils und verstärkte die ökumenische Arbeit und dehnte die action 365 international aus.

ger Bedenken bezüglich der Durchführbarkeit,[2695] da sich die Aktivkreise bisher nicht mit caritativen Aufgaben befasst hatten. So trat die „action 365" zwar dem CV als korporatives Mitglied bei, besondere Aktivitäten innerhalb des Verbandes sind bis heute aber nicht feststellbar.

Gerda Lemanczyk übernahm neben der Trinkerfürsorge den Arbeitsbereich Pfarrcaritas, weil sie hoffte, den Pfarrgemeinden, Pfarrgemeinderäten und den Sozialausschüssen einen Überblick über die Arbeit im CV Frankfurt geben zu können. Dies erwies sich aber als Fehlschluss. Sie erklärte 1972, „wir müssen unsere Arbeit erst untereinander besser kennen und begreifen lernen. Erst, wenn es gelingt, dass wir uns verstehen, werden unsere Bemühungen auch nach draußen Wirkung haben.[2696]

8.3.9.1 Arbeitsgemeinschaft „Frau und Caritas"

Nach einer seit Jahren bestehenden lockeren Zusammenarbeit wurde im Oktober 1964 vom Katholischen Frauensekretariat und dem CV die Arbeitsgemeinschaft „Frau und Caritas" gegründet, in der die Caritasfürsorgerinnen und die -beauftragten der Frauengemeinschaften der sechs Dekanate sowie Seelsorgehelferinnen aus den Pfarreien vertreten waren. Der CV sollte Schwerpunkte caritativer Tätigkeit, wie sie von Frauen ehrenamtlich oder auch gegen Honorar geleistet werden können, aufzeigen und die nötigen Hilfen bereitstellen. Die Frauengemeinschaften sollten in den Gemeinden geeignete Personen für gemeindenahe Helfergemeinschaften und die Bahnhofsmission sowie für Aufgaben der Alten- und Familienhilfe gewinnen. Die Aktion blieb aber trotz angebotener Schulungen ohne Resonanz.[2697]

1966 forcierte man erneut die Weiterbildung und Rekrutierung zusätzlicher Caritasbeauftragten in den Pfarreien, damit die Arbeit nicht bei den Seelsorgehelferinnen hängen bleibe, die zwar „nominiert werden, aufgrund ihrer Arbeitsüberlastung gar nicht dafür (eingesetzt werden) können."[2698] Im Oktober 1966 griff man den Grube-Vorschlag der „Zeitspende" wieder auf, und rief öffentlich zur begrenzten Mitarbeit in der Altenpflege bzw. ambulanten Krankenpflege auf, bot diesmal aber vergeblich eine vergütete Teilzeitbeschäftigung an.[2699] 1971 war im Bereich der Familienpflege der Bedarf an ehrenamtlichen Helferinnen, insbesondere in der Haushaltshilfe, weiter angewachsen. Um weitere Helferinnen zu gewinnen, hielt man es für notwendig, die Hausarbeit im Bewusstsein der Bevölkerung aufzuwerten und den Helferinnen Gelegenheit zur Aussprache und zum Erfahrungsaustausch zu geben. Ein Arbeitskreis „Ehrenamtliche Helferinnen im Bereich der Familienpflege" sollte auch prüfen, ob die Helferinnen zentral über den CV oder über pfarrbezogene Helferkreise angeworben und eingesetzt werden sollten.[2700] Unterlagen sind aber nicht vorhanden.

2695 Aktennotiz über Gespräch Adlhoch/ Grube v. 14.12.1962 (ACVF-1722/BFS).
2696 Protokoll Dienstbesprechung vom 13.4.72 (ACVF-Dienstbesprechungen).
2697 Caritas-Informationen Nr. 9 v. 26.10.1964.
2698 Protokoll Caritasfrauengemeinschaft v. 28.4.1966 (ACVF-1822/BFS).
2699 Rundschreiben CV Frankfurt/ Jung v. 3.10.1966 (ACVF-1822/BFS).
2700 Protokoll Dienstbesprechung v. 14.10.1971 (ACVF-Dienstbesprechungen).

1972 stellte man fest, dass sich der CV seit etwa 10–15 Jahren von der Pfarrcaritas entfremdet habe und die aktuelle Zusammenarbeit mehr ein Nebeneinander als ein Miteinander sei. Gründe sah man im Zuwachs hauptamtlichen Personals, in der Ausweitung auf neue notwendige Arbeitsgebiete und in den Bemühungen, die Methoden der Sozialarbeit zu verbessern. Eine intensive Zusammenarbeit mit den Pfarreien sei nur noch bei Caritaskollekten und Spendenaktionen gegeben. Zufrieden war man nur in der Zusammenarbeit in der Jugend- und Familienhilfe der Nordweststadt, in der Erholungsfürsorge, bei der Bahnhofsmission und in der Nichtsesshaftenhilfe, da die Pfarreien diesen Stellen Hilfesuchende schickten. Die Zusammenarbeit in den Gebieten Jugendhilfe, Familienpflege, Aussiedler, Suchtkrankenhilfe und Hilfe für ausländische Arbeitnehmer wurde dagegen als schwierig angesehen. In vielen Pfarreien herrsche auch der Eindruck vor, dass der CV „speziell für sie Reserven an Hilfsmöglichkeiten zurückhalten und (nur) wenn in der Pfarrgemeinde Probleme auftauchen, diese dann vorrangig behandeln" würde. Es bestehe die Gefahr, dass der CV an Glaubwürdigkeit verliere. Da „in einigen Pfarreien Pfarrcaritas ziemlich eigenständig betrieben wird und die Leute sich nicht gern dreinreden lassen," schlug man Kontaktpersonen vor, die unter Einbeziehung der Pfarrgemeinderäte die Arbeit der zuständigen Leute in den Pfarreien begleiten sollten, damit „durch permanentes Zusammenwirken und kontinuierliche Inanspruchnahme der Beratungsdienste erleichtert und verbessert wird." Im Gegensatz zur Volksarbeit, die durch ihre Bildungsarbeit, ihre Sozialdienste und die Werbung für die Beratungsstelle an der Hauptwache den Pfarreien vertraut sei, werde die Caritasarbeit bisweilen als „unter ferner liefen" angesehen. Große Hoffnung auf eine stärkere Einbeziehung der Mitglieder setzte man in die Satzungsänderung.[2701]

8.3.9.2 Referat Gemeindecaritas

Im Sommer 1978 wurde das Referat „Gemeindecaritas" im Sachbereich Jugend- und Familienhilfe eingerichtet, das Projektentwicklung und -beratung, Institutions- und Organisationsberatung, Erwachsenenarbeit, Einzelberatung von ehrenamtlichen Helfern sowie Öffentlichkeitsarbeit koordinieren sollte. Aber erst sechs Jahre später am 1. September 1984 wurde mit Bernd Kraus ein Referent berufen, der 1995 durch Traudel Knapp abgelöst wurde, die bis heute die Geschäftsführung der „Arbeitsgemeinschaft Caritas der Gemeinde" wahrnimmt. Damals bestanden 56 Pfarrgemeinden in Frankfurt.

Im Rahmen einer Institutions- und Organisationsberatung sollte in Gremien-, Helfergruppen und mit Leitungspersonen ein oftmals vorhandener Widerspruch zwischen Leitidee und Wirklichkeit aufgearbeitet werden, da starre Strukturen, unklare Arbeitsgebiete und –formen das Entstehen von Fluktuation, Motivationsschwund, Aggression und Resignation begünstigen würden, die aber in Gesprächen mit Gruppen und Leitungsteams verändert werden könnten. Die Erwachsenenarbeit soll die bei ehrenamtlichen Helfern vorhandene Alltagskompetenz stärker herausarbeiten und

---

2701 Protokoll Dienstbesprechung v. 13.4.1972 (ACVF-Dienstbesprechungen).

abklären, wie sie den Möglichkeiten und Wünschen des Helfers so verstärkt werden kann, dass die geleistete Hilfe für alle Beteiligten zufriedenstellender wird. Die Beratung ehrenamtlicher Helfern erfolgte in Einzelgesprächen über aktuelle Probleme der täglichen Arbeit: u. a. in der Zusammenarbeit mit Kolleginnen, Fragen über die Angemessenheit von Hilfe, Betroffenheit durch Kontakte mit zum Teil belasteten Hilfesuchenden und Fragen über die Zusammenarbeit mit pastoralen wie Caritas-Mitarbeitern. Mit einer intensiven Öffentlichkeitsarbeit wollte man die Caritasarbeit bekannter machen und Möglichkeiten der ehrenamtlichen Mitarbeit aufzeigen.[2702] Eine intensive Pressearbeit kam aber erst Mitte der 90er Jahre zustande.

Mitte der 80er Jahre wurde deutlich, dass die Formen der ehrenamtlichen Hilfe aufgrund des Wertewandels sehr vielfältig wurden. Auslöser für ehrenamtlichen Engagements wurden nun verstärkt Zivilcourage und Lebenserfahrung, Bildungsstreben, wertgebundenes Handeln, Selbstbetroffenheit und mehr Freizeit. Um das Engagement sinnvoll nutzen zu können, war es notwendig, geeignete Projekte dahingehend zu prüfen, ob eine freie Zeiteinteilung bzw. eine räumliche Nähe von Wohn- und Einsatzort sowie ein Versicherungsschutz möglich sei. Besonderer Wert wurde auf die Anerkennung der Arbeit als sinnvoll gelegt und eine Begleitung durch erfahrene ehrenamtliche und berufliche Fachkräfte empfohlen.

8.3.9.3 Arbeitsgemeinschaft Caritas der Gemeinde

Die zunehmende Skepsis gegenüber Institutionen und der Wunsch nach selbstbestimmter, eigenverantwortlicher Tätigkeit, förderten nicht nur Bürgerinitiativen und Selbsthilfegruppen, sondern beeinflussten auch die soziale Struktur der Gemeindecaritas.[2703]

1984/86 wurde die „Arbeitsgemeinschaft Caritas der Gemeinde" von ehrenamtlichen Helfern in Zusammenarbeit mit dem CV geschaffen, die caritatives Engagement stützen und fördern sollte. Man erhoffte sich eine Verbesserung der Informationswege, die durch die Verlagerung der Caritasarbeit in die teilweise innenstadtfern gelegenen sozialen Brennpunkte länger geworden waren. Man brauchte dafür zusätzliche ehrenamtliche Mitarbeiter, die sich vor Ort auskannten und entsprechende Empfehlungen geben konnten. Es gelang aber nicht, Personen zu gewinnen, die in den sozialen Brennpunkten lebten und mit der dort herrschenden Mentalität vertraut waren. So erreichten viele Angebote nicht diejenigen, für die sie gedacht waren und manche Information lief ins Leere. So wurde die Steuerung des Informationsflusses vom CV zu den Gemeinden, von dort zu den Aktiven vor Ort und auch zwischen den Ehrenamtlichen untereinander, zu einer bis heute aktuellen Fragestellung.[2704]

1986 stiftete eine anonyme Stifterin den zunächst mit 1.000 DM, ab 2002 mit 1.000 € dotierten Senfkornpreis, nachdem ihr in einer Notlage

2702   Hans Peter Schick, Manuskript zum 88jährigen Bestehen des CV Frankfurt v. 14.12.1988, S. 15 (ACVF-1000).
2703   nach Hans Peter Schick, S. 15.
2704   Rundschreiben OCV Frankfurt v. 7.12. 1988 (ACVF-AG Caritas der Gemeinde).

von ehrenamtlich engagierten Mitgliedern einer Kirchengemeinde im Frankfurter Nordwesten geholfen wurde. Er wird seit 1987 jährlich durch die Arbeitsgemeinschaft Caritas der Gemeinde und den CV verliehen. Der Name des Preises steht symbolisch dafür, dass aus kleinen Anfängen Großes entstehen kann und bezieht sich auf ein biblisches Gleichnis. Entsprechend soll der Preis ein Zeichen für die Lebendigkeit und Solidarität freiwilligen sozialen Engagements in Frankfurt setzen.

1987	Aktion Behinderte und Nichtbehinderte – Gemeinde St. Bartholomäus, Frankfurt-Zeilsheim
1988	Modulos de Esperanza – Partnerschaftliches Entwicklungshilfeprojekt in Guatemala – Gemeinde Christ König, Frankfurt-Praunheim
1989	Aktion Kindersonne – Kindergruppe im Sozialen Brennpunkt Griesheim/Ahornstraße – Segensgemeinde, Frankfurt-Griesheim
1990	Ökumenische Krankenfahrt – Tagesausflüge und Ferienfreizeiten für Kranke – Gemeinde Dreifaltigkeit, Frankfurt-Nied
1991	Altenclub-Team – Gemeinde St. Johannes, Frankfurt-Goldstein
1992	Wohnungslosenfrühstück Gemeinde St. Josef, Frankfurt-Höchst

8.3.9.4 Katholisches Sozialbüro Höchst

Am 1. Januar 1962 eröffnete die Volksarbeit im Pfarrheim Höchst ein Sozialbüro, um die Arbeit der Pfarrseelsorge zu unterstützen und Ratsuchenden den Weg zum Haus der Volksarbeit zu ersparen. Mangels genauer Tätigkeitsbeschreibung kam es anfangs zu Unstimmigkeiten[2705], da das Büro auch von einer Sozialarbeiterin der Caritas genutzt wurde.

1962/63 organisierte Margarete Fendel in St. Josef/Höchst ein „Fliegendes Kommando" mit etwa 25 Mitgliedern, das bis etwa 1972 monatlich etwa 40–50 Hausbesuche machte und in plötzlichen Notfällen Familien und alleinstehenden Menschen helfen sollte, z. B. im Haushalt, bei Großwaschtagen, Einkäufen und Kinderbetreuung bei Mütterkuren. 1972 wurde erstmals „Essen auf Rädern" für Alte und Kranke organisiert.[2706]

1972 wurde das Büro im Rahmen der Dekanatsneugliederung nach Kelkheim verlegt und war danach nur noch für den Main-Taunus-Kreis zuständig. Da die Pfarrei St. Joseph auf das Sozialbüro nicht verzichten wollte, bemühte sie sich um die Wiedereröffnung und richtete am 21. Juni 1977 eine „Arbeitsstelle für Arbeiter- und Betriebsseelsorge" ein und organisierte eine Pfarrcaritas unter Leitung von Margarete Fendel. Im Dezember 1977 wurde im Pfarrheim (Justinuskirchstr. 5) das „Sozialbüro" als gemeinsames Projekt von CV (Jugend und Familienhilfe/Altenhilfe), Volksarbeit (Ehe- und Lebensberatung) und der Pfarrei St. Josef (Betriebsseelsorge in der Höchst AG) unter deren Federführung eröffnet.[2707]

In den ersten Jahren dominierte neben der Betriebsseelsorge die Eheberatung mit Wartezeiten bis zu zehn Wochen und die Altenarbeit, die

---

2705 Richter/DiCV-Adlhoch v. 21.1.1962 (ACVF-1913/SBH-Sozialbüro Höchst).
2706 Caritas-Informationen Nr. 9 v. 26.10.1964.
2707 Pressekonferenz v. 5.12.1977 (ACVF-1913/SBH) bzw. FAZ v. 6.12.1977.

dadurch erschwert wurde, dass die ehrenamtlichen Helferinnen selbst ins Seniorenalter kamen. 1978/79 wurde auch eine deutliche Zunahme der Medikamenten- und Drogenabhängigkeit deutlich und immer häufiger die Suchtkrankenhilfe des CV eingeschaltet.[2708]

Aufgrund von Verwechslungen mit dem städtischen Sozialamt wurde 1986 der Name in „Katholisches Sozialbüro" geändert. Nachdem die Pfarrgemeinde ab 1990 Mietforderungen gegenüber dem CV für die genutzten Räume geltend gemacht und das Bistum eine Bezuschussung abgelehnt hatte, kündigte der CV zum 31. Dezember 1993 seine Mitarbeit.[2709] Das Sozialbüro wird seither von der Volksarbeit und der Pfarrei allein fortgeführt.

8.3.9.5 Nachbarschaftshilfe St. Johannes/Goldstein

Nachdem in Eschersheim im September 1974 die heute noch bestehende „Aktion Nachbarschaftshilfe" gegründet worden war, baute 1984 auch die Pfarrei St. Johannes Goldstein eine „Nachbarschaftshilfe" nach dem Grundmuster und mit Hilfe der Erfahrungen der übrigen im Stadtgebiet tätigen Nachbarschaftshilfen und in Zusammenarbeit mit der städtischen Sozialstation Goldstein auf, die sich auf ca. 30 ehrenamtliche Mitarbeiter stützte. 1986 wurden Weihnachtszuwendungen gewährt, eine Hausaufgabenhilfe für Grundschüler der Goldsteinschule mit zum Teil stark lernbehinderten und verhaltensgestörten Kindern aufgebaut und zusammen mit der evangelischen Dankeskirchengemeinde ein Heiligabendtreffen für Alleinstehende organisiert. Eine gute Zusammenarbeit gab es auch mit der Pro-Familia-Beratungsstelle in Eisendraht, welche die Nachbarschaftshilfe in Einzelfällen auf familienpflegerische Bedürfnisse aufmerksam machte und auf die Pfarrangebote für Alleinerziehende hinwies.[2710] 1986 wurde eine „Frühstückstube" eingerichtet, die anfangs montags und donnerstags von 9.30–11 Uhr geöffnet war und 1992 bzw. 2004 den Senfkornpreis erhielt.

Die Nachbarschaftshilfe Goldstein befasste sich mit stadtteiltypischen und meist familienorientierten Fällen, weniger mit einfachen organisatorischen Hilfsdiensten, wie ihn kranke oder alte Mitbürger brauchen. Solche Grenzerfahrungen tauchten in Familiensituationen auf, die an Drogenproblemen, Arbeitslosigkeit und sozialer Randständigkeit infolge jahrelanger Abhängigkeit von Sozialhilfe, von vornherein defizitären Lebensverhältnissen (z. b. alleinlebende und -erziehende Mütter mehrerer Kinder von wechselnden Partnern), psychischen Dauerschäden einzelner Familienmitglieder und ungenügendem Durchblick durch Hilfsmöglichkeiten bei spezialisierten Diensten und Behörden zu zerbrechen drohten oder zerbrachen. Da die ehrenamtlichen Helfer aufgrund ihres unzureichenden Fachwissens an die Grenzen ihrer Hilfsmöglichkeiten gerieten, bat der Pfarrgemeinderat am 19. November 1986, beim CV um die Einrichtung eines

---

2708 Protokoll Dienstbesprechung Sozialbüro Höchst v. 3.5.1979 (ACVF-1913/SBH).
2709 Manderscheid/Kath. Pfarramt/Pfarrer Schäfer v. 12.8.1993 (ACVF-1913/SBH).
2710 Schreiben Pfarrgemeinderat St. Johannes/Goldstein an CV-Vorstand v. Febr. 1987 (ACVF-1310).

Projektes „Pfarrcaritas in St. Johannes/Goldstein, das im Wohngebiet „Im Heisenrath" angesiedelt werden, aber auch Goldstein-Süd einbeziehen sollte. Von der Mitarbeit zweier hauptamtlicher Kräfte erhoffte sich der Pfarrgemeinderat eine Fortentwicklung des sozialen Netzes im Stadtteil, eine permanente Gesprächssupervision für die ehrenamtlichen Mitarbeiter der Nachbarschaftshilfe und eine verbesserte Information über spezialisierte Hilfsdienste, über Hilfsmöglichkeiten für einzelne Bedürftige, über behördliche Möglichkeiten und Grenzen der Hilfeleistung und die Begleitung und Wahrnehmung von Einzelfallhilfe in Situationen.[2711] Aufgrund fehlender Mittel nahm der Caritasvorstand am 11. Juni 1987 den Antrag nur zur Kenntnis, sicherte aber die Suche nach finanziellen Lösungsmöglichkeiten zu.[2712]

8.4 Caritasarbeit in sozialen Brennpunkten

In den 70er und 80er Jahren veränderte sich die Sozialarbeit in Frankfurt durch die Entstehung neuer sozialer Brennpunkte nach der Schließung der Obdachlosenquartiere und die Zuwanderung ausländischer Arbeitnehmer. Da vor allem Kinder und Jugendliche betroffen waren, die von zuhause kaum oder keine Unterstützung erhielten, wurde eine quartierbezogene Sozialarbeit entwickelt, um die Ausgangsvoraussetzungen der Kinder und Jugendlichen in Richtung Chancengleichheit zu verbessern. Eine besondere Bedeutung hatte dabei der Sachbereich „Soziale Brennpunkte – Soziale Gruppenarbeit", der unter seinem Leiter Michael Heinz zum größten Arbeitsbereich wurde und „überwiegend auf die Arbeit mit randständigen Gruppen" ausgerichtet war:

„Die sozialen und pädagogischen Gruppen- und Einzelhilfen sind dabei Teil eines familien- und gemeinwesenorientierten Konzeptes, das darauf abzielt, fortschreitenden sozialen Abstiegprozessen entgegen zu wirken bzw. diese im Vorfeld zu verhindern und die Integration in die Lebenszusammenhänge des örtlichen Umfelds und vorhandener Gemeinwesen unter aktiver Mithilfe und verantwortlicher Beteiligung der Betroffenen zu erreichen."[2713]

8.4.1 Von der Obdachlosensiedlung in soziale Brennpunkte

Die wirtschaftliche Entwicklung seit Anfang der 50er Jahre hatte zur Folge, dass die Diskussion über Armut nachließ. Obdachlosensiedlungen galten, so Iben, „bis Anfang der 60er Jahre als Restbestände von Kriegs- und Vertreibungsgeschädigten".[2714] In Frankfurt wurde im Dezember 1963 der Schifferbunker geschlossen und die dort untergebrachten Obdachlosen in den Bunker Rendeler Straße verlegt, der zumindest Fenster aufwies. Anfang 1964 wandelte die Stadt das leer stehende Lehrlingsheim (Schwan-

---

2711 Schreiben Pfarrgemeinderat St. Johannes/Goldstein an CV-Vorstand v. Febr. 1987 (ACVF-1310).
2712 Protokoll Caritasvorstand Frankfurt 11.6.1987 (ACVF-1310).
2713 CVF-Jahresbericht 1986/87, S. 27 (ACVF-1001).
2714 Iben, Gerd: Soziale Brennpunktarbeit – Gesamtlösung eine Utopie? In: CV Frankfurt (Hg.): Fachwoche Arbeit in Frankfurter Sozialen Brennpunkten vom 20.-24.5.1985, S. 16 (ACVF-2200-01).

heimer Straße 147) in ein „Rehabilitationszentrum für nicht sesshafte Männer" um und erstattete dem Träger „Frankfurter Verein für soziale Heimstätten" die Fehlbeträge.[2715]

Im März 1970 lebten in den Obdachlosenquartieren (Baracken- und Wohnwagenlager, Notunterkünfte) noch rd. 3700 Personen unter katastrophalen Lebensbedingungen, davon ca. 60% Kinder im Alter bis zu 14 Jahren und weitere 14% Jugendliche zwischen 14 und 21 Jahren. Es waren überwiegend kinderreiche Familien, die ihre Mietwohnung aus finanziellen Gründen hatten verlassen müssen und in städtische Notquartiere in sanierungsbedürftigen Wohnvierteln eingewiesen wurden.[2716] Zunächst waren pro Person nur 3,5 qm Wohnraum und oft nur eine Wasserzapfstelle und eine Gemeinschaftstoilette pro Etage vorhanden. An Stelle eines Mietvertrages gab es nur einen Nutzungsvertrag. Evangelischer Volksdienst und CV machten dieses Elend wie in Bonames publik, um die Lebenschancen für Kinder und Jugendliche zu verbessern.

1970 beschloss die Stadtverordnetenversammlung, die Lager aufzulösen und die Bewohner in den neuen Hochhaussiedlungen Nordend, Griesheim (Ahornstraße bzw. Birsteiner Straße), Nordweststadt, Unterliederbach-Ost und Hausen (Langweidenstraße) unterzubringen. Die Unterbringung in Hochhäusern führte zur erneuten Konzentrierung dieses Personenkreises. Viele waren mit den neuen Bedingungen überfordert, die Zusammenballung von Problemgruppen, die Bevölkerungsdichte und die wenig ansprechende Umgebung förderten Anonymität, Isolation, Vereinsamung und Erlebnisarmut. Lange fehlten Kindergärten und –horte sowie Freizeiteinrichtungen, sodass Kinder und Jugendliche wieder auffällig wurden. Einzelne Straßenzüge entwickelten sich zu sozialen Brennpunkten.

Besonders galt das für Griesheim, wo 1975 33 „Störerwohnungen" in der Ahornstraße und 12 in der Niederbornstraße eingerichtet wurden. 1984 legten Stadtverwaltung und die Wohnungsgesellschaften auf Grundlage der §§ 553, 554a BGB die „Frankfurter Richtlinien" fest und wiesen Störer „wegen Verletzung des geordneten Zusammenlebens" in die Störerwohnungen ein. Nicht als Störer galten wegen rückständiger Mieten zur Räumung Verklagte.[2717] Ulrich Feibig beklagte, anhand der Einweisungspraxis lasse sich nur schwer ermitteln, wer Störer ist und der Definition entsprechend könne jeder Mieter zum Störer werden. Mangels geeig-

---

2715 FNP 18.3.1964.
2716 1972: Bonames-Wohnwagenstandplatz, Eckenheim-Wegscheidestraße, Fechenheim-Birsteiner Straße, Eschersheim-Niedwiesenstraße, Goldstein-An der Schwarzbachmühle, Griesheim-Ahornstraße, Nied-Sauerstraße, Preungesheim-Niederbornstraße, Sachsenhausen-Mühlbruchstraße und Unterliederbach-Sieringstraße.
2717 „Frankfurter Richtlinien" Punkt 2.2.: „Störer ist, wer wegen Verletzung des geordneten Zusammenlebens von Mietern durch 1. Leib, Leben, Eigentum oder Besitz bedrohender Handlungen, oder 2. Sachbeschädigung an Haus, Außen- oder sonstigen der Gemeinschaft dienenden Anlagen oder Vermietereigentum, oder 3. Verwahrlosung der Mietsache, oder 4. Lärm, der geeignet ist, die Gesundheit anderer zu schädigen, oder Haltung von Tieren, die (...) die Wohnungen oder Dritten zugänglichen Anlagen (...) in unzumutbarer Weise verschmutzen oder die Gesundheit anderer gefährden" und mindestens zweimal erfolglos abgemahnt und gekündigt wurden.

neten Wohnraums wurden auch mehrköpfige Familien in Störerwohnungen eingewiesen, ohne Störer zu sein. „Wer länger als fünf Jahre hier wohne, werde durch die sozialen Faktoren negativ geprägt. Es sei dringend erforderlich das Wohnumfeld zu verbessern und insbesondere der seelischen und körperlichen Gefährdung der Kinder und Jugendlichen entgegenzuwirken."[2718] Michael Heinz beklagte, dass „die politisierte Sozialszene in der Randgruppenarbeit und die Unterstützung der Betroffenen (...) zu harten Auseinandersetzungen und Interessenkollisionen mit den Zielen und Vorstellungen der Stadt und zum Scheitern der Gemeinwesenarbeit in Frankfurt" führten. Osypka erklärte ergänzend, „jedes Hochhaus ist ein sozialer Brennpunkt".[2719]

Soziale Brennpunkte sind gekennzeichnet von einem hohen Anteil amtlich bedürftiger Menschen und meist ohne Perspektive, sich aus eigener Kraft ihren Lebensunterhalt sichern zu können. Kinderreiche Familien, alleinerziehende Elternteile und auch suchtgefährdeter Personen prägen die Bevölkerungsstruktur. Neben unterprivilegierten deutschen leben ausländische Familien verschiedener Nationalitäten, Spätaussiedler und Alleinstehende am Rande der finanziellen Existenz. Die Bewohner übernehmen Verhaltensmuster, denen sie selbst von außen unterliegen, und es entwickelt sich ein Konfliktklima mit gegenseitiger Abgrenzung und Diskriminierung. Aus der Sicht der Nachbarschaft werden diese Quartiere negativ eingeschätzt und entwickeln sich zu Ghettos.[2720] Die hohen Mietpreise der Sozialwohnungen trotz qualitativ schlechterer Wohnlage sowie das Fehlen von preisgünstigem Wohnraum bewirken kaum Aussicht auf Verminderung der Abhängigkeit und Motivation zur Änderung der Lebenslage. In den Familien häuft sich Fehlverhalten wie u.a. Alkoholismus, Lärmen, Mietschulden, Arbeitsverweigerung und Kriminalität: „Diese Familien bedürfen dringendst einer planvollen Sozialisierungshilfe, will man zumindest bei ihrem reichen Nachwuchs den Teufelskreis des fortschreitenden Absackens in die Asozialität aufhalten und sie befähigen, sich in die Gemeinschaft einzuordnen."[2721]

Besonders Kinder erleben die gesellschaftliche Situation einschränkend und konfliktbeladen. Ohne Zukunftsaussichten entwickeln sie wenig Kreativität und Kontinuität und lösen Konflikte fast ausschließlich unter dem Einsatz körperlicher Gewalt. Sie verlassen ihr soziales Umfeld nur selten, schieben die Verantwortung für sich selbst auf andere ab und haben Schwierigkeiten, eine Lehrstelle bzw. einen Arbeitsplatz zu finden. Es kommt darauf an, ihre Chancen zu verbessern, damit sie selbst aktiv werden und nicht im „Beruf Hartz IV" verharren. Jugendarbeitslosigkeit und Ausbildungsplatz-mangel erwiesen sich als besonderes Problem und waren

2718 Ulrich Feibig: Zur Wohn- und Lebenssituation von „Störern" im Sozialen Brennpunkt Ahornstraße in Frankfurt-Griesheim in: Dokumentation der Caritas-Fachwoche" Arbeit in Frankfurter Sozialen Brennpunkten vom 20.-24.5.1985, Frankfurt 1985, S. 28–33.
2719 FNP v. 21.5.1985.
2720 Jahresbericht Soziale Brennpunkte 1982, S.1–3 (ACVF-2200-01).
2721 Arbeit in Frankfurter Sozialen Brennpunkten, S. 70 (ACVF-2200-01).

auch durch ein sozialarbeiterisches Engagement nur schwer auszuglei-chen.[2722]

8.4.2 Spiel- und Lernstuben

Familien sollen Kindern in einer immer komplizierter werdenden Welt Halt, Grenzsetzung, Schutz, Erziehung und Geborgenheit geben, aber auch die Orientierung in einer von Freiheit geprägten Welt. Familie zu sein wird aber zunehmend zum Armutsrisiko. Familien mit mehreren Kindern gera-ten leicht auf die Seite der Benachteiligten in der Gesellschaft und dies wirkt sich oft auch auf den familieninternen Umgang miteinander aus.[2723]

Da das familiäre Umfeld die Entwicklungschancen von Kinder und Ju-gendlichen positiv wie negativ beeinflussen kann, erhalten Kinder in sozia-len Brennpunkten zuhause selten einen Lernanreiz und haben häufig auch keine Spielmöglichkeiten.[2724] Besonders gilt dies für Kinder, mit denen zu-hause wenig und meist nur in der Muttersprache der Eltern gesprochen wird, da ihr deutscher Wortschatz für die Schule oft nicht ausreichte.

Als Lösung entwickelte man Spiel- und Lernstuben in sozialen Brenn-punkten, da die dort lebenden Kinder für die traditionellen Kindergärten nicht reif genug erschienen. Als vorübergehendes Angebot sollten die indi-viduellen Defizite und Schwierigkeiten von Kindern im Alter von 3 Jahren bis zur Einschulung mit pädagogischen Mitteln aufgearbeitet und Fähigkei-ten gefördert werden, um sie zur Aufnahme in Kindertagesstätten zu be-fähigen und älteren Schulkindern zur selbständigen Freizeitgestaltung zu verhelfen bzw. den Zugang zu Jugendgruppen außerhalb ihres Wohnbe-reichs zu ermöglichen. Der Besuch der Spiel- und Lernstuben war kosten-los und erfolgte auf freiwilliger Basis. Ergänzend wurde eine stadtweit tä-tige Familienberatung eingerichtet.

Dank des niedrigschwelligen Angebots mitten im Wohngebiet wurden die Spiel- und Lernstuben zu einer Kontakt- und Förderstelle mit Mittler-funktion zu den gesellschaftlichen Instanzen, mit denen die Jugendlichen es zu tun haben. Sozialarbeiter, Kindergärtnerinnen und -pflegerinnen so-wie ehrenamtliche Helfer bemühten sich darum, den Kindern in den Not-unterkünften das Gefühl der Beständigkeit, Sicherheit und Geborgenheit zu vermitteln, mit ihnen soziales Verhalten einzuüben, zu gemeinsamen Handeln zu befähigen und den Kontakt zur Außenwelt herzustellen. Be-dingt durch die ungünstigen häuslichen Verhältnisse war die Entwicklung mancher Kinder gestört und eine Aufnahme in Normalgruppen (Kindergar-ten, Schule) nicht ohne individuelle Förderung möglich. Schließlich machte man den Eltern ähnliche Angebote wie den Kindern und arbeitete mit El-tern, Schülern sowie den Lehrern der Einschulungsklassen zusammen.[2725]

2722 Claudia Caglayan: Kurzdarstellung der sozialen Gruppenarbeit in der Nordwest-stadt Frankfurts v. Dez. 1988 für Bf. Franz Kamphaus (ACVF-BO).
2723 CVF-Jahresbericht 2009, S. 34 (ACVF-1001).
2724 Protokoll Dienstbesprechung 17.2.1972 (ACVF-2200-04).
2725 Stephan Griebel-Beutin: Kurzdarstellung der Spiel- und Lernstube Fechenheim für Bf. Franz Kamphaus (ACVF-BO).

Im Dezember 1967 entstand nach dem Vorläufer in Bonames[2726] die erste Spiel- und Lernstube in Fechenheim[2727], später folgten weitere sechs in Griesheim[2728], Hausen[2729], Heddernheim[2730], Nordend[2731] und Unterliederbach[2732] sowie in der Nordweststadt (Thomas-Mann-Str. 2), die etwas anders strukturierte „Soziale Gruppenarbeit". [2733] Während Fechenheim, Griesheim und Heddernheim zu den alten Industriequartieren mit Armutserfahrung gehörten, hatte Hausen, das Nordend und Unterliederbach eine eher bürgerliche Prägung, die Nordweststadt war gerade erst entstanden.

Anfang der 80er Jahre wurde offensichtlich, dass im Umfeld der sozialen Brennpunkte die Versorgung mit Kindergartenplätzen immer unzureichender wurde, sodass man die bestehenden Kapazitäten weiter ausbaute. So stieg die Anzahl der geförderten Kinder zwischen 3 und 17 Jahren von 1982 bis 1986 ca. 300 auf 373 mit Schwerpunkt bei den 7–14jährigen. Die Zahl der in die Eltern und Bewohnerarbeit eingebundenen Familien stieg von 215 auf 278 an. Der Anteil ausländischer Kinder erreichte 59%. Gleichzeitig stieg die Anzahl der Mitarbeiter von 31 auf 41 hauptamtliche, die der nebenamtlichen ging von 15 auf 7 Mitarbeiter zurück, dazu 17 ehrenamtliche, zur Aushilfe oder als Helfer tätige Kräfte. [2734] Der Gesamtetat belief sich 1986 auf 1,553 Mill. DM, davon 1,148 Mill. DM öffentliche Mittel sowie 405.000 DM Eigenmittel des CV.

Die Arbeit war offen angelegt, die gruppenpädagogische Arbeitsweise aber verbindlich geregelt. Das Angebot enthielt soziale Gruppenarbeit für Kinder, Jugendlichen und Erwachsenen, sozialpädagogische Einzelfallhilfen für Kinder und Jugendliche, Hausaufgabenhilfe in Einzel- und Gruppenarbeit, Freizeit- und Ferienmaßnahmen für Kinder und Jugendliche als Ergänzung zur sozialen Gruppenarbeit sowie die Beratung, Unterstützung und Hilfen für Familien und Einzelpersonen.

1983 wurden für Kinder, Jugendliche und Erwachsene 40 Freizeitmaßnahmen zwischen 2 und 15 Tagen, darunter 15 Ferienfreizeiten und 3 mehrwöchigen Ferienspiele mit 588 Teilnehmern durchgeführt. Insbesondere die Ferienfreizeiten sollen einen Ausgleich für die besonders belasteten Lebenssituationen der Familien in sozialen Brennpunkten bieten.[2735] Gleichzeitig begann man mit der Planung für eine Vorschularbeit, da der Anteil ausländischer Kinder inzwischen rd. 80 % erreicht hatte. Über Vorschularbeit wurde ab 1984 versucht, auch deutsche Kinder in die Einrichtung aufzunehmen, um ein konfliktfreieres, gemeinsames Aufwachsen von deutschen und ausländischen Kindern zu erreichen.

2726 Siehe S. 493.
2727 Siehe Abschnitt 8.4 – Spiel- und Lernstube Fechenheim, S. 532f.
2728 Siehe Abschnitt 8.4.2.2 – Spiel- und Lernstube Griesheim, S. 533f.
2729 Siehe Abschnitt 8.4.2.3 – Spiel- und Lernstube Hausen, S. 536ff.
2730 Siehe Abschnitt 8.7.4.2 – Spiel- und Lernstube Heddernheim, S. 590ff.
2731 Siehe Abschnitt 8.4.2.5 – Spiel- und Lernstube Nordend, S. 538.
2732 Siehe Abschnitt 8.4.2.6 – Spiel- und Lernstube Unterliederbach, S. 539f.
2733 Siehe Abschnitt 8.4.3 – Soziale Gruppenarbeit Nordweststadt, S. 540f.
2734 CVF-Jahresbericht 1986/87, S. 30 (ACVF-1001).
2735 Sachbereich soziale Brennpunkte–Soziale Gruppenarbeit – Jahresbericht 1983, S. 5.

Neben den Aktionen in den einzelnen Spiel- und Lernstuben gab es auch mehrere einrichtungsübergreifende Veranstaltungen. 1984 gab es ein Spielfest mit Familientag in Heddernheim (ca. 150 Teilnehmer), 1985 ein Elterntanzfest im Bürgerhaus Riederwald (ca. 120 Teilnehmer) und 1986 ein Fußballturnier auf dem neuen Bolzplatz Griesheim.[2736] Da die nur für eine Übergangszeit konzipierten Spiel- und Lernstuben 2002 immer noch bestanden, beklagte Caritasdirektor Fritz deren provisorischen Charakter und forderte, ihre Leistung als wichtige ambulante Präventionsstelle anzuerkennen. Für die Arbeit mit Kindern und Jugendlichen brauche man angemessene Räume, die sich von den eingeschränkten Wohnverhältnissen im familiären Umfeld abheben.[2737] Bis 2007 wurden alle Spiel- und Lernstuben mit einer veränderten Konzeption in normale Kindergärten und Familienzentren umgewandelt.

8.4.2.1 Spiel- und Lernstube Fechenheim

Fechenheim gehört zu den ältesten industriegeprägten Stadtteilen Frankfurts mit einem Mangel an sozialen Einrichtungen. Dazu bestand eine sozial-problematische Bewohnerstruktur mit einem überproportional hohen Anteil von Arbeitslosigkeit und Armut betroffenen Menschen und damit von staatlichen Sozialleistungen Abhängigen. Insbesondere in Fechenheim-Nord wurden seit Mitte der 60er Jahre in der Birsteiner Straße wohnungslose Familien in Schlichtwohnungen untergebracht, die sich nach dem Frankfurter „Stufenkonzept zur Wiedereingliederung wohnungsloser Familien" vor dem Umzug in Normalwohnungen bewähren und „mietergerechtes Verhalten" erlernen sollten. In den Übergangswohnungen standen pro Person nur 7 qm zur Verfügung, die Normalwohnungen waren aber nicht viel größer.

Um Kindern und Jugendlichen zu helfen, wurde nach einer Initiative sozial engagierter Personen der Kirchengemeinden, der städtischen Sozialstation, des CV und des Evangelischen Volksdiensts im Dezember 1967 in der Birsteiner Straße 85 die erste Frankfurter Spiel- und Lernstube eröffnet. Dabei orientierte man sich an den Erfahrungen auf dem Wohnwagenplatz in Bonames.[2738] Die Spiel- und Lernstube wurde zunächst von einer Sozialarbeiterin der städtischen Sozialstation Obermain geleitet, die aufgrund ihrer Zuständigkeit für die Birsteiner Straße viele Familien bereits kannte. Bereits sechs Monate später wurden zweimal wöchentlich 50 Kinder zwischen 6 und 14 Jahren betreut, dazu kamen zwei Kleinkindergruppen.

Mit der Übernahme der Trägerschaft durch den CV änderte sich die pädagogische Konzeption; aufgrund neuerer Ergebnisse der Forschungen über Randgruppensozialisation trat an die Stelle der kompensatorischen Erziehung die Konzeption des situativen Lernens. 1972 erkannte man, dass „die Befriedigung des Bedarfs familiengerechten Wohnraums (...) oft nicht allein ausreichen, um jeder Familie die soziale Integration zu ermög-

---

2736 CVF-Jahresbericht 1986/87, S. 32 (ACVF-1001).
2737 Redemanuskript Fritz v. 25.7.2002.
2738 Siehe dazu S. 493.

lichen. Es bedürfe vielfältiger sozialpädagogischer Hilfen, um die anderen Ursachen, die in jedem Einzelfall verschieden gelagert sein können, zu beheben." Daraufhin wurde ein Konzept entwickelt, nach dem Spielstube, Pro Familia und Haushalts- bzw. Wirtschaftsberatung die Integration in Normalwohnungen ermöglichen sollten. 1974 entschloss man sich nach Konflikten zwischen den Bewohnern der Übergangs- und der Normalwohnungen in der Birsteiner Straße Nr. 83–93 für eine intensive Erwachsenenarbeit, da „Problemfamilien ständig starken Druck durch die in der Nachbarschaft lebenden Normalfamilien erleiden". Seitens des CV erklärte man sich aber personell außerstande, diese Arbeit zu leisten. Während der Wohnungsumwandlungen 1974–76 verschärfte sich die Situation, da sich viele überfordert fühlten. Erhöhte Aggressivität, Drogenkonsum und steigende Kriminalität waren die Folge.

Nach mehreren vergeblichen Versuchen entstand 1976 in Zusammenarbeit von Mitarbeitern und den Eltern die „Jugend- und Elterninitiative Fechenheim-Nord e. V." 1978 wurde ein selbstverwaltetes städtisches Jugendzentrum in der Borsigallee eröffnet. Aufgrund ungenügender struktureller Kapazitäten des Jugendzentrums wurde in Übergangsgruppen die Arbeit mit Jugendlichen aufgenommen, die von einem Mitarbeiter der Einrichtung und einem Mitarbeiter des Jugendzentrums geleistet wurden.

Anfang der 80er Jahre entwickelte sich die pädagogische Arbeit mit Kindern zunehmend familienorientierter. Daraus entstand eine intensive Erwachsenenarbeit in Form von Erwachsenengruppen und Einzelhilfe. Dies gestaltete sich in einem wöchentlichen Treff für Erwachsene in der Spielstube und einer Junge-Mütter-Gruppe. Daneben gab es Beratungsangebote in Erziehungsfragen, für formal-rechtliche Angelegenheiten und in psychosozialen Problem- und Konfliktsituationen unter Einbeziehung einer Psychologin. 1982 wurde mit besonders belasteten Müttern und ihren Kindern erstmals eine Mutter-Kind-Freizeit mit 12 Teilnehmerinnen durchgeführt. Um die Bewohner der Siedlung aus ihrer Ghettosituation herauszuführen und Kontakte nach außerhalb zu fördern, wurde 1983 ein Spielstubenfußballturnier mit Familientag und ca. 160 Teilnehmern durchgeführt. Daraus entstand später der Fußballverein FC JUZ Fechenheim, der zu einem Bestandteil der Jugendarbeit in Fechenheim-Nord wurde. Die 1983 geplanten Beratungs- und Treffmöglichkeiten für arbeitslose Jugendliche mussten aufgrund von Finanzierungsschwierigkeiten der Projekte über ABM-Maßnahmen wie in Hausen auf 1984 verschoben werden.[2739] Aufgrund der nicht zufriedenstellenden Jugendarbeit wurde der Schwerpunkt dann aber auf die Arbeit im selbstverwalteten Jugendhaus verlagert.

8.4.2.2 Spiel- und Lernstube Griesheim

Das im März 1944 durch einen Luftangriff zerstörte Zwangsarbeiterlager wurde nach Kriegsende notdürftig wiederaufgebaut und dort Obdachlose untergebracht. Für Heimatvertriebene wurde ein Lager in der teilweise zerstörten Anspacher Straße errichtet und 1954–57 von der Lorenzschwe-

---

2739 Sachbereich soziale Brennpunkte – Soziale Gruppenarbeit – Jahresbericht 1983, S.5 – (ACVF-2200-01).

ster Rita betreut.[2740] Auf einer Teilfläche des stillgelegten Barackenlagers zwischen der Froschhäuser Straße und der Ahornstraße wurde in den 60er und 70er Jahren die Siedlung Griesheim-Nord errichtet.

CV und Evangelischer Volksdienst nahmen 1964 die Arbeit in den Griesheimer Notunterkünften für Heimatvertriebene und Übergangswohnanlagen für obdachlose Familien und Bewohner auf und beantragten am 7. August 1964 Räume für eine gemeinsame Spiel- und Lernstube nach Kölner bzw. Berliner Vorbild sowie für eine Eltern- und Familienberatung.[2741] Mangelnde Bildungs- und Ausbildungsmöglichkeiten, mangelnde Arbeitsmöglichkeiten, fehlende Freizeitmöglichkeiten und eine hohe Umweltbelastung sind bis heute kennzeichnend für dieses Quartier. Ab November 1968 luden Studenten die Kinder aus der Ahornstraße zu Gruppenstunden zunächst in das kath. Pfarrheim in der Sieringstraße bzw. und ab April 1970 in die Ahornstraße 6 ein. Außerdem wurden 15 ehrenamtliche Helfer aus der Pfarrgemeinde gewonnen. Am 31. Dezember 1969 lebten dort insgesamt 2046 Kinder und Jugendliche, am 30. Juni 1972 noch 462 Familien mit 1975 Personen. Am stärksten vertreten war die Altersgruppe der 3–14jährigen Kinder.[2742] Im November 1970 richtete Schwester Ortrud eine Gruppe für Kindergartenkinder ein, dazu kamen eine Hausaufgabenbetreuung und Gruppenangebote. Nach Anlaufschwierigkeiten gelang es, Kontakt zu den Eltern herzustellen und einige Kinder in die umliegenden Kindertagesstätten einzugliedern. Jugendliche wurden davon aber nicht erfasst.[2743]

Nach der Abschaffung des Frankfurter Dreistufenmodells (Notunterkunft – Übergangswohnung – Normalwohnung) für Heimatvertriebene siedelte man ab 1970 die Bewohner der aufgelösten Lager und Bunker in der westlichen Ahornstraße an. 1972 wohnten hier 560 Personen, denen pro Person nur 3,5 qm Wohnraum zur Verfügung standen.[2744] Die Lage verschärfte sich 1975 mit der Einrichtung von 33 „Störerwohnungen" in der Ahornstraße und 12 weiteren in der Niederbornstraße. Mangels geeigneten Wohnraums wurden auch mehrköpfige Familien in Störerwohnungen eingewiesen, ohne Störer zu sein. „Wer länger als fünf Jahre hier wohne, werde durch die sozialen Faktoren negativ geprägt. Es sei dringend erforderlich das Wohnumfeld zu verbessern und der seelischen und körperlichen Gefährdung der Kinder und Jugendlichen entgegenzuwirken."[2745]

In den 80er Jahren orientierte sich die Arbeit immer stärker an den Problemen im Gemeinwesen mit dem Ziel, strukturelle Veränderungen und Verbesserungen im Wohn- und Lebensumfeld zu erreichen.[2746]

2740 Schreiben Neles an Diözesancaritasdirektor Adlhoch v. 5.9. 1958 (ACVF-Flüchtlinge).
2741 Aktennotiz über Besprechung Volksdienst/CV v. 5.8.1964 bzw. gemeinsamer Antrag v. 7.8.1964 (ACVF-1761/DW).
2742 Magistratsvorlage B174 v. 18.2.1977, zit. nach Jahresbericht Soziale Brennpunkte 1982 (ACVF-2200-01).
2743 Protokoll Dienstbesprechung v. 17.2.1972 (ACVF-2200-04).
2744 Protokoll Dienstbesprechung v. 17.2.1972 (ACVF-2200-04).
2745 Feibig, S. 28–33.
2746 Michael Heinz: Zur Arbeit des CV in Griesheim in: Griesheimer Anzeiger v. 22.9.1995 (ACVF-2222/0).

Durch den Zuzug türkischer Familien in Griesheim-Nord, erreichten diese schließlich einen 30%-Bevölkerungsanteil. 1982 wurde in der Spiel- und Lernstube Griesheim (Froschhäuser Str. 10) das Projekt „Schulaufgabenhilfe für türkische Mädchen" begonnen, das sich in kurzer Zeit zu einem Sozialdienst für türkische Familien in der Siedlung mit Beratung, Einzelhilfe und der Arbeit mit einer Müttergruppe entwickelte.

1982 entstand der von Kirchengemeinden, Sportvereinen und der Caritas getragene „Arbeitskreis Spiel- und Bolzplatz für Griesheimer Kinder". Das seit 1977 brachliegende und mehre tausend qm große Gelände des ehemaligen Barackenlagers wurde von Sperrmüll und Glasscherben gereinigt, Bodenschächte aufgefüllt und ein Spiel- und Bolzplatz für die 300 Kinder der Siedlung angelegt.[2747] Nach der Fertigstellung wurde der Platz gemeinsam von der „Sportgemeinschaft Griesheim" und der Caritas betreut und mit einem Preis der Bundesregierung belohnt.[2748] Um die Bewohner aus ihrer Ghettosituation herauszuführen und Kontakte nach außerhalb zu fördern, wurde 1983 erstmals eine Weihnachtsfeier außerhalb der Siedlung durchgeführt, die von 200 Personen, darunter etwa die Hälfte Ausländer, besucht wurde.[2749]

Nach 1988 wurde das Leben im Quartier und damit die Arbeit der Spiel- und Lernstube durch die Entdeckung von ca. 16 Tonnen Quecksilber auf dem ehemaligen Gelände der in Konkurs gegangenen Firma Elwenn & Frankenbach, die dort seit 1969 Quecksilber aus Leuchtröhren und Batterien verarbeitet und dies größtenteils im Boden illegal entsorgt hatte. Da auch in den Wohnungen an der Ahornstraße 101–107 Quecksilber in geringen Konzentrationen nachgewiesen wurde, wurden diese ab dem 1. August 1989 nicht mehr vermietet. Der CV wandte sich am 31. August 1989 vergeblich an die Berufsgenossenschaft,[2750] woraufhin sich einige Mitarbeiter in München und beim Arbeitsmedizinischen Dienst untersuchen ließen. Dieser erklärte zwar die Werte von zwei Mitarbeitern für geringfügig erhöht, es bestünde aber keine Gefahr. Die Räume sollten aber sicherheitshalber dekontaminiert werden.[2751] Statt den verseuchten Boden aber bis zu einer Tiefe von 22 m abtragen zu lassen, wurde das Grundstück 1993 mit einer Asphaltdecke versiegelt.

Im Rahmen der Elternarbeit kamen drei Sozialhilfeempfänger zu der Erkenntnis, dass persönliche Hilfen und Beratung alleine nicht ausreichen, um „die über Jahre verfestigten Defizite auszugleichen."[2752] Ab Januar 1985 plante eine fünfköpfige Arbeitsgruppe aus Langzeitarbeitslosen einen „Second Hand Shop" mit einer Tee-, Kaffee- und Nähstube, um den von Familien eine preisgünstige Einkaufsmöglichkeit zu schaffen. Aufgrund der hohen Auflagen des Gesundheits- und Gewerbeamts musste aber auf die Teestube verzichtet werden. Nach fast dreijähriger Suche konnte zum 1.

2747 Jahresbericht Soziale Brennpunkte 1983, S. 4 (ACVF-2200-01).
2748 FR-Lokal-Anzeiger Süd v. 22.7.1987.
2749 Sachbereich soziale Brennpunkte – Soziale Gruppenarbeit – Jahresbericht 1983, S.5 – (ACVF-2200-01).
2750 Schriftwechsel CVF/BGW-TAD Main (ACVF-2250-GRI-99).
2751 Schreiben BGW-TAD/CV v. 10.1.1990 (ACVF-2250-GRI-99).
2752 CV-Pressemitteilung v. 8.5.1989 (ACVF-5541).

Februar 1988 ein ehemaliger Lebensmittelladen in der Waldschulstraße 43 angemietet werden, und am 9. Mai 1988 das Bekleidungsgeschäft „Für Groß und Klein" eröffnet. Die Anschubfinanzierung von ca. 45.000 DM wurde vom Hessischen Sozialministerium (20.000 DM) und dem bischöflichen „Solidaritätsfonds für Arbeitslose" (25.000 DM) sichergestellt und drei befristeten Arbeitsverhältnisse mit langzeitarbeitslosen Sozialhilfeempfängern über die Werkstatt Frankfurt abgesichert. Die Trägerschaft bis zur Verselbständigung nach zwei Jahren übernahm der CV.[2753]

Im März 1989 wurde in Kooperation mit der Werkstatt Frankfurt und dem Jugendamt in der Spiel- und Lernstube Griesheim eine langzeitarbeitslose Lehrkraft eingestellt, um die Berufschancen sozial benachteiligter Jugendlicher zu verbessern. 1992 wurde eine zusätzliche Lehrkraft eingestellt[2754] und die „familienergänzenden Hilfen für junge Menschen und ihre Familien in besonderen Problemlagen" ausgebaut. Das Angebot für Kinder und Jugendliche im Alter zwischen 12 und 16 war aber weiterhin gering, besonders am Abend und am Wochenende.

8.4.2.3 Spiel- und Lernstube Hausen

Das bäuerlich geprägte Hausen erhielt erst in den 60er Jahren städtische Strukturen. 1972 wurden im Rahmen des „Frankfurter Plans" in der Langeweidestraße elf Wohnblocks mit 350 Wohnungen errichtet wurden, in denen kinderreiche Familien aus Notunterkünften und Übergangswohnungen aus Griesheim und Gallus, sozial Schwache, Spätaussiedler aus Polen und der CSR sowie ausländische Arbeitnehmer untergebracht wurden. Da Kindergärten, Horte und Spielplätze nicht in dem erforderlichen Umfang errichtet wurden, fehlten 1985 mindestens 55 Kinder- und 25 Hortplätze. Weil viele uninformierte Eltern ihre Kinder nicht auf Wartelisten setzen ließen, ließ sich der tatsächliche Bedarf nicht feststellen.

Die Angebote der katholischen Gemeinde St. Anna und der evangelischen Gemeinde wurden aber kaum genutzt. Als Folge der Sprachbarrieren gab es auch nur wenige nachbarschaftliche Kontakte. Auf Bitten der Pfarrei St. Anna und der Stadt übernahm der CV im Rahmen sozialer Gruppenarbeit die außerschulische pädagogische Betreuung von Kindern und Jugendlichen ab dem 1. März 1975.[2755] Zunächst wurde eine Schülergruppe mit 6–7 Kindern in den Pfarrräumen eingerichtet und in einer 80 qm großen Wohnung im „Haus Thomas" eine Zusammenarbeit von ambulanter und stationärer Jugendhilfe ermöglicht. Binnen kurzer Zeit wurden 15 Kinder zwischen 6 und 12 Jahren tagsüber betreut, u.a. bei Hausaufgaben und mit Freizeitangeboten. Für die Bewohner der Langeweidstraße wurde eine Beratung, z. b. bei finanziellen Schwierigkeiten und Erziehungsproblemen angeboten. 1976 schlossen sich Vereine und Bürger im Arbeitskreis Hausen zusammen, um das Wohnumfeld und die Lebensbedingungen in dem ständig wachsenden Stadtteil zu verbessern.

2753 Schreiben CVF/Hessischer Rundfunk v. 27.4.89 (ACVF-1412) sowie FAZ v. 10.5.1988.
2754 Schreiben CVF/Jugendamt v. 12.6.1991.
2755 Maßnahmen zur Verbesserung unzureichender sozialer Infrastruktur in: Arbeit in Frankfurter Sozialen Brennpunkten, S. 56 (ACVF-2200-01).

Die Besucherzahl der Spiel- und Lernstube nahm ständig zu. 1977 wurde eine zweite Kindergruppe für Kinder zwischen 5 und 13 Jahren eingerichtet, 1978 folgte ein Angebot für Jugendliche zwischen 13 und 16 Jahren in den frühen Abendstunden und 1979 die erste Mutter-Kind-Freizeit. 1980 folgten eine zusätzliche Mädchengruppe und eine Jugendgruppe. Aufgrund des großen Bedarfs an Betreuungsplätzen für Vorschulkinder ohne Kindergartenplatz wurde zwei-dreimal wöchentlich eine Vorschulgruppe betreut. 1982/83 wurden 70–80 Kindern zwischen 3 und 19 Jahren, die in fünf verschiedenen Altersgruppen von vier hauptamtlichen und zwei Teilzeitkräften betreut wurden. Da eine sinnvolle pädagogische Arbeit nicht mehr möglich schien, musste das Angebot auf eine Vorschulgruppe (3–6), eine Mädchengruppe (10–12), eine Schulkindergruppe (10–12) und Gruppe junge Jugendliche (13–15) reduziert werden. Im Rahmen eines Vorschularbeitskreises engagierte sich die Spiel- und Lernstube mit der Sozialstation, der Spielstube des Evangelischen Regionalverbandes und der Pfarrgemeinde St. Anna in der Planung und Umsetzung von sozialen Angeboten im Stadtteil.

Anfang der 80er Jahre nahm aufgrund der zunehmenden Arbeitslosigkeit die Perspektivlosigkeit der Jugendlichen zu und führte zu depressivem und aggressivem Verhalten. Im Rahmen einer Elternbefragung während einer Fachwoche für soziale Brennpunkte zeigte sich, dass ein Großteil der Bevölkerung von Sozialhilfe oder Niedriglöhnen lebte, die Mieten im Sozialen Wohnungsbau als zu hoch empfunden wurden und immer noch eine Infrastruktur in Hausen fehlte. 1984 wurde daher eine Beratungsstelle für arbeitslose Jugendliche eingerichtet, aus der später die Schuldnerberatung des CV hervorging. [2756]

1986 wurde der seit 1984 geplante Kindergarten um 20 Plätze erweitert, davon 12 Ganztags- und 8 Halbtagsplätze. Die Pfarrgemeinde richtete eine Teestube als Freizeittreff für Erwachsene sowie Bildungs- und Freizeitkurse für Erwachsene ein. Ab 1987 kooperierte man mit einem Psychologen in der Familienberatung und beteiligte sich an der Gründung des „Arbeitskreises Sozialarbeiterinnen im Stadtteil. Auch der Bedarf an Hortplätzen stieg weiter an, so dass 1992 eine altersgemischte Gruppe für Kinder zwischen 3 und 10 Jahren eingerichtet wurde. Gleichzeitig stieg auch der Anteil ausländischer Kinder auf 80%, so dass die Spiel- und Lernstube immer stärker zu einem Zentrum multi-kultureller Begegnung wurde. 1988 wurde angelehnt an die Spiel- und Lernstube Hausen das Projekt „Schulische und berufsorientierte Hilfen" begonnen, an dem regelmäßig zwischen 18 und 22 Schüler teilnahmen.

8.4.2.4 Beratungsstelle für arbeitslose Jugendliche Hausen

Marianne Fauser, Leiterin der Spiel- und Lernstube Hausen, erkannte 1982/83 die Notwendigkeit einer besonderen Beratung der älteren Jugendlichen, die sich weiterhin an sie wandten, um Hilfe bei der Arbeitssuche zu erhalten. Auf Wunsche der katholischen Kirchengemeinde nahm Bernhard Sorge vom CV bei einem Wochenende in Schlossborn die Ju-

---

2756 Siehe Abschnitt 8.10.4 – Schuldnerberatung, S. 637ff.

gendliche in seine Obhut. Auch die evangelische Pfarrgemeinde in Hausen engagierte sich und so versuchten CV und das Referat Gemeinwesenarbeit des evangelischen Dekanats Nordwest auf ökumenischer Basis 1983 eine Beratung für arbeitslose Jugendliche aus Hausen und Praunheim aufzubauen, um diese mit den notwendigen Informationen für die Arbeits- und Lehrstellensuche zu versorgen und auch Arbeitsplätze zu finden. Ziel war die „Jugendliche so (zu) beraten, dass sie die Schritte erkennen und selbst gehen können."(Sorge)[2757]

Das Büro im evangelischen Gemeindehaus Hausen wurde im Juli 1984 eingerichtet. Die evangelische Gemeinde trug die Bürokosten, CV und das evangelische Dekanat Nordwest die Personalkosten. Jeweils montags (9–12 Uhr) und donnerstags (14–17 Uhr) standen der Gemeindepädagoge Norbert Krause-Pleyer und Bernd Sorge für alle Anliegen bereit. Am 17. November 1984 wurde das Forum „Jugend ohne Arbeit" durchgeführt, um eine Bestandsaufnahme im Stadtteil und erste Kontakte zu Arbeitgebern und anderen Institutionen zu machen.[2758] Ein weiteres folgte am 20. Juni 1985.[2759] Anfang 1985 wurde donnerstags zwischen 15 und 22 Uhr ein Jugendclub eingerichtet, der von etwa 10 – 40 Jugendlichen besucht wurde.[2760] Man war sich bewusst, selbst keine neuen Arbeitsplätze schaffen zu können, sah sich aber in der Lage, Voraussetzungen für Beihilfen oder Kursangebote vorab prüfen und Jugendlichen „frustrierende Behördengänge" ersparen zu können (Krause-Pleyer).[2761] Die Nachfrage blieb aber hinter den Erwartungen zurück, weil ihnen eine Arbeitsvermittlung gesetzlich verboten war und „sich die Betroffenen sehr oft verstecken."[2762] Aus dem Projekt ging später die Schuldnerberatung des CV hervor.[2763]

8.4.2.5 Spiel- und Lernstube Nordend

Aufgrund der Erfahrungen mit der 1970 in der Sozialberatungsstelle für Spanier in der Brüder-Grimm-Straße eingerichteten Hausaufgabenhilfe auf wurde 1978 eine Hausaufgabengruppe in Form eines offenen Schülerladens in der Weberstraße eingerichtet. Unter Leitung hauptamtlicher Kräfte wurden gezielt ausländische Kinder angesprochen. 1981 wurde der Schülerladen in das Philantropin (Hebelstraße) verlegt und wurde 1983 als Spiel- und Lernstube mit 30 Hortplätzen durch das Landesjugendamt anerkannt. 1984 wurde eine Kindergartengruppe mit 12 Plätzen angegliedert und nach der Verlegung 1986 in die Gaußstraße 12 auf 20 Kindergartenplätze (halbtags mit Beitragspflicht) ausgebaut. Außerdem standen 40 Hortplätze in zwei offenen Gruppen für Schulkinder ohne Mittagsversorgung zur Verfügung. Neben einer Frauengruppe mit Kinderbetreuung wurden regelmäßige Sprachkurse und eine Sozialberatung mit einer türkischen Mitarbeitenden organisiert. 1991 engagierten sich der Wesley-

2757 FNP 3.4.1985.
2758 Protokoll Hausener Forum v. 27.11.1984 (ACVF-2232).
2759 Ankündigungsplakat (ACVF-2232).
2760 FNP 3.4.1985.
2761 FAZ 29.11.1984.
2762 So LIVE-Magazin Frankfurt o. Datum (ACVF-2232).
2763 Siehe Abschnitt 8.10.4 – Schuldnerberatung, S. 637ff.

Kindergarten und die Spiel- und Lernstube Nordend für den Umbau des Spielplatzes auf dem Merianplatz, der seit Mitte der 80er Jahre ein trostloses Bild mit durch jugendlichen Vandalismus defekten drei Spielgeräten geboten hatte. Zudem bestand eine latente Gefährdung durch den Autoverkehr auf der Merianstraße. Der „Aktivspielplatz Merianplatz" wurde instandgesetzt und bis Herbst 2012 von beiden Kitas betreut, die selbst über wenig Bewegungsfläche verfügten.

8.4.2.6 Spiel- und Lernstube Unterliederbach

1890/91 entstanden in Unterliederbach die beiden Arbeitersiedlungen Heimichen und Engelsruhe, die bis heute keinen gewachsenen Ortskern aufweisen und bald zum Ghetto wurden. Insbesondere das Wohnquartier „Engelsruhe" hatte Armutstradition, mit vielen Häusern mit schlechter Bausubstanz, manche weder Heizung noch Duschen. Familien lebten oft mit zwei bis fünf Kindern in einer Ein- oder Zweizimmer-Wohnung. 1960/61 folgten die Siedlungen Rugierstraße/Euckenstraße, Siegstraße und die Gagfah-Siedlung rd. um die Wartburgstraße, Ibellstraße bzw. Ludwig-Hensler-Straße. 1972/73 wurde auf dem Gelände der „Engelsruhe" die 350 m lange und 8 m breite achtstöckige Papageiensiedlung mit 286 Sozialwohnungen erbaut, die ihren Namen von der bunten Außenfassade hat. Die 36 ha große Siedlung Engelsruhe/Cheruskerweg 42–56 mit ca. 3275 Einwohnern wird im Sozialbericht der Stadt Frankfurt als Wohngebiet mit verdichteten sozialen Problemlagen ausgewiesen. Die Grenze zum westlichen Unterliederbach bildet die Königsteiner Straße, der „soziale Äquator".

Nach der Umwandlung der Notunterkünfte in der Sieringstraße, den Neubauten für kinderreicher Familien am Alemannenweg und aufgrund des hohen Anteils von Sonderschülern wurde auf Initiative von Pfarrer Richard Weiler (St. Johannes Apostel) im Mai 1975 die Spiel- und Lernstube Unterliederbach eröffnet, um zusätzliche Betreuungsplätze für Kinder aus problembelasteten Familien zu schaffen, da die übrigen Kindergärten überbelegt waren. Das Angebot war ganztägig und kostenlos und konnte während der Ferien bis zu 80 Kinder betreuen.

Neben der Kinder- und Elternbetreuung engagierte sich die Spiel- und Lernstube mit dem CV auch kommunalpolitisch. So übernahm der CV im April 1988 die Trägerschaft des EU-Modellprojektes „Stadtteilmanagement in Wohngebieten mit verdichteten sozialen Problemlagen" in Kooperation mit der Landesarbeitsgemeinschaft (LAG) Soziale Brennpunkte. Die wissenschaftliche Begleitung und Evaluation des Projektverlaufes hatte das Institut Wohnen und Umwelt (IWU) Darmstadt. Wichtige Kooperationspartner waren das Sozialdezernat, das u.a. 20 Stellen aus städtischen Fördermit-

Spiel- und Lernstube Unterliederbach (ab 2002 Stadtteilbüro)

teln zum Aufbau lokaler Beschäftigungsinitiativen finanzierte, und die Gesellschaft für innovative Projekte (nhgip), einer Tochter der Nassauischen Heimstätte, die als örtliche Wohnungsbaugesellschaft Räume zur Verfügung stellte. Im Rahmen des Programms wurde die Stadtteilwerkstatt/Stadtteilbüro Unterliederbach geschaffen, die Teil des Kooperationsnetzes in Unterliederbach zusammen mit dem Stadtteilarbeitskreis, der Arbeitsgruppe Stadtteilentwicklung und dem Bewohnertreff ist bzw. auf Stadtebene in der Koordinierungsrunde „Stadtteilmanagement Unterliederbach-Ost" tätig ist.

8.4.3 Soziale Gruppenarbeit Nordweststadt

Die Nordweststadt wurde als erste Trabantenstadt der Bundesrepublik für 25.000 Einwohner zwischen Heddernheim, Praunheim und Niederursel vom Reißbrett geplant und 1961–1968 errichtet.[2764] 1962 zogen die ersten Mieter ein, 1964 waren bereits 1.200 Wohnungen bezugsfertig. Ohne kommunikatives Zentrum wirkte die Nordweststadt aber damals eintönig und war abends auch ohne Leben. Anfangs gab es kaum soziale Infrastruktur und auch der „Martin-Luther-King-Park" konnte 1968 mangels städtischer Mittel nur mit amerikanischer Hilfe errichtet werden.[2765]

Um die Eingliederung erleichtern und den Familien bei Schwierigkeiten psychosoziale Hilfen anzubieten, wurde am 25. April 1966 das Beratungszentrum „Katholischer Sozialdienst" im Pfarrzentrum St. Sebastian (Ernst-Kahn-Straße 49a) eingerichtet, dem die Eltern- und Jugendberatung (Erziehungsberatungsstelle) des CV, die Eheberatung des Hauses der Volksarbeit und die Mütterschule des Frauensekretariats (Katholische Familienbildungsstätte) angehörten.

1975 entstand die „Soziale Gruppenarbeit „im Zusammenwirken engagierter Gemeindemitglieder mit dem CV mit dem Ziel, diese Familien und ihre Kinder anzusprechen, Kontakte zu knüpfen und sie am Gemeindeleben zu beteiligen. Eine hauptamtliche Mitarbeitende und ehrenamtliche Helfer entwickelten Angebote für Kinder- und Jugendgruppen, schulische Hilfen und Kontaktmöglichkeiten für Erwachsene.

Nordweststadt

Um dem präventiven Aspekt der Beratungsarbeit gerecht werden zu können, fasste man 1977 alle Institutionen der Kinder- und Jugendhilfe der Nordweststadt im Psychosozialen Arbeitskreis (PSAK) zusammen. Die Erziehungsberatungsstelle führte in den 80er Jahren eine offene Sprechstunde für Jugendliche ein, die unter Zukunftsängsten, Orientierungslosigkeit,

---

2764 1964 wurde auch eine Nordoststadt diskutiert und vom CV Raumbedarf angemeldet, die Planungen wurden aber von der Stadt schließlich aufgegeben.
2765 Amerikanische Soldaten erbauten den Park mit schwerem Räumgerät und erhielten dafür Verpflegung und die Maschinenkosten; alle weiteren Ausbauphasen wurden von den Anwohnern selbst in die Hand genommen. Eine Gedenktafel für den Namensgeber und die Entstehung des Parks wurde 2001 aufgestellt.

Identitätsproblemen, Vereinsamung und Versagensangst litten – Folgen der wirtschaftlichen Rezession und der steigenden Arbeitslosigkeit.

Nach 1984 zogen vermehrt ausländische Familien mit vielen Kindern in die Nordweststadt und fanden Zugang zu den Gruppenangeboten. Die Nachfrage nach schulischer Förderung stieg ständig an; die wachsende Beratungsbedürftigkeit erfordert immer umfangreichere Hilfen. Die sozialpädagogische Gruppenarbeit zielte durch Förderung sozialer Lernerfahrungen auf den Abbau von Auffälligkeiten und den Ausgleich von Defiziten. Neigungsangebote und altersgerechte Freizeitgestaltung dienen dazu ebenso wie z. b. Ferienfreizeiten und andere Außenaktivitäten. Schulische Hilfen wurden in Gruppen- und Einzelförderung gegeben. Dazu gehörten auch Kontakt und Zusammenarbeit mit Eltern und Lehrern. Eltern erhielten Einzelberatung und hatten Gelegenheit, sich wöchentlich gemeinsam zu treffen. Trotz regelmäßiger Kontakte war die Integration der Arbeit in die Gemeinde nicht voll möglich, da bei den Erwachsenen auf beiden Seiten schwer überbrückbare Distanzen deutlich wurden und es auch nicht gelang, ehrenamtliche Kräfte in der Gemeinde zu gewinnen.

8.5 Kinder und Jugendliche

Die Situation der Kinder hatte sich seit den 60er Jahren verändert. Zwar mussten keine Kinder mehr hungern und frieren, soweit sie nicht zu einer Randgruppe gehörten, aber dafür spielten seitdem Konzentrationsschwierigkeiten, Leistungsängste, Antriebsgehemmtheit, Depressionen und Tagträumereien eine wichtige Rolle.[2766] Viele Kinder und Jugendliche lebten ohne Geschwister in kindgerechten Arrangements (Kindergarten, Malkurse, Musikstunden) und diejenigen, die nach dem Terminkalender lebten, wurden immer jünger. Die Verplanung der Tagesabläufe drängte Spontaneität und Selbständigkeit zurück. Die zunehmende Zahl von Ehescheidungen erschwerte das Leben der Kinder und Jugendliche.

Die durch Trennung und Scheidung bedingten Probleme traten immer mehr in den Vordergrund, mittlerweile machen sie mehr als 20 % der angemeldeten Fälle aus. Lebten 1968 noch 90 % der angemeldeten Kinder und Jugendlichen bei ihren leiblichen Eltern, waren es 1992 nur noch 43 %, 12 % der Kinder und Jugendlichen lebten mit einem Elternteil. Bei Alleinerziehenden fanden sich häufig Schwierigkeiten mit der Alleinverantwortung in der Erziehung, verbunden mit Einsamkeits- und Überforderungsgefühlen sowie einer häufig vorhandene wirtschaftlichen Notlage.

Um Jugendlichen eine angemessene Freizeitgestaltung zu bieten wurden Pfarr- und Jugendheime in den Pfarreien Allerheiligen (26. September 1964) und St. Johannes Goldstein (11. Oktober 1964) eingeweiht. Außerdem organisierten mehrere Pfarreien nach städtischem Vorbild „Häuser der Offenen Tür" für Jugendliche.

2766 Osypka, CV Frankfurt, S. 80.

8.5.1 Sozialdienst für Kinder und Jugendliche Niederrad

Im Oktober 1981 vereinbarten CV und Pfarrgemeinde Niederrad eine Zusammenarbeit in der Sozialberatung, nachdem sich herausgestellt hatte, dass eine stadtweite Abdeckung mit sechs Sozialarbeitern bzw. Sozialarbeiterinnen nicht machbar war. Man erkannte, dass die aus dem sozialen Umfeld (Schule, Nachbarschaft) resultierenden Einflüsse nicht genügend analysiert und entsprechende Gegenmaßnahmen eingeleitet werden konnten. Außerdem war es für viele, insbesondere Frauen mit Kindern zu aufwendig, die Beratungsmöglichkeiten in der Caritaszentrale aufzusuchen. Nicht außer Acht gelassen darf auch, dass viele Vorbehalte gegen „Einrichtungen mit Behördencharakter" hatten.

Ab Dezember 1981 wurden regelmäßig Sprechstunden im Gemeindehaus Niederrad angeboten und gleichzeitig auch in den Gruppen der Pfarrei (Kontaktgruppe, Caritashelfergruppe), mitgearbeitet. Im Frühjahr 1982 schloss man sich der neu geschaffenen Arbeitsgemeinschaft der hauptamtlich in Niederrad tätigen Sozialarbeiter an, die u.a. Ferienfreizeiten und Angebote für Kinder ab 12 Jahre und arbeitslose Jugendliche koordinierte. Wichtig war die Zusammenarbeit mit den fast vierzig Vereinen, um deren Angebote nutzen zu können.

Im April 1982 wurde mit der Einrichtung eines „Sozialdienstes für Kinder und Jugendliche" in Niederrad begonnen, der mit zwei Sozialarbeiterinnen im September 1982 offiziell eröffnet wurde.[2767] Da die Jugendgruppenarbeit sich gut entwickelte, entschied man sich 1986 die Arbeit zu reduzieren und 1988 ganz einzustellen, da die Jugendgruppen auch selbständig weiter arbeiten konnten.

1986 wurde der Schwerpunkt von der Einzelfallhilfe und der Jugendarbeit auf die Erwachsenenarbeit verlegt. In acht Kontaktkreisen setzte man auf gruppendynamische Interventionen, um Vertrautheit, Offenheit, Wahrnehmungsfähigkeit und Sensibilität für Notlagen zu fördern und sie letztlich in selbständige Gruppen zu entlassen. Im Januar 1986 mit dem Aufbau eines Besuchsdienstes begonnen, der gemeinsam mit der Pastoralreferentin von Niederrad und der Krankenschwester der Zentralstation Kranke, Alte und Alleinstehende besuchen sollte. Anfangs engagierten sich acht Frauen, die sich alle 6–8 Wochen trafen.[2768]

8.5.2 Jugendhaus Goldstein

Der Anteil der Kinder und Jugendlichen in Goldstein-Süd lag mit 16,2% am 31.12.1983 deutlich über dem Frankfurts (12,8%), während der Anteil der über 65jährigen mit 12,1% deutlich darunter lag (16,6%). Um den über 2.000 Jugendlichen Freizeitmöglichkeiten zu geben und eine Ghettoisierung zu verhindern, beschloss die Stadtverordnetenversammlung am 5. Juli 1984 den Bau des Jugendhauses Goldstein und übertrug dem CV am 27. September 1985 die Trägerschaft.[2769] Im Januar 1986 erhielt der CV

2767 Bericht Steinmetz auf der Caritasrat-Sitzung v. 23.2.1983 (ACVF-1320).
2768 CVF-Jahresbericht 1986/87, S. 21f (ACVF-1001).
2769 Finanziert wurde das Jugendhaus durch die Stadt und den CV. Rd. 70.000 DM jährlich übernahm der CV, während die übrigen Kosten in Höhe von etwa 800.000

auch die Trägerschaft für das geplante Kinderhaus in der Hochhaussiedlung Heisenrath.[2770]

Der CV nahm damit die Tradition des ersten Jugendwohnheims Goldstein bzw. des Bischof-Dirichs-Heims zwischen 1948 und 1959 auf.[2771] 1986 wurde das Jugendhaus Goldstein/Schwanheim mit einem „Tag der offenen Tür" der Öffentlichkeit vorgestellt, am 25. Mai 1987 offiziell eröffnet. Obgleich das Jugendhaus Goldstein nicht als solche konzipiert war, nahm es alle Aufgaben einer Spiel- und Lernstube wahr, die im Stadtquartier Goldstein anfielen. Von Anfang an beteiligten sich die Jugendlichen an der Gestaltung des Außengeländes und der Planung der Inneneinrichtung, sie entschieden sich für u.a. für einen rauchfreien Jugendtreff.

Das mit dem Jugendamt abgestimmte offene Konzept mit den Hauptzielen Prävention und Integration sollte Jugendliche aus Goldstein und Schwanheim, insbesondere aus den sozialen Brennpunkten mit vielen Sozialhilfeempfängern, ansprechen, die bis dahin andere Einrichtungen nicht angenommen hatten. Angesichts der unterschiedlichen sozialen, kulturellen und nationalen Herkunft sollten alternative Handlungsmöglichkeiten und neue Lebensperspektiven aufgezeigt werden. Besonderer Wert wurde auf die integrierende Funktion des Jugendhauses gelegt, das von Jugendliche aus mehr als zwölf unterschiedlichen Nationen und aus vielen sozialen Schichten besucht wurde. Das vielfältige Angebot berücksichtigte die multikulturelle Atmosphäre und gab Gelegenheit, Kontakte zu knüpfen und Vorurteile abzubauen.[2772]

Die Bildungsangebote mit präventivem Charakter richteten sich an Jugendliche, die sich teure Angebote nicht leisten konnten. Seit 1987 wurden Freizeitaktivitäten angeboten, u.a. Kreativkurse und Sportangebote, kulturelle und unterhaltsame Veranstaltungen wie Konzerte, Disco, Film- und Theaterabende. 1988 begann man mit dem Theater „Grüne Soße" und dem Stück „Kein Feuer ohne Kohle". Ein Schwerpunkt lag von Anfang bei den neuen Trendsportarten. Die erste Skateboard-Bahn Frankfurts wurde 1988 auf dem Gelände des Jugendhauses gebaut und wurde zum Treffpunkt für junge Leute über Goldstein und Schwanheim hinaus, besonders als die Öffnungszeiten auf das Wochenende ausgedehnt und Kurse für Anfänger und „Profis" angeboten wurden.

Mit der 1987 eingeführten Hausaufgabenbetreuung wurden viele Jugendliche vor einer schulischen „Ehrenrunde" bewahrt und zum Schulabschluss geführt. Als erste soziale Einrichtung in Frankfurt richtete man 1988 einen Schülertreff (12–14 Uhr) mit Mittagstisch für Schüler und Schülerinnen ein, deren Eltern meist berufstätig waren.[2773] Da sich die

---

DM von der Stadt getragen wurden. Dabei schlugen die Mietkosten und Betriebskosten mit fast 400.000 DM zu Buche.

2770   CVF-Jahresbericht 1986/87, S. 37 (ACVF-1001).
2771   Siehe Abschnitt 7.4.2.3 – Jugendwohnheim Goldstein, S. 447f .
2772   1990 wurde das erste deutsch-türkische Freundschaftsfest im Jugendhaus Goldstein durchgeführt.
2773   Mitte der 90er Jahre folgten weitere pädagogisch betreute Mittagstische in der Heinrich-Kromer-Schule, mit McMampf in Unterliederbach,, in der Spiel- und Lernstube Griesheim und 2001 mit dem Schülerklub an der Käthe-Kollwitz-Schule Zeilsheim.

Verschlechterung der wirtschaftlichen Lage in Frankfurt nach 1990 auch für Jugendliche belastend auswirkte (Lehrstellenmangel, Konkurrenzverhalten und Jugendarbeitslosigkeit) wurde die Hausaufgabenhilfe durch Sprach- und Computerkursen ergänzt und zusammen mit dem Arbeitsamt (BIZ) und den Schulen Berufsfindungsprojekte durchgeführt.

Nachdem deutlich geworden war, dass Mädchen Frei- und Schutzräume brauchen, die sie unabhängig von Jungen gestalten können, wurde 1989 ein „Mädchenraum" geschaffen. Er wurde von ihnen eingerichtet und bot einen Rückzugraum. Zunehmend wurden Themen und Fertigkeiten angeboten, die eher den Interessen von Mädchen entsprechen, wie zum Beispiel die Herstellung von Schmuck, Töpferkurse, Nähkurse, Seidenmalerei oder das Herstellen von Kosmetika aus Naturstoffen. Neben der Entwicklung der individuellen Fertigkeiten der Mädchen hatten diese Kurse auch zum Ziel, preisgünstige Alternativen zu modischen kommerziellen Angeboten zu schaffen. Im Sport wurden „weibliche" Akzente gesetzt: Jazztanz mit Auftritten nach eigener Choreographie fand großes Interesse, ebenso Bodybuilding speziell für Mädchen als preiswerte Alternative zum Besuch eines Fitness-Studios. Zusätzlich zu Mädchenraum und speziell auf Mädchen ausgerichteten Kursen wurden auch begleitet von Pädagoginnen offene Treffs angeboten, deren inhaltliche Gestaltung die Mädchen aber selbst bestimmten. Im Arbeitsfeld „Berufsorientierung/Berufsfindung" ging das Jugendhaus von Anfang an auf die spezifischen Bedürfnisse von Mädchen ein. 1990 wurde eine „Berufsbörse" veranstaltet, bei der Vertreterinnen verschiedener Berufe sich und das jeweilige Berufsbild vorstellten und mit den Mädchen im Gespräch deren Wünsche und Perspektiven für sie herausarbeiteten.

Um den Jugendlichen mehr Raum für Eigenständigkeit und Selbstverantwortung zu eröffnen, wurde 1990 die Mitbestimmung ausgebaut und monatliche Vollversammlungen eingeführt. So entstanden mehrere eigenverantwortliche Jugendgruppen, die Organisation der Jugendcafés wurde von den Jugendlichen weitgehend selbst übernommen.

Da sich bessere Lebensbedingungen für Kinder und Jugendliche langfristig nur erreichen lassen, wenn es eine enge Zusammenarbeit zwischen den verschiedensten Initiativen und Gruppen im Stadtteil gibt, wurde das Jugendhaus 1989 Mitglied in den Vereinsringen von Goldstein und Schwanheim und beteiligte sich regelmäßig an den Veranstaltungen in den Stadtteilen. Das Jugendhaus nahm jedes Jahr an der Hobbykünstlerausstellung und an den Goldsteiner Spielen teil. 1990 war man Gründungsmitglied im Stadtteilarbeitskreis „Kinderfreundliches Goldstein" und 1993 des Stadtteilarbeitskreises „Kind und Jugend in Schwanheim". Um den beengt wohnenden Familien im Stadtteil die Möglichkeit zu privaten Feiern und Festlichkeiten zu geben, wurden diesen ab 1991 außerhalb der offiziellen Öffnungszeiten Räume vermietet. Auch Stadtteilgruppen und politische Parteien trafen sich m Jugendhaus.

Etwa gleichzeitig mit dem Baubeginn des Kinderhauses Goldstein 1988 boten Mitarbeiter des zukünftigen Kinderhauses Goldstein einen Kindertreff an, um die Zeit bis zur Inbetriebnahme zu überbrücken. Diese erfolgte 1990, die offizielle Einweihung am 8. Juni 1991. Außerdem wurde

1990 zusammen mit der Kirchengemeinde St. Johannes eine Ferienfreizeit veranstaltet und eine Frauenselbsthilfegruppe in Leben gerufen.

8.5.3 Hausaufgabenhilfe und Schulbezogenes Förderkonzept

Mit dem Familiennachzug Ende der 70er Jahre veränderte sich die Situation der ausländischen, meist türkischen, Jugendlichen gravierend. Schnell wurde offenkundig, dass diese in den Schulen Schwierigkeiten hatten und Hilfe brauchten, um sich integrieren zu können. Der schulische Alltag stand oft in Kontrast zur häuslichen Umgebung und überforderte die Kinder, die gleichzeitig gegensätzliche Wertvorstellungen erfüllen sollten.[2774] Die in Deutschland geborene zweite bzw. dritte Generation war von ihrer eigentlichen Heimat entfremdet, fand aber auch kein Verhältnis mehr zu ihren Eltern. Außerdem drohten sie durch die Ganztagsarbeit beider Elternteile zu verwahrlosen. Etwa jedes zweite in Frankfurt geborene Kind war 1976 das eines ausländischen Mitbürgers. Die ausländischen Kinder saßen mangels deutscher Sprachkenntnisse häufig „sprachlos" neben ihren deutschen Mitschülern in einer darauf nicht vorbereiteten Schule. Viele erreichten nur relativ schlechte Schulabschlüsse, die die Bewerbungschancen um Ausbildungs- bzw. Arbeitsplätze stark beeinträchtigten.

Der CV organisierte die „Aktion Hausaufgabenhilfe", die zunächst auf privater Ebene entstand und vom Staat und Kirchen getragen wurde. 1975 wurde mit staatlichen und Bistumsmitteln eine Koordinationsstelle für Hausaufgabenhilfe eingerichtet, die 1980 insgesamt 21 Gruppen mit 100 Mitarbeitern auf Honorarbasis umfasste. In Zusammenarbeit mit Kirchengemeinden und Schulen wurde für Grundschulkinder Nachhilfe durch Studenten, interessierte Mütter, Hausfrauen angeboten. Ein Teil dieser Hilfe wurde ehrenamtlich geleistet.

Schuldezernent Bernhard Mihm forderte 1981 bilinguale Klassen für ausländische Kinder bis zum 10. Schuljahr. Vom Caritas-Sachbereich Ausländer wurde dies allerdings abgelehnt, da es zu einer Gettoisierung führe und ihnen die Möglichkeit genommen werde, weiterführende Schulen zu besuchen.[2775]

Das Kulturministerium brachte 1983 durch Erlass das „Schulbezogene Förderkonzept" zur Unterstützung ausländischer Kinder auf den Weg, an dessen Umsetzung sich der CV in enger Kooperation mit dem Staatlichen Schulamt und dem Stadtschulamt beteiligte. Ziel war, dass die Kinder von Migranten eine solide Ausbildung bekommen, die ihnen die Sicherung ihrer Existenz ermöglicht. Das Förderkonzept hatte einen spielerisch-sozialpädagogischen und einen direkt schulischen Aspekt. Die Bedeutung einer guten Schulbildung als Voraussetzung für einen krisensicheren Beruf hatte im CV einen längeren Reflexionsprozess über die Ausgestaltung des schulbezogenen Förderkonzepts zur Folge.

Da der spielerisch-sozialpädagogische Aspekt der Arbeit bereits von vielen anderen Institutionen und Initiativen wie Kindertagesstätten und Spiel- und Lernstuben abgedeckt wurde, richtete sich das Caritasangebot

---

2774 80 Jahre Arbeiterwohlfahrt Frankfurt, S. 46.
2775 Argumentationshilfe (undatiert, vermutlich Januar 1981).

gezielt auf die Verbesserung der schulischen Leistungen ausländischer Kinder. 1983 waren 51,2% der von 93 Helfern betreuten 683 Kinder türkischer Herkunft, dazu kamen 6,1% Asylantenkinder.[2776] 1986 wurden über 600 Kinder aus 10 Nationen betreut, dabei überwog bei weitem der Einzelnachhilfeunterricht bzw. die Einzelbetreuung. Gleichzeitig nahm die Nachfrage nach Hausaufgabenhilfe zu und sieben Schulen stellten entsprechende Anträge, die aber aus finanziellen Gründen nicht genehmigt werden konnten. So wurden 1986 vier Schulen betreut, inklusive der neu dazu gekommenen Hellerhofschule im Gallus. Im Gegensatz dazu wurden Anträge von drei Pfarrgemeinden wenigstens teilweise genehmigt. Durchgeführt werden konnten aber mehrere Freizeiten für Kinder der Hausaufgabenhilfegruppen.[2777] 1989 wurden in 20 Gruppen mit 126 Hausaufgabehilfen 597 Kinder aus 27 Nationen betreut, 30 davon erhielten eine Einzelförderung, 188 wurden im Rahmen des schulbezogenen Förderkonzepts gefördert, davon 40 inkl. Mittagsbetreuung.[2778]

1989 beschloss die Konferenz der Caritasverbände in Hessen, die seit 1971 unveränderte Vergütung für Hausaufgabenhelfer im pädagogischen Dienst von 10 DM auf 12 DM/Stunde anzuheben. Da die Landeszuschüsse gleich blieben, mussten zwei Gruppen geschlossen werden, um die Erhöhung auffangen zu können. Die finanziellen Probleme sollten aber weiter anhalten, da das Land zwar 1991 seine Zuschüsse erhöhte, diese aber auch über 1995 hinaus trotz gestiegener Kosten gleich blieben.[2779]

Gerade ausländische Schülerinnen und Schüler benötigen oftmals zusätzliche Hilfen neben dem Regelunterricht, da Sprachprobleme und familiäres Umfeld sie daran hindern, ihre Fähigkeiten und Talente zu entfalten. Aber nur ein guter Hauptschulabschluss gibt eine Chance auf eine Lehrstelle und eine qualifizierte Berufsausbildung. Gleichzeitig klagen die Industrie- und Handelskammern bis heute, dass die Kenntnisse vieler Hauptschulabgänger – vor allem in Deutsch und Mathematik – oft nicht ausreichen.

8.5.4 Fachberatung Kindertagesstätten

Zwar hatte der CV seit seinem Bestehen bis in die 1990er Jahre selbst nur vier Kindergärten selbst betrieben, er unterstützte aber von Anfang an die Pfarrkindergärten durch die Abrechnungen gegenüber den Zuschussgebern (Stadt, Regierungspräsidien Darmstadt und Kassel). 1983 konnte auch die Befreiung von der Anwendung des § 28 JWG erreicht werden.

1983 gab es in Frankfurt 59 Kindertagesstätten, von denen 50 von Pfarrgemeinden des Bistums Limburg und jeweils drei von solchen der beiden Bistümer Mainz und Fulda und Orden getragen wurden. 56 boten eine Ganztagsbetreuung von 9–10 Stunden an, neun auch einen Hort. 1983 wurden 3765 Kinder, davon 215 im Hort, die von 329 pädagogischen Fachkräften betreut. Für Kindergärten mit besonders hohem Ausländeran-

2776 CVF-Jahresbericht 1983, S. 45f (ACVF-1001).
2777 CVF-Jahresbericht 1986, S. 54 (ACVF-1001).
2778 CVF-Jahresbericht 1989 (ACVF-1001).
2779 CVF-Jahresbericht 1989, S. 4 (ACVF-1001).

teil förderte das Land 43 Stellen.[2780] Die Belegung der Kindergärten war relativ konstant, doch war die Nachfrage nach Ganztagesplätzen sehr hoch und nicht in allen Stadtteilen zufriedenstellend. Hintergrund sind u.a. wirtschaftliche und emanzipatorische Gründe der Mütter.

Um die Kindergärten zu unterstützen, wurde ein Referat Kindertagesstätten eingerichtet, das die fachliche Beratung, die Fortbildung und die Vertretung von 56 der 59 übernahm, die übrigen drei werden von ihrem jeweiligen Bistum beraten. Ziel ist es, die Rahmenbedingungen des Erziehungs- und Bildungsauftrags in katholischen Einrichtungen „zum Wohle des Kindes und seiner ganzheitlichen Förderung" sicherzustellen, die Arbeit der einzelnen Kindergärten in eine „Gesamtkonzeption kirchlicher Kindergartenarbeit" einzubeziehen, die planenden Träger und Verwaltungsbereiche in die pädagogische Arbeit einzubinden und die Kompetenzen der Mitarbeiter im Rahmen von Fortbildungen zu stärken. Dazu wurden sieben regionale Gruppen zum Erfahrungsaustausch geschaffen. [2781]

Eine besondere Problematik ergab sich seit Anfang der 80er Jahre daraus, dass 1983 ca. 38% aus ausländischen, insbesondere aus türkischen, Familien stammten. Ihr Zahl stieg zwischen 1979 und 1983 um hundert an.

So wurde es eine Prüfung als notwendig angesehen, „wie die religionspädagogische Arbeit (...) unter Berücksichtigung eines fremden, nichtchristlichen Glaubens gestaltet werden sollte, ohne den eigenen Religionspädagogischen Auftrag außer Acht zu lassen."(Ginkel) [2782] Daher wurde 1983 ein Seminar „Kindergarten als Lebensraum für Kinder unterschiedlicher Religionen" entwickelt und dazu ein dreiwöchiger Aufenthalt in der Türkei mit Kontakten zu Familien und Kindergärten organisiert.

Zwischen 1984 und 1986 stieg die Zahl der Kinder kontinuierlich von 3819 auf 3887 an. Aufgrund der großen Nachfrage nach Tagesplätzen wurden Kinder zusätzlich auch am Nachmittag aufgenommen, die Gruppenstärke von 20 auf 22–23 und das Aufnahmealter auf vier Jahre angehoben. Trotzdem konnten 950 Kinder über drei Jahre nicht berücksichtigt werden. Obgleich Kriterien für die langen Wartelisten erstellt wurden, war dies für alle sehr belastend, da man den „Nachfragen nicht gerecht werden konnte." (Ginkel) Die Herkunftsstruktur war relativ unverändert, allerdings nahm die Zahl der Kinder aus asiatischen und afrikanischen Länder zu, während die der Kinder aus Griechenland, Italien und Spanien zurückging. Besonders zu verzeichnen war der Anteil der Kinder von Alleinerziehenden in einzelnen Kindertagesstätten von etwa 20–26%.[2783]

Dank der vorläufigen „Richtlinien für die Förderung von Ganztagskindergärten" konnten ab Herbst 1986 insgesamt 33 katholische Kindertagesstätten Zuschüsse zwischen 10.000 und 30.000 DM beantragen, die zu verlängerten Öffnungszeiten (9,5 und mehr Std.), einem wöchentlichen Beshäftigungsumfang von 80 Std./Gruppe und einer maximalen Gruppenstärke von 22 Kinder führten. Zwei Kindertagesstätten wurden in das Lan-

---

2780 CVF-Jahresbericht 1983, S. 45f (ACVF-1001).
2781 CVF-Jahresbericht 1983, S. 45f (ACVF-1001).
2782 CVF-Jahresbericht 1983, S. 45f (ACVF-1001).
2783 CVF-Jahresbericht 1986, S. 56f (ACVF-1001).

desprogramm „Lebensraum Kindergarten" einbezogen und eine zusätzliche 0,5 Stelle geschaffen.[2784] Nachdem jahrelang noch zahlreiche Erzieherinnen zur Verfügung standen, ging dies 1988/89 rapide zurück, sodass man zeitweise sogar Gruppen schließen musste. Personalmangel in Frankfurter Kindertagesstätten wurde „fast normal" und war vor allem auf hohe Lebenshaltungskosten, die zu geringe Bezahlung und mangelnde Aufstiegsmöglichkeiten zurückzuführen.[2785]

1989 begann der CV gemeinsam mit Cibedo und dem Evangelischen Regionalverband Arbeitstagungen zum Thema „Begegnung von Christen und Muslimen" für Erzieherinnen aus katholischen und evangelischen Kindertagesstätten durzuführen.[2786]

8.6 Familie

Seit den 60er Jahren wurde die Mehrkinderfamilie durch eine Vielfalt unterschiedlicher Lebens- und Beziehungsformen scheinbar abgelöst. Die Lebensplanungen der Frauen trugen durch die gegenüber früher verlängerten Lebensphasen ohne Kind zu einer Änderung der Familienzyklen bei. Das veränderte Rollenverständnis der Frau stellte zudem die traditionellen Machtstrukturen in Frage und verlangte zunehmend Fairness und Gleichberechtigung in der Partnerschaft und der Verantwortung für Familie und Kinder. Partnerschaften beruhen seither stärker als früher auf einer emotionalen Basis und sind damit stressanfällig und labil, zumal sie als Gegenwelt zur sachlich-rationalen Arbeitswelt verstanden werden. Die Berufstätigkeit der Frau, teils aus ökonomischer Notwendigkeit, teils aufgrund des Drangs zur Selbstverwirklichung, befreite diese aus der ökonomischen Abhängigkeit vom Ehemann, was neue Formen der Konfliktregelung erforderte.[2787]

Da der Sozialisierungsprozess innerhalb der Familie an Bedeutung verlor, wurden externe Institutionen als Sozialisationsinstanz für Kinder immer wichtiger. Dies stellte aber die Sozialisationskompetenz der Eltern, die nach wie vor die Verantwortung für das Handeln ihrer Kinder haben, von außen her in Frage. Erziehungsberatung hat daher die wichtige Aufgabe, die Sozialkompetenz der Eltern zu stärken und familiäre Ressourcen zur Beziehungsgestaltung und im Umgang mit belastenden Situationen zu aktivieren. Dazu gehört die Einbeziehung der Väter in die Erziehungsverantwortung ebenso wie Hilfen bei der Identitätsfindung von Jugendlichen.[2788]

1986 war die Mehrheit der Ratsuchenden alleinstehend und man arbeitete vorwiegend mit Kindern von 7 bis 15 Jahren sowie Jugendlichen von 18 bis 21 Jahren. Die Elternteile hatten zu 80% einen nichtqualifizierten Hauptschulabschluss und waren häufig arbeitslos. Etwa 50% der

2784 CVF-Jahresbericht 1986, S. 56f (ACVF-1001).
2785 CVF-Jahresbericht 1989, S. 23f (ACVF-1001).
2786 CVF-Jahresbericht 1989, S. 23f (ACVF-1001).
2787 Alfons Aichinger, Erziehungsberatung vor dem Hintergrund gesellschaftlicher und sozialer Veränderungsprozesse in: 50 Jahre Caritas in Ulm 1946–1996, Ulm 1996, S. 25–27.
2788 Aichinger, S. 27.

Klientenfamilien waren Sozialhilfeempfänger. Dabei hielten sich die materiell-finanzielle und die psychologich-soziale Beratung die Waage.[2789] Mitte der 80er Jahre zeigten sich Auswirkungen der Personalreduzierung auf drei Soziaalarbeiterinnen. Die Konzentration auf das Sozialbüro Höchst[2790] und der Alleinerziehendenarbeit erschwerte die Teamarbeit, die Diskussion über eine Umstrukturierung erfolgte aber erst nach 1990.[2791]

8.6.1 Erziehungsberatung

1963 richtete der CV eine interne Erziehungsberatung ein, die 1971 als damals einzige Beratungsstelle Hessens staatlich anerkannt wurde. Sie sollte die Jugend- und Familienhilfe entlasten und befasste sich zunächst mit der Früherfassung verhaltensgestörter Kinder, insbesondere der Mündel des CV. Später führte man Fortbildungen für die Kindergärtnerinnen ein, damit diese Fehlentwicklungen bei Kindern in ihren Gruppen erkennen, die Eltern auf die Störungen ihrer Kinder hinweisen und ihnen eine Behandlung durch die Caritas-Erziehungsberatung empfehlen konnten. Da Fehlentwicklungen noch nicht verfestigt waren und ein schulischer Leistungsdruck noch fehlte, sah man eine Heilung als möglich an, die auch durch die relativ kurze Behandlungsdauer nur geringe Kosten verursachte. Bis 1972 stieg der Anteil der Kindergartenkinder auf 60 – 70 % an. Mündel spielten kaum noch eine Rolle, da die Zahl der Vormundschaften stark zurückgegangen war. Dafür kamen Oberschüler und Studenten hinzu, die Beratung z. B. in Ich-Findungs-Fragen bedurften. Man setzte auf Einzeltherapie, weil sie speziell zugeschnitten werden konnte. Die Mitarbeit der Eltern betrachtete man als unbedingt erforderlich. Die Therapiekosten wurden von der Stadt und den Krankenkassen mit Ausnahme der AOK Frankfurt übernommen. Die Arbeit wurde vor allem in Pfarreien gefördert, in denen der Pfarrer Interesse am Kindergarten hatte.[2792]

Da bei diesen Problemen nicht mehr der Pfarrer oder eine Nachbarin helfen konnte, sondern man speziell ausgebildete Erzieher für die Beratung und Betreuung benötigte, richtete der CV im Frühjahr 1966 im Pfarrzentrum von St. Sebastian (Ernst-Kahn-Straße) für den neuen Stadtteil Nordweststadt die „Eltern- und Jugendberatung des CV Frankfurt/M." ein, die am 21. März 1966 durch das Hessische Innenministerium anerkannt wurde.[2793] Mit der Eltern- und Jugendberatung wollte man neue Wege in der Sozialarbeit gehen und es den Familien erleichtern, die Hemmschwelle zu überwinden und bei Problemen fachliche Hilfe im Rahmen der Familien-, Gesprächs- und Verhaltenstherapie anzunehmen. 1967 beriet man bereits 164 Familien.

Da die meisten eine längere Beratung und/oder Kindertherapie benötigten, wurde deutlich, dass die Schwierigkeiten der Familien vielschichtig und nicht so schnell zu lösen waren. Weil man zur Kenntnis nehmen

2789 CVF-Jahresbericht 1986/87, S. 15 (ACVF-1001).
2790 Siehe Abschnitt 8.3.9.4 – Katholisches Sozialbüro Höchst, S. 525f.
2791 CVF-Jahresbericht 1986/87, S. 15 (ACVF-1001).
2792 Protokoll Dienstbesprechung 9.3.1972 (ACVF-Dienstbesprechungen).
2793 Schreiben Hess. Minister für Arbeit, Volkswohlfahrt und Gesundheitswesen an Reg. Präs. Darmstadt, Kassel, Wiesbaden v. 14.3.1966 (ISG-Magistratsakten 8.846).

musste, dass das Angebot weder von den Eltern in Wohnungslosen-siedlungen bzw. sozialen Brennpunkten noch von ausländischen Eltern mit Sprach- oder Verständigungsschwierigkeiten aufgesucht wurden, wurde eine ambulante Betreuung, teilweise mit mehrsprachigen Erziehungsbera-tern, aufgenommen und in der Beratungsstelle Frankfurt-Mitte zusätzlich eine muttersprachliche Beratung für Italiener, Spanier und Portugiesen angeboten.[2794]

In den 70er Jahren veränderte sich die Bevölkerungsstruktur in der Nordweststadt, die Zahl junger Familien mit Kindern ging zurück, dagegen gab es vermehrt alleinerziehenden Mütter und Väter. Der Schwerpunkt verlagerte sich von der Kleinkindererziehung zur Problematik des Um-gangs mit heranwachsenden und ausländischen Kindern. 1974 wurden 240 Familien betreut, so dass weitere Psychologen/Psychologinnen und nebenamtlich ein Facharzt für Kinderheilkunde und -psychiatrie eingestellt werden mussten.[2795] Um dem präventiven Aspekt der Beratungsarbeit ge-recht werden zu können, fasste man 1977 alle Institutionen der Kinder- und Jugendhilfe der Nordweststadt im Psychosozialen Arbeitskreis (PSAK) zusammen.

Die Eltern- und Jugendberatung führte in den 80er Jahren eine offene Sprechstunde für Jugendliche ein, die unter Zukunftsängsten, Orientie-rungslosigkeit, Identitätsproblemen, Vereinsamung und Versagensangst litten – Folgen der einsetzenden wirtschaftlichen Rezession und der steigenden Arbeitslosigkeit. Nun nahm auch die Zahl der Väter zu, die „bereit sind, sich auf eine Beratung einzulassen (und) ihre Verantwortung in Familie und Partnerschaft wahrzunehmen und eigene Problembereiche zu erkennen und anzugehen."[2796] Nach 1984 zogen auch vermehrt aus-ländische Familien mit vielen Kindern in die Nordweststadt.

Neben auffälligen Verhaltensweisen wurden immer mehr auch Lei-stungsprobleme deutlich, die aus Beziehungskonflikte in Familie oder Schule resultierten. Die Mitarbeiter versuchten, „Symptome und Verhal-tensauffälligkeiten (...) in den Zusammenhang der ganzen Familie, der so-zialen Umwelt und der persönlichen Entwicklung zu stellen und so besser zu verstehen und umfassende Lösungswege zu finden." Erstgespräche wurden nach telefonischer Anmeldung meist binnen einer Woche verein-bart, ggfs. psychologische oder medizinische Untersuchungen durchge-führt und konkrete Hilfen, z.B. Erholungsmaßnahmen, Hausaufgabenbe-treuung, Hausbesuche und Hilfen bei Behördengängen, gewährt. Alle Be-ratungen waren kostenfrei, Alter, Konfession und Staatsangehörigkeit spielten keine Rolle.[2797]

2794 Eine weitere Erziehungsberatungsstelle wurde in Hofheim für den Main-Taunus-Kreis eröffnet, die am 1. Juli 1997 vom BezirksCV Main-Taunus übernommen wur-de.

2795 1986 waren es zwei Psychologinnen und ein Psychologe, ein Sozialpädagoge sowie zwei Kinder- und Jugendtherapeutinnen.

2796 20 Jahre Erziehungsberatungsstelle des CV Frankfurt und Eheberatungsstelle des Hauses der Volksarbeit e.V. in der Nordweststadt, Manuskript v. November 1986 (ACVF-2513-03).

2797 Siehe Anm. 2796.

Im Gegensatz zu den städtischen und freien wurden die kirchlichen Erziehungsberatungen nicht voll finanziert, obgleich diese als Pflichtleistungen nach dem KJHG voll aus öffentlichen Geldern hätten finanziert werden müssen. Die Mittel des Landesjugendamtes, des Landeswohlfahrtverbandes und der Stadt reichten aber nicht aus, so dass Bistumsmittel und Eigenmittel des CV eingesetzt werden mussten.[2798] Aufgrund der Kostenentwicklung bei stagnierenden Zuschüssen verdreifachte sich allein in der Nordweststadt der Eigenanteil gegenüber 1989, während in Hofheim, wo es keine Mittel des BO gab und die DiCV-Mittel von 1985–88 ständig reduziert und schließlich ganz gestrichen wurden, sich der Eigenanteil von 1985 bis 1990 verdreifachte.[2799]

Die EB Stadtmitte erhielt 1986 eine neue Ausrichtung mit dem Schwerpunkt Ausländerberatung für Italiener und Spanier und stellte dafür zwei muttersprachliche Psychologen ein. Sprechstunden wurden von nun an auch im Sozialdienst für Spanier (Brüder-Grimm-Straße) durchgeführt. 1989 wurden 12 Kinder im Rahmen des Projektes „Kognitive Diagnostik, Beratung/Therapie und Nachhilfe gefördert. Dazu kamen Freizeit für portugiesische Kinder und vier Wochenendseminare für ihre Mütter.[2800] Auch in der Erziehungsberatung Stadtmitte stagnierten die Zuschüsse von Landesjugendamt, Landeswohlfahrtsverband und Bistum, so dass auch hier 1990 gegenüber 1986 der Eigenanteils verdoppelt werden musste.[2801]

Angesichts der knapper werdenden öffentlichen Mittel diskutierte die Stadtverwaltung Anfang der 90er Jahre, u.a. die Erziehungsberatungsstellen, ambulante Diensten und die Versorgung von Behinderten stadtteilbezogen zu regionalisieren und jeweils auf einen Träger zu konzentrieren. Der CV lehnte dies ab, da es zur Monopolisierung auf Kosten einer normalen und zeitgemäßen Konkurrenzsituation führe und das Wahlrecht der Klienten und Patienten tangiere.[2802]

8.6.2 Sozialpädagogische Familienhilfe

In Ergänzung zur Erziehungsberatung wurde 1985 die Sozialpädagogische Familienhilfe (SPFH) als neues Arbeitsfeld aufgenommen. Es gab zu diesem Zeitpunkt noch kein einheitliches Bild der SPFH auf Bundesebene, die überall noch im Aufbau war.

Die SPFH versteht sich als präventive Maßnahme zur Mobilisierung der in der Familie noch vorhandenen Kräfte und zur Verbesserung der Interaktionen inner- wie außerhalb der Familie. Die SPFH will helfen, schwierige Lebenssituationen zu überwinden und zu stabilisieren. Erziehungsdefizite sollen verhindert bzw. aufgearbeitet werden. Die Arbeit wurde beratend/therapeutisch, sozialpädagogisch/erziehend und beratend/unterstützend in der Lebenspraxis geleistet. Obgleich eine enge Zusammenarbeit mit der Familienfürsorge des Jugendamtes besteht, wurde die Anbindung der SPFH an einen freien Träger als vorteilhaft angesehen.

2798 dazu kamen noch Einnahmen aus Therapiemaßnahmen.
2799 Schreiben CV Frankfurt/Menne an BO v. 11.9.1991 (ACVF-BO).
2800 CVF-Jahresbericht 1989 (ACVF-1001).
2801 Schreiben CV Frankfurt/Menne an BO v. 11.9.1991 (ACVF-BO).
2802 Protokoll über Gespräch Caritas/Diakonie v. 4.10.1993 (ACVF-1761/DW).

Die Abkopplung vom Jugendamt biete die Chance, in die inneren Problembereiche einer Familie hineingelassen zu werden und mit dieser arbeiten zu können. Die SPFH sei besonders für Familien geeignet, bei denen ambulante Hilfen nicht mehr greifen. Die Effektivität und der Erfolg der Arbeit ist abhängig von einer differenzierten Diagnose bzw. Indikation jeder einzelnen Familie und der danach erstellten Zielvorstellung. Diese muss aber permanent überprüft und an den familiären Entwicklungsprozess angepasst werden.

Bereits 1986 stellte man fest, dass es einen großen Hilfebedarf gebe und die Nachfrage wachsen werde, „je mehr sich die systemische Sichtweise sozialer Probleme in der Gesellschaft und speziell in der sozialen Arbeit durchsetzen wird."[2803]

8.6.3 Familienpflege

Familienpflege ist ein Angebot für Familien und ältere Menschen, z. B. wenn eine erkrankte Mutter ihre Aufgaben nicht mehr erfüllen kann und Hilfe braucht. Die Familienpflegerin führt den Haushalt weiter, betreut pflegebedürftige Angehörige und übernimmt in Absprache mit den Eltern die Erziehung. Bis 1985 wurden über 50% der Einsätze in der Familienpflege, die übrigen in der Alten- und Behindertenpflege geleistet. Aufgrund der veränderten Familienpolitik der seit 1982 amtierenden CDU/FDP-Bundesregierung, die auf die Stärkung der Familien abzielte und mehr Mittel bereitstellte, stiegen ab 1986 die Einsätze in der Familienpflege weiter an, für die der CV sieben Planstellen vorhielt. Es war aber schwierig, geeignete ausgebildete Familienpflegerinnen zu finden.[2804]

Das große Problem der Familienpflege bestand in der Finanzierung, da es keine pauschale Bezuschussung gab. Bei einer Anspruchberechtigung zahlten Krankenkassen, Sozialhilfeträger und Kriegsopferversorgung festgelegte, aber nicht kostendeckende, Stundensätze. Viele Familien waren aber nicht in der Lage, den Rest abzudecken, sodass der CV tätig werden musste.[2805]

8.6.4 Erholungsfürsorge

1962 wurde in § 36 BSHG erstmal eine gesetzliche Grundlage und damit ein Anspruch geschaffen. Danach sollte „Personen, bei denen nach ärztlichem Urteil eine Erkrankung oder ein sonstiger Gesundheitsschaden droht, (...) vorbeugende Gesundheitshilfe gewährt werden." Seitens des CV wurden Heilstättenaufenthalte unter Berücksichtigung der medizinischen Indikationen vermittelt, vielfach waren es soziale Indikationen, einen individuellen Erholungsaufenthalt zu befürworten.[2806]

2803 CVF-Jahresbericht 1986/87, S.24f (ACVF-1001).
2804 CVF-Jahresbericht 1986/87, S. 16 (ACVF-1001).
2805 CVF-Jahresbericht 1986/87, S. 16 (ACVF-1001).
2806 Protokoll Dienstbesprechung v. 27.1.1992 (ACVF-Dienstbesprechungen).

8.6.4.1 Mutter- und Kinder-Kuren

Die Müttererholung wurde in den 60er und 70er Jahren unverändert fortgeführt und dabei weiter Zuschüsse des Müttergenesungswerk in Anspruch genommen. Nachdem sich 1973 herausgestellt hatte, dass Haus Hubertus als Müttergenesungsheim aufgrund der geringen Bettenzahl nicht rentabel weitergeführt werden konnte, beschloss der Caritasvorstand am 7. November 1973, es nur noch von April – September für Müttergenesung zu nutzen. 1981 wurde das Haus als Müttergenesungsheim geschlossen, da die baulichen Mängel eine weitere Nutzung ausschlossen, und als Selbstversorgerhaus für Gruppen bis 1990 fortgeführt.[2807] Daher mussten verstärkt Plätze in anderen Heimen in Anspruch genommen werden.

Anfang der 80er Jahre stieg die Nachfrage nach Mutter-Kind-Kuren weiter an, da viele kranke Mütter ihre Kinder mitnehmen oder Mütter ihre kranke Kinder begleiten wollten. Überwiegend waren es alleinerziehende Mütter. Da die Anzahl der Frauen mit Sozialhilfe bzw. knapp über dem Sozialhilfesatz zunahm, beantragte der CV bei den Krankenkassen die Kostenfinanzierung bzw. beim Sozialamt die Übernahme der Restkosten. Da nicht ausreichend Plätze vorhanden waren, konnte man keine gerechte Verteilung sicherstellen. Aufgrund der Kostendämpfungsgesetze gingen die Vermittlungen zwischen 1981 und 1984 zurück und stiegen erst 1985 auf 144 Frauen mit 158 Kindern an. 1986/87 waren es aufgrund eines Personaleng-passes wieder weniger. Die Wartezeiten betrugen zwischen einem und zwei Jahren. Als Ausweg vermittelte man Familienferien für die ganze Familie. Während der Oster- und der Sommerferien bestand auch ein großer Bedarf an Kinderkuren, deren Finanzierung aufgrund der teilweise sehr niedrigen Kostenbeteiligung mancher Krankenkassen sehr schwierig war.[2808]

8.6.4.2 Familienerholung

Bei der Familienerholung stand das soziale Anliegen im Vordergrund. Durch die gemeinsame Erholung von Eltern und Kindern sollte der Familienzusammenhalt und die Erziehungskraft der Familie gestärkt werden. Man war sich bewusst, dass die von Bund und Ländern geförderten Familienferien dringend notwendig sind, da die Familien aufgrund des völlig unzulänglichen Familienlastenausgleichs wirtschaftlich benachteiligt seien. 1971 waren 80 % der Familien mit fünf und mehr Kindern finanziell nicht in der Lage, einen gemeinsamen Urlaub zu verbringen. Der CV war bestrebt, auch diesen Familien zu einem familiengerechten Urlaub zu verhelfen[2809] und förderte 53 Familien. Über die folgenden Jahre liegen keine Angaben vor.

2807   Bis 1990 wurde es als Selbstversorgungshaus für Kinder-, Jugendlichen- und Erwachsenengruppen genutzt. Obgleich es am Wochenende ständig ausgebucht war und z. B. 1986 von insgesamt 111 Gruppen mit 1650 Teilnehmern genutzt wurde, konnte man die enormen Bauunterhaltungskosten durch die Mieteinnahmen nicht decken. 1990 wurde es an die „Gemeinschaft der Seligpreisungen" verkauft.
2808   CVF-Jahresbericht 1986/87, S. 16 (ACVF-1001).
2809   Protokoll Dienstbesprechung 27.1.1992 (ACVF-Dienstbesprechungen).

Man arbeitete eng mit dem Familienferienwerk der Diözese Limburg und anderen Ferienwerken zusammen, um die Familien in Feriendörfern und Pensionen unterzubringen. Jugendamt und Land bezuschussten Maßnahmen für Sozialhilfeempfänger und solche, die knapp darüberlagen. Der CV versuchte auch, zusätzliche Mittel über die Pfarreien zu erhalten. 1986/87 nutzten auch ausländische Familien und Asylanten die Familienerholung, oftmals der erste gemeinsame Urlaub. Seit Anfang der 80er Jahre organisierte der CV auch während der Sommerferien Ferienfreizeiten für maximal 13 alleinerziehende Mütter mit 25–35 Kinder durch. [2810]

8.6.5 Mündelfürsorge – Vormundschaften und Pflegschaften

Als Folge des § 53 Jugendwohlfahrtsgesetz wurden 1964/65 die Hessischen Richtlinien für die Übernahme von Vereinsvormundschaften geändert und stießen auf die Ablehnung der konfessionellen Wohlfahrtsverbände, da sie juristisch nicht haltbar und in der Praxis nicht durchführbar seien. Pfarrer Hans Brehm vom Diakonischen Werk[2811] befürchtete, dass mit den Richtlinien die Arbeit der freien Verbände in der Jugendfürsorge eingeschränkt werden solle, da nur leichte Fälle der Vormundschaft übertragen werden könnten. Schwierige Fälle, wie Kinder aus geschiedenen Ehen, könnten künftig nur von Behörden wahrgenommen werden. CV und Volksdienst kamen am 5. August 1964 überein, keine Schritte ohne gemeinsame Abstimmung zu unternehmen und die geforderte Erklärungen gegenüber dem Landesjugendamt bezüglich der Eignung zur Vereinsvormundschaft nicht abzugeben, da man seit 1924 Vereinsvormundschaften führe und so die Eignung gegeben sei.[2812] Am 14. März 1964 betreute der CV mit 80 Helferinnen 998 Vormundschaften und Erziehungsbeistandschaften, 1966 waren es 1030 mit nur noch 70 Helfern.

Schritte wurden aber zunächst nicht unternommen, da Pfarrer Brehm dies angesichts verschiedener anderer Angriffe auf die Richtlinien als nicht notwendig ansah, man solle warten bis Rechenschaftsberichte verlangt würden. Der CV erhielt die Geeignetenerklärung erst am 29. März 1965, die Berichte wurden aber zumindest bis Mitte 1967 weder vom CV noch von den evangelischen Verbänden angefordert. Jung empfahl, abzuwarten und im Zusammenhang mit der Reform des Nichtehelichenrechts Änderungsvorschläge zur Amts- bzw. Vereinsvormundschaft sowie zur Amts- bzw. Vereinsbeistandschaft einzubringen.[2813]

Am 23. Juli 1969 kündigte der SKF die am 13. März 1963 geschlossene Vereinbarung mit dem CV im Bereich Vormundschaften und Pflegschaften auf, um eine Neueinteilung der Zuständigkeiten zu erreichen. Ein Vorschlag zielte darauf ab, dass der SKF die Erzehungsbeistandsschaften, Vormundschaften, Pflegschaften für alle Mädchen im Stadtgebiet, die lose Betreuung aller Mädchen im Bereich der Sozialstation Gallus, die Betreuung weiblicher Strafgefangener und gefährdeter Volljähriger im ganzen

---

2810 CVF-Jahresbericht 1986/87, S. 17 (ACVF-1001).
2811 Der evangelische Verein Jugendhilfe führte im Juni 1967 mit 43 Mitgliedern 678 Vormundschaften .
2812 Aktennotiz Besprechung Volksdienst/CV v. 5.8.1964 (ACVF-1761/DW).
2813 Schreiben Jung an BO/Seidenather v. 19.6.1967 (ACVF-1310).

Stadtgebiet übernimmt. Die Alternative sah vor, alle über neun Jahre alten Mädchen im Stadtgebiet vom SKF betreuen zu lassen. Der CV lehnte dies als nicht sinnvoll ab, da man Vormundschaften überwiegend für Geschwisterkinder ausübe, eine altersmäßige Begrenzung daher nicht sinnvoll sei und, da diese Familien häufig im Stadtgebiet umziehen würden, häufig die Betreuung wechseln müsse. Da in den vom SKF bevorzugten Bezirken (Gallus und St. Matthias/Nordweststadt) die vom CV aufgebauten Projekte „Sozialer Brennpunkt Ahornstraße", „Gruppenarbeit in der Pfarrei St. Matthias" und die „Jugend- und Elternberatung Nordweststadt" lägen, schlug Meta Nicolai eine Abgrenzung nach Sachgebieten vor. Danach sollte der SKF sich um ledige Mütter als Gruppenarbeit in den Häusern der Nordweststadt, die Betreuung weiblicher Strafgefangener und gefährdeter Volljähriger und im Einvernehmen mit der Abteilung Erziehungshilfe des Jugendamtes in der Berufsschule Löwengasse mitarbeiten. Gleichzeitig wurde erwogen, ein Vorstandsmitglied bei Vorstandssitzungen des jeweils anderen Verbandes teilnehmen zu lassen.[2814] Später einigte man sich, dass der CV neue Vormundschaften bei Minderjährigen, der SKF bei Volljährigen übernehmen sollte. In einigen Fällen lehnte dies der SKF aber mangels Kapazität ab.

Mit der Änderung des Nichtehelichenrechts gingen die Vormundschaften und Pflegschaften auf 40 Personen (1993) zurück, die von zwei hauptamtlichen Mitarbeitern neben ihrer übrigen Arbeit betreut wurden. Da die Betreuung aus Eigenmitteln finanziert wurde, bemühten sich CV und Diakonisches Werk vergeblich um eine Teilfinanzierung durch das Jugendamt im Rahmen der „Hilfe zur Erziehung".[2815] Daraufhin beschloss der Caritasvorstand, keine Vormundschaften mehr zu übernehmen. Die letzten beiden Vormundschaften liefen 2003 wegen Volljährigkeit aus.[2816]

8.6.6 Nähstuben und -schulen

Die den 50er Jahren gegründeten Nähschulen (Sossenheim, Sindlingen, Zeilsheim, Nied und Heddernheim) wurden bis 1962 aufgrund des Schwesternmangels aufgelöst. 1962 bestanden drei Nähstuben, für die das Sozialamt 4.000 DM zur Verfügung stellte. In den folgenden Jahren ging der Zuschuss über 2.800 DM (1963/64) und 2.000 DM (1965) auf 1.700 DM (1966) zurück, da die Zahl der Nähmaschinen zurückgegangen war.

Angesichts der Situation in der neu geschaffenen Nordweststadt eröffnete das Bischöflichen Frauensekretariat die Nähstuben Nordweststadt/St. Sebastian (1966) und Nordwestzentrum St. Matthias (1969) sowie eine Nähstube in Sachsenhausen/Deutschorden, die vorwiegend von italienischen und spanischen Frauen genutzt wurden.[2817] Nach der Auflösung des Mädchenwohnheims St. Leonard 1967 wurde auch die dortige Nähstube geschlossen.

2814 Protokoll CVF-Vorstand 9.6.1970 (ACVF-1310).
2815 Protokoll über Gespräch Caritas/Diakonie v. 4.10.1993 (ACVF-1761/DW).
2816 so Frau Kaiser gegenüber dem Verfasser am 19.6.2002.
2817 Schreiben Bischöfliches Frauensekretariat/CVF-Osypka v. 13.11.1969 (ACVF-2912).

1970 wurden neue Nähstuben in Christ-König Praunheim, Peter- und Paul Heddernheim geplant und Goldstein, Nied/St. Markus, Unterliederbach, Zeilsheim, St. Bernhard, Heilig Kreuz und Dreifaltigkeit Bonames betreut, über die aber keine Angaben aufgefunden werden konnten.[2818] Die Nähstuben erhielten mit Ausnahme von 1967 regelmäßig Zuschüsse.[2819] Nachdem 1967 keine Zahlung erfolgte, wurden 1968 wieder 1800 DM und in den Jahren 1969–70 1700 DM bewilligt, bevor es 1971 aufgrund einer 20% Haushaltssperre nur noch 1360 DM Zuschuss gab.[2820] 1974 wurden vom Sozialamt 2.000 DM bewilligt, ab 1975 wurden 2.000 DM jährlich für Nähkurse aus dem Erwachsenenbildungsprogramm des Jugendamtes finanziert. 1978 wurden 147 Nähkurse mit 1.299 Teilnehmern durchgeführt.[2821] 1981 verzichtete die Stadt auf die Rechnungslegung durch den CV und die Kath. Familienbildungsstätte sowie die Kath. Familienbildung rechneten ihren Zuschuss direkt mit dem Jugendamt ab.[2822]

Nähstuben (Stand 6.12.1962)[2823]				
	Fläche / Nähmaschinen	Fachkräfte	Besucher/ Woche (minderbemittelt)	Öffnungszeiten
Schwesternhaus Alt Fechenheim 62 (bis 1962)	30 qm – 5	Schwestern	12 (4)	Mo-Sa 15.00–18.00
Schwesternheim Griesheim, Hartmannsweilerstr. 71 (bis 1965)	30 qm – 6	Meisterin (bezahlt)	32–35 (9)	Mo-Fr 13.30–18.00
Schwesternhaus Schwanheim, Im Abtshof 2 (bis 1967)	20 qm – 6	Schwestern	32 (10)	Täglich 14.00–17.30
Nähstube Mariahilf, Rebstöckerstr. 70	40 qm – 4	3 ehrenamtl. Kräfte	15 (6)	Einmal wöchentlich 20.00–22.00
Nähstube Dom, Domplatz 14	20 qm – 2	Ehrenamtl. Kräfte	6–7[2824]	täglich 14.00–19.00
Haus Lucia Haus Barbara	16 qm – 1 20 qm – 1	Fachkraft (bezahlt)	Alle Heiminsassen	Täglich nachmittags und abends
Haus Leonhard, (bis 1967)	10 qm – 1	Schneiderin/ Handarbeitslehrerin	Alle Heiminsassen	Täglich ab 17.00. Zusätzlich ein Nähkurs
Nähstube St. Sebastian Nordwest (ab 1966)				
Mütterschule St. Josef Eschersheim, Rhaban- Fröhlich-Str. (1965–	8 qm – 5	Fachkraft	15 (5)	Mi 15.00–22.00

2818 Schreiben Bischöfliches Frauensekretariat/CVF-Osypka v. 17.11.1970 (ACVF-2912).
2819 Anträge im Bestand ACVF-2912.
2820 Zuschussanträge im Bestand (ACVF-2912).
2821 Schreiben Kath. Familienbildung/CVF-Osypka v.22.3.1979 (ACVF-2912).
2822 Schreiben Jugendamt/Kath. Familienbildung-dezentral v. 2.12.1981 (ACVF-2912).
2823 Schreiben CVF/Stadt Frankfurt Sozialamt mit Aufstellung der bestehenden Nähstuben v. 6. bzw. 7.12.1962 (ACVF-2912).
2824 Projekt „Frauen bügeln, nähen und stopfen für kinderreiche und kranke Mütter"

8.6.7 Eheanbahnung und Eheberatung

Ende 1961 wurde der CV von den beiden Ordinariaten Limburg und Fulda gebeten, die 1946 eingerichtete Marburger Eheberatungsstelle zu übernehmen. Um ein ggf. entstehendes Defizit durch die höhere Arbeitsbelastung abzudecken, wurde auch diskutiert, auch an das Mainzer Generalvikariat heranzutreten, wozu es aber nicht kam. [2825]

Im Herbst 1963 vereinbarten der CV, das Frauenseelsorgeamt und die Volksarbeit die Namensänderung in „Eheberatung Frankfurt des Bischöflichen Frauensekretariats und des Caritasverband Groß-Frankfurt" unter der Leitung von Magda Grube. Rechtsträger war das Bistum, wirtschaftlicher Träger der CV bei Kostenteilung. Der Stadtpfarrer wurde zum ständigen Beauftragten für das Frauenseelsorgeamt eingesetzt. Diese Beratungsstelle sollte mit der Eheanbahnungsstelle des CV und den allgemeinen Beratungsdiensten des Hauses der Volksarbeit zusammenarbeiten. [2826]

Die Eheberatung stand jedem offen, ob ledig oder verheiratet, ob katholisch oder nicht. Die Beratung war kostenlos und wurde aufgrund der Schweigepflicht der drei hauptamtlichen Beraterinnen und eines erweiterten ehrenamtlichen Mitarbeiterkreises (Priester, Ärzte, Juristen, Sozialarbeiter) gut angenommen. Einen großen Anteil stellten auch junge Männer, die, so Magda Grube, entweder nicht mit ihrer Mutter sprechen konnten oder wollten, irgendwo aber ihren Kummer loswerden wollten. Ein großer Teil ihrer Arbeit bestand darin, bereits zerrüttete Ehen zu reparieren, die häufig aus der Unfähigkeit oder Unwilligkeit resultierten, den jeweiligen Partner so zu nehmen, wie er ist, statt in ihr Marilyn Monroe oder in ihm James Dean zu sehen (Grube). Anfang 1963 lag der Anteil der Ratsuchenden, die mehr als 20 Jahre verheiratet waren, über 40 %. [2827]

1971 wurde diskutiert, ob eine Eheanbahnung noch zeitgemäß sei. Frau Biermann, die die inzwischen pensionierte Johanna Bargenda abgelöst hatte, wies daraufhin, dass im Gegensatz zu früher es für alleinstehende Männer und vor allem Witwer mit Kindern aus allen sozialen Schichten schwierig geworden sei, in der Großstadt eine geeignete Partnerin zu finden. Andererseits liefen auch Mädchen Gefahr, in der Großstadt zu vereinsamen. 1971 umfasste die Kartei etwa 500–600 Ehewillige, von denen zwischen 40 und 50 Personen jährlich heirateten. Täglich kamen 2–3 Anmeldungen. Für das erste Halbjahr wurde ein Kostenbeitrag von 50 DM, für das zweite Halbjahr 30 DM erhoben.

Nach der Pensionierung von Frau Biermann Ende 1974 wurde zunächst der Zusammenschluss mit der Eheberatungsstelle bzw. der Anschluss an die Eheanbahnungsstelle der Hessen-Caritas erörtert, [2828] sie schließlich aber am 31. Juli 1975 eingestellt. Danach bestand in Hessen nur noch die Ehe- und Partnerschaftsberatung des Caritasbezirksverbandes Hochtaunus in Bad Homburg, die später in der Ehe-, Familien-, Lebens- und Erziehungsberatung (EFL) in Montabaur aufging.

2825 Protokoll CVF-Vorstand 8.12.1961 (ACVF-1310).
2826 Abschrift der Vereinbarung im Protokoll CVF-Vorstand 23.9.1963 (ACVF-1310).
2827 FNP 2.10.1963.
2828 Protokoll CVF-Vorstand v. 20.3.1974 (ACVF-1310).

8.7 Migration

Nachdem nach Kriegsende vornehmlich Flüchtlinge, Spätheimkehrer und Übersiedler aus der DDR kamen und dazu beigetragen hatten, den Arbeitskräftemangel in der aufstrebenden deutschen Wirtschaft auszugleichen, wurde Mitte der 50er Jahre ein Arbeitskräftemangel sichtbar. Man glaubte, diesen nur durch die gezielte Anwerbung ausländischer Arbeitnehmer decken zu können.

Die politischen Flüchtlinge aus Ungarn (1956) und der Tschechoslowakei (1968) wurden akzeptiert und ihre Integration machte keine Schwierigkeiten. Mit Zunahme des Flugverkehrs seit Beginn der 70er Jahre nahm die aber die Zahl der politischen Flüchtlinge aus Ländern der Dritten Welt zu. Vielfach wurden die kolonialen Strukturen ersatzlos abgeschafft. Die nachkolonialen politischen Systeme sind bis heute korrupt und instabil, sodass sich die Opposition häufig nur durch Flucht retten kann. Weltweite Wanderungsbewegungen werden sich als Folge der Globalisierung der Wirtschaft, des weltweit ungleich verteilten Reichtums und aufgrund der Verfolgung ethnischer, kultureller und religiöser Minderheiten auch in Zukunft verstärken. Mit Beginn von Solidarnosc und Perestrojka in den 80er Jahren setzte der Zuzug von Spätaussiedlern aus den ehemals kommunistischen Ländern ein und hielt bis nach der Jahrtausendwende an. Die jugoslawischen Bürgerkriegsflüchtlinge gingen später größtenteils wieder zurück.

Deutschland wurde so de facto zum Einwanderungsland, doch wurde dies lange Zeit, insbesondere von der CDU/CSU ignoriert und im Gegensatz zu traditionellen Einwanderungsländern (USA, Kanada, Australien, Brasilien) kein Einwanderungsgesetz verabschiedet, das den Zuzug regelt. Befürworter verwiesen auf die positiven Erfahrungen dieser Ländern mit Migranten, die sich aber nicht ohne weiteres auf Deutschland übertragen lassen. „Voraussetzung für diese Wanderungen war, dass im Zielland Arbeit gesucht und überwiegend auch gefunden wurde. Für die Einwanderung standen aber nicht die Motive des Migranten im Vordergrund, sondern die Möglichkeiten des Ziellandes. Aufgenommen wurde, wer jung und gesund war und einen Beruf hatte, der benötigt wurde." [2829] Migration ist in diesen Ländern bis heute Arbeitsmigration. Laer betont, dass „Integration (…) nicht Anpassung beziehungsweise Eingliederung in den Arbeitsmarkt bedeuten (muss). Integration kann auch – so jedenfalls eine mögliche Interpretation – eine bessere Kenntnis der Sozialgesetzgebung beziehungsweise des Arbeitsrechts zur Folge haben."[2830]

Trotz teilweise langem Aufenthalt in Deutschland sind viele Migranten weder politisch noch ökonomisch integriert und häufig arbeitslos. Ein Grund dafür sind in der Regel schlechte oder keine Bildungs- und Berufsabschlüsse, zumal die ausländischen oft nicht anerkannt werden. Viele Migranten werden unter ihrer Qualifikation beschäftigt und entsprechend

---

2829 Prof. Hermann von Laer lehrt Wirtschaftspolitik an der Hochschule Vechta.
2830 FAZ 01.12.2001.

schlecht bezahlt. Als Folge liegen auch Einkommen und Erwerbsquoten niedriger, meistens bei Frauen. So sind etwa ein Drittel von der Unterstützung durch Familienangehörige abhängig, meist Kinder und Frauen, die keiner Beschäftigung nachgehen. Außerdem sind Menschen mit Migrationshintergrund häufiger von staatlichen Leistungen abhängig, darunter häufig Aufstocker, die zusätzlich zu ihrem Job ergänzende Leistungen beziehen.[2831]

8.7.1 Ausländische Arbeitnehmer

Am 20. Dezember 1955 wurde das erste Anwerbeankommen mit Italien geschlossen, später folgten Griechenland und Spanien (1960), Türkei (1961), Marokko (1963), Portugal (1964), Tunesien (1965) und Jugoslawien (1968). Ende der 60er Jahre wurden außerdem gezielt Krankenschwestern aus Korea und Indien angeworben. Generell ging man davon aus, dass die ausländischen Arbeitnehmer (Gastarbeiter) nur zwei Jahre hier arbeiten und dann zurückkehren sollten, um ihr Heimatland ökonomisch nach vorne zu bringen. So belief sich die Zahl der ausländischen Arbeitnehmer 1964 erst auf ca. 830.000, d.h. 3,7% der Gesamtbeschäftigtenzahl. [2832] Später wurde das Rotationsprinzip auf Betreiben der Wirtschaft gelockert, weil das Anlernen der Gastarbeiter zu teuer wurde. Damit stieg die Zahl der ausländischen Arbeitnehmer schnell auf 2,6 Mill. an.

Die Ausländerbeschäftigung brachte der deutschen Wirtschaft unverkennbare Vorteile. Die ausländischen Arbeitnehmer schlossen empfindliche Lücken im Arbeitsmarkt, weil sie einfache Arbeitsplätze besetzten, für die es keine deutschen Bewerber gab. Die jungen, aktiven und anpassungsfähigen Menschen, die für eine vorübergehende Beschäftigung gekommen waren, beanspruchten nur in geringem Umfang öffentlichen Einrichtungen, zahlten Steuern und Sozialabgaben, ohne aber öffentliche Leistungen in entsprechendem Umfang in Anspruch zu nehmen. Die Einwanderung von Arbeitsuchenden war immer von der wirtschaftlichen Situation der Bundesrepublik abhängig. Nachdem nach 1960 als Folge der Anwerbeaktion in Süd- und Südosteuropa die Zahl der ausländischen Arbeiternehmer rapide zugenommen hatte, reisten während der Montankrise 1966/67 mit 330.000 nur noch etwa halb so viele Ausländer ein wie in den Jahren zuvor und erstmals verließen mehr Ausländer Deutschland als zu reisten, es gab die ersten arbeitslosen Ausländer, die ersten Arbeitserlaubnisverweigerungen und Erschwernisse bei der Familienzusammenführung.

Seit den 70er Jahren wuchsen die Ansprüche auf Leistungen der sozialen Infrastruktur, die wachsende öffentliche Investitionen notwendig machten. Inzwischen hatte sich gezeigt, dass Frankfurt wie alle Industriestandorte auf die starke Zuwanderung ebenso wenig vorbereitet war, wie ein Jahrhundert zuvor auf die innerdeutsche Migration bzw. auf die Wanderarbeiter in den 20er Jahren. Aufgrund mangelnder Sprachkenntnisse

---

2831 https://www.zeit.de/gesellschaft/2017-08/migration-deutschland-migrationshintergrund-herkunftslaender-ausbildung/seite-2.
2832 FAZ v. 28./29.5.1964.

lebten die ausländischen Arbeitnehmer teilweise gettoisiert. Daher setzte man auf Sprachkurse, da alle von einer definitiven baldigen Rückkehr in die jeweiligen Heimatländer ausgingen, an weitergehende Integrationsangebote dachte kaum jemand, da alle, auch die ausländischen Arbeitnehmer, von einer früheren oder späteren Rückkehr in ihre Heimat ausgingen. Auch zeigte sich Ende der 60er Jahre immer deutlicher, dass die ausländischen Arbeitnehmer längerfristig benötigt werden würden und sich ihre Rückkehr ins Ungewisse verzögern würde, viele aber auch nicht mehr in die Heimat zurückkehren wollten.

Anfang der 70er Jahre waren ca. 40 % der Migranten, die sich seit mehr als sechs Jahren in Frankfurt aufhielten, in werkseigenen Heimen oder Lagern unter unwürdigen Lebensbedingungen untergebracht. Gleichzeitig bildeten sich Ghettos, denen man 1975 mit einem Zuzugstopp in so genannte überlastete Ballungsgebiete (12 % Ausländeranteil) begegnen wollte, der aber wenig später aufgrund seiner Inpraktibilität und wirtschaftlichen Nachteile aufgehoben wurde. Beste weist darauf hin, dass das „bestehende Ausländer- und Polizeirecht, die wachsende Diskriminierungspraxis sowie die Unerfahrenheit der Migranten im Umgang mit Behörden diese Menschen zu idealen Mietern (machten), von denen bei den geplanten Räumungen kaum ein Widerstand zu erwarten war."[2833] Der CV warnte, dass die Ausländerbehörden in der Rezession im Gegensatz zu Zeiten der Hochkonjunktur seit langem wohnhafte ausländische Familien dahingehend überprüfen könnten, ob sie über genügend Wohnraum verfügen und so die Gefahr bestehe, dass die Aufenthaltsgenehmigung nicht verlängert, mit Ausweisung gedroht und Familien auseinander gerissen werden könnten.[2834]

Nach dem Anstieg der Arbeitslosenzahl auf 300.000 (1,2 %) und unter dem Eindruck der Erdölkrise wurde im Oktober 1973 das bis heute geltende Anwerbeverbot für Nicht-EG-Ausländer erlassen, obgleich die Arbeitslosenquote bei Ausländern geringer war als bei Inländern. Eine weitere Einwanderung wurde als nicht im wirtschaftlichen Interesse der Bundesrepublik gesehen und man ließ nur noch eine Familienzusammenführung zu: Ehefrauen erhielten nach vier, Jugendliche nach zwei Jahren Aufenthalt eine Arbeitserlaubnis. 1983 versuchte man mit dem „Rückkehrförderungsgesetz" und Rückkehrprämien wie in Duisburg vergeblich die Zahl der ausländischen Arbeitnehmer zu verringern, da viele bereits über zehn Jahre mit ihren Familien in Deutschland lebten.

Die Zahl der versicherungspflichtig beschäftigten Ausländer blieb von 1970 bis 1990 mit ca. 2 Mill. etwa gleich, obgleich sich die ausländische Wohnbevölkerung verdoppelte. Einwanderung in ein Land mit Massenarbeitslosigkeit war ein neues Phänomen und unterschied sich damit grundlegend von früheren Migrationsbewegungen. Während es früher nur um einen Arbeitsplatz ging, geht es heute auch um einen Einstieg in das staatliche Transfersystem. Bei der Sozialhilfe war dies stärker ausgeprägt als bei der Sozialversicherung. 1970 waren nur 1,3 % aller Sozialhilfeemp-

2833 Beste, S. 111.
2834 Argumentationshilfe (undatiert, vermutlich Januar 1981).

fänger Ausländer. Ihr Anteil war deutlich niedriger als ihr Anteil an der Gesamtbevölkerung – ein Zustand, wie er für ein Einwanderungsland typisch
ist. 2000 waren es bereits 30 % – damit lag der Ausländeranteil an den
Sozialhilfeempfängern mehr als dreimal so hoch wie ihr Anteil an der Gesamtbevölkerung.[2835] Seit 1973 stieg die Arbeitslosenquote von Ausländern weitaus stärker an und war 1993 doppelt so hoch wie der Deutschen.

8.7.2 Politische Flüchtlinge

Während Flüchtlinge aus Ungarn (1956), der Tschechoslowakei (1968)
und Vietnam (ab 1973) noch bereitwillig akzeptiert worden waren und ihre
Integration keine Schwierigkeiten machte, änderte sich dies mit der Zunahme des Flugverkehrs, mit dem die Zahl der Flüchtlinge aus Ländern
der Dritten Welt, insbesondere aus Afrika, rapide zunahm, während Herkunftsländer in Mittel- und Südamerika und Asien unbedeutend blieben.
Während bei kommunistischen Herkunftsländern grundsätzlich von politischen Gründen ausgegangen wurde, wurde diese bei allen übrigen Herkunftsländern in Frage gestellt.

In vielen Ländern waren im Rahmen der Entkolonialisierung die kolonialen Strukturen ersatzlos abgeschafft worden. Die nachkolonialen politischen Systeme sind bis heute korrupt und instabil, sodass sich die Opposition häufig nur durch Flucht retten kann. Weltweite Wanderungsbewegungen werden sich als Folge der Globalisierung der Wirtschaft, des weltweit
ungleich verteilten Reichtums und aufgrund der Verfolgung ethnischer,
kultureller und religiöser Minderheiten auch in Zukunft verstärken.

8.7.2.1 UN-Menschenrechtskonvention und Dubliner Vereinbarung

Um die von der UNO geschützten politischen Flüchtlinge von den „Wirt-
schaftsflüchtlingen" zu unterscheiden, wurde 1967 die Genfer Flüchtlingskonvention vom 28. Juli 1951 ergänzt. Seither wird als Flüchtling angesehen, wer

*„aus der begründeten Furcht vor Verfolgung aus Gründen der Rasse, Religion,
Nationalität, Zugehörigkeit zu einer bestimmten sozialen Gruppe oder wegen seiner politischen Überzeugung sich außerhalb des Landes befindet, dessen Staatsangehörigkeit er besitzt, und den Schutz dieses Landes nicht in Anspruch nehmen kann oder wegen dieser Befürchtungen nicht in Anspruch nehmen will, oder
der sich als staatenlos infolge solcher Ereignisse außerhalb des Landes befindet,
in welchem er seinen gewöhnlichen Aufenthalt hatte, und nicht dorthin zurückkehren kann oder will."[2836]*

Mit der Dubliner Vereinbarung vom 15. Juni 1990, die 1994 von Deutschland ratifiziert wurde und 1997 in Kraft trat, wurde festgelegt, dass der
Staat für die Überprüfung eines Asylbewerbers zuständig ist, den dieser
als erstes betreten hat.[2837] BAMF-Präsident Manfred Schmidt wies später
daraufhin, dass bis dahin „Flüchtlinge durch Europa tingeln (mussten) um

---

2835   Hermann von Laer: Deutschland, ein Wanderungsland (FAZ 1.12.2001).
2836   BGBl II, S. 559.
2837   BGBl 1994 II S. 791f.

eine Behörde zu finden, der sie ihre Geschichte erzählen konnten. Keiner hat sich zuständig gefühlt."[2838] Nach der Abschaffung der Grenzkontrollen in den Schengen-Staaten wurde im Berliner Protokoll vom 26. April 1994[2839] präzisiert, dass Flüchtlinge, die aus einem sicheren Drittland kommen, dorthin zurückgeschickt werden. 2015 wurde das Dublin-Abkommen aus humanitären Gründen einseitig von Deutschland durch die Öffnung der Grenzen für auf der Balkanroute gestrandete Flüchtlinge außer Kraft gesetzt.

8.7.2.2 Aufnahmestopp für Flüchtlinge

Nach 1978 nahm die Zahl der politischen Flüchtlinge in Deutschland von 33.136 über 51.493 (1979) auf 107.818 (1980) zu. Dies führte in einzelnen Städten, u.a. in Frankfurt zu Diskussionen, wie viele Asylbewerber man versorgen könne. So lehnte Oberbürgermeister Wallmann im Sommer 1980 eine weitere Aufnahme von Asylbewerbern ab, nachdem der Ausländeranteil in Frankfurt auf 25 % angestiegen war. Frankfurt sei nicht in der Lage, jährlich etwa 10.000 Asylbewerber zu versorgen. Anfang 1981 stellte er einen Aufnahmestopp für Frankfurt zur Diskussion, wenn der Anteil auf 30 % zulaufe[2840] und fand die Unterstützung sowohl der CDU- wie der SPD-Ratsfraktion.[2841] Herbert Leuninger, Referent für Katholiken anderer Muttersprache beim Bistum Limburg, kritisierte, die

„Kommunalpolitiker der Wirtschaftsmetropole Frankfurt scheinen zu einem Schlag auszuholen, der der Wählermaximierung durch Ausländerabwehr dienen soll. Dies würde der Integrationsbereitschaft der deutschen und nichtdeutschen Bevölkerung großen Schaden zufügen."[2842]

Stadtdekan Adlhoch und Caritasdirektor Werner Osypka lehnten am 4. Februar 1981 die pauschale Ablehnung jeglicher Zuzugsregelung ab und forderten stattdessen ein städtisches Ausländerkonzept, dass „auch die Grenzen für eine humane Integration klar" benennt und eine Aussprache mit Oberbürgermeister Wallmann.[2843] Die Mitarbeiter im Caritas-Sachbereich Ausländer kritisierten, dass „diese Aussagen unsere Arbeit und uns selbst unglaubwürdig gegenüber deutschen und ausländischen Organisationen" machen und wiesen darauf hin", dass das Klima in der deutschen Bevölkerung (...) sich zunehmend verschlechtert und die Aggressio-

---

2838 BAMF-Präsident Manfred Schmidt am 24.2.2015 (http://www.tagesschau.de/inland/kritik-an-kirchenasyl-101.html (Stand: 19.8.2018).
2839 BGBl 1995 II S. 738.
2840 Kommunalpolitischer Bericht des OB Wallmann in: Mitteilungen der Stadt Frankfurt am Main 112 (1981),11, S. 179 v. 10.3.1981.
2841 Der SPD-Fraktionsvorsitzende Michel bezeichnete weiteren Zuzug als unvertretbar, da das erträgliche Maß bereits erreicht sei.
2842 Erklärung Herbert Leuninger, Beauftragter für kirchliche Dienste beim BO Limburg v. 30.1.1981 (ACVF-1310).
2843 die Erklärung vom 4.2.1981 wurde von Stadtvikar Willi Hübinger (Jugendpfarrer), Dekan Franzwalter Nieten (Pfarrer St. Gallus) und Ordinariatsrat Hans Wiedenbauer (Dekan in Höchst und Leiter des Amtes für katholische Religionspädagogik) unterschrieben (ACVF-1310).

nen beiderseits zunehmen" würden.[2844] Sie lehnten einen Zuzugsstopp ab, „weil es sich um eine politische Aussage handelt und wenn dem nicht entgegengetreten wird, es auch andere Entscheidungen mit sich bringt und das Problem der hiesigen Gesellschaft einfach nur als Ausländerproblem abgestempelt wird. (Im Übrigen nehme der Ausländeranteil deshalb zu,) „weil die deutsche Bevölkerung von Frankfurt wegzieht und die Ausländer mehr Kinder bekommen als die Deutschen."[2845] Am 27. März 1981 befasste sich der Caritasvorstand mit der Mitarbeiterresolution. Dekan Franzwalter Nieten, in dessen Pfarrei St. Gallus ein Ausländeranteil von ca. 50 % bzw. 83 % im Kindergarten zu verzeichnen war, lehnte die Vorwürfe als nicht objektiv ab.[2846]

8.7.2.3 Flughafensozialdienst

Mit der Zunahme des Flugtourismus wurden Reiseunerfahrene auf dem Frankfurter Flughafen vor große Probleme gestellt und irrten vielfach auch hilf- und orientierungslos umher. Analog zur Bahnhofsmission schlug die Flughafen AG (Fraport) im Herbst 1972 die Einrichtung eines ökumenischen Flughafen-Sozialdienstes vor und sicherte die Bereitstellung kostenloser Räume zu. Nach Vorgesprächen mit dem Diakonischen Werk und der Bereitstellung von Zuschüssen seitens des BO traf der Caritasvorstand am 6. Dezember 1972 noch keine Entscheidung, weil man Zuschüsse des Landes und der Stadt abklären und sich bei der seit langem bestehende DRK-Stelle über die Notwendigkeit informieren wollte.[2847]

Erst drei Jahre später am 1. September 1975 nahm der vom Evangelischen Regionalverband und dem CV getragene Flughafensozialdienst seine Tätigkeit auf. Die Räumlichkeiten waren von Anfang an sehr beengt und lagen so abseits, dass in der Ankunftsebene während der Hauptverkehrszeiten ein Informationsstand eingerichtet werden musste. Zusätzlich zu einem 20qm großen Büro gab es eine kleine Küche, eine Nasszelle (Dusche, Toilette, Babywickeltisch), eine kleine Kleiderkammer und einen Ruheraum für Passagiere.

Als Folge der knappen personellen Besetzung wurde zunächst keinen Wochenenddienst geleistet.[2848] Den Schwerpunkt legte man auf Reisende, die mit dem für sie neuen Verkehrsmittel Flugzeug nicht vertraut waren, bestohlen worden oder behindert waren. 1985 wurde über 3.200 Passagieren mit Beratung, Mahlzeiten und Getränken, Dusch- und Übernachtungsgelegenheit geholfen.

Ende der 70er Jahre trat der Passagierdienst in den Hintergrund und ab 1980 wurde aufgrund des neuen Asylverfahrensgesetzes die Betreuung der auf dem Flughafen eintreffenden Asylsuchenden zur wichtigsten Aufgabe. Diese mussten anfangs ein bis zwei Tage bis Asylantragsstellung und Weiterleitung durch den Bundesgrenzschutz in das hessische Sammellager im Flughafen verbleiben. Da die Asylsuchenden sich nur im Tran-

---

2844 Vermerk für Osypka v. 11.2.1981 (ACVF-1310).
2845 Argumentationshilfe (undatiert, vermutlich Januar 1981).
2846 Protokoll CVF-Vorstand 27.3.1981 (ACVF-1310).
2847 Protokoll CVF-Vorstand 6.12.1972 (ACVF-1310).
2848 Protokoll CVF-Vorstand 12.9.1980 (ACVF-1310).

sitbereich bewegen durften, wurde eine Betreuung und Versorgung durch Personen mit Zutrittsberechtigung zum Transitbereich notwendig. So erhielten die Flüchtlinge eine Erstversorgung, verlorenes Gepäck wurde wiederbeschafft, Kranke wurden zur Flughafenklinik begleitet.

Häufig wurden auch Kinder und minderjährige Jugendliche von ihren Eltern ins Flugzeug gesetzt und nach der Ankunft das Rückflugticket von den Eltern annulliert. Die „unbegleiteten Minderjährigen" wurden vom Jugendamt in Obhut genommen und unter Vormundschaft gestellt. Viele wurden auch in den Jugendheimen St. Martin, Haus Thomas und Haus Ursula untergebracht.

Flüchtlinge am Flughafen 1982
© Flughafensozialdienst

Der Flughafensozialdienst wurde so zur „Endstation Sehnsucht" und 1986 wurden 4728 Flüchtlinge betreut, die neben den üblichen Betreuungsleistungen über das weitere Verfahren informiert wurden. Zwei FSD-Mitarbeiter machten einmal wöchentlich eine Nachbereitung, zwei weitere erteilten Sprachunterricht. 15 ehrenamtliche Helfer, ein Zivildienstleistender sowie 8 Honorarkräfte (Wochenende) unterstützten die Arbeit.

1983 wurde im Transitbereich ein Asylantenraum zwar „verbessert", Anfangs mussten die Flüchtlinge bis zu acht Tagen im Transitbereich verbringen, später wurden es bis zu mehreren Monaten. Die räumlichen Verhältnisse blieben aber unzureichend und verschlechterten sich trotz Interventionen des CV und des Diakonischen Werks in den 90er Jahren weiter. Aber auch das Verhältnis zum Bundesgrenzschutz wurde immer gespannter, sodass es immer wieder zu Gesprächen kam, die aber meist ergebnislos verliefen. Schließlich wurde der FSD zum 31. Dezember 2003 eingestellt.

8.7.2.4 Sozialdienst für Flüchtlinge

Um die traumatischen Erfahrungen der Flüchtlinge aufarbeiten zu können, eröffneten der CV und das Diakonische Werk am 9. Juli 1979 am Westendplatz 30 ein „Psychosoziales Zentrum für Flüchtlinge".

Gemeinsam mit dem Evangelischen Regionalverband (Träger), der Stadt und der freien Wohlfahrtsverbände wurde ein „Sozialdienst für Flüchtlinge" eingerichtet. 1983 wurden über 660 Beratungen durchgeführt, davon 574 für Asylbewerber. 1986 waren es bereits 740, davon 565 Asylberechtigte. Da Frankfurt keine neuen Asylbewerber aufnahm, waren es meist Personen mit lange dauernden Asylverfahren, später nachgereiste Familienangehörige. Darunter waren auch zahlreiche Personen von außerhalb Frankfurts, die sich hier bessere Arbeitsmöglichkeiten oder das Kennenlernen von Landsleuten erhofften. Die Beratung umfasste wirtschaftliche Sozialhilfe, Ausbildung und Schule, Gesundheitsfragen, Familienzusammenführung und Zuzug nach Frankfurt sowie Wohnungssuche[2849]. 1986 hatte der CV auch zwölf Vormundschaften für unbegleitete Minderjährige aus Eritrea, von den elf in Heimen und eine in einer Pflegefamilie untergebracht war.

Der Sozialdienst war auch Ansprechpartner für rückkehrwillig Flüchtlinge. 1983 suchten Menschen aus Indien, Pakistan und Bangladesh um Hilfe für die Rückkehr in ihr Heimatland. Finanziert wurde dies durch die ICEM in Bonn[2850] und abgewickelt durch den Flughafensozialdienst, der für die Rückkehrer die Formalitäten erledigt und sie dann zum Flugzeug begleitet. Da es häufig zu Verzögerungen beim Abflug kam, mussten die Nichtreisenden für ein bis zwei Tage vom FSD untergebracht oder an ihren Herkunftsort zurückgeschickt werden.[2851]

8.7.2.5 Flüchtlingswohnheime

Ende 1984 wurde das Flüchtlingswohnheim Bockenheim (Schlossstr. 119), in dem bisher Aussiedler untergebracht waren, für den Zeitraum 1.1.1985 – 31.12.1987 für die Belegung mit Asylberechtigten umgewidmet. Es diente als Zwischenunterbringung vor der endgültigen Unterbringung in Frankfurt. Eingewiesen wurden die Bewohner von der städtischen Zentralstelle für Asylbewerber (Mainzer Landstraße 351). Anfangs stammten sie aus Eritrea, Afghanistan und dem Iran. Insgesamt gab es 70 Plätze in Zwei- und Dreibettzimmern, ausgestattet jeweils mit Tisch, Bett, Stühlen, einem kleinen Kühlschrank, Spüle und Kochplatte. Es gab keine Gemeinschaftsversorgung, alle erhielten den vollen Sozialhilfesatz.[2852]

Die Flüchtlingsberatung erfolgte durchweg als Einzelfallhilfe, die täglich von 13–20 Flüchtlingen in Anspruch genommen wurde. Sie zielt darauf ab, der „Perspektivlosigkeit und Alltagsleere der Heimbewohner entgegenzuwirken." Aufgrund der diesen meist fehlenden deutschen Sprachkenntnisse musste der Schriftverkehr mit den Behörden erledigt werden, Kindergartenplätze gefunden und Anträge an das Wohnungsamt gestellt werden. Ab September 1986 wurden vom CV zwei Sozialpädagoginnen zusätzlich für sozialpädagogische und Integrationshilfen eingesetzt, um das Eigenpotential und selbstverantwortliche Sozialverhalten der Flüchtlinge zu stärken.[2853]

Ab Ende Oktober 1986 wurde täglich nachmittags eine Deutschnachhilfe angeboten, die dank der elterlichen Unterstützung von 20–25 Kindern genutzt wurde. Zweimal wöchentlich ein Deutschkurs für Frauen angeboten. Zur Förderung der Kommunikation zwischen den Hausbewohnern fand dienstags ein Teenachmittag statt, dazu gab es gemischte Kulturabende. Eine enge Zusammenarbeit bestand auch mit der evangelischen Markusgemeinde und der Pfarrgemeinde St. Elisabeth Bockenheim.[2854]

Mit dem zunehmenden Zustrom der Aussiedler und Flüchtlinge aus Osteuropa 1989/90 wurden die Unterbringungskapazitäten in Frankfurt

---

2849 CVF-Jahresbericht 1986/87, S. 66 (ACVF-1001).
2850 CVF-Jahresbericht 1983, S. 64f (ACVF-1001).
2851 CVF-Jahresbericht 1986/87, S. 50 (ACVF-1001).
2852 CVF-Jahresbericht 1986/87, S. 47 (ACVF-1001).
2853 CVF-Jahresbericht 1986/87, S. 47 (ACVF-1001).
2854 CVF-Jahresbericht 1989 (ACVF-1001).

knapp. So mietete die Stadt zwei Hotels in der Düsseldorfer Straße und in der Gutleutstraße an und übertrug sie dem CV. Hier wurden 454 Personen untergebracht, die unter kaum erträglichen Bedingungen leben mussten. Einerseits können sie von den Hoteliers jederzeit auf die Straße gesetzt werden, andererseits erzielen diese mit den heruntergekommenen Hotels und ehemaligen Absteigen bei Tagessätzen von 35 DM hohe Einkünfte. Es blieb ihnen auch überlassen, ob sie Gemeinschaftsräume bereitstellen oder nicht.[2855]

8.7.3 Sozialdienste für Ausländer

Da zunächst überwiegend katholische Italiener und Spanier nach Frankfurt kamen, konzipierte man die Sozialarbeit für die ausländischen Arbeitnehmer und ihre Familien nationalitätenspezifisch, um die Rückkehr in ihre Heimatländer nicht zu erschweren. Im Sommer 1960 stimmte man mit dem Landesarbeitsamt und dem DCV Möglichkeiten einer Seelsorge und sozialer Betreuung für italienische, spanische und griechische Arbeitnehmer ab. Auf Anregung von Stadtpfarrer Eckert wurde am 29. Juni 1961 ein italienisch-spanisches Plakat mit Angaben über Büroräume, Adressen, fremdsprachige Gottesdienstorte und –zeiten und die Namen der ausländischen Priester bzw. Fürsorger beschlossen, um die Pfarrämter zu entlasten, die sprachlich im Umgang mit Ausländern behindert seien.[2856] Caritas und Diakonisches Werk richteten besondere Zentren für Italiener, Spanier und Griechen ein, [2857] „um ihnen auch in Deutschland ein Gefühl der Geborgenheit und des Zusammenlebens zu geben".[2858] Im Rahmen der Abstimmung zwischen den Wohlfahrtsverbänden wurden die griechischen Arbeitnehmer von evangelischen Verbänden, die türkischen Arbeitnehmer von der Arbeiterwohlfahrt und die meist katholischen Spanier, Italiener und Kroaten von der Caritas betreut.[2859]

1964 wies Meta Nicolai daraufhin, dass viele italienischen und spanischen Arbeitnehmer" schon jahrelang in Frankfurt (arbeiten) und voraussichtlich auch noch auf Jahre bleiben" werden. Daher sei eine „Familienzusammenführung dringend erforderlich" und verwies auf die Mittelbereitstellung der Bundesanstalt für Arbeitsvermittlung für den Wohnungsbau für ausländische Arbeitnehmer. Das Katholische Siedlungswerk erklärte sich zur Finanzierung eines Wohnblocks für Spanier und Italiener wie in Wiesbaden bereit, falls das BO ein entsprechendes Grundstück in Frankfurt oder Umgebung vermitteln könne. [2860] Daraufhin wurde auch ein

---

2855 CVF-Jahresbericht 1986/87, S. 47 (ACVF-1001).
2856 Protokoll Caritasvorstand 29.6.1961 (ACVF-1130); das Plakat konnte bisher nicht gefunden werden.
2857 Italien: Frankfurt und Hanau (1961), Fulda (1962), Kassel (1963), Wiesbaden, Rüsselsheim und Wetzlar (1964); Spanien: Frankfurt, Offenbach, Hanau, Kassel, Wiesbaden, Großauheim, gießen (1963), Wetzlar (1964); Griechenland: Darmstadt (1962), Gießen, Rüsselsheim, Frankfurt (1964).
2858 Übersicht über Einrichtungen und Aufwendungen des CV und des Diakonischen Werkes für ausländische Arbeitnehmer in Hessen v. 2.4.1964 (ACVF-4303-03).
2859 Protokoll CVF-Vorstand 25.9.1963 (ACVF-1130).
2860 Vermerk Nicolai v. 27.11.1964 bez. Fürsorge für Italiener, Spanier und Jugoslawen (ACVF-4300-03).

200.000 qm großes Grundstück der Pfarrgemeinde Kalbach ins Gespräch gebracht.[2861]

Unterschätzt wurde die Zahl der weiblichen Arbeitnehmer aus Südeuropa.[2862] Trotz der Warnungen der Anwerbestellen der Bundesanstalt für Arbeit in Italien und besonders in Spanien konnte nicht verhindert werden, dass Frauen mit Kindern als „Touristinnen" ihren Männern nachreisten. Da nur wenige Firmen geeigneten Wohnraum zur Verfügung stellen konnten, mussten die Familien Wohnungen zu überhöhten Preisen anmieten und viele Frauen waren gezwungen, mitzuverdienen. Viele Frauen arbeiteten zunächst illegal und bemühten sich nachträglich um eine Arbeitserlaubnis, die von bayerischen und baden-württembergischen Behörden relativ problemlos gewährt wurde. Matthes weist daraufhin, dass die Ausländerbetreuer mit einer speziellen „Mädchenarbeit" überfordert waren, da nur in wenigen Städten, u.a. auch in Frankfurt, entsprechend ausgebildete Betreuer vorhanden waren.[2863]

Da die in der Heimat verbliebenen Großmütter und Verwandte aufgrund ihres Alters zunehmend die Kleinkinder nach Deutschland schickten und diese in den voll besetzten deutschen Kindergärten keinen Platz fanden, wurden viele Kinder in illegalen privaten Pflegestellen untergebracht.[2864] Erste Kindergärten für ausländische Kinder wurden 1962 vom Diakonischen Werk in Wetzlar für griechische und 1963 vom CV Frankfurt für spanische Kinder eröffnet.[2865] Um den Familienzusammenhang zu gewährleisten legten Italien[2866] und Spanien Wert auf eigene Schulen in Deutschland, die die Integration in die deutsche wie die italienische bzw. spanische Gesellschaft unterstützen sollten.

In katholischen und evangelischen Kirchengemeinden engagierte man sich nun für Lösung der schulischen Probleme ausländischer Kinder. 1970 wurde im „Internationalen Erziehungsjahr" mit dem Projekt „Mitmachen lohnt sich auch für Sie – Hausaufgabenhilfe für ausländischen Kinder" die breite Öffentlichkeit um Unterstützung gebeten. Die hessischen Caritasverbände koordinierten die Arbeit bestehender Gruppen und gründeten neue Initiativen, vornehmlich in Darmstadt, Frankfurt, Mainz und im Main-Taunus-Kreis. Aber erst in den 80er Jahren wurden diese stärker an die Schulen angelehnt und damit den spezifischen Anforderungen angepasst.

Die steigende Zahl der nichtehelichen Kinder und Scheidungen, die Probleme der vielfach immer noch notdürftig untergebrachten Familien machten nun eine differenziert angebotene und durchgeführte Sozialarbeit

---

2861 Vermerk Nicolai v. 12.1.1965 (ACVF-4300-03).
2862 Monika Mattes, „Gastarbeiterinnen" in der Bundesrepublik: Anwerbepolitik, Migration und Geschlecht in den 50er bis 70er Jahren, Frankfurt 2005, S. 149f.
2863 Matthes, S. 273.
2864 So informierte das Landesjugendamt den CV im Februar 1965 über eine Pflegestelle in Bad Vilbel, in der mindestens 15 Kinder vom Säuglingsalter bis zu zehn Jahren angetroffen wurden, die u.a. aus Spanien, Griechenland und der Türkei stammten (LJA Hessen/CVF v. 23.2.1965 bzw. Antwortschreiben v. 26.3.1965–ACVF-4300-03).
2865 Übersicht über Einrichtungen und Aufwendungen des CV und des Diakonischen Werks für ausländische Arbeitnehmer in Hessen v. 2.4.1964 (ACVF-4303-03).
2866 Italien richtete sogar ein Schulamt beim Italienischen Generalkonsulat in Köln ein.

notwendig.[2867] Aufgrund einer Empfehlung aller Fürsorger vom 30. November 1971[2868] wurde im CV ein eigenständiges Sachgebiet „Sozialdienste für Ausländer" geschaffen, das die Sozialarbeit der verschiedenen Nationalitäten koordinieren und unterstützen sollte. Die ausländischen Mitarbeiter, Sozialarbeiter und Priester standen vor dem Problem, dass die Übertragung der deutschen Organisationsmethoden auf die ausländischen Hilfsstellen und ihre Mitarbeiter aufgrund der unterschiedlichen Mentalität nicht möglich war. Diese arbeiteten zeitlich gesehen zwar nicht so konzentriert, waren aber Tag und Nacht für die Hilfesuchenden im Einsatz.[2869] Die Sozialbetreuer waren vor allem mit Übersetzungen und Dolmetschertätigkeiten befasst, weil die städtischen Sozialstationen über keine eigenen Dolmetscher verfügten. [2870] Die Personalkosten der italienischen und spanischen Fürsorger wurden vom DiCVL finanziert.[2871] Die Nachfrage nahm immer weiter zu, so dass 1972/73 über 61.500 Einzelberatungen durchgeführt wurden. 1974 gab es auf Bistumsebene 26 Sozialberater für Inder, Italiener, Koreaner, Kroaten, Portugiesen, Spanier und Tschechen[2872]

Mit der zunehmenden Drogenproblematik wurde 1982/83 eine internationale Jugend- und Drogenberatung gemeinsam mit dem Internationalen Familienzentrum und dem Verein „Jugendberatung-Jugendhilfe" organisiert, die sich an Jugendliche im Bereich Hauptbahnhof und drogengefährdete, jugendliche Ausländer richtete, die die bestehenden Drogenberatungen nicht aufsuchten. Schließlich entschied man sich dafür, diese von den Sozialdiensten für ausländische Mitbürger betreuen zu lassen. [2873]

8.7.3.1 Italien

Nachdem die Anwerbekommission der Bundesanstalt für Arbeit in Mailand ihre Tätigkeit aufgenommen hatte, kamen im Frühjahr 1956 ca. 1600 italienische Arbeiter nach Hessen, von denen ca. 1200 in der nordhessischen Landwirtschaft und 400 in Steinbrüchen und Ziegeleien eingesetzt wurden.[2874] Die Fürsorge übernahm am 24. Mai 1956 Amanda Parisi mit Sitz beim DiCV Fulda. Gleichzeitig wurde ordnete die „Missione Cattolica" Don Silvano Ridolfi zur seelsorgerischen Betreuung aller Italiener in Hessen, Rheinland-Pfalz und dem bayerischen Regierungsbezirk Unterfranken ab.[2875]

Da die Zahl der italienischen Arbeitnehmer in Frankfurt stark zugenommen hatte, entsandte die päpstliche „Pontifica opera di assistenza"[2876]

2867 Osypka, Rede auf dem Caritastag 1976, S. 9.
2868 Protokoll Dienstbesprechung v. 30.11.1971 (ACVF-Dienstbesprechung).
2869 Osypka, CV Frankfurt, S. 83.
2870 Protokoll Dienstbesprechung v. 30.11.1971 (ACVF-Dienstbesprechung).
2871 Protokoll CVF-Vorstand 28.2.1964 (ACVF-1130).
2872 Übersicht über Einrichtungen und Aufwendungen des CV und des Diakonischen Werks für ausländische Arbeitnehmer in Hessen v. 2.4.1964 (ACVF-4303-03).
2873 CVF-Jahresbericht 1983, S. 45f (ACVF-1001).
2874 Rundbrief Konferenz der Caritasverbände in Hessen v. 14.6.1956 (ACVF-4311-03).
2875 Ridolfi hatte seinen Sitz in der Mainzer Landstraße 299.
2876 Die Pontificia opera di assistenza (POA) ging 1953 aus der 1944 gegründeten früheren Pontificia Commissione di assistenza ai profughi hervor und ist seither u.a. für Flutopfer und im Ausland lebende Italiener.

im April 1957 die „assistenti sociali" Delia Rizzi und Giovanna Cataldo nach Frankfurt. Sie betreuten vom Caritashaus aus gemeinsam mit Caritas-Fürsorgern die in ganz Hessen verstreut lebenden italienischen Arbeitnehmer. U.a. sollten sie die „damals oft mangelhaften Unterkünfte der Firmen (...) überprüfen und zusammen mit den Arbeitsämtern für eine Verbesserung" sorgen".[2877] Bemühungen um eine seelsorgliche Unterstützung durch die Hochschule St. Georgen blieben erfolglos, obgleich Hilfe im Notfall zugesichert wurde.[2878] Am 1. Juli 1960 übernahm Ridolfi auch die Seelsorge für alle Italiener im Raum Frankfurt.[2879]

1959 wurde die Anwerbung italienischer Arbeitnehmer intensiviert. Zusammen mit dem DCV bemühte sich der CV um zweisprachige Mitarbeiter bzw. Helfer für die hessische Stadt- und Kreiscaritasverbände. Im Juni 1960 nahm ein aus Trient stammender Sozialarbeiter mit hauptamtlichen Caritasmitarbeitern die Betreuung in Südhessen auf. In Frankfurt entstand zusätzlich ein Kreis ehrenamtlicher italienisch sprechender Helfer, die in den Abendsprechstunden aushalfen und Kranke im Krankenhaus aufsuchten.

Am 23. Februar 1962 wurde das „Centro Italiano" (Vogelweidstraße 3) eröffnet, dass vom Landesarbeitsamt, den Arbeitgeberverbänden, dem Italienischen Konsulat und der Stadt finanziert wurde. Weitere Träger waren die Missione Cattolica, der DGB-Kreisausschuss, der Italienische Unterstützungsverein, der Bund für Volksbildung und die Gemeinnützige Gesellschaft für Wohnheime und Arbeiterwohnungen. Mit Unterstützung von Caritas Internationalis baute Ridolfi eine Beratungs- und Hilfsstelle auf, die täglich außer montags von 9–24 Uhr geöffnet war. Im „Centro" wurden Sprachkurse

Arztzimmer im Centro Italiano um 1964 © ACVF

durchgeführt, ein Fußballturnier um den vom italienischen Außenministerium gestifteten „Coppa Italia" organisiert. Fünf Betten standen für durchreisende Italiener bereit, um die Bahnhofsmission zu entlasten.[2880] Probleme entstanden an mit dem „Gemeinschaftsraum mit Bewirtung", der als „nicht öffentliche anerkannte Gaststätte" bei Fehlverhalten kein Lokalverbot erlassen konnte, durch den von der italienischer Seite nicht akzeptierten deutschen Hausverwalter[2881] und die gut besuchte Praxis eines italienischen Arztes.[2882]

2877 Übersicht über Einrichtungen und Aufwendungen des CV und des Diakonischen Werkes für ausländische Arbeitnehmer in Hessen v. 2.4.1964 (ACVF-4303-03).
2878 CVF an Kath. Pfarramt Frauenfrieden v. 19.9.1960 (ACVF-Migration).
2879 Werner Osypka, Der Caritasverband Frankfurt-Spiegelbild einer Großstadt im 20. Jahrhundert, in: Jahrbuch für das katholische Frankfurt 1976, S. 81.
2880 FNP 16.4.1963.
2881 Stellungnahme der ital. Fürsorger v. 5.12.1964 (ACVF-4311-03).
2882 Vermerk v. 19.11.1964 für Kath. Büro Bonn (ACVF-4300-03).

Die Beratungsarbeit wurde ab Frühjahr 1964 von 3–4 italienischen Sozialarbeitern geführt, aber durch die Personalfluktuation der Sozialarbeiter beeinträchtigt. Generalkonsulat und DGB führten Sprechstunden durch, während die Fürsorge für die italienischen Arbeitnehmer im CV angesiedelt blieb. Im Haus der Volksarbeit arbeitete ein von der italienischen katholischen Gewerkschaft (CALY) angestellter Sozialbetreuer. Sprechstunden wurden auch im der Caritasbüro Höchst (Dalbergstraße 5) und im Pfarrhaus Oberursel abgehalten.[2883]

Gemeinsam mit der christlichen italienischen Arbeiterbewegung ACLI organisierte man am 1. Mai 1964 ein Treffen im Pfarrsaal St. Josef Bornheim, an dem u.a. der ACLI-Präsident für Deutschland, Meoli, und über 600 lebende Italiener forderten u.a., die nach Italien überwiesenen Devisen für den Aufbau einer wettbewerbsfähigen Wirtschaft zu nutzen, um dort Arbeitsplätze zu schaffen und die zunehmende Abwanderung aus Süditalien zu stoppen. Beklagt wurde, dass es für Italiener schwierig sei, eine Wohnung zu finden," weil man keine Italiener im Haus haben wollen" und es fehle eine Rechtsberatung des Konsulats. So hätten bei Arbeitsunfällen verletzte Arbeiter keine Möglichkeit, eine „angepasste Rente zu bekommen, weil der Fürsorge die Einrichtungen fehlte, die für die Interessen der Emigranten zu sorgen hätte." Besonders kritisiert wurde, dass das „Centro" nicht unter italienischer Leitung stehe und de facto nur eine italienische Gaststätte sei, man aber wolle, dass das „Centro" ein Haus für sie sei, wo alle eine wirkliche Hilfe auf sozialer Ebene finden können und vor allem eine menschliche Behandlung erfahren."[2884]

In der Folgezeit schaltete sich der CV stärker ein und organisierte ab November 1965 im Klubheim Nähkurse für alleinstehende italienische Mädchen, ein Kinderfest im „Centro" und eine Veranstaltung zwischen Weihnachten und Neujahr für ca. 100 Personen, die nicht nach Hause fahren konnten.[2885]

Nachdem das „Centro" immer mehr an Attraktivität verlor und Ende 1966 angesichts der finanziellen Probleme aufgrund der zögerlichen Zahlungsweise des italienischen Generalkonsulates auch von Caritasdirektor Jung in Frage gestellt wurde, verstärkte das Bistum seine Zusammenarbeit mit der „Missione Cattolica". In der „Casa Don Bosco" in der Bockenheimer Anlage 3 wurden ab Februar 1967 zweimal wöchentlich Sprechstunden am späten Nachmittag angeboten.[2886] Jung wollte an Stelle des „Centro" Sprechstunden dezentral anbieten und forderte, für die Centro-Bettplätze eine Alternative im Kolpinghaus oder einem Jugendheim zu finden.[2887]

2883 Vermerk v. 19.11.1964 für Kath. Büro Bonn (ACVF-4300-03).
2884 Protokoll des Treffens italienischer Gastarbeiter am 1.5.1964 im Saal von St. Josef Bornheim v. 13.5.1964 (ACVF-4311-03).
2885 CVF/Landesarbeitsamt Hessen-Abt. Ausl. Arbeitnehmer v. 22.11.1965 (ACVF-4311-03).
2886 Schreiben CVF-Jung/Don Peppino Astore und Elisabeth Albrecht v. 14.2.1967 (ACVF-4311-03).
2887 Aktennotiz Jung v. 16.12.1966 (ACVF-4311-03).

Am 23. Februar 1967 beschloss das Kuratorium des „Centro" die Auflösung, nachdem die Stadt die Miete nicht mehr zahlen wollte. Das Bistum garantierte den Fortbestand bis Ende 1968 und finanzierte auch die Renovierung. Daraufhin stellte die Stadt 10.000 DM in Aussicht und auch das Generalkonsulat erhöhte seinen Zuschuss. Träger wurde nun der CV. Die ACLI und die Missione Cattolica hielten zusätzliche Sprechstunden ab.[2888]

Im Herbst 1966 kam es aufgrund der Wirtschaftskrise verstärkt zu Entlassungen der erst kurz beschäftigten italienischen Arbeitnehmer gekommen, während diejenigen, die drei und mehr Jahre Beschäftigten mit Ausnahme von zeitweiliger Kurzarbeit nicht betroffen waren. Aufgrund unzureichender Information gingen viele Entlassene nach Italien in der Hoffnung zurück, dort weiter ihre Arbeitslosenunterstützung beziehen oder wieder eingestellt werden zu können, blieben aber vielfach arbeitslos. Vom Sozialamt wurden zwar Übergangshilfen gewährt, die aber zurückgezahlt werden mussten, sonst drohte die Ausweisung. Die Heimreisen wurden vom Konsulat finanziert. Auch der CV unterstützte notleidende Familien so weit es ging, da die Zuschüsse der Bundesanstalt für Arbeit nicht ausreichten.[2889]

Da die Finanzierung über das Jahresende 1968 hinaus nicht sichergestellt werden konnte,[2890] beschloss der Caritasvorstand, das italienische Zentrum endgültig aufzulösen. Angesichts der Zugehörigkeit Italiens zur EWG als einer freizügigen Wirtschaftsgemeinschaft „sei es auch nicht mehr erforderlich, ein Zentrum durch den CV zu unterhalten.[2891] Da die italienische Caritas in Deutschland nicht selbst tätig werden durfte, weil die Bundesregierung die Tätigkeit ausländischer Wohlfahrtsorganisationen ablehnte, und auch nicht über ausreichende Mittel verfügte,[2892] übernahm die Missione Cattolica die kulturelle, Giordano Stabile die fürsorgerische Arbeit im Caritashaus. Bald stellte sich aber die Unzulänglichkeit dieser Lösung heraus. Nach Giordano Stabile war die Zusammenarbeit mit den italienischen Stellen schwierig, da diese zerstritten waren und eine Selbsthilfeorganisation nicht möglich sei, „den Schwarzen Peter hat der CV zugeschoben bekommen." Sein Aufgabenbereich war auch zu umfangreich, um eine intensive Betreuung sicherzustellen, da er allein sich u. a. mit der Betreuung von volljährigen Strafgefangenen, von ledigen Mütter und der Unterbringung ihrer Kinder in deutschen bzw. italienischen Horten und der Erledigungen von Anfragen italienischer Fürsorgeämter befassen musste.[2893]

Daraufhin wurde die Arbeit des CV intensiviert. 1981 bestanden für die 23.000 Italiener in Frankfurt und im Main-Taunus-Kreis zwei Caritas-Dienststellen: eine in Frankfurt-Mitte (Krögerstraße 2) mit drei Sozialar-

---

2888 Protokoll CVF-Vorstand 1.6.1967 (ACVF-1310).
2889 Bericht Albrecht zur Lage der italienischen Arbeitnehmer v. 8.4.1967 (ACVF-4311-03).
2890 die Miete betrug 48.000 DM, von denen 10.000 durch die Stadt und zögerlich 20.000 vom italienischen Generalkonsulat getragen wurden.
2891 Protokoll CVF-Vorstand 3.10.1967 (ACVF-1310).
2892 Protokoll Dienstbesprechung v. 30.11.1971 (ACVF-Dienstbesprechung).
2893 Protokoll Dienstbesprechung v. 30.11.1971 (ACVF-Dienstbesprechung).

beiterin und einer Sekretärin und eine zweite in Höchst im Spanischen Zentrum. Die Räumlichkeiten waren für eine konsequente Sozialarbeit aber kaum geeignet. Weitere Räume konnten nicht zur Verfügung gestellt werden, da sie für Gruppenarbeit benötigt wurden.[2894]

8.7.3.2 Spanien

Im Gegensatz zu den Italienern, die mehr oder weniger auf den Deutschlandaufenthalt vorbereitet worden waren, traf dies bei den Spaniern, die ab Sommer 1960 kamen, generell nicht zu. Sie hatten große Schwierigkeiten, sich an die industrielle Umwelt anzupassen und kamen mit ihren Familien, „obwohl ihnen dies von den Anwerbestellen in Madrid und Barcelona streng untersagt war." [2895] Ihre Ehefrauen wurden aber ohne Arbeitsgenehmigung und „wahrscheinlich aus Angst vor dem Mutterschutzgesetz" nicht eingestellt.[2896]

Mitte 1961 erreichte die Zahl der spanischen Arbeitnehmer in Frankfurt ca. 8.000 und die Caritasbüros waren mit Frauen und Kindern ohne Unterkunft überfüllt, da von den Arbeitgebern nur für die Unterkunft der Männer gesorgt worden war. Täglich waren etwa 30 Hilfesuchende zu verzeichnen. Daraufhin empfahl Stadtpfarrer Alois Eckert, im Industriehof ein „Centro Español" einzurichten und in der Übergangsphase bis zur Fertigstellung eines neuen Gebäudes eine Baracke aufzustellen und beim BO um Zuschüsse nachzusuchen.[2897]

Anfangs wurden die Familien seelsorglich durch spanisch sprechende Priester der Hochschule St. Georgen, fürsorglich durch eine chilenische Sozialarbeiterin und den spanischen Sozialarbeiter Bernabeu, der einige Semester Jura studiert hatte, betreut. Nachdem dieser Anfang April 1961 seine Tätigkeit aufgab, wurde auf Vorschlag von Pater Abad der Lehrer und Journalist Manuel Gonzalez als Nachfolger berufen, der seit 1954 mit seiner Familie in Frankfurt lebte und ca. 33 Stunden wöchentlich arbeiten sollte, vornehmlich in Frankfurt, Offenbach und Hanau.[2898] Generell war es schwierig, geeignete und vor allem sprachkundige Mitarbeiter zu finden.[2899]

Am 8. Oktober 1961 wurde das vom BO erworbene und renovierte Gebäude in der Brüder-Grimm-Straße 20 als „Centro Español" unter Leitung von Rodriguez Casera[2900] eröffnet, der am 1. Mai 1964 durch den Juristen Angel Lopez-Castro abgelöst wurde.[2901] Das Kuratorium des spani-

---

2894   Kurzbericht Sachbereich Ausländer v. März 1981 (ACVF-1130).
2895   Vermerk v. 2.4.1964 (ACVF-4303-03).
2896   Vermerk v. 15,6,1959 als Anlage zu Protokoll CVF-Mitgliederversammlung 1959 (ACVF-1330).
2897   Protokoll CVF-Vorstand 19.10.1961 (ACVF-1310).
2898   Schreiben CVF an Adlhoch v. 23.3.1961 (ACVF-Migration).
2899   1962 wurde ein Sozialarbeiter in Wetzlar, 1963 in Darmstadt sowie zwei zusätzliche in Offenbach und eine Sozialarbeiterin in Hanau angestellt. Ende 1963 betreuten zehn Caritas-Sozialarbeiter in Hessen 22242 Spanier und 5639 Spanierinnen. Vermerk v. 2.4.1964 (ACVF-4303-03).
2900   der Leiter wurde vom spanischen Auswanderungsinstitut Madrid (Instituto. Español de Emigración) eingesetzt.
2901   CVF-Nicolai/Konferenz der Caritasverbände in Hessen v. 23.11.1964 (ACVF-4300-03).

schen Zentrums unter dem Vorsitz des Caritasdirektors bestand aus Vertretern des spanischen Generalkonsulats, der Stadt, des BO und des Landesarbeitsamtes.[2902] Im Centro Español wurden u.a. die Fürsorge und die Spanische Mission unter Leitung von Pater Larrauri untergebracht. Zur Betreuung waren fünf Schwestern, darunter drei Sozialberaterinnen, vom Orden „Misioneras Cruzadas de la Iglesia" in Madrid gewonnen worden, die zwar im April 1962 nach Deutschland gekommen waren, aber erst Ende Oktober 1963 ihren Dienst aufnehmen konnten, da sie erst Deutsch lernen mussten,[2903] um auch Kontakt mit Behörden aufnehmen zu können. Zwei arbeiteten als Fürsorgerinnen im Centro Español und im Caritashaus, eine leitete den spanischen Kindergarten.[2904] Die benötigten Mittel wurden wie beim Centro Italiano bei der Stadt beantragt.[2905]. Eine zusätzliche Dependance befand sich in der Höchster Nebenstelle des CV in der Dalbergstraße 5.[2906]

Der CV plante 1962 die Einrichtung eines Wohnheimes für spanische Arbeiterinnen in einem angebotenen Gebäude in der Weserstraße 5, in dem in den 30er Jahren das Katholische Volksbüro seinen Sitz gehabt hatte. Da es zu sehr heruntergekommen war, wurde dieser Plan nach einer Besichtigung durch den Präsidenten der Bundesanstalt für Arbeit, Anton Sabel, aufgegeben[2907] und auch die Alternativlösung in der Kostheimer Straße zugunsten eines spanischen Kindergarten aufgegeben, da es fast unmöglich war, spanische Kinder in deutschen Kindergärten unterzubringen.

Am 1. November 1963 wurde eine Kindertagesstätte im 3. Stock des „Spanischen Zentrums" (Brüder-Grimm-Str. 20) für 30 Kindergartenkinder, 10 Kinder im Alter von 2–3 Jahren sowie 5 Krippenkinder (bis 2 Jahre) mit Öffnungszeiten von 7–17 Uhr in Betrieb genommen. Durchschnittlich besuchten 35–40 Kinder den Kindergarten. 1966 schlug Schwester Lukana die Einrichtung einer weiteren spanischen Gruppe vor, doch ist nicht festzustellen, wann es dazu kam.[2908] Bis zur Errichtung einer Außenspielfläche 1968 wurde ein in der Nähe liegender öffentlicher Spielplatz genutzt und 1969 die Räume völlig renoviert.[2909]

Neben der spanischen Ordensschwester betreuten eine spanische Lehrerin, eine spanische Säuglingspflegerin und zwei Hilfskräfte die Kinder, die von der Küche des Centro Español mit Mittagessen versorgt wurden. Da die spanischen Eltern Wert darauf legten, dass ihre Kinder Spanisch Lesen und Schreiben lernen und in spanischer Geschichte unterrichtet werden sollten, wurden vom Konsulat viermal wöchentlich „spanische Schulen" mit jeweils 2–3 Unterrichtsstunden in Frankfurt-Höchst, Offen-

2902 Protokoll CVF-Vorstand 25.9.1963 (ACVF-1130).
2903 Protokoll CVF-Vorstand 25.9.1963 (ACVF-1310); zwei weitere Schwestern arbeiteten beim CV Offenbach.
2904 CVF/DiCV-Weide v. 14.9.1964 (ACVF-4300-03).
2905 Protokoll CVF-Vorstand 17.10.1962 (ACVF-1310).
2906 Vermerk v. 19.11.1964 für das Katholische Büro Bonn (ACVF-4300-03).
2907 Schreiben Anton Sabel v. 26.2.1962 (ACVF-1760-MCI).
2908 Vermerk Nicolai v. 5.8.1966 (ACVF-2250-ARC-03).
2909 Vermerk Menne f. Ginkel v. 14.9.99 (ACVF-2350/03).

bach und Frankfurt-Hausen eingerichtet.[2910] Außerdem wurden ab Herbst 1963 vierjährige Abiturkurse organisiert. An der ersten Jahresprüfung, die von acht Vertretern des spanischen Kultusministeriums im November 1964 abgenommen wurde, nahmen 35 Kinder zwischen 12 und 15 Jahren sowie zwei Arbeiter teil, von denen nur zwei nicht bestanden.[2911]

1966 stieß Hermann-Josef Menne als erster Deutscher zum Team und baute eine Hausaufgabenhilfe auf, die er in den zwölften Klassen der Schulen vorstellte und für die er Hausfrauen als ehrenamtliche Helfer gewann. 1975 wurden von ca. 100 Kräften über 600 Kinder betreut.

Im Herbst 1971 beschloss der CV die Verlegung des Kindergartens ins Erdgeschoss bzw. die erste Etage und die Öffnung für andere ausländische sowie deutsche Kinder. Dagegen protestierten die spanischen Eltern, die einen nationalen Kindergarten beibehalten wollten. Während der Umbauarbeiten wurde der Kindergarten ab Mai/Juni 1973 vorübergehend in die Rüsterstraße 5 verlegt. Nach der Wiedereröffnung der „Kindertagesstätte des Caritas-Verbandes" im Oktober 1973 gab es 50 Plätze, darunter 15 für deutsche Kinder. Die Leitung übernahm mit Frau Wachten erstmals eine deutsche Kindergärtnerin. Die deutsche Gruppe stand unter deutscher, die beiden anderen und spanischer Leitung. 1976 gab es neben 25 spanischen und 15 deutschen Kindern u.a. sieben jugoslawische, vier italienische und fünf Kinder anderer Nationalitäten. Bis 1980 stieg die Zahl der Kinder auf 60, darunter 43 Tageskinder[2912] und wurde zu einem „Internationalen Kindergarten". Jugendclub und die Hausaufgabenhilfe bestanden weiter und wurden nach der Renovierung des 1989 erworbenen Gebäudes 1991/93 im Rahmen des „Internationalen Kinder- und Jugendhauses" fortgeführt.

1967 wurde dem CV von den Farbwerken Höchst das Haus Emmerich-Josef-Straße 1 mietfrei zur Einrichtung eines weiteren Centro Español zur Verfügung gestellt, das am 11. Mai 1967 in Betrieb genommen[2913] und 1983 gekauft wurde. [2914] Angeschlossen war eine Sozialberatung für Spanier. Im Mai 1972 kam es zu Dissonanzen im Centro Español. Die Priester der Spanischen Mission forderten die Unterbringung in einem eigenen Haus, da das Centro Español als „Franco-Haus" angesehen werde und wiesen auf den vom spanischen Konsulat unterstützten „Spanischen Kreis" hin.[2915] Nach einem Gespräch zwischen Bischof Kempf und dem Generalkonsulat wurde 1973 dem „Spanischen Kreis" gekündigt und neben dem Kindergarten auch die Spanische Seelsorge und die Spanische Sozialbetreuung im Haus untergebracht.[2916] Zu den Maßnahmen gehörten u. a. Weihnachtsfeiern für die ca. 60 % spanischen Familien, die nicht mehr nach Hause fuhren. 1982 löste sich das Centro Español als spezielle Ein-

2910 Vermerk v. 2.4.1964 (ACVF-4300-03).
2911 Vermerk Nicolai v. 27.11.1964 bez. Fürsorge für Italiener, Spanier und Jugoslawen (ACVF-4300-03).
2912 Vermerk Menne f. Ginkel v. 14.9.1999 (ACVF-2350/03).
2913 Protokoll CVF-Vorstand 1.6.1967 (ACVF-1310).
2914 Protokoll CVF-Vorstand 11.5.1983 (ACVF-1310).
2915 Protokoll Dienstbesprechung v. 25.5.1972 (ACVF-Dienstbesprechungen).
2916 Protokoll CVF-Vorstand 6.12.1972 (ACVF-1310).

richtung für Bürger und Bürgerinnen spanischer Herkunft auf, denn die ehemaligen Gastarbeiter hatten sich „akklimatisiert". Zwei spanische Gruppen trafen sich aber weiter bis 1991. Die Sozialdienste für die italienischen und spanischen Arbeitnehmer wurden im früheren Schwesternhaus in Höchst untergebracht.

8.7.3.3 Portugal

Nach dem Abschluss des Abkommens mit Portugal 1964 trafen die ersten portugiesischen Arbeitnehmer bereits im September 1964 in Frankfurt ein und wurden anfangs vom Centro Español mit betreut.[2917] 1965 schlossen sie sich dann aber zu einem eigenen Kreis zusammen und erhielten eine eigene Seelsorge und Sozialberatung im Caritashaus durch den portugiesischen Pater Ramos und 1966 auch durch die portugiesisch sprechende deutsche Sozialarbeiterin Menne. Sie bot auch deutschen Sprachunterricht an, stellte diesen aufgrund mangelnden Interesses aber wieder ein.[2918] Die Versammlungen wurden abwechselnd im Pfarrsaal Niederrad und im Klubheim des CV im Caritashaus durchgeführt.[2919] Die Zahl der portugiesischen Arbeitnehmer stieg bis 1980 auf ca. 3.000 an.

8.7.3.4 Jugoslawien (Kroatien)

Seit Mitte der 50er Jahre wurden jugoslawische Arbeiter von jugoslawische „Export-Import-Firmen" angeworben, die ihre oft nicht schrift- und sprachkundigen Landsleute hemmungslos ausbeuteten. Viele kamen mit Hilfe von Schleusern nach Deutschland. Das bayerische Innenministerium beklagte 1965, „raffinierte Geschäftemacher versprechen ihren Kunden goldene Berge, nehmen ihnen die letzten Dinare ab und führen sie mit falschen Papieren direkt zwischen den Schlagbäumen hindurch."[2920] Viele erwarben für ca. 200 DM Arbeits- und Aufenthaltsgenehmigungen auf dem Frankfurter Schwarzmarkt.[2921] Ca. 50–100 Kinder bis zu 16 Jahren wurden einfach mitgebracht,[2922] da das Polizeipräsidium 1966 nur sehr selten eine Zuzugsgenehmigung erteilte.[2923] Weil es bis 1969 kein Sozialversicherungsabkommen zwischen Deutschland und Jugoslawien gab, waren die jugoslawischen Arbeitnehmer anfangs benachteiligt, da sie keine Unterstützung aus dem Heimatland bei Krankheit und Invalidität erhielten.

Der kroatische Pater Vitomir Slugic OFM, der an der Hochschule St. Georgen studierte, übernahm 1964 mit Unterstützung der Pfarrgemeinde St. Antonius die seelsorgliche Betreuung[2924] und hielt samstags eine Sprechstunde ab.[2925] Er organisierte Sprachkurse und eine Arbeitsvermitt-

---

2917 Schreiben DiCVL/CVF v. 27.8.1964 (ACVF-4300-03).
2918 Schreiben CVF-Nicolai/DCV-Dr. Winkler v. 25.10.1967 (4300-03).
2919 Schreiben CVF-Nicolai/DiCV-Weide v. 22.12.1966 (ACVF-4300-03).
2920 SZ v. 18.9.2015.
2921 Caritas-Informationen Nr. 14 v. 25.1.1965.
2922 Die Hälfte davon besuchte die Volksschule in Frankfurt.
2923 Vermerk Ivo Hladek zum Fragebogen des Katholischen Komitees für innereuropäische Wanderung v. 26.7.1967 (ACVF-4300-03).
2924 Später übernahmen Pater Tomislav und 1966 der Franziskanerpater Bernhard Dukic die Seelsorge.
2925 Vermerk v. 19.11.1964 für das Katholische Büro Bonn (ACVF-4300-03).

lung, besorgte Unterkünfte und begleitete auf Behördengängen. Dazu kamen Treffen mit Landsleuten und bei Todesfällen die rechtliche Vertretung der Hinterbliebenen. Einmal monatlich wurde auch eine Sprechstunde durch einen slowenischen Priester aus Mannheim abgehalten.[2926] Am 1. Januar 1965 folgte Fürsorger Ivo Hladek[2927], der neben einem zeitraubenden und weitläufigen Außendienst an drei Nachmittagen und am Samstagvormittag Sprechstunden abhielt.[2928]

Mitte 1967 wies Ivo Hladek daraufhin, dass viele nachgereiste Frauen nicht zu ihren Männern zogen, sondern in den Krankenhäusern und Heimen wohnten, in denen sie arbeiteten. Die Betreuung der jugoslawischen Arbeitnehmer teilten sich Caritas und Arbeiterwohlfahrt. Der CV übernahm die meist katholischen Kroaten und Slowenen, die Arbeiterwohlfahrt die übrigen. Eine gemeinsame Betreuung der orthodoxen Serben und Griechen einerseits sowie der muslimischen Bosnier bzw. Kosovaren mit den Türken andererseits kam nicht zustande.

Die Zahl der kroatischen Arbeitnehmer in Frankfurt stieg bis 1968 auf etwa 6.000 an, von denen etwa 800–900 regelmäßig am Sonntagsgottesdienst in St. Antonius teilnahmen. Nach dem Abzug der Dominikanerinnen am 31. Mai 1968 wurde das Mädchenwohnheim Haus Barbara geschlossen und in der ehemaligen Klausur neben der bereits vorhandenen Kapelle, ein Beratungszimmer für zwei Seelsorger, eine Bibliothek und ein Lese- und Unterrichtsraum eingerichtet. Am 22. September 1968 wurde das „Kroatische Zentrum P. Ante Antic" offiziell eingeweiht[2929] und die Leitung kroatische Schwestern aus Split übertragen.[2930]

Anfang 1971 beantragte die Kroatische Mission, das angrenzende Mädchenwohnheim Haus Lucia in einen kroatisch-deutschen Kindergarten umzuwandeln. Osypka nahm erfolgreich Kontakt zu den Schwestern in Split auf, um geeignete Kindergärtnerinnen zu erhalten. Obwohl der Standort eines Kindergartens in der Nähe zu den Eros-Centern und den Bars im Westend als „wenig sinnvoll" angesehen und man die kroatischen Schwestern mit der Leitung des Hauses für überfordert hielt, stimmte der Caritasvorstand am 19. Mai 1971 dennoch zu [2931] und beschloss, im Erdgeschoss einen Kindergarten mit 40 Plätzen und in der ersten Etage Beratungsdienste für Italiener und Portugiesen einzurichten.[2932] Aufgrund zahlreicher Schwierigkeiten erfolgte nichts und im Herbst erwog man sogar,

---

2926 Vermerk Nicolai v. 27.11.1964 bez. Fürsorge für Italiener, Spanier und Jugoslawen (ACVF-4300-03).
2927 Ivo Hladek war examinierter Wohlfahrtspfleger der Wohlfahrtsschule der Stadt Köln.
2928 Caritas-Informationen Nr. 14 v. 25.1.1965.
2929 Caritasbrief für das Bistum Limburg 13 (1968), Nr.3 – Dezember 1968, S. 107f.
2930 nach einem Besuch des Jesuitenpaters Matthias Johler vom Büro der kroatischen Ordensfrauen im Ausland gab es Schwierigkeiten, weil höhere Abgaben an das Mutterhaus und die Anmeldung in der gesetzlichen Kranken- und Sozialversicherung verlangt wurden. Aufgrund der daraus resultierenden Mehrbelastung setzte man sich mit der Deutschen Bischofskonferenz sowie den Ordinariaten in Köln und München-Freising in Verbindung, um entsprechend deren Regelungen zu verfahren (Protokoll CVF-Vorstand 9.12.70 – ACVF-1310).
2931 Protokoll CVF-Vorstand 19.5.1971 (ACVF-1310).
2932 Protokoll CVF-Vorstand 19.1.1972 (ACVF-1310).

die kroatischen Kinder in anderen katholischen Kindergärten unterzubringen, weil damit das Problem der Integration besser gelöst und Haus Lucia wieder als Mädchenwohnheim fortgeführt werden könne. 1974 wurde in der Rüsterstrasse auf Wunsch der Kroatischen Mission eine von kroatischen Schwestern geführte Kindertagesstätte eröffnet, die bis 1980/81 nur kroatische Kinder aufnahm. 1982 scheiterte die Überlassung der Räume des am 30. September 1981 geschlossenen Übernachtungsheims der Bahnhofsmission im Haus Niedenau 27 der Kroatischen Mission an der Ablehnung des Generalvikars.[2933] Nachdem sich die Schwestern 1988 zurückgezogen hatten, wurde der Kindergarten Rüsterstrasse auch für andere Nationalitäten geöffnet. Aufgrund des ausreichenden Angebots an Kindergartenplätzen im Westend wurde der Kindergarten am 31. Juli 1995 geschlossen.

Nach der Auflösung Jugoslawiens richtete die Caritas erneut eine Beratungsstelle „Sozialdienst für Jugoslawen" ein. Nach dem Kriegsausbruch 1991 stieg die Zahl der in Frankfurt lebenden Jugoslawen von 27.000 auf 47.000 an, dazu kam eine Dunkelziffer von 3.000–5.000 nicht registrierten Personen, die meist bei Verwandten unterkamen. Anfang Dezember 1991 wurden u.a. der Konferenzraum im Caritashaus (10), Forsthaus Schlossborn (20), Pfarrgemeinde Christkönig (10) für kroatische Flüchtlinge genutzt. Verhandlungen wurden mit dem Regierungspräsidium Darmstadt und dem Sozialministerium geführt, um weitere 80 im Wohnheim Düsseldorfer Straße unterbringen zu können.[2934]

8.7.3.5 Polen

Das Aufkommen von Solidarnosc und die Streiks in Danzig führten zu einer Ausreisewelle mit über 1,27 Mill. Polen, Ausrufung des Kriegszustandes im Dezember 1981 und zur Grenzschließung. 170.000 Polen blieben daraufhin im Westen. 1982 ging die Ausreisezahl wieder auf 189.000 zurück, stieg dann aber weiter an, nachdem zunächst Pässe mit einer fünfjährigen Gültigkeitsdauer ausgestellt wurden und ab 1989 nicht mehr zurückgegeben werden mussten. 1989 reisten über 19 Mill. aus, doch lässt sich nicht feststellen, wie viele tatsächlich im Ausland blieben. Zielländer waren vor allem Deutschland und die USA.

Insgesamt kamen zwischen 1980 und 1990 über eine Million Zuwanderer aus Polen in die Bundesrepublik, von denen über 632.000 „großzügig" als Aussiedler anerkannt wurden, obwohl viele eine eindeutig „polnische" Biographie ausweisen. Da eine politische oder ethnische Verfolgung in Polen nicht mehr gegeben war, beantragten nur wenige politisches Asyl, hätten damit aber vermutlich auch keinen Erfolg gehabt. Die anerkannten polnischen Flüchtlinge und Aussiedler wurden im Kreisflüchtlingswohnheim durch Margarete Brüheim betreut. Abgelehnte Asylbewerber wurden aber nicht zurückgeschickt, sondern erhielten eine Duldung.

Viele ließen sich aber auch nicht registrieren, weil sie dank der neuen Passregelung immer wieder aus Polen ausreisen konnten. Während die

---

2933   Protokoll CVF-Vorstand 19.3.1982 (ACVF-1310).
2934   FAZ v. 7.12.1991.

Erntehelfer während ihres Arbeitseinsatzes eine Unterkunft gestellt erhielten, lebten andere auf der Straße, weil sie entweder keine Unterkunft fanden oder möglichst viel Geld mit nach Hause nehmen wollten. Aufgrund der Berichte der Straßensozialarbeit führte der CV am 12. Oktober 1987 ein Gespräch mit Pfarrer Kosicki (Polnische Gemeinde/St. Antonius), der damals von etwa 4.000 offiziell gemeldeten sowie weiteren 1.000 inoffiziellen polnischen Bürgern in Frankfurt ausging. 60% davon seien Einzelpersonen. Am Sonntagsgottesdienst würden 800–900 Personen teilnehmen, weitere 250 hielten sich regelmäßig vor der Kirche auf. Da das Gemeindehaus nur selten benutzt werden konnte, reichten die Räume in der Vilbeler Str. 36 bei weitem nicht aus und Pfarrer Kosicki, der auch Kontakte zu zahlreichen Aussiedlern unterhielt, beklagte, man sähe sich allein gelassen. Der CV sah mangels Zuständigkeit keine Hilfsmöglichkeit,[2935]

Ein weiteres Gespräch fand erst 1993 statt. Pfarrer Gogolin bekräftigte, dass es mit den länger ansässigen Polen keine Probleme gäbe, allerdings mit den als Touristen eingereisten Arbeitsuchenden, die nach Geld, Kleidung, Arbeit und Wohnung nachfragen würden. Die Gemeinde könne und wolle diesen nicht helfen. Zu den Arbeitnehmern mit Werkverträgen habe man kaum Kontakt, da dies von Firmen und Behörden bis hin zur Abschiebung selbst geregelt werde. Gogolin hielt aber auch ein zusätzliches Beratungsangebot für nicht notwendig.[2936] Da der CV annahm, dass die polnische Pfarrei eine Konkurrenz befürchtete und deshalb alles positiv darstellte, wurde dennoch für Notfälle im Oktober 1993 eine Beratung in polnischer Sprache einmal wöchentlich durch Frau Ledwig angeboten.[2937]

8.7.3.6 Tschechoslowakei

Nach dem Ende des Prager Frühlings kamen ab August 1968 über 3.000 tschechische und überwiegend katholische Flüchtlinge ins Rhein-Main-Gebiet, die, so das Caritasvorstandsmitglied Richard Hackenberg, „durch die politische Situation, sprachliche Schwierigkeiten und seelische Belastungen in einer schlimmeren Lage seien als unsere ausländischen Gastarbeiter".[2938] Über die Hälfte der Bewohner im Flüchtlingswohnheim Heddernheim kamen nun aus der CSSR.

Die Ackermann-Gemeinde[2939] suchte vergeblich beim „Bund für Volksbildung" als auch bei der „Deutsch-Tschechoslowakischen Gesellschaft „um Hilfe nach, die aber von deren Präsidenten verweigert wurde, da man die Gesellschaft „nicht zu einer Emigrantenorganisation degradie-

---

2935 Vermerk Heinz für Osypka/Menne v. 12.10.87 (ACVF-4230/02).
2936 Aktennotiz Schmidt-Wallenborn v. 13.10.1993 (ACVF-4230/02).
2937 Schreiben CVF/Pfarrer Gogolin-Polnische Gemeinde v. 14.10.1993 (ACVF-4230/02).
2938 Protokoll CVF-Vorstand 9.6.1970 (ACVF-1310).
2939 Die Ackermann-Gemeinde wurde am 13.1.1946 in München von vertriebenen Katholiken aus Böhmen, Mähren und Österreich-Schlesien gegründet und benannte sich nach der Dichtung von Johannes Saaz „Der Ackermann aus Böhmen" (1400). Ziel war zunächst Selbsthilfe; heute engagiert sie sich heute für die deutsch-tschechische bzw. deutsch-slowakische Nachbarschaft. Die Landesstelle Hessen befindet sich im Haus der Volksarbeit Frankfurt.

ren" wolle.[2940] Nach Sprachkursen, welche die Ackermanngemeinde für 130 Flüchtlinge 1969 durchführte, bildete sich eine „Kulturelle und Soziale Gemeinschaft der Tschechen und Slowaken in Deutschland" unter Leitung von Peter Fischer,[2941] der nach mehreren Selbstmorden tschechoslowakischer Flüchtlinge Richard , und Stadtrat Gerhardt um Unterstützung bei der Einrichtung einer Betreuungsstelle bat,[2942] was zur Bildung eines Deutsch-Tschechischen Freundeskreises führte.[2943] Schließlich erreichte der Caritasvorstand[2944,] dass Pater Josef Joch vom Bistum als Seelsorger und am 1. Januar 1971 ein zusätzlicher sprach- und gesetzeskundigen Sozialbetreuer für ein „Tschechisches Zentrum" bei der Ackermanngemeinde" eingestellt und von den Diözesen Fulda, Mainz, Limburg und Speyer finanziert wurden.[2945] Die Sachkosten wurden dem CV erstattet.[2946] Ende 1970 hatten alle CSSR-Flüchtlinge das Flüchtlingswohnheim Heddernheim verlassen.

8.7.3.7 Vietnam

Im Februar/März 1979 holte Oberbürgermeister Wallmann 252 vietnamesische Flüchtlinge nach Frankfurt bzw. 60 nach Offenbach, die von der „Cap Anamur" gerettet worden waren.. Von diesen waren 151 jünger als 24 Jahre, davon 33 ohne Eltern. Gemeinsam bemühten sich Magistrat, Sozialamt, Jugendamt, Rotes Kreuz und CV um die Abwicklung des Aufnahmeverfahrens, das u.a. medizinische Untersuchung, Sprachkurse und die Beschaffung von Wohn- und Arbeits- bzw. Ausbildungsplätzen vorsah. Der CV[2947] richtete für die Nachbetreuung einen Sozialdienst für Vietnamesen unter Leitung von Marie Thérèse Cui Cong Tang ein,[2948] der später auch Vietnamesen aus ganz Hessen betreute.

Da die Flüchtlinge unterschiedliche Voraussetzungen mitbrachten, war Sprachunterricht für die Vietnamesen ohne Fremdsprachenerfahrung eine Qual. Siewurden daher in Arbeitsplätze vermittelt, wo sie im Kontakt zu Kollegen ihre Deutschkenntnisse verbessern konnten. Die Betroffenen verstanden dies nicht als Benachteiligung, sondern begrüßten es als realistische Lösung. Bei den Flüchtlingen mit Fremdsprachenerfahrung dauerte der Unterricht 10–12 Monate und umfasste auch Oberstufenkurse. Von den jugendlichen Vietnamesen bestanden 17 von 19 bereits im September 1979 die Deutschprüfung zur Aufnahme des Universitätsstudiums. Die dritte Phase des Integrationsprozesses ab Dezember 1979 zielte auf die Vermittlung von Arbeits- und Ausbildungsplätzen bzw. auf den Umzug aus

---

2940 Schreiben Fischer/Kath. Büro Bonn v. 24.6.1970 (ACVF-4111/CSR).
2941 Der aus Böhmen stammende Peter Fischer war Bauingenieur beim Stadtbauamt Frankfurt.
2942 Gerhardt/Hackenberg v. 25.2.1970 (ACVF-4111/CSR).
2943 Einladung Hackenberg v. 15.5.1970 (ACVF-4111/CSR) bzw. FAZ 8.5.1970.
2944 Protokoll CVF-Vorstand 9.6.1970 (ACVF-1310).
2945 Schreiben DiCVL/ Neuwirth v. 27.11.1970 (ACVF-4111/CSR).
2946 Schreiben BO/Tech v. 13.5.1970 (ACVF-4111/CSR).
2947 kurzzeitig waren auch der Internationale Bund und das Rote Kreuz beteiligt.
2948 siehe besonders Marie Thérèse Bui Cong Tang, Die zweite Heimat. Zur Integration vietnamesischer Flüchtlinge in Frankfurt am Main und Umgebung 1979–1994, Freiburg 1996.

den Wohnheimen Schöne Aussicht und Rödelheim in normale Wohnungen ab. Als integrationsfähig galt, wer über gute Deutschkenntnisse verfügte und einen Arbeitsplatz hatte.[2949] Frankfurter Firmen und Privatleute unterstützten die Beratungsstelle mit Unterkunfts- und Arbeitsplatzangeboten bereitwillig. Die Annahme, dass die Nachbetreuung zeitlich begrenzt sein würde, erwies sich als Illusion, da sie von vietnamesischen Flüchtlingen aus ganz Hessen in Anspruch genommen wurde, deren Zahl weiter anstieg. Wenig später wurde eine zusätzliche Betreuungsstelle für Vietnamesen chinesischer Herkunft eingerichtet, die von Taiwan mit unterstützt wurde. Nur 25 Vietnamesen wanderten später wieder aus.[2950]

1982 stieg die Zahl der Vietnamesen aufgrund von Familienzusammenführungen und durch die Einreise vietnamesischer Ehefrauen von in Vietnam tätigen deutschen Staatsbürgern auf etwa 500 an. Darunter waren 48 % Schüler und Kleinkinder, 30 % berufstätig und 10 % in Berufsausbildung. 1985 kamen weitere, nachdem sich bei den Firmen Rockwell Golde und Alfred Teves beschäftigten Vietnamesen erfolgreich um weitere Arbeitsplätze für Landsleute bemüht hatten. Nach dem Mauerfall suchten ehemalige vietnamesische Vertragsarbeiter um Asyl nach. 1990/91 wurden 2900 Asylbewerber in den Lagern Schlüchtern, Walldorf, Schwalbach, Gießen und Offenbach untergebracht. Auch viele der in Mainz untergebrachten Vietnamesen wandten sich an Frankfurt. 1992 kamen weitere 70 Flüchtlinge.[2951]

Nachdem der Spendenstrom versiegt war und es keine öffentlichen Mittel gab, stand die Beratungsstelle vor finanziellen Schwierigkeiten und alle Maßnahmen mussten aus Eigenmitteln finanziert werden. Obwohl ein Begegnungszentrum für Gruppentreffen, Vorträge und Vietnamesisch-Kurse für Kinder und Jugendliche nicht zustande kam,[2952] wurde ein Mindestmaß an Gruppenarbeit und kulturellen Aktivitäten sichergestellt.[2953] 1994 lebten etwa 4.000 Vietnamesen in Hessen, die aber nur teilweise auf die Hilfe der Beratungsstelle angewiesen waren. Neuankömmlinge und Jugendliche benötigten eine umfassende Hilfe bei Behörden, Schule und in Familienkonflikten aufgrund des Kulturschocks, der den Generationenkonflikt noch verschärfte.[2954] Trotzdem bedeuteten die Vietnamesen nach Meinung von Marie Thérèse Bui Cong Tang„ keine allzu große Last für die deutschen Behörden oder das deutsche Volk. Vielmehr hätten sie als Arbeitnehmer oder Gewerbetreibende einen positiven Beitrag zum Wirtschaftsleben des Gastlandes geleistet, „zumal die meisten Jugendlichen Lehre oder Studium erfolgreich abschlossen".[2955] Mit der Pensionierung von Marie Thérèse Bui Cong Tang wurde die Beratungsstelle

---

2949 Bui Cong Tang, S. 15f.
2950 siehe Aufstellung bei Bui Cong Tang, S. 18–21.
2951 Bui Cong Tang, S. 22.
2952 Bui Cong Tang, S. 24.
2953 Bui Cong Tang, S. 93.
2954 Bui Cong Tang, S. 33–38.
2955 Bui Cong Tang, S. 92.

am 31. Oktober 1998 geschlossen. Zu diesem Zeitpunkt lebten etwa 2.500 Vietnamesen in Frankfurt.[2956]

8.7.3.8 Südkorea

Da in Südkorea Mitte der 60er Jahre über 3.000 Krankenschwestern arbeitslos waren[2957], während in Deutschland 30.000 Krankenpflegerinnen fehlten, griff der Frankfurter Oberbürgermeister Willi Brundert das Angebot des im Mainzer Universitätskrankenhaus arbeitenden Stationsarztes Sukil Lee auf, Frankfurter Krankenhäusern Schwestern zu vermitteln, um das im Oktober 1965 vorhandene Defizit von etwa 600 Schwestern abzubauen. Die Landesregierung erteilte kurz darauf Arbeitsgenehmigungen für zunächst 373 Dreijahresverträge. Die ersten 128 Schwestern trafen am 30. Januar 1966 in Frankfurt ein.[2958] Auf Bitte des Seelsorgers für koreanische Migranten in Deutschland, Johannes Won, organisierte der CV am 26. November 1966 ein Treffen im Caritashaus[2959] und übernahm die Mitsorge.[2960] Am 24. April 1971 wurde eine „Katholische Koreanische Gemeinde" gegründet, die heute noch besteht.[2961]

Da binnen kurzer Zeit ca. 900 Koreaner in ganz Hessen sowie im Raum Heidelberg zu betreuen waren, sahen die beiden Bistümer Mainz und Limburg sowie der DCV es als erforderlich an, zur besseren Koordination dem CV die Fachaufsicht zu übertragen, die von Hermann-Josef Menne wahrgenommen wurde.[2962] Im Oktober 1970 übernahm die Sozialarbeiterin Marietta Kim die Betreuung der koreanischen Krankenschwestern. Am 27. Januar 1972 wurde das vom DCV finanzierte Koreanische Zentrum in der Berliner Straße 42a eingerichtet, dass später in die Vilbeler Str. 36 verlegt wurde, wo auch der Raphaelsverein untergebracht war.[2963] Diese externe Unterbringung führte dazu, dass im CV die Existenz des Zentrums mehr oder weniger unbekannt blieb.[2964]

Nachdem bis 1976 etwa 11.000 koreanische Krankenschwestern („Sanfte Engel") nach Deutschland gekommen waren, wurden die Arbeitsverträge als Folge der Wirtschaftskrise nach 1973 nicht mehr verlängert Für die etwa 4.000 Rückkehrwilligen aus Deutschland organisierte der Deutsche CV 1975 gemeinsam mit der koreanischen katholischen Kirche Beratungsstellen in Seoul und später in Busan.[2965]

Etwa 40% blieben in Deutschland. Meist handelte es sich nach der Lockerung des Ausländergesetzes um Familien, die meist eine unbefristete

---

2956 Mitarbeitende-Information Nr. 20/Dezember 1998.
2957 Die hohe Zahl ist darauf zurückzuführen, dass die Krankenschwesterausbildung als einzige kostenfrei war und ein kostenpflichtiges Studium meist nur den Söhnen vorbehalten war.
2958 FAZ 26.10.1966, FAZ 6.12.1966 und FAZ 20.5.2006.
2959 Einladung v. 18.11.1966 (ACVF-4111/KOR).
2960 Schreiben Jung/BO v. 29.11.1966 (ACVF-4111/KOR).
2961 Schreiben Adlhoch/BO v. 21.10.1971 (ACVF-4111/KOR).
2962 Vermerk v. 20.5.1974 (ACVF-4111/KOR).
2963 Nicolai/Kim v. 25.10.1971 (ACVF-4111/KOR).
2964 So die kroatische Sozialarbeiterin Bresic im Gespräch mit dem Verfasser am 18.11.2014.
2965 Bericht Maristella Nam/Irmgard Nölkensmeier für In Via v. 15.7.1980 (ACVF-4314-02).

Aufenthaltserlaubnis hatten bzw. die deutsche Staatsangehörigkeit erwarben. Probleme entstanden aber mit den zunehmenden koreanischen Handelsvertretungen und dem Praktikantenaustausch sowie den fehlenden Versicherungsschutz für die nachgeholten Familienangehörigen.[2966] Die Ehemänner erhielten" meist irgendwie eine Arbeitserlaubnis" oder arbeiteten vorübergehend schwarz. Die nachgeholten Jugendlichen hatten unzureichende Sprachkenntnisse, kamen häufig in Konflikt mit deutschen Jugendlichen, so dass man mehrfach Sprachkurse im Meinwerk-Institut in Paderborn anbot. Marietta Kim hielt die Einrichtung einer Jugendgruppe für erforderlich, ob es dazu kam, lässt sich bisher nicht feststellen.[2967]

8.7.3.9 Indien

Neben koreanischen wurden auch indische Krankenschwestern angeworben, die von In Via und dem DCV direkt betreut wurden. Da die Inderinnen zunächst in den Schwesternwohnheimen lebten, blieb die Kommunikation untereinander gewahrt. Nach der Änderung des Ausländergesetzes zogen Ehemänner und teilweise auch Kinder nach, so dass 1980 in Hessen 234 Familien mit etwa 130 Kindern meist verstreut lebten, wie auch in Frankfurt. Probleme entstanden vor allem dadurch, dass die meisten beruflich gut qualifizierten Ehemänner im Gegensatz zu den Asylbewerbern erst nach vier Jahren eine Arbeit aufnehmen durften. Die ungewohnte finanzielle Abhängigkeit von ihren Ehefrauen führte zu Resignation und Alkoholkonsum.[2968] Daraufhin richtete der DCV im Koreanischen Zentrum einen Sozialdienst für Inder unter der Leitung von Aleyamma Mundackatharappel ein, die sich vor allem mit ausländerrechtlichen Fragen sowie Familienberatung befasste.

8.7.3.10 Türkei

Obgleich an sich die Arbeiterwohlfahrt für die Betreuung der türkischen Arbeitnehmer zuständig war, wurden seit Ende der 70er Jahre zunehmend die Einrichtungen des CV von türkischen Familien und Jugendlichen in Anspruch genommen. Im Gegensatz zu den übrigen Nationalitäten kehrten die Türken kaum in ihre Heimat zurück, sondern holten nach dem Anwerbestopp 1973 ihre Familien und Zehntausende Bräute nach. „Erst dadurch entstand wirklich das uns heute beschäftigende Integrationsproblem", so Necla Kelek.[2969]

Ende der 50er Jahre wurde deutlich, dass die türkischen Regierungen nicht mehr in der Lage waren, den „Problemen einer rasch wachsenden Bevölkerung" gerecht zu werden und an der Ignoranz gegenüber den Bedürfnissen der eigenen Gesellschaft" (Kelek) scheiterten. Da nur 3% des Staatshaushalts im ländlichen Bereich investiert wurden, kam es zu einer immensen Landflucht und zur Slumbildung am Rande der Großstädte. Schließlich putschte am 27. Mai 1960 das türkische Militär mit stiller

---

2966 Jahresbericht der Koreanischen Sozialdienstes Köln v. 12.1.1979 (ACVF-4314-02).
2967 Berichte aus den Sozialdiensten 1980 – Anlage zum Protokoll der Bundesarbeitskonferenz asiatischer Sozialdienste vom 5.-8.Mai 1980 (ACVF-4314-02).
2968 Jahresbericht 1980 des Indischen Sozialdienstes Frankfurt (ACVF-4314-02).
2969 Necla Kelek: Die Kunst des Missverstehens in: FAZ v. 29.10.11.

Unterstützung der Westmächte und der UdSSR,[2970] die beide an stabilen Verhältnissen an der Südostflanke Europas interessiert waren.

Obgleich man die meist schlecht ausgebildeten türkischen Arbeitnehmer eigentlich nicht brauchte, drängte man von türkischer und amerikanischer Seite die Bundesregierung zu einem Anwerbeabkommen, um den sozialen Druck angesichts der Streiks und Studentenunruhen abzubauen. Man hoffte auch, dass die ungelernten Arbeitnehmer ausgebildet zurückkehren und die Modernisierung der Türkei fördern würden. Auf deutscher Seite standen Sozialpolitiker aufgrund der kulturell-religiösen Distanz zwischen gut ausgebildeten deutschen und unausgebildeten türkischen Arbeitnehmern einer Anwerbung skeptisch gegenüber, spielten aber in den vom Auswärtigen Amt geführten Verhandlungen keine Rolle. Am 31. Oktober 1961 wurde das Anwerbeankommen unterzeichnet. Zunächst wurden die Arbeitsverträge mit den ledigen Arbeitern auf zwei Jahre befristet und 1964 auf Wunsch der Wirtschaft durch ein Rotationsprinzip ersetzt und schließlich ganz aufgehoben. Auf die zur Verfügung stehenden Plätze gab es viermal so viele Bewerber. Bis 1973 gab es insgesamt über 857.000 türkische Arbeitnehmer ("Almancis"), die etwa 10% der türkischen Bevölkerung mit Kindergeld und gesparten Löhnen das Überleben sicherten. Der überwiesene Lohn lag meist viermal so hoch wie in der Lohn der Türkei. Necla Kelekl betont zu Recht, dass damit der türkische Staatsbankrott verhindert wurde, sie stellt aber auch die u.a. immer wieder von türkischer Seite erhobene These in Frage "Wir Türken haben dieses Land aufgebaut",[2971] die die Arbeit der 5–6 Millionen Italiener, Spanier und Jugoslawien ignoriert.

8.7.4 Aussiedler

Während Vertriebene und Spätheimkehrer in den 50er Jahren in Friedland auf die neuen Verhältnisse vorbereitet worden waren, wurden die Aussiedler seit Ende der 60er Jahre direkt in Durchgangslager eingewiesen, die eigentlich 1964 endgültig geschlossen werden sollten. Aufgrund der steigenden Aussiedlerzahlen war dies aber nicht möglich. Die Zahl der Spätaussiedler im "Wartestand" bezifferte man 1967 auf über 500.000.[2972] Darin waren aber die 1941 unter Stalin in den asiatischen Teil der UdSSR zur Zwangsarbeit deportierten Russlanddeutschen nicht enthalten.

Bis Ende der 80er Jahre bereitete die Integration der Aussiedler aus Ungarn, Rumänien und der Tschechoslowakei wenige Schwierigkeiten, da sie sich meistens auch als Deutsche verstanden. Viele waren über die Verhältnisse in Deutschland informiert, hatten häufig gute Sprachkenntnisse und stellten aufgrund der Vollbeschäftigung keine Konkurrenz auf dem Arbeitsmarkt dar, hatten aber Schwierigkeiten mit der Anerkennung ihrer Schul- und Berufsabschlüsse. Aussiedler aus Polen und der UdSSR hatten aber nur geringe bis keine Deutschkenntnisse, da in beiden Ländern lange

---

2970 Necla Kelek: Die Kunst des Missverstehens in: FAZ v. 29.10.11.
2971 Necla Kelek: Die Kunst des Missverstehens in: FAZ v. 29.10.11.
2972 NP v. 13.2.1967.

Zeit kein Deutsch gesprochen werden durfte. Dies wurde aber erst 2013 als Kriegsfolge anerkannt.

Herkunftsländer der Aussiedler 1950–1999

	1950–59	1960–69	1970–79	1980–89	1990–99
UdSSR	13.604	8.571	56.583	176.565	1.630.107
Polen	292.157	110.618	202.178	632.803	204.078
CSR	20.361	55.733	12.278	12.727	3.452
Ungarn	4.400	3.815	3.757	6.622	2.802
Jugoslawien	57.517	21.108	6.205	3.282	2.222
Rumänien	3.454	16.294	71.417	151.161	186.354
sonstige	46.732	5.377	2.423	927	161
insgesamt	438.225	221.516	355.381	984.087	2.029.176

Quelle: Bundesverwaltungsamt –J-Zeitreihe-01, S. 5

Obgleich immer wieder in Sonntagsreden betont wurde, wie willkommen die Aussiedler seien, war die finanzielle Unterstützung der Durchgangslager unzureichend. Insbesondere Aussiedler aus Polen und der UdSSR benötigten Hilfen im Behördenverkehr. Für die Lager Heddernheim und Oberrad standen aber weder Mittel für eine hauptamtliche Fürsorgerin noch Mittel für Dolmetscher und Übersetzer bereit. Nachdem der CV im Januar 1967 vergeblich versucht hatte, über Stadtkämmerer Gerhard Mittel für eine Fürsorgerin zu bekommen,[2973] wurde im April 1967 Margarete Brüheim[2974] als ehrenamtliche Übersetzerin und Sozialberaterin für die Dillenburger Straße gewonnen.[2975] Die Stadt bezeichnete diese Tätigkeit zwar als „segensreich auf die Betreuung der Wohnheiminsassen", wies aber ausdrücklich darauf hin, dass der CV die Kosten selbst tragen müsse.[2976] Brüheim half beim Schriftverkehr und fertigte Übersetzungen, die von den städtischen Behörden akzeptiert wurden. Sie bemühte sich auch um Erholungsaufenthalte für ältere Leute, Kranke und kinderreiche Familien oder diente einfach als nur als „Kummerkasten".[2977] 1969 fand auch das Diakonische Werk eine ehrenamtliche Dolmetscherin für Niederrad, nachdem der 1967 eingesetzte Dolmetscher nur kurzfristig tätig war.

Der CV legte immer Wert darauf, dass die Bewohner der verschiedenen Flüchtlingswohnheime untereinander Kontakt aufnahmen, obgleich ein latentes Misstrauen als Folge der früheren Lebensumstände unter den kommunistischen Regimes vorhanden war und sie oft unterschiedlichen Milieus entstammten. Viele Aussiedler verdrängten ihre Vergangenheit, gewannen aber keine neue Identität. Vor allem Russland-Aussiedler waren

---

2973 Protokoll Sitzung Freie Wohlfahrtsverbände 19.1.1967 (ACVF-4200/2) bzw. Gesamtbericht der Spitzenverbände über ihre Lagertätigkeit 1953–1969 v. 23.6.1969 (ACFV-4200/2).
2974 Margarete Brüheim (1921–?) kam selbst als Spätaussiedlerin Mitte der 50er Jahre aus Oberschlesien und war maßgeblich am Aufbau des Heimes in Heddernheim beteiligt. Nach ihrer Pensionierung 1986 betreute sie ehrenamtlich noch mehrere Jahre einen Strickkurs für Aussiedlerfrauen.
2975 Protokoll Sitzung Freie Wohlfahrtsverbände 19.1.1967 (ACVF-4200/2).
2976 Schreiben Sozialverwaltung an Caritasdirektor Jung v. 20.7.1967 (ACVF-4200/2).
2977 Tätigkeitsbericht Brüheim v. 10.6.1969 (ACVF-4200/2).

überfordert, weil sie entgegen ihrem romantisch verklärten Deutschlandbild eine „amerikanisierte" Bundesrepublik vorfanden. Dies galt besonders für die Bauernfamilien, die durch den Verlust von Hof, Vieh und Acker stärker betroffen waren als andere Aussiedler. Angesichts der schrumpfenden Landwirtschaft war es für sie auch kaum möglich, auf einer Nebenerwerbsstelle[2978] „ ein Stück Heimat und Geborgenheit „zu erlangen[2979], so dass sie meist als ungelernte Kräfte arbeiten mussten. Bei Arbeitern und Angestellten wurde die berufliche Qualifikation oft nicht anerkannt, dank des Arbeitskräftemangels und als „Opfer kommunistischer Unterdrückung" fanden sie aber rasch einen Arbeitsplatz, auch wenn er oft nicht den Erwartungen entsprach. Nach den Entbehrungen in der Heimat erlagen auch viele der Konsumversuchung und verschuldeten sich. Viele familiäre Konflikte verstärkten sich durch die Wohnheimsituation und betrafen die streng gehaltenen Jugendlichen, vor allem Mädchen, bei deren Erziehung die traditionellen Verhaltensmuster der Heimat als Leitlinie galten.[2980] Als Folge der Wohnraumbewirtschaftung dauerte es bis zum Bezug einer Wohnung oft über ein Jahr. Betroffen waren vor allem Familien, die im Aufnahmebundesland verbleiben mussten, auch wenn der Vater in Frankfurt Arbeit gefunden hatte.

Aufgrund des 1. Grundlagenvertrages zwischen Deutschland und Polen stieg die Zahl der Aussiedler von 5624 (1970) auf 25.242 (1971) an. Nun war das Flüchtlingswohnheim Heddernheim fast ausschließlich mit polnischen Aussiedlern besetzt. Zwischen 1973 und 1988 ging die Aussiedlerzahl stark zurück, sodass die Aussiedler bis zu zwei Jahren im Heim bleiben konnten. Da nur noch wenige Kinder und Jugendliche dabei waren, diskutierte man zeitweise die Einstellung der Kinder- und Jugendarbeit, obgleich man im Herbst 1972 eine ehemalige Baubaracke als Spiel- und Lernstube eingerichtet hatte.[2981] 1972 richtete der CV unter Leitung von Rechtsanwalt Constantin Spiller eine Rechtsberatung für Aussiedler ein und bemühte sich mit Unterstützung der städtischen Fürsorgerin Martha Laarmann auch um geeigneten Wohnraum. Die zuständigen Pfarreien wurden informiert, damit diese bei der Eingliederung helfen konnten. Das Verhältnis von Pfarrgemeinde und Aussiedlern war aber sehr von der Einstellung der Pfarrei abhängig, wie das Beispiel Heddernheim zeigt, wo Anfang der 70er Jahre Zuschüsse für Mütterkuren für Flüchtlingsfrauen abgelehnt wurden.[2982]

Als Folge des Ausreiseprotokolls vom 9. Oktober 1975 und dem Schreiben des polnischen Außenministeriums vom 9. März 1976 stieg die Zahl der Polen-Aussiedler wieder rapide an: 1976 waren es 29364 und 1978 schon 36102. Etwa 8–10% kamen nach Hessen. Die Aufenthaltsdauer in Heddernheim betrug nur sechs Monate, da durch das Sonderprogramm für Aussiedler genügend Wohnungen bereitstanden und die Kapa-

---

2978 Die Friedland-Caritas errichtete bei Göttingen die ländliche Siedlung Neu-Bösekendorf für 70 Familien, weitere folgten in Oldenburg und Westfalen.
2979 So Wilhelm Scheperjans, katholischer Lagerpfarrer Friedland (FR 14.2.1968).
2980 Protokoll Dienstbesprechung 24.2.1972 (ACVF-Dienstbesprechungen).
2981 Siehe Abschnitt 8.7.4.2 – Spiel- und Lernstube Heddernheim, S. 590ff.
2982 Protokoll Dienstbesprechung 24.2.1972 (ACVF-Dienstbesprechungen).

zität im Wohnheim für die Neuankömmlinge nicht ausreichte. Bis 1980 wurden ca. 1.000 polnische Familien betreut, von denen lediglich zwei nach Polen zurückkehrten.[2983]

Die Aktivitäten erstreckten sich in den folgenden Jahren beinahe ausschließlich auf die Jugendarbeit im Rahmen des Jugendgemeinschaftswerks.[2984] 1982 wurden von 6 haupt- und sechs nebenamtlichen Mitarbeitern über 100 Familien betreut und etwa 225.000 DM aufgewendet.[2985] Ältere Hilfesuchende wurden ab Anfang 1980 an die vom Internationalen Bund für Sozialarbeit in der Münchener Str. 38 eingerichtete und vom Bundesinnenministerium finanzierte Anlaufstelle für DDR-Aussiedler verwiesen, in der ausschließlich freigekaufte politische Gefangene in zehntägigen Seminaren auf das Leben in der Bundesrepublik vorbereitet werden sollten. Es stellte sich bald heraus, dass viele sich aus „der normalen Kriminalitätsrate rekrutierten und weniger aus politischen Gründen inhaftiert waren", die Seminare mieden und die schnell „Anschluss in den einschlägigen Kreisen fanden."[2986]

Nachdem die Zahl der Aussiedler, DDR-Zuwanderer und der Asylbewerber stark anstieg, wurde das Kreisflüchtlingswohnheim Schlossstraße 1985 befristet auf drei Jahre zur Asylbewerberunterbringung umgewidmet.[2987] Damit gingen 80 Aussiedlerplätze verloren. Man diskutierte zwar darüber, die leeren Plätze in den städtischen Kreisflüchtlingswohnheimen gemischt zu belegen, doch wurde dies angesichts erwarteter sozialer Konflikte der verschiedenen Gruppen, durch die Träger der Aussiedlerhilfe verhindert.[2988]

Mit Beginn von Solidarnosc und der Perestrojka durch Michail Gorbatschow 1986 wurde es vielen Volksdeutschen in allen osteuropäischen Staaten möglich, in die Bundesrepublik auszuwandern. Die Zahl der Aussiedler stieg rapide von 78.523 (1987) über 202.673 (1988) auf 377.055 (1989) an, erreichte 1990 den Höchststand von 397.073,[2989] ging dann stetig zurück und lag 1999 bei 104.916.

Im April 1990 wurden neben den bestehenden Wohnheimen von der Stadt provisorisch zwei Hotels in der Taunus- und der Düsseldorfer Straße weitere 180 Plätze für Aussiedler mit integrierter Sozialberatung und Kinderbetreuung eingerichtet, zu denen im Herbst 1990 weitere 19 Kindergarten- und 30 Hortplätze für die in den Übergangsheimen lebenden Familien hinzukamen.[2990]

Mit der starken Zuwanderung von Russlanddeutschen, die nun etwa 90% der Aussiedler stellten, änderte sich die öffentliche Meinung und Aussiedler stießen verstärkt auf Gleichgültigkeit bis Ablehnung, zumal sie

---

2983 Kurzdarstellung der Arbeit im Flüchtlingswohnheim Heddernheim, um 1980 (ACVF-411-DIL).
2984 Siehe Abschnitt 8.7.4 – Jugendgemeinschaftswerk, S. 588ff.
2985 Jahresbericht Soziale Brennpunkte 1982, S. 6ff (ACVF-2200-01).
2986 Vermerk Markerth über Besuch in der Anlaufstelle für DDR-Aussiedler Frankfurt v. 6.5.80 (ACVF-).
2987 Siehe Abschnitt 8.7.2.5 – Flüchtlingswohnheime, S. 565ff.
2988 CVF-Jahresbericht 1986/87, S. 34 (ACVF-1001).
2989 Vgl. dazu Gesamtübersicht auf S. 586.
2990 FR 18.1.1990.

nach der Wende 1989 auf dem Arbeitsmarkt mit den Zuwanderern aus den neuen Bundesländern konkurrierten. Obgleich sie mit ihrer Anerkennung automatisch die deutsche Staatsangehörigkeit erhalten hatten, hatte sich ihre Lage nicht sehr verändert: in ihrer früheren Heimat waren sie eine Minderheit und Fremde, hier fühlten sie sich weder als Deutsche noch als Ausländer. Ca. 80 % waren unter 45 Jahre alt,[2991,] kaum mit deutscher Kultur und Sprache vertraut und durch Erziehung und Ausbildung in kommunistischen Verhältnissen geprägt. Die ältere Generation musste feststellen, dass sich auch die Sprache auseinanderentwickelt hatte.[2992] Zwar mussten Aussiedler in ihrer Heimat einen Sprachtest ablegen, doch da es ausreichte, wenn einer der Ehepartner diesen erfüllte, konnten der andere und die Kinder häufig kein Deutsch. Der CV bemühte sich mit Hilfe der Volkshochschule vergeblich um Russisch sprechende Deutschlehrer für die drei Übergangswohnheime, das Jugendgemeinschaftswerk und die Spielstube.[2993] Eine Beratung in Polnisch konnte dank Pfarrer Gogolin einmal wöchentlich angeboten werden.[2994]

Während die Männer meist ein Handwerk gelernt hatten und relativ rasch Arbeit fanden, war die Situation für die Frauen, die meist in Büros oder als Lehrerrinnen gearbeitet hatten, aufgrund ihrer Ausbildungssituation ungleich schwieriger. Viele wollten aber auch nicht arbeiten, um nicht bei einem Familieneinkommen von über 2.000 DM den Anspruch auf eine Sozialwohnung zu verlieren. Viele lehnten den Umzug in eine Wohnung in den Sossenheimer Hochhäusern ab, weil dort „zu viele Ausländer" lebten.[2995]

Mit dem Ende der kommunistischen Herrschaft wurde ein „Vertreibungsdruck" als nicht mehr gegeben angesehen und die „deutsche Volkszugehörigkeit" verlor mit Ausnahme der GUS-Staaten immer mehr an Bedeutung.[2996] Mit dem Aussiedleraufnahmegesetz 1990 schränkte man das in § 6 Bundesvertriebenengesetz verankerte uneingeschränkte Zuzugsrecht weiter ein. Man stellte zwar fest, dass die 1941 von Stalin vertriebenen Russlanddeutschen „unter einem Kriegsfolgenschicksal gelitten haben",[2997] sie durften aber erst nach einem positiven Aufnahmebescheid des Bundesverwaltungsamtes einreisen, der am bisherigen Wohnsitz nach einem Bewerbungsverfahren erteilt wurde. Im Kriegsfolgenbereinigungsgesetz 1993 legte man eine Höchstquote von 220.000 Personen fest, kürzte Eingliederungshilfen und schrieb Sprachtests vor.[2998]

2991 der Anteil dieser Altersgruppe betrug in der einheimischen Bevölkerung ca. 58 %
2992 So erklärte die aus Kasachstan stammende 34jährige Sofia Schmitke, man habe zuhause so gesprochen „wie vor 200 Jahren. Hier gibt es so viele neue Worte, die ich von meinen Eltern nie gehört habe". (FR 10.6.1991).
2993 Schreiben CVF/VHS Frankfurt v. 1.10.1993 (ACVF-4231/02).
2994 Schreiben CVF/Pfarrer Gogolin-Polnische Gemeinde v. 14.10.1993 (ACVF-4230).
2995 FR 10.6.1991.
2996 FR 10.6.1991.
2997 BAMF, Migrationsbericht 2012.
2998 Im Spätaussiedlerstatusgesetz vom 30. August 2001 wurde dann die „deutsche Volkszugehörigkeit" auf diejenigen beschränkt, die sich „in seiner Heimat zum deutschen Volkstum bekannt (haben), sofern dieses Bekenntnis durch bestimmte Merkmale wie Abstammung, Sprache, Erziehung, Kultur bestätigt wird."

Um die sachgerechte Verteilung der Aussiedler vor Ort zu gewährleisten, wurde 1995 das Wohnortezuweisungsgesetz geändert, der Bezug von Sozialhilfeleistungen nach dem AFG bzw. dem BSHG an den Aufenthalt im zugewiesenen Wohnort gebunden und die Freizügigkeit bis 1997, dann bis zum 31. Dezember 2009 beschränkt. Den neuen Bundesländern sollte Gelegenheit gegeben werden, ihre in die Aussiedler getätigten Investitionen sinnvoll fortzusetzen, kontinuierlich Integrationsangebote zu machen und der Bildung sozialer Brennpunkte mit hoher Aussiedlerkonzentration vor.

Insgesamt kamen zwischen 1950 und 2018 etwa 4,5 Mill. Aussiedler und Spätaussiedler nach Deutschland, davon 2,389 Mill. aus der ehemaligen UdSSR, 1,445 Mill. aus Polen, 430.433 aus Rumänien, 104.628 aus der CSSR, 90370 aus dem ehemaligen Jugoslawien und 21419 aus Ungarn. [2999] In Hessen waren es seit 1979 rd. 264.000 Aussiedler, davon rd. 178.000 aus der ehemaligen UdSSR. Von den 6 Mill. Einwohnern Hessens haben ca. 1,8 Mill. (30%) einen Vertreibungs- oder Aussiedlerhintergrund. [3000]

8.7.4.1 Jugendgemeinschaftswerk

Im Gegensatz zu den aus Siebenbürgen und dem Banat stammenden Jugendlichen konnten die polnischen, tschechoslowakischen und russischen Jugendlichen nicht mehr deutsch, weil in ihren Heimatländern nach 1945 nicht mehr Deutsch gesprochen werden durfte. Sie hatten eine „völlig anders geartete Ausbildung und mangelnde Kenntnis der westlichen Welt." Während ihre Eltern freiwillig „heimkehrten", wurden sie oft gegen ihren Willen mitgenommen und aus allen sozialen Bindungen herausgerissen.

Um die Benachteiligungen aufzuheben, entschied der DCV-Zentralrat 1964 angesichts des hohen Anteils katholischer Jugendlicher unter den polnischen Spätaussiedlern (Ermland, Schlesien), die katholischen Förderschulen fortzuführen. [3001] In Frankfurt nahm die Zahl der Jugendlichen so stark zu, so dass Schwester Clara Adamski eine Gruppenarbeit unter Leitung von Reitze in der Pfarrei Oberrad organisierte. [3002]

Da die Betreuung durch den Katholischen Lagerdienst als unzureichend angesehen wurde, gründete man 1967 das Caritas-Jugendgemeinschaftswerk, das gemeinsam mit der evangelischen Jugendgilde, dem DRK und dem Internationalen Bund für Sozialarbeit mit Mitteln aus dem Bundesjugendplan, dem Kinder- und Jugendplan sowie Zuschüssen des Bistums und der Stadt Frankfurt die Jugendarbeit für Aussiedlerkinder neu organisierte. Das Jugendgemeinschaftswerk wurde über zu betreuende Jugendliche überwiegend von den Leitern der Flüchtlingslager, vereinzelt auch durch den Katholischen Lagerdienst, informiert. Den Familien wurde Hilfe teilweise persönlich, teilweise brieflich angeboten und bei der Ein-

---

2999 https://www.bva.bund.de/DE/Organisation/Abteilungen/Abteilung_BT/Spaet-aussiedler/statistik/Monat/2a.html?nn=4487700 (Stand: 4.8.2018)
3000 Heimatvertriebene und Spätaussiedler, S. 4.
3001 Rundschreiben DiCVL v. 25.4.1964 (ACVF-4200/2).
3002 Vermerk Nicolai über Jugendgemeinschaftswerk v. 19.12.1966 (ACVF-4200/2).

schulung in Förderschulen geholfen.[3003] 1973 waren von den in Frankfurt betreuten 100 Jugendlichen 45 zwischen 14 und 17, 46 zwischen 18 und 21 sowie 9 über 21 Jahre alt, zwei Drittel waren männlich.

Klaus Launer[3004] übernahm im Mai 1969 neben 40 Vormundschaften und Pflegschaften die Betreuung von 45 jugendlichen Aussiedlern. Im Oktober 1970 nahm Marianne Klauer die Gruppenarbeit mit Kindern in den Flüchtlingslagern auf. Von der Einrichtung einer Spielstube in Niederrad wurde abgesehen, nachdem das Flüchtlingslager nach Griesheim (Kiefernstraße) verlegt und die Stadtverordnetenversammlung am 9. Juli 1970 dem Internationalen Bund für Sozialarbeit die Betreuung der Kieferstraße übertragen hatte.

Die Stadt kaufte für das Caritas-Jugendgemeinschaftswerk am 1. September 1972 eine ehemalige Baubaracke auf dem Gelände des Kreisflüchtlingswohnheimes in der Dillenburger Straße 1 zur Nutzung als Jugendheim an. Neben der Spiel- und Lernstube, auf die gesondert eingegangen wird,[3005] wurde Clubarbeit für jugendliche und heranwachsende Aussiedler, Jugend- und Elternberatungen, Hilfe bei Behördengängen, Elternstammtische und Ausflüge mit Eltern und Kindern organisiert,[3006] um den Jugendlichen der dort untergebrachten Familien Eingliederungshilfen auf der Suche nach einer Identität zu geben.[3007] Durch die Verlagerung der Arbeit in die Flüchtlingswohnheime verlor der bis dahin stark genutzte Jugendclub im Caritashaus an Bedeutung und wurde schließlich eingestellt.[3008]

Nachdem die Baubaracke im April 1981 abbrannte, wurde die Jugendarbeit bis November 1982 durch fehlende Räumlichkeiten erschwert. Die Suche nach einer neuen Unterkunft blieb zunächst erfolglos, da ein neuer Pavillons bzw. die Anmietung des alten Bahnhofs in Eschersheim nicht realisierbar waren. So musste sich die Arbeit mit den ca. 180 Jugendlichen auf „Außenaktivitäten" beschränken, mit denen aber die Gruppenarbeit fortgesetzt und ein Gruppenzusammenhalt ermöglicht werden konnte. Schließlich half der Zufall, da die Caritas-Zentralstation sich zwar um die Anmietung des der Pfarrei St. Peter und Paul gehörenden Hauses in der Heddernheimer Landstraße bemühte, es aber doch nicht in Anspruch nahm. Im Dezember 1982 wurde ein Mietvertrag bis 1988 unterschrieben und das Haus bis zum September 1983 grundlegend unter Beteiligung von Sozialarbeitern und Jugendlichen renoviert.[3009] Damit konnte endlich eine offene und themenzentrierte Jugendarbeit geleistet werden.

3003 Jugendgemeinschaftswerk-Jahresbericht 1972 (ACVF-4231-01).
3004 Klaus Launer (1941–2000) war von 1967–69 beim Frankfurter Jugendamt beschäftigt, wechselte dann zum CV und war bis zu seiner Pensionierung im Mai 2000 in der Aussiedlerbetreuung tätig.
3005 Siehe Abschnitt 8.7.4.2 – Spiel- und Lernstube Heddernheim, S. 590ff.
3006 Vortrag des Magistrats an die Stadtverordnetenversammlung M373 v. 17.12.82 zur Zuschussgewährung für Jugendheim Heddernheim (ACV-4231/03).
3007 Schreiben CVF-Heinz/Stadt Frankfurt/Amt für Wohnungswesen v. 8.7.1982 (ACV-4231/03).
3008 Jahresbericht 1973 des Jugendgemeinschaftswerkes (ACV-4231/01).
3009 FNP 15.9.1983; im Obergeschoss wurde eine Arbeitsloseninitiative für ehemalige VDM-Mitarbeitende eingerichtet.

Nach einer erneuten" jugendgerechteren" Renovierung 1988/89 mit der Einrichtung eines Jugendcafés und verlängerten Öffnungszeiten, wurde es für die Jugendlichen im Stadtteil zu einer attraktiven Adresse. [3010]

8.7.4.2 Spiel- und Lernstube Heddernheim

Aufgrund der Erfahrungen des CV mit Spiel- und Lernstuben organisierte das Jugendgemeinschaftswerk in einer von der Stadt Frankfurt bereitgestellten Baracke in der Dillenburger Straße ab dem 1. September 1972 eine Spielstubenarbeit für Kinder und eine Hausaufgabenhilfe für Schüler.[3011] Offiziell wurde die Spiel- und Lernstube am 29. September 1972 eröffnet. Um den Jugendlichen Eingliederungshilfen auf der Suche nach einer Identität zu geben,[3012] wurden in Heddernheim eine Jungengruppe (10–12) bzw. eine gemischte Gruppe (7–10) sowie zwei weitere Schülergruppen (5–10 Jahre) unter Leitung einer Caritas- Mitarbeitende im Flüchtlingswohnheim Griesheim-Kiefernstraße eingerichtet.[3013] Die Kinder empfanden die Gruppenstunden als Entspannung zu dem zu Hause und in der Schule bestehenden Leistungsdruck, lernten spielen und konnten sich in ihrer Muttersprache unterhalten, ohne dass dies negativ gewertet wurde.[3014] Neben Hausaufgabenhilfen und Spielaktivitäten wurde die Baracke abends als Jugendtreff genutzt. 1974/75 gingen die Aussiedlerzahlen so stark zurück, dass das Übergangswohnheim nur halb belegt war, und man die Einstellung der Kinder- und Jugendarbeit erwog. Aufgrund des Ausreiseprotokolls mit Polen vom 9. Oktober 1975 stieg die Zahl der Aussiedler aber so stark an, dass die Arbeit fortgeführt werden konnte. 1978 reduzierte sich der Heimaufenthalt auf sechs Monate und damit mussten auch die Beratungs- und Orientierungshilfen komprimiert werden. 1979 wurde erstmals ein Tag der offenen Tür veranstaltet und damit Kontakte zur Heddernheimer Bevölkerung aufgebaut. Durch den Anstieg der Aussiedlerzahlen war die Baracke ständig mit bis zu 30 Kindern überfüllt.

Obwohl die Baracke in der Nacht vom 24./25. April 1981 aus ungeklärten Gründen abbrannte, konnte die Hausaufgabenhilfe am Tag darauf wieder aufgenommen werden. Am 1. Juni 1981 wurden drei Räume im Übergangswohnheim für die Spielstubenarbeit bereitgestellt und 1982 die Nutzungsmöglichkeit unbefristet verlängert. Die erheblich verbesserten Räumlichkeiten ermöglichten nun ein breiteres Spektrum sozialpädagogischer Einflussnahme und Angebote, vor allem im Bereich der Einzelhilfen, Kleingruppenarbeit und im kreativen Gestalten. Nun konnte auch die Hausaufgabenhilfe in eigenen Räumen in der Heddernheimer Landstraße 47 klassen- und altersspezifisch getrennt angeboten werden, zumal deutsche Sprachkenntnisse bei den Kindern kaum vorhanden waren. Nachdem 1983 überwiegend ältere Aussiedler kamen und Familien mit

---

3010 FN 3.8.1989.
3011 Vortrag des Magistrats an die Stadtverordnetenversammlung M373 v. 17.12.82 zur Zuschussgewährung für Jugendheim Heddernheim (ACV-4231/03).
3012 Schreiben CVF/Heinz an Stadt Frankfurt/Amt für Wohnungswesen v. 8.7.1982 (ACV-4231/03).
3013 Jahresbericht 1972 Jugendgemeinschaftswerk v. 9.2.1973 (ACV-4231-01).
3014 Protokoll Dienstbesprechung 24.2.1972 (ACVF-Dienstbesprechungen).

Kindern ausblieben, wurde die Jugendarbeit erneut gefährdet, so dass man auch Kinder aus dem Stadtteil in die Spiel- und Lernstube aufnahm. Gleichzeitig zogen auch zahlreiche Aussiedlerfamilien in die Heddernheimer Neubaugebiete um. 1985/86 besuchten etwa 30 Kinder die Spiel- und Lernstube. Da Kinder im Vorschulalter im Stadtteil kaum Möglichkeiten hatten, wurde ab 1987 vormittags ein zusätzliches Angebot für Kindergartenkinder eingerichtet, eine Elterngruppe gebildet und eine Psychologin eingebunden. 1988 besuchten 62 Kinder ständig die Spiel- und Lernstube, das Angebot für Kindergartenkinder auf 15 ausgebaut, die Öffnungszeiten verlängert und eine Mittagsversorgung angeboten. Die älteren Schulkinder wurden im nahe gelegenen Jugendhaus betreut. Am 15. Februar 1990 wurde eine zusätzliche neue Spiel- und Lernstube für Aus- und Übersiedlerkinder in der Düsseldorfer Straße eröffnet.

1988/89 nahm aufgrund der politischen Veränderungen in Osteuropa die Zahl der Aussiedler rasch zu, unter denen junge Familien mit Kindern dominierten. Um auf die Situation der Aussiedler aufmerksam zu machen, veranstaltete der CV im Oktober 1988 die Aktionswoche „Situation der Aussiedler und Zuwanderer in Frankfurt". Um die Familien voll einzubinden, organisierte man 1989/90 gemeinsam mit der Katholischen Familienbildungsstätte Nordweststadt Familienwochenenden, einen Schiffsausflug nach Seligenstadt sowie Kinderfreizeiten in Schlossborn und an der Ost- und Nordsee. Die steigende Wohnungsnot in Frankfurt führte Anfang der 90er Jahre zur Verlängerung des Wohnheimaufenthalts auf bis zu drei Jahren, von der vor allem die überwiegend aus der ehemaligen Sowjetunion stammenden Aussiedler betroffen waren. Vierköpfige Familien mussten vielfach in nur ca. 23 qm großen Räumen miteinander auskommen.

8.7.5 Jugendgerichtshilfe

Mitte der 1960er Jahre nahm der CV die Betreuung ausländischer Jugendlicher vor Gericht auf. Anlass war die Feststellung eines italienischen Wohlfahrtsverbandes, dass italienische Jugendliche unter 16 Jahren ohne jede Aufsicht bleiben würden, während ihre Eltern arbeiteten, und häufig straffällig würden. Während der 7. Tagung der deutsch-italienischen Gemischten Kommission (18.-25.10.1965) bat die italienische Seite zu prüfen, „inwieweit die deutschen Jugendfürsorgevorschriften auf italienische Minderjährige angewendet werden „und ggf. „eine Heimschaffung der Minderjährigen" zu veranlassen.[3015] Nachdem einem Gespräch zwischen Meta Nicolai und der Abteilung Erziehungshilfe im städtischen Sozialverwaltungsamt im Dezember 1965, stellte diese fest, dass mindestens 15 vorwiegend italienische Jugendliche unter 16 Jahren in bedenklichen Arbeitsverhältnissen im Hotel- und Gaststättengewerbe bzw. in Privatfirmen bei Kost und Logis tätig seien. Da man nicht wisse, ob sich diese sich ggf.

3015 Schreiben Bundesminister für Familien und Jugend (III 2-1045-2) an die obersten Jugendbehörden der Länder-Jugendfürsorge v. 24.10.1966 – Abschrift (ACVF-4311-03).

alleine in Frankfurt aufhalten, bat man den CV, Kontakt zu diesen Jugendlichen aufzunehmen,[3016] was dann auch erfolgte. Elisabeth Albrecht beklagte, dass man keine genaue Übersicht habe, da die meisten Jugendlichen, die ohne Eltern kommen, sich häufig nur kurz an einem Wohnort aufhalten und es in einer Großstadt wie Frankfurt „viele Möglichkeiten gibt ohne Registrierung (...) unterzutauchen". Obgleich die deutschen Jugendbehörden das geltende Recht anwenden würden, stünden sie z.B. in der Frage der Schulpflicht vor dem Problem, dass die meisten italienischen Jugendlichen dieser mit dem Besuch der italienischen Elementarschule bereits nachgekommen seien. Während die Mädchen überwiegend im Familienverbund verblieben, sei bei den männlichen Jugendlichen „eine starke Wanderung" zu verzeichnen, die aus Abenteuerlust, einem gesunden Interesse und dem Bedürfnis nach Wissen, in manchen Fällen aber auch aus Kurzschlussreaktionen resultierten. Häufig gebe es starke Verwahrlosungstendenzen, weil diese sich von ihren Angehörigen lösen und ein freies, unabhängiges Leben führen wollen. Albrecht sprach sich für die Einrichtung von Wohnheimen und ein Verbot der Barackenunterbringung bis zum Alter von 20 Jahren aus. Dieses sei aber schwierig, weil viele als Sprachunkundige nur" unter seinesgleichen" wohnen wollen. Notwendig sei aber auch eine Einflussnahme auf Eltern und Angehörige, die „nach alt hergebrachten Methoden" erziehen würden und" kein Verständnis für den aufgeweckten jungen Menschen (aufbringen), der begierig seine Umwelt erleben möchte". Vielfach würden auch die Gefahren der Großstadt unterschätzt. [3017]

Es wurde bald deutlich, dass es nur eine geringe Kooperation und Informationsbereitschaft auf Seiten des Polizeipräsidiums und der Stadt mit dem CV gab. Am 9. Januar 1969 wurden ein italienischer und ein spanischer Jugendlicher nach einer Jugendhaftstrafe in ihre Heimatländer abgeschoben, obgleich ihre Erziehungsberechtigten in Frankfurt lebten. Am 21. Februar 1969 protestierte der CV gegen dieses Vorgehen und forderte, „unsere Betreuungsstellen vor einer derartig eingreifenden Maßnahme rechtzeitig zu informieren."[3018]

Das Jugendamt übertrug 1970 dem CV die Jugendgerichtshilfe für die Italiener, Spanier und Portugiesen, was zunächst keine große Rolle spielte, da die schulpflichtigen Jugendlichen überwiegend im ihren Heimatländern blieben. Häufiger waren italienische Jugendliche betroffen, die vom zuständigen Sozialarbeiter des CV, Filipe Vullo, zweisprachig um Rücksprache gebeten wurden. Anna Mangano wies auf den abzugebenden Bericht an den zuständigen Richter hin und warnte, dass man bei fehlender Kooperation den Richter informieren und während des Prozesses keine Unterstützung leisten werde.[3019]

3016 Stadt Frankfurt/Abt. Erziehungshilfe/CVF v. 23.12.1965 (ACVF-4300-03).
3017 Bericht Elisabeth Albrechts über Wanderungen von Minderjährigen aus Italien v. 5.1.1967 (ACVF-4311-03).
3018 CVF-Nicolai/Polizeipräsidium Frankfurt-Ausländer- und Passwesen-Sonnet v. 21-2-1969 (ACVF-4300-03).
3019 Mehrere Schreiben im gesperrten Bestand ACVF-3113.

Im Auftrag der Stadt führten die Fachdienste für Migration für Spanier, Portugiesen und Italiener Jugendgerichtshilfe nach § 38 JGG durch. Unter der Leitung der Juristin und Jugendgerichtshelferin Anna Mangano arbeiteten muttersprachliche Sozialarbeiterinnen mit den straffälligen Jugendlichen. Da sie mit den Fallstricken und Schwierigkeiten einer Migration nach Deutschland vertraut waren, hatten sie einen leichteren Zugang zu der Lebenswelt der betroffenen Jugendlichen und hielten auch nach Abschluss der Verhandlung Kontakt mit dem Jugendlichen bzw. seiner Familie und boten in Krisenfällen ihre Beratung an. Jährlich wurden 160–200 Jugendliche betreut.

Die Jugendgerichtshilfe erforderte juristisches Fachwissen, eine gute Übersicht über Hilfeeinrichtungen und -angebote, psychologische Kenntnisse und viel Einfühlungsvermögen, aber auch die Fähigkeit, im Kontakt mit den jungen Straftätern auf Grenzen hinzuweisen und auf ihrer Einhaltung zu beharren. Kam es zu einem Verfahren gegen einen jungen Mann oder (weit seltener) gegen eine junge Frau, war es Aufgabe der Jugendgerichtshelferinnen, die persönliche Geschichte des Jugendlichen zu beleuchten und in einem Bericht soziale und pädagogische Gesichtspunkte zur Geltung zu bringen. Außerdem wurden Vorschläge gemacht, welche Maßnahmen oder Auflagen für den jungen Straftäter sinnvoll wären. Die Jugendgerichtshelferinnen führten nicht nur Gespräche mit dem Jugendlichen und seiner Familie, sondern arbeiteten mit Ausbildungsträgern, Schulen, Jugendhilfeeinrichtungen und Ämtern zusammen, die im Einzelfall helfen können.

Der Umgang mit den Jugendlichen war durch Offenheit und Wertschätzung gekennzeichnet. Die spezifische Welt der Jugendlichen sollte berücksichtigt werden und in einem Spannungsfeld zwischen Akzeptanz und Abgrenzung erfolgen. In den Beratungsgesprächen mit betroffenen Jugendlichen orientierte man sich nicht an den Defiziten, sondern an den Ressourcen und Stärken. Die Jugendlichen wurden vor und nach der Hauptverhandlung begleitet, damit sie die Folgen ihrer Straftaten positiv bearbeiten konnten, um sie wieder in ihre Familie, die Schule und ihr soziales Umfeld zu integrieren. In einem dritten Schritt sollten die Eltern ihre resignierte Haltung in der Erziehung aufgeben, sich ihren Kindern gegenüber auch in Konfrontation begeben und deutlich machen, dass sie ihre Erziehungsaufgabe ernst nehmen. Schließlich wurden auch andere im Jugendhilfebereich Tätige – Ämter und Institutionen im Stadtteil – einbezogen, um gemeinsam mit ihnen individuelle Hilfsmaßnahmen zu planen.

Als zusätzliche Hilfestellung für die Jugendlichen wurden Tages- und Wochenendseminare für Jugendliche angeboten, die Straftaten wie Raub mit Körperverletzung begangen hatten und meist durch jugendrichterliche Weisung zur Teilnahme verpflichtet wurden. Das Zusatzangebot der Wochenenden wurde vom CV aus Eigenmitteln und einem Zuschuss des städtischen Amtes für multikulturelle Angelegenheiten finanziert. Das Projekt wurde als Alternative zu gerichtlich verhängten, und in der Regel nicht pädagogisch begleiteten, Arbeitsstunden entwickelt. Die Jugendlichen sollten erfahren, dass sie in ihrer Ganzheit ernst genommen werden und gemeinsam ihre eigenen Geschichte, ihre Straffälligkeit und ihre Lebensperspektiven diskutieren. Vertrauen und Nähe schaffen, Kritik formulieren und annehmen, sind Bestandteile der Wochenendseminare, um ihre Persönlichkeit zu entwickeln und die Chancen für die Integration in Familie, Schule und Arbeit zu verbessern. Da die meisten wegen Gewaltdelikten aufgefallen waren, sollten sie lernen, über alternative Handlungsmöglichkeiten in eskalierenden Gewaltsituationen nachzudenken.

8.8 Stationäre Jugend- und Behindertenhilfe

Mitte der 60er Jahre verstärkte sich die Kritik an der Heimerziehung, die in der kurz darauf einsetzenden Heimrevolte auch militant bekämpft wurde. Im Juni 1969 holten APO-Gruppen Jugendliche aus den Heimen Staffelberg, Wabern, Steinmühle und Guxhagen und brachten diese in APO-Kommunen in Frankfurt unter.

Nachdem Herbert Faller, Leiter des Städtischen Jugendamtes, auf einer BSHG-Sitzung die Übernahme von Trägerschaften angeregt hatte, erklärte sich Anfang September 1969 Pfarrer Brehm (Evangelischer Volksdienst) bereit, die Trägerschaft von einem oder zwei Kollektiven, je eins für Jungen und Mädchen, zu übernehmen. Brehm mietete zwei Wohnungen in einem abbruchreifen Haus (Baustraße 12) an und quartierte dort jeweils zwölf Jugendliche und zwei Studenten von Prof. Klaus Mollenhauer ein, die bis dahin in APO-Kommunen gelebt hatten. Dieser erklärte Brehm, er sehe hier für die Jugendlichen eine größere Chance als in einem von Sozialarbeitern oder Sozialpädagogen geleiteten Heim.[3020] Faller sicherte 50 % der benötigten Investitionsmittel zu, die vom Landesjugendamt bereitgestellt würden. Dieses verfügte selbst über keine Mittel, das AVG-Ministerium lehnte aber Kollektive ab. Um die reservierte Haltung des Diakonischen Werks besser überwinden zu können, sprach Brehm am 21. Oktober 1969 Meta Nicolai an, ob der CV die Trägerschaft und finanzielle Hilfe für eine Mädchengruppe in Höchst übernehmen könne, für die er eine Wohnung in Aussicht habe. Der Caritasvorstand lehnte tags darauf „die jeder pädagogischen Grundlage entbehrende" Anfrage ab und sprach sich dafür aus, über geeignete Journalisten „im entscheidenden Augenblick eine Veröffentlichung über zeitgerechte Gruppenarbeit mit Jugendlichen beim Caritasverband e.V. in einschlägige Tageszeitungen (zu) bringen."[3021]

Bürgermeister Martin Berg bezeichnete die zunehmenden Probleme in den allgemeinen Heimen teilweise als Folge der stärkeren Heimspezialisierung, die dafür besonders ausgebildetes Personal erhielten und nur bestimmte Jugendliche aufnehmen würden. Allgemeine Heime würden durch schwierige Jugendliche überfordert. Wenn die freien Träger schon Sonderheime betreiben wollten, müssten sie auch versuchen, mit Schwierigkeiten fertig zu werden „und nicht einfach die Scherben vor das Jugendamt kehren". Ein Heim zu schließen, sei „etwas zu bequem. Die Stadt könnte sich das nicht erlauben. Berg verwies auch darauf, dass man durch den Aus-

---

3020 Vermerk Meta Nicolai über ein Gespräch mit Pfarrer Brehm v. 5.11.1969 (ACVF-1310).
3021 Protokoll CVF-Vorstand 22.10.1969 (ACVF-1310).

bau der Kinderpflege, die Einrichtung von Sozialstationen mit Erziehungs-
beiständen und Schulsozialarbeit in Sonderschulen versuche, eine Heimerziehung zu vermeiden.[3022]

8.8.1 Mädchenwohnheim „Haus Ursula"

Nach 1960 nahm die Nachfrage junger Frauen nach Heimplätzen ab, so
dass zunehmend ältere Migrantinnen und vorübergehend 1963–65 auch
Familienpflegerinnen und Schwestern des Centro Español im Haus Ursula
untergebracht wurden. Danach wurde Haus Ursula wieder als Mädchenwohnheim genutzt und 1974 vom Jugendamt offiziell als stationäre Einrichtung der Jugendhilfe und als Mädchenwohnheim anerkannt.

Nachdem sich die Lorenz-Schwestern am 31. März 1977 aus Altersgründen nach Bad Wörishofen zurückgezogen hatten, entschied sich der
Caritasvorstand für die Fortführung als Mädchenwohnheim. Haus Ursula
wurde am 1. April 1977 von Laienkräften unter der Führung von Frau
Tekolf und Therese Hoffmann übernommen und das Haus mit einem Aufwand von 310,285 DM umgebaut. Man konzentrierte sich nun auf die Arbeit mit 13–19jährigen Mädchen „mit mehr oder weniger erheblichen So-
zialisations-defiziten", um deren „spezifische Persönlichkeitsentwicklung
weit möglichst zu verselbständigen, notwendige Lernprozesse zu initiieren
und/oder voranzutreiben."[3023] Dieser Grundgedanke besteht bis heute,
obgleich sich die Betreuungsform abhängig von den Bedürfnissen der betreuten Mädchen, jungen Frauen und ihrer Familien immer wieder veränderte.

Am 1. Januar 1986 erhielt Haus Ursula eine
neue Leitung. Mit sechs hauptamtlichen und drei
Honorar-Mitarbeitern im pädagogischen sowie
vier im hauswirtschaftlichen und technischen Bereich blieb die Besetzung zwar unverändert,
doch sollte die personelle Fluktuation in den folgenden Jahren immer wieder für Probleme sorgen. 1986 wurden 21 Jugendliche zwischen 13
und 17 Jahren betreut, die überwiegend eine
Schule besuchten oder eine Berufsausbildung
absolvierten. Sechs stammten aus Eritrea. Zur
Verwirklichung der psychosozialen und prakti-
schen Verselbständigung wurde ein dreistufiger
Plan entwickelt, der über eine Basisgruppe dann
in zwei weiteren Stufen zwischen drei und fünf
Jahren in die eigene Verantwortlichkeit und Existenz führen soll.

Mädchenzeichnung aus
Haus Ursula

Ende der 80er Jahre kam es aufgrund des
ständigen Personalwechsels mit häufig wechselnden Leiterinnen zu einer
instabilen pädagogischen Situation. Die „klassischen Heimerziehung" mit
einem strengen Kontrollsystem wurde schließlich 1994 durch ein pädago-

---

3022   FR v. 25.2.1977.
3023   Vermerk v. 12.12.1980 (ACVF-3124-03).

gisch innovatives Kleingruppenmodell abgelöst, das seither auf verantwortungsbewusste Pädagogik setzt.[3024]

8.8.2 Heilpädagogisches Schülerheim „Haus Thomas"

Nach dem Abriss des Jugendwohnheims am Unterweg 8 stellte das BO ein Grundstück in der Großen Nelkenstraße für den Neubau eines Jugendheims zur Verfügung. Im Herbst 1963 wurde das alte Pfarrhaus St. Anna abgerissen, im Juli 1964 der Grundstein gelegt und am 25. August 1966 die Eröffnung des ersten heilpädagogischen Jugendheimes in Deutschland gefeiert.[3025] An den Kosten von 2,17 Mill. DM beteiligte sich das BO mit 1,37 Mill. DM, weitere Zuschüsse kamen vom Land Hessen, der Stadt und der Bundesanstalt für Arbeitslosenvermittlung und Arbeitslosenversicherung.

Vor der Planung des neuen Hauses wurde aufgrund der Erfahrungen in der offenen Jugendhilfe zusammen mit dem Jugendamt, dem Leiter der städtischen Erziehungsberatungsstelle, dem Landesjugendamt und dem Fachministerium festgestellt, dass es für schulentlassene, gut begabte männliche Jugendliche, die wegen seelischer Fehlhaltungen einer intensiven sozialpädagogischen Führung und Betreuung bedürfen, keine geeignete halboffene Einrichtung in Hessen vorhanden war. Einerseits passten sie nicht in die traditionellen Jugendwohnheime, andererseits führte die Unterbringung in geschlossenen Jugendheimen zum Abbruch der Berufsausbildung und das Zusammensein mit gefährdeten Kameraden war für ihre Entwicklung wenig förderlich. Auch bei der Berufsberatung wurde festgestellt, dass diese Jugendlichen aufgrund ihrer Entwicklungsstörungen und dem sich daraus ergebenden Fehlverhalten trotz intellektueller Begabung keinen qualifizierten Beruf erlernen konnten. Ziel war es deshalb, sie parallel zur Ausbildung so zu führen, dass sie zu in der freien Wirtschaft eine Chance hatten. Das Heim sollte weder ein Lehrlings- und Jugendwohnheim noch ein Heim im Sinne der Rehabilitation oder der Lebenshilfe für Schwachsinnige, Mindersinnige und Körperbehinderte sein.[3026]

Während der Bauarbeiten zogen die ersten Jugendlichen im Mai 1965 ein und wurden von dem Heilpädagogen Max betreut. Im Mai 1966 kamen pädagogische und hauswirtliche Mitarbeiter dazu. Das Jugendwohnheim hatte zwei Abteilungen: ein Lehrlingsheim mit 40 Plätzen für 14–18jährige (ab 1970 12–18jährige) Jugendliche, die in Frankfurt eine Berufsausbildung absolvierten, und ein Jungarbeiterwohnheim mit 25 Plätzen für Jugendliche ab 18 Jahren, das vornehmlich für allein stehende Mündel des

---

3024 In Frankfurt bietet auch der Sozialdienst Katholischer Frauen (SKF) 42 Plätze in der stationären Jugendhilfe im Monikahaus an, 27 in drei heilpädagogischen Heimgruppen und 15 Plätze in zwei familienintegrativen Tagesgruppen.

3025 an den Erstellungskosten von 1,5 Mill. DM beteiligten sich das BO, das Hessische Ministerium für Arbeit, Volkswohlfahrt und Gesundheitswesen, die Stadt und die Bundesanstalt für Arbeit.

3026 Vermerk zum Caritas-Jugendwohnheim Hausen v. 20.8.1966 (ACVF-Haus Thomas).

CV bestimmt war, die einmal ein Zuhause finden und die für sie erforderliche Führung und soziale Bindung in die Gemeinschaft erfahren sollten.

Ziel war, „normal begabte, aber erziehungsschwierige Jugendliche sowie neurotisch gestörte, berufsunreife Jugendliche mit Verwahrlosungstendenzen oder mit psychischen Fehlhaltungen" aufzunehmen und zu fördern und bei einer entsprechenden Entwicklung aus dem heilpädagogischen Bereich in das Jungarbeiterheim überwechseln zu lassen.[3027] In diesem gab es bereits sozialpädagogisch betreutes Wohnen zur Verselbständigung von älteren Jugendlichen. Ein Teil waren Selbstzahler, die eine Unterkunft suchten, überwiegend waren es ehemalige Mündel des CV. Die Unterbringung erfolgte in Einzel- und Dreibettzimmern. Auf Werkstätten zur Berufsfindung musste aus finanziellen Gründen verzichtet werden. Für die Freizeitgestaltung standen Lehr-, Spiel- und Werkräume zur Verfügung.[3028] Zwischen 1967 und 1985 wurden insgesamt 210 Jugendliche betreut.

Der Anspruch als heilpädagogische Modelleinrichtung mit vier Sozialarbeitern und nebenamtlich tätigem Diplompsychologen sowie einem Arzt ließ sich nur schwer realisieren. Die Erfahrung zeigte, dass durch nebenamtliche Tätigkeit nicht effektiv genug mit der schwierigen Klientel in einer offenen Einrichtung gearbeitet werden konnte, zumal es eine hohe Fluktuation bei den pädagogischen Mitarbeitern gab. Zwischen Mai 1966 und Oktober 1969 wurden 27 Mitarbeiter, davon 15 Praktikanten eingestellt, von denen 23 das Haus in diesem Zeitraum wieder verließen. Die schwierige personelle Situation war darauf zurückzuführen, dass Heimerziehung als Arbeitsfeld von Erziehern und Sozialpädagogen noch gemieden wurde. Zurückzuführen ist dies auch auf die Ende der 60er Jahre einsetzende Heimkampagne. In den Dienstbesprechungen Anfang der 70er Jahre wurde häufig die „Personalmisere" angesprochen und darauf verwiesen, dass viele Jugendliche der „Gesellschaft" die Schuld für ihre Situation gaben.

In dieser Situation übernahm Hans Joachim Burkert für ein Jahrzehnt die Heimleitung. Er sorgte für die Kontinuität der pädagogischen Arbeit und bot intensiven persönlichen Kontakt an, um in Einzelgesprächen eine vertrauensvolle Bindung aufzubauen und so den Jugendlichen bei ihren Problemen zu helfen. Er ließ deren Familien nicht außen vor, sondern versuchte diese einzubeziehen. Noch vor der „Heimkampagne" Ende der 1960er und Anfang der 1970er Jahre wurden im Heim Thomas demokratische und antiautoritäre Werte diskutiert, die sich in einem richtungsweisenden Konzept niederschlugen. Burkert verwirklichte seinen gruppenpä-

---

3027 Vermerk zum Caritas-Jugendwohnheim Hausen v. 20.8.1966 (ACVF-Haus Thomas).
3028 Während der Pflegesatz im Jugendwohnheim Unterweg 6 noch 8 DM betragen hatte, lag er hier bei 21,50 DM und stieg dann auf 23 DM an.

dagogischen Ansatz, motivierte die Jugendlichen durch sein Charisma, nahm sie mit zum Fallschirmspringen und begleitete sie bei Freizeiten. Während seiner Zeit wurde das Aufnahmealter der Jugendlichen auf 12 Jahre herabgesetzt. Da das Haus Ende 1971 nicht voll ausgelastet war, beschloss man am 19. Januar 1972, die zeitweise Freigabe eines Traktes für Ingenieurstudenten vor, ohne aber den heilpädagogischen Charakter des Heimes in Frage zu stellen.[3029] Das „Caritas-Schülerheim", 1979 in „Sonderpädagogisches Schülerheim Haus Thomas[3030] umbenannt, war das erste offene Heim in der Bundesrepublik, in dem mit Schülern und Lehrlingen heilpädagogisch gearbeitet wurde, die aufgrund ihrer familiären Situation und ungünstiger Umwelteinflüsse Schwierigkeiten hatten, sich auf Gruppen, Unterricht oder Beruf, auf Beziehungen und Bindungen einzulassen.

Nach dem Unfalltod Burkerts wurden unter Leitung des Diplompädagogen Gerhard Denk zwischen 1980 und 1984 sechzehn unbegleitete minderjährige Flüchtlinge aus Eritrea, Sri Lanka und dem Iran im Rahmen öffentlicher Erziehungshilfe untergebracht, die am Frankfurter Flughafen angekommen waren. Da es kaum Erfahrungen in der Arbeit mit jugendlichen Asylbewerbern gab, die traumatische Flucht- und Kriegserlebnisse zu verarbeiten hatten, mit einer völlig fremden Kultur konfrontiert waren und deutsch lernen mussten, wurde das Fachpersonal ständig vor neuen Situationen gestellt und musste Pionierarbeit leisten. Bei einer Gesamtzahl von 22 Jugendlichen bestand so Anfang 1984 die Gefahr, dass sich das „Haus Thomas" von einer klassischen Jugendhilfeeinrichtung zu einer Spezialeinrichtung für jugendliche Asylbewerber entwickeln könnte.

1984 übernahm der Sozialpädagoge Joachim Tschakert die Leitung und führte das „Haus Thomas" wieder seinem ursprünglichen Zweck zu. Verschiedene Bereiche im Erziehungsalltag wurden umstrukturiert und Elternarbeit und Jugendgesprächskreise eingeführt. Schwerpunkt war die Verbindung von psychologischer und schulischer Betreuung. Eine Schulbeauftragte baute Kontakte zu den Lehrern und Lehrerinnen der öffentlichen Schulen auf, um das Verhältnis zwischen Heim und Schulen zu verbessern und Kindern und Jugendlichen den schulischen Weg zu erleichtern.

Die 1985 begonnene Diskussion mit den Eltern der Betreuten führte zu der Überzeugung, dass Ziel die völlige Trennung der Kinder und Jugendlichen von ihren Familien sein dürfe, sondern die Eltern durch Unterstützung in der Erziehung zur besseren Bewältigung ihres familiären Alltags zu befähigen. Gleichzeitig bedeutete dies den Wandel zu einer ressourcenorientierten Sicht auf die Familien. Statt auf Defizite zu schauen, standen die Stärken der Jugendlichen im Mittelpunkt und ihre Familien wurden in die Arbeit einbezogen. Mit der Umbenennung in „Heilpädagogi-

---

3029 Caritasvorstand v. 19.1.1972 (ACVF-1310).
3030 Burkert hatte als Namen „Schülerheim Thomas von Aquin" vorgeschlagen, was dem Caritasvorstand zu anspruchsvoll erschien. Man schlug Haus Thomas vor, wobei man sich sowohl an Thomas von Aquin wie Thomas Morus orientieren könnte, der schließlich zum Namenspatron wurde. (Caritasvorstand v. 11.11.1977 – ACVF-1310).

sches Schülerheim Haus Thomas" 1986 wurde dieser Zielsetzung Rechnung getragen.

Aufgrund der Nachfrage wurde gleichzeitig die 1984 beantragte Reduzierung der Platzzahl 27 auf 24 zurückgenommen und das Haus war in den folgenden Jahren immer voll belegt. Da es gelang, die Arbeitszeit des hauseigenen Psychologen von zunächst vier auf 40 Stunden (1987) anzuheben, konnte neben der Elternarbeit und Gruppentherapie auch Psychodiagnostik und Einzeltherapie von Jugendlichen in Krisen geleistet werden.[3031]

1991 wurde die erste Wochengruppe geschaffen und 1994 ganz auf das Wochengruppenmodell umgestellt. Unter den Heimleitern Christiane Leonhardt-Içten und Ferdinand Reiff wurden klare Strukturen für eine ausgeprägte Gruppen- und Elternarbeit geschaffen. Den Wohngruppen wurden feste Teams zugeordnet, in wöchentlichen Gesprächskreisen in den einzelnen Gruppen sowie in monatlichen Gesprächen mit Elterngruppen wurde an den individuellen Problemen der Jugendlichen gearbeitet.

8.8.3 Jugendwohnheim St. Martin

In den 60er Jahre wandelte sich die Struktur vom reinen Wohnheim[3032] in eine Jugendhilfeeinrichtung. Da die Zahl der Heimatvertriebenen und der DDR-Flüchtlinge nach dem Mauerbau 1961 stark rückläufig war,[3033] erreichte man die Genehmigung zur Aufnahme von nicht sesshaften Jugendlichen.[3034] Mit Inkrafttreten des Jugendwohlfahrtsgesetzes 1961 wurden im Rahmen der öffentlichen Jugendhilfe (ÖEH, FEH, FE und BSHG §§39/100) zunehmend Jugendliche von den Jugendämtern im Großraum Frankfurt (Hanau, Offenbach) eingewiesen, die nun durchschnittlich 70% der Heiminsassen stellten. Weiterhin wurden Jugendliche auf Wunsch ihrer Erziehungsberechtigten (Eltern, Vormund) oder als „normale" Lehrlinge aufgenommen. Bei Jugendlichen unter 16 Jahren war gemäß §79 JWG die Zustimmung des Landesjugendamtes erforderlich.

Die Finanzlage blieb schwierig, da das Bistum mit Zuschüssen geizte und bestrebt war, mögliche Kostenübernahmen zu verhindern. In diesem Zusammenhang ist auch die Aktion des bischöflichen Finanzdirektors Lehmkul zu sehen, der Pfarrer Lothar Zenetti als Vorsitzendem des Trägervereins die Verlegung des Lehrlingswohnhei-

Jugendwohnheim St. Martin

3031 CVF-Jahresbericht 1986/87, S. 70 (ACVF-1001).
3032 Zur früheren Entwicklung siehe Abschnitt 7.4.2.4 – Jugendwohnheim St. Martin, S. 449f.
3033 Am 31.5.1960 waren nur noch 23 Jugendliche aus der DDR gemeldet (Schreiben Gesamtverband/Arbeitsamt Frankfurt v. 31.5.1960 – ACVF-3113-02).
3034 Schreiben Hess. Minister für Arbeit, Volkswohlfahrt und Gesundheitswesen/Jugendwohnheim St. Martin v. 6.7.1959 (ACVF-3113-02).

mes nach Hausen nahelegte, um die freiwerdenden Räume für kirchliche Verwaltungsaufgaben nutzen zu können.[3035] Zenetti lehnte dies entschieden ab und verwies darauf, dass „dieses Wohnheim aus einer Aktivität der Katholischen Jugend Frankfurts nach dem Krieg entstanden sei und bis zum heutigen Tag diese Frankfurter Aktivität verkörpert (...)[und] ein Aufgeben eines Jugendzentrums und Jugendheims zugunsten weiterer Verwaltungsaufgaben (...) nicht vertretbar [sei].“[3036] Lehmkul stellte daraufhin eine Entscheidung bis zu einer Stellungnahme des Vorstands des Trägervereins zurück,[3037] die aber vermutlich nie erfolgte.

Nachdem zwischen 1970 und 1973 verstärkt am Flughafen Frankfurt ankommende allein reisende Jugendliche aus Äthiopien und Eritrea untergebracht worden waren, wurden danach „Kinder und Jugendliche mit Verhaltungsstörungen und Erziehungsschwierigkeiten“ aufgenommen, so dass sich das Jugendwohnheim zu einer „Jugendhilfeeinrichtung im engeren Sinne entwickelte [und] eine erhebliche personelle Aufstockung erfolgte.“

1973 wurde nach einer Teilrenovierung die Belegungszahl reduziert. Durchschnittlich war das Heim mit 40–50 Jugendlichen bzw. Heranwachsenden zwischen 16 und 24 Jahren belegt. Sie lebten in vier Gruppen mit jeweils 10–13 Mitgliedern und wurden von drei Sozialarbeitern, zwei Gruppenerziehern und drei Vorpraktikanten betreut. Aufgaben der Gruppenerzieher war die Hilfe bei der Arbeits- und Lehrstellenvermittlung und bei der Antragstellung von Ausbildungsbeihilfen, Kontaktpflege zu Meistern und Ausbildern, Vermittlung in Konfliktfällen sowie die Erziehung zu einem „sinnvollen Freizeitverhalten.“[3038] Aus den Heimakten[3039] lässt sich ablesen, dass es häufig zu Konflikten zwischen den Jugendlichen und zu zahlreichen Jugendgerichtsverfahren kam, die vom Schwarzfahren über kleinere Diebstähle bis hin zur schweren Körperverletzung reichten. Die Zahl der Ausreißer war relativ hoch.

Da das stark modernisierungsbedürftige Haus den Anforderungen kaum noch genügte, kam es weiterhin zu Interventionen der Heimaufsicht.[3040] Nachdem sich das Bistum keine ausreichenden Mittel für die Modernisierung bereitzustellen, initiierte es ab 1975 Verhandlungen zwischen dem Katholischen Jugendamt, den Trägervereinen der Jugendwohnheime St. Martin bzw. Bischof-Dirichs-Haus und dem CV. Caritasdirektor Osypka bestand auf einer gründlichen formellen und materiellen Revision der letzten fünf Jahre durch das BO, lehnte aus grundsätzlichen Gründen eine Revision durch den CV selbst aber ab. Eine ggf. notwendige „finanzielle Sanierung“ müsse vor der Übernahme durch den CV erfolgen. Alle Mitarbei-

3035 Schreiben BO-Finanzabteilungl/Zenetti v. 29.7.1968 (ACVF-3113-03).
3036 Schreiben Zenetti/BO-Finanzabteilung v. 4.9.1968 (ACVF-3113-03).
3037 Schreiben BO-Finanzabteilung/Zenetti v. 16.9.1968 (ACVF-3113-03).
3038 Schreiben Hoffmann/St. Martin/Jugendamt Frankfurt – Abt. Jugendpflege v. 31.10.1975 (ACVF-3113-03).
3039 Der Bestand der Heimakten beläuft sich auf etwa 750 Akten aus dem Zeitraum 1961–1998. Ein Nutzung ist nur den betroffenen Personen möglich.
3040 Schreiben Landesjugendamt Hessen/Vorstand Kath. Jugendhaus St. Martin v. 4.2.1977 (ACVF-3113-05).

ter, die bereit seien, nach der zu erarbeitenden neuen pädagogischen Konzeption zu arbeiten, sollten übernommen werden.[3041]

Am 11. September 1976 entschied der Diözesankirchensteuerrat, die Trägerschaft auf dem CV zu übertragen, um die vorhandenen Heimplätze zu sichern. Der CV wurde von allen Verpflichtungen freigestellt, die mit maximal 200.000 DM beziffert wurden, und für ein ggf. entstehendes Anlaufdefizit eine Abdeckungsgarantie von 200.000 DM gewährt. Das Finanzdezernat veranschlagte die Kosten der baulichen Sanierung auf ca. 800.000 DM und erklärte sich bereit, die nicht durch öffentliche Zuschüsse abgedeckten Kosten zu bezuschussen.[3042]

Am 22. Oktober 1976 akzeptierte der Vorstand des Trägervereins[3043] die Übernahme der Trägerschaft durch den CV, die am 16. Februar 1977 beschlossen wurde. Osypka wurde beauftragt, auf der Basis der 1975 bisherigen Gespräche die Übergabe und Zuschüsse des Bistums abzuklären.[3044] Nachdem ein Mietvertrag zwischen CV und dem Gesamtverband vereinbart worden war, beschloss die Dezernentenkonferenz des BO am 26. Mai 1977 zu prüfen, ob das Jugendwohnheim St. Martin nicht an anderer Stelle in Frankfurt durch einen Neubau ersetzt werden könne,[3045] zu einer Entscheidung kam es aber nicht.

Ende 1977 sicherte sich der CV einen Landeszuschuss von 152.000 DM für die Modernisierung des Heimes.[3046] Die Bauarbeiten verzögerten sich, da das Bistum nicht bereit war, einen Zuschuss zu den aufgrund des schlechten Bauzustandes zusätzlich erforderlichen Mitteln von ca. 220.000 DM bereitzustellen.[3047] Außerdem war das Katholische Jugendamt trotz Aufforderungen des Landesjugendamtes nicht bereit, auf die von ihm genutzten Räume zu verzichten.[3048] Nachdem das Jugendamt im Oktober 1979 die Erhöhung der Pflegesätze mit dem Hinweis auf zu hohe Personalkosten abgelehnt hatte, wurde das Landesjugendamt aktiv und wies das Jugendamt daraufhin, das „St. Martin" zu den Einrichtungen mit „befriedigenden Verhältnisse" gehöre und warnte vor „den einschlägigen Erfahrungen (...) in Frankfurter Heimen in den letzten Jahren (...) und erheblichen Folgeproblemen für alle Beteiligten."[3049] Am 12. September 1980 beklagte das Landesjugendamt gegenüber Generalvikar Perne die Weigerung des Katholischen Jugendamtes, seine Räume freizugeben und warnte vor einem „Rückgang der Belegung" angesichts des begrenzen Raumangebots und des Konkurrenzdrucks anderer Einrichtungen."[3050] Erst im Mai

---

3041 Gesprächsvermerk Gruber v. 8.8.1975 über Gespräch mit Osypka und Menne (ACVF-3113-02).
3042 Schreiben BO-Dezernat Finanzen/Jugendpfarrer Hübinger v. 28.9.1976 (ACVF-3113-02).
3043 Der Trägerverein löste sich im März 1977 selbst auf.
3044 Protokoll CVF-Vorstand 16.2.1977 (ACVF-1310).
3045 Protokoll CVF-Vorstand 20.7.1977 (ACVF-1310).
3046 Schreiben Stadt Frankfurt-Abt. Erziehungshilfe/CV Frankfurt v. 10.11.1977 (ACVF-3113-05).
3047 Schreiben BO-Dez. Finanzen/CV Frankfurt v. 31.10.1978 (ACVF-3113-05).
3048 Schreiben LJA Hessen/CV Frankfurt v. 26.10.1979 (AVCF-3113-05).
3049 Schreiben LJA Hessen/Jugendamt Frankfurt v. 8.11.1979 – Kopie (AVCF-3113-05).
3050 Schreiben LJA Hessen/BO-Generalvikar Perne v. 12.9.1980 – Kopie (AVCF-3113-05).

1982 machte das Katholische Jugendamt mit dem Umzug in das aufgestockte „Haus der Volksarbeit" seine Räume frei, so dass mit der Entflechtung von Verwaltungs- und Gruppenräumen endlich die erforderlichen Grundlagen für pädagogische Verbesserungen geschaffen werden konnten.[3051] Mit Zustimmung der Bundesanstalt für Arbeit wurde das Platzgebot 1980 auf 34 reduziert und später eine Außenwohngruppe und eine Verselbständigungsgruppe im Heim eingerichtet.

1986 wurden 47 Jugendliche und junge Erwachsene zwischen 14 und 22 Jahren, darunter sieben Ausländer betreut. Drei konnten ihre Ausbildung abschließen, 13 erhielten eine Lehrstelle und sechs wurden in Praktika der „Werkstatt Frankfurt" vermittelt, die zu einer Lehrstelle führten. Die Hälfte stammte aus Frankfurt, die übrigen aus dem Umland. 1986 wurde erstmals eine pädagogisch-therapeutische Intensivbetreuung aufgenommen. Beklagt wurde 1986, dass keine „Unterschichtkinder" von den Jugendämtern eingewiesen wurden. Festgestellt wurden auch eine abnehmende Bindungsfähigkeit und psychische sowie psychische Belastbarkeit, eine zunehmende Diskrepanz zwischen Lebens- und Entwicklungsalter sowie eine verspätete Berufsfähigkeit und -reife. Etwa die Hälfte hatte bereits ein Gerichtsverfahren hinter sich. Man stellte fest, „dass gerade bei älteren Jugendlichen die Gruppe zunehmend an Bedeutung verliert zugunsten einzelner, intensiver Beziehungen. Daher wird soziale Heimarbeit wieder stärker Einzelfallhilfe.[3052]

8.8.3.1 Charlotte-Huber-Stiftung

Nach dem Tod ihres Mannes 1982 engagierte sich Charlotte Huber für die Verbesserung der Zukunftsperspektiven von benachteiligten Jugendlichen ohne Perspektiven und Förderung und stellte am 15. Januar 1988 ihren Plan für „Stiftung zur Berufsorientierung" vor, die mit 500.000 DM ausgestattet werden und die Arbeit des Jugendhauses St. Martin unterstützen sollte.[3053] In der 1989 ausgearbeiteten Satzung sollte Jugendlichen ohne Berufsorientierung berufswahlreife Maßnahmen angeboten werden, mit denen sie zur Berufs- und Arbeitswelt hingeführt, die Arbeitsmotivation und Interesse am eigenen Tun und Gestalten geweckt sowie handwerkliche Grundkenntnisse vermittelt werden sollten. Arbeitstugenden wie Regelmäßigkeit, Pünktlichkeit und Durchhaltevermögen sollten vermittelt und über eine außerschulische Weiterbildung schulische Lücken geschlossen werden, um die Vermittlungsfähigkeit auf dem Arbeits- und Ausbildungsmarkt zu verbessern.[3054] Dazu gehörte auch die Hilfe beim Erwerb von Schulabschlüssen im Bildungszentrum Hermann Hesse, das von der „Jugendhilfe und Jugendberatung e.V."[3055] getragen wurde.

3051 Schreiben JWH St. Martin/LJA Hessen v. 18.1.1982 (ACVF-3113-05).
3052 CVF-Jahresbericht 1986/87, S. 71f (ACVF-1001).
3053 Besprechung v. 15.1.1998 im Pfarrhaus St. Mauritius Schwanheim (ACVF-1310).
3054 Satzungsentwurf v. 1989 als Anlage zu Schreiben RA Kohl/CVF v. 18.12.1989 (ACVF-1310).
3055 Der Verein „Jugendhilfe und Jugendberatung e.V." ging aus der Volksarbeit hervor und war bis zum s Umzug nach Wiesbaden korporatives Mitglied des CV Frankfurt.

Im August 1990 wurde die „Stiftung Huber zur Förderung Jugendlicher in der Berufsorientierung" gegründet, die Projekte für Jugendliche unter 25 Jahren mit unzureichender Qualifikation und mangelnder Ausbildung fördern will, um deren Chancen auf einen Ausbildungs- bzw. Arbeitsplatz zu verbessern. Durch Vermittlung von Willi Hübinger übernahm der CV die „Charlotte-Huber-Stiftung" am 22. März 1991 als nicht rechtsfähige Stiftung,[3056] die offiziell am 1. September 1991 ihre Tätigkeit aufnahm. Durch Zustiftungen und Spenden erhöhte sich das Stiftungskapital inzwischen beträchtlich und ermöglicht allein durch die Zinserträge zahlreiche Projekte und Einzelfallhilfen.[3057] Am 3. Februar 1992 begann ein befristetes Malerprojekt, bei dem junge Männer das Maler- und Lackiererhandwerk erlernen konnten und u.a. die Kapelle von Santa Teresa renovierten.

8.8.4 Heilpädagogisches Institut Vincenzhaus

Ende der 50er Jahre nahm die Nachfrage nach heilpädagogischen Heimplätzen stark zu. So konnte das von der Stadt Frankfurt selbst eröffnete Heilpädagogische Heim mit maximal 25 Kindern belegt werden. Nachdem die Personalprobleme nicht gelöst werden konnten und die Konzeption nicht stimmig war, orientierte man sich am Hofheimer Konzept und belegte dort freiwerdende Plätze.

Allmählich zeigte sich, dass man eine Unterbringung für Kinder benötigte, die nach Abschluss der heilpädagogischen Behandlung nicht in ihr Elternhaus oder eine geeignete Pflegefamilie gegeben werden konnten, um sie mit „normalen Forderungen sowohl in der Schule als auch in der Gruppe" zu konfrontieren. Da eine Verlegung in Heime mit größeren Gruppen „für die Kinder schwer zu ertragen" war, entschloss man sich zum Bau eines kleinen, an den Kinderdörfern, orientierten Heims. Das Vincenzhaus erhielt neuen Pavillon erweitert, die im Januar bzw. Mai 1961 von zwei Gruppen bezogen wurden, während die dritte Gruppe im Haus verblieb. Die beiden übrigen Pavillons wurden 1967 fertiggestellt. Gleichzeitig wurde ein Personalhaus mit Arztwohnung errichtet und Stifter verlegte dorthin seine Praxis. Im Haus waren im Parterre der Psychologische Dienst mit Spiel- und Therapieräumen sowie eine Erzieherwohnung untergebracht, in den beiden oberen Etagen wohnten jeweils 12 Kinder bis zu 14 Jahren mit ihren Erzieherinnen in abgeschlossenen Wohnungen.[3058]

Meta Nicolai betonte 1967, man habe alle Kinder aufgenommen, die sonst nicht hätten gefördert werden können. Seitens der Erziehungsberatungsstellen seien aber auch Kinder eingewiesen worden, „denen wir nicht helfen konnten, sei es, dass ihre Fehlhaltungen durch einen organischen Hirnschaden oder anlagemäßig bedingt waren" und beklagte, dass die bestehenden Heime für solche Fälle nicht genügend differenziert seien, um zu helfen zu können. Sie wies daraufhin, dass Heime für hirngeschädigte Kinder mit durchschnittlicher Intelligenz eingerichtet werden könnten,

---

3056 Protokoll CVF-Vorstand 22.3.1991 (ACVF-1310).
3057 Zur Stiftung siehe deren Website http://www.charlotte-huber-stiftung.de.
3058 Heilpädagogische Heime (ACVF-3111-03), S. 2.

wenn die Personalfrage nicht so schwierig wäre. Außerdem sei eine intensive Elternarbeit erforderlich, die aber nur für die in der Nähe wohnenden Eltern möglich sei. Nachdem alle Anfragen an Jugendämter und Erziehungsberatungsstellen bezüglich einer Nachbetreuung mit dem Hinweis auf Arbeitsüberlastung der Sozialarbeiter negativ beschieden wurden, plante man vierteljährliche Treffen aller Fürsorgerinnen, die Kinder in Hofheim eingewiesen hatten, damit diese mit dem Arzt, der Psychologin und den Erzieherinnen über die Entwicklung der Kinder sprechen könnten. Vorgesehen war auch, Eltern am Wochenende in ein Mütter- oder Familienerholungsheim einzuladen.[3059] Diese Vorstellungen wurden Mitte der 80er Jahre umgesetzt.

Nachdem man 1978 eine Diagnose-Gruppe und 1984/85 eine Heilpädagogische Tagesgruppe (seit April 1999: 13 Plätze) eingerichtet hatte, aktualisierte man das in den 60er Jahren entwickelte Elternkonzept. Ziel ist war die Reintegration des Kindes in seine Familie. In Zusammenarbeit mit dem Jugendamt und den Sorgeberechtigten wurden Kinder mit stark belastenden Lebenserfahrungen, Störungen im Leistungsverhalten, vor allem mit Schulproblemen und Störungen im Sozialverhalten, mit Auffälligkeiten im emotionalen, im motorischen, im körperlichen und im sexuellen Bereich sowie Entwicklungsstörungen betreut. Um in einem begrenzten Zeitraum die Beziehungen zwischen Eltern und Kind so zu verändern, dass ein konfliktfreieres und zufriedeneres Zusammenleben möglich wird, war in Ergänzung zur heilpädagogischen Arbeit mit dem Kind eine kontinuierliche Elternarbeit notwendig. Beide Interventionsansätze standen in einem direkten wechselseitigen Zusammenhang. Da es um Hilfe zur Selbsthilfe und nicht um dauerhafte familienersetzende Maßnahmen geht, wurden nur Kinder für 1–2 Jahre aufgenommen, deren Eltern zu einer intensiven Zusammenarbeit mit dem Vincenzhaus bereit waren.

Das Konzept ging davon aus, dass jede Familie über ein sie spezifizierendes, über Generationen gewachsenes System von Kommunikations- und Interaktionsmustern verfügt, in dem die einzelnen Familienmitglieder bestimmte Funktionen für die Familie bzw. für einzelne Familienmitglieder wahrnehmen. Die Verhaltensprobleme der Eltern und der Kinder spiegeln nichtfunktionierende bzw. gestörte familiäre Kommunikations- und Interaktionsprozesse wider. Die Verhaltensauffälligkeiten (Symptome) der Kinder wurden als misslungener Versuch gewertet, ihre Probleme, die immer auch ein Problem der gesamten Familie sind, zu lösen.

Im Vincenzhaus leben Jungen und Mädchen in familienähnlichen Gruppen zusammen und werden von einer Gruppenmutter, meist Jugendleiterin oder Fürsorgerin, und einer Kindergärtnerin betreut. Dazu kommen Praktikantinnen aus verschiedenen pädagogischen Ausbildungsstätten, so dass eine individuelle Behandlung jedes einzelnen Kindes gewährleistet ist. Eine Diplom-Psychologin und der Arzt untersuchen jedes neue Kind und stellen einen Behandlungsplan auf. In besonderen Fällen erhält ein Kind allein oder mit einer kleinen Gruppe Einzelbehandlung. Regelmäßig werden gemeinsame Besprechungen zum Erfahrungsaustausch

---

3059 Heilpädagogische Heime (ACVF-3111-03), S. 3.

über die einzelnen Kinder durchgeführt und die weitere Behandlung abgesprochen.

8.8.4.1 Heilpädagogische Tagesgruppe

1985 wurde eine heilpädagogischen Tagesgruppe für elf Kinder von 6–14 Jahren gebildet, die entweder einen stationären Aufenthalt im Vincenzhaus hinter sich hatten (für ca. 1 Jahr) oder Kinder, die vorher nicht in der Diagnose-Abteilung oder in einer der Heimgruppen untergebracht waren (für ca. 2 Jahre). Für jedes Kind wird in den ersten drei Monaten eine gutachterliche Stellungnahme als Grundlage für die weitere Arbeit mit dem Kind und seinen Eltern erstellt und im Verlauf des pädagogisch-therapeutischen Prozesses weiterentwickelt. Die Eltern müssen zulassen, dass die Schwierigkeiten ihres Kindes in einen familiären Zusammenhang gestellt werden.

Die Kinder wohnen zu Hause, besuchen am Vormittag die Schule und werden danach bis ca. 17 Uhr in der heilpädagogischen Tagesgruppe betreut. Jedes Kind und seine Familie hat einen festen Ansprechpartner. Elternarbeit findet in der Regel einmal in der Woche in eines Einzel- oder Familiengesprächs statt. Die Betreuung wird nach und nach in die Familie verlagert. Dies bedeutet, dass das Kind an „Familientagen" nach dem Schulunterricht nach Hause fährt. Dies soll den Integrationsprozess voranbringen, der durch regelmäßige Hausbesuche der Mitarbeitende gefördert wird. Eltern und Kind werden nicht sich selbst überlassen, sondern bei der Übernahme von mehr Eigenverantwortung und in die Selbständigkeit begleitet. Das familiäre System soll so weit geöffnet werden, um die Bearbeitung der hinter den familiären Schwierigkeiten liegenden Ursachen zu ermöglichen wird. Mit der Klärung der familiären Beziehungen sollen sich Strukturen verändern und die Familienmitglieder in die Lage versetzen, ihr Zusammenleben eigenständig zu gestalten. Falls dies nicht realisierbar ist, erfolgt die Klärung alternativer Perspektiven mit allen Beteiligten und die Eltern entscheiden, ob andere Hilfsmaßnahmen eingeleitet werden sollen.

8.8.4.2 Heimschule

Anfangs besuchten die Kinder die Pestalozzischule in Hofheim. Da die dortigen Lehrkräfte nach Meinung der Ursulinen auf die besonderen Probleme der Kinder nicht entsprechend eingehen konnten, entwickelten sie ein eigenes Schulkonzept und erhielten am 22. Dezember 1955 die Genehmigung für eine private Schule. In der Genehmigungsurkunde heißt es: „Der Charakter einer Sonderschule ist durch die ausschließliche Aufnahme von psychisch gestörten, milieugefährdeten oder geschädigten und daher heilpädagogisch zu behandelnden Kindern zu wahren, die in der allgemeinen Volksschule nicht hinreichend gefördert werden können."[3060]

Die Schule am Vincenzhaus ist seither eine staatlich anerkannte Förderschule mit dem Schwerpunkt emotionale und soziale Entwicklung und dem Ziel der Rückführung in eine Regelschule. In den 60er Jahren konn-

---

3060 Genehmigungsurkunde v. 22.9.1955 (ACVF-31??).

ten die Schüler der Heimschule auch den Hauptschulabschluss erwerben. Mittelschüler und Gymnasiasten hatten in Hofheim Gelegenheit zum Schulbesuch. Die Heimschule wurde nicht nur von Kindern aus dem Vincenzhaus besucht, sondern auch von Kindern aus der näheren Umgebung mit besonderen Lernschwierigkeiten.

In drei Abteilungen unterrichteten die Ursuline Maria Lippmann als Schulleiterin sowie ein Lehrer und eine Lehrerin, die beide vom Kultusministerium angestellt waren, 30 Kinder in zwei provisorisch eingerichteten Räumen. Als die Räume im Hauptgebäude des Vincenz Hauses nicht mehr ausreichten, fand der Unterricht zeitweise auch in den Gruppenräumen des Kinderheims bzw. der Sportunterricht in der Pestalozzischule statt. Schon im Schuljahr 1963/64 mussten vier Klassen gebildet werden. Parallel mit der Erweiterung des Heilpädagogischen Instituts erhöhten sich auch die Schülerzahlen. Von 1965 bis 1967 errichtete man ein neues Schulgebäude, das 1977 durch einen Erweiterungsbau mit Turnhalle und zwei Werkräumen ergänzt wurde.

Die konzeptionelle Weiterentwicklung der Schule erfolgte in Abstimmung mit den Erfordernissen des Heims und den Vorgaben durch das hessische Schulgesetz. Mit der Einführung der Rahmenpläne wurden kreative Unterrichtsformen, Binnendifferenzierung, Frühenglisch und Projekte verstärkt eingesetzt. Mit der Einbeziehung der Kinder der Diagnosegruppen erhöhte sich auch die Fluktuation in den Klassen. Seit 1990 werden die Schüler von Mitarbeitenden der Schulsozialarbeit unterstützt, die u.a. den teilweise computerunterstützten Förderunterricht, die Gestaltung von Pausenspielen, Ausflügen und Unterrichtsgänge begleitete sowie eine Doppelbesetzung im Klassenunterricht und die Betreuung von Schülern in Konfliktsituationen oder bei Abwesenheit der Lehrkräfte sicherstellte.

8.8.4.3 Missbrauchsfälle im Vincenzhaus

In den 60er Jahren kam es zu mehreren Missbrauchsfällen, die aber erst Anfang 2010 durch drei ehemalige Heimkinder des Vincenzhaus bekannt wurden. Bis dahin hatten ehemalige Heimkinder nur positiv berichtet, viele suchen oder haben bis heute den Kontakt zum Vincenzhaus. Es ist nur ein Fall aus den 60er Jahren bekannt, in dem ein junger Mitarbeiter von Meta Nicolai fristlos entlassen wurde, nachdem das Berliner Jugendamt aufgrund einer Beschwerde der Mutter eines anderen selbst nicht betroffenen aber Heimkindes den CV über einen sexuellen Missbrauch an einem anderen Heimkind informiert hatte. Nachträglich stellte sich dann heraus, dass dieser Vorwurf unberechtigt war.

Nachdem offensichtlich wurde, dass es auch im Vincenzhaus zu Übergriffen gegen Kinder durch das Erziehungspersonal gekommen war, wurden die Jugendämter informiert und am 9. März 2010 öffentlich Zeitzeugen um Kontaktaufnahme geben, um auch weitere Fälle klären zu können. Bis zum 23. März meldeten sich zwölf ehemalige Heimkinder. In zwei Fällen wurde sexueller Missbrauch geäußert und ein mutmaßlich Anfang der 60er-Jahre im Vincenzhaus beschäftigter Mitarbeiter ermittelt, der trotz intensiver Recherchen noch nicht identifiziert werden konnte. Das zusammengetragene Material wurde der Staatsanwaltschaft Frankfurt übergeben, blieb aber auch ohne Ergebnis. In den übrigen ging es um harte Strafen, Gewalt und Demütigungen. Alle Opfer wurden zu Gesprächen und Besuchen ins Vincenzhaus eingeladen und an mehreren Treffen nahm auch Caritasdirektor Fritz teil, der sich bei den Opfern entschuldigte und um Verzeihung für das ihnen zugefügte Leid entschuldigte, zumal viele ihre Erlebnisse nicht vergessen haben. Am Jahresende waren es 17, darunter zwei Mädchen. Vier äußerten sich positiv über ihre Zeit im Heim.[3061]

8.8.5 Jugendwohnheim Bischof Dirichs

Nach der Inbetriebnahme des Jugendwohnheimes St. Martin wurde der Massivbau des Jugendwohnheims Goldstein als Lehrlingswohnheim für Flüchtlinge und heimatlose Jugendliche unter dem Namen „Bischof-Dirichs-Heim" fortgeführt. Träger war der „Verein Katholisches Jugendwohnheim Bischof Dirichs e.V.", in dem der Stadtjugendpfarrer den Vorsitz führte. 1958/59 wurde das Jugendwohnheim abgerissen, da die Pfarrei Goldstein das Grundstück für den Neubau der Pfarrkirche benötigte, nachdem alle Versuche ein benachbartes städtisches Grundstück zu erwerben, gescheitert waren. Das Bistum zahlte an den Trägerverein „Katholisches Jugendwohnheim Frankfurt am Main Goldsteinsiedlung e.V." eine Ablösesumme von 180.000 DM, mit der ein Neubau am Ziegelhüttenweg 149 finanziert und der am 3. Oktober 1959 eingeweiht wurde.

Nachdem Anfang der 60er Jahre das Interesse an Jugendwohnheimplätzen abgenommen hatte, übernahm die Bundespost 36 Plätze für ihre Lehrlinge und bezahlte auch dann, wenn sie die Plätze nicht nutzen konnte. Die übrigen 14 Plätze wurden, wenn überhaupt, im Rahmen der Freiwilligenerziehungshilfe vergeben. Dadurch ergaben sich auch Schwierigkeiten mit einer einheitlichen pädagogischen Betreuung.[3062] Ab Frühsommer 1966 diskutierte man über eine Nutzungsänderung, da eine Abdeckung der finanziellen Verluste durch eine Erhöhung der Tagessätze aussichtslos erschien, weil es sich überwiegend um Selbstzahler handelte,[3063] und zudem der bisherige Heimleiter Rudolph zum 1. April 1967 gekündigt hatte. Zunächst favorisierte man die Nutzung des Hauses für die geplanten „Höhere Fachschule für Sozialarbeit" bzw. die „Fachschule für Heimerzieher und außerschulische Pädagogen", nahm aber bereits vor der endgültigen Aufgabe des Projektes davon Abstand.[3064]

Nachdem man mit dem bisherigen Leiter des Frankfurter Kolpinghauses Frisch und dem Fürsorger Heinrich Plum zwei pädagogische Fachkräfte hatte gewinnen können, tendierte man im Frühjahr 1967 für die zur Umwandlung in ein Sonder-Jugendwohnheim nach einer baulichen Moderni-

3061 CVF-Jahresbericht 2010, S. 39 (ACVF-1001).
3062 Protokoll Vollversammlung Jugendwohnheim Bischof Dirichs v. 20.6.1966 (ACVF-3116).
3063 Schreiben AG für Jugendsozialarbeit/BO v. 14.2.1967 (ACVF-3116).
3064 Da die Stadt ebenfalls eine Fachhochschule plante, sah man keine Chance für ein attraktives Alternativangebot, da die benötigten Finanzierungsmittel nicht zur Verfügung standen. (Protokoll Vollversammlung Jugendwohnheim Bischof Dirichs v. 20.6.1966 –ACVF-3116).

sierung (ca. 50.000 DM), u.a. der Umstellung auf Dreibettzimmer und der Anstellung von zusätzlichem pädagogischem Personal.[3065] Nun wurde das Haus von öffentlichen Trägern der Jugend- und Sozialhilfe mit Jugendlichen und jungen Erwachsenen belegt. Obwohl diese einer besonderen pädagogischen Betreuung bedurft hätten, wurde diese aber weder vom Trägerverein noch nach dem Ausscheiden von Frings durch seinen Nachfolger Heinrich Plum geleistet. Da Willi Hübinger, als Jugendpfarrer von Frankfurt gleichzeitig Vorsitzender des Trägervereins, aufgrund seiner umfangreichen seelsorglichen Aufgaben den Geschäftsführer und Heimleiter nicht im erforderlichen Ausmaß überwachen konnte, kam es zu Gesprächen zwischen dem Trägerverein und dem Bistum mit dem Ziel, das Jugendwohnheim dem CV zu übertragen und von diesem fortführen zu lassen.

1975 veranlasste die prekäre finanzielle Situation den Vorstand zur vorläufigen Schließung des Heimes. Während einer Dienstbesprechung am 13. Juni 1976, zu der sich Heimbewohner Zutritt verschafften, kündigte Hübinger kurz vor der Ferienfreizeit die Schließung des Jugendwohnheims binnen sechs Monate an. Daraufhin eskalierte die Lage und führte am 30. Juni 1976 zur Kündigung Plums, der sich der wirtschaftlichen Entwicklung und der Kritik an seinem Führungsstil nicht mehr gewachsen fühlte. Gegen Plum wurden zwar öffentlich Beschuldigungen wegen Veruntreuung und Körperverletzung erhoben, das Strafverfahren aber mangels hinreichenden Tatverdachts eingestellt. Mitte Juli 1976 stellte sich heraus, dass Heinrich Plum jahrelang keine Erhöhung der Pflegesätze beantragt hatte und der Pflegesatz mit 31 DM der niedrigste in Frankfurt war.[3066] Hübinger erklärte am 24. Juli 1976, man prüfe die Notwendigkeit eines Konkurses, aber man habe bereits Zusagen zum Ausgleich des Defizits durch das BO. Außerdem wurden zwei neue pädagogische Mitarbeiter eingestellt. Die Mitgliederversammlung des Trägervereins wählte am 30. Juli 1976 einen neuen Vorstand, der beim BO die Übernahme durch den CV beantragte. Nachdem das Bistum einen Zuschuss in Aussicht gestellt hatte, um das Heim fortführen zu können, erklärte sich der Caritasvorstand bereit, das Heim am 1. November 1976 geräumt zu übernehmen. Der 2. Vorsitzende Norbert Schäffer übernahm die Sanierung, konnte aber die Plum vorgeworfene Misswirtschaft nur bedingt überprüfen, da die Unterlagen von den pädagogischen Mitarbeitern zurückgehalten wurden. Der Caritasvorstand beschloss auch, während der dringend erforderlichen Renovierung eine neue pädagogische Konzeption mit Mitarbeitern und Heimbewohnern zu erarbeiten und danach das Heim selbst fortführen. Selbstzahlern wurde gekündigt, den übrigen mit Hilfe des Landes- und Stadtjugendamtes eine Verlegung angeboten.[3067]

Nachdem die Heimbewohner am 24. Juli 1976 in einem Offenen Brief Jugendamtsleiter Herbert Faller zu einem Gespräch am 4. August aufgefordert hatten,[3068] wurde an diesem Tag das Heim besetzt und der Name

---

3065 Schreiben Kath. Jugendamt Frankfurt/BO über AG für Jugendsozialarbeit v. 11.2.1968 (ACVF-3116).
3066 FR v. 24.7.1976.
3067 Protokoll CVF-Vorstand 29.9.1976 (ACVF-1310).
3068 Offener Brief v. 24.7.1976 (ACVF-3116).

in „Jugendwohnheim in Selbstverwaltung" geändert und der „Verein zur Unterstützung der Selbstverwaltung" gegründet.[3069] Ein Gespräch am 6. August zwischen Trägervorstand, BO und Mitarbeitern kam nicht zustande, weil letztere auf der Teilnahme von Presse, Heimbewohner und einer politischen Jugendorganisation bestanden wurde. Dieses fand am 13. August statt.[3070] Die Mitgliederversammlung forderte am 16. August die pädagogischen Mitarbeiter auf, die arbeitsrechtlichen Vereinbarungen einzuhalten und sich „jeglicher Aktivität gegen den Trägerverein in der Öffentlichkeit und im Jugendwohnheim zu enthalten" und bis zum 24. August eine Zustimmungserklärung verlangt.[3071] Alle Mitarbeiter lehnten dies mit dem Hinweis auf ihren Berufsauftrag ab, den zu betreuenden Jugendlichen „jede Hilfe angedeihen zu lassen."[3072]

Neben anderen linken Gruppen nahm vor allem der Kommunistische Bund Westdeutschlands (KBW) im Rahmen seiner Kampagne gegen „Kirchen, Kapitalisten, Bullen und Pfaffen" Kontakt zu Heimbewohnern und Sozialarbeitern im Städtischen Jugendheim Rödelheim (Kleemannstraße)[3073], dem Jugendwohnheim Graf Folke Bernadotte in Griesheim (Zingelswiese) des Internationalen Bunds für Sozialarbeit und dem Mädchenwohnheim „Luisenheim" (Alfred-Brehm-Platz) auf. Mit beteiligt waren auch Studenten der Frankfurter Universität, insbesondere des Instituts für Sozialpädagogik und Erwachsenenbildung, und Sozialarbeiter mit neuen Auffassungen, die, so Jugendamtsleiter Herbert Faller, „die Plätze bekommen, die wegen Personalmangels nie vorher besetzt werden konnten. Und sie treffen auf Träger und Vorstände, die sozusagen aus einer anderen Zeit stammen."[3074] Aufgrund ihrer Ausbildung fühlen sich viele Sozialarbeiter" zu Höherem berufen, zur Gesellschaftsveränderung, statt zu dem, wofür sie eigentlich ausgebildet worden sind", erklärte Charlotte Freyer, Leiterin der weiblichen Kriminalpolizei Frankfurts. Viele Sozialarbeiter gingen davon aus, dass es bei einer Veränderung der gesellschaftlichen Verhältnisse keine Kriminalität mehr geben werde. Die kriminelle Tat eines Jugendlichen wurde nicht als abweichendes Verhalten, sondern als normale Reaktion auf Dinge gesehen, die den Lebensbedürfnissen der Jugendlichen entgegenstehen. Viele identifizierten sich mit ihren Schützlingen und sähen, so Bürgermeister Berg, daher nicht immer nur das Recht, sondern, „wie man dem Einzelnen helfen kann... Hilfe und nicht Bestrafung steht für die Sozialarbeiter im Vordergrund." So wurde die Forderung nach selbst

---

3069 FR v. 19.2.1977.
3070 Presseerklärung des Vorstandes des Vereins „Kath. Jugendwohnheim Bischof Dirich e.V." v. 9.8.1976 (ACVF-3116).
3071 Schreiben Hübinger an Mitarbeiter v. 19.8.1976, abgedruckt in: Dokumentation des Jugendwohnheims in Selbstverwaltung-Ziegelhüttenweg 149, S. 40ff.
3072 Antwortschreiben v. 23.8.1976, abgedruckt in: Dokumentation des Jugendwohnheims in Selbstverwaltung-Ziegelhüttenweg 149, S. 42.
3073 Gegen einige Sozialarbeiter des städtischen Jugendheims in Rödelheim wurde Strafanzeige wegen Verletzung der Fürsorge- und Aufsichtspflicht gestellt, nachdem zahlreiche Jugendliche straffällig geworden waren.
3074 FR v. 9.11.1976.

verwalteten Jugendheimen meist nicht von den betroffenen Jugendlichen gestellt, sondern von außen hineingetragen.[3075]

Nachdem die Presse Mitte September von der mehrfachen Festnahme eines 15jährigen Heimbewohners wegen Autodiebstahls berichtet und das Dirichs-Heim als Zentrum einer zwölfköpfigen Autoknackerbande bezeichnet hatte, wies die Landesjugendamt Hessen am 22. September 1976 den Trägerverein darauf hin, dass laut Aussagen von Jugendlichen die pädagogischen Mitarbeiter von den strafbaren Handlungen einiger Jugendliche gewusst und das Jugendheim pädagogisch nicht unter Kontrolle hätten. Die jungen, unerfahrenen Kräfte seien mit den Aufgaben der Heimleitung überfordert und es gebe keine Kontrolle über den Aufenthalt der Insassen und anderer Personen im Heim, Hausverbote würden nicht beachtet, der Zustand des Hauses biete keine Gewähr mehr für sinnvolle pädagogische Arbeit. Man habe nicht verhindert, dass sich kriminelle Einflüsse von außen in das Heim auswirken, so dass Minderjährige zu Straftaten verleitet worden seien, und da Weisungen des Trägers nicht ausreichend beachtet würden," fehle ein Mindestmaß vertrauensvoller Zusammenarbeit." Diese Mängel müssten binnen einer Woche abgestellt werden.[3076]

Ein Gespräch am 23. September 1976 zwischen Trägervorstand und pädagogischen Mitarbeitern verlief ergebnislos und die Selbstverwaltung erklärte öffentlich, es seien nur sieben und nicht zwölf Bewohner an den „angeblichen Delikten" beteiligt gewesen.[3077] Nachdem für den 15. Oktober zu einem Heimfest in der „Autoknackerzentrale" eingeladen wurde[3078] und die Mitarbeiter öffentlich die Ergebnisse der polizeilichen Ermittlungen bestritten, beschloss der Trägerverein nach Rücksprache mit Landes- und Stadtjugendamt das Heim am 26. Oktober endgültig zu schließen und den pädagogischen Mitarbeitern zu kündigen. Das Wirtschaftspersonal wurde behalten, um nach der Wiedereröffnung des Heimes weiterarbeiten zu können. Am 29. September wurde diese Entscheidung öffentlich bekannt gegeben und die einweisenden Stellen gebeten, die Jugendlichen bis zum 22. Oktober aus dem Heim zu verlegen. Allen Heimbewohnern wurde eine neue Unterkunft bzw. Unterstützung bei der Beschaffung eines Zimmers geboten, doch wurde dies mehrheitlich abgelehnt, weil man zusammenbleiben wollte. Nach der offiziellen Schließung am 26. Oktober wurde das Heim für besetzt erklärt und Hübinger angedroht, man werde ihm die Knochen brechen, wenn er versuchen sollte, das Heim zu betreten. Gleichzeitig stellte die Stadt die Überweisung der Pflegesätze ein.

Gleichzeitig beantragte der Vorstand des „Katholischen Jugendwohnheim Bischof Dirichs e. V." die Übernahme durch den CV, der sich bereit erklärte, das Heim am 1. November 1976 geräumt zu übernehmen, und mit dem Landesjugendamt und der Stadt eine neue Konzeption zu prüfen.[3079] Bürgermeister Berg lehnte am 2. November 1976 die Forderung nach einer Übernahme des Heims durch die Stadt ab, wies auf das Cari-

3075 FR v. 25.2.1977.
3076 Der Sonntag v. 21.11.1976.
3077 Hauptwache 10/1977, S. 46.
3078 Flugblatt des JWH Ziegelhütte v. Anfang Oktober 1977.
3079 Protokoll CVF-Vorstand 29.9.1976 (ACVF-1310).

tas-Angebot hin und bot Jugendlichen eine alternative Unterkunft an. Nachdem der Aktionsausschuss am 3. November eine einstweilige Verfügung gegen eine drohende Zwangsräumung erwirkt hatte, verzichtete man auf eine Zwangsräumung und forderte ein besseres Angebot der Stadt für die Heimbewohner. Das Institut für Sozialpädagogik und Erwachsenenbildung lehnte die Stilllegung des Heimes ab, weil ein Heimwechsel die psychische und soziale Entwicklung stören und eine Verlegung ohne Zustimmung der Jugendlichen das „Grundrecht auf Heimerziehung" und das „Recht auf Bildung" gefährden würde. Es dürfe nicht dazu kommen, dass Jugendliche, die häufig aus offenen Heimen weglaufen würden, nur noch in geschlossenen Heimen betreut werden, wie es das Konzept der „Heilpädagogischen Intensivbetreuung" einer Arbeitsgruppe des hessischen Sozialministeriums vorsehe.[3080] Am 6. November 1976 demonstrierten ca. 1.000–1.200 Angehörige linker Gruppen gegen die Schließung des Dirichs-Heims bzw. des Luisenheims[3081] und sprengten abends eine Podiumsdiskussion im Römer. Faller wurde vergeblich aufgefordert, sich von der „verantwortungslosen und unchristlichen kirchlichen Jugendheimpolitik zu distanzieren."[3082]

Nachdem am 16. Dezember 1976 die einstweilige Verfügung gegen die Räumung wieder aufgehoben wurde, sicherte der CV am Nachmittag dem Aktionsausschuss zu, dass es keine Räumung geben werde, solange man Gespräche führe.[3083] Anfang Januar 1977 wies der Trägerverein die Stadtwerke daraufhin, dass man nicht bereit sei, weiter monatliche Kosten von 3.000 DM für die Versorgung des Hauses aufzubringen und beantragt, die Strom-, Wasser- und Gasversorgung abzustellen. Der Leiter der Caritas-Jugendsozialarbeit, Hermann-Josef Menne, versuchte vergeblich eine Einigung zu erreichen. Die Gesprächspartner, die nicht zu den Heimbewohnern gehörten, bestanden auf der kostenlosen Überlassung des Heimes, der Bezahlung der ausstehenden Heizkosten und auf der Finanzierung von zwei Mitarbeitern, die von den Bewohnern ausgesucht werden sollten. Der CV erklärte seine Bereitschaft, das Bischof-Dirichs-Heim nach der Renovierung als sonderpädagogisches Heim fortzuführen und bot an, die Jugendlichen in einem städtischen Haus in Niederrad unterzubringen und nach sechs Monaten wieder aufzunehmen, damit diese ihre berufliche Ausbildung abschließen konnten. Die Besetzer lehnten aber eine kirchliche Trägerschaft ab und forderten die Stadt auf, das Heim zu übernehmen und anschließend den Jugendlichen zur Selbstverwaltung zu übergeben.[3084]

Nachdem aufgrund des starken Frostes Wasser- und Heizungsrohre geplatzt waren, musste die Feuerwehr den Keller leer pumpen und die Stadtwerke sperrten die Wasser- und Gasleitungen. Nun besetzten 25 Jugendliche am 27. Januar 1977 das Büro Fallers. Sie forderten dringend

---

3080 FAZ v. 3.11.1977.
3081 Im Luisenheim wurden mehrere Sozialarbeiter und Studenten der Fachhochschule beschäftigt, von denen der Träger keine Ahnung hatte (NP 8.11.1977).
3082 NP v. 8.11.1976 bzw. FAZ 8.11.1976.
3083 Hauptwache 2 (Jan.1977), S. 44.
3084 KNA-Informationsdienst Nr.6 v. 25.1.1977.

notwendige Reparaturen, die Aufhebung der Wasser- und Gassperre sowie die Zahlung der offenen Stromrechnungen. Am 15. Februar wurde auch der Strom abgestellt. Das Jugendamt schlug im Februar vergeblich vor, die älteren Heimbewohner in einer Wohngemeinschaft unterzubringen und für die jüngeren geeignete Heimplätze bereitzustellen.[3085]

Nachdem am 1. März 1977 Vertreter städtischer Dienststellen den Zustand des besetzten „Bischof-Dirichs-Heim" untersucht hatten, verwüsteten sechs Besetzer kurz darauf das Büro von Norbert Schäffer[3086] im Haus der Volksarbeit und schlugen im Jugendamt einen Mitarbeiter krankenhausreif.[3087] Am 2. März wurden das Dirichs-Heim und das Heim an der Zingelswiese polizeilich geräumt, Nachdem am 5. März der AStA der Frankfurter Universität eine Demonstration mit über 500 Jugendlichen organisiert hatte, besetzten. 30 Jugendliche aus dem Dirichs-Heim, dem Jugendwohnheim an der Zingelswiese und der Drogenberatungsstelle „drop in" am 8. März den Pfarrgemeindesaal St. Gallus und forderten ein Gespräch mit Bürgermeister Martin Berg, der dazu aber nur im Rathaus bereit war. Dies wiederum lehnten die Jugendlichen aus Angst vor einer möglichen Verhaftung ab. Stattdessen erschienen zwei städtische Sozialarbeiter ohne Verhandlungsauftrag mit abgestimmten Erklärungen des Jugend- und Sozialamtes. Bürgermeister Berg erklärte, zwei Drittel der Heimbewohner seien älter als 18 Jahre und damit erwachsen, sie hätten zudem alle Angebote der Stadt abgelehnt. Da es sich überwiegend um Drogenabhängige, Alkoholiker und psychisch Kranke handle, die nicht in der Lage seien, sich selbst zu verwalten, sei eine gemeinsame Unterbringung unmöglich. Berg betonte, das soziale Netz lasse keinen ohne Geld und Obdach, er verlange aber die Bereitschaft, sich Arbeit zu suchen und notfalls" Gemeinschaftsarbeit „zu leisten. Frankfurter Jugendliche sollten sich an die zuständige Sozialstation, auswärtige Jugendliche an das Jugendamt sowie Erwachsene an das Sozialamt wenden.[3088]

Am nächsten Morgen räumten die Jugendlichen auf Bitte Pfarrer Franzwalter Nieten den Saal und zogen zunächst in das Jugendzentrum Bockenheim in der Varrentrapstraße und dann in die evangelische Peterskirche um, wo sie mit Zustimmung von Pfarrer Hermann Düringer übernachten durften. Nieten verzichtete auf eine Anzeige wegen Hausfriedensbruchs, weil die Jugendlichen das kirchliche Asylrecht in Anspruch genommen hätten. Auf Vermittlung von Nieten und Düringer kam es tags darauf zu einem Gespräch zwischen Bürgermeister Berg bzw. Jugendamtsleiter Faller und den betroffenen Jugendlichen. Dabei wurden größere Wohneinheiten mit Betreuung durch Sozialarbeiter angeboten und eine Finanzierung durch den „Verein für Arbeits- und Erziehungshilfe" in Aussicht gestellt.[3089] Das Dirichs-Haus wurde renoviert und ab 1980 als Konrad-Preysing-Haus fortgeführt.

3085 FR v. 19.2.1977.
3086 Norbert Schäffer war 2. Vorsitzender des Verein „Bischof-Dirichs-Heim".
3087 Abendpost-Nachtausgabe 2.3.1977 bzw. NP 2.3.1977.
3088 NP v. 10.3.1977 bzw. FR v. 11.3.1977.
3089 NP v. 11.3.1977 bzw. FR v. 12.3.1977.

8.8.6 Konrad-Preysing-Haus – Wohnheim für geistig Behinderte

Nach der Schließung des Jugendwohnheims Bischof Dirichs beschloss die Dezernentenkonferenz des BO am 26. Mai 1977, das Haus nach einem Umbau als Wohnheim für werkstattfähige geistig Behinderte fortzuführen.[3090] Nach der Zustimmung des Hessischen Sozialministeriums im März 1978 übernahm der CV am 14. Juli 1978 die Trägerschaft und engagierte sich erstmals in der Betreuung von geistig Behinderten.[3091]

Am 11. November 1980 wurde das Konrad-Preysing-Haus als Wohnheim für 25–27 erwachsene geistig Behinderte unter der Leitung von Hildegard Grotmann[3092] neu eröffnet. Die Namensgebung erfolgte in Erinnerung an Kardinal von Preysing, der sich während des Nationalsozialismus für Behinderte engagiert hatte. Leitlinie ist die Förderung der Individualität jedes einzelnen Bewohners unter Nutzung der Ressourcen zur Förderung ihrer Fähigkeit zur Selbsthilfe und Integration in den Stadtteil. Die Bewohner sind seither größtenteils in den Praunheimer Werkstätten beschäftigt und werden seit 1985 mit einem Kleinbus befördert, der mehrfach dank Finanzierung durch die Leberecht-Stiftung der „Frankfurter Neuen Presse" erneuert werden

Konrad-von-Preysing-Haus
© Reimer

konnte.[3093] Das KPH setzte von Anfang an auf ein umfangreiches Programm mit Tagesausflügen, Adventsfeiern mit Eltern und Bekannten und Elternsprechtagen. Damit die Behinderten mindestens einmal jährlich einen zwei- dreiwöchigen Urlaub außerhalb Frankfurts machen können, wurden Ferienfreizeiten gemeinsam mit der Lebenshilfe angeboten.[3094]

Nach einer Umorganisation 1986 standen 30 Plätze zur Verfügung, die seither meist voll belegt sind. Zeitweise können auch bei Abwesenheit eines Behinderten, z. b. wegen Krankheit, Personen für einige Tage oder auch mehrere Wochen aufgenommen werden. Man stellte fest, dass das Gemeinschaftsbewusstsein zunehmen wuchs und Distanzen untereinander aufgehoben wurden, was allerdings zu „größeren Schwierigkeiten durch konkurrierendes Verhalten" führte. Damit stiegen sowohl die pädagogische Anforderung als auch der pflegerische Einsatz. [3095]

Kritisch wurde daher 1986 die durch den Landeswohlfahrtsverband bestimmte enge Personaldecke gesehen. So wurde an 60 Tagen eine in den Richtlinien nicht vorgesehen Ganztagesbetreuung notwendig. Die offiziellen Hauszeiten wurden von 6–9.30 bzw. von 16–22 Uhr festgelegt, da-

---

3090 Protokoll CVF-Vorstand 20.7.1977 (ACVF-1310).
3091 Protokoll CVF-Vorstand 14.7.1978 (ACVF-1310).
3092 Hildegard Grotmann hatte seit Januar 1973 die Spiel- und Lernstube in Fechenheim geleitet und übernahm das Preysing-Haus am 1. Januar 1980.
3093 FNP v. 26.3.1998.
3094 CVF-Jahresbericht 1986/87, S. 72 (ACVF-1001).
3095 CVF-Jahresbericht 1988/87, S. 72 (ACVF-1001).

zwischen war das Haus geschlossen, da die meisten tagsüber beschäftigt waren. Ab Freitag 14 Uhr übers Wochenende erfolgte eine Ganztagsbetreuung.

Ende der 80er Jahre gab es hausintern die ersten Diskussionen über die Öffnung des Hauses hin zu dezentralen teilstationären Wohnformen. Diese Diskussion wurden durch die fachpolitischen Entwicklungen und durch den Wunsch einer Gruppe von Bewohnerinnen und Bewohnern beeinflusst, das Heim zu verlassen und eine eigene Wohnung zu beziehen. Dies erfolgte dann in den 90er Jahren mit externen Wohngruppen im Umfeld des Konrad-Preysing-Hauses. Von Anfang an bestanden zahlreiche Kontakte im Quartier, die das Heim finanziell und durch Veranstaltungen mit den Bewohnern bis heute unterstützen.

8.9 Alte und Kranke

Obgleich Altenhilfe in der öffentlichen wie freien Wohlfahrtspflege von Anfang für viele alte Menschen von existentieller Bedeutung war, hatte sich sowohl in der ambulanten wie in der stationären Altenhilfe nicht sehr viel geändert und beide standen auch in den 60er Jahren „weder im Mittelpunkt der studentischen Protestbewegung, noch (bestand) ein besonderes öffentliches Interesse an der Lebenssituation alter Menschen. Selbstbestimmtes Leben im Alter blieb lange Zeit eine trägerinterne Diskussion.[3096]

Da die Altenhilfe in Frankfurt wie in anderen Städten vorwiegend von den Pfarreien, den Orden, kirchlichen Vereinen oder diözesanen Einrichtungen wahrgenommen wurde, übernahm der CV meist nur die Koordination bzw. die Vertretung gegenüber den städtischen und staatlichen Zuschussgebern. Erst Ende der 50er Jahre engagierte sich der CV in der ambulanten bzw. stationären Altenhilfe, nachdem sich die Orden mangels Nachwuchs und die Pfarreien aus der Verwaltung ihrer Altenheime zurückzuziehen begannen und dem CV die Haushaltsabrechnung übertrugen, um in der immer komplizierter werdenden Rechtslage keine Fehler zu machen.

8.9.1 Offene Altenhilfe – Altenclubs und Altenerholung

Seit den 50er Jahren war die Freizeitgestaltung alter Menschen eine Aufgabe der Pfarrgemeinden, die meist von Ehrenamtlichen wahrgenommen wurde. Altentagesstätten und Altenclubs stagnierten aber in ihrer Entwicklung und wurden den zunehmenden jüngeren und aktiveren Alten oft nicht mehr gerecht. Annelies Blumrich forderte 1986 angesichts der Überalterung der Altenclubs, „es müssen neue Wege gefunden werden, um auch den jüngeren Alten Möglichkeiten der Gemeinsamkeit anbieten zu können".[3097] Daraufhin wurde in Zusammenarbeit mit dem Katholischen Bildungswerk für die Clubleiter ein monatlicher Erfahrungsaustausch, einwöchige Fortbildungsseminare und neue Methoden der Gruppenarbeit vermit-

---

3096   80 Jahre Arbeiterwohlfahrt, S. 36.
3097   CVF-Jahresbericht 1986/87, S.65 (ACVF-1001).

telt. Man plante außerdem die Schulung und Begleitung der Helfer, die im Rahmen der Pastoral tätig sind, und den Aufbau neuer Helferkreise.[3098]

Gleichzeitig hatte sich auch das Anforderungsprofil der Altenerholung gewandelt, da das Durchschnittsalter auf ca. 75 Jahre angestiegen war und vorwiegend Kur- und Erholungsaufenthalte nachgefragt wurden. Es wurde immer schwieriger, geeignete Häuser für Gebrechliche und Behinderte zu finden, die teilweise auch von ihren Verwandten begleitet wurden. In diesem Zusammenhang verstärkte sich auch die Problematik der Kurzzeitpflegeplätze für Pflegebedürftige, die in den Erholungsheimen nicht mehr aufgenommen werden konnten. Daraus wurde das Projekt „Urlaub von der Pflege" entwickelt, auf das weiter unten eingegangen wird.[3099]

Weiter wurden Ferienfreizeiten für Gruppen von bis zu 30 Personen durchgeführt, die von mehreren Helferinnen begleitet wurden, die auch nach Ende der Maßnahme oft weiterhin Ansprechpartner blieben. [3100]

8.9.2 Alten- und Krankenpflege

Während 1965 fast jede Pfarrgemeinde noch über mindestens eine Ordensfrau verfügt hatte, die sich als Gemeindekrankenschwester um Kranke und Alte kümmerte, ohne dass dafür den Betreuten Kosten entstanden, standen in den folgenden beiden Jahrzehnten immer mehr Schwestern aufgrund von Krankheit und Alter nicht mehr zur Verfügung. Viele wurden selbst pflegebedürftig und konnten mangels Nachwuchs nicht ersetzt werden. Mehrere Pfarreien suchten vergeblich weltliche Schwestern oder Altenpflegerinnen zu gewinnen, die aber nicht bereit waren, als Einzelkämpferinnen ohne Urlaubs- und Krankheitsvertretung, ohne Fortbildungsmöglichkeit und kollegiale Zusammenarbeit diese Aufgaben zu übernehmen.

8.9.2.1 Zentralstationen

Da die evangelischen Gemeinden vor dem gleichen Problem standen, suchten Pfarrer Hans Brehm, der Leiter des Evangelischen Volksdienstes, und Werner Osypka 1969/70 einem Ausweg. Nachdem der DiCV Mainz am 1. Oktober 1970 in Worms die erste deutsche Sozialstation (St. Lioba) eröffnet hatte,[3101] wurde zunächst eine flächendeckende ambulante Pflege auf ökumenischer Basis[3102] für mehrere katholische wie evangelische Pfarrgemeinden mit Hilfe von „Zentralstationen" diskutiert. Der Name Zentralstation wurde gewählt, weil die Außenstellen des städtischen Sozialamtes bereits als „Sozialstation" firmierten. Die im Juni 1972 beim Hessischen Sozialministerium beantragte Finanzierung wurde im Januar 1973

3098 CVF-Jahresbericht 1986/87, S.65 (ACVF-1001).
3099 Siehe Abschnitt 8.9.2.2 – Urlaub von der Pflege, S. 619f.
3100 CVF-Jahresbericht 1986/87, S.65 (ACVF-1001).
3101 Maßgeblich beteiligt waren Marta Belstler (DCV) und Gertrud Skowronski (DiCV Mainz) sowie Pfarrer Günter Emig und der rheinland-pfälzische Sozialminister Heiner Geißler. Siehe 100 Jahre CV für die Diözese Mainz, Mainz 2017, S. 74f.
3102 Im Dezember 1971 bemühte sich der Verein Alten- und Pflegehilfe der evangelisch-unierten Melanchthon-Gemeinde Fechenheim beim CV um katholische Schwestern, um eine ökumenische Grundlage in Fechenheim zu schaffen.

abgelehnt, da Sozialstationen Aufgabe der kommunalen Daseinsvorsorge seien.

Nachdem die Zahl der katholischen Gemeindekrankenpflegestationen auf 34 mit 49 Schwestern weiter zurückgegangen und der Rückzug weiterer Schwestern zu befürchten war, beriet man am 8. Oktober 1973 mit dem Diakonischen Werk, für die Innenstadtpfarreien eine zentrale Gemeindekrankenpflegestation nach rheinland-pfälzischem Vorbild einzurichten.[3103]

Gemeindeschwester bei der Arbeit © ADCV

Am 7. November 1973 entschied sich der Caritasvorstand für die Zentralisierung der ambulanten Pflege. Die Zentralstation sollte in ihrer pflegerischen Funktion subsidiär für die Gemeinden tätig werden, diese aber nicht von ihrer grundsätzlichen Sorge und der seelsorglichen Betreuung der Kranken und Alten entbinden. Die Familienpflege sollte beim CV verbleiben, aber in enger Zusammenarbeit mit den Zentralstationen vermittelt werden. Drei Trägermodelle wurden diskutiert: mehrere Pfarreien betreiben gemeinsam eine Station, der Gesamtverband der katholischen Gemeinden oder der CV übernimmt die Trägerschaft. Die Trägerschaft der 14 Stationen sollte eindeutig katholisch oder evangelisch sein, zwei pro Dekanat bzw. 50.000 Einwohner. Die Dienstaufsicht sollte beim jeweiligen Träger liegen. Der Anfang sollte in Sachsenhausen gemacht werden, da hier die günstigsten Ansatzpunkte gesehen wurden.

Die Zusammenarbeit scheiterte, wie von Pfarrer Brehm befürchtet, an Widerständen auf evangelischer Seite, die diesen Bereich traditionell als „Missionsfeld" ansah.[3104] Osypka lernte durch engere Kontakte zu Pfarrern und Pfarreien das „Leben von innen" kennen und konnte die Distanz zwischen Pfarrcaritas und CV verringern. Ab Februar 1974 verhandelte man mit Pfarrgemeinden, Krankenkassen und der Stadt, um für die vakanten ambulanten Stationen Oberrad und Eschersheim eine Lösung zu finden. Nachdem die Kirchenvorstände von Dekan Erich Väth und Pfarrer Rohmann im Mai 1974 über den vom DiCVL vorgelegte Stellenplan und die Planungen informiert worden waren, stimmten diese zu. Soweit Gemeindeschwestern vorhanden waren, sollten diese in die Zentralstation eingebunden werden.

Im Juli 1974 wurde die Zentralstation Oberrad eröffnet. Im Oktober 1974 folgte die Zentralstation für ambulante Krankenpflege Eschersheim im Pfarrhaus St. Josef unter der Leitung von Hilde Nürnberger für die Stadtteile Eckenheim, Eschersheim und Dornbusch. Hier wurden auch

---

3103 Aktennotiz v. 31.8.1973 (ACVF-1310).
3104 Protokoll CVF-Vorstand 7.11.1973 (ACVF-1310); im Laufe der Zeit wurden elf Diakoniestationen als Zentralen für ambulante Krankenpflege, eine Mobile Kinderkrankenpflege und eine Beratungs- und Vermittlungsstelle für soziale Dienste im Rahmen des Diakonischen Werks eingerichtet .

evangelische Mitbürger betreut, um das Kriterium der Zentralstationen zu gewährleisten."[3105] 1976 wurden neue Räume in der Dehnhardtstraße 11 bezogen.[3106] 1976 wurde die Zentralstation Nordend gemeinsam mit den Pfarreien St. Bernhard, St. Michael und St. Ignatius als Provisorium in der Zeißelstraße eröffnet und am 7. März 1978 in das ehemalige Kinderkrankenhaus Böttgerstraße 22 verlegt.[3107] Da viele ältere Leute über kein Badezimmer verfügten, wurde in der Station auch ein Bad eingerichtet.[3108] Im Juli 1980 folgte Höchst, im Juni 1981 Frankfurt-Ost (Pfarreien Allerheiligen, Heiligkreuz, Herz Jesu und St. Josef Bornheim)[3109], im Juli 1981 Frankfurt-Mitte und als letzte im Januar 1983 Frankfurt-West. Am 1. Juni 1990 wurde eine Nebenstelle der Zentralstation Ost in der Steinauerstraße eröffnet, die am 1. April 1992 als Zentralstation Ost II formell selbständig wurde.

Auf Wunsch der Pfarreien St. Bernhard und St. Michael wurde Anfang 1977 eine Satzung verabschiedet und ein Beirat gebildet,[3110] der den Haushaltsplan beraten und Jahresabschluss und Jahresbericht entgegennehmen soll. Außerdem obliegt ihm die Pflege der Kontakte zwischen Pfarrgemeinde, CV, Helfergruppen und Zentralstation sowie die Förderung der Station und die sachkundige Beratung der Stationsleitung. Ziel der Zentralstationen sollte die „Sorge und Hilfe für alte, kranke und sonst unterstützungsbedürftige Menschen" sein, die „gemäß dem Heilauftrag der Kirche wesent-

Zentralstation Höchst © ACVF

liche Aufgabe der Caritas" sei. Dabei setzte man auf „Hilfe zur Selbsthilfe" und wollte Potentiale der Selbsttätigkeit und Selbsthilfe beim Hilfesuchenden entdecken und verstärken, brachliegende und verschüttete Fähigkeiten und Fertigkeiten aktivieren, damit ein Leben zu Hause mit möglichst wenig Abhängigkeit von fremder Hilfe verwirklicht werden kann. Die Hilfsangebote umfassten: Grundpflege bei Schwer- und Langzeitkranken, Ausführung ärztlicher Verordnungen, Pflege und Betreuung hilfsbedürftiger Patienten, Verleih von Pflegehilfsmitteln, Vermittlung von Kontakten zu sozialen Beratungs- und Hilfsdiensten, Kirchengemeinden und Behörden sowie Kurse in häuslicher Krankenpflege und persönlicher Anleitung der Patienten und ihrer Angehörigen.

3105 Protokoll CVF-Vorstand 14.8.1975 (ACVF-1310) .
3106 2003 wurde die Zentralstation aus Kostengründen aufgelöst und mit der Zentralstation Mitte-West in Hausen zusammengelegt.
3107 Offiziell erfolgte die Einweihung erst im Juni 1978. Hier befanden sich außerdem Arztpraxen, der Kinderschutzbund und die Erziehungs- und Beratungsstelle des CV.
3108 FR v. 10.6.1978.
3109 Die Zentralstation Frankfurt-Ost war bis zum 7. November 1982 in der Pfarrei Heilig Kreuz (Kettelerstraße 49) untergebracht und bezog dann Räume in der Ravensteinstr. 2/Ecke Rhönstraße).
3110 Protokoll CVF-Vorstand 16.2.1977 (ACVF-1310).

Langwieriger war die Klärung der Finanzierung. Im August 1975 übernahm die Stadt bis zu 50 % der Investitionszuschüsse und der Personalkosten unter der Bedingung, dass mindestens vier Pflegekräfte pro Station eingesetzt und alle Fälle ungeachtet der Konfession versorgt werden würden. Im September 1976 übernahm das Bistum zwar die ungedeckten Kosten, bestand aber auf der Übernahme aller Kräfte in die Zentralbesoldung, reduzierte aber seinen Zuschuss im November 1977 auf ein Drittel der Gesamtkosten als Ausgleich für die im Monat genehmigte halbe Verwaltungsstelle pro Station. [3111] 1984 stimmte die Stadt nach dem Anschluss von drei weiteren Pfarrgemeinden der Aufstockung der Pflegekräfte auf 50 zu und übernahm 50% des mittleren Jahresbetrages von KR V BAT an Personalkosten. Im Gegenzug reduzierte das Bistum 1985 seinen Zuschuss auf 10.000 DM pro Zentralstation. Die personelle Situation verbesserte sich 1986 dank der Praktika von Schülern und Schülerinnen der Krankenpflegeschule. 1989 waren neben 62 Fachkräften für die Kranken- und Altenpflege ein Sozialarbeiter, acht Hauspflegerinnen und fünf Zivildienstleistende für den Bereich hauswirtschaftliche und sozialpflegerische Dienste eingesetzt. Dazu kamen weitere vier Sozialarbeiter für den Bereich der offenen Altenhilfe. Gleichzeitig wurde die Gemeindekrankenpflege in der bisherigen Form endgültig aufgegeben.

Im Januar 1979 wurde mit dem Landesverband der Ortskrankenkassen ein „Rahmenvertrag zur Erlangung häuslicher Krankenpflege (§ 185 RFO)" abgeschlossen und damit die Voraussetzung für die Leistungserbringung sowie den Leistungsumfang von häuslicher Krankenpflege. Eine weitere Vereinbarung über Vergütung und Rechnungslegung sowie die Einzelabrechnung mit Angestellten- und Arbeiterersatzkassen wurde im September 1979 getroffen. 1985 wurde diese Regelung auch mi der AOK Frankfurt vereinbart, nachdem seit 1980 pauschal abgerechnet worden war. Im Juli 1980 entwickelte die Bundesärztekammer ein Formular für die Verordnung häuslicher Krankenpflege, das allen niedergelassenen Ärzten zugesandt wurde.

1983 wurde das „Modellprogramm Ausbau ambulanter Hilfen" mit hauswirtschaftlichen Tätigkeiten und sozialpflegerischen Diensten in Anbindung an die Zentralstation Nordend eingeleitet, das von der Stadt gefördert wurde. Dies war notwendig, da schon 1978 die Zahl der alten Menschen in den Pfarreien St. Michael (15 % älter als 65 Jahre) und St. Bernhard (113 Katholiken über 85 Jahre) sehr hoch lag.[3112] 1984 wurde es auf die Zentralstation Ost ausgedehnt. Die Hauspflege in Nordost wurde ab 1986 über fest vereinbarte Stundensätze von der Stadt mitfinanziert. 1987/88 beteiligten sich die Zentralstationen Nordend und Ost an einem Aids-Modellprogramm der Bundesregierung, auf das unten eingegangen wird.[3113]

Die Zahl der Gemeindekrankenschwestern ging von elf 1982 bis 1985 auf eine zurück, die bis 2011 in Hl. Geist/Riederwald tätig war. 1986 wa-

---

3111 CVF-Jahresbericht 1983, S. 48f (ACVF-1001).
3112 FR 10.6.1978.
3113 Siehe Abschnitt 8.9.4 – Betreutes Wohnen für AIDS-Kranke, S. 625ff.

ren den sieben Zentralstationen 48 Pfarrgemeinden angeschlossen und dort 54 examinierte Pflegekräfte, Krankenschwestern und Pfleger sowie 7 Verwaltungskräfte tätig. Die Zahl der Hilfen stieg ständig an. 1984 waren es 286.331 Fälle, bei denen 331.335 km gefahren werden mussten.[3114] 1987 wurden über 381.500 Hilfen gewährt.

1984/85 wurde angebunden an die Zentralstationen Nordend und Ost mit einem Modellprogramm zur Anbindung hauswirtschaftlicher und sozialer Dienste als Ergänzung zum Kernangebot der Alten- und Krankenpflege begonnen. Neben dem hauptamtlichen Leiter betreuten 1986 acht hauptamtliche Teilzeitkräfte und fünf Zivildienstleistende vorwiegend Alleinstehende, die krankheitsbedingt nicht mehr in der Lage waren, den eigenen Haushalt zu führen. [3115] Ergänzt wurde dies 1988/89 durch die von der Stadt geförderte „Beratungs- und Vermittlungsstelle", von denen stadtweit weitere neun eingerichtet wurden.[3116]

1986 wurde die Arbeit in den Zentralstationen durch den Einsatz von 58 Praktikanten und -innen der Krankenpflegeschulen sowie 41 Altenpflegeschülern und -innen nach der Änderung der Ausbildungs- und Prüfungsordnungen. Ihre Betreuung stellte allerdings auch erhöhte Anforderungen an die Einrichtungsleiter. Trotzdem war man zeitweise gezwungen, keine neuen Patienten aufzunehmen und auf ehrenamtliche Helfergruppen in den Pfarreien zurückzugreifen, die teilweise auch über Zivildienstleistende verfügten und diese für ergänzende Hilfen bereit stellten. [3117]

In den folgenden drei Jahren wurde der Personalstand auf 62 examinierte Krankenpflegekräfte, 9 examinierte Altenpflegekräfte und zwei Krankenpflegehilfen und sieben Zivildienstleistende ausgebaut, um der steigenden Nachfrage begegnen zu können. Bis zu 90% der Klienten einzelner Zentralstationen wurden vorwiegend altenpflegerisch betreut. 1989 kamen 5 Mitarbeiter im Rahmen des Bundesmodellprojektes „Ausbau ambulanter Hilfen für AIDS-Erkrankte im Rahmen von Sozialstationen" dazu.[3118]

1990 wurden die Fachkrankenpflege/Altenpflege und die Hauspflege getrennt, die nun gemeinsam mit dem Sozialarbeiter der offenen Altenhilfe organisiert wurde. [3119]

8.9.2.2 Urlaub von der Pflege

Vielfach übernehmen von Angehörigen die Pflege, sind damit aber häufig überfordert, ohne sich dies aber selbst einzugestehen. CV und Kirchengemeinden erkannten in den 80er Jahren, dass Angebote gemacht werden müssen, um Angehörige vor der Überforderung zu schützen und auch mal guten Gewissens ausspannen zu lassen.

3114 FAZ v. 7.5.1985.
3115 CVF-Jahresbericht 1989, S. 26f. (ACVF-1001).
3116 CVF-Jahresbericht 1989, S. 25f. (ACVF-1001).
3117 CVF-Jahresbericht 1986/87, S. 63 (ACVF-1001).
3118 CVF-Jahresbericht 1986/87, S. 63 (ACVF-1001).
3119 CVF-Jahresbericht 1986/87, S. 63 (ACVF-1001).

Urlaub von der Pflege im Gemeindehaus Christ-König
© ACVF

Aufgrund positiver Erfahrungen des Caritaskreises Dachau führte die Pfarrei Christ-König Praunheim von 1986 bis 1995 das Projekt „Urlaub von der Pflege" durch[3120] und brachte damit jährlich einmal pflegenden Familienangehörigen Entlastung. Vom CV wurden rd. 30.000 DM bereitgestellt, um für jeweils drei Wochen bis zu 15 pflegebedürftige Menschen als Urlaubsgäste im Gemeindezentrum aufnehmen zu können, dass zu diesem Zweck jeweils in ein komplettes Alten- und Pflegezentrum umgewandelt wurde. Ein Team aus qualifizierten Pflegekräften, Sozialarbeitern, Küchenpersonal und einer Vielzahl freiwilliger ehrenamtlicher Mitarbeiter und Mitarbeitende sorgten dafür, dass der Aufenthalt in „Christ-König" für jeden Gast ein unvergessliches Erlebnis wurde.

Zur Unterhaltung und Entspannung gab es Gespräche, Gymnastik, Spiele und Musik. Viele gehbehinderte Menschen saßen hier zum ersten Mal nach Jahren wieder in einem Garten oder machten mit bei einem kleinen Ausflug. Solche Erlebnisse zu ermöglichen, geht oft über die Kraft der sie betreuenden Angehörigen. Auch für sie bot das Projekt „Urlaub von der Pflege" drei Wochen die oft lang ersehnte Möglichkeit, einmal auszuruhen und zu entspannen, sei es zu Hause oder an einem Urlaubsort. Viele fuhren zu Angehörigen, konnten endlich Behördengänge erledigen, selbst zum Arzt gehen oder genossen einfach nur die freie Zeit. Manche mussten zur Teilnahme am Projekt aber erst überredet werden.

8.9.3 Stationäre Altenpflege

Anfang 1962 erwog man zusätzlich Altersheime mit Pflegeabteilungen in Eschersheim, Höchst, Sachsenhausen und der geplanten Nordoststadt, für die Personal gesichert bzw. in Aussicht stand, so dass bei Baufertigstellung der sofortige Beginn möglich sei. Die Heime sollten wie bisher alten Menschen, die in ein katholisches Altenheim wollen, offenstehen, ohne Rücksicht auf deren Konfession und zwar vorzugsweise Sozialhilfeempfänger und soziale schwache Frankfurter Bürger.[3121] Generell wünschten die Träger die Präsenz katholischer Pfarrer, doch waren die zuständigen vielen Mitarbeitern nicht bekannt.[3122]

Ende 1962 verzichtete man auf die Übernahme des geplanten Altersheims in Höchst[3123], bemühte sich aber um Zuschüsse für Seckbach und Hausen jeweils kombiniert als Altenwohnheim (40 Appartements), Altenheim (30 Ein- und Zweibettzimmer) bzw. Altenpflegeheim (30 Plätze) und

---

3120 Ein ähnliches Projekt hatte die Pfarrei Maria Himmelfahrt Griesheim in ihrem Pfarrheim 1981 durchgeführt.
3121 Schreiben Adlhoch/ Prestel v. 15.12.1962 (ACVF-Sozialamt).
3122 CVF-Jahresbericht 1986/87, S. 65 (ACVF-1001).
3123 Protokoll CVF-Vorstand 21.11.1962 (ACVF-1130/62).

Oberrad.[3124] Die Planung verzögerten sich aber aufgrund von Schwierigkeiten mit den Grundstücken. So mussten die Anträge zurückgezogen und
im Sommer 1964 neu eingebracht werden. Dazu kamen nun auch definiti-
ve Planungen der Pfarrei St. Bonifatius (Holbeinstraße/60 Plätze),
Deutschorden (Elisabethenstraße/120 Plätze) sowie für das neu erworbene
Grundstück in Oberrad (120 Plätze). Vergeblich wurde darauf hingewiesen, dass das Personal zwar gesichert sei, die spanischen Schwestern aber
bei einer weiteren Bauverzögerung ggf. abberufen würden.[3125] Gleichzeitig
nahm man die Planungen für das Altenheim in Hausen in Angriff, das 1966
als „Santa Teresa" in Betrieb genommen.[3126]

Bei der Volkszählung im Mai 1970 stellte sich eine zunehmende Überalterung der Frankfurter Bevölkerung heraus. 14,5 % aller Einwohner
(inkl. Ausländer) waren über 65 Jahre alt (11,5 % männlich, 17,2 % weiblich). Damit war ihr Anteil gegenüber 1961 um 19,5 % angestiegen.[3127]
Innerhalb des CV bestanden unterschiedliche Auffassungen darüber, ob
man mehr auf den einzelnen älteren Menschen zugehen müsse oder ob
der ältere Mensch nicht in erster Linie als selbständiges und selbstverant-
wortliches Mitglied der Gesellschaft anzusehen sei, der in seiner Selbstini-
tiative bestärkt werden müsse. [3128]

Anfang 1972 bestanden neben den beiden Caritas-Altenheimen St.
Leonhard und Santa Teresa Pfarraltenheime in St. Bonifatius, Oberrad,
Sossenheim, Eschersheim/Barmherzige Brüder und Rödelheim mit 280
Altenplätzen und 287 Pflegeplätze für Frauen.[3129] Für Männer gab es nach
wie vor keine Pflegestationen in katholischer Trägerschaft. Gespräche von
Osypka und Adlhoch mit dem Franziska-Schervier-Alten- und Pflegeheim
über die Aufnahme von 16–18 schwerstpflegebedürftigen Männer blieben
erfolglos. Erst Ende der 80er Jahre wurden Männer in Santa Teresa und
St. Leonhard aufgenommen.

Obgleich in den folgenden Jahren immer wieder über die Notwendigkeit eines zusätzlichen großen Altenzentrums in Oberrad diskutiert wurde,
um im Süden der Stadt Heimplätze anbieten zu können, konnte dies nicht
realisiert werden, weil die dafür beantragten Zuschüsse aufgrund leerer
öffentlicher Kassen nicht genehmigt wurden. Im Gegensatz zu Altenwohnungen wurden ab 1983 Alten- und Pflegeheime nicht mehr bezuschusst.
Da ein Alleingang den CV finanziell überstrapaziert hätte,[3130] stoppte man
nach einem Gespräch zwischen Osypka und Mitarbeitern der Altenhilfe
1984 die Planungen und favorisierte stattdessen die Modernisierung von
St. Leonhard und Santa Teresa. Im November 1985 stellte man aber erneut vergeblich einen Antrag für Oberrad an das Hessische Sozialministerium, diesmal mit einer kleinen Lösung (12 statt 21 Mill. DM).[3131]

3124 Schreiben Adlhoch/ Prestel v. 15.12.1962 (ACVF-Sozialamt).
3125 Schreiben Adlhoch/Magistrat-Sozialverwaltung v. 26.6.1964 (ACVF-Sozialamt).
3126 Siehe Abschnitt 8.9.3 – Santa Teresa, S. 622ff.
3127 Protokoll Dienstbesprechung v. 20.1.1972 (ACVF-Dienstbesprechungen).
3128 80 Jahre Arbeiterwohlfahrt, S. 36.
3129 Protokoll CVF-Vorstand 25.9.1963 (ACVF-1130).
3130 Protokoll CVF-Vorstand 9.12.1983 (ACVF-1310).
3131 Protokoll CVF-Vorstand 29.11.1985 (ACVF-1310).

Mitte der 80er Jahre stellte man fest, dass viele Bewohner der beiden Altenheime unter Kontaktschwierigkeiten und Einsamkeit litten. Dazu kamen fehlende Kontakte zur Außenwelt und die körperliche Hinfälligkeit mancher Bewohne. Daher richtete man in beiden Heimen einen Sozialdienst ein, der u.a. Kontakte zwischen den Heimbewohnern knüpfen und Gespräche mit „depressiv veranlagten und suizidgefährdeten Menschen führen sollte." So wurden Gruppen eingerichtet, die sich anfangs einmal wöchentlich für eine Stunde trafen, um Missverständnisse und Differenzen ab- und ein gegenseitiges Verständnis aufzubauen. Man entwickelte Programme (Spielnachmittage, Bastelnachmittage, Busausflüge, Äppelwoi in Sachsenhausen), Angebote mit Einzel- und Kleingruppengesprächen und Gedächtnistraining.[3132]

8.9.3.1 Santa Teresa

Im Zusammenhang mit der Auseinandersetzung um den Neubau des Hauses der Volksarbeit stellte das BO neben dem Gelände für das spätere „Haus Thomas" auch ein Grundstück in Hausen für den Bau eines Altenheims zur Verfügung, mit dessen Bau am 9. Dezember 1966 begonnen wurde. Nachdem fünf Schwestern des spanischen Ordens Hermanitas de los Ancianos Desamparados (Genossenschaft der Schwestern der alten Verlassenen) aus Valencia[3133], die seit 1964 im Haus Ursula wohnten und von den Franziskanerinnen in der Lange Straße mit den Verhältnissen in deutschen Altersheimen vertraut gemacht wurden und gleichzeitig Deutsch lernen sollten,[3134] am 3. Oktober 1968 das Altenzentrum bezogen, folgten wenig später die ersten 23 Bewohnerinnen. Das Altenzentrum umfasste ein Altenwohnheim mit 44 Einzel- und neun Doppelzimmern, ein Altenheim mit 44 und ein Pflegeheim mit 60 Plätzen. Die Stadt gab zwar keinen Bauzuschuss, erklärte sich aber bereit einen jährlichen Betriebskostenzuschuss von 50.000 DM zu gewähren und erhielt dazu ein Belegungsrecht. Am 18. Dezember 1968 weihte Bischof Wilhelm Kempf das Altenheim ein, das im Rahmen der Jubiläums-Feier am 8. September 1993 aus Anlass des 25-jährigen Bestehens den Namen „Caritas Altenzentrum Santa Teresa" nach der Gründerin des spanischen Ordens erhielt. 1984 wurde eine Kapelle eingerichtet, die den Heimbewohnern, die die Pfarrkirche St. Anna nicht mehr aufsuchen können, die Möglichkeit zum Gebet gibt und wo an Sonn- und Feiertagen auch Gottesdienste stattfinden.

Santa Teresa 1974 © ACVF

3132 CVF-Jahresbericht 1986/87, S. 10.
3133 das Mutterhaus befindet sich in Valencia. Gegründet wurde die Kongregation 1873 von der Hl. Teresa Jornet Ibars.
3134 CVF/DiCV-Weide v. 14.9.1964 (ACVF-4300-03) bzw. Vertrag vom 1.12.1968 (ACVF-1760-HER).

Anfang der 80er Jahre verstärkte sich die Tendenz, dass immer mehr Pflegebedürftige aufgenommen wurden und in die Pflegestation verlegt werden mussten. Da dies sowohl für die Heimleitung, das Pflegepersonal und die Bewohner, die ihr bisheriges Wohnumfeld hatten verlassen müssen, als unbefriedigend empfunden wurde, wurde 1986 mit einer Personalintensvierung den Altenheimbewohnern der Pflegestufe III ermöglicht in ihren Einzelzimmern zu bleiben, bis durch dauernde Inkontinenz eine Verlegung in die Pflegestation unumgänglich wurde. 1987 betraf dies sieben der 35 Altenheimbewohner. Die Fluktuation in der Pflegestation war gering, sodass nicht alle Anfragen und Vormerkungen berücksichtigt werden konnten.[3135] Erst 1994 konnte Santa Teresa nach einer längeren Planungs- und Umbauphase in eine Seniorenwohnanlage mit 49 Appartements und ein Altenpflegeheim mit 96 Plätzen umgewandelt und 1995 erstmals Männer im Pflegeheim aufgenommen werden.

Von 1968 bis 1994 fanden rd. tausend alte Menschen in Santa Teresa eine neue Heimat. Seit Anfang an bestanden enge Kontakte zur katholischen Gemeinde „St. Anna". Viele ehrenamtliche Mitarbeitende aus der Gemeinde organisierten Veranstaltungen für die Heimbewohner, u. a. einem wöchentlichen offenen" Club-Nachmittag". Firmgruppen nahmen Kontakt mit den Heimbewohnern auf, und der Kindergarten wirkte bei der Gestaltung von Festen mit.

8.9.3.2 Haus St. Leonhard

Ende der 70er Jahre zeichnete sich ab, dass die Erlenbader Franziskanerinnen nicht mehr in der Lage waren, die inzwischen alt gewordenen Schwestern durch jüngere zu ersetzen. Nachdem zunächst erwogen wurde, sich ganz aus Haus Leonhard zurückzuziehen, beauftragte man 1980 Schwester Gudrun mit der Leitung von Haus Leonhard, was aber zu Unstimmigkeiten führte, da sie u.a. den Einsatz der Schwestern im Telefondienst verbot und die Betreuung der besuchenden Angehörigen stark reduzierte. Nachdem „Ehrenamtliche als keine Hilfe" angesehen wurden, kam es zu Beschwerden beim CV und beim Stadtdekan und einer Verschlechterung des bis dahin guten Images von Haus Leonhard. Osypka sprach sich gegenüber dem Erlenbader Mutterhaus dafür aus, falls Schwester Gudrun um einen Rücktritt nachsuchen würde, diesem zuzustimmen.[3136]

3135 CVF-Jahresbericht 1986/87, S. 8f.
3136 Aktennotiz Gespräch Osypka mit Mater Benedicta Beha OSF v. 3.1.1983 in Sasbach (ACVF-1760-ERL).

Haus Leonhard © Reimer

Am 16. März 1983 schied Schwester Gudrun aus, woraufhin Osypka mangels einer weltliche Leiterin zur eine Teamleitung vorschlug, die aber abgelehnt wurde,[3137] sodass Schwester Hermesina kommissarisch die Hausleitung übernahm. Am 18. Mai 1983 erklärte Schwester Benedicta außerdem, dass man nicht in der Lage sei, eine Ordensschwester als Heimleiterin zu stellen.[3138] Haus Leonhard erhielt am 1. Oktober 1983 mit Marliese Zwermann, die bisher das „Haus am Wald" Schlossborn geleitet hatte, erstmals eine weltliche Leitung, die Ordensschwestern blieben aber weiter in einzelnen Bereichen des Hauses tätig.

Ebenso wie in Santa Teresa verstärkte sich auch im Haus Leonhard die Anzahl der hinfälligen, pflegebedürftigen und geistig verwirrter bzw. desorientierter Bewohnerinnen. Mit einem Personalausbau auf fünf examinierte Pflegekräfte einer Altenpflegerin sowie eines Zivildienstleistenden und einer Mitarbeiterin im Freiwilligen Sozialen Jahr bemühte man sich, der kritischen Situation im Pflegebereich gerecht zu werden. Erstmals wurden auch Männer aufgenommen. Die 1984 begonnene Planung für eine kleine moderne Pflegestation für Frauen und Männer konnte nach der Genehmigung von Zuschüssen des Landes und der Stadt erst 1989 realisiert werden. Der Pflegenotstand verhinderte aber eine optimale Betreuung der Pflegebedürftigen..[3139]

Mit der zunehmenden Pflegebedürftigkeit stiegen aber auch die Heimpflegekosten. Mit der Arbeitszeitverkürzung zum 1. August 1989 und der tariflichen Verbesserung der Angestellten mussten die Pflegesätze drastisch erhöht werden. Viele Heimbewohner, die bisher überwiegend Selbstzahler waren, konnten nun ihren Aufenthalt nicht mehr selbst zahlen und wurden zu Sozialhilfeempfängern. Vor allem die Tatsache, dass sie nun ein Taschengeld erhielten, war für viele diskriminierend und bedrückend. Dies führte zu internen und seelischen Konflikten, die vom Heimpersonal aufgearbeitet werden mussten, um „einen sicheren und ruhigen Lebensabend zu ermöglichen".[3140] Damals lebten hier noch 66 Bewohnerinnen und Bewohnern – vorwiegend in Einzelzimmern, zum Teil mit Balkon. Ein Team von ca. 25 ehrenamtlichen Personen besuchte und begleitete, unterstützt von einer Ordensschwester, die Bewohner und ermöglichten die Teilnahme am sozialen und kulturellen Leben in- und außerhalb des Hauses.

Die an sich notwendigen Instandsetzungen unterblieben aber, da der Gesamtverband ein neues katholisches Zentrum an der Buchgasse plante und dafür Haus Leonhard abreißen wollte. Erst nachdem er sich für das alte Zollgebäude gegenüber dem Dom entschieden hatte, nahm der CV die

---

3137 Schreiben Osypka/Schwester Benedicta v. 18.4.1983 (ACVF-1760-ERL).
3138 Schreiben Schwester Benedicta/Osypka v. 18.5.1983 (ACVF-1760-ERL).
3139 CVF-Jahresbericht 1986/87, S. 9.
3140 CVF-Jahresbericht 1989, S. 29.

Planungen wieder auf. Am 30. Juni 2002 wurde das Altenheim geschlossen, ab April 2009 abgerissen, anschließend das neue Lebenshaus errichtet und Ende 2011 eröffnet.

8.9.4 Betreutes Wohnen für AIDS-Kranke

Frankfurt gehörte zu den deutschen Städten, die von HIV und AIDS als erste betroffen wurden. Frühzeitig wurde daher damit begonnen, ein vielfältiges Angebot öffentlicher und gemeinnütziger Institutionen von der Aufklärung bis hin zur Behandlung.

Nachdem der CV im Oktober 1985 die erste von mehreren Informationsveranstaltungen zum Thema Aids durchgeführt hatte, lud Klaus Greef lud Anfang 1987 alle katholischen Institutionen statt, die mit Fragen und Hilfen für AIDS-Kranke befasst waren, zu einem Gespräch ein. Daraus ergaben sich Planungen für die Errichtung eines Hospizes für Drogenabhängige durch den „Verein Jugendberatung und Jugendhilfe e.V.", ein AIDS-Hospiz, dass nach der Modellphase in der Trägerschaft des DiCVL durch den CV übernommen werden sollte, und ein ambulantes integriertes Zentrum im Bereich AIDS-Hilfe (Beratung, Begleitung von Wohngruppen, Mitarbeiterfortbildung), dessen Trägerschaft zwischen dem Haus der Volksarbeit und dem CV abgestimmt werden sollte. Der Caritasvorstand stimmte diesem Konzept am 11. Juni 1987 zu.

Während sich die Zentralstationen Nordend und Ost ab Ende 1987 am Modellprogramm des Bundesfamilienministeriums „Ausbau ambulanter Hilfe für Aids-Erkrankte im Rahmen von Sozialstationen" beteiligten und bereits seit 1.Januar 1987 eine Dipl. Psychologin als Aids-Beraterin für Frauen in der Justizvollzugsanstalt tätig wurde, scheiterten 1988 die Pläne für das Hospiz. Zwar hatte die Stadt Ende 1987 angeboten, über eine städtische Stiftung ein Innenstadtgrundstück zu erwerben und in Erbbaupacht dem CV zu übergeben und dieser eine Finanzierung durch das Land, den Landeswohlfahrtsverband, das Bistum, den DiCV und die Bundesregierung (Personalkosten) für die Fachpfleger sichergestellt, doch scheiterte das Projekt daran, dass das geplante Gebäude in Bornheim nicht geeignet war. Land und Stadt lehnten daraufhin eine Bezuschussung ab. Nachdem das Bistum sich bereit erklärt hatte, in Investitionsvorlage zu treten, suchte man nach einer Alternative, die aber ebenfalls scheiterte, da mit der Stadt keine Einigung über die Aufteilung der Betriebskosten zwischen den Kostenträgern (Krankenkasse, Landeswohlfahrtsverband, örtliche Sozialhilfeträger) zustande kam.

Nachdem Professorin Eilke Brigitte Helm (Universitätsklinikum Frankfurt) den aktuellen Bedarf auf 12 bis 15 Aids-Kranken geschätzt und angemahnt hatte, die Hilfe für die Betroffenen dürfe nicht an ungeklärten Zuständigkeiten und widerstreitenden Interessen scheitern,[3141] richtete der CV 1989 eine Wohngemeinschaft für vier Aids-Erkrankte ein, da „viele Betroffene mit dem Vollbild der Krankheit keine Chance mehr hatten, in ihrer eigenen Wohnung zu leben. [3142] Jeder hatte ein eigenes Zimmer, da-

---

3141 FAZ v. 15.6.1988.
3142 FR v. 23.2.1989.

zu kam ein Gemeinschaftsraum, Küche und Bad. Die Gruppe wurde von einer Sozialpädagogin und zwei Krankenschwestern betreut.

Nachdem mit Ausnahme der AIDS-Wohngemeinschaft des Caritasverbands alle Pläne für ein AIDS-Hospiz bzw. eine größere AIDS-Wohngemeinschaft gescheitert waren, eröffnete der DiCV Limburg 1992 im Sandweg das Franziskus-Haus für bis zu 18 Personen, die die letzte Zeit ihres Lebens in einer beschützten Umgebung und frei von Alltagssorgen verbringen wollten. Es verstand sich als Lebens- und nicht als Sterbehaus.[3143] Träger ist bis heute der Suchthilfeverband Jugendberatung und Jugendhilfe.

8.10 Beratungsdienste in besonderen Lebenslagen

Mit der Dezentralisierung der Caritasarbeit auf die sozialen Brennpunkte war gleichzeitig die Konzentration der quartierübergreifenden Sozialarbeit verbunden, die aufgrund ihrer fachspezifischen Ausrichtung nicht vor Ort geleistet werden konnte. Dies bedeutete, dass Menschen mit bestimmten Problemen an die Experten in den Beratungsdiensten verwiesen wurden, die sich unabhängig vom „Tagesgeschäft" diesen widmen konnten.

Da seit den 70er Jahren immer neue, teilweise befristete, Aufgaben übernommen wurden, nahmen die Ausgaben in diesem Bereich ständig zu. Sachbereichsleiter Hanspeter Hildenbrand[3144] und seine Nachfolger waren bestrebt, neu entstehende Aufgaben für die Stadt zu übernehmen und die benötigte Finanzierung sicherzustellen.

8.10.1 Schwangerschaftskonfliktberatung

Während der Diskussion über die Reform des § 218 (Schwangerschaftsabbruch) 1972/73 war man sich im Bundestag einig, dass diese „von familienpolitischen, sozialpolitischen und gesundheitspolitischen Maßnahmen begleitet … (und die) getroffenen und eingeleiteten Maßnahmen in der quantitativen und qualitativen Verbesserung des Beratungsangebotes und in der Aufklärung" begleitet sein müsse. Ein Modellprogramm förderte zunächst 53 Beratungsstellen mit 5 Mill. DM, in der Regel 50% aus Bundesmitteln, der Rest durch die Länder und Träger. Voraussetzung war eine soziale Beratung, eine Beratung über Familienplanung, eine Sexualberatung und eine Schwangerschaftsberatung.[3145]

Die Bischofskonferenz reagierte 1972 mit den „Rahmenrichtlinien für die Beratungs- und Hilfsmaßnahmen zum Schutz des ungeborenen Lebens". Zusammen mit den Ortspfarrern sollten der SKF, die örtlichen Caritasverbände und Eheberatungsstellen eingebunden bzw. neue Beratungsstellen geschaffen werden. Finanzierungslücken sollten von den Diözesen abgedeckt werden. Während Hilfen bis zu 300 DM von den Beratungsstel-

---

3143 CVF-Presseerklärung v. 27.7.1993 .

3144 Hanspeter Hildenbrand schied 1984 aus und war bis 1990 Caritasdirektor in Offenbach.

3145 Maßnahmen der Bundesregierung zur Begleitung der Reform des § 218 Strafgesetzbuch (Informationen des Bundesministeriums für Jugend, Familie und Gesundheit), undatiert, vermutlich 1973, S. 2 (ACVF-5211-03).

len selbst bewilligt werden konnten, entschied über darüberhinausgehende Hilfen ein Bewilligungsausschuss, dem CV, SKF, ein Arzt, ein Eheberater und ein Vertreter der bischöflichen Finanzverwaltung angehörten.[3146]

Am 25. Februar 1975 entschied das Bundesverfassungsgericht, Ziel jeder Beratung müsse der Schutz des Ungeborenen sein. Die Beratungsstellen wurden verpflichtet, ratsuchende Schwangere zu bewegen, sich für das zu erwartende Kind zu entscheiden." [3147] Daraufhin richtete das Bistum Limburg den mit 25.000 DM ausgestatteten „Hilfsfonds für werdende Mütter in Konfliktsituationen" ein, der für Fälle, die den §218 im strengsten Sinne betrafen, genutzt werden sollte.[3148] Nach dem Hirtenwort der deutschen Bischöfe zum §218 wurde die Regelung im Sinne von Förderung des Lebens und der Familie ausgedehnt. Finanzielle Hilfen sollten anonymisiert[3149] beim BO eingereicht werden und der SKF wurde offiziell beauftragt, in fünf Projektberatungen mitzuwirken. [3150] Am 1. April 1975 veröffentlichte das Bistum „Richtlinien für die Arbeitsweise katholischer Beratungsstellen für werdende Mütter", die eindeutig festlegten, dass „die katholischen Beratungsstellen (...) jede erdenkliche Hilfestellung leisten, um den Schwangerschaftsabbruch (zu) vermeiden und um dem Kind, der Mutter und allen anderen Bezugspersonen zu einem von ihnen akzeptierten Lebensweg zu verhelfen. Dabei geht es nicht nur um die Sicherung des biologischen Lebens, sondern auch um das personale und soziale Leben."[3151]

Im Oktober 1975 kam es zu einer heftigen Auseinandersetzung über die Konfliktberatung, nachdem das Frankfurter Frauenzentrum behauptet hatte, u.a. Caritas und Sozialstationen würden Abtreibungsreisen in die Niederlande organisieren,[3152] und dies von der FDP-Bundestagsabgeordneten Barbara Lüdemann (Wetzlar) während einer Wahlkampfveranstaltung aufgegriffen wurde: „Es wird vom Bürger schwer verstanden, wenn z.B. von der Caritas Frankfurt Abtreibungsfahrten nach Holland organisiert werden und andererseits kirchliche Organisationen und die CDU die Regierungsvorlage verteufeln."[3153]

Nach Inkrafttreten der Indikationsregelung am 21. Juni 1976[3154] bestanden im Juli 1976 in Hessen erst 15 Beratungsstellen, bei 40 kirchlichen war das Anerkennungsverfahren noch nicht abgeschlossen, sodass das Sozialministerium sich bereit erklärte, auch die Gesundheits- und Jugendämter der kreisfreien Städte und Landkreise anzuerkennen.[3155] Am 30. Juli 1976 wurden die Beratungsstellen des CV und des SKF sowie die

---

3146 ACVF-5211-03.
3147 Stellungnahme Kardinal Höffner als Vorsitzender der Deutschen Bischofskonferenz zu Angriffen auf die Arbeit der Katholischen Beratungsstellen für werdende Mütter in Not- und Konfliktsituationen v. 21.2.1986 – Pressedienst der Dt. Bischofskonferenz (ACVF-5211-03).
3148 Niederschrift Gespräch CVF mit Frau Reh (DiCVL) v. 9.9.1976 (ACVF-5211-03).
3149 Rundschreiben DiCVL an Beratungsstellen v. 2.8.1978 (ACVF-5211-03).
3150 Mitarbeiterbesprechung v. 6.3.1975 (ACVF-Dienstbesprechungen).
3151 ABl Limburg Nr.5 v. 1.4.1975, Nr. 43.
3152 FR 21.10.195, Nr. 244.
3153 Entsprechende Korrespondenz in AVCF 5211-03.
3154 15. Strafrechtsänderungsgesetz v. 18.5.1976 (BGBl 1976, I, S. 1213).
3155 Pressemitteilung Nr. 65/76 Hess. Sozialministerium v. 28.7.1976 (ACVF-5211-03).

katholische Eheberatung in der Nordweststadt vorläufig anerkannt.[3156] Die erste Beratung mit Ausstellung der erforderlichen Bescheinigung erfolgte aber erst im Februar 1977.[3157] Die Nachfrage war auch bei anderen Beratungsstellen noch gering, zumal es in Hessen noch keine Ausführungsbestimmungen gab.[3158]

Am 1. Mai 1977 übernahm der SKF die Beratung nach § 218 und beantragte die Anerkennung durch das Land Hessen. Der CV unterstützte den SKF bei seinem Antrag auf Förderung der Planstelle[3159] und verzichtete auf eine eigene Anerkennung.[3160] Die Nachfrage beim SKF stieg rasch an und Frau Goland-Herzberger betreute 1980 bereits 130 Frauen, von denen durchschnittlich 70 eine finanzielle Unterstützung erhielten.[3161] Darunter waren auch Frauen, die bei pro familia eine Erstberatung erhalten hatte, für eine finanzielle Hilfe aber an den SKF verwiesen wurden.[3162] Nachdem eine Eingabe beim DiCVL[3163] erfolglos blieb, konnte man keine weiteren Fälle übernehmen, da die den neun Beratungsstellen zwischen 1975 und 1983 bereitgestellten 1,3 Mill. DM Bistumsmittel nicht ausreichten.[3164] Nachdem der Unterstützungsbedarf 1984 die geplanten 400.000 DM zu überschreiten drohte, konzentrierte man sich auf Erstanträge

Am 13. Juli 1984 gründete der Bundestag die Stiftung „Mutter und Kind – Schutz des ungeborenen Lebens", die ergänzende Hilfe leisten sollte.[3165] In Hessen übernahm die Caritas-Diakonie-Konferenz unter Federführung des Diakonischen Werks Kurhessen-Waldeck die Mittelvergabe, nachdem die übrigen freien Träger dies abgelehnt hatten und damit auch die Liga der freien Wohlfahrtsverbände nicht mehr in Frage kam.[3166] Oberkirchenrat Jürgen Telschow (Diakonisches Werk Frankfurt) kritisierte, dass neben einem erheblichen bürokratischen Aufwand die Verwaltungskosten den Wohlfahrtsverbänden aufgebürdet würden, weshalb die Beratungsstelle des Regionalverbandes nur auf die Stiftung hinweisen würden, selbst aber keine Anträge stellen werden.[3167]

Nach der Arbeitsaufnahme der Bundesstiftung am 1. Juli 1984 verschärfte sich die Beratungssituation. DCV und DiCV forderten den CV auf, einen Anerkennungsantrag zu stellen, um den SKF zu entlasten, der täglich etwa drei Frauen abweisen müsse. So hatte DiCV-Direktor Schulte festgestellt, dass nur ein Bruchteil der von der Bundesstiftung bereitgestellten Mittel abgerufen worden seien. Um die für Frankfurt bewilligten

3156 Rundschreiben Hess. Sozialministerium v. 30.7. und 19.8.1976 (ACVF-5211-03).
3157 Meldung CVF an DiCVL v. 8.3.1977 (ACVF-5211-03).
3158 Niederschrift Gespräch CVF mit Frau Reh (DiCVL) v. 9.9.1976 (ACVF-5211-03).
3159 Protokoll CVF-Vorstand 27.4.1977 bzw. Vermerk Osypka für Frau Reh (DiCVL) v. 27.7.77 (ACVF-1310).
3160 Aktennotiz v. 13.4.1977 über Gespräch zwischen SKFF und CVF (ACVF-5211-03)
3161 Informationsdienst des DiCVL Nr.57 v. 15.8.1983 (ACVF-5211-03).
3162 Aktennotiz v. 13.4.1977 über Gespräch zwischen SKFF und CVF (ACVF-5211-03)
3163 Schreiben Christa Ostermöller (SKV)/BO v. 19.3.1981 – Fotokopie (ACVF-5211-03).
3164 Informationsdienst des DiCVL Nr.57 v. 15.8.1983 (ACVF-5211-03).
3165 BGBl I, S. 880.
3166 Rundschreiben DiCVL/Schwangerschaftskonfliktberatungsstellen v. 23.7.1984 (ACVF-5211-03).
3167 FR 11.12.1984.

70.000 DM zu retten, empfahl Hermann Josef-Menne, sofort aktiv zu werden. [3168] Am 5. November 1984 wurde beschlossen, zum 1. Januar 1985 eine eigene Mutter-Kind-Beratung einzurichten und vorübergehend Ursula Menne als Halbtagskraft dem SKF zur Verfügung zu stellen.[3169]

Am 30. November 1984 beantragte der CV die kirchliche Anerkennung, die von Bischof Kamphaus am 22. Februar 1985 erteilt wurde, sowie am 7. Dezember 1984 die staatliche Anerkennung beim Regierungspräsidium Darmstadt, die am 29. März 1985 erteilt wurde.[3170] Am 15. April 1985 nahmen Ursula Meine und Hildegard Burkert ihre in der Schwangerschaftskonfliktberatung im Caritashaus auf. Bis zum Jahresende 1985 waren zu den von Ursula Menne vom SKF übernommenen 60 Fällen weitere 80 Fälle hinzugekommen. Aufgrund des hohen Verwaltungsaufwand für die Bundessstiftungsanträge konnten wöchentlich nur zwei bis drei neue Fälle übernommen werden und man war sich im Klaren, „dass während einer Übergangszeit von etwa 1 Jahr ein Beratungsbedarf für die Frauen besteht", von denen nur 20% in einer vollständigen Familie leben.[3171] Die Hilfe erstreckte sich über die ersten drei Monate der Schwangerschaft hinaus und bei entsprechender Nachfrage bis zum 3. Lebensjahr des Kindes. Der CV konnte auch auf Spenden zurückgreifen. So stellte der Rotary-Club 1985 einer Betroffenen 2.000 DM zur Verfügung.[3172] Im November 1985 informierten SKF und CV die Frankfurter Ärzteschaft über ihr Hilfsangebot[3173] und setzten davon auch Bischof Kamphaus in Kenntnis.[3174]

Im Gegensatz zum CV hielt sich der Evangelische Regionalverband aus der finanziellen Förderung zurück und verteilte die Mittel an die evangelischen Dekanate. Nachdem viele betroffene Frankfurter Frauen leer ausgegangen waren und sich bei der städtischen Beratungsstelle" Mutter und Kind" beklagt hatten, fragte diese im Mai 1985 beim CV nach, wo die dem Regionalverband zugewiesenen Mittel der Bundesstiftung geblieben seien.[3175] Am 15. August 1985 informierte Osypka Diözesancaritasdirektor Gerhard Schulte, dass die zugesagten 117.000 DM aufgrund der 70 Frauen auf Warteliste nicht ausreichen seien und beantragte eine Aufstockung der Mittel der Bundesstiftung um den auf den Evangelischen Regionalverband Frankfurt entfallenden Anteil. Da die Mehrzahl der antragstellenden Frauen evangelisch sei, lasse dies „darauf schließen (...), dass der Ev. Regionalverband keine Mittel aus der Bundesstiftung vergibt".[3176] Erst im Sommer 1986 nahm das Diakonische Werk, vermutlich aufgrund des öffentlichen Drucks, die Mittelverteilung aus der Bundesstiftung auf.[3177]

3168 So Frau Starkenberg lt. Vermerk Menne für Osypka v. 2.11.1984 (ACVF-5211-03).
3169 Schreiben H.J. Menne/Ostermöller (SKFF) v. 5.11.1984 (ACVF-5211-03).
3170 Schreiben RP Darmstadt/CV Frankfurt v. 29.3.1985 (ACVF-5211-03).
3171 Gesprächsprotokoll Schwangerschaftskonfliktberatung v. 7.11.1985 (ACVF-5211-03).
3172 Vermerk H.J. Menne v. 22.5.1985 (ACVF-5211-03).
3173 Rundschreiben SKF/ CVF v. 14.11.1985 (ACVF-5211-03).
3174 Schreiben Beatrix Brühl/Bischof Kamphaus v. 31.1.1986 (ACVF-5211-03).
3175 Vermerk H.J. Menne für Osypka v. 9.5.1985 (ACVF-5211-03).
3176 Schreiben Osypka/Schulte (DiCV) v. 15.8.1985 (ACVF-5211-03).
3177 Rundschreiben DiCVL an Schwangerschaftskonfliktberatungsstellen v. 3.9.1986 (ACVF-5211-03).

Ende 1985 zeigte sich, dass die Mittel der Bundesstiftung nicht ausreichend waren und dass sich immer mehr Frauen um eine finanzielle Unterstützung bemühten. Im hessischen Teil des Bistums Limburg stieg die Zahl von 663 (1983) über 792 (1984) auf über 900 (1985) an. Davon erhielten 366 Frauen Beihilfen im Gesamtwert von 1,2 Mill. DM aus der Bundesstiftung, dazu kamen für den rheinland-pfälzischen Teil 30 Anträge im Wert von 81.000 DM. 70% waren für den Lebensunterhalt bestimmt, der Rest zu etwa gleichen Teilen für Wohnung/Einrichtung bzw. Babyausstattung. Zusätzlich wurden aus dem Bistumsfonds rd. 400.000 DM für ca. 260 Familien verausgabt. Der DiCVL forderte, es müsse gewährleistet werden, „allen berechtigten Anträgen aus finanzielle Hilfe im erforderlichen Rahmen entsprochen werden kann." Außerdem müsse eine gesetzliche Grundlage geschaffen werden, dass die Betroffenen" ohne Hilfe aus einer Stiftung menschenwürdig leben" können.[3178] Hermann-Josef Menne bat am 12. Juni 1985 seinen Studienfreund und CDU-MdB Werner Schreiber, bei Bundesminister Heiner Geißler darauf hinzuwirken, die Bundesstiftung um etwa 50 Mill. DM aufzustocken.[3179] Die Bundesregierung stockte im September 1985 die Mittel um jeweils 10 Mill. für die folgenden drei Jahre auf, schränkte die Mittelverwendung aber auf einmalige Beihilfen ein, da mit dem Beginn des Erziehungsgeldes ab 1. Januar 1986 „eine spürbare Entlastung eintreten" werde.[3180] Dies war aber nicht der Fall, so dass im September 1986 eine Obergrenze von 800 DM für finanzielle Hilfen festgesetzt bzw. die Antragabgabe auf das folgende Jahr verschoben werden musste.[3181]

Unterdessen häuften sich die Angriffe auf die katholischen Beratungsstellen, weil sie einerseits Frauen unter Druck setzen und zum Austragen ihres Kindes zwingen und damit die „grundgesetzlich garantierte Würde und ihre Eigenverantwortung" missachten würden. Andererseits wurde ihnen vorgeworfen, „nur mit halbem Herzen" für das ungeborene Leben einzutreten und nach erfolgter Beratung „einen Freigabeschein zum Töten" auszustellen. Der DBK-Vorsitzende Josef Kardinal Höffner machte während der Frühjahrskonferenz in Fulda (17.-20.2.1986) unmissverständlich klar, dass „die Kirche (...) das unbedingte Recht eines jeden Menschen auf sein Leben (verteidigt), dass mit der Zeugung beginnt." Mit der Beratung solle „die ratsuchende Frau oder das Paar (...) zu einer persönlichen Entscheidung bestärkt werden, die sich an den sittlichen Geboten orientiere und „vor der ständigen Aufgabe (stehe), unter schwierigen Bedingungen ein neues Bewusstsein vom Wert des Lebens zu vermitteln (...) und für das Ja zum Kind zu gewinnen." Höffner beklagte, dass die Beratung „häufig nicht nur von einem fehlgeleiteten, sondern auch mit einem irrigen Gewissen konfrontiert" werde. Die Beratungsbescheinigung dürfe „nicht mit der

3178 Pressemitteilung DiCVL 43/1985 (ACVF-5211-03).
3179 Schreiben Menne/Werner Schreiber MdB v. 12.6.1985 (ACVF-5211-03).
3180 Schreiben Bundesministerium für Jugend, Familie und Gesundheit-Parl. Staatssekretär Irmgard Kawatzki/Werner Schreiber MdB v. 16.9.1985 – Kopie (ACVF-5211-03).
3181 Rundschreiben DiCVL an Schwangerschaftskonfliktberatungsstellen v. 3.9.1986 (ACVF-5211-03).

ärztlichen Indikationsfeststellung verwechselt werden, die in katholischen Beratungsstellen nicht vorgenommen" werde.[3182]

Angesichts der knappen Mittel war es nur eine Frage der Zeit, wann die Diskussion über einen möglichen Missbrauch der Bundesmittel einsetzen würde. Im Juli 1986 wies die Bundesstiftung darauf hin, dass die von ihr gewährten Hilfen nach §§76–87 BSHG nicht angerechnet werden dürften und daher auch keine Mitteilungspflicht gegenüber den Sozialämtern bestehe, empfahl aber Stiftungsmittel erst nach der Sozialhilfegewährung zu beantragen.[3183] Der DiCVL informierte am 16. Dezember 1986, dass „der Austausch von persönlichen Daten zwischen Beratungsstellen, d.h. auch zwischen CV, SKF und Evangelischem Regionalverband, im Rahmen der Stiftung (...) grund-

Franz Kamphaus, Bischof von Limburg © DAL

sätzlich nicht erlaubt „ist, bat aber bei begründetem Verdacht (...), dass z.B. aus einer bestimmten Volksgruppe vermehrt Doppel- oder Mehrfachanträge eingebracht werden", um einen Hinweis, um die Bundesstiftung informieren zu können. [3184]

Anfang 1987 zeichnete sich ein Rückgang der eigentlichen Konfliktberatung in den Frankfurter Beratungsstellen inkl. pro familia ab, nachdem Ärzte bei der Landesärztekammer Hessen die Beraterberechtigung in Wochenendseminaren erwerben konnten.[3185] Osypka informierte Bischof Kamphaus, dass sich „immer mehr niedergelassene Ärzte an der gesetzlich vorgeschriebenen Beratung (beteiligen) und so die Voraussetzung für die Indikationsstellung" geben. Gleichzeitig betonte Osypka, dass entgegen der DCV-Norm von 80 Frauen pro Vollzeitkraft die beiden Halbtagskräfte in der Konfliktberatung 269 Frauen am 31.12.1986 betreuten. [3186] Die Überforderung zwang im November dazu, die Konfliktberatung bis zur 12. Schwangerschaftswoche unverändert fortzuführen, dafür aber die Beratungen zur Mittelvergabe aus der Bundesstiftung auf betreute Frauen zu beschränken und sicherzustellen, dass bei ausländischen Frauen ein Beratungsgespräch ohne Verständigungsschwierigkeiten möglich ist und Bun-

3182 Stellungnahme Kardinal Höffner als Vorsitzender der Deutschen Bischofskonferenz zu Angriffen auf die Arbeit der Katholischen Beratungsstellen für werdende Mütter in Not- und Konfliktsituationen v. 21.2.1986 – Pressedienst der Dt. Bischofskonferenz (ACVF-5211-03).
3183 Rundschreiben Bundesstiftung „Mutter und Kind" v. 9.7.1986 – Kopie (ACVF-5211-03).
3184 Rundschreiben DiCVL an Schwangerschaftskonfliktberatungsstellen v. 16.12.1986 bzw. Aktenvermerk Brühl v. 27.2.1987 (ACVF-5211-03).
3185 Ergebnisprotokoll Schwangerschaftskonfliktberatung v. 24.2.1987 (ACVF-5211-03).
3186 Schreiben Osypka/Bischof Kamphaus v. 12.3.1987 (ACVF-5211-03).

desstiftungsmittel nur für noch nicht geborene Kinder gewährt werden können. [3187]

Im Dezember 1987 forderten die drei kirchlichen Beratungsstellen die städtischen Sozialstationen auf, für Schwangere besondere Sprechstunden einzurichten, und beklagten sich, dass die Erstausstattung mit möglichen Komplikationen bei der Geburt verweigert werde. Den in Erziehungsurlaub stehenden Frauen müsse mehr „Verständnis und Beratung" bei der Beantragung von Sozialhilfe entgegengebracht werden. [3188]

1991 suchten 203 Frauen die Beratungsstelle während der Schwangerschaft auf, 141 kamen nach der Geburt des Kindes. Vor allem junge Frauen und Alleinerziehende, darunter auch viele ausländische Frauen, suchten die Beratungsstelle auf. Heidemarie Kurtscheid betonte 1992, die Entscheidung liege immer bei den Schwangeren, da die Beraterin letztlich nicht weiß, „was die beste Lösung ist. Die Gespräche sollen der Frau die Möglichkeit geben, die verschiedenen Aspekte in sich selbst zu entdekken." Beatrix Brühl betonte „wir kaufen keine Kinder."[3189]

Im Juni 1992 führte der Bundestag die Fristenregelung mit einer Pflichtberatung ein, die vom Bundesverfassungsgericht aber als verfassungswidrig aufgehoben wurde. Schwangerschaftsabbrüche in den ersten drei Monaten waren zwar immer noch rechtswidrig, konnten bei einer vorhergehenden Beratung mit dem Ziel des Lebensschutzes aber straffrei gestellt werden. Die Beratungsstellen wurden der staatlichen Überwachung unterstellt und wurden regelmäßig überprüft. Alle bestehenden Beratungsstellen hatte bis zum 31. Dezember 1994 ein Anerkennungsverfahren zu absolvieren. [3190]

Auch nach der Reform des § 218 blieb der CV in der Konfliktberatung tätig. Da nach den Erfahrungen der Beraterinnen konkrete Hilfsangebote für einen „wirklich wirksamen Schutz des Lebens" notwendig seien, es aber an bezahlbarem Wohnraum und einer qualifizierten Kleinkindbetreuung fehle, wurde der Ausbau weiterer Kindertagesstätten und die Einrichtung von Mutter-Kind-Gruppen angekündigt. [3191]

8.10.2 Psychosoziale Beratungs- und Behandlungsstelle für Suchtkranke

Nach dem Zweiten Weltkrieg führte Gerda Lemanczyk[3192] die Arbeit der Trinkerfürsorge fort, übernahm Pfleg- und Vormundschaften für Alkoholkranke und baute den Kreuzbund wieder auf. Sie übernahm gleichzeitig auch den Arbeitsbereich Pfarrcaritas, weil sie hoffte, dadurch die Arbeit der Suchtkrankenhilfe in den Pfarreien bekannt zu machen und ehrenamtliche Helfer für die Arbeit im Kreuzbund zu gewinnen. Über die Pfarreien

---

3187 Vermerk Brühl für alle Sachbereiche v. 2.11.1987 (AVCF 5211-03).
3188 Schreiben CVF/SKFF/ERF an Sozialstationen v. Dez. 1987 (ACVF-5211-03).
3189 FNP v. 24.7.1992.
3190 FR v. 29.5.1993.
3191 CV-Pressemitteilung v. 10.7.1992.
3192. Gerda Lemanczyk war von 1947 bis 1974 als Fürsorgerin in der Suchtkrankenhilfe tätig. Die Ausführungen basieren auf ihrem Bericht, da Akten aus dieser Zeit nicht aufgefunden werden konnten.

sollte Kontakt zu Familien mit Alkoholproblemen aufgenommen werde, doch waren diese daran nicht sonderlich interessiert. So kritisierte man auf der Mitgliederversammlung 1959, dass die Pfarreien immer wieder gebeten werden mussten, ein Hinweisschild auf die Beratungsstelle an der Kirchentüre anzubringen. Meist erfolgte die Kontaktaufnahme zu den Alkoholkranken über die Angehörigen mit dem Ziel, die ganze Familie in den Kreuzbund einzubeziehen. Dabei wurde bald deutlich, dass Alkoholismus als Randgebiet angesehen wurde und Alkoholiker in den Pfarreien kaum bekannt waren. Dennoch stieg ihre Zahl stark an, sodass man um Ehrenamtliche für den „Kreuzbund" und die „frohe Insel" bemüht war, mit der Freizeiten für Alkoholkranke und ihre Angehörigen organisiert wurden. [3193] Dazu gehörten auch Aktivitäten während des Wäldchestags[3194] oder des Karnevals.

Adlhoch, nahm den in Frankfurt tagenden 27. Internationalen Kongress Alkohol und Alkoholismus (6.-12.9.1964) zum Anlass, die Frankfurter Geistlichen sowie die Seelsorgehelferinnen zu Feierstunden am 7. und 10. September 1964 einzuladen, um diese auf das Thema und die Arbeit von Gerda Lemanczyk in der Suchtkrankenhilfe aufmerksam zu machen. „Die Hilfe wäre wirksamer, intensiver und breiter gestreut, wenn in der Öffentlichkeit, auch in unseren Gemeinden, mehr Verständnis für diese Krankheit und ihre Heilung vorhanden wäre."[3195] Bei den Gottesdienste in St. Antonius und St. Leonhard sprachen die Bischöfe J. Hasler (St. Gallen) und Josef Köstner (Klagenfurt) als Vorsitzender der „Sectio Sobrietas Caritas Internationalis" [3196] bzw. der „Liga Catholica Internationalis contra Alcoholismus" [3197] zum Thema" Enthaltsamkeit aus Gottes- und Nächstenliebe" bzw. André Boudreau (Québec) und Pater Svoboda OSC (Freiburg) zum Thema „Genießen und Verzichten aus katholischer Sicht".[3198]„ "Sectio" und „ Liga" traten für eine wirksame Volksaufklärung und eine alkoholfreie Kinder- und Jugenderziehung ein und forderten die Caritasverbände auf, ehrenamtliche Personen für die Suchtkrankenfürsorge zu gewinnen, zu schulen und „ihren Einsatz mit Rat und Tat zu fördern."[3199]

Dank ihres Engagements übernahm der CV die Vorreiterrolle unter den hessischen Caritasverbänden in der Entwicklung eines Suchtkrankenhilfekonzepts und war maßgeblich an der Gründung der Kath. Arbeitsgemeinschaft gegen Suchtgefahren im Lande Hessen (KASH) im August

---

3193 Protokoll CVF-Mitgliederversammlung v. 16.6.1959, S. 3 (ACVF-1330).
3194 Seit dem Mittelalter wurde der Wäldchestag am Pfingstdienstag als durchgeführt und Arbeitnehmern der Nachmittag arbeitsfrei gegeben.
3195 Rundschreiben Adlhoch v. 18.8.1964.
3196 Die „Sectio Sobrietas Caritas Internationalis" wurde beim 26. Int. Kongress in Rom 1962 als Zusammenschluss aller nationalen katholischen Organisationen der Suchtkrankenhilfe geschaffen. Die Sectio ist wie die „Liga Catholica Internationalis Contra Alcoholismus" an den Schweizerischen CV in Luzern angebunden.
3197 Der 1911 gegründeten Liga gehörten u.a. Mitgliedsverbände in Deutschland (Kreuzbund-Sobrietasgemeinschaft-Ring der Aufrechten- Sitz bei der „Bischöflichen Hauptarbeitsstelle zur Abwehr der Suchtgefahren in Hamm), Belgien, Canada, Frankreich, Irland, Luxemburg, den Niederlanden, Österreich und der Schweiz an.
3198 Schreiben Baumeister/DCV an Stadtdekan Eckert v. 19.8.1964 – Abschrift.
3199 Merkblatt Sectio Sobrietas Caritas Internationalis v. 1964 – Abschrift .

1961 beteiligt, die von Caritasdirektor Adlhoch geleitet wurde, während Gerda Lemanczyk die Geschäftsführung übernahm. 1964 übernahm der CV an Stelle des Kreuzbundes die Mitgliedschaft in der ebenfalls 1961 gegründeten Hessischen Landesstelle für Suchtgefahren (HLS).[3200] 1974 übernahm die Klinik Schloss Falkenhof die Geschäftsführung und Werner Osypka schied aufgrund der Neuorganisation im Juni 1974 aus dem Vorstand aus.

Die Arbeit der Suchtkrankenhilfe wurde bis 1960 aus Eigenmitteln finanziert, da es mit Ausnahme einer städtischen jährlichen Zuwendung von mehreren hundert DM keine öffentlichen Zuschüsse gab. 1960 setzten zwei Landtagsabgeordnete von CDU und SPD die Bereitstellung von Zuschüssen durch das Hessische Sozialministerium für die Frankfurter Suchthilfeeinrichtungen, davon 6.000 DM für den CV bzw. den Kreuzbund. Mit der Entscheidung des Landes Hessen zum Aufbau bzw. Ausbau der Beratungsstellen wurden 1963 auch die Landeszuschüsse angehoben. 1965 gab es rd. 9.000 DM Landesmittel, während 26.350 DM aus Eigenmitteln bereitgestellt wurden. Seitens des Landes wurde zwar betont, dass diese Fürsorgearbeit Sache der Kommune sei, doch gab es von kommunaler Seite nach wie vor keine Unterstützung. Damit war es möglich, die Beratungs- und Behandlungsstelle Suchtkrankenhilfe personell durch eine Halbtagskraft, 1963 eine Praktikantin und 1965 zwei hauptamtliche Fürsorgerinnen sowie eine halbtags tätige Fürsorgehelferin aufzustocken.

Aufgrund des Freiheitsentziehungsgesetzes 1952 wurden auf Antrag der jeweiligen Familien Alkoholkranke in speziellen Abteilungen für Suchtkranke der Psychiatrischen Krankenhäuser untergebracht und Entwöhnungsbehandlungen in Fachkliniken durchgeführt. Nachdem die Weltgesundheitsorganisation (WHO) im gleichen Jahr Alkoholismus als behandlungsbedürftige Krankheit anerkannt hatte, folgte am 18. Juni 1968 die Anerkennung des Alkoholismus als Krankheit im Sinne der Reichsversicherungsordnung durch das Bundessozialgericht in Kassel.

Nach dem Umbau des ehemaligen Kinderheims Falkenhofs 1967/68 durch die beiden DiCV Mainz und Limburg in eine Klinik für suchtkranke Männer wurden am 1. April 1968 die ersten zehn Patienten aufgenommen. 1968 wurde vergeblich über eine Psychosoziale Beratungs- und Behandlungsstelle und die Einrichtung eines Ambulatoriums diskutiert, da es fast unmöglich war, Personal für die Suchtkrankenhilfe zu bekommen. Eine Stelle war über 20 Monate vakant. 1970 gab es drei hauptamtliche Sozialarbeiterinnen. Nach 1982 war die Beratungsstelle mit zwei-drei Sozialarbeiterinnen, einer Verwaltungskraft und ein bis zwei Jahrespraktikanten sowie Ehrenamtlichen besetzt.

Der „Kreuzbund" organisierte regelmäßige Treffen und gemeinsame Ausflüge. Ab Oktober 1971 wurde die Gruppe von zwei ehemaligen Alkoholikern ehrenamtlich geführt, die Fachberatung und die Verwaltungsarbeit des Kreuzbundes wurden durch die PSBB wahrgenommen. Die

---

3200 Die Hessische Landesstelle für Suchtgefahren verteilte die öffentlichen Zuschüsse. Caritasdirektor Walter Adlhoch war 1965/66 HLS-Vorsitzender, Caritasdirektor Werner Osypka 1971/72.

Selbständigkeit der KB-Gruppen wurde forciert und ein wöchentlicher alkoholfreier Stammtisch in Verantwortung eines Sozialarbeiters aus der Beratungsstelle durchgeführt. Damit wurden alte Forderungen der „Sectio" und" Liga" von 1962 in die Praxis umgesetzt.

1972 wandten sich bereits 110 Patienten[3201,] davon 42 Frauen an die Suchtkrankenhilfe, vor allem der Anteil der alkoholabhängigen Frauen zwischen 20 und 40 stieg stark an. Man arbeitete eng mit Heilstätten und Kurheimen, einem Arzt, einem Seelsorger und der Eheberatungsstelle im Haus der Volksarbeit zusammen.[3202] Da keine Öffentlichkeitsarbeit betrieben wurde und die Unterlagen vor, noch der Sperrfrist unterliegen, und kann über die Jahre bis 1986 nichts ausgeführt werden.

Drei hauptamtliche Sozialarbeiter betreuten vor allem alkohol- und medikamentenabhängige Erwachsene und deren Angehörige. Dabei wurde im Erstkontakt die aktuellen Schwierigkeiten angesprochen und erste Informationen gegeben. Wenn das Beratungsangebot angenommen wurde, war der erste Schritt der Aufbau eines Vertrauensverhältnisses, die Förderung der Einsicht des Patienten in seine Krankheit und der Motivation zur Behandlung. Dabei wurden die Angehörigen mit einbezogen. Nach der Erstellung eines individuellen Behandlungsplans unter Berücksichtigung der psychosozialen Daten erfolgte alternativ eine ambulante oder stationäre Behandlung. Anschließend erfolgte eine Nachbetreuung in Einzelgesprächen oder Selbsthilfegruppen sowie den fünf Kreuzbundgruppen. 1985/86 entstand eine Selbsthilfegruppe „Anonyme Spieler", im September 1986 eine Gruppe für Frauen mit Essstörungen (Ess-Brech-Sucht/bulimia nervosa bzw. Fettsucht/adipositas). 1986 entwickelten sich aus 464 Erstkontakten 241 Behandlungen.[3203]

1989 meldeten sich bereits 512 Personen, etwa die Hälfte aufgrund von Alkoholproblemen, die übrigen wegen Spiel- und Medikamentenabhängigkeit. Auch gewann die Kombination „Alkohol und Verschuldung" an Bedeutung. Viele Ratsuchende standen in einem festen Arbeitsverhältnis, da die Ersatzkassen die Beratungsgespräche bezuschussten und sich nicht mehr auf die späteren Therapien beschränkten.[3204]

8.10.3 Psychosoziale Beratung für Schwerstkranke, Sterbende und Suizidgefährdete

Die Betreuung unheilbarer Kranker und Schwerstkranker spielte in Deutschland bis Mitte der 80er Jahre nur eine Nebenrolle, während in England bereits ambulante Hilfen erprobt wurden. In Deutschland gab es erste Projekte 1984/85 in Aachen und Köln.[3205]

3201 Nur 27 hatten keinen Beruf erlernt, die übrigen übten teilweise qualifizierte Berufe aus. 42 Patienten" zeigten nach der Behandlung eine Lebensneuorientierung oder zeigten sich in der Gestaltung ihrer mitmenschlichen Bezüge günstig beeinflusst." Bei den übrigen war keine Veränderung feststellbar, einer davon beging Selbstmord.
3202 FAZ v. 15.3.1973.
3203 CVF-Jahresbericht 1986/87, S. 45f (ACVF-1001).
3204 FR v. 18.1.1990.
3205 Vermerk Psychosoziale Beratung für Schwerstkranke, Sterbende und Suizidgefährdete v. 26.2.1987 (ACVF-5810).

Nachdem sich der CV bis Mitte der 80er Jahre ausschließlich mit ambulanter Pflege befasst hatte, engagierte er sich ab 1985 auch in der Betreuung von Schwerstkranken. Den Anstoß gab die körperbehinderte Studentin Cornelia Hanuschke, die an der Fachhochschule für Sozialarbeit Frankfurt studierte und seit 1983 in ihrer eigenen Wohnung regelmäßig zwei bis drei Schwerstkranke in therapeutischen Gesprächen betreute und in Ausnahmefällen auch über Nacht beherbergte. [3206] Kurz vor Ende ihres Studiums wandte sie sich an das Bistum, um statt einer sicheren Beschäftigung als Logopädin, sich intensiv „der Betreuung einsamer Sterbender und der Betreuung Suizidgefährdeter" widmen zu können.[3207] Das BO verwies sie an den CV und stellte auch finanzielle Mittel für ein Berufspraktikum[3208] vom 1. August 1985 bis zum 31. Juli 1986 bereit, während dessen sie das für ihre Diplomarbeit[3209] selbst entwickelte Therapiekonzept anwenden sollte.

Ab 1. September 1985 mietete der CV nach langer vergeblicher Suche in der Innenstadt[3210] zwei Wohnungen in der Blindenanstalt in der Aderflychtstraße 8 an.[3211] Cornelia Hanuschke nahm Kontakt zum Tumorzentrum der Universität Frankfurt und Selbsthilfegruppen auf[3212] und betreute Ende Juli 1986 bereits 25 Patienten.[3213] Am 11. März 1986 sprach sich Welter (DCV Freiburg) für die Fortführung des Projektes aus. Zwar gebe es rechtliche Risiken, wenn z. B. Angehörige Strafanträge wegen nicht erfolgter Hilfeleistung oder einem nicht verhinderten Selbstmord stellen würden. Das Projekt solle daher räumlich an eine bestehende Hilfeeinrichtung angebunden werden.[3214] Daraufhin schlug Cornelia Hanuschke vor, eine therapeutische Wohngruppe mit 6–8 Personen angelehnt an ein Altenheim oder Krankenhaus zu bilden, was einen Jahresaufwand von etwa 20.0000–300.000 DM erfordert hätte.[3215]

Kurz vor dem Ende des Praktikums kam es im Juni/Juli 1986 zu Komplikationen. Einerseits wurde die vom CV beantragte Förderung durch ABM-Mittel für ein Jahr[3216] vom Arbeitsamt abgelehnt, da der Arbeitsplatz nicht langfristig bestehen werde, andererseits bestand der CV aus rechtlichen Gründen darauf, selbst als Mieter der Wohnung aufzutreten. Hanuschke lehnte die ABM-Stelle ab, weil die Befristung auf ein Jahr ihr zu

3206 Schreiben CVF/Stadt Frankfurt-Amt für Wohnungswesen v. 14.6.1985 (ACVF-5810).
3207 Vermerk Zöller v. 22.10.1984 für BO-Dienstbesprechung-Abschrift für H.J. Menne (AVCF-5810).
3208 Ausbildungsplan C. Hanuschke v. 10.11.1985 (ACVF-5810).
3209 Cornelia Hanuschke: Entwicklung einer Therapiekonzeption zur Rehabilitation von depressiv-Selbstmordgefährdeten und krebskrank-Sterbenden, Diplomarbeit im FB Sozialarbeit der Fachhochschule Frankfurt am Main 1985 (ACVF-5810).
3210 Schreiben CVF/Stadt Frankfurt-Amt für Wohnungswesen v. 14.6.1985 (ACVF-5810).
3211 Vermerk Blumrich für Osypka v. 10.8.1985 (ACVF-5810).
3212 Schreiben CVF/Bf. Kamphaus v. 21.11.1985 (ACVF-5810).
3213 Schreiben CVF/Bf. Kamphaus v. 27.6.1986 (ACVF-5810).
3214 Gesprächsnotiz 11.3.1986 Brühl/Welter-DCV v. 3.7.1986 (ACVF-5810).
3215 Vermerk Brühl über Gespräch mit Pater Langenfeld am 28.7.1986 (ACVF-5810).
3216 Vermerk Brühl v. 6.6.1986 (ACVF-5810).

kurz erschien[3217] und der CV ein Mitspracherecht bei der Belegung gehabt hätte[3218] Vergeblich beantragte sie am 2. August 1986 eine Unterstützung durch Bischof Kamphaus. Bischofssekretär Paul Zöller verwahrte sich gegen die inzwischen von Waltrude Blöcher initiierte Briefkampagne von Patienten, mit dem Bischof Kamphaus offensichtlich unter Druck gesetzt werden solle, und verwies darauf, dass die „Vorstellungen [von Cornelia Hanuschke] und die Möglichkeiten des CV nicht weiter zusammenpassen."[3219]

Schließlich lenkten beide Seiten ein und Cornelia Hanuschke setzte ihre Arbeit auf eigenen Wunsch bis zum 28. Februar 1987 fort, nachdem das Arbeitsamt einer dreimonatige Probezeit und im Oktober eine dreimonatige Weiterförderung genehmigt hatte. Ab 1. Oktober 1986 wurde die Arbeit in einer vom CV angemieteten Wohnung in der Heimatsiedlung fortgeführt.[3220] Nach einem Interview Hanuschkes im Hessischen Rundfunk am 1. November 1986 meldeten sich zahlreiche auswärtige Interessenten, von denen im Dezember 1986 entgegen der Vereinbarung mit dem CV zwei Patienten aufgenommen wurden. Sie selbst finanzierte dafür eine Krankenschwester.[3221]

Abgesehen davon, dass Cornelia Hanuschke ohnehin am 28. Februar 1987 ausscheiden wollte, weil sie eine eigene Stiftung zur Betreuung Schwerstkranker gründen wollte,[3222] entschied sich auch der CV für eine Ende des Projekts, zumal der Justitiar des Bistums auf rechtliche Konsequenzen hingewiesen hatte, wenn man eine stationäre Einrichtung mit einer zur Pflege nicht fähigen und selbst körperbehinderten Leiterin fortführe, zumal es bereits ein Verfahren wegen mangelhafter Pflege gegeben hatte.

8.10.4 Schuldnerberatung

Mit der Wirtschaftskrise in den 70er Jahren und der steigenden Arbeitslosigkeit nahm die Zahl derjenigen zu, die in finanzielle Not gerieten und schließlich überschuldet waren. Dies erleben viele als Schande und das juristische System der Schuldeneintreibung (Pfändung, Zwangsvollstreckung) löst massive Angst aus. 1979 richtete die Arbeiterwohlfahrt die erste Schuldnerberatungsstelle in Frankfurt ein, die sich zunächst nur an haftentlassene Frauen richtete und von einer Juristin geführt wurde.

Am 1. August 1986 wurde in Hausen eine „Soziale Schuldnerberatung" (Alt-Hausen 3) eingerichtet, die sich an Klienten in den sozialen

---

3217 Schreiben Hanuschke/Bf. Kamphaus v. 2.8.1986-Fotokopie (ACVF-5810) bzw. Waltrude Blöcher/Paul Zöller v. 11.8.1986 (ACVF-5810).
3218 Schreiben Hanuschke/Menne v. 31.7.1986 (ACVF-5810).
3219 Schreiben Zöller/Hanuschke v. 14.8.1986 (ACVF-5810).
3220 Vermerk f. Osypka und Menne v. 27.11.1986 (ACVF-5810).
3221 Schreiben Waltrude Blöcher/Menne v. 15.1.1987 (ACVF-5810).
3222 Nach dem Auslaufen des Projekts plante Cornelia Hanuschke die Errichtung einer Stiftung „Der Fisch" als psychosoziale Betreuungseinrichtung für Depressiv-Selbstmordgefährdete und Schwerstkrank-Sterbende, ob sie zustande kam, konnte nicht festgestellt werden. Vergeblich bemühte sie sich um eine finanzielle Hilfe des Bistums. (Schreiben Zöller/Hanuschke v. 9.4.1987 (ACVF-5810) und Hanuschke/Menne v. 2.3.1987 und Satzungsentwurf bzw. (ACVF-5810)).

Brennpunkten richten sollte. Ziel und Aufgabe war es, „die im Einzelfall vorliegenden Ursachen der Verschuldung herauszufinden und durch soziale und pädagogische Hilfen einem drohenden oder fortscheitenden Abstiegsprozess entgegenzuwirken."[3223] Die Berechtigung von Forderungen, Umschuldungs- und Entschuldungsmaßnahmen wurden von einem Rechtsanwalt abgestimmt. Da der CV nicht in der Lage war, die Schuldenregulierung zu übernehmen, wurde zeitweise daran gedacht, einen Beihilfefonds einzurichten, der in dringenden Fällen Beihilfen zur Abwendung von Forderungen helfen sollte.

Im Januar 1987 wurde eine städtische Schuldnerberatung, die dem Sozialamt zugeordnet war, und 1990 eine weitere im Nachbarschaftszentrum Uhlandstraße eröffnet. Um einen fachlichen Gedankenaustausch zu ermöglichen, entstand der „Arbeitskreis der Schuldnerberater von Frankfurt und Umgebung". Beklagt wurde von Anfang an die fehlende Unterstützung des Landes Hessen, um ein flächendeckende Schuldnerberatung sicherzustellen. So beriet die Schuldnerberatung der Verbraucherzentrale Hessen nur Frankfurter Bürger, weil die Stadt einen Teil der Kosten finanzierte.

Trotz der Zunahme der überschuldeten Familien und Einzelpersonen in den folgende Jahren wurde die Schuldnerberatung reduziert, nachdem die AWO-Juristin pensioniert wurde und die Schuldnerberatung in der Uhlandstraße, die von einer Praktikantin der FH für Sozialarbeit betreut wurde, wöchentlich nur noch zehn Stunden geöffnet war. Bernd Sorge betonte 1992, es sei müßig, Beratungsstellen, die sich neben anderen, im Vordergrund stehenden Auftrag der Sozialarbeit auch der Schuldenproblematik ihrer Klienten widmen, z.B. bei der Straffälligenhilfe oder bei der Arbeit mit Wohnungslosen, von reinen Schuldnerberatungsstellen zu unterscheiden.[3224] Erst Mitte der 90er Jahre wurde die Schuldnerberatung im Rahmen der zunehmenden Verschuldung von privaten Haushalten ausgebaut. Die Beratung beschränkt sich aber nicht formal-routinemäßig auf das Finanzielle und die Caritasmitarbeiter leiten die betroffenen Personen ggfs. an andere Caritasberatungsstellen weiter. Zur Prävention wird Beratung auch in Zusammenarbeit mit anderen Organisationen und Institutionen angeboten, z. B. offene Sprechstunden zweimal monatlich im Kinderbüro oder auf Wunsch im Schulunterricht.

3223 CVF-Jahresbericht 1986/87, S. 34 (ACVF-1001).
3224 Bernd Sorge, Zur aktuellen Situation der Schuldnerberatung in Frankfurt in: Lutz, Matthias/Autorenkollektiv: Arm in einer reichen Stadt. Zur Armutssituation in Frankfurt, Frankfurt 1992, S. 71.

8.10.5 Obdachlose – Nichtsesshafte – Wohnungslose

Mitte der 60er Jahre wurde Frankfurt aufgrund seiner zentralen Lage zum Zentral-
punkt der Nichtsesshaftigkeit. Hildenbrand
vermutete, viele wollten „in der Anonymität
der großen Stadt untertauchen" und es sei
daher verständlich, wenn seitens der Stadt
diese Personengruppe eher abgeschreckt
als ermutigt werden sollte, nach Frankfurt
zu kommen. Etwa 10% könnten durch differenzierte Hilfe aufgefangen werden.[3225]

Mobiler Hausstand © Reimer

Für Wohnungslose waren die Kirchen
seit jeher Anspruchspartner. Meist beschränkte sich die Hilfe nur auf ein belegtes
Brot oder etwas Geld. So wichtig diese Hil-
feleistung zwar für den Augenblick war, für eine Änderung der Lebenssituation fehlte aber ein fachlich geschultes Personal. 1967 vereinbarten der
Evangelische Regionalver-band und der CV eine Zusammenarbeit, bei der
bis 1969 die Angehörigen der jeweiligen Konfession betreut wurden. 1967
wurden 492 Männer unterstützt, u.a. mit Unterkunft (112), Verpflegung
(132), Geld (132), Fahrkarten (126) und Kleidung (104). 33 Personen
konnte eine feste Arbeitsstelle vermittelt werden. Darunter waren zehn
ehemalige Strafgefangene. Da viele, die Erfahrungen mit dem „Roten
Hamm" gemacht hatten und dort mit ihrer speziellen Gefährdung erst
recht gescheitert waren, erkannte man, dass man bisher nur an Vorder-
gründigem herumlaboriert habe, ohne den Grund der Gefährdung zu erkennen."

Der CV kritisierte am 3. Oktober 1968 die Obdachlosenarbeit der
Stadt, die nur dreimal wöchentlich jeweils vier Stunden Sprechstunden
anbot, während die Caritasberatung werktags von 8.30–18.00 geöffnet
war. Da in den Pfarreien die Obdachlosenarbeit kaum bekannt sei und bat
Hildenbrand in einem Informationsblatt, die Kontaktsuchenden an den CV
zu verweisen, um eine sachgerechte Betreuung zu ermöglichen.[3226]

8.10.5.1 Beratungsstelle und Hilfsstelle für Nichtsesshafte

Zusammen mit der „Hilfsstelle des Diakonischen Werks" (Weserstraße)
gründete der CV daraufhin die „Arbeitsgemeinschaft für Nichtsesshaftenhilfe", um akute Fälle abzusprechen und Vorschläge zur Verbesserung der
Nichtsesshaften- und Gefährdetenhilfe auszuarbeiten.

Am 1. April 1969 wurde die „Beratungsstelle und Hilfsstelle für Nichtsesshafte, Strafentlassene und gefährdete Männer" in der Weserstraße mit
dem Evangelischen Volksdienst gegründet, um Doppelbetreuungen zu
verhindern und die Arbeit intensivieren zu können."[3227] Drei Mitarbeiter,
zwei vom Evangelischen Volksdienst, einer vom CV, teilten sich die Arbeit

---

3225 Protokoll Dienstbesprechung v. 2.9.1971 (ACVF-Dienstbesprechungen).
3226 Protokoll CVF-Vorstand 3.10.1968 (ACVF-1310).
3227 Protokoll CVF-Vorstand 30.5.1969 (ACVF-1310).

nach Namensanfangsbuchstaben ungeachtet der Konfession auf, während die Kosten konfessionell abgerechnet wurden. Dabei wurde Hilfe jeglicher Art (Rasieren, Knöpfe annähen, Duschen) geleistet und in einzelnen Fällen die Aufnahme in das 60 Plätze um fassende Wohnheim" Haus der Diakonie" [3228] veranlasst. Im ersten Jahr wandten sich bereitsinsgesamt 2924 Personen (1622 ev. – 1401 rk. – 202 sonst.) an die Hilfsstelle und erhielten Sach- und Geldleistungen in Höhe von ca. 23.000 DM, ca. 10 % davon wurden wieder zurückgezahlt. [3229]

Anfang 1970 kritisierte Hanspeter Hildenbrand, dass es im städtischen Sozialamt keine Abteilung „Gefährdetenhilfe" gebe und dass den örtlichen Trägern als lediglich ausführendem Organ Grenzen gesetzt seien: „Der überörtliche Träger dieser Hilfen sitzt viel zu weit weg vom Klienten, der nicht einmal von seinem Recht weiß, und der sich sogar gefallen lassen muss, dass man ihm auf der unteren Verwaltungsebene sein Recht versagt oder die Durchführung der Hilfen so verwaltungstechnisch kompliziert, um den Hilfesuchenden im Gestrüpp der Verwaltungsvereinbarungen zur Verzweiflung zu bringen. Nicht ohne Grund sind die Verzweiflungstaten, die auch hier in Frankfurt u.a. Kriminalität heißen."[3230]

Insbesondere ging es um die B-Ebene am U-Bahnhof Hauptwache, die von vielen als Tagesaufenthalt und zum Schlafen genutzt wurde. Da dies polizeilich nicht zu lösen sei und das Niederräder Haus als Übernachtungsheim und Wohnheim zur Resozialisierung nicht als reines Wohnheim fungieren könne, forderte man für einen Teil der Nichtsesshaften Primitivunterkünfte mit einer Diagnoseeinrichtung für Gefährdete und leistungsfähige Einrichtungen zur Hilfe und Rehabilitation. Die Beratungsstelle setzte auch durch, dass ein Männerwohnheim, dass als Firmenunterkunft verkauft werden sollte, weitergeführt, die Kündigungen zurückgenommen und ein Sozialarbeiter von der Wohnheim GmbH eingestellt wurde, um bevorzugt „gefestigte Männer" aus dem „Haus der Diakonie" bzw. dem Niederräder Haus dort unterzubringen. Hildenbrand beklagte, dass niemand dem Beratungsdienst „ein Zimmer für einen Wohnungslosen angeboten habe."[3231] Da die Übernachtungsplätze weiterhin knapp blieben, wurde ab 6. November 1971 der Schifferbunker wieder als Primitivunterkunft für obdachlose Männer genutzt.[3232]

3228 im Haus der Diakonie war auch die Straffälligenhilfe des Diakonischen Werkes für Hessen und Nassau untergebracht.
3229 Jahresbericht über die Zusammenarbeit in der Zeit vom 1. April 1969 bis 31. März 1970 hinsichtlich Gefährdetenhilfe an nichtsesshaften Männern – Anlage zum Protokoll CVF-Vorstand 9.6.1970 (ACVF-1310).
3230 CVF-Jahresbericht siehe Anm. 3229.
3231 CVF-Jahresbericht siehe Anm. 3229.
3232 Protokoll Dienstbesprechung v. 18.11.1971 (ACVF-Dienstbesprechung).

Am 10. März 1975 wurde eine Beratungsstelle für Arbeitslose im Dominikanerkloster eröffnet, die aus einer gemeinsamen Initiative des Evangelischen Volksdienstes, des Amtes für Industrie- und Sozialarbeit der Evangelischen Kirche in Hessen und Nassau und des CV entstanden war.

Vor der Kirche Herz Jesu © Reimer

Angesichts der sich verschärfenden Situation Anfang der 80er Jahre betreute die Bahnhofsmission täglich etwa 200 obdachlose Männer, dazu suchten bis zu 70 im Caritashaus um Hilfe nach. Auch die Fachstelle in der Weserstraße war überlastet. Erneut wurde kritisiert, dass das städtische Sozialamt nicht immer erreichbar sei, die von der Stadt geschaffenen 150 Übernachtungsplätze nicht ausreichten, tagsüber keine Versorgungsmöglichkeit bestehe und statt zustehender Sozialhilfe nur Essensgutscheine und kein Geld ausgehändigt würden.[3233] Noch immer sei kein ausreichender Wohnraum vorhanden und es stehe zu wenig Personal zur Beratung und Betreuung zur Verfügung. Der Vorschlag gemacht, das inzwischen leerstehende Monikaheim zu nutzen, war aufgrund der Auflagen des Jugendamtes nicht möglich.[3234] Nach zahlreichen Verhandlungen beteiligte sich die Stadt ab dem 21. Dezember 1981 endlich an der Beratungsstelle, nachdem die Zahl der zu Betreuenden weiter stark zugenommen hatte. Die geplante „Beratung und Betreuung" war aber auch mit den zusätzlichen städtischen Sozialarbeitern kaum zu gewährleisten.[3235]

1986 gab es insgesamt 20.000 Kontakte, darunter einfache Hilfeleistungen wie die Ausgabe von Duschmitteln und Kleiderscheinen, sowie die Verwaltung der 202 „Postfächer", da viele die Weserstraße als Postadresse angaben. 1242 Männer, davon 682 Erstaufnahmen, wurden in 4.365 Gesprächen beraten. Gleichzeitig stellte man fest, dass die Klientel jünger wurde und etwa 25% bis zu 25 Jahre alt waren. Von den „Neuen" hatte die Hälfte ihre Wohnung in Frankfurt verloren. Zwar hatten die meisten eine abgeschlossene Schul-, aber meist eine abgebrochene Berufsausbildung. Häufig mussten Kontakte zu Nervenärzten oder psychiatrischen Krankenhäusern hergestellt werden, was darauf hinweist, dass „ein Großteil der Klientel zu den psychisch beeinträchtigten und seelisch behinderten Personen zu rechnen ist." [3236]

Man erkannte die Notwendigkeit, die „Angebotsstruktur" dahingehend zu verändern, eine qualifizierte persönliche Beratung und ein kurzfristiges Wohnungsangebot zu sichern. Herbert Wallersheim mahnte, dass die bestehenden Schuldnerberatungen nicht ausreichten, realistische Umschul-

---

3233 Resolution der Mitarbeiter des CV Frankfurt v. 29.1.1981 (ACVF-1310). Diese wurde an Sozialdezernent Trageser (CDU) und die Ratsfraktionen weitergeleitet.
3234 Protokoll CVF-Vorstand 27.3.1981 (ACVF-1310).
3235 Protokoll CVF-Vorstand 19.3.1982 (ACVF-1310).
3236 CVF-Jahresbericht 1986/87, S. 43 (ACVF-1001).

dungspläne angesichts der hohen Verschuldung der Klienten zu erstellen.[3237]

8.10.5.2 Ökumenische Straßensozialarbeit (ÖSSA)

Nachdem eine Erhebung des Diakonischen Werkes im Winter 1984/85 bestätigt hatte, dass viele Wohnungslose Hilfen des Sozialstaats nicht annahmen und das bestehende Angebot den Aspekt der aufsuchenden Arbeit zu wenig berücksichtigte, konzipierten CV und Diakonisches Werk einen aufsuchenden Dienst für Wohnungslose, der am 1. Juli 1986 als Ökumenische Straßensozialarbeit (ÖSSA) die Arbeit unter der gemeinsamen Trägerschaft des CV und des Diakonische Werks aufnahm. Im Westen der Stadt wurde der Frankfurter Verein für soziale Heimstätten tätig.

Die Erfahrungen der vier Sozialarbeiter mit betroffenen Wohnungslosen, vornehmlich in der Obermainanlage und an der Stadtgrenze/Kaiserlei, zeigten schnell, dass Menschen, die auf der Straße leben, eine feste Stelle brauchen, wo sie sich zwanglos in freundlicher Atmosphäre treffen können.

Am 2. Oktober 1987 siedelte die ÖSSA in die Ostendstraße 34 um und eröffnete am 19. Oktober 1987 eine Tagesstätte für Wohnungslose mit Teestube und Dusch- bzw. Waschmöglichkeit. Damit war man in der Lage, individuelle Beratungen mit dem Ziel der Reintegration durchzuführen.[3238] Nachdem sie zunächst nur einige Stunden am Tag geöffnet war, konnte sie aber dank Maria Visentin entsprechend den Wünschen der Betroffenen länger geöffnet werden. Der Standort im Frankfurter Osten wurde gewählt, da hier viele Wohnsitzlose an der Markthalle, Obermainanlage, Kaiserlei und im Ostpark im Freien bzw. in Billigpensionen und Wohnheimen lebten. Viele Jobs fanden die Wohnsitzlosen im Osthafen und der Großmarkthalle bzw. über die Außenstelle des Arbeitsamts in der Eytelweinstraße. 2002 wurde die ÖSSA in geeignetere Räume in der Hagenstraße verlegt.[3239]

8.10.5.3 Ökumenischer Kleider- und Möbeldienst

Kleidersammlungen und Möbelvermittlungen gehörten zwar immer zu den traditionellen Projekten der Kirchengemeinden, wurden aber nach dem Ausscheiden der Gemeindeschwestern Anfang der 70er Jahre immer schwieriger. Nach Vorgesprächen im Sommer 1977 eröffneten der Evangelische Regionalverband und der CV 1978 eine zentrale Kleiderkammer in der Freiligrathstraße 37, aus der am 1. März 1979 der „Ökumenischen Kleiderdienst" entstand.

1978 wurde ein Möbeldienst als Ergänzung der Beratungsstelle für gefährdete und nichtsesshafte Männer eingerichtet. Von Anfang an wurde die Maßnahme von der Stadt bezuschusst, 1987 mit 120.000 DM, 1988 mit 100.000 DM.[3240] Der Möbeldienst sollte auch dem Second-Hand-Shop

---

3237 CVF-Jahresbericht 1986/87, S. 43 (ACVF-1001).
3238 Protokoll CVF-Vorstand 22.10.1987 (ACVF-1310).
3239 CVF-Jahresbericht 1986/87, S. 42f (ACVF-1001).
3240 FR 15.12.1987.

in Griesheim zuliefern und stellte den eigenen Möbelverkauf ein, ohne dass in Griesheim aber Möbel verkauft werden konnten.

1978–85 wurden Möbel, Hausrat und Bekleidung im Schätzwert von 3,3 Mill. DM gespendet und an über 21.000 Familien und Hilfesuchende ausgegeben.[3241] 66% der Empfänger wurden durch übergemeindliche kirchlich Hilfsdienste, 28,7% über Kirchengemeinden angesprochen. Die „Beschaffung" erfolgte über Sammlungen und Haushaltsauflösungen.[3242] Täglich wurden etwa neun Abholungen mit drei Fahrzeugen durch drei Zivildienstleistende des Regionalverbandes erledigt. 1986 waren es 2.734 Abholungen, bei denen 39.875 km gefahren wurden. Im Bereich Mobiliar erhielten 1.496 Personen insgesamt 8.251 Möbel und Elektrokleingeräte, während im Bereich Kleidung 6.767 Personen mit 103.687 Kleidungsstücken bedacht wurden. [3243] Voraussetzung war die Vorlage eines Berechtigungsausweises einer Kirchengemeinde bzw. eines kirchlichen Sozialdienstes oder den Frankfurt-Passes.[3244] 1986 war der Anteil von Ausländern auf ca. 60% gestiegen. Nach Michael Heinz trauten sich Hilfesuchende, die zwischen Mittelschicht und der ärmeren Schicht stehen, sich eher mit ihren Problemen an den Kleider und Möbeldienst. Die Hemmschwelle sei nicht so groß, wenn vor Erteilung des Berechtigungsscheins zwar über die finanzielle Situation gesprochen, aber auf die Vorlage von Gehaltsnachweisen verzichtet werde, um die Privatsphäre des Hilfesuchenden zu respektieren.[3245]

Da auch viel Unbrauchbares angeliefert wurde, beklagte sich 1987 Emma Lischka, die Leiterin der Kleidungsabteilung, man sei keine „Entrümpelungsfirma" und habe nicht die Zeit, die Kleidung auszubessern oder zu waschen. In der Schreinerei wurden daher nur noch Möbel aus Vollholz repariert, da sich der Aufwand sonst nicht lohnte.[3246] Ab 1989 konnte der Möbeldienst als Projekt „Hilfe zur Arbeit" die Einnahmen steuerunwirksam für das Projekt selbst verwenden.[3247] Man stützte sich auf gemeinnützig Arbeitende, ehrenamtlich Tätige und Hilfskräfte, die gerichtlich festgesetzte Pflichtleistungen zu absolvieren hatten.

8.10.6 Bahnhofsmission – Von der Reisendenbetreuung zur Erstkontaktstelle

Trotz der Zusammenarbeit zwischen der katholischen und der evangelischen Bahnhofsmission führte dies bis 1971 nie zu einer gemeinsamen Organisationsform wie in der Flüchtlingsbetreuung. Nachdem Margot Trax aus Altersgründen 1971 ausschied, übertrug man Sozialdiakon Erwin Schöppner die gemeinsame Leitung. Er leitete seit 1969 die gemeinsame Beratungsstelle für Nichtsesshafte. Zunächst dachte man daran, die Trägerschaften wie bisher zu belassen und jeweils eine Vertrauensperson ne-

---

3241 Caritas-Journal 2 (1985), Nr.1, S. 37.
3242 FNP 9.8.1985.
3243 CVF-Jahresbericht 1986/87, S. 43 (ACVF-1001).
3244 FR 15.12.1987.
3245 CVF-Jahresbericht 1983, S. 39 (ACVF-1001).
3246 FNP 16.12.1987.
3247 Vereinbarung EVR/DW/CV v. 20.1.1993 (ACVF-1761/EVR).

ben dem Gesamtleiter zu ernennen.[3248] Caritasdirektor Werner Osypka und Rudolf Oskar Erhard, Geschäftsführer des 1961 neu geschaffenen Evangelischen Regionalverbandes, vereinbarten am 1. Oktober 1972, das ein Verband die Leitung und Geschäftsführung übernimmt, die Stellvertretung der jeweils andere Verband, da die bisherige Struktur nicht dem ökumenischen Geist entspreche. Sachkosten wurden geteilt, die Mitarbeiter blieben bei ihren Trägern angestellt.

In den 70er Jahren wandelte sich der Aufgabenbereich der Bahnhofsmission weiter und wurde den erhöhten Anforderungen durch eine Neugestaltung der Räume am 26. September 1978 gerecht. Die Zahl der Hilfesuchenden stieg von 11.235 (1972) über 24.304 (1980) und 108.466 (1986) auf 128.234 (1994) ständig an.

Zwischen 1973 und 1995 betreute man rd. 2,1 Mill. Menschen und leistete die traditionelle Hilfe beim Ein-, Aus- und Umsteigen für Reiseunerfahrene, behinderte und desorientierte Menschen (1951–95: 394.261) sowie nach dem Inkrafttreten der Ostverträge für ca. 267.500 DDR-Rentner. Aufgrund der Verspätungen im Interzonenverkehr waren diese darauf angewiesen, sich in der Bahnhofsmission aufzuhalten bzw. dort zu übernachten, da sie mit Ausnahme des Begrüßungsgeldes kaum über finanzielle Mittel verfügten. Aufgrund des stark gewachsenen internationalen Reiseverkehrs wurde jährlich auch etwa 3.900 Ausländern, u.a. als Folge von Diebstählen, Hilfe geleistet. Seit Anfang der 80er Jahre nahm auch die Zahl der nichtsesshaften Männer zu, von denen täglich etwa 200 vorsprachen. Es waren vor allem Menschen, die aufgrund von Wohnungs- und Arbeitslosigkeit und sonstiger Bedürftigkeit am unteren Rande des Existenzminimums leben und die Bahnhofmission als „Rettungsanker" sahen.[3249] Zwischen 1988 und 1994 wurden auch 11.024 asylsuchende Personen erfasst, die an die Erstaufnahmeeinrichtung in Schwalbach weitervermittelt wurden. Mit der Änderung der Asylgesetzgebung ging die Zahl der Hilfesuchenden auf 368 (1995) wieder zurück, da der Hauptbahnhof als Anlaufstelle ausschiel.

Besonders wichtig war der Nachtdienst, damit jeder einen Ansprechpartner hatte, wenn die zuständigen Dienststellen geschlossen waren. Polizei und Bahnpolizei verwiesen hilflose Personen an die Bahnhofsmission zu verweisen, wenn der Aufenthalt im Polizeirevier nicht geeignet wäre. 1986 wurden 3213 Übernachtungen vermittelt, vor allem an Personen, die ihren Zuganschluss verpasst hatten sich keine teure Hotelunterkunft leisten konnten. Dazu kamen Frauen, denen erst am folgenden Tag ein Platz in einem Frauenhaus vermittelt werden konnte und traditionell weibliche Jugendliche, die im Bahnhofsumfeld besonders gefährdet waren.[3250]

3248 Protokoll CVF-Vorstand 19.5.1971 (ACVF-1310).
3249 bei einer Umfrage der Frankfurter Bahnhofsmission im Oktober 1995 wurde festgestellt, dass sich von 279 befragten Besuchern 22 % seit etwa vier Wochen in Frankfurt aufhielten und 19 % gerade angekommen waren (Schäferbarthold, S. 25).
3250 CVF-Jahresbericht 1986/87, S. 43f (ACVF-1001).

9. NACHWORT – UNTERNEHMEN NÄCHSTENLIEBE

Seit Anfang der 90er Jahre wurde immer deutlicher, dass der in den Zeiten der Vollbeschäftigung ausgedehnte Sozialstaat immer schwieriger zu finanzieren ist, sei es durch Steuern oder Abgaben. Weizsäcker verweist darauf, dass „nicht zuletzt die Verhaltensanpassung der Menschen zur Finanzkrise des Sozialstaats geführt hat", z. B. lange Studienzeiten, Frühpensionierungen, Schwarzarbeit und Verkürzung der Lebensarbeitszeit. Um die steigenden Anforderungen ohne eine Reform der Sozialversicherungssysteme bewältigen zu können, werde die Abgabenquote weiter erhöht werden müssen. Die Neuinterpretation des Subsidiaritätsprinzips seit den 60er Jahren habe zu einer verkürzten Sicht der Solidarität geführt und es gehe nun darum, deutlich zu machen, dass Rentenversicherung und Krankenkasse Versicherungen sind, bei denen für eine eingezahlte Prämie auch eine entsprechende Versicherungsleistung gezahlt wird. Wenn die Versicherungsleistung aber ohne eine Eigenleistung zugesagt werde, werde der Betreffende eher weniger als mehr arbeiten.[3251]

Peter Glotz stellte den von Ernst Forsthoff Anfang der 50er Jahre geprägten Begriff der Daseinsvorsorge in Frage: „Die Individualisierten, den Bindungen der Religionen zumeist entflohenen, in einem schnell bewegten Arbeitsmarkt freigesetzten Bürgerinnen und Bürger des frühen 21. Jahrhunderts sind weder mit dem fest gefügten Bürgertum noch mit den Industriearbeitern des späten 19. Jahrhunderts zu vergleichen." Die bisherige Definition der Daseinsvorsorge tauge zur Beschreibung des europäischen Sozialstaats nicht mehr, da einerseits viele ihr Leben selbst gestalten wollten, andererseits aber der Staat auch weiterhin ein soziales Netz vorhalten müsse, damit „die Schwachen nicht ins Bodenlose fallen." Auch habe sich die kulturelle Bedeutung von Alterssicherung, Krankheit und Gesundheit verändert und zu steigenden Ansprüchen an das Sozialsystem geführt. So habe die Krankenversicherung ursprünglich den kaputt gearbeiteten Menschen im Frühindustrialismus schützen sollen, heute gehe es aber um eine „kontinuierliche Betreuung des Körpers, und zwar auch bei Bagatellkrankheiten oder bei altersgemäßen Funktionsstörungen.[3252]

Kurz vor seinem 25jährigen Dienstjubiläum 1992 schied Werner Osypka aus. Über die Gründe muss nach wie vor spekuliert werden, da er sich nie dazu äußerte. Zu vermuten ist allerdings, dass das Bistum und/oder der Caritasvorstand mit der aktuellen finanziellen Situation des CV unzufrieden waren. Ebenso wie bei den beiden Wiesbadener Caritasdirektoren war sein Verhältnis zum BO immer etwas gespannt. Aufgrund seiner Landtagtätigkeit war mit ca. 10 Minuten Fußweg auch eine räumliche Nähe zur Wiesbadener Caritaszentrale gegeben und es ist anzunehmen, dass es auch häufiger Kontakte und Absprachen gab. Auch Hermann-Josef Menne schied später aus und wurde 1995 Leiter der Gemeindecaritas bei der Stadtkirche.

3251 Weizsäcker, Perversion eines Prinzips, S. 26.
3252 Peter Glotz, Spitze des Populismus. Agenda 2010 – Nur Geschichtsverklärer werfen Schröder vor, er breche mit der Sozialpolitik Bismarcks in: Rheinischer Merkur 13.11.2003.

Als Werner Osypka ausschied, wies das Betriebsergebnis ein Defizit von nahezu zwei Millionen DM aus, das Bilanzergebnis ergab ein Defizit von drei Millionen DM, wenn man den Sanierungsbedarf für die Caritas-Liegenschaften einrechnete, für die es damals keine Rücklagen gab. Durch außerordentliche Zuschüsse von zwei Mill. DM bis 1995 glich das Bistum das Defizit teilweise aus und ermöglichte Investitionen für den Aufbau neuer Steuerungssysteme. Um den Haushalt zu konsolidieren, entschloss sich der Verband zu einer Reorganisation seines Managements.

Im Mai 1992 wurde Dr. Hejo Manderscheid[3253] Caritasdirektor. Er verstand seine Aufgabe darin, den CV aus der prekären Situation herauszuführen und zu sanieren, als Ausputzer: „Ich bin der Mann fürs Grobe. Ich kann gut aufräumen, gut umstrukturieren. Ich mache lieber die großen Kisten."[3254] Manderscheid leitete eine Organisationsentwicklung zur Sanierung und Modernisierung des CV unter dem Motto Lichtenbergs ein: „Es ist keineswegs sicher, dass es besser wird, wenn es anders wird, aber so viel steht fest, dass es anders werden muss, wenn es besser werden soll."[3255]

Nachdem Ende September 1992 alle Sachbereichsleiter eine Liste mit notwendigem Klärungsbedarf ihrer Rolle und Position erarbeitet und die Wirtschaftsprüfung weitere Notwendigkeiten zur Beseitigung der defizitären Lage gefordert hatte, formulierte die Sachbereichsleiterkonferenz am 25. November 1992 ihre Zielvorstellungen: mehr Klarheit in den Strukturen, größere Flexibilität, mehr Zukunftsorientierung, offene und kreative Atmosphäre im Verband, Personalentwicklung statt Personalverwaltung, Aufbau eines zentralen Controlling-Verfahrens, Außen- statt Innenorientierung und reale Erfolgskriterien statt diffusem Anspruch.[3256]

Am 14. Dezember 1992 informierte Manderscheid alle Mitarbeitende, was zu tun sei, um die „Leistungsfähigkeit, Zukunftsfähigkeit und Fachlichkeit „des CV sowohl im Bistum wie auch in der Kirche und in der Stadt Frankfurt zu sichern. Der Verband müsse sich weiterentwickeln, „um sich geänderten Bedarfslagen anzupassen." In der ersten Phase wurden Mitarbeitende und Einrichtungen von dem Beratungsunternehmen XII Nürnberg in Form von Gruppendiskussionen befragt, um mögliche Lösungsansätze und Perspektiven zu finden. Daraus wurde ein neues Modell für den Aufbau und Ablaufstrukturen entwickelt, im Januar 1993 unter Beteiligung der MAV ein Konsens über neue Strukturen, Kompetenzregelungen und Dienstwege erarbeitet und im Februar 1993 mit Mitarbeitenden und Caritasvorstand diskutiert sowie ggf. modifiziert. Gleichzeitig wurden auch die Sachbereiche zu Abteilungen umstrukturiert und teilweise neu zugeschnitten. Vor seinem Ausscheiden im Juli 1997 erklärte er in einem FR-Interview, seine Aufgabe sei nun erledigt: „der CV sei saniert und kon-

---

3253 Hejo Manderscheid (1954–?) Studium Theologie und Soziologie in Trier, Würzburg und Bamberg, betriebswissenschaftliches Fernstudium an der Fernuniversität Hagen, 1982 Wiss, Referent in der DCV-Abteilung Jugendhilfe, 1991 Leiter Referat Gemeindecaritas im DiCVL, 1992–1997 Caritasdirektor CV Frankfurt, August 1997–1998 Ministerialdirigent im hessischen Ministerium für Umwelt, Jugend, Familie und Gesundheit, 1998–2017 Diözesancaritasdirektor Limburg.
3254 FR v. 26.6.1997.
3255 FR v. 26.6.1997 bzw. FNP v. 27.6.1997.
3256 Protokoll SBL-Konferenz v. 25.11.1992 (ACV-1420).

solidiert, die Strukturreform umgesetzt" und fügte bei der offiziellen Verabschiedung hinzu, „nun müsse einer kommen, der die Feinarbeit erledigt."[3257]

Nach einer achtmonatigen Vakanz trat am 1. April 1998 der 50jährige Hartmut Fritz[3258] sein Amt am 1. April 1998 an. Mit ihm übernahm erstmals ein Sozialarbeiter die Leitung des CV und amtierte bis zum 30. September 2014. Bis dahin verdoppelte sich die Zahl der Mitarbeiter von 800 auf 1600, das Haushaltsvolumen stieg von 60 Mill. DM auf 67 Mill. Euro an und die Zahl der vom CV getragenen Einrichtungen auf fast 100. Mit dem 100jährigen Jubiläum der CV Frankfurt 2001 stieß er eine neue Leitbilddebatte an und führte das „Unternehmen Nächstenliebe" ins 21. Jh. Kurz vor dem Ende seiner Amtszeit schuf er mit der Verwirklichung des neuen Caritas-Quartiers einen zukunftsfähigen Standort, der die Bedeutung des Verbandes für Frankfurt widerspiegelt.

Caritas-Zentrale und Lebenshaus St. Leonhard © ACVF

3257 FR v. 26.6.1997 bzw. FNP v. 27.6.1997.
3258 Hartmut Fritz (1948–?), Lehre als Starkstromelektriker, Studium Sozialarbeit in Frankfurt, Zivildienst beim DiCVL, 1973–85 Leiter der Projektgruppe „Soziale Brennpunkte" im Kath. Bezirksjugendamt Limburg, 1985 Referent für Gefährdetenhilfe, Armut und Hilfen für psychisch Kranke im DiCVL. 1990–94 Leiter Abt. Rehabilitation und der Abt, „Soziale Arbeit und Pflege". Sept. 1997 komm. Geschäftsführer des DiCVL. 1988–2014 Caritasdirektor CV Frankfurt.

10. PERSONENREGISTER

Seitenangaben in normal beziehen sich auf den Haupttext, in kursiv auf den Fußnotentext und in fett auf biographische Angaben. Aus Gründen der Übersichtlichkeit wurden Päpste sowie Pfarrklerus und Ordensleute aus Frankfurt zusammengefasst.

Abt, Hans 447
Adelsberger, August 266
Adenauer, Konrad 477, 483, 485
Adickes, Franz 54
Adlhoch, Walter 259, 438, 446, 455, 466, 504, 505, 507, 514, 515, 516, 521, 562, 633, 634
Adolf, Hz. v. Nassau *47*
Ahlbach 108, 154
Albrecht, Elisabeth 592
Alken, Else 133, *155*, 160, 185, *188*, 189, 210, 266, 369, 370
Almenröder, Karl 161
Altgeld, Johann Moritz 25
Althaus, Hermann 232, 237, 314
Ambrus, Szaniszló 489
Amman, Ellen 115
Andrae, Magdalene 26
Aristoteles 127
Arnim-Brentano, Bettina v. 48
Asch, Bruno 170
Baab, Heinrich 265, 266, 373
Bappert 275
Bardeleben, Heinrich Moritz Albert v. 88
Bargenda, Johanna 272, 351, 354, 355, 391, 414, 557
Bartels, Christian 106
Bauch 352
Bauche *215*, 374, 375
Baumeister 222, 223
Baus, Anni 195, 223, 224, 271, 348, 349, 350, 370
Bausch, Wilhelm *47*
Bebel, August 49
Becht, Lutz 263
Becker, Bernhard **269**
Becker, Frl. *146*
Becker, Karl 141
Becker, Werner 269
Beckerle, Adolf 261, 262, 353, 372
Beier 156
Beierschmidt, John A. 139
Belstler, Marta *615*
Bentz, Jakob 270
Berg, Martin 594, 609, 610, 612
Bergauven, van 43
Bergel, Ralf 263
Bergmann, Susi 460
Berkowitz 494
Bernabeu 572
Berning, Wilhelm *138*, 367, 372
Bernotat, Fritz 259
Bertram, Adolf Kardinal 206, 243, 257, 265, 317, 318, 325, 372, 373
Biegeleben, Baron v. 43
Biermann, Dr. 557
Bion, Walter 98

Bischoff, Martha 272
Bismarck, Otto v. 38, 60, 66, 67
Blaum, Kurt 382
Blöcher, Waltrude 637
Blum, Peter Josef 45, *47*, 96
Blumrich, Annelies 434
Böcher, Heinrich 263, 264
Bock, Gisela *233*
Böhmer, Friedrich 42
Bolongaro, Camillo 73
Bolongaro, Carl 78
Bolongaro-Crevenna, Alfred 78
Bommes, Michael 164
Bonavita, Petra 265, 266, 371
Bontant-Klehe, Zoyla 78, 81, 116
Bopp, Linus 469
Born, Ludger SJ 368, 494, 495, 496, 497
Börner, Johann Gerhard 144, 185, *188*, 199, 212, 216, **251**
Bothmer, v. 77
Boudreau, André 633
Bouhler, Philip 255
Bracciolini, Poggio 18
Brand, Jakob *47*
Brandt, Karl 255, 259
Brandts, Franz 52
Brandts, Max 68, 69, 70
Braun 507
Braun, Maria 272, 390, 391, 412, 427, *431*, 446, 447, 457, 504
Braun, Odilo OPr 369, 373
Braun, Peter und Katharina 174
Brehm, Hans 554, 594, 615, 616
Breitbach, Hans *386*, *387*, **389**
Brenner-Felsach, Adolph Frhr. v. 43
Brentano, Anton 85
Brentano, Antonius 32
Brentano, Clemens 42, 47, 48
Brentano, Franz *37*, 85
Breuer, Johann Gregor 50
Brosius, Frl. 146
Broska 491
Brüheim, Margarete 577, 584
Brühl, Beatrix 632
Brühl, Josef 316
Brundert, Willi 581
Brüning, Heinrich 177, 178, 227
Brüning, Hermann Josef 150
Buczko, Iwan 490
Burckhardt, Johannes 114
Burkert, Hans Joachim 597, 598
Burkert, Hildegard 629
Buss, Franz Joseph Ritter v. 49, 50
Butler, Josefine 114

Butterweck, Heinrich184, 189, 190, 201, 208, 209, 292, 309, 343, 346
Büttner, Albrecht......481
Buzzi, Heinrich Vinzenz Johann 43, 85, 99, 120, 121
Cahensly, Simon Peter Paul......71, 138
Cahn......497
Casera, Rodriguez......572
Castro, Angel Lopez......572
Cataldo, Giovanna......569
Chamot,Georg......30
Christ, Theobald......37
Cohnen, Elfriede......215
Colmar, Joseph Ludwig, Bf. Mainz......39, 47
Conrad von Parzham......297
Conti, Leonardo......322
Csík......489
Cui Cong Tang, Marie Thérès......579, 580
Czeloth, Heinrich......348
Dalberg, Carl v. 30, 31, 32, 33, 39
Dauth......222, 223
David, Emmerich......258
Delp, Alfred......386
Denk, Gerhard......598
Dennison, Father......140
Deschauer, Robert......189
Dessauer, Friedrich......133, 268
Dickerhoff......289
Dietz, Hermann Josef......47
Dirichs, Ferdinand......269, 385, 386, 481
Dirks, Walter......51, 384, 386, 387
Don Bosco, Giovanni......297
Dormeier, M......370
Dukic, Bernhard......575
Düringer, Hermann......612
Eberstein, Freiherr Karl v......32
Eck, Walter......320, 322
Eckert, Alois38, 189, 190, 260, 268, 291, 372, 386, 389, 391, 427, 428, 446, 447, 521, 566, 572
Eckert, Alois DCV......466
Eikamp......419
Eisenhuth, Franz......184, 189, 220
Elisabeth von Thüringen......16
Elsenheimer......77
Emig, Günter......615
Emmerich, Frau......436
Engels, Friedrich......58
Erhard, Rudolf Oskar......644
Esch, Ludwig SJ......160
Falk, Adalbert......59, 60
Faller, Herbert......594, 608, 609, 611, 612
Fallon......43
Falter, Jürgen W......232
Faulhaber, Michael Kardinal v......229, 257
Feibig, Ulrich......528
Fendel, Heinrich......110
Fendel, Margarete......521, 525
Fengler, Gotthold......371
Fibich, Jan Kanty13, 72, 77, 132, 141, 182, 183, 184, 193, 196, 234, 235, 284, 295, 299, 310, 330, 334, 377, 513
Fischbach, Wilhelm......72, 122
Fischer, Peter......579
Fischer, Thomas......17

Fischer-Defoy, Werner241, 251, 252, 253, 261, 335, 336, 337, 340
Flanagan, Edward......438
Flesch, Karl......55, 56, 82, 375
Flesch, Max.......375
Foesser, Justus Richard......74, 75, 76, 79
Forster, Georg......47
Forsthoff, Ernst......645
Frank, Josef......515
Franze, Monika......421, 466
Frey......43
Freyer, Charlotte......609
Frick, Wilhelm......232, 257, 327
Friedenau......79, 111
Friedrich II, dt. Kaiser......19, 20
Friedrich Karl von Ostein Schönborn......29
Friedrich Wilhelm IV, preuß. König......48
Fries......371
Fritz, Hartmut......532, 607, 647
Fröbel, Heinrich......37
Fröhlich, Cyprian......68, 70, 114
Fronmüller, Josefine......77
Frosch, Wicker......23
Fuchs, Fritz......321
Gabriel, Karl......68
Galen, Clemens August Graf v......256, 257, 373
Gärtner......429, 430
Gass, Petra......467
Gawlina, Józef......489, 490
Geissel. Johannes Kardinal von......63
Geißler, Heiner......615, 630
Gérando, Joseph Marie......49
Gerhard, Sigmund......154
Gerhardt, Ernst......185, 446, 447, 514, 579, 584
Gerun, Kurt......354
Ginkel, Monika......547
Glotz, Peter......645
Göbel, Matthäus......183, 256, 353
Goebbels, Josef......332
Goethe, Johann Wolfgang v......127
Gogolin......578
Goland-Herzberger......628
Gonzalez, Manuel......572
Göpfert......214
Göring, Hermann......228, 262
Görres, Joseph......47
Gossin, Jules......87
Götz, Arthur......369
Graf, W......211
Grees, Maria......447
Gröber, Conrad......242, 257, 295, 368
Grotmann, Hildegard......613
Grube, Magda......414, 557
Grüber, Heinrich......494
Grübern, F......239, 241, 250, 270, 300, 301
Guaita, Anton Maria......28
Guaita, Georg Friedrich......30, 37
Guido de Montpellier......20
Guiolett, Jacob......30, 32
Gummersbach, Josef SJ......297
Gurion, David Ben......487
Gürtner, Franz......256, 257
Haarer, Johanna......314

Hackenberg, Richard 447, 578, 579
Hähling, Heinrich v. 138
Hahn, Kurt 321, 322, 323
Hameke, Theodor 139
Hammecke, Theodor 135
Hämmerlein, Frl. 106, 107
Hanuschke, Cornelia 636, 637
Hartmann, Felix Kardinal v. 137, 160
Hasler, J. 633
Haug, Wilhelm239, 241, 245, 247, 249, 254, 303, 319, 321, 337, 341
Heermann, Josefa Thekla 221, 272
Heil, Anton 58, 73
Heil, Gerhard 59, 82, 105, 121, 147
Heil, Wilhelm 307
Heinrich Crig von Speyer 20
Heinrich VI, dt. Kaiser 20
Heinz, Michael 643
Helfrich, Eugen 135
Helfrich, Georg 77, 87, 135, 136
Heller, Jakob 21
Helm, Eilke Brigitte 625
Hergenhahn, Simon 96
Hess 403
Hess, Rudolf 319
Heuss, Theodor 227
Heuss-Knapp, Elly 435
Hildebrandt, Richard 240, 321
Hildenbrand, Hanspeter 626, 639, 640
Hilfrich, Antonius72, 144, 184, 191, 207, 240, 247, 248, 254, 256, 257, 259, 268, 283, 297, 298, 300, 325, 328, 335, 341, 343, 352, 369, 372, 375
Hilfrich, Josef 77
Hilgenfeldt, Erich235, 244, 245, 247, 300, 301, 302, 314, 320, 322
Himmler, Heinrich 249
Hindenburg, Paul v. 177, 227, 228
Hintze, Franz 69
Hirschmann, Johannes 521
Hirschmann, Johannes SJ 516
Hitler, Adolf 228, 231, 242, 244, 255, 258
Hitze, Franz 51, 68, 69, 112
Hladek, Ivo 576
Höche, Otto 262, 300, 301
Hoffmann, Heinrich 37
Hoffmann, Therese 595
Höffner, Josef Kardinal 630
Höfler, Frau 215
Höfler, Heinrich 231
Hofmann, Johann Philipp 108, 110
Höhle, Georg 453, 457, 458
Hohmann, Georg 441
Holbach, Wilhelm 381, 382
Holland, Ernst 264, 265, 266, 373
Hollbach, Wilhelm 436, 441
Holynskyj, Petro 490
Hoover, Herbert 178
Horneck, Philipp 188
Hörster 43
Huber, Charlotte 602
Hübinger, Willi 603, 608, 610, 611
Hüfner, August 72, 129, 359
Husch, Jakob 188, 387

Hüssler, Georg 521
Huyeng, Gerhard 94
Ibach, Karl 104
Irrgang, Arno 236
Isaacky, Carl 93
Jaeger 522
Jäger, Franz-Josef 471
Jakobs, Lehrer 223
Janssen, Johannes Heinrich 42, 44, 94
Joerger, Kuno170, 171, 204, 274, 275, 300, 302, 344, 345, 376, 379, 495, 496
Johlen, Ludwig 240, 321
Johler, Matthias 576
Jung, Christian456, 457, 458, 507, 508, 512, 513, 554, 570
Kaas, Ludwig 229, 242
Kaever 476
Kaller, Maximilian 481
Kalus 188
Kameke, Otto van 360
Kampe, Walter 182, 186, 447
Kampffmeyer, Hans 503
Kamphaus, Franz 505, 518, 520, 629, 631
Karl der Große, Kaiser 19
Karl IV, dt. Kaiser 19
Karl VI, dt. Kaiser 24
Karst 210
Kaspar, Maria Katharina 46, 48
Kaspar, Maria Katherina 46
Kaufmann, Karl 262
Kelek, Necla 582, 583
Keller, Franz 164, 165, 181
Keller, Rudolf 251, 319
Kempf, Wilhelm384, 423, 427, 436, 446, 454, 456, 457, 516, 574, 622
Kerrl, Hanns 318
Ketteler, Wilhelm Emanuel Frhr. v. 50, 51, 66, 67, 93
Kielmannsegg, Manuela Gräfin 368
Kilian, Augustinus122, 135, 136, 138, 139, 143, 163, 164, 165, 181
Kim, Marietta 581, 582
Kingreen, Monica 252
Kinn, M. 70
Kirch, Helene 471
Kirchberg, Josef 286
Klauer, Marianne 589
Klein 514
Klieber, Arthur Hugo 139
Klingler, Georg 185
Klug, Maria 429
Klumker, Christian Jasper 55, 82
Knapp, Waltraud 523
Knebel, Johann Baptist 115
Knecht, Josef 268
Kneip, Friedrich72, 98, 100, 101, 102, 107, 110, 122, 135, 136, 138, 139, 140, 141, 143, 144, 146, 148, 150, 156, 159, 161, 164, 165, 179, 185, 214, 512
Kogon, Eugen 387
Kolb, Walter 382, 408, 448
Kolbern, Karl Josef v. 32
Kolping, Adolf 50
Kölsch, Dora 226
Konrad von Masowien 20

651

Korn 371
Kosicki 578
Köstner, Josef 633
Köth, Maria... 146, 272
Kraus, Bernd 523
Krebs, Friedrich239, 249, 250, 251, 261, 262, 263, 264, 265, 267, 270, 300, 302, 303, 315, 316, 317, 320, 322, 323, 324, 326, 327, 328, 335, 340, 341, 342, 381
Kremmer, Joseph 264, 302
Kress, Hermann 154, 189, 190, 208
Kreutz, Benedikt122, 181, 182, 183, 206, 244, 245, 246, 247, 254, 298, 300, 310, 320, 360, 374, 494, 495, 496
Kreuzberg, Clara 162, 164, 179, 214
Kreuzberg, Robert 78
Krick, Damian 223
Kuebler 43
Küenzler, Gottfried...127
Kuhn 189
Kulczycky, Dyonisius...490
Kunert, Frl...223
Kunz, August........................... 188, 189, 190, 209, 291
Kunz, Hans..223
Kurtscheid, Heidemarie..632
Laarmann, Martha..585
Lamay, Josef72, 159, 171, 182, 183, 187, 188, 198, 206, 256, 258, 259, 283, 287, 291, 305, 312, 330, 331, 332, 369, 375, 379, 496
Lammers, Hans-Heinrich 257
Landers, Hermann.. 170, 171
Landmann, Ludwig 125, 148, 205
Lassalle, Ferdinand 51
Launer, Klaus 589
Ledwig 578
Lee, Sukil 581
Lefébure, Graf Leon..70
Lehmkul, Raimund............................... 514, 599, 600
Leicht, Willi 305, 369, 371, 446
Lemanczyk, Gerda 498, 522, 632, 633, 634
Lenné, Albert..343
Leonhardt-Içten, Christiane.....................................599
Leppich, Johanna 521
Lerchenfeld, Hugo Graf v...234
Lettow 134, 146
Leuninger, Herbert 562
Lichtenberg, Bernhard..368
Lill, Christine................155, 185, 188, 189, 190, 205, 210
Linglau, August.. 251, 381
Lippmann, Maria 606
Lischka, Emma 643
Lizdiks, Michael 490
Lötschert, Ignatius... 46, 48
Lübbecke, Fried 149
Lubowiecki, Edward 490
Lubowiecki, Ludwig 490
Luckner, Gertrud 368, 371, 494, 497, 498
Lüdemann, Barbara 627
Luppe, Hermann 56, 100, 101
Luther, Martin 17, 24
Lutsch, Wilhelm... 91, 106
Lutz, Fritz 496
Maas, Johanna 214
Macguire, Pauline...422
Mach, Erna 237

Machan, Agnes 208, 440, 460
Manderscheid, Hejo..646
Mané 78
Mangano, Anna 592
Mangold..494
Manns, Antonius...106, 160, 379
Marheineke, Philip 34
Maria Theresia, dt. Kaiserin 28
Maron, Johann 175
Marx, Karl..48, 58, 127
Marx, Lothar Franz..32
Matti, Anton75, 77, 78, 90, 97, 106, 107, 109, 134, 140, 160
Maurer, Catherine 131
Max 596
Maximilian II, dt. Kaiser..29
Mayer, Clemens 374, 375
Mengele, Josef 239
Menne, Hermann-Josef 509, 574, 581, 611, 629, 630, 645
Menne, Ursula 575, 629
Meoli 570
Merscher, Max 339
Merton, Wilhelm..54
Meyer, Philipp Jakob...231
Michel, Max 56, 126, 251
Michels, Philipp 208
Mick, Liesel..418
Mierski, Else.. 476, 498
Mihm, Bernhard 545
Miquel, Johannes v. 54
Mitscherlich, Alexander 503
Mollenhauer, Klaus 594
Möller, Alex...425
Monet, Johanna Claudia 28
Mörs, Frhr. v. 43
Muckermann, Friedrich SJ................................ 231, 366
Muckermann, Hermann SJ................................ 153, 159
Muench, Aloysius Kardinal.............................. 429, 482
Müller 104
Müller, Bruno 172
Müller, Franz 480
Müller, Hermann 177
Müller, Johannes v. 47
Müller, K...302
Müller, Matthäus 71, 72, 110
Müller, Wilhelm)...247
Mumm von Schwarzenstein, Daniel Heinrich v............54
Mundackatharappel, Aleyamma................................582
Mundelein, George W...137
Naumann, Friedrich 55
Neles, Paula 391, 405, 439, 440, 494, 496, 497
Neuhaus, Agnes 104, 118, 119, 163, 343, 344, 345
Neuhaus, Leopold 266
Nicolai, Meta195, 252, 269, 272, 338, 390, 391, 414, 421, 425, 427, 446, 447, 462, 468, 469, 476, 504, 507, 555, 591, 594, 603
Niedermayer, Andreas 104
Nielen, Josef..150
Nieten, Franzwalter...........................562, 563, 612
Nürnberger, Hilde 616
Obregon, Helene v. 77
Ohl, Karl 303
Ordensleute

Mater de Lima 455, 456, 457, 458
Mater Lidwina Hellmann 455, 456
Mater Mercedes.................................. 453, 454, 457
Mater Paula Hebel.. 452, 454
Mater Salesia.. 454, 456
Mater Titus Horten....................................... 454, 455
Pater Abad.. 572
Pater Heinrich Böcker SJ 397, 498
Pater Hermann-Josef Nix SJ 74, 77, 81
Pater Kurt Dehne SJ 269
Pater Larrauri.. 573
Pater Ramos.. 575
Pater Schmalbach.. 208
Pater Slugic, Vitomir OFM 575
Pater Wenzeslaus Süß OPraem 453, 454
Sr. Thaddäa Gurk 174
Sr. Benedicta Beha.. 624
Sr. Clara Adamski......................... 461, 471, 492, 588
Sr. Gudrun 623, 624
Sr. Hermesina 624
Sr. Hermine.. 485, 491
Sr. Klara 389, 447
Sr. Lukana 573
Sr. Magdalena... 492
Sr. Margherita 271, 391, 434, 504
Sr. Nikomedia 455
Sr. Ortrud 534
Sr. Radegundis... 455
Orsenigo, Cesare 369, 372
Österreicher, Johannes 368, 497
Osypka, Werner13, 458, 507, 508, 509, 510, 512, 514,
516, 517, 518, 519, 520, 562, 576, 601, 615, 616, 621,
624, 629, 631, 634, 644, 645, 646
Ozanam, Frédéric 48
Pacelli, Eugenio .... Siehe Päpste: Pius XII
Papen, Franz v. 129, 227, 228, 242
Päpste
Gregor IX... 22
Innozenz III 20
Leo XIII 52, 60, 61, 66, 67, 86
Pius IX 285
Pius X 73
Pius X 285
Pius XI 158, 212, 318, 385
Pius XII 141, 227, 242, 268, 368, 490
Parisi, Amanda... 568
Pastor, Emilie und Johanna 93
Pastor, Johann v. 95
Pastor, Ludwig Frhr. v.. 93
Ordensleute.. 579
Pehl, Karl386, 388, 404, 406, 407, 427, 428, 443, 446,
447, 448, 449, 507
Perne, Gottfried 518
Petrus von Blois.. 17
Pfarrklerus Frankfurt
Abschlag, Walter 136
Abt, Ludwig.............................. 119, 134, 141, 162
Bahl, Christian.. 65, 74, 80
Becker... 188
Beda.. 38
Bernhard, F.. 109
Büttner, Albert................................ 204, 329, 369
Diefenbach, Johannes................................ 43, 65, 71

Eckert, Alois...................................... 188, 387, 474, 504
Gander, Johannes.......... 91, 95, 98, 106, 107, 120, 136
Greef, Klaus 519, 625
Herr, Jakob101, 138, 141, 149, 156, 168, 172, 175,
179, 180, 183, 184, 187, 188, 189, 190, 191, 196,
201, 202, 204, 205, 210, 211, 213, 218, 222, 223,
246, 247, 256, 268, 282, 292, 294, 302, 307, 312,
323, 324, 329, 331, 332, 334, 335, 343, 345, 346,
348, 351, 369, 371, 372, 374, 375, 386, 387, 450
Höhler, Josef 201, 309
Hörle, Georg Heinrich 216
Kirchgässner, Alfons 186, 269, 334, 427
Kleemann, Walter 186
Knips, Christoph 92, 105, 109
Königstein, Kilian 81, 93
Laux, K. 186
Lenferding, Anton Severin.................................... 269
Michels, Josef 109
Münzenberger, Ernst Franz August11, 45, 57, 58, 62,
63, 64, 70, 94, 99, 118
Niedermayer, Andreas 57
Nilges, Georg...................................38, 141, 217, 220
Perabo, Albert164, 185, 188, 189, 190, 222, 223, 225,
290
Pfeuffer, Franz Carl 223, 224, 348
Quirin, Martin 173, 175
Quirmbach, Josef 107, 141, 145
Rody, Heinrich...............................71, 84, 87, 91
Rothbrust, Carl 98, 138
Sand, Heinrich 288, 289
Schwickert, Wilhelm..............................173, 174, 185
Steinmetz, Lorenz... 208
Thissen, Eugen Theodor 11, 56, 62
Weber, Beda 11, 38, 39, 42, 43, 45, 50
Weidner, Theodor 222, 223
Wolf, Friedrich.. 188
Pfeuffer, Franz Carl 222
Phelps, Robert K.. 381
Philipp von Hessen 254
Pieplow, Lukas 463
Pieschl, Gerhard.. 450
Pittrich 416
Plum, Heinrich... 608
Polligkeit, Wilhelm 82, 100, 101, 129, 346, 387
Prestel, Rudolf...................251, 263, 264, 337, 364, 620
Prestel, Rudolf, Lehrer 108
Preysing, Christine v. 114
Preysing, Konrad Kardinal Graf v.................368, 413, 613
Pritius, Johann Georg.. 24
Radebold, Hartmut 414, 416
Ratzinger, Georg 50
Reichensperger, August 50, 66
Reiff, Ferdinand.. 599
Reitze 588
Rempe, Francis A. 139, 140
Reyer, v. 43
Richter, Peter12, 107, 133, 141, 146, 156, 157, 159, 164,
165, 179, 180, 181, 182, 183, 184, 185, 186, 187, 188,
189, 190, 193, 194, 195, 196, 198, 201, 204, 205, 208,
212, 213, 214, 215, 216, 218, 219, 222, 223, 224, 241,
247, 258, 270, 271, 272, 274, 275, 276, 286, 290, 291,
292, 296, 297, 300, 301, 303, 308, 309, 312, 329, 330,
332, 343, 344, 345, 346, 353, 355, 371, 374, 375, 376,

653

377, 378, 385, 386, 387, *389*, 390, 391, 393, 394, 396, 397, 398, 400, 401, 403, 405, 406, 407, 425, 427, 433, 446, 451, 453, 454, 459, 465, 466, 470, 474, 476, 485, 495, 496, 504, 512
Ridolfi, Silvano 568, 569
Rinz, Sebastian 43
Ritter, Dr. 416
Ritter, Gerhard A. 127
Rizzi, Delia 569
Roos, Anton 146
Roosevelt, Eleanor 487
Rosellit, Carl 369
Rosenberg, Alfred 231
Rosenberger, Anna 29
Rothschild, Louise Freifrau v. 37
Rudolf von Habsburg, dt. König 20
Rudolf zu Worms 22
Rudolf, Adolf 448, 449
Rust, Bernhard 182, 318
Sabel, Anton 210, 219, 272, 292, 358, 391, 573
Sandkühler, Thomas 232
Sandner, Peter 238, 239
Sartorius 78
Schäffer, Norbert 608, 612
Schaffstein 463
Scharp, Heinrich 38, *155*, 268
Schatz, Klaus SJ 13, 41, 57, 59
Scherle, Marianne 36
Schervier, Franziska 63
Schiffler, Charlotte 505
Schirach, Baldur von 316
Schlachter, Hermann 407, *449*
Schlatter, Friedrich 137, 140
Schleicher, Damian *155*
Schleicher, Kurt v. 227, 228
Schlosser, Johannes Friedrich Heinrich und Sophie 38, 42
Schlosser, Karl 251
Schlotter, Peter 56, 184, 190, 251, 389, 443, 444
Schlüter 327
Schmand, Aloys 494
Schmidt, Manfred 561
Schmitt 218
Schmitz, Hermann Josef, Wbf. Köln 70
Schneider, Gottfried 223
Schönborn, Friedrich Carl Graf v. 24
Schöppner, Erwin 643
Schreiber, Werner 630
Schué, Theodor 96
Schüle, Frl. 216, 328
Schulte, Gerhard 629
Schumann, Horst *255*
Schumann, Leander 179
Schwahn, Albert und Friedrich 185, 400
Schwarzmann, Julia 467
Schwebel, Otto 322, 323
Schweizer, Maria 272
Schwickert, Richard 304
Schwickert, Wilhelm 173, *192*
Schwind gen. Eberhard, Johann 25
Seeger, Karl Friedrich 30
Seidenather, Hans 72, 427, 428, 446, 476, 514, 521
Seiler, Julius Seiler SJ 118
Send, Carl 448

Servatius 106
Skowronski, Gertrud *615*
Sladek, Paulus *481*
Sommer 215
Sommer, Pfarrvikar 138
Sommer, Walther 322
Sonnenschein, Carl 91
Sorge, Bernd 638
Spener, Philip Jakob 25
Spiegel, Paul *366*
Spiller, Constantin 513, 514, 515, 585
Sprenger, Jakob 238, 239, 247, 249, 250, 261, 262, 264, 265, 272, 300, 316, 320, 323, 328, 373, 374, 381
Stabile, Giordano 571
Stadelmann, Otto 252, 336, 337
Stalin, Josef 477, 483
Stankowski, Horst 269
Stefan, Richard 375
Stegerwald, Adam 177
Stegmann, Irene 466, 467
Steinle, Anton Maria 58
Steinle, Caroline v. 44, 99
Steinle, Edward v. 42, 43, 44, *99*
Steinle, v. 106
Steinmetz, Johann Niklaus 29
Steinmetz, Lorenz 171
Stiegele 101
Stifter, Adalbert 469, 603
Stöffler, Friedrich 188, 213
Strauss, ... 374
Streicher, Julius 374
Stumpf 82
Stumpf-Brentano, Maria Magdalena 92
Svoboda 633
Tang, Lehrer 108
Tauler, Johannes 18
Tekolf 595
Telschow, Jürgen 628
Testa, Adelheid 310
Theisen, Cilly 272
Themel, Karl 365
Thissen, Eugen Theodor 44, 46, 56, 57
Thomas 343
Thomas Morus 18
Thomas von Aquin 16, 17, 52
Tilmann, Raban 518
Tomislav *575*
Tongelen, Joseph v. 137
Trageser, Karl-Heinz *641*
Trapp, M. 416, 425, 480, 492
Traupel, Wilhelm 254
Trax, Margot 643
Tremel, Frl. 391
Trotzki, Leo 127
Truman, Harry S. 411, 486
Tschakert, Joachim 598
Ulitzka, Steffi 190
Ungeheuer, Ludwig 133, 190, 209, 275, 276, 288, 289, 291
Ungewitter, Arthur 256
Urban, Friedel 391, 410, 492
Varrentrap, Georg 37, 98
Veit 208

654

Verschuer, Prof. Otmar Freiherr v. 239, 354
Visentin, Maria 642
Vorgrimler, Martin 412
Vullo, Filipe 592
Wachten 574
Wagner 371
Wahl, Ernst 305, 306
Wallersheim, Herbert 641
Wallmann, Walter 505, 562, 579
Weber, M. 71
Weckber, Peter......... 40, 73, 74, 75, 77, 87, 106, 134, 135
Weiergans, Elpidius OFM 225
Weiler, Richard 539
Weinberg, Carl v. 217, 282
Weinberg, May v. 217, 329
Weiss-Bollandt, Anton 263, 264
Welke, Heinz 371
Wellstein, Georg 75, 77, 78, 106
Welter 636
Wendel, Josef Kardinal 488
Werthmann, Anna 13, 36, 84, 95, 105
Werthmann, Johannes 78, 143
Werthmann, Lorenz58, 70, 74, 80, 81, 82, 86, 122, 127,
    128, 130, 131, 134, 135, 136, 137, 138, 160
Wetzel, Frhr. v. 43
Widmann, Benedikt.. 40, 43, 50
Wienken, Heinrich 194, 274, 275, 276, 301, 302
Wiesen, Wilhelm 159, 353
Wiesenhütten, Ludwig Frhr. v. 37
Wilhelm II, dt. Kaiser 66, 67

Willi, Dominicus 75, 81
Windhorst, Ludwig 66
Winner, Maria.. 436
Winterfeldt-Menkin, Joachim v. 206
Wippo, Anna 272
Wirth, Joseph 206, 268
Wisebeder, Johann 20
Witzel, Georg 25
Wolf 78
Wolf, Friedrich 169, 170, 171, 172, 173, 189
Wolf, G. 247
Wolf, Heinz... 448, 449
Wolf, Simon 46
Wolfermann, Willy 147
Wollasch, Andreas 67, 68
Wolz 63
Won, Johannes... 581
Wopperer, Anton 398
Würmeling, Bernhard 70, 71
Wüst, Georg 447
Zapf, Lidwina 466, 467
Zeiger, Ivo SJ 481, 482
Zenetti, Lothar 599
Zenetti, Ludwig 386, 388, 389, 485
Zibell, Stephanie... 250, 262
Zilleken, Elisabeth 344, 466
Zöller, Paul 637
Zschintzsch, Werner... 249, 318
Zugehoer, Leo 215

11. QUELLEN- UND LITERATURVERZEICHNIS

11.1 Archive

ACVF   **Archiv des Caritasverbands Frankfurt**

ADCV   **Archiv des Deutschen Caritasverbandes Freiburg**
125 (434.1).046 und 065 – Diözesan-Caritasverbände in Hessen
125.51.065 – DiCVL
127 F/1.030 bzw. 059 – Ortscaritasverband Frankfurt/Main
127 UZ – Ortscaritasverbände
284 +125 – Hilfe für Verfolgte in den Diözesancaritasverbänden
284.1/237.4 – Hilfswerk für die Geschädigten durch die Nürnberger Gesetze
284 + 284.3 – Hilfe für Verfolgte und Opfer des Nationalsozialismus
319.4 A 02/06a – Sozialdienste Katholischer Frauen bzw. Männer
319.025 – BVKE
319.51-M42 – Ortsgruppen SKM Diözese Limburg
R300 – Delegierte des DCV zur Sammlung von Auslandsspenden

ASD   **Archiv der sozialen Demokratie der Friedrich-Ebert-Stiftung**
Nachlass Walter Dirks

ASKFF   **Archiv Sozialdienst Katholischer Frauen Frankfurt**

BA   **Bundesarchiv Koblenz**

DAF   **Domarchiv Frankfurt**
II.13.A – Caritasverband: Kindererholung Sommer 1940
.15.A-D – Caritative Vereine 1902–1930

DAL   **Diözesanarchiv Limburg**
229/B3 – Stadtkinder auf dem Land
353/BC1-2 – Kath. Jünglingsverein
353/BF1 – Weibliche Jugendpflege
353/C1 – Gründung von Arbeiterkolonien
353/K1 – Kath. Dienstmädchenverein
353/N1 – Kath. Kaufmännischer Verein
355/BD1 – Volksverein für das katholische Deutschland
359/A1-3 – Deutscher Caritasverband
359/B1 – DiCV Limburg
359/C1 – Caritasverband Wiesbaden
359/D1 – Caritasverband Frankfurt
360/C1 – Elisabethenverein
360/G1 – Verein für Familienhilfe
360/N1 – Janssen'scher Sammelverein
360/D1 – Vinzenzverein und Elisabethenverein
360/AE1 – Altershilfe
360/E1 – Kath. Mädchenschutzverein
360/K2 – Katholischer Männerfürsorgeverein
371/L1 – Verein arischer oder nicht reinarischer Abstammung
561/7B – Verfolgungspolitik (Bistum). Meldungen der Pfarreien 1945
561/21 Nichtarier
FF19 – Pfarrakten St. Joseph-Bornheim

GKV   **Archiv der Generalkonferenz der Vinzenzvereine Deutschlands Köln**

HStAW   **Hessisches Hauptstaatsarchiv Wiesbaden**
Abt. 405 – Regierungspräsidium Wiesbaden
Abt. 461 – Staatsanwaltschaft Frankfurt/Main
Abt. 483 – NSDAP
Abt. 504 – Hessisches Kultusministerium (6330–Vincenzhaus)

ISG   **Institut für Stadtgeschichte Frankfurt**
Rep. 815 – Oberbürgermeisterakten
Rep. 7020/11 – Magistratsakten
S 1/50:17 Nachlass Krebs

PAL   S 2 – Sammlungen Personen
PAL   **Pfarrarchiv St. Leonhard Frankfurt**
PAH   **Pfarrarchiv St. Josef Höchst**
     179 – Caritas

11.2 Zeitungen

ABl	Amtsblatt des Bistums Limburg
BGBl	Bundesgesetzblatt
FAZ	Frankfurter Allgemeine Zeitung
FNP	Frankfurter Neue Presse
FR	Frankfurter Rundschau
FWB	Frankfurter Wohlfahrtsblätter
KKZ	Katholische Kirchenzeitung Frankfurt
RGBl	Reichsgesetzblatt
RhM	Rheinischer Merkur
RMV	Rhein-Mainische Volkszeitung
RVW	Rheinische Volkszeitung Wiesbaden
	St. Georgsblatt – Kirchenzeitung für das Bistum Limburg
	St. Lubentiusblatt – Diözesan-Sonntagsblatt für das katholische Volk
SZ	Süddeutsche Zeitung
WTB	Wiesbadener Tagblatt

11.3 Gedruckte Quellen und Literatur

Aichinger, Alfons: Erziehungsberatung vor dem Hintergrund gesellschaftlicher und sozialer Veränderungsprozesse in: 50 Jahre Caritas in Ulm 1946–1996, Ulm 1996, S. 25–27

Akten Deutscher Bischöfe: Über die Lage der Kirche 1933–45, Mainz 1961

Althaus, Hermann: Nationalsozialistische Volkswohlfahrt (Schriften der Deutschen Hochschule für Politik. Hg.: Paul-Meier-Benneckenstein), II. Der organisatorische Aufbau des Dritten Reiches, Heft 2), Berlin 2. Aufl. 1936

Aly, Götz: Die Verfolgung und Ermordung der europäischen Juden durch das nationalsozialistische Deutschland 1933–1945, Bd. 2, München 2009

Amthor, Ralph Christian: Geschichte der Berufsbildung in der Sozialen Arbeit. Auf der Suche nach Professionalisierung und Identität, Weinheim 2003

AWO Frankfurt (Hg.): 80 Jahre Arbeiterwohlfahrt Frankfurt – Jede Menge Leben. Frankfurt 1999

Ayaß, Wolfgang: „Asoziale" im Nationalsozialismus. Stuttgart 1995

Ayaß, Wolfgang: Die Wandererfürsorge im Nationalsozialismus. Quellen und Dokumente zur (...) Hintergründe und Ziele ärztlichen Handelns 1934–1945, Frankfurt/ New York 2004

Ayaß, Wolfgang: „Asozialer Nachwuchs ist für die Volksgemeinschaft vollkommen unerwünscht". Die Zwangssterilisationen von sozialen Außenseitern in: Hamm, Margret (Hg.): Lebensunwert – zerstörte Leben. Zwangssterilisationen und „Euthanasie", Frankfurt/Main ²2006, S.111–119

Balser, Frolinde: Aus Trümmern zu einem europäischen Zentrum: Geschichte der Stadt Frankfurt am Main 1945–1989, Sigmaringen 1995

Barwig, Klaus/Bauer, Dieter/Hummel, Karl-Joseph (Hg.): Zwangsarbeit in der Kirche. Entschädigung, Versöhnung und historische Aufarbeitung, Stuttgart 2001

Bauer, Thomas: Im Bauch der Stadt, Frankfurt 1998

Bauer, Thomas/Drummer, Heiko/Krämer, Leon (Hg.): Vom „stede arzt" zum Stadtgesundheitsamt. Die Geschichte des öffentlichen Gesundheitswesens in Frankfurt am Main, Frankfurt/Main 1992

Bauer, Thomas: Gesundheitliche Jugendfürsorge und Konzeption des Stadtgesundheitsamtes Frankfurt am Main 1917–1933 in: Westfälische Forschungen 43 (1993), S. 266–281

Becht, Lutz: „Die Wohlfahrtseinrichtungen sind aufgelöst worden ..." Vom „städtischen Beauftragten bei der Jüdischen Wohlfahrtspflege zum Beauftragten der Geheimen Staatspolizei..." 1938 bis 1943, in: Kingreen, Monica (Hg.): Nach der Kristallnacht. Jüdisches Leben und antijüdische Politik in Frankfurt am Main 1938–1945, Frankfurt 1999, S.211–235

Becker, Klaus: Stadtkultur und Gesellschaftspolitik. Frankfurt am Main und

Benner, Stefanie: Babyklappe und anonyme Geburt. Ist die Kindesabgabe durch Babyklappe und anonyme Geburt moralisch vertretbar? Wiss. Prüfungsarbeit 1.Staatsexamen Lehramt, Kath. Theol. Fak. Johannes Gutenberg-Universität Mainz 2010 (http://www.grin.com/de/e-book/167995/babyklappe-und-anonyme-geburt)

Benninghaus, Christina: Die anderen Jugendlichen. Arbeitermädchen in der Weimarer Republik, Frankfurt/Main 1999

Benz, Wolfgang: Enzyklopädie des Nationalsozialismus, Stuttgart ³1998

Benz, Wolfgang: Vom freiwilligen Arbeitsdienst zur Arbeitsdienstpflicht in: Vierteljahreshefte für Zeitgeschichte 16 (1968), S. 317–346

Benz, Wolfgang: Deutschland unter alliierter Besatzung 1945–1949/55, Berlin 1999

Bermejo, Michael: Die Opfer der Diktatur. Frankfurter Stadtverordnete und Magistratsmitglieder als Verfolgte des NS-Staates, Frankfurt 2006

Besier, Gerhard: Die Kirchen und das Dritte Reich, Bd. 3 – Spaltungen und Abwehrkämpfe 1934–1937, Berlin 2001

Besier, Gerhard/Piombo, Francesca: Der Heilige Stuhl und Hitler-Deutschland. Die Faszination des Totalitären, München 2004

Beste, Hubert: Morphologie der Macht. Urbane" Sicherheit „und die Profitierung sozialer Kontrolle, Opladen 2000

Bischöfliches Ordinariat Limburg: Handbuch des Bistums Limburg, Limburg 1936 bzw. 1956

Blankenberg, Heinz: Politischer Katholizismus in Frankfurt am Main 1918–1933, Mainz 1981

Boberach, Heinz: Jugend unter Hitler, Düsseldorf 1982

Bock, Gisela: Zwangssterilisation im Nationalsozialismus. Studien zur Rassenpolitik und Frauenpolitik, Opladen 1986

Bock, Gisela: Nationalsozialistische Sterilisationspolitik in: Henke, Klaus-Dieter (Hg.): Tödliche Medizin im Nationalsozialisation. Von der Rassenhygiene zum Massenmord, Köln 2008, S. 85–99

Bodelschwingh, Friedrich v.: Unsere Brüder von der Landstraße, Bethel bei Bielefeld 1904

Boldt, Rosemarie: Friedrich Wilhelm August Fröbel, Köln 1982

Bommes, Michael: Migration und nationaler Wohlfahrtsstaat, Opladen 1999

Bonavita, Petra: Mit falschem Pass und Zyankali. Retter und Gerettete aus Frankfurt am Main in der NS-Zeit, Stuttgart 2009

Bonifer, Gerhard u.a.: Entwicklungstendenzen der Jugendfürsorge und Jugendpflege mit besonderem Bezug auf Frankfurt am Main von 1900 bis 1945, unveröffentlichte Diplomarbeit, Frankfurt am Main 1978

Bookhagen, Rainer: Die evangelische Kinderpflege und die Innere Mission in der Zeit des Nationalsozialismus, Göttingen 2002, 2 Bde.

Borgmann, Karl: Benedikt Kreutz, Freiburg 1959

Borgmann, Karl: Caritas und Caritasverbände, in: Jahrbuch für Caritaswissenschaft und Caritasarbeit 1958, S. 37–48

Borgmann, Karl: Der Deutsche Caritasverband im „Dritten Reich" in: Deutscher Caritasverband (Hg.): 75 Jahre Deutscher Caritasverband, Freiburg 1972, S. 92–99

Borgmann, Karl: Die deutsche Caritas in den Jahren 1933–1956 in: Borgmann, Karl (Hg.): Jahrbuch für Caritaswissenschaft und Caritasarbeit. Freiburg 1957, S. 91–111

Borgmann, Karl (Hg.): Lorenz Werthmann. Reden und Schriften, Freiburg im Breisgau 1958

Born, Ludger: Die erzbischöfliche Hilfsstelle für „nichtarische" Katholiken in Wien, Wien 1978

Braun, Reiner: Der Kirchenkampf in Hessen und Nassau in Grundzügen in: Schönberger Hefte 4/2008, S. 3–9

Brechenmacher, Thomas: Der Heilige Stuhl und die europäischen Mächte im Vorfeld und während des Zweiten Weltkrieges. Kirche im Krieg 1939–1945 in: Kommission für Zeitgeschichte Bonn 2005, Nr. 3, S. 8–10

Brechenmacher, Thomas: Das Reichskonkordat 1933. Forschungsstand, Kontroversen, Dokumente, Paderborn 2007

Brentano, Clemens: Die Barmherzigen Schwestern in Bezug auf Armen- und Krankenpflege, 1831

Brockfeld, Susanne: Von der Fürsorge zur Arbeitsmarktpolitik. Entwicklung und Organisation der Arbeitsvermittlung in Dienstleistungsstädten vom Ende des 19. Jahrhunderts bis zum Ersten Weltkrieg. Studien zu Münster und Wiesbaden, Phil.Diss. Universität Münster 1996 (http://miami.uni-muenster.de/servlets/DerivateServlet/Derivate-5843/diss_brockfeld.pdf)

Brockhoff, Evelyn/Becht, Lutz (Hg.): Frankfurter Stadtoberhäupter. Vom 14. Jahrhundert bis 1946, Frankfurt 2012

Brückner, Nathanael: Die öffentliche und private Fürsorge: Gemeinnützige Thätigkeit und Armenwesen mit besonderer Beziehung auf Frankfurt am Main, Frankfurt/Main 1892

Brzosa, Ulrich: 100 Jahre Caritasverband für die Stadt Düsseldorf. Die Geschichte der Caritas in Düsseldorf von den Anfängen bis zur Gegenwart, Köln 2004

Budde, Heinz: Christentum und soziale Bewegung, Aschaffenburg [2]1962

Bui Cong Tang, Marie Thérèse: Die zweite Heimat. Zur Integration vietnamesischer Flüchtlinge in Frankfurt am Main und Umgebung 1979–1994, Freiburg 1996

Caritas-Verband Frankfurt: 100 Jahre Vincenzhaus Hofheim/Taunus 1880–1980 – 25 Jahre Heilpädagogisches Institut 1955–1980, Frankfurt 1980

Caritas-Verband Frankfurt: 50 Jahre St. Martin. Geschichte(n) für die Zukunft, Frankfurt 2004

Daum, Monika/Deppe, Hans-Ulrich (Hg.): Zwangssterilisation in Frankfurt am Main 1933–1945, Frankfurt/Main 1991

Degen, Rudolph: Jahresbericht des katholischen Bahnhofsdienstes für das Jahr 1928 in: Caritas-Jahrbuch 33 (1929), S. 503–504

Degen, Rudolph: Der katholische Bahnhofsdienst im Jahre 1929 in: Jugendführung 17(1929), 1, S.7–9

Degen, Rudolph: Tagung des katholischen Bahnhofsdienstes in: Der Weg (Vierteljahreszeitschrift für Wanderer- und Straffälligenfürsorge 1(1930), Nr.1, S. 30

Deppermann, Andreas: Johann Jakob Schütz und die Anfänge des Pietismus, Tübingen 2002

Deutscher Caritasverband (Hg.): 100 Jahre Deutscher Caritasverband – Jubiläum Köln 1897–1997, Freiburg 1997

Deutscher Caritasverband (Hg.): An der Aufgabe gewachsen. Vom Werden und Wirken des Deutschen Caritas-Verbandes aus Anlass seines 60jährigen Bestehen, Freiburg 1957

Deutscher Caritasverband (Hg.): 75 Jahre Deutscher Caritasverband 1897–1972, Waldkirch o. J. (1972)

Deutscher Caritasverband (Hg.): 80 Jahre Deutscher Caritasverband in: Zeitschrift für Caritasarbeit und Caritaswissenschaft, Freiburg im Breisgau 79 (1978), Nr.1

Deutscher Caritasverband (Hg.): 75 Jahre „Sozialdienst Katholischer Frauen", Karlsruhe o. J. (1977)

Deutscher Caritasverband (Hg.): Denkschriften und Standpunkte der Caritas in Deutschland, Freiburg 1997, 2 Bde.

Diakonisches Werk in Hessen und Nassau (Hg.): 100 Jahre Frankfurter Mission, Frankfurt 1996

Dirks, Walter: Die Bewegung der Laien in: derselbe, Frankfurter Domfest 1953, Frankfurt 1953, S. 28–33

Eckert, Alois: 1932–1942. Erinnerungen in: Jahrbuch des Bistums Limburg 1964, S. 32–41

Eckert, Alois (Hg.): Frankfurter Domfest 1953, Frankfurt 1953

Eckert, Alois: Frankfurter Stadtseesorge in: Eckert, Alois (Hg.): Frankfurter Domfest 1953, Frankfurt 1953, S. 28–33

Eichler, Volker: Die Frankfurter Gestapo-Kartei in: Paul, Gerhard-Mallmann, Klaus-Michael (Hg.): Die Gestapo – Mythos und Realität, Darmstadt 1995

Einige Beobachtungen über die projektierte neu Einrichtung des Armenwesens, Frankfurt 1830 bzw. Einige Bemerkungen betr. die beabsichtigte Übertragung des seither poliz. gehandhabten hies. allgem. Armenwesens an die Gemeinden der 3 christlichen Konfessionen, Frankfurt 1830

Eisenbach, Ulrich: Zuchthäuser, Armenanstalten und Waisenhäuser in Nassau, Wiesbaden 1994

Éremites: Der Orden der Barmherzigen Schwestern, Schaffhausen 1844

Fabiunke, Günther: Martin Luther als Nationalökonom, Berlin (DDR) 1963

Feibig, Ulrich;: Zur Wohn- und Lebenssituation von „Störern" im Sozialen Brennpunkt Ahornstraße in Frankfurt-Griesheim in: Dokumentation der Caritas-Fachwoche" Arbeit in Frankfurter Sozialen Brennpunkten vom 20.-24.5.1985, Frankfurt 1985, S. 28–33

Fibich, Jan Kanty: die Caritas im Bistum Limburg in der Zeit des „Dritten Reiches" (1929–1946), Diss. Theol. Philosophisch-theologische Hochschule Vallendar 2010 (veröffentlicht Mainz 2012)

Firtel, Hilde: Pfarrer Albert Perabo. Ein Wandel in der Liebe, Frankfurt 1965

Fischer, Thomas: Städtische Armut und Armenfürsorge im 15. und 16. Jh.. Sozialgeschichtliche Untersuchungen am Beispiel der Städte Basel, Freiburg i. Brsg. und Straßburg, Göttingen 1979

Fischer, Thomas: Der Beginn frühbürgerlicher Sozialpolitik in: Christian Marzahn/Hans-Günther Ritz (Hg.): Zähmen und Bewahren, Die Anfänge bürgerlicher Sozialpolitik, Bielefeld 1984, S.69 – 81

Frank, Josef: 100 Jahre Caritas im Bistum Limburg, Zeit zum Handeln für Andere. Limburg 1997

Frankfurter Historische Kommission (Hg.): Frankfurt am Main: die Geschichte der Stadt in neun Beiträgen, Sigmaringen 1991

Freudenthal, Berthold (Hg.): Das Jugendgericht in Frankfurt, Berlin 1912

Fritz Bauer-Institut (Hg.): „Beseitigung des jüdischen Einflusses...". Antisemitische Forschung, Eliten und Karriere im Nationalsozialismus, Frankfurt/Main 1999

Fröhlich, Cyprian: Erinnerungen an den verstorbenen Prälaten Müller. Ein deutscher Don Bosco in: Caritas 30 (1925), S. 350–53

Fuchs, Ottmar, Heilen und Befreien, Der Dienst am Nächsten als Ernstfall der Diakonie, Düsseldorf 1990

Gabriel, Karl: Caritas in einem pluralistisch geprägten sozialen Rechtsstaat. Rede zum 90jährigen Jubiläum des Caritasverbands Frankfurt. Maschinenschrift/Manuskript 1990

George, Uta/Lilienthal, Georg/Roelcke, Volker/Sander, Peter/Vanja, Christina (Hg.): Hadamar. Heilstätte – Tötungsanstalt – Therapiezentrum, Marburg 2006

Giebe, August: Verordnungen, betreffend das gesamte Volksschulwesen in Preußen mit besonderer Berücksichtigung des Regierungs-Bezirks Düsseldorf, Düsseldorf 18752

Giesecke, Hermann: Vom Wandervogel bis zur Hitlerjugend – Jugendarbeit zwischen Politik und Pädagogik, München 1981

Gräser, Marcus: Der blockierte Wohlfahrtsstaat. Unterschichtjugend und Jugendfürsorge in der Weimarer Republik, Göttingen 1995

Greef, Klaus (Hg.): Das katholische Frankfurt – einst und jetzt, Frankfurt 1989

Greiner, Ulrich: Die Würde der Armut in: Die Zeit Nr. 47 v. 12.11.2009

Gruber, Hubert: Katholische Kirche und Nationalsozialismus 1933–1945. Ein Bericht in Quellen. Paderborn 2006

Grüttner, Michael: Das Dritte Reich 1933–1939 (Gebhard. Handbuch der deutschen Geschichte Bd.19), Stuttgart 2014

Gruner, Wolf: Öffentliche Wohlfahrt und Judenverfolgung. Wechselwirkungen lokaler und zentraler Politik im NS-Staat (1933–1942), München 2002

Habersack, Michael: Friedrich Dessauer (1881–1963). Eine politische Biographie des Frankfurter Biophysikers und Reichstagsabgeordneten, Paderborn 2011

Haessle, Johannes: Das Arbeitsethos der Kirche nach Thomas von Aquin und Leo XIII. Untersuchungen über den Wirtschaftsgeist des Katholizismus. Freiburg/Breisgau 1923

Häusser, Alexander/Maugg, Gordian: Hungerwinter. Deutschlands humanitäre Katastrophe 1946/47, Berlin 2010

Hamm, Margret (Hg.): Lebensunwert – zerstörte Leben. Zwangssterilisationen und „Euthanasie", Frankfurt/Main ²2006

Hammer, Felix: Rechtsfragen der Kirchensteuer, Tübingen 2002

Hammerschmidt, Peter: Die Wohlfahrtsverbände im NS-Staat. Die NSV und die konfessionellen Verbände Caritas und Innere Mission im Gefüge der Wohlfahrtspflege des Nationalsozialismus, Opladen 1999

Hanauer, Wilhelm: Gesundheitsfürsorge und Armenpflege im alten Frankfurt in: Ruppersberg, Otto (Hg.): Frankfurt – das Buch der Stadt, Frankfurt 1927, S. 151–164

Harmsen, Hans: Integration heimatloser Ausländer und nichtdeutscher Flüchtlinge in Westdeutschland, Augsburg 1958

Hase, Hans Christoph v.: Innere Mission und Hilfswerk der Evangelischen Kirche in Deutschland in: Jahrbuch für Caritaswissenschaft und Caritasarbeit 1958, S. 49 – 56

Hasenclever, Christa: Jugendhilfe und Jugendgesetzgebung seit 1900, Göttingen 1978

Haug, Wilhelm: Parteiamtliche und öffentliche Wohlfahrtsarbeit in: Weltanschauung und Volkswohlfahrt 6/1939

Hauschildt, Elke:" Auf den richtigen Weg zwingen ...", Trinkerfürsorge 1922 – 1945, Freiburg 1995

Heddergott, Elena: Fürsorgerinnen im Nationalsozialismus – Stellung und Aufgaben (www. janstetter. de/wissen/referate/fuersorgerinnen.htm)

Heine, Fritz: Die Nationalsozialistische Volkswohlfahrt, Bonn 1988

Henkelmann, Andreas: Caritasgeschichte zwischen katholischem Milieu und Wohlfahrtsstaat. Das Seraphische Liebeswerk (1889–1971), Paderborn 2008

Hefele, Gabriel (Hg.): Die Stadtpfarrer von Frankfurt am Main (1811–1917), Limburg/Lahn 1997

Hehl, Ulrich v./Kösters, Christoph: Priester unter Hitlers Terror. Eine biografische und statistische Erhebung, Paderborn 1998

Heibel, Jutta: Rudolf Prestel, Amtsjurist in der NS-Sozialverwaltung in: Archiv für Frankfurts Geschichte und Kunst, Frankfurt 1999, S. 259–305

Heibel, Jutta: Vom Hungertuch zum Wohlstandsspeck. Die Ernährungslage in Frankfurt am Main 1939–1955, Frankfurt 2002

Henke, Klaus-Dieter (Hg.): Tödliche Medizin im Nationalsozialisation. Von der Rassenhygiene zum Massenmord, Köln 2008

Henkelmann, Andreas: Caritasgeschichte zwischen katholischem Milieu und Wohlfahrtsstaat. Das Seraphische Liebeswerk (1889–1971), Paderborn 2008

Henning, Hansjoachim: Daseinsvorsorge im Rahmen der staatlichen Sozialpolitik des Deutschen Kaiserreiches 1881–1918 in: Schick, Manfred (Hg.): Diakonie und Sozialstaat: kirchl. Hilfehandeln u. staatl. Sozial- u. Familienpolitik, Gütersloh 1986, S. 10–28

Hentschel, Volker: Geschichte der deutschen Sozialpolitik (1880–1980). Soziale Sicherung und kollektives Arbeitsrecht, Frankfurt/M. 1983

Hermanns, Manfred: Weltweiter Dienst am Menschen unterwegs. Auswandererberatung und Auswanderfürsorge durch das Raphaels-Werk 1871–2011, Friedberg 2011

Hermel, Monika: Karl Flesch (1853–1915) – Sozialpolitiker und Jurist, Baden-Baden 2004

Hernstadt, Ernst: Die Lage der arbeitslosen Jugendlichen in Deutschland, Berlin 1927

Pfarrklerus Frankfurt: Herr, Jakob (Hg.): Frankfurter Urkunden und Quellen zur Auswirkung der Säkularisation im 19. und 20. Jahrhundert, Frankfurt/M. 1939.

Pfarrklerus Frankfurt: Herr, Jakob: Die Seelsorge im 19. Jahrhundert bis zur Gegenwart in: Jakob Herr (Hg.) Bilder aus dem katholischen Leben der Stadt Frankfurt am Main im Lichte der Domweihe. Festschrift zur 700-Jahr-Feier der Einweihung des Kaiserdomes, Frankfurt 1939

Herrmann, Robert: Die Kirche und ihre Liebestätigkeit von Anbeginn bis zur Gegenwart, Freiburg 1963

Hinschius, Paul: Das Preußische Kirchengesetz vom 14. Juli 1880 nebst den Gesetzen vom 7. Juni 1876 und 13. Februar 1878 mit Kommentar. Nachtragsheft zu den Kommentaren der preußischen Kirchengesetze der Jahre 1873, 1874 und 1875, Berlin 1881

Hinschius, Paul: Die Preußischen Kirchengesetze der Jahre 1874 und 1875 nebst dem Reichsgesetze vom 4. Mai 1874 mit Einleitung und Kommentar, Berlin 1875

Hinschius, Paul: Das Preußische Kirchengesetz betreffend Abänderungen der kirchenpolitischen Gesetze vom 21. Mai 1886, Berlin 1886

Hinschius, Paul: Das Preußische Kirchengesetz betreffend Abänderungen der kirchenpolitischen Gesetze vom 29. April 1887 (Nachtragsheft zu der Ausgabe des Preußischen Kirchengesetzes vom 21. Mai 1886), Berlin 1887

Hoensbroech, Paul v.: Fourteen Years a Jesuit, London 1911

Höffle, Otfried: Wer aber ist arm? – Formale Kriterien helfen nicht bei grundlegenden Fragen sozialer Gerechtigkeit in: FAZ 12.1.05

Hopmann, M. V. C.: Agnes Neuhaus – Liebe und Werk, Salzkotten 1977

Huber, Ernst Rudolf: Deutsche Verfassungsgeschichte seit 1789, Bd. 4; Struktur und Krisen des Kaiserreichs, Stuttgart – Berlin – Köln – Mainz 1969

Hubert, Harry: Jugendfürsorge, Jugendwohlfahrt und Jugendhilfe. Zur Geschichte des Jugendamtes der Stadt Frankfurt am Main. Bd.1: Von den Anfängen bis 1945, Frankfurt/Main 2005

Hunecke, Volker: Überlegungen zur Geschichte der Armut im vorindustriellen Europa in: Geschichte und Gesellschaft 9 (1983),4, S. 491–512

Ihorst, Reinhold A.: Zur Situation der katholischen Kirche und ihrer caritativen Tätigkeit in den ersten Jahren des Dritten Reiches (Institut für Caritaswissenschaft und christliche Sozialarbeit, Universität Freiburg), Freiburg 1971

Johnson, Eric A.: Der nationalsozialistische Terror, Berlin 2001

Jostok, Paul: Rerum Novarum, Freiburg 1948

Jüdisches Museum Frankfurt/Main (Hg.): Ostend – Blick in ein jüdisches Viertel, Frankfurt/Main 2000

Jütte, Robert: Obrigkeitliche Armenfürsorge in deutschen Reichsstädten der frühen Neuzeit – Städtisches Armenwesen in Frankfurt am Main und Köln, Köln 1984

Kall, Alfred: Katholische Frauenbewegung in Deutschland, Eine Untersuchung zur Gründung katholischer Frauenvereine im 19. Jh., Paderborn 1983

Kampe, Walter: Christus dem Herrn entgegen. Erinnerungen von Weihbischof Walther Kampe (1908–1998), Limburg 2009

Karpf, Ernst: „Und mache es denen hiernächst Ankommenden nicht so schwer (...)" Kleine Geschichte der Zuwanderung nach Frankfurt am Main, Frankfurt/New York 1993

Katholischer Fürsorgeverein Frankfurt (Hg.): Festschrift zum 25jährigen Jubiläum des katholischen Fürsorgevereins für Frauen, Mädchen und Kinder e. V. zu Frankfurt 1926

Keim, Ingeborg M.: Die institutionelle Entwicklung der Kinder- und Jugendpsychiatrie in Hessen ab 1900, Frankfurt/Main 1999

Kerbs, Diethart/Reulecke, Jürgen (Hg.), Handbuch der deutschen Reformbewegungen 1880–1933, Wuppertal 1998

Kingreen, Monica (Hg.): Nach der Kristallnacht. Jüdisches Leben und antijüdische Politik in Frankfurt am Main 1938–1945, Frankfurt 1999

Kingreen, Monica: „Zuflucht in Frankfurt. Zuzug hessischer Landjuden und städtische antijüdische Politik in: Kingreen, Monica Nach der Kristallnacht. Jüdisches Leben und antijüdische Politik in Frankfurt am Main 1938–1945, Frankfurt 1999, S.119–156

Klee, Ernst: Dokumente zur Euthanasie, Frankfurt am Main 1985

Klee, Ernst: Das Personenlexikon zum Dritten Reich – Wer war was vor und nach 1945, Frankfurt/Main 2003

Koch, Fritz: Verwaltete Lust. Stadtverwaltung und Prostitution in Frankfurt am Main 1866–1968, Frankfurt 2010

Koch, Rainer: Deutsche Geschichte 1815–1848. Restauration oder Vormärz, Stuttgart 1985

Kögler, Siegfried: Vortrag am 23.10.07 vor der Willi-Aron-Gesellschaft in Bamberg (Manuskript)

Köhler, Henning: Arbeitsbeschaffung, Siedlung und Reparationen in der Schlussphase der Regierung Brüning. In: Vierteljahreshefte für Zeitgeschichte 17 (1969), S. 276–306

Kölsch, Dora: Katholische Bahnhofsmission – Frankfurt a. Main/Kölnische Volkszeitung – über Bahnhofsmission, Freiburg 1930

Klötzer, Wolfgang: Frankfurt, ehemals, gestern und heute. Eine Stadt im Wandel, Frankfurt 1985

Kommission zur Erforschung der Geschichte der Frankfurter Juden (Hg.): Dokumente zur Geschichte der Frankfurter Juden 1933–1945, Frankfurt/Main 1963

Konferenz für Kirchliche Bahnhofsmission in Deutschland: 100 Jahre Bahnhofsmission. Stuttgart/Freiburg 1994

Kossolapow, Line: Aussiedler Jugendliche. Ein Beitrag zur Integration Deutscher aus dem Osten, Weinheim 1987

Krabbe, Wolfgang R.: Die deutsche Stadt im 19. und 20. Jahrhundert. Eine Einführung, Göttingen 1989

Kremer, Gabriele: „In diesem Haus hat sich so manches zugetragen". Die Landesheil- und Erziehungsanstalt Hadamar 1906–1932 in: George, Uta/Lilienthal, Georg/Roelcke, Volker/Sander, Peter/Vanja, Christina (Hg.): Hadamar. Heilstätte – Tötungsanstalt – Therapiezentrum, Marburg 2006, S. 41–58

Kröger, Johann Christian: Die Waisenfrage, oder die Erziehung verwaister und verlassener Kinder in Waisenhäusern und Privatpflege, Altona 21852

Kröner, Philip: Die mittelalterlichen Armenordnungen als dokumentarische Zeugnisse bürgerlich-christlicher Hilfsbereitschaft, in: Jahrbuch der Caritaswissenschaft 1965, S. 95–102

Klieber, Arthur Hugo: Statistisches zur Übersicht über die Caritasverbandsorganisationen in: Caritas 21 (1915/16), S. 117ff

Köhler, Jörg R.: Städtebau und Stadtpolitik im Wilhelminischen Frankfurt", Frankfurt 1995

Köhler, Henning: Arbeitsbeschaffung, Siedlung und Reparationen in der Schlussphase der Regierung Brüning. In: Vierteljahreshefte für Zeitgeschichte 17 (1969), S. 276–306

Konrad, Franz-Michael: Der Kindergarten – seine Geschichte von den Anfängen bis in die Gegenwart, Freiburg 2004

Kraus, R.: Die Fürsorgeerziehung im Dritten Reich (1933–1945) in: Archiv für Wissenschaft und Praxis der sozialen Arbeit, S. 161–210

Küenzler, Gottfried: Der Neue Mensch. Ein Kapitel der säkularen Religionsgeschichte. Information Nr. 85 der Evangelischen Zentralstelle für Weltanschauungsfragen, Stuttgart 1982

Kugelmann, Cilly: Befreiung – und was dann? Zur Situation der Juden in Frankfurt am Main im Jahr 1945 in: Kingreen, Monica (Hg.): Nach der Kristallnacht. Jüdisches Leben und antijüdische Politik in Frankfurt am Main 1938–1945, Frankfurt 1999, S. 435–456

Kupper, Alfons: Staatliche Akten über die Reichskonkordatverhandlungen 1933, Mainz 1969

Laer, Hermann von: Deutschland, ein Wanderungsland (FAZ 1.12.2001)

Laum, B.: Geschichte der öffentlichen Armenpflege in: Handwörterbuch der Staatswissenschaften Bd. 1, 4.Aufl. Jena 1923, S. 953

Liese, Wilhelm: Geschichte der Caritas, Freiburg 1922, 2 Bde.

Liese, Wilhelm: Lorenz Werthmann und der Deutsche Caritasverband, Freiburg 1929, S. 217f

Lill, Rudolf: Der Kulturkampf in Preußen und im Deutschen Reich (bis 1878); Die Beilegung des Kulturkampfes in Preußen und im Deutschen Reich, in: Hubert Jedin (Hg.), Handbuch der Kirchengeschichte, Bd. VI/2, Freiburg – Basel – Wien 1973

Listl, Joseph/Muller, Hubert/Schmitz, Heribert (Hg.), Handbuch des katholischen Kirchenrechts, Regensburg 1983

Lönne, Karl-Egon: Politischer Katholizismus im 19. und 20. Jahrhundert, Frankfurt/M. 1986. S. 151–173

Lowitsch, Bruno: Der Kreis um die Rhein-Mainische Volkszeitung, Wiesbaden-Frankfurt 1980

Lutz, Matthias/Autorenkollektiv: Arm in einer reichen Stadt. Zur Armutssituation in Frankfurt, Frankfurt 1992

Maier, Hans: Gefährdetenfürsorge. Begriff und Aufgaben in: Frankfurter Wohlfahrtsblätter 4(1922), 3, S. 30–31

Maly, Karl: Das Regiment der Parteien. Geschichte der Frankfurter Stadtverordnetenversammlung, Bd. II 1900–33, Frankfurt/Main 1995

Manderscheid, Hejo/Hake, Joachim (Hg.): Wie viel Kirche braucht die Caritas – wie viel Caritas braucht die Kirche, Stuttgart 2006

Mann, Helmut: Bernhard Becker. Katholischer Jugendführer und Opfer des Gestapo-Terrors, in: Archiv für mittelrheinische Kirchengeschichte 49/1977, S. 259–291.

Mannes, Astrid Luise: Heinrich Brüning, Leben, Wirken, Schicksal, München 1999

Maschke, Erich: Die Unterschichten der mittelalterlichen Städte Deutschlands in: Maschke, E./Sydow, J. (Hg.), Gesellschaftliche Unterschichten in den südwestdeutschen Städten, Stuttgart 1967, S. 1–74

Matron, Kristina: Kommunale Jugendfürsorge in Frankfurt am Main in der Weimarer Republik, Frankfurt 2012

Mattheus, Michael (Hg.): Funktions- und Strukturwandel spätmittelalterlicher Hospitäler im europäischen Vergleich, Stuttgart 2005

Matti, Anton: Organisation der katholischen Jugendvereine in Frankfurt a. M. in : Charitas 10 (1904/05), S. 213–216

Matza, David: Poverty and Disrepute in: Robert K. Merton/Robert Nisbet (Hg.): Contemporary Social Problems, New York 1971, S.601–656

Maurer, Catherine: Der Caritasverband zwischen Kaiserreich und Weimarer Republik. Zur Sozial- und Mentalitätsgeschichte des caritativen Katholizismus in Deutschland, Freiburg 2008

McSweeny, Edward: Amerikanische Wohlfahrtshilfe für Deutschland 1945–50, Freiburg 1950

Meinl, Susanne/Zwilling, Jutta: Legalisierter Raub. Die Ausplünderung der Juden in Hessen durch die Reichsfinanzverwaltung. Frankfurt 2004

Meldungen aus dem Reich. Die geheimen Lageberichte des Sicherheitsdienstes der SS 1938–1945

Menne, Alex: Helferdienst erwerbsloser Jugendlicher in: Frankfurter Wohlfahrtsblätter 5 (1923), S.55–57

Meumann, Markus: Findelkinder, Waisenhäuser, Kindsmord. Unversorgte Kinder in der frühneuzeitlichen Gesellschaft, München 1995

Michel, Max: Strafentlassenfürsorge in: Zeitschrift für das Heimatwesen 32 (1927), Nr.16, S. 494–497

Missala, Heinrich: Für Volk und Vaterland. Die Kirchliche Kriegshilfe im Zweiten Weltkrieg, Königstein/Taunus 1978

Mollat, Michel: Die Armen im Mittelalter, München 1987

Müller, Bruno: Stiftungen für Frankfurt am Main, Frankfurt/Main 1958

Müller, Matthäus: Praktische Winke über die Zwangserziehung verwahrloster Kinder in: Charitas 2 (1897), S.7f

Mußler, Pirmin: Zur Frage der Eheberatung in: Caritas 34 (1929),S. 29f

Neuhaus, Agnes: Moderne Probleme der Jugendfürsorge. Vortrag auf dem Caritastag in Essen am 12. Oktober 1910 in: Caritas 16 (1910), S.125–127

Neumann, Josef: Zum Kampf gegen den Alkohol in: Charitas 1/1896, S.103–106, S. 149–53, S. 200–202 sowie S. 268–269

Neundörfer, Ludwig: Frankfurt und seine Katholiken. Gestern und Heute in: Eckert, Alois (Hg.): Frankfurter Domfest 1953, Frankfurt 1953, S. 39–43

Nicolay, Wilhelm: 80 Jahre caritatives Wirken der Frankfurter Franziskanerinnen, Frankfurt 1956

Nikles, Bruno W.: Machtergreifung am Bahnhof. Nationalsozialistische Volkswohlfahrt und kirchliche Bahnhofsmission 1933 bis 1945 in: neue praxis 19(1989), Nr.3, S.242-261960), Freiburg 1994

Nikles, Bruno W.: Soziale Hilfe am Bahnhof. zur Geschichte der Bahnhofsmission in Deutschland (1894–1960), Freiburg 1994

Oltmer, Jochen: Migration und Politik in der Weimarer Republik, Göttingen 2005

Osypka, Werner: Der Caritasverband Frankfurt – Spiegelbild einer Großstadt im 20. Jahrhundert in: Frankfurter Kirchliches Jahrbuch 1975, S.76–84

Peukert, Detlef J. K.: Grenzen der Sozialdisziplinierung. Aufstieg und Krise der deutschen Jugendfürsorge, Köln 1986

Peiper, Albrecht: Chronik der Kinderheilkunde, Leipzig 1958

Pieplow, Lukas: 50 Jahre Jugendgerichtsgesetz in: Jugendhilfereport 1/2004

Poschen, Manuela/Ries, Maike: Die Geschichte des katholischen Jugendwohnheims Frankfurt am Main-Goldsteinsiedlung, Abschlussarbeit im SB Sozialarbeit der Fachhochschule Frankfurt/Main, unveröffentl. Manuskript 1984

Preller, Ludwig: Sozialpolitik in der Weimarer Republik, Stuttgart 1949

Raecke, Julius: Aus der städtischen Eheberatungsstelle in: Frankfurter Wohlfahrtsblätter 1927/28, S. 10–11

Rapp, Georg Aquilin: Stadtpfarrer Ernst Franz August Münzenberger (1870–1890) und die Glaubensfreiheit, Fulda 1947

Ratzinger, Georg: Geschichte der katholischen Armenpflege, München 2. Aufl. 1884,

Ratzinger, Georg: Zur Reform der Armenpflege in: Historische Blätter 115 (1895), S. 43

Rautenstrauch, L.: Frankfurt und sein Umland. Planung, Politik, Perspektiven im Bereich des Umlandverbandes Frankfurt in: M.E. Streit/H.A. Haasis (Hg.): Verdichtungsregionen im Umbruch: Erfahrungen und Perspektiven stadtregionaler Politik, Baden-Baden 1990, S. 233ff

Rebentisch, Dieter: Ludwig Landmann. Frankfurter Oberbürgermeister der Weimarer Republik, Wiesbaden 1975

Rebentisch, Dieter: Frankfurt am Main in der Weimarer Republik und im Dritten Reich 1918–1945 in: Frankfurter Historische Kommission (Hg.): Frankfurt am Main: die Geschichte der Stadt in neun Beiträgen, Sigmaringen 1991, S. 423–520

Repgen, Konrad: Die deutschen Bischöfe und der 2. Weltkrieg in: AHlg 4 (1995), S. 97–145,

Reutter, Lutz-Eugen: Katholische Kirche als Fluchthelfer im Dritten Reich. Die Betreuung von Auswanderern durch den St. Raphaels-Verein, Hamburg 1971

Richter, Ingrid: Katholizismus und Eugenik in der Weimarer Republik und im Dritten Reich. Zwischen Sittlichkeitsreform und Rassenhygiene, Paderborn 2001

Richter, Peter: Die Bildung der Erzieher für die Kindererholungsfürsorge in: Jahrbuch der Caritaswissenschaft 1927, S.65–80

Richter, Peter: Die organisierte katholische Kindererholungs- und –heilfürsorge in Deutschland, Wiesbaden 1928

Richter, Peter: Bevölkerungsbewegung und Kräfteverschiebung in der Fürsorge in: Caritas 34 (1929), S. 113–117

Richter, Peter: Die Krisis in der Eheberatung in: Caritas 33 (1928), S. 260–266

Richter, Peter: Caritas im alten Frankfurt, in: Eckert, Alois (Hg.): Frankfurter Domfest 1953, Frankfurt 1953, S. 39–43

Rieg, Mädchenschutz auf dem Charitastag in Schwäbisch Gmünd 1896 in: Charitas 1 (1896), S. 26

Ritter, Gerhard A.: Der Sozialstaat, Entstehung und Entwicklung im internationalen Vergleich, München 21991

Roth, Ralf: Stadt und Bürgertum in Frankfurt am Main. Ein besonderer Weg von der ständischen zur modernen Bürgergesellschaft 1760–1914, München 1996

Rothberg, Joachim/Barbara Wieland/Schüller, Thomas: Zwangsarbeiter und Kriegsgefangene in katholischen Einrichtungen im Bereich der Diözese Limburg. Ein Werkstattbericht (Limburger Texte 25), Limburg 2001

Rübel, Johannes: Religiöses und kirchliches Leben im heutigen Frankfurt in: Otto Ruppersberg, Frankfurt – das Buch der Stadt, Frankfurt 1927, S. 211–219

Ruppersberg, Otto (Hg.): Frankfurt – das Buch der Stadt, Frankfurt 1927

Sachße, Christoph/Tennstedt, Florian: Geschichte der Armenfürsorge in Deutschland. Vom Mittelalter bis zum Ersten Weltkrieg, Stuttgart 1980

Scharp, Heinrich: Publizistische Stimmen aus dem katholischen Frankfurt in Eckert, Alois (Hg.): Frankfurter Domfest, Frankfurt 1953

Scharp, Heinrich u.a.,: Dom und Stadt – Katholisches Leben in Frankfurt, Frankfurt 1963

Schäfer, Fr.: Frankfurter Armen- und Wohlfahrtspflege in alter und neuer Zeit, Frankfurt 1927

Schatz, Klaus: Geschichte des Bistums Limburg, Mainz 1983

Schembs, Hans-Otto: Der Allgemeine Almosenkasten zu Frankfurt am Main 1531–1981, 450 Jahre Geschichte und Wirken einer öffentlichen milden Stiftung, Frankfurt/Main 1981

Schembs, Hans-Otto: „Die Hungernden speisen …". Die mildtätigen Stiftungen in Frankfurt am Main von 1200 bis heute. Frankfurt/Main 1994

Scherpner, Hans: Theorie der Fürsorge, Göttingen 1962

Schmid, Armin und Renate: Frankfurt in stürmischer Zeit 1930–1933, Stuttgart 1987

Schnabel, Franz: Deutsche Geschichte im 19. Jahrhundert, Bd. 7: Die katholische Kirche in Deutschland, Freiburg 1965

Schottlaender, Rudolf: Trotz allem ein Deutscher. Mein Lebensweg seit Jahrhundertbeginn, Freiburg 1986

Schulin, Ernst: Die Französische Revolution, München 2004

Schulz, Hermann/Radebold, Hartmut/Reulecke, Jürgen: Söhne ohne Vater. Erfahrungen der Kriegsgeneration, Berlin 2004

Schwarzmann, Julia: Die Verwahrlosung der weiblichen Jugendlichen. Entstehung und Behandlungsmöglichkeiten, München/Basel 2. Aufl. 1971

Schwemer, Richard: Geistiges Leben im alten Frankfurt in: Ruppersberg, Otto: Frankfurt – das Buch der Stadt, Frankfurt 1927

Sekretariat der Deutschen Bischofskonferenz (Hg.): Enzyklika „Deus Caritas est" von Papst Benedikt XVI an die Bischöfe, an die Priester und Diakone, an die gottgeweihten Personen und alle Christgläubigen über die christliche Liebe, Bonn 1976

Soboul, Albert: Die Große Französische Revolution, Frankfurt 1973

Sozialdienst kath. Frauen (Hg.): Monikahaus. Festschrift zum Namensfest am 7. September 1995, Frankfurt/Main 1995

SPD/CDU (Hg.): Frankfurt im Wiederaufbau 1945-48, April 1948

Spoerer, Mark: Zwangsarbeit im Dritten Reich und Entschädigung: ein Überblick in: Barwig, Klaus/ Bauer, Dieter/Hummel, Karl-Joseph Hummel (Hg.): Zwangsarbeit in der Kirche. Entschädigung, Versöhnung und historische Aufarbeitung, Stuttgart 2001

Spory, Antje: Seismograph der Zeitgeschichte. Leistungsbilanz der Frankfurter Bahnhofsmission in: Diakonisches Werk für Hessen und Nassau (Hg.): 100 Jahre Frankfurter Bahnhofsmission, Frankfurt 1996, S. 37–40

St. Regis-Comité Köln (Hg.): St. Regis-Vereinigungen zur unentgeltlichen Beschaffung von Verehelichungspapieren, Ordnung wilder Ehen und Legitimation illegitimer Kinder, Köln 1900

St. Vinzenzverein: Bericht des Diözesanrates Frankfurt a. M. für die Diözese Limburg a. L. über das Geschäftsjahr 1913, Frankfurt 1914

Stadt Frankfurt-Magistrat (Hg.): 20 Jahresbericht Frankfurt/Main 1945–1965, Frankfurt 1965

Steinbüchel, Theodor: Sozialismus – gesammelte Aufsätze, Tübingen 1950

Sträter, Udo: Soziales Engagement bei Spener in: Pietismus und Neuzeit. Ein Jahrbuch zur Geschichte des neueren Protestantismus. Bd. 12 – 1986. Philipp Jakob Spener. Göttingen 1986, S. 70–83

Strieth, J.: Die katholischen Wohltätigkeitsanstalten und -vereine sowie das katholisch-soziale Vereinsleben in der Diözese Limburg, Freiburg 1903

Tennstedt, Florian: Der deutsche Weg zum Wohlfahrtsstaat 1871–1881. Anmerkungen zu einem alten Thema aufgrund neu erschlossener Quellen, in: Andreas Wollasch (Hg.), Wohlfahrtspflege in der Region. Westfalen-Lippe während des 19. und 20. Jahrhunderts im historischen Vergleich, Paderborn 1997, S. 255–267

Trotzki, Leo: Literatur und Revolution, Berlin 1968

Uhlhorn, Gerhard: Die christliche Liebestätigkeit, Stuttgart 2. Aufl. 1895

Verhandlungen der 50. Generalversammlung der Katholiken Deutschlands in Köln vom 23.- bis 27. August 1903, Köln 1903

Volk, Ludwig Volk: Das Reichskonkordat vom 20. Juli 1933. Von den Ansätzen in der Weimarer Republik bis zur Ratifizierung am 10. September 1933, Mainz 1972

Vontobel, Klara: Das Arbeitsethos des deutschen Protestantismus, o.O. (Halle) 1946

Vorländer, Herwart: Die NSV. Darstellung und Dokumentation einer nationalsozialistischen Organisation, Boppard 1988

Voßkamp, Sabine: Katholische Kirche und Vertriebene in Westdeutschland 1945–1972. Integration, Identität und Ostpolitik, Stuttgart 2007

Wagner, Herbert: Sozialpolitik unterm Nationalsozialismus in: Schick, Manfred (Hg.): Diakonie und Sozialstaat: kirchliches Hilfehandeln u. staatl. Sozial- u. Familienpolitik, Gütersloh 1986, S. 51–75

Weber, Beda: Cartons aus dem deutschen Kirchenleben, Mainz 1858

Weber, Beda: Zur Reformationsgeschichte der freien Reichsstadt Frankfurt, Frankfurt 1895

Weckber, P[eter].: Der kath. Charitasverband zu Frankfurt a. M. in: Caritas 7(1902), S. 89–92

Weizsäcker, Carl Christian v.: Die Perversion eines Prinzips. Der Gedanke der Subsidiarität gehört wieder vom Kopf auf die Füße gestellt in: Kölner Universitäts-Journal 2/2003, S.25–27

Welty, Eberhard: Die Sozialenzyklika Papst Johannes XXIII, Freiburg 1961

Werthmann, Anna: Die katholische Caritasbewegung im 19. Jahrh. in Frankfurt a.M., Maschinenschrift, Phil. Diss. Universität Frankfurt 1926

Wetzel, Juliane: United Nations Relief and Rehabilitation Administration (UNRRA), publiziert am 25.06.2012; in: Historisches Lexikon Bayerns, URL: <https://www.historisches-lexikon-bayerns.de/Lexikon/United_Nations_Relief_and_Rehabilitation_Administration_(UNRRA)> (3.10.2019)

Widmann, B[enedikt]: Die erziehliche Aufgabe des St. Vinzenz-Vereins in: Charitas 1(1896), 8–August 1896, S. 168ff

Wippermann, Wolfgang: Das Leben in Frankfurt zur NS-Zeit, Frankfurt/Main 1986, 4 Bde.

Wollasch, Andreas: Der Katholische Fürsorgeverein für Mädchen, Frauen und Kinder (1899–1945), Freiburg 1991

Wollasch, Andreas: Von der Fürsorge „für die Verstoßenen des weiblichen Geschlechts" zur anwaltlichen Hilfe – 100 Jahre Sozialdienst katholischer Frauen (1899–1999), Dortmund 1999, S.15ff

Wollasch, Hans-Josef: Lorenz Werthmann 1858–1921 – Gründer des Deutschen Caritasverbandes. Zum 50. Todestag, Freiburg 1971, S. 14

Wollasch, Hans-Josef, Caritasverband und Katholische Kirche in Deutschland. Zur Bedeutung des „Anerkennungsbeschlusses" der Fuldaer Bischofskonferenz vom Jahre 1916, Caritas '72, Jahrbuch des Deutschen Caritasverbandes, S. 59–75

Wollasch, Hans-Josef, Caritas und Euthanasie im Dritten Reich, Caritas '73, Jahrbuch des Deutschen Caritasverbandes, S. 61–85

Wollasch, Hans-Josef, Humanitäre Auslandshilfe für Deutschland nach dem Zweiten Weltkrieg. Darstellung und Dokumentation kirchlicher und nichtkirchlicher Hilfen, Freiburg i. Br. 1976.

Wollasch, Hans-Josef: Beiträge zur Geschichte der Deutschen Caritas in der Zeit der Weltkriege. Zum 100. Geburtstag von Benedict Kreutz (1879–1949), Freiburg 1978

Wollasch, Hans-Josef: „Betrifft Nachrichtenzentrale des Erzbischofs Grober in Freiburg", Konstanz 1999

Wollasch, Hans-Josef, Gertrud Luckner. „Botschafterin der Menschlichkeit", Freiburg im Breisgau 2005

Wolf, Friedrich/Nilges, Georg: Prälat Jakob Herr von Frankfurt in: Jahrbuch des Bistums Limburg 1957, S.30–38

Zabel, Norbert (Hg.): Die Orden im Bezirk Limburg seit der Gründung des Bistums Limburg, Selters/Taunus 1992

Zabel, Norbert (Hg.): Jakob Herr – Stadtpfarrer in Frankfurt in einer schwierigen Zeit (1919–1950) in: Annalen für mittelrheinische Kirchengeschichte 50 (1998), S. 365–390

Zibell, Stephanie: Jakob Sprenger (1884–1945), NS-Gauleiter und Reichsstatthalter in Hessen, Darmstadt/Marburg 1999

Zimmermann-Buhr, Bernhard, Die katholische Kirche und der Nationalsozialismus in den Jahren 1930 – 1933, Frankfurt a.M. 1982

Zipfel, Friedrich/Herzfeld, Hans: Kirchenkampf in Deutschland 1933–1945. Religionsverfolgung und Selbstbehauptung der Kirche in der nationalsozialistischen Zeit, Berlin 1965

Zolling, Peter: Zwischen Integration und Segregation: Sozialpolitik im „Dritten Reich" am Beispiel der „Nationalsozialistischen Volkswohlfahrt"(NSV) in Hamburg, Frankfurt 1986